Tuttle

English-Chinese Dictionary

LI Dong 李冬

TUTTLE PUBLISHING
Tokyo • Rutland, Vermont • Singapore

Published by Tuttle Publishing, an imprint of Periplus Editions (HK) Ltd., with
editorial offices at 364 Innovation Drive, North Clarendon, VT 05759 U.S.A. and
at 61 Tai Seng Avenue #02-12, Singapore 534167.

Library of Congress Control Number: 2009936627
ISBN 978-0-8048-3992-1

North America, Latin America and Europe
Tuttle Publishing
364 Innovation Drive,
North Clarendon,
VT 05759-9436 USA.
Tel: 1(802) 773-8930
Fax: 1(802) 773-6993
info@tuttlepublishing.com
www.tuttlepublishing.com

Asia Pacific
Berkeley Books Pte. Ltd.
61 Tai Seng Avenue #02-12,
Singapore 534167
Tel: (65) 6280-1330
Fax: (65) 6280-6290
inquiries@periplus.com.sg
www.periplus.com

13 12 11 10
6 5 4 3 2 1

Printed in Singapore

Contents

Acknowledgments

First and foremost, I want to thank my family for all their assistance: my son, David, for his deft typing skills and my wife, Tian, for her meticulous proofreading.

I also want to extend my great appreciation to Ms Nancy Goh whose editorial skills and expertise in both linguistic and publishing matters has markedly improved the quality of my manuscripts.

On a personal note, the completion of this dictionary coincides with my retirement after 45 years of teaching, and I extend my heartfelt thanks to all my students, without whose enthusiasm for learning I would never have authored any dictionary.

LI Dong 李冬

Explanatory Notes

This dictionary is primarily designed for anyone desiring to learn Chinese, and it may equally be very useful to those fluent in Chinese who wish to improve their English. Many efforts have been made to meet both of these needs since this dictionary contains many thousands of sentences using idiomatic and up-to-date in Chinese and English. Extreme care was taken to render all translations as accurately as possible.

Headwords, phrases and idioms
The dictionary includes approximately 25,000 headwords, all of which are printed in color.

Homographs, which are different words of the same spelling, are listed as separate headwords and are indicated by number, e.g.

> seal[1] N 海豹 hǎibào [M. WD 头 tóu]
> seal[2] v 封闭 fēngbì
> ...
> seal[3] N 印章 yìnzhāng, 图章 túzhāng [M. WD 枚 méi]

Irregular plural forms of nouns and irregular past tense and past participles of verbs are given in brackets immediately following the headwords, e.g.

> man (PL **men**)
> do (PT **did**; PP **done**)

When a Chinese noun requires a special measure word, it is shown in square brackets, e.g.

> earphones N 耳机 ěrjī [M. WD 副 fù]

Where no measure word is supplied, it indicates that the noun may be used with the default measure word 个 gè.

This dictionary also includes around 8,000 phrases and idioms which are printed in color. This increases the lexical items to about 40,000, which is highly adequate for general professional discourse as well as everyday communication.

Phonetic notation of the Chinese language
In order to help the user properly pronounce the Chinese in this dictionary, every Chinese word, phrase and sentence is transliterated using *pinyin* which is the standard phonetic notation used nowadays. The Pronunciation section in **Introducing Chinese** demonstrates how to pronounce Chinese words with the help of this notation scheme. There are many free online resources which may be of use to those who wish to practice their pronunciation.

Definitions
Definitions for all headwords are given in their Chinese equivalents or near-equivalents. These Chinese words were chosen from the word lists taken from the world-recognized HSK Chinese Language Proficiency Examination. For a more complete reference regarding these word lists, you may wish to consult *Tuttle Chinese-English Dictionary* (2009).

When a word is used in more than one grammatical category, the different parts of speech are indicated by I, II, etc, and different meanings are listed by 1, 2, etc. For example:

> document I N 1 文件 wénjiàn 2（计算机）文件／文档 (jìsuànjī) wénjiàn/wéndàng
> II v 1 记录 jìlù 2 [事实+] 证明 [shìshí+] zhèngmíng

When a word has a distinct meaning in a particular phrase, that phrase is shown in brackets within the particular part of speech, e.g.

> wolf
>
> …
>
> v (to wolf down) 狼吞虎咽 lángtūn hǔyān, 狼吞虎咽地吃 lángtūn hǔyān de chī

In many cases common collocations are supplied in square brackets, e.g.

> lofty ADJ 1 崇高的 [+理想] chónggāo de [+lǐxiǎng] 2 高傲的 [+人] gāo'ào de [+rén], 傲慢的 àomàn de

This means that when lofty has the sense of 崇高的 ("idealistic") it is commonly collocated with 理想 ("thinking"), and that when it means 高傲的 ("snobbish"), it is usually followed by 人 ("people"). Brackets are used to indicate that an element is optional, e.g.

> crew N 1（飞机）机组人员 (fēijī) jīzǔ rényuán, …

This indicates that crew may be 机组人员 jīzǔ rényuán or 飞机机组人员 fēijī jīzǔ rényuán ("aircrew").

Example sentences

An important feature of this dictionary is the large number of example sentences with Chinese translations, about 10,000 in all. In many respects, this dictionary can be regarded as an "example sentence dictionary". These sentences not only illustrate the meanings and usages of the more common words in English and Chinese, but also provide "ready-made" materials for instant communication and essay writing, for example. Each sentence is carefully composed to reflect the real life of the English-speaking world in order to assist the user in everyday matters, school or at work. Sentences from a wide variety of subject matters are included, and there is a good emphasis on the business and education realms as well as home life.

Grammar codes

ABBREV	abbreviation	NUM	numeral
ADJ	adjective	PL	plural form
ADV	adverb	PP	past participle
CONJ	conjunction	PREP	preposition
INTERJ	interjection	PRON	pronoun
M. WD	measure word	PT	past tense
N	noun	V	verb

Introducing Chinese

1 PRONUNCIATION

1.1 Vowels

SINGLE VOWELS

There are seven basic single vowels:

a   similar to *a* in *ah*

e   similar to *a* in *ago*

ě   similar to *e* in *ebb* (this sound never occurs alone and is transcribed as **e**, as in **ei**, **ie**, **ue**)

i   similar to *ee* in *cheese* (spelled **y** when not preceded by a consonant)

o   similar to *oe* in *toe*

u   similar to *oo* in *boot* (spelled **w** when not preceded by a consonant)

ü   similar to German **ü** in *über* or French **u** in *tu*; or you can get **ü** by saying **i** and rounding your lips at the same time (spelled **u** after **j**, **q**, **x**; spelled **yu** when not preceded by a consonant)

VOWEL COMBINATIONS

These single vowels combine with each other or with the consonants of **n** or **ng** to form what are technically known as *diphthongs*. These combinations are pronounced as a single sound, with a little more emphasis on the first part of the sound.

You can learn these combinations in four groups:

Group 1:   diphthongs starting with **a/e/ě**

   ai   similar to *y* in *my*

   ao   similar to *ow* in *how*

   an

   ang

   en

   eng

   ei   similar to *ay* in *may*

Group 2:   diphthongs starting with **i**

   ia

   ie   similar to *ye* in *yes*

   iao

   iou   similar to *you* (spelled **iu** when preceded by a consonant)

   ian

   ien   similar to *in* (spelled **in** when preceded by a consonant)

   ieng   similar to *En* in *English* (spelled **ing** when preceded by a consonant)

   iang   similar to *young*

   iong

Group 3:   diphthongs starting with **u/o**

  ua

  uo

  uai   similar to <u>why</u> in British English

  uei   similar to <u>way</u> (spelled **ui** when preceded by a consonant)

  uan

  uen   (spelled **un** when preceded by a consonant)

  ueng

  uang

  ong

Group 4:   diphthongs starting with **ü**

  üe   used only after **j, q, x**; spelled **ue**

  üen   used only after **j, q, x**; spelled **un**

  üan   used only after **j, q, x**; spelled **uan**

1.2 Consonants

Consonants may be grouped in the following ways.

Group 1:   These consonants are almost the same in Chinese and English.

CHINESE	ENGLISH
m	*m*
n	*n*
f	*f*
l	*l*
s	*s*
r	*r*
b	pronounced as hard *p* (as in *s<u>p</u>eak*)
p	*p* (as in *<u>p</u>eak*)
g	pronounced as hard *k* (as in *s<u>k</u>i*)
k	*k* (as in *<u>k</u>ey)*
d	pronounced as hard *t* (as in *s<u>t</u>ar*)
t	*t* (as in *<u>t</u>ar*)

Group 2:   Some modification is needed to get these Chinese sounds from English.

CHINESE	ENGLISH
j	as *j* in *<u>j</u>eep* (but unvoiced, not round-lipped)
q	as *ch* in *<u>ch</u>eese* (but not round-lipped)
x	as *sh* in *<u>sh</u>eep* (but not round-lipped)
c	as *ts* as in *ca<u>ts</u>* (make it long)
z	as *ds* as in *be<u>ds</u>* (but unvoiced, and make it long)

Group 3:   No English counterparts

Chinese **zh, ch**, and **sh** have no English counterparts. You can learn to say **zh, ch** and **sh** starting from **z, c** and **s**. For example, say **s** (which is almost the same as the English *s* in *<u>s</u>esame*) and then roll up your tongue to touch the roof of your mouth. You get **sh**.

TONES

Chinese is a tonal language, i.e. a sound pronounced in different tones is understood as different words. So the tone is an indispensable component of the pronunciation of a word.

1.3 Basic tones
There are four basic tones. The following five-level pitch graph shows the values of the four tones:

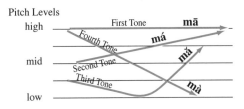

- The First Tone is a high, level tone and is represented as ‾, e.g. 妈 **mā** (meaning *mother, mom*).

- The Second Tone is a high, rising tone and is represented by the tone mark ´, e.g. 麻 **má** (*hemp or sesame*).

- The Third Tone is a falling, then rising tone. As you can see from the pitch graph it falls from below the middle of the voice range to nearly the bottom and then rises to a point near the top. It is represented by the tone mark ˇ, e.g. 马 **mǎ** (*horse*).

- The Fourth Tone is a falling tone. It falls from high to low and is represented by the tone mark ` , e.g. 骂 **mà** (*curse*).

In Chinese speech, as in English speech, some sounds are unstressed, i.e. pronounced short and soft. They do not have any of the four tones. Such sounds are said to have Neutral Tone. Sounds with the neutral tone are not marked. For example in 爸爸 **bàba** (*daddy*) the first syllable is pronounced in the fourth tone and the second syllable in the neutral tone, i.e. unstressed.

1.4 Syllables: Distinct units

Normally a consonant and a vowel, said in a particular tone, merge to form a syllable in Chinese. Every syllable is a distinct unit in speech. Learners should say each syllable clearly and give full value to most syllables in speech. The general impression of Chinese speech, described in musical terms, is staccato rather than legato (which could be used to describe English).

1.5 *Pinyin:* the romanization scheme to show pronunciation

As Chinese writing normally does not indicate pronunciation, a romanization scheme, known as *pinyin*, is used to represent the sounds and tones of Chinese, as in this dictionary. *Pinyin* is useful for learning the phonetics of Mandarin.

2   WRITING CHINESE: 汉字 Hànzi

Chinese is not phonetic like most European languages (in varying degrees). Chinese is written in logograms, known as 汉字 (**Hànzi**) and generally referred to as "Chinese characters", or "Sinograms."

2.1 Chinese characters as syllables

Each Chinese character is pronounced as a syllable. It is of course important to be able to read a character with the correct pronunciation.

2.2 The composition of Chinese characters: Meaningful components

Chinese characters can be analyzed into components. It is acknowledged that there are three kinds of components. Of the three, the most interesting to learners of Chinese is a group of components that convey certain meanings. The presence of such a component in a character gives you some clue to its meaning of the character. Hence, learning the meaning of these component parts will deepen your understanding of characters you know, and help you guess the meaning of unfamiliar characters. See List 1 on page xiv.

2.3 The writing of Chinese characters

STROKES

Each Chinese character is composed of strokes. The table below shows the basic strokes. Recognizing the strokes in a character is helpful for finding a character or radical in the Stroke Index, List of Radicals and Radical Index. Each of the strokes shown in the table is counted as one stroke.

Stroke	Writing the stroke	Examples
Héng	left to right 一	千 主 女
Shù	top to bottom ∥	千 山 北
Piě	top (right) to bottom (left) ノ	千 人 么
Nà	top (left) to bottom (right) ㇏	人 木 又
Diǎn	top to bottom 丶	主 心 习
Tí	bottom (left) to top (right) ／	习 打 北
Stroke with hook	left to right, top to bottom ⁊ ⺁ ⁊ ⺄ ㇄	买 打 以 心
Stroke with turn(s)	㇄ ㇇ ㇛ ㇉	山 马 女 么 又
Stroke with turn(s) and hook	㇄ ㇉ ㇂ ㇆ 乙	北 习 认 马

STROKE ORDER

For the character to look correct, its strokes should be written in the correct order. Knowing the order will also help you remember characters. The general rules of stroke order are as shown below.

Rule	Example	Stroke order
Top before bottom	三	一 二 三
Left before right	什	ノ 亻 仁 什
Horizontal before vertical/downward	天	一 二 丢 天
"Enter the room, then close the door"	日	丨 冂 冃 日
Vertical stroke before sides/bottom	小	亅 小 小

SIMPLIFIED AND TRADITIONAL CHARACTERS

The Chinese government simplified hundreds of Chinese characters in mid-1950 by reducing the numbers of their strokes. Such simplified characters are called 简体字 **jiǎntǐzì**. This dictionary uses **jiantizi**. Traditional versions (also known as complicated characters) are still used in Taiwan and Hong Kong, and they are shown after "Trad" where applicable, e.g.:

学 xué Trad 學

3 VOCABULARY: Word-formation

Chinese words are either of one syllable or more than one syllable (mostly two syllables). When they are made up of two or more syllables, their meanings are usually transparent; that is, the way a word is formed tells you a lot about its meaning. Therefore it is very helpful to know the meanings of the components in a word and the way the word is formed, and it also makes understanding the word easier and more interesting.

There are six basic word-formation methods:

- **Compounding:** the components of a word are complementary to each other in meaning and are of the same status. For example:

  重 *once again* + 复 *repeat* ➔ 重复 *repeat*

- **Modification:** one component modifies the other. For example:

  外 *outside* + 国 *country* ➔ 外国 *foreign country*

- **Verb+object:** the word has a verb-and-object relationship. For example:

    发 *develop* + 烧 *burning, fever* → 发烧 *to run a fever*

- **Verb+complementation:** the word has a verb-and-complement relationship, that is, the first component is a verb or an adjective and the second one modifies it. For example:

    提 *raise* + 高 *high* → 提高 *raise*

- **Suffixation:** the word contains a suffix. For example:

    本 *a book* + 子 *nominal suffix* → 本子 *notebook*

- **Idioms:** the word is an idiomatic expression. For example:

    马上 → *at once, immediately*

4 GRAMMAR: Main features of Chinese grammar

TOPIC+COMMENT STRUCTURE

The basic principle in making Chinese sentences is to follow the "topic+comment" structure. "Topic" means the subject matter you want to talk about, and "comment" is the information you give about the subject matter. To make a Chinese sentence, you simply first mention the subject matter you want to talk about, and then say what you have to say about it. For example, you can say 那本书 **nà běn shū** (*that book*) first as the "topic" and then add "comment":

那本书 **Nà běn shū** (that book) + 很有意思 **hěn yǒu yìsi** (very interesting) → *That book is very interesting.*

那本书 **Nà běn shū** (that book) + 卖完了 **mài wán le** (sold out) → *That book has been sold.*

那本书 **Nà běn shū** (that book) + 你有吗 **nǐ yǒu ma** (do you have) → *Do you have that book?*

那本书 **Nà běn shū** (that book) + 语言很优美 **yǔyán hěn yōuměi** (language is beautiful) → *The language of that book is beautiful.*

ELLIPSIS OF SENTENCE ELEMENTS

Chinese speakers may leave out words that are supposed to be understood, and therefore need not be spoken. Subjects and conjunctions are often omitted. For example, you may translate the English sentence *If you like it, you may buy it, but if you don't like it, you don't have to*, into the Chinese sentence 喜欢就买，不喜欢就别买。 **Xǐhuan jiùmǎi, bù xǐhuan jiù bié mǎi.** Literally, it means "Like it, and buy, don't like then don't buy." Compare the two sentences, and you will find that some English words, such as *if*, *you*, *it*, and *but* are not translated.

WORD CLASSES: FLEXIBILITY, NO INFLECTION

Chinese words do not have inflections, i.e. they do not change to indicate grammatical categories. For example, the verb 去 **qù** (*to go*) is invariably 去 **qù**; there is no past form or any other inflected form of this verb. Neither do Chinese words normally have formal markers of word class. Consequently it is rather easy for a word to be used in more than one word class. This relative flexibility in word classes, however, does not mean that Chinese does not have word classes.

MEASURE WORDS AND PARTICLES

Measure words (量词 **liàngcí**) and particles (助词 **zhùcí**) are two word classes found in Chinese but not in English and most other languages.

Measure words are usually required when a noun is modified by a numeral. For example, 两书 **liǎng shū** is unacceptable; you must use the measure word 本 **běn** between the numeral and the noun: 两本书 **liǎng běn shū** (*two books*). Furthermore, Chinese nouns require specific measure words to go with them. For example, the noun 书 **shū** (*book*) must be used with the measure word 本 **běn**. See List 2 on pages xv–xvi for the common measure words.

In Chinese grammar, particles are words attached to other words or at the end of a sentence to indicate grammatical concepts or to express emotions. For example, the particles 了 **le**, 着 **zhe**, 过 **guo** are attached to verbs to indicate, respectively, whether the actions denoted are completed, in progress or past experiences.

Meaningful Character Components

冫 = freezing, ice (e.g. 冰 **bīng**, 冷 **lěng**, 寒 **hán**)

讠, 言 = word
(e.g. 语 **yǔ**, 词 **cí**)

八 = dividing
(e.g. 分 **fēn**, 半 **bàn**)

亻, 人 = man, person
(e.g. 他 **tā**, 信 **xìn**)

刂, 刀 = knife
(e.g. 利 **lì**, 剩 **shèng**)

力 = muscle, strength
(e.g. 男 **nán**, 办 **bàn**)

阝 (on the left) = mound, steps
(e.g. 院 **yuàn**, 附 **fù**)

阝 (on the right) = city, region
(e.g. 部 **bù**, 邮 **yóu**)

氵, 水 = water
(e.g. 河 **hé**, 海 **hǎi**)

忄, 心 = the heart, emotions
(e.g. 情 **qíng**, 怕 **pà**, 感 **gǎn**)

宀 = roof, house
(e.g. 家 **jiā**, 室 **shì**)

广 = roof, hut
(e.g. 庭 **tíng**, 店 **diàn**)

门 = door, gate
(e.g. 闻 **wén**, 间 **jiān**)

土 = earth (e.g. 场 **chǎng**, 城 **chéng**)

女 = woman (e.g. 妇 **fù**, 妈 **mā**)

饣, 食 = food
(e.g. 饭 **fàn**, 饱 **bǎo**)

口 = the mouth, speech, eating
(e.g. 问 **wèn**, 吃 **chī**)

囗 = boundary
(e.g. 围 **wéi**, 园 **yuán**)

孑, 子 = child
(e.g. 孩 **hái**, 学 **xué**)

艹 = plant, vegetation
(e.g. 草 **cǎo**, 菜 **cài**)

纟 = silk, texture
(e.g. 组 **zǔ**, 纸 **zhǐ**)

辶 = walking
(e.g. 道 **dào**, 过 **guò**)

彳 = path, walking
(e.g. 行 **xíng**, 往 **wǎng**)

巾 = cloth
(e.g. 布 **bù**, 带 **dài**)

马 = horse (e.g. 骑 **qí**)

扌, 手, 攵 = the hand, action
(e.g. 拿 **ná**, 擦 **cā**)

灬, 火 = fire, heat
(e.g. 烧 **shāo**, 热 **rè**)

礻, 示 = spirit
(e.g. 神 **shén**, 祖 **zǔ**)

户 = door, window
(e.g. 房 **fáng**)

父 = father (e.g. 爸 **bà**)

日 = the sun
(e.g. 晴 **qíng**, 暖 **nuǎn**)

月 = the moon
(e.g. 阴 **yīn**, 明 **míng**)

月, 肉 = flesh, human organ
(e.g. 脸 **liǎn**, 脚 **jiǎo**)

贝 = shell, treasure
(e.g. 贵 **guì**)

止 = toe (e.g. 步 **bù**)

木 = tree, timber
(e.g. 树 **shù**, 板 **bǎn**)

王, 玉 = jade
(e.g. 理 **lǐ**, 球 **qiú**)

见 = seeing
(e.g. 视 **shì**, 现 **xiàn**)

氵 = vapor (e.g. 汽 **qì**)

车 = vehicle (e.g. 辆 **liàng**)

疒 = disease, ailment
(e.g. 病 **bìng**, 疼 **téng**)

立 = standing
(e.g. 站 **zhàn**, 位 **wèi**)

穴 = cave, hole
(e.g. 空 **kōng**, 窗 **chuāng**)

衤, 衣 = clothing
(e.g. 裤 **kù**, 袜 **wà**)

钅, 金 = metal
(e.g. 银 **yín**, 钱 **qián**)

石 = stone, rock
(e.g. 碗 **wǎn**, 磁 **cí**)

目 = the eye
(e.g. 眼 **yǎn**, 睡 **shuì**)

田 = farm, field
(e.g. 界 **jiè**, 里 **lǐ**)

瓜 = melon, gourd
(e.g. 瓢 **piáo**, 瓣 **bàn**)

禾 = seedling, crop
(e.g. 种 **zhǒng**, 秋 **qiū**)

鸟 = bird (e.g. 鸡 **jī**)

米 = rice (e.g. 糖 **táng**, 精 **jīng**)

竹 = bamboo
(e.g. 筷 **kuài**, 笔 **bǐ**)

舌 = the tongue
(e.g. 话 **huà**, 活 **huó**)

舟 = boat (e.g. 船 **chuán**)

酉 = fermentation (e.g. 酒 **jiǔ**)

走 = walking (e.g. 起 **qǐ**)

足 = the foot (e.g. 跳 **tiào**, 踢 **tì**)

Measure Words

Measure words are a special feature of Chinese. A particular measure word, or set of measure words, occurs with each noun whenever one is speaking of numbers. The measure word may function like a collective noun (like a *pride* [of lions] or a *school* [of fish]) or may be related to the shape of the object. Noun phrases using measure words often have the structure "number + measure word + noun," e.g.

□ 一把刀 **yì bǎ dāo** *a knife*
□ 两道难题 **liǎng dào nántí** *two difficult questions*

Some measure words occur with verbs, and may be related to the frequency or duration of the action. For verbs, the expression may have the structure "verb + number + measure word," e.g.

□ 看了三遍 **kànle sān biàn** *read three times*
□ 去过两次 **qùguo liǎng cì** *have been … twice*

bǎ 把 for objects with handles; a handful

bān 班 class (in school)

bèi 倍 fold, time

běn 本 for books

bǐ 笔 for a sum of money

biàn 遍 times, indicating the frequency of an action done in its complete duration from the beginning to the end

cè 册 volume (books)

céng 层 story, floor

cháng 场 for rain, disasters

chǎng 场 for movies, sport events

chǐ 尺 a traditional Chinese unit of length (equal to ⅓ meter)

cì 次 time, expressing frequency of an act

cùn 寸 a traditional Chinese unit of length (equal to 1/30 meter)

dào 道 for questions in a school exercise, examination, etc.; for things in the shape of a line

dī 滴 drop (of liquid)

diǎn 点 o'clock

dù 度 degree (of temperature, longitude, latitude, etc.)

duàn 段 section of something long

dùn 顿 for meals

duǒ 朵 for flowers

fēn 分 Chinese currency (1 分 **fēn** = 0.1 角 **jiǎo** = 0.01 元 **yuán**), cent

fèn 份 for a set of things or newspapers, documents, etc.

fēng 封 for letters

fú 幅 for pictures, poster, maps, etc.

gè 个 the most commonly used measure word for nouns that do not take special measure words, or in default of any other measure word

gēn 根 for long, thin things

gōngchǐ 公尺 meter (formal)

gōngjīn 公斤 kilogram

gōnglǐ 公里 kilometer

háng 行 used with nouns that are formed in lines; line, row, queue

hù 户 used with nouns denoting households and families

huí 回 number of times

jiā 家 for families or businesses

jiān 间 for rooms

jiàn 件 for things, affairs, clothes or furniture

jiǎo 角 Chinese currency (0.1 **yuán** or 10 **fēn**), ten cents, a dime

jiē 节 a period of time

jīn 斤 a Chinese unit of weight equivalent to half a kilogram

jù 句 for sentences

kē 棵 for trees

kè 克 gram

kè 刻 quarter of an hour

kǒu 口 for members of a family

kuài 块 for things that can be broken into lumps or chunks; for money; yuan, dollar

lǐ 里 a Chinese unit of length, equivalent to 0.5 kilometer

lì 粒 for rice, pearls

liǎng 两 a traditional Chinese unit of weight, equivalent to 50 grams; ounce

liàng 辆 for vehicles

liè 列 for trains

máo 毛 a Chinese money unit, colloquialism for 角 **jiǎo** (= 0.1 元 **yuán** or 10 分 **fēn**)

mén 门 for school subjects, languages, etc.

mǐ 米 meter (colloquial)

miàn 面 for flat objects

miǎo 秒 second (of time)

míng 名 for people, especially for those with a specific position or occupation

mǔ 亩 a traditional Chinese unit of area, especially in farming (equal to ¹⁄₁₅ hectare or 667 square meters)

pái 排 for things arranged in a row

pī 批 for a batch of goods, and for things/people arriving at the same time

pǐ 匹 for horses

piān 篇 for a piece of writing

piàn 片 for a thin and flat piece, slice

píng 瓶 a bottle of

qún 群 a crowd/group of

shēn 身 for clothes

shǒu 首 for songs and poems

shuāng 双 a pair of (shoes, chopsticks, etc.)

suì 岁 year (of age)

suǒ 所 for houses, or institutions housed in a building

tái 台 for machines, big instruments, etc.

tàng 趟 for trips

tào 套 a set of

tiáo 条 for things with a long, narrow shape

tóu 头 for cattle or sheep

wèi 位 a polite measure word for people

xià 下 used with certain verbs to indicate the number of times the action is done

xiàng 项 item, component

yè 页 for pages (of a book)

yīngchǐ 英尺 foot (as a measurement of length)

yīngcùn 英寸 inch

yuán 元 the basic unit of Chinese currency (1 元 **yuán** = 10 角 **jiǎo**/毛 **máo** = 100 分 **fēn**), dollar

zhāng 张 for paper, beds, tables, desks

zhèn 阵 for an action or event that lasts for some time

zhī 支 for stick-like things

zhī 只 for animals, utensils, or objects

zhǒng 种 kind, sort

zuò 座 for large and solid objects, such as a large building

A, a

A N 优 yōu, 优等 yōuděng □ She got an "A" on her English test. 她英文测验得了"优"。Tā Yīngwén cèyàn déle "yōu".

a, an ART 一 yī, 一个 yí ge
a boy 一个男孩 yí ge nánhái
an hour 一个小时 yí ge xiǎoshí

AA (= Associate of Arts) ABBREV 准文学士 zhǔn wénxuéshì

AAA (= American Automobile Association) ABBREV 美国汽车协会 Měiguó qìchē xiéhuì

abacus N 算盘 suànpán [M. WD 只 zhī]

abandon V 遗弃 yíqì, 抛弃 fàngqì, 中止 zhōngzhǐ

abashed ADJ 惭愧的 cánkuì de, 难为情的 nánwéiqíng de

abate V 减轻 jiǎnqīng, 减少 jiǎnshǎo

abbey N 修道院 xiūdàoyuàn, 寺院 sìyuàn [M. WD 座 zuò]

abbreviate V 省略 shěnglüè, 缩略 suōlüè

abbreviation N 缩略语 suōlüèyǔ, 缩写 suōxiě

ABC (= American Broadcasting Corporation) ABBREV 美国广播(公司) Měiguó guǎngbō gōngsī

abdomen N 腹部 fùbù, 肚子 dùzi

abduct V 劫持 jiéchí, 绑架 bǎngjià

aberration N 异常 yìcháng

abet V 唆使 suōshǐ, 教唆 jiàosuō

abhor V 厌恶 yànè, 憎恶 zēngè

abhorrent ADJ 憎恶 zēngè, 痛恨 tòng hèn

abide (PT & PP **abided/abode**) V (abide by) 遵守 zūnshǒu, 信守 xìnshǒu

abiding ADJ 永久的 yǒngjiǔ de, 持久的 chíjiǔ de

ability N 能力 nénglì, 才能 cáinéng □ Does she have the ability to do the job well? 她有能力做好这件事吗？Tā yǒu nénglì zuòhǎo zhè jiàn shì ma?

abject ADJ 卑躬屈膝的 [+行为] bēigōng qūxī de [+xíngwéi], 低声下气的 [+道歉] dīshēng xiàqì de [+dàoqiàn]
abject poverty 赤贫 chìpín

ablaze ADJ 燃烧 ránshāo, 熊熊燃烧 xióngxióng ránshāo

able ADJ 能 néng, 能够 nénggòu □ Sorry, I'm not able to attend the meeting tomorrow. 对不起，我不能出席明天的会议。Duìbuqǐ, wǒ bùnéng chūxí míngtiān de huìyì. □ He is not able to drive as he's drunk too much beer. 他不能开车，因为喝了太多的啤酒。Tā bùnéng kāichē, yīnwèi hēle tài duō de píjiǔ.

abnormal ADJ 不正常的 bú zhèngcháng de, 反常的 fǎncháng de

aboard ADV 在飞机／火车／轮船上 zài fēijī/huǒchē/lúnchuán shang, 上飞机／火车／轮船 shàng fēijī/huǒchē/lúnchuán

abode¹ N 住所 zhùsuǒ

abode² See **abide**

abolish V 废除 fèichú

Aborigine N (澳大利亚) 原住民 (Àodàlìyà) yuánzhùmín

abort V 1 使 [+怀孕的妇女] 流产 shǐ [+huáiyùn de fùnǚ] liúchǎn, 堕胎 duòtāi, 使堕胎 shǐ duòtāi 2 中止 [+行动／计划] zhōngzhǐ [+xíngdòng/jìhuà]

abortion N 堕胎 duòtāi, 人工流产 réngōng liúchǎn □ Laurie is Catholic and is fiercely anti-abortion. 劳丽是天主教徒，她强烈反对堕胎。Láolì shì Tiānzhǔ jiàotú, tā qiángliè fǎnduì duòtāi.

abortive ADJ 流产的 liúchǎn de, 失败的 shībài de

abound V 大量存在 dàiliàng cúnzài

about I PREP 关于 guānyú □ She has borrowed many books about China. 她借了许多关于中国的书。Tā jièle xǔduō guānyú Zhōngguó de shū.
How about/what about …? …, 怎么样 …, zěnmeyàng …, 好不好？ …, hǎobuhǎo? □ How about dining out tonight? 今天晚上出去吃饭，好不好？Jīntiān wǎnshang chūqu chīfàn, hǎo bu hǎo?

II ADV 大约 dàyuē, 大概 dàgài □ The trip cost him about 3,000 dollars. 这次旅行大约花了他3,000元。Zhè cì lǚxíng dàyuē huāle tā 3,000 yuán.
to be about to do sth 刚要 gāng yào, 正要 zhèngyào, 马上要 mǎshàng yào □ I was about to go out when the telephone rang. 我刚要出门，电话铃响了。Wǒ gāng yào chūmén, diànhuàlíng xiǎng le.

above I PREP 1 在…上边 zài…shàngbian, 在…上面 zài…shàngmian □ A huge poster is hanging on the wall above his bed. 他床上面的墙上挂着一张巨大的招贴画。Tā chuáng shàngmiàn de qiángshang guàzhe yì zhāng jùdà de zhāotiēhuà.
above all 首先 shǒuxiān, 最重要的 zuì zhòngyào de
2 超过 chāoguò
II ADV 1 在上面 zài shàngmian
prices listed above 上面列出的价格 shàngmian lièchū de jiàgé
2 超过 chāoguò
families with above average incomes 超过平均收入的家庭 chāoguò píngjūn shōurù de jiātíng
III ADJ 上述的 shàngshù de

aboveboard ADJ 光明正大的 guāngmíng zhèngdà de

abrasive ADJ 生硬的 shēngyìng de, 鲁莽的 lǔmǎng de

abreast ADV 并排的 bìngpái de
to keep abreast of … 了解…的最新情况 liǎojiě…de zuìxīn qíngkuàng □ Dr. Brown reads medical journals regularly to keep abreast of the latest developments. 布朗医生定期阅读医学期刊，来了解最新发展。Bùlǎng yīshēng dìngqī yuèdú yīxué qīkān, lái liǎojiě zuìxīn fāzhǎn.

abridged ADJ 删节的 shānjié de, 节缩的 jié suō de

abroad ADV 到国外 dào guówài, 在国外 zài guówài □ They're going abroad next week. 他们下星期出国。Tāmen xià xīngqī chūguó. □ Many Chinese youths are studying abroad. 很多中国青年人在国外学习。Hěn duō Zhōngguó qīngnián rén zài guówài xuéxí.

abrupt ADJ 突然的 tūrán de, 粗鲁的 [+态度] cūlǔ de [+tàidu]

abscess N 脓肿 nóngzhǒng

abscond V 携款潜逃 xiékuǎn qiántáo, 潜逃 qiántáo

absence N 不在 bú zài, 缺席 quēxí □ The children studied by themselves during their teacher's absence. 老师不在的时候，孩子们自己学习。Lǎoshī búzàide shíhou, háizimen zìjǐ xuéxí. □ I did not notice his absence. 我没有注意到他不在。Wǒ méiyǒu zhùyìdào tā búzài.

absent ADJ 不在 búzài, 缺席 quēxí □ She was absent from work last Friday. 她上星期五没有来上班。Tā shàng xīngqīwǔ méiyǒu lái shàngbān.
absent-minded 心不在焉的 xīn bú zài yān de

absentee N 缺席者 quēxí zhě
absentee ballot 缺席投票 quēxítóupiào

absenteeism N 无故旷工 (旷课) wúgù kuànggōng (kuàngkè)

absolute ADJ 绝对 juéduì, 完全 wánquán □ Do you believe in absolute truth? 你相信绝对真理吗？Nǐ xiāngxìn juéduì zhēnlǐ ma?

absolve V 宣布无罪 xuānbù wúzuì

absorb V 吸收 xīshōu

absorbent ADJ 易吸水的 yì xīshuǐ de

absorbing ADJ 引人入胜的 yǐn rén rù shèng de

abstain V 1 放弃投票权 fàngqì tóupiào quán, 弃权 qìquán 2 避免 bìmiǎn, 戒除 jièchú
to abstain from sex before marriage 避免婚前姓生活 bìmiǎn hūnqián xìng shēnghuó

abstinence N 禁欲 jìnyù, 戒酒戒烟 jièjiǔ jièyān

abstract¹ ADJ 抽象的 chōuxiàng de

abstract² N (论文) 摘要 (lùnwén) zhāiyào [M. WD 篇 piān]

absurd ADJ 荒谬 huāngmiù, 荒唐 huāngtang □ It is absurd

of him to make such a claim. 他提出这样的要求，太荒谬了。Tā tíchū zhèyàng de yāoqiú, tài huāngmiù le.

abundance N 丰富 fēngfù, 充裕 chōngyù

abundant ADJ 丰富 fēngfù, 充沛 chōngpèi □ We have an abundant supply of food. 我们的食品供应很丰富。Wǒmen de shípǐn gōngyìng hěn fēngfù.

abundantly ADV 大量地 dàliàng de

abuse I N 1 滥用 lànyòng □ The bureau chief was dismissed for abuse of authority. 局长因为滥用职权而被撤职。Júzhǎng yīnwèi lànyòng zhíquán ér bèi chèzhí.
drug/alchohol abuse 吸毒/酗酒 (现象) xīdú/xùjiǔ (xiànxiàng)
2 虐待 nüèdài □ Abuse of animals is quite common in that region. 在那个地区，虐待动物相当普遍。Zài nàge dìqū, nüèdài dòngwù xiāngdāng pǔbiàn. 3 谩骂 mànmà, 辱骂 rǔmà
II v 虐待 nüèdài
physical abuse 殴打 ōudǎ
verbal abuse 辱骂 rǔmà

abusive ADJ 虐待的 nüèdài de

abysmal ADJ 极坏的 jí huài de, 糟透的 zāotòu de

abyss N 1 深渊 shēnyuān 2 极其危险的境地 jíqí wēixiǎn de jìngdì

academic ADJ 学校的 xuéxiào de
academic degree 学位 xuéwèi
academic year 学年 xuénián

academy N 1 专科学院 zhuānkē xuéyuàn 2 研究院 yánjiūyuàn, 学会 xuéhuì 3 私立学院 sīlì xuéyuàn
United States Military Academy at West Point 美国西点军事学院 Měiguó xīdiǎnjūnshì xuéyuàn
the American Academy of Arts and Letters 美国艺术和文学学会 Měiguó yìshù Héwén xuéxue huì

accelerate v 加速 jiāsù, 使…加速 shǐ…jiāsù, 提前 tíqián, 使…提前 shǐ…tíqián

accelerator N 加速器 jiāsùqì, 油门 yóumén
to step on the accelerator 踩油门 cǎi yóumén

accent I N 1 口音 kǒuyīn
to speak Chinese with an English accent 讲中文带有英语口音 jiǎng Zhōngwén dàiyǒu Yīngyǔ kǒuyīn
II v 强调 qiángdiào, 突出 tūchū

accept v 接受 jiēshòu □ We're happy to accept your invitation. 我们非常高兴接受您的邀请。Wǒmen fēicháng gāoxìng jiēshòu nín de yāoqǐng.

acceptable ADJ 可以接受的 kěyǐ jiēshòude, 还不错的 hái búcuò de □ This kind of behavior is not acceptable in public. 在公众场合，这种行为是不可接受的。Zài gōngzhòng chǎnghé, zhè zhǒng xíngwéi shì bùkě jiēshòu de. □ This is not the best solution, but it's acceptable. 这不是最好的解决办法，但还可以接受。Zhè bú shì zuìhǎo de jiějué bànfǎ, dàn hái kěyǐ jiēshòu.

acceptance N 接受 jiēshòu, 认可 rènkě

access I N 1 达到 dádào, 进入 jìnrù □ Buses provide easy access to the city center. 公共汽车使人们很容易达到市中心。Gōnggòng qìchē shǐ rénmen hěn róngyì dádào shì zhōngxīn. □ Children from rich and poor families should have equal access to education. 富人和穷人家的孩子应该有平等的机会接受教育。Fùrén hé qióngrén jiā de háizi yīnggāi yǒu píngděng de jīhuì jiēshòu jiàoyù.
II v 1 获取 [+信息] huòqǔ [+xìnxī] 2 进入 [+贮藏室] jìnrù [+zhùcángshì]
access time (计算机)读取(信息)时间 (jìsuànjī) dú qǔ (xìnxī) shíjiān

accessible ADJ 容易进入的 róngyì jìnrù de, 容易得到的 róngyì dédào de

accessory N 1 装饰品 zhuāngshìpǐn [M. WD 件 jiàn], 附件 fùjiàn 2 从犯 cóngfàn, 帮凶 bāngxiōng

accident N 事故 shìgù [M. WD 件 jiàn/起 qǐ]
car accident 交通事故 jiāotōng shìgù
by accident 不是故意的 bùshì gùyì de, 意外的 yìwài de □ I broke the vase by accident—I'll pay for it. 我不是故意打破花瓶的—我一会会赔偿。Wǒ búshì gùyì dǎpò huāpíng de—wǒ huì péicháng.

accidental ADJ 意外的 yìwài de, 偶然的 ǒurán de

accident-prone ADJ 容易造成事故的 róngyì zàochéng shìgù de, 很会闯祸的 hěn huì chuǎnghuò de

acclaim I v 称赞 chēngzàn, 叫好 jiàohǎo II N 称赞 chēngzàn, 赞扬 zànyáng

acclimatize v 使…适应 shǐ…shìyìng, 使…习惯 shǐ…xíguàn

accolade N 高度赞扬 gāodù zànyáng

accommodate v 1 提供住宿 tígōng zhùsù □ Can the city accommodate all the visitors during the holiday season? 这个城市能在旅游季节为所有的来客提供住宿吗？Zhège chéngshì néng zài lǚyóu jìjié wèi suǒyǒu de láikè tígōng zhùsù ma?
2 适应 shìyìng, 迎合 yínghé □ We try hard to accommodate the needs of our guests. 我们尽量迎合客人的需要。Wǒmen jǐnliàng yínghé kèrén de xūyào.

accommodating ADJ 愿意帮助人的 yuànyì bāngzhù rén de, 随和的 suíhe de

accommodation N 住宿 zhùsù, 住宿的地方 zhùsù de dìfang □ Does the college provide accommodation for its students? 学校为学生提供住宿吗？Xuéxiào wèi xuésheng tígōng zhùsù ma?

accompaniment N (音乐)伴奏 (yīnyuè) bànzòu
with piano accompaniment 钢琴伴奏 gāngqín bànzòu

accompanist N (音乐)伴奏者 (yīnyuè) bànzòuzhě

accompany v 1 陪同 péitóng 2 为…伴奏 wéi…bànzòu
to accompany her on a trip to China 陪同她去中国 péitóng tā qù Zhōngguó

accomplice N 帮凶 bāngxiōng, 同谋 tóngmóu

accomplished ADJ 很有才华的 hěn yǒu cáihuá de, 有造诣的 yǒu zàoyì de
an accomplished fact 既成事实 jìchéng shìshí

accomplishment N 1 成就 chéngjiù [M. WD 项 xiàng], 成绩 chéngjì [M. WD 项 xiàng] 2 技能 jìnéng [M. WD 项 xiàng], 技巧 jìqiǎo [M. WD 项 xiàng]
a high level of accomplishment in figure staking 非常高的花样滑冰技巧 fēicháng gāo de huāyàng huábīng jìqiǎo

accord I N 1 符合 fúhé, 一致 yízhì 2 协定 xiédìng [M. WD 项 xiàng]
of one's own accord 自愿地 zìyuànde
to reach an accord 达成协议 dáchéng xiéyì
II v 给与 jǐyǔ

accordance N in accordance with 与…一致 yǔ…yízhì, 根据 genjù
in accordance with his will 根据他的遗嘱 gēnjù tāde yízhǔ

according to PREP 根据 gēnjù, 按照 ànzhào □ According to the plan they should reach the destination tonight. 根据计划，他们今夜到目的地。Gēnjù jìhuà, tāmen jīnyè dàodá mùdìdì.

accordingly ADV 相应地 xiāngyìng de

accost v 走上去与…主动讲话 zǒushàng qù yǔ…zhǔdòng jiǎnghuà, 与…搭讪 yǔ…dāshàn

account I N 1 叙述 xùshù, 描写 miáoxiě
to give an account of … 讲述 jiǎngshù
2 帐 zhàng, 账户 zhànghù, 账目 zhàngmù □ There is little left in his bank account. 他的银行账户里没有多少钱了。Tā de yínháng zhànghù lǐ méiyǒu duōshao qián le.
accounts payable 应付账款 yìngfu zhàngkuǎn
accounts receivable 应收账款 yīngshōu zhàngkuǎn
checking account 活期账户 huóqī zhànghù
savings account 储蓄账户 chǔxù zhànghù
3 考虑 kǎolǜ, 想法 xiǎngfǎ

to take … into account/take account of 考虑 kǎolǜ □ You should take account of the tight timeframe. 你应该考虑到时间很紧。Nǐ yīnggāi kǎolǜdào shíjiān hěn jǐn.
II v (to account for) 说明 shuōmíng, 解释 jiěshì □ There's no accounting for taste. 青菜萝卜, 各有所好。Qīngcài luóbo, gèyǒusuǒhào.

accountability N 负责 fùzé, 责任制 zérènzhì
police accountability to the public 警方对公众负责 jǐngfāng duì gōngzhòng fùzé

accountable ADJ 负有责任的 fùyǒu zérèn de

accountant N 会计 kuàijì, 会计师 kuàijìshī

accounting N 会计工作 kuàijì gōngzuò, 会计学 kuàijìxué

accreditation N 正式认可 zhèngshì rènkě, 授权 shòuquán

accredited ADJ 得到正式认可的 [+教师] dédào zhèngshì rènkě de [+jiàoshī], 有正式资格的 [+专业工作者] yǒu zhèngshì zīgé de [+zhuānyè gōngzuòzhě]
an accredited accountant 有资格开业的会计师 yǒu zīgé kāiyè de kuàijìshī

accumulate v 积累 jīlěi, 集聚 jíjù

accuracy N 准确性 zhǔnquèxìng, 精确度 jīngquèdù

accurate ADJ 准确 zhǔnquè, 精确 jīngquè □ Sorry, I can't give you an accurate figure. 对不起, 我无法提供准确的数字。Duìbuqǐ, wǒ wúfǎ tígōng zhǔnquè de shùzì.

accusation N 控告 kònggào, 指控 zhǐkòng

accuse v 控告 kònggào, 控诉 kòngsù
to accuse him of sex harassment 控告他性骚扰 kònggào tā xìngsāorǎo

accused N 被告 bèigào [M. WD 名 míng]

accustom v 使…习惯 shǐ…xíguàn

accustomed ADJ 习惯 xíguàn, 习惯于 xíguàn yú
be accustomed to a vegetarian diet 习惯于吃素食 xíguàn yú chīsù shí

ace I N 1 (扑克牌) A 牌 (pūkèpái) ēi pái 2 王牌 wángpái, 高手 gāoshǒu
a tennis ace 网球高手 wǎngqiú gāoshǒu
II ADJ 第一流的 dìyīliú de, 棒极的 bàng jí de
an ace pitcher 王牌投球手 wángpái tóuqiú shǒu

acerbic ADJ 尖刻的 jiānkè de, 刻毒的 kèdú de

ache I N 疼 téng, 痛 tòng □ The ache in my knees is killing me! 我膝盖痛得要死! Wǒ xīgài tòngde yàosǐ!
II v 疼 téng, 痛 tòng □ I am aching all over. 我浑身疼。Wǒ húnshēn téng.

achieve v 1 取得 [+平等地位] qǔdé [+píngděng dìwèi], 获得 huòdé □ The military campaign has achieved great success. 这次战役取得了很大成功。Zhècì zhànyì qǔdé le hěn dà chénggōng. 2 实现 [+目标] shíxiàn [+mùbiāo]

achievement N 成就 chéngjiù, 成绩 chéngjì

acid N 酸 suān
acid cloud 酸云 suānyún
acid rain 酸雨 suānyǔ
an acid test 严峻的考验 yánjùn de kǎoyàn

acknowledge v 1 承认 chéngrèn, 确认 quèrèn 2 表示感谢 biǎoshì gǎnxiè, 鸣谢 míngxiè, 致谢 zhìxiè

acknowledgment N 1 承认 chéngrèn, 确认 quèrèn 2 感谢 gǎnxiè, 鸣谢 míngxiè
in acknowledgment of 确认 quèrèn, 表彰 biǎozhāng

acne N 粉刺 fěncì

acorn N 橡树的果子 xiàngshù de guǒzi, 橡果 xiàng guǒ

acoustic ADJ 声音的 shēngyīn de, 音响的 yīnxiǎng de

acoustics N 1 音响效果 yīnxiǎng xiàoguǒ 2 声学 shēngxué

acquaint v 认识 rènshi, 知晓 zhīxiǎo
to acquaint oneself with 了解 liǎojiě
to be acquainted with 认识 rènshi, 了解 liǎojiě

acquaintance N 1 认识的人 rènshi de rén, 熟人 shúrén 2 了解 liǎojiě, 认识 rènshi
to make sb's acquaintance 认识 rènshi, 结识 jiéshí

acquiesce v 默许 mòxǔ, 勉强同意 miǎnqiáng tóngyì

acquire v 取得 qǔdé, 获得 huòdé □ I haven't acquired the data needed for the report. 我还没有取得写报告需要的数据。Wǒ hái méiyǒu qǔdé xiě bàogào xūyào de shùjù.

acquisition N 1 获得 huòdé, 得到 dédào 2 获得的东西 huòdé de dōngxi, 得到的东西 dédào de dōngxi
mergers and acquisitions 公司并购 gōngsī bìnggòu

acquit v 宣布无罪 xuānbù wúzuì

acquittal N 无罪宣判 wúzuì xuānpàn

acre N 英亩 yīngmǔ

acreage N 英亩数 yīngmǔ shù, 面积 miànjī

acrid ADJ 1 刺鼻的 [+气味] cìbí de [+qìwèi] 2 刻薄的 [+话] kèbó de [+huà]

acrimonious ADJ 充满敌意的 chōngmǎn díyì de, 激烈的 jīliè de

acrimony N 敌意 díyì, 互相仇视 hùxiāng chóushì

acrobat N 杂技演员 zájì yǎnyuán

acrobatics N 杂技 zájì

acronym N 首字母拼音词 shǒu zìmǔ pīnyīn cí □ "NATO" is the acronym for the "North Atlantic Treaty Organization." "NATO" 是 the North Atlantic Treaty Organization（北大西洋公约组织）的首字母拼音词。"NATO" shì "the North Atlantic Treaty Organization" (Běidàxīyáng Gōngyuē zǔzhī) de shǒu zìmǔ pīnyīn cí.

across I PREP 1 过 guò, 穿过 chuānguo □ Can you swim across this river? 你游得过这条河吗? Nǐ yóudeguo zhè tiáo hé ma? 2 在…的对面 zài…de duìmiàn □ The bookstore is just across the street. 书店就在马路对面。Shūdiàn jiù zài mǎlù duìmiàn.
II ADV 过 guò, 穿过 chuānguo

act I v 1 (迅速+) 行动 [xùnsù+] xíngdòng □ We must act before it's too late. 我们必须及时采取行动。Wǒmen bìxū jíshí cǎiqǔ xíngdòng. 2 演 [+主角] yǎn [+zhǔjué], 扮演 [+一个角色] bànyǎn [+yí ge juésè] □ He played the part very well. 他这个角色演得挺好。Tā zhè ge juésè yǎnde tǐng hǎo. 3 装出 [+…的样子] zhuāngchū [+…de yàngzi], 假装 jiǎzhuāng □ He is just acting like a fool. 他只是装得像傻瓜。Tā zhǐ shì zhuāngde xiàng shǎguā.
to act as 当 [+中间人] dāng [+zhōngjiānrén], 担任 dānrèn □ A Chinese friend acted as my interpreter. 一位中国朋友给我当翻译。Yí wèi Zhōngguó péngyou gěi wǒ dāng fānyì.
II N 1 行动 xíngdòng, 行为 xíngwéi □ She was caught in the act of shoplifting. 她在商店偷窃时被抓获。Tā zài shāngdiàn tōuqiè shí bèi zhuāhuò. □ I don't think it was a friendly act. 我认为这不是一个友好的行为。Wǒ rènwéi zhè búshì yí ge yǒuhǎo de xíngwéi. 2 (通过+) 法令 [tōngguò+] fǎlìng □ The Act was introduced by a Republican Congress. 这个法令是由一名共和党众议员提出的。Zhège fǎlìng shì yóu yì míng Gònghédǎng zhòngyìyuán tíchū de.

acting I ADJ 代理的 dàilǐ de
acting principal 代理校长 dàilǐ xiàozhǎng, 代校长 dài xiàozhǎng
II N 表演 biǎoyǎn

action N 行动 xíngdòng, 行为 xíngwéi □ We'll judge him by his actions. 我们将根据他的行为来判断他。Wǒmen jiāng gēnjù tā de xíngwéi lái pànduàn tā.
Actions speak louder than words. 行动重于言辞。Xíngdòng zhòngyú yáncí.
to take action 采取行动 cǎiqǔ xíngdòng □ The school will take strong action to deal with the drug problem. 学校将采取有力行动来对付吸毒问题。Xuéxiào jiāng cǎiqǔ yǒulì xíngdòng lái duìfu xīdú wèntí.

active I ADJ 活跃 huóyuè, 积极 jījí □ She is active in the local church. 她在当地教会中很活跃。Tā zài dāngdì jiàohuì zhōng hěn huóyuè.
II N 主动语态 zhǔdòng yǔtài

activist N 积极分子 jījí fènzǐ

activity N 活动 huódòng [M. WD 项 xiàng]

after-school activities 课外活动 kè wài huódòng

terrorist activities 恐怖主义活动 kǒngbù zhǔyì huódòng

actor N (男)演员 (nán) yǎnyuán

actress N (女)演员 (nǚ) yǎnyuán

actual ADJ 实际的 shíjì de, 真实的 zhēnshí de □ Things are much more complicated in actual life. 在现实生活中，情况要复杂得多。Zài xiànshí shēnghuó zhōng, qíngkuàng yào fùzáde duō.

actuality N 真实 zhēnshí, 事实 shìshí

in actuality 事实上 shìshíshang, 实际上 shíjìshàng

actually ADV 事实上 shìshíshang, 其实 qíshí

acumen N 机敏 jīmǐn, 敏锐 mǐnruì

acupuncture N 针灸 zhēnjiǔ, 针灸疗法 zhēnjiǔliáofǎ

acute ADJ **1** 严重的 yánzhòng de **2** 急性的 jíxìng de

acute disease 急性病 jíxìngbìng

acute pain 剧烈疼痛 jùliè téngtòng

adamant ADJ 坚持 jiānchí, 坚决 jiānjué

Adam's apple N 喉结 hóujié

adapt V **1** 改变…以适应 gǎibiàn…yǐ shìyìng □ We have to adapt ourselves to changing circumstances. 我们必须改变自己以适应变化的环境。Wǒmen bìxū gǎibiàn zìjǐ yǐshìyìng biànhuà de huánjìng. **2** 改编 [+小说] gǎibiān [+xiǎoshuō] □ This movie was adapted from a bestselling novel. 这部电影是根据一本畅销小说改编的。Zhè bù diànyǐng shì gēnjù yìběn chàngxiāo xiǎoshuō gǎibiān de.

adaptable ADJ 能适应的 néng shìyìng de

adapter N 转接器 zhuǎnjiēqì, 插座 chāzuò

add V **1** 加 jiā □ 5 added to 7 makes 12. 5加7等于12。5 jiā 7 děngyú 12. **2** 补充 bǔchōng □ I have nothing to add. 我没有什么要补充的。Wǒ méiyǒu shénme yào bǔchōng de.

addict N **1** 吸毒上瘾的人 xīdú shàngyǐn de rén **2** 上瘾的人 shàngyǐn de rén

cocaine addict 可卡因上瘾者 kěkǎyīn shàngyǐn zhě

computer addict 电脑迷 diànnǎo mí

addicted ADJ 上瘾的 xīdú shàngyǐn de

addicted to gambling 赌博上瘾的 dǔbó shàngyǐn de

addiction N 上瘾 shàngyǐn, 成瘾 chéngyǐn

drug addiction 毒瘾 dúyǐn

addictive ADJ 使人上瘾的 shǐrén shàngyǐn de

addition N 加 jiā, 加法 jiāfǎ □ The child can do simple additions. 这个孩子会做简单的加法了。Zhè ge háizi huì zuò jiǎndān de jiāfǎ le.

in addition 另外 lìngwài, 此外 cǐwài

in addition to 除了…以外 chúle…yǐwài □ In addition to his full-time job, he moonlights as a translator. 他除了全日工作以外，还兼职做翻译工作。Tā chúle quánrì gōngzuò yǐwài, hái jiānzhí zuò fānyì gōngzuò.

additional ADJ 额外的 éwàide, 附加的 fùjiāde □ Additional funding is needed to tackle this new problem. 需要额外拨款来处理这个新问题。Xūyào éwài bōkuǎn lái chǔlǐ zhè ge xīn wèntí.

additive N 添加剂 tiānjiājì

address I N **1** 地址 dìzhǐ □ What is your address? 你的地址在哪里？Nǐ de dìzhǐ zài nǎlǐ? (→ 你住在哪里？Nǐ zhù zài nǎlǐ?) **2** 演说 yǎnshuō, 讲话 jiǎnghuà

to deliver an opening address 致开幕词 zhì kāimùcí

II V **1** (在邮件上)写姓名地址 (zài yóujiàn shàng) xiě xìngmíng dìzhǐ, 在信封上 kāi xìnfēng **2** 演讲 yǎnjiǎng, 发表演说 fābiǎo yǎnshuō **3** 称呼 chēnghu

form of address 称呼方式 chēnghu fāngshì

adept I ADJ 擅长的 shàncháng de, 熟练的 shúliàn de

II N 能手 néngshǒu, 内行 nèiháng

adequate ADJ 充分的 chōngfèn de, 足够的 zúgòu de

adhere V 黏附 niánfù

to adhere to 坚持 jiānchí

adherence N 坚持 jiānchí, 遵守 zūnshǒu

adherent N 信奉者 xìnfèngzhě

adhesion N 粘连 zhānlián, 黏附 niánfù

adhesive ADJ 有粘性的 yǒu zhānxìng de

adhesive tape 胶布 jiāobù, 胶带 jiāodài

ad hoc ADJ 专门的 zhuānmén de, 特地 tèdì

an ad hoc committee 专门委员会 zhuānmén wěiyuánhuì

adjacent ADJ 邻近的 línjìn de, 相连的 xiānglián de

adjective N 形容词 xíngróngcí

adjoining ADJ 相邻的 xiānglín de, 紧挨着的 jǐn'āizhe de

adjourn V 暂停 zàntíng, 休会 xiūhuì

adjudicate V 裁定 cáidìng, 评审 píngshěn

adjunct N 附属物 fùshǔwù, 附件 fùjiàn

adjust V **1** 调整 tiáozhěng, 调节 tiáojié **2** 适应 shìyìng

well-adjusted 身心健全的 shēnxīnjiànquán de, 能对付生活中的问题的 néng duìfu shēnghuó zhōngde wèntíde

adjustment N 调整 tiáozhěng, 调节 tiáojié

ad-lib V 即兴表演 jíxìng biǎoyǎn, 当场演说 dāngchǎng yǎnshuō

administer V **1** 管理 [+医院] guǎnlǐ [+yīyuàn], 治理 zhìlǐ **2** 执行 [+规定] zhíxíng [+guīdìng]

administration N **1** 管理 guǎnlǐ, 行政 xíngzhèng □ The company has reduced costs through an efficient administration. 公司通过高效管理降低了开支。Gōngsī tōngguò gāoxiào guǎnlǐ jiàngdī le kāizhī. **2** 政府 zhèngfǔ □ The U.S. Federal Administration is headed by the President. 美国联邦政府由总统领导。Měiguó liánbāng zhèngfǔ yóu zǒngtǒng lǐngdǎo.

administrative ADJ 行政的 xíngzhèng de, 管理的 guǎnlǐ de

administrative assistant 行政助理 xíngzhèng zhùlǐ

administrator N 行政管理人 xíngzhèng guǎnlǐ rén

admirable ADJ 令人敬佩的 lìngrén jìng pèi de, 出色的 chūsè de

admiral N 舰队司令 jiànduì sīlíng [M. WD 位 wèi], 海军上将 hǎijūn shàngjiàng [M. WD 位 wèi]

admiration N 敬佩 jìngpèi, 佩服 pèifu □ We're full of admiration for the firemen. 我们对消防员充满敬佩。Wǒmen duì xiāofáng yuán chōngmǎn jìngpèi.

admire V **1** 敬佩 jìngpèi, 钦佩 qīnpèi, 佩服 pèifu □ I have always admired his moral courage. 我一向敬佩他的道德勇气。Wǒ yíxiàng jìngpèi tā de dàodé yǒngqì. **2** 欣赏 [+美景] xīnshǎng [+měijǐng], 观赏 [+风景] guānshǎng [+fēngjǐng]

to admire the ocean view 观赏海景 guānshǎng hǎijǐng

admissible ADJ 可接受的 kě jiēshòu de, 可采纳的 kě cǎinà de

admissible evidence 可接受的证词 kě jiēshòu dí zhèngcí

admission N **1** 承认 chéngrèn □ With his admission of the error, we were quite ready to forgive him. 他承认了错误，我们准备原谅他。Tā chéngrènle cuòwù, wǒmen zhǔnbèi yuánliàng tā. **2** 门票 ménpiào □ Admission to the concert is 10 dollars. 音乐会门票是十块钱。Yīnyuèhuì ménpiào shì shí kuài qián.

No admission 不准入内 bùzhǔn rùnèi

admissions N 大学录取过程 dàxué lùqǔ guòchéng, 大学录取人数 dàxué lùqǔ rénshù

admit V **1** 承认 chéngrèn □ He admitted that he had been careless. 他承认自己不小心。Tā chéngrèn zìjǐ bùxiǎoxīn. □ She never admitted to cheating on the exam. 她从来没有承认自己考试作弊。Tā cónglái méiyǒu chéngrèn zìjǐ kǎoshì zuòbì. **2** 允许加入 yǔnxǔ jiārù, 接纳 jiēnà

to be admitted to the country club 被接纳加入乡村俱乐部 bèi jiēnà jiārù xiāngcūn jùlèbù

3 接收入医院 jiē shōu rù yīyuàn

to be admitted to the intensive care 送进医院特别护理病 sòngjìn yīyuàn tèbié hùlǐ bù

admittance N 进入 jìnrù
to gain admittance to Harvard 进入哈佛大学学习 jìnrù Hāfó Dàxué xuéxí, 被哈佛大学录取 bèi Hāfó Dàxué lùqǔ

admittedly ADV 应该承认 yīnggāi chéngrèn, 确实地 quèshíde

admonish V 劝告 quàngào, 告诫 gàojiè

admonition N 告诫 gàojiè, 警告 jǐnggào

adolescence N 青少年时期 qīng shàonián shíqī, 青春期 qīngchūnqī

adolescent I ADJ 青少年的 qīngshàonián de, 青春期的 qīngchūnqī de II N 青少年 qīngshàonián

adopt V 1 领养 lǐngyǎng □ The Fords have adopted three orphans. 福特夫妇领养了三个孤儿。Fútè fūfù lǐngyǎngle sān ge gū'ér. 2 采用 cǎiyòng, 采纳 cǎinà □ His proposal was adopted by the council. 他的提议被理事会采纳了。Tā de tíyí bèi lǐshìhuì cǎinà le.

adoptive ADJ 领养的 lǐngyǎng de
an adoptive father 领养孩子的父亲 lǐngyǎng háizi de fùqin, 养父 yǎngfù

adorable ADJ 非常可爱的 fēicháng kě'ài de

adoration N 爱慕 àimù, 敬慕 jìngmù

adore V 爱慕 àimù, 敬慕 jìngmù

adorn V 装饰 zhuāngshì

adornment N 装饰品 zhuāngshìpǐn [M. WD 件 jiàn]

adrenaline N 1 肾上腺素 shènshàngxiànsù 2 强烈的兴奋 qiángliè de xīngfèn

adrift ADJ 漂流的 piāoliú de

adroit ADJ 1 灵巧的 [+手] língqiǎo de [+shǒu] 2 口齿伶俐的 [+外交家] kǒuchǐ línglì de [+wàijiāojiā]

adulation N 恭维 gōngwei, 奉承 fèngcheng

adult I N 成年人 chéngniánrén, 成人 chéngrén □ What is the legal age for being an adult? 法定成年人年龄是多少? Fǎdìng chéngniánrén niánlíng shì duōshǎo? □ The movie is for adults only. 这部电影只适合成年看。Zhè bù diànyǐng zhǐ shìhé chéngnián kàn.
II ADJ 1 成年人的 chéngniánrén de, 成人的 chéngrén de □ She has worked for adult education for many years. 她为成人教育工作了多年。Tā wèi chéngrén jiàoyù gōngzuòle duō nián. 2 适合成年的 shìhé chéngnián de □ How can such a child understand the adult view of the world? 这样的孩子怎么能理解成年对世界的看法? Zhèyàng de háizi zěnme néng lǐjiě chéngnián duì shìjiè de kànfǎ?

adulterate V 掺假 chān jiǎ

adultery N 通奸 tōngjiān

advance I V 1 进展 jìnzhǎn, 发展 fāzhǎn □ The world has advanced from the industrial age to an information age. 世界已经从工业时代进展到信息时代。Shìjiè yǐjīng cóng gōngyè shídài jìnzhǎndào xìnxī shídài. 2 提出 [+计划、理论等] tíchū [+jìhuà, lǐlùn děng] 3 预支 [+工资、报酬等] yùzhī [+gōngzī, bàochou děng]
II N 1 预先 yùxiān
in advance 预先 yùxiān □ You need not pay in advance. 你不必预先付款。Nǐ búbì yùxiān fù kuǎn.
2 进展 jìnzhǎn, 发展 fāzhǎn 3 预付款 yùfùkuǎn

advanced ADJ 1 先进的 [+技术] xiānjìn de [+jìshù] □ The laboratory has the most advanced equipment available. 实验室具有最先进的设备。Shíyànshì jùyǒu zuì xiānjìn de shèbèi. 2 高级 (的) [+数学] gāojí (de) [+shùxué] □ That book is too easy for an advanced student like you. 对于像你这样的高级学生来说, 那本书太容易了。Duìyú xiàng nǐ zhèyàng de gāojí xuésheng láishuō, nà běn shū tài róngyì le.

advances N 挑逗 tiǎodòu, 勾引 gōuyǐn
to make advances to sb 挑逗某人 tiǎodòu mǒurén, 对某人性骚扰 duì mǒurén xìngsāorǎo

advantage N 1 好处 hǎochù, 益处 yìchù □ To know a foreign language often gives one an advantage. 懂一门外语, 常常有好处。Dǒng yì mén wàiyǔ, chángcháng yǒu hǎochù. 2 有利条件 yǒulì tiáojiàn □ It is an advantage to have a rich dad. 有富爸爸是一个有利条件。Yǒu fù bàba shì yí ge yǒulì tiáojiàn.
to have an advantage over 对…占有优势 duì…zhànyǒu yōushì
to take advantage of sb 占某人的便宜 zhàn mǒurén piányi
to take advantage of sth 利用某事 lìyòng mǒushì

advent N 出现 chūxiàn, 来临 láilín

adventure N 冒险 màoxiǎn □ Harry, an energetic young man, is always looking for adventures. 哈里, 一个精力充沛的小伙子, 总是在寻找冒险。Hālǐ, yí ge jīnglì chōngpèi de xiǎohuǒzi, zǒngshì zài xúnzhǎo màoxiǎn.
adventure tour 冒险旅游 màoxiǎn lǚyóu

adventurer N 冒险家 màoxiǎnjiā

adventurous ADJ 喜欢冒险的 xǐhuan màoxiǎn de, 有冒险精神的 yǒu màoxiǎn jīngshén de

adverb N 副词 fùcí

adversary N 敌手 díshǒu, 对手 duìshǒu

adverse ADJ 不利的 búlì de, 反面的 fǎnmiàn de

advertise V 1 做广告 zuò guǎnggào, 登广告 dēng guǎnggào □ The company advertised their new product in newspapers and on TV. 公司在报纸和电视上为新产品做广告。Gōngsī zài bàozhǐ hé diànshìshang wèi xīn chǎnpǐn zuò guǎnggào. 2 招聘 [+职员] zhāopìn [+zhíyuán] □ The school is advertising for a Chinese teacher. 学校在招聘中文老师。Xuéxiào zài zhāopìn Zhōngwén lǎoshī.

advertisement N [电视+] 广告 [diànshì+] guǎnggào □ The company spends a lot on advertisements. 公司花很多钱做广告。Gōngsī huā hěn duō qián zuò guǎnggào.

advertising N 广告业 guǎnggàoyè
advertising agency 广告公司 guǎnggào gōngsī

advice N 劝告 quàngào, 意见 yìjiàn □ Let me give you a piece of advice. 我劝你一句话。Wǒ quàn nǐ yí jù huà. □ Shall we ask him for advice about this matter? 关于这件事我们要不要请教一下他的意见? Guānyú zhè jiàn shì wǒmen yàobuyào qǐngjiào yí xià tā de yìjiàn?

advise V 1 劝 quàn □ The doctor advised him to give up smoking. 医生劝他戒烟。Yīshēng quàn tā jiè yān. 2 提供咨询 tígōng zīxún □ He advises us on technical matters. 他在技术问题上为我们提供咨询。Tā zài jìshù wèntíshang wèi wǒmen tígōng zīxún.

adviser, advisor N 顾问 gùwèn [M. WD 位 wèi]

advisory ADJ 顾问的 gùwèn de, 咨询的 zīxún de
an advisory committee 顾问委员会 gùwèn wěiyuánhuì, 咨询委员会 zīxún wěiyuánhuì

advocate N, V 提倡 tíchàng, 主张 zhǔzhāng

aerial ADJ 从飞机上来的 cóng fēijī shànglái de
an aerial photograph 空中拍摄的照片 kōngzhōng pāishè de zhàopiàn

aerobic ADJ 增强心肺的 zēngqiáng xīnfèi de
aerobic exercise 有氧运动 yǒu yǎng yùndòng

aerobics N 有氧健身操 yǒu yǎng jiànshēncāo

aerodynamics N 空气动力学 kōngqì dònglìxué

aerosol N 喷雾罐 pēnwù guàn [M. WD 只 zhī]

aerospace ADJ 航空和航天工业 hángkōng hé hángtiān gōngyè

aesthetic ADJ 美学的 měixué de, 审美的 shěnměi de

aesthetics N 美学 měixué

afar ADV 从远方 cóng yuǎnfāng

affable ADJ 和蔼可亲的 hé'ǎi kěqīn de, 友好的 yǒuhǎo de

affair N 1 事 shì [M. WD 件 jiàn], 事情 shìqing [M. WD 件 jiàn], 事件 shìjiàn □ The Vice President himself handles human resources affairs. 副总经理亲自处理人力资源事件。Fù zǒngjīnglǐ qīnzì chǔlǐ rénlì zīyuán shìjiàn. 2 事务 shìwù [M. WD 件 jiàn]
foreign affairs 外交事务 wàijiāo shìwù, 外事 wàishì

3 婚外恋 hūnwài liàn □ I suspect he is having an affair with that woman. 我怀疑他和那个女人有婚外恋。Wǒ huáiyí tā hé nà ge nǚrén yǒu hūnwài liàn.

affect v **1** 影响 yǐngxiǎng **2** 假装 jiǎzhuāng

affectation N 装模作样 zhuāngmú zuòyàng, 矫揉造作 jiǎoróu zàozuò

affected ADJ 做作的 zuòzuo de, 装出来的 zhuāngchū láide

affection N 爱 ài, 喜爱 xǐ'ài

affectionate ADJ 充满爱意的 chōngmǎn àiyì de

affidavit N 宣誓书 xuānshìshū, 法庭证词 fǎtíng zhèngcí

affiliate I N 附属机构 fùshǔ jīgòu II v 使附属 shǐ fùshǔ
　an affiliated TV station to NBC 全国广播公司附属电视台 Quánguó Guǎngbō Gōngsī fùshǔ diànshìtái

affinity N 情投意合 qíngtóuyìhé, 生性喜好 shēngxìng xǐhào
　affinity card/affinity credit card 爱心信用卡 àixīn xìnyòngkǎ

affirm v 确认 quèrèn, 断定 duàndìng

affirmative ADJ 肯定的 kěndìng de
　an affirmative sentence 肯定句 kěndìng jù
　affirmative action 积极措施 jījí cuòshī

affix v 使固定 [+病人] 经受痛苦 shǐ gùdìng, 贴上 tiēshang

afflict v 使 [+病人] 经受痛苦 shǐ [+bìngrén] jīngshòu tòngkǔ, 折磨 zhémo
　be afflicted with a disease 患上病 huànshang bìng

affliction N 痛苦 tòngkǔ, 折磨 zhémo

affluent ADJ 富裕的 fùyù de
　affluent lifestyle 富裕的生活方式 fùyù de shēnghuó fāngshi

afford v **1** 买得起 mǎideqǐ □ He can afford that diamond ring. 他买得起那枚钻石戒指。Tā mǎideqǐ nà méi zuànshí jièzhi. **2** …得起 …dé qǐ □ I can't afford to stay in a five-star hotel. 我住不起五星级旅馆。Wǒ zhùbuqǐ wǔxīngjí lǚguǎn.
　cannot afford to offend sb 得罪不起某人 dézuì bùqǐ mǒurén

affordable ADJ 买得起的 mǎideqǐ de, 支付得起的 zhīfù dé qǐ de

affront N 侮辱性言行 wǔrǔ xìng yánxíng, 侮辱 wǔrǔ

afloat ADJ 资金周转良好的 zījīn zhōuzhuǎn liánghǎo de

afraid ADJ **1** 怕 pà, 害怕 hàipà □ She is afraid of the dark. 她怕黑暗。Tā pà hēi'àn. **2** 恐怕 kǒngpà □ I'm afraid I can't help you. 我恐怕帮不了你。Wǒ kǒngpà bāngbuliǎo nǐ.

afresh ADV 重新 chóngxīn, 新 xīn

Africa N 非洲 Fēizhōu

African I ADJ 非洲的 Fēizhōu de II N 非洲人 Fēizhōu rén

African-American N 非洲裔美国人 Fēizhōuyì Měiguórén, 美国黑人 Měiguó hēirén

after I PREP 在…以后 zài…yǐhòu □ Grandpa always takes a little nap after lunch. 爷爷在午饭以后总要睡一会。Yéye zài wǔfàn yǐhòu zǒng yào shuì yíhuǐr. □ After 6 p.m., you can reach me by cell phone. 晚上六点以后你可以给我打手机。Wǎnshang liùdiǎn yǐhòu nǐ kěyǐ gěi wǒ dǎ shǒujī.
　II CONJ 在…以后 zài…yǐhòu □ After their children all left home, they moved to a smaller house. 孩子们离家以后，他们搬到了一点的房子。Háizimen lí jiā yǐhòu, tāmen bāndaole xiǎo yìdiǎn de fángzi.
　After you. 您先请。Nín xiān qǐng.
　day after tomorrow 后天 hòutiān
　after all 毕竟 bìjìng, 不管怎么说 bùguǎn zěnme shuō □ You should be more patient with her; she is after all still a child. 你要对她耐心一点，她毕竟还是个孩子。Nǐ yào duì tā nàixīn yìdiǎn; tā bìjìng hái shì ge háizi.
　III ADV 以后 yǐhòu
　not long after 不久以后 bùjiǔ yǐhòu

after-effect N 后遗症 hòuyízhèng, 副作用 fùzuòyòng

afterlife N 来生 láishēng, 来世 láishì

aftermath N 后果 hòuguǒ, 余波 yúbō

afternoon N 下午 xiàwǔ □ I got his email yesterday afternoon. 我在昨天下午收到他的电子邮件。Wǒ zài zuótiān xiàwǔ shōudao tā de diànzǐ yóujiàn.

aftershave N 剃须后用的润肤油 tìxū hòu yòng de rùn fū yóu, 须后蜜 xūhòumì

aftertaste N 余味 yúwèi

afterthought N 事后的想法 shìhòu de xiǎngfǎ, 后来想起的事 hòulái xiǎngqǐ de shì

afterward ADV 后来 hòulái

afterwards ADV 后来 hòulái □ We went to the movies and had a drink in the bar afterwards. 我们先去看电影，后来去酒吧间喝了点酒。Wǒmen xiān qù kàn diànyǐng, hòulái qù jiǔbājiān hēle diǎn jiǔ.

again ADV 又 yòu, 再 zài
　Try it again! 再试一下! Zài shì yí xià!
　again and again 一次又一次 yí cì yòu yí cì □ I called again and again for two hours, but no one answered. 我一次又一次地打电话打了两个小时，可是没有人接。Wǒ yí cì yòu yí cì de dǎ diànhuà dǎle liǎng ge xiǎoshí, kěshì méiyǒu rén jiē.
　now and again 常常 chángcháng

against PREP 反对 fǎnduì □ Many people in this region are against building another airport. 这个地区许多人反对再建造一座飞机场。Zhè ge dìqū xǔduō rén fǎnduì zài jiànzào yí zuò fēijīchǎng.

age I N **1** 年龄 niánlíng, 年纪 niánjì □ He is 14 years of age. 他十四岁。Tā shísì suì.
　at the age of 在…岁时 zài…suìshí □ My grandfather died at the age of 85. 我的祖父在八十五岁时去世。Wǒ de zǔfù zài bāshí wǔ suì shí qùshì.
　2 时代 shídài, 时期 shíqī
　for ages 很长时间 hěn cháng shíjiān
　II v 变老 biànlǎo

aged ADJ 年老的 niánlǎo de
　the aged 老年人 lǎoniánrén

ageless ADJ 永不变老的 yǒngbú biànlǎo de, 永葆青春的 yǒngbǎoqīngchūn de

agency N (代理) 公司 (dàilǐ) gōngsī □ The school is looking for a deputy principal through an agency. 学校正通过代理公司招聘一名副校长。Xuéxiào zhèng tōngguò dàilǐ gōngsī zhāopìn yì míng fù xiàozhǎng.
　advertising agency 广告公司 guǎnggào gōngsī
　dating agency 婚姻介绍所 hūnyīn jièshàosuǒ
　employment agency 就业公司 jiùyè gōngsī, 职业介绍所 zhíyè jièshàosuǒ
　travel agency 旅行社 lǚxíngshè

agenda N **1** 会议议程 huìyì yìchéng **2** 要做的事情 yào zuò de shìqing
　high on the agenda 优先办的事情 yōuxiān bàn de shìqing, 急需解决的问题 jíxū jiějué de wèntí
　hidden agenda 隐秘的动机 yǐnmì de dòngjī, 不可告人的目的 bùkěgàorén de mùdì

agent N **1** 代理人 dàilǐrén, 经纪人 jīngjìrén
　real estate agent 房地产经纪商 fángdìchǎn jīngjì shāng
　2 特工人员 tègōng rényuán
　FBI agent 联邦调查局特工 liánbāng diàochájú tègōng

aggravate v 使恶化 shǐ èhuà, 加剧 jiājù

aggression N 侵略 qīnlüè

aggressive ADJ **1** 侵略的 qīnlüè de **2** 好斗的 hào dǒu de **3** 有进取心的 yǒu jìnqǔxīn de, 冲劲十足的 chōng jìn shízú de

aggressor N 侵略者 qīnlüèzhě

aggrieved ADJ 深感委屈的 shēngǎn wěiqu de, 愤懑的 fènmèn de

aghast ADJ 吓呆了的 xiàdāile de, 大为震惊的 dàwéi zhènjīng de

agile ADJ 灵活的 línghuó de, 敏捷的 mǐnjié de

agitate v 煽动 shāndòng, 鼓动 gǔdòng
agitator N 鼓动者 gǔdòngzhě, 煽动者 shāndòngzhě
agnostic N 不可知论者 bùkězhīlùnzhě
ago ADV 前 qián, 以前 yǐqián □ I started learning Chinese a year ago. 我在一年前开始学中文。Wǒ zài yì nián qián kāishǐ xué Zhōngwén.
agonize v 痛苦 tòngkǔ, 苦恼 kǔnǎo
　to agonize over sth 为 [+一项困难的决定] 苦恼 wéi [+yí xiàng kùnnan de juédìng] kǔnǎo, 难作决定 nán zuò juédìng
agonizing ADJ 极其痛苦的 jíqí tòngkǔ de, 极为苦恼的 jíwéi kǔnǎo de
agony N 剧烈的疼痛 jùliè de téngtòng, 痛苦 tòngkǔ
　in agony 极其痛苦地 jíqí tòngkǔ de
agree v 1 同意 tóngyì □ Nobody agrees with him. 没有人同意他的话。Méiyǒu rén tóngyì tā de huà. □ Sarah agreed to babysit for her sister. 萨拉同意为她姐姐看小孩。Sàlā tóngyì wèi tā jiějie kàn xiǎohái. 2 约定 yuēdìng, 决定 juédìng □ They agreed to disagree. 他们决定各自保留不同意见。Tāmen juédìng gèzì bǎoliú bùtóngyì jiàn. 3 相符合 xiāngfú hé, 一致 yízhì
　not to agree with sb 不对某人胃口 búduì mǒurén wèikǒu
agreeable ADJ 1 可以同意的 kěyǐ tóngyì de 2 讨人喜欢的 tǎorén xǐhuan de
agreement N 1 同意 tóngyì □ We are all in agreement about the plan. 我们都同意这个计划。Wǒmen dōu tóngyì zhè ge jihuà. 2 协议 xiéyì □ The two countries have signed a trade agreement. 两国签订了贸易协议。Liǎngguó qiāndìngle màoyì xiéyì.
agriculture N 农业 nóngyè □ Agriculture is known as the first industry. 农业被称为第一产业。Nóngyè bèi chēngwéi dìyī chǎnyè.
ahead ADV 前面 qiánmian, 在前面 zài qiánmiàn □ Be prepared for bumpy roads ahead. 准备好，前面道路不平。Zhǔnbèi hǎo, qiánmian dàolù bùpíng.
　ahead of schedule 提前 tíqián □ The flight arrived ahead of schedule. 航班提前到达。Hángbān tíqián dàodá.
aid I N 援助 yuánzhù, 帮助 bāngzhù □ We gave aid to the disaster area. 我们援助受灾地区。Wǒmen yuánzhù shòuzāi dìqū. II v 援助 yuánzhù, 帮助 bāngzhù
aide N 助理人员 zhùlǐ rényuán, 助理 zhùlǐ, 助手 zhùshǒu
AIDS (= acquired immune deficiency syndrome) ABBREV 艾滋病 àizībìng
ailing ADJ 生病的 shēngbìng de
ailment N 小病 xiǎo bìng, 不舒服 bùshūfú
aim I v 1 打算 dǎsuan, 目标是 mù biāo shì □ The company aims to double its sales in two years. 公司打算两年内销售增加一倍。Gōngsī dǎsuan liǎng nián nèi xiāoshòu zēngjiā yí bèi. 2 针对 zhēnduì 3 瞄准 miáozhǔn
　II N 目标 mùbiāo □ His aim is to buy a new car at the end of the year. 他的目标是年底前购买新车。Tā de mùbiāo shì niándǐ qián gòumǎi xīn chē.
　to take aim 瞄准 miáozhǔn
aimless ADJ 没有目标的 méiyǒu mùbiāo de, 没有目的的 méiyǒu mùdì de
ain't v 不 bù, 没有 méiyǒu
air I N 1 空气 kōngqì □ Air, water and food are essential for life. 空气、水和食物对生命是必不可少的。Kōngqì, shuǐ hé shíwù duì shēngmìng shì bìbùkěshǎo de. 2 空中 kōngzhōng, 天空 tiānkōng
　air crash 飞机坠落 fēijī zhuìluò
　air raid 空袭 kōngxí
　air strike 空中打击 kōngzhōng dǎjī, 空袭 kōngxí
　air time (广播电视) 播放时间 (guǎngbō diànshì) bōfàng shíjiān

　air travel 乘飞机旅行 chéngfēijī lǚxíng
　by air 坐飞机 zuò fēijī
　to be on air (电台) 正在广播 (diàntái) zhèng zài guǎngbō
　II v 1 晾干 [+衣服] liànggān [+yīfu] 2 表达 [+意] biǎodá [+yìjiàn]
airbag N 安全气囊 ānquán qìnáng
airbase N 空军基地 kōngjūn jīdì
airborne ADJ 1 在飞行中 zài fēixíng zhōng □ Our plane is airborne now. 我们的飞机已经升空飞行。Wǒmende fēijī yǐjing shēngkōng fēixíng. 2 空降的 kōngjiàng de
air conditioned ADJ 有空调装置的 yǒu kòng tiáo zhuāngzhì de
air conditioner N 空气调节器 kōngqì tiáojié qì, 空调器 kōngtiáoqì
air conditioning N 空调装置 kōngtiáo zhuāngzhì
airfare N 飞机票价 fēijī piàojià
airfield N (空军) 机场 (kōngjūn) jīchǎng
air force N 空军 kōngjūn
airhead N 笨蛋 bèndàn
airily ADV 轻率地 qīngshuài de, 轻浮地 qīngfú de
airless ADJ 空气不足的 kōngqì bùzú de, 不透气的 bútòuqì de
airline N 航空公司 hángkōng gōngsī [M. WD 家 jiā]
　Singapore Airlines 新加坡航空公司 Xīnjiāpō hángkōng gōngsī
　budget airline 廉价航空公司 liánjià hángkōng gōngsī
airliner N 班机 bānjī [M. WD 架 jià], 大型客机 dàxíng kèjī [M. WD 架 jià]
airmail N 航空邮件 hángkōng yóujiàn
airplane N 飞机 fēijī [M. WD 架 jià] □ The airplane took off smoothly. 飞机顺利起飞。Fēijī shùnlì qǐfēi.
airport N 飞机场 fēijīchǎng [M. WD 座 zuò], 机场 jīchǎng [M. WD 座 zuò] □ I'm going to the airport to meet a friend this afternoon. 我下午去机场接一位朋友。Wǒ xiàwǔ qù jīchǎng jiē yí wèi péngyou.
airspace N 领空 lǐngkōng
　Japanese airspace 日本领空 Rìběn lǐngkōng
airtight ADJ 密封的 mìfēng de
airwaves N 无线电波 wúxiàndiànbō
airy ADJ 通风良好的 tōngfēng liánghǎo de
aisle N 通道 tōngdào
　to walk down the aisle 结婚 jiéhūn
ajar ADJ (门) 微开的 (mén) wēi kāi de, 半开的 bàn kāi de
a.k.a. (= also known as) ABBREV 又名 yòumíng, 又叫 yòujiào
　Halsey, a.k.a. raging bull 海尔塞，又名 "蛮牛" Hǎi'ěr sāi, yòumíng "mánniú"
akin ADJ 极为类似 jíwéi lèi sì
　akin to sth 和 (某物) 极为类似 hé (mǒu wù) jíwéi lèisì, 和 (某物) 十分相似 hé (mǒu wù) shífēn xiāngsì
à la carte ADJ (从菜单上) 点菜 (cóng càidān shàng) diǎncài
　to order à la carte 从菜单上点菜 cóng càidān shàng diǎncài
alacrity N 快捷 kuàijié
à la mode ADJ 加冰淇淋的 jiā bīngqílín de
alarm I N 1 警报 jǐngbào, 警报器 jǐngbàoqì 2 闹钟 nàozhōng 3 惊恐 jīngkǒng II v 警觉 jǐngjué
　alarm clock 闹钟 nàozhōng
　car alarm 汽车警报器 qìchē jǐngbàoqì
　false alarm 一场虚惊 yì cháng xūjīng
　to raise the alarm 发出警报 fāchū jǐngbào, 发出警告 fāchū jǐnggào
alarming ADJ 令人担忧的 lìng rén dānyōu de, 令人恐慌的 lìngrén kǒnghuāng de
alarmist ADJ 大惊小怪的 dàjīng xiǎoguài de, 危言耸听的 wēiyán sǒngtīng de

alas INTERJ 哎呀 āiyā

albino N 白化病人 báihuàbìng bìngrén, 患白化病的动物 huàn báihuàbìng de dòngwù

album N 1 唱片 chàngpiàn [M. WD 张 zhāng], 音乐专辑 yīnyuè zhuānjí 2 照相簿 zhàoxiàngbù [M. WD 本 běn] 3 集邮册 jíyóucè [M. WD 本 běn]

alcohol N 酒 jiǔ, 酒精 jiǔjīng □ I never drink alcohol. 我从来不喝酒。Wǒ cónglái bù hē jiǔ.
alcohol abuse 酗酒 xùjiǔ

alcoholic I ADJ 含有酒精的 hányǒu jiǔjīng de
alcoholic beverage 含有酒精的饮料 hányǒu jiǔjīng de yǐnliào, 酒类 jiǔlèi
II N 酒鬼 jiǔguǐ, 酗酒者 xùjiǔzhě

alcoholism N 酒精中毒 jiǔjīng zhòngdú

alderman N 市政委员 shìzhèng wěiyuán, 市参议员 shì cānyìyuán

ale N 浓啤酒 nóngpíjiǔ, 麦芽酒 màiyá jiǔ

alert I ADJ 机敏的 jīmǐn de, 机警的 jījǐng de II V 1 提醒 tíxǐng 2 发出警报 fāchū jǐngbào III N 警报 jǐngbào
to be on the alert 保持警觉 bǎochí jǐngjué □ The security guards are always be on the alert for anybody who looks suspicious. 保安人员随时对可疑的人保持警觉。Bǎo'ān rényuán suíshí duì kěyí de rén bǎochí jǐngjué.

algae N 藻 zǎo, 藻类 zǎolèi

algebra N 代数 dàishù

alias I ADV 又名 yòumíng, 又叫 yòujiào II N 化名 huàmíng, 假名 jiǎmíng

alibi N 不在犯罪现场的证明 búzài fànzuì xiànchǎng dízhèng míng [M. WD 份 fèn]

alien N 1 外国人 wàiguórén, 侨民 qiáomín, (an illegal alien) 非法外侨 fēifǎ wàiqiáo 2 外星人 wàixīngrén

alienate V 1 离间 líjiàn, 使疏远 shǐ shūyuǎn 2 转让 [+土地] zhuǎnràng [+tǔdì]

alight[1] ADJ 燃烧着的 ránshāozhe de

alight[2] V 1 从 [+飞机/汽车上] 下来 cóng [+fēijī/qìchē shàng] xiàlai 2 [鸟+] 飞落 [niǎo+] fēi luò

align V 1 与 [+大多数人] 一致 yǔ [+dàduōshù rén] yízhì 2 使 [+车轮] 排成直线 shǐ [+chēlún] pái chéng zhíxiàn

alike I ADJ 相像 xiāngxiàng □ To Westerners, Chinese, Koreans and Japanese may all look alike. 对西方人来说，中国人、韩国人和日本人都长得挺像。Duì xīfāngrén láishuō, Zhōngguórén, Hánguórén hé Rìběnrén dōu zhǎngde tǐng xiàng.
II ADV 同样 tóngyàng □ All the employees are treated alike. 所有的雇员都一视同仁。Suǒyǒu de gùyuán dōu yíshì tóngrén.

alimony N（离婚）赡养费 (líhūn) shànyǎngfèi [M. WD 笔 bǐ]

alive ADJ 1 活着的 huózhāo de 2 仍然存在的 réngrán cúnzài de
alive and well 活得好好的 huó dé hǎohǎode
to come alive 变得生动有趣 biàn dé shēngdòng yǒuqù
to be alive with 充满了… chōngmǎn le…

alkali N 碱 jiǎn

alkaline ADJ 含有碱的 hányǒu jiǎn de

all I ADJ 所有的 suǒyǒu de, 全部的 quánbù de □ You must answer all the questions. 你必须回答所有的问题。Nǐ bìxū huídá suǒyǒu de wèntí. □ It is foolish to put all your money in one investment. 把所有的钱都投资在一个地方是愚蠢的。Bǎ suǒyǒu de qián dōu tóuzī zài yí ge dìfang shì yúchǔn de.
II ADV 完全 wánquán □ I'm all for the plan. 我完全赞成这个计划。Wǒ wánquán zànchéng zhè ge jìhuà.
III PRON 全部 quánbù, 一切 yíqiè □ All of you did very well in the exam. 你们大家考试都考得挺好。Nǐmen dàjiā kǎoshì dōu kǎode tǐng hǎo.
all along 一直 yìzhí
all-around 全能的 quánnéng de
all right 行 xíng, 可以 kěyǐ

all the time 总是 zǒngshì, 老是 lǎoshi
at all 根本 gēnběn

Allah N 真主 Zhēnzhǔ, 安拉 Ānlā

all-American ADJ 1 典型美国式的 diǎnxíng Měiguó shì de 2 全美大学最佳运动员 quán Měi dàxué zuìjiā yùndòngyuán

allay V 减轻 jiǎnqīng
to allay suspicion 减轻怀疑 jiǎnqīng huáiyí

allegation N 指控 zhǐkòng
allegation of tax evasion 逃税的指控 táoshuì de zhǐkòng

allege V 指控 zhǐkòng, 声称 shēngchēng

alleged ADJ 被指控的 bèi zhǐkòng de, 有嫌疑的 yǒu xiányí de

allegiance N 效忠 xiàozhōng, 忠诚 zhōngchéng
to pledge allegiance to 向…宣誓效忠 xiàng…xuānshì xiàozhōng

allegory N 寓言 yùyán [M. WD 则 zé]

allergic ADJ 过敏的 guòmǐn de
an allergic reaction 过敏反应 guòmǐnfǎnyìng
to be allergic to 对…过敏 duì…guòmǐn

allergy N 过敏 guòmǐn, 过敏反应 guòmǐnfǎnyìng

alleviate V 缓解 huǎnjiě, 减轻 jiǎnqīng
to alleviate hardship for the rural poor 减轻农村贫穷人口的艰难生活 jiǎnqīng nóngcūn pínqióng rénkǒu de jiānnán shēnghuó

alley N 小巷 xiǎoxiàng [M. WD 条 tiáo]

alliance N 联盟 liánméng, 同盟 tóngméng

allied ADJ 1 结盟的 jiéméng de 2 有关联的 yǒuguān lián de

alligator N（短吻）鳄鱼 (duǎnwěn) èyú [M. WD 条 tiáo]

all-inclusive ADJ 全部包括的 quánbù bāokuò de, 费用全包的 fèiyòng quán bāo de

allocate V 分配 fēnpèi, 拨给 bōgěi □ to allocate 200,000 dollars for a literacy program 拨给扫盲计划二十万美元 bō gěi sǎománg jìhuà èrshí wàn Měiyuán

allocation N 1 分配 fēnpèi, 拨款 bōkuǎn 2 配给量 pèijǐ liáng

allot V 分配 fēnpèi, 配给 pèijǐ
to allot 10 minutes for a quiz 安排十分钟做小测验 ānpái shífēn zhōng zuò xiǎo cèyàn

allow V 允许 yǔnxǔ, 准许 zhǔnxǔ □ Allow me to introduce myself. 请允许我自我介绍一下。Qǐng yǔnxǔ wǒ zìwǒ jièshào yíxià. □ You're not allowed to photocopy so many pages from a book. 不允许从一本书中复印这么多页数。Bù yǔnxǔ cóng yì běn shū zhōng fùyìn zhème duō yèshù.
Allow me! 让我来帮你! Ràng wǒ lái bāng nǐ!

allowance N 1 限额 xiàn'é
baggage allowance 行李限重 xíngli xiàn zhòng 2 [住房+] 津贴 [zhùfáng+] jīntiē, [旅差+] 补助 [lǚchà+] bǔzhù

alloy N 合金 héjīn

allude V 暗指 ànzhǐ, 影射 yǐngshè

allure N 诱惑 yòuhuò, 魅力 mèilì, 吸引力 xīyǐnlì

allusion N 1 暗指 ànzhǐ, 影射 yǐngshè 2 [文学+] 典故 [wénxué+] diǎngù

ally I N 盟国 méngguó, 盟友 méngyǒu II V 与…结盟 yǔ…jiéméng
to ally oneself with 与…结盟 yǔ…jiéméng, 与…联手 yǔ…liánshǒu

alma mater N 母校 mǔxiào

almanac N 历书 lìshū, 年鉴 niánjiàn

almighty ADJ 全能的 quánnéng de (Shàngdì)
Almighty God 全能的上帝 quánnéng de Shàngdì

almond N 杏仁 xìngrén [M. WD 颗 kē]

almost ADV 几乎 jīhū, 差不多 chàbuduō □ It's almost midnight. 现在差不多是半夜了。Xiànzài chàbuduō shì bànyè le.

alms N 救济品 jiùjì pǐn, 施舍 shīshě

aloft ADV 在高处 zài gāo chù

alone ADJ 单独的 dāndú de, 孤独的 gūdú de
Leave me alone. 让我一个人待着。Ràng wǒ yí gè rén dāizhe. 别管我! Bié guǎn wǒ!
to go it alone 单干 dúzì gàn, 单干 dāngàn

along PREP 沿着 yánzhe □ They're taking a walk along the river. 他们正沿着河散步。Tāmen zhèng yánzhe hé sànbù.

alongside ADV 1 在一起 zài yìqǐ 2 靠着 kàozhe

aloof ADJ 冷淡的 lěngdàn de
to stay aloof from 远离 yuǎnlí, 不参与 bù cānyù

aloud ADV 大声地 dàshēng de □ Many Chinese students like to read their lessons aloud. 很多中国学生喜欢大声朗读课文。Hěn duō Zhōngguó xuésheng xǐhuan dàshēng lǎngdú kèwén.

alphabet N 字母表 zìmǔ biǎo, 字母 zìmǔ □ She is only four, but she has learned the alphabet by heart. 她才四岁,但是能背字母表了。Tā cái sì suì, dànshì néng bèi zìmǔ biǎo le.

alphabetical ADJ 按照字母顺序的 ànzhào zìmǔ shùnxù de

already ADV 已经 yǐjīng □ Thank you. I've already eaten lunch. 谢谢,我已经吃过午饭了。Xièxie, wǒ yǐjīng chīguo zhōngfàn le.

also ADV 也 yě □ He not only speaks Mandarin fluently, but also speaks Cantonese quite well. 他不但普通话说得很流利,广东话也说得挺好。Tā búdàn Pǔtōnghuà shuóde hěn liúlì, Guǎngdōnghuà yě shuóde tǐng hǎo.

altar N 祭台 jìtái
altar boy 祭台助手 jìtái zhùshǒu

alter V 改 gǎi, 改变 gǎibiàn

alteration N 改变 gǎibiàn, 变动 biàndòng

alternate I V 轮流 lúnliú, 交替 jiāotì II ADJ 1 轮流的 lúnliú de, 交替的 jiāotì de 2 候补的 [+委员] hòubǔ de [+wěiyuán], 后备的 [+球员] hòubèi de [+qiúyuán]

alternative I ADJ 另一个 lìng yí ge, 可选择的 kě xuǎnzé de □ An alternative arrangement can be made. 可以另作安排。Kěyǐ lìng zuò ānpái.
alternative medicine 另类医药 lìnglèi yīyào
II N 选择 □ You have no alternative in this case. 这件事你没有选择余地。(→这件事你只能这么做。) Zhè jiàn shì nǐ méiyǒu xuǎnzé yúdì. (→Zhè jiàn shì nǐ zhǐ néng zhème zuò.)
to have no alternative but ... 没有别的办法 méiyǒu biéde bànfǎ, 只能 zhǐ néng

although CONJ 虽然 suīrán □ Although it's September, it's still very hot. 虽然是九月了,但是还很热。Suīrán shì jiǔyuè le, dànshì hái hěn rè.

altitude N 高度 gāodù, 海拔 hǎibá

alto N 女低音(歌唱家)nǔdīyīn (gēchàngjiā)

altogether ADV 一共 yígòng, 总共 zǒnggòng □ I don't know how many CDs and DVDs I've got altogether. 我不清楚我总共有多少张CD和DVD。Wǒ bù qīngchu wǒ zǒnggòng yǒu duōshǎo zhāng CD hé DVD.

altruism N 利他主义 lìtāzhǔyì

aluminum (Al) N 铝 lǚ

always ADV 总是 zǒngshì, 一直 yìzhí, 一向 yíxiàng □ He is always polite. 他总是很有礼貌。Tā zǒngshì hěn yǒulǐmào. □ She'd always wanted to be a teacher. 她一直想当老师。Tā yìzhí xiǎng dāng lǎoshī.

am V 是 shì

amalgamate V 合并 hébìng, 联合 liánhé

amass V 积聚 jījù, 积累 jīlěi

amateur I ADJ 业余的 yèyú de II N 1 业余爱好者 yèyú àihàozhě 2 生手 shēngshòu

amaze V 使…十分惊奇 shǐ…shífēn jīngqí

amazed ADJ 惊奇的 jīngqí de, 感到惊奇的 gǎndào jīngqí de

amazement N 惊奇 jīngqí

amazing ADJ 令人惊奇的 lìngrén jīngqí de, 令人惊讶的 lìngrén jīngyà de

ambassador N 大使 dàshǐ [M. WD 位 wèi]
the Chinese ambassador to the U.S. 中国驻美国大使 Zhōngguó zhù Měiguó dàshǐ

ambiguity N 含义不清 hányì bùqīng

ambiguous ADJ 含义不清的 hányì bùqīng de, 模棱两可的 móléngliǎngkě de

ambition N 雄心 xióngxīn, 抱负 bàofù □ He is filled with ambition to become rich and famous. 他雄心勃勃要发财成名。Tā xióngxīn bóbó yào fācái chéngmíng.

ambitious ADJ 有雄心的 yǒu xióngxīn de, 有抱负的 yǒu bàofù de

ambivalent ADJ 内心矛盾的 nèixīn máodùn de

amble V 慢慢地走 mànmàn de zǒu

ambulance N 救护车 jiùhùchē [M. WD 辆 liàng]

ambush N, V 伏击 fújī

ameliorate V 改善 gǎishàn, 改进 gǎijìn

amen INTERJ 阿门 āmén
Amen to that. 同意 tóngyì, 赞成 zànchéng

amenable ADJ 愿意听从的 yuányì tīngcóng de, 顺从的 shùncóng de
to be amenable to a compromise 愿意妥协 yuànyì tuǒxié

amend V 修正 xiūzhèng, 修改 xiūgǎi

amendment N 1 修正 xiūzhèng, 修改 xiūgǎi 2 修正案 xiūzhèng'àn

amends N 道歉 dàoqiàn, 赔偿 péicháng
to make amends 道歉 dàoqiàn, 赔偿 péicháng

amenities N 公益设施 gōngyì shèshī

American I ADJ 美国的 Měiguó de, 美洲的 Měizhōu de II N 美国人 Měiguórén
American Indian, Amerindian 美洲印第安人 Měizhōu Yìndì'ānrén

Americanism N 美式英语 Měishì Yīngyǔ, 美式英语的词语 Měishì Yīngyǔ de cíyǔ

Americanization N 美国化 Měiguó huà

Americas N (南北) 美洲 (Nán-Běi) Měizhōu

amiable ADJ 友好的 yǒuhǎo de, 亲切友好的 qīnqiè yǒuhǎo de

amicable ADJ 友好的 yǒuhǎo de, 和睦的 hémù de
an amicable out-of-court settlement 法庭外友好和解 fǎtíng wài yǒuhǎo héjiě

amid PREP 在…中间 zài…zhōngjiān

amiss ADJ 有差错的 yǒu chācuò de
to see something amiss 发现有差错 fāxiàn yǒu chācuò, 发现有问题 fāxiàn yǒu wèntí

ammunition N 弹药 dànyào

amnesia N 1 记忆丧失 jìyì sàngshī 2 健忘 jiànwàng, 健忘症 jiànwàngzhèng

amnesty N 赦免 shèmiǎn, 不予追究 bùyǔ zhuījiū
Amnesty International 国际大赦 guójì dàshè

among PREP 在…中间 zài…zhōngjiān □ She can be very lively among friends. 她和朋友在一起的时候,会很活泼。Tā hé péngyou zài yìqǐ de shíhou, huì hěn huópo.

amoral ADJ 不道德的 bú dàodé de

amorous ADJ 色情的 sèqíng de, 男女情爱的 nánnǚ qíng'ài de

amorphous ADJ 不定形的 búdìngxíng de

amount N 数量 shùliàng □ It took a large amount of money to build the house. 建造这座房子花了大量钱。Jiànzào zhè zuò fángzi huāle dàliàng qián.

amphetamine N 安非他明 ānfēitāmíng

amphibian N 水陆两栖动物 shuǐlù liǎngqīdòngwù

amphibious ADJ 水陆两栖的 shuǐlù liǎngqī de, 水陆两用的 shuǐlùliǎngyòng de

amphitheater N 圆形露天剧场 yuánxíng lùtiānjùchǎng [M. WD 座 zuò], 圆形露天竞技场 yuánxíng lùtiān jìngjìchǎng [M. WD 座 zuò]

ample ADJ 充足的 chōngzú de

amplifier N 扩音器 kuòyīnqì, 扬声器 yángshēngqì

amplify V 放大 fàngdà

amputate V 切除 [+脚趾] qiēchú [+jiǎozhǐ], 截肢 jiézhī

amputee N 被截肢者 bèi jiézhī zhě

amuse V 使…快乐 shǐ…kuàilè, 让…高兴 ràng…gāoxìng □ His funny stories amused the children. 他的滑稽故事逗得孩子很高兴。Tā de huájī gùshi dòude háizi hěn gāoxìng. □ I'm not amused by your joke. 我不觉得你的笑话有趣。Wǒ bù juéde nǐ de xiàohua yǒuqù.

amusement N 娱乐 yúlè
amusement park 娱乐场 yúlè chǎng

amusing ADJ 好笑的 hǎoxiào de, 好玩的 hǎowán de □ I don't find the practical joke amusing. 我觉得这个恶作剧没有什么好玩。Wǒ juéde zhè ge èzuòjù méiyǒu shénme hǎowán.

anachronism N 1 不合时代的人 (事) bùhé shídài de rén (shì) 2 年代错乱 niándài cuòluàn

anal ADJ 1 肛门的 gāngmén de 2 吹毛求疵的 chuī máo qiú cī de

analgesic N 止痛药 zhǐtòngyào [M. WD 片 piàn/粒 lì]

analogous ADJ 类似的 lèisì de, 相似的 xiāngsì de

analogy N 类比 lèibǐ, 类似 lèisì

analysis N 分析 fēnxī □ They did a thorough analysis of the market. 他们对市场情况作了彻底分析。Tāmen duì shìchǎng qíngkuàng zuòle chèdǐ fēnxī.

analyst N 分析员 fēnxī yuán
stock market analyst 股票市场分析员 gǔpiào shìchǎng fēnxī yuán

analytic, analytical ADJ 分析的 fēnxī de
analytic chemistry 分析化学 fēnxīhuàxué

analyze V 分析 fēnxī □ The experimental results are being analyzed. 实验结果正在分析。Shíyàn jiéguǒ zhèngzài fēnxī.

anarchy N 混乱状态 hùnluàn zhuàngtài, 无政府状态 wúzhèngfǔ zhuàngtài

anatomy N 1 解剖 jiěpōu 2 解剖学 jiěpōuxué 3 解剖构造 jiěpōu gòuzào

ancestor N 1 祖先 zǔxiān, 祖宗 zǔzōng 2 原型 yuánxíng

ancestry N 祖先 zǔxiān, 祖宗 zǔzōng

anchor I N 1 (船) 锚 (chuán) máo 2 电视新闻节目主持人 diànshì xīnwén jiémù zhǔchírén 3 精神支柱 jīngshén zhīzhù II V 1 抛锚 pāomáo, 停船 tíngchuán 2 主持电视节目 zhǔchí diànshì jiémù 3 扎根于 zhāgēn yú 4 支持 zhīchí
anchorman 男电视节目主持人 nán diànshì jiémù zhǔchírén
anchorwoman 女电视节目主持人 nǚ diànshì jiémù zhǔchírén

anchorage N 船舶停泊处 chuánbó tíngbóchù, 锚地 máodì

ancient ADJ 古代的 gǔdài de □ I'm not interested in ancient history. 我对古代历史不感兴趣。Wǒ duì gǔdài lìshǐ bù gǎn xìngqù.

and CONJ 1 和 hé, 以及 yǐjí □ He and I are good friends. 我和他是朋友。Wǒ hé tā shì hǎo péngyou. 2 然后 ránhòu □ The exams ended and summer vacation began. 考试结束，然后暑假开始了。Kǎoshì jiéshù, ránhòu shǔjià kāishǐ le. 3 而且 érqiě □ The teacher assigned the homework last week, and she reminded us of this the day before yesterday. 老师上星期布置了作业，而且前天还提醒过我们。Lǎoshī shàng xīngqī bùzhìle zuòyè, érqiě qiántiān hái tíxǐngguo wǒmen.

android N (似人的) 机器人 (sì rén de) jīqìrén

anecdotal ADJ 趣闻轶事的 qùwén yìshì de

anecdote N 趣闻轶事 qùwén yìshì [M. WD 则 zé/件 jiàn]

anemia N 贫血 pínxuè, 贫血症 pínxuèzhèng

anesthesia N 1 麻醉 mázuì, 麻醉法 mázuìfǎ 2 麻醉状态 mázuì zhuàngtài

anesthetic N 麻醉剂 mázuìjì

anesthetist N 麻醉师 mázuìshī

anesthetize V 进行麻醉 jìnxíng mázuì

anew ADV 重新 chóngxīn
to start life anew 开始新生活 kāishǐ xīn shēnghuó

angel N 天使 tiānshǐ

anger N 愤怒 fènnù □ He tried hard to control his anger. 他竭力控制自己的愤怒。Tā jiélì kòngzhì zìjǐ de fènnù. □ She showed her anger by slamming the door. 她猛地把门关上，表示她的愤怒。Tā měng de bǎ mén guānshang, biǎoshì tā de fènnù.

angle N 角 jiǎo, 角度 jiǎodù

Anglican N 英国圣公会教徒 Yīngguó Shènggōnghuì jiàotú

angling N 钓鱼 diàoyú, 垂钓 chuídiào

angry ADJ 愤怒 fènnù, 生气 shēngqì □ Please don't be angry with me. 请别对我生气。Qǐng bié duì wǒ shēngqì. □ An angry father came to school to lodge his complaint. 一位愤怒的父亲到学校来抱怨。Yí wèi fènnù de fùqin dào xuéxiào lái bàoyuàn.

angst N 深切的忧虑 shēnqiè de yōulǜ

anguish N 极度痛苦 jídù tòngkǔ, 极度焦虑 jídù jiāolǜ

angular ADJ 1 骨瘦如柴的 [+老人] gǔ shòu rú chái de [+lǎorén] 2 有尖角的 [+图案] yǒu jiān jiǎo de [+tú'àn]

animal N 动物 dòngwù □ Children are usually fond of small animals. 小孩子通常喜爱小动物。Xiǎoháizi tōngcháng xǐ'ài xiǎo dòngwù.
party animal 喜欢参加社交聚会的人 xǐhuan cānjiā shèjiāo jùhuì de rén

animate I V 使 [+一幅画] 有生气 shǐ [+yì fú huà] yǒu-shēngqì II ADJ 有生命的 yǒushēng mìng de, 活的 huó de

animated ADJ 1 动画的 dònghuà de
an animated cartoon 动画片 dònghuàpiàn
2 活跃的 [+讨论] huóyuè de [+tǎolùn]

animation N 动画片制作 dònghuàpiàn zhìzuò

animosity N 仇恨 chóuhèn, 深深的敌意 shēnshēn de díyì

ankle N 踝 huái, 踝骨 huáigǔ

annals N 历史记载 lìshǐ jìzǎi

annex[1] V 并吞 bìngtūn, 兼并 jiānbìng

annex[2] N 附属建筑 fùshǔ jiànzhù

annihilate V 彻底消灭 chèdǐ xiāomiè, 彻底摧毁 chèdǐ cuīhuǐ

annihilation N 彻底消灭 chèdǐ xiāomiè, 彻底摧毁 chèdǐ cuīhuǐ

anniversary N [结婚+] 周年 [jiéhūn+] zhōunián, 纪念日 jìniànrì □ In 2006 we celebrated the 250th anniversary of the birth of the great Austrian musician Wolfgang Amadeus Mozart. 在二〇〇六年，我们庆祝奥地利大音乐家莫扎特诞辰二百五十周年。Zài èrlínglíngliù nián, wǒmen qìngzhù Àodìlì dà yīnyuèjiā Mòzhātè dànchén èrbǎi wǔshí zhōunián.

announce V 宣布 xuānbù, 宣告 xuāngào □ They announced their wedding in the local newspaper. 他们在当地报纸上宣布结婚。Tāmen zài dāngdì bàozhǐshang xuānbù jiéhūn.

announcement N 告示 gàoshi, 启事 qǐshì □ The announcement of the new tax policy caused widespread concern. 新税收政策的宣布引起了广泛的关注。Xīn shuìshōu zhèngcè de xuānbù yǐnqǐle guǎngfàn de guānzhù.
birth announcement 出生启事 chūshēng qǐshì
wedding announcement 结婚启事 jiéhūn qǐshì

announcer N 播音员 bōyīnyuán

annoy V 使 [+人] 恼怒 shǐ [+rén] nǎonù, 使 [+人] 生气 shǐ [+rén] shēngqì □ She said that just to annoy me. 她这么说就是要让我生气。Tā zhème shuō jiùshì yào ràng wǒ shēngqì.

annoyance N 恼怒 nǎonù, 生气 shēngqì

annoyed ADJ (感到) 恼怒 (gǎndào) nǎonù

annoying ADJ 使人恼怒的 shǐrén nǎonù de

annual I ADJ 每年的 měinián de, 年度的 [+全体会议] niándù de [+quántǐ huìyì] II N 一年生植物 yìniánshēng zhíwù

annuity N [优厚的+] 年金 [yōuhòu de+] niánjīn

annul V 解除 jiěchú, 废止 fèizhǐ

anomalous ADJ 异常的 yìcháng de, 反常的 fǎncháng de

anomaly N 异常 yìcháng, 反常 fǎncháng

anonymity N 匿名 nìmíng

anonymous ADJ 匿名的 nìmíng de
an anonymous phone call 匿名电话 nìmíng diànhuà

anorexia N 厌食症 yànshízhèng

anorexic ADJ 厌食的 yàn shí de

another PRON 1 又一（个）yòu yí (ge), 再一（个）zàiyí (ge)
□ Would you like another cup of coffee? 再喝一杯咖啡，好吗？ Zài hē yì bēi kāfēi, hǎo ma? 2 另一（个）lìng yí (ge), 别的 bié de □ This room is too small. Is there another room? 这房间太小。还有别的房间吗？ Zhè fángjiān tài xiǎo. Hái yǒu bié de fángjiān ma?

answer I V 1 回答 huídá □ I tried my best to answer his questions. 我尽量回答他的问题。Wǒ jìnliàng huídá tā de wèntí.
2 回应 huíyìng □ She thought her prayer had been answered. 她认为她的祈祷得到了回应。Tā rènwéi tā de qídǎo dédào le huíyìng.
to answer a letter 回信 huíxìn
to answer the door 开门 kāimén
to answer the telephone 接电话 jiē diànhuà
II N 回答 huídá, 答案 dá'àn □ I'm still waiting for her answer. 我还在等她回答。Wǒ hái zài děng tā huídá. □ Do you know the answer to this problem? 你知道这个问题的答案吗？ Nǐ zhīdào zhè ge wèntí de dá'àn ma?
answering machine 电话自动答录机 diànhuà zìdòng dá lù jī

answerable ADJ 必须承担责任的 bìxū chéngdān zérèn de, 对…负责的 duì…fùzé de

ant N 蚂蚁 mǎyǐ [M. WD 只 zhī]

antagonism N 敌对 díduì, 对抗 duìkàng

antagonist N 敌手 díshǒu, 对手 duìshǒu

antagonistic ADJ 对抗的 duìkàng de, 敌对的 díduì de

antagonize V 使…愤怒 shǐ…fènnù, 和…对抗 hé…duìkàng

Antarctic N 南极 Nánjí

Antarctica N 南极洲 Nánjízhōu, 南极大陆 Nánjí dàlù

ante N 赌注 dǔzhù
to up/raise the ante 增加赌注 zēngjiā dǔzhù

antecedent N 以前类似的事 yǐqián lèisì de shì [M. WD 件 jiàn], 前例 qiánlì

antechamber N [主人卧室的+] 前厅 [zhǔrén wòshì de+] qiántīng

antedate V 发生在…以前 fāshēng zài…yǐqián, 先于 xiānyú

antelope N 羚羊 língyáng [M. WD 只 zhī/头 tóu]

antenna N 天线 tiānxiàn

anteroom N 前室 qiánshì, 接待室 jiēdàishì

anthem N 赞歌 zàngē [M. WD 首 shǒu]
national anthem 国歌 guógē [M. WD 首 shǒu]

anthill N 蚁丘 yǐqiū

anthology N 选集 xuǎnjí

anthropology N 人类学 rénlèixué

antiaircraft ADJ 防空的 fángkōng de
antiaircraft missile 防空导弹 fángkōng dǎodàn

antibiotic N 抗生素 kàngshēngsù

antibody N 抗体 kàngtǐ

anticipate V 预期 yùqī, 预料 yùliào

anticipation N 预期 yùqī, 预料 yùliào

anticlimax N 远远没有预期好的情况 yuǎnyuǎn méiyǒu yùqī hǎode qíngkuàng, 令人扫兴的事 lìngrén sǎoxìng de shì

antics N 可笑的举动 kěxiào de jǔdòng

antidepressant N 抗忧郁药 kàngyōuyùyào

antidote N 解毒药 jiě dúyào

antifreeze N 防冻剂 fángdòngjì

antipathy N 强烈的反感 qiángliè de fǎngǎn

antiperspirant N 止汗剂 zhǐ hàn jì

antiquated ADJ 老式的 lǎoshì de, 过时的 guòshí de

antique N 古董 gǔdǒng, 古玩 gǔwán
antique dealer 古董商人 gǔdǒngshāng rén

antiquity N 1 古代 gǔdài 2 古建筑 gǔ jiànzhù, 文物 wénwù

anti-Semitism N 反犹太主义 fǎn yóutàizhǔyì

antiseptic N 消毒药品 xiāodúyào pǐn, 防腐剂 fángfǔjì

antisocial ADJ 1 反社会的 fǎn shèhuì de 2 不合群的 bùhé qún de

antithesis N 完全相反的人（事）wánquán xiāngfǎn de rén (shì)

antitrust ADJ 反垄断的 fǎn lǒngduàn de

antler N 鹿角 lùjiǎo [M. WD 只 zhī]

antonym N 反义词 fǎnyìcí

anus N 肛门 gāngmén

anvil N 铁砧 tiězhēn

anxiety N 焦虑 jiāolǜ

anxious ADJ 焦虑 jiāolǜ, 非常担忧 fēicháng dānyōu □ She began to feel anxious when her daughter did not come home at midnight. 女儿到半夜还没有回家，她开始感到非常担忧。Nǚ'ér dào bànyè hái méiyǒu huíjiā, tā kāishǐ gǎndào fēicháng dānyōu.

any I ADJ 什么 shénme, 任何 rènhé □ I haven't received any email from her. 我没有收到她任何电子邮件。Wǒ méiyǒu shōudào tā rènhé diànzǐ yóujiàn. □ Any day will do. 哪一天都行。Nǎ yì tiān dōu xíng.
II ADV 一点儿 yìdiǎnr □ Are you any better today? 你今天好一点儿了吗？ Nǐ jīntiān hǎo yìdiǎnr le ma? □ I'm too tired to go any further. 我太累了，走不动了。Wǒ tài lèi le, zǒubudòng le.
III PRON 哪个 nǎ ge, 哪些 nǎ xiē □ Do any of you have a spare copy? 你们哪一位有多余的书吗？ Nǐmen nǎ yí wèi yǒu duōyú de shū ma?

anybody PRON 任何人 rènhérén, 谁 shéi □ Has anybody seen my keys? 谁看见我的钥匙了？ Shéi kànjiàn wǒ de yàoshi le? □ Anybody here can do that. 这里谁都会做那件事。Zhèlǐ shéi dōu huì zuò nà jiàn shì.

anyhow ADV 不管怎么 bùguǎn zěnme, 无论如何 wúlùn rúhé

anymore ADV 再 zài
not anymore 不再 búzài

anyone PRON 任何人 rènhé rén, 谁 shéi

anyplace ADV 任何地方 rènhé dìfang

anything PRON 任何事 rènhé shì, 什么事 shénme shì □ Is there anything I can do for you? 能为你做什么事吗？ Néng wèi nǐ zuò shénme shì ma? □ Anything may happen in life. 生活中什么都可能发生。Shēnghuó zhōng shénme dōu kěnéng fāshēng.

anyway ADV 不管怎么说 bùguǎn zěnme shuō, 反正 fǎnzhèng □ The concert tickets are expensive; I bought one anyway. 音乐会门票很贵，不管怎么说，我还是买了。Yīnyuèhuì ménpiào hěn guì, bùguǎn zěnme shuō, wǒ háishì mǎi le.

anywhere ADV 任何地方 rènhé dìfang, 无论哪里 wúlùn nǎli □ I can meet you anywhere. 我可以在任何地方和你见面。（→我在哪里跟你见面都行。）Wǒ kěyǐ zài rènhé dì fang hé nǐ jiànmiàn. (→Wǒ zài nǎlǐ gēn nǐ jiànmiàn dōu xíng.)

apart ADV 1 相隔 xiānggé 2 分开 fēnkāi, 隔离 gélí
apart from 除了 chúle □ We had a good dinner, apart from the soup. 我们那顿饭吃得很好，除了汤以外。Wǒmen nà dùn fàn chīde hěn hǎo, chúle tāng yǐwài.

apartheid N（南非的）种族隔离制度 (Nánfēi de) zhǒngzú gélí zhìdù

apartment N 一套房间 yí tào fángjiān, 公寓 gōngyù [M. WD 套 tào]
apartment building 公寓大楼 gōngyù dàlóu
apartment complex 住宅小区 zhùzhái xiǎoqū

apathetic ADJ 不感兴趣的 bù gǎn xìngqù de, 冷淡的 lěngdàn de

apathy N 冷淡 lěngdàn, 麻木 mámù

ape I N 猿 yuán [M. WD 只 zhī] II V 模仿 mófǎng

aperitif N 开胃酒 kāiwèijiǔ

aperture N 孔 kǒng, 洞 dòng

apex N 顶点 dǐngdiǎn, 最高点 zuìgāo diǎn

aphorism N 警句 jǐngjù, 格言 géyán [M. WD 句 jù]

aphrodisiac N 激发性欲的药 jīfā xìngyù de yào, 春药 chūnyào

apiece ADV 每一个 měi yí gè, 每个 měige

aplomb N 自信 zìxìn, 自信力 zìxìn lì

apocalypse N 世界末日 shìjiè mòrì, 巨大灾难 jùdà zāinàn

apolitical ADJ 非政治的 fēi zhèngzhì de

apologetic ADJ 道歉的 dàoqiàn de, 有歉意的 yǒu qiànyì de

apologize V 道歉 dàoqiàn, 认错 rèncuò □ He apologized repeatedly for being late. 他因为迟到, 一再道歉。Tā yīnwèi chídào, yízài dàoqiàn.

apology N 道歉 dàoqiàn, 歉意 qiànyì

apoplexy N 中风 zhòngfēng

apostle N 耶稣基督的门徒 Yēsū Jīdū de méntú, 传道者 chuándào zhě

apostrophe N 撇号 piēhào (')

appall V 使…大为震惊 shǐ…dàwéi zhènjīng, 使…深感痛恨 shǐ…shēngǎn tònghèn
to be appalled 感到震惊 gǎndào zhènjīng, 感到极大的愤怒 gǎndào jídà de fènnù

appalling ADJ 1 坏极了 huài jíle, 糟糕透了 zāogāo tòu le 2 极其可怕 jíqí kěpà

apparatus N 器械 qìxiè, 设备 shèbèi

apparel N 服装 fúzhuāng [M. WD 件 jiàn], 服饰 fúshì
ready-to-wear apparel 现成时装 xiànchéng shízhuāng, 成衣 chéngyī

apparent ADJ 明显 míngxiǎn, 明白 míngbai □ It is apparent that he is not competent to teach this course. 很明显, 他没有能力教这门课。Hěn míngxiǎn, tā méiyǒu nénglì jiāo zhè mén kè.

apparently ADV 明显地 míngxiǎn de, 显然地 xiǎnrán de

apparition N 鬼 (魂) guǐ (hún)

appeal V 1 呼吁 hūyù, 请求 qǐngqiú □ After the riot, the government appealed to the public for calm. 骚乱以后, 政府呼吁公众保持冷静。Sāoluàn yǐhòu, zhèngfǔ hūyù gōngzhòng bǎochí lěngjìng. 2 有吸引力 yǒu xīyǐnlì, 使…感兴趣 shǐ…gǎn xìngqù □ The idea of skiing in Switzerland appeals to me. 去瑞士滑雪, 对我很有吸引力。Qù Ruìshì huáxuě, duì wǒ hěn yǒu xīyǐnlì.

appealing ADJ 让人感动的 ràng rén gǎndòng de

appear V 1 看来 kànlái, 好像 hǎoxiàng □ She appeared to be worried. 她好像很担心。Tā hǎoxiàng hěn dānxīn. 2 出现 chūxiàn □ Stars appeared in the sky. 天空中出现了星星。Tiānkōng zhōng chūxiànle xīngxing.

appearance N 1 外貌 wàimào □ People go to extremes to improve their personal appearance. 有些人为了改善自己的外貌, 会走极端。Yǒuxiē rén wèile gǎishàn zìjǐ de wàimào, huì zǒu jíduān. 2 出现 chūxiàn □ The sudden appearance of two policemen in the bar made everyone uncomfortable. 酒吧里突然出现两个警察, 让大家感到不舒服。Jiǔbā lǐ tūrán chūxiàn liǎng ge jǐngchá, ràng dàjiā gǎndào bù shūfu.

appease V 平息 píngxī

append V 附上 fùshàng, 附加 fùjiā

appendage N 附加物 fùjiā wù

appendicitis N 阑尾炎 lánwěiyán, 盲肠炎 mángchángyán

appendix N 1 附录 fùlù 2 阑尾 lánwěi, 盲肠 mángcháng

appetite N 胃口 wèikǒu

appetizer N 开胃菜 kāiwèicài [M. WD 道 dào]

appetizing ADJ 开胃的 kāiwèi de

applaud V 鼓掌 gǔzhǎng

applause N 掌声 zhǎngshēng

apple N 苹果 píngguǒ [M. WD 只 zhī]
apple pie 苹果馅饼 píngguǒ xiànbǐng

appliance N 1 器具 qìjù 2 家用电器 jiāyòng diànqì

applicable ADJ 生效的 shēngxiào de, 有效的 yǒuxiào de

applicant N 申请人 shēnqǐngrén

application N 1 申请 shēnqǐng 2 申请书 shēnqǐngshū, 申请表 shēnqǐng biǎo

applied ADJ 应用的 yìngyòng de, 实用的 shíyòng de
allied chemistry 应用化学 yìngyònghuàxué

apply V 1 申请 [+工作／签证] shēnqǐng [+gōngzuò/qiānzhèng] □ A dozen people have applied for this position. 十来个人申请这个职位。Shí lái ge rén shēnqǐng zhè ge zhíwèi. 2 运用 [+新技术] yùnyòng [+xīn jìshù], 适用 shìyòng □ This discount only applies to senior citizens. 这个折扣只适用于老年人。Zhè ge zhékòu zhǐ shìyòng yú lǎoniánrén. 3 涂 [+一层油漆] tú [+yì céng yóu qī]

appoint V 1 任命 rènmìng, 委派 wěipài 2 约定 yuēdìng, 指定 zhǐdìng

appointment N 1 (朋友的) 约会 (péngyoude) yuēhuì [M. WD 次 cì] 2 (医生的) 预约 yùyuē 3 (职务) 任命 (zhíwù) rènmìng, 委任 wěirèn

apportion V 分配 fēnpèi, 分摊 fēntān

appraisal N 估价 gūjià, 鉴定 jiàndìng

appraise V 估价 gūjià, 鉴定 jiàndìng

appreciate V 1 感谢 gǎnxiè, 领情 lǐngqíng □ I appreciate your advice. 我感谢您的忠告。Wǒ gǎnxiè nín de zhōnggào. 2 理解 lǐjiě □ You don't seem to appreciate how difficult the job was. 你好像不理解这件工作有多难。Nǐ hǎoxiàng bù lǐjiě zhè jiàn gōngzuò yǒu duōnàn. 3 [房产+] 增值 [fángchǎn+] zēngzhí

appreciation N 1 感谢 gǎnxiè 2 理解 lǐjiě, 欣赏 xīnshǎng 3 增值 zēngzhí

appreciative ADJ 1 感激的 gǎnji de 2 理解的 lǐjiě de

apprehend V 逮捕 dàibǔ, 拘留 jūliú

apprehension N 1 逮捕 dàibǔ, 拘捕 jūbǔ 2 担忧 dānyōu

apprehensive ADJ 担忧的 dānyōu de, 忧虑的 yōulù de

apprentice I N 学徒 xuétú, 徒弟 túdì II V 当学徒 dāng xuétú

apprenticeship N 学徒期 xuétúqī

apprise V 正式通知 zhèngshì tōngzhī, 通告 tōnggào

approach I V 1 走近 zǒujìn, [新年+] 临近 [xīnnián+] línjìn 2 [去年的水平+] 接近 jiējìn [+qùnián de shuǐpíng] 3 与 [+政府部门] 交涉 yǔ [+zhèngfǔ bùmén] jiāoshè 4 处理 [+问题] chǔlǐ [+wèntí], 对付 duìfu II N 1 [教学+] 方法 [jiāoxué+] fāngfǎ 2 要求 yāoqiú, 请求 qǐngqiú 3 通道 tōngdào, 入口 rùkǒu 4 来临 láilín
to make approaches 主动接近 zhǔdòng jiējìn, 求爱 qiú'ài

approachable ADJ 1 可接近的 kě jiējìn de 2 可亲近的 kěqīn jìn de

approbation N 1 批准 pīzhǔn 2 称赞 chēngzàn

appropriate[1] ADJ 合适的 héshì de, 适合 shìhé □ This black tie is not appropriate for a wedding party. 这条黑色领带不适合参加婚礼戴。Zhè tiáo hēisè lǐngdài búshìhé cānjiā hūnlǐ dài.

appropriate[2] V 1 [局长+] 挪用 [júzhǎng+] nuó yòng 2 [政府+] 拨款 [zhèngfǔ+] bōkuǎn

approval N 批准 pīzhǔn, 同意 tóngyì □ Do you need your parents' approval to stay here overnight? 你在这里过夜需要父母同意吗？Nǐ zài zhèlǐ guòyè xūyào nǐ fùmǔ tóngyì ma?

approve V 1 批准 pīzhǔn □ The board approved the plan last week. 董事会上星期批准了这个计划。Dǒngshìhuì shàng xīngqī pīzhǔnle zhè ge jìhuà.
to approve of 赞成 zànchéng □ I don't approve of early marriages. 我不赞成早婚。Wǒ bú zànchéng zǎohūn.

approximate I ADJ 大约的 dàyuē de II V 近似 jìnsì, 接近 jiējìn

approximately ADV 大约 dàyuē

apricot N 杏 xìng [M. WD 只 zhī], 杏子 xìngzi [M. WD 只 zhī]

April N 四月 sìyuè
April Fool's Day N 愚人节 Yúrénjié
apron N 围裙 wéiqún [M. WD 条 tiáo]
apt ADJ 恰当的 qiàdàng de
　apt to 容易…的 róngyì…de
aptitude N [学语言的+] 才能 [xuéyǔ yán de+] cáinéng, 能力 nénglì
aptitude test N 能力测验 nénglì cèyàn
aquarium N 水族馆 shuǐzúguǎn [M. WD 座 zuò]
Aquarius N 宝瓶宫 Bǎopínggōng
aquatic ADJ 水生的 shuǐshēng de
　an aquatic product 水产品 shuǐchǎnpǐn
aqueduct N 高架渠 gāo jià qú [M. WD 道 dào/条 tiáo], 渡槽 dùcáo [M. WD 道 dào/条 tiáo]
Arabic I ADJ 阿拉伯的 Ālābó de
　Arabic numeral 阿拉伯数字 Ālābó shùzì
　II N 阿拉伯语 Ālābóyǔ
arable ADJ 可以耕种的 kěyǐ gēngzhòng de
　arable land 可耕地 kěgēngdì
arbiter N 仲裁人 zhòng cáirén, 公断人 gōngduànrén
arbitrary ADJ 主观武断的 zhǔguān wǔduàn de
　an arbitrary decision 主观武断的决定 zhǔguān wǔduàn de juédìng
arbitrate V 进行仲裁 jìnxíng zhòngcái, 作出公断 zuòchū gōngduàn
arbitration N 仲裁 zhòngcái, 公断 gōngduàn
　to be settled by arbitration 通过仲裁得到解决 tōngguò zhòngcái dédào jiějué
arc N 弧线 húxiàn, 弧形 húxíng
arcade N 拱廊 gǒng láng [M. WD 条 tiáo]
arch I N 拱门 gǒngmén [M. WD 座 zuò], 拱顶 gǒngdǐng II V 使成弓形 shǐchéng gōngxíng, 拱起 gǒng qǐ
archaic ADJ 1 古老的 gǔlǎo de 2 古体的 gǔtǐ de, 不通用的 bù tōngyòng de
　an archaic word 古词 gǔ cí, 古语 gǔyǔ
archbishop N 大主教 dàzhǔjiào
archeology, archaeology N 考古 kǎogǔ, 考古学 kǎogǔxué
archipelago N 群岛 qúndǎo
architect N 建筑师 jiànzhùshī
　landscape architect 园林设计师 yuánlín shèjìshī
architecture N 建筑学 jiànzhùxué
　marine architecture 造船学 zàochuánxué
archive N 档案 dàng'àn
　archives 档案馆 dàng'ànguǎn
archway N 拱道 gǒngdào
Arctic N 北极 Běijí, 北极区 Běijíqū
ardent ADJ 热情的 [+支持] rèqíng de [+zhīchí], 热烈的 rèliè de
ardor N 热情 rèqíng, 激情 jīqíng
arduous ADJ 艰巨的 jiānjù de, 艰难的 jiānnán de
area N 1 地区 dìqū □ This is a famous building in this area. 这是本地区的著名建筑。Zhè shì běn dìqū de zhùmíng jiànzhù. **2** 面积 miànjī □ This house has an area of 1,500 square feet. 这座房子面积一千五百平方英尺。Zhè zuò fángzi miànjī yì qiān wǔ bǎi píngfāng yīngchǐ.
　area code 分区电话号码 fēnqū diànhuà hàomǎ
arena N 1 室内运动场 shìnèiyùndòng chǎng 2 (搏斗) 场所 (bódòu) chǎngsuǒ
arguable ADJ 1 有疑问的 yǒu yíwèn de 2 有论据的 yǒu lùnjù de
arguably ADV 可以说 kěyǐ shuō
argue V 争论 zhēnglùn □ I haven't come to argue with you. 我不是来跟你争论的。Wǒ bú shì lái gēn nǐ zhēnglùn de.
argument N 1 争论 zhēnglùn, 争吵 zhēngchǎo. □ They reached an agreement without argument. 他们没有争论，取得了一致意见。Tāmen méiyǒu zhēnglùn, qǔdéle yízhì yìjiàn.

2 理由 lǐyóu, 论点 lùndiǎn □ I don't follow your argument. 我不理解你的论点。Wǒ bù lǐjiě nǐ de lùndiǎn.
argumentative ADJ 1 爱争论的 ài zhēnglùn de 2 论证的 lùnzhèng de
aria N 咏叹调 yǒngtàndiào [M. WD 首 shǒu]
arid ADJ 1 干旱的 gānhàn de 2 枯燥乏味的 kūzào fáwèi de
Aries N 白羊宫 Báiyánggōng
arise (PT **arose**; PP **arisen**) V 1 起立 qǐlì 2 出现 chūxiàn 3 引起 yǐnqǐ
arisen See **arise**
aristocracy N 1 贵族 guìzú, 贵族集团 guìzú jítuán 2 贵族统治 guìzú tǒngzhì
aristocrat N 贵族 guìzú [M. WD 位 wèi]
arithmetic N 算术 suànshù
　mental arithmetic 心算 xīnsuàn
arm I N 手臂 shǒubì [M. WD 条 tiáo] □ She took the old lady's arm and helped her walk across the street. 她挽着老太太的手臂，帮她穿过马路。Tā wǎnzhe lǎotàitai de shǒubì, bāng tā chuānguò mǎlù.
　II V 给…武器 gěi…wǔqì, 武装 wǔzhuāng
armament N 1 武器 wǔqì [M. WD 件 jiàn] **2** (armaments) 军备 jūnbèi
armband N 袖章 xiùzhāng
armchair N 扶手椅 fúshouyǐ [M. WD 把 bǎ]
armed ADJ 有武器的 yǒu wǔqì de, 武装的 wǔzhuāng de □ The man is armed and dangerous. 那个人有武器，很危险。Nà ge rén yǒu wǔqì, hěn wēixiǎn.
　armed forces 武装部队 wǔzhuāng bùduì, 军队 jūnduì
armor N 1 铁甲 tiějiǎ, 装甲钢板 zhuāngjiǎ gāng bǎn **2** 装甲兵 zhuāngjiǎbīng, 装甲部队 zhuāngjiǎ bùduì
　armored division 装甲师 zhuāngjiǎshī
armory N 1 军械库 jūnxièkù [M. WD 座 zuò] **2** [信息+] 宝库 [xìnxī +] bǎokù
armpit N 腋窝 yèwō, 胳肢窝 gēzhīwō
arms N 武器 wǔqì
　arms race 军备竞赛 jūnbèi jìngsài
　to take up arms 拿起武器 náqǐ wǔqì, 准备战斗 zhǔnbèi zhàndòu
　to be up in arms 强烈反对 qiángliè fǎnduì
army N 陆军 lùjūn, 军队 jūnduì
aroma N [香料的+] 芳香 [xiāngliào de+] fāngxiāng, [咖啡的+] 香气 [kāfēi de+] xiāngqì
aromatherapy N 芳香疗法 fāngxiāng liáofǎ
arose See **arise**
around I PREP 1 在…周围 zài…zhōuwéi, 围绕 wéirào □ They sat around the big table. 他们围着大桌子坐。Tāmen wéizhe dà zhuōzi zuò. **2** 在…各地 zài…gèdì □ They traveled around the world after retirement. 他们退休以后在世界各地旅游。Tāmen tuìxiū yǐhòu zài shìjiè gèdì lǚyóu. **3** 大约 dàyuē □ Dad returned home around 7 o'clock yesterday. 爸爸昨天晚上大约七点钟回家。Bàba zuótiān wǎnshang dàyuē qī diǎnzhōng huíjiā.
　II ADV 周围 zhōuwéi □ The thief looked around to see if anyone was watching him. 小偷四周张望，看看有没有人在看着他。Xiǎotōu sìzhōu zhāngwàng, kànkan yǒu méiyǒu rén zài kànzhe tā.
arousal N 引起 yǐnqǐ, 激起 jīqǐ
arouse V 引起 yǐnqǐ, 激起 jīqǐ
arraign V 传讯 [+嫌疑犯] chuánxùn [+xiányífàn], 指控 zhǐkòng
arrange V 1 安排 [+会议] ānpái [+huìyì], 约定 yuēdìng **2** 布置 [+陈列品] bùzhì [+chénlièpǐn], 排列 páiliè □ She's arranging her son's birthday party. 她正在安排儿子的生日聚会。Tā zhèngzài ānpái érzi de shēngrì jùhuì. □ Miss Smith, the secretary, will arrange your trip to China. 秘书史密斯小姐会安排你去中国的旅行。Mìshū Shǐmìsī xiǎojiě huì ānpái nǐ qù Zhōngguó de lǚxíng.

arrangement N **1** 安排 ānpái, 约定 yuēdìng □ He has made arrangements for the important meeting. 他已经为这次重要会议做好了安排。Tā yǐjing wèi zhè cì zhòngyào huìyì zuòhǎole ānpái. **2** 布置 bùzhì, 排列 páiliè

the art of floral arrangement 插花艺术 chāhuā yìshù

array I N 一系列 yíxìliè, 大量 dàliàng II V 部署 bùshǔ, 制定 zhìdìng

arrears N **1** 积压 jīyā **2** 应付欠款 yìngfu qiànkuǎn

in arrears 拖欠的 [+房租] tuōqiàn de [+fángzū]

arrest V 逮捕 dàibǔ □ He was arrested at a motel early this morning. 今天清晨他在一家汽车旅馆里被逮捕。Jīntiān qīngchén tā zài yì jiā qìchē lǚguǎn lǐ bèi dàibǔ.

arrival N 到达 dàodá □ Do you know the time of arrival for the flight from Vancouver? 你知道温哥华来的航班什么时候到达吗？Nǐ zhīdào Wēngēhuá lái de hángbān shénme shíhòu dàodá ma? □ The arrival of the relief supplies was greeted with hearty thanks. 救济物资的到达，受到衷心感谢。Jiùjì wùzī de dàodá, shòudào zhōngxīn gǎnxiè.

arrive V 到达 dàodá, 抵达 dǐdá □ We arrived at the resort before dark. 我们在天黑前抵达度假地。Wǒmen zài tiānhēi qián dǐdá dùjià dì. □ Your order will arrive in a couple of days. 你的订货将在两三天内到。Nǐde dìnghuò jiāng zài liǎng sān tiān nèi dào.

arrogance N 傲慢 àomàn, 妄自尊大 wàng zì zūn dà

arrogant ADJ 傲慢的 àomàn de, 妄自尊大的 wàng zì zūn dà de

arrow N 箭头 jiàntóu

arsenal N 军火库 jūnhuǒkù [M. WD 座 zuò], 兵工厂 bīnggōngchǎng [M. WD 座 zuò]

arsenic (As) N **1** 砷 shēn **2** 砒霜 pīshuāng

arson N 放火 fànghuǒ, 纵火罪 zònghuǒ zuì

art N 艺术 yìshù, 美术 měishù □ This is really a work of art. 这真是一件艺术品。Zhè zhēn shì yí jiàn yìshùpǐn.

the arts 文艺 wényì

artery N **1** [人的+] 动脉 [rén de+] dòngmài **2** [交通+] 干线 [jiāotōng+] gànxiàn, 干道 gàndào

arthritis N 关节炎 guānjiéyán

article N **1** 文章 wénzhāng [M. WD 篇 piān] □ Did you read the article about the scandal in today's paper? 你看了今天报上关于那个丑闻的文章了吗？Nǐ kàn le jīntiān bàoshang guānyú nà ge chǒuwén de wénzhāng le ma? **2** 物件 wùjiàn □ An article of clothing was found at the crime scene. 在犯罪现场发现一件衣物。Zài fànzuì xiànchǎng fāxiàn yí jiàn yīwù.

articulate I ADJ 表达力强的 biǎodálì qiáng de, 口才好的 kǒucái hǎode II V 清晰地说 qīngxī de shuō

artifact, artefact N 人工制品 réngōng zhìpǐn

artificial ADJ 人造的 rénzào de, 人工的 réngōng de □ I don't like artificial flowers in my house. 我不喜欢家里放假花。Wǒ bù xǐhuan jiālǐ fàng jiǎhuā.

artificial intelligence 人工智能 réngōng zhìnéng

artificial respiration 人工呼吸 réngōng hūxī

artillery N 炮兵 pàobīng

artisan N 手艺人 shǒuyìrén

artist N 艺术家 yìshùjiā [M. WD 位 wèi] □ Very few artists are wealthy. 只有很少的艺术家是富有的。Zhǐyǒu hěn shǎo de yìshùjiā shì fùyǒu de.

artistic ADJ 艺术的 yìshù de

artsy ADJ 美观而不实用的 měiguān ér bù shíyòng de

artwork N 艺术作品 yìshù zuòpǐn [M. WD 件 jiàn]

as I PREP 作为 zuòwéi □ As a parent, you are your children's guardian. 作为家长，你是子女的监护人。Zuòwéi jiāzhǎng, nǐ shì zǐnǚ de jiānhùrén.

II CONJ **1** 当 dāng, 在…的时候 zài…de shíhòu □ As I was working on the computer, she was listening to music. 我在电脑上工作，她在听音乐。Wǒ zài diànnǎoshang gōngzuò, tā zài tīng yīnlè. **2** 由于 yóuyú □ I can't go to the movies with you tonight, as I'm too busy. 我太忙了，不能跟你去看电影。Wǒ tài máng le, bù néng gēn nǐ qù kàn diànyǐng.

III ADV **1** 像…一样 xiàng…yíyàng □ In this area it may snow as early as September. 这个地区最早九月就会下雪。Zhè ge dìqū zuìzǎo jiǔyuè jiù huì xiàxuě. **2** (as well) 也 yě □ I'm learning the Chinese language, and the Chinese culture as well. 我在学中文，也在学中国文化。Wǒ zài xué Zhōngwén, yě zài xué Zhōngguó wénhuà.

asbestos N 石棉 shímián

ascend V 上升 shàngshēng, 登高 dēnggāo

ascendancy N 支配地位 zhīpèi dìwèi, 优势 yōushì

to gain ascendancy over 胜过 shèngguò

ascent N 上升 shàngshēng, 登高 dēnggāo

ascertain V 确定 quèdìng, 查明 chámíng

ascetic ADJ 苦行的 kǔxíng de, 禁欲的 jìnyù de

ascribe V 把…归因于 bǎ…guīyīnyú

asexual ADJ 无性的 wúxìng de, 无性器官的 wúxìng qìguān de

asexual reproduction 无性繁殖 wúxìng fánzhí

ash N 灰 huī, 灰烬 huījìn

volcanic ashes 火山灰 huǒshānhuī

ashamed ADJ 惭愧 cánkuì, 羞愧 xiūkuì □ He felt ashamed of himself. 他感到惭愧。Tā gǎndào cánkuì.

ashen ADJ 灰白色的 [+脸色] huībáisè de [+liǎnsè], 苍白 cāngbái

ashore ADV 上岸 shàng'àn

ashtray N 烟灰缸 yānhuīgāng [M. WD 只 zhī]

Asia N 亚洲 Yàzhōu

Asian I N 亚洲人 Yàzhōurén II ADJ 亚洲（的）Yàzhōu (de)

Asian-American N 亚裔美国人 Yàyì Měiguórén

aside I ADV 向边上 xiàng biānshàng, 在旁边 zài pángbiān □ I stepped aside to let an old man pass me. 我向旁边跨了一步，让老人过去。Wǒ xiàng pángbiān kuàle yíbù, ràng lǎorén guòqu.

II N 悄悄话 qiāoqiāohuà

ask V **1** 问 wèn □ Can I ask you a question? 可以问你一个问题吗？Kěyǐ wèn nǐ yí ge wèntí ma? □ I did not even dare to ask the price. 我甚至不敢问价钱。Wǒ shènzhì bù gǎn wèn jiàqian. **2** 请求 qǐngqiú, 请 qǐng □ He asked her to be more patient with him. 他请她多加耐心一点儿。Tā qǐngqiú tā gèngjiā nàixīn yìdiǎnr. **3** 邀请 yāoqǐng, 请 qǐng □ Have you asked her to the party? 你请她来参加聚会了吗？Nǐ qǐng tā lái cānjiā jùhuì le ma?

to ask after 问候 wènhòu □ He always asks after my father whenever he sees me. 他看到我，总是问候我的父亲。Tā kàndào wǒ, zǒngshì wènhòu wǒ de fùqin.

to ask the way 问路 wènlù □ Do you know how to ask the way in Chinese? 你会用中文问路吗？Nǐ huì yòng Zhōngwén wènlù ma?

askance ADV 怀疑地 [+注视] huáiyí de [+zhùshì], 不满地 [+看] bùmǎn de [+kàn]

askew ADV 歪斜 wāixié

asleep ADJ 睡着 shuìzháo □ He is fast asleep. 他睡得很熟。Tā shuìde hěn shóu.

to fall asleep 睡着 shuìzháo, 入睡 rùshuì □ Last night I didn't fall asleep until quite late. 昨夜我很晚才睡着。Zuóyè wǒ hěn wǎn cái shuìzháo.

asparagus N 芦笋 lúsǔn

aspect N **1** 外表 wàibiǎo, 面貌 miànmào **2** 方面 fāngmiàn **3** 方向 fāngxiàng, 方位 fāngwèi

to study a problem from all aspects 全面地研究问题 quánmiàn de yánjiū wèntí

aspen N 杨 yáng, 杨树 yángshù [M. WD 棵 kē]

aspersion N 诽谤 fěibàng, 中伤 zhòngshāng

asphalt N 沥青 lìqīng, 柏油 bǎiyóu

aspiration N 志向 zhìxiàng, 抱负 bàofù

aspire v 追求 zhuīqiú, 渴望 kěwàng

aspirin N 阿司匹林 āsīpǐlín

ass N 1 驴 lǘ [M. WD 头 tóu], 驴子 lǘzi 2 傻瓜 shǎguā 3 屁股 pìgu

to get off your ass 别偷懒 bié tōulǎn

to make an ass of oneself 干傻事 gān shǎshì

assailant N 攻击者 gōngjīzhě

assassin N 暗杀者 àn shā zhě, 刺客 cìkè

assassinate v 暗杀 àn shā

assault I N 攻击 gōngjī

sexual assault 强暴 qiángbào, 强奸 qiángjiān

II v 攻击 gōngjī

assemble v 1 集会 jíhuì 2 收集 shōují 3 装配 zhuāngpèi

assembly N 1 集会 jíhuì

the freedom of assembly 集会自由 jíhuì zìyóu

2 参加聚会的人 cānjiā jùhuì de rén 3 装配 zhuāngpèi

assembly line 装配线 zhuāngpèixiàn

assent N 同意 tóngyì, 赞同 zàntóng

assert v 主张 zhǔzhāng, 宣称 jiānchēng

to assert oneself 坚持自己的权利 jiānchí zìjǐ de quánlì, 显示自己的地位 xiǎnshì zìjǐ de dìwèi

assertion N 1 主张 zhǔzhāng 2 断言 duànyán

assertive ADJ 过分自信的 guòfèn zìxìn de

assess v 测算 cèsuàn, 估价 gūjià □ The building was assessed at $2,000,000. 大楼估价为两百万元。Dàlóu gūjià wéi liǎng bǎiwàn yuán.

asset N 1 资产 zīchǎn 2 有价值的人（或物）yǒu jiàzhí de rén (huò wù)

liquid assets 流动资金 liúdòng zījīn

asshole N 1 屁眼 pìyǎn 2 笨蛋 bèndàn

assign v 1 分配 [+任务] fēnpèi [+rènwu] 2 指派 zhǐpài

to assign sb to do sth 指派某人担任某职 zhǐpài mǒurén dānrèn mǒu zhí

assignment N 任务 rènwu [M. WD 项 xiàng]

homework assignment 作业 zuòyè

assimilate v 融入 róng rù, 同化 tónghuà

assimilation N 融入 róng rù, 同化 tónghuà

assist v 帮助 bāngzhù, 协助 xiézhù

assistance N 帮助 bāngzhù, 协助 xiézhù

assistant N 助理 zhùlǐ, 助理人员 zhùlǐ rényuán

sales assistant 店员 diànyuán, 售货员 shòuhuòyuán

assistant manager 副经理 fùjīnglǐ, 襄理 xiānglǐ

associate I v 联系 liánxì

to associate with sb 与某人交往 yǔ mǒurén jiāowǎng

II N 1 伙伴 huǒbàn, 同事 tóngshì 2 准学位获得者 zhǔn xuéwèi huòdézhě

Associate of Arts 准文学士 zhǔn wénxuéshì

III ADJ 副 fù, 准 zhǔn

associate member 准会员 zhǔn huìyuán

associate professor 副教授 fùjiàoshòu

association N 协会 xiéhuì, 社团 shètuán □ I've just learned that there is a cloud appreciation association in Britain. 我刚知道在英国有一个赏云协会。Wǒ gāng zhīdào zài Yīngguó yǒu yí ge shǎng yún xiéhuì.

assorted ADJ 各种各样的 gèzhǒng gèyàng de

assortment N 混合物 hùnhéwù, 什锦 shíjǐn

an assortment of desserts 什锦甜点 shíjǐn tiándiǎn

assume v 假定 jiǎdìng □ I assume you have heard the bad news. 我假定你已经听到了这个坏消息。Wǒ jiǎdìng nǐ yǐjīng tīngdàole zhè ge huài xiāoxi.

an assumed name 假名 jiǎmíng

assumption N 假设 jiǎshè, 假定 jiǎdìng

assurance N 自信 zìxìn

assure v 担保 dānbǎo, 保证 bǎozhèng

asterisk N 星号 xīnghào (*)

asteroid N 小行星 xiǎoxíngxīng

asthma N 哮喘病 xiàochuǎnbìng, 气喘 qìchuǎn

astonish v 使…吃惊 shǐ…chījīng

astonished ADJ 感到吃惊的 gǎndào chījīng de

astonishing ADJ 让人吃惊的 ràng rén chījīng de

astonishment N 惊讶 jīngyà

astound v 使…非常吃惊 shǐ…fēicháng chījīng

astounding ADJ 让人非常吃惊的 ràng rén fēicháng chījīng de

astray ADV 迷失 míshī

to go astray 不务正业 bú wù zhèngyè

astride ADV 跨坐地 kuà zuò de

astringent ADJ 1 严厉的 [+批评] yánlì de [+pīpíng] 2 止血的 zhǐxuè de

astrology N 占星术 zhānxīngshù

astronaut N 宇航员 yǔhángyuán

astronomical ADJ 1 天文学的 tiānwénxué de 2 巨大的 [+数字] jùdà de [+shùzì], 天文数字的 tiānwén shùzì de

astronomy N 天文学 tiānwénxué

astute ADJ 精明的 [+投资者] jīngmíng de [+tóuzīzhě]

asylum N 避难 bìnàn, 庇护 bìhù

political asylum 政治避难 zhèngzhì bìnàn

at PREP 1 在…（地方）zài…(dìfang), 在…（时间）zài… (shíjiān) □ He was not at home last night. 昨天夜里他不在家。Zuótiān yèlǐ tā bú zài jiā. □ You may call me any time. 你可以在任何时候给我打电话。(→ 你什么时候给我打电话都行。) Nǐ kěyǐ zài rènhé shíhou gěi wǒ dǎ diànhuà. (→ Nǐ shénme shíhòu gěi wǒ dǎ diànhuà dōu xíng.) 2 对 duì, 向 xiàng □ Don't yell at me! 别对我大声嚷嚷! Bié duì wǒ dàshēng rāngrang!

atheism N 无神论 wúshénlùn

atheist N 无神论者 wúshénlùnzhě

athletic ADJ 1 体育运动的 [+学校] tǐyù yùndòng de [+xuéxiào] 2 健壮的 [+青年] jiànzhuàng de [+qīngnián], 擅长体育的 shàncháng tǐyù de

athletics N 体育运动 tǐyù yùndòng

Atlantic Ocean N 大西洋 Dàxīyáng

atlas N 地图 dìtú [M. WD 张 zhāng], 地图册 dìtúcè [M. WD 本 běn]

ATM (= Automated Teller Machine) ABBREV 自动提款机 zìdòng tíkuǎnjī

atmosphere N 1 气氛 qìfen 2 大气 dàqì, 大气层 dàqìcéng

atom N 原子 yuánzǐ

atom bomb 原子弹 yuánzǐdàn

atomic energy 原子能 yuánzǐnéng

atone v 赎罪 shúzuì, 弥补 [过失] míbǔ [+guòshī]

atrocious ADJ 坏极了的 huài jíle de, 糟透了的 zāotòu le de

atrocity N 暴行 bàoxíng

attach v 附上 fùshang □ I've attached my holiday photos to my e-mail. 我把度假时拍的照片附在电子邮件上。Wǒ bǎ dùjià shí pāi de zhàopiàn fù zài diànzǐ yóujiànshang.

to be attached to 喜爱 xǐ'ài, 依恋 yīliàn

attaché N [大使馆的+] 随员 [dàshǐguǎn de+] suíyuán

a military attaché（大使馆的）武官 (dàshǐguǎn de) wǔguān

attaché case 手提公文包 shǒutí gōngwénbāo

attachment N 附件 fùjiàn □ Please send in your application form as an attachment to your e-mail. 请把报名单以电子邮件附件寄上。Qǐng bǎ bàomíng dān yǐ diànzǐ yóujiàn fùjiàn jìshang.

attack I v 攻击 gōngjī □ He was attacked by a group of hooligans. 他受到了一群流氓的攻击。Tā shòudàole yìqún liúmáng de gōngjī.

II N 1 攻击 gōngjī 2 (疾病) 发作 (jíbìng) fāzuò

heart attack 心脏病发作 xīnzàngbìng fāzuò

attain v 实现 shíxiàn, 获得 huòdé

attempt I v 试图 shìtú, 想要 xiǎngyào □ I attempted to contact them, but without success. 我试图和他们联络，但是没有

成功。Wǒ shìtú hé tāmen liánluò, dànshì méiyǒu chénggōng. **II** N 试图 shìtú □ She made an attempt to improve the relationship with him. 她试过改善和他的关系。Tā shìguo gǎishàn hé tā de guānxi.

attend v 出席 chūxí, 参加 cānjiā □ Will you be able to attend the meeting tomorrow? 你能参加明天的会议吗? Nǐ néng cānjiā míngtiān de huìyì ma?

attendance N 出席 chūxí, 出席人数 chūxí rénshù

attendant N 服务员 fúwùyuán

parking-lot attendant 停车场服务员 tíngchēchǎng fúwùyuán

attention N 注意 zhùyì □ May I have your attention, please. 请大家听我说。Qǐng dàjiā tīng wǒ shuō.

to pay attention to 注意 zhùyì, 留意 liúyì □ Nobody paid attention to his warning. 没有人留意他的警告。Méiyǒu rén liúyì tā de jǐnggào.

attentive ADJ **1** 关注的 [+老师] guānzhù de [+lǎoshī] **2** 周到的 [+服务] zhōudao de [+fúwù]

attest v 证明 zhèngmíng

attic N 阁楼 gélóu [M. WD 层 céng]

attire N 服装 fúzhuāng [M. WD 件 jiàn/套 tào]

attitude N 态度 tàidu, 心态 xīntài □ You should have a positive attitude towards life. 你对生活应该有积极的态度。Nǐ duì shēnghuó yīnggāi yǒu jījí de tàidu.

attorney N 律师 lǜshī

attorney general 首席检察官 shǒuxí jiǎncháguān [M. WD 位 wèi]

attract v 吸引 xīyǐn □ The amusement park failed to attract large numbers of visitors. 游乐场没有能吸引大量游客。Yóulèchǎng méiyǒu néng xīyǐn dàliàng yóukè.

attraction N 吸引力 xīyǐnlì

tourist attraction 旅游点 lǚyóudiǎn

attractive ADJ 有吸引力的 yǒu xīyǐnlì de, 漂亮的 piàoliang de □ It's an attractive idea! 这个主意很有吸引力! Zhè ge zhǔyì hěn yǒu xīyǐnlì! □ They use attractive young ladies for the promotion of their new products. 他们用年轻漂亮的女孩子来推销新产品。Tāmen yòng niánqīng piàoliang de nǚháizi lái tuīxiāo xīn chǎnpǐn.

attributable ADJ 可归因于 kě guīyīnyú

attribute I v (to attribute to) 归因于 guīyīnyú **II** N 特性 tèxìng, 品质 pǐnzhì

attributive ADJ 定语的 dìngyǔ de, 修饰的 xiūshì de

attrition N **1** 消耗 [+战] xiāohào [+zhàn] **2** [公司的+] 自然减员 [gōngsī de+] zìrán jiǎnyuán

natural attrition 自然缩减 zìrán suōjiǎn

attuned ADJ 适应的 shìyìng de

auburn N 红褐色 hóng hèsè

auction I N 拍卖 pāimài

to put sth up for auction 把某物拿去拍卖 bǎ mǒuwù ná qù pāimài

II v 拍卖 pāimài

auctioneer N 拍卖人 pāimài rén

audacious ADJ 大胆的 dàdàn de, 鲁莽的 lǔmǎng de

audacity N 鲁莽 lǔmǎng, 大胆放肆 dàdǎn fàngsì

audible ADJ 听得见的 tīngdé jiàn de

audience N [+电影] 观众 [+diànyǐng] guānzhòng, [音乐会+] 听众 [+yīnyuèhuì+] tīngzhòng □ The audience rose to applaud at the end of the performance. 演出结束, 观众起立鼓掌。Yǎnchū jiéshù, guānzhòng qǐlì gǔzhǎng. □ The talk-show host has a huge audience. 这位应答节目主持人有很多听众。Zhè wèi yìngdá jiémù zhǔchírén yǒu hěn duō tīngzhòng.

audio ADJ 音响的 yīnxiǎng de

audiotape N 录音磁带 lùyīn cídài

audiovisual ADJ 视听的 shìtīng de

audiovisual equipment 视听设备 shìtīng shèbèi

audit v, N 审计 shěnjì, 查账 cházhàng

to audit company accounts 审计公司账目 shěnjì gōngsī zhàngmù

audition I N 试唱 shì chàng, 试演 shìyǎn **II** v 试唱 shì chàng, 试演 shìyǎn

to audition for a musical 参加一处音乐剧的试演 cānjiā yíchù yīnyuè jù de shìyǎn

auditorium N 礼堂 lǐtáng

augment v 增加 zēngjiā, 扩大 kuòdà

August N 八月 bāyuè

aunt N 阿姨 āyí (mother's sister), 姑姑 gūgu (father's sister), 舅妈 jiùmā (maternal uncle's wife), 伯母 bómǔ (father's elder brother's wife), 婶婶 shěnshen (father's younger brother's wife)

aura N 气氛 qìfen, 氛围 fēnwéi

aural ADJ 听觉的 tīngjué de, 听力的 [+能力] tīnglì de [+nénglì]

auspices N 赞助 zànzhù

under the auspices of 由…赞助 yóu…zànzhù

auspicious ADJ 吉祥的 jíxiáng de, 吉利的 jílì de

austere ADJ **1** 严厉的 [+父亲] yánlì de [+fùqin] **2** 简朴的 [+生活] jiǎnpǔ de [+shēnghuó]

austerity N [+经济上] 紧缩 [+jīngjìshang] jǐnsuō, 节省 jiéshěng

Australia N 澳大利亚 Àodàlìyà

Australian I ADJ 澳大利亚的 Àodàlìyà de **II** N 澳大利亚人 Àodàlìyàrén

authentic ADJ **1** 正宗的 [+法国香槟酒] zhèngzōng de [+Fǎguó xiāngbīnjiǔ] **2** 原作的 yuánzuò de, 真的 zhēnde

an authentic painting of Piccaso 一幅毕加索的原画 yìfú Bìjiāsuǒ de yuánhuà

authenticate v **1** 鉴定…是真的 jiàndìng…shì zhēnde

to authenticate works of art 鉴定艺术品 jiàndìng yìshùpǐn

2 证实 zhèngshí

authenticity N 真实性 zhēnshíxìng

author N 作者 zuòzhě

authoritarian ADJ 专制独裁的 zhuānzhì dúcái de

authoritarianism N (政治) 权威主义 (zhèngzhì) quánwēi zhǔyì

authoritative ADJ 权威性的 quánwēi xìng de

authority N 权威 quánwēi, 权力 quánlì □ The university has the authority to give academic degrees. 大学有授予学位的权力。Dàxué yǒu shòuyǔ xuéwèi de quánlì.

the authorities 当局 dāngjú □ Will the authorities lift the ban on marijuana? 当局会解除对大麻的禁令吗? Dāngjú huì jiěchú duì dàmá de jìnlìng ma?

auto N 汽车 qìchē [M. WD 辆 liàng]

auto parts 汽车零件 qìchē língjiàn

autobiography N 自传 zìzhuàn [M. WD 篇 piān/本 běn]

autocracy N **1** 独裁 dúcái **2** 独裁政权 dúcái zhèngquán

autocratic ADJ 独裁的 dúcái de, 专制的 zhuānzhì de

autograph I N [名人的+] 签名 [míngrén de+] qiānmíng **II** v 签名 qiānmíng

automate v 使自动化 shǐ zìdònghuà

automatic I ADJ 自动的 zìdòng de, 自动化的 zìdònghuà de

automatic transmission 自动排档 zìdòng pái dàng

II N 自动变速汽车 zìdòng biànsù qìchē

automation N 自动化 zìdònghuà

automobile N 汽车 qìchē [M. WD 辆 liàng] □ Are you a member of American Automobile Association (AAA)? 你是美国汽车协会会员吗? Nǐ shì Měiguó qìchē xiéhuì huìyuán ma?

automobile industry 汽车工业 qìchē gōngyè

automotive ADJ 与汽车有关的 yǔ qìchē yǒuguān de

autonomous ADJ 自治的 zìzhì de

autonomy N 自治 zìzhì

autopsy N 尸体检验 shītǐ jiǎnyàn

autumn N 秋天 qiūtiān, 秋季 qiūjì

auxiliary I ADJ 1 辅助的 fǔzhù de 2 备用的 bèiyòng de II N 辅助人员 fǔzhù rényuán

avail v 有利于 yǒu lìyú
to avail oneself of 利用 lìyòng

available ADJ 能得到的 néng dédào de □ This is the latest data available. 这是所能得到的最新资料。Zhè shì suǒnéng dédào de zuìxīn zīliào.

avalanche N 雪崩 xuěbēng [M. WD 场 cháng]

avant-grade ADJ 前卫的 qiánwèi de, 先锋的 xiānfēng de

avarice N 贪婪 tānlán, 贪心 tānxīn

avenue N 大街 dà jiē, 街 jiē [M. WD 条 tiáo]
1600 Pennsylvania Avenue 宾西法尼亚大街1600号 Bīnxīfǎníyà dàjiē 1600 hào

average I ADJ 平均 píngjūn, 通常 tōngcháng □ What is the average household income in this area? 这个地区平均家庭收入是多少? Zhè ge dìqū píngjūn jiātíng shōurù shì duōshǎo? II N 平均数 píngjūnshù, 一般水平 yìbān shuǐpíng □ His income is under the average. 他的收入低于平均数。Tāde shōurù dī yú píngjūnshù.
III v 平均是 píngjūn shì

averse ADJ 厌恶 yànwù, 很不喜欢 hěn bù xǐhuan

aversion N 厌恶 yànwù

avert v 避免 bìmiǎn, 防止 fángzhǐ

aviation N 避免 bìmiǎn, 防止 fángzhǐ

aviator N 飞行员 fēixíngyuán

avid ADJ 热心的 rèxīn de, 狂热的 kuángrè de

avocado N 鳄梨 èlí

avoid v 避免 bìmiǎn □ She is trying to avoid her ex-husband. 她避免见到前夫。Tā bìmiǎn jiàndao qiánfū.

avow v 公开承认 gōngkāi chéngrèn, 声明 shēngmíng

avowed ADJ 公开的 gōngkāi de

awake I v (PT **awoke**, PP **awaken**) 叫醒 jiàoxǐng II ADJ 醒着 xǐngzhe □ Is he awake or asleep? 他醒着还是睡着了? Tā xǐngzhe háishi shuìzhǎo le?

awaken[1] v 1 叫醒 jiàoxǐng 2 唤醒 huànxǐng

awaken[2] See **awake**

awakening N 觉醒 juéxǐng

award I N 1 奖 jiǎng, 奖章 jiǎngzhāng [M. WD 枚 méi] 2 奖金 jiǎngjīn [M. WD 笔 bǐ]
Academy Award（美国电影艺术和科学学院）学院奖 (Měiguó diànyǐng yìshù hé kēxué xuéyuàn) xuéyuàn jiǎng II v 授奖 shòujiǎng, 颁奖 bānjiǎng

aware ADJ 意识到 yìshidào, 知道 zhīdào

awareness N 意识 yìshi, 认识 rènshi

awash ADJ 充斥的 chōngchì de, 泛滥的 fànlàn de

away ADV 1 离开 líkāi
Go away! 走开! Zǒukāi! 滚! Gǔn!
2 不在（家，办公室）bú zài (jiā, bàngōngshì) □ I'll be away next week. 我下星期不在。(→我下星期要外出。) Wǒ xià xīngqī bù zài. (→Wǒ xià xīngqī yào wàichū.)
to put sth away 把…收起来 bǎ...shōuqǐlai

awe N 敬畏 jìngwèi, 畏惧 wèijù

awe-inspiring ADJ 令人敬畏的 lìngrén jìngwèi de

awesome ADJ 令人敬畏的 [+高山] lìngrén jìngwèi de [+gāoshān] 2 好极了 hǎo jíle

awful I ADJ 坏极了 huài jíle, 糟透了 zāotòu le II ADV 1 糟糕透了 zāogāo tòu le 2 非常 fēicháng

awfully ADV 非常 fēicháng

awhile ADV 一会儿 yíhuìr

awkward ADJ 1 笨拙的 [+男孩] bènzhuō de [+nánhái], 不灵活的 bùlínghuó de □ I'm still awkward with chopsticks. 我还是不怎么会用筷子。Wǒ háishi bùzěnme huì yòng kuàizi. 2 尴尬的 [+场面] gāngà de [+chǎngmiàn] □ The groom's absence created an awkward situation. 新郎没来，造成尴尬局面。Xīnláng méi lái, zàochéng gāngà júmiàn.

awning N 遮蓬 zhēpéng, 雨蓬 yǔpéng

awoke See **awake**

awry ADJ 歪的 wāi de, 斜的 xié de
to go awry 出岔子 chūchàzi

ax I N 斧头 fǔtou [M. WD 把 bǎ]
to get the ax 解雇 jiěgù, 砍掉 kǎndiào
to have an ax to grind 抱有个人目的 bàoyǒu gèrén mùdì
II v 解雇 jiěgù, 砍掉 kǎndiào

axiom N 公理 gōnglǐ [M. WD 条 tiáo]

axiomatic ADJ 公理的 gōnglǐ de, 不言自明的 bù yán zì míng de

axis N 轴 zhóu, 轴线 zhóuxiàn

axle N 车轴 chēzhóu

aye INTERJ 是 shì, 赞成 zànchéng

B, b

babble v 1 [婴儿+] 牙牙学语 [yīng'ér+] yáyáxuéyǔ 2 [老太太+] 喋喋不休 [lǎotàitai+] diédié bùxiū

babe N 婴儿 yīng'ér

baby N 1 婴儿 yīng'ér, 小宝宝 xiǎobǎobao 2 (男子对心爱的女人) 宝贝 (nánzǐ duìxīn ài de nǚrén) bǎobèi □ What a cute baby! 这个小宝宝多么可爱! Zhè ge xiǎobǎobao duōme kě'ài!
baby carriage 童车 tóngchē
baby talk 幼儿语 yòu'ér yǔ

baby boomer N 生育高峰期出生的人 shēngyù gāofēngqī chūshēng de rén, 1948–64年出生的人 1948–64 nián chūshēng de rén

babyish ADJ 婴儿似的 yīng'ér shìde, 孩子气的 háiziqì de

babysat See **babysit**

babysit (PT & PP **babysat**) v 照看小孩 zhàokàn xiǎohái

bachelor N 单身男子 dānshēn nánzǐ, 未婚男子 wèihūn nánzǐ
bachelor party 单身汉聚会 dānshēnhàn jùhuì
bachelor's degree 学士学位 xuéshì xuéwèi

back I N 背 bèi, 背部 bèibù □ My back aches. 我背疼。Wǒ bèi téng.
II ADJ 背后 bèihòu, 后面 hòumian □ Please use the back door. 请走后门。Qǐng zǒu hòumén.
III ADV 1 后面 hòumian
Step back! 往后退! Wàng hòu tuì!
2 回 huí, 原处 yuánchù □ I'll be back soon. 我马上回来。Wǒ mǎshàng huílai. □ Put the book back on the shelf when you've finished reading it. 看完以后, 把书放回书架。Kànwán yǐhòu, bǎ shū fànghuí shūjià.
behind one's back 瞒着… mánzhe… □ He sold the family home behind his wife's back. 他瞒着妻子卖掉了家宅。Tā mánzhe qīzi màidiàole jiāzhái.
back and forth 来来回回 láilái huíhuí

backache N 腰酸背疼 yāosuān bèiténg

backbiting N 在背后说坏话 zài bèihòu shuō huàihuà

backbone N 1 脊柱 jízhù 2 骨干 gǔgàn

backbreaking ADJ 艰苦繁重的 [+体力劳动] jiānkǔ fánzhòng de [+ tǐlì láodòng]

backdate v 1 写上比实际时间早的日期 xiě shàng bǐ shíjì shíjiān zǎo de rìqí 2 追溯到 zhuīsù dào □ He backdated the check to last Friday. 他在支票上写了上星期五的日期。Hā zài zhīpiào shàng xiě le shàngxīngqī wǔde rìqī.

backdrop N 背景 bèijǐng

backer N 支持者 zhīchízhě

backfire v 1 [汽车引擎+] 逆火 [qìchē yǐnqíng+] nìhuǒ 2 [计划+] 发生意外 [jìhuà+] fāshēng yìwài, 产生与预计相反的效果 chǎnshēng yǔ yùjì xiāngfǎn de xiàoguǒ

backgammon N 十五子棋 shíwǔ zi qí [M. WD 盘 pán/副 fù]

background N 背景 bèijǐng □ She married him without knowing anything about his background. 她对他的背景一无所知就跟他结婚了。Tā duì tā de bèijǐng yìwúsuǒzhī jiù gēn tā jiéhūn le.

backhanded ADJ 1 反手的 [+击球] fǎnshǒu de [+jīqiú] 2 讽刺挖苦的 [+赞扬] fěngcì wāku de [+zànyáng], 反话的 fǎnhuà de
a backhanded compliment 挖苦的恭维话 wāku de gōngwéihuà

backing N 1 支持 zhīchí 2 后退 hòutuì

backlash N 反弹 fǎntán, 强烈反对 qiángliè fǎnduì

backlog N 积压 (的工作) jīyā (de gōngzuò)
a backlog of criminal cases 积压的刑事案件 jīyā de xíngshì ànjiàn

backpack I N 背包 bēibāo [M. WD 只 zhī] II V 背着背包徒步旅行 bèizhe bēibāo túbù lǚxíng

backseat N 后座 hòu zuò
back seat driver 指手画脚乱指挥的人 zhǐshǒuhuàjiǎo luàn zhǐhuī de rén
to take a back seat 接受次要的地位 jiēshòu cìyào de dìwèi

backside N 屁股 pìgu

backspace N 退格键 tuì gé jiàn

backstage ADV 在后台 zàihòu tái, 往后台 wǎnghòu tái

back-to-back ADJ 一个接一个的 yí ge jiē yí ge de, 连续的 liánxù de

backtrack V 1 原路返回 yuánlù fǎnhuí 2 退缩 tuìsuō

backup N 1 备份 bèifèn, 备用品 bèiyòng pǐn
backup generator 备用发电机 bèiyòng fādiànjī
2 后备人员 hòubèi rényuán

backward I ADJ 1 向后的 xiànghòu de □ He cast a backward glance before crossing the street. 他朝后看了一眼, 穿过马路。Tā cháohòu kànle yìyǎn, chuānguo mǎlù. 2 落后的 [+地区] luòhòude [+dìqū]
II ADV 向后 xiànghòu □ He took a step backward. 他朝后退了一步。Tā cháohòu tuìle yíbù.

backwater N 1 闭塞的地方 bìsè de dìfang 2 [小河的+] 死水 [xiǎo hé de+] sǐshuǐ

backwoods N 边远林区 biānyuǎn línqū

backyard N 后院 hòuyuàn

bacon N 咸肉 xiánròu
to bring home the bacon 挣钱养家 zhèngqián yǎngjiā

bacteria N 细菌 xìjūn

bacteriology N 细菌学 xìjūnxué [M. WD 位 wèi]

bad ADJ 1 坏 huài, 糟糕 zāogāo, 不行 bùxíng □ First the good news, then the bad news. 先告诉你一个好消息, 再告诉你一个坏消息。Xiān gàosu nǐ yí ge hǎo xiāoxi, zài gàosu nǐ yí ge huài xiāoxi.
That's too bad! 那太糟了! Nà tài zāo le!
to be bad at 不行 bùxíng, 不好 bùhǎo □ I'm bad at swimming. 我游泳不行。Wǒ yóuyǒng bùxíng.
to feel bad about 感到很不开心 gǎndào hěn bù kāixīn □ She felt really bad about losing her temper. 她因为自己发脾气而感到很不开心。Tā yīnwèi zìjǐ fāpíqi ér gǎndào hěn bù kāixīn.
2 有害 yǒuhài □ Junk food is bad for your health. 垃圾食品对健康有害。Lājī shípǐn duì jiànkāng yǒuhài.

badge N 徽章 huīzhāng [M. WD 枚 méi]

badger N 獾 huān [M. WD 只 zhī]

badlands N 荒原 huāngyuán, 不毛之地 bùmáo zhī dì

badly ADV 1 很不好 hěn bùhǎo, 很糟 hěn zāo □ He sang badly. 他唱歌唱得很糟。Tā chànggē changde hěn zāo. 2 极其迫切, 非常 feīcháng □ I need a holiday badly. 我非常需要休假。Wǒ fēicháng xūyào xiūjià.

badminton N 羽毛球运动 yǔmáoqiú yùndòng

badmouth V 说…坏话 shuō…huàihuà

baffle V 使…困惑 shǐ…kùnhuò, 难倒 nándǎo

baffled ADJ 被难住了 bèinàn zhù le, 感到困惑不解 gǎndào kùnhuò bùjiě

bag N 包 bāo, 袋 dài
bag lady 无家可归的女人 wú jiā kě guī de nǚrén
school bag 书包 shūbāo

bagel N 圆形硬面包 yuánxíng yìng miànbāo [M. WD 块 kuài]

bagful N 一袋的 yí dài de

baggage N 行李 xíngli [M. WD 件 jiàn]
baggage car 火车的行李车 huǒchē de xínglíchē
baggage room 行李寄存处 xíngli jìcúnchù

bail I N 保释金 bǎoshìjīn [M. WD 笔 bǐ]
to stand bail 交保释金 jiāobǎo shì jīn
to be released on bail 取保候审 qǔbǎo hòushěn
II V 1 保释 bǎoshì 2 脱身 tuōshēn
to bail out 帮助 [+厂商] 脱离经济困境 bāngzhù [+chǎngshāng] tuōlí jīngjì kùnjìng

bait I N 诱饵 yòu'ěr
to take the bait 受诱惑上当 shòu yòuhuò shàngdàng
II V 装上诱饵 zhuāngshàng yòu'ěr

bake V 烤 [+牛肉] kǎo [+niúròu], 烘 [+面包] hōng [+miànbāo] □ Mom is baking a cake—it smells good! 妈妈在烤蛋糕—闻起来真香! Māma zài kǎo dàngāo—wénqǐlai zhēn xiāng!
bake sale 糕点义卖 gāodiǎn yìmài

baker N 面包师 miànbāoshī, 糕点师傅 gāodiǎn shīfu

bakery N 面包房 miànbāofáng □ This bakery makes delicious bread, cakes and cookies. 这家面包房制作的面包、糕点和饼干味道好极了。Zhè jiā miànbāofáng zhìzuò de miànbāo, gāodiǎn hé bǐnggān wèidao hǎo jíle.

baking N 烘烤 hōngkǎo

balance I N 平衡 pínghéng
balance beam 平衡木 pínghéngmù
balance of international payments 国际收支平衡 guójì shōuzhī pínghéng
balance sheet 资产负债表 zīchǎn fùzhàibiǎo, 决算表 juésuànbiǎo
II V 掂量 diānliang, 权衡 quánhéng

balanced ADJ 平衡的 pínghéng de, 均衡的 jūnhéng de
balanced diet 均衡饮食 jūnhéng yǐnshí

balcony N 阳台 yángtái

bald ADJ 秃的 tū de, 秃头的 [+男人] tūtóu de [+nánren]
bald eagle 秃鹰 tūyīng, 白头鹫 báitóu jiù

balding ADJ 脱发的 tuōfà de, 变秃的 biàn tū de

baleful ADJ 邪恶的 [+意图] xié'è de [+yìtú], 阴毒的 [+目光] yīndú de [+mùguāng]

ball¹ N [打+] 球 [dǎ+] qiú □ Their three-year old son is playing with a big ball. 他们三岁的儿子在玩一只大球。Tāmen sān suì de érzi zài wán yì zhī dà qiú.
ball game 球赛 qiúsài □ He watches all sorts of ball games. 他什么球赛都看。Tā shénme qiúsài dōu kàn.
ball park 球场 qiúchǎng

ball² N 舞会 wǔhuì [M. WD 次 cì/场 cháng]
to open the ball 带头跳第一场舞 dàitóu tiào dì yì cháng wǔ

ballad N 歌谣 gēyáo [M. WD 首 shǒu]

ballerina N 芭蕾舞女演员 bālěiwǔ nǚyǎnyuán

ballet N 芭蕾舞 bālěiwǔ

ballistic ADJ 弹道的 dàndào de

ballistics N 弹道学 dàndàoxué

balloon N 气球 qìqiú [M. WD 只 zhī]
hot air balloon 热气球 rèqìqiú

ballot N 选票 xuǎnpiào [M. WD 张 zhāng]
ballot box 投票箱 tóupiàoxiāng

ballpoint pen N 圆珠笔 yuánzhūbǐ [M. WD 支 zhī]

ballroom N 舞厅 wǔtīng

ballroom dancing 交谊舞 jiāoyìwǔ, 交际舞 jiāojìwǔ

balm N（镇痛）油膏 (zhèntòng) yóugāo [M. WD 盒 hé]

balmy ADJ 温和的 [+天气] wēnhé de [+tiānqì], 柔和的 [+风] róuhe de [+fēng]

baloney N 胡扯 húchě, 鬼话 guǐhuà [M. WD 句 jù/篇 piān]

bamboo N 竹 zhú, 竹子 zhúzi [M. WD 根 gēn]

bamboozle V 欺骗 qīpiàn, 哄骗 hǒngpiàn

ban V 禁止 [+非法交易] jìnzhǐ [+fēifǎ jiāoyì]

banal ADJ 陈腐的 chénfǔ de, 乏味的 fáwèi de, 没有特色的 méiyǒu tèsè de

banana N 香蕉 xiāngjiāo [M. WD 根 gēn]

band I N 1 带子 dàizi [M. WD 条 tiáo]

rubber band 橡皮筋 xiàngpíjīn

2 群 qún

a band of wild dogs 一群野狗 yìqún yěgǒu

3 乐队 yuèduì □ That's my favorite band. 我最喜欢这个乐队。Wǒ zuì xǐhuan zhè ge yuèduì.

bandstand 乐池 yuèchí

II V 聚集 jùjí

bandage I N 绷带 bēngdài [M. WD 条 tiáo/卷 juàn] II V 用绷带包扎 yòng bēngdài bāozā

Band-Aid N 护创膏 hù chuàng gāo [M. WD 盒 hé]

bandit N 土匪 tǔfěi, 匪徒 fěitú

bandwagon N 1 乐队彩车 yuèduì cǎichē 2 得势的一派 déshì de yípài

to jump on the bandwagon 投入得势的一派 tóurù déshì de yípài, 赶浪头 gǎn làngtou

bandy N 1 来回投掷 láihuí tóuzhì 2 来回互答 láihuí hù dá □ Don't bandy words with me! 别跟我斗嘴! Bié gēn wǒ dòuzuǐ!

bane N 灾星 zāixīng, 祸根 huògēn

more of a bane than a boom 与其说是福音, 还不如说是祸根 yǔqí shuō shì fúyīn, hái bùrú shuō shì huògēn

bang I V 发出砰的一声 fāchū pēng de yìshēng □ He banged the door shut. 他砰地把门关上。Tā pēng de bǎmén guānshàng.

II N 1 砰的一声 pēng de yìshēng 2 一声巨响 yì shēng jùxiǎng III ADV 砰地 pēng de, 猛烈地 měngliè de

banish V 把 [+政治犯] 流放 bǎ [+zhèngzhìfàn] liúfàng

banister N [楼梯的+] 扶手 [lóutī de+] fúshou, 栏杆 lángān

banjo N 班卓琴 bān zhuó qín

bank[1] I N 银行 yínháng [M. WD 家 jiā] □ We'll have to ask our bank for a loan. 我们得向银行贷款。Wǒmen děi xiàng yínháng dàikuǎn.

bank account 银行账户 yínháng zhànghù

bank clerk 银行职员 yínháng zhíyuán

data bank 资料库 zīliàokù

II V 把钱存入银行 bǎ qián cún rù yínháng

bank[2] N 岸 àn, 河岸 hé'àn, 湖岸 hú'àn □ The river burst the bank after the rain storm. 暴雨以后, 大水冲破了河岸。Bàoyǔ yǐhòu, dàshuǐ chōngpòle hé'àn.

banker N 银行家 yínhángjiā, 银行高级职员 yínháng gāojí zhíyuán [M. WD 位 wèi]

bankrupt ADJ 破产的 [+商人] pòchǎn de [+shāngrén]

bankruptcy N 1 破产 pòchǎn 2 彻底失败 chèdǐ shībài

banner I N 旗 qí, 旗帜 qízhì [M. WD 面 miàn]

banner headline 通栏大标题 tōnglán dà biāotí

II ADJ 非常好的 fēicháng hǎo de

banquet N 宴会 yànhuì [M. WD 次 cì]

banter N 善意的取笑 shànyì de qǔxiào

baptism N 洗礼 xǐlǐ, 浸礼 jìnlǐ

Baptist N 浸礼会教友 Jìnlǐhuì jiàoyǒu

baptize V 行洗礼 xíng xǐlǐ

bar I N 1 酒吧 jiǔbā, 酒吧间 jiǔbājiān [M. WD 家 jiā] □ The bar closes at midnight. 酒吧午夜关门。Jiǔbā wǔyè guānmén.

2 块 kuài

a bar of chocolate 一块巧克力 yí kuài qiǎokèlì

3 线条 xiàntiáo, 条纹 tiáowén

bar code 条形码 tiáoxíngmǎ

II V 阻挡 zǔdǎng

barbarian N 野蛮人 yěmánrén

barbaric ADJ 野蛮的 [+部落] yěmán de [+bùluò], 半开化的 bàn kāihuà de

barbecue (ABBREV BBQ) N 烧烤野餐 shāokǎo yěcān

barbed ADJ 有倒勾的 yǒu dǎo gōu de, 有倒刺的 yǒu dàocì de

barbed wire 有刺铁丝网 yǒucì tiěsīwǎng

barber N 理发师 lǐfàshī

bare I ADJ 赤裸 chìluǒ, 不穿衣服的 bù chuān yīfu de □ She sunbathed with her back bare. 她赤裸着后背, 做日光浴。Tā chìluǒzhe hòubèi, zuò rìguāngyù.

II V 露出 lòuchu

bareback ADJ [骑马+] 不用鞍具的 [qímǎ+] búyòng ānjù de

bare-bone ADJ 少到不能再少的 shǎo dào bùnéng zài shǎo de

bare-foot ADJ 赤脚的 chìjiǎo de

barely ADV 勉强 miǎnqiǎng □ He had barely enough money to buy a coach ticket. 他勉强有钱买长途汽车票。Tā miǎnqiáng yǒuqián mǎi chángtú qìchē piào.

barf V 呕吐 ǒutù

bargain I N 便宜货 piányihuò [M. WD 件 jiàn] □ She often found bargains at the market. 她常常在市场上买到便宜货。Tā chángcháng zài shìchǎngshang mǎidào piányihuò.

II V 讨价还价 tǎojià huánjià □ You've got to bargain—everyone does here. 你一定得讨价还价—人人都这么做。Nǐ yídìng děi tǎojià huánjià—rénrén dōu zhème zuò.

bargaining chip N 谈判的筹码 tánpàn de chóumǎ, 有利条件 yǒulì tiáojiàn

barge I N 大型平底船 dàxíng píngdǐchuán, 驳船 bóchuán [M. WD 艘 sōu] II V 冲撞 chōngzhuàng

baritone N 男中音 (歌唱家) nánzhōngyīn (gēchàngjiā)

bark I V (狗) 叫 jiào, 汪汪叫 wāngwāng jiào □ The dog barked at the postman. 那条狗朝邮递员汪汪叫。Nà tiáo gǒu cháo yóudìyuán wāngwāng jiào.

II N 狗叫 gǒujiào, 狗叫声 gǒujiào shēng

barley N 大麦 dàmài

barn N 谷仓 gǔcāng, 粮仓 liángcāng [M. WD 座 zuò]

barnyard N 谷仓旁的场地 gǔcāng pángde chǎngdì

barometer N 气压表 qìyābiǎo, 气压计 qìyājì, 晴雨表 qíngyǔbiǎo

baroque ADJ 巴洛克风格 [+建筑／音乐] bāluòkè fēnggé [+jiànzhù/yīnyuè]

barracks N 营房 yíngfáng [M. WD 座 zuò]

barrage N 1 火力网 huǒlìwǎng 2 连珠炮似的问题 liánzhūpào shìde wèntí

barrel I N 桶 tǒng [M. WD 只 zhī] II V 装桶 zhuāng tǒng

barren ADJ 1 贫瘠的 [+土地] pínjí de [+tǔdì] 2 不生育的 [+妇女] bù shēngyù de [+fùnǚ]

a barren mine 贫化矿 pínhuà kuàng

barrette N 条形发夹 tiáoxíng fàjiā [M. WD 只 zhī]

barricade I N 路障 lùzhàng, 街垒 jiēlěi II V 设置路障 shèzhì lùzhàng

barrier N 屏障 píngzhàng, 障碍物 zhàng'àiwù

barring PREP 除了 [+意外情况] 以外 chú le [+yìwài qíngkuàng] yǐwài

barroom N 酒吧间 jiǔbājiān [M. WD 家 jiā]

bartender N 酒吧间服务员 jiǔbājiān fúwùyuán [M. WD 位 wèi]

barter I V 做易货贸易 zuò yìhuò màoyì, 以货易货 yǐ huò yì huò II N 易货贸易 yìhuò màoyì

base I N 1 底部 dǐbù, 基础 jīchǔ □ The base of the building is made of stone. 这座建筑物的底部是岩石。Zhè zuò jiànzhùwù de dǐbù shì yánshí. **2** 基地 jīdì

military base 军事基地 jūnshì jīdì

II v 基于 jīyú, 以…为基础 yǐ…wéi jīchǔ □ This movie is based on a real-life story. 这部电影基于一个真实的故事。Zhè bù diànyǐng jīyú yí ge zhēnshí de gùshi.

baseball N 棒球 bàngqiú □ Baseball is his passion. 棒球是他最大的爱好。Bàngqiú shì tā zuìdà de àihào.

basement N 地下室 dìxiàshì [M. WD 间 jiān]

bash I v 打 dǎ, 痛打 tòngdǎ **II** N 猛击 měngjī

bashful ADJ 害羞的 [+女孩] hàixiū de [+nǚ hái]

bashing N 痛打 tòngdǎ, 猛击 měngjī

basic ADJ 基本的 [+问题] jīběn de [+wèntí] □ Elementary schools teach basic skills, such as reading, writing and arithmetic. 小学教基本技能，如阅读、写作和算术。Xiǎoxué jiāo jīběn jìnéng, rú yuèdú, xiězuò hé suànshù.

basically ADV 基本上 jīběnshàng

basin N **1** 盆 pén **2** 水池 shuǐchí **3** 盆地 péndì

basis N 基础 jīchǔ □ Shared values form the basis of their friendship. 共有的价值观形成了他们友谊的基础。Gòngyǒu de jiàzhíguān xíngchéngle tāmen yǒuyì de jīchǔ.

bask v 晒太阳 shài tàiyáng

basket N 篮 lán, 篮子 lánzi [M. WD 只 zhī]

Don't put all your eggs in one basket. 不要把所有的鸡蛋都放在一个篮子里。(→不要一切希望都寄托在一件事情上。) Bú yào bǎ suǒyǒu de jīdàn dōu fàng zài yí ge lánzi lǐ. (→Bú yào bǎ yíqiè xīwàng dōu jìtuō zài yí jiàn shìqingshang.)

basketball N 篮球 lánqiú □ He plays basketball twice a week. 他一星期打两次篮球。Tā yì xīngqī dǎ liǎng cì lánqiú.

basketball player 篮球运动员 lánqiú yùndòngyuán

basketball court 篮球场 lánqiúchǎng

basketcase N **1** 失去行动能力的人 shīqù xíngdòng nénglì de rén **2** 精神崩溃的人 jīngshén bēngkuì de rén

bass I N [音乐+] 低音 [yīnyuè+] dīyīn **2** 男低音 nándīyīn **II** ADJ 低音的 [yīnyuè+] dīyīn de

bassoon N 巴松管 bāsōngguǎn, 低音管 dīyīnguǎn

bastard N **1** 私生子 sīshēngzǐ **2** 混蛋 húndàn, 王八蛋 wángbadàn

bat¹ N 蝙蝠 biānfú [M. WD 只 zhī]

bat² I N 球棒 qiúbàng [M. WD 根 gēn]

at bat (棒球) 轮到击球 (bàngqiú) lúndào jīqiú

II v 用棒击 yòng bàng jī **2** 当 (棒球) 投球手 dāng (bàngqiú) tóuqiúshǒu

batch N [一+] 批 [yì+] pī, [一+] 捆 [yì+] kǔn

bated ADJ 抑制 yìzhì

with bated breath 屏息 bǐngxī, 不敢大声出气 bùgǎn dàshēng chūqì

bath N **1** 洗澡 xǐ zǎo □ I want to take a hot bath. 我想洗一个热水澡。Wǒ xiǎng xǐ yí ge rèshuǐ zǎo. **2** 洗澡水 xǐ zǎo shuǐ [M. WD 盆 pén] □ Will you run a bath for me, please. 给我放好洗澡水，好吗？Gěi wǒ fànghǎo xǐzǎo shuǐ, hǎoma?

Don't throw out the baby with the bathwater. 不要把婴儿连同洗澡水一起倒掉。Bú yào bǎ yīng'ér liántóng xǐzǎo shuǐ yìqǐ dàodiào. (→不要把珍贵的东西跟废物一起扔掉。) Bú yào bǎ zhēnguì de dōngxi gēn fèiwù yìqǐ rēngdiào. Do not throw away precious things along with trash.)

bathe v **1** 洗澡 xǐzǎo **2** 沐浴 mùyù

bathing suit N 游泳衣 yóuyǒngyī [M. WD 件 jiàn]

bathrobe N 浴衣 yùyī [M. WD 件 jiàn]

bathroom N 浴室 yùshì, 洗澡间 xǐzǎojiān [M. WD 间 jiān]

bathtub N 浴缸 yùgāng

baton N 指挥棒 zhǐhuībàng [M. WD 根 gēn]

battalion N 营 yíng

battalion commander 营长 yíngzhǎng

batter I N [面粉、鸡蛋、牛奶调成的+] 面糊 [miànfěn, jīdàn, niúnǎi tiáo chéng de+] miànhu **II** v 连续猛打 liánxù měngdǎ

battered ADJ 破损的 pòsǔn de

battery N 电池 diànchí

battle I N 战斗 zhàndòu, 斗争 dòuzhēng **II** v 战斗 zhàndòu, 斗争 dòuzhēng

battleground N 战场 zhànchǎng

battleship N 主力舰 zhǔlìjiàn, 战列舰 zhàn liè jiàn [M. WD 艘 sōu]

bawdy ADJ 猥亵的 [+笑话] wěixiè de [+xiàohua], 下流的 [+故事] xiàliú de [+gùshi]

bawl v 粗野地喊叫 cūyě de hǎnjiào, 咆哮 páoxiào

bay N 海湾 hǎiwān

bayonet N [枪上的+] 刺刀 [qiāng shàng de+] cìdāo

bazaar N 市场 shìchǎng, 集市 jíshì

B.C. (= Before Christ) ABBREV 公元前 gōngyuánqián, 元前 yuán qian

be (PT **was**, **were**; PP **been**) v 是 shì

beach N 沙滩 shātān, 海滩 hǎitān □ We spent many a happy time on the beach in summer. 夏天的时候我们在海滩度过很多幸福时光。Xiàtiān de shíhou wǒmen zài hǎitān dùguo hěn duō xìngfú shíguāng.

beach ball 浮水气球 fúshuǐ qìqiú

beacon N 指路明灯 zhǐlùmíngdēng, 灯标 dēngbiāo

radio beacon 无线电信标 wúxiàndiàn xìn biāo

bead N 珠子 zhūzi

a string of beads 一串珠子 yíchuàn zhūzi

beady ADJ 又小又圆的 [+眼睛] yòu xiǎo yòu yuán de [+yǎnjing]

beagle N 小猎犬 xiǎo lièquǎn [M. WD 只 zhī/条 tiáo]

beak N 鸟嘴 niǎozuǐ

beaker N **1** 烧杯 shāobēi **2** 大酒杯 dà jiǔbēi

beam I N **1** (房) 梁 (fáng) liáng **2** 光线 guāngxiàn **3** 笑容 xiàoróng, 喜色 xǐsè

with a beam of welcome 喜笑颜开地欢迎 xǐxiào yánkāi de huānyíng

II v **1** 发射出光芒 (或热量) fāshè chū guāngmáng (huò rèliàng) **2** 喜笑颜开 xǐxiào yánkāi

bean N 豆 dòu [M. WD 棵 kē/粒 lì]

coffee beans 咖啡豆 kāfēi dòu

French beans 扁豆 biǎndòu

soya beans 黄豆 huángdòu, 大豆 dàdòu

full of beans 浑身是劲 húnshēnshìjin

to spill the beans 无意中泄露秘密 wúyìzhōng xièlòu mìmì

bear¹ (PT **bore**; PP **borne**) v **1** 忍受 rěnshòu

to bear with 容忍 róngrěn, 宽容 kuānróng □ I can't bear her arrogance. 我受不了她的傲慢。Wǒ shòubuliǎo tāde àomàn.

2 生 shēng, 产 chǎn, 结 (果) jié (guǒ)

to bear out 证明 zhèngmíng, 证实 zhèngshí

to bear a baby boy 生一个男孩 shēng yí ge nánhái

3 携带 xiédài

bear² N 熊 xióng [M. WD 头 tóu/只 zhī]

bear market 熊市 xióng shì

grizzly bear 大灰熊 dà huī xióng

koala bear 树袋熊 shùdài xióng

polar bear 北极熊 běijíxióng

bearable ADJ 可以忍受的 kěyǐ rěnshòu de

beard N 胡子 húzi, 胡须 húxū [M. WD 根 gēn/把 bǎ]

bearer N **1** 携带者 xiédàizhě **2** 抬棺人 tái guān rén

bearing N 举止 jǔzhǐ

bearish ADJ **1** 像熊一样的 xiàng xióng yíyàng de, 粗鲁的 cūlǔ de, 笨拙的 bènzhuō de **2** 熊市的 xióng shì de, 行情下跌的 hángqíng xiàdiē de

beast N 1 野兽 yěshòu, 畜牲 chùshēng 2 叫人讨厌的人（或物）jiào rén tǎoyàn de rén (huò wù)

beat (PT **beat**; PP **beaten**) V 1 打败 dǎbài □ The home team beat the visiting team 98–87. 主队以九十八比八十七大败客队。Zhǔduì yǐ jiǔshíbā bǐ bāshíqī dàbài kèduì. 2 打 dǎ □ The thief was beaten up. 小偷被打了一顿。Xiǎotōu bèi dǎle yí dùn.

Beat it! 滚开! Gǔnkāi

beat, beaten See **beat**

beater N 搅拌器 jiǎobànqì

egg beater 打蛋器 dǎdànqì

beat-up ADJ 破旧的 pòjiù de, 破旧烂烂的 pòpò lànlàn de

beat-up shoes 破旧的鞋子 pòjiù de xiézi

beaut N 极好的东西（或人）jíhǎo de dōngxi (huò rén)

beautician N 美容师 měiróngshī

beautiful ADJ 美丽的 měilì de, 美的 měi de □ Not many women can be described as beautiful. 很少女子可以被形容为美丽。Hěn shǎo nǔzǐ kěyǐ bèi xíngróng wéi měilì.

beauty N 1 美 měi, 美丽 měilì □ Beauty is only skin deep. 美色是肤浅的。Měisè shì fūqiǎn de. 2 美人 měirén □ She was a beauty 20 years ago. 她在二十年前是一位美人。Tā zài èrshí nián qián shì yí wèi měirén. 3 美丽的东西 měilì de dōngxi

beauty salon 美容院 měiróngyuàn

beauty spot ① 美人痣 měirénzhì ② 名胜 míngshèng, 风景点 fēngjǐng diǎn

beaver N 海狸 hǎilí [M. WD 只 zhī]

bebop N 一种爵士乐 yìzhǒng juéshìyuè

because CONJ 因为 yīnwèi □ He was late this morning because he missed the bus. 今天早晨他因为没赶上公共汽车，所以迟到了。Jīntiān zǎochén tā yīnwèi méi gǎnshang gōnggòng qìchē, suǒyǐ chídào le. □ Just because she did not say anything does not mean she likes the idea. 只是因为她没有说什么，并不就是说喜欢这个想法。Zhǐshì yīnwèi tā méiyǒu shuō shénme, bìng bú jiùshìshuō tā xǐhuan zhè ge xiǎngfǎ.

became See **become**

become (PT **became**; PP **become**) V 成为 chéngwéi, 变成 biànchéng □ The little boy has become a fine young man. 小男孩变成了英俊小伙子。Xiǎo nánhái biànchéngle yīngjùn xiǎohuǒzi. □ He became the mayor of our city five years ago. 他在五年前当了我们城市的市长。Tā zài wǔ nián qián dāngle wǒmen chéngshì de shìzhǎng.

becoming ADJ 合适的 héshì de, 相配的 xiāngpèi de

bed I N 床 chuáng [M. WD 张 zhāng] □ She likes to lie in bed, reading. 她喜欢躺在床上看书。Tā xǐhuan tǎng zài chuángshang kànshū.

to go to bed 上床睡觉 shàngchuáng shuìjiào

to make the bed 铺床 pūchuáng

II V 安置 ānzhì

bed and board N 伙食和住宿 huǒshi hé zhùsù, 食宿 shísù

bedclothes N 床上用品 chuáng shàng yòngpǐn

bedlam N 吵吵闹闹的地方（或活动）chǎochǎo nàonào de dìfang (huò huódòng)

bedpan N [病人卧床时用的+] 便壶 [bìngrén wòchuáng shí yòng de+] biànhú [M. WD 只 zhī]

bedraggled ADJ 凌乱不堪的 [+衣服和头发] línluànbùkān de [+yīfú hé tóufa]

bedridden ADJ [因生病或年老+] 卧床不起的 [yīn shēngbìng huò niánlǎo+] wòchuáng bùqǐ de

bedroom N 卧室 wòshì, 睡房 shuìfáng [M. WD 间 jiān]

bedside N 床边 chuáng biān

bedside lamp 床头灯 chuángtóudēng

bedside table 床头柜 chuángtóuguì

bedspread N 床罩 chuángzhào

bedtime N 睡觉时间 shuìjiào shíjiān □ It's way past your bedtime, Johnny. 强尼，早过了你睡觉的时间了。Qiángní, zǎo guòle nǐ shuìjiào de shíjiān le.

bee N 蜜蜂 mìfēng [M. WD 只 zhī]

to have a bee in one's bonnet 老是想着一件事 lǎo shì xiǎngzhe yí jiàn shì

beef I N 牛肉 niúròu II V 发牢骚 fāláosāo

beefy ADJ 身材粗壮的 shēncái cūzhuàng de

beehive N 蜂窝 fēngwō

beeline N 直线 zhíxiàn [M. WD 条 tiáo/根 gēn]

to make a beeline for 朝…直奔过去 cháo…zhíbēn guòqù

beep V 发出嘟嘟声 fāchū dūdū shēng

beer N 啤酒 píjiǔ [M. WD 瓶 píng/罐 guàn/杯 bēi] □ Can I have a beer, please? 可以来一杯啤酒吗? Kěyǐ lái yìbēi píjiǔ ma?

beer belly 啤酒肚 píjiǔ dù, 大肚子 dàdùzi

beer bust 啤酒宴会 píjiǔ yànhuì

beeswax N 蜂蜡 fēnglà

beet N 甜菜 tiáncài [M. WD 棵 kē]

beetle N 甲壳虫 jiǎqiàochóng [M. WD 只 zhī]

before I PREP 在…以前 zài…yǐqián □ Every weekday I get up before 7 o'clock. 我工作日每天七点钟以前起床。Wǒ gōngzuòrì měitiān qī diǎnzhōng yǐqián qǐchuáng.

II CONJ 在…以前 zài…yǐqián □ Before they moved to New York, they used to live in small towns. 他们在搬到纽约以前，一直住在小市镇。Tāmen zài bāndao Niǔyuē yǐqián, yìzhí zhù zài xiǎo shìzhèn.

III ADV 以前 yǐqián □ Have we met before? 我们以前见过面吗? Wǒmen yǐqián jiànguo miàn ma?

beforehand ADV 事先 shìxiān, 预先 yùxiān

befriend V 友好对待 yǒuhǎo duìdài

beg V 1 讨 tǎo, 乞讨 qǐtǎo 2 乞求 qǐqiú, 苦苦哀求 kǔkǔ āiqiú □ She begged him for forgiveness. 她乞求他饶恕她。Tā qǐqiú tā ráoshù tā.

I beg your pardon. ① 对不起 duìbuqǐ ② 对不起, 您说什么? Duìbuqǐ, nín shuō shénme?

began See **begin**

beggar N 乞丐 qǐgài, 叫花子 jiàohuāzi

begin (PT **began**; PP **begun**) V 开始 kāishǐ □ The show began at 8 o'clock. 演出八点开始。Yǎnchū bā diǎn kāishǐ. □ I'm beginning to feel uncomfortable in her presence. 我开始感觉到跟她一起不太舒服。Wǒ kāishǐ gǎnjuédao gēn tā zài yìqǐ bú tài shūfu.

beginning N 开始 kāishǐ, 开始的时候 kāishǐ de shíhou □ At the beginning of the movie, the hero was still a child. 电影开头，主角还是一个小孩。Diànyǐng kāitóu, zhǔjué háishì yí ge xiǎohái. □ A good beginning is half the work done. 良好的开端，就是成功了一半。Liánghǎo de kāiduān, jiù shì chénggōngle yíbàn.

begrudge V 不情愿 bùqíngyuàn, 不情愿给 bùqíngyuàn gěi

beguile V 欺骗 qīpiàn, 诱骗 yòupiàn

begun See **begin**

behalf N (in/on behalf of) 代表 dàibiǎo, 代表…的利益 dàibiǎo…de lìyì

behave V 举止 jǔzhǐ, 行为 xíngwéi

a well-behaved child 有礼貌的孩子 yǒulǐmàode háizi, 懂规矩的孩子 dǒng guīju de háizi

Behave yourself! 规矩点! Guīju diǎn!

behavior N 行为 xíngwéi, 举止 jǔzhǐ □ The girl's strange behavior was noticed by her teachers. 女孩奇怪的行为引起了老师的注意。Nǔhái qíguài de xíngwéi yǐnqǐle lǎoshī de zhùyì.

to be on one's best behavior 行为规规矩矩 xíngwéi guīguī jǔjū

beheld See **behold**

behind I PREP 1 在…后面 zài…hòumian □ I hate driving behind a heavy truck. 我讨厌跟在大卡车后面开车。Wǒ tǎoyàn gēn zài dà kǎchē hòumian kāichē. 2 落后 luòhòu □ He is behind most of his classmates. 他落后于大多数同学。Tā luòhòu yú dàduōshù tóngxué. 3 支持 zhīchí □ We're all behind you on this issue. 在这个问题上我们都支持你。Zài zhè ge wèntíshang wǒmen dōu zhīchí nǐ.

II ADV 在后面 zàihòumiàn □ You're a bit behind in your work. 你的工作落后了一点儿。Nǐ de gōngzuò luòhòule yìdiǎnr. **to leave behind** 把…留在 bǎ…liú zài, 留下 liúxia □ When she moved out, she left behind some books. 她搬出去的时候，留下了几本书。Tā bānchūqu de shíhou, liúxiale jǐ běn shū.

III N 臀部 túnbù

behold (PT & PP **beheld**) V 目睹 mùdǔ, 看到 kàndào

beige N 米黄色 mǐhuángsè

being N 1 存在 cúnzài

to come into being 开始存在 kāishǐ cúnzài, 形成 xíngchéng

for the time being 暂时 zànshí

2 生命 shēngmìng

human being 人 rén, 人类 rénlèi

belated ADJ 被耽误的 bèi dānwù de, 迟到的 [+祝贺] chídào de [+zhùhè]

belch V 打嗝 dǎ gé

belie V 1 证明 [+他的话] 是虚假的 zhèngmíng [+tā de huà] shì xūjiǎ de, 揭穿 jiēchuān **2** 给人错觉 gěi rén cuòjué

belief N 1 相信 xiāngxìn, 信心 xìnxīn □ It is beyond belief that a child could be so brave. 一个小孩能这样勇敢，难以置信。Yí ge xiǎohái néng zhèyàng yǒnggǎn, nányí zhìxìn.

2 （宗教）信仰 (zōngjiào) xìnyǎng □ It's a matter of belief; it works if you believe it. 这是信不信的问题。信则灵。Zhè shì xìn bú xìn de wèntí. Xìn zé líng.

believable ADJ 可以相信的 kěyǐ xiāngxìn de

believe V 相信 xiāngxìn □ I believe he told the truth. 我相信他说了真话。Wǒ xiāngxìn tā shuōle zhēnhuà.

Believe it or not! 信不信由你! Xìn bú xìn yóu nǐ! **to believe in** 信仰 xìnyǎng □ I can no longer believe in him. 我不再信任他。Wǒ búzài xìnrèn tā.

believer N 信徒 xìntú

belittle V 轻视 qīngshì, 贬低 biǎndī

bell N 铃 líng, 钟 zhōng

bell bottoms 喇叭裤 lǎbakù [M. WD 条 tiáo]

belligerent ADJ 怒气冲冲准备打架的 nùqì chōngchōng zhǔnbèi dǎjià de, 好斗的 hǎo dòu de

bellow V [公牛+] 吼叫 [gōngniú+] hǒujiào

belly N 肚子 dùzi, 肚皮 dùpí

belly button 肚脐眼 dùqíyǎn

belong V 属于 shǔyú □ Who does this notebook computer belong to? 这台笔记本电脑是谁的？Zhè tái bǐjìběn diànnǎo shì shéi de?

belongings N 个人物件 gèrén wùjiàn, 财物 cáiwù, 动产 dòngchǎn

beloved ADJ 亲爱的 qīn'ài de, 受到爱戴的 shòudào àidài de

below **I** PREP **1** 在…下面 zài…xiàmian □ He found his exercise book below his textbooks. 他在课本下面找到了练习簿。Tā zài kèběn xiàmian zhǎodaole liànxí bù. **2** 在…以下 zài…yǐxià □ The lowest temperature here can be 10 degrees below zero. 这里的最低气温可以到达零下十度。Zhèlǐ de zuì dī qìwēn kěyǐ dàodá língxià shí dù.

II ADV 在下面 zài xiàmian □ The apartment below is vacant. 下面的公寓空着。Xiàmian de gōngyù kòngzhe.

belt N 带 dài, 皮带 pídài [M. WD 条 tiáo] □ Buckle up your seat belt! 把安全带系上! Bǎ ānquándài jìshang! □ Your seat belt should remain fastened all the time. 安全带应该一直系着。Ānquándài yīnggāi yìzhí jìzhe.

seat (safety) belt 安全带 ānquándài

to hit below the belt 用不正当手段攻击 yòng búzhèngdāng shǒuduàn gōngjī

to tighten the belt 勒紧裤带 lēijǐnkùdài, 紧缩开支 jǐnsuō kāizhī

bemused ADJ 困惑不解的 kùnhuò bùjiě de

bench N 长椅 cháng yǐ, 长凳 chángdèng [M. WD 条 tiáo/张 zhāng]

benchmark N 基准 jīzhǔn

bend **I** V (PT & PP **bent**) 弯曲 wānqū □ He bent down to pick up a coin. 他弯下腰捡起一枚硬币。Tā wānxia yāo jiǎnqǐ yì méi yìngbì.

II N 弯曲形 wānqū xíng, [道路+] 转弯 [dàolù+] zhuǎnwān □ There is a sharp bend in the road. 路上有个急转弯。Lùshang yǒu ge jí zhuǎnwān.

beneath **I** PREP 在…下方 zài…xiàfāng **II** ADV 在下面 zàixià miàn

benediction N 祝福 zhùfú, 祝祷 zhùdǎo

benefactor N 捐助人 juānzhù rén, 赞助人 zànzhùrén

beneficial ADJ 有益的 yǒuyì de, 有利的 yǒulì de

to be beneficial to 对…有益 duì…yǒuyì, 对…有利 duì… yǒulì

beneficiary N 受益者 shòuyìzhě

benefit **I** V 对…有利 duì…yǒulì □ Does a tax-cut benefit ordinary people like you and me? 减税对我这样的普通人有利吗? Jiǎnshuì duì nǐ wǒ zhèyàng de pǔtōngrén yǒulì ma?

II N 利益 lìyì, 好处 hǎochu □ This scheme will bring benefits to the environment. 这个计划会给环境带来好处。Zhè ge jìhuà huì gěi huánjìng dàilai hǎochu.

benefit of the doubt （在证据不足的情况下）假定无罪 (zài zhèngjù bùzú de qíngkuàng xià) jiǎdìng wúzuì, 暂时相信 zànshí xiāngxìn

benevolent ADJ 仁慈的 réncí de, 善良的 shànliáng de

benign ADJ 仁爱的 rén'ài de

benign tumor 良性肿瘤 liángxìngzhǒngliú

bent¹ See bend

bent² **I** ADJ **1** 弯曲的 wānqū de **2** 决意的 juéyì de

to be bent on 一心一意要 yìxīn yíyì yào

II N 爱好 àihào, 天生的才能 tiānshēng de cáinéng

a bent for music 音乐天赋 yīnyuè tiānfù

bequeath V 遗留给 yíliú gěi

bequest N 遗留 yíliú, 遗产 yíchǎn [M. WD 笔 bǐ]

a bequest of $750,000 一笔七十五万美元的遗产 yìbǐ qīshíwǔwàn Měiyuán de yíchǎn

berate V 训斥 xùnchì, 痛骂 tòngmà

bereaved **I** ADJ 丧失亲人的 sàngshī qīnrén de

a bereaved mother 失去孩子的母亲 shīqù háizi de mǔqin

II N 丧失亲人的人 sàngshī qīnrén de rén

bereft ADJ 丧失了亲人的 sàngshī le qīnrén de **2** 缺乏的 quēfá de

beret N 贝雷帽 bèiléimào [M. WD 顶 dǐng]

berry N 浆果 jiāngguǒ

berserk ADJ 狂怒的 kuángnù de

to go berserk 变得狂怒 biàn de kuángnù, [气得+] 发疯 [qì dé+] fāfēng

berth N 1 停泊位 tíngbó wèi, 锚地 máodì **2** 卧铺 wòpù

beset (PT & PP **beset**) V 不断困扰 búduàn kùnrǎo

to be beset with difficulties 困难重重 kùnnan chóngchóng

beside PREP 在…旁边 zài…pángbiān □ Come and sit beside me! 来, 坐在我旁边。Lái, zuò zài wǒ páng biān.

besides **I** PREP 除了 chúle □ Besides Professor Smith four other people are on the committee. 除了史密斯教授, 委员会还有四个人。Chúle Shǐmìsī jiàoshòu, wěiyuánhuì háiyǒu sì ge rén.

II ADV 而且 érqiě □ The new car is expensive, and besides, the style is not to my liking. 这辆新车太贵了, 再说, 式样我也不喜欢。Zhè liàng xīn chē tài guì le, zàishuō, shìyàng wǒ yě bù xǐhuan.

besiege V 围困 wéikùn

best I ADJ 最好的 zuìhǎo de □ This is the best outcome. 这样的结局最好。Zhèyàng de jiéjú zuìhǎo.
best man 男傧相 nánbīnxiàng
II ADV 最好地 zuìhǎo de
as best as one can 尽可能 jìnkěnéng
III N 最好的人（或事）zuìhǎo de rén (huò shì)
to do one's best 尽力 jìnlì □ They do their best to help their children. 他们尽力帮助自己的孩子。Tāmen jìnlì bāngzhù zìjǐ de háizi.
All the best! 祝你万事如意! Zhù nǐ wànshì rúyì!
bestial ADJ 像禽兽一样的 [+行为] xiàng qínshòu yíyàng de [+xíngwéi]，极其凶忍的 jíqí cánrěn de
bestow V 给予 jǐyǔ，授予 [+名誉学位] shòuyǔ [+míngyù xuéwèi]
bestseller N 畅销书 chàngxiāoshū [M. WD 本 běn]，畅销货 chàngxiāohuò [M. WD 件 jiàn]
bet (PT & PP **bet**) V（打）赌 (dǎ) dǔ □ I bet you $50 that my team will win. 我们队准赢，我跟你赌五十块钱。Wǒmen duì zhǔn yíng, wǒ gēn nǐ dǔ wǔshí kuài qián.
betray V 背叛 [+朋友] bèipàn [+péngyou]
betrayal N 背叛 bèipàn
better I ADJ 比较好 bǐjiào hǎo，更好 gènghǎo □ There must be a better way. 肯定有更好的办法。Kěndìng yǒu gènghǎo de bànfǎ.
one's better half 妻子（或丈夫）qīzi (huò zhàngfu)
Better late than never. 晚做比不做好。Wǎn zuò bǐ bú zuò hǎo.
II N 比较好的人（或事）bǐjiào hǎode (rén huò shì)
a change for the better 好转 hǎozhuǎn
to get the better of 打败 dǎbài
III V 改进 gǎijìn
between I PREP 在…之间 zài…zhījiān □ Every day she is busiest between 2 o'clock and 5 o'clock. 她每天两点到五点最忙。Tā měitiān liǎng diǎn dào wǔ diǎn zuìmáng. □ The little girl sat between her parents. 小女孩坐在爸爸妈妈中间。Xiǎo nǚhái zuò zài bàba māma zhōngjiān.
II ADV 在中间 zài zhōngjiān
beverage N 饮料 [+茶、咖啡等] yǐnliào [+chá, kāfēi děng] [M. WD 杯 bēi]
beware V 谨防 [+骗子] jǐnfáng [+piànzi]
Beware of pickpockets. 谨防扒手。Jǐnfáng páshǒu.
bewilder V 使迷惑 shǐ míhuo，使糊涂 shǐ hútu
feel bewildered 感到迷惑 gǎndào míhuo，感到糊涂 gǎndào hútu
bewitch ADJ 施魔力 shī mólì，使着迷 shǐzháo mí
bewitching smile 迷人的微笑 mírén de wēixiào
beyond I PREP 在 [+大墙以外] zài [+dà qiáng yǐwài] □ Beyond the mountains is a forest. 大山的那边，是一片森林。Dà shān de nàbiān, shì yí piàn sēnlín.
II ADV 更远 gèng yuǎn，再往前 zài wǎngqián
bias N 偏见 piānjiàn，偏爱 piān'ài
biased ADJ 偏袒的 piāntǎn de，有偏见的 yǒupiān jiàn de
bib N 围嘴 wéi zuǐ
Bible N 圣经 Shèngjīng [M. WD 本 běn]
bibliography N 书目 shūmù，参考书目 cānkǎo shūmù [M. WD 份 fèn]
biceps N 二头肌 èrtóujī
bicker V 吵嘴 chǎozuǐ，口角 kǒujué
bicycle I N 自行车 zìxíngchē [M. WD 辆 liàng] □ You should lock your bicycle. 你应该把自行车锁上。Nǐ yīnggāi bǎ zìxíngchē suǒshang.
II V 骑自行车 qí zìxíngchē
bid I N 1 出价 chūjià
a bid of $200 for the antique chair 出价两百元买一把古董椅子 chūjià liǎngbǎi yuán mǎi yì bǎ gǔdǒng yǐzi
2 投标 tóubiāo

bids for building a nuclear power plant 建造核电站的投标 jiànzào hédiànzhàn de tóubiāo
II V (PT & PP **bid**) **1** 出价 chūjià
to bid $200 for the antique chair 出价两百元买一把古董椅子 chūjià liǎngbǎi yuán mǎi yì bǎ gǔdǒng yǐzi
2 叫牌 jiàopái
bidding N 出价 chūjià，投标 tóubiāo
at the bidding of … 听…的吩咐 tīng…de fēnfù
bide V 等待 děngdài
to bide one's time 等待机会 děngdài jīhuì
biennial ADJ 两年一次的 liǎng nián yícì de
bifocals N 双光眼镜 shuāngguāng yǎnjìng [M. WD 副 fù]
big ADJ 大 dà □ Both China and the U.S. are very big countries. 中国和美国都是大国。Zhōngguó hé Měiguó dōu shì dà guó.
big mouth 多嘴多舌的人 duō zuǐ duō shé de rén
big name 大名鼎鼎的人 dàmíng dǐngdǐng de rén
big shot 大人物 dàrénwù
big ticket 昂贵的 ángguì de
bigamy N 重婚（罪）chónghūn (zuì)
Big Dipper N 北斗星 Běidǒuxīng
bighead N 妄自尊大的人 wàng zì zūn dà de rén
big-league ADJ 第一流水平的 [+球队] dìyīliú shuǐpíng de [+qiúduì]
bigot N 盲从的人 mángcóng de rén，偏执的人 piānzhí de rén
bigoted ADJ 顽固不化的 [+老人] wángù bùhuà de [+lǎorén]
bigotry N 盲从 mángcóng，偏见 piānjiàn
bigwig N 要人 yàorén [M. WD 位 wèi]
bike I N 自行车 qí zìxíngchē [M. WD 辆 liàng]，摩托车 qí mótuōchē [M. WD 辆 liàng] **II** V 骑自行车 qí zìxíngchē，骑摩托车 qí mótuōchē
biker N 骑自行车的人 qí zìxíngchē de rén，骑摩托车的人 qí mótuōchē de rén
bikini N 比基尼游泳服 Bǐjīní yóuyǒng fú [M. WD 件 jiàn]，三点式泳装 sāndiǎnshì yǒngzhuāng [M. WD 件 jiàn]
bilateral ADJ 双边的 shuāngbiān de
bile N **1** 胆汁 dǎnzhī **2** 坏脾气 huài píqi
bilingual ADJ **1** 双语的 [+儿童] shuāngyǔ de [+értóng] **2** 会两种语言的 huì liǎng zhǒng yǔyán de □ May is bilingual in English and Chinese. 梅会英文和中文两种语言。Méi huì Yīngwén hé Zhōngwén liǎng zhǒng yǔyán.
a bilingual dictionary 双语词典 shuāngyǔ cídiǎn
bill I N **1** 账单 zhàngdān [M. WD 张 zhāng] □ Waiter, the bill, please. 服务员，请把帐单拿来。Fúwùyuán, qǐng bǎ zhàngdān nálái.
to foot the bill 负担费用 fùdān fèiyòng，付款 fùkuǎn
2 钞票 chāopiào [M. WD 张 zhāng] □ I gave the salesgirl three 10-dollar bills. 我给女售货员三张十元的钞票。Wǒ gěi nǚ shòuhuòyuán sān zhāng shí yuán de chāopiào. **3** 法案 fǎ'àn，议案 yì'àn [M. WD 件 jiàn]
the Bill of Rights 人权法案 rénquán fǎ'àn
II V 给…帐单 gěi…zhàngdān □ We'll bill at the end of the month. 我们在月底给你帐单。Wǒmen zài yuèdǐ gěi nǐ zhàngdān.
billboard N 广告牌 guǎnggàopái [M. WD 块 kuài]
billfold N 皮夹子 píjiāzi [M. WD 只 zhī]，钱包 qiánbāo [M. WD 只 zhī]
billiards N 桌球 zhuōqiú，台球 táiqiú
billion N 十亿 shíyì
billow V 巨浪 jùlàng
bimonthly I ADJ 两个月一次的 liǎng gè yuè yícì de，双月的 shuāngyuè de **II** N 双月刊 shuāngyuèkān
bin N 大箱子 dà xiāngzi
binary ADJ 由两部分组成的 yóu liǎng bù fēnzǔ chéng de，双重的 shuāngchóng de
bind I V (PT & PP **bound**) **1** 捆绑 [+受害人] kǔnbǎng [+shòu-

hàirén] **2** [条约+] 约束 [tiáoyuē+] yuēshù **II** N 困境 kùnjìng

in a bind 处于困境 chǔyú kùnjìng

binder N 装订机 zhuāngdìngjī **2** 装订工 zhuāngdìng gōng **3** 活页夹 huóyèjiā

four-ring binder 四眼活页夹 sì yǎn huóyèjiā

binding **I** ADJ **1** 粘合的 zhānhé de **2** 有约束力的 [+合同] yǒu yuēshùlì de [+hétong] **II** N **1** [书的+] 封面 [shū de+] fēngmiàn **2** 镶边 xiāngbiān

binge N **1** 狂饮 kuángyǐn **2** 狂热行为 kuángrè xíngwéi

shopping binge 疯狂大采购 fēngkuáng dà cǎigòu

bingo N 宾戈(游戏) bīngē (yóuxì)

Bingo! 你瞧! Nǐ qiáo! 嘿! Hēi!

binoculars N 望远镜 wàngyuǎnjìng [M. WD 副 fù]

biochemistry N 生物化学 shēngwù huàxué, 生化 shēnghuà

biodegradable ADJ 会自然分解的 huì zìrán fēnjiě de, 会腐烂的 huì fǔlàn de

biographer N 传记作者 zhuànjì zuòzhě

biography N 传记 zhuànjì [M. WD 本 běn]

biological ADJ 生物的 shēngwù de

biological warfare 生物战 shēngwùzhàn

biology N 生物学 shēngwùxué

biopic N 传记电影 zhuànjì diànyǐng [M. WD 部 bù], 传记片 zhuànjìpiàn [M. WD 部 bù]

biopsy N 活体组织检查 huótǐ zǔzhī jiǎnchá

biotechnology N 生物工程 shēngwù gōngchéng

bioterrorism N 生物恐怖主义(行为) shēngwù kǒngbùzhǔyì (xíngwéi)

bipartisan ADJ 两党的 liǎngdǎngde, 两党共同的 liǎngdǎng gòngtóng de

biped N 两足动物 liǎng zú dòngwù

biplane N 双翼飞机 shuāngyì fēijī [M. WD 架 jià]

birch N 白桦树 báihuàshù [M. WD 棵 kē]

bird N 鸟 niǎo [M. WD 只 zhī], 禽类 qínlèi □ This turkey is really a big bird. 这只火鸡真大。Zhè zhī huǒjī zhēn dà.

bird flu 禽流感 qínliúgǎn

bird of prey 猛禽 měngqín

bird's eye view 鸟瞰 niǎokàn

bird's nest 鸟巢 niǎocháo

to kill two birds with one stone 一举两得 yìjǔ liǎngdé

birth N 出生 chūshēng □ His wife gave birth to a girl baby last week. 他的妻子上星期生了一个女孩。Tā de qīzi shàng xīngqī shēngle yí ge nǚhái.

birth certificate 出生证 chūshēng zhèng

birth control 计划生育 jìhuà shēngyù

date of birth 出生日期 chūshēng rìqī

place of birth 出生地 chūshēng dì

birthday N 生日 shēngrì

birthmark N 胎记 tāijì

birth rate N 出生率 chūshēnglù

biscuit N **1** 烤饼 kǎobǐng [M. WD 块 kuài] **2** 饼干 bǐnggān [M. WD 块 kuài/盒 hé]

bisect V 平分为二 píngfēn wéi èr

bisexual **I** ADJ 具有两性特征的 [+生物] jùyǒu liǎngxìng tèzhēng de [+shēngwù], 对男女两性都感兴趣的 duì nánnǚ liǎngxìng dōu gǎn xìngqu de **II** N 两性人 liǎng-xìngrén, 具有两性特征的生物 jùyǒu liǎngxìng tèzhēng de shēngwù

bishop N 主教 zhǔjiào [M. WD 位 wèi]

bison N 野牛 yěniú [M. WD 头 tóu]

bit¹ N 一点儿 yìdiǎnr □ You're a bit tired, aren't you? 你有点累了, 是吗? Nǐ yǒudiǎn lèi le, shì ma?

bit² See **bite**

bitch **I** N 母狗 mǔgǒu [M. WD 只 zhī] **2** 坏女人 huài nǚrén

son of a bitch 狗养的 gǒuyǎngde

II V 发牢骚 fāláosāo

bitchy ADJ 恶毒的 èdú de, 讨厌的 tǎoyàn de

bite (PT **bit**; PP **bitten**) **I** V [虫子+] 咬 [chóngzi+] yǎo, [蚊子+] 叮 [wénzi+] dīng □ The dog had to be put down after it bit a child. 那条狗咬了小孩, 只能被处死。Nà tiáo gǒu yǎole xiǎohái, zhǐ néng bèi chǔsǐ.

II N 咬 yǎo, 叮 dīng

bite-size ADJ 极小的 jíxiǎo de

biting ADJ 刺痛的 cìtòng de, 尖刻的 [+言词] jiānkè de [+yáncí]

bitten See **bite**

bitter ADJ **1** 苦 kǔ □ No sugar in my coffee; I like it a little bitter. 咖啡里不要放糖, 我喜欢咖啡苦一点儿。Kāfēi lǐ bú yào fàng táng, wǒ xǐhuan kāfēi kǔ yìdiǎnr.

Good medicine tastes bitter. 良药苦口。Liáng yào kǔ kǒu **2** 痛苦的 [+经历] tòngkǔ de [+jīnglì]

to the bitter end 坚持到最后 jiānchí dào zuìhòu

bittersweet ADJ **1** 甜酸的 tián suān de **2** 甜蜜而又辛酸的 [+爱情] tiánmì ér yòu xīnsuān de [+àiqíng], 有快乐也有痛苦的 yǒu kuàilè yě yǒu tòngkǔ de

biweekly ADJ 双周的 shuāng zhōu de

bizarre ADJ 奇怪的 [+现象] qíguài de [+xiànxiàng], 稀奇古怪的 xīqí gǔguài de

blab V 泄露秘密 xièlòu mìmì

black **I** ADJ **1** 黑色的 hēisè de □ She wore a black dress for the funeral. 她穿了一件黑色长裙, 去参加葬礼。Tā chuānle yí jiàn hēisè cháng qún, qù cānjiā zànglǐ.

II N 黑色 hēisè

black coffee 不加糖的咖啡 bù jiā táng de kāfēi

black and white 黑白的 hēibái de □ Sometimes a black and white photo is more expressive than a color one. 有时候黑白照片比彩色照片更有表现力。Yǒushíhou hēibái zhàopiàn bǐ cǎisè zhàopiàn gèng yǒu biǎoxiànlì.

III V (to black out) 昏倒 hūndǎo, 失去知觉 shīqù zhījué

blackberry N **1** 黑莓 hēiméi **2** 个人数字助手 gèrén shùzì zhùshǒu (See **PDA**)

blackbird N 黑鸫 hēidōng [M. WD 只 zhī]

blackboard N 黑板 hēibǎn [M. WD 块 kuài]

blacken V **1** 变黑 biàn hēi **2** 破坏 [+名誉] pòhuài [+míngyù]

blackhead N 黑头粉刺 hēitóu fěncì

blackjack N 二十一点(纸牌游戏) èrshí yì diǎn (zhǐpái yóuxì)

blacklist **I** N 黑名单 hēimíngdān [M. WD 份 fèn/张 zhāng] **II** V 上黑名单 shàng hēimíngdān

blackmail **I** N 讹诈 ézhà, 勒索 lèsuǒ **II** V 讹诈 ézhà, 勒索 lèsuǒ

blackout N 灯火管制 dēnghuǒguǎnzhì **2** 晕倒 yūndǎo

blacksmith N 铁匠 tiějiang

bladder N 膀胱 pángguāng

blade N 刀刃 dāorèn, 刀口 dāokǒu □ The blade of this knife is very sharp. 这把刀的刀刃十分锋利。Zhè bǎ dāo de dāorèn shífēn fēnglì.

blame **I** V 责怪 zéguài, 责备 zébèi □ He is not to blame for the accident. 这次事故不应该责怪他。Zhè cì shìgù bù yīnggāi zéguài tā.

A bad workman blames his tools. 蹩脚工匠, 责怪工具。Biéjiǎo gōngjiàng, zéguài gōngjù.

II N 责任 zérèn □ He took the blame for the poor sales last year. 他为去年销售情况差而承担责任。Tā wèi qùnián xiāoshòu qíngkuàng chà ér chéngdān zérèn.

blameless ADJ 无可指责的 wúkě zhǐzé de

blanch V **1** 变白 biànbái **2** 去皮 qùpí

bland ADJ 清淡的 [+食物] qīngdàn de [+shíwù], 无味的 [+汤] wúwèi de [+tāng]

blank **I** ADJ 空白的 [+支票] kòngbái de [+zhīpiào] □ Do you have a blank CD? 你有一盘空白光碟吗? Nǐ yǒu yì pán kòngbái guāngdié ma?

blank verse 无韵诗 wúyùnshī

II N 空白处 kòngbái chù, 空格 kònggé □ Please fill in the blanks with appropriate words. 请在空白处填上适当的词语。Qǐng zài kòngbái chù tiánshang shìdàng de cíyǔ.

blanket I N 毛毯 máotǎn [M. WD 条 tiáo], 毯子 tǎnzi [M. WD 条 tiáo] **II** ADJ 包括一切的 bāo kuò yíqiè de

blasé ADJ (享受过度而) 感到厌倦的 [+富家子] (xiǎngshòu guòdù ér) gǎndào yànjuàn de [+fùjiāzǐ]

blasphemous ADJ 亵渎神明的 [+语言] xiè dú shénmíng de [+yǔyán], 出言不逊的 chūyán búxùn de

blasphemy N 亵渎神明 xiè dú shénmíng

blast I N 1 爆炸 bàozhà 2 强劲的风 qiángjìn de fēng

blast furnace 鼓风炉 gǔfēnglú

II V 爆破 bàopò

blasted ADJ 该死的 gāisǐ de

blast-off N 起飞 qǐfēi

blatant ADJ 公然的 gōngrán de

blaze I N 大火 dàhuǒ, 熊熊大火 xióngxióng dàhuǒ **II** V 熊熊燃烧 xióngxióng ránshāo

blazer N 茄克衫 jiākè shān [M. WD 件 jiàn], 运动服上衣 yùndòngfú shàngyī [M. WD 件 jiàn]

bleach I V 漂白 piǎobái, 变白 biànbái **II** N 漂白剂 piǎobáijì

bleak ADJ 1 阴冷的 [+天气] yīnlěng de [+tiānqì] 2 暗淡的 [+前途] àndàn de [+qiántú]

bleary ADJ (眼睛) 红肿的 (yǎnjing) hóngzhǒng de, 视力模糊的 shìlì móhu de

bleat V (羊或小牛) 叫 (yáng huò xiǎoniú) jiào

bled See **bleed**

bleed (PT & PP **bled**) V 流血 liúxuè □ She tried to stop his nose from bleeding. 她试图止住他流鼻血。Tā shìtú zhǐzhù tā liú bí xuè.

bleep I N (机器的) 嘟嘟声 (jīqi de) dūdū shēng **II** V 发出嘟嘟声 fāchū dūdū shēng

blemish I N [声誉+] 污点 [shēngyù+] wūdiǎn, 瑕疵 xiácī **II** V 损害 [+性格] 的完美 sǔnhài [+xìnggé] de wánměi

blend I V 1 混合 hùnhé, 掺合 chānhé 2 调和 tiáohé **II** N 混合物 hùnhéwù

blender N 搅拌机 jiǎobànjī [M. WD 台 tái]

bless V 祝福 zhùfú, 保佑 bǎoyòu

blessed ADJ 有福的 yǒu fú de, 受到保佑的 shòudào bǎoyòu de

blessing N 1 祝福 zhùfú 2 批准 pīzhǔn, 允许 yǔnxǔ

blew See **blow**

blight I N 1 毁坏 huǐhuài 2 (植物) 枯萎病 (zhíwù) kūwěibìng **II** V 毁坏 huǐhuài, 折磨 zhémó

blind¹ ADJ 瞎的 xiā de, 看不见的 kànbujiàn de, 盲的 máng de □ The blind man needs a guard dog. 这位盲人需要一只向导狗。Zhè wèi mángrén xūyào yì zhī xiàngdǎo gǒu.

No one is more blind than those who refuse to see. 没有谁比拒绝看的人更瞎。Méiyǒu shéi bǐ jùjué kàn de rén gèngxiā.

blind date 与从未见过面的人约会 yǔ cóngwèi jiàn guò miàndǐ rén yuēhui, 初次约会 chūcì yuēhui

school for the blind 盲人学校 mángrén xuéxiào

blind² N 窗帘 chuānglián, 帘子 liánzi

Venetian blinds 百叶窗帘 bǎiyèchuānglián

blinders N (马的) 眼罩 (mǎ de) yǎnzhào [M. WD 副 fù]

blindfold I N 眼罩 yǎnzhào, 蒙眼布 méng yǎn bù **II** V 蒙住眼睛 méngzhùyǎnjing

blindside N 1 看不到的一面 kànbúdào de yímiàn 2 未加防备的方面 wèi jiā fángbèi de fāngmiàn

blindspot N 盲点 mángdiǎn

blink V 眨眼睛 zhǎyǎn jīng

blinkers N [马的+] 眼罩 [mǎ de+] yǎnzhào

blip I N [机器+] 哔哔声 [jīqi+] bìbì shēng **II** V 发出哔哔声 fāchū bìbì shēng

bliss N 极乐 jí lè, 至上的幸福 zhìshàng de xìngfú

blissful ADJ 快乐极了 kuàilè jíle, 无忧无虑的 wúyōu wúlǜ de

blister I N 水疱 shuǐpào **II** V 起水疱 qǐshuǐ pào

blithe ADJ 欢乐的 huānlè de

blitz N 1 闪电战 shǎndiànzhàn 2 突然的大规模袭击 tūrán de dàguīmó xíjī

blizzard N 暴风雪 bàofēngxuě [M. WD 场 cháng]

bloated ADJ 肿胀的 zhǒngzhàng de, 膨胀的 péngzhàng de

blob N 一滴 yìdī

bloc N 集团 jítuán

block I N 1 大块 dà kuài

a block of wood 一大块木头 yí dà kuài mùtou

2 街区 jiēqū □ He lives only two blocks away from here. 他就住在离这里两个街区的地方。Tā jiù zhù zài lí zhèlǐ liǎng ge jiēqū de dìfang.

II V 阻塞 zǔsè, 堵住 dǔzhù □ Your car is blocking the driveway. 你的汽车把车道堵住了。Nǐ de qìchē bǎ chēdào dǔzhù le.

blockade N 封锁 fēngsuǒ

blockage N 堵塞物 dǔsè wù

blockbuster N 1 大片 dàpiān [M. WD 部 bù] 2 成功的畅销书 chénggōng de chàngxiāoshū [M. WD 本 běn] 3 了不起的人 (或物) liǎobuqǐ de rén (huò wù)

blockhead N 傻瓜 shǎguā, 笨蛋 bèndàn

blog N 互联网网页 hùliánwǎng wǎngyè □ This blog is essential reading for Chinese language teachers. 这个互联网页是中文老师必读的。Zhè ge hùliánwǎng yè shì Zhōngwén lǎoshī bì dú de.

II V 在互联网网页发表文章 zài hùliánwǎng wǎngyè fābiǎo wénzhāng □ My uncle blogs regularly. 我的叔叔定期在互联网网页发表文章。Wǒ de shūshu dìngqī zài hùliánwǎng wǎngyè fābiǎo wénzhāng.

blogger N 博客 bókè, 在互联网网页发表文章的人 zài hùliánwǎng wǎngyè fābiǎo wénzhāng de rén □ The blogger is a retired professor of mathematics. 这位博客是一名退休数学教授。Zhè wèi bókè shì yì míng tuìxiū shùxué jiàoshòu.

blond, blonde N 有金黄头发的人 yǒu jīnhuáng tóufa de rén, 金发女郎 jīnfà nǚláng

blood N 血 xuè 血滴 xuè dī □ He donates blood regularly. 他定期献血。Tā dìngqī xiànxuè.

blood bank 血库 xuèkù

blood pressure 血压 xuèyā

blood type 血型 xuèxíng

blood vessel 血管 xuèguǎn

bloodshed N 流血 liúxuè

bloodshot ADJ 充血的 chōngxuè de, 带血丝的 dài xuèsī de

bloody ADJ 1 带血的 dàixuè de 2 残酷的 cánkù de

bloom I N 花朵 huāduǒ, 花 huā [M. WD 朵 duǒ] **II** V 开花 kāihuā

bloomers N (老式的) 灯笼裤 (lǎoshì de) dēnglongkù [M. WD 条 tiáo]

blossom I N 花 huā, 花儿 huār [M. WD 朵 duǒ] **II** V 开花 kāihuā

blot I N 污迹 wūjì, 污点 wūdiǎn **II** V 留下污迹 liúxia wūjì

blotch N 1 大片污迹 dàpiān wūjì 2 (皮肤) 红斑 (pífū) hóngbān

blotter N 1 吸墨纸 xīmòzhǐ [M. WD 张 zhāng] 2 记录簿 jìlùbù [M. WD 本 běn]

blotting paper N 吸墨纸 xīmòzhǐ [M. WD 张 zhāng]

blouse N 女式衬衫 nǚshì chènshān [M. WD 件 jiàn]

blow I V (PT **blew**; PP **blown**) 吹 chuī, 刮 guā □ The birthday boy blew out the candles on the cake. 这个庆祝生日的男孩吹灭了蛋糕上的蜡烛。Zhè ge qìngzhù shēngri de nánhái chuīmièle dàngāoshang de làzhú. □ A strong wind blew all night. 刮了一夜大风。Guāle yí yè dàfēng.

to blow one's nose 擤鼻涕 xǐng bíti
to blow one's own horn 自吹自擂 zìchuī zìléi
to blow sb a kiss 给…一个飞吻 gěi…yí ge fēiwěn
to blow the whistle on 揭发 jiēfā
II N 1 吹 chuī, 吹动 chuīdòng 2 重击 zhòngjī
to come to blows 打起来 dǎqǐlái
3 （心理上的）打击 (xīnlǐ shàng de) dǎjī
to deal sb a heavy blow 给某人打击 gěi mǒurén dǎjī
blow-by-blow ADJ 十分详细地 shífēn xiángxì de
blown See blow
blowout N 1 轻而易举的胜利 qīng ér yìjǔ de shènglì 2 盛大宴会 shèngdà yànhuì 3 [轮胎+] 爆裂 [lúntāi+] bàoliè
blowtorch N 喷灯 pēndēng
blow-up N 1 放大的照片 fàngdà de zhàopiàn 2 突然发生的吵架 tūrán fāshēng de chǎojià
blubber[1] N [鲸鱼／人的] 脂肪 [jīngyú/rén de+] zhīfáng
blubber[2] V （让人讨厌地）哇哇大哭 (ràng rén tǎoyàn de) wāwā dàkū
blue **I** ADJ 1 蓝色的 [+天空] lánsè de [+tiānkōng] □ The policemen and policewomen in this country wear blue uniforms. 这个国家的男女警察都穿蓝制服。Zhè ge guójiā de nánnǚ jǐngchá dōu chuān lán zhìfú.
blue chip 蓝筹股的 lánchóugǔ de, 稳赚的 wěn zhuàn de 2 色情的 sèqíng de 3 悲观的 bēiguān de
II N 1 蓝色 lánsè □ Blue is the color of peace. 蓝色是和平的颜色。Lánsè shì hépíng de yánsè. 2 天空 tiānkōng, 海洋 hǎiyáng
out of the blue 突然的 tūrán de, 出人意料的 chūrén yìliào de
bluebell N 兰花风铃草 lánhuā fēnglíngcǎo [M. WD 棵 kē]
blueberry N 蓝莓浆果 lán méi jiāngguǒ [M. WD 颗 kē]
bluebird N 蓝色知更鸟 lánsè zhīgēngniǎo [M. WD 只 zhī]
blue-blood ADJ 血统高贵的 [+家族] xuètǒng gāoguì de [+jiāzú], 出生名门豪族的 chūshēng míngmén háozú de
blue-collar ADJ 蓝领阶层的 [+工人] lánlǐng jiēcéng de [+gōngrén]
bluejay N 蓝背鲣鸟 lán bèi jiānniǎo [M. WD 只 zhī]
bluejeans N 牛仔裤 niúzǎikù [M. WD 条 tiáo]
blueprint N 蓝图 lántú [M. WD 幅 fú/张 zhāng]
blues N 1 布鲁斯音乐 bùlǔsī yīnyuè 2 (the blues) 忧郁 yōuyù
bluff N, V 虚张声势 xūzhāng shēngshì, 吓唬 xiàhu
blunder **I** N 愚蠢的错误 yúchǔn de cuòwù, 重大的疏忽 zhòngdà de shūhū **II** V 1 犯愚蠢的错误 fàn yúchǔn de cuòwu 2 误入 wùrù
blunt ADJ 1 钝的 [+刀] dùn de [+dāo], 不锋利的 bù fēnglì de 2 直言不讳的 [+话] zhíyán búhuì de [+huà], 毫不客气的 [+批评] háobú kèqi de [+pīpíng] **II** V 1 使 [+剪刀] 变钝 shǐ [+jiǎndāo] biàndùn 2 削弱 xuēruò
blur **I** N 一片模糊 yípiàn móhu **II** V 使 [+景象] 模糊 shǐ [+jǐngxiàng] móhu
blurb N [书的+] 内容提要 [shū de+] nèiróngtíyào
blurred ADJ 模糊的 [+记忆] móhu de [+jìyì]
blurt V 不假思索地说出来 bù jiǎ sīsuǒ de shuōchulai
blush **I** V [脸+] 红 [liǎn+] hóng **II** N 脸红 liǎnhóng
bluster **I** V [人+] 神气活现地叫嚷 [rén +] shénqi huóxiàn de jiàorǎng, 咆哮 páoxiào **II** N 夸夸其谈 kuākuā qí tán, 吹牛 chuīniú
blustery ADJ 狂风大作的 [+天气] kuángfēng dàzuò de [+tiānqì]
BO, B.O. (= body odor) ABBREV 体臭 tǐ chòu
boar N 公猪 gōngzhū [M. WD 头 tóu], 野猪 yězhū [M. WD 头 tóu]
board **I** N 1 木板 mùbǎn [M. WD 块 kuài]
bulletin board 布告牌 bùgàopái
2 董事会 dǒngshìhuì, 理事会 lǐshìhuì

chairman of the board （公司）董事长 (gōngsī) dǒngshìzhǎng
3 伙食 huǒshi, 伙食费 huǒshifèi
on board 上船（火车、飞机）shàngchuán (huǒchē, fēijī) □ Is everyone on board? 都上来了吗? Dōu shànglai le ma? **II** V 登上 [+飞机／公共汽车／火车] dēngshàng [+fēijī/gōnggòng qìchē/huǒchē]
boarder N 寄宿生 jìsùshēng, 寄膳房客 jì shàn fángkè
boarding house N 寄宿公寓 jìsù gōngyù [M. WD 座 zuò]
boarding school N 寄宿学校 jìsùxuéxiào [M. WD 所 suǒ/家 jiā]
boardwalk N 木板走道 mùbǎn zǒudào [M. WD 条 tiáo]
boast **I** V 吹嘘 [+自己] chuīxū [+zìjǐ], 吹牛 chuīniú **II** N 吹嘘 chuīxū, 自吹 zìchuī
boastful ADJ 自吹自擂的 zìchuī zìléi de
boat N 船 chuán [M. WD 条 tiáo/艘 sōu], 小船 xiǎochuán [M. WD 条 tiáo/艘 sōu] □ The park has boats for hire. 这个公园出租小船。Zhè ge gōngyuán chūzū xiǎo chuán.
in the same boat 共患难 gòng huànnàn, 同舟共济 tóngzhōu gòngjì
to rock the boat 唱反调捣乱 chàng fǎndiào dǎoluàn
to row a boat 划船 huáchuán
bob V 上下摇动 shàngxià yáodòng
bobsled, bobsleigh N 大雪橇 dà xuěqiāo [M. WD 辆 liàng/架 jià]
bode V 预示 yùshì
bodice N 紧身胸衣 jǐnshēn xiōngyī [M. WD 件 jiàn]
bodily **I** ADJ 身体的 shēntǐ de, 肉体的 ròutǐ de **II** ADV 全体 quántǐ, 整个 zhěnggè
body N 1 身体 shēntǐ, 身躯 shēnqū □ He has a strong and healthy body. 他身体强壮健康。Tā shēntǐ qiángzhuàng jiànkāng.
body language 体态语言 tǐtài yǔyán
2 (dead body) 尸体 shītǐ [M. WD 具 jù] □ He simply disappeared; his body was never found. 他失踪了，尸体从来没有找到。Tā shīzōng le, shītǐ cónglái méiyǒu zhǎodao. 3 团体 tuántǐ 4 物体 wùtǐ [M. WD 件 jiàn]
bodyguard N 保镖 bǎobiāo, 警卫 jǐngwèi
bodyodor (ABBREV BO, B.O.) N 体臭 tǐ chòu, 狐臭 húchòu
bodywork N 车身修理 chēshēn xiūlǐ
bog N 沼泽 zhǎozé [M. WD 片 piàn]
bogeyman N 妖怪 yāoguài
boggle V 惊恐 jīngkǒng, 大为恐惧 dàwéi kǒngjù
bogus ADJ 假的 jiǎ de, 伪装的 wěizhuāng de
bohemian ADJ 放荡不羁的 fàngdàngbùjī de
boil **I** V 1 [水+] 沸腾 [shuǐ+] fèiténg 2 烧开 [+水] shāokāi [+shuǐ] 3 煮 [+土豆] zhǔ [+tǔdòu] □ Would you please boil some water for tea? 你煮些水泡茶，好不好? Nǐ zhǔ xiē shuǐ pào chá, hǎobuhǎo?
boiled water 开水 kāishuǐ
boiler N 锅炉 guōlú
boiling ADJ 热到沸点 rè dào fèidiǎn, 沸腾 fèiténg
boiling point N 沸点 fèidiǎn
boisterous ADJ 吵吵闹闹的 chǎochǎo nàonào de
bold ADJ 勇敢的 yǒnggǎn de, 大胆的 dàdǎn de
bolster **I** V 增强 zēngqiáng, 支持 zhīchí **II** N 1 垫枕 diàn zhěn 2 垫木 diànmù [M. WD 段 duàn/块 kuài]
bolt **I** N 1 螺栓 luóshuān, 螺丝钉 luósīdīng 2 门拴 ménshuān, 窗拴 chuāng shuān **II** V 1 把…拴在一起 bǎ… shuān zài yìqǐ 2 [马+] 逃跑 [mǎ+] táopǎo 3 匆匆吞下 cōngcōng tūnxià **III** ADV 笔直 bǐzhí
bomb **I** N 炸弹 zhàdàn [M. WD 枚 méi] **II** V 1 轰炸 hōngzhà, [用炸弹+] 爆炸 [yòng zhàdàn+] bàozhà 2 失败 shībài
bombard V 1 对 [+敌人的阵地] 狂轰滥炸 duì [+dírén de zhèndì] kuánghōng lànzhà 2 对 [+市长] 提出一连串问题 duì [+shìzhǎng] tíchū yìliánchuàn wèntí

bombed ADJ 喝醉了（酒）hēzuìle (jiǔ)

bomber N 1 投放炸弹的人 tóufàng zhàdàn de rén 2 轰炸机 hōngzhàjī [M. WD 架 jià]

bombshell 1 N 1 惊人事件 jīngrén shìjiàn 2 炸弹 zhàdàn [M. WD 枚 méi]

bona fide ADJ 真正的 zhēnzhèng de, 真诚的 zhēnchéng de

bonanza N 1 财源 cáiyuán 2 繁荣兴旺 fánróng xīngwàng 3 富矿 fùkuàng [M. WD 座 zuò]

bond 1 N 1 债券 zhàiquàn
U.S. savings bond 美国储蓄债券 Měiguó chǔxù zhàiquàn
2 保释金 bǎoshìjīn 3 纽带 niǔdài, 联系 liánxì II V 培养亲密关系 péiyǎng qīnmì guānxi

bondage N 1 奴役 núyì 2 束缚 shùfù

bonding N 亲密关系的形成 qīnmì guānxi de xíngchéng

bone 1 N 骨头 gǔtou [M. WD 根 gēn] □ He broke a bone in the leg when he fell off his bicycle. 他从自行车上摔下来，断了骨头。Tā cóng zìxíngchēshang shuāi xiàlai, duànle gǔtou.
bone dry 干透的 gān tòu de
bone marrow 骨髓 gǔsuǐ
to make no bones about 对…毫无顾忌 duì…háo wú gùjì
to have a bone to pick with 对…有意见 duì…yǒu yìjiàn
to feel sth in one's bones 确信 quèxìn
II V 去掉 [+鸡] 的骨头 qùdiào [+jī] de gǔtou

bonfire N 篝火 gōuhuǒ, 营火 yínghuǒ

bonus N 奖金 jiǎngjīn, 红利 hónglì

bony ADJ 皮包骨头的 [+饥民] píbāo gútou de [+jīmín]

boo 1 V 发出嘘声 fāchū xū shēng, 向 [+演员] 喝倒彩 xiàng [+yǎnyuán] hèdàocǎi II N 嘘声 xūshēng

boob N 乳房 rǔfáng, 奶头 nǎitou

boo-boo N 犯傻 fànshǎ

booby prize N 倒数第一名奖 dàoshǔ dìyīmíng jiǎng

booby trap 1 N 伪装地雷 wěizhuāng dìléi [M. WD 枚 méi]
2 恶作剧 èzuòjù

boogie man N 妖怪 yāoguài

book 1 N 书 shū [M. WD 本 běn], 图书 túshū [M. WD 本 běn] □ I bought three books last week. 我上星期买了三本书。Wǒ shàng xīngqī mǎile sān běn shū. □ She borrowed several books about China from the library. 她从图书馆借了几本关于中国的书。Tā cóng túshūguǎn jièle jǐ běn guānyú Zhōngguó de shū. 2 本子 běnzi, 簿子 bùzi [M. WD 本 běn]
address book 地址簿 dìzhǐbù
notebook 笔记本 bǐjìběn
3 账本 zhàngběn, 账目 zhàngmù [M. WD 本 běn]
by the book 严格照章办事 yángé zhàozhāngbànshì
II V 预定 [+旅馆房间] yùdìng [+lǚguǎn fángjiān] □ We booked our hotel room two months ago. 我们两个月前预定了旅馆房间。Wǒmen liǎng ge yuè qián yùdìngle lǚguǎn fángjiān.

bookcase N 书橱 shūchú

bookmark N 书签 shūqiān [M. WD 张 zhāng]

bookshelf N 书架 shūjià

bookstore N 书店 shūdiàn [M. WD 家 jiā]

boom 1 N [生意+] 兴隆 [shēngyì+] xīnglóng
boom times 繁荣时期 fánróng shíqí
boom town 兴旺发达的城市 xīngwàng fādá de chéngshì
2 隆隆声 lónglóng shēng
II V 1 [生意+] 兴隆 [shēngyì+] xīnglóng, 兴旺 xīngwàng
2 发出隆隆声 fāchū lónglóng shēng

boomerang 1 N 回飞镖 huí fēibiāo II V 自作自受 zìzuò zìshòu

boon N 带来极大好处的事物 dàilái jídà hǎochu de shìwù, 恩物 ēnwù

boondocks N 偏远的地方 piānyuǎn de dìfang

boor N 粗鲁的男子 cūlǔ de nánzǐ

boost 1 N 激励 jīlì, 鼓励 gǔlì II V 激励 [+士气] jīlì [+shìqì], 鼓励 gǔlì

booster N 1 增效药剂 zēng xiào yàojì 2 起鼓励作用的事物 qǐ gǔlì zuòyòng de shìwù
moral booster 鼓励士气的事 gǔlì shìqì de shì
3 助推器 zhùtuīqì

boot 1 N 靴子 xuēzi [M. WD 只 zhī/双 shuāng]
boot camp 新兵训练营 xīnbīng xùnliàn yíng
II V 1 使 [+电脑] 启动 shǐ [+diànnǎo] qǐdòng 2 赶走 [+捣乱的人] gǎnzǒu [+dǎoluàn de rén]

booth N 1 小亭 xiǎo tíng
ticket booth 售票亭 shòupiào tíng
2 (餐馆) 火车座 (cānguǎn) huǒchēzuò 3 售货摊位 shòuhuò tānwèi

bootleg 1 ADJ 盗制的 dào zhì de, 走私的 zǒusī de II N 盗制 [+电脑软件等] dào zhì [+diànnǎo ruǎnjiàn děng]

bootlegging N 盗制或非法销售 [+电脑软件等] dào zhì huò fēifǎ xiāoshòu [+diànnǎo ruǎnjiàn děng]

bootstraps N 拔靴带 bá xuē dài
to pull oneself up by one's bootstraps 自强不息改善处境 zìqiáng búxī gǎishàn chǔjìng

booty N 战利品 zhànlìpǐn [M. WD 件 jiàn]

booze 1 N 酒 jiǔ II V 豪饮 háoyǐn, 酗酒 xùjiǔ

bop 1 V 轻轻地拍 qīngqīng de pāi II N 轻拍 qīng pāi

border 1 N 边儿 biānr □ She wore a white skirt with a red border. 她穿了一条有红边的白裙子。Tā chuānle yì tiáo yǒu hóng biān de bái qúnzi. 2 国界 guójiè, 国境线 guójìngxiàn □ It's only 10 kilometers from the border. 这里离国界只有十公里。Zhèlí lí guójiè zhǐyǒu shí gōnglǐ.
II V 与…接壤 yǔ…jiērǎng
to border on 接近 jiējìn

borderline 1 N 分界线 fēnjièxiàn [M. WD 道 dào/条 tiáo]
II ADJ 几乎 jīhū

bore¹ See **bear¹**

bore² 1 V 1 使…厌烦 shǐ…yànfán, 使…厌倦 shǐ…yànjuàn
to bore sb to death 使…厌烦得要死 shǐ…yànfán deyàosǐ
2 钻孔 zuānkǒng
II N 1 令人厌烦的人 [+或事] lìngrén yànfán de rén [+huò shì] 2 口径 kǒujìng

bored ADJ 厌烦 yànfán, 厌倦 yànjuàn □ He was bored with the long train ride. 长途的火车旅行使他厌倦。Chángtú de huǒchē lǚxíng shǐ tā yànjuàn. □ I'm bored! 我觉得无聊透了！Wǒ juéde wúliáo tòule!

boredom N 厌烦 yànfán, 厌倦 yànjuàn

boring ADJ 让人厌烦 ràng rén yànfán, 枯燥 kūzào □ What a boring movie! 这部电影真枯燥！Zhè bù diànyǐng zhēn kūzào!

born ADJ 出生 chūshēng □ She was born in Hong Kong 20 years ago. 她二十年前出生在香港。Tā èrshí nián qián chūshēng zài Xiānggǎng. □ I think some people are born leaders. 我认为，有的人天生就是有当领袖的才能。Wǒ rènwéi, yǒude rén tiānshēng jiù shì yǒu dāng lǐngxiù de cáinéng.
be born with a silver spoon in one's mouth 生在富贵人家 shēng zài fùguì rénjiā

born-again ADJ 新近开始的 xīnjìn kāishǐ de
a born-again Christian 基督教再生教徒 Jīdūjiào zàishēng jiàotú
a born-again environmentalist 新近开始的环保主义者 xīnjìn kāishǐ de huánbǎo zhǔyìzhě

borne See **bear¹**

borough N (城市里的) 区 (chéngshì lǐ de) qū

borrow V 借 jiè, 借用 jièyòng □ Can I borrow your dictionary? 可以借用你的词典吗？Kěyǐ jièyòng nǐ de cídiǎn ma? □ He borrowed 100 dollars from John. 他从约翰那里借了一百块。Tā cóng Yuēhàn nàlǐ jièle yì bǎi kuài.

borrower N 借款人 jièkuǎnrén

borrowing N 1 借款 jièkuǎn [M. WD 项 xiàng/笔 bǐ], 贷款 dàikuǎn [M. WD 项 xiàng/笔 bǐ] 2 外来语 wàiláiyǔ borrowing powers 借款限额 jièkuǎn xiàn'é

bosom N 胸部 xiōngbù

a bosom friend 心腹之交 xīnfù zhī jiāo, 知己朋友 zhījǐ péngyou

boss I N 1 老板 lǎobǎn 2 领袖 lǐngxiù [M. WD 位 wèi], 头目 tóumù

party boss 政党领袖 zhèngdǎng lǐngxiù

crime boss 犯罪分子头目 fànzuì fènzǐ tóumù

II v (to boss sb around) 对…发号施令 duì…fāhào shīlìng

botany N 植物学 zhíwù xué

botch v 把…搞糟 bǎ…gǎozāo

both I ADJ 两 liǎng □ I will buy both books. 我这两本书都要买。Wǒ zhè liǎng běn shū dōu yào mǎi.

II PRON 两个 liǎng ge, 都 dōu □ Both of my sisters live in Chicago. 我两个姐妹都住在芝加哥。Wǒ liǎng ge jiěmèi dōu zhù zài Zhījiāgē. □ His parents both died of cancer. 他的父母都死于癌症。Tā de fùmǔ dōu sǐ yú áizhèng.

both … and … 既…又… jì…yòu… □ He is both smart and kind. 他既聪明又仁慈。Tā jì cōngmíng yòu réncí.

bother I v 1 打搅 dǎjiǎo □ I'm sorry to bother you, but have you got a Chinese dictionary? 对不起, 打搅一下, 您有中文词典吗? Duìbuqǐ, dǎjiǎo yíxià, nín yǒu Zhōngwén cídiǎn ma? 2 烦恼 fánnǎo, 发愁 fāchóu □ What's bothering you? 你在为什么事发愁呢? Nǐ zài wèishénme shì fāchóu ne? 3 麻烦 máfan □ I know I won't get a pay raise. Why bother? 我知道不可能加薪, 干吗要麻烦呢? Wǒ zhīdào bù kěnéng jiāxīn, gànmá yào máfan ne?

II N 麻烦 máfan

no bother 没关系 méi guānxi, 不费事 bú fèishì

bottle I N 瓶 píng [M. WD 只 zhī], 瓶子 píngzi [M. WD 只 zhī] □ Can I have a bottle of coke? 可以给我一瓶可乐吗? Kěyǐ gěi wǒ yì píng kělè ma?

bottle opener 开瓶器 kāipíngqì

baby bottle 婴儿奶瓶 yīng'ér nǎipíng

II v 装瓶 zhuāng píng

bottled ADJ 瓶装的 píngzhuāng de

bottlefed See **bottlefeed**

bottlefeed (PT & PP **bottlefed**) v 人工喂养 réngōng wèiyǎng

bottleneck N 1 瓶颈 píngjǐng, 瓶颈路段 píngjǐng lùduàn 2 障碍 zhàng'ài

bottler N 装瓶工人／公司 zhuāng píng gōngrén/gōngsī

bottom I N 底 dǐ, 底部 dǐbù □ You can find the answers at the bottom of the page. 你可以在这一页的底部找到答案。Nǐ kěyǐ zài zhè yí yè de dǐbù zhǎodao dá'àn. 2 最后的位置 zuìhòu de wèizhì, 末尾 mòwěi □ He is always at the bottom of the class. 他总是班上最差的。Tā zǒngshì bānshang zuì chà de.

II ADJ 最底下的 zuì dǐxià de, 最底层的 zuì dǐcéng de

bottom line ① 最基本的事实 zuì jīběn de shìshí ② 底线 dǐxiàn

III v (to bottom out) 降到最低点 jiàng dào zuì dīdiǎn

bottomless ADJ 无底的 wúdǐ de

bough N 主要的树叉 zhǔyào de shùchā [M. WD 条 tiáo]

bought See **buy**

boulder N 巨石 jù shí [M. WD 块 kuài]

boulevard N 林荫大道 lín yìn dàdào [M. WD 条 tiáo], 大道 dàdào [M. WD 条 tiáo]

bounce I v 1 跳 tiào, 弹跳 tántiào 2 退回 tuìhuí

to bounce back 恢复元气 huīfù yuánqì

II N 1 跳 tiào, 弹跳 tántiào 2 活力 huólì

bouncer N 门卫 ménwèi

bouncing ADJ 健壮的 jiànzhuàng de

bouncy ADJ 1 弹性很足的 [+椅子] tánxìng hěn zú de [+yǐzi] 2 精神饱满的 [+ 音乐] jīngshen bǎomǎn de [+yīnyuè], 快乐的 [+ 人] kuàilè de [+rén]

bound I ADJ 1 肯定 kěndìng

be bound to 肯定会 kěndìng huì, 注定会 zhùdìng huì □ You're bound to succeed. 你肯定会成功。Nǐ kěndìng huì chénggōng.

2 有义务的 yǒu yìwù de 3 装订好的 zhuāngdìng hǎode

a leather-bound volume 一本皮面书籍 yìběn pímiàn shūjí

II v 以…为界 yǐ…wéi jiè

III N 界限 jièxiàn □ Out of bounds to foreigners. 外国人不得入内。Wàiguórén bù děi rù nèi.

bound See **bind**

boundary N 分界线 fēnjièxiàn [M. WD 条 tiáo]

to push the boundary 开拓思路 kāituò sīlù

boundless ADJ 无限的 wúxiàn de

bountiful ADJ 充裕的 chōngyù de

bounty N 奖金 jiǎngjīn [M. WD 笔 bǐ], 悬赏金 xuánshǎng jīn [M. WD 笔 bǐ]

bouquet N 1 花束 huāshù

a bouquet of roses 一束玫瑰花 yíshù méiguìhuā

2 (酒) 香 (jiǔ) xiāng

bourgeoisie N 中产阶级 zhōngchǎn jiējí, 资产阶级 zīchǎn jiējí

bout N [疾病+] 发作 [jíbìng+] fāzuò

boutique N 小精品店 xiǎo jīngpǐndiàn [M. WD 家 jiā]

bovine ADJ 牛的 niú de

bow I v 1 鞠躬 [+谢幕] jūgōng [+xièmù] 2 低头 [+祷告] dītóu [+dǎogào] II N 1 鞠躬 jūgōng 2 弓 gōng, 琴弓 qín gōng 3 蝴蝶结 húdiéjié

bow tie 蝶形领结 diéxíng lǐngjié

bowel N 肠 cháng

to move bowels 解大便 jiě páidàbiàn, 大便 dàbiàn

bowl I N 碗 wǎn [M. WD 只 zhī] □ She ordered a bowl of fruit salad. 她要了一碗水果沙拉。Tā yàole yì wǎn shuǐguǒ shālā.

fish bowl 鱼缸 yúgāng [M. WD 只 zhī]

II v 打保龄球 dǎ bǎolíngqiú

bow-legged ADJ 罗圈腿的 luóquāntuǐ de

bowling N 保龄球 (运动) bǎolíngqiú (yùndòng) [M. WD 场 cháng]

bowling alley 保龄球馆 bǎolíngqiú guǎn

box I N 盒 hé [M. WD 只 zhī], 箱 xiāng [M. WD 只 zhī] □ I need two big boxes for the books. 我要两只大箱子装书。Wǒ yào liǎng zhī dà xiāngzi zhuāng shū.

P.O. Box 邮政信箱 yóuzhèngxìnxiāng

2 方框 fāngkuàng, 选项框 xuǎn xiàng kuàng

to check the box 在选项框内打勾 zài xuǎn xiàng kuàng nèi dǎ gōu

to think outside the box 想出新花招 xiǎngchū xīn huāzhāo

3 包厢 bāoxiāng 4 电视机 diànshìjī [M. WD 台 tái]

box office 票房 piàofáng

II v 1 把…装入箱内 bǎ…zhuāngrù xiāng nèi 2 与…比赛拳击 yǔ…bǐsài quánjī 3 打…耳光 dǎ…ěrguāng

boxer N 拳击手 quánjīshǒu

boxer shorts (男用) 平脚短裤 (nán yòng) píng jiǎo duǎnkù

boxing N 拳击 quánjī, 拳击运动 quánjī yùndòng

boy I N 男孩 nánhái

Boys will be boys! 男孩总是男孩! (= 总是会调皮捣蛋。) Nánhái zǒngshì nánhái! (= Zǒngshì huì tiáopídǎodàn.)

boyfriend 男朋友 nánpéngyou

Boy Scouts 童子军 tóngzǐjūn

2 儿子 érzi 3 年轻人 niánqīngrén

II INTERJ 好家伙!

Oh boy! 啊呀! Āyā!

boycott I v 抵制 dǐzhì II N 抵制 dǐzhì

bozo N 傻瓜 shǎguā

bra N 胸罩 xiōngzhào

brace I v 1 做好准备对付困难 zuò hǎo zhǔnbèi duìfu kùn-nan 2 加固 jiāgù, 支撑 zhī chēng **II** N 支撑物 zhīchēngwù
braces 矫正牙箍 jiǎozhèng yá gū
neck brace 颈托 jǐng tuō
bracelet N 手镯 shǒuzhuó [м. wd 只 zhī/副 fù]
bracing ADJ 令人心神清爽的 lìngrén xīnshén qīngshuǎng de, 清新的 qīngxīn de
bracket I N 1 括号 kuòhào 2 等级段 děngjíduàn, 组 zǔ
income bracket 收入等级 shōurù děngjí
II v 1 把…放入括号内 bǎ…fàngrù kuòhào nèi 2 把…放入同一等级段 bǎ…fàngrù tóngyī děngjí duàn
brackish ADJ 有点咸的 yǒudiǎn xián de
brag N 吹嘘 chuī xū
braggart N 吹牛大王 chuīniú dàwáng
braid I N 1 发辫 fàbiàn [м. wd 条 tiáo], 辫子 biànzi [м. wd 条 tiáo] 2 穗带 suì dài [м. wd 条 tiáo] **II** v 1 编成辫子 biānchéng biànzi 2 编成穗带 biānchéng suì dài
brain N 1 脑 nǎo, 脑子 nǎozi □ He wants to be a brain surgeon. 他想当脑外科医生。Tā xiǎng dāng nǎowàikē yīshēng.
brain damage 脑损伤 nǎo sǔnshāng
2 脑力 nǎolì, 能力 nénglì □ I racked my brains for the answer. 我绞尽脑汁想答案。Wǒ jiǎojìnnǎozhī xiǎng dá'àn.
brain drain 人才外流 réncái wàiliú
brainchild N 脑力劳动的产物 nǎolì láodòng de chǎnwù, 独自想出来的东西 dúzì xiǎng chūlái de dōngxi
brainless ADJ 没有头脑的 méiyǒu tóunǎo de
brainstorming N [一群人+] 共同出主意 [yìqún rén+] gòngtóng chū zhǔyì, 群策群力 qún cè qún lì
brainwash v 洗脑 xǐnǎo
brainy ADJ 聪明的 cōngming de, 机敏的 jīmǐn de
braise v 用文火慢煮 yòng wénhuǒ màn zhǔ, 炖 dùn
brake I N 刹车 shāchē, 制动器 zhìdòngqì **II** v 踩刹车 cǎi shāchē
bran N 麦麸 màifū, 糠 kāng
branch I N 1 树枝 shùzhī [м. wd 条 tiáo] □ We're going to cut some of the branches off the oak tree. 我们要从那棵橡树上砍掉一些树枝。Wǒmen yào cóng nà kē xiàngshùshang kǎndiào yìxiē shùzhī. 2 分部 fēnbù □ The bank closed its branch in town last month. 银行上个月关闭了城里的分行。Yínháng shàng ge yuè guānbìle chénglǐ de fēnháng. 3 支流 zhīliú [м. wd 条 tiáo]
II v 分支 fēnzhī, 分道 fēndào
to branch out 扩大领域 kuòdà lǐngyù
brand I N 1 牌子 páizi, 商标 shāngbiāo
brand name 商标名称 shāngbiāo míngchēng, 名牌 míngpái
II v 1 给…打上烙印 gěi…dǎshànglàoyìn 2 给…坏名声 gěi…huài míngshēng
brandish v 挥舞 huīwǔ
brand-new ADJ 崭新的 zhǎnxīn de
brandy N 白兰地 [+酒] báilándì [+jiǔ]
brash II ADJ 1 自以为是的 zìyǐwéishì de, 傲慢粗鲁的 àomàn cūlǔ de 2 刺耳的 cì'ěr de, 刺眼的 cìyǎn de
brass 1 N 1 黄铜 huángtóng 2 铜管乐器 tóngguǎnyuèqì
brass band 铜管乐队 tóngguǎn yuèduì
3 重要人物 zhòngyào rénwù [м. wd 位 wèi]
brasserie N （法式）小餐馆 (Fǎshì) xiǎo cānguǎn [м. wd 家 jiā]
brassy ADJ 1 黄铜的 huángtóng de 2 打扮艳丽举止粗俗的 [+女人] dǎban yànlì jǔzhǐ cūsú de [+nǚrén]
brat N 没有教养的小孩 méiyǒu jiàoyǎng de xiǎohái, 小坏蛋 xiǎo huàidàn
bravado N 虚张声势 xūzhāng shēngshì, 逞强的姿态 chěngqiáng de zītài
brave I ADJ 1 勇敢的 [+士兵] yǒnggǎn de [+shìbīng] □ A brave fireman saved her from the fire. 一位勇敢的消防员把

她从火场中救出来。Yí wèi yǒnggǎn de xiāofáng yuán bǎ tā cóng huǒchǎng zhōng jiùchūlái. 2 美好的 [+新世界] měihǎo de [+xīn shìjiè]
II v 勇敢面对 yǒnggǎn miànduì
bravo INTERJ 好 hǎo, 妙 miào, 高 gāo
brawl N, v 打群架 dǎ qúnjià
bray v [驴+] 发出叫声 [lǘ+] fāchū jiàoshēng, [驴+] 叫 [lǘ+] jiào
brazen I ADJ 厚颜无耻的 hòuyán wúchǐ de **II** v (to brazen it out) 厚着脸皮硬干 hòuzhe liǎnpí yìnggàn
brazier N 火盆 huǒpén [м. wd 只 zhī]
breach N 1 违反 wéifǎn
breach of security 违反安全规定 wéifǎn ānquán guīdìng
2 破裂 pòliè
bread N 面包 miànbāo [м. wd 片 piàn/块 kuài/条 tiáo]
□ She bought a loaf of bread from the bakery. 她从面包房买了一条面包。Tā cóng miànbāofáng mǎile yì tiáo miànbāo.
breadbasket N 产粮区 chǎnliángqū, 粮仓 liángcāng [м. wd 座 zuò]
breadcrumbs N 面包屑 miànbāoxiè
breaded ADJ 沾上面包屑的 zhānshang miànbāoxiè de
breadth N 宽度 kuāndù, 广度 guǎngdù
breadwinner N 挣钱养家的人 zhèngqián yǎngjiā de rén
break (PT **broke**; PP **broken**) v 1 打破 dǎpò, 破损 pòsǔn
□ Who broke the fish bowl? 谁打破了鱼缸？Shéi dǎpòle yúgāng?
to break a record 打破纪录 dǎpò jìlù
2 摔坏 shuāi huài, 伤伤 shuāi shāng □ Many people break their legs skiing. 很多人滑雪时摔伤了腿。Hěn duō rén huáxuě shí shuāishāngle tuǐ. 3 摔断 shuāiduàn
to break down 出毛病 chūmáobing, 坏了 huàile □ My car broke down. 我的车坏了。Wǒde chē huàile.
to break in/into 私自闯入 sīzì chuǎngrù □ They broke into my apartment but found nothing valuable. 他们闯入我的公寓，但是没有找到任何有价值的东西。Tāmen chuǎngrù wǒ de gōngyù, dànshì méiyǒu zhǎodào rènhé yǒu jiàzhí de dōngxi.
to break a law 犯法 fànfǎ
to break out 爆发 bàofā
to break a promise 违背承诺 wéibèi chéngnuò, 食言 shíyán □ Parents should try hard not to break their promise to their children. 家长要尽量不违背对子女的承诺。Jiāzhǎng yào jǐnliàng bù wéibèi duì zǐnǚ de chéngnuò.
to break a rule 犯规 fànguī
to break up 断绝来往 duànjué láiwǎng, 断交 duànjiāo
□ Carl has broken up with most of his friends. 卡尔和大多数朋友断交了。Kǎ'ěr hé dàduōshù péngyou duànjiāo le.
breakable ADJ 易破碎的 yì pòsuì de
breakage N 破损 pòsǔn
breakaway ADJ 分裂的 fēnliè de
breakdown N 失败 shībài, 破裂 pòliè
break-even ADJ 收支平衡的 shōuzhī pínghéng de
breakfast N 早饭 zǎofàn, 早餐 zǎocān □ He has toast and coffee for breakfast. 他早饭吃了咖啡和烤面包。Tā zǎofàn chīle kāfēi hé kǎomiànbāo.
break-in N 非法闯入 fēifǎ chuǎngrù
breakneck ADJ 超高速的 chāogāosù de
breakthrough N 突破 tūpò
breakup N 破裂 pòliè, 分裂 fēnliè
breakwater N 防波堤 fángbōdī
breast 1 N 乳房 rǔfáng □ She had one breast removed after being diagnosed with cancer. 她被诊断为乳腺癌以后，切除了乳房。Tā bèi zhěnduàn wéi rǔfángái yǐhòu, qiēchúle rǔfáng. 2 胸 xiōng, 胸部 xiōngbù
breastfed See **breastfeed**
breastfeed (PT & PP **breastfed**) v 用母乳喂养 yòng mǔrǔ wèiyǎng

breaststroke N 蛙式游泳 wāshì yóuyǒng, 蛙泳 wāyǒng

breath N 呼吸 hūxī □ She smelled wine on his breath. 她从他的呼吸闻到酒味。 Tā cóng tā de hūqì wéndao jiǔ wèi.
  out of breath 喘不过气 chuǎnbíguò qì
  to catch your breath 喘过气来 chuǎnguò qì lái
  to hold your breath 屏住气 bǐngzhù qì
  to take a deep breath 深吸一口气 shēn xī yì kǒu qì

breathable ADJ 透气性良好的 tòuqìxìng liánghǎo de

breathalyze V 做酒精检测 zuò jiǔjīng jiǎncè

Breathalyzer N 酒精检测仪 jiǔjīng jiǎncèyí

breathe V 呼吸 hūxī □ The rescuer found the man still breathing. 抢救人员发现这个人还在呼吸。 Qiǎngjiù rényuán fāxiàn zhè ge rén hái zài hūxī.
  not to breathe a word 一句话也不说 yí jù huà yě bù shuō, 只字不露 zhīzì bùlù
  breathe in 吸气 xīqì
  breathe out 呼气 hūqì

breathless ADJ 气喘吁吁的 qìchuǎn xūxū de

breathtaking ADJ 令人惊叹的 lìngrén jīngtàn de

breathy ADJ 带喘息声的 dài chuǎnxī shēng de

bred See **breed**

breeches N 马裤 mǎkù [M. WD 条 tiáo]

breed I [动物的+] 品种 [dòngwù de+] pǐnzhǒng □ What is the breed of this dog? 这只狗是什么品种？ Zhè zhī gǒu shì shénme pǐnzhǒng?
  II V (PT & PP **bred**) 1 繁殖 [+名种狗] fánzhí [+míng zhǒng gǒu], 培育 péiyù □ He makes a living breeding dogs. 他靠繁殖狗为生。 Tā kào fánzhí gǒu wéishēng. 2 [动物+] 交配 [dòngwù+] jiāopèi 3 滋生 [+犯罪] zīshēng [+fànzuì], 引起 yǐnqǐ

breeder N 育种者 yùzhǒng zhě

breeding N 繁殖 fánzhí, 培育 péiyù
  breeding ground 繁殖场 fánzhí chǎng, 孳生地 zīshēng dì

breeze I N 微风 wēifēng □ They sat on the beach, enjoying sea breezes. 他们坐在海边，享受海上吹来的阵阵微风。 Tāmen zuò zài hǎibiān, xiǎngshòu hǎishàng chuīlai de zhènzhèn wēifēng.
  II V 飘然而来 piāorán érlái

breezy ADJ 1 有微风的 [+天气] yǒu wēifēng de [+tiānqì] 2 轻松自信的 [+青年] qīngsōng zìxìn de [+qīngnián], 快活的 kuàihuo de

brethren N 教友 jiàoyǒu

brevity N 简洁 jiǎnjié

brew I V 1 酿造 [+酒] niàngzào [+jiǔ] 2 冲泡 [+红茶] chōngpào [+hóngchá] 3 [麻烦的事+] 酝酿 [máfan de shì+] yùnniàng II N 啤酒 píjiǔ 2 （酿造或冲泡的）饮料 (niàngzào huò chōngpào de) yǐnliào
  home brew 家酿啤酒 jiāniàng píjiǔ

brewer N 啤酒公司 píjiǔ gōngsī [M. WD 家 jiā], 自酿酒者 zì niàng píjiǔ zhě

brewery N 啤酒厂 píjiǔchǎng [M. WD 家 jiā]

bribe I N 贿赂 huìlù
  to take bribes 接受贿赂 jiēshòu huìlù, 受贿 shòuhuì
  II V 贿赂 huìlù, 行贿 xínghuì

bribery N 贿赂的行为 huìlù de xíngwéi, 行贿 xínghuì, 受贿 shòuhuì

bric-a-brac N 小摆设 xiǎobǎishè [M. WD 件 jiàn]

brick I N 砖 zhuān [M. WD 块 kuài], 砖头 zhuāntóu [M. WD 块 kuài] II V 用砖砌 yòng zhuān qì
  to brick off 用砖墙隔开 yòng zhuānqiáng gékāi

bricklayer N 砌砖工人 qìzhuān gōngrén, 泥瓦匠 níwǎjiàng

brickyard N 制砖厂 zhì zhuānchǎng [M. WD 家 jiā]

bridal ADJ 婚礼的 hūnlǐ de, 新娘的 xīnniáng de
  bridal gown 婚纱 hūnshā

bride N 新娘 xīnniáng

bridegroom N 新郎 xīnláng

bridesmaid N 女傧相 nǚbīnxiàng

bridge I N 1 桥 qiáo [M. WD 座 zuò] □ There are several bridges across this river. 这条河上有好几座桥。 Zhè tiáo héshang yǒu hǎojǐ zuò qiáo. 2 桥牌 qiáopái
  II V 缩小 [+差异] suōxiǎo [+chāyì], 消除 [+分歧] xiāochú [+fēnqí]

bridle I N 马笼头 mǎlóngtóu II V 给马套上马笼头 gěi mǎ tàoshàng mǎlóngtóu

brief I ADJ 1 短暂的 duǎnzàn de □ I will stop over Chicago for a brief visit. 我会在芝加哥停留，作短暂的访问。 Wǒ huì zài Zhījiāgē tíngliú, zuò duǎnzàn de fǎngwèn. 2 简洁的 jiǎnjié de, 简明的 jiǎnmíng de
  II N 1 简报 jiǎnbào, 摘要 zhāiyào 2 案情摘要 ànqíng zhāiyào, 诉讼要点 sùsòng yàodiǎn
  to file a brief [+向法院] 提交诉讼 [+xiàng fǎyuàn] tíjiāo sùsòng
  III V 向…介绍情况 xiàng…jièshào qíngkuàng

briefcase N 公事包 gōngshìbāo

briefing N 1 简要情况 jiǎnyào qíngkuàng 2 简报会 jiǎnbàohuì

briefs N 三角裤 sānjiǎokù [M. WD 条 tiáo]

brigade N 1 （军队的）旅 (jūnduì de) lǚ 2 一队 yíduì, 一帮 yìbāng, 一群 yìqún

brigadier-general N 准将 zhǔnjiàng [M. WD 位 wèi]

bright ADJ 1 明亮的 míngliàng de □ I like bright, airy rooms. 我喜欢明亮、透气的房间。 Wǒ xǐhuan míngliàng, tòuqì de fángjiān. 2 聪明的 cōngming de □ He learns fast—he is a bright boy. 他学得很快—他是个聪明的孩子。 Tā xuéde hěn kuài—tā shì ge cōngming de háizi. 3 欢快的 huānkuài de, 高兴的 gāoxìng de □ Look on the bright side. 要看到光明的一面。 Yào kàndào guāngmíng de yímiàn.

brighten V 1 使 [+环境] 更美丽 shǐ [+huánjìng] gèng měilì 2 使 [+形势] 变得明亮 shǐ [+xíngshì] biàn de míngliàng
  to brighten sb up 使某人高兴起来 shǐ mǒurén gāoxìng qǐlái

brights N 远光灯 yuǎn guāng dēng

brilliance N 1 [艺术家的+] 才华 [yìshùjiā de+] cáihuá 2 光亮 guāngliàng

brilliant ADJ 1 明亮的 [+灯光] míngliàng de [+dēngguāng], 光辉的 guānghuī de 2 才华洋溢的 [+艺术家] cáihuá yángyì de [+yìshùjiā] 3 绝妙的 [+主意] juémiào de [+zhǔyì]

brim I N 边 biān, 边沿 biānyán, 边缘 biānyuán II V 充满 chōngmǎn, 洋溢 yángyì
  to brim over ① [水池+] 满到溢出来 [shuǐchí] mǎn dào yìchū lái ② 充满 [+信心] chōngmǎn [+xìnxīn]

brine N 浓盐水 nóng yánshuǐ

bring (PT & PP **brought**) V 1 带来 dàilai, 拿来 nálai □ Bring me a glass of water, please. 请给我一杯水。 Qǐng gěi wǒ yì bēi shuǐ. 2 造成 zàochéng
  to bring about 造成 zàochéng □ The war brought about tremendous changes. 战争造成了巨大的变化。 Zhànzhēng zàochéngle jùdà de biànhuà.
  not to bring oneself to do sth 不忍心 (做某事) bù rěnxīn (zuò mǒushì)
  to bring … to an end 使…结束 shǐ…jiéshù, 结束 jiéshù
  to bring up 抚养 [+孩子] fǔyǎng [+háizi] □ She was brought up by her aunt. 她是阿姨带大的。 Tā shì āyí dàidà de.

brink N 边缘 biānyuán

brisk ADJ 1 轻快的 [+步子] qīngkuài de [+bùzi] 2 兴隆的 [+生意] xīnglóng de [+shēngyì], 繁忙活跃的 fánmáng huóyuè de

bristle V 1 被激怒 bèi jīnù, 怒气冲冲 nùqì chōngchōng 2 [动物+] 毛发竖立 [dòngwù+] máofà shùlì

British I ADJ 英国的 Yīngguó de II N 英国人 Yīngguórén

brittle ADJ 脆的 cuì de, 易碎的 yì suìde

broach V 提出 tíchū, 提到 tídào

broad ADJ **1** 宽阔的 [+街道] kuānkuò de [+jiēdào], 宽的 kuān de □ The streets in this city are mostly broad. 这座城市的街道大多很宽阔。Zhè zuò chéngshì de jiēdào dàduō hěn kuānkuò. **2** 简要的 [+说明] jiǎnyào de [+shuōmíng]

in broad daylight 大白天 dàbáitiān, 光天化日之下 guāngtiānhuàrì zhīxià

broadband N 宽带 kuāndài

broadcast I v (PT & PP **broadcast**) 广播 guǎngbō, 转播 zhuǎnbō □ CNN will broadcast the President's press conference. 有线系统新闻台将转播总统的记者招待会。Yǒuxiàn xìtǒng xīnwén tái jiāng zhuǎnbō zǒngtǒng de jìzhě zhāodàihuì.

II N 广播 guǎngbō

live broadcast 现场直播 xiànchǎng zhíbō

broadcaster N 播音员 bōyīnyuán

broadcasting N 广播 guǎngbō, 广播工作 guǎngbō gōngzuò

broaden v 扩大 kuòdà, 开拓 kāituò

broadly ADV 大体上 dàtǐshàng, 总体上 zǒngtǐ shàng

broadly speaking 大体上说 dàtǐshàng shuō

broadminded ADJ 心胸开阔的 xīnxiōngkāikuò de

broadside I ADV 侧面 cèmiàn II v 撞上…的侧面 zhuàngshàng…de cèmiàn

Broadway N (美国) 百老汇大街 (Měiguó) Bǎilǎohuì Dàjiē

brocade N 织锦 zhījǐn, 锦缎 jǐnduàn

broccoli N 花椰菜 huāyēcài [M. WD 棵 kē], 花茎甘蓝 huājīng gānlán [M. WD 棵 kē]

brochure N 小册子 xiǎocèzi [M. WD 本 běn]

brogue N **1** 厚底拷花皮鞋 hòudǐ kǎohuā pixie [M. WD 只 zhī/双 shuāng] **2** 浓重的地方口音 nóngzhòng de dìfang kǒuyīn

broil v 烤 kǎo, 烧烤 shāokǎo

broiler N 烤架 kǎojià

broke[1] ADJ 没有钱的 méiyǒu qián de, 身无分文的 shēn wú fēnwén de

to go broke 破产 pòchǎn

broke[2] See **break**

broken[1] See **break**

broken[2] ADJ **1** 破的 [+花瓶] pòde [+huāpíng], 破碎的 pòsuì de **2** 坏了的 [+沙发] huàile de [+shāfā] **3** 破裂的 [+婚姻] pòliè de [+hūnyīn]

broken-down ADJ 破旧的 pòjiù de

broken-hearted ADJ 心碎的 xīnsuì de

broker I N 经纪人 jīngjìrén, 掮客 qiánkè, 代理人 dàilǐrén II v 促成 cùchéng

to broker a deal 促成交易 cùchéng jiāoyì

brokerage N **1** 经纪业务 jīngjì yèwù **2** 经纪费 jīngjì fèi, 佣金 yòngjīn **3** 经纪行 jīngjìháng

bronchitis N 支气管炎 zhīqìguǎnyán

bronco N 野马 yěmǎ [M. WD 匹 pǐ]

bronze N 青铜 qīngtóng, 古铜 gǔtóng

bronze medal 铜牌 tóngpái

brooch N 胸针 xiōngzhēn [M. WD 枚 méi]

brood I v **1** 沉思 chénsī, 深思 shēnsī **2** 孵卵 fūluǎn II N 一窝 [+小鸟] yìwō [+xiǎoniǎo]

broom N 扫帚 sàozhou [M. WD 把 bǎ]

broomstick N 扫帚柄 sàozhoubǐng

broth N 汤 tāng [M. WD 碗 wǎn], 清汤 qīngtāng

brothel N 妓院 jìyuàn [M. WD 家 jiā]

brother N 兄弟 xiōngdì, 哥哥 gēge, 弟弟 dìdi □ I have two sisters, but no brothers. 我有两个姐妹, 没有兄弟。Wǒ yǒu liǎ ge jiěmèi, méiyǒu xiōngdì.

brotherhood N **1** 兄弟情谊 xiōngdì qíngyì, 手足之情 shǒuzú zhī qíng **2**（宗教）兄弟会 (zōngjiào) xiōngdìhuì

brother-in-law N 大伯 dàbó (husband's elder brother), 小叔 xiǎoshū (husband's young brother), 内兄 nèixiōng (wife's elder brother), 内弟 nèidì (wife's younger brother), 姐夫 jiěfū (elder sister's husband), 妹夫 mèifū (younger sister's husband)

brotherly ADJ 兄弟情谊的 xiōngdì qíngyì de, 手足之情的 shǒuzú zhī qíng de

brought See **bring**

brow N 额 é, 额头 étóu

to knit one's brow 紧锁眉头 jǐnsuǒ méitóu, 愁眉不展 chóu méi bù zhǎn

browbeat (PT **browbeat**; PP **browbeaten**) v 对…吹胡子瞪眼睛 duì…chuīhúzi dèngyǎn, 威逼 wēibī

browbeaten See **browbeat**

brown I ADJ 棕色的 zōngsè de, 咖啡色的 kāfēisè de □ Have you seen my brown leather jacket? 你看到过我那件咖啡色的皮夹克吗? Nǐ kàndaoguo wǒ nà jiàn kāfēisè de píjiākè ma? II N 棕色 zōngsè, 咖啡色 kāfēisè □ She never wears brown. 她从来不穿咖啡色的衣服。Tā cónglái bù chuān kāfēisè de yīfu.

brownie N 果仁巧克力蛋糕 guǒ rén qiǎokèlì dàngāo

Brownies N 幼年女童子军 yòunián nǚtóngzǐjūn

brown-nose v 拍马屁 pāi mǎpì, 巴结 bājie

brownstone N 褐砂石 hèshāshí

browse v 随便翻阅 suíbiàn fānyuè, 浏览 liúlǎn

browser N 浏览器 liúlǎnqì

bruise I N 擦伤 cāshāng, 伤痕 shānghén II v 擦伤 cāshāng

brunch N 早午餐 zǎowǔcān

brunette N 深褐色头发的女子 shēn hèsè tóufa de nǚzǐ, 黑发女郎 hēi fā nǚláng

brunt N 重击 zhòngjī, 猛攻 měnggōng

to bear the brunt of 受到最猛烈的攻击 shòudào zuì měngliè de gōngjī, 首当其冲 shǒudāngqíchōng

brush I v 刷 shuā □ Johnny, brush your teeth and go to bed, now! 强尼, 刷牙、睡觉, 快! Qiángní, shuāyá, shuìjiào, kuài!

to brush aside 不理会 bùlǐhuì

to brush up (on) 温习 wēnxí

II N **1** 刷子 shuāzi **2** 灌木林 guànmù lín, 丛林 cónglín

brush-off N 不理睬 bù lǐcǎi

to give sb the brush-off 让…碰一鼻子灰 ràng…pèng yì bízi huī

brusque ADJ 粗鲁的 cūlǔ de, 简慢的 jiǎnmàn de

Brussels sprout N 球芽甘蓝 qiúyá gānlán

brutal ADJ 野蛮的 yěmán de, 凶暴的 xiōngbào de

brutality N 野蛮 yěmán, 凶暴 xiōngbào

brutalize v **1** 野蛮凶暴地对待 yěmán xiōngbào de duìdài **2** 使…变得野蛮凶暴 shǐ…biàn de yěmán xiōngbào

brute I N **1** 野兽 yěshòu **2** 粗野汉子 cūyě hànzi, 凶残的人 xiōngcán de rén II ADJ 野蛮的 yěmán de

brute force 野蛮暴力 yěmán bàolì, 暴力 bàolì

brutish ADJ 没有人性的 méiyǒu rénxìng de, 兽性的 shòuxìng de

bubble I N 泡沫 pàomò, 气泡 qìpào

bubble gum 泡泡糖 pàopaotáng

II v 起泡 qǐpào, 冒泡 mào pào

bubbly I ADJ **1** 充满泡沫的 chōngmǎn pàomò de **2** 生气勃勃的 shēngqì bóbó de II N 香槟酒 xiāngbīnjiǔ

buck I N **1** 美元 Měiyuán, 钱 qián

to feel like a million bucks 感觉精神焕发 gǎnjué jīngshén huànfā

2 庄家标志 zhuāngjia biāozhì □ The buck stops with me. 这件事由我负责。Zhè jiàn shì yóu wǒ fùzé. **3** 雄性动物 xióngxìng dòngwù

II v **1** [马+] 弓背跃起 [mǎ+] gōngbèi yuèqǐ **2** [汽车+] 颠簸行驶 [qìchē+] diānbǒ xíngshǐ **3** 反对 fǎnduì

bucket N 水桶 shuǐtǒng

buckle I N 扣子 kòuzi, 带扣 dàikòu II v **1** 系上扣子 jìshang kòuzi

Buckle up. 请系上安全带。Qǐng jìshang ānquándài.
2 腿软 tuǐ ruǎn, 站不直 zhàn bù zhí
to buckle under pressure 屈服压力 qūfú yālì
3 弯曲变形 wānqū biànxíng
bud I N 花苞 huābāo, 芽 yá **II** V 长出花苞 zhǎng chū huābāo, 发芽 fāyá
Buddha N 佛陀 Fótuó, 菩萨 Púsà
Buddhism N 佛教 Fójiào
budding ADJ 崭露头角的 zhǎnlù tóujiǎo de, 开始发展的 kāishǐ fāzhǎn de
budge V **1** 移动 yídòng, 挪动 nuódong
not to budge an inch 一点儿都动不了 yìdiǎnr dōu dòngbuliǎo
2 改变注意 gǎibiàn zhùyì
budget I N 预算 yùsuàn □ The school has a fixed annual budget. 学校每年有一个固定的预算。Xuéxiào měinián yǒu yí ge gùdìng de yùsuàn.
II V **1** 计划用钱 jìhuà yòngqián, 省钱 shěngqián □ She is budgeting for a holiday in China. 她正在为到中国去度假而省钱。Tā zhèngzài wéi dào Zhōngguó qù dùjià ér shěngqián.
2 作预算 zuò yùsuàn, 编制预算 biānzhì yùsuàn **3** 精打细算 jīngdǎ xìsuàn
III ADJ 经济的 jīngjì de, 便宜的 piányi de
buff I N **1** 爱好者 àihàozhě, 迷 mí
movie buff 电影迷 diànyǐngmí, 影迷 yǐngmí
2 米黄色 mǐhuángsè **II** V 擦亮 cāliàng
buffalo N 牛 niú [M. WD 头 tóu], 水牛 shuǐniú [M. WD 头 tóu]
buffer N 缓冲物 huǎnchōngwù, 缓冲国 huǎnchōngguó, 缓冲存储器 huǎnchōng chǔcúnqì
buffet I N **1** 自助餐 zìzhùcān **2** 餐具柜 cānjù guì **II** V 冲击 chōngjī
buffoon N 丑角 chǒujué, 小丑 xiǎochǒu
buffoonery N 丑角表演 chǒujué biǎoyǎn, 丑角艺术 chǒujué yìshù
bug I N 小虫子 xiǎo chóngzi
stomach bug 肚子不舒服 dùzi bùshūfú
2 细菌 xìjūn, 病毒 bìngdú
II V **1** 安装窃听器 ānzhuāng qiètīngqì, 窃听 qiètīng **2** 烦扰 fánrǎo
bugle N 军号 jūnhào [M. WD 把 bǎ]
build I V (PT & PP **built**) 建 jiàn, 建造 jiànzào □ They plan to build a big house here. 他们计划在这里建造一幢大房子。Tāmen jìhuà zài zhèlǐ jiànzào yí zhuàng dà fángzi.
II N 体格 tǐgé, 体形 tǐxíng
building N 建筑物 jiànzhùwù [M. WD 座 zuò] □ What is that new building over there? 那边的那座新建筑物是干什么用的？Nàbiān de nà zuò xīn jiànzhùwù shì gàn shénme yòng de?
building industry 建筑业 jiànzhùyè
building block 1 砌块 qìkuài **2** 基本要素 jīběn yàosù **3** 积木 jīmù [M. WD 块 kuài]
build-up N 增长 zēngzhǎng
built See build
built-in ADJ 内置的 nèizhì de, 内在的 nèizài de
built-up ADJ 盖了很多房子的 gàile hěn duō fángzi de
bulb N **1** 灯泡 dēngpào **2** 球茎 qiújīng
bulbous ADJ 球茎的 qiújīng de, 又肥又圆的 yòu féi yòu yuán de
bulge I N 膨胀 péngzhàng, 鼓出的地方 gǔ chū de dìfang
II V 膨胀 péngzhàng, 鼓起 gǔqǐ
bulimia N 食欲过盛 shíyù guòshèng, 易饥症 yìjīzhēng
bulk N 大批 dàpī, 大量 dàliàng, 大宗 dàzōng
bulk buying 大量购买 dàliàng gòumǎi
bulky ADJ 体积大的 tǐjī dà de, 又大又重的 yòu dà yòu zhòng de
bull N **1** 公牛 gōngniú [M. WD 头 tóu] **2** 雄性动物 xióngxìng dòngwù

bulldog N 斗牛狗 dòuniú gǒu [M. WD 只 zhī/条 tiáo]
bulldoze V [用推土机+] 推平 [yòng tuītǔjī+] tuī píng, [用推土机+] 推倒 [yòng tuītǔjī+] tuīdǎo
bulldozer N 推土机 tuītǔjī [M. WD 辆 liàng]
bullet N 子弹 zǐdàn [M. WD 枚 méi]
to bite the bullet 咬紧牙关忍受痛苦 yǎojǐn yáguān rěnshòu tòngkǔ, 忍耐 rěntòng
bulletin N 布告 bùgào, 公告 gōnggào
bulletin board N 布告牌 bùgàopái [M. WD 块 kuài]
bullfight, bullfighting N 斗牛 dòuniú
bullfighter N 斗牛士 dòuniúshì
bullhorn N 喇叭筒 lǎbatǒng, 扩音器 kuòyīnqì
bullion N 金 [或银+] 块 jīn [huò yín+] kuài, 金 [或银+] 条 jīn [+huò yín] tiáo
bullish ADJ **1** [股票市场+] 看涨的 [gǔpiào shìchǎng+] kànzhǎng de **2** 乐观自信的 [+投资者] lèguān zìxìn de [+tóuzīzhě]
bull market N 牛市 niú shì
bullpen N (棒球) 投球区 [bàngqiú+] tóuqiú qū
bull's eye N 靶心 bǎxīn
bullshit INTERJ 狗屁 gǒupì, 胡说八道 húshuō bādào
bully I N 持强凌弱者 chíqiáng língruò zhě, 欺负人的恶棍 qīfu rén de ègùn **II** V 欺负 [+小同学] qīfu [+xiǎo tóngxué], 威吓 wēihè
bum I N 不务正业的人 bú wù zhèngyè de rén, 无用的人 wúyòng de rén **II** V 乞讨 qǐtǎo, 乞求 qǐqiú **III** ADJ **1** 没有用处的 [+建议] méiyǒu yòng chù de [+jiànyì], 蹩脚货 biéjiǎohuò **2** 受伤的 [+脚] shòushāng de [+jiǎo]
bumblebee N 大黄蜂 dàhuángfēng [M. WD 只 zhī]
bumbling ADJ 粗枝大叶的 cūzhīdàyè de, 一再出错的 yízài chūcuò de
bummed ADJ 难过的 nánguò de, 失望的 shīwàng de
bummer N 叫人扫兴的事 jiào rén sǎoxìng de shì
bump I V **1** 撞 zhuàng, 碰 pèng **2** 颠簸 diānbǒ **II** N **1** 碰撞 pèngzhuàng **2** 肿块 zhǒng kuài **3** 凸起部分 tūqǐ bùfen
bumper I N 保险杠 bǎoxiǎngàng
bumper sticker (贴在汽车保险杠上的) 小标语 (tiē zài qìchē bǎoxiǎngàng shàng de) xiǎo biāoyǔ
II ADJ 大量的 dàliàng de
bumper harvest 大丰收 dà fēngshōu
bumper-to-bumper ADV (汽车) 一辆挨一辆 (qìchē) yíliàng ái yíliàng
bumpy ADJ **1** 高低不平的 gāodī bùpíng de **2** 颠簸的 diānbǒ de
bun N 小圆面包 xiǎo yuán miànbāo [M. WD 只 zhī]
bunch I N 束 shù, 串 chuàn
a bunch of flowers 一束花 yí shù huā
a bunch of keys 一串钥匙 yí chuàn yàoshi
II V 扎成一束 zhā chéng yí shù
bundle I N **1** 一捆 yìkǔn, 一扎 yì zhā **2** 包裹 bāoguǒ, 一包 yìbāo **3** 捆绑销售的商品 kǔnbǎng xiāoshòu de shāngpǐn **II** V 捆绑销售 kǔnbǎng xiāoshòu
bungalow N 平房 píngfáng [M. WD 栋 dòng]
bungle V 搞糟 gǎozāo, 一再出错 yízài chūcuò
bunk I N 床铺 chuángpù, 铺位 pùwèi
bunk beds 双层床 shuāngcéngchuáng
II V (在别人家) 过夜 (zài biérén jiā) guòyè
bunker N 掩体 yǎntǐ, 地堡 dìbǎo
bunny N 兔子 tùzi [M. WD 只 zhī]
buoy I N 浮标 fúbiāo, 航标 hángbiāo **II** V **1** 鼓舞 [+士气] gǔwǔ [+shìqì], 振奋 [+精神] zhènfèn [+jīngshén] **2** 维持 [+价格的高水平] wéichí [+jiàgé de gāoshuǐpíng]
buoyancy N **1** [轮船的+] 浮性 [lúnchuán de+] fúxìng, 浮力 fúlì **2** [新开公司的+] 乐观自信 [xīn kāi gōngsī de+] lèguān zìxìn **3** [市场+] 复苏力 [shìchǎng+] fùsū lì
buoyant ADJ **1** 轻松愉快的 [+喜剧演员] qīngsōng yúkuài de

[+xǐxù yǎnyuán], 充满自信的 chōngmǎn zìxìn de **2** 欣欣向荣的 [+经济] xīnxīn xiàng róng de [+jīngjì] **3** 有浮力的 [+泡沫塑料] yǒu fúlì de [+pàomò sùliào]

burden I N 负担 fùdān, 重担 zhòngdān

burden of proof 举证责任 jǔ zhèng zérèn

II v 使…负担 shǐ…fùdān

to be burdened with 承受…的重负 chéngshòu…de zhòngfù

bureau N 局 jú, 司 sī

the Federal Bureau of Investigation (FBI) （美国）联邦调查局 (Měiguó) Liánbāng Diàochájú

bureaucracy N **1** 官僚制度 guānliáo zhìdù, 官僚主义 guānliáo zhǔyì **2** 官僚集团 guānliáo jítuán

bureaucrat N 官僚 guānliáo

bureaucratic ADJ 官僚的 guānliáo de, 官僚主义的 guānliáo zhǔyì de

burgeoning ADJ 迅速增长的 xùnsù zēngzhǎng de

burger N 圆牛肉饼 yuán niúròubǐng

burglar N 破门盗窃者 pòmén dàoqiè zhě, 盗贼 dàozéi

burglarize v 破门盗窃 pòmén dàoqiè, 撬窃 qiào qiè

burglary N 破门盗窃罪 pòmén dàoqièzuì

burial N 埋葬 máizàng, 葬礼 zànglǐ

burly ADJ 高大粗壮的 gāodà cūzhuàng de, 魁梧的 kuíwú de

burn I v (PT & PP **burned**, **burnt**) **1** 烧 shāo, 燃烧 ránshāo □ Someone in the neighborhood is burning rubbish. 附近有人在烧垃圾。Fùjìn yǒurén zài shāo lājī.

to burn to the ground 烧成灰烬 shāo chéng huījìn

2 烧伤 shāoshāng □ I burned my hand on the fire. 火烧伤了我的手。Huǒ shāoshāngle wǒ de shǒu. **3** 晒伤 shàishāng **4** 照亮 zhàoliàng

to burn the midnight oil 熬夜工作 áoyè gōngzuò, 开夜车 kāiyèchē

to be burned out ① 精疲力尽 jīngpí lìjìn, 身心疲惫 shēnxīn píbèi ② 烧毁 shāohuǐ, 烧尽 shāo jìn ③ 使…非常气愤 shǐ…qìfèn

5 复制 [+光碟] fùzhì [+guāngdié], 拷贝 kǎobèi

II N 烧伤 shāoshāng, 烫伤 tàngshāng

burner N 灶火头 zàohuo tóu, 火眼 huǒyǎn

to put sth on the back burner 推迟做某事 tuīchí zuò mǒushì, 暂时不考虑 zànshí bù kǎolǜ

burning ADJ **1** 燃烧着的 ránshāo zhe de **2** 感到发烫的 gǎndào fātàng de

burnish v 擦亮 cāliàng

burned, burnt See burn

burnt ADJ 烧焦的 shāojiāo de

burp v 打嗝 dǎ gé

burrow I v [动物+] 打洞 [dòngwù+] dǎ dòng II N 洞穴 dòngxué

bursar N 财务主管 cáiwù zhǔguǎn

burst I v (PT & PP **burst**) **1** 爆裂 bàoliè □ The hot water pipe burst and her hands were scalded. 热水管爆裂，烫伤了她的手。Rèshuǐguǎn bàoliè, tàngshāngle tā de shǒu.

to burst out laughing/crying 突然大笑／大哭起来 tūrán dàxiào/dàkū qǐlai

to burst into tears 放声大哭 fàngshēng dàkū

2 闯 chuǎng, 闯入 chuǎngrù II N 破裂 pòliè, 爆裂 bàoliè

bury v 埋 mái, 埋葬 máizàng

bus I N 公共汽车 gōnggòng qìchē [M. WD 辆 liàng] □ Are there regular buses to the college campus? 到大学去有定时公共汽车吗？Dào dàxué qù yǒu dìngshí gōnggòng qìchē ma?

bus conductor 公共汽车售票员 gōnggòng qìchē shòupiàoyuán

bus driver 公共汽车驾驶员 gōnggòng qìchē jiàshǐyuán

bus lane 公交车辆专用道 gōngjiāo chēliàng zhuānyòngdào

bus stop 公共汽车站 gōnggòng qìchēzhàn

bus terminus 公共汽车总站 gōnggòng qìchē zǒngzhàn, 公共汽车终点站 gōnggòng qìchē zhōngdiǎnzhàn

II v **1** 用大客车运送 yòng dàkèchē yùnsòng **2** [餐馆里+] 收拾脏餐具 [cānguǎn lǐ+] shōushi zàng cānjù

busboy N 餐馆杂工 cānguǎn zágōng

bush N 灌木丛 guànmùcóng

bushed ADJ 精疲力尽的 jīngpí lìjìn de

bushel N（容量单位）蒲式耳 (róngliàng dānwèi) púshì'ěr (= 8 gallons/36.4 liters)

bushy ADJ [毛发+] 浓密的 [máofà+] nóngmì de

business N **1** 商业 shāngyè, 生意 shēngyì □ Our company does business with many countries. 我们公司和很多国家做生意。Wǒmen gōngsī hé hěn duō guójiā zuò shēngyì. □ Business has been very good this year. 今年生意非常好。Jīnnián shēngyì fēicháng hǎo.

business class [飞机+] 商务舱 [fēijī+] shāngwùcāng

2 商店 shāngdiàn [M. WD 家 jiā], 商行 shāngháng [M. WD 家 jiā], 企业 qǐyè [M. WD 家 jiā] □ My uncle has a hardware business in town. 我叔叔在城里开一家五金店。Wǒ shūshu zài chénglǐ kāi yì jiā wǔjīndiàn.

business card 名片 míngpiàn [M. WD 张 zhāng]

business hours 营业时间 yíngyè shíjiān

Master of Business Administration (M.B.A.) 商业管理硕士 shāngyè guǎnlǐ shuòshì

3 工作 gōngzuò, 任务 rènwu

business lunch 工作午餐 gōngzuò wǔcān

business trip 出差 chūchāi

businessman, businesswoman N 商人 shāngrén

bust I v **1** 打破 dǎpò **2** [警察+] 指控 [jǐngchá+] zhǐkòng **3** 超支 chāozhī II N **1** 胸部 xiōngbù, 胸围 xiōngwéi **2** 半身塑像 bànshēn sùxiàng

buster N 小子 xiǎozǐ, 讨厌鬼 tǎoyànguǐ

bustle I v 忙乱 mángluàn, 奔忙 bēnmáng II N 忙乱 mángluàn, 喧闹 xuānnào

bustling ADJ 繁忙喧闹的 fánmáng xuānnào de

busy ADJ **1** 忙 máng, 繁忙 fánmáng □ I'm going to be very busy through Saturday. 我一直要忙到星期六。Wǒ yìzhí yào mángdao xīngqīliù. □ Summer is a busy season for farmers. 夏季是农民繁忙的季节。Xiàjì shì nóngmín fánmáng de jìjié. **2** [电话+] 占线的 [diànhuà+] zhànxiàn de

busybody N 爱管闲事的人 ài guǎn xiánshì de rén

but I CONJ 但是 dànshì, 可是 kěshì □ I'm exhausted, but I feel so happy. 我累坏了，但是感到非常愉快。Wǒ lèihuài le, dànshì gǎndào fēicháng yúkuài. □ It's expensive, but worth it. 很贵，但是值得。Hěn guì, dànshì zhíde.

II PREP 除了 chúle III ADV 仅仅 jǐnjǐn, 只不过 zhǐbúguò

butcher I N **1** 肉商 ròu shāng **2** 屠夫 túfū II v 屠宰 túzǎi

butler N 男管家 nánguǎnjiā

butt I N **1** 屁股 pìgu **2** 烟头 yāntóu, 烟蒂 yāndì **3** 枪托 qiāngtuō II v 用头顶撞 yòngtou dǐngzhuàng

butter I N 黄油 huángyóu, 牛油 niúyóu □ She spread some butter on the toast. 她在烤面包上抹了一些黄油。Tā zài kǎomiànbāoshang mǒle yìxiē huángyóu.

II v 涂黄油 tú huángyóu

buttercup N 毛茛 máogèn

butterfingers N 抓不住东西的人 zhuā búzhù dōngxi de rén

butterfly N **1** 蝴蝶 húdié [M. WD 只 zhī] **2** 蝶泳 diéyǒng

buttermilk N 脱脂乳 tuōzhīrǔ

butterscotch N 奶油糖果 nǎiyóu tángguǒ

buttock N 屁股 pìgu

button I N **1** 纽扣 niǔkòu □ A button is missing on his shirt. 他的衬衫有一颗纽扣掉了。Tā de chènshān yǒu yì kē niǔkòu diào le. **2** 按钮 ànniǔ **3** 胸针 xiōngzhēn [M. WD 枚 méi]

II v 扣上纽扣 kòushang niǔkòu

buttonhole N 纽扣洞 niǔkòu dòng

buttress I N 扶壁 fú bì, 撑墙 chēng qiáng II v 支持 zhīchí

buxom ADJ 丰满健美的 [+女子] fēngmǎn jiànměi de [+nǚzǐ]

buy I v (PT & PP **bought**) 1 买 mǎi □ He bought a new cell phone. 他买了一个新手机。Tā mǎile yí ge xīn shǒujī. □ Have you bought the book the teacher recommended? 你买到了老师推荐的书了吗? Nǐ mǎidaole lǎoshī tuījiàn de shū le ma?
 to buy into 收购 shōugòu
 to buy out 全部收购 quánbù shōugòu
 to buy time 争取时间 zhēngqǔ shíjiān
 2 相信 xiāngxìn, 接受 jiēshòu
 II N 购买 gòumǎi
 to be a good buy 买得合算 mǎi dé hésuàn

buyer N 购买者 gòumǎizhě, 买主 mǎizhǔ
 buyer's market 买方市场 mǎifāng shìchǎng

buyout N 全部收购 quánbù shōugòu

buzz I N 嗡嗡声 wēngwēng shēng II v 发出嗡嗡声 fāchū wēngwēng shēng

buzzer N 蜂鸣器 fēngmíngqì

buzzword N 术语 shùyǔ, 行话 hánghuà

by I PREP 1 在…旁边 zài...pángbiān □ A man was standing by the hotel door. 一名男子站在旅馆门口。Yì míng nánzǐ zhàn zài lǚguǎn ménkǒu. 2 经过 jīngguò □ I walk by the store almost every day. 我几乎每天走过这家商店。Wǒ jīhū měitiān zǒuguo zhè jiā shāngdiàn. 3 在…以前 zài...yǐqián □ Please reply by the end of this week. 请在本周末以前答复。Qǐng zài běn zhōumò yǐqián dáfù.
 II ADV 经过 jīngguò
 by and large 大体上 dàtǐshàng, 大致 dàzhì

bye INTERJ 再见 zàijiàn

bygone ADJ 过去的 guòqù de, 以往的 yǐwǎng de

bygones N 过去的事 guòqù de shì

bylaw N [内部+] 章程 [nèibù+] zhāngchéng

byline N 1 作者署名行 zuòzhě shǔmíng háng 2 球门线 qiúménxiàn [M. WD 条 tiáo]

bypass I N 1 旁道 pángdào 2 心脏搭桥手术 xīnzàng dāqiáo shǒushù II v 绕过 ràoguò

by-product N 副产品 fùchǎnpǐn

bystander N 旁观者 pángguānzhě

byte N 字节 zìjié

byway N 偏僻小路 piānpì xiǎolù [M. WD 条 tiáo]

byword N 代名词 dàimíngcí

C, c

C (= Celsius, Centigrade) ABBREV 摄氏 shèshì
 20° C 摄氏二十度 Shèshì èrshí dù

cab N 出租汽车 chūzū qìchē [M. WD 辆 liàng]
 to hail a cab 叫出租汽车 jiào chūzū qìchē

cabaret N (夜总会或餐馆的) 歌舞表演 (yèzǒnghuì huò cānguǎn de) gēwǔ biǎoyǎn

cabbage N 卷心菜 juǎnxīncài [M. WD 棵 kē]

cabbie, cabby N 出租汽车司机 chūzū qìchē sījī

cabin N 1 小木屋 xiǎo mùwū [M. WD 间 jiān/栋 dòng] 2 [轮船／飞机+] 客舱 [lún chuán/fēijī+] kècāng [M. WD 间 jiān]

cabinet N 1 柜子 guìzi [M. WD 只 zhī]
 display cabinet 陈列柜 chénlièguì
 filing cabinet 档案柜 dàng'ànguì
 2 [政府] 内阁 [zhèngfǔ] nèigé

cable N 1 电缆 diànlǎn [M. WD 条 tiáo]
 cable car 电缆车 diànlǎnchē
 2 有线电视 yǒuxiàn diànshì
 cable television (CTV) 有线电视 yǒuxiàn diànshì

cache N 隐藏物 yǐncángwù, 隐藏处 yǐncángchù

cachet N 声望 shēngwàng, 崇高的地位 chónggāo de dìwèi

cackle v 1 [母鸡+] 咯咯叫 [mǔjī+] gēgē jiào 2 发出刺耳的笑声 fāchū cì'ěr de xiàoshēng

cactus N 仙人掌 xiānrénzhǎng [M. WD 株 zhū]

caddy N (为高尔夫球手服务的) 球童 (wéi gāo'ěrfūqiú shǒu fúwù de) qiútóng

cadence N 1 [声调的+] 抑扬顿挫 [shēngdiào de+] yìyáng dùncuò 2 韵律 yùnlǜ

cadet N (军官学校或警官学校) 学生 (jūnguān xuéxiào huò jǐngguān xuéxiào) xuésheng

cadre N 骨干队伍 gǔgànduìwǔ, 干部 gànbù

Caesarean, Cesarean N 剖腹产手术 pōufùchǎn shǒushù

café N 咖啡馆 kāfēiguǎn [M. WD 家 jiā]

cafeteria N 自助餐厅 zìzhù cāntīng [M. WD 家 jiā], 食堂 shítáng

caffeine N 咖啡因 kāfēiyīn

cage I N 笼子 lóngzi II v 放进笼子 fàngjìn lóngzi
 to feel caged in 感到失去自由 gǎndào shīqù zìyóu

cagey ADJ 说话十分谨慎的 shuōhuà shífēn jǐnshèn de, 保守秘密的 bǎoshǒu mìmì de

cahoots N 同伙 tónghuǒ
 to be in cahoots with 与…同伙 yǔ...tónghuǒ

cajole v 哄骗 hǒngpiàn

cake N 糕 gāo, 蛋糕 dàngāo
 birthday cake 生日蛋糕 shēngrì dàngāo
 wedding cake 结婚蛋糕 jiéhūn dàngāo
 to bake a cake 烘蛋糕 hōng dàngāo
 to be a piece of cake 轻而易举的事 qīng ér yì jǔ de shì
 to have your cake and eat it too 两者兼得 liǎngzhě jiān dé

calamitous ADJ 灾难的 zāinàn de, 灾难性的 zāinànxìng de

calamity N 灾难 zāinàn [M. WD 场 cháng], 灾祸 zāihuò [M. WD 场 cháng]

calcium N 钙质 gài

calculate v 计算 jìsuàn □ The contractor will calculate how many man-days are needed for the project. 承包商要计算一下这项工程需用多少人工。Chéngbāoshāng yào jìsuàn yí xià zhè xiàng gōngchéng xūyòng duōshǎo réngōng.

calculated ADJ 预料中的 yùliào zhòngdì, 预计的 yùjì de
 calculated risk 预计的风险 yùjì de fēngxiǎn
 be calculated to do sth 目的在于 mùdì zàiyú

calculating ADJ 很有心计的 hěn yǒuxīn jì de

calculation N 计算 jìsuàn, 估计 gūjì

calculator N 计算器 jìsuànqì

calculus N 微积分 wēijīfēn

calendar N 日历 rìlì

calf N 1 小牛 xiǎoniú 2 小腿 xiǎotuǐ

caliber N 1 [人的+] 才干能力 [rén de+] cáigàn nénglì 2 [物的+] 质量 [shìwù de+] zhìliàng

calibrate v 标定 [+刻度] biāodìng [+kèdù]

calibration N 刻度 kèdù

calico N 印花薄布 yìnhuā báo bù

call I v 1 打电话 dǎ diànhuà □ I'll call you tomorrow morning. 我明天上午给你打电话。Wǒ míngtiān shàngwǔ gěi nǐ dǎ diànhuà.
 to call back 回电话 huí diànhuà
 to call collect 打对方付费的电话 dǎ duìfāng fùfèi de diànhuà
 2 叫 jiào, 喊 hǎn □ Please call the nurse. 请叫一下护士。Qǐng jiào yíxià hùshi.
 to call for 要求 yāoqiú, 请求 qǐngqiú □ Many people are calling for a thorough investigation of the accident. 许多人要求彻底调查这次事故。Xǔduō rén yāoqiú chèdǐ diàochá zhè cì shìgù.
 to call off 取消 qǔxiāo □ The meeting was called off. 会议取消了。Huìyì qǔxiāo le.

3 把…叫作 bǎ…jiàozuo, 叫 jiào □ What should I call you? 我该叫你什么?（→我该怎么称呼你?）Wǒ gāi jiào nǐ shénme? (→Wǒ gāi zěnme chēnghu nǐ?) **4** 拜访 bàifǎng

to call on 拜访 bàifǎng □ I called on Mrs. Smith, my high school teacher, to say how grateful I was for her teaching. 我拜访了中学老师史密斯太太,告诉她我多么感谢她的教学。Wǒ bàifǎngle zhōngxué lǎoshī Shǐmìsī tàitai, gàosu tā wǒ duōme gǎnxiè tā de jiàodǎo.

to call sb names 辱骂某人 rǔmà mǒurén

to call the shots 发号施令 fāhào shīlìng

II N **1** 电话 diànhuà □ She is expecting a call from her lawyer. 她在等律师的电话。Tā zài děng lǜshī de diànhuà.

call box 路边紧急求援电话 lùbiān jǐnjí qiúyuán diànhuà

2 叫喊声 jiàohǎnshēng □ I heard a call for help in the dark alley. 我听到从漆黑的小巷传来求救的叫喊声。Wǒ tīngdao cóng qīhēi de xiǎoxiàng chuánlai qiújiù de jiàohǎnshēng.

3 拜访 bàifǎng

the call of nature 要小便 yào xiǎobiàn

to be on call 随叫随到 suíjiào suídào □ Room service is on call 24 hours. 客房服务二十四小时随叫随到。Kèfáng fúwù èrshísì xiǎoshí suíjiào suídào.

caller N 打电话来的人 dǎ diànhuà láide rén

caller ID（电话）来电显示 (diànhuà) láidiàn xiǎnshì

callgirl N 应召女郎 yìngzhào nǚláng, 妓女 jìnǚ

calligraphy N 书法（艺术）shūfǎ (yìshù)

call-in N 电话热线节目 diànhuà rèxiàn jiémù, 叩应节目 kòuyìng jiémù

calling N 使命感 shǐmìnggǎn

callous ADJ 冷漠 lěngmò de, 冷酷 lěngkù de

callously ADV 冷漠地 lěngmò de, 冷酷地 lěngkù de

callousness N 冷漠 lěngmò, 冷酷 lěngkù

callus N [手脚上的+] 硬皮 [shǒujiǎo shàng de+] yìng pí, 老茧 lǎojiǎn

calm I ADJ 镇静的 zhènjìng de, 镇定的 zhèndìng de □ You should keep calm in the face of danger. 面临危险,你要保持镇静。Miànlín wēixiǎn, nǐ yào bǎochí zhènjìng.

II v 使…镇静 shǐ…zhènjìng

calorie N 卡路里 kǎlùlǐ, 卡 kǎ

camaraderie N 同志情谊 tóngzhì qíngyì

camcorder N 便携式摄像机 biànxiéshì shèlùxiàngjī [M. WD 只 zhī/台 tái]

came See **come**

camel N 骆驼 luòtuo [M. WD 只 zhī/头 tóu]

camellia N 山茶花 shāncháhuā [M. WD 朵 duǒ], 茶花 cháhuā [M. WD 朵 duǒ]

cameo N **1** 浮雕宝石 fúdiāo bǎoshí **2** 名演员客串的片段 míng yǎnyuán kèchuàn de piànduàn

camera N 照相机 zhàoxiàngjī [M. WD 只 zhī/台 tái]

digital camera 数码照相机 shùmǎ zhàoxiàngjī

surveillance camera 监控摄像机 jiānkòng shèxiàngjī

cameraman, camerawoman N 摄影师 shèyǐngshī

camouflage I N **1** 伪装 wěizhuāng **2** 迷彩服 mícǎifú **II** v 用伪装隐蔽 yòng wěizhuāng yǐnbì

camp I N 营 yíng, 营地 yíngdì

campfire 营火 yínghuǒ, 篝火 gōuhuǒ

campground 野营地 yěyíngdì

campsite 露营地 lùyíngdì

summer camp 夏令营 xiàlìngyíng

II v 露营 lùyíng

campaign I N [一系列的+] 活动／运动 [yíxìliè de+] huódòng/yùndòng □ The Health Department launched a campaign to promote a healthy lifestyle. 卫生部举办一系列活动,促进健康的生活方式。Wèishēngbù jǔbàn yíxìliè huódòng, cùjìn jiànkāng de shēnghuó fāngshì.

II v 发起或参与（一系列的）活动、运动 fāqǐ huò cānyù (yíxìliè de) huódòng, yùndòng

camper N **1** 露营者 lùyíng zhě **2** 野营车 yěyíng chē [M. WD 辆 liàng]

campus N（大学）校园 (dàxué) xiàoyuán

can[1] MODAL V (PT **could**) **1** 能 néng, 能够 nénggòu □ "Can you do the job?" "Yes, I can." "你能做这个工作吗?" "能。" "Nǐ néng zuò zhè ge gōngzuò ma?" "Néng." □ Sorry, I can't stay for lunch. 对不起,我不能留下吃午饭。Duìbuqǐ, wǒ bù néng liúxià chī wǔfàn. **2** 可以 kěyǐ □ You can leave. 你可以走了。Nǐ kěyǐ zǒu le. □ Can you show me the way to the coach station? 可以告诉我去长途汽车站的路吗? Kěyǐ gàosu wǒ qù chángtú qìchēzhàn de lù ma?

can[2] I N **1** 罐头 guàntou **2** 桶 tǒng

can opener 开罐器 kāiguànqì

garbage can 垃圾桶 lājītǒng

II v 把（食物）装罐 bǎ (shíwù) zhuāngguàn

Canadian I ADJ 加拿大的 Jiānádà de **II** N 加拿大人 Jiānádàrén

canal N 运河 yùnhé [M. WD 条 tiáo], 水渠 shuǐqú [M. WD 条 tiáo]

canary N 金丝雀 jīnsīquè [M. WD 只 zhī]

cancel v 取消 qǔxiāo □ If you don't like the magazine, you can cancel subscription at any time. 你如果不喜欢这本杂志,随时可以取消订阅。Nǐ rúguǒ bù xǐhuan zhè běn zázhì, suíshí kěyǐ qǔxiāo dìngyuè.

to cancel out 抵消 dǐxiāo

cancellation N 取消 qǔxiāo, 作废 zuòfèi

cancer N 癌 ái, 癌症 áizhèng

Cancer N 巨蟹宫 Jùxiègōng

candidacy N 候选人资格 hòuxuǎnrén zīgé

candidate N 候选人 hòuxuǎnrén □ Who do you think are suitable candidates for this position? 你看谁是这个职位合适的候选人? Nǐ kàn shéi shì zhè ge zhíwèi héshì de hòuxuǎnrén?

candidly ADV 直言不讳地 zhíyán búhuì de, 坦率地 tǎnshuài de

candle N 蜡烛 làzhú [MEASURE WORD 支 zhī]

to burn the candle at both ends 起早摸黑地工作 qǐzǎomōhēi de gōngzuò

candlestick N 烛台 zhútái

candor N 坦率 tǎnshuài, 坦诚 tǎnchéng

candy N 糖果 tángguǒ □ Kids visit their neighbors' houses and ask for candy on Halloween night. 万圣节那天晚上,孩子们到邻居家讨糖果。Wànshèngjié nàtiān wǎnshang, háizimen dào línjū jiā tǎo tángguǒ.

cane I N **1** 拐杖 guǎizhàng [M. WD 根 gēn], 手杖 shǒuzhàng [M. WD 根 gēn] **II** v 用藤鞭抽打 yòng téngbiān chōudǎ

canine ADJ 犬类的 quǎn lèi de, 狗的 gǒu de

police canine unit 警犬小组 jǐngquǎn xiǎozǔ

canister N 方形圆顶罐桶 fāngxíng yuándǐng guàn tǒng, 罐 guàn, 桶 tǒng

canker N 口（角）疮 kǒu (jué) chuāng

canker sore 植物溃疡 zhíwù kuìyáng

cannabis N 大麻毒品 dàmá dúpǐn

canned ADJ **1** 罐装的 guànzhuāng de

canned beef 罐装牛肉 guànzhuāng niúròu

2 预先录音的 [+笑声／音乐] yùxiān lùyīn de [+xiàoshēng, yīnyuè]

canned laughter 预先录制的笑声 yùxiān lùzhì de xiàoshēng

cannery N 罐头食品厂 guàntoushípǐn chǎng [M. WD 家 jiā]

cannibal N 食人肉者 shí rénròu zhě

cannibalism N 食人 shí rén

cannibalistic ADJ 食人的 shí rén de

cannon N 大炮 dàpào [M. WD 门 mén], 加农炮 jiānóngpào [M. WD 门 mén]

canny ADJ 精明的 jīngmíng de, 不容易上当的 bù róngyì shàngdàng de

canoe N 独木舟 dúmùzhōu

canopy N 1 树冠 shùguān 2 顶罩 dǐng zhào

cantankerous ADJ 脾气暴躁的 píqi bàozao de, 爱抱怨的 ài bàoyuàn de

canteen N 1 食堂 shítáng [M. WD 间 jiān], 行军水壶 xíngjūn shuǐhú

canter V（骑马）中速跑 (qímǎ) zhōng sù pǎo

Cantonese I ADJ 广东的 Guǎngdōng de II N 1 广东话 Guǎngdōnghuà 2 广东人 Guǎngdōng rén

canvas N 1 帆布 fānbù [M. WD 块 kuài] 2 油画布 yóuhuàbù, 油画 yóuhuà [M. WD 块 kuài]

canvass V 征求意见 zhēngqiú yìjiàn, 了解情况 liǎojiě qíngkuàng, 游说 yóushuì

canyon N 峡谷 xiágǔ

cap N 帽子 màozi [M. WD 顶 dǐng], 鸭舌帽 yāshémào [M. WD 顶 dǐng] □ He is wearing a baseball cap wherever you see him. 你见到他时, 他总是戴一顶棒球帽。Nǐ jiàndao tā shí, tā zǒngshì dàizhe yì dǐng bàngqiúmào.

capability N 能力 nénglì, 才能 cáinéng

capable ADJ 能干的 nénggàn de, 有能力的 yǒu nénglì de □ He is a capable journalist. 他是一位能干的记者。Tā shì yí wèi nénggàn de jìzhě.

to be capable of 能够 nénggòu □ I didn't think she was capable of organizing this event. 我没有想到她能够组织这次活动。Wǒ méiyǒu xiǎngdao tā nénggòu zǔzhī zhè cì huódòng.

capacity N 1 能力 nénglì □ This test is beyond the capacity of most students in my class. 这个考试超出了我班上大多数同学的能力。Zhè ge kǎoshì chāochūle wǒ bānshang dàduōshù tóngxué de nénglì. 2 容量 róngliàng

cape N 1 海角 hǎijiǎo 2 斗篷 dǒupéng [M. WD 件 jiàn], 披风 pīfēng [M. WD 件 jiàn]

caper I N 1 不法勾当 bùfǎ gòudang, 冒险举动 màoxiǎn jǔdòng 2 动作片 dòngzuò piàn [M. WD 部 bù] II V 兴奋地跳跃 xīngfèn de tiàoyuè

Cape Verde N 佛德角 Fódé jiǎo

capillary N 毛细血管 máoxì xuèguǎn [M. WD 根 gēn]

capital I N 1 首都 shǒudū □ The capital of China is Beijing. 中国的首都是北京。Zhōngguó de shǒudū shì Běijīng. 2 资本 zīběn

capital assets 固定资产 gùdìng zīchǎn

II ADJ 1 大写的 dàxiě de

capital letter 大写字母 dàxiězìmǔ

2 死刑的 sǐxíng de

capital punishment 死刑 sǐxíng

capitalism N 资本主义 zīběnzhǔyì

capitalist I N 资本家 zīběnjiā II ADJ 资本主义的 zīběn zhǔyì de

capitalize V 1 提供资金 tígōng zījīn 2 大写 [+第一个字母] dàxiě [dìyīgè zìmǔ] 3 (to capitalize on) 利用 [+机会] lìyòng [+jīhuì]

Capitol N（美国）国会大厦 (Měiguó) Guóhuì dàshà

Capitol Hill（美国）国会山 (Měiguó) Guóhuìshān

capitulate V 屈服 qūfú, 投降 tóuxiáng

capitulation N 屈服 qūfú, 投降 tóuxiáng

cappuccino N 卡普奇诺咖啡 kǎpǔqínuò kāfēi

caprice N 任性多变 rènxìng duōbiàn

capricious ADJ 1 任性的 rèn xìng de 2 不合理的 bùhélǐ de

Capricorn N 摩羯宫 Mójiégōng

capsize V [船+] 倾覆 [chuán+] qīngfù, 翻船 fānchuán

capsule N 1 胶囊 jiāonáng [M. WD 粒 lì] 2 航天舱 hángtiāncāng [M. WD 间 jiān], 密封舱 mìfēngcāng [M. WD 间 jiān]

captain N 1 船长 chuánzhǎng, 机长 jīzhǎng 2（球队等）队长 (qiúduì děng) duìzhǎng

captain of industry 产业巨头 chǎnyè jùtóu

caption N 1 [图片+] 说明文字 [túpiàn+] shuōmíng wénzì

2 [电影／电视+] 字幕 [diànyǐng/diànshì+] zìmù

captivate V 迷住 mízhù, 吸引 xīyǐn

captivating ADJ 迷人的 mírén de, 非常吸引人的 fēicháng xīyǐnrén de

captive I ADJ 被关押的 bèi guānyā de

to take sb captive 关押某人 guānyā mǒurén

II N 囚徒 qiútú, 战俘 zhànfú

captivity N 囚禁 qiújìn, 关押 guānyā

captor N 捕捉者 bǔzhuōzhě

capture I V 1 捕获 [+罪犯] bǔhuò [+ zuìfàn] □ The escaped prisoner was captured in a motel last night. 逃犯昨夜在一家汽车旅馆被捕。Táofàn zuóyè zài yì jiā qìchē lǚguǎn bèibǔ. 2 攻占 [+城市] gōngzhàn [chéngshì] 3 夺取 [+市场] duóqǔ [+shìchǎng], 赢得 yíngdé

to capture sb's imagination 唤起某人的想象 huànqǐ mǒurén de xiǎngxiàng

II N 捕获 bǔhuò

car N 汽车 qìchē [M. WD 辆 liàng] □ Where can I park my car? 我可以把车停在哪里？Wǒ kěyǐ bǎ chē tíng zài nǎlǐ? □ I can't fix your car. 你的汽车我修不好。Nǐ de qìchē wǒ xiūbùhǎo.

car pool 合伙用车的人 héhuǒ yòng chē de rén

luxury car 豪华车 háohuáchē

sports car 赛车 sàichē

used car 二手车 èrshǒuchē, 旧车 jiùchē

carafe N 饮料瓶 yǐnliàopíng

caramel N 焦糖块 jiāotángkuài [M. WD 块 kuài]

carat N 克拉 kèlā

caravan N 长途旅行车队 chángtú lǚxíng chēduì

carbohydrate N 碳水化合物 tànshuǐ huàhéwù

carbon (C) N 碳 tàn

carbon copy 复写本 fùxiěběn

carbon dating 碳年代测定法 tàn niándài cèdìngfǎ

carbon dioxide 二氧化碳 èryǎng huàtàn

carbon monoxide 一氧化碳 yìyǎng huàtàn

carbon paper 复写纸 fùxiězhǐ

carbon footprint 消耗能源的纪录 xiāohào néngyuán de jìlù

carbonated ADJ 含有二氧化碳的 hányǒu èryǎnghuàtàn de

carburettor N（汽车）气化器 (qìchē) qìhuàqì

carcass N（动物）尸体 (dòngwù) shītǐ

carcinogen N 致癌物质 zhì'ái wùzhì

carcinogenic ADJ 致癌的 zhì'ái de

card N 1 卡 kǎ [M. WD 张 zhāng], 卡片 kǎpiàn [M. WD 张 zhāng] 2 贺卡 hèkǎ [M. WD 张 zhāng] □ You should at least send him a card on his birthday. 你至少应该在他生日的时候送一张贺卡给他。Nǐ zhìshǎo yīnggāi zài tā shēngrì de shíhou sòng yì zhāng hèkǎ gěi tā. 3 银行卡 yínhángkǎ [M. WD 张 zhāng] 4 扑克牌 pūkèpái [M. WD 张 zhāng/副 fù], 纸牌 zhǐpái [M. WD 张 zhāng/副 fù]

card table 牌桌 pái zhuō

card shark 靠作弊赢牌的人 kào zuòbì yíng pái de rén

birthday card 生日贺卡 shēngrì hèkǎ

business card 名片 míngpiàn

Christmas card 圣诞贺卡 shèngdàn hèkǎ

credit card 信用卡 xìnyòngkǎ

ID card 身份证 shēnfenzhèng

library card 借书证 jièshūzhèng

student ID card 学生证 xuéshengzhèng

cardboard N 硬纸板 yìngzhǐbǎn [M. WD 块 kuài/张 zhāng]

cardiac ADJ 心脏的 xīnzàng de

cardiac arrest 心脏停搏 xīnzàng tíng bó

cardigan N 对襟羊毛衫 duìjīn yángmáoshān [M. WD 件 jiàn]

cardinal I ADJ 基本的 jīběn de, 主要的 zhǔyào de

cardinal number 基数 jīshù

II N 枢机主教 Shūjī Zhǔjiào, 红衣主教 Hóngyī zhǔjiào

cardiograph N 心电图仪 xīndiàntúyí [M. WD 台 tái]

cardiology N 心脏病学 xīnzàngbìngxué

cardiovascular ADJ 心血管的 xīnxuèguǎn de

care I V 1 关心 guānxīn, 关怀 guānhuái □ People should care about the environment. 人们应该关心环境。Rénmen yīnggāi guānxīn huánjìng. **2** 照顾 zhàogù, 照料 zhàoliào □ Who would care for you in case you are sick? 你万一生病了，谁来照顾你呢? Nǐ wànyī shēngbìng le, shéi lái zhàogù nǐ ne? **3** 喜欢 xǐhuan □ Would you care for some Italian food tonight? 今天晚上我们吃意大利饭，你喜欢吗? Jīntiān wǎnshang wǒmen chī Yìdàlì fàn, nǐ xǐhuan ma? **4** 在乎 zàihu □ I don't care what he said! 我不在乎他说什么! Wǒ bú zàihu tā shuō shénme!

II N 1 注意 zhùyì, 小心 xiǎoxīn

Handle with care! 小心轻放! Xiǎoxīn qīngfàng!

to take care of ① 照顾 zhàogù, 照料 zhàoliào ② 处理 chǔlǐ, 料理 liàolǐ □ I'll take care of this matter. 这件事我来处理。Zhè jiàn shì wǒ lái chǔlǐ.

care package [寄给学生／军人的+] 食品包裹 [jìgěi xuésheng/jūnrén de+] shípǐn bāoguǒ

careen V 歪歪扭扭地疾驶向前 wāiwāi niǔniǔ de jíshǐ xiàngqián

career I N [个人的+] 事业 [gèrén de+] shìyè □ She made medicine her life's career. 她一生从事医疗事业。Tā yìshēng cóngshì yīliáo shìyè.

career counsellor 就业指导员 jiùyè zhǐdǎoyuán

II ADJ 职业的 zhíyè de, 专业的 zhuānyè de

career diplomat 职业外交官 zhíyè wàijiāoguān

career woman 职业妇女 zhíyè fùnǚ

carefree ADJ 无忧无虑 wúyōu wúlǜ

careful ADJ 小心的 xiǎoxīn de, 仔细的 zǐxì de □ He is a careful driver. 他开车很小心。Tā kāichē hěn xiǎoxīn. □ You have to be careful about what you eat. 你吃东西要小心。(→你不能乱吃东西。) Nǐ chī dōngxi yào xiǎoxīn. (→Nǐ bù néng luàn chī dōngxi.)

to be careful with money 花钱很谨慎 huāqián hěn jǐnshèn

caregiver N 照看儿童或病人的人 zhàokàn értóng huò bìngrén de rén

careless ADJ 粗心的 cūxīn de □ She is careless about her spelling. 她很不注意拼写。Tā hěn bú zhùyì pīnxiě.

caress V 爱抚 àifǔ, 抚摸 fǔmō

caretaker N 看管人 kānguǎn rén, 管理员 guǎnlǐyuán

cargo N 货物 huòwù

Caribbean ADJ 加勒比海的 Jiā lè bǐ hǎi de

Caribbean Sea 加勒比海 Jiālèbǐhǎi

caribou N 北美驯鹿 Běiměi xùnlù [M. WD 只 zhī/头 tóu]

caricature I N 1 漫画 mànhuà [M. WD 幅 fú], 讽刺画 fěngcìhuà [M. WD 幅 fú] 2 讽刺文章 fěngcì wénzhāng [M. WD 篇 piān] II V 把…画成漫画 bǎ…huà chéng mànhuà

caring ADJ 关心别人的 guānxīn biéren de, 关爱的 guān'ài de

carjacking N 劫持汽车 jiéchí qìchē

carnage N 大屠杀 dà túshā [M. WD 场 cháng]

carnal ADJ 肉欲的 ròuyù de, 肉体的 ròutǐ de

carnation N 麝香石竹 shèxiāng shízhú [M. WD 朵 duǒ/株 zhū], 康乃馨 kāngnǎixīn [M. WD 朵 duǒ/株 zhū]

carnival N 1 狂欢节 kuánghuānjié 2 流动游艺团 liúdòng yóuyìtuán

carnivore N 食肉动物 shíròu dòngwù

carnivorous ADJ 食肉的 shíròu de

carol N 圣诞颂歌 Shèngdàn sònggē

carouse V 狂饮作乐 kuángyǐn zuòlè

carousel N 旋转木马 xuánzhuàn mùmǎ

carp[1] N 鲤鱼 lǐyú

carp[2] V 挑剔 tiāoti, 吹毛求疵 chuī máo qiú cī

carpenter N 木工 mùgōng, 木工师傅 mùgōng shīfu

carpentry N 木匠手艺 mùjiang shǒuyì, 木匠工作 mùjiang gōngzuò

carpet N 地毯 dìtǎn [M. WD 块 kuài]

carpeting N 地毯（的料子）dìtǎn (de liàozi)

carport N 停车棚 tíngchēpéng

carriage N 车厢 chēxiāng

carrier N 1 航空运输公司 hángkōng yùnshū gōngsī 2 航空母舰 hángkōngmǔjiàn 3 运送人 yùnsòngrén

carrot N 1 胡萝卜 húluóbo [M. WD 根 gēn] 2 许诺 xǔnuò

a carrot-and-stick approach 胡萝卜加大棒的方法 húluóbo jiā dàbàng de fāngfǎ

carry V 1 运送 yùnsòng □ On his wife's birthday he carried breakfast to her in bed. 他妻子生日那天他把早餐送到她床上。Tā qīzi shēngrì nàtiān tā bǎ zǎocān sòngdao tā chuángshang. 2 随身带 suíshēn dài, 携带 xiédài □ The photographer carries his camera wherever he goes. 这位摄影师不论去哪儿总是带着照相机。Zhè wèi shèyǐngshī búlùn qù nǎr zǒngshì dàizhe zhàoxiàngjī.

to carry on 继续 jìxù □ They carried on their discussion well into the night. 他们继续讨论到深夜。Tāmen jìxù tǎolùndao shēnyè.

to carry out 实行 shíxíng, 进行 jìnxíng

to get/be carried away 激动得失去控制 jīdòng de shīqù kòngzhì

carryall N 大手提袋 dà shǒutídài

carry-on ADJ 随身带上飞机的 suíshēn dàishàng fēijī de

carsick ADJ 晕车的 yùnchē de

carsickness N 晕车 yùnchē

cart I N 推车 tuīchē

shopping cart 购物车 gòuwùchē

II V 搬运 bānyùn, 装运 zhuāngyùn

cartel N 卡特尔 kǎtè'ěr, 同业联盟 tóngyè liánméng

cartilage N 软骨组织 ruǎngǔ zǔzhī

cartography N 地图绘制 dìtú huìzhì

carton N 纸板箱 zhǐbǎnxiāng

cartoon N 1 漫画 mànhuà [M. WD 幅 fú] 2 (animated cartoon) 动画片 dònghuàpiàn [M. WD 部 bù]

cartridge N 1 小盒子 xiǎohézi [M. WD 只 zhī] 2 子弹 zǐdàn [M. WD 颗 kē/枚 méi]

computer game cartridge 电脑游戏卡 diànnǎo yóuxìkǎ

ink cartridge (打印机) 油墨盒 (dǎyìnjī) yóumò hé

cartwheel N 侧手翻 cèshǒufān

carve V 雕刻 diāokè

carving N 雕刻（品）diāokè(pǐn)

cascade I N 小瀑布 xiǎopùbù [M. WD 条 tiáo] II V 瀑布一样地落下 pùbù yíyàng de luòxia

case N 1 事例 shìlì □ This is a typical case of bureaucracy. 这是典型的官僚主义事例。Zhè shì diǎnxíng de guānliáozhǔyì shìlì. 2 (法律) 案件 ànjiàn □ The court will hear his case tomorrow. 法庭明天审理他的案件。Fǎtíng míngtiān shěnlǐ tāde ànjiàn. 3 病例 bìnglì □ We haven't had a case of bird flu in this region. 我们这个地区还没有禽流感病例。Wǒmen zhège dìqū hái méiyǒu qínliúgǎn bìnglì.

case study 个案研究 gè'àn yánjiū

in case 万一 wànyī □ In case of fire, do not use the elevator. 万一发生火灾，不要使用电梯。Wànyī fāshēng huǒzāi, búyào shǐyòng diàntī.

in any case 无论如何 wúlùn rúhé, 不管怎样 bùguǎn zěnyàng

in that case 既然那样 jìrán nàyàng □ You don't feel well today? In that case, you'd better stay at home. 你今天不舒服? 既然这样，最好待在家里。Nǐ jīntiān bùshūfú? Jìrán zhèyàng, zuìhǎo dàizài jiālǐ.

caseload N 工作量 gōngzuòliàng

cash I N 现金 xiànjīn □ I'll pay cash. 我付现金。Wǒ fù xiànjīn. II V 兑换现金 duìhuàn xiànjīn □ Could you please cash this check for me? 能不能把这张支票兑换成现金? Néngbunéng bǎ zhè zhāng zhīpiào duìhuàn chéng xiànjīn?

cash cow 摇钱树 yáoqiánshù

cash crop 经济作物 jīngjì zuòwù

cash flow 现金流通 xiànjīn liútōng

cash on delivery 货到付款 huò dào fù kuǎn

cash register (商店里的) 收银柜 (shāngdiàn lǐ de) shōuyínguì

cashew N 腰果 yāoguǒ [M. wD 粒 lì]

cashier N 出纳 (员) chūnà (yuán)

cashmere N (山) 羊绒 (shān) yángróng

cash-strapped ADJ 资金困难的 zījīn kùnnan de

casing N 套套 tào, 罩 zhào

casino N 赌场 dǔchǎng

cask N (装酒的) 木桶 (zhuāng jiǔ de) mùtǒng

casket N 1 棺材 guāncai 2 首饰盒 shǒushíhé

casserole N 1 砂锅 shāguō [M. wD 只 zhī], 炖锅 dùnguō [M. wD 只 zhī] 2 砂锅菜 shāguōcài, 炖锅菜 dùnguōcài

beef casserole 砂锅牛肉 shāguō niúròu

cassette N 盒式磁带 hé shì cídài

cassette recorder 盒式磁带录音机 héshì cídài lùyīnjī

audio cassette 盒式录音带 héshì lùyīndài

video cassette 盒式录像带 héshì lùxiàngdài

cast I V (PT & PP **cast**) 1 投 tóu, 掷 zhì 2 清除 qīngchú, 扔掉 rēngdiào 3 投射 tóushè

to cast a vote 投票 tóupiào

to cast a shadow 投下阴影 tóuxià yīnyǐng

II N 1 全体演员 quántǐ yǎnyuán 2 人物 rénwù, 角色 juésè

castaway N [沉船后+] 漂流到荒岛的人 [chénchuán hòu+] piāoliú dào huāngdǎo de rén

caste N (印度的) 种姓制度 (Yìndù de) zhǒngxìng zhìdù

caster N 脚轮 jiǎolún

castigate V 严厉批评 yánlì pīpíng, 严惩 yánchéng

castigation N 严厉批评 yánlì pīpíng, 严惩 yánchéng

casting N 挑选演员 tiāoxuǎn yǎnyuán

cast-iron N 铸铁 zhùtiě, 生铁 shēngtiě

castle N 城堡 chéngbǎo [M. wD 座 zuò]

castoff N 丢弃的 [+衣服] diūqì de [+yīfu]

castrate V 阉割 yāngē

castration N 阉割 yāngē

casual ADJ 1 非正式的 fēizhèngshì de 2 随意的 suíyì de, 漫不经心的 màn bù jīngxīn de 3 不是经常的 bú shì jīngcháng de, 偶然的 ǒurán de

casual clothes 休闲服装 xiūxián fúzhuāng

a casual remark 随口说的一句话 suíkǒu shuōde yí jù huà

casual worker 临时工 línshígōng

casualty N 伤亡人员 shāngwáng rényuán, 伤亡人数 shāngwáng rénshù

cat N 猫 māo [M. wD 只 zhī] □ The old lady keeps several cats. 这位老太太养了几只猫。Zhè wèi lǎotàitai yǎngle jǐ zhī māo.

like a cat on a hot tin roof 像热锅上的蚂蚁 xiàng règuōshàng de mǎyǐ

cataclysm N 大灾难 dàzāinàn [M. wD 场 cháng], 剧变 jùbiàn [M. wD 场 cháng]

cataclysmic ADJ 剧变的 jùbiàn de

catalog N 1 商品目录 shāngpǐn mùlù [M. wD 份 fèn], 样品簿 yàngpǐnbù [M. wD 本 běn] 2 图书目录 túshūmùlù, 索引 suǒyǐn

catalysis N 催化作用 cuīhuà zuòyòng

catalyst N 1 催化剂 cuīhuàjì 2 促使巨变的人 (或事) cùshǐ jùbiàn de rén (huò shì)

catamaran N 双体船 shuāngtǐchuán [M. wD 艘 sōu]

catapult N 1 弹弓 dàngōng 2 飞机弹射器 fēijī tánshèqì

II V 把…弹出去 bǎ…dàn chūqu

cataract N 白内障 báinèizhàng

catastrophe N 巨大灾难 jùdà zāinàn [M. wD 场 cháng]

catastrophic ADJ 灾难性的 zāinànxìng de

catch I V (PT & PP **caught**) 1 抓住 zhuāzhù, 抓获 zhuāhuò

□ Catch the ball! 抓住球! Zhuāzhù qiú! □ The criminal was caught the next day. 罪犯第二天被抓获了。Zuìfàn dì'èrtiān bèi zhuāhuò le. 2 赶上 gǎn shàng □ Did you catch the last bus last night? 你昨天夜里赶上最后一班公共汽车了吗? Nǐ zuótiān yèlǐ gǎnshàng zuìhòu yìbān gōnggòng qìchē le ma? □ In the story, the tortoise finally caught up with the hare. 在那个故事里, 乌龟最后赶上了兔子。Zài nàge gùshi lǐ, wūguī zuìhòu gǎnshàng le tùzi. 3 感染上 gǎnrǎn shàng □ I've caught a bad cold. 我感染上重感冒了。Wǒ gǎnrǎn shàng zhòng gǎnmào le.

to be caught up in sth 被卷入某事 bèijuǎn rù mǒu shì

to catch on 开始明白 kāishǐ míngbai

to catch one's breath 喘过气来 chuǎn guòqì lái, 喘气 chuǎnqì

to catch sb's eye 吸引某人的注意 xīyǐn mǒurén de zhùyì

to catch up (with) 追赶上 zhuī gǎn shàng

II N 1 抓住 zhuāzhù, 接到 jiēdào 2 (隐藏的) 问题 (yǐncáng de) wèntí, 隐患 yǐnhuàn 3 圈套 quāntào, 诡计 guǐjì 4 [海产的+] 捕获量 [hǎichǎn de+] bǔhuòliàng 5 [项链+] 扣子 [xiàngliàn+] kòuzi

catch phrase 流行语 liúxíng yǔ, 口头禅 kǒutóuchán

catcher N (棒球) 接球手 (bàngqiú) jiēqiúshǒu

catching ADJ 传染性的 chuánrǎnxìng de

catchword N 口号 kǒuhào, 标语 biāoyǔ

catchy ADJ 朗朗上口的 lǎnglǎng shàngkǒu de, 顺口的 shùnkǒu de

catechism N (基督教的) 教理问答 (Jīdūjiào de) jiàolǐ wèndá

categorical ADJ 明确的 míngquè de

categorically ADV 明确地 míngquè de, 断然地 duànrán de

categorize V 把…分类 bǎ…fēnlèi

category N 种类 zhǒnglèi, 类别 lèibié

cater V 提供饮食服务 tígōng yǐnshí fúwù, 办酒席 bànjiǔxí

to cater to/for 满足 [顾客+] 的需要 mǎnzú [gùkè+] de xūyào

catering N 提供饮食 tígōng yǐnshí, 承办酒席 chéngbàn jiǔxí

catering industry 饮食行业 yǐnshí hángyè

caterpillar N 毛虫 máochóng [M. wD 只 zhī/条 tiáo]

catfish N 鲇鱼 niányú [M. wD 条 tiáo]

cathedral N 大教堂 dàjiàotáng

Catholic N 天主教 Tiānzhǔjiào

catholic ADJ 广泛的 guǎngfàn de

catnap N 小睡 xiǎoshuì

to take catnaps 小睡一会儿 xiǎoshuì yíhuìr, 打盹儿 dǎdǔnr

catnip N 樟脑草 zhāngnǎocǎo

cattail N 香蒲 xiāngpú

cattle N 牛群 niúqún, 牛 niú

catty ADJ 恶毒的 èdú de, 歹毒的 dǎidú de

catwalk N (时装表演) 步行台 (shízhuāng biǎoyǎn) bùxíngtái, T形台 tīxíngtái

Caucasian N, ADJ 白种人 (的) báizhǒngrén (de)

caucus N 政党地区会议 zhèngdǎng dìqū huìyì

caught See **catch**

cauliflower N 花椰菜 huāyēcài [M. wD 颗 kē], 花菜 huācài [M. wD 颗 kē]

cause I N 1 原因 yuányīn, 理由 lǐyóu

with good cause 有充分理由 yǒu chōngfèn lǐyóu

2 事业 shìyè

II V 因其 yīnqí, 造成 zàochéng □ The persistent hot and dry weather has caused a number of forest fires. 持续高温干燥天气造成了多起森林大火。Chíxù gāowēn gānzào tiānqì zàochéngle duō qǐ sēnlín dàhuǒ. □ The accident was caused by his careless driving. 事故是因为他开车不小心造成的。Shìgù shì yīnwèi tā kāichē bù xiǎoxīn zàochéng de.

caustic ADJ 1 刻薄的 [+言词] kèbó de [+yáncí], 尖刻的 jiānkè de 2 腐蚀性的 [+物质] fǔshíxìng de [+wùzhì]

caution I N 谨慎 jǐnshèn II V 告诫 gàojiè, 提醒 tíxǐng

cautionary ADJ 警告的 jǐnggào de
a cautionary tale 有警示意义的事例 yǒu jǐngshì yìyì de shìlì

cautious ADJ 谨慎的 jǐnshèn de

cave¹ N 洞 dòng, 洞穴 dòngxué

cave² V (to cave in) 1 [煤矿+] 塌方 [méikuàng+] tāfāng 2 停止抵抗 tíngzhǐ dǐkàng, 屈从 qūcóng

caveman N (史前) 洞穴人 (shǐqián) dòngxué rén

cavern N 大山洞 dà shāndòng, 大洞穴 dà dòngxué

caviar N 鱼子酱 yúzǐjiàng

cavity N 1 蛀牙洞 zhùyá dòng 2 腔 qiāng, 洞 dòng

cavort V 欢腾 huānténg, 欢闹 huān nào

cc (= cubic centimeter) ABBREV 立方厘米 lìfānglímí

CCTV (= closed-circuit televison) ABBREV 闭路电视 bìlù diànshì

CD (= compact disk) ABBREV 光碟 guāngdié [M. WD 张 zhāng/盘 pán]
CD player 光碟播放机 guāngdié bōfàngjī, 激光唱机 jīguāng chàngjī

CD-ROM N 只读存储光盘 zhǐ dú cúnchǔ guāngpán

cease V 终止 zhōngzhǐ, 停止 tíngzhǐ

ceasefire N 停火 tínghuǒ

ceaseless ADJ 不停的 bùtíng de

cedar N 西洋杉 Xīyáng shān, 雪松 xuěsōng

cede V 割让 gēràng, 交出 jiāochū

ceiling N 1 天花板 tiānhuābǎn 2 上限 shàngxiàn

celebrate V 1 庆祝 [+新年] qìngzhù [+xīnnián] □ How are you going to celebrate your 21st birthday? 你打算怎么样庆祝二十一岁生日？ Nǐ dǎsuàn zěnmeyàng qìngzhù èrshíyī suì shēngrì? 2 赞美 [+大自然] zànměi [+dàzìrán], 颂扬 sòngyáng

celebrated ADJ 著名的 zhùmíng de, 闻名的 wénmíng de

celebration N 1 庆祝 qìngzhù 2 颂扬 sòngyáng

celebrity N 名人 míngrén

celery N 芹菜 qíncài

celestial N 天上的 tiānshàng de, 天堂的 tiāntáng de

celibacy N 1 (因宗教而) 禁欲 (yīn zōngjiào ér) jìnyù 2 不结婚独居生活 bù jiéhūn dújū shēnghuó

celibate ADJ (因宗教而) 禁欲的 (yīn zōngjiào ér) jìnyù de

cell N 1 牢房 láofáng [M. WD 间 jiān] 2 细胞 xìbāo 3 电池 diànchí [M. WD 节 jié]

cellar N 地窖 dìjiào
wine cellar 酒窖 jiǔjiào, 储藏在地窖的酒 chǔcáng zài dìjiào de jiǔ

cellist N 大提琴演奏者 dàtíqín yǎnzòuzhě

cello N 大提琴 dàtíqín [M. WD 把 bǎ]

cellophane N 玻璃纸 bōlizhǐ [M. WD 张 zhāng]

cell phone N 手机 shǒujī, 移动电话 yídòng diànhuà

cellular ADJ 1 细胞的 xìbāo de 2 移动电话的 yídòng diànhuà de

cellular phone See **cell phone**

cellulite N 皮下脂肪 pí xià zhīfáng

celluloid N (早期) 电影的 (zǎoqī) diànyǐng de

cellulose N 纤维素 xiānwéisù

Celsius N See **C**

cement I N 1 水泥 shuǐní 2 胶合剂 jiāohéjì II V 1 涂上水泥 túshàngshuǐ ní 2 巩固 gǒnggù

cemetery N 公墓 gōngmù, 墓地 mùdì

censor I V 审查 shěnchá II N 审查人员 shěnchá rényuán

censorship N 审查 shěnchá, 审查制度 shěnchá zhìdù

censure V 正式批评 zhèngshì pīpíng, 公开谴责 gōngkāi qiǎnzé

census N 人口普查 rénkǒu pǔchá

cent N [钱] 分 [qián] fēn □ Would you pick up a five cent coin if you saw one? 你要是看到一枚五分的钱币会弯腰捡起来吗？ Nǐ yàoshi kàndao yì méi wǔfēn de qiánbì huì wānyāo jiǎnqǐlai ma?

centennial, centenary N 一百周年 yìbǎi zhōunián, 一百周年纪念 yìbǎi zhōunián jìniàn

center N 中间 zhōngjiān, 中心 zhōngxīn □ In the center of his huge garden is a fountain. 他大花园的中心是一座喷泉。 Tā dà huāyuán de zhōngxīn shì yí zuò pēnquán.
center of gravity 重心 zhòngxīn
shopping center 购物中心 gòuwù zhōngxīn

center field N (棒球) 中外场 (bàngqiú) zhōngwàichǎng

centerfold N (杂志中页的) 裸女照片 (zázhì zhōng yè de) luǒnǚ zhàopiàn

centerpiece N 1 餐桌中央的装饰品 cānzhuō zhōngyāng de zhuāngshìpǐn 2 最重要的部分 zuì zhòngyào de bùfen

Centigrade N 摄氏 Shèshì

centimeter N 厘米 límí, 公分 gōngfēn □ One centimeter is one hundredth of a meter. 一厘米是百分之一米。 (→一公分是百分之一公尺。) Yì límí shì bǎifēnzhī yī mǐ. (→Yì gōngfēn shì bǎifēnzhī yī gōngchǐ.)

centipede N 百足虫 bǎizúchóng, 蜈蚣 wúgong

central ADJ 中心的 zhōngxīn de, 中央的 zhōngyāng de
(New York) Central Park (纽约) 中央公园 (Niǔyuē) zhōngyāng gōngyuán
party central 聚会场所 jùhuì chǎngsuǒ

century N 世纪 shìjì □ Did the 21st century start in the year 2000 or 2001? 二十一世纪是从二〇〇〇年开始，还是从二〇〇一年开始？ Èrshíyī shìjì shì cóng èrlínglíng nián kāishǐ, háishì cóng èrlínglíngyāo nián kāishǐ?

CEO (= Chief of Executive Officer) ABBREV 首席执行官 shǒuxí zhíxíngguān [M. WD 位 wèi], 总经理 zǒngjīnglǐ [M. WD 位 wèi]

ceramics N 陶瓷器 (制作) táocíqì (zhìzuò)

cereal N 早餐谷物食品 zǎocān gǔwù shípǐn, 麦片 màipiàn

cerebral ADJ 1 大脑的 dànǎo de 2 需要大脑思考的 xūyào dànǎo sīkǎo de, 深奥的 shēn'ào de

ceremonial ADJ 礼仪的 lǐyí de, 典礼的 diǎnlǐ de

ceremony N 仪式 yíshì, 典礼 diǎnlǐ □ The graduation ceremony will be held in the school auditorium next Monday. 毕业典礼下周一在学校礼堂举行。 Bìyè diǎnlǐ xià zhōuyī zài xuéxiào lǐtáng jǔxíng.
marriage ceremony 结婚仪式 jiéhūn yíshì
master of ceremony 司仪 sīyí

certain ADJ 1 肯定的 kěndìng de □ I'm certain that we'll win the game. 我肯定我们能赢这场比赛。 Wǒ kěndìng wǒmen néng yíng zhè chǎng bǐsài. □ It's almost certain that he will be the new principal. 他几乎肯定会当新校长。 Tā jīhū kěndìng huì dāng xīn xiàozhǎng. 2 某个 mǒu ge, 某些 mǒuxiē □ In certain places in the world you have to bribe officials to get things done. 在世界上某些地方你得贿赂官员才能办事。 Zài shìjièshang mǒuxiē dìfang nǐ děi huìlù guānyuán cái néng bànshì.

certainly ADV 1 肯定 kěndìng □ I will certainly keep you informed. 我肯定会把情况通告你。 Wǒ kěndìng huì bǎ qíngkuàng tōnggào nǐ. 2 当然 dāngrán □ "Will you share your findings with me?" "Certainly!" "你会让我分享你的发现吗？" "当然会！" "Nǐ huì ràng wǒ fēnxiǎng nǐ de fāxiàn ma?" "Dāngrán huì!"

certainty N 确定性 quèdìngxìng, 确定的事 quèdìng de shì
to say with (any) certainty 确切地说 quèqiè de shuō

certifiable ADJ 1 可以证明的 kěyǐ zhèngmíng de 2 可以通过的 kěyǐ tōngguò de

certificate N 证书 zhèngshū [M. WD 份 fèn/张 zhāng], 证明 zhèngmíng [M. WD 份 fèn/张 zhāng]
birth certificate 出生证 chūshēngzhèng

certificate of deposit 存款单 cúnkuǎndān

death certificate 死亡证 sǐwángzhèng

marriage certificate 结婚证 jiéhūnzhèng

certification N 证书 zhèngshū [M. WD 份 fèn/张 zhāng], 合格证 hégézhèng [M. WD 份 fèn/张 zhāng]

certified ADJ 1 完成专业培训的 wánchéng zhuānyè péixùn de, 合格的 hégé de

certified public accountant 合格的开业会计 hégé de kāiyè kuàijì, 执业会计 zhíyè kuàijì
2 被核准的 bèi hézhǔn de

certified check 保付支票 bǎofù zhīpiào

a certified copy 经鉴定核准的副本 jīng jiàndìng hézhǔn de fùběn

certified mail 挂号邮件 guàhào yóujiàn, 保送邮件 bǎosòng yóujiàn

certify V 正式证明 zhèngshì zhèngmíng

cervical ADJ 子宫颈的 zǐgōngjǐng de

cervical cancer 子宫颈癌 zǐgōngjǐng ái

cervix N 子宫颈 zǐgōngjǐng

cessation N 停止 tíngzhǐ, 中断 zhōngduàn

cesspool N 污秽的场所 wūhuì de chǎngsuǒ

chafe V 恼火 nǎohuǒ, 焦躁 jiāozào

chagrin I N 懊恼 àonǎo, 失望 shīwàng II V 使(某人)懊恼 shǐ (mǒurén) àonǎo, 使(某人)失望 shǐ (mǒurén) shīwàng

to be chagrined 感到气恼 gǎndào qìnǎo

chain I N 1 链条 liàntiáo [M. WD 根 gēn] 2 一系列 yíxìliè 3 连锁商店 liánsuǒshāngdiàn/餐馆 cānguǎn/旅馆 lǚguǎn
II V 用链条拴住 yòng liàntiáo shuānzhù

chain letter 连锁信 liánsuǒ xìn

chain reaction 连锁反应 liánsuǒ fǎnyìng

chainsaw N 链锯 liànjù [M. WD 把 bǎ]

chainsmoke V 一支接一支地吸烟 yìzhī jiē yìzhī de xīyān

chainsmoker N 一支接一支地吸烟的人 yìzhī jiē yìzhī de xīyān de rén, 烟鬼 yānguǐ

chair N 椅子 yǐzi [M. WD 把 bǎ] □ Fetch a chair and join us. 拿一把椅子来，跟我们坐在一起。Ná yì bǎ yǐzi lai, gēn wǒmen zuò zài yìqǐ.

armchair 扶手椅 fúshǒuyǐ [M. WD 把 bǎ]

wheelchair 轮椅 lúnyǐ [M. WD 辆 liàng]

chairperson (chairman, chairwoman) N 主席 zhǔxí [M. WD 位 wèi] □ The chairman of the committee resigned after the scandal. 丑闻以后，委员会主席辞职了。Chǒuwén yǐhòu, wěiyuánhuì zhǔxí cízhí le.

chairman of a company 公司董事长 gōngsī dǒngshìzhǎng

chalet N(瑞士)小屋 (Ruìshì) xiǎo wū [M. WD 栋 dòng/幢 zhuàng]

chalk I N 1 粉笔 fěnbǐ [M. WD 支 zhī] 2 白垩 bái'è II V 用粉笔写 yòng fěnbǐ xiě

to chalk up 获分 huò fēn

chalkboard N 黑板 hēibǎn [M. WD 块 kuài]

challenge I V 1 挑战 [+权威] tiǎozhàn [+quánwēi] □ Johnny challenged me to a game of chess. 强尼向我挑战，向敢不敢跟他下一盘棋。Qiángní xiàng wǒ tiǎozhàn, wèn gǎnbùgǎn gēn tā xià yì pán qí. 2 要求 [+做困难的事] yāoqiú [+zuò kùnnáo de shì]
II N 1 挑战 tiǎozhàn, 挑战书 tiǎozhànshū □ The new job is a challenge to him. 这份新工作是对他的一次挑战。Zhè fèn xīn gōngzuò shì duì tā de yí cì tiǎozhàn. 2 很难对付的人(或事)hěn nán duìfu de rén (huò shì) 3 质疑 zhìyí

chamber N 1 房间 fángjiān 2 室 shì, 腔 qiāng

chamber music 室内(音)乐 shìnèi (yīn) yuè

chamber of commerce 商会 shānghuì

chamber pot 夜壶 yèhú

chameleon N 1 变色蜥蜴 biànsè xīyì 2 见风使舵的人 jiàn fēng shǐ duò de rén, 变色龙 biànsèlóng

champagne N 香槟酒 xiāngbīnjiǔ [M. WD 杯 bēi/瓶 píng]

champion N 冠军 guànjūn [M. WD 位 wèi]

championship N 锦标赛 jǐnbiāosài [M. WD 场 chǎng/次 cì]

chance I N 1 机会 jīhuì □ I think we've got a good chance of getting the contract. 我想我们很可能得到这份合同。Wǒ xiǎng wǒmen hěn kěnéng dédào zhè fèn hétong.

to take a chance, to take chances 冒险 màoxiǎn, 冒风险 mào fēngxiǎn □ You may lose some money, but that's a chance you'll have to take. 你可能会丢掉些钱，可是你必须冒这个险。Nǐ kěnéng huì diūdiào xiē qián, kěshì nǐ bìxū mào zhè ge xiǎn.

fat chance 不可能 bùkěnéng

by chance 偶然 ǒurán, 正巧 zhèngqiǎo □ I ran into an old friend of mine by chance the other day. 我那天正巧遇到一个老朋友。Wǒ nàtiān zhèngqiǎo yùdào yí ge lǎopéngyou.

to leave nothing to chance 毫不疏忽 háobù shūhu

to stand a chance 有可能 yǒukěnéng

II V 1 冒险 màoxiǎn 2 碰巧 pèngqiǎo III ADJ 偶然的 ǒurán de

chancellor N 1(某些大学的)校长 (mǒuxiē dàxué de) xiàozhǎng 2(德国)总理 (Déguó) Zǒnglǐ

chancy ADJ 担风险的 dānfēngxiǎn de

chandelier N 枝形吊灯 zhīxíng diàodēng [M. WD 架 jià/盏 zhǎn]

change I V 1 变化 biànhuà □ The world is changing dramatically. 世界在急剧变化。Shìjiè zài jíjù biànhuà. 2 改变 gǎibiàn □ We must change our way of doing things. 我们必须改变做事的方法。Wǒmen bìxū gǎibiàn zuòshì de fāngfǎ. 3 换乘(火车、飞机等) huàn chéng (huǒchē、fēijī děng)
II N 1 变化 biànhuà □ Lots of changes have taken place in my hometown in the past few years. 我的故乡在过去几年发生了很多变化。Wǒ de gùxiāng zài guòqù jǐnián fāshēngle hěn duō biànhuà. 2 找头 zhǎotou □ You may keep the change. 你不用给我找头了。Nǐ bú yòng gěi wǒ zhǎotou le. 3 零钱 língqián □ I have no change on me. 我没有带零钱。Wǒ méiyǒu dài língqián.

small change 零钱 língqián

a change of clothes 备换的衣服 bèi huàn de yīfu

changeable ADJ 常常变化的 chángcháng biànhuà de

changeover N 改变 gǎibiàn, 转型 zhuǎnxíng

channel I N 1 电视频道 diànshì píndào □ She changed channels when the football match started. 足球比赛开始的时候，她改变了频道。Zúqiú bǐsài kāishǐ de shíhou, tā gǎibiànle píndào. 2 海峡 hǎixiá □ My uncle swam across the English Channel ten years ago. 我叔叔在十年前游泳横渡英吉利海峡。Wǒ shūshu zài shí nián qián yóuyǒng héngdù Yīngjílì Hǎixiá. 3 [供水+]管道 [gōngshuǐ+] guǎndào 4 [获取信息的+]途径 tújìng, 渠道 qúdào

to go through diplomatic channels 通过外交渠道 tōngguò wàijiāo qúdào

II V 把(金钱、精力)用于 bǎ (jīnqián, jīnglì) yòng yú **to channel resources into research and development** 把资源用于开发研究 bǎ zīyuán yòng yú kāifā yánjiū

chant I V 1 反复地喊叫 fǎnfù de hǎnjiào 2 吟唱 [+宗教歌曲] yínchàng [+zōngjiào gēqǔ] II N 1 一再重复的话 yízài fǎnfù dehuà 2 宗教歌曲 zōngjiào gēqǔ [M. WD 首 shǒu]

chaos N 混乱 hùnluàn, 无序状态 wú xù zhuàngtài

chaotic ADJ 极其混乱的 jíqí hùnluàn de, 紊乱不堪的 wěnluàn bùkān de

chapel N 小教堂 xiǎojiàotáng

wedding chapel 婚礼教堂 hūnlǐ jiàotáng

chaperone I N(未成年人在社交场合的)监护人 (wèi chéngnián rén zài shèjiāo chǎnghé de) jiānhùrén II V 当监护人 dāng jiānhùrén

chaplain N(军队、医院等地的)牧师 (jūnduì, yīyuàn děng dì de) mùshī

chapped ADJ 皲裂的 jūnliè de, 干燥的 gānzào de

chapter N 1 章 zhāng, 章节 zhāngjié □ This book has twelve chapters. 这本书有十二章。Zhè běn shū yǒu shí'èr zhāng. **2** 时期 shíqī, 事件 shìjiàn **3** 分会 fēnhuì

char v 烧焦 shāojiāo

character N 1 [电影／小说+] 人物／角色 [diànyǐng/xiǎoshuō+] rénwù/juésè □ The main character in the movie is played by a famous star. 电影中的主要人物由一位著名明星扮演。Diàn-yǐng zhòng de zhǔyào rénwù yóu yíwèi zhùmíng míngxīng bànyǎn. **2** 性格 xìnggé □ She has a complex character. 她的性格很复杂。Tā de xìnggé hěn fùzá. **3** 特征 tèzhēng **4** 书写符号 shūxiě fúhào

   Chinese character 汉字 Hànzì

characteristic I N 特点 tèdiǎn, 特性 tèxìng □ Ambition is a characteristic of all successful people. 具有雄心是所有成功者的特点。Jùyǒu xióngxīn shì suǒyǒu chénggōngzhě de tèdiǎn. II ADJ 独特的 dútè de, 显著的 xiǎnzhe de

characterize v 把…说成 bǎ...shuōchéng, 描绘…的特征 miáohuì...de tèzhēng

   to characterize the economic situation as dire 把经济形势说成是极其糟糕的 bǎ jīngjì xíngshì shuōchéng shì jíqí zāogāo de

charade N 装模作样的把戏 zhuāngmú zuòyàng de bǎxì, 伪装 wěizhuāng

charades N 猜字游戏 cāizì yóuxì

charcoal N 炭 tàn, 木炭 mùtàn

charge I v 1 要价 yàojià □ How much do you charge for this vase? 这只花瓶要多少钱？Zhè zhī huāpíng yào duōshǎo qián? **2** 记账 jìzhàng □ Charge this to my credit card, please. 请记在我的信用卡上。Qǐng zài wǒ de xìnyòngkǎ shang. **3** 指控 zhǐkòng □ He was charged with drink driving. 他被指控酒后驾驶。Tā bèi zhǐkòng jiǔhòu jiàshǐ. **4** 猛冲 měngchōng II v 1 费用 fèiyòng □ What is the charge for an international telephone call to Shanghai? 打国际长途电话到上海要多少钱？Dǎ guójì chángtú diànhuà dào Shànghǎi yào duōshǎo qián?

   charge account 信用账户 xìnyòng zhànghù

   charge card 记帐卡 jìzhàngkǎ

   free of charge 免费 miǎnfèi

2 指控 zhǐkòng, 罪名 zuìmíng □ He was in court on a corruption charge. 他因贪污罪上法庭。Tā yīn tānwū zuì shàng fǎtíng. **3** 负责 fùzé □ Who is in charge here? 这里谁负责？Zhèlǐ shéi fùzé? **4** 突然猛冲 tūrán měngchōng **5** 充电 chōngdiàn

charger N 充电器 chōngdiànqì

chariot N (古代) 战车 (gǔdài) zhànchē [m. wp 辆 liàng]

charisma N 魅力 mèilì, 个人魅力 gèrén mèilì

charitable ADJ 1 慈善的 císhàn de, 慈善事业的 císhàn shìyè de **2** 宽容的 kuānróng de, 同情的 tóngqíng de

charitably ADV 1 慈善地 císhàn de **2** 宽容地 kuānróng de

charity N 1 慈善 císhàn, 慈善事业 císhàn shìyè

   charity concert 为慈善事业募捐的音乐会 wéi císhàn shìyè mùjuān de yīnyuèhuì, 义演音乐会 yìyǎn yīnyuèhuì

2 施舍物 shīshě wù

charlatan N 冒充内行的骗子 màochōng nèiháng de piànzi

charm N 1 迷人之处 mírén zhī chù, 魅力 mèilì **2** 装饰挂件 zhuāngshì guàjiàn [m. wp 件 jiàn]

   lucky charm 护身符 hùshēnfú [m. wp 件 jiàn]

charmed ADJ 好像有魔法保护的 hǎoxiàng yǒu mófǎ bǎohù de, 幸运的 xìngyùn de

   to lead a charmed life 生活一直很幸运 shēnghuó yìzhí hěn xìngyùn

charming ADJ 迷人的 mírén de, 可爱的 kě'ài de

charred ADJ 烧焦的 shāojiāo de

chart I N 图表 túbiǎo

   pie chart 饼形分析图 bǐngxíng fēnxī tú

II v 1 记录 jìlù **2** 制订计划 zhìdìng jìhuà

charter I N 1 [飞机／船只+] 包租 [fēijī/chuánzhī+] bāozū **2** 纲领 gānglǐng

   charter flight 包机旅行 bāojī lǚxíng

II v 包租 [+飞机／船只] bāozū [+fēijī/chuánzhī]

chase I v 1 追 zhuī, 追赶 zhuīgǎn **2** 追求 zhuīqiú

   to chase down 找到 zhǎodào, 追捕到 zhuībǔdào

chasm N 1 深渊 shēnyuān **2** 巨大的分歧 jùdà de fēnqí

chassis N (汽车) 底盘 (qìchē) dīpán

chaste ADJ 贞洁的 zhēnjié de, 纯洁的 chúnjié de

chasten v 惩戒 chéngjiè, 使…接受教训 shǐ...jiēshòu jiàoxùn

chastise v 严厉斥责 yánlì chìzé

chastity N 贞洁 zhēnjié, 纯洁 chúnjié

chat I v 1 闲谈 xiántán, 聊天 liáotiān **2** 网上聊天 wǎngshàng liáotiān II N 1 闲谈 xiántán, 聊天 liáotiān **2** 网上聊天 wǎngshàng liáotiān

   chat room 网上聊天室 wǎngshàng liáotiānshì

chateau N (法国的) 城堡 (Fǎguó de) chéngbǎo

chatter I v 1 [人+] 唠叨 [rén+] láodao, 喋喋不休 diédié bùxiū **2** [猴子／鸟+] 鸣叫 [hóuzi/niǎo+] míngjiào **3** [牙齿+] 打战 [yáchǐ+] dǎzhàn

chatterbox N 喋喋不休的人 diédié bùxiū de rén

chatty ADJ 爱闲聊的 ài xiánliáo de

chauffeur I N (私人) 司机 (sīrén) sījī II v 当私人司机 dāng sīrén sījī

   a chauffeured limousine 配有私人司机的豪华轿车 pèiyǒu sīrén sījī de háohuá jiàochē

chauvinism N 沙文主义 Shāwén zhǔyì

   national chauvinism 民族沙文主义 mínzú Shāwén zhǔyì

   male chauvinsim 大男子主义 dànánzǐ zhǔyì

chauvinist N 沙文主义者 Shāwén zhǔyǐzhě

chauvinistic ADJ 沙文主义的 Shāwén zhǔyǐ de

cheap ADJ 1 便宜的 piányi de, 廉价的 liánjià de □ The market is flooded with cheap imports. 市场上充斥着便宜的进口货。Shìchǎngshang chōngchìzhe piányi de jìnkǒu huò. **2** 劣质的 lièzhì de **3** 不尊重的 bù zūnzhòng de

   cheap remarks 不公平的批评 bùgōngpíng de pīpíng

cheapen v 使…降低身份 shǐ...jiàngdī shēnfen

cheapskate N 小气鬼 xiǎoqìguǐ

cheat I v 1 骗 piàn, 欺骗 qīpiàn □ I was cheated out of thousands of dollars. 我被骗了几千块钱。Wǒ bèi piànle jǐ qiān kuài qián. **2** 作弊 zuòbì □ She was caught cheating on the exam. 她考试的时候作弊，被发现了。Tā kǎoshì de shíhou zuòbì, bèi fāxiàn le.

II N 骗子 piànzi, 作弊者 zuòbìzhě

check I v 1 检查 jiǎnchá, 核对 héduì □ He checks the doors and windows every night. 他每天夜里检查门窗。Tā měitiān yèlǐ jiǎnchá ménchuāng. **2** 托运 tuōyùn

   to check in ① [在旅馆／医院+] 登记入住 [zài lǚguǎn/yīyuàn+] dēngjì rùzhù □ I'll check in at the hotel around 3 o'clock. 我大约三点钟住进旅馆。Wǒ dàyuē sān diǎnzhōng zhùjìn lǚguǎn. ② 办登飞机手续 bàn dēng fēijī shǒuxù ③ 打电话保安定 dǎ diànhuà bàopíng'ān

   to check out ① [在旅馆／医院+] 结帐离开 [zài lǚguǎn/yīyuàn+] jiézhàng líkāi □ Guests are supposed to check out before noon. 住客应该在午前办好退房手续。Zhùkè yīnggāi zài wǔqián bànhǎo tuìfáng shǒuxù. ② 从图书馆借书 cóng túshūguǎn jiè shū

3 核实 [+信息] héshí [+xìnxī] **4** 检查 jiǎnchá II N 1 检查 jiǎnchá, 核对 héduì

   security check 安全检查 ānquán jiǎnchá □ The customs officer did a thorough check of his luggage. 海关官员彻底检查了他的行李。Hǎiguān guānyuán chèdǐ jiǎnchále tā de xíngli.

2 控制 kòngzhì, 抑制 yìzhì

   checks and balances 制衡 zhìhéng, 制衡的制度 zhìhéng de zhìdù

3 支票 zhīpiào □ Sorry, we don't accept checks. 对不起，我们不接受支票。Duìbuqǐ, wǒmen bù jiēshòu zhīpiào. **4** [餐馆+] 账单 [cānguǎn+] zhàngdān

checkbook N 1 支票簿 zhīpiàobù [M. WD 本 běn]

checked ADJ 彩色方格图案的 cǎisè fānggé tú'àn de

checker N 1 （超市）收银员 (chāoshì) shōuyínyuán **2** 检查员 jiǎncháyuán
spelling checker （电脑）拼写检查程序 (diànnǎo) pīnxiě jiǎnchá chéngxù

checkers N 西洋跳棋 Xīyáng tiàoqí

check-in N 1 [旅馆+] 入住手续 [lǚguǎn+] rùzhù shǒuxù **2** 登机手续 dēngjī shǒuxù
check-in counter [旅馆+] 入住手续处 [lǚguǎn+] rùzhù shǒuxùchù, [机场+] 登机手续柜台 [jīchǎng+] dēngjī shǒuxùguìtái

checking account N 活期存款帐户 huóqī cúnkuǎn zhànghù

checklist N （核对用的）清单 (héduì yòng de) qīngdān [M. WD 份 fèn]

checkout N 1 付款处 fùkuǎnchù, 收银台 shōuyíntái **2** [旅馆+] 退房时间 [lǚguǎn+] tuìfáng shíjiān

checkpoint N 检查站 jiǎncházhàn

check-up N 体格检查 tǐgé jiǎnchá

cheddar N 切德奶酪 qiēdé nǎilào

cheek N 面颊 miànjiá □ She kissed her grandpa on the cheek. 她吻爷爷的面颊。Tā wěn yéye de miànjiá.

cheekbone N 颧骨 quángǔ

cheer I v 欢呼 huānhū
to cheer ... on 为…加油 wéi...jiāyóu
to cheer up 振作起来 zhènzuòqǐlái, 高兴起来 gāoxìng qǐlái
Cheer up! 振作起来! Zhènzuòqǐlái! 高兴一点儿! Gāoxìng yìdiǎnr!
II N 欢呼 huānhū □ The birthday boy was given three cheers. 寿星受到三声欢呼。Shòuxing shòudào sānshēng huānhū.

cheerful ADJ 快活的 kuàihuo de, 令人愉快的 lìngrén yúkuài de □ He is a cheerful little fellow. 他是个快活的小家伙。Tā shì ge kuàihuode xiǎojiāhuo.

cheerleader N 1 [橄榄球+] 啦啦队员 [gǎnlǎnqiú+] lālāduìyuán **2** 鼓励者 gǔlì zhě

cheery ADJ 欢乐的 huānlè de

cheese N 奶酪 nǎilào □ Let's have some cheese and biscuits. 我们吃点饼干和奶酪吧。Wǒmen chī diǎn bǐnggān hé nǎilào ba.
Say cheese! （照相时）笑一笑! (zhàoxiàng shí) Xiào yí xiào! Shuō "qiézi"!

cheeseburger N 奶酪汉堡包 nǎilào hànbǎobāo

cheesecake N 奶酪蛋糕 nǎilào dàngāo [M. WD 块 kuài]

cheetah N 猎豹 lièbào [M. WD 头 tóu]

chef N 大厨师 dàchúshī [M. WD 位 wéi]
pastry chef 点心师傅 diǎnxin shīfu

chemical I N 化学制品 huàxué zhìpǐn □ This plant manufactures a wide range of chemicals. 这座工厂生产范围广泛的化学制品。Zhè zuò gōngchǎng shēngchǎn fànwéi guǎngfàn de huàxué zhìpǐn.
II ADJ 化学的 huàxué de, 化工的 huàgōng de
chemical plant 化工厂 huàgōngchǎng
chemical engineer 化工工程师 huàgōng gōngchéngshī
chemical weapon 化学武器 huàxué wǔqì

chemist N 化学家 huàxuéjiā

chemistry N 化学 huàxué

chemotherapy N 化学疗法 huàxué liáofǎ, 化疗 huàliáo

cherish v 珍视 zhēnshì

cherry N 樱桃 yīngtáo [M. WD 颗 kē/粒 lì]
cherry blossom 樱花 yīnghuā

cherub N 小天使 xiǎotiānshǐ

chess N 象棋 xiàngqí [M. WD 副 fù/盘 pán], 国际象棋 guójì xiàngqí [M. WD 副 fù/盘 pán]

chest N 1 胸 xiōng, 胸口 xiōngkǒu □ I have a pain in my chest. 我胸口疼。Wǒ xiōngkǒu téng. **2** 大箱子 dàxiāngzi
medicine chest 药品橱 yàopǐnchú
chest of drawers 五斗橱 wǔdǒuchú

chestnut N 栗子 lìzi [M. WD 粒 lì/颗 kē]

chew v 嚼 jiáo, 咀嚼 jǔjué
to chew on 深思 shēnsī
to chew out 严厉责备 yánlì zébèi

chewing gum N 口香糖 kǒuxiāngtáng [M. WD 块 kuài]

chewy ADJ 很难嚼碎的 hěn nán jiáosuì de

chic ADJ 时髦漂亮的 shímáo piàoliang de

Chicago N 芝加哥 Zhījiāgē

chick N 1 小鸡 xiǎojī [M. WD 只 zhī], 小鸟 xiǎoniǎo [M. WD 只 zhī] **2** 小妞 xiǎoniū

chicken I N 1 鸡 jī [M. WD 只 zhī]
chicken feed 很少的一点儿钱 hěn shǎo de yì diǎnr qián, 九牛一毛 jiǔniú yìmáo
a chicken-and-egg situation 先有鸡还是先有蛋的问题 xiān yǒu jī háishi xiān yǒu dàn de wèntí
2 鸡肉 jīròu □ She ordered chicken salad. 她要了鸡肉色拉。Tā yàole jīròu sèlā.
II ADJ 胆小的 dǎnxiǎo de III v (to chicken out)（因害怕而）退缩 (yīn hàipà ér) tuìsuō

chickenpox N 水痘 shuǐdòu

chide v 斥责 chìzé, 怒骂 nùmà

chief I ADJ 主要的 zhǔyào de □ What was the chief cause of last week's power failure? 上星期的停电事故主要原因是什么？Shàng xīngqī de tíngdiàn shìgù zhǔyào yuányīn shì shénme?
chief executive officer (CEO) 首席执行官 shǒuxí zhíxíngguān
the Chief Executive 美国总统 Měiguó zǒngtǒng
chief justice 首席法官 shǒuxí fǎguān
II N 主管 zhǔguǎn, 头儿 tóur
chief of staff 参谋长 cānmóuzhǎng
police chief 警长 jǐngzhǎng

chiefly ADV 主要 zhǔyào, 大部分 dàbùfen

chieftain N 酋长 qiúzhǎng [M. WD 位 wéi], 族长 zúzhǎng [M. WD 位 wéi]

chiffon N 雪纺绸 xuěfǎngchóu

chihuahua N 奇瓦瓦狗 Qíwǎwǎ gǒu [M. WD 只 zhī/条 tiáo]

child N (PL **children**) **1** 儿童 értóng, 孩子 háizi □ When I was a child, my family lived in a small town. 我小时候，我家住在一个小镇。Wǒ xiǎo shíhou, wǒ jiā zhù zài yí ge xiǎo zhèn. **2** 子女 zǐnǚ, 孩子 háizi □ All their children have left home. 他们的孩子都离家了。Tāmen de háizi dōu líjiā le.
child support 子女抚养费 zǐnǚ fǔyǎngfèi

childbearing N 生孩子 shēng háizi, 分娩 fēnmiǎn
childbearing age 育龄 yùlíng

childbirth N 分娩 fēnmiǎn, 生孩子 shēng háizi

childcare N 儿童照管 értóng zhàoguǎn
childcare center 儿童照管中心 értóng zhàoguǎn zhōngxīn, 托儿所 tuō'érsuǒ

childhood N 童年 tóngnián

childish ADJ 孩子气的 háiziqì de, 幼稚的 yòuzhì de

childless ADJ 无子女的 wú zǐnǚ de

childlike ADJ 孩子般的 háizi bān de, 天真的 tiānzhēn de

childproof ADJ 儿童不能开启的 értóng bù néng kāiqǐ de, 对儿童无害的 duì értóng wúhài de

children N, PL 儿童 értóng, （小）孩子 (xiǎo) háizi

chili, chilli N 辣椒 làjiāo

chill I v 使…冷却 shǐ...lěngquè, 使…变冷 shǐ...biàn lěng
II N 1 寒意 hányì **2** 害怕 hàipà, 胆战心惊 dǎnzhàn xīnjīng
III ADJ 非常冷的 fēicháng lěng de

chilling ADJ 令人极其害怕的 lìngrén jíqí hàipà de, 令人毛骨悚然的 lìngrén máogǔ sǒngrán de

chilly ADJ 寒冷的 hánlěng de

chime I N 编钟 biānzhōng
wind chimes 风铃 fēnglíng
II v [钟+] 响 [zhōng+] xiǎng
to chime in 插话 [+表示赞同] chāhuà [+biǎoshì zàntóng]

chimney N 烟囱 yāncōng

chimpanzee N 黑猩猩 hēixīngxīng [m. wd 只 zhī]

chin N 下巴 xiàba
chin up 引体向上 yǐntǐxiàngshàng
to take it on the chin 承受 [+不公正对待] chéngshòu [+bù gōngzhèng duìdài]

china N 瓷器 cíqì

China N 中国 Zhōngguó

Chinatown N 唐人街 Tángrénjiē, 华人区 Huárén qū

Chinese I ADJ 中国的 Zhōngguó de II N 1 中国人 Zhōngguórén 2 中文 Zhōngwén, 汉语 Hànyǔ, 华语 Huáyǔ

chink N 缝隙 fèngxì, 漏洞 lòudòng

chip I N 1 炸土豆条 zhá tǔdòutiáo, 炸薯条 zhá shǔtiáo 2 (计算机) 集成电片片 (jìsuànjī) jíchéng diànlù piàn 3 (碗) 豁口 (wǎn) huōkǒu, 缺口 quēkǒu 4 (赌场) 筹码 (dǔchǎng) chóumǎ II v (to chip in) 插嘴 chāzuǐ, 插话 chāhuà

chipmuck N 花鼠 huāshǔ [m. wd 只 zhī], 金花鼠 jīnhuā shǔ

chipper ADJ 轻松愉快的 qīngsōng yúkuài de, 活泼的 huópo de

chiropractor N 背部按摩师 bèibù ànmóshī

chirp v [鸟或昆虫+] 叫 [niǎo huò kūnchóng+] jiào, 唧唧喳喳地叫 jījīzhāzhā de jiào

chisel I N 凿子 záozi [m. wd 把 bǎ], 凿刀 záo dāo [m. wd 把 bǎ] II v (用凿子) 凿 (yòng záozi) záo

chit N 借贷字据 jièdài zìjù [m. wd 张 zhāng], 欠账单 qiànzhàng dān [m. wd 张 zhāng]

chit-chat N 闲聊 xiánliáo

chivalrous ADJ 有骑士风度的 yǒu qíshì fēngdù de, 对女士仁慈有礼的 [+男子] duì nǚshì réncí yǒulǐ de [+nánzǐ]

chivalry N 骑士风度 qíshì fēngdù

chives N 细香葱 xìxiāngcōng

chlorinate v 在(水中)加氯 [+消毒] [zài shuǐ zhōng+] jiā lǜ [+xiāodú]

chlorine N 氯 lǜ, 氯气 lǜqì

chock-a-block ADJ 满满的 mǎnmǎn de, 爆满的 bàomǎn de

chock-full ADJ 装满的 zhuāngmǎn de, 塞满的 sāimǎn de

chocoholic, chocaholic N 特别爱吃巧克力的人 tèbié ài chī qiǎokèlì de rén

chocolate N 巧克力 qiǎokèlì
hot chocolate 热巧克力饮料 rè qiǎokèlì yǐnliào
a bar of chocolate 一块巧克力 yí kuài qiǎokèlì

chocolate chip N 巧克力片 qiǎokèlì piàn

choice I N 选择 xuǎnzé □ This plan offers you a choice. 这项计划给你提供了选择。Zhè xiàng jìhuà gěi nǐ tígōngle xuǎnzé. □ He had no choice but to resign. 他除了辞职，别无选择。Tā chúle cízhí, biéwú xuǎnzé.
by choice 自己选择的 zìjǐ xuǎnzé de, 自愿的 zìyuàn de
II ADJ 精选的 jīngxuǎn de, 优质的 yōuzhì de

choir N (教会) 唱诗班 (jiàohuì) chàngshībān, (学校) 合唱团 (xuéxiào) héchàngtuán

choke I v 1 使…窒息 shǐ…zhìxī 2 堵塞 dǔsè 3 (因激动) 说不出话来 (yīn jīdòng) shuōbuchū huà lái II N 1 窒息 zhìxī 2 阻门器 zǔ mén qì
choke collar (狗) 项圈 (gǒu) xiàngquān

cholera N 霍乱 huòluàn

cholesterol N 胆固醇 dǎngùchún

choose (PT **chose**; PP **chosen**) v 1 选择 xuǎnzé, 挑选 tiāoxuǎn □ It's really difficult to choose between the two. 很难

在这两者中选择。Hěn nán zài zhè liǎng zhě zhòng xuǎnzé. □ She chose to teach in a rural school. 她选择去农村小学教书。Tā xuǎnzé qù nóngcūn xiǎoxué jiāoshū. 2 决定 juédìng

choosy ADJ 十分挑剔的 shífēn tiāoti de

chop I v 1 劈开 pī kāi, 切成小块 qiēchéng xiǎo kuài 2 砍 kǎn 3 削减 xuējiǎn
to chop down 砍倒 kǎn dǎo
II N 1 排骨 páigǔ
pork chop 猪排 zhūpái
2 劈 pī, 砍 kǎn
to get the chop 被解雇 bèi jiěgù

chopper N 直升飞机 zhíshēng fēijī [m. wd 架 jià]

chopping block N 案板 ànbǎn [m. wd 块 kuài]

choppy ADJ 波浪起伏的 bōlàng qǐfú de

chopsticks N 筷子 kuàizi [m. wd 根 gēn/双 shuāng]

choral ADJ (教会) 唱诗班的 (jiàohuì) chàngshībān de, (学校) 合唱团的 (xuéxiào) héchàngtuán de

chord N 和音 héyīn, 和弦 héxián
to strike a chord 引起共鸣 yǐnqǐ gòngmíng

chore N 1 家务杂事 jiāwu záshì 2 乏味的工作 fáwèi de gōngzuò, 烦人的杂事 fánrén de záshì

choreography N 舞蹈设计 wǔdǎo shèjì

chortle I v 咯咯地笑个不停 gēgē de xiào gè bùtíng II N 咯咯的笑声 gēgē de xiàoshēng

chorus N 1 合唱队 héchàngduì 2 合唱部分 héchàng bùfen
in chorus 齐声说 qíshēngshuō

chose See choose

chosen I v See choose II ADJ 被选中的 bèi xuǎnzhòng de
God's chosen people 上帝的子民 Shàngdì de zǐmín

chow I N 1 食物 shíwù 2 狮子狗 shīzigǒu II v (to chow down) 狼吞虎咽地吃 lángtūn hǔyàn de chī

chowder N 浓汤 nóngtāng [m. wd 碗 wǎn]

Christ I N 基督 Jīdū, 耶稣 Yēsū II INTERJ 天哪 tiān na

christen v 为…行洗礼 wéi…xíng xǐlǐ

christening N 洗礼命名仪式 xǐlǐ mìngmíng yíshì

Christian N 基督教徒 Jīdū jiàotú

Christianity N 基督教 Jīdūjiào

Christian Science N 基督教科学派 Jīdūjiào Kēxuépài

Christmas N 圣诞节 Shèngdànjié
Christmas card 圣诞贺卡 Shèngdàn hèkǎ
Christmas carol 圣诞赞歌 Shèngdàn zàngē
Christmas Day 圣诞节 Shèngdànjié
Christmas eve 圣诞夜 Shèngdànyè, 平安夜 píng'ān yè
Christmas tree 圣诞树 Shèngdànshù

chrome N 铬合金 gè héjīn

chromosome N 染色体 rǎnsètǐ

chronic ADJ 1 慢性的 mànxìng de 2 长期的 chángqī de, 反复发作的 fǎnfù fāzuò de
a chronic gambler 赌棍 dǔgùn, 赌徒 dǔtú

chronically ADV 长期地 chángqī de
the chronically ill 长期患病的人 chángqī huànbìng de rén

chronicle I N 编年史 biān niánshǐ II v 记载入历史 jìzǎi rù lìshǐ

chronological ADJ 按照年代/时间顺序排列的 ànzhào niándài/shíjiān shùnxù páiliè de

chronologically ADV 按照年代/时间顺序排列地 ànzhào niándài/shíjiān shùnxù páiliè de

chronology N 大事年表 dàshì niánbiǎo [m. wd 份 fèn]

chrysanthemum N 菊花 júhuā [m. wd 朵 duǒ]

chubby ADJ 胖嘟嘟的 pàngdūdū de

chuck v 随手扔 suíshǒu rēng

chuckle I v 低声地笑 dīshēng de xiào II N 低声的笑 dīshēng de xiào, 暗笑 ànxiào

chug v 缓慢行驶 huǎnmàn xíngshǐ

chug-a-lug v 一口气喝完 yìkǒuqì hēwán

chump N 傻瓜 shǎguā

chunk N 一大块 yí dà kuài

chunky ADJ 大块的 dà kuài de

church N 1 教会 jiàohuì □ The church forbids same-sex marriage. 教会禁止同性婚姻。Jiàohuì jìnzhǐ tóngxìng hūnyīn. **2** 教堂 jiàotáng □ This church was built in the 18th century. 这座教堂建于十八世纪。Zhè zuò jiàotáng jiàn yú shíbā shìjì.

churlish ADJ 粗鲁的 cūlǔ de, 不友好的 bù yǒuhǎo de

churn V [胃里+] 剧烈搅动 [wèi lǐ+] jùliè jiǎodòng
to churn up 剧烈翻腾 jùliè fānteng

chute N 滑运送道 huáyùndào, 斜槽 xié zāo

CIA (= Central Intelligence Agency) ABBREV（美国）中央情报局 (Měiguó) Zhōngyāng Qíngbàojú

cider N 苹果汁 píngguǒzhī, 苹果酒 píngguǒjiǔ

cigar N 雪茄（烟）xuějiā（yān）[M. WD 支 zhī]

cigarette N 香烟 xiāngyān [M. WD 支 zhī] □ He lit a cigarette and inhaled deeply. 他点了香烟, 深深吸了一口。Tā diǎnle xiāngyān, shēnshēn xīle yì kǒu.
a pack of cigarettes 一包香烟 yì bāo xiāngyān

cinch I N 1 一定会发生的事 yídìng huì fāshēng de shì, 非常容易做的事 fēicháng róngyì zuò de shì **2** 一定会做某事的人 yídìng huì zuò mǒu shì de rén II V 1 确保 quèbǎo **2** 系紧带子 jì jǐn dàizi

cinder N 煤渣 méizhā, 炭渣 tànzhā

cinema N 电影院 diànyǐngyuàn [M. WD 座 zuò]

cinematography N 电影摄影艺术 diànyǐng shèyǐng yìshù

cinnamon N 肉桂 ròuguì

cipher, cypher N 1 密码 mìmǎ **2** 无足轻重的人 wúzú qīngzhòng de rén

circa PREP 约 yuē, 大约 dàyuē

circle I N 圆圈 yuánquān
to draw a circle 划圆圈 huà yuánquān
II V 在…上画圆圈 zài…shàng huà yuánquān

circuit N 1 电路 diànlù **2** 巡回演出（讲座、比赛等）xúnhuí yǎnchū (jiǎngzuò, bǐsài děng)
circuit board 电路板 diànlùbǎn, 印刷电路 yìnshuā diànlù
circuit breaker 断路器 duànlùqì
circuit court 巡回法庭 xúnhuí fǎtíng

circuitous ADJ 迂回曲折的 yūhuí qūzhé de

circuitry N 电路系统 diànlù xìtǒng

circular[1] ADJ 圆（形）的 yuán (xíng) de
circular saw 电动圆锯 diàndòng yuánjù

circular[2] N 1 广告纸 guǎnggàozhǐ [M. WD 张 zhāng] **2** 通知 tōngzhī [M. WD 张 zhāng]

circulate V 1 流通 liútōng **2** 流传 liúchuán

circulation N 1 血液循环 xuèyè xúnhuán **2** 流通 liútōng

circumcise V 1 切除包皮 qiēchú bāopí **2** 切除阴蒂 qiēchú yīndì

circumcision N 1 包皮环切 bāopí huánqiē **2** 阴蒂切除 yīndì qiēchú

circumference N 周长 zhōucháng

circumscribe V 约束 yuēshù, 限制 xiànzhì

circumspect ADJ 谨慎的 jǐnshèn de, 考虑周到的 kǎolǜzhōudào de

circumstance N 情况 qíngkuàng, 处境 chǔjìng □ Owing to such circumstances, she had to leave college. 由于这样的情况下, 她只能退学。Yóuyú zhèyàng de qíngkuàng xià, tā zhǐ néng tuìxué.
under no circumstances 绝不 juébù

circumstantial ADJ 间接的 jiànjiē de
circumstantial evidence 间接证据 jiànjiē zhèngjù

circumvent V 回避 huíbì

circus N 1 马戏团 mǎxìtuán, 马戏 mǎxì □ The circus has come to town. 马戏团进城了。Mǎxìtuán jìnchéng le. **2** 乱哄哄的场面 luànhōnghōng de chǎngmiàn

cirrhosis N 肝硬化 gānyìnghuà

cistern N 储水箱 chǔ shuǐxiāng

citation N 1 [法庭+] 传票 [fǎtíng+] chuánpiào **2** [违章停车+] 罚款单 [wéizhāng tíngchē+] fákuǎndān **3** 嘉奖状 jiājiǎngzhuàng **4** 引文 yǐnwén

cite V 1 传讯 chuánxùn **2** 嘉奖 jiājiǎng **3** 引证 yǐnzhèng

citizen N 公民 gōngmín □ I am an American citizen and have the rights as such. 我是美国公民, 我有美国公民的权利。Wǒ shì Měiguó gōngmín, wǒ yǒu Měiguó gōngmín de quánlì.
citizen's arrest 公民逮捕 gōngmín dàibǔ
citizens band 民用波段 mínyòng bōduàn
2 市民 shìmín

citizenship N 公民身份 gōngmín shēnfen, 公民权 gōngmínquán □ He was granted citizenship after five years' legal residency. 他在合法居住五年以后获得了公民身份。Tā zài héfǎ jūzhù wǔ nián yǐhòu huòdéle gōngmín shēnfèn.

citrus ADJ 柑橘类水果 gānjú lèi shuǐguǒ

city N 城 chéng [M. WD 座 zuò], 城市 chéngshì [M. WD 座 zuò] □ This city was a small town just fifty years ago. 仅仅五十年以前, 这个城市还是一座小镇。Jǐnjǐn wǔshí nián yǐqián, zhè ge chéngshì háishì yí zuò xiǎo zhèn.
city council 市政议会 shìzhèng yìhuì
city hall 市政厅 shìzhèngtīng

civic ADJ 1 公民的 gōngmín de **2** 市政的 shìzhèng de

civics N 公民课 gōngmín kè [M. WD 堂 táng/门 mén]

civil ADJ 1 公民的 gōngmín de, 民用的 mínyòng de
civil disobedience （公民）不合作反抗 (gōngmín) bùhézuò fǎnkàng
civil engineering 土木工程 tǔmù gōngchéng
civil lawsuit 民事案件 mínshì ànjiàn
civil rights 公民权利 gōngmín quánlì
civil servant 公务员 gōngwùyuán, 公仆 gōngpú
civil service 政府文职部门 zhèngfǔ wénzhí bùmén

civilian N 平民 píngmín

civilization N 文明 wénmíng

civilize V 使…文明 shǐ…wénmíng

civilized ADJ 文明的 wénmíng de

clad ADJ 穿…衣服的 chuān…yīfu de

claim I V 1 认领 rènlǐng □ Nobody has come to claim these umbrellas. 没有人来认领这些雨伞。Méiyǒu rén lái rènlǐng zhèxiē yǔsǎn. **2** 声称 shēngchēng □ He claimed to have taken this prize-winning photo. 他声称是他拍了这张获奖照片。Tā shēngchēng shì tā pāile zhè zhāng huòjiǎng zhàopiàn.
3 索取 [+赔偿] suǒqǔ [+péicháng]
II N 1 索赔 suǒpéi
claim form 索赔申请表 suǒpéi shēnqǐngbiǎo
2 声称 shēngchēng, 声明 shēngmíng **3** 权利 quánlì

claimant N 索赔[+申请人] suǒpéi[+shēnqǐngrén]

clairvoyant N 声称有超人洞察力的人 shēngchēng yǒu chāorén dòngchálì de rén

clam I N 1 蛤蜊 géli **2** 沉默寡言的人 chénmò guǎyán de rén II V 闭口不言 bìkǒu bùyán

clamber V 攀登 pāndēng

clammy ADJ 湿冷的 shī lěng de, 粘糊糊的 niánhūhúde

clamor I N 1 吵嚷声 chǎo rǎng shēng **2** 强烈要求 qiángliè yàoqiú II V 1 大声吵嚷 dàshēng chǎorǎng **2** 大声疾呼 dàshēng jíhū

clamp I N 夹具 jiājù, 夹钳 jiāqián II V 夹紧 jiā jǐn

clampdown N 取缔 qǔdì, 严禁 yánjìn

clan N 1 大家族 dà jiāzú **2** 宗族 zōngzú

clandestine ADJ 秘密的 mìmì de

clang V 发出叮当声 fāchū dīngdāngshēng

clank V 发出当啷声 fāchū dānglāngshēng

clap I V 拍手 pāishǒu, 鼓掌 gǔzhǎng II N 1 拍手声 pāishǒushēng, 鼓掌声 gǔzhǎngshēng **2** 响声 xiǎngshēng
a clap of thunder 轰隆的雷声 hōnglōng de léishēng

clapboard N 护墙 hùqiáng [M. WD 道 dào/垛 duǒ]

clapper N 钟锤 zhōngchuí [M. WD 把 bǎ]

clarification N 澄清 chéngqīng

clarify V 澄清 chéngqīng

clarinet N 单簧管 dānhuángguǎn

clarity N 清楚明确 qīngchu míngquè

clash I V 1 发生冲突 fāshēng chōngtū 2 不相配 bù xiāngpèi II N 1 冲突 chōngtū 2 争论 zhēnglùn

clasp I N 1 钩子 gōuzi, 扣环 kòuhuán 2 紧握 jǐnwò II V 紧紧握住 jǐnjǐn wòzhù, 扣住 kòuzhù

class I N 1 [学校] 班 [xuéxiào] bān, 级 jí, 班级 bānjí □ The class of 1990 will have a reunion in fall. 一九九〇年级的同学今年秋天聚会。Yāojiǔjiǔlíng niánjí de tóngxué jīnnián qiūtian jùhuì. 2 课 (程) kè (chéng) 3 阶级 jiējí □ She comes from a working-class family. 她来自工人阶级家庭。Tā láizì gōngrén jiējí jiātíng.

middle class 中产阶级 zhōngchǎn jiējí

4 等级 děngjí

to travel first class 乘头等舱飞机 (或轮船) chéng tóuděngcāng fēijī (huò lúnchuán)

II V 把…归类 bǎ…guīlèi

class action N 集体诉讼 jítǐ sùsòng

classic I ADJ 经典的 jīngdiǎn de, 典型的 diǎnxíng de

a classic case 典型实例 diǎnxíng shílì

II N 经典作品 jīngdiǎn zuòpǐn

classical ADJ [文学 / 艺术+] 经典的 [wénxué/yìshù+] jīngdiǎn de, 古典的 gǔdiǎn de

classical music 古典音乐 gǔdiǎn yīnyuè

classification N 1 分类 fēnlèi 2 类别 lèibié, 等级 děngjí

classified ADJ 1 分类的 fēnlèi de 2 保密的 bǎomì de, 机密的 jīmì de

classified ad 分类广告 fēnlèi guǎnggào

classify V 1 把…分类 bǎ…fēnlèi 2 把…列为 bǎ…lièwéi

classmate N 同班同学 tóngbān tóngxué, 同学 tóngxué

classroom N 教室 jiàoshì [M. WD 间 jiān], 课堂 kètáng [M. WD 间 jiān]

classwork N 课堂作业 kètáng zuòyè

classy ADJ 高档的 gāodàng de, 高级的 gāojí de

clatter I V 发出咔嗒声 fāchū kǎdā shēng II N 咔嗒声 kǎdā shēng

clause N 1 (法律) 条款 (fǎlǜ) tiáokuǎn 2 从句 cóngjù, 分句 fēnjù

claustrophobia N 幽闭恐惧症 yōubì kǒngjùzhēng

claw N 1 爪 zhuǎ, 鸟爪 niǎozhuǎ 2 起重器 qǐdhòngqì

clean I ADJ 1 干净的 gānjìng de, 清洁的 qīngjié de □ This liquid will keep your toilet clean. 这种液体能使厕所保持清洁。Zhèzhǒng yètǐ néng shǐ cèsuǒ bǎochí qīngjié. 2 守法的 (不吸毒、不带武器等) shǒufǎ de (bù xīdú, bù dài wǔqì děng) 3 公平的 gōngping de, 廉洁的 liánjié de

a clean bill of health 健康证明 jiànkāng zhèngmíng, (机器、建筑物等) 安全证明 (jīqì, jiànzhùwù děng) ānquán zhèngmíng

a clean government 廉洁的政府 liánjié de zhèngfǔ

to come clean 坦白认罪 tǎnbái rènzuì

II V 弄干净 nòng gānjìng □ Will you clean up the kitchen? 你把厨房打扫干净，好不好？Nǐ bǎ chúfáng dǎsǎo gānjìng, hǎobuhǎo?

III ADV 完全 (地) wánquán (de)

clean-cut ADV 整洁体面的 zhěngjié tǐmian de

cleaner N 清洁工 qīngjiégōng

cleaning N 清理 qīnglǐ, 清扫 qīngsǎo

cleanly ADV 利落地 lìluo de

cleanse V 清洗 qīngxǐ

cleanser N 清洗剂 qīngxǐjì

clean-shaven ADJ 胡子刮得很干净的 húzi guā de hěn gānjìng de

cleanup N 大扫除 dàsǎochú

clear I ADJ 1 清澈的 qīngchè de, 明亮的 míngliàng de □ The lake water is so clear that you can see fish swimming at the bottom. 湖水清澈，可见鱼儿在湖底游水。Húshuǐ qīngchè, kějiàn yúr zài hú dǐ yóushuǐ. 2 清楚的 qīngchu de, 明白的 míngbai de □ I'm not very clear about what we should do next. 下一步我们该做什么，我不太清楚。Xiàyíbù wǒmen gāi zuò shénme, wǒ bùtài qīngchu. □ Have I made myself clear? 我的意思说明白了吗？Wǒ de yìsi shuō míngbai le ma?

II V 收拾干净 shōushi gānjìng □ She cleared the table for the next customer. 她收拾了餐桌，等待下一位顾客。Tā shōushile cānzhuō, děngdài xià yí wèi gùkè.

clearance N 1 许可 xǔkě

security clearance 安全审查 ānquán shěnchá

2 清理 qīnglǐ

clearance sale 清仓拍卖 qīngcāng pāimài

clear-cut ADJ 明显的 míngxiǎn de, 显著的 xiǎnzhù de

clear-headed ADJ 头脑清醒的 tóunǎo qīngxǐng de

clearing N (树林中) 小块空地 (shùlín zhōng) xiǎo kuài kòngdì

clearly ADV 1 清楚地 qīngchu de 2 明显地 míngxiǎn de, 显然地 xiǎnrán de □ Clearly, she doesn't like this idea. 很明显地，她不喜欢这个主意。Hěn míngxiǎn de, tā bù xǐhuan zhè ge zhǔyi.

clear-sighted ADJ 有见识的 yǒu jiànshi de

cleat N 1 防滑鞋 fánghuáxié [M. WD 只 zhī/双 shuāng] 2 防滑条 fánghuátiáo [M. WD 条 tiáo]

cleavage N 1 分歧 fēnqí 2 乳沟 rǔgōu

cleaver N 剁肉刀 duòròudāo [M. WD 把 bǎ]

clef N 谱号 pǔhào

cleft N 1 裂缝 lièfèng [M. WD 条 tiáo] 2 凹痕 āohén

clemency N [对罪行+] 从宽处理 [duì zuìxíng+] cóngkuān chǔlǐ, 宽大 kuāndà

clench V 握紧拳头 wòjǐn quántou

to clench one's teeth 咬紧牙关 yǎojǐn yáguān

clergy N 神职人员 shénzhí rényuán

clergyman, clergywoman N 神职人员 shénzhí rényuán

clerical ADJ 1 神职人员的 shénzhí rényuán de 2 办事员的 bànshìyuán de, 文书的 wénshū de

clerk N 办事员 bànshìyuán, 职员 zhíyuán □ The hotel clerk is courteous and efficient. 这位旅馆办事员彬彬有礼、效率很高。Zhè wèi lǚguǎn bànshìyuán bīnbīnyǒulǐ, xiàolǜ hěn gāo.

file clerk 档案管理员 dàng'àn guǎnlǐ yuán

clever ADJ 聪明的 cōngming de □ The clever boy passed all the exams without much studying. 这个聪明的男孩没怎么学习，就通过了所有的考试。Zhè ge cōngming de nánhái méi zěnme xuéxí, jiù tōngguòle suǒyǒu de kǎoshì.

cliché N 1 老一套的话 lǎoyítào de huà, 陈词滥调 chéncí làndiào 2 陈腐的想法 chénfǔ de xiǎngfǎ, 老生常谈 lǎoshēng chángtán

click I V 1 发出咔嗒声 fāchū kǎdāshēng 2 (电脑鼠标) 点击 (diànnǎo shǔbiāo) diǎnjī 3 突然明白 tūrán míngbai, 开窍 kāiqiào II N 咔嗒声 kǎdāshēng

client N 1 客户 kèhù, 顾客 gùkè □ The company is working hard to attract new clients. 公司正在努力吸引新客户。Gōngsī zhèngzài nǔlì xīyǐn xīn kèhù. 2 救济对象 jiùjì duìxiàng

cliff N 悬崖 xuányá

cliffhanger N 1 扣人心弦的结局 kòu rén xīnxián de jiéjú 2 扣人心弦的比赛 kòu rén xīnxián de bǐsài

climactic ADJ 高潮的 gāocháo de

climate N 1 [温带+] 气候 [wēndài+] qìhòu 2 [保守的+] 风气 [bǎoshǒu de+] fēngqì

climax I N 高潮 gāocháo II V 达到高潮 dádào gāocháo

climb V 1 攀登 pāndēng, 爬 pá □ It only took him less than one minute to climb to the top of the tree. 他花了一分钟不到就爬到树顶。Tā huāle yì fēnzhōng búdào jiù pádao shù dǐng.

2 [价格+] 攀升 [jiàgé+] pānshēng, 上升 shàngshēng

climber N 1 登山运动员 dēngshān yùndòngyuán 2 攀缘植物 pānyuán zhíwù

climbing N 登山 dēngshān, 攀岩 pānyán

clinch V 最终赢得 zuìzhōng yíngdé
　to clinch a deal 敲定交易 qiāodìng jiāoyì

clincher N 关键的事实论点／行动 guānjiàn de shìshí lùndiǎn/xíngdòng

cling (PT & PP **clung**) V 拼命地抓住 pīnmìng de zhuāzhù

clingy ADJ 过于依赖他人的 guòyú yīlài tārén de, 依赖性强的 yīlàixìng tè qiáng de

clinic N 门诊所 ménzhěnsuǒ

clinical ADJ 1 临床的 [+试验] línchuáng de [+shìyàn] 2 诊所的 [+管理] zhěnsuǒ de [+guǎnlǐ] 3 绝对冷静的 [+观点] juéduì lěngjìng de [+guāndiǎn]

clinician N 临床医生 línchuáng yīshēng

clink V 发出叮当声 fāchū dīngdāng shēng
　to clink their glasses 碰杯 pèngbēi

clip I N 1 回形针 huíxíngzhēn 2 夹子 jiāzi 3 电影 (电视) 片段 diànyǐng (diànshì) piànduàn II V 1 夹住 jiāzhù 2 剪下 [+报上的文章] jiǎn xià [+bàoshang de wénzhāng]

clipboard N 1 [电脑+] 剪贴板 [diànnǎo+] jiǎntiēbǎn 2 有夹子的书写板 yǒu jiāzi de shūxiě bǎn

clip-on ADJ 用夹子夹住的 yòng jiāzi jiāzhù de

clippers N 修剪器 xiūjiǎnqì

clipping N 剪报 jiǎnbào

clique N 小集团 xiǎojítuán

clitoris N 阴蒂 yīndì

cloak I N 1 披风 pīfēng [M. WD 件 jiàn] 2 幌子 huǎngzi, 掩盖 yǎngài
　under the cloak of 打着…的幌子 dǎzhe...de huǎngzi
　II V 掩盖 yǎngài

cloak-and-dagger ADJ 秘密的 [+间谍活动] mìmì de [+jiàndié huódòng]

cloakroom N 衣帽间 yīmàojiān

clobber V 猛揍 měng zòu, 狠打 hěn dǎ

clock I N 钟 zhōng [M. WD 座 zuò/只 zhī] □ This clock is 10 minutes slow. 这座钟慢了十分钟。Zhè zuò zhōng mànle shí fēnzhōng.
　alarm clock 闹钟 nàozhōng
　clock radio 收音机闹钟 shōuyīnjī nàozhōng
　around the clock 日夜 rìyè
　to set one's clock for 把闹钟开到… bǎ nàozhōng kāidào...
　II V 记下…的速度／时间 jìxià...de sùdù/shíjiān
　to clock in/out 打卡上班／下班 dǎkǎ shàngbān/xiàbān

clockwise ADJ, ADV 按顺时钟方向 àn shùn shízhōng fāngxiàng
　anti-clockwise 按反时钟方向 àn fǎn shízhōng fāngxiàng

clockwork N 钟表机械 zhōngbiǎo jīxiè
　like clockwork 准时地 zhǔnshí de, 有规律地 yǒuguīlǜ de

clog V 阻塞 zǔsè, 堵塞 dǔsè

clogs N 木拖鞋 mù tuōxié [M. WD 只 zhī/双 shuāng]

clone I N 1 无性繁殖 wúxìng fánzhí, 克隆 kèlóng 2 仿制机 fǎngzhì jī II V 1 使…无性繁殖 shǐ...wúxìng fánzhí, 克隆 kèlóng 2 盗用 [+手机号码] dàoyòng [+shǒujī hàomǎ]

close I ADJ 1 近 jìn, 接近 jiējìn □ He lives close to the railway station. 他住得离火车站很近。Tā zhùde lí huǒchēzhàn hěn jìn.
　in close quarters [住得+] 很靠近 [zhù dé+] hěn kàojìn
　2 亲密的 qīnmì de
　a close friend 亲密的朋友 qīnmì de péngyou
　II V 1 关 guān, 关闭 guānbì □ Will you please close the door behind you? 请你随手关门。Qǐng nǐ suíshǒu guānmén. 2 结束 jiéshù
　to close ranks 团结起来 tuánjié qǐlái

3 收盘 shōupán
III ADV 接近地 jiējìn de
　close by 在附近 zài fùjìn
IV N 结尾 jiéwěi
　to come to a close 结束 jiéshù

closed ADJ 1 仅限特定的人 [+会议] jǐn xiàn tèdìng de rén [+huìyì]
　a closed shop 只雇用工会会员的工厂 zhǐ gùyòng gōnghuì huìyuán de gōngchǎng
　behind closed doors 不公开地 bù gōngkāi de, 秘密地 mìmì de
　2 关闭的 guānbì de, 封闭的 fēngbì de

closed circuit television See CCTV

close-knit ADJ 紧密连接的 jǐnmì liánjiē de

closely ADV 1 密切地 [+关注] mìqiè de [+guānzhù], 严密地 yánmì de 2 紧挨着 jǐn'āizhe, 紧接着 jǐnjiēzhe

close-mouthed ADJ 守口如瓶的 shǒu kǒu rú píng de

closet N 壁橱 bìchú
　to be in the closet 否认自己是同性恋者 fǒurèn zìjǐ shì tóngxìngliànzhě
　to come out of the closet 承认自己是同性恋者 chéngrèn zìjǐ shì tóngxìngliànzhě

close-up N 特写照片 tèxiě zhàopiàn [M. WD 张 zhāng]

closure N 1 关闭 guānbì 2 封闭 fēngbì

clot I N (血、牛奶等) 凝块 (xuè、niúnǎi děng) níngkuài II V (血、牛奶等) 凝结成块 (xuè、niúnǎi děng) níngjié chéng kuài

cloth N 布料 bùliào, 毛料 máoliào

clothe V 1 为…提供衣服 wéi...tígōng yīfu 2 给…穿衣 gěi...chuān yī

clothes N 衣服 yīfu [M. WD 件 jiàn] □ I need to buy new clothes. 我得买些新衣服。Wǒ děi mǎi xiē xīn yīfu.
　work clothes 工作服 gōngzuòfú

clothesline N 晾衣绳 liàngyīshéng [M. WD 条 tiáo]

clothespin N 衣夹 yī jiā

clothing N 服装 fúzhuāng [M. WD 件 jiàn/套 tào] □ Come December, everyone will be wearing winter clothing. 到了十二月，人们都穿上了冬季服装。Dàole shí'èr yuè, rénmen dōu chuānshangle dōngjì fúzhuāng.

cloud I N 1 云 yún [M. WD 朵 duǒ] □ Dark clouds were looming on the horizon. 乌云出现在地平线上。Wūyún chūxiàn zài dìpíngxiànshang.
　under a cloud 受到猜疑 shòudào cāiyí
　II V 1 使…变得模糊不清 shǐ...biàn de móhu bùqīng 2 使…糊涂 shǐ...hútu 3 使…蒙上阴影 shǐ...méng shàng yīnyǐng

cloudburst N 短暂的暴雨 duǎnzàn de bàoyǔ

cloudy ADJ 1 多云的 duōyún de, 阴 yīn
　a cloudy day 阴天 yīntiān
　2 模糊的 móhu de

clout N [经济+] 权势 [jīngjì+] quánshì, [政治+] 影响力 [zhèngzhì+] yǐngxiǎnglì

clover N 三叶草 sānyècǎo, 苜蓿 mùxu

clown I N 1 小丑 xiǎochǒu, 丑角 chǒujué 2 讨厌家伙 tǎoyàn jiāhuo

club I N 1 俱乐部 jùlèbù □ She belongs to a sports club. 她是一个体育俱乐部会员。Tā shì yí ge tǐyù jùlèbù huìyuán. 2 (纸牌) 梅花 (zhǐpái) méihuā 3 大棒 dàbàng [M. WD 根 gēn] II V 用棍棒打 yòng gùnbàng dǎ

clubhouse N 1 俱乐部会所 jùlèbù huìsuǒ 2 (体育场) 更衣室 (tǐyùchǎng) gēngyīshì

cluck I V 1 [母鸡+] 发出咯咯声 [mǔjī+] fāchū gēgē shēng 2 [人+] 发出啧啧声 [rén +] fāchū zézé shēng II V 1 咯咯声 gēgē shēng 2 啧啧声 zézé shēng

clue I N 1 线索 xiànsuǒ [M. WD 条 tiáo]
　to have no clue 一无所知 yìwúsuǒzhī

2 提示 tíshì

II v 提供线索 tígōng xiànsuǒ

clump I N **1** 一簇树木 yí cù shùmù **2** 一块泥土 yí kuài nítǔ **II** v 凝集成块 níngjí chéng kuài

clumsy ADJ **1** 笨拙的 [+男人] bènzhuō de [+nánren] **2** 粗制滥造的 [+文章] cūzhì lànzào de [+wénzhāng]

clung See **cling**

clunker N 破旧的汽车/机器 pòjiù de qìchē/jīqì **2** 彻底的失败 chèdǐ de shībài

clunky ADJ 笨重的 bènzhòng de

cluster I N 串 chuān, 组 zǔ, 群 qún **II** v 成群 chéngqún

clutch I v 紧紧握住 jǐnjǐn wòzhù **II** N **1** (汽车) 离合器 (qìchē) líhéqì **2** 紧握 jǐnwò **3** 一簇 yì xiǎo cù

clutter I v 堆满 duīmǎn, 塞满 sāimǎn **II** N 杂乱无章的东西 záluàn wúzhāng de dōngxi

free of clutter 没有杂乱无章的东西 méiyǒu záluàn wú zhāng de dōngxi, 整洁 zhěngjié

cm (= centimeter) ABBREV 厘米 límǐ, 公分 gōngfēn

CNN (= Cable News Network) ABBREV (美国) 有线电视新闻网 (Měiguó) Yǒuxiàn Diànshì Xīnwénwǎng

coach[1] N 教练 jiàoliàn □ The college has hired a top basketball coach for its team. 大学为篮球队聘用了一位第一流的教练。Dàxué wèi lánqiúduì pìnyòngle yí wèi dìyīliú de jiàoliàn. **II** v 辅导 fǔdǎo, 训练 xùnliàn □ These days she is coaching her son for an important exam. 这些天她在辅导儿子准备一次重要的考试。Zhèxiē tiān tā zài fǔdǎo érzi zhǔnbèi yí cì zhòngyào de kǎoshì.

coach[2] N **1** 长途汽车 chángtú qìchē [M. WD 辆 liàng] □ See the U.S.A. by coach – take a Greyhound. 乘坐长途汽车观光美国–请搭乘"灰狗"。Chéngzuò chángtú qìchē guānguāng Měiguó–qǐng dāchéng "huī gǒu." **2** (飞机) 经济舱 (fēijī) jīngjìcāng

coagulate v 使…凝结 shǐ…níngjié

coagulation N 凝结 níngjié, 凝固 nínggù

coal N 煤 méi [M. WD 块 kuài] □ Coal is still an important source of energy. 煤仍然是重要的能源。Méi réngrán shì zhòngyào de néngyuán.

coal gas 煤气 méiqì

coal mine 煤矿 méikuàng

coal tar 煤焦油 méijiāoyóu

coalfield N 煤田 méitián

coalition N 联盟 liánméng, 同盟 tóngméng

coalition government 联合政府 liánhé zhèngfǔ

coarse ADJ **1** 粗糙的 [+衣料] cūcāo de [+yīliào] **2** 粗俗的 [+语言] cūsú de [+yǔyán]

coarsen v **1** 使…变得粗糙 shǐ…biàn de cūcāo **2** 使…变得粗俗 shǐ…biàn de cūsú

coast I N 海岸 hǎi'àn

Coast Guard (美国) 海岸警卫队 (Měiguó) Hǎi'àn Jǐngwèiduì

II v (汽车或自行车) 滑行 (qìchē huò zìxíngchē) huáxíng

coastal ADJ 近海的 jìnhǎi de, 沿海的 yánhǎi de

coaster N **1** 杯垫 bēidiàn **2** 沿海岸航行的船只 yánhǎi àn hángxíng de chuánzhī

coastline N 海岸线 hǎi'ànxiàn

coat I N **1** 外衣 wàiyī [M. WD 件 jiàn], 大衣 dàyī [M. WD 件 jiàn] □ This coat fits well. 这件外衣很合身。Zhè jiàn wàiyī hěn héshēn。**2** 上装 shàngzhuāng

coat hangar 衣架 yījià

coat of arms 纹章 wénzhāng, 盾徽 dùnhuī

coat rack 挂衣架 guàyījià

II v 涂一层 tú yìcéng

coax v 劝诱 quànyòu, 哄 hōng

cob N 玉米棒子芯 yùmǐ bàngzi xīn

corn on the cob 玉米棒子 yùmǐ bàngzi

cobbled ADJ 铺鹅卵石的 pū éluǎnshí de

cobbler N 水果馅饼 shuǐguǒ xiànbǐng **2** 修鞋匠 xiūxiéjiàng

cobblestone N 鹅卵石 éluǎnshí [M. WD 块 kuài]

cobra N 眼镜蛇 yǎnjìngshé [M. WD 条 tiáo]

cobweb N 蜘蛛网 zhīzhūwǎng [M. WD 张 zhāng]

Coca-Cola N 可口可乐 Kěkǒukělè [M. WD 瓶 píng/杯 bēi/罐 guàn]

cocaine N 可卡因 kěkǎyīn

cock I N **1** 公鸡 gōngjī [M. WD 只 zhī] **2** 雄鸟 xióng niǎo [M. WD 只 zhī] **3** 鸡巴 jība

cock-and-bull story 荒唐的故事/借口 huāngtang de gùshi/jièkǒu

II v 竖起 shùqǐ, 翘起 qiàoqǐ

cock-a-doodle-doo N 喔喔声 wōwōshēng

cockeyed ADJ **1** 歪的 wāi de, 倾斜的 qīngxié de **2** 荒谬的 huāngmiù de, 不切实际的 bù qiè shíjì de

cockpit N (飞机) 驾驶舱 (fēijī) jiàshǐ cāng, (赛车) 驾驶座 (sàichē) jiàshǐ zuò

cockroach N 蟑螂 zhāngláng [M. WD 只 zhī]

cocksure ADJ 自以为是的 zì yǐwéi shì de

cocktail N 鸡尾酒 jīwěijiǔ

cocktail bar 鸡尾酒酒吧 jīwěijiǔ jiǔbā

cocktail dress 晚礼服 wǎnlǐfú [M. WD 套 tào]

cocktail lounge 酒吧间 jiǔbājiān

cocktail party 鸡尾酒会 jīwěi jiǔhuì

2 冷盘 lěngpán [M. WD 道 dào], 开胃菜 [M. WD 道 dào]

seafood cocktail 海鲜冷盘 hǎixiān lěngpán

3 危险的混合物 wēixiǎn de hùnhéwù

Molotov cocktail 莫洛托夫汽油弹 Mòluòtuōfū qìyóudàn

cocky ADJ 自高自大的 zìgāo zìdà de

cocoa N 可可粉 kěkěfěn

coconut N 椰子 yēzi [M. WD 只 zhī]

cocoon I N **1** 蚕茧 cánjiǎn, 茧 jiǎn **2** 舒适安全的地方 shūshì ānquán de dìfang **II** v 将…严密保护 jiāng…yánmì bǎohù

C.O.D (= cash on delivery, collect on delivery) ABBREV 货到付款 huòdàofùkuǎn

cod N 雪鱼 xuěyú [M. WD 条 tiáo]

code I N **1** 编码 biānmǎ, 邮政编码 yóuzhèng biānmǎ □ What's the area code for Boston? 波士顿的邮政编码是多少？ Bōshìdùn de yóuzhèng biānmǎ shì duōshǎo? **2** (电脑) 编码 (diànnǎo) biānmǎ **3** 行为准则 xíngwéi zhǔnzé

code of conduct/ethics 行为准则 xíngwéi zhǔnzé

code of practice 行业准则 hángyè zhǔnzé

code word 代码 dàimǎ, 代称 dài chēng

II v 编码 biānmǎ

co-ed ADJ 男女同校的 nánnǚ tóngxiào de

coerce v 强迫 qiǎngpò, 迫使 pòshǐ

coercion N 强迫 qiǎngpò, 迫使 pòshǐ

coexist v 共存 (hépíng de) gòngcún

coexistence N 和平共存 hépíng gòngcún

coffee N 咖啡 kāfēi [M. WD 杯 bēi] □ Two coffees, please. 请给我两杯咖啡。Qǐng gěi wǒ liǎng bēi kāfēi.

black coffee 不加牛奶的咖啡 bù jiā niúnǎi de kāfēi

instant coffee 速溶咖啡 sùróng kāfēi

coffee break 工间休息 gōngjiān xiūxi

coffee cake 咖啡糕 kāfēi gāo

coffee house 咖啡馆 kāfēiguǎn

coffee maker N 煮咖啡器 zhǔ kāfēi qì

coffin N 棺材 guāncai

cog N 齿轮 chǐlún

cogency N 说服力 shuōfúlì

cogent ADJ 令人信服的 lìngrén xìnfú de

cogently ADV 令人信服地 lìngrén xìnfú de

cognac N (干邑) 白兰地 (gānyì) báilándí

cohabit v 未婚同居 wèihūn tóngjū

cohabitation N 未婚同居 wèihūn tóngjū

coherence N 1 条理性 tiáolǐxìng 2 凝聚力 níngjùlì

coherent ADJ 有条理的 yǒu tiáolǐ de

cohesion N 凝聚力 níngjùlì

coil I v (to coil up) 盘绕 pánrào, 缠绕 chánrào II N 1 [电路+] 线圈 [diànlù+] xiànquān 2 一圈 yìquān, 一卷 yí juàn

coin I N 硬币 yìngbì [M. WD 枚 méi] II v 创造 [+新词语] chuàngzào [+xīncíyǔ]

coincide v 1 同时发生 tóngshí fāshēng 2 一致 yízhì, 相符 xiāngfú

coincidence N 巧合 qiǎohé
  by coincidence 碰巧 pèngqiǎo

coincidental ADJ 巧合的 qiǎohé de

coke N 焦炭 jiāotàn, 焦煤 jiāoméi

Coke See Coca-cola

cola N 可乐类饮料 kělè lèi yǐnliào

colander N 滤盆 lǜpén

cold I ADJ 1 冷 lěng, 寒冷 hánlěng □ It's very cold today. 今天很冷。Jīntiān hěn lěng. □ I feel cold in here. 我觉得这里很冷。Wǒ juéde zhèlǐ hěn lěng.
  cold sore 冻疮 dòngchuāng
  cold war 冷战 lěngzhàn
  2 冷漠的 lěngmò de, 不友好的 bù yǒuhǎo de
  II N 1 感冒 gǎnmào, 伤风 shāngfēng □ I'm afraid I've got a cold. 我恐怕感冒了。Wǒ kǒngpà gǎnmào le. 2 寒冷 hánlěng

cold-blooded ADJ 1 冷酷的 [+人] lěngkù de [+rén], 毫不留情的 háobù liúqíng de 2 冷血的 [+动物] lěngxuè de [+dòngwù]

cold-hearted ADJ 铁石心肠的 tiěshí xīncháng de, 毫无同情心的 háowú tóngqíngxīn de

coldly ADV 冷漠地 lěngmò de, 冷淡地 lěngdàn de

coleslaw N 凉拌卷心菜丝 liángbàn juǎnxīncàisī

colic N 腹绞痛 fù jiǎotòng

collaborate v 1 合作 hézuò 2 与敌人合作 yǔ dírén hézuò, 通敌 tōngdí

collaboration N 1 合作 hézuò 2 通敌 tōngdí

collaborator N 1 合作者 hézuòzhě 2 通敌者 tōngdí zhě

collage N 拼贴画 pīntiēhuà

collapse I v 1 突然倒下 tūrán dǎoxià, 倒塌 dǎotā 2 崩溃 bēngkuì, 垮掉 kuǎdiào II N 1 崩溃 bēngkuì, 垮掉 kuǎdiào 2 倒塌 dǎotā 3 昏倒 hūndǎo

collapsible ADJ 可折叠的 kě zhédié de
  a collapsible chair 折叠椅 zhédiéyǐ

collar I N 1 领子 lǐngzi, 衣领 yīlǐng 2 颈圈 jǐngquān II v 1 (给动物) 戴颈圈 (gěi dòngwù) dài jǐngquān 2 逮住 dài zhù, 抓捕 zhuābǔ

collarbone N 锁骨 suǒgǔ

collate v 校对 jiàoduì, 核对 héduì

collateral N 抵押品 dǐyāpǐn [M. WD 件 jiàn]

colleague N 同事 tóngshì □ She maintains a good working relationship with her colleagues. 她和同事保持良好的工作关系。Tā hé tóngshì bǎochí liánghǎo de gōngzuò guānxi.

collect v 1 收集 shōují □ She collects Barbie dolls. 她收集芭比娃娃。Tā shōují bābǐ wáwa. 2 聚集 jùjí □ A crowd collected to watch the street performer. 一群人聚集起来观看街头表演。Yì qún rén jùjí qǐlái guānkàn jiētóu biǎoyǎn.

collected ADJ 1 收集成的 [+作品] shōují chéng de [+zuòpǐn] 2 镇定的 [+人] zhèndìng de [+rén], 不慌不忙的 bùhuāng bùmáng de

collectible, collectable N 有收藏价值的东西 yǒu shōucáng jiàzhí de dōngxi, 收藏品 shōucángpǐn [M. WD 件 jiàn]

collection N 1 收藏 shōucáng □ She has a large collection of Barbie dolls. 她收藏了很多芭比娃娃。Tā shōucángle hěn duō bābǐ wáwa. 2 捐款 juānkuǎn □ A collection will be taken at the end of the meeting. 会后将要募捐。Huì hòu jiāngyào mùjuān.

collective ADJ 集体的 jítǐ de, 共同的 gòngtóng de

collective bargaining 集体谈判 jítǐ tánpàn

collector N 1 收款人 shōukuǎnrén, 检票员 jiǎnpiàoyuán 2 收藏者 shōuzàngzhě, 收藏家 shōucángjiā

college N 1 大学 dàxué [M. WD 所 suǒ/座 zuò] □ She has won a scholarship to study arts at college. 她获得了一个在大学学习艺术的奖学金。Tā huòdéle yí ge zài dàxué xuéxí yìshù de jiǎngxuéjīn.

college student 大学生 dàxuésheng
  2 学院 xuéyuàn
  college of the arts and humanities 人文艺术学院 rénwén yìshù xuéyuàn

collide v 1 相撞 xiāngzhuàng
  to collide head-on 迎面相撞 yíngmiàn xiāngzhuàng
  2 冲突 chōngtū

collie N 克里牧羊犬 kè lǐ mùyángquǎn [M. WD 只 zhī/条 tiáo]

collision N 1 [车辆+] 相撞 [chēliàng+] xiāngzhuàng 2 [两派+] 冲突 [liǎng pài+] chōngtū
  on a collision course 有发生冲突的趋势 yǒu fāshēng chōngtū de qūshì

colloquial ADJ 口语的 kǒuyǔ de

colloquialism N 1 口语词语 kǒuyǔ cíyǔ, 口语体 kǒuyǔtǐ

collude v 勾结 gōujié, 共谋 gòngmóu

collusion N 勾结 gōujié, 共谋 gòngmóu

colon N 1 结肠 jiécháng 2 冒号 màohào (:)

colonel N 上校 shàngxiào [M. WD 位 wéi]

colonial ADJ 殖民的 zhímín de, 殖民时期的 zhímín shíqī de

colonialism N 殖民主义 zhímín zhǔyì

colonialist N 殖民主义者 zhímín zhǔyì zhě

colonize v 开拓…为殖民地 kāituò…wéi zhímín dì

colony N 殖民地 zhímíndì □ America was a colony of Great Britain before the Revolutionary War. 美国在革命战争以前是英国的殖民地。Měiguó zài gémìng zhànzhēng yǐqián shì Yīngguó de zhímíndì.

color I N 1 颜色 yánsè □ What is your favorite color? 你最喜欢什么颜色? Nǐ zuì xǐhuan shénme yánsè?
  color scheme 色彩设计 sècǎi shèjì
  2 脸色 liǎnsè
  II v 给…涂上颜色 gěi…tú shàng yánsè, 上色 shàngsè
  III ADJ 彩色的 cǎisè de
  color TV/movie 彩色电视／电影 cǎisè diànshì/diànyǐng

colorblind ADJ 色盲的 sèmáng de

color-coordinated ADJ 颜色协调的 yánsè xiétiáo de

colored ADJ 有 (颜) 色的 yǒu (yán) sè de

colorfast ADJ 不褪色的 bù tuìsè de

colorful ADJ 1 色彩鲜艳的 [+服装] sècǎi xiānyàn de [+fúzhuāng] 2 丰富多彩的 [+生活] fēngfù duōcǎi de [+shēnghuó], 生动有趣的 shēngdòng yǒuqù de

coloring N 1 填色 tiánsè, 上色 shàngsè 2 食用色素 shíyòng-sèsù
  coloring book 填色书 tiánsèshū

colorless ADJ 无色的 wúsè de, 无趣味的 wú qùwèi de, 没有生气的 méiyǒu shēngqì de

colossal ADJ 巨大的 jùdà de

colossus N 庞然大物 pángrán dàwù, 巨人 jùrén

colt N 小公马 xiǎo gōngmǎ [M. WD 匹 pǐ], 雄马驹 xióng mǎjū [M. WD 匹 pǐ]

column N 1 圆柱 yuánzhù [M. WD 根 gēn], 柱子 zhùzi [M. WD 根 gēn] 2 (报纸) 专栏 (bàozhǐ) zhuānlán 3 (军事) 纵队 (jūnshì) zòngduì

columnist N 专栏作家 zhuānlán zuòjiā

coma N 昏迷 hūnmí
  in a coma 处于昏迷状态 chù yú hūnmí zhuàngtài, 昏迷之中 hūnmí zhīzhōng

comatose ADJ 1 昏迷的 [+病人] hūnmí de [+bìngrén] 2 极其疲倦 jíqí píjuàn, 呆滞的 dāizhì de

comb I N 1 梳子 shūzi [M. WD 把 bǎ] 2 (公鸡的) 鸡冠 (gōngjī

de) jīguān **3** 蜂巢 fēngcháo, 蜂房 fēngfáng **II** v 梳 shū, 梳理 shūlǐ □ She spends a long time combing her hair every morning. 她每天早晨花很多时间梳头。Tā měitiān zǎochen huā hěn duō shíjiān shūtóu.

combat I N **1** 战斗 zhàndòu
killed in combat 死于战斗 sǐ yú zhàndòu, 阵亡 zhèn-wáng
combat vehicle 战车 zhànchē
II v 与…作战 yǔ…zuòzhàn

combatant N 战斗人员 zhàndòu rényuán, 战士 zhànshì

combative ADJ 好斗的 hǎo dǒu de, 好争论的 hǎo zhēnglùn de

combination N **1** 联合 liánhé **2** 组合 zǔhé
a winning combination 成功的组合 chénggōng de zǔhé
combination lock 密码锁 mìmǎsuǒ

combine[1] v **1** 结合 jiéhé, 组合 zǔhé □ She wants to combine her career with a family life. 她要把个人事业和家庭生活结合起来。Tā yào bǎ gèrén shìyè hé jiātíng shēnghuó jiéhéqǐlai. **2** 混合 hùnhé, 化合 huàhé

combine[2] N **1** 联合收割机 liánhé shōugējī [M. WD 台 tái] **2** 联合企业 liánhéqǐyè, 联合体 liánhétǐ

combust v 燃烧 ránshāo

combustible ADJ 易燃的 yìrán de, 可燃的 kěrán de

combustion N 燃烧 ránshāo

come (PT **came**; PP **come**) v 来 lái, 到来 dàolái □ He came to New York a year ago to look for a job. 他一年前到纽约来找工作。Tā yì nián qián dào Niǔyuē lái zhǎo gōngzuò.
to come across 碰见 pèngjiàn, 遇上 yùdào □ I came across an old schoolmate in the supermarket. 我在超级市场遇到一个老同学。Wǒ zài chāojí shìchǎng yùdào yí ge lǎotóngxué.
to come from 是 (…地方) 人 shì (…dìfang) rén □ He comes from Shanghai. 他是上海人。Tā shì Shànghǎi rén.
come on! 快点儿! Kuài diǎnr! 行了! Xíngle!

comeback N 复活 fùhuó, 东山再起 dōngshān zài qǐ

comedian N 喜剧演员 xǐjù yǎnyuán, 谐星 xiéxīng

comedown N 失落 shīluò, 失势 shīshì

comedy N 喜剧 xǐjù

come-on N 勾引 gōuyǐn, 挑逗 tiǎodòu

comet N 彗星 huìxīng

comeuppance N 报应 bàoyìng, 惩罚 chéngfá

comfort I N **1** 安慰 ānwèi □ Everyone said a few words of comfort to me after the accident. 发生事故以后，人人都对我说了些安慰的话。Fāshēng shìgù yǐhòu, rénrén dōu duì wǒ shuōle xiē ānwèi de huà. **2** 舒适 shūshì
in comfort 舒适 shūshì □ Many years of frugal living have enabled the old couple to live in comfort now. 多年简朴的生活使老夫妻现在能过上舒适的生活。Duōnián jiǎnpǔ de shēnghuó shǐ lǎo fūqī xiànzài néng guòshang shūshì de shēnghuó.
3 (comforts, creature comforts) 使生活舒适的东西 shǐ shēnghuó shūshì de dōngxi
II v 安慰 ānwèi □ The mother comforted her crying baby. 母亲安慰哭泣的婴儿。Mǔqin ānwèi kūqì de yīng'ér.

comfortable ADJ **1** 舒服 shūfu, 舒适 shūshì □ This is a very comfortable chair. 这把椅子非常舒服。Zhè bǎ yǐzi fēicháng shūfu. □ You don't have to be rich to live a comfortable life. 你不用很富有，就可以过上舒服的生活。Nǐ bùyòng hěn fùyǒu, jiù kěyǐ guòshang shūfu de shēnghuó. **2** 自在 zìzài, 不拘束 bù jūshù □ He didn't feel comfortable meeting his former girlfriend and her husband at the party. 他在聚会上遇到以前的女友和她丈夫，感到很不自在。Tā zài jùhuìshang yùdào yǐqián de nǚyǒu hé tā zhàngfu, gǎndào hěn bù zìzài.

comforter N 被子 bèizi [M. WD 条 tiáo]

comfy ADJ 舒适的 shūshì de

comic I ADJ 滑稽的 huájī de

comic book 儿童连环画 értóng liánhuánhuà
comic strip 连环漫画 liánhuán mànhuà
II N **1** 喜剧演员 xǐjù yǎnyuán **2** 儿童连环画 értóng lián-huánhuà

comical ADJ 滑稽的 huájī de, 可笑的 kěxiào de

coming I N 到来 dàolái
coming and going 来来往往 láilái wǎngwǎng
II ADJ 即将到来的 jíjiāng dàolái de

comma N 逗号 dòuhào (，)

command I v **1** 指挥 zhǐhuī □ The President commands all the U.S. armed forces. 总统指挥美国所有的武装力量。Zǒngtǒng zhǐhuī Měiguó suǒyǒu de wǔzhuāng lìliàng. **2** 命令 mìnglìng □ The general commanded his troops to advance. 将军命令部队前进。Jiāngjūn mìnglìng bùduì qiánjìn.
II N **1** 指挥 zhǐhuī □ He has 3,000 men under his command. 有三千名战士在他指挥之下。Yǒu sān qiān míng zhànshì zài tā zhǐhuī zhīxià. **2** 命令 mìnglìng **3** 兵团 bīngtuán **4** 掌握 zhǎngwò, 运用能力 yùnyòng nénglì
to have a good command of Chinese 具有很好的中文能力 jùyǒu hěn hǎode Zhōngwén nénglì

commandant N 司令官 sīlìngguān [M. WD 位 wéi/名 míng], 指挥官 zhǐhuīguān [M. WD 位 wéi/名 míng]

commandeer v 征用 zhēngyòng

commander N 司令 sīlìng [M. WD 位 wéi/名 míng], 司令员 sīlìngyuán [M. WD 位 wéi/名 míng]

commanding ADJ **1** 指挥的 [+军官] zhǐhuī de [+jūnguān] **2** 威严的 [+口气] wēiyán de [+kǒuqì] **3** 居高临下的 [+山峰] jūgāo línxià de [+shānfēng] **4** 遥遥领先的 yáoyáo lǐng xiān de

commandment N 戒律 jièlǜ
the Ten Commandments (圣经) 十戒 (Shèngjīng) shíjiè

commando N 突击队 tūjīduì, 特种部队 tèzhǒng bùduì

commemorate v 纪念 jìniàn

commemoration N 纪念 jìniàn

commemorative ADJ 纪念的 jìniàn de

commence v 开始 kāishǐ

commencement N **1** 开始 kāishǐ **2** 毕业典礼 bìyè diǎnlǐ

commend v 公开表扬 gōngkāi biǎoyáng, 赞扬 zànyáng

commendable ADJ 值得赞扬的 zhíde zànyáng de

commendation N 奖品 jiǎngpǐn, 荣誉 róngyù

commensurate ADJ 相称的 xiāngchèn de, 相应的 xiāngyìng de

comment I v 议论 yìlùn, 评论 pínglùn □ I don't want to comment on the new management. 我不想议论新的行政管理人员。Wǒ bù xiǎng yìlùn xīn de xíngzhèng guǎnlǐ rényuán.
II N 议论 yìlùn, 评论 pínglùn □ His sudden resignation caused much comment. 他突然辞职，引起了很多议论。Tā tūrán cízhí, yǐnqǐle hěn duō yìlùn.

commentary N [球赛的+] 现场解说 [qiúsài de+] xiànchǎng jiěshuō, [新闻的+] 实况报道 [xīnwén de+] shíkuàng bàodào
running commentary 现场评介 xiànchǎng píngjiè

commentator N 解说员 jiěshuōyuán

commerce N 商业 shāngyè, 商务 shāngwù

commercial I ADJ 商业的 shāngyè de □ Government employees are not allowed to engage in any commercial activity. 政府工作人员不允许从事任何商业活动。Zhèngfǔ gōngzuò rényuán bù yǔnxǔ cóngshì rènhé shāngyè huódòng.
commercial break 广告时间 guǎnggào shíjiān
II N 电视广告 diànshì guǎnggào □ The TV program was interrupted by too many commercials. 这个电视节目的广告太多了。Zhège diànshì jiémù de guǎnggào tài duō le.

commercialism N 赢利第一 yínglì dìyī, 利润至上 lìrùn zhìshàng

commercialize v 商业化 shāngyèhuà

commiserate v 表示同情 biǎoshì tóngqíng

commission I N 1 [税务+] 委员会 [shuìwù+] wěiyuánhuì 2 [代理人+] 佣金 [dàilǐrén+] yòngjīn 3 [专门定做的+] 艺术品 [zhuānmén dìngzuò de] yìshùpǐn

in commission 仍在服役的 [+军舰] réng zài fúyì de [+jūnjiàn]

out of commission 不能使用的 bùnéng shǐyòng de

II V 1 委托 [+制作艺术品] wěituō [+zhìzuò yìshùpǐn] 2 授予军衔 shòuyú jūnxián

a commissioned officer (被授予军衔的)军官 (bèi shòuyǔ jūnxián de) jūnguān

commissioner N 负责长官 fùzé zhǎngguān

commit V 1 保证 bǎozhèng, 承担 chéngdān

to commit oneself to 保证 bǎozhèng

2 付出 fùchū □ I've committed much time to this project. 我已经为这个项目付出了很多时间。Wǒ yǐjīng wéi zhè ge xiàngmù fùchūle hěn duō shíjiān. 3 犯(罪/错误)fàn (zuì/cuòwù)

to committ a felony 犯重罪 fàn zhòngzuì

commitment N 1 承诺 chéngnuò □ The Administration made a commitment to improving rural education. 政府承诺改善农村教育。Zhèngfǔ chéngnuò gǎishàn nóngcūn jiàoyù. 2 奉献 fèngxiàn, 敬业精神 jìngyè jīngshén

committed ADJ 献身的 xiànshēn de, 尽职的 jìnzhí de

committee N 委员会 wěiyuánhuì □ A special committee has been set up to solve the problem. 成立了一个特殊委员会，来解决这个问题。Chénglìle yí ge tèshū wěiyuánhuì, lái jiějué zhè ge wèntí.

commodity N 商品 shāngpǐn

commodore N (美国)海军准将 (Měiguó) hǎijūn zhǔnjiàng

common ADJ 1 共同的 gòngtóng de □ This attitude is common to most elderly people in the church. 教会中大多数老年人都持这种态度。Jiàohuì zhōng dàduōshù lǎoniánrén dōu chí zhè zhǒng tàidu. 2 普通的 pǔtōng de □ She thinks herself above the common people. 她认为自己高人一等。Tā rènwéi zìjǐ gāo rén yì děng.

to have something/much/nothing in common with 和…有些/有很多/没有共同点 hé…yǒuxiē/yǒu hěn duō/méiyǒu gòngtóngdiǎn □ I have nothing in common with that person. 我和那个人没有共同点。Wǒ hé nà ge rén méiyǒu gòngtóngdiǎn.

common sense 常识 chángshí

3 常见的 chángjiàn de

common cold 感冒 gǎnmào

common-law ADJ 普通法 pǔtōngfǎ

common-law marriage 事实婚姻 shìshí hūnyīn, 同居关系 tóngjū guānxi

commonly ADV 通常 tōngcháng, 一般 yìbān

commonplace ADJ 平常的 píngcháng de, 不足为奇的 bùzú wéi qí de

commonwealth N 联合体 liánhétǐ, 联邦 liánbāng

British Commonwealth (大)英联邦 (Dà) Yīng liánbāng

commotion N 吵闹 chǎonào, 混乱 hùnluàn

communal ADJ 公共的 gōnggòng de, 共用的 gòngyòng de

commune I N 公社 gōngshè II V 交流 jiāoliú

communicable ADJ 传染的 chuánrǎn de

communicate V 1 沟通 gōutōng, 交流 jiāoliú □ President Ronald Reagan had an exceptional ability to communicate with people. 里根总统具有超凡的沟通能力。Lǐgēn zǒngtǒng jùyǒu chāofán de gōutōng nénglì. 2 [痢疾+] 传染 [lìjí+] chuánrǎn

communication N 沟通 gōutōng, 交流 jiāoliú □ The problem was caused by poor communication. 问题是因为没有好好沟通引起的。Wèntí shì yīnwèi méiyǒu hǎohǎo gōutōng yǐnqǐ de.

communications N 1 [现代+] 通讯手段 [xiàndài+] tōngxùn shǒuduàn 2 [学习+] 传媒学 [xuéxí+] chuánméixué

communicative ADJ 乐于沟通的 lèyú gōutōng de, 善于言谈的 shànyú yántán de

communion N 1 情感思想交流 qínggǎn sīxiǎng jiāoliú 2 圣餐仪式 Shèngcān yíshì

Holy Communion 圣餐仪式 Shèngcān yíshì

communique N 公报 gōngbào

communism N 共产主义 Gòngchǎn zhǔyì

communist N 共产主义者 Gòngchǎn zhǔyìzhě, 共产党党员 Gòngchǎndǎng dǎngyuán

community N 1 社区 shèqū □ He is well-known in the Asian community in San Francisco. 他在旧金山亚裔社区很出名。Tā zài Jiùjīnshān Yàyì shèqū hěn chūmíng.

community college 社区学院 shèqū xuéyuàn

community service 社区服务 shèqū fúwù

2 群体 qúntǐ, 公众 gōngzhòng

community property 夫妻共有财产 fūqī gòngyǒu cáichǎn

commute I V 远距离上下班 yuǎnjùlí shàngxiàbān II N (远距离)上下班的时间 (yuǎnjùlí) shàngxiàbān de shíjiān

commuter N 远距离上下班的人 yuǎnjùlí shàngxiàbān de rén

compact I ADJ 小而紧凑的 xiǎo ér jǐncòu de

a compact car 小型汽车 xiǎoxíng qìchē

compact disc, CD 光盘 guāngpán

II N 1 小型汽车 xiǎoxíng qìchē [M. WD 辆 liàng] 2 化妆粉盒 huàzhuāng fěnhé III V 压紧 yā jǐn

companion N 1 同伴 tóngbàn 2 [旅游+] 手册 [lǚyóu+] shǒucè

companionable ADJ 友善的 yǒushàn de

companionship ADJ 友伴 yǒubàn, 友好往来 yǒuhǎowǎnglái

company N 1 公司 gōngsī [M. WD 家 jiā] □ Our company specializes in telecommunication equipment. 我们公司专门经营电讯通信设备。Wǒmen gōngsī zhuānmén jīngyíng diànxùn tōngxùn shèbèi.

limited company 有限公司 yǒuxiàn gōngsī

listed company 上市公司 shàngshì gōngsī

2 交往 jiāowǎng, 陪伴 péibàn □ I'll stay and keep you company. 我留下来陪你。Wǒ liúxiàlai péi nǐ. 3 同伴 tóngbàn, 朋友 péngyou

to fall into bad company 交了坏朋友 jiāole huài péngyou

4 客人 kèren, 访客 fǎngkè

to expect company 等客人到来 děng kèren dàolái

comparable ADJ 类似的 lèisì de, 可相提并论的 kě xiāngtí bìnglùn de

comparative I ADJ 1 相对的 xiāngduì de

comparative freedom 相对的自由 xiāngduì de zì yóu

2 (学术研究方面)比较的 (xuéshù yánjiū fāngmiàn) bǐjiào de

comparative literature 比较文学(研究)bǐjiào wénxué (yánjiū)

II N (形容词/副词的)比较级 (xíngróngcí/fùcí de) bǐjiàojí

compare V 比 bǐ, 比较 bǐjiào □ Our laboratory is comparing the two samples. 我们实验室正在比较这两种标本。Wǒmen shíyànshì zhèngzài bǐjiào zhè liǎng zhǒng biāoběn. □ Few tourist attractions compare with the beauty of the Grand Canyon. 没有几个旅游景点可以和大峡谷比美。Méiyǒu jǐ ge lǚyóu jǐngdiǎn kěyǐ hé dàxiágǔ bǐměi.

comparison N 比较 bǐjiào □ This new equipment is much more energy efficient in comparison to the old one. 与旧设备相比，新设备利用能源的效率高得多。Yǔ jiù shèbèi xiāngbǐ, xīn shèbèi lìyòng néngyuán de xiàolǜ gāode duō.

by comparison 相比之下 xiāngbǐ zhī xià

compartment N 1 分隔间 fēngé jiān

freezer compartment 冷冻格 lěngdòng gé

2 (飞机/火车等)舱 (fēijī/huǒchē děng) cāng

first-class compartment 头等舱 tóuděngcāng

compartmentalize V 分成小间 fēnchéng xiǎojiān, 划分 huàfēn

compass N 1 指南针 [+指路] zhǐnánzhēn [+zhǐlù] 2 圆规 yuánguī

compassion N 强烈的同情心 qiángliè de tóngqíngxīn

compassionate ADJ 有同情心的 yǒu tóngqíngxīn de
compassionate leave 私事假 sīshìjià, 丧假 sāngjià

compatibility N 兼容性 jiānróngxìng

compatible I ADJ 兼容的 jiānróng de, 一致的 yízhì de II N 兼容机 jiānróng jī

compatriot N 同胞 tóngbāo

compel V 强迫 qiǎngpò

compelling ADJ 令人不得不注意的 lìngrén bùdébù zhùyì de, 极为有趣的 jíwéi yǒuqù de
a compelling reason 强烈的理由 qiángliè de lǐyóu

compendium N 大全 dàquán

compensate V 1 赔偿 péicháng 2 弥补 míbǔ

compensation N 赔偿 péicháng [M. WD 笔 bǐ], 赔偿金 péichángjīn [M. WD 笔 bǐ]

compete N 1 竞争 jìngzhēng □ We can't compete with that multinational giant. 我们无法与那家跨国大公司竞争。Wǒmen wúfǎ yǔ nà jiā kuàguó dà gōngsī jìngzhēng. 2 参加比赛 cānjiā bǐsài

competence N 能力 nénglì

competent ADJ 有能力的 yǒu nénglì de, 能胜任的 néng shèngrèn de

competition N 1 竞争 jìngzhēng 2 比赛 bǐsài □ She won the national design competition. 她在全国设计比赛中取胜。Tā zài quánguó shèjì bǐsài zhōng qǔshèng.

competitive ADJ 有竞争力的 yǒu jìngzhēnglì de

competitor N 竞争者 jìngzhēngzhě, 参赛者 cānsàizhě

compilation N 汇编集 huìbiānjí

compile V 汇编 huìbiān, 编辑 biānjí

complacency N 自满 zìmǎn

complacent ADJ 自满的 zìmǎn de, 心满意得的 xīn mǎnyì dé de

complain V 1 抱怨 bàoyuàn □ His neighbors complained about his late-night parties. 他的邻居抱怨他的深夜聚会。Tā de línjū bàoyuàn tā de shēnyè jùhuì.
I can't complain. 还算不错。Háisuàn bùcuò.
2 投诉 tóusù □ A customer has complained to the manager about her terrible service. 一位顾客因为她服务太差而向经理投诉。Yí wèi gùkè yīnwèi tā fúwù tài chà ér xiàng jīnglǐ tóusù.

complaint N 1 抱怨 bàoyuàn □ I have no complaints about your school. 对你们学校我没什么可抱怨的。Duì nǐmen xuéxiào wǒ méishénme kě bàoyuàn de. 2 投诉 tóusù □ He brought a complaint against the traffic cop. 他投诉那名交通警察。Tā tóusù nà míng jiāotōng jǐngchá. 3 (病人的)主诉 (bìngrén de) zhǔsù □ Doctor: What is your complaint? 医生：你那里不舒服？Yīshēng: Nǐ nǎli bù shūfu?

complement I N 1 补充物（或人）bǔchōng wù (huò rén) 2 全数 quánshù II V 衬托 chèntuō

complementary ADJ 补充的 bǔchōng de

complete I ADJ 完全的 wánquán de, 全部的 quánbù de □ We're in complete agreement on this issue. 我们在这个问题上完全一致。Wǒmen zài zhè ge wèntíshang wánquán yízhì.
II V 完成 wánchéng □ We need to complete the pilot project first. 我们得先完成试点工程。Wǒmen děi xiān wánchéng shìdiǎn gōngchéng.

completely ADV 完全地 wánquán de, 彻底地 chèdǐ de

completion N 完成 wánchéng

complex I ADJ 复杂 fùzá □ It is such a complex matter that, frankly, many people simply cannot understand it. 这件事十分复杂，坦率地说，很多人无法理解。Zhè jiàn shì shífēn fùzá, tǎnshuài de shuō, hěn duō rén wúfǎ lǐjiě.
II N 综合建筑群 zōnghé jiànzhùqún
movie complex 综合影剧院 zōnghé yǐngjùyuàn
2 情结 qíngjié

Electra complex 恋父情结 liànfù qíngjié
Oedipus compex 恋母情结 liànmǔ qíngjié

complexion N 面色 miànsè

complexity N 复杂性 fùzáxìng

compliance N 遵守 zūnshǒu, 服从 fúcóng

compliant ADJ 服从的 fúcóng de, 顺从的 shùncóng de

complicate V 使…复杂 shǐ…fùzá

complicated ADJ 复杂的 fùzá de

complication N 1 复杂性 fùzáxìng 2 并发症 bìngfāzhèng

complicity N 共谋 gòngmóu, 共犯 gòngfàn

compliment I N 称赞 chēngzàn, 赞美 zànměi □ Thank you for your compliment. 谢谢你的称赞。Xièxie nǐde chēngzàn.
backhanded (left-handed) compliment 挖苦的恭维话 wāku de gōngweihuà
II V 称赞 chēngzàn, 赞美 zànměi □ Mr Zhang complimented Grace on her spoken Chinese. 张先生称赞格雷斯中文口语说得好。Zhāng xiānsheng chēngzàn Géléisī Zhōngwén kǒuyǔ shuō de hǎo.

complimentary ADJ 1 称赞的 chēngzàn de 2 赠送的 zèngsòng de, 免费的 miǎnfèi de

compliments N 问候 wènhòu, 致意 zhìyì

comply V 遵守 zūnshǒu, 服从 fúcóng

component N 组成部分 zǔchéng bùfen □ This software is now a standard component of a computer system. 这个软件现在是计算机系统的标准组成部分。Zhè ge ruǎnjiàn xiànzài shì jìsuànjī xìtǒng de biāozhǔn zǔchéng bùfen.

compose V 1 组成 zǔchéng
to be composed of 由…组成 yóu…zǔchéng □ That dictionary is composed of two parts: a Chinese-English section and an English-Chinese section. 那本词典由两个部分组成—汉英和英汉部分。Nà běn cídiǎn yóu liǎng ge bùfen zǔchéng—Hànyīng hé YīngHàn bùfen.
2 写 xiě, 谱写 pǔxiě

composed ADJ 平静的 píngjìng de

composer N 作曲者 zuòqǔzhě, 作曲家 zuòqǔjiā

composite I ADJ 拼合成的 pīnhéchéng de II N 混合物 hùnhéwù

composition N 1 [化学成份+] 组成 [huàxué chéngfèn+] zǔchéng 2 [学生的+] 作文 [xuésheng de+] zuòwén 3 [音乐+] 作品 [yīnyuè+] zuòpǐn

compost N 堆肥 duīféi

composure N 镇定 zhèndìng, 冷静 lěngjìng

compound I N 1 大院 dàyuàn, 场地 chǎngdì 2 化合物 huàhéwù, 混合物 hùnhéwù 3 复合词 fùhécí II V 1 使混合 shǐ hùnhé 2 使恶化 shǐ èhuà 3 计算复利 jìsuàn fùlì III ADJ 1 复合的 fùhé de
a compound sentence 复合句 fùhéjù
2 重复的 chóngfù de
compound interest 复利 fùlì

comprehend V 理解 lǐjiě, 领悟 lǐngwù

comprehensible ADJ 容易理解的 róngyì lǐjiě de

comprehension N 理解 lǐjiě, 领悟 lǐngwù

comprehensive ADJ 综合的 zōnghé de, 全面的 quánmiàn de

compress V 压缩 yāsuō, 压紧 yā jǐn

compression N 压缩 yāsuō, 压紧 yā jǐn

comprise V 由…组成 yóu…zǔchéng

compromise I N 妥协 tuǒxié
to make compromises 让步 ràngbù
II V 1 妥协 tuǒxié, 让步 ràngbù 2 损害 sǔnhài
to compromise oneself 损害自己 sǔnhài zìjǐ, 损害自己的形象 sǔnhài zìjǐ de xíngxiàng

compromising ADJ 不光彩的 bùguāngcǎi de, 有失体面的 yǒu shī tǐmian de

compulsion N 1 强烈冲动 qiángliè chōngdòng 2 强迫 qiǎngpò

compulsive ADJ 有强烈冲动的 yǒu qiángliè chōngdòng de, 强迫性的 qiǎngpò xìng de

a compulsive gambler 赌博成性的人 dǔbó chéngxìng de rén

compulsory ADJ 必须做的 bìxū zuò de, 强迫性的 qiǎngpò xìng de

compulsory (school) subject 学校必修课目 xuéxiào bìxiūkè mù

compunction N 内疚 nèijiù, 后悔 hòuhuǐ

computation N 计算 jìsuàn, 计算的技能 jìsuàn de jìnéng

compute V 计算 jìsuàn

computer N 计算机 jìsuànjī [M. WD 台 tái], 电脑 diànnǎo [M. WD 台 tái] □ This computer is sold together with a printer and a scanner. 这台电脑和打印机、扫描机一并出售。Zhè tái diànnǎo hé dǎyìnjī, sǎomiáojī yíbìng chūshòu.

computer game 电脑游戏 diànnǎo yóuxì

computer jockey 计算机编程高手 jìsuànjī biānchéng gāoshǒu

computer literate 会使用计算机的 huì shǐyòng jìsuànjī de

computerize V 电脑化 diànnǎohuà

computing N 计算机操作 jìsuànjī cāozuò

comrade N 同志 tóngzhì

con I V 欺骗 qīpiàn, 诈骗 zhàpiàn II N 欺骗 qīpiàn, 诈骗 zhàpiàn

con artist 骗子 piànzi

concave ADJ 凹面的 āomiàn de

a concave mirror 凹透镜 āotòujìng

conceal V 隐藏 yǐncáng

concealment N 隐藏 yǐncáng

concede V (勉强) 承认 (miǎnqiǎng) chéngrèn

conceit N 自负 zìfù, 骄傲 jiāo'ào

conceited ADJ 自负的 zìfù de, 自高自大的 zìgāo zìdà de

conceivable ADJ 可以想象的 kěyǐ xiǎngxiàng de

conceive V 1 想象 [+状况] xiǎngxiàng [+zhuàngkuàng], 相信 xiāngxìn 2 设想 [+新方法] shèxiǎng [+xīn fāngfǎ], 构想 gòuxiǎng 3 怀胎 huáitāi

concentrate I V 1 集中 jízhōng □ I've got to concentrate on my studies for a while to pass the exams. 这段时间我得集中精力学习，以便通过考试。Zhè duàn shíjiān wǒ děi jízhōng jīnglì xuéxí, yǐbiàn tōngguò kǎoshì. 2 专心 zhuānxīn, 集中注意力 jízhōng zhùyìlì □ After learning the disturbing news, she found it difficult to concentrate in class. 听到那个扰人的消息，她觉得上课的时候很难专心。Tīngdao nà ge rǎorén de xiāoxi, tā juéde shàngkè de shíhou hěn nán zhuānxīn.

II N 浓缩液 nóngsuōyè, 浓缩物 nóngsuōwù

concentrated ADJ 1 浓缩的 [+水果汁] nóngsuō de [+shuǐguǒzhī] 2 全神贯注的 quánshén guànzhù de

to make a concentrated effort 全力以赴地 quánlì yǐfù de

concentration N 1 专心致志 zhuānxīn zhìzhì □ He has powers of concentration in whatever he does. 他不论做什么，都能专心致志。Tā bùlùn zuò shénme, dōu néng zhuānxīnzhìzhì.

2 集中 jízhōng 3 浓度 nóngdù

concentric ADJ 同心的 tóngxīn de

concept N 概念 gàiniàn, 观念 guānniàn □ In his lecture today Professor Smith introduced some basic concepts in economics. 史密斯教授在今天的讲课里介绍了经济学里的几个基本概念。Shǐmìsī jiàoshòu zài jīntiān de jiǎngkè lǐ jièshàole jīngjìxué lǐ de jǐ ge jīběn gàiniàn.

conception N 1 概念 gàiniàn, 观念 guānniàn 2 构想 gòuxiǎng 3 怀胎 huáitāi

conceptual ADJ 概念的 gàiniàn de, 观念的 guānniàn de

concern I V 1 和…有关系 hé…yǒu guānxi □ This matter does not concern me. 这件事和我没有关系。Zhè jiàn shì he wǒ méiyǒu guānxi. 2 使…担心 shǐ…dānxīn □ What concerns many people is the rise in teenage mothers. 使很多

人担心的是少女母亲越来越多。Shǐ hěn duō rén dānxīn de shì shàonǚ mǔqin yuèláiyuè duō.

to be concerned with 关注 guānzhù, 担心 dānxīn □ The government is concerned with inflation. 政府很关注通货膨胀。Zhèngfǔ hěn guānzhù tōnghuòpéngzhàng.

II N 关心 guānxīn, 担心 dānxīn □ Global warming has caused growing concern. 全球天气变暖，引起越来越大的关注。Quánqiú tiānqì biàn nuǎn, yǐnqǐ yuèláiyuè dà de guānzhù.

2 关心的事 guānxīn de shì 3 公司 gōngsī, 企业 qǐyè

concerned ADJ 1 焦虑的 jiāolǜ de, 担心的 dānxīn de 2 有关的 yǒuguān de

to be concerned for 关心 guānxīn, 挂念 guàniàn

as far as … is concerned 就…而言 jiù…éryán

concerning PREP 关于 guānyú □ We have questions concerning your proposal. 关于你的提案，我们有一些问题。Guānyú nǐ de tí'àn, wǒmen yǒu yìxiē wèntí.

concert N 音乐会 yīnyuèhuì [M. WD 场 cháng] □ The band is going to give a big concert next weekend. 这个乐队下个周末要举行盛大音乐会。Zhè ge yuèduì xià ge zhōumò yào jǔxíng shèngdà yīnyuèhuì.

concert grand 平台大钢琴 píngtái dàgāngqín

concert master 首席小提琴手 shǒuxí xiǎotíqínshǒu

in concert with 共同行动 gòngtóng xíngdòng

concerted ADJ 共同的 gòngtóng de, 一致的 yízhì de

concerto N 协奏曲 xiézòuqǔ [M. WD 首 shǒu]

concession N 1 让步 ràngbù 2 特许权 tèxǔquán

concession stand 小食品摊 xiǎo shípǐn tān

concierge N 旅馆服务台职员 lǚguǎn fúwùtái zhíyuán

conciliate V 调停 tiáoting, 调解 tiáojiě

conciliation N 调停 tiáoting, 调解 tiáojiě

concilatory ADJ 和解的 héjiě de

concise ADJ 简明的 jiǎnmíng de, 简洁的 jiǎnjié de

conclude V 1 结束 jiéshù □ He concluded his speech with a quotation from Confucius. 他用孔子的一句话结束演讲。Tā yòng Kǒngzǐ de yí jù huà jiéshù yǎnjiǎng. 2 下结论 xiàjiélùn 得出结论 déchū jiélùn □ The police report concluded that this man was innocent. 警察报告得出结论，该人无罪。Jǐngchá bàogào déchū jiélùn, gāirén wúzuì.

conclusion N 1 结束 jiéshù, 结局 jiéjú □ The conclusion of the novel is rather unexpected. 小说的结局出人意料。Xiǎoshuō de jiéjú chūrényìwài. 2 结论 jiélùn, 断言 duànyán □ Nobody wants to jump to the wrong conclusion. 没有人想匆匆忙忙得出错误的结论。Méiyǒu rén xiǎng cōngcong mángmáng déchū cuòwù de jiélùn.

to jump to conclusions 轻易下结论 qīngyì xiàjiélùn

conclusive ADJ 确信无意的 quèxìn wúyì de, 毫无疑问的 háowúyí wèn de

concoct V 1 编造 [+谎言] biānzào [+huǎngyán], 虚构 xūgòu 2 配制 [+食谱] pèizhì [+shípǔ], 拼凑 pīncòu

concoction N 调制品 tiáozhì pǐn

concourse N 大厅 dàtīng

concrete I N 混凝土 hùnníngtǔ II ADJ 1 混凝土的 [+大桥] hùnníngtǔ de [+dàqiáo] 2 具体的 [+计划] jùtǐ de [+jìhuà]

concur V 与…意见一致 yǔ…yìjiàn yízhì, 完全赞同 wánquán zàntóng

concurrence N 1 同意 tóngyì 2 同时发生 tóngshí fāshēng

concurrent ADJ 1 同意的 tóngyì de 2 同时发生的 tóngshí fāshēng de

concussion N 1 震荡 zhèndàng 2 脑震荡 nǎozhèndàng

condemn V 1 谴责 qiǎnzé 2 判刑 pànxíng 3 宣布为危房 xuānbù wéi wēifáng

condemnation N 谴责 qiǎnzé

condensation N 1 凝结 níngjié 2 水滴 shuǐdī 3 压缩 yāsuō

condense V 1 凝结 níngjié 2 压缩 yāsuō

condescend V 1 表现出高人一等 biǎoxiànchū gāo rén yì děng 2 屈尊 qūzūn

condescending ADJ 居高临下的 jūgāo línxià de, 带有优越感的 dàiyǒu yōuyuègǎn de

condiment N 调味品 tiáowèipǐn

condition I N 1 条件 tiáojiàn □ Conditions apply to this sale. 这一销售，附有一定条件。Zhè yì xiāoshòu, fùyǒu yídìng tiáojiàn. 2 情况 qíngkuàng, 条件 tiáojiàn □ The working conditions in these factories should be improved. 这些工厂的工作条件应该改善。Zhèxiē gōngchǎng de gōngzuò tiáojiàn yīnggāi gǎishàn. 3 健康状况 jiànkāng zhuàngkuàng 4 疾病 jíbìng
a skin condition 皮肤病 pífūbìng
II v 1 使…习惯 shǐ…xíguàn, 使…适应 shǐ…shìyìng 2 支配 zhīpèi, 训练 xùnliàn

conditional ADJ 有条件的 yǒu tiáojiàn de
conditional upon 以…为前提 yǐ…wéi qiántí

conditioner N 护发素 hùfàsù

conditioning N 形成条件反射的过程 xíngchéng tiáojiàn fǎnshè de guòchéng

condolence N 吊唁 diàoyàn, 慰问 wèiwèn

condom N 避孕套 bìyùntào

condominium N 公寓 gōngyù [M. WD 套 tào], 公寓楼 gōngyù lóu [M. WD 幢 zhuàng/栋 dòng]

condone v 纵容 zòngróng, 宽容 kuānróng

conduce v 有助于 yǒuzhù yú

conducive ADJ 有助于的 yǒuzhù yú de

conduct I v 1 进行 jìnxíng □ The information technology department is conducting a test on the computer system of the company. 信息技术部门正在测试公司的电脑系统。Xìnxī jìshù bùmén zhèngzài cèshì gōngsī de diànnǎo xìtǒng. 2 带领 dàilǐng 3 指挥 [+乐队] zhǐhuī [+yuèduì] 4 传导 [+电／热] chuán dǎo [+diàn/rè]
to conduct oneself 举止 jǔzhǐ, 表现 biǎoxiàn
II N 1 行为 xíngwéi, 举止 jǔzhǐ 2 经营 jīngyíng

conductive ADJ 导电（或热）性能强的 dǎo diàn (huò rè) xìngnéng qiáng de

conductor N 1 [音乐+] 指挥 [yīnyuè+] zhǐhuī 2 [火车+] 列车员 [huǒchē+] lièchēyuán 3 导体 dǎotǐ

cone N 1 圆锥体 yuánzhuītǐ 2 冰淇淋蛋卷筒 bīngqilín dànjuǎntǒng 3 球果 qiúguǒ

confection N 糖果饼干 tángguǒ bǐnggān

confectioner N 糖果商 tángguǒ shāng

confederacy N（美国）南部邦联 (Měiguó) nánbù bānglián

confederate I N 1 同谋 tóngmóu 2（美国）南部邦联的士兵 (Měiguó) nánbù bānglián de shì bīng II v 联盟 liánméng

confederation N 联盟 liánméng

confer v 1 [与顾问+] 商议 [yǔ gùwèn+] shāngyì 2 授予 [+奖章] shòuyǔ [+jiǎngzhāng]

conference N 会议 huìyì □ About 100 scientists from all over the world attended the conference. 来自世界各国大约一百名科学家出席了会议。Láizì shìjiè gè guó dàyuē yì bǎi míng kēxuéjiā chūxíle huìyì.

confess v 坦白 tǎnbái, 承认 [+错误] chéngrèn [+cuòwù]

confession N 1 坦白 tǎnbái, 供认 gòngrèn 2（天主教）忏悔 (Tiānzhǔjiào) chànhuǐ

confetti N 彩色纸屑 cǎisè zhǐxiè

confidant, confidante N 知心密友 zhīxīn mìyǒu

confide v 吐露 [+私人秘密] tǔlù [+sīrén mìmì]

confidence N 1 信心 xìnxīn □ The new management has won the confidence of the staff. 新的管理层获得了职工的信心。Xīn de guǎnlǐ céng huòdéle zhígōng de xìnxīn.
to have confidence in 对…有信心 duì…yǒu xìnxīn
2 确信 quèxìn 3 信任感 xìnrèngǎn

confident ADJ 有信心的 yǒu xìnxīn de □ I'm confident of his ability. 我对他的能力有信心。Wǒ duì tā de nénglì yǒu xìnxīn.

confidential ADJ 机密的 jīmì de

confidentiality N 机密 jīmì
breach of confidentiality 违反保密原则 wéifǎn bǎomì yuánzé

configuration N 1 外形 wàixíng 2 构造 gòuzào 3（计算机）配置 (jìsuànjī) pèizhì

configure v（计算机）配置 (jìsuànjī) pèizhì

confine v 1 监禁 [+嫌疑犯] jiānjìn [+xiányífàn], 关押 guānyā 2 控制 [+传染病] kòngzhì [+chuánrǎnbìng], 限制 xiànzhì

confined ADJ 狭小的 xiáxiǎo de

confinement N 1（产妇的）分娩期 (chǎnfù de) fēnmiǎn qī 2 监禁 jiānjìn, 关押 guānyā

confines N 范围 fànwéi
within the confines of 在…的范围内 zài…de fànwéinèi

confirm v 1 确定 quèdìng □ The hotel sent me an e-mail to confirm my booking. 旅馆给我一份电子邮件，确定我的订房。Lǚguǎn gěi wǒ yí fèn diànzǐ yóujiàn, quèdìng wǒ de dìng fáng. 2 证实 zhèngshí
neither confirm nor deny 既不证实，也不否认 jì bú zhèngshí, yě bù fǒurèn, 不置可否 bú zhì kě fǒu

confirmation N 1 确定 quèdìng 2 证实 zhèngshí

confirmed ADJ 坚定的 jiāndìng de
a confirmed bachelor 坚定的单身汉 jiāndìng de dānshēnhàn, 决心打光棍的人 juéxīn dǎguānggùn de rén

confiscate v 没收 mòshōu, 把…充公 bǎ…chōnggōng

confiscation N 充公 chōnggōng, 没收 mòshōu

conflict I N 冲突 chōngtū, 矛盾 máodùn □ His wild ambition brought him into conflict with his colleagues. 他的野心使他和同事产生冲突。Tā de yěxīn shǐ tā hé tóngshì chǎnshēng chōngtū.
conflict of interest 利益冲突 lìyì chōngtū
II v 冲突 chōngtū

conform v 1 保持一致 bǎochí yízhì 2 遵循 zūnxún

conformist I N 墨守成规的 mòshǒu chéngguī de, 循规蹈矩的 xúnguī dǎojǔ de II N 墨守成规的人 mòshǒu chéngguī de rén

confound v 使…困惑 shǐ…kùnhuò, 使…惊讶 shǐ…jīngyà

confront v 1 面临 miànlín, 遭遇 zāoyù 2 面对 [+问题] miànduì [+wèntí], 对抗 duìkàng

confrontation N 对抗 duìkàng, 冲突 chōngtū

confuse v 使…糊涂 shǐ…hútu, 把…搞错 bǎ…gǎocuò □ The instructions given in the manual confused many users. 这份使用说明书里的指令使很多人搞糊涂了。Zhè fèn shǐyòng shuōmíngshū lǐ de zhǐlìng shǐ hěn duō rén gǎo hútu le. □ I often confuse her with her twin sister. 我常常把她和她的孪生姐妹搞错。Wǒ chángcháng bǎ tā hé tā de luánshēng jiěmèi gǎocuò.

confused ADJ 糊涂了 hútu le □ I'm totally confused about her intentions. 她到底要做什么，我完全搞糊涂了。Tā dàodǐ yào zuò shénme, wǒ wánquán gǎo hútu le.

confusing ADJ 使人糊涂的 shǐrén hútu de □ I find the company policy extremely confusing. 我觉得公司的政策极其糊涂。Wǒ juéde gōngsī de zhèngcè jíqí hútu.

confusion N 1 困惑 kùnhuò 2 混乱 hùnluàn

congeal v 凝结 níngjié

congenial ADJ 1 令人舒适轻松的 lìngrén shūshì qīngsōng de 2 和善的 héshàn de

congenital ADJ 1 先天的 xiāntiān de 2 天生的 tiānshēng de

congested ADJ 1 拥挤的 yǒngjǐ de 2 堵塞的 dǔsè de

congestion N 1 [交通+] 拥挤 [jiāotōng+] yǒngjǐ 2 [鼻子+] 堵塞 [bízi+] dǔsè

conglomerate N 1 大型企业集团 dàxíng qǐyè jítuán 2 混合体 hùnhé tǐ

conglomeration N 聚集体 jùjí tǐ

congratulate v 祝贺 zhùhè
to congratulate oneself 自我满足 zìwǒ mǎnzú, 自豪 zìháo

congratulations N 祝贺 zhùhè

Congratulations! 恭喜恭喜! Gōngxǐ gōngxǐ! 祝贺你(们)! Zhùhè nǐ (men)!

congregate v 聚集 jùjí, 聚合 jùhé

congregation N (教堂)会众 (jiàotáng) huìzhòng

Congregational ADJ 公理会的 Gōnglǐhuì de

congress N 1 代表大会 dàibiǎo dàhuì □ Most of the delegates to the national congress have arrived. 出席全国代表大会的代表大都已经抵达。Chūxí quánguó dàibiǎo dàhuì de dàibiǎo dàdōu yǐjīng dǐdá. 2 (美国)国会 (Měiguó) Guóhuì, (美国)国会众议院 (Měiguó) Guóhuì zhòngyìyuàn

congressman, congresswoman N (美国)国会议员 (Měiguó) Guóhuì Yìyuán, (美国)国会众议员 (Měiguó) Guóhuì zhòngyìyuàn

conical, conic ADJ 圆锥形的 yuánzhuī xíng de

conifer N 针叶树 zhēnyèshù

conjecture N, v 猜测 cāicè

conjugal ADJ 婚姻的 hūnyīn de, 夫妻之间的 fūqī zhījiān de
conjugal visit 配偶探监同房 pèi ǒu tànjiān tóngfáng

conjunction N 1 结合 jiéhé, 连接 liánjiē
in conjunction with 与…结合起来 yǔ…jiéhéqǐlái
2 同时发生 tóngshí fāshēng 3 连接词 liánjiēcí

conjure v 变魔术 biàn móshù, 变出 biàn chū

conman N 骗子 piànzi

connect v 连接 liánjiē □ This hose is not long enough; we need to connect another one to it. 水管不够长，得再连接一条。Shuǐguǎn búgòu cháng, děi zài liánjiē yì tiáo.

connection N 1 关系 guānxi, 联系 liánxì □ There is a clear connection between regular exercise and good health. 经常运动和良好的健康有明显的关系。Jīngcháng yùndòng hé liánghǎo de jiànkāng yǒu míngxiǎn de guānxi. 2 连接 liánjiē

connivance N 1 默许 mòxǔ 2 合谋 hémóu

connive v 默许 mòxǔ, 纵容 zòngróng
to connive to do sth 串通起来 chuàntōng qǐlái, 合谋 hémóu

connoisseur N 鉴赏家 jiànshǎngjiā

connotation N 隐含意义 yǐnhán yìyì

connote v 使人联想到 shǐrén liánxiǎng dào

conquer v 征服 zhēngfú

conquest N 征服 zhēngfú

conscience N 良心 liángxīn, 是非感 shìfēigǎn
a guilty conscience 负罪感 fùzuìgǎn

conscientious ADJ 认真的 rènzhēn de

conscious ADJ 感觉到的 gǎnjuédào de, 有感觉的 yǒu gǎnjué de □ They were not conscious of the inherent danger. 他们没有意识到潜在的危险。Tāmen méiyǒu yìshidao qiánzài de wēixiǎn.

consciousness N 知觉 zhījué, 感觉 gǎnjué
to lose consciousness 失去知觉 shīqù zhījué
to regain consciousness 恢复知觉 huīfù zhījué

conscript I v 征召 zhēngzhào II N 应征入伍的士兵 yìngzhēngrùwǔ de shìbīng [M. WD 名 míng]

consecrate v 宣布…为神圣 xuānbù…wéi shénshèng

consecutive ADJ 连续的 liánxù de

consensus N 共识 gòngshí, 一致意见 yízhì yìjiàn

consent N, v 同意 tóngyì, 允许 yǔnxǔ

consequence N 后果 hòuguǒ □ You must accept the full consequences of your decision. 你必须接受自己决定的全部后果。Nǐ bìxū jiēshòu zìjǐ juédìng de quánbù hòuguǒ.

consequential ADJ 1 意义重大的 yìyì zhòngdà de 2 随后发生的 suíhòu fāshēng de

consequently ADV 因此 yīncǐ, 所以 suǒyǐ

conservation N 保护 bǎohù, 保存 bǎocún
wildlife conservation 野生动物保护 yěshēng dòngwù bǎohù

conservationist N 环境保护主义者 huánjìng bǎohù zhǔyì zhě, 关心环保的人 guānxīn huánbǎo de rén

conservatism N 保守的态度 bǎoshǒu de tàidu, 守旧守旧 shǒujiù

conservative ADJ 保守的 bǎoshǒude □ He becomes more and more conservative as he gets older. 他年纪越来越大，就变得越来越保守。Tā niánjì yuèláiyuè dà, jiù biànde yuèláiyuè bǎoshǒu.

conservator N 1 (法律)监护人 (fǎlǜ) jiānhùrén 2 (图书馆/博物馆)管理员 (túshūguǎn/bówùguǎn) guǎnlǐyuán

conservatory N 1 音乐学院 yīnyuè xuéyuàn 2 温室 wēnshì

conserve v 保护 bǎohù, 保存 bǎocún

consider v 1 考虑 kǎolǜ □ We've got to consider other possibilities. 我们一定得考虑其他的可能性。Wǒmen yídìng děi kǎolǜ qítā de kěnéngxìng. 2 认为 rènwéi □ I consider him blameless. 我认为他没有错。Wǒ rènwéi tā méiyǒu cuò.

considerable ADJ 相当多的 xiāngdāng duō de, 相当大的 xiāngdāng dà de □ In spite of his considerable income, he is often short of money. 尽管他的收入相当多，他常常缺钱。Jǐnguǎn tā de shōurù xiāngdāng duō, tā chángcháng quē qián.

considerate ADJ 考虑周到的 kǎolǜ zhōudào de, 体贴的 tǐtiē de

consideration N 考虑 kǎolǜ 2 需要考虑的事 xūyào kǎolǜ de shì, 因素 yīnsù □ There are financial considerations that must be taken into account. 有一些财务上的因素必须考虑进去。Yǒu yìxiē cáiwùshang de yīnsù bìxū kǎolǜ jìnqu. 3 体谅 tǐliang

considered ADJ 经过深思熟虑的 jīngguò shēnsī shúlǜ de

considering PREP 考虑到 kǎolǜdào, 由于 yóuyú

consign v 1 使…陷于 shǐ…xiànyú, 使…处于 shǐ…chǔyú 2 运送 yùnsòng

consignment N 1 运送 yùnsòng 2 运送的货物 yùnsòng de huòwù

consist v 组成 zǔchéng
to consist in 在于 zàiyú
to consist of 由…组成 yóu…zǔchéng, 包括 bāokuò □ Our company consists of five major departments. 我们的公司由五个部门组成。Wǒmen de gōngsī yóu wǔ ge bùmén zǔchéng.

consistency N 连贯性 liánguànxìng

consistent ADJ 一贯的 yíguàn de
consistent with 与…一致 yǔ…yízhì

consolation N 安慰 ānwèi
consolation prize 安慰奖 ānwèijiǎng

console I v 安慰 ānwèi II N 控制台 kòngzhìtái, 仪表板 yíbiǎobǎn

consolidate v 1 合并 hébìng 2 巩固 gǒnggù

consonant N 辅音 fǔyīn

consortium N 财团 cáituán

conspicuous ADJ 显眼的 xiǎnyǎn de, 引人注目的 yǐnrén zhùmù de

conspiracy N 阴谋 yīnmóu

conspirator N 参与阴谋的人 cānyù yīnmóu de rén, 密谋者 mìmóu zhě

conspiratorial ADJ 阴谋的 yīnmóu de, 秘密的 mìmì de

conspire v 搞阴谋 gǎo yīnmóu, 密谋 mìmóu

constant I ADJ 经常的 jīngcháng de, 不变的 búbiàn de □ The in-patients are under the constant care of the hospital staff. 住院病人总是得到医院员工的照顾。Zhùyuàn bìngrén zǒngshì dédao yīyuàn yuángōng de zhàogù. II N 不变的事 búbiàn de shì, 常数 chángshù

constellation N 星座 xīngzuò

consternation N 惊慌失措 jīnghuāng shīcuò, 惊恐 jīngkǒng

constipation N 便秘 biànbì

constituency N 1 选区 xuǎnqū 2 支持者 zhīchízhě

constituent N 成分 chéngfèn

constitute v 组成 zǔchéng, 构成 gòuchéng

constitution N 1 [美国+] 宪法 [Měiguó+] xiànfǎ 2 [强壮的+] 体质 [qiángzhuàng de+] tǐzhì

constitutional ADJ 1 宪法的 xiànfǎ de 2 体质的 tǐzhì de

constrain v 约束 yuēshù, 限制 xiànzhì

constrained ADJ 1 受到约束的 shòudào yuēshù de 2 拘谨的 jūjǐn de [+笑容]

constraint N 约束 yuēshù, 限制 xiànzhì

constrict v 压缩 yāsuō, 收紧 shōujǐn

construct v 建筑 jiànzhù, 建造 jiànzào

construction N 建造 jiànzào, 建设 jiànshè □ An office building is under construction in the city center. 在市中心, 一座办公大楼正在建造。Zài shì zhōngxīn, yí zuò bàngōng dàlóu zhèngzài jiànzào.

construction paper 彩色厚纸 cǎisè hòuzhǐ

constructive ADJ 建设性的 jiànshèxìng de

construe v 理解为 lǐjiě wéi

consul N 领事 lǐngshì

consular ADJ 领事的 lǐngshì de

consulate N 领事馆 lǐngshìguǎn

the U.S. Consulate in Shanghai 美国驻上海领事馆 Měiguó zhù Shànghǎi lǐngshìguǎn, 上海美国领事馆 Shànghǎi Měiguó lǐngshìguǎn

consult v 1 咨询 [+专家] zīxún [+zhuānjiā], 请教 qǐngjiào 2 [与同事+] 磋商 [yǔ tóngshì+] cuōshāng 3 查阅 [+参考资料] cháyuè [+cānkǎo zīliào]

consultancy N 咨询公司 zīxún gōngsī

consultant N 顾问 gùwèn [M. WD 位 wéi]

consultation N 1 咨询 zīxún 2 磋商 cuōshāng 3 查阅 cháyuè

consume v 1 耗费 [+汽油] hàofèi [+qìyóu] 2 吃喝 chīhē

consumer N 消费者 xiāofèizhě □ Consumers spend millions upon millions of dollars on things they hardly need. 消费者花几百万美元买他们不怎么需要的东西。Xiāofèizhě huā jǐ bǎiwàn Měiyuán mǎi tāmen bù zěnme xūyào de dōngxi.

consumerism N 消费主义 xiāofèi zhǔyì

consummate I ADJ 1 技艺高超的 [+球员] jìyì gāochāo de [+qiúyuán] 2 完美的 [+艺术作品] wánměi de [+yìshù zuòpǐn], 无暇可击的 wúxiá kě jī de II v 1 使…圆满成功 shǐ…yuánmǎn chénggōng 2 完婚 wánhūn, 做成夫妻 zuòchéng fūqī

consumption N 1 消费量 xiāofèiliàng 2 消耗量 xiāohàoliàng 3 吃 chī, 喝 hē

contact I v 联系 liánxì □ I'll contact you as soon as I arrive at your hometown. 我一到你的家乡, 就会跟你联系。Wǒ yí dào nǐ de jiāxiāng, jiù huì gēn nǐ liánxì.
II N 1 联系 liánxì □ He's lost contact with most of his university classmates. 他跟大多数大学同学失去了联系。Tā gēn dàduōshù dàxué tóngxué shīqùle liánxì. 2 接触 jiēchù 3 熟人 shúrén □ Do you have any contacts in that government department? 你在那个政府部门有熟人吗? Nǐ zài nà ge zhèngfǔ bùmén yǒu shúrén ma?

contact lens 隐形眼镜 yǐnxíng yǎnjìng

to come into contact with 跟…发生联系 gēn…fāshēng liánxì

to lose contact with 跟…失去联系 gēn…shīqù liánxì

contagious ADJ 接触传染的 jiēchù chuánrǎn de

contain v 1 容纳 róngnà, 包含 bāohán □ This document contains classified information. 这份文件包含保密讯息。Zhè fèn wénjiàn bāohán bǎomì xùnxī. 2 克制 [+愤怒的情绪] kèzhì [+fènnù de qíngxù]

container N 1 容器 róngqì □ Boxes, bottles and bowls are some of the containers we use in our daily life. 盒子、瓶子和碗儿是我们平日使用的一些容器。Hézi、píngzi hé wǎn shì wǒmen píngrì shǐyòng de yìxiē róngqì. 2 集装箱 jízhuāngxiāng

container port 集装箱货轮港口 jízhuāngxiāng huòlún gǎngkǒu

container ship 集装箱货轮 jízhuāngxiāng huòlún

container truck 集装箱卡车 jízhuāngxiāng kǎchē

containment N 控制 kòngzhì, 抑制 yìzhì

contaminate v 把…弄脏 bǎ…nòngzāng, 污染 wūrǎn, 毒害 dúhài

contamination N 污染 wūrǎn, 毒害 dúhài

contemplate v 打算 dǎsuan, 认真考虑 rènzhēn kǎolǜ

contemplation N 思考 sīkǎo, 深思 shēnsī

contemporary I ADJ 1 当代的 dāngdài de 2 同时代的 tóngshí dài de II N 同时代的人 tóngshí dài de rén

contempt N 蔑视 mièshì, 轻蔑 qīngmiè

contempt of court 蔑视法庭 mièshì fǎtíng

contemptible ADJ 可蔑视的 kě mièshì de, 可耻的 kěchǐ de

contemptuous ADJ 轻蔑的 qīngmiè de, 看不起的 kànbuqǐ de

contend v 竞争 jìngzhēng

contender N 竞争者 jìngzhēngzhě

content I N 1 内容 nèiróng □ The contents of this letter were private and confidential. 这封信的内容是私人的、机密的。Zhè fēng xìn de nèiróng shì sīrén de, jīmì de. 2 满足 mǎnzú
to one's heart's content 尽情地 jìnqíng de
II ADJ 满足的 mǎnzú de, 满意的 mǎnyì de III v 使…满足 shǐ…mǎnzú

contented ADJ 心满意足的 xīnmǎn yìzú de

contention N 主张 zhǔzhāng, 论点 lùndiǎn

contentious ADJ 1 有争议的 yǒu zhēngyì de 2 喜欢争议的 xǐhuan zhēngyì de

contents N 内容 nèiróng

table of contents 目录 mùlù

contest N, v 竞赛 jìngsài, 比赛 bǐsài

contestant N 竞争者 jìngzhēngzhě, 参赛者 cānsàizhě

context N 上下文 shàngxiàwén □ You can't quote him out of context. 你不能不顾上下文就引用他的话。Nǐ bùnéng búgù shàngxiàwén jiù yǐnyòng tā de huà.

to take sth out of context 断章取义 duànzhāng qǔyì

contiguous ADJ 相邻的 xiānglín de

continent N 洲 zhōu, 大陆 dàlù □ There are seven continents in the world—Asia, Europe, Africa, North America, South America, Oceania and Antarctica. 世界上有七大洲—亚洲、欧洲、非洲、北美洲、南美洲和南极洲。Shìjièshang yǒu qī dà zhōu—Yàzhōu、Ōuzhōu、Fēizhōu、Běi Měizhōu、Nán Měizhōu hé Nánjízhōu.

continental ADJ 大陆的 dàlù de

continental breakfast 欧洲大陆式早餐 Ōuzhōu dàlù shì zǎocān

contingency N 意外事件 yìwài shìjiàn

contingent I ADJ 视将来情况而定的 shì jiānglái qíngkuàng ér dìng de
contingent upon 取决于… qǔjuéyú…
II N 特遣部队 tèqiǎnbùduì

continual ADJ 一再重复的 yízài chóngfù de, 没完没了的 méiwán méiliǎo de

continuation N 继续 jìxù

continue v 继续 jìxù □ World population will continue to grow. 世界人口将继续增长。Shìjiè rénkǒu jiāng jìxù zēngzhǎng. □ Many people continue with their education after getting their first degree. 很多人在取得学位以后继续接受教育。Hěn duō rén zài qǔdé xuéwèi yǐhòu jìxù jiēshòu jiàoyù.

continuing education N 继续教育 jìxù jiàoyù, 成人教育 chéngrén jiàoyù

continuity N 连续 liánxù, 连续性 liánxùxìng

continuous ADJ 1 连续的 liánxù de □ The factory needs a continuous supply of fresh water. 工厂需要连续的淡水供应。Gōngchǎng xūyào liánxù de dànshuǐ gōngyìng. 2 正在进行的 zhèngzài jìnxíng de

the continuous form (动词) 进行式 (dòngcí) jìnxíng shì

contort V 使…扭曲 shǐ…niǔqū

contour N 轮廓 lúnkuò, 外形 wàixíng

contraband N 走私货 zǒusīhuò [M. WD 件 jiàn/批 pī]

contraception N 避孕 bìyùn

contraceptive N 避孕药 bìyùnyào, 避孕用具 bìyùn yòngjù

contract I N 合同 hétong [M. WD 份 fèn] □ After fierce bidding, the contract was awarded to a little-known company. 经过激烈投标，合同给了一家不出名的公司。Jīngguò jīliè tóubiāo, hétong gěile yì jiā bùchū míng de gōngsī.
  contract bridge 定约桥牌 dìngyuē qiáopái
  to bid/tender for a contract 为合同投标 wéi hétong tóubiāo
  to enter into a contract 签订合同 qiāndìng hétong
  to terminate a contract 终止合同 zhōngzhǐ hétong
  II V 1 签订合同 qiāndìng hétong 2 紧缩 jǐnsuō 3 感染 [+病] gǎnrǎn [+bìng]

contraction N 收缩 shōusuō, 缩小 suōxiǎo

contractor N 承包商 chéngbāoshāng

contractual ADJ 合同规定的 hétong guīdìng de

contradict V 与…相矛盾 yǔ…xiāng máodùn
  to contradict oneself 自相矛盾 zìxiāng máodùn

contradiction N 矛盾 máodùn

contraption N（不好的）新发明 (bùhǎo de) xīn fāmíng

contrary I N 相反 xiāngfǎn
  on the contrary 正相反 zhèngxiāngfǎn
  II ADJ 相反的 xiāngfǎn de

contrast I V 对比 duìbǐ □ This book contrasts American culture with Chinese culture. 这本书对比了美国文化和中国文化。Zhè bèn shū duìbǐle Měiguó wénhuà hé Zhōngguó wénhuà.
  II N 对比 duìbǐ □ The contrast between cities and rural areas in this country is shocking. 这个国家城市和农村的对比让人震惊。Zhè ge guójiā chéngshì hé nóngcūn de duìbǐ ràng rén zhènjīng.
  in contrast 相比之下 xiāngbǐ zhī xià

contravene V 相抵触 xiāngdǐ chù

contribute V 1 贡献 gòngxià 2 捐款 juānkuǎn □ Last year he contributed $5,000 to charity. 他去年捐给慈善事业五千元。Tā qùnián juāngěi císhàn shìyè wǔ qiān yuán. 3 促成 cùchéng □ Cheap imports contribute to low inflation. 廉价进口货促成了低通货膨胀。Liánjià jìnkǒuhuò cùchéngle dī tōnghuò péngzhàng.

contribution N 1 贡献 gòngxiàn □ This scientist has made contributions to environmental protection. 这位科学家为环境保护作出了贡献。Zhè wèi kēxuéjiā wèi huánjìng bǎohù zuòchūle gòngxiàn. 2 [慈善事业+] 捐款 [císhàn shìyè+] juānkuǎn

contrite ADJ 认错的 rèncuò de, 痛悔的 tònghuǐ de

contrition N 认错 rèncuò, 痛悔 tònghuǐ

contrive V 1 设法 shèfǎ 2 创造出 chuàngzàochū 3 谋划 móuhuà

contrived ADJ 牵强的 qiānqiǎng de

control I V 控制 kòngzhì □ A good school teacher must be able to control children. 一名好老师必须能控制孩子。Yì míng hǎo lǎoshī bìxū néng kòngzhì háizi.
  to control costs 控制成本 kòngzhì chéngběn
  to control one's temper 控制自己的脾气 kòngzhì zìjǐ de píqi
  to control the ball（球类比赛时）掌握控球权 (qiúlèi bǐsài shí) zhǎngwò kòngqiúquán
  II N 控制 kòngzhì
  control key（计算机）控制键 (jìsuànjī) kòngzhìjiàn
  control freak 控制狂 kòngzhìkuáng
  control tower 控制塔 kòngzhìtǎ
  quality control 质量检查 zhìliàng jiǎnchá

controller N 审计人员 shěnjì rényuán

controversial ADJ 有争议的 yǒu zhēngyì de

controversy N 争议 zhēngyì, 争论 zhēnglùn

convalesce V 疗养 liáoyǎng, 恢复健康 huīfù jiànkāng, 康复 kāngfù

convalescence N 康复期 kāngfù qī

convalescent I ADJ 康复的 kāngfù de II N 康复病人 kāngfù bìngrén

convene V 召集 zhàojí, 召开 zhàokāi

convenience N 方便 fāngbiàn
  convenience food 方便食品 fāngbiàn shípǐn
  convenience store 便民店 biànmíndiàn, 方便店 fāngbiàndiàn

convenient ADJ 方便的 fāngbiàn de, 便利的 biànlì de

convent N 女修道院 nǚxiūdàoyuan

convention N 1 惯例 guànlì, 习俗 xísú 2 大会 dàhuì
  the Republican Convention 共和党大会 Gònghédǎng dàhuì
  3 公约 gōngyuē, 协定 xiédìng
  the Geneva Convention 日内瓦公约 Rìnèiwǎ Gōngyuē

conventional ADJ 传统的 chuántǒng de, 常规的 chángguī de
  conventional wisdom 普遍的看法 pǔbiàn de kànfa

converge V 聚集 jùjí, 汇集 huìjí

convergence N 聚集 jùjí, 汇集 huìjí

conversant ADJ 熟悉的 shúxī de, 有经验的 yǒu jīngyàn de

conversation N 会话 huìhuà, 谈话 tánhuà □ The personnel manager had a long conversation with him. 人事经理和他作了长时间的谈话。Rénshì jīnglǐ hé tā zuòle chángshíjiān de tánhuà.
  a conversation piece 交谈的题材 jiāotán de tícái
  to make conversation 没话找话说 méi huà zhǎo huà shuō

converse[1] V 交谈 jiāotán

converse[2] ADJ 相反的 xiāngfǎn de
  the converse 相反情况 xiāngfǎn qíngkuàng

conversely ADV 正相反 zhèng xiāngfǎn, 另一方面 lìngyìfāngmiàn

conversion N 1 转换 zhuǎnhuàn, 转化 zhuǎnhuà 2 皈依 guīyī 3（橄榄球）附加得分 (gǎnlǎnqiú) fùjiā défēn

convert I V 1 转换 [+为美元] zhuǎnhuàn [+wéi Měiyuán], 转化 [+为能量] zhuǎnhuà [+wéi néngliàng] 2 使…皈依 [+基督教] shǐ…guīyī [+Jīdūjiào] 3 改变 gǎibiàn II N 改变信仰者 gǎibiàn xìnyǎngzhě

convertible I ADJ 1 可兑换的 [+货币] kěduìhuàn de [+huòbì] 2 可折叠的 [+的沙发] kě zhédié de [+de shāfā] II N 折蓬轿车 zhé péng jiàochē

convex ADJ 凸出的 tūchū de, 凸的 tū de

convey V 1 转达 zhuǎndá 2 传送 chuánsòng
  conveyor belt 传送带 chuánsòngdài

convict I V 被判有罪 bèi pàn yǒuzuì II N 囚犯 qiúfàn, 犯人 fànrén

conviction N 1 坚定的信仰 jiāndìng de xìnyǎng, 坚信 jiānxìn 2 有罪判决 yǒuzuì pànjué, 定罪 dìngzuì

convince V 使…相信 shǐ…xiāngxìn □ Robert convinced the boss that he was the right person to do the job. 罗伯特使老板相信，他是做这件事的适当人选。Luóbótè shǐ lǎobǎn xiāngxìn, tā shì zuò zhè jiàn shì de shìdàng rénxuǎn. □ I'm convinced of her innocence. 我确信她是无辜的。Wǒ quèxìn tā shì wúgū de.

convinced ADJ 相信 xiāngxìn, 确信 quèxìn

convincing ADJ 有说服力的 yǒu shuōfúlì de

convivial ADJ 友好的 yǒuhǎo de, 轻松愉快的 qīngsōng yúkuài de

convoluted ADJ 复杂的 fùzá de, 很难懂的 hěn nándǒng de

convoy N 车队 chēduì, 船队 chuánduì

convulse V 1 使…动乱 shǐ…dòngluàn 2 痉挛 jìngluán, 抽搐 chōuchù

convulsion N 1 痉挛 jìngluán, 抽搐 chōuchù 2 动乱 dòngluàn

coo V 1 [鸽子+] 咕咕叫 [gēzi+] gūgū jiào 2 [情人+] 轻声柔语 [qíngrén+] qīngshēng róuyǔ

cook I V 做饭 zuòfàn □ I'll cook dinner tonight. 今晚我做晚饭。Jīnwǎn wǒ zuò wǎnfàn.

to cook the book 做假账 zuò jiǎzhàng

II N 厨师 chúshī, 炊事员 chuīshìyuán □ My brother works as a cook in a Japanese restaurant. 我兄弟在一家日本餐馆当厨师。Wǒ xiōngdì zài yì jiā Rìběn cānguǎn dāng chúshī.

cookbook N 食谱 shípǔ, 烹饪书 pēngrèn shū

cooked ADJ 煮熟的 zhǔshú de

cooked breakfast 有煎肉煎蛋的早餐 yǒu jiān ròu jiān dàn de zǎocān

cookie N 1 甜饼干 tián bǐnggān 2 网络跟踪文件 wǎngluò gēnzōng wénjiàn

cool I ADJ 1 好 hǎo, 棒 bàng, 酷 kù □ Your new cell phone looks really cool! 你的新手机看上去真棒! Nǐ de xīn shǒujī kànshangqu zhēn bàng! □ "I've booked two tickets for the concert." "Cool!" "我订了两张音乐会的票子。" "太好了!" "Wǒ dìngle liǎng zhāng yīnyuèhuì de piàozi." "Tài hǎo le!" 2 凉 liáng, 凉快 liángkuai □ It's quite cool in the shade. 树荫下挺凉快。Shùyīn xià tǐng liángkuai.

II V 变冷 biàn lěng, 冷下来 lěng xiàlai

Cool it! 别着急, 慢慢来。Bié zháojí, mànmànlái.

III N 冷静 lěngjìng

to keep one's cool 保持冷静 bǎochí lěngjìng

to lose one's cool 失去冷静 shīqù lěngjìng

IV ADV 冷静地 lěngjìng de

to play it cool 冷静对待 lěngjìng duìdài

cooler N 冷却器 lěngquèqì, 冰桶 bīngtǒng

coop I N 鸡笼 jīlóng II V (be cooped up) 被困在 bèi kùn zài, 被关在 bèi guān zài

cooperate V 合作 hézuò, 同心协力 tóngxīn xiélì

cooperation N 合作 hézuò, 同心协力 tóngxīn xiélì

cooperative I ADJ 合作的 hézuò de II N 1 合作社 hézuòshè 2 合作公寓 hézuò gōngyù

co-opt V 1 收买 shōumǎi, 拉拢 lālong 2 强占 qiángzhàn

coordinate I V 协调 xiétiáo II N 坐标 zuòbiāo

coordination N 协调 xiétiáo

coordinator N 协调人 xiétiáo rén

cop N 警察 jǐngchá

cope V 1 应付 yìngfu 2 处理 chǔlǐ

copier N 复印机 fùyìnjī [M. WD 台 tái]

co-pilot N (飞机) 副驾驶员 (fēijī) fùjiàshǐyuán

copious ADJ 丰富的 fēngfù de, 大量的 dàliàng de

cop-out N 逃避行为 táobì xíngwéi, 借口 jièkǒu

copper (Cu) N 1 铜 tóng 2 红棕色 hóngzōngsè, 紫铜色 zǐtóngsè

copter N See **helicopter**

copulate V 交配 jiāopèi

copulation N 交配 jiāopèi

copy I V 1 复印 [+书] fùyìn [+shū], 复制 [+产品] fùzhì [+chǎnpǐn] □ You can't copy so many pages from the book. 你不可以从这本书上复印这么多页数。Nǐ bù kěyǐ cóng zhè běn shūshang fùyìn zhème duō yèshù. □ Can you copy this tape for me? 你能不能帮我复制这盘磁带? Nǐ néngbunéng bāng wǒ fùzhì zhè pán cídài? 2 [用手+] 抄写 [yòng shǒu+] chāoxiě 3 模仿 mófǎng, 仿效 fǎngxiào

II N 1 复印本 fùyìn běn, 副本 fùběn □ I'll give you a copy of his letter. 我会给你他来信的副本。Wǒ huì gěi nǐ tā láixìn de fùběn. 2 本 běn, 册 cè □ He bought the last copy of the book yesterday. 他昨天买到了这本书的最后一本。Tā zuótiān mǎidaole zhè běn shū de zuìhòu yì běn. 3 文字稿 wénzì gǎo

copycat N 只会模仿的人 zhǐ huì mófǎng de rén

a copycat crime 模仿性犯罪 mófǎng xìng fànzuì

copyright N 版权 bǎnquán □ By making pirated copies of the movie, they seriously breached copyright. 他们复制这部电影的盗版, 严重侵犯了版权。Tāmen fùzhì zhè bù diànyǐng de dàobǎn, yánzhòng qīnfàn le bǎnquán.

copywriter N 广告撰稿人 guǎnggào zhuàngǎorén

coral N 珊瑚 shānhú

cord N 1 电线 diànxiàn 2 绳子 shéngzi

cordial ADJ 亲切的 qīnqiè de, 热忱的 rèchén de

cordiality N 亲切 qīnqiè, 热忱 rèchén

cordless ADJ 无绳的 wú shéng de

cordless telephone 无绳电话 wú shéng diànhuà

cordon N 警戒线 jǐngjièxiàn II V (to cordon off) 设置警戒线 shèzhì jǐngjièxiàn, 封锁 fēngsuǒ

corduroy N 灯芯绒 dēngxīn róng

core I N 核 hé, 核心 héxīn II V 挖去 [+水果的] 核 wā qù [+shuǐguǒ de] hé

cork I N 软木 (塞) ruǎnmù (sāi) II V (用软木塞) 塞紧 (yòng ruǎnmùsāi) sāijǐn

corkscrew N 螺丝起子 luósīqǐzi, 瓶塞钻 píngsāizuān

corn N 1 玉米 yùmǐ

corn on the cob 玉米棒子 yùmǐ bàngzi

2 鸡眼 jīyǎn

cornbread N 玉米粉面包 yùmǐ fěnmiàn bāo

cornea N (眼睛) 角膜 (yǎnjing) jiǎomó

corned beef N 咸牛肉 xiánniúròu

corner I N 1 拐角 guǎijiǎo □ When you turn the corner you will see a movie theater. 你拐过拐角, 就会看见一座电影院。Nǐ zhuǎnguo guǎijiǎo, jiù huì kànjiàn yí zuò diànyǐngyuàn. 2 角落 jiǎoluò □ There is an armchair in the corner of the room. 房间的一角, 有一把扶手椅。Fángjiān de yì jiǎo, yǒu yì bǎ fúshǒuyǐ. 3 (足球的) 角球 (zúqiú de) jiǎoqiú

II V 使...陷入绝境 shǐ...xiànrù juéjìng

cornerstone N 基石 jīshí

cornet N 短号 duǎnhào

cornflakes N 玉米片 yùmǐ piàn

cornflower N 向日葵 xiàngrìkuí

cornmeal N 玉米面 yùmǐmiàn, 玉米粉 yùmǐ fěn

cornstarch N 玉米淀粉 yùmǐ diànfěn, 勾芡粉 gōuqiàn fěn

corny ADJ 过时的 guòshí de, 老掉牙的 lǎodiàoyá de

coronary ADJ 心脏的 xīnzàng de

coronation N 加冕 jiāmiǎn, 加冕典礼 jiāmiǎn diǎnlǐ

coroner N 验尸官 yànshīguān

corporal I N 下士 xiàshì II ADJ 肉体的 ròutǐ de

corporal punishment 体罚 tǐfá

corporate ADJ 1 公司的 gōngsī de

corporate hospitality 公司招待客户 gōngsī zhāodài kèhù 2 团体的 tuántǐ de, 共同的 gòngtóng de

corporation N 大公司 dàgōngsī, 股份公司 gǔfèn gōngsī

multinational corporation (MNC) 跨国公司 kuàguógōngsī

corps N 1 军团 jūntuán 2 部队 bùduì

Marine Corps 海军陆战队 hǎijūn lùzhànduì

corpse N 尸体 shītǐ

corpulent ADJ 肥胖的 féipàng de

corral N 畜栏 chùlán

correct I ADJ 1 正确 zhèngquè, 对 duì □ He did not give a correct answer. 他没有作出正确的回答。Tā méiyǒu zuòchū zhèngquè de huídá. □ Your father is correct; you should go to college. 你父亲是对的; 你应该上大学。Nǐ fùqin shì duì de; nǐ yīnggāi shàng dàxué. 2 恰当的 qiàdàng de

II V 纠正 jiūzhèng, 改正 gǎizhèng □ Correct me, if I'm wrong. 如果我错了, 就纠正我。Rúguǒ wǒ cuò le, jiù jiūzhèng wǒ.

I stand corrected. 我承认有错。Wǒ chéngrèn yǒu cuò.

correction N 改正 gǎizhèng, 纠正 jiūzhèng

correction fluid 改正液 gǎizhèngyè

corrective ADJ 改正的 gǎizhèng de, 纠正的 jiū zhèngde

correlate V 与...相关联 yǔ...xiāngguān lián

correlation N 相互关联 xiānghù guānlián

correspond V 1 与 … 相对应 yǔ…xiāngduì yìng 2 通信 tōngxìn

correspondence N 1 关系 guānxi, 对应 duìyìng 2 通信 tōngxìn 3 信件 xìnjiàn, 函件 hánjiàn

correspondence course 函授课程 hánshòu kèchéng

correspondent N 1 记者 jìzhě

a foreign correspondent 驻外记者 zhùwài jìzhě

2 通信者 tōngxìnzhě

corresponding ADJ 相应的 xiāngyìng de, 相关联的 xiāngguānlián de

corridor N 走廊 zǒuláng [M. WD 条 tiáo]

corroborate V 证实 zhèngshí

corroboration N 证实 zhèngshí

corroborative ADJ 提供证实的 tígōng zhèngshí de

corrode V 腐蚀 fǔshí, 侵蚀 qīnshí

corrosion N 腐蚀 fǔshí, 侵蚀 qīnshí

corrugated ADJ 瓦楞的 wǎléng de

a corrugated iron roof 瓦楞铁制屋顶 wǎléng tiězhì wūdǐng

corrupt I ADJ 腐败的 fǔbài de, 道德败坏的 dàodé bàihuài de II V 使…腐败 shǐ…fǔbài, 使…道德败坏 shǐ…dàodé bàihuài

corruption N 腐败 fǔbài, 贪污 tānwū

cosmetic ADJ 1 化妆用的 huàzhuāng yòng de 2 表面的 biǎomiàn de, 装饰门面的 zhuāngshì ménmian de

cosmetician N 美容师 měiróng shī

cosmetics N 1 化妆品 huàzhuāngpǐn 2 装饰门面的东西 zhuāngshì ménmian de dōngxi

cosmic ADJ 1 宇宙的 yǔzhòu de 2 特大的 tèdà de

cosmonaut N 宇航员 yǔhángyuán

cosmopolitan ADJ 1 世界性的 shìjièxìng de 2 见多识广的 jiàn duō shí guǎng de

cosmos N 宇宙 yǔzhòu

cost I V (PT & PP **cost**) 花费 huāfèi, 花（多少钱）huā (duōshaoqián) □ The new computer cost me over 1,000 dollars. 新电脑花了我一千多开钱。Xīn diànnǎo huāle wǒ yì qiān duō kuài qián. □ How much would it cost to rent a small apartment in New York? 在纽约租一个小公寓要多少钱？Zài Niǔyuē zū yí ge xiǎo gōngyù yào duōshao qián? II N 1 费用 fèiyòng, 成本 chéngběn □ We should try hard to reduce production costs. 我们应该努力降低生产成本。Wǒmen yīnggāi nǔlì jiàngdī shēngchǎn chéngběn.

cost of living 生活费用 shēnghuó fèiyòng □ While our incomes increase, the cost of living increases even faster. 我们的收入在增加，与此同时生活费用增加得更快。Wǒmen de shōurù zài zēngjiā, yǔ cǐ tóngshí shēnghuó fèiyòng zēngjiā de gèng kuài.

2 代价 dàijià

at any cost/at all costs 不惜代价 bùxī dàijià

co-star I N 合演者 héyǎnzhě II V 合演 héyǎn

cost-effective ADJ 效益高的 xiàoyì gāo de

costly ADJ 昂贵的 ángguì de, 花很多钱的 huā hěn duō qián de

costume N （某一时期或某一地区的）服装 (mǒu yì shíqī huò mǒu yí dìqū de) fúzhuāng

costume drama 古装戏 gǔzhuāngxì

costume jewelry 人造首饰 rénzào shǒushì

cot N 轻便折叠床 qīngbiàn zhédiéchuáng

cottage N 小屋 xiǎo wū

cottage cheese 农家奶酪 nóngjiā nǎilào

cotton N 棉花 miánhuā □ Most people prefer cotton underwear. 大多数人偏爱棉布内衣。Dàduōshù rén piān'ài miánbù nèiyī.

cottonwool N 棉白杨 mián báiyáng [M. WD 棵 kē]

couch N （长）沙发 (cháng) shā fā

couch potato 老是坐在沙发上看电视的人 lǎoshi zuò zài shāfā shàng kàn diànshì de rén

cough N, V 咳嗽 késou □ He coughed all night. 他一夜咳嗽。Tā yí yè késou. □ Grandpa has had a nasty cough for days. 爷爷咳嗽很厉害，已经好几天了。Yéye késou hěn lìhai, yǐjīng hǎojǐ tiān le.

cough drop 润喉糖 rùnhóutáng [M. WD 粒 lì]

cough syrup 止咳糖浆 zhǐké tángjiāng

could MODEL V (PT of **can**) □ He said he could do that all by himself. 他说他自己能做。Tā shuō tā zìjǐ néngzuo. □ Could you let me know your decision before the weekend? 您能在周末前让我知道您的决定吗？Nín néng zài zhōumò qián ràng wǒ zhīdao nín de juédìng ma? □ I could have killed him! 我真恨不得杀了他！Wǒ zhēn hènbude shā le tā! □ I couldn't care less. 我根本不在意。Wǒ gēnběn búzàiyì.

council N （市）议会 (shì) yìhuì, 理事会 lǐshìhuì □ The city council has not approved the commercial development plan. 市议会没有批准商业开发计划。Shìyìhuì méiyǒu pīzhǔn shāngyè kāifā jìhuà.

the Security Council of the U.N. 联合国安全理事会 Liánhéguó Ānquán Lǐshìhuì

councilman, councilwoman N 市政议员 shìzhèng yìyuán

counsel I N 1 辩护律师 biànhù lǜshī 2 法律顾问 fǎlǜ gùwèn 3 忠告 zhōnggào

to keep one's own counsel 不透露自己的想法 bú tòulù zìjǐ de xiǎngfǎ

II V 提供咨询 tígōng zīxún, 辅导 fǔdǎo

counseling N 咨询（服务）zīxún (fúwù)

counselor N 咨询人员 zīxún rényuán, 辅导人员 fǔdǎo rényuán

count I V 1 数 shǔ, 计数 jìshù □ I'm going to count up to three, and then you must go to bed. 我数到三，你一定要去睡觉。Wǒ shǔdao sān, xǐ yídìng yào qù shuìjiào.

Don't count your chickens before they are hatched. 蛋未孵出莫数小鸡。（→好事不要指望过早。）Dàn wèi fūchū mò shǔ xiǎojī. (→Hǎoshì bú yào zhǐwàng guòzǎo.)

2 算数 suànshù, 有效 yǒuxiào 3 很重要 hěn zhòng yào □ Everybody's opinion counts. 每个人的意见都很重要。Měige rén de yìjiàn dōu hěn zhòngyào.

to count on 指望 zhǐwàng, 依靠 yīkào

to count out 不包括 bù bāokuò

II N 1 总数 zǒngshù

to keep count 记录 jìlù, 记录数字 jìlù shùzì

to lose count 记不清数字 jìbuqīng shùzì

2 计量 jìliàng 3 罪状 zuìzhuàng

countable ADJ 可数的 kěshù de

countdown N 倒计时 dǎojìshí

countenance N 面容 miànróng, 面部表情 miànbù biǎoqíng

counter I N 1 （商店+）柜台 [shāngdiàn+] guìtái 2 （厨房+）操作台 [chúfáng+] cāozuò tái

under the counter 暗地里 àndìli

II V 反驳 fǎnbó III ADV 相反 xiāngfǎn

counteract V 抵消 dǐxiāo

counterattack V, N 反击 fǎnjī, 反攻 fǎngōng

counterbalance I V 抵消 dǐxiāo II N 抵消 dǐxiāo

counterclockwise I ADJ 反时针方向的 fǎn shízhēn fāngxiàng de II ADV 反时针方向 fǎn shízhēn fāngxiàng

counterfeit I ADJ 伪造的 wěizào de

a counterfeit bill 一张假钞票 yìzhāng jiǎ chāopiào, 一张假币 yìzhāng jiǎbì

II V 伪造 wěizào

counterpart N 地位相当的人（或物）dìwèi xiāngdāng de rén (huò wù)

counterproductive ADJ 起反作用的 qǐ fǎnzuòyòng de, 效果适得其反的 xiàoguǒ shìdé qífǎn de

countersign V 联署 liánshǔ

countless ADJ 无数的 wúshù de

country N 1 国家 guójiā □ The U.S.A., U.K., Canada, Australia and New Zealand are all English-speaking countries. 美国、英国、加拿大、澳大利亚和新西兰都是说英语的国家。Měiguó, Yīngguó, Jiānádà, Àodàlìyà hé Xīnxīlán dōu shì shuō Yīngyǔ de guójiā. **2** 乡下 xiāngxia □ They prefer to live out in the country. 他们喜欢住在乡下。Tāmen xǐhuan zhù zài xiāngxia.

country and western 乡间音乐与西部音乐 xiāngjiān yīnyuè yǔ xībù yīnyuè

country club 乡村俱乐部 xiāngcūn jùlèbù

countryman N 同胞 tóngbāo

countryside N 乡下 xiāngxia, 农村 nóngcūn

county N 县 xiàn

county fair 农村集市 nóngcūn jíshì

coup N 1 (军事) 政变 (jūnshì) zhèngbiàn **2** 成功的行动 chénggōng de xíngdòng

couple I N 1 一对夫妻 yíduì fūqī, 一对情人 yíduì qíngrén □ After the wedding the couple had their honeymoon overseas. 新婚以后, 夫妻在海外度蜜月。Xīnhūn yǐhòu, fūqī zài hǎiwài dù mìyuè. **2** 两个 liǎng ge, 两三个 liǎng sān ge □ A couple of national newspapers covered this event. 两三家全国性报纸报道了这项活动。Liǎng sān jiā quánguóxìng bàozhǐ bàodàole zhè xiàng huódòng. **II** v 结合 jiéhé, 连接 liánjiē

coupon N 优惠券 yōuhuìquàn [M. WD 张 zhāng], 礼券 lǐquàn [M. WD 张 zhāng]

courage N 勇气 yǒngqì, 勇敢 yǒnggǎn □ She did not have the courage to admit her deception. 她没有勇气承认自己的欺骗行为。Tā méiyǒu yǒngqì chéngrèn zìjǐ de qīpiàn xíngwéi.

courageous ADJ 勇敢的 yǒnggǎn de, 有勇气 yǒu yǒngqì de

courier N 信使 xìnshǐ [M. WD 名 míng]

course I N 1 路程 lùchéng, 过程 guòchéng □ We should avoid changing the course of action. 我们应该避免改变行动方向。Wǒmen yīnggāi bìmiǎn gǎibiàn xíngdòng fāngxiàng. **2** 课程 kèchéng □ This course will take two years to complete. 这个课程要两年的时间完成。Zhè ge kèchéng yào liǎng nián de shíjiān wánchéng. **3** 道 (菜) dào (cài) □ Now we're having our last course of the dinner—fruit. 我们正在吃晚餐最后的一道—水果。Wǒmen zhèngzài chī wǎncān zuìhòu de yí dào—shuǐguǒ.

of course 当然 dāngrán

II v 流 liú, 流动 liúdòng

court I N 1 法庭 fǎtíng □ Two men will appear in court tomorrow to be charged with drug trafficking. 明天有两个人因被控贩毒而上法庭。Míngtiān yǒu liǎng ge rén yīn bèikòng fàndú ér shàng fǎtíng. **2** 球场 qiú chǎng

tennis court 网球场 wǎngqiú chǎng

basketball court 篮球场 lánqiúchǎng

3 宫廷 gōngtíng, 王室 wángshì **II** v 讨好 tǎohǎo, 追求 zhuīqiú

courteous ADJ 有礼貌的 yǒulǐmào de, 彬彬有礼 bīnbīn yǒulǐ

courtesy N 礼貌 lǐmào, 好意 hǎoyì

courtesy of 承蒙…的好意 chéngméng…de hǎoyì

courtesy bus 免费巴士 miǎnfèi bāshì

courtesy call 礼节性拜访 lǐjiéxìng bàifǎng

courthouse N 法院 fǎyuàn

courtmartial N 1 军事法庭 jūnshì fǎtíng **2** 军法审判 jūnfǎ shěnpàn

courtroom N 法庭 fǎtíng

courtship N 恋爱 liàn'ài, 恋爱期 liàn'àiqī

courtyard N 院子 yuànzi

cousin N 堂哥 táng gē (paternal uncle's son, older than yourself), 堂弟 tángdì (paternal uncle's son, younger than yourself), 堂姐 tángjiě (paternal uncle's daughter, older than

yourself), 堂妹 tángmèi (paternal uncle's daughter, younger than yourself), 表哥 biǎogē (maternal uncle or aunt's son, paternal aunt's son, older than yourself), 表弟 biǎo dì (maternal uncle or aunt's son, paternal aunt's son, younger than yourself), 表姐 biǎo jiě (maternal uncle or aunt's daughter, paternal aunt's daughter, older than yourself), 表妹 biǎomèi (maternal uncle or aunt's daughter, paternal aunt's daughter, younger than yourself)

cove N 小海湾 xiǎo hǎiwān

covenant N 契约 qìyuē

cover I v 1 盖 gài, 覆盖 fùgài □ She covered the baby with a blanket. 她用毛毯盖住婴儿。Tā yòng máotǎn gàizhu yīng'ér.

to cover up 掩盖 yǎngài □ The company spokesperson tried to cover up the scandal. 公司发言人试图掩盖这件丑闻。Gōngsī fāyánrén shìtú yǎngài zhè jiàn chǒuwén.

2 涉及 shèjí, 包括 bāokuò □ His talk covered the latest marketing techniques. 他的讲话涉及了最新的销售技巧。Tā de jiǎnghuà shèjíle zuìxīn de xiāoshòu jìqiǎo. **3** 给…保险 gěi… bǎoxiǎn, 承保 chéngbǎo

not to cover cosmetic surgery 不承保整容手术 bù chéngbǎo zhěngróng shǒushù

4 有钱支付 yǒuqián zhīfù

to cover all expenses 有钱支付所有的费用 yǒuqián zhīfù suǒyǒu de fèiyòng

5 走完 [+距离] zǒu wán [+jùlí]

II N 1 盖 gài, 盖子 gàizi **2** (书、杂志) 封面 (shū、zázhì) fēngmiàn □ The cover of the magazine is eye-catching. 杂志的封面很引人注目。Zázhì de fēngmiàn hěn yǐnrénzhùmù.

3 掩护 yǎnhù **4** 保险范围 bǎoxiǎn fànwéi

cover charge 服务费 fúwùfèi

cover letter 附信 fù xìn

coverage N 1 报道 bàodào, 新闻报道 xīnwén bàodào **2** 保险范围 bǎoxiǎn fànwéi

coveralls N (衣裤相连的) 工作服 (yīkù xiānglián de) gōngzuòfú

covering N 覆盖物 fùgàiwù

covert ADJ 秘密的 mìmì de

cover-up N 隐瞒 yǐnmán

covet v 贪求 tānqiú, 对…垂涎三尺 duì…chuíxián sānchǐ

cow N 1 母牛 mǔniú [M. WD 头 tóu] **2** 大型雌性哺乳动物 dàxíng cíxìng bǔrǔ dòngwù

coward N 胆小鬼 dǎnxiǎoguǐ, 懦夫 nuòfū

cowardice N 胆小 dǎnxiǎo, 怯懦 qiènuò

cowardly ADJ 胆小的 dǎnxiǎo de, 怯懦 qiènuò de

cowboy N 牛仔 niúzǎi

cower v 畏缩 wèisuō, 蜷缩 quánsuō

cowgirl N 牧牛女工 mùniú nǚgōng

co-worker N 同事 tóngshì

coy ADJ 1 装作害羞的 zhuāngzuò hàixiū de, 故作忸怩的 gùzuò niǔní de **2** 含糊其词的 hánhu qí cí de

coyote N 丛林狼 cónglínláng

coziness N 温暖舒适 wēnnuǎn shūshì

cozy ADJ 温暖舒适的 wēnnuǎn shūshì de

CPA (= Certified Public Accountant) ABBREV 注册会计师 zhùcè kuàijìshī

CPR (= cardiopulmonary resuscitation) ABBREV 人工呼吸抢救 réngōng hūxī qiǎngjiù

CPU (= Central Processing Unit) ABBREV (计算机) 中央处理器 (jìsuànjī) zhōngyāng chǔlǐqì

crab N 蟹 xiè [M. WD 只 zhī]

crabby ADJ 暴躁的 bàozao de

crack I v 1 破裂 pòliè □ The glass fell on the floor and cracked. 玻璃杯掉到地板上, 破裂了。Bōlibēi diàodao dìbǎnshang, pòliè le. **2** 精神崩溃 jīngshén bēngkuì, 崩溃 bēngkuì **3** [嗓音+] 变嘶哑 [sǎngyīn+] biàn sīyǎ **4** 破解 [+密码] pòjiě [+mìmǎ] **II** N 1 裂缝 lièfèng □ I can see a crack on the bowl. 我可以

看见碗上有一条裂缝。Wǒ kěyǐ kànjian wǎnshang yǒu yì tiáo lièfèng. **2** 强效可卡因 qiáng xiào kěkǎyīn
III ADJ 第一流的 dìyīliú de

crackdown N 镇压 zhènyā, 取缔 qǔdì

cracked ADJ **1** 有裂缝的 yǒu lièfèng de **2** [噪音+] 嘶哑的 [sǎngyīn+] sīyǎ de

cracker N 薄脆饼干 báo cuì bǐnggān, 梳打饼干 shūdǎ bǐnggān [M. WD 片 piàn/块 kuài]

crackle V 发出噼啪声 fāchū pīpāshēng

crackling N 噼啪声 pīpāshēng

crackpot I ADJ 古怪离奇的 gǔguài líqí de II N 有古怪离奇念头的人 yǒu gǔguài líqí niàntou de rén

cradle I N 摇篮 yáolán II V 小心翼翼地抱着 xiǎoxīn yìyì de bàozhe

craft N 手 (工) 艺 shǒu (gōng) yì

craftsman N 手工艺人 shǒugōngyìrén

craftsmanship N 手工艺技能 shǒugōngyì jìnéng

crafty ADJ 足智多谋的 zú zhì duō móu de, 狡猾的 jiǎohuá de

crag N 峭壁 qiàobì, 巨岩 jù yán

craggy ADJ 陡峭多石的 dǒuqiào duō shí de

cram V **1** 把…塞进 bǎ…sāijìn **2** (考试前) 死记硬背 (kǎoshì qián) sǐjì yìngbèi
to cram for a test 在考试前死记硬背 zài kǎoshì qián sǐjì yìngbèi

cramp I V **1** 痉挛 jìngluán, 抽筋 chōujīn **2** 约束 yuēshù, 限制 xiànzhì II N 痉挛 jìngluán, 抽筋 chōujīn

cramped ADJ 狭小的 xiáxiǎo de

cramps N [腹部+] 绞痛 [fùbù+] jiǎotòng, [妇女+] 经痛 [fùnǚ+] jīngtòng

cranberry N 越橘 yuèjú

crane I N **1** 起重机 qǐzhòngjī [M. WD 台 tái] **2** 鹤 hè, 仙鹤 xiānhè [M. WD 只 zhī] II V 伸长脖子看 shēncháng bózi kàn

cranium N 头颅 tóulú

crank I N 曲柄 qūbǐng II V (用曲柄) 转动 (yòng qūbǐng) zhuàndòng

cranky ADJ 易怒的 yì nù de

crap N **1** 胡扯 húchě, 废话 fèihuà **2** 劣质品 lièzhìpǐn, 破玩意儿 pòwányìr **3** 粪便 fènbiàn

craps N 双骰子赌博游戏 shuāng tóuzi dǔbó yóuxì

crash I V **1** 撞 zhuàng, 碰撞 pèngzhuàng □ The car crashed into a wall. 汽车撞到了墙。Qìchē zhuàngdaole qiáng. **2** (电脑) 死机 (diànnǎo) sǐjī □ Damn it! The computer crashed again. 糟糕！电脑又死机了。Zāogāo! Diànnǎo yòu sǐjī le. **3** 猛撞发出巨响 měngzhuàng fāchū jùxiǎng **4** [股市+] 崩盘 [gǔshì+] bēngpán
to crash and burn 突然垮台 tūrán kuǎtái
II N [飞机/火车+] 相撞 [fēijī/huǒchē] xiāngzhuàng, 失事 shīshì
crash helmet 防护头盔 fánghù tóukuī
crash landing 强行着陆 qiángxíng zhuólù
III ADJ 快速的 kuàisù de
crash course 速成班 sùchéngbān
crash diet 快速减肥食谱 kuàisù jiǎnféi shípǔ

crass ADJ 粗鲁的 cūlǔ de, 令人厌恶的 lìngrén yàn è de

crate N 大装货箱 dà zhuānghuò xiāng

crater N 火山口 huǒshānkǒu **2** 坑 kēng

crave V 渴望 kěwàng, 渴求 kěqiú

craving N 渴望 kěwàng

crawl I V 爬 pá, 爬行 páxíng II N 缓慢移动 huǎnmàn yídòng
the crawl 自由式游泳 zìyóushì yóuyǒng, 自由泳 zìyóuyǒng

crayfish N 淡水螯虾 dànshuǐ áoxiā

crayon N 彩色蜡笔 cǎisè làbǐ

craze N 时尚 shíshàng, 热 rè
Chinese craze 学中文热 xué Zhōngwén rè

crazed ADJ 狂热的 kuángrè de

crazy ADJ **1** 疯 fēng, 发疯 fāfēng **2** 喜欢得要命 xǐhuan deyàomìng □ Hinckley was crazy about the actress. 欣科里喜欢那个女演员喜欢得要命。Xīnkēlǐ xǐhuan nà ge nǚyǎnyuán xǐhuan de yàomìng. **3** 古怪的 gǔguài de
crazy code 乱码 luànmǎ

creak I V 发出嘎吱嘎吱的声响 fāchū gāzhī gāzhī de shēngxiǎng II N 嘎吱嘎吱的声响 gāzhī gāzhī de shēngxiǎng

creaky ADJ **1** 发出嘎吱嘎吱的声响的 fāchū gāzhī gāzhī de shēngxiǎng de **2** 老旧的 lǎojiù de

cream N **1** 奶油 nǎiyóu □ Thank you, but I don't take cream in my coffee. 谢谢，可是我咖啡里不放奶油的。Xièxie, kěshì wǒ kāfēi lǐ bú fàng nǎiyóu de.
cream cheese 奶油干酪 nǎiyóu gānlào
2 油膏 yóugāo
face cream 面霜 miànshuāng
sun cream 防晒油膏 fángshài yóugāo
the cream of the crop (一群人中的) 精英 (yìqún rénzhōng de) jīngyīng, 佼佼者 jiǎojiǎozhě

creamer N **1** 代用奶油 dàiyòng nǎiyóu **2** 奶油壶 nǎiyóu hú

crease I N 皱褶 zhòuzhě, 折缝 zhé féng II V 使…起皱 shǐ…qǐzhòu

create V **1** 创造 chuàngzào, 创建 chuàngjiàn **2** 发明 fāmíng, 设计 shèjì □ Many works of art were created by people living in poverty. 很多艺术品是生活在贫穷中的人创造的。Hěn duō yìshùpǐn shì shēnghuó zài pínqióng zhòng de rén chuàngzào de.

creation N **1** 创造 chuàngzào **2** 创造物 chuàngzào wù
the Creation (上帝) 创世 (Shàngdì) chuàngshì, 创造世界 chuàngzào shìjiè

creative ADJ 有创造性的 yǒu chuàngzàoxìng de

creativity N 创造性 chuàngzàoxing

creator N 创作者 chuàngzuòzhě
the Creator 造物主 Zàowùzhǔ

creature N 动物 (包括人) dòngwù (bāokuò rén)

credence N 信任 xìnrèn, 相信 xiāngxìn

credentials N **1** 资格证书 zīge zhèngshū **2** 资格 zīge, 能力 nénglì

credibility N 可信性 kěxìnxing, 信赖 xìnlài

credible ADJ 可信的 kěxìn de, 可靠的 kěkào de

credit I N **1** 信贷 xìndài, 借款 jièkuǎn □ He bought a new car on credit. 他借款买新车。Tā jièkuǎn mǎi xīn chē.
credit limit 信贷限额 xìndài xiàn'é
credit rating 信用等级 xìnyòng děngjí
credit report 信用报告 xìnyòng bàogào
2 信誉 xìnyù, 声望 shēngwàng □ She never got the credit she deserved. 她从来没有得到应有的声望。Tā cónglái méiyǒu dédao yīngyǒu de shēngwàng.
to do sb credit 使某人赢得声誉 shǐ mǒurén yíngdé shēngyù
to take credit 归功于己 guī gōng yú jǐ
3 带来荣耀 / 好名声的人 (或事) dàilai róngyào/hǎo míngshēng de rén (huò shì) □ This graduate is a credit to our school. 这位毕业生给我们学校带来荣耀。Zhè wèi bìyèshēng gěi wǒmen xuéxiào dàilai róngyào. **4** (大学) 学分 (dàxué) xuéfēn
II V **1** 存入 [+钱] cúnrù [+qián] **2** 归功于 guī gōng yú

creditable ADJ 值得赞扬的 zhíde zànyáng de

creditor N 债权人 zhàiquánrén

credo N 信条 xìntiáo, 教义 jiàoyì

credulous ADJ 轻信的 qīngxìn de

creed N 信条 xìntiáo, 信仰 xìnyǎng

creek N 小溪 xiǎoxī [M. WD 条 tiáo], 溪流 xīliú [M. WD 条 tiáo]

creep I V (PT & PP **crept**) **1** 爬 pá, 爬行 páxíng **2** 蔓生 mànshēng II N 讨厌的人 tǎoyàn de rén to give sb the creeps 叫…毛骨悚然 jiào…máogǔ sǒngrán

cremate v 火化 huǒhuà, 火葬 huǒzàng

crematorium N 火葬场 huǒzàngchǎng

crépe N 绉纱 zhòushā, 绉绸 zhòuchóu

crepe paper 绉纸 zhòuzhǐ

crept See creep

crescendo N [声音+] 渐强 [shēngyīn+] jiàn qiáng

crescent N 新月 xīnyuè

crest N 1 山顶 shāndǐng, 浪峰 làngfēng 2 鸟冠 niǎoguān

crestfallen ADJ 沮丧的 jǔsàng de, 垂头丧气的 chuítóu sàngqì de

crevice N 裂缝 lièfèng, 缺口 quēkǒu

crew N 1 (飞机)机组人员 (fēijī) jīzǔ rényuán, (船船) 船员 (lúnchuán) chuányuán 2 工作人员 gōngzuò rényuán

crew cut 板刷头 bǎnshuātóu

crib N 婴儿床 yīng'ér chuáng

crick N 痛性痉挛 tòngxìng jìngluán

cricket N 1 蟋蟀 xīshuài 2 板球 bǎnqiú

crime N 罪 zuì, 罪行 zuìxíng

Crime does not pay. 犯罪是不值得的。Fànzuì shì bù zhíde de.

criminal I ADJ 犯罪的 fànzuì de □ It was criminal to pollute the lake. 污染湖泊是犯罪行为。Wūrǎn húpō shì fànzuì xíngwéi.

II N 罪犯 zuìfàn □ The criminal will spend the rest of his life in prison. 这个罪犯将在监狱终其一生。Zhè ge zuìfàn jiāng zài jiānyù zhōng yì yìshēng.

criminal law 刑法 xíngfǎ

crimson I N 深红色 shēnhóngsè II ADJ 深红色的 shēnhóngsè de

cringe v 1 退缩 tuìsuō 2 感到难堪 gǎndào nánkān

crinkle v 起皱 qǐzhòu

cripple I N 残疾人 cánjírén, 跛子 bǒzi II v 1 使…致残 shǐ… zhìcán 2 使…遭受重创 shǐ…zāoshòu zhòngchuāng

crisis N 危机 wēijī

crisp I ADJ [食品+] 脆的 [shípǐn+] cuì de 2 易碎的 yì suì de 3 [天气+] 干冷的 [tiānqì+] gānlěng de II v 使…变脆 shǐ… biàn cuì

crispy ADJ 松脆的 sōngcuì de

crisscross v 1 往返 wǎngfǎn, 来回奔波 láihuí bēnbō 2 画交错的直线 huà jiāocuò de zhíxiàn, 纵横交错 zònghéng jiāocuò

criterion N (PL **criteria**) 标准 biāozhǔn □ He failed to meet the selection criteria. 他不符合遴选标准。Tā bù fúhé línxuǎn biāozhǔn.

critic N 1 批评者 pīpíngzhě, 反对者 fǎnduìzhě 2 评论员 pínglùnyuán, 批评家 pīpíngjiā

critical ADJ 1 批判的 pīpàn de, 批评的 pīpíng de □ Many teachers are critical of the principal's plan. 很多老师不同意校长的计划。Hěn duō lǎoshī bù tóngyì xiàozhǎng de jìhuà. 2 关键的 guānjiàn de, 危险的 wēixiǎnde □ The patient is still in a critical condition. 病人还处于危险期。Bìngrén hái chǔyú wēixiǎnqī.

criticism N 批评 pīpíng, 评论 pínglùn □ We accept your constructive criticisms. 我们接受你的建设性批评。Wǒmen jiēshòu nǐ de jiànshèxìng pīpíng.

criticize v 批评 pīpíng, 评论 pínglùn □ The trade unions criticized the law as anti-labor. 工会批评这个法律是反工会的。Gōnghuì pīpíng zhè ge fǎlǜ shì fǎn gōnghuì de.

critique N 评论 pínglùn □ 评论 pínglùn

croak I v 1 用低沉沙哑的声音说 yòng dī chén shāyǎ de shēngyīn shuō 2 [青蛙+] 鸣叫 [qīngwā+] míngjiào II v 1 低沉沙哑的声音 dīchén shāyǎ de shēngyīn 2 (青蛙) 鸣叫 (qīngwā) míngjiào

crochet v 用钩针编结 yòng gōuzhēn biānjié

crock N 瓦罐 wǎguàn

a crock of shit 胡说八道 húshuō bādào

crockery N 陶器 táoqì

crocodile N 鳄鱼 èyú [M. WD 条 tiáo]

to shed crocodile tears 掉几滴鳄鱼的眼泪 diào jǐ dī èyú de yǎnlèi

crocus N 藏红花 zànghónghuā

croissant N 羊角面包 yángjiǎo miànbāo

crony N 亲密的朋友 qīnmì de péngyou

crook I N 1 骗子 piànzi, 贼 zéi 2 弯曲 wānqū II v 1 使…弯曲 shǐ… wānqū 2 弯 wān, 勾 gōu

crooked ADJ 1 弯曲的 wānqū de 2 狡诈的 jiǎozhà de

croon v 轻柔地歌唱 (或说话) qīngróu de gēchàng (huò shuōhuà)

crop I N 1 庄稼 zhuāngjia, 农作物 nóngzuòwù □ Wheat is the staple crop in this region. 小麦是这个地区主要的农作物。Xiǎomài shì zhè ge dìqū zhǔyào de nóngzuòwù. 2 收成 shōucheng □ The farmers are expecting a bumper crop this year. 农民们期待着丰收。Nóngmínmen qīdàizhe fēngshōu. 3 平头发型 píngtóu fàxíng, 短头发 duǎn tóu fà II v 剪短 [+头发] jiǎnduàn [+tóufa]

croquet N 门球 (游戏) ménqiú (yóuxì)

cross I N 1 十字架 shízìjià 2 十字形 shízì xíng, 叉 chā □ Mark the appropriate boxes with a cross. 在适当的方框内打叉。Zài shìdàng de fāngkuàng nèi dǎ chā.

the Red Cross 红十字 Hóngshízì

3 混合物 hùnhéwù, 杂交品种 zájiāo pǐnzhǒng II v 1 穿越 chuānyuè, 度过 dùguò □ He helped an old lady cross the road. 他帮一位老太太穿马路。Tā bāng yí wèi lǎo tàitai chuān mǎlù. 2 交叉 jiāochā

to cross one's heart 在胸前画十字 zài xiōngqián huà shízì, 发誓 fāshì

to cross one's fingers 但愿有好运 dànyuàn yǒu hǎoyùn

3 杂交 zájiāo III ADJ 生气的 shēngqì de

crosscheck v 核对 héduì, 对证 duìzhèng

cross-country ADJ 越野的 yuèyě de

cross-country running 越野赛跑 yuèyěsàipǎo

cross-cultural ADJ 跨文化的 kuà wénhuà de

cross-examine v 反复盘问 fǎnfù pánwèn

cross-eyed ADJ 内斜视的 nèixiéshì de, 斗鸡眼的 dòujīyǎn de

crossfire N 交叉火力 jiāochā huǒlì

crossing N 1 (铁路) 过道 (tiělù) guòdào 2 十字路口 shízì lùkǒu 3 跨海旅程 kuà hǎi lǚchéng

cross-legged ADV 盘腿而坐 pántuǐ ér zuò

cross-purposes N 相反目的 xiāngfǎn mùdì

at cross purposes 相互矛盾 xiānghù máodùn

cross-reference N 相互参照 xiānghù cānzhào, 互见 hùjiàn

crossroads N 十字路口 shízì lùkǒu

cross-section N 1 横剖面 héngpōumiàn 2 一组有代表性的人 yìzǔ yǒu dàibiǎoxìng de rén

crosswalk N 人行横道 rénxíng héngdào

crossword N 纵横填字游戏 zònghéng tiánzì yóuxì

crotch N 胯部 kuàbù

crotchety ADJ 暴躁的 bàozao de

crouch v 蹲 (下) dūn (xià)

crow I N 1 乌鸦 wūyā [M. WD 只 zhī] 2 (公鸡) 鸣叫 (gōngjī) míngjiào II v (公鸡+] 叫 [gōngjī+] jiào

crowbar N 铁撬棒 tiě qiàobàng [M. WD 根 gēn]

crowd I N 人群 rénqún, 一群人 yìqún rén □ There was a crowd of people waiting at the entrance to the theater. 在剧院门口有一群人在等候。Zài jùyuàn ménkǒu yǒu yì qún rén děnghòu.

II v 1 群集 qúnjí, 群聚 qúnjù 2 挤 jǐ, 推挤 tuījǐ 3 催 cuī, 催促 cuīcù

crowded ADJ 拥挤的 yōngjǐ de

crown I N 1 王冠 wángguān, 冕 miǎn 2 王国政府 wángguó zhèngfǔ 3 [牙齿+] 人造冠 [yáchǐ+] rénzào guān II v 1 为 [+国王] 加冕 wéi [+guówáng] jiāmiǎn 2 为…镶假牙冠 wéi…xiāng jiǎ yáguān 3 达到顶峰 dádào dǐngfēng

crowning ADJ 达到顶峰的 dádào dǐngfēng de

crown prince N 王储 wángchǔ [M. WD 位 wèi]

crown princess N 女王储 nǚwángchǔ [M. WD 位 wèi]

crucial ADJ 决定性的 juédìngxìng de, 关键的 guānjiàn de

crucifix N 有耶稣像的十字架 yǒu Yēsū xiàng de shízìjià

crucifixion N 耶稣被钉在十字架上 Yēsū bèi dīng zài shízìjià shàng, 耶稣受难 Yēsū shòunàn

crucify v 1 把…钉在十字架上 bǎ…dīng zài shízìjià shàng 2 当众狠狠指责 dāngzhòng hěnhěn zhǐzé

crud N 令人恶心的东西/人 lìngrén èxīn de dōngxi/rén

crude ADJ 1 粗俗的 [+语言] cūsú de [+yǔyán] 2 粗糙的 [+估计] cūcāo de [+gūjì] 3 未经提炼的 [+石油] wèijīng tíliàn de [+shíyóu]

  crude oil 原油 yuányóu

cruel ADJ 残酷 cánkù □ Being cruel to animals will not be tolerated. 对动物残酷是不能容忍的。Duì dòngwù cánkù shì bùnéng róngrěn de.

cruelty N 1 残酷 cánkù 2 虐待(的行为) nüèdài (de xíngwéi)

cruise I v 1 [乘船+] 巡游 [chéngchuán+] xúnyóu 2 [汽车+] 稳速行驶 [qìchē+] wěn sù xíngshǐ 3 (乘车) 兜风 (chéngchē) dōufēng II v 乘大游轮度假 chéng dà yóulún dùjià

  cruise ship 大游轮 dà yóulún [M. WD 艘 sōu]

cruiser N 巡洋舰 xúnyángjiàn [M. WD 艘 sōu]

crumb N 食物碎屑 shíwù suìxiè, 面包屑 miànbāo xiè

crumble v 1 把…弄成碎屑 bǎ…nòngchéng suìxiè 2 [建筑物+] 年久倒塌 [jiànzhùwù+] niánjiǔ dǎotā 3 瓦解 wǎjiě

crummy ADJ 劣质的 lièzhì de, 差劲的 chàjìn de

crumple v 1 把…弄皱 bǎ…nòng zhòu 2 晕倒 yūndǎo

crunch I v 1 发出嘎吱嘎吱的声响 fāchū gāzhī gāzhī de shēngxiǎng 2 嘎吱嘎吱地吃 gāzhī gāzhī de chī

  to crunch the numbers 作大量计算 zuò dàliáng jìsuàn II N 1 嘎吱嘎吱的声响 gāzhī gāzhī de shēngxiǎn 2 困境 kùnjìng, 危机 wēijī

  credit crunch 信贷危机 xìndài wēijī

crunchy ADJ 脆脆的 cuìcuìde

crusade I N 1 改革运动 gǎigé yùndòng 2 十字军东征 Shízìjūn dōngzhēng II v 致力于改革 zhìlì yú gǎigé

crush I v 1 压碎 yāsuì, 粉碎 fěnsuì II N 迷恋 míliàn, 强烈的暗恋 qiángliè de ànliàn

  to have a crush on 暗暗的迷恋上 àn'àn de míliàn shàng

crust N 1 面包皮 miànbāopí, 比萨饼皮 bǐsàbǐngpí 2 硬壳 yìngké

  Earth's crust 地壳 dìqiào

crustacean N 甲壳纲动物 jiǎqiàogāng dòngwù

crusty ADJ 1 外皮脆的 wàipí cuì de 2 暴躁的 bàozao de

crutch N 拐杖 guǎizhàng

crux N 中心 zhōngxīn, 症结 zhēngjié

cry I v 1 喊叫 hǎnjiào □ "Look ahead!" she cried. "看前面！" 她喊叫。"Kàn qiánmian!" tā hǎnjiào.

  to cry out 大声高喊 dàshēng gāohǎn

  to cry foul (大声) 抗议 (dàshēng) kàngyì

  to cry over spilled milk 作无益的悔恨 zuò wúyì de huǐhèn

  to cry wolf ① 叫 "狼来了" jiào "láng lái le" ② 发假警报 fā jiǎ jǐngbào

  2 哭 kū □ "Don't cry," the mother comforted her child. "别哭了，" 母亲安慰孩子。"Bié kū la," mǔqin ānwèi háizi.

  to cry for help 大声呼救 dàshēng hūjiù II N 1 叫喊 (声) jiàohǎn (shēng) 2 哭 (声) kū (shēng) 3 (动物的) 叫声 (dòngwù de) jiàoshēng

  to be a far cry from 与…相差很远 yǔ…xiāngchà hěn yuǎn

crybaby N 1 爱哭的孩子 ài kū de háizi 2 爱发牢骚的人 àifā láosāo de rén

crypt N 教堂地下室 jiàotáng dìxiàshì

cryptic ADJ 神秘的 shénmì de, 难懂的 nándǒng de

crystal N 水晶 shuǐjīng

  crystal ball 水晶球 shuǐjīngqiú

  crystal clear 明白易懂的 míngbai yìdǒng de, 明摆着的 míngbǎizhe de

crystallize v 1 [盐+] 结晶 [yán+] jiéjīng 2 使 [+思路] 变得明朗清晰 shǐ [+sīlù] biàn de mínglǎng qīngxī

cub N 小熊 xiǎoxióng, 小老虎 xiǎolǎohǔ, 小狮子 xiǎoshīzi

cube I N 1 立方体 lìfāngtǐ

  ice cube 冰块 bīngkuài

  2 立方 lìfāng

  the cube of (a number) (某数的) 立方 (mǒu shù de) lìfāng

cubic ADJ 立方的 lìfāng de

  cubic inch/feet/yard 立方英寸/英尺/码 lìfāng yīngcùn/yīngchǐ/mǎ

cubicle N 小隔间 xiǎo géjiān

Cub Scouts N 幼年童子军 yòunián tóngzǐjūn

cuckoo I N 1 杜鹃 dùjuān [M. WD 只 zhī], 布谷鸟 bùgǔniǎo [M. WD 只 zhī] II ADJ 疯了 fēng le, 痴颠 chī diān

cucumber N 黄瓜 huángguā [M. WD 条 tiáo/根 gēn]

cuddle I v 拥抱 yōngbào, 搂搂抱抱 lǒulǒubàobào II N 拥抱 yōngbào

cuddly ADJ 让人想搂抱的 ràng rén xiǎng lǒubào de, 可爱的 kě'ài de

cue N 1 提示 tíshì

  on cue 恰好这时候 qiàhǎo zhè shíhòu

  to take one's cue from 学…的样 xué…de yàng, 仿效 fǎngxiào

  2 球杆 qiú gǎn

cuff I N 1 袖口 xiùkǒu

  off the cuff 未经考虑的 [+讲话] wèi jīng kǎolǜ de [+jiǎnghuà] II v 给 [+犯人] 戴手铐 gěi [+fànrén] dài shǒukào

cuffs N 手铐 shǒukào [M. WD 副 fù]

cuisine N 1 烹饪法 pēngrènfǎ, 烹饪风味 pēngrèn fēng wèi 2 菜肴 càiyáo

cul-de-sac N 无尾巷 wúwěixiàng, 死胡同 sǐhútòng

culinary ADJ 烹饪的 pēngrèn de

cull I v 1 挑选 tiāoxuǎn, 选用 xuǎnyòng 2 宰杀 zǎishā □ Because of the bird flu, many chickens were culled. 由于禽流感，很多鸡被宰杀。Yóuyú qínliúgǎn, hěn duō jī bèi zǎishā. II N 宰杀 zǎishā

culminate v 1 告终 gàozhōng, 结束 jiéshù 2 达到顶峰 dádào dǐngfēng

culmination N 顶峰 dǐngfēng, 结果 jiéguǒ

culpable ADJ 应负责任的 yìng fù zérèn de

  culpable negligence 失职罪 shīzhízuì

culprit N 罪犯 zuìfàn, 有过失的人 yǒuguò shī de rén

cult I N 1 异教 yìjiào, 邪教 xiéjiào 2 时尚观念 shíshàng guānniàn

cultivate v 1 耕作 gēngzuò 2 培育 péiyù, 培养 péiyǎng

cultivated ADJ 1 有教养的 yǒu jiàoyǎng de 2 养殖的 yǎngzhí de

cultural ADJ 文化的 wénhuà de □ Their band will go to Japan as part of a cultural exchange program. 他们的乐队将作为文化交流项目到日本去。Tāmen de yuèduì jiāng zuòwéi wénhuà jiāoliú xiàngmùdào Rìběn qù.

culture N 1 文化 wénhuà □ I'm very interested in Chinese culture. 我对中国文化很感兴趣。Wǒ duì Zhōngguó wénhuà hěn gǎn xìngqu. 2 文明 wénmíng 3 细菌培养 xìjūn péiyǎng

cultured ADJ 文化修养很高的 wénhuà xiūyǎng hěn gāo de

cumbersome ADJ 运转不灵的 yùnzhuǎn bù líng de, 笨重的 bènzhòng de

cumulative ADJ 积累的 jīlěi de

cunning I ADJ 狡猾的 jiǎohuá de **II** N 狡猾 jiǎohuá

cunt N 阴道 yīndào

cup I N 1 杯子 bēizi 2 奖杯 jiǎngbēi □ The mayor presented the cup to the winning team. 市长向获胜的球队颁发奖杯。Shìzhǎng xiàng huòshèng de qiúduì bānfā jiǎngbēi. **II** V 捧 pěng, 托 tuō

cupboard N 柜子 guìzi, 食柜 shíguì, 碗柜 wǎnguì

cupcake N 杯形蛋糕 bēixíng dàngāo

curable ADJ 可以医好的 kěyǐ yīhǎo de, 医得好的 yī dé hǎode

curator N [博物馆+] 馆长 [bówùguǎn+] guǎnzhǎng

curb I N 1 路沿 lù yán 2 抑制 yìzhì, 控制 kòngzhì **II** V 抑制 yìzhì, 控制 kòngzhì

curd N 凝乳 níngrǔ

curdle V 凝结 níngjié

cure I V 1 治愈 [+病] zhìyù [+bìng], 治好 zhìhǎo □ It's a terminal disease; it can't be cured at this stage. 这是绝症; 目前没有办法治愈。Zhè shì juézhèng; mùqián méiyǒu bànfǎ zhìyù. **2** 烟熏 [+火腿] yānxūn [+huǒtuǐ], 腌制 yānzhì **II** N 1 治疗 zhìliáo **2** 治愈 zhìyù, 治好 zhìhǎo □ Is there a cure for this kind of cancer? 这种癌症能治好吗? Zhè zhǒng áizhèng néng zhìhǎo ma?

curfew N 宵禁 xiāojìn

curio N 古董 gǔdǒng [M. WD 件 jiàn], 古玩 gǔwán [M. WD 件 jiàn]

curiosity N 好奇心 hàoqíxīn

curious ADJ 1 好奇的 hàoqí de □ Children are by nature very curious, and they often ask questions which adults find difficult to answer. 儿童本性就是好奇的, 他们常常问一些成人无法回答的问题。Értóng běnxìng jiùshì hàoqí de, tāmen chángcháng wèn yìxiē chéngrén wúfǎ huídá de wèntí. **2** 奇怪 qíguài

curl I N 1 卷发 juǎnfà 2 卷曲的东西 juǎnqū de dōngxi **II** V 1 缠绕 chánrào **2** 卷曲 juǎnqū, 卷发 juǎnfà

curler N 卷发夹子 juǎnfà jiāzi

curling iron N 烫发器 tàngfàqì

currant N 醋栗 cùlì

currency N 1 货币 huòbì 2 流通 liútōng

current I N 1 水流 shuǐliú □ The current is very swift in this section of the river. 河的这一段水流十分湍急。Hé de zhè yí duàn shuǐliú shífēn tuānjí. **2** 电流 diànliú

alternating current (AC) 交流电 jiāoliúdiàn

direct current (DC) 直流电 zhíliúdiàn

II ADJ 当前的 dāngqián de, 当今的 dāngjīn de □ Do you know who the current Chinese leader is? 你知道当今中国领导人是谁吗? Nǐ zhīdào dāngjīn Zhōngguó lǐngdǎorén shì shéi ma?

current events 时事 shíshì

curriculum N 课程 kèchéng

curriculum vitae (ABBREV CV) N (个人) 简历 (gèrén) jiǎnlì, 履历 lǚlì

curry N 加哩 (粉) jiālí (fěn)

curse V, N 1 骂 mà, 骂骂 zhòumà 2 诅咒 zǔzhòu

cursed ADJ 1 遭诅咒的 zāo zǔzhòu de 2 受到折磨无法解脱的 shòudào zhémó wúfǎ jiětuō de

cursor N 光标 guāngbiāo

cursory ADJ 粗略的 cūlüè de, 草草了事的 cǎocǎo liǎoshì de

curt ADJ 简短而不礼貌的 jiǎnduǎn ér bù lǐmào de

curtail V 削减 xuējiǎn, 减少 jiǎnshǎo

curtailment N 削减 xuējiǎn, 减少 jiǎnshǎo

curtain N 1 窗帘 chuānglián □ She drew the curtain and turned on the lights. 她拉上窗帘, 打开灯。Tā lāshang chuānglián, dǎkāi dēng. **2** 幕布 mùbù

curtsy, curtsey V 行屈膝礼 xíng qūxīlǐ

curve I N 曲线 qūxiàn, 弯曲 wānqū □ There is a sharp curve in the road. 路上有一个急转弯。Lùshang yǒu yí ge jí zhuǎnwān.

II V 弯曲 wānqū □ The river curves to the south. 河流向南弯曲。Héliú xiàng nán wānqū.

cushion I N 垫子 diànzi, 靠垫 kàodiàn **II** V 缓冲 huǎnchōng

cuss V 咒骂 zhòumà

custard N 乳蛋糕 rǔ dàngāo

custodian N [大楼+] 管理员 [dàlóu+] guǎnlǐyuán

custody N 1 监护 (权) jiānhù (quán) **2** 拘留 jūliú

in custody 被拘留 bèi jūliú, 被监禁 bèi jiānjìn

custom I N 风俗 fēngsú **II** ADJ 定做的 dìngzuò de

customary ADJ 1 习俗的 xísú de **2** 习惯性的 xíguànxìng de

customer N 顾客 gùkè □ We deal with customer complaints very seriously. 我们认真对待顾客的抱怨。Wǒmen rènzhēn duìdài gùkè de bàoyuàn. □ They launched a promotional campaign to attract customers. 他们搞了促销活动来吸引顾客。Tāmen gǎole cùxiāo huódòng lái xīyǐn gùkè.

customize V 定做 dìngzuò, 定制 dìngzhì

customs N 海关 hǎiguān □ You'll have to declare these goods when you go through customs. 你通过海关时, 得申报这些东西。Nǐ tōngguò hǎiguān shí, děi shēnbào zhèxiē dōngxi.

cut I V (PT & PP **cut**) 1 切 qiē, 剪 jiǎn □ Would you cut me a piece of cake? 给我切一块蛋糕, 好吗? Gěi wǒ qiē yí kuài dàngāo, hǎoma? **2** 划破 huápò **3** 打断 dǎduàn **4** 切牌 qiē pái

to cut corners 偷工减料 tōu gōng jiǎn liào

cut and dried 已成定局的 yǐ chéng dìngjú de

to cut and paste 剪贴 jiǎntiē

to cut sb short 打断 dǎduàn

II N 1 伤口 shāngkǒu □ The cut on my hand is healing nicely. 我手上的伤口好得很快。Wǒ shǒushang de shāngkǒu hǎode hěn kuài. **2** 减少 jiǎnshǎo **3** 剪头发 jiǎntóufà, 理发 lǐfà **4** (服装的) 款式 (fúzhuāng de) kuǎnshì, 式样 shìyàng

cutback N 削减 xuējiǎn

cute ADJ 可爱的 kě'ài de, 漂亮的 piàoliang de

cutlery N 餐具 (刀叉等) cānjù (dāochā děng)

cutlet N 肉排 ròupái [M. WD 块 kuài]

cutoff N 截止点 jiézhǐ diǎn

cut-rate, cut-price ADJ 减价的 jiǎnjià de

cutter N 1 切割器具 qiēgēqì jù 2 小船艇 xiǎochuán tǐng

cut-throat ADJ 不择手段的 bù zé shǒuduàn de, 你死我活的 nǐsǐwǒhuó de

cutting I ADJ 1 尖刻的 jiānkè de 2 刺骨的 cìgǔ de

cutting board 案板 ànbǎn

at the cutting edge of 处于领先地位 chǔyú lǐngxiān dìwèi

II N 插枝 chāzhī

cyanide N 氰化物 qínghuàwù

cybercafe N 网吧 wǎngbā [M. WD 间 jiān]

cyberspace N 计算机空间 jìsuànjī kōngjiān, 网络空间 wǎngluò kōngjiān

cycle I N 1 周期 zhōuqī

life cycle 生命周期 shēngmìng zhōuqī

2 循环 xúnhuán

a vicious cycle 恶性循环 èxìng xúnhuán

II 骑自行车 qí zìxíngchē

cyclic, cyclical ADJ 周期性的 zhōuqīxìng de

cyclist N 骑自行车的人 qí zìxíngchē de rén, 自行车运动员 zìxíngchē yùndòngyuán

cyclone N 龙卷风 lóngjuǎnfēng [M. WD 场 cháng]

cylinder N 1 圆柱 (体) yuánzhù (tǐ) 2 圆筒 yuántǒng, 圆罐 yuán guàn

gas cylinder 煤气罐 méiqìguàn

3 气缸 qìgāng

cylindrical ADJ 圆柱体的 yuánzhùtǐ de

cymbal N 钹 bó, 铙钹 náobó

cynic N 认为人性恶的人 rènwéi rénxìng è de rén, 犬儒 quǎnrú

cynical ADJ 1 认为人性恶的 rènwéi rénxìng è de 2 不讲道德的 bù jiǎngdào dé de

cynicism N 人性恶论 rénxìng è lùn, 犬儒主义 Quǎnrúzhǔyì

cyst N 囊肿 nángzhǒng

czar N 沙皇 shāhuáng

D, d

dab I N 1 少量 [+黄油] shǎoliàng [+huángyóu], 一点儿 yìdiǎnr 2 轻拍 qīng pāi II v 轻拍 qīng pāi, 轻触 qīngchù

dabble v 稍微涉足 shāowēi shèzú, 不很认真地做 bù hěn rènzhēn de zuò

dad, daddy N 爸爸 bàba, 爹爹 diēdie

daffodil N 水仙花 shuǐxiānhuā [M. WD 朵 duǒ/株 zhū]

dagger N 匕首 bǐshǒu [M. WD 把 bǎ], 短剑 duǎnjiàn [M. WD 把 bǎ]

daily ADJ, ADV 每天 měitiān, 每日 měirì □ Is there a daily flight from San Francisco to Shanghai? 从旧金山到上海, 每天有航班吗? Cóng Jiùjīnshān dào Shànghǎi, měitiān yǒu hángbān ma? □ Thousands of people visit this museum daily. 每天好几千人参观这座博物馆。Měitiān hǎojǐ qiān rén cānguān zhè zuò bówùguǎn.

dainty ADJ 1 精致的 [+小点心] jīngzhì de [+xiǎo diǎnxin] 2 优雅的 [+举止] yōuyǎ de [+jǔzhǐ]

dairy N 牛奶场 niúnǎi chǎng

dairy product 乳制品 rǔzhìpǐn

daisy N 雏菊 chújú [M. WD 朵 duǒ/棵 kē]

dally v 浪费时间 làngfèi shíjiān, 磨蹭 mócéng

Dalmatian N 斑点狗 bāndiǎngǒu [M. WD 只 zhī/条 tiáo]

dam N 水坝 shuǐbà [M. WD 座 zuò]

damage I N 损害 sǔnhài, 损伤 sǔnshāng □ The hurricane caused widespread damage to this region. 飓风给这个地区造成广泛的损害。Jùfēng gěi zhè ge dìqū zàochéng guǎngfàn de sǔnhài. □ The insurance company will pay for the damage to your car. 保险公司会赔偿你汽车受到的损伤。Bǎoxiǎn gōngsī huì péicháng nǐ qìchē shòudào de sǔnshāng.

damages 损害赔偿金 sǔnhài péichángjīn

II v 损坏 sǔnhuài, 损害 sǔnhài □ Years of poor nutrition and lack of exercise damaged his health. 多年的营养不良和缺乏运动损坏了他的健康。Duōnián de yíngyǎng bùliáng hé quēfá yùndòng sǔnhuàile tā de jiànkāng.

damn I ADJ 该死的 gāisǐ de II ADV 非常 fēicháng, 很 hěn

damn well 非常地 fēicháng de

III INTERJ 该死 gāisǐ, 天哪 tiānna

Damn it! 该死的! Gāisǐ de!

Damn you! 你这个混蛋! Nǐ zhège húndàn! 混蛋! Húndàn!

damnedest ADJ 最奇怪的 zuì qíguài de

to do one's damnedest 尽最大的努力 jìn zuìdà de nǔlì

damning ADJ 极其不利的 jíqí búlì de

damp I ADJ 潮湿的 cháoshī de II v 使…削弱/减少 shǐ... xuēruò/jiǎnshǎo, 抑制 yìzhì

to damp one's interest 使兴趣减少 shǐ xìngqu jiǎnshǎo

dampen v 1 使 [+一块布] 潮湿 shǐ [+yí kuài bù] cháoshī 2 削弱 [+热情] xuēruò [+rèqíng] 3 使扫兴 shǐ sǎoxìng

damper N 令人扫兴的人/事 lìngrén sǎoxìng de rén/shì

to put a damper on 让人扫兴 ràng rén sǎoxìng

damsel N 未婚少女 wèihūn shàonǚ

dance I v 1 跳舞 tiàowǔ □ She dances gracefully. 她跳舞跳得很优雅。Tā tiàowǔ tiàode hěn yōuyǎ. 2 跳动 tiàodòng

II N 1 舞蹈 wǔdǎo 2 舞会 wǔhuì [M. WD 场 cháng]

school dances 学校舞会 xuéxiào wǔhuì

3 舞曲 wǔqǔ [M. WD 首 shǒu]

dancer N 舞蹈演员 wǔdǎo yǎnyuán

dandelion N 蒲公英 púgōngyīng

dandruff N 头皮屑 tóupíxiè

dandy ADJ 挺好的 tǐng hǎode

Dane N 丹麦人 Dānmàirén

danger N 危险 wēixiǎn □ In hot summer months there is danger of fire in this area. 在高温的夏季, 这个地区有火灾的危险。Zài gāowēn de xiàjì, zhè ge dìqū yǒu huǒzāi de wēixiǎn.

in danger of 有危险 yǒu wēixiǎn, 处于危险之中 chǔyú wēixiǎn zhīzhōng □ He is in real danger of losing his job. 他确实有丢失工作的危险。Tā quèshí yǒu diūshī gōngzuò de wēixiǎn.

out of danger 脱离危险 tuōlí wēixiǎn □ After days of being critically sick, the patient is now out of danger. 病危数天之后, 病人现在脱离危险了。Bìngwēi shùtiān zhīhòu, bìngrén xiànzài tuōlí wēixiǎn le.

dangerous ADJ 危险的 wēixiǎn de □ Firefighting is a dangerous job. 救火是很危险的工作。Jiùhuǒ shì hěn wēixiǎn de gōngzuò.

dangle v 挂着来回摆动 guàzhe láihuí bǎidòng, 悬吊 xuándiào

Danish I ADJ 丹麦的 Dānmài de, 丹麦语的 Dānmàiyǔ de, 丹麦人的 Dānmàirén de II N 丹麦语 Dānmàiyǔ

dank ADJ 湿冷的 shīlěng de, 阴冷的 yīnlěng de

dapper N 衣冠楚楚的 yīguān chǔchǔ de, 矮小而精悍的 ǎixiǎo ér jīnghàn de

dare I v 1 敢 gǎn 2 激将 jījiàng, 挑战 tiǎozhàn

I dare you! 我谅你不敢! Wǒ liàng nǐ bù gǎn!

II N 挑战 tiǎozhàn

daredevil I N 鲁莽大胆的人 lǔmǎng dàdǎn de rén, 喜欢冒险的人 xǐhuan màoxiǎn de rén II N 鲁莽大胆的 lǔmǎng dàdǎn de, 冒险的 màoxiǎn de

daring I ADJ 大胆的 dàdǎn de II N 勇气 yǒngqì, 胆量 dǎnliàng

dark I ADJ 1 黑暗的 hēi'àn de, 黑色的 hēisè de □ It's getting too dark to play outside. 天太黑了, 不能在外面玩了。Tiān tài hēi le, bù néng zài wàimiàn wán le. 2 深颜色的 shēn yánsè de □ Most people wear dark suits or dresses to funerals. 在葬礼上大多数人穿深色的服装。Zài zànglǐshang dàduōshù rén chuān shēnsè de fúzhuāng. 3 邪恶的 [+势力] xié'è de [+shìlì] 4 苦难的 [+岁月] kǔnàn de [+suìyuè]

II N 1 黑暗 hēi'àn □ The infra-red camera can "see" in the dark. 红外线照相机能够在黑暗中"看见"东西。Hóngwàixiàn zhàoxiàngjī nénggòu zài hēi'àn zhōng "kànjian" dōngxi.

in the dark 完全不知道 wánquán bùzhīdào

2 天黑 tiānhēi □ You must come back home before dark. 你们必须在天黑前回家。Nǐmen bìxū zài tiānhēi qián huíjiā.

darken v 使 [+前景] 变得暗淡 shǐ [+qiánjǐng] biàn de àndàn, 变暗 biàn àn

darkroom N 暗房 ànfáng, 暗室 ànshì

darling I ADJ 亲爱的 qīn'ài de II N 亲爱的 (人) qīn'ài de (rén), 宝贝儿 bǎobèir

darn I v 缝补 féngbǔ II ADJ 该死的 gāisǐ de, 讨厌的 tǎoyàn de

Darn it ! 该死! Gāisǐ! 真倒霉! Zhēn dǎoméi!

Darn you! 你这个该死的! Nǐ zhège gāisǐ de! 你这个浑蛋! Nǐ zhège húndàn!

III ADV 非常 fēicháng

dart I N 1 镖 biāo, 飞镖 fēibiāo

darts 掷镖游戏 zhìbiāo yóuxì

II v 1 投掷 tóuzhì 2 猛冲 měngchōng

dash I v 猛冲 měngchōng, 疾奔 jí bēn

to dash sb's dream 使某人的希望落空 shǐ mǒurén de xīwàng luòkōng

II N 1 短跑 duǎnpǎo 2 破折号 pòzhéhào (—) 3 少量 shǎoliàng, 一点点 yìdiǎndiǎn

a dash of pepper 一点点胡椒 yìdiǎndiǎn hújiāo

dashboard N (汽车) 仪表板 (qìchē) yíbiǎobǎn

data N 数据 shùjù, 资料 zīliào □ There are no data to support the theory. 没有数据可以支持这个理论。Méiyǒu shùjù kěyǐ zhīchí zhè ge lǐlùn.

data processing 数据处理 shùjù chǔlǐ

database, databank N 数据库 shùjùkù, 资料库 zīliàokù

date[1] I N 1 日期 rìqī □ What's the date today? 今天是几月几号? Jīntiān shì jǐ yuè jǐ hào?

date of birth 出生日期 chūshēng rìqī

to date 至今 zhìjīn

out of date 过期了的 guòqīle de, 陈旧的 chénjiù de

2 约会 yuēhuì

date rape 约会强奸 yuēhuì qiángjiān

3 约会的对象 yuēhuì de duìxiàng, 男／女朋友 nán/nǚ péngyou

II v 1 写上日期 xiěshàng rìqī **2** 和 [+一个女孩子] 约会 hé [+yí ge nǚháizi] yuēhuì □ He is dating the most beautiful girl in school. 他在跟学校最漂亮的姑娘约会。Tā zài gēn xuéxiào zuì piàoliang de gūniang yuēhuì. **3** [科学家+] 鉴定⋯的年代 [kēxuéjiā+] jiàndìng...de niándài

date[2] N 海枣 hǎizǎo [M. WD 颗 kē], 枣子 zǎozi [M. WD 颗 kē]

dated ADJ 过时的 guòshí de

daub v 在⋯涂抹 zài...túmǒ

daughter N 女儿 nǚ'ér

daughter-in-law 媳妇 xífù, 儿媳 érxí

daunt v 使⋯胆怯 shǐ...dǎnqiè

daunting ADJ 使人胆怯的 shǐrén dǎnqiè de

davenport N 坐卧两用大沙发 zuò wò liǎngyòng dà shāfā, 沙发床 shāfāchuáng

dawdle N 磨蹭 móceng

dawn I N 1 黎明 límíng, 天亮 tiānliàng □ In summer farmers work from dawn till dark. 在夏季，农民们起早摸黑地干活。Zài xiàjì, nóngmínmen qǐzǎomōhēi de gànhuó. **2** 开端 kāiduān, 开始 kāishǐ

II v 1 破晓 pòxiǎo, 天亮 tiānliàng **2** 开始 kāishǐ

to dawn on 开始明白 kāishǐ míngbai, 想到 xiǎngdào

day N 1 天 tiān, 日 rì □ He checks his e-mail every day. 他每天检查电子邮件。Tā měitiān jiǎnchá diànzǐ yóujiàn. **2** 白天 báitiān □ Staff at the courier company work day and night. 快递公司的职工白天夜里都工作。Kuàidì gōngsī de zhígōng báitiān yèlǐ dōu gōngzuò.

day after day 一天又一天 yì tiān yòu yì tiān

day after tomorrow 后天 hòutiān

day before yesterday 前天 qiántiān

the other day 最近（有）一天 zuìjìn (yǒu) yì tiān

daybreak N 黎明 límíng

daycare N 日托 rìtuō

daycare center 托儿所 tuō'érsuǒ

daydream I v 做白日梦 zuò báirìmèng, 想入非非 xiǎng rù fēifēi II N 白日梦 báirìmèng

daylight N 1 日光 rìguāng **2** 大白天 dàbáitiān

daylight saving time 夏令时间 xiàlìng shíjiān

daytime N 白天 báitiān, 日间 rìjiān

day-to-day ADJ 日常的 rìcháng de, 日复一日的 rì fù yí rì de

daze I v 使⋯发昏 shǐ...fāhūn II N 迷茫 mímáng, 迷乱 míluàn

dazed ADJ 迷茫的 mímáng de

dazzle v 使⋯惊讶 shǐ...jīngyà, 使⋯赞叹不已 shǐ...zàntàn bùyǐ

dazzling ADJ 令人赞叹不已的 lìng rén zàntàn bùyǐ de, 令人眼花缭乱的 lìng rén yǎnhuā liáoluàn de

deacon, deaconess N [基督教] 执事 [Jīdūjiào] zhíshì, [天主教] 助祭 [Tiānzhǔjiào] zhùjì

dead I ADJ 1 死的 sǐ de, 去世的 qùshì de **2** 用完了 yòngwán le □ The battery is dead. 电池用完了。Dànchí yòngwán le. **3** 死气沉沉的 sǐqì chénchén de

dead center 正中 zhèngzhōng

dead end 死胡同 sǐhútòng, 绝境 juéjìng

dead heat 不分胜负的比赛 bù fēn shèng fù de bǐsài

dead wood 没有用的人／东西 méiyǒu yòng de rén/dōngxi

II N 死人 sǐrén, 死者 sǐzhě

be dead against 完全反对 wánquán fǎnduì

III ADV 完全地 wánquán de

deadline N 截至时间 jiézhì shíjiān

deadlock N 僵局 jiāngjú

deadly I ADJ 致命的 zhìmìng de

a deadly enemy 不共戴天的仇敌 bù gòng dài tiān de chóudí

II ADV 极其 jíqí, 非常 fēicháng

deadpan ADJ 故作严肃的 gùzuò yánsù de

deaf ADJ 聋 lóng, 耳聋 ěrlóng

deaf and mute 聋哑 lóngyǎ

the deaf 耳聋的人 ěrlóng de rén

the deaf and mute 聋哑人 lóngyǎrén □ Helen knows sign language and can communicate with the deaf and mute. 海伦会手语语，能和聋哑人沟通。Hǎilún huì shǒushǒuyǔ, néng hé lóngyǎrén gōutōng.

deafening ADJ 震耳欲聋的 zhèn ěr yù lóng de

deal I N 1 交易 jiāoyì [M. WD 笔 bǐ], 买卖 mǎimai [M. WD 笔 bǐ] □ I'll make a deal with you. 我跟你做一笔买卖。Wǒ gēn nǐ zuò yì bǐ mǎimai.

It's a deal! 就这么讲定了! Jiù zhème jiǎngdìng le!

2 协议 xiéyì [M. WD 项 xiàng]

to strike a deal 达成协议 dáchéng xiéyì

3 对待 duìdài, 待遇 dàiyù

a great deal 大量 dàliàng

a rough deal 不公平待遇 bù gōngpíng dàiyù

II v (PT & PP **dealt**) 1 做买卖 zuò mǎimai, 经营 jīngyíng □ This store deals in antique furniture. 这家店经营古董家具。Zhè jiā diàn jīngyíng gǔdǒng jiājù. **2** 发牌 fā pái

to deal with 和⋯打交道 hé...dǎ jiāodào, 处理 chǔlǐ □ I've never dealt with such people. 我从来没有和这样的人打交道。Wǒ cónglái méiyǒu hé zhèyàng de rén dǎguo jiāodào.

dealer N 1 经销商 jīngxiāoshāng, [毒品+] 贩子 [dúpǐn+] fànzi **2** [扑克牌+] 发牌人 [pūkèpái+] fāpáirén

dealership N 特许经销商店 tèxǔ jīngxiāo shāngdiàn

dealings N 商业活动 shāngyè huódòng, 交易 jiāoyì [M. WD 笔 bǐ]

dealt See **deal**

dean N（大学）学院院长 (dàxué) xuéyuàn yuànzhǎng [M. WD 位 wèi], 学监 xuéjiān

dear I ADJ 1 亲爱的 qīn'ài de **2** 珍贵的 zhēnguì de, 昂贵的 ángguì de II N 亲爱的（人）qīn'ài de (rén)

Oh dear! 天哪! Tiānna!

dearth N 稀少 xīshǎo

death N 死亡 sǐwáng, 去世 qùshì □ The death of their mother caused a family crisis. 他们母亲的去世造成了家庭危机。Tāmen mǔqin de qùshì zàochéngle jiātíng wēijī.

(the angel of) Death 死神 Sǐshén

death penalty 死刑 sǐxíng

death row 死囚牢房 sǐqiú láofáng

death trap 死亡陷井 sǐwáng xiànjǐng

Death Valley（美国）死亡谷 (Měiguó) Sǐwánggǔ

deathbed N 死亡时睡的床 sǐwáng shí shuì de chuáng

on one's deathbed 临死时 línsǐ shí, 临终时 línzhōng shí □ He flew home to be with his father when he was on his deathbed. 他父亲临死前，他乘飞机回家。Tā fùqin línsǐ qián, tā chéng fēijī huíjiā.

debacle N 惨败 cǎnbài, 崩溃 bēngkuì

debase v 降低品质 jiàngdī pǐnzhì, 降低价值 jiàngdī jiàzhí

debate I v 1 辩论 biànlùn □ The company board is debating its marketing strategy. 公司董事会在辩论营销战略。Gōngsī dǒngshìhuì zài biànlùn yíngxiāo zhànlüè. **2** 反复考虑 fǎnfù kǎolǜ

II N 1 辩论 biànlùn □ The conservatives have lost the

debate over abortion. 保守派在关于堕胎问题的辩论中失败。Bǎoshǒupài zài guānyú duòtāi wèntí de biànlùn zhōng shībài。**2** 正式讨论 zhèngshì tǎolùn

debauched ADJ 堕落的 duòluò de, 道德败坏的 dàodé bàihuài de

debauchery N 放荡 fàngdàng, 纵情声色 zòngqíng shēngsè

debilitate V 使…虚弱 shǐ…xūruò

debilitating ADJ 导致虚弱的 dǎozhì xūruò de

debility N 虚弱 xūruò

debit I N 借项 jièxiàng II V 取款 qǔkuǎn

  debit card 借记卡 jièjìkǎ

debonair ADJ 衣着入时的 yīzhuó rùshí de, 温文自信的 wēnwén zìxìn de

debrief V 听取汇报 tīngqǔ huìbào, 询问情况 xúnwèn qíngkuàng

debriefing N 听取汇报 tīngqǔ huìbào

debris N 碎片垃圾 suìpiàn lājī

debt N 债 zhài [M. WD 笔 bǐ], 债务 zhàiwù [M. WD 笔 bǐ]

  to be in sb's debt 深欠某人的情 shēn qiàn mǒurén de qíng □ I'll forever be in your debt for saving my child's life. 你救了我孩子的命，我将永远深欠你情。Nǐ jiùle wǒ háizi de mìng, wǒ jiāng yǒngyuǎn shēn qiàn nǐ qíng。

  to be in debt 欠债 qiànzhài

  to pay off debts 还清债务 huánqīng zhàiwù

debtor N 债务人 zhàiwùrén

debug V **1** 拆除窃听器 chāichú qiètīngqì **2** 排除计算机程序中的错误 páichú jìsuànjī chéngxù zhòng de cuòwù **3** 排除故障 páichúgùzhàng

debunk V 证明…是错误的 zhèngmíng…shì cuòwù de

debut N, V 首次登场 shǒucì dēngchǎng, 首次登台 shǒucì dēngtái

debutante N 初进社交界的女子 chū jìn shèjiāo jiè de nǚzǐ

decade N 十年 shí nián □ The 1930's was a difficult decade for the U.S. economy. 一九三零年代是美国经济困难的十年。Yāojiǔsānlíng niándài shì Měiguó jīngjì kùnnan de shí nián。

decadence N 颓废 tuífèi, 堕落 duòluò

decadent ADJ 颓废的 tuífèi de, 堕落的 duòluò de

decaf N 去咖啡因的咖啡 qù kāfēiyīn de kāfēi

decaffeinated ADJ 脱去咖啡因的 [+茶/咖啡] tuōqù kāfēiyīn de [+chá/kāfēi]

decanter N 玻璃酒瓶 bōli jiǔ píng

decathlon N 十项全能运动 shíxiàng quánnéng yùndòng

decay I V **1** 腐烂 fǔlàn □ The wood has started to decay. 木头开始腐烂了。Mùtou kāishǐ fǔlàn le。**2** [文明+] 衰亡 [wénmíng+] shuāiwáng
II N **1** 腐烂 fǔlàn **2** 衰亡 shuāiwáng □ The port has fallen into decay in the past decade. 这个港口在过去十年中已经衰亡。Zhège gǎngkǒu zài guòqu shí nián zhōng yǐjing shuāiwáng。

deceased I ADJ 已死亡的 yǐ sǐwáng de, 已故世的 yǐ gùshì de II N 死者 sǐzhě, 故亡者 gùwángzhě

deceit N 欺骗 qīpiàn □ I did not expect the child to be capable of such deceit. 我没有想到这孩子会这么欺骗人。Wǒ méiyǒu xiǎngdao zhè háizi huì zhème qīpiàn rén。

deceitful ADJ 欺骗的 qīpiàn de

deceive V 欺骗 qīpiàn □ Some commercials try to deceive the public into buying inferior goods. 有些电视广告试图欺骗公众购买劣质商品。Yǒuxiē diànshì guǎnggào shìtú qīpiàn gōngzhòng gòumǎi lièzhì shāngpǐn。

  to deceive oneself 自欺欺人 zì qī qī rén

December N 十二月 shí'èryuè

decency N 起码的尊严 qǐmǎ de zūnyán, 体面 tǐmiàn

  human decency 做人的起码标准 zuòrén de qǐmǎ biāozhǔn

  to have the decency to 懂得起码的礼仪 dǒngde qǐmǎ de lǐyí

decent I ADJ 正派的 [+人] zhèngpài de [+rén], 体面的 tǐmiàn de **2** 像样的 [+衣服] xiàngyàng de [+yīfu], 可以接受的 kěyǐ jiēshòu de

decentralization N 下放权力 xiàfàng quánlì

decentralize V 分散 fēnsàn, 下放权力 xiàfàng quánlì

deception N 欺骗 qīpiàn

deceptive ADJ 欺骗的 qīpiàn de, 欺诈的 qīzhà de

decibel N 分贝 fēnbèi

decide V 决定 juédìng □ He has decided not to go to college. 他决定不上大学。Tā juédìng bú shàng dàxué。

decided ADJ 明显的 míngxiǎn de

deciduous ADJ 落叶的 luòyè de

decimal I ADJ 十进位的 shíjìnwèi de II N 小数 (比如 0.8, 0.45, 0.3536)

  decimal point 小数点 xiǎoshùdiǎn

decimate V 大量毁灭 dàliàng huǐmiè

decipher V 破译 pòyì

decision N 决定 juédìng □ Have you made your decision yet? 你作出决定了吗? Nǐ zuòchū juédìng le ma?

decisive ADJ **1** 决定性的 [+胜利] juédìngxìng de [+shènglì] **2** 果断的 [+领导人] guǒduàn de [+lǐngdǎorén] **3** 明确的 [+回答] míngquè de [+huídá]

deck I N **1** 甲板 jiǎbǎn

  deck chair 折叠躺椅 zhédié tǎngyǐ [M. WD 把 bǎ]

  2 露天木平台 lùtiān mù píngtái **3** 一副 [+扑克牌] yífù [+pūkèpái]
II V 装饰 zhuāngshì

declaration N 宣言 xuānyán, 声明 shēngmíng

declare V **1** 宣布 xuānbù □ Japan attacked Pearl Harbor in 1941 without declaring war on the U.S. 1941年日本没有向美国宣战就攻击珍珠港。Yāojiǔsìyāo nián Rìběn méiyǒu xiàng Měiguó xuānzhàn jiù gōngjī Zhēnzhū gǎng。**2** 申报 shēnbào □ You need to declare all your income. 你所有的收入都要申报。Nǐ suǒyǒu de shōurù dōu yào shēnbào。

decline I V **1** 变小 biàn xiǎo, 变弱 biàn ruò, 衰弱 shuāiruò **2** 拒绝 [+邀请] jùjué [+yāoqǐng] II N 消减 xiāojiǎn, 衰落 shuāiluò

decode V 解码 jiěmǎ

decoder N 解码器 jiěmǎ qì

decompose V **1** 使…腐烂 shǐ…fǔlàn **2** 分解 fēnjiě

décor N 装饰 zhuāngshì

decorate V **1** 装饰 zhuāngshì □ Their apartment was tastefully decorated. 他们的公寓装饰得很有品味。Tāmen de gōngyù zhuāngshì de hěn yǒupǐnwèi。**2** 授予…勋章 shòuyǔ…xūnzhāng

  a much decorated veteran 一位获得多枚勋章的老兵 yíwèi huòdé duō méi xūnzhāng de lǎobīng

decoration N **1** 装饰 zhuāngshì, 装修 zhuāngxiū □ The decoration of their house cost them a fortune. 他们装修房子花了一大笔钱。Tāmen zhuāngxiū fángzi huāle yí dà bǐ qián。**2** 装饰品 zhuāngshìpǐn □ Christmas decorations were put away in the storage room after January 10. 在一月十日以后，圣诞节的装饰品都收起来放在储藏室。Zài yī yuè shí rì yǐhòu, Shèngdànjié de zhuāngshìpǐn dōu shōuqǐlai fàng zài chǔcángshì。**3** 勋章 xūnzhāng [M. WD 枚 méi]

decorative ADJ 装饰的 zhuāngshì de

decorator N 室内设计师 shìnèi shèjì shī

decorous ADJ 得体的 détǐ de, 稳重的 wěnzhòng de

decorum N 有礼 yǒulǐ, 得体 détǐ

decoy I N 诱饵 yòu'ěr, 诱惑物 yòuhuò wù II V 诱骗 yòupiàn

decrease I V 减少 jiǎnshǎo, [数量+] 下降 [shùliàng+] xiàjiàng □ Crime has decreased since he took office as mayor. 自从他就任市长以来，犯罪率下降了。Zìcóng tā jiùrèn shìzhǎng yǐlái, fànzuìlǜ xiàjiàng le。
II N 减少 jiǎnshǎo, (数量) 下降 (shùliàng) xiàjiàng □ The decrease in enrollment is worrying to university authorities. 报

名人数下降使大学当局忧心忡忡。Bàomíng rénshù xiàjiàng shǐ dàxué dāngjú yōuxīn chóngchóng.

decree I N 法令 fǎlìng, 命令 mìnglìng II v 规定 guīdìng, 命令 mìnglìng

decrepit ADJ 破旧的 pòjiù de, 老朽的 lǎoxiǔ de

decriminalization N 合法化 héfǎhuà

decriminalize v 使…合法化 shǐ…héfǎhuà

decry v 公开反对 gōngkāi fǎnduì, 谴责 qiǎnzé

dedicate v 1 把…献给 bǎ…xiàngěi 2 以…命名 yǐ…mìngmíng
to dedicate oneself to 献身于 xiànshēn yú

dedicated ADJ 1 有献身精神的 yǒu xiànshēn jīngshén de, 敬业的 jìngyè de 2 致力于…的 zhìlì yú…de 3 专用的 zhuānyòng de

dedication N 献身精神 xiànshēn jīngshén, 奉献 fèngxiàn

deduce v 推断 tuīduàn, 推理 tuīlǐ

deduct v 扣除 kòuchú, 减去 jiǎnqù

deductible ADJ 可减免的 kě jiǎnmiǎn de

deduction N 1 扣除 kòuchú, 减去 jiǎnqù 2 推理 tuīlǐ, 演绎 yǎnyì

deed N 1 行为 xíngwéi, 事迹 shìjì 2（房地产）契约（fángdìchǎn）qìyuē
in deed 事实上 shìshíshang, 确实 quèshí

deem v 认为 rènwéi, 看作 kànzuò

deep I ADJ 1 深 shēn
deep freeze 深冻 shēndòng
deep sleep 沉睡 chénshuì, 酣睡 hānshuì
2 深刻 shēnkè, 深奥 shēn'ào □ Such talk is too deep for school children. 这番话对小学生来说太深奥了。Zhèfān huà duì xiǎoxuéshēng láishuō tài shēn'ào le. 3 专心 zhuānxīn
deep in thought 沉思 chénsī
II ADV 深深地 shēnshēn de
deep down 内心深处 nèixīn shēnchù

deepen v 加深 jiāshēn, 加剧 jiājù

deep-fry N 油炸 yóuzhá, 油煎 yóujiān

deeply ADV 深深地 shēnshēn de □ She was deeply interested in Indian culture. 她对印第安人的文化深感兴趣。Tā duì Yìndì'ānrén de wénhuà shēn gǎnxìngqu.

deep-seated, deep-rooted ADJ 根深蒂固的 gēnshēn dìgù de

deer N 鹿 lù [M. WD 只 zhī/头 tóu]

deface v 毁坏…的容貌 huǐhuài…de róngmào, 涂污 túwū

de facto ADJ 实际上的 shíjì shang de

defamation N 诋毁 dǐhuǐ, 中伤 zhòngshāng

defamatory ADJ 诋毁的 dǐhuǐ de, 中伤的 zhòngshāng de

defame v 破坏…的声誉 pòhuài…de shēngyù, 诋毁 dǐhuǐ

default I N 1 未履行 wèi lǚxíng 2 缺席 quēxí
by default 因对手缺席而赢 yīn duìshǒu quēxí ér yíng
3 缺乏 quēfá
in default of 因为没有 yīnwèi méiyǒu
4 默认（值）mòrèn (zhí), 预设（值）yùshè (zhí)
II v 不履行 bùlǚxíng, 拖欠 tuōqiàn
to default on a loan 不还贷款 bù huán dàikuǎn

defeat I v 打败 dǎbài □ Their team was defeated in the finals. 他们队在决赛时被打败。Tāmen duì zài juésài shí bèi dǎbài.
II N 失败 shībài, 输 shū

defeatism N 失败主义 shībài zhǔyì

defeatist I ADJ 失败主义的 shībài zhǔyì de II N 失败主义者 shībài zhǔyìzhě

defecate v （排）大便 (pái) dàbiàn

defect I N 缺点 quēdiǎn, 缺陷 quēxiàn II v 背叛 bèipàn, 投敌 tóudí

defective ADJ 有缺陷的 yǒu quēxiàn de, 有毛病的 yǒu máobìng de

defend v 1 保卫 [+国土] bǎowèi [+guótǔ], 捍卫 hànwèi 2 为 [+被告] 辩护 wéi [+bèigào] biànhù □ She defended her husband against accusations of disloyalty. 有人指控她丈夫

不忠，她为他辩护。Yǒurén zhǐkòng tā zhàngfu bù zhōng, tā wèi tā biànhù. 3 防守 fángshǒu

defendant N 被告 bèigào □ The defendant was charged with fraud. 被告被指控舞弊。Bèigào bèi zhǐkòng wǔbì.

defense N 1 防御 fángyù, 抵御 dǐyù
self-defense 自卫 zìwèi □ I acted in self-defense. 我是采取自卫行动。Wǒ shì cǎiqǔ zìwèi xíngdòng.
2 国防 guófáng
national defense 国防 guófáng

defenseless ADJ 无防卫能力的 wú fángwèi nénglì de

defensive ADJ 1 防御性的 fángyùxìng de 2 防备的 fángbèi de
on the defensive 采取守势的 cǎiqǔ shǒushì de, 防备的 fángbèi de
defensive driving 防御性驾驶 fángyùxìng jiàshǐ
3 防守的 fángshǒu de

defer v 1 推迟 tuīchí, 拖延 tuōyán 2 遵从 zūncóng, 顺从 shùncóng

deference N 尊重 zūnzhòng, 敬重 jìngzhòng

deferential ADJ 恭敬的 gōngjìng de

defiance N 对抗 duìkàng, 藐视 miǎoshì
in defiance of 不顾 búgù
in defiance of the government ban 不顾政府禁令 búgù zhèngfǔ jìnlìng

defiant ADJ 对抗的 duìkàng de, 藐视的 miǎoshì de

deficient ADJ 缺乏的 quēfá de, 不足的 bùzú de

deficit N 赤字 chìzì [M. WD 笔 bǐ], 亏损 kuīsǔn [M. WD 笔 bǐ]

defile v 污损 wūsǔn, 污染 wūrǎn

define v 1 给…下定义 gěi…xià dìngyì □ How do you define "self-defense" in the legal sense? 怎么样在法学的意义上给"自卫"下定义? Zěnmeyàng zài fǎxué de yìyìshang gěi "zìwèi" xià dìngyì? 2 规定 guīdìng □ Rights and duties must be adequately defined. 必须对权利和义务做出充分的规定。Bìxū duì quánlì hé yìwù zuòchū chōngfèn de guīdìng. 3 标明 …的界限 biāomíng…de jièxiàn

definite ADJ 1 确定的 quèdìng de, 明确的 míngquè de □ We don't have a definite plan for our overseas trip yet. 我们还没有确切的海外旅行计划。Wǒmen hái méiyǒu quèqiè de hǎiwài lǚxíng jìhuà.
definite article 定冠词 dìngguàncí
2 肯定的 kěndìng de, 一定的 yídìng de

definition N 1 定义 dìngyì □ The textbook gives a clear definition of these terms at the beginning. 这本教科书一开始对这些术语下了明确的定义。Zhè běn jiàokēshū yì kāishǐ duì zhèxiē shùyǔ xiàle míngquè de dìngyì. 2 清晰度 qīngxīdù

definitive ADJ 1 权威的 [+著作] quánwēi de [+zhùzuò], 最可靠的 zuì kěkào de 2 最终的 [+判决] zuìzhōng de [+pànjué], 结论性的 jiélùn xìng de

deflate v 1 放掉 [+轮胎] 的气 fàngdiào [+lúntāi] de qì 2 使 [+人] 泄气 shǐ [+rén] xièqì 3 揭穿 [+论点] jiēchuān [+lùndiǎn]

deflation N 1 [轮胎+] 漏气 [lúntāi+] lòuqì 2 泄气 xièqì 3 通货紧缩 tōnghuò jǐnsuō

deflect v 使…转向 shǐ…zhuǎnxiàng
to deflect attention 转移注意力 zhuǎnyí zhùyìlì

deflection N 转向 zhuǎnxiàng, 偏离 piānlí

deform v 使…变形 shǐ…biànxíng

deformation N 变形 biànxíng

deformed ADJ 畸形的 jīxíng de

deformity N 畸形 jīxíng, 变形 biànxíng

defraud v 骗取 piànqǔ, 欺诈 qīzhà

defrost v 解冻 jiědòng

deft ADJ 熟练的 shúliàn de, 灵巧的 língqiǎo de

defunct ADJ 1 不再存在的 [+团体] búzài cúnzài de [+tuántǐ], 解散的 jiěsàn de 2 不再使用的 [+方法] búzài shǐyòng de [+fāngfǎ]

defuse v 缓解 huǎnjiě, 改善 gǎishàn

defy v 违抗 wéikàng, 蔑视 mièshì
  to defy explanation 无法解释 wúfǎ jiěshì
  to defy description 无法形容 wúfǎ xíngróng

degenerate I v 堕落 duòluò, 退化 tuìhuà II ADJ 堕落的 duòluò de, 败坏的 bàihuài de III N 堕落的人 duòluò de rén

degeneration N 退化 tuìhuà, 堕落 duòluò

degradation N 贬低 biǎndī, 侮辱 wǔrǔ

degrade v 贬低 biǎndī, 侮辱 wǔrǔ

degrading ADJ 有辱人格的 yǒu rǔ réngé de, 有失身份的 yǒu shīshēn fèn de

degree N 1 程度 chéngdù □ Teachers must be aware that their students may have different degrees of ability. 教师必须明白, 学生能力的程度是不一样的。Jiàoshī bìxū míngbai, xuésheng nénglì de chéngdù shì bù yíyàng de. 2 学位 xuéwèi □ She earned a degree in accounting. 她获得了会计学的学位。Tā huòdéle kuàijìxué de xuéwèi. 3 (气温等) 度 (qìwēn děng) dù □ When the temperature reaches 100 degrees, it's dangerous to work outside. 当气温到达一百度的时候, 在室外工作就很危险。Dāng qìwēn dàodá yì bǎi dù de shíhou, zài shìwài gōngzuò jiù hěn wēixiǎn.

dehumanize v 使…丧失人性 shǐ…sàngshī rénxìng

dehydrate v 使…脱水 shǐ…tuōshuǐ, 使…干燥 shǐ…gānzào

dehydration N 脱水 tuōshuǐ

deign v 降低身份 jiàngdī shēnfen, 屈尊 qūzūn
  to deign to do 降低身份 (做某事) jiàngdī shēnfen (zuò mǒu shì)

deity N 神 shén, 女神 nǚshén
  the Deity 上帝 Shàngdì

déjà vu N 似曾相识 sì céng xiāngshí, 似曾经历 sì céng jīnglì

dejected ADJ 情绪低落的 qíngxù dīluò de, 忧郁的 yōuyù de

dejection N 情绪低落 qíngxù dīluò, 忧郁 yōuyù

delay I v 耽误 dānwù, 耽搁 dāngé □ The flights to Chicago were delayed by a snowstorm. 去芝加哥的航班因为暴风雪而被耽误了。Qù Zhījiāgē de hángbān yīnwèi bàofēngxuě ér bèi dānwù le.
  II N 耽误 dānwù, 耽搁 dāngé □ After a delay of five hours the train at last arrived at the destination. 耽误五小时以后, 火车终于抵达目的地。Dānwù wǔ xiǎoshí yǐhòu, huǒchē zhōngyú dǐdá mùdìdì.
  without delay 马上 mǎshàng, 立即 lìjí

delectable ADJ 美味的 měiwèi de, 香喷喷的 xiāngpēnpēn de

delegate I N 代表 dàibiǎo [M. WD 名 míng] II v 授权 shòuquán, 委托 wěituō

delegation N 1 代表团 dàibiǎotuán 2 授权 shòuquán, 委托 wěituō

delete v 删除 shānchú

deletion N 删除 shānchú

deli, delicatessen N 熟食店 shúshídiàn [M. WD 家 jiā]

deliberate I ADJ 1 故意的 gùyì de □ This is a deliberate lie! 这是故意撒谎! Zhè shì gùyì sāhuǎng! 2 深思熟虑的 shēnsī shúlǜ de
  II v 仔细考虑 zǐxì kǎolǜ

deliberation N 1 仔细考虑 zǐxì kǎolǜ 2 谨慎 jǐnshèn, 从容 cóngróng

delicacy N 1 敏感 mǐngǎn, 谨慎 jǐnshèn 2 精美 jīngměi, 雅致 yǎzhì 3 美味佳肴 měiwèi jiāyáo

delicate ADJ 1 脆弱的 cuìruò de, 易碎的 yìsuì de □ You must handle these delicate pieces of china with great care. 你必须极其小心地搬动这些易碎的瓷器。Nǐ bìxū jíqí xiǎoxīn de bāndòng zhèxiē yìsuì de cíqì. 2 敏感的 mǐngǎn de, 微妙的 wēimiào de □ I'm not prepared to say anything about this delicate

subject. 关于这个微妙的题目, 我不准备说什么。Guānyú zhè ge wēimiào de tímù, wǒ bù zhǔnbèi shuō shénme.

delicious ADJ 好吃的 hǎochī de, 美味的 měiwèi de

delight I N 高兴 gāoxìng, 快乐 kuàilè II v 使…高兴 shǐ…gāoxìng, 使…快乐 shǐ…kuàilè

delightful ADJ 令人愉快的 lìng rén yúkuài de, 惹人喜爱的 rě rén xǐ'ài de

delineate v 描写 miáoxiě, 描绘 miáohuì

delinquency N 1 违法 wéifǎ, (青少年) 犯罪 (qīngshàonián) fànzuì
  juvenile delinquency 青少年犯罪 qīngshàonián fànzuì
  2 拖欠款 tuō qiànkuǎn

delinquent I ADJ 1 违法的 wéifǎ de 2 拖欠不付的 tuōqiàn bú fù de II N 少年犯 shàoniánfàn

delirious ADJ 昏迷的 hūnmí de

deliver v 1 送交 sòngjiāo, 递交 dìjiāo □ We can deliver the computer to your door. 我们可以把电脑送到你府上。Wǒmen kěyǐ bǎ diànnǎo sòngdao nǐ fǔshang. 2 发表 fābiǎo □ The chairman delivered a long speech at the conference. 主席在会议上发表了长篇讲话。Zhǔxí zài huìyìshang fābiǎole chángpiān jiǎnghuà. 3 接生 jiēshēng □ The midwife has delivered countless babies in her career. 这位助产士在她职业生涯中接生了无数的婴儿。Zhè wèi zhùchǎnshì zài tā zhíyè shēngyá zhōng jiēshēngle wúshù de yīng'ér.

delivery N 1 送交 sòngjiāo, 递交 dìjiāo 2 发表 fābiǎo 3 接生 jiēshēng, 分娩 fēnmiǎn

delta N 三角洲 sānjiǎozhōu

delude v 欺骗 qīpiàn, 哄骗 hǒngpiàn

deluge I N 1 大洪水 dàhóngshuǐ 2 大量涌来的东西 dàliàng yǒnglái de dōngxi II v 使…淹没 shǐ…yānmò
  to be deluged with applications 申请书大量涌来 shēnqǐngshū dàliàng yǒng lái

delusion N 错觉 cuòjué, 幻觉 huànjué

deluxe ADJ 豪华的 háohuá de, 优质的 yōuzhì de

delve v 探索 tànsuǒ, 钻研 zuānyán

demagogue N 煽动家 shāndòngjiā, 蛊惑人心的政客 gǔhuò rénxīn de zhèngkè

demagogic ADJ 煽动的 shāndòng de, 蛊惑的 gǔhuò de

demand I N 1 要求 yāoqiú □ The public demands to know the truth. 公众要求知道真相。Gōngzhòng yāoqiú zhīdào zhēnxiàng. 2 需求 xūqiú
  market demand 市场需求 shìchǎng xūqiú
  II v 要求 yāoqiú □ The management decided to meet the demands made by the union. 管理层决定接受工会的要求。Guǎnlǐcéng juédìng jiēshòu gōnghuì de yāoqiú.

demanding ADJ 1 要求很高的 [+任务] yāoqiú hěn gāo de [+rènwu] 2 费力的 fèilì de 3 要求过高的 [+老板] yāoqiú guògāo de [+lǎobǎn], 苛求的 kēqiú de

demean v 降低…的身份 jiàngdī…de shēnfen, 贬低 biǎndī

demeaning ADJ 贬低的 biǎndī de, 侮辱的 wǔrǔ de

demeanor N 举止 jǔzhǐ, 风度 fēngdù

demented ADJ 疯狂的 fēngkuáng de, 变态的 biàntài de

dementia N 1 痴呆 chīdāi 2 精神错乱 jīngshén cuòluàn

demerit N 1 过失 guòshī, 过错 guòcuò 2 记过 jìguò

demise N 1 死亡 sǐwáng, 消亡 xiāowáng 2 终结 zhōngjié

demo N 1 样品 yàngpǐn 2 演示 yǎnshì

democracy N 1 民主 (制度) mínzhǔ (zhìdù) □ Political apathy is harmful to democracy. 政治冷淡对民主有害。Zhèngzhì lěngdàn duì mínzhǔ yǒuhài. 2 民主国家 mínzhǔ guójiā □ While the U.S. is the most powerful democracy in the world, India is the most populous. 美国是世界上最强大的民主国家, 而印度是人口最多的民主国家。Měiguó shì shìjièshang zuì qiángdà de mínzhǔ guójiā, ér Yìndù shì rénkǒu zuì duō de mínzhǔ guójiā.

democrat N 主张民主的人 zhǔzhāng mínzhǔ de rén, 民主派 mínzhǔ pài

Democrat（美国）民主党人 (Měiguó) Mínzhǔdǎngrén

democratic ADJ 民主的 mínzhǔ de □ We should make decisions in a democratic way. 我们应该以民主的方式作出决定。Wǒmen yīnggāi yǐ mínzhǔ de fāngshì zuòchū juédìng.

Democratic Party（美国）民主党 (Měiguó) Mínzhǔdǎng

demographic ADJ 1 人口的 rénkǒu de

demographics N 人口统计（数据）rénkǒu tǒngjì (shùjù)

demography N 人口（统计）学 rénkǒu (tǒngjì) xué

demolish V 拆除 chāichú

demolition N 拆除 chāichú

demon N 1 魔鬼 móguǐ

inner demon 心魔 xīnmó

2 高手 gāoshǒu, 技艺高超的人 jìyì gāochāo de rén

demonstrate V 1 显示 xiǎnshì □ This gesture demonstrates their goodwill. 这一姿态显示了他们的善意。Zhè yì zītài xiānshìle tāmen de shànyì. **2** 示范 shìfàn, 演示 yǎnshì □ The chemistry teacher demonstrated the experiment to the class. 化学老师向全班演示实验。Huàxué lǎoshī xiàng quánbān yǎnshì shíyàn.

demonstrative ADJ 1 感情外露的 gǎnqíng wàilù de **2** 示范的 [+教学] shìfàn de [+jiàoxué]

demonstrative pronoun 指示代词 zhǐshìdàicí

demonstrator N 1 示范者 shìfànzhě, 演示者 yǎnshìzhě **2** 示威游行者 shìwēi yóuxíngzhě

demoralize V 使…泄气 shǐ…xièqì

demote V 将…降职 jiāng…jiàngzhí

demur V 娴静的 xiánjìng de, 端庄的 duānzhuāng de

den N 1（野生动物的）窝（yěshēng dòngwù de）wō, 洞穴 dòngxué **2** 贼窝 zéiwō, 赌窟 dǔkū **3** 密室 mìshì

denial N 1 否认 fǒurèn **2** 拒绝给予 jùjué jǐyǔ

denigrate V 贬低 biǎndī

denim N 粗斜面布 cū xiémiàn bù

denims 牛仔裤 niúzǎikù [M. WD 条 tiáo]

denominate V 定价 dìngjià

denomination N 1 面值 miànzhí **2** [宗教] 派别 [zōngjiào] pàibié

denounce V 指责 zhǐzé, 谴责 qiǎnzé

dense ADJ 1 浓密的 nóngmì de, 稠密的 chóumì de **2** 密度大的 mìdù dà de **3** 难懂的 nándǒng de **4** 迟钝的 chídùn de, 愚蠢的 yúchǔn de

density N 密度 mìdù

dent I N 1 凹痕 āohén **2** 减少 jiǎnshǎo, 减轻 jiǎnqīng II V 1 使…产生凹痕 shǐ…chǎnshēng āohén **2** 损害 sǔnhài, 削弱 xuēruò

to dent one's image 损害形象 sǔnhài xíngxiàng

dental ADJ 牙医的 yáyī de, 牙齿的 yáchǐ de

dental floss 洁牙线 jiéyáxiàn

dentist N 牙科医生 yákē yīshēng

dentures N 假牙 jiǎyá [M. WD 副 fù]

denunciation N 谴责 qiǎnzé, 斥责 chìzé

deny V 1 否认 fǒurèn □ He denies any wrongdoing. 他否认做错事何事情。Tā fǒurèn zuòcuò rènhé shìqíng. **2** 拒绝 jùjué, 不给 bùgěi □ We shouldn't deny young offenders a second chance. 我们不该不给少年犯再一次机会。Wǒmen bù gāi bù gěi shàoniánfàn zài yí cì jīhuì.

deodorant N 除臭剂 chúchòujì

deodorize V 除臭 chúchòu

depart V 1 离开 líkāi, 离去 líqù **2** 死亡 sǐwáng

department N 1 [政府+] 部门 [zhèngfǔ+] bùmén □ The New York Police Department performs an important function in the city. 纽约警察局在纽约市起到重要的作用。Niǔyuē jǐngchájú zài Niǔyuēshì qǐdào zhòngyào de zuòyòng. **2** [大学的+] 系 [dàxué de +] xì □ Her father is the Chairman of the Department of Biology in the college. 她父亲是一所大学生物系的系主任。Tā fùqin shì yì suǒ dàxué shēngwùxì de xìzhǔrèn.

department store 百货商店 bǎihuò shāngdiàn

departure N 1 离开 líkāi, 离去 líqù **2** 启程 qǐchéng, 上路 shànglù **3** 背离 bèilí

depend V 1 依靠 yīkào □ The town depends on tourism. 这个小城依靠旅游业。Zhè ge xiǎo chéng yīkào lǚyóuyè. **2** 得看 děikàn

It/That depends. 看情况 kàn qíngkuàng □ "Are you going to Johnny's birthday party?" "It depends." "你去参加强尼的生日聚会吗？" "看情况。" "Nǐ qù cānjiā Qiángní de shēngri jùhuì ma?" "Kàn qíngkuàng."

dependable ADJ 可靠的 kěkào de

dependent I ADJ 依赖于 yīlàiyú, 有赖于 yǒulàiyú □ Your success is dependent on your hard work. 你的成功有赖于努力工作。Nǐ de chénggōng yǒulàiyú nǔlì gōngzuò.

a dependent child 要抚养的孩子 yào fǔyǎng de háizi II N 家属 jiāshǔ □ He has no debts and no dependents—he can spend all he earns. 他没有债务，也没有家属—他能挣多少用多少。Tā méiyǒu zhàiwù, yě méiyǒu jiāshǔ—tā néng zhèng duōshǎo yòng duōshǎo.

army dependents 军人家属 jūnrén jiāshǔ, 军属 jūnshǔ

depict V 描写 miáoxiě, 描绘 miáohuì

deplete V 减少 jiǎnshǎo, 损耗 sǔnhào

deplorable ADJ 极坏的 jí huài de, 应受谴责的 yìng shòu qiǎnzé de

deplore V 1 强烈批评 qiángliè pīpíng **2** 深感惋惜 shēngǎn wǎnxī

deploy V 部署 bùshǔ

deport V 驱逐出境 qūzhú chūjìng

deposit I N 1 首期付款 shǒuqī fùkuǎn, 定金 dìngjīn **2** 预付租金 yùfù zūjīn, 押金 yājīn **3** [银行+] 存款 [yínháng+] cúnkuǎn **4** 矿藏 kuàngcáng II V 1 把…放在 bǎ…fàng zài **2** 存入 [+银行] cún rù [+ yínháng] **3** 沉淀 chéndiàn

depot N 1 库存处 kùcún chù, 仓库 cāngkù **2** (小) 车站 (xiǎo) chēzhàn

depraved ADJ 道德彻底败坏的 dàodé chèdǐ bàihuài de, 腐败透顶的 fǔbài tòudǐng de

depravity N 彻底堕落 chèdǐ duòluò

depreciate V 1 [货币+] 贬值 [huòbì+] biǎnzhí **2** 贬低 [+价值] biǎndī [+jiàzhí]

depress V 使…忧郁 shǐ…yōuyù

depressant N 抑止药 yìzhǐ yào

depressed ADJ 忧郁 yōuyù, 感到忧郁 gǎndào yōuyù □ She was depressed for a long time after her baby died. 她的小宝宝死后，她长期感到忧郁。Tāde xiǎobǎobao sǐhòu, tā chángqī gǎndào yōuyù.

depressing ADJ 令人忧愁的 lìng rén yōuchóu de

depression N 1 忧郁（症）yōuyù (zhèng) **2** 经济萧条（期）jīngjì xiāotiáo (qī)

the Depression（三十年代）经济大萧条 (sānshí niándài) jīngjì Dàxiāotiáo

3 低气压 dīqìyā **4** 低洼（地）dīwā (dì)

depressive I ADJ 忧郁的 yōuyù de II N 忧郁症患者 yōuyùzhèng huànzhě

deprive V 剥夺 bōduó

deprived ADJ 贫困的 pínkùn de, 穷苦的 qióngkǔ de

depth N 深度 shēndù □ He dived to a depth of 30 feet. 他潜到水下三十英尺。Tā qiándào shuǐxià sānshí yīngchǐ. □ The depth of his knowledge of American history is amazing. 他的美国历史知识的深度让人吃惊。Tā de Měiguó lìshǐ zhīshi de shēndù ràng rén chījīng.

deputy N 副 fù, 副手 fùshǒu □ He served as Deputy Prime Minister of the country for three years. 他在那个国家当了三年副首相。Tā zài nà ge guójiā dāng le sān nián fù shǒuxiàng.

derail V 1 [火车+] 出轨 [huǒchē+] chūguǐ **2** 破坏 [+计划] pòhuài [+jìhuà]

deranged ADJ 精神错乱的 jīngshén cuòluàn de

derelict I ADJ 1 破败的 [+建筑物] pòbài de [+jiànzhú wù], 废弃的 fèiqì de 2 玩忽职守的 [+官员] wánhū zhíshǒu de [+guānyuán], 渎职的 dúzhí de II N 无家可归者 wújiākěguīzhě

deride v 1 嘲笑 cháoxiào 2 戏弄 xìnòng

derision N 嘲笑 cháoxiào

derisory ADJ 嘲笑的 cháoxiào de

derivation N 起源 qǐyuán, 出处 chūchù

derivative¹ I N 派生物 pàishēngwù, [语言] 派生词 [yǔyán] pàishēngcí 2 [化学] 提取物 [huàxué] tíqǔwù 3 [金融] 衍生投资 [jīnróng] yǎnshēng tóuzī

derivative² ADJ 非独创的 fēi dúchuàng de, 模仿的 mófǎng de

derive v 1 获取 huòqǔ, 得到 dédào □ She derives a great deal of pleasure from reading. 她从阅读得到很大的乐趣。Tā cóng yuèdú dédào hěn dà de lèqù. 2 起源于 qǐyuán yú

dermatitis N 皮肤炎 pífúyán

dermatologist N 皮肤病医生 pífúbìng yīshēng, 皮肤病专家 pífúbìng zhuānjiā

dermatology N 皮肤病学 pífúbìngxué

derogatory ADJ 侮辱的 wǔrǔ de, 贬低的 biǎndī de

derrick N 1 油井架 yóujǐngjià, 钻塔 zuàntǎ 2（货轮）吊杆起重机 (huò lún) diàogān qǐzhòngjī

descend v 下降 xiàjiàng, 下落 xiàluò
in descending order 从大到小排列 cóng dà dào xiǎo páiliè, 按降序排列 àn jiàngxù páiliè
to descend from 是…的后代 shì…de hòudài

descendant N 后代 hòudài, 后裔 hòuyì

descent N 1 下降 xiàjiàng, 下落 xiàluò 2 下坡路 xiàpōlù 3 出身 chūshēn, 血统 xuètǒng

describe v 描写 miáoxiě, 描绘 miáohuì □ Words cannot describe the beauty of the lake. 言词无法描写这个湖泊的美丽。Yáncí wúfǎ miáoxiě zhè ge húpó de měilì.

description N 描写 miáoxiě, 描绘 miáohuì

descriptive ADJ 描写的 miáoxiě de, 描绘的 miáohuì de

desecrate v 亵渎 xièdú, 污辱 wūrǔ

desecration N 亵渎 xièdú

desegregate v 废除种族隔离制度 fèichú zhǒngzú gélí zhìdù

desegregation N 废除种族隔离制度 fèichú zhǒngzú gélí zhìdù

desensitize v 使…变得不敏感 shǐ…biàn de bù mǐngǎn, 使…习惯 shǐ…xíguàn

desert I N 沙漠 shāmò [M. WD 片 piàn] □ More land may be turned into desert if environmental degradation continues. 如果环境恶化继续，更多的土地将变成沙漠。Rúguǒ huánjìng èhuà jìxù, gèngduō de tǔdì jiāng biànchéng shāmò.
II v 离开 líkāi, 抛弃 pāoqì

deserve v 值得 zhíde □ You deserve some reward for all your hard work. 你的辛勤劳动值得回报。Nǐ de xīnqín láodòng zhíde huíbào.

design I N 设计 shèjì □ We need to hire a specialist in computer-aided design. 我们需要聘用一名计算机辅助设计的专家。Wǒmen xūyào pìnyòng yì míng jìsuànjī fǔzhù shèjì de zhuānjiā.
II v 设计 shèjì □ Who designed the dress you wore at yesterday's function? 你在昨天的仪式上穿的衣服是谁设计的？Nǐ zài zuótiān de yíshìshang chuānde yīfú shì shéi shèjì de?

designate v 指定 zhǐdìng, 指派 zhǐpài

designation N 指定 zhǐdìng, 指派 zhǐpài

designer I N 设计师 shèjìshī II ADJ 特别设计的 tèbié shèjì de
designer drug 化合迷幻药 huàhé míhuànyào

desirable ADJ 可取的 kěqǔ de, 称心的 chènxīn de □ It is desirable that the new principal should know a language other than English. 新校长除了英语还懂别的语言，就好了。Xīn xiàozhǎng chúle Yīngyǔ hái dǒng biéde yǔyán, jiù hǎo le.

desire I N 愿望 yuànwàng, 欲望 yùwàng □ He has much desire for wealth. 他对财富有很大的欲望。Tā duì cáifù yǒu hěn dàde yùwàng.
II v 希望得到 xīwàng dédào, 欲求 yùqiú □ We all desire love and happiness. 我们都希望得到爱和幸福。Wǒmen dōu xīwàng dédào ài hé xìngfú.

desist v 停止 tíngzhǐ

desk N 1 办公桌 bàngōngzhuō [M. WD 只 zhǐ/张 zhāng], 写字台 xiězìtái [M. WD 只 zhǐ/张 zhāng] □ The Bureau Chief sat behind a huge desk. 局长坐在一张大办公桌后面。Júzhǎng zuò zài yì zhāng dà bàngōng zhuō hòumian. 2 工作台 gōngzuòtái, 服务台 fúwùtái
front desk [旅馆] 前台 [lǚguǎn] qiántái
information desk 问事处 wènshìchù

desktop N 1 桌面 zhuōmiàn 2 桌上型电脑 zhuōshàngxíng diànnǎo
desktop publishing 桌面出版 zhuōmiàn chūbǎn

desolate ADJ 荒凉的 huāngliáng de

despair I N 绝望 juéwàng II v 感到绝望 gǎndào juéwàng

desperate ADJ 1 不顾一切的 búgù yíqiè de, 拼命的 pīnmìng de 2 非常想要的 fēicháng xiǎngyào de

desperation N 绝望 juéwàng, 不顾一切 búgù yíqiè

despicable ADJ 卑鄙的 bēibǐ de, 可鄙的 kěbǐ de

despise v 鄙视 bǐshì, 看不起 kànbuqǐ

despite PREP 尽管 jǐnguǎn □ Despite severe weather, they set out for the mountains. 尽管天气恶劣，他们还是出发进山了。Jǐnguǎn tiānqì èliè, tāmen háishì chūfā jìnshān le.

despondent ADJ 忧伤的 yōushāng de, 沮丧的 jǔsàng de

despot N 暴君 bàojūn

despotism N 暴政 bàozhèng

dessert N（饭后）甜食 (fànhòu) tiánshí, 甜点心 tiándiǎnxin

destabilize v 使…不稳定 shǐ…bùwěndìng

destination N 目的地 mùdìdì, 终点 zhōngdiǎn

destined ADJ（命中）注定的 (mìngzhōng) zhùdìng de

destiny N 命运 mìngyùn

destroy v 毁灭 huǐmiè, 破坏 pòhuài □ The church was destroyed by fire. 那座教堂毁于大火。Nà zuò jiàotáng huǐ yú dà huǒ. □ She destroyed all her relationships through greed and selfishness. 她因为贪婪自私，把所有的人际关系都破坏了。Tā yīnwèi tānlán zìsī, bǎ suǒyǒu de rénjì guānxì dōu pòhuài le.

destroyer N 驱逐舰 qūzhújiàn [M. WD 艘 sōu]

destruction N 毁灭 huǐmiè, 破坏 pòhuài □ The destruction of the rainforest is inevitable if logging continues. 如果继续伐木，雨林的毁灭就不可避免。Rúguǒ jìxù fámù, yǔlín de huǐmiè jiù bùkě bìmiǎn.

destructive ADJ 破坏性的 pòhuàixìng de

detach v 拆开 chāikāi, 脱落 tuōluò

detached ADJ 超然的 chāorán de, 客观的 kèguān de

detachment N 1 超然 chāorán, 客观 kèguān 2 [军事] 小分队 [jūnshì] xiǎofēnduì

detail N 1 细节 xìjié, 详情 xiángqíng □ You can find more details of this job on our website. 你可以在我们的网页上获得这个职务的详情。Nǐ kěyǐ zài wǒmen de wǎngyèshang huòdé zhè ge zhíwù de xiángqíng.
in detail 详细地 xiángxì de □ Can you explain this in detail? 你能不能详细解释一下？Nǐ néngbunéng xiángxì jiěshì yíxià?
II v 详细叙述 xiángxì xùshù
to detail sb to do sth 派遣某人去做某事 pàiqiǎn mǒurén qù zuò mǒushì

detailed ADJ 详细的 xiángxì de □ The police now have a detailed description of the criminal. 警方已经获得了对这名罪犯的详细描绘。Jǐngfāng yǐjīng huòdéle duì zhè míng zuìfàn de xiángxì miáohuì.

detain v 1 拘留 jūliú, 扣留 kòuliú 2 阻留 zǔliú

detect v 察觉 chájué, 发现 fāxiàn

detective N 侦探 zhēntàn

detector N 探测器 tàncèqì

metal detector 金属探测器 jīnshǔ tàncèqì

lie detector 测谎器 cèhuǎngqì

smoke detector 烟雾报警器 yānwù bàojǐng qì

détente N (国家关系的)缓和 (guójiā guānxi de) huǎnhé

detention N 1 拘留 jūliú, 扣留 kòuliú 2 [学校] 课后留校 [xuéxiào+] kè hòu liúxiào

deter V 制止 zhìzhǐ, 威慑 wēishè

detergent N 洗衣粉 xǐyīfěn, 洗涤精 xǐdíjīng

deteriorate V 越来越坏 yuèláiyuè huài, 恶化 èhuà

deterioration N 恶化 èhuà

determinate ADJ 严格控制的 yángé kòngzhì de

determination N 1 决心 juéxīn 2 [官方+] 决定 [guānfāng+] juédìng 3 [成份+] 测定 [chéngfèn+] cèdìng

determine V 1 下决心 xià juéxīn, 决定 juédìng □ I'm determined to learn Chinese and to speak it fluently. 我下决心学会中文, 而且能流利地说中文。Wǒ xià juéxīn xuéhuì Zhōngwén, érqiě néng liúlìde shuō Zhōngwén. 2 确定 quèdìng □ More studies are needed to determine the cause of the disease. 还需要更多的研究来确定这种疾病的起因。Hái xūyào gèngduō de yánjiū lái quèdìng zhè zhǒng jíbìng de qǐyīn.

determined ADJ 下了决心的 xià le juéxīn de, 坚定的 jiāndìng de

determiner N 限定词 xiàndìngcí

deterrent N 威慑力 wēishèlì, 威慑手段 wēishè shǒuduàn

detest V 憎恨 zēnghèn, 嫌恶 xiánwù

dethrone V 把…赶下台 bǎ…gǎnxiàtái, 推翻 tuīfān

detonate V 引爆 yǐnbào

detonation N 引爆 yǐnbào, 爆炸 bàozhà

detonator N 引爆装置 yǐnbàozhuāngzhì, 雷管 léiguǎn

detour N 绕道(而行) ràodào (ér xíng)

detox I N 戒酒治疗 jièjiǔ zhìliáo, 戒毒治疗 jièdú zhìliáo II V 戒酒治疗 jièjiǔ zhìliáo, 戒毒治疗 jièdú zhìliáo

detoxification N 排毒 páidú

detract V 贬损 biǎnsǔn, 诋毁 dǐhuǐ

detriment N 伤害 shānghài

detrimental ADJ 有害的 yǒuhài de

devalue V 贬值 biǎnzhí

devastate V 1 使…极其伤心 shǐ…jíqí shāngxīn, 使…垮掉 shǐ…kuǎdiào 2 摧毁 [+城市] cuīhuǐ [+chéngshì], 毁掉 huǐdiào

devastating ADJ 1 让人极其伤心的 [+消息] ràng rén jíqí shāngxīn de [+xiāoxi] 2 毁灭性的 [+打击] huǐmièxìng de [+dǎjī]

devastation N 摧毁 cuīhuǐ, 摧残 cuīcán

develop N 1 发展 fāzhǎn, 开发 kāifā □ The city has developed into an economic and financial center of the region. 这座城市已经发展成为这个地区经济和金融中心。Zhè zuò chéngshì yǐjīng fāzhǎn chéngwéi zhè ge dìqū jīngjì hé jīnróng zhōngxīn. 2 发育 fāyù □ The boy has developed into a fine young man. 男孩发育成了英俊小伙子。Nánhái fāyù chéngle yīngjùn xiǎohuǒzi. 3 开始出现 [+问题] kāishǐ chūxiàn [+wètí] 4 冲印 [+底片] chōngyìn [+dǐpiàn]

developed ADJ 1 发达的 [+国家] fādá de [+guójiā] 2 更严重的 [+危机] gèng yánzhòng de [+wēijī]

developer N (土地房产) 开发商 (tǔdì fángchǎn) kāifāshāng, (新产品) 开发者 (xīnchǎnpǐn) kāifāzhě

developing ADJ 发展中的 fāzhǎnzhōng de

development N 1 发展 fāzhǎn, 开发 kāifā □ The company spends a lot on the development of new products. 公司花很多钱开发新产品。Gōngsī huā hěn duō qián kāifā xīn chǎnpǐn.

a new housing development 新建住宅区 xīnjiàn zhùzháiqū

2 新情况 xīn qíngkuàng

deviant I ADJ 变态的 biàntài de II N 变态者 biàntàizhě

deviate I V 偏离 piānlí II ADJ 变态的 biàntài de

deviation N 偏差 piānchā, 异常 yìcháng

device N 1 设备 shèbèi, 设施 shèshī □ The new electronic device is time-saving. 这个新的电子设备能节省时间。Zhè ge xīn de diànzǐ shèbèi néng jiéshěng shíjiān. 2 [测试+] 装置 [cèshì+] zhuāngzhì 3 [通讯+] 手段 [tōngxùn+] shǒuduàn, 方法 fāngfǎ

devil N 1 魔鬼 móguǐ 2 家伙 jiāhuo

lucky devil 幸运的家伙 xìngyùn de jiāhuo

3 调皮鬼 tiáopí guǐ

the devil …? 究竟…? jiūjìng…? 到底…? dàodǐ…?

to play the devil's advocate 故意唱反调 gùyì chàng fǎndiào

devilish ADJ 1 恶毒的 èdú de, 坏透了的 huàitòule de 2 淘气的 táoqì de, 调皮的 tiáopí de

devious ADJ 欺诈的 qīzhà de, 不老实的 bù lǎoshí de

devise V 设计出 shèjìchū, 想出 xiǎngchū

devoid ADJ 完全没有的 wánquán méiyǒu de, 毫无 háowú

devolution N 1 权力下放 quánlì xiàfàng 2 沦为 lúnwéi

devolve V 权力下放 quánlì xiàfàng

devote V 把…奉献给 bǎ…fèngxiàn gěi

to devote oneself to 献身于 xiànshēn yú

devoted ADJ 忠诚的 zhōngchéng de, 挚爱的 zhì'ài de

devotee N 爱好者 àihàozhě, 仰慕者 yǎngmùzhě

devotion N 1 忠诚 zhōngchéng, 挚爱 zhì'ài 2 献身 xiànshēn, 奉献 fèngxiàn

devour V 1 狼吞虎咽地吃 lángtūn hǔyàn de chī 2 贪婪地阅读 tānlán de yuèdú 3 吞噬 tūnshì, 耗尽 hàojìn

devout ADJ 虔诚的 qiánchéng de

dew N 露水 lùshuǐ [M. WD 滴 dī]

dexterity N 灵巧 língqiǎo, 敏捷 mǐnjié

dexterous, dextrous ADJ 灵巧的 língqiǎo de, 敏捷的 mǐnjié de

diabetes N 糖尿病 tángniàobìng

diabetic I ADJ 糖尿病的 tángniàobìng de II N 糖尿病人 tángniàobìngrén

diabolical ADJ 恶魔似的 èmó shì de, 邪恶的 xié'è de

diagnose V 诊断 zhěnduàn

diagnosis N 诊断 zhěnduàn

diagonal I ADJ 1 斜的 xié de, 斜线的 xiéxiàn de 2 对角的 duìjiǎo de II N 斜线 xiéxiàn, 对角线 duìjiǎoxiàn

diagram N 图表 túbiǎo, 示意图 shìyìtú □ Could you draw a simple diagram of the human circulation system? 你能不能画一张人体循环系统的简单图表? Nǐ néngbunéng huà yì zhāng réntǐ xúnhuánxìtǒng de jiǎndān túbiǎo?

dial I V 拨号 bō hào □ In case of emergency, dial 911. 发生紧急情况, 请拨九一一。Fāshēng jǐnjí qíngkuàng, qǐng bō jiǔ yāo yāo.

dial tone 拨音号 bōyīnhào

II N 刻度盘 kèdùpán

dialect N 方言 fāngyán

dialogue, dialog N 对话 duìhuà

dialogue box 对话框 duìhuàkuàng

dialysis N (血液) 透析 (xuèyè) tòuxī

diameter N 直径 zhíjìng

diametrically ADV (diametrically different) 截然相反的 jiérán xiāngfǎn de

diamond N 1 钻石 [+戒指] zuànshí [+jièzhi] 2 菱形 [+瓷砖] língxíng [+cízhuān] 3 [纸牌] 方块牌 [zhǐpái+] fāngkuàipái

diaper N 尿布 niàobù [M. WD 块 kuài]

diaphragm N 横膈膜 hénggémó

diarrhea N 腹泻 fùxiè

diary N 日记 rìjì [M. WD 本 běn], 日记簿 rìjìbù [M. WD 本 běn]

diaspora N 1 (民族) 大流散 (mínzú) dà liúsàn 2 移民社群 yímín shèqún

diatribe N 严厉谴责 yánlì qiǎnzé, 愤怒抨击 fènnù pēngjī

dice I N 1 骰子 shǎizi

to roll the dice 掷骰子 zhì shǎizi

2 小块食物 xiǎo kuài shíwù **II** v 把…食物切成小块 bǎ…shíwù qiēchéng xiǎo kuài

dicey ADJ 冒险的 màoxiǎn de, 不可靠的 bù kěkào de

dichotomy N 二分法 èrfēnfǎ

dick N **1** 鸡巴 jība **2** 笨蛋 bèndàn

dictaphone N 口述录音机 kǒushù lùyīnjī

dictate v **1** 口授 kǒushòu **2** 强制规定 qiángzhì guīdìng

dictation N **1** 口授 kǒushòu **2** [学校] 听写练习 [xuéxiào] tīngxiě liànxí

dictator N 独裁者 dúcáizhě

dictatorial ADJ 独裁的 dúcái de, 专横的 zhuānhèng de

dictatorship N 独裁政府 dúcái zhèngfǔ, 专政 zhuānzhèng

diction N 用词 yòngcí, 措词 cuòcí

dictionary N 词典 [M. WD 本 běn], 字典 zìdiǎn [M. WD 本 běn] □ This is an English-Chinese dictionary for English speakers. 这是一本给说英语的人用的英汉词典。Zhè shì yìběn gěi shuō Yīngyǔ de rén yòng de Yīng-Hàn cídiǎn.

did See **do**

didactic ADJ 说教的 shuōjiào de

die¹ v **1** 死 sǐ, 去世 qùshì □ Their dog died last week. 他们的狗在上个星期死了。Tāmen de gǒu zài shàng ge xīngqī sǐ le. □ I'm sorry to learn that your grandfather died last month. 知道你的祖父在上个月去世, 我很难过。Zhīdào nǐ de zǔfù zài shàng ge yuè qùshì, wǒ hěn nánguò. **2** [旧风俗+] 消失 [jiù fēngsú+] xiāoshī **3** [机器+] 停止运转 [jīqì+] tíngzhǐ yùnzhuǎn

die² N **1** 金属模具 jīnshǔmó jù, 铸模 zhùmú **2** 骰子 shǎizi □ The die is cast. 木已成舟。Mùyǐchéngzhōu.

diehard ADJ 死硬的 sǐyìng de, 顽固的 wángù de

diesel N 柴油 cháiyóu
diesel engine 柴油发动机 cháiyóu fādòngjī, 柴油机 cháiyóujī

diet **I** N **1** 日常食品 rìcháng shípǐn **2** (规定) 食谱 (guīdìng) shípǔ
to be on diet 按规定食谱饮食 àn guīdìng shípǔ yǐnshí, 控制饮食 kòngzhì yǐnshí
II v 节食 jiéshí, 控制饮食 kòngzhì yǐnshí

differ v 不同 bùtóng
Tastes differ. 各人口味不同。Gè rén kǒuwèi bùtóng. □ My ideas differ widely from yours. 我的想法和你有很大不同。Wǒ de xiǎngfǎ hé nǐ yǒu hěn dà bùtóng.

difference N **1** 不同的地方 bùtóng de dìfang, 分歧 fēnqí □ I noticed a real difference between their views. 我注意到他们之间的观点确实不一样。Wǒ zhùyìdao tāmen zhījiān de guāndiǎn quèshí bù yíyàng. **2** 差别 chābié, 差异 chāyì
to make a difference 产生影响 chǎnshēng yǐngxiǎng, 起作用 qǐzuòyòng □ What difference does it make if you don't buy this new car? 你不买这辆新车又会有什么不同? Nǐ bù mǎi zhè liàng xīn chē yòu huì yǒu shénme bùtóng?
to make no difference 没有任何作用 méiyǒu rènhé zuòyòng

different ADJ 不同 bùtóng □ Different peoples have different ways of life. 不同的民族生活方式不同。Bùtóng de mínzú shēnghuó fāngshì bùtóng. □ Her approach to this problem is different from ours. 她对这个问题的处理方法和我们不同。Tā duì zhè ge wèntí de chǔlǐ fāngfǎ hé wǒmen bùtóng.

differential N 差别程度 chābié chéngdù

differentiate v 区别 qūbié, 辨别 biànbié

difficult ADJ **1** 困难的 kùnnan de, 难的 nán de □ The company board has many difficult decisions to make. 公司董事会要做很多困难的决定。Gōngsī dǒngshìhuì yào zuò hěn duō kùnnan de juédìng. □ His lack of experience made it difficult for him to find a good job. 他缺乏经验, 使他很难找到工作。Tā quēfá jīngyàn, shǐ tā hěn nán zhǎodao gōngzuò. **2** 难以对付的 [+人] nányǐ duìfu de [+rén]

difficulty N 困难 kùnnan, 难处 nánchu □ Chinese charac-

ters present a special difficulty to us. 汉字是我们的特殊困难。Hànzì shì wǒmen de tèshū kùnnan. □ Children with learning difficulties are put in a special class. 学习上有困难的学生放到一个特殊的班级。Xuéxíshang yǒu kùnnan de xuéshng fàng zài yí ge tèshū de bānjí.

diffuse **I** ADJ **1** 分散的 fēnsàn de, 松散的 sōngsǎn de **2** 啰嗦的 luōsuō de, 转弯抹角的 zhuǎnwān mòjiǎo de **II** v **1** 分散 fēnsàn **2** 减轻 jiǎnqīng, 减弱 jiǎnruò **3** 使…扩散 shǐ…kuòsàn

dig **I** v (PT & PP **dug**) **1** 挖 wā, 挖掘 wājué
to dig one's own grave 自掘坟墓 zìjuéfénmù
2 搜寻 sōuxún, 搜集 sōují
to dig into ① 开始使用 kāishǐ shǐyòng ② 插入 chārù
to dig up 挖掘出 wājué chū, 发现 fāxiàn
II N **1** 讽刺 fěngcì, 挖苦 wākǔ **2** (考古) 发掘 (kǎogǔ) fājué

digest **I** v 消化 xiāohuà **II** N 摘要 zhāiyào [M. WD 份 fèn/篇 piān], 文摘 wénzhāi [M. WD 份 fèn/篇 piān]
Reader's Digest 读者文摘 Dúzhě Wénzhāi

digestion N 消化 xiāohuà

digestive ADJ 消化的 xiāohuà de

digit N **1** (1 到 9) 数字 (1 dào 9) shùzì **2** 手指 shǒuzhǐ, 脚趾 jiǎozhǐ

digital ADJ 数字的 shùzì de, 数码的 shùmǎ de
digital camera 数码照相机 shùmǎ zhàoxiàngjī

digitize v 数字化 shùzìhuà

dignified ADJ 有尊严的 yǒuzūnyán de, 庄重的 zhuāngzhòng de

dignify v 使…有尊严 shǐ…yǒu zūnyán, 抬高…的身价 táigāo…de shēnjià

dignitary N 显贵 xiǎnguì [M. WD 位 wèi], 要人 yàorén [M. WD 位 wèi]

dignity N 尊严 zūnyán, 尊贵 zūnguì

digress v 离题 lítí, 跑题 pǎotí

digression N 离题 lítí, 跑题 pǎotí

dike N 堤坝 dībà, 堤 dī, 堤防 dīfáng

dilapidated ADJ 破烂的 pòlàn de, 快倒塌的 kuài dǎotā de

dilapidation N 破烂的状态 pòlàn de zhuàngtài

dilate v 扩大 kuòdà, 扩张 kuòzhāng

dilemma N 进退维谷的局面 jìn tuì wéi gǔ de júmiàn, 两难境地 liǎngnán jìngdì

diligence N 勤奋 qínfèn

diligent ADJ 勤奋的 qínfèn de

dilute **I** v **1** 稀释 xīshì, 冲淡 chōngdàn **2** 使…削弱 shǐ…xuēruò **II** ADJ 稀释的 xīshì de

dilution N 稀释 xīshì

dim ADJ 昏暗的 hūn'àn de, 模糊的 móhu de

dime N 一角钱 yì jiǎo qián, 一毛钱 yì máo qián
dime store 廉价小商品店 liánjià xiǎoshāngpǐn diàn
a dime a dozen 多得不值钱 duō dé bù zhíqián

dimension N **1** [三个+] 维度 [sānge+] wéidù **2** [新的+] 方面 [xīn de+] fāngmiàn **3** (dimensions) 尺寸 chǐcùn

dimensional ADJ 维度的 wéi dù de
three-dimensional 三维的 sānwéi de, 立体的 lìtǐ de

dimensions N [物体的+] 长高宽 [wùtǐ de+] cháng gāo kuān, 体积 tǐjī

diminish v **1** [人数+] 减少 [rénshù+] jiǎnshǎo, 减小 jiǎnxiǎo **2** 削弱 [+重要性] xuēruò [+zhòngyàoxìng], 降低 jiàngdī
diminishing returns 收益递减 shōuyì dìjiǎn

diminutive ADJ 个子很矮小的 gèzi hěn ǎixiǎo de

dimple N 酒窝 jiǔwō

dim sum N 中国点心 Zhōngguó diǎnxin [M. WD 件 jiàn]

din N 嘈杂声 cáozáshēng, 喧闹声 xuānnàoshēng

dine v 进餐 jìncān, 吃饭 chīfàn
to dine out 外出用餐 wàichū yòngcān, 到饭店去吃饭 dào fàndiàn qù chīfàn

diner N 便宜的小饭馆 piányi de xiǎo fànguǎn [M. WD 家 jiā]

ding-dong N 铃声 língshēng, 叮当声 dīngdāngshēng

dinghy N 单桅小赛艇 dān wéi xiǎo sàitǐng [M. WD 艘 sōu]

dingy ADJ 肮脏破旧的 āngzāng pòjiù de

dining room N 餐厅 cāntīng, 饭厅 fàntīng

dinner N 1 正餐 zhèngcān, 晚饭 wǎnfàn □ Mom, what shall we have for dinner tonight? 妈，今晚我们吃什么？Mā, jīnwǎn wǒmen chī shénme? □ We often have animated conversations at the dinner table. 我们在吃晚饭的时候常常谈得很活跃。Wǒmen zài chī wǎnfàn de shíhou chángcháng tánde hěn huóyuè. 2 宴会 yànhuì, 晚宴 wǎnyàn □ The school is giving a dinner in honor of his retirement. 学校要为他退休举行晚宴。Xuéxiào yào wèi tā tuìxiū jǔxíng wǎnyàn.

  dinner jacket 男子夜礼服 nánzǐ yèlǐfú

  dinner party 家宴 jiāyàn

  dinner service [一套+] 西餐餐具 [yītào+] xīcān cānjù

dinnertime N 用餐时间 yòngcān shíjiān

dinosaur N 恐龙 kǒnglóng

dip I v 1 浸 jìn, 蘸 zhàn □ Don't dip your bread in the soup. 不要把面包浸在汤里。Búyào bǎ miànbāo jìn zài tānglǐ. 2 下降 xiàjiàng, 降低 jiàngdī

  II v 1 调味酱 tiáowèi jiàng 2（短时间的）游泳（duǎn shíjiān de）yóuyǒng 3 小量减少 xiǎoliàng jiǎnshǎo

diphtheria N 白喉 báihóu

diploma N 文凭 wénpíng [M. WD 张 zhāng/份 fèn], 毕业证书 bìyè zhèngshū [M. WD 张 zhāng/份 fèn]

diplomat N 外交官 wàijiāoguān [M. WD 位 wèi/名 míng]

diplomatic ADJ 1 外交的 wàijiāo de 2 世故练达的 shìgù liàndá de, 讲究策略的 jiǎngjiu cèlüè de

dipstick N 油量计 yóuliángjì

dire ADJ 极其严重的 jíqí yánzhòng de, 极糟的 jí zāo de

direct I ADJ 1 直接的 zhíjiē de

  direct current 直流电 zhíliúdiàn

  direct deposit 直接存款付薪 zhíjiē cúnkuǎn fù xīn 2 坦率的 tǎnshuài de, 率直的 shuàizhí de

  II v 1 针对 zhēnduì □ My remark was not directed to all of you. 我的话并不是针对你们所有人的。Wǒ de huà bìng bú shì zhēnduì nǐmen suǒyǒu rén de. 2 指挥 zhǐhuī, 指导 zhǐdǎo □ The Chief will direct the operation himself. 头头要自己指挥这次行动。Tóutou yào zìjǐ zhǐhuī zhè cì xíngdòng.

  III ADV 直接 zhíjiē, 直接地 zhíjiē de □ I flew direct from New York to San Francisco. 我从纽约直接飞到旧金山。Wǒ cóng Niǔyuē fēidào Jiùjīnshān.

direction N 方向 fāngxiàng □ We found that we were going in the wrong direction. 我们发现走错路了。Wǒmen fāxiàn zǒucuò lù le.

  directions 指路 zhǐ lù, 指明方向 zhǐmíng fāngxiàng □ Could you give me directions to the police station? 你可以告诉我去警察局怎么走吗？Nǐ kěyǐ gàosu wǒ qù jǐngchájú zěnme zǒu ma?

  sense of direction 方向感 fāngxiànggǎn

directive N 指令 zhǐlìng, 指示 zhǐshì

director N 1（公司）董事 [gōngsī] dǒngshì [M. WD 位 wèi] □ Mr Smith is the new finance director of our company. 史密斯先生是我们公司的新任财务董事。Shǐmìsī xiānsheng shì wǒmen gōngsī de xīnrèn cáiwù dǒngshì. 2（电影）导演 (diànyǐng) dǎoyǎn [M. WD 位 wèi] □ Who won the Best Director in this year's Oscar Awards? 今年谁获得了奥斯卡最佳导演奖？Jīnnián shéi huòdéle Àosīkǎ zuìjiā dǎoyǎn jiǎng?

directory N 1 姓名地址录 xìngmíng dìzhǐ lù

  telephone directory 电话号码簿 diànhuà hàomǎ bù 2（计算机）文档目录（jìsuànjī）wéndàng mùlù

dirt N 1 灰尘 huīchén, 尘土 chéntǔ 2 □ His shoes were all covered with dirt. 他的鞋上全是尘土。Tā de xiéshang quán shì chéntǔ.

  dirt bike 轻型摩托车 qīngxíng mótuōchē

  dirt cheap 极其便宜 jíqí piányi

dirt road 泥路 nílù

  2 丑闻 chǒuwén

  to dig up dirt on sb 发掘某人的丑闻 fājué mǒurén de chǒuwén

dirty ADJ 1 肮脏 āngzāng □ Could you wash up the dirty dishes in the sink, please? 请你洗一下水池里的脏盘子，好吗？Qǐng nǐ xǐ yíxià shuǐchílǐ de zāng pánzi, hǎoma? 2 黄色的 huángsè de, 下流的 xiàliú de □ We were disgusted by his dirty jokes. 他的黄色笑话，让我们感到讨厌。Tā de huángsè xiàohua, ràng wǒmen gǎndào tǎoyàn.

  a dirty trick 卑鄙花招 bēibǐ huāzhāo, 下流手段 xiàliú shǒuduàn

disability N 残疾 cánjí, 残障 cánzhàng

disable v 使 [士兵+] 残疾 shǐ [shìbīng+] cánjí, 使 [系统+] 无法使用 shǐ [xìtǒng+] wúfǎ shǐyòng

disabled ADJ 残疾的 cánjí de, 残障的 cánzhàng de

disadvantage N 不利条件 búlì tiáojiàn, 缺陷 quēxiàn

disadvantaged ADJ 1 处于不利地位的 chǔ yú búlì dìwèi de 2 社会下层的 shèhuì xiàcéng de, 弱势的 ruòshì de

disagree v 不同意 bù tóngyì □ I disagree with your assessment of the situation. 我不同意你对形势的看法。Wǒ bù tóngyì nǐ duì xíngshì de kànfa.

disagreeable ADJ 讨厌的 tǎoyàn de □ The lecturer has some disagreeable mannerisms. 那位讲师有一些讨厌的习惯性动作。Nà wèi jiǎngshī yǒu yìxiē tǎoyàn de xíguànxìng dòngzuò.

disagreement N 意见不合 yìjiàn bùhé, 分歧 fēnqí

disallow v 不允许 bù yǔnxǔ, 驳回 bóhuí

disappear v 1 消失 xiāoshī □ The young lady disappeared from the magician's wardrobe. 年轻女郎从魔术师的大衣柜里消失了。Niánqīng nǚláng cóng móshùshì de dà yīguìlǐ xiāoshī le. □ This species of frog could soon disappear forever. 这种青蛙可能永远消失。Zhè zhǒng qīngwā kěnéng yǒngyuǎn xiāoshī. 2 失踪 shīzōng, 丢失 diūshī

disappearance N 1 消失 xiāoshī 2 失踪 shīzōng, 丢失 diūshī

disappoint v 使…失望 shǐ…shīwàng □ His less than generous donation disappointed us. 他捐款不够慷慨，使我们失望。Tā juānkuǎn búgòu kāngkǎi, shǐ wǒmen shīwàng. □ Poor sales of the new product disappointed the management. 新产品销售不好，使管理层失望。Xīn chǎnpǐn xiāoshòu bù hǎo, shǐ guǎnlǐcéng shīwàng.

diappointed ADJ 失望的 shīwàng de

disappointing ADJ 令人失望的 lìng rén shīwàng de

disappointment N 失望 shīwàng, 扫兴（的事）sǎoxìng (de shì)

disapproval N 不赞成 bú zànchéng, 反对 fǎnduì

disapprove v 不赞成 bú zànchéng, 反对 fǎnduì

disarm v 解除武装 jiěchú wǔzhuāng

disarmament N 裁军 cáijūn

disarming ADJ 消除敌意的 xiāochú díyì de, 让人感到友好的 ràng rén gǎndào yǒuhǎo de

disarray N 混乱 hùnluàn

disaster N 1 灾难 zāinàn, 灾害 zāihài 2 彻底失败 chèdǐ shībài

disastrous ADJ 灾难性的 zāinànxìng de, 彻底失败的 chèdǐ shībài de

disavow v 否认 fǒurèn

disavowal N 否认 fǒurèn

disband v 解体 jiětǐ, 解散 jiěsàn

disbelief N 不相信 bù xiāngxìn, 怀疑 huáiyí

disbelieve v 不相信 bù xiāngxìn, 怀疑 huáiyí

disc See disk

discard I v 1 扔掉 [+旧衣服] rēngdiào [+jiù yīfú] 2 打出 [+扑克牌] dǎchū [+pūkèpái] **II** N 1 扔掉的东西 rēngdiào de dōngxi, 废物 fèiwù 2 打出的牌 dǎchū de pái, 废牌 fèi pái

discern v 觉察出 juécháchū, 辨明 biànmíng

discerning ADJ 有眼力的 yǒu yǎnlì de, 识别力很强的 shíbiélì hěn qiáng de

discharge I v 准许…离开 zhǔnxǔ…líkāi
to be discharged from a hospital（病人）出院 (bìngrén) chūyuàn
to be discharged from the Army（军人）退役 (jūnrén) tuìyì
2 排放 [+污水] páifàng [+wūshuǐ]
to discharge polluted water 排放污水 páifàng wūshuǐ
3 履行 [+职责] lǚxíng [+zhízé]
II N 1 准许离开 zhǔnxǔ líkāi **2** 排放 páifàng

disciplinarian N 严格执行纪律者 yángé zhíxíng jìlǜ zhě

discipline I N 1 纪律 jìlǜ □ Some teachers think the school needs more strict discipline. 有些老师认为学校的纪律要更严格一点。Yǒuxiē lǎoshī rènwéi xuéxiào de jìlǜ yào gèng yángé yìdiǎn. □ Miss Curry finds most of the children she knows lacking discipline. 柯里小姐觉得她遇到的孩子大多缺乏纪律。Kēlǐ xiǎojie juéde tā yùdào de háizi dà duō quēfá jìlǜ.
2 处分 chǔfèn, 处罚 chǔfá
to face discipline 接受处分 jiēshòu chǔfèn
3 学科 xuékē
core disciplines 重点学科 zhòngdiǎn xuékē, 重点课程 zhòngdiǎn kèchéng
II v 1 惩罚 chéngfá □ How do you discipline your children when they're behaving badly? 你的孩子表现很不好时，你怎样惩罚他们? Nǐ de háizi biǎoxiàn hěn bù hǎo shí, nǐ zěnyàng chéngfá tāmen? **2** 管教 guǎnjiào □ They never disciplined their chidren, and the result was disastrous. 他们从来不管教孩子，后果是灾难性的。Tāmen cónglái bù guǎnjiào háizi, hòuguǒ shì zāinànxìng de.

disclaim v 正式否认 zhèngshì fǒurèn

disclaimer N 免责声明 miǎnzé shēngmíng

disclose v 透露 tòulù

disclosure N 透露 tòulù

disco N 迪斯科舞（厅）dísīkēwǔ (tīng)

discotheque N 迪斯科舞厅 dísīkēwǔ tīng

discolor v（使）褪色／变色 (shǐ...) tuìsè/biànsè

discoloration N 褪色 tuìsè

discomfort N 1 不舒服 bùshūfú, 不适 búshì **2** 使人不舒服的东西 shǐrén bùshūfú de dōngxī

disconcert v 使…心烦意乱 shǐ...xīn fán yì luàn, 使…窘迫 shǐ...jiǒngpò

disconcerting ADJ 令人心烦意乱的 lìng rén xīn fán yì luàn de, 令人窘迫的 lìng rén jiǒngpò de

disconnected ADJ 无关联的 wú guānlián de, 断开的 duànkāi de

discontent ADJ 不满足的 bù mǎnzú de, 不满意 bù mǎnyì

discontinuation N 停止 tíngzhǐ, 中断 zhōngduàn

discontinue v 停止 tíngzhǐ, 中断 zhōngduàn

discord N 不和 bù hé, 不协调 bù xiétiáo

discount I N 折扣 zhékòu II v 1 [商品+] 打折扣 [shāngpǐn+] dǎ zhékòu, 削价 xuējià **2** 不重视 [+某一可能性] búzhòngshì [+mǒu yì kěnéngxìng]

discourage v 使…丧失信心 shǐ...sàngshī xìnxīn, 使…灰心 shǐ...huīxīn

discouraged ADJ 灰心的 huīxīn de, 失去信心的 shīqù xìnxīn de

discouraging ADJ 令人丧气的 lìngrén sàngqì de, 令人灰心的 lìngrén huīxīn de

discourse N 1 [严肃的+] 交谈 [yánsù de+] jiāotán, 讨论 tǎolùn **2** [关于国际法的+] 论述 [guānyú guójìfǎ de+] lùnshù **3** [学术的+] 话语 [xuéshù de+] huàyǔ

discourteous ADJ 不礼貌的 bù lǐmào de, 失礼的 shīlǐ de

discourtesy N 失礼 shīlǐ

discover v 发现 fāxiàn □ Scientists have discovered a new

plant species in the remote jungle. 科学家在遥远的丛林里发现一个新的植物品种。Kēxuéjiā zài yáoyuǎn de cónglínlǐ fāxiàn yí ge xīn de zhíwù pǐnzhǒng. □ The professor discovered that Michael had copied his essay from a website. 教授发现麦克尔的文章是从网页上抄袭来的。Jiàoshòu fāxiàn Màikèěr de wénzhāng shì cóng wǎngyèshang chāoxí lái de.

discovery N 发现 fāxiàn □ Every year new discoveries are made in medical research. 每年在医学研究中都有新发现。Měinián zài yīxué yánjiū zhōng dōu yǒu xīn fāxiàn.

discredit I v 使…变得不可信 shǐ...biàn de bù kěxìn, 破坏…的信誉 pòhuài...de xìnyù II N 丧失信誉 sàngshī xìnyù

discreet ADJ 谨慎的 jǐnshèn de, 慎重的 shènzhòng de

discrepancy N 差异 chāyì, 不一致 bù yízhì

discretion N 谨慎 jǐnshèn, 慎重 shènzhòng

discriminate v 歧视 qíshì

discriminating ADJ 有识别能力的 yǒu shíbié nénglì de, 有鉴赏力的 yǒu jiànshǎnglì de

discrimination N 歧视 qíshì

discus N 铁饼 tiěbǐng

discus-throwing 掷铁饼（运动）zhì tiěbǐng (yùndòng)

discuss v 讨论 tǎolùn, 商讨 shāngtǎo □ I'd like to discuss this matter with you as soon as possible. 我想尽快和你讨论这件事。Wǒ xiǎng jǐnkuài hé nǐ tǎolùn zhè jiàn shì.

discussion N 讨论 tǎolùn, 商讨 shāngtǎo □ Let's have a full discussion on this issue first. 让我们先充分讨论一下这个问题。Ràng wǒmen xiān chōngfèn tǎolùn yí xià zhè ge wèntí.

disdain I N 藐视 miǎoshì, 轻视 qīngshì II v 藐视 miǎoshì, 轻视 qīngshì

disdainful ADJ 藐视的 miǎoshì de, 轻视的 qīngshì de

disease N 疾病 jíbìng [M. WD 种 zhǒng] □ Doctors still don't have a cure for the disease. 医生对这个病还没有治疗方法。Yīshēng duì zhè ge bìng hái méiyǒu zhìliáo fāngfǎ.

disembark v 下车 xià chē, 下飞机 xià fēijī, 下船 xià chuán

disenchanted ADJ 感到幻灭的 gǎndào huànmiè de, 失望的 shīwàng de

disenchantment N 幻灭 huànmiè, 失望 shīwàng

disenfranchised ADJ 被剥夺权力的 bèi bōduó quánlì de

disengage v 分离 fēnlí, 摆脱 bǎituō

disengagement N 分离 fēnlí, 摆脱 bǎituō

disentangle v 分清 fēnqīng, 梳理 shūlǐ

disfavor N 不喜欢 bù xǐhuan, 反感 fǎngǎn

disfigure v 毁坏…的容貌 huǐhuài...de róngmào

disfigurement N 毁容 huǐróng

disgrace I N 耻辱 chǐrǔ II v 使…蒙受耻辱 shǐ...méngshòuchǐrǔ, 给…丢脸 gěi...diūliǎn

disgruntled ADJ 不满的 bùmǎn de, 恼火的 nǎohuǒ de

disguise I v 伪装 wěizhuāng

disgust I v 使…厌恶 shǐ...yànwù, 使…极为反感 shǐ...jíwéi fǎngǎn □ His cruelty to the dog disgusts me. 他对狗的残酷行为使我感到厌恶。Tā duì gǒu de cánkù xíngwéi shǐ wǒ gǎndào yànwù.

disgusted ADJ 感到厌恶的 gǎndào yànwù de

disgusting ADJ 使人厌恶的 shǐ rén yànwù de

dish I N 1 菜盘 càipán, 盘子 pánzi □ Laura broke a dish when washing the dishes. 劳拉在洗碗的时候打破了一个盘子。Láolā zài xǐwǎn de shíhou dǎpòle yí ge pánzi.

dish rack 碗碟架 wǎndiéjià

dish towel 擦碗碟的干毛巾 cā wǎndié de gān máojīn

2 一盘菜 yì pán cài, 菜 cài □ She cooked us a delicious Mexican dish. 她给我们做了一个美味的墨西哥菜。Tā gěi wǒmen zuòle yí ge měiwèi de Mòxīgē cài. **3** 碟形天线 dié xíng tiānxiàn

II v 1 (to dish out) 大量分发 dàliàng fēnfā

to dish out unwanted advice 随便提供别人不需要的建议 suíbiàn tígōng biéren bù xūyào de jiànyì

2 (to dish up) 上菜 shàngcài

dishearten v 使…沮丧 shǐ…jǔsàng, 使…灰心 shǐ…huīxīn

disheartened ADJ 沮丧的 jǔsàng de, 灰心的 huīxīn de

disheartening ADJ 令人沮丧的 lìng rén jǔsàng de, 令人灰心的 lìng rén huīxīn de

disheveled ADJ 衣衫凌乱的 yīshān língluàn de, 衣冠不整的 yīguānbùzhěng de

dishonest ADJ 不诚实的 bù chéngshí de, 不老实的 bù lǎoshí de

dishonesty N 不诚实的行为 bù chéngshí de xíngwéi, 欺诈 qīzhà

dishonor I N 耻辱 chǐrǔ II v 使…蒙羞 shǐ…méngxiū, 使…丢脸 shǐ…diūliǎn

dishonorable ADJ 不光彩的 bù guāngcǎi de

dishwasher N 洗碗机 xǐwǎnjī [M. WD 台 tái]

dishwashing detergent N 餐具洗涤剂 cānjù xǐdíjì

dishwashing liquid N 餐具洗涤精 cānjù xǐdíjīng

disillusion v 使…幻灭 shǐ…huànmiè, 使…醒悟 shǐ…xǐngwù

disillusionment N 幻灭 huànmiè, 醒悟 xǐngwù

disinclined ADJ 不愿意 bú yuànyì

disinfect v 给…消毒 gěi…xiāodú

disinfectant N 消毒 xiāodú

disinherit v 剥夺…的继承权 bōduó…de jìchéngquán

disintegrate v 使…分崩离析 shǐ…fēnbēng líxī, 使…瓦解 shǐ…wǎjiě

disintegration N 分崩离析 fēnbēng líxī, 瓦解 wǎjiě

disinterest N 无利益关系 wú lìyì guānxi, 无偏见 wú piānjiàn

disinterested ADJ 无利害关系的 wú lìhài guānxi de, 公正的 gōngzhèng de

disjointed ADJ 不连贯的 bù liánguàn de, 散乱的 sǎnluàn de

disk (disc) N 1 磁盘 cípán

disk drive 磁盘驱动器 cípán qūdòng qì 2 圆盘 yuánpán

diskette N [计算机+] 软盘 [jìsuànjī+] ruǎnpán

dislike v, N 不喜欢 bù xǐhuan, 讨厌 tǎoyàn

dislocate v 脱位 tuōwèi

dislocation N 脱位 tuōwèi

dislodge v 把…移开 bǎ…yíkāi

disloyal ADJ 不忠诚的 bù zhōngchéng de, 不忠 bù zhōng

dismal ADJ 凄凉的 qīliáng de, 令人忧郁的 lìng rén yōuyù de

dismantle v 1 拆除 [+旧机器] chāichú [+jiù jīqì], 拆开 chāikāi 2 废除 [+旧制度] fèichú [+jiù zhìdù], 取消 qǔxiāo

dismay I N 1 惊恐 jīngkǒng 2 失望 shīwàng, 沮丧 jǔsàng II v 使…失望 shǐ…shīwàng, 使…担忧 shǐ…dānyōu

dismember v 肢解 zhījiě

dismiss v 1 解散 jiěsàn 2 解雇 jiěgù □ He was dismissed from his job for falsifying his qualifications. 他因为伪造资格而被解雇。Tā yīnwéi wěizào zīgé ér bèi jiěgù. 3 不理会 bù lǐhuì, 不屑一顾 bú xiè yígù □ His suggestion was dismissed by the committee as impractical. 委员会认为他的想法不现实，而不予理会。Wěiyuánhuì rènwéi tāde xiǎngfǎ bú xiànshí, ér bù yǔ lǐhuì.

dismissal N 1 解雇 jiěgù 2 不予理会 bùyǔ lǐhuì

dismissive ADJ 不予理会的 bùyǔ lǐhuì de

dismount v 1 下马 xià mǎ, 下车 xià chē 2 取下 qǔxià, 卸下 xièxià

disobedience N 不顺从 bú shùncóng, 不听话 bù tīnghuà

disobedient ADJ 不顺从的 bú shùncóng de, 不听话的 bù tīnghuà de

disobey v 不服从 bù fúcóng, 违抗 wéikàng

disorder N 1 混乱 hùnluàn

to throw … into disorder 使…陷入混乱状态 shǐ…xiànrù hùnluàn zhuàngtài

2（身体）失调 (shēntǐ) shītiáo, 紊乱 wěnluàn, 病 bìng

digestive disorder 消化系统紊乱 xiāohuàxìtǒng wěnluàn, 消化系统疾病 xiāohuàxìtǒng jíbìng

mental disorder 精神病 jīngshénbìng

3（社会）动乱 (shèhuì) dòngluàn, 骚乱 sāoluàn

disorderly ADJ 破坏公共秩序的 pòhuài gōnggòng zhìxù de, 扰乱治安的 rǎoluàn zhì'ān de

disorganize v 1 打乱 dǎluàn, 扰乱 rǎoluàn 2 使…瓦解 shǐ…wǎjiě

disorganized ADJ 计划不周的 jìhuà bùzhōu de, 毫无计划的 háowú jìhuà de

disoriented ADJ 1 迷失方向的 míshī fāngxiàng de 2 头脑混乱的 tóunǎo hùnluàn de

disown v 与…断绝关系 yǔ…duànjué guānxi

disparage v 说某人的坏话 shuō mǒurén de huàihuà, 贬低 biǎndī

disparate ADJ 完全不同的 wánquán bùtóng de, 不相干的 bùxiānggān de

disparity N 不公平 bùgōngpíng, 差异 chāyì

dispassionate ADJ 客观冷静的 kèguān lěngjìng de

dispatch I v 派遣 pàiqiǎn, 调遣 diàoqiǎn II N 1 派遣 pàiqiǎn, 调遣 diàoqiǎn 2 公文 gōngwén 3 [新闻+] 报道 [xīnwén+] bàodào

with dispatch 迅速地 xùnsù de

dispel v 驱散 qūsàn, 消除 xiāochú

dispensary N 配药处 pèiyàochù, 药房 yàofáng [M. WD 家 jiā]

dispense v 发放 fāfàng, 分发 fēnfā

to dispense medicine 配药 pèiyào

to dispense with 省掉 shěngdiào, 不需要 bù xūyào

dispenser N 自动售货机 zìdòng shòuhuòjī

dispersal N 驱散 qūsàn, 散开 sànkāi

disperse v 驱散 qūsàn, 散开 sànkāi

dispirited ADJ 灰心丧气的 huīxīn sàngqì de

displace v 1 移动 yídòng 2 撤…的职 chè…de zhí 3 取代 qǔdài

displacement N 1 移动 yídòng 2 撤职 chèzhí 3 取代 qǔdài

display I v 1 陈列 chénliè, 展出 zhǎnchū □ Children's drawings were displayed in the kindergarten. 孩子的画在幼儿园里展出。Háizi de huà zài yòu'éryuánlí zhǎnchū. 2 显示 xiǎnshì □ He displayed no sign of emotion when he was told of his daughter's death. 他被告知女儿的死讯时，没有显示任何表情。Tā bèi gàozhī nǚ'ér de sǐ xùn shí, méiyou xiǎnshì rènhé biǎoqíng.

II N 1 陈列 chénliè, 展出 zhǎnchū 2 显示 xiǎnshì, 炫耀 xuànyào □ Displays of wealth are often resented. 炫耀财富, 常常使别人生怨。Xuànyào cáifù, chángcháng shǐ biérén shēng yuàn.

displease v 使…不高兴 shǐ…bù gāoxīng, 使…不满意 shǐ…bù mǎnyì

displeased ADJ 不高兴的 bù gāoxīng de, 不满意的 bù mǎnyì de

displeasure N 不悦 búyuè, 不满 bùmǎn

disposable ADJ 1 一次性的 yícìxìng de 2 可支配的 kě zhīpèi de

disposable income 可支配收入 kězhīpèi shōurù

disposal N 处置 chǔzhì, 处理 chǔlǐ

at sb's disposal 供某人使用 gōng mǒurén shǐyòng

dispose v 处置 chǔzhì, 处理 chǔlǐ

disposed ADJ 倾向于 qīngxiàng yú, 愿意的 yuànyì de

disposition N 1 [快乐的+] 性情 [kuàilè de+] xìngqíng, 性格 xìnggé 2 处置 [+个人财产] chǔzhì [+gèrén cáichǎn], 出让 chūràng 3 部署 [+军队] bùshǔ [+jūnduì] 4 倾向 [+妥协] qīngxiàng [+tuǒxié], 意向 yìxiàng

dispossess v 剥夺 [+财产] bōduó [+cáichǎn]

disproportionate ADJ 不成比例的 bù chéng bǐlì de, 不相称的 bùxiāngchèn de

disprove v 证明…是虚假的 zhèngmíng…shì xūjiǎ de, 反驳 fǎnbó

dispute I N 争端 zhēngduān, 争议 zhēngyì II v 1 对…提出异议 duì…tíchū yìyì 2 与…争论 yǔ…zhēnglùn

disqualification N 不合格 bùhégé, 不合适 bùhéshì

disqualify v 取消…的资格 qǔxiāo…de zīge

disregard I v 不顾 búgù, 忽视 hūshì II N 无视 wúshì, 忽视 hūshì

disrepair N 失修 shīxiū, 破旧 pòjiù

disreputable ADJ 名声不好的 míngshēng bùhǎo de, 声名狼藉的 shēngmíng lángjí de

disrepute N 坏名声 huài míngshēng

disrespect N 不尊重 bù zūnzhòng, 轻慢无礼 qīngmàn wúlǐ

disrespectful ADJ 不尊重的 bù zūnzhòng de, 轻慢无礼的 qīngmàn wúlǐ de

disrupt v 1 扰乱 rǎoluàn 2 中断 zhōngduàn

disruption N 1 扰乱 rǎoluàn 2 中断 zhōngduàn

disruptive ADJ 扰乱的 rǎoluàn de, 捣乱的 dǎoluàn de

dissatisfaction N 不满意 bù mǎnyì, 不满 bùmǎn

dissatisfied ADJ 感到不满意 gǎndào bù mǎnyì

dissect v 解剖 jiěpōu

disseminate v 散布 sànbù, 传播 chuánbō

dissemination N 散布 sànbù, 传播 chuánbō

dissension N 争执 zhēngzhí, 意见不一 yìjiàn bùyī

dissent I N 异议 yìyì II v 持有异议 chíyǒu yìyì

dissenter N 异议分子 yìyì fènzǐ

dissertation N (博士) 论文 (bóshì) lùnwén [m. wd 篇 piān]

disservice N 损害 sǔnhài, 帮倒忙 bāngdàománg

dissident I ADJ 持不同政见的 chí bùtóng zhèngjiàn de II N 持不同政见者 chí bùtóng zhèngjiànzhě

dissimilar ADJ 很不相同的 hěn bù xiāngtóng de

dissimilarity N 差异 chāyì, 区别 qūbié

dissipate v 消散 xiāosàn, 消失 xiāoshī

dissociate v 分开 fēnkāi, 分离 fēnlí
　to dissociate oneself from 断绝与…的关系 duànjué yǔ…de guānxi

dissociation N 分开 fēnkāi, 分离 fēnlí

dissolute ADJ 放荡的 fàngdàng de

dissolution N [婚约的+] 解除 [hūnyuē de+] jiěchú, 终结 zhōngjié

dissolve v 1 [固体+] 溶解 [gùtǐ+] róngjiě 2 解除 [婚约] jiěchú [+hūnyuē]

dissuade v 劝阻 quànzǔ

distance N 距离 jùlí □ In those days it was difficult to measure distances on the sea. 在那时候很难在海上测量距离。Zài nà shíhou hěn nán zài hǎishang cèliáng jùlí.
　long-distance runner 长跑运动员 chángpǎo yùndòngyuán
　from a distance 从远处 cóng yuǎnchù
　within walking distance 在可以步行去的距离内 zài kěyǐ bùxíng qù de jùlí nèi

distant ADJ 1 远距离的 yuǎnjùlí de, 遥远 yáoyuǎn □ The distant snow-capped mountains looked majestic. 远处的雪山看来十分壮观。Yuǎnchù de xuěshān kànlai shífēn zhuàngguān. 2 疏远的 shūyuǎn de, 冷淡 lěngdàn □ He appeared distant and impersonal even to his children. 他就是对自己的孩子也很疏远、见外。Tā jiù shì duì zìjǐ de háizi yě hěn shūyuǎn, jiànwài.

distaste N 厌恶 yànwù, 反感 fǎngǎn

distasteful ADJ 令人厌恶的 lìng rén yànwù de, 令人反感的 lìng rén fǎngǎn de

distend v 使…膨胀 shǐ…péngzhàng, 使…肿胀 shǐ…zhǒngzhàng

distill v 1 蒸馏 zhēngliú 2 提炼 tíliàn

distillery N 酿酒厂 niàngjiǔchǎng, 酿酒者 niàngjiǔ zhě

distinct ADJ 明显的 míngxiǎn de, 清清楚楚的 qīngqīng chǔchǔ de

distinction N 1 区别 qūbié □ Can you see a distinction between being funny and being silly? 好笑和傻气之间的区别，你能看得出吗? Hǎoxiào hé shǎqi zhījiān de qūbié, nǐ néng kàndechū ma? 2 殊荣 shūróng, 荣誉 róngyù □ He achieved distinction in his research field. 他在研究领域获得了荣誉。Tā zài yánjiū lǐngyù huòdéle róngyù.

distinctive ADJ 与众不同的 yǔ zhòng bùtóng de, 特别的 tèbié de

distinguish v 区别 qūbié, 分别 fēnbié

distinguished ADJ 杰出的 jiéchū de, 卓越的 zhuóyuè de

distort v 1 歪曲 [+事实] wāiqū [+shìshí], 扭曲 niǔqū 2 使 [+形象] 失真 shǐ [xíngxiàng+] shīzhēn

distortion N 1 歪曲 wāiqū, 扭曲 niǔqū 2 变形 biànxíng

distract v 1 使…分心 shǐ…fēnxīn 2 使…心烦意乱 shǐ…xīn fán yì luàn

distracted ADJ 心烦意乱的 xīn fán yì luàn de, 心神不定的 xīnshén búdìng de

distress I N 1 (精神上的) 痛苦 (jīngshén shàng de) tòngkǔ 2 贫困 pínkùn, 困苦 kùnkǔ
　a distress signal 求救信号 qiújiù xìnhào
　II v 使…痛苦 shǐ…tòngkǔ, 使…不安 shǐ…bù'ān

distressed ADJ 极其忧虑的 jíqí yōulǜ de, 十分苦恼的 shífēn kǔnǎo de

distribute v 分配 fēnpèi

distribution N 分配 fēnpèi □ The government is committed to an equal distribution of wealth. 政府承诺要做到财富的平均分配。Zhèngfǔ chéngnuò yào zuòdào cáifù de píngjūn fēnpèi.

distributor N 1 分销商 fēnxiāoshāng 2 配电器 pèidiàn qì

district N 区 qū □ The industrial district is 10 miles east to the city center. 工业区在市中心东面十英里。Gōngyèqū zài shìzhōngxīn dōngmiàn shí yīnglǐ.
　shopping district 购物区 gòuwùqū
　district attorney 地方检察官 dìfang jiǎncháguān
　district court 地方法庭 dìfang fǎtíng

distrust N, v 不信任 bú xìnrèn, 猜疑 cāiyí

disturb v 1 打扰 dǎrǎo, 干扰 gānrǎo
　a "Do Not Disturb" sign "请勿打扰" 的牌子 "qǐngwù dǎrǎo" de páizi
　2 使…焦虑 shǐ…jiāolǜ, 使…烦恼 shǐ…fánnǎo
　mentally disturbed 精神上不正常 jīngshén shàng bùzhèngcháng

disturbance N 1 干扰 [+日常生活] gānrǎo [+rìcháng shēnghuó], 扰乱 rǎoluàn 2 骚乱 [种族+] sāoluàn, 动乱 dòngluàn [zhǒngzú+]

ditch I N 沟渠 gōu qú
　drainage ditch 排水沟 páishuǐ gōu
　II v 1 开沟渠 kāi gōuqú 2 丢弃 diūqì, 抛弃 pāoqì

dither v 犹豫 yóuyù 2 紧张 jǐnzhāng, 慌乱 huāngluàn

ditto N 上同 tóngshàng, 同前 tóngqián
　I say ditto. (Ditto.) 我也一样。Wǒ yěyíyàng. 我也是。Wǒ yěshì.

ditty N 小诗 xiǎo shī

diva N 歌剧女主角 gējù nǚzhǔjué, 女歌唱家 nǚ gēchàngjiā

dive I v (PT **dived, dove**; PP **dived**) 1 跳水 tiàoshuǐ 2 潜水 qiánshuǐ 3 [飞机+] 俯冲 [fēijī+] fǔchōng II N 1 [股票+] 大幅度下降 [gǔpiào+] dàfúdù xiàjiàng 2 [飞机+] 俯冲 [fēijī+] fǔchōng 3 [守门员+] 扑过去 [shǒuményuán+] pūguòqù

dived See dive

diver N 潜水员 qiánshuǐyuán

diverge v 1 [意见+] 出现分歧 [yìjiàn+] chūxiàn fēnqí 2 [道路+] 分岔 [dàolù+] fēnchà, 分开 fēnkāi

divergence N 分歧 fēnqí, 差异 chāyì

divergent ADJ 分歧很大的 fēnqí hěn dà de, 很不相同的 hěn bù xiāngtóng de

diverse ADJ 多样化的 duōyànghuà de, 各种各样的 gèzhǒng gèyàng de

diversify v 多样化 duōyànghuà, 多元化 duōyuánhuà

diversion N 1 消遣 xiāoqiǎn, 娱乐 yúlè 2 转移 zhuǎnyí, 转向 zhuǎnxiàng 3 转移注意力的事物 zhuǎnyí zhùyìlì de shìwù

diversity N 多样性 duōyàngxìng, 多元状态 duōyuán zhuàngtài

divert v 转移 zhuǎnyí, 转向 zhuǎnxiàng

divide v 1 把…分为 bǎ…fēnwéi, 划分 huàfēn □ First grade pupils are divided into four classes. 一年级学生被分为四个班级。Yī niánjí xuésheng bèi fēnwéi sì ge bānjí. 2 除, 除 chú, 除以 chú yǐ □ 16 divided by 2 is 8. 十六除以二等于八。Shíliù chúyǐ èr děngyú bā. 3 分配 fēnpèi

dividend N 股息 gǔxī, 红利 hónglì

divider N 1 [公路+] 中间隔离带 [gōnglù+] zhōngjiān gélídài 2 [档案+] 分隔卡 [dàng'àn+] fēngé kǎ
  dividers 分线规 fēnxiànguī

divine[1] I ADJ 1 上帝的 Shàngdì de, 神圣的 shénshèng de
  divine right 神授之权 shén shòu zhī quán
  2 极好的 jíhǎo de, 极妙的 jí miào de

divine[2] v 发现 fāxiàn, 猜出 cāichū

diving N 潜水 qiánshuǐ
  diving board 跳水板 tiàoshuǐbǎn
  diving suit 潜水服 qiánshuǐ fú

divinity N 1 神性 shénxìng, 神力 shénlì 2 神学 shénxué

divisible ADJ 1 可分的 kě fēn de 2 可除尽的 kě chújìn de

division N 1 分开 fēnkāi, 划分 huàfēn
  division of labor 分工 fēngōng
  2 除, 除法 chúfǎ 3 部门 bùmén 4 (体育) 级 (tǐyù) jí, 级别 jíbié 5 (军队) 师 (jūnduì) shī
  air-borne division 空降师 kōngjiàng shī

divisive ADJ 造成不和的 zàochéng bùhé de, 导致分裂的 dǎozhì fēnliè de

divorce v, N 1 离婚 líhūn
  divorce settlement 离婚协议 líhūn xiéyì
  to file for divorce 提出离婚 tíchū líhūn
  2 分开 fēnkāi, 分离 fēnlí

divorcee N 离婚女子 líhūn nǚzǐ

divulge v 泄露 xièlòu, 透露 tòulù

DIY (= do-it-yourself) ABBREV 自己动手做的 zìjǐ dòngshǒu zuò de

dizzy ADJ 头晕 tóuyūn, 眩晕 xuànyùn

DJ (= disc jockey) ABBREV 电台唱片节目主持人 diàntái chàngpiàn jiémù zhǔchírén, 舞厅唱片播放员 wǔtīng chàngpiàn bōfàng yuán

DNA (= deoxyribonucleic acid) ABBREV 脱氧核糖核酸 tuōyǎng hé táng hé suān

do (PT **did**; PP **done**) v 1 做 zuò, 干 gàn □ "What are you doing?" "Preparing for dinner." "你在做什么?" "准备晚饭。" "Nǐ zài zuò shénme?" "Zhǔnbèi wǎnfàn." □ The child is doing very well in school this year. 这个孩子今年在学校里很不错。Zhè ge háizi jīnnián zài xuéxiàolǐ hěn búcuò. □ He won't do anything to harm you. 他不会做任何伤害你的事。Tā bú huì zuò rènhé shānghài nǐ de shì. □ What have you done with my textbook? 你把我的课本弄到哪儿去了? Nǐ bǎ wǒ de kèběn nòngdao nǎr qù le? 2 行 xíng, 可以 kěyǐ □ "Can we go there on foot?" "No, it won't do." "我们可以走去吗?" "不行。" "Wǒmen kěyǐ zǒu qù ma?" "Bù xíng."
  to do away with ① 摆脱 bǎituō ② 干掉 [+人] gàndiào [+rén], 杀死 shāsǐ
  to do a favor 做好事 zuò hǎoshì, 帮忙 bāngmáng □ Could you do me a favor? 你能帮我一个忙吗? Nǐ néng bāng wǒ yí ge máng ma?
  to do a lot for 有利 yǒulì □ Regular exercise will do a lot for you. 经常运动对你有利。Jīngcháng yùndòng duì nǐ yǒulì.
  to do one's hair/makeup 做头发／化妆 zuò tóufa/huàzhuāng

  to do well by sb 善待某人 shàndài mǒurén
  to do up ① 系上 [+纽扣] jìshang [+niǔkòu], 扣上 kòushang ② 装修 [+房屋] zhuāngxiū [+fángwū]
  to do without 没有…也行 méiyǒu…yěxíng
  to have nothing to do with 与…无关 yǔ…wúguān
  to have something to do with 与…有关 yǔ…yǒuguān

docile ADJ 温顺的 wēnshùn de, 驯服的 xùnfú de

dock I N 1 码头 mǎtou, 船坞 chuánwù 2 (法庭) 被告席 [fǎtíng] bèigàoxí II v 1 进码头 jìn mǎtou 2 扣 [+工资] kòu [+gōngzī]

docket N 1 诉讼摘录 sùsòng zhāilù 2 议事日程 yìshì rìchéng 3 单据 dānjù

doctor I N 1 医生 yīshēng □ You should follow the doctor's advice. 你应该听医生的话。Nǐ yīnggāi tīng yīshēng de huà. 2 博士 bóshì (= Dr.) □ Dr. Ford is in charge of the research project. 福特博士负责这个科研项目。Fútè bóshì fùzé zhège kēyán xiàngmù.
  Doctor of Philosophy (Ph.D.) 博士 bóshì
  II v 1 医治 yīzhì [+伤口] [+shāngkǒu] 2 伪造 [+文件] wěizào [+wénjiàn]

doctrine N 信条 xìntiáo, 主义 zhǔyì

docudrama N 文献影片 wénxiàn yǐngpiàn, 文献片 wénxiànpiàn

document I N 1 文件 wénjiàn □ You should read the document very carefully before signing it. 你要仔细阅读这份文件以后再签字。Nǐ yào zǐxì yuèdú zhè fèn wénjiàn yǐhòu zài qiānzì. 2 (计算机) 文件／文档 (jìsuànjī) wénjiàn/wéndàng
  II v 1 记录 jìlù 2 [事实+] 证明 [shìshí+] zhèngmíng

documentary N 纪录片 jìlùpiàn

documentation N 1 证明文件 zhèngmíng wénjiàn 2 搜集提供证明文件 sōují tígōng zhèngmíng wénjiàn

dodge I v 1 躲开 duǒkāi, 避开 bìkāi II N 1 逃避 táobì 2 托词 tuōcí, 脱身伎俩 tuōshēn jìliǎng

doe N 母鹿 mǔ lù [M. WD 只 zhī/头 tóu], 母兔 mǔ tù [M. WD 只 zhī]

dog I N 1 狗 gǒu [M. WD 只 zhī/条 tiáo] □ The dog is man's best friend. 狗是人类最好的朋友。Gǒu shì rénlèi zuì hǎo de péngyou. 2 低劣的东西 dīliè de dōngxi, 蹩脚货 biéjiǎohuò
  dog-eat-dog 你死我活的 nǐ sǐ wǒ huó de
  dog collar 狗项圈 gǒu xiàngquān
  dog paddle 狗爬式游泳 gǒupáshì yóuyǒng
  dog tag (军人的) 身份牌 (jūnrén de) shēnfen pái
  to be dog-tired 累得要死 lèi deyàosǐ
  II v 追随 zhuīsuí, 跟踪 gēnzōng

dog-eared ADJ (书／文件) 折角的 (shū/wénjiàn) zhéjiǎo de, 卷边的 juǎnbiān de

dogged ADJ 顽强的 wánqiáng de, 不屈不挠的 bùqū bùnáo de

doggone, doggone it INTERJ 该死的 gāisǐ de, 去他妈的 qù tāmāde

doggy, doggie N 狗儿 gǒu ér

doggy bag N 剩菜袋 shèngcàidài

doghouse N 狗窝 gǒuwō

dogma N 教条 jiàotiáo

dogmatic ADJ 自以为是的 zì yǐwéi shì de, 武断的 wǔduàn de

do-gooder N (多管闲事的) 慈善家 (duōguǎn xiánshì de) císhànjiā

dogwood N 狗木树 gǒu mù shù [M. WD 棵 kē]

doing N 做的事 zuò de shì
  to be sb's own doing 自己干的坏事 zìjǐ gàn de huàishì
  to take some doing 得花些功夫 děi huā xiē gōngfu

doldrums N 1 [经济+] 萧条 [jīngjì+] xiāotiáo, 低潮 dīcháo
  in the doldrums [经济+] 处在停滞状态 [jīngjì+] chǔzài tíngzhì zhuàngtài
  2 情绪低落 qíngxù dīluò

dole I v (to dole out) 少量地发放 shǎoliàng de fāfàng II N 救济金 jiùjì jīn
  on the dole 领取救济金 lǐngqǔ jiùjìjīn

doleful ADJ 愁苦的 chóukǔ de, 哀伤的 āishāng de

doll I N 洋娃娃 yángwáwa, 玩偶 wán'ǒu II v (to doll up) 打扮得花枝招展 dǎban dé huāzhī zhāo zhǎn

dollar N 美元 Měiyuán, 元 yuán
  Australian dollar 澳元 Àoyuán
  Hong Kong dollar 港币 Gǎngbì
  Singaporean dollar 新加坡元 Xīnjiāpōyuán

dolphin N 海豚 hǎitún [M. WD 条 tiáo]

domain N 领域 lǐngyù, 领地 lǐngdì

dome N 圆屋顶 yuánwūdǐng, 穹顶 qióngdǐng

domestic ADJ 1 国内的 guónèi de 2 家庭的 jiātíng nèi de

domesticate v 驯养 xùnyǎng

domesticated ADJ 家养的 jiāyǎng de

domesticity N 家庭生活 jiātíng shēnghuó, 天伦之乐 tiānlúnzhīlè

domicile N 住处 zhùchù

dominance N 优势 yōushì, 统治地位 tǒngzhì dìwèi

dominant ADJ 占优势的 zhàn yōushì de, 主要的 zhǔyào de

dominate v 支配 zhīpèi, 主导 zhǔdǎo

domineering ADJ 专横的 zhuānhèng de, 霸道的 bàdào de

dominion N 1 统治 (权) tǒngzhì (quán) 2 自治领 Zìzhìlǐng

domino N 多米诺骨牌 duōmǐnuògǔpái
  dominoes 多米诺骨牌游戏 duōmǐnuògǔpái yóuxì

donate v 捐赠 juānzèng, 赠送 zèngsòng

donation N 捐赠 juānzèng

done I See do II ADJ 1 做好了 zuòhǎo le 2 煮了了 zhǔ hǎole
  It's a done deal. 生米已经煮成熟饭。Shēngmǐ yǐjing zhǔ chéngshú fàn. 木已成舟。Mù yǐ chéng zhōu.

donkey N 驴 (子) lǘ (zi) [M. WD 头 tóu]
  donkey work 单调乏味的苦差事 dāndiào fáwèi de kǔchāishì

donor N 捐赠者 juānzèngzhě, 捐献者 juānxiànzhě

donut N See doughnut

doodad N (什么) 小玩意儿 (shénme) xiǎowányìr

doodle v 乱涂乱写 luàn tú luànxiě

doom I N 1 毁灭 huǐmiè, 失败 shībài 2 (doom and gloom) 一片阴暗 yīpiàn yīn'àn, 绝望 juéwàng II v 注定 [+失败／灭亡] zhùdìng [+shībài/mièwáng]
  to doom to failure 注定失败 zhùdìng shībài

doomsday N 世界末日 shìjiè mòrì

door N 门 mén [M. WD 扇 shàn/道 dào] □ Please open the door. 请开门。Qǐng kāikai mén.
  back/front door 后门／前门 hòumén/qiánmén
  door to door 挨门挨户 āiménāihù □ They sold candy door to door. 他们挨门挨户兜售糖果。Tāmen āiménāihù dōushòu tángguǒ.
  next door 隔壁 gébì □ An old couple lives next door to us. 一对老夫妻住在我们隔壁。Yíduì lǎo fūqī zhù zài wǒmen gébì.

doorbell N 门铃 ménlíng

doorknob N 球形门把手 qiúxíng ménbà shǒu

doorman N 门卫 ménwèi

doormat N 1 蹭鞋垫 cèngxiédiàn [M. WD 块 kuài] 2 任人欺负的人 rènrén qīfu de rén, 逆来顺受的人 nìlái shùnshòu de rén □ Don't be a doormat to your husband/wife! 别听任你的丈夫／妻子欺负你! Bié tīngrèn nǐde zhàngfu/qīzi qīfu nǐ !

doorstep N 门前台阶 mén qián tái jiē

doorway N 出入口 chūrùkǒu

dope I N 1 大麻 dàmá, 毒品 dúpín 2 傻瓜 shǎguā 3 内幕消息 nèimù xiāoxi II v [运动员+] 服用兴奋剂 [yùndòngyuán+] fúyòng xīngfènjì 2 服用麻醉剂 fúyòng mázuìjì

dork N 傻瓜 shǎguā

dorm See dormitory

dormant ADJ 1 休眠的 [+火山] xiūmián de [+huǒshān], 冬眠的 [+灰熊] dōngmián de [+huī xióng] 2 暂时不用的 [+账户] zànshí bùyòng de [+zhànghù]

dormitory N [学生+] 宿舍 [xuésheng+] sùshè

DOS (= Disk Operating System) ABBREV 磁盘操作系统 cípán cāozuò xìtǒng

dosage N (药物的) 剂量 (yàowù de) jìliàng, 服用量 fúyòng liáng
  recommended dosage (医生) 嘱咐的剂量 (yīshēng) zhǔfù de jìliàng

dose I N 1 剂量 jìliàng
  a lethal dose of sedatives 致命的镇静药剂量 zhìmìng de zhènjìngyào jìliàng
  2 一次剂量 yícì jìliàng, 一剂 yí jì
  a dose of antibiotics 一剂抗菌素 yí jì kàngjūnsù
  3 一回 yìhuí, 一点 yìdiǎn
  a dose of reality 一点现实感 yìdiǎn xiànshígǎn
  II v 给 [+病人] 服药 gěi [+bìngrén] fú yào

dossier N 档案 dàng'àn [M. WD 份 fèn/件 jiàn]

dot I N 小点儿 xiǎo diǎnr □ He watched the wild geese until they were mere dots in the distant sky. 他注视着大雁, 直到它们变成远空的小点儿。Tā zhùshìzhe dàyàn, zhídào tāmen biànchéng yuǎn kōng de xiǎo diǎnr. II v 加上点儿 jiāshang diǎnr
  dot the i's and cross the t's 在字母 "i" 上加点儿, 在 "t" 上加横线 zài zìmǔ "i" shang jiādiǎnr, zài "t" shang jiā héngxiàn, 注意细节 zhùyì xìjié □ Don't forget to dot your i's and cross your t's. 别忘了在字母 "i" 上加点儿, 在 "t" 上加横线。Bié wàngle zài zìmǔ "i" shang jiādiǎnr, zài "t" shang jiā héngxiàn. 别忘了注意细节。Bié wàng le zhùyì xìjié.
  dotted line 虚线 xūxiàn

dotage N 衰老 shuāilǎo

dot-com ADJ 与…网上公司有关的 yǔ…wǎngshàng gōngsī yǒuguān de

dote v 溺爱 nì'ài, 宠爱 chǒng'ài

double I ADJ 1 加倍的 jiābèi de □ His income is double what it was three years ago. 他的收入是三年前的两倍。Tā de shōurén shì sān nián qián de liǎng bèi.
  double bass 低音提琴 dīyīntíqín
  double date 两对男女同时约会 liǎng duì nánnǚ tóngshí yuēhui
  double feature 两部电影同时放映 liǎng bù diànyǐng tóngshí fàngyìng
  double vision 叠影 diéyǐng, 复视 fù shì
  double whammy 双重打击 shuāngchóng dǎjī, 祸不单行 huò bù dān xíng
  2 双人的 shuāngrén de, 双重的 shuāngchóng de
  double standard 双重标准 shuāngchóng biāozhǔn II v 加倍 jiābèi □ The school has doubled in enrollments in the past ten years. 在过去十年里, 学校的学生人数加倍了。Zài guòqù shí nián lǐ, xuéxiào de xuésheng rénshù jiābèi le. III N 1 两倍 liǎngbèi, 双份 shuāngfèn 2 替身演员 tìshēnyǎnyuán IV ADV 双倍 shuāng bèi
  to see double 看到叠影 kàndào diéyǐng

double-breasted ADJ 双排钮口的 shuāngpái niǔkǒu de

double-check v 一再检查 yízài jiǎnchá, 复查 fùchá

double-header N 一天连续两场棒球赛 yìtiān liánxù liǎngchǎng bàngqiúsài

double-park v 并排停放 bìngpái tíngfang

double-spaced ADJ 双倍行距的 shuāng bèi hángjù de

double-talk N 含糊其词的话 hánhu qí cí dehuà

doublethink N 相互矛盾的想法 xiānghù máodùn de xiǎngfǎ

double-time I N 双倍工资 shuāng bèi gōngzī II ADV 以加倍的速度 yǐ jiābèi de sùdù, 尽可能快 jìnkěnéng kuài

doubly ADV 加倍地 jiābèi de

doubt I N 怀疑 huáiyí

reasonable doubt 合理疑点 hélǐ yídiǎn

without doubt 毫无疑问 háowú yíwèn

II v 怀疑 huáiyí, 不相信 bù xiāngxìn □ She doubted that he really loved her. 她怀疑他是不是真的爱她。Tā huáiyí tā shìbushì zhēn de ài tā.

doubtful ADJ 大有疑问的 dàyǒu yíwèn de, 不确定的 bú quèdìng de

doubtless ADV 无疑地 wúyí de

dough N 1 生面团 shēngmiàn tuán 2 钱 qián

doughnut, donut N 炸面圈 zhámiànquān, 多福饼 duōfúbǐng

dour ADJ 1 脸色阴郁的 liǎnsè yīnyù de, 毫无笑意的 háowú xiàoyì de 2 严厉的 yánlì de

douse v 1 泼水 pōshuǐ, 浇水 jiāoshuǐ 2 把⋯浸入水中 bǎ...jìnrù shuǐ zhōng 3 灭火 mièhuǒ

dove[1] **I** N 1 鸽子 gēzi [M. WD 只 zhī] 2 鸽派人物 gēpài rénwù

dove[2] v See dive

dowdy ADJ（女子穿着）不时髦的（nǚzǐ chuānzhuó）bùshí máo de, 过时的 guòshíde, 土气的 tǔqìde

down I ADV 下 xià, 下面 xiàmiàn □ The sun goes down as late as 9:00 during the summer. 在夏季太阳要到九点钟才落下。Zài xiàjì tàiyáng yào dào jiǔ diǎnzhōng cái luòxia.

down payment 首期付款 shǒuqī fùkuǎn, 定金 dìngjīn

II PREP 向下 xiàngxià □ He walked down the stairs. 他走下楼梯。Tā zǒuxia lóutī.

III v 1 喝下 [+一大杯啤酒] hēxià [+yí dà bēi píjiǔ], 吞下 [+三个汉堡包] tūnxià [+sānge hànbǎobāo] 2 击败 [+球队] jībài [+qiúduì], 打倒 dǎdǎo

IV N 羽绒 yǔróng, 绒毛 róngmáo

down-and-out ADJ 穷愁潦倒的 qióngchóu liǎodǎo de, 穷困的 qióngkùn de

downcast ADJ 垂头丧气的 chuítóu sàngqì de, 沮丧的 jǔsàng de

downer N 1 令人扫兴的人（或事）lìng rén sǎoxìng de rén（huò shì）2 镇静药 zhènjìngyào

downfall N 垮台 kuǎtái, 破产 pòchǎn

downgrade v 1 降职 jiàng zhí 2 减弱 jiǎnruò, 贬低 biǎndī

downhill I ADV 向山下 xiàng shān xià

to go downhill 走下坡路 zǒu xiàpōlù, 每况愈下 měi kuàng yù xià

II ADJ 下坡的 xiàpō de

to be all downhill 从此一帆风顺 cóngcǐ yìfān fēng shùn

download v 下载 xiàzài □ He is downloading a file from a website. 他正在把一个网页的文件下载下来。Tā zhèngzài bǎ yí ge wǎngyè de wénjiàn xiàzài xiàlai.

downplay v 把⋯看得不重要 bǎ...kàn dé bú zhòngyào

downpour N 倾盆大雨 qīngpén dàyǔ [M. WD 场 cháng]

downright ADV 十足的 shízú de, 完全的 wánquán de

downriver ADV（在）下游（zài）xiàyóu

downside N 不利方面 búlì fāngmiàn

downsize v 精简裁员 jīngjiǎn cáiyuán

downspout N 水落管 shuǐluòguǎn [M. WD 条 tiáo], 排水管 páishuǐguǎn [M. WD 条 tiáo]

Down's syndrome N 唐氏综合征 tángshì zōnghézhēng

downstairs I ADV（在）楼下（zài）lóuxià **II** ADJ 楼下的 lóuxià de

downstate ADJ, ADV [州的+] 南部地区 [zhōu de+] nánbù dìqū

downtime N 停机期间 tíngjī qījiān

down-to-earth ADJ 脚踏实地的 jiǎo tà shídì de, 实实在在的 shíshí zàizài de

downtown I N 市中心 shìzhōngxīn **II** ADJ, ADV 市中心的／地 shìzhōngxīn de

downtrodden ADJ 被践踏的 bèi jiàntà de, 受压迫的 shòuyā pò de

downturn N [经济+] 下滑期 [jīngjì+] xiàhuáqī, 衰退期 shuāituìqī

downward, downwards I ADV 向下 xiàngxià, 朝下 cháoxià **II** ADJ 向下的 xiàngxià de

downwind I ADV（在）下风（zài）xiàfēng **II** ADJ 下风的 xiàfēng de

dowry N 嫁妆 jiàzhuang [M. WD 份 fèn]

doze v 打瞌睡 dǎ kēshuì

to doze off（不知不觉）打盹（bùzhī bùjué）dǎ dǔn

dozen 一打 yì dá, 十二（个）shí'èr（ge）□ How much is a dozen eggs? 一打鸡蛋多少钱? Yì dá jīdàn duōshao qián?

baker's dozen 一打加一个 yì dá jiā yíge, 十三个 shísān ge

dozens of 几十 jǐshí, 好多 hǎoduō □ He read dozens of books before writing his essay. 他看了几十本书以后才写论文。Tā kànle jǐshí běn shū yǐhòu cái xiě lùnwén.

Dr. (= Doctor) ABBREV 博士 bóshì, 医生 yīshēng

drab ADJ 1 单调乏味的 dāndiào fáwèi de 2 暗淡的 àndàn de

draconian ADJ 严厉的 yánlì de, 严酷的 yánkù de

draft I N 1 草案 cǎo'àn

final draft 定稿 dìnggǎo

2 征兵制 zhēngbīngzhì

draft dodger 逃避兵役者 táobì bīngyì zhě

3 选拔（运动员）xuǎnbá（yùndòngyuán）

draft pick 选拔进职业队的运动员 xuǎnbá jìn zhíyè duì de yùndòngyuán

4 冷风 lěngfēng 5 汇票 huìpiào

II v 1 起草 qǐcǎo 2 征召（入伍）zhēngzhāo（rùwǔ）3 选拔 xuǎnbá, 挑选 tiāoxuǎn

draft beer N 散装啤酒 sǎnzhuāng píjiǔ

draftsman, draftwoman N 1 绘图员 huìtú yuán, 制图员 zhìtúyuán 2 法案起草人 fǎ'àn qǐcǎorén

drafty ADJ 透风的 tòufēng de

drag I v 1 拖 tuō, 拉 lā, 拽 zhuài **II** N 1 乏味的人（或事）fáwèi de rén（huò shì）2 累赘 léizhuì

dragon N 龙 lóng [M. WD 条 tiáo]

dragonfly N 蜻蜓 qīngtíng

drag race N 短程汽车赛 duǎnchéng qìchē sài

drain I v 1 排水 páishuǐ 2 使⋯精疲力尽 shǐ...jīngpí lìjìn 3 喝完 hē wán **II** N 1 下水道 xiàshuǐdào [M. WD 条 tiáo], 下水管 xiàshuǐguǎn [M. WD 条 tiáo]

to be a drain on 对⋯消耗很大 duì...xiāohào hěn dà

down the drain 浪费掉 làngfèi diào, 一无收获 yìwú shōuhuò

drainage N 1 排水 páishuǐ 2 排水系统 páishuǐ xìtǒng

drain-board N 滴水板 dīshuǐ bǎn

drained ADJ 精疲力尽的 jīngpí lìjìn de

drama N 戏剧 xìjù

drama class 戏剧课 xìjù kè

drama group 戏剧小组 xìjù xiǎozǔ

dramatic ADJ 1 戏剧的 xìjù de 2 戏剧性的 xìjùxìng de, 惊人的 jīngrén de □ Since the beginning of the year dramatic changes have taken place in the economy. 自从今年年初，经济发生了惊人的变化。Zìcóng jīnnián niánchū, jīngjì fāshēng le jīngrén de biànhuà.

dramatics N 夸张做作的举止 kuāzhāng zuòzuo de jǔzhǐ

dramatist N 剧作家 jùzuòjiā

dramatize v 把⋯改变成戏剧 bǎ...gǎibiànchéng xìjù

drank See drink

drape v 披挂 pīguà, 披盖 pīgài

drapery N 1 厚窗帘 hòu chuānglián [M. WD 块 kuài] 2 打褶的布料 dǎzhě de bùliào

drapes N 厚窗帘 hòu chuānglián [M. WD 块 kuài]

drastic ADJ 激烈的 jīliè de, 严厉的 yánlì de

draw (PT **drew**; PP **drawn**) **I** v 1 画 huà □ The child could draw whatever animal he saw in the zoo. 这个孩子在动物园

里看到什么动物，就能画出来。Zhè ge háizi zài dòngwùyuánlǐ kàndao shénme dòngwù, jiù néng huàchūlai.

to draw a line in the sand 警告 jǐnggào

2 拉 lā, 拔 bá □ She drew open the curtain and sunshine flooded the room. 她拉开窗帘, 阳光洒满房间。Ta lākāi chuānglián, yángguāng sǎ mǎn fángjiān. **3** 吸引 [+注意力] xīyǐn [+zhùyìlì] **4** 领取 [+救济金] lǐngqǔ [+jiùjìjīn] **5** 抽签 chōuqiān

II N **1** 平局 píngjú **2** 抽奖 chōujiǎng **3** 具有吸引力的人（或地方）jùyǒu xīyǐnlì de (huò dìfāng)

drawback N 缺点 quēdiǎn

drawbridge N 吊桥 diàoqiáo [M. WD 座 zuò]

drawer N 抽屉 chōuti

drawing N 铅笔画 qiānbǐhuà [M. WD 幅 fú], 素描 sùmiáo [M. WD 幅 fú]

drawing board 制图板 zhìtúbǎn

drawl I V 拖长声调慢吞吞说 tuōcháng shēngdiào màntūntūn de shuō II N 拖长声调慢吞吞说话 tuōcháng shēngdiào màntūntūn shuōhuà

drawn[1] ADJ 苍白憔悴的 cāngbái qiáocuì de

drawn[2] V See **draw**

drawn-out ADJ 冗长的 rǒngcháng de, 拖长的 tuōcháng de

dread N, V 惧怕 jùpà, 担忧 dānyōu

dreadful ADJ 可怕的 kěpà de, 令人担忧的 lìng rén dānyōu de

dreadlocks N 长发辫 cháng fàbiàn [M. WD 条 tiáo]

dream I N **1** 梦 mèng, 梦境 mèngjìng **2** 梦想 mèngxiǎng, 理想 lǐxiǎng □ Her dream of becoming a Hollywood star finally came true. 她当好莱坞电影明星的梦想终于实现了。Tā dāng Hǎoláiwù diànyǐng míngxīng de mèngxiǎng zhōngyú shíxiàn le.

a dream house 理想的住宅 lǐxiǎng de zhùzhái

a dream come true 梦想成真 mèngxiǎng chéngzhēn

II V (PT & PP **dreamed, dreamt**) 做梦 zuòmèng □ I never dreamed that I would actually study at Harvard. 我做梦都没有想过真的在哈佛大学学习。Wǒ zuòmèng dōu méiyǒu xiǎngguo zhēn de zài Hāfó Dàxué xuéxí.

to dream up 虚构出 xūgòu chū

dreamed, dreamt See **dream**

dreamer N 空想家 kōngxiǎngjiā

dreamy ADJ **1** 如梦的 [+感觉] rú mèng de [+gǎnjué], 梦幻的 mènghuàn de **2** 爱幻想的 [+小女孩] ài huànxiǎng de [+xiǎonǚ hái]

dreary ADJ **1** 乏味的 [+讲座] fáwèi de [+jiǎngzuò] **2** 沉闷的 [+气氛] chénmèn de [+qìfen], 阴沉的 [+天气] yīnchén de [+tiānqì]

dredge V 挖掘 wājué, 疏浚 shūjùn

dredger N 挖掘机 wājuéjī

dregs N 渣滓 zhāzǐ

drench V 使…湿透 shǐ…shītòu

dress I N 女装 nǚzhuāng [M. WD 套 tào], 连衫裙 liánshān-qún [M. WD 件 jiàn] □ She looks gorgeous in that yellow dress. 她穿了那件黄色的连衣裙, 真是美极了! Tā chuānle nà jiàn huángsè de liányīqún, zhēnshi měi jíle. **II** V **1** 穿衣服 chuān yīfú □ She always dresses properly. 她总是穿得很得体。Tā zǒngshì chuānde hěn détǐ.

to dress down ① 穿得比平时随便 chuān dé bǐ píng shí suíbiàn ② 训斥 xùnchì

to dress up 打扮 dǎban

2 包扎 [+伤口] bāozā [+shāngkǒu] **3** 给 [+蔬菜] 加调料 gěi [+ shūcài] jiā tiáoliào

III ADJ **1** 正式场合穿的 zhèngshì chǎnghé chuān de **2** 服装的 fúzhuāng de

dress code 服装要求 fúzhuāng yāoqiú □ The restaurant has a strict dress code. 这家餐厅对顾客的服装有严格的要求。Zhè jiā cāntīng duì gùkè de fúzhuāng yǒu yángé de yāoqiú.

dress rehearsal 彩排 cǎipái

dresser N **1** 梳妆台 shūzhuāngtái **2** 穿着 [+时髦／邋遢] 的人 chuānzhuó [+shímáo/lāta] de rén

dressing N **1** 穿衣 chuān yī **2** 包扎用品 bāozā yòngpǐn, 敷料 fūliào **3** 调料 tiáoliào

dressing gown 晨衣 chén yī

dressing room [剧院+] 化妆室 [jùyuàn+] huàzhuāngshì, [体育场+] 更衣室 [tǐyùchǎng+] gēngyīshì

dressmaker N [女装+] 裁缝 [nǚzhuāng+] cáiféng

dressy ADJ 时髦的 shímáo de, 漂亮的 piàoliang de

drew See **draw**

drib V 滴 dī, 点滴 diǎndī

in dribs and drabs 点点滴滴地 diǎndiǎn dīdīdì de, 零星地 língxīng de

dribble I V **1** 流(口水) liú (kǒushuǐ), 淌(口水) tǎng (kǒushuǐ) **2** 运(球) yùn (qiú)

drift I N **1** 漂流 piāoliú, 流动 liúdòng **2** 雪堆 xuě duī, 沙堆 shā duī II V 漂流 piāoliú, 流动 liúdòng

to drift apart [人和人+] 渐渐疏远 [rén hé rén+] jiànjiàn shūyuǎn

drifter N 漂泊者 piāobózhě, 流浪者 liúlàngzhě

driftwood N 漂流来的木头 piāoliú láide mùtou [M. WD 段 duàn]

drill I N **1** 钻孔机 zuānkǒngjī **2** 操练 cāoliàn **3** 演习 yǎnxí

fire drill 消防演习 xiāofángyǎnxí

II V **1** 钻孔 zuānkǒng **2** 训练 xùnliàn, 操练 cāoliàn

drink I N **1** 饮料 yǐnliào [M. WD 杯 bēi/份 fèn]

cold drink 冷饮 lěngyǐn

2 喝酒 hējiǔ, 酗酒 xùjiǔ

II V (PT **drank**; PP **drunk**) **1** 喝 hē □ I've got to get myself something to drink first. 我得先喝点东西。Wǒ děi xiān hē diǎn dōngxi. **2** 喝酒 hējiǔ, 酗酒 xùjiǔ

drinker N 饮酒者 yǐnjiǔzhě, 酒鬼 jiǔguǐ

drinking fountain N 喷泉式饮水器 pēnquán shì yǐnshuǐqì

drinking problem N 酗酒问题 xùjiǔ wèntí

drip I V 滴 dī, 滴下 dī xià II N **1** 滴 dī, 滴水声 dīshuǐ shēng **2** 静脉滴注器 jìngmài dīzhùqì

drip-feed 静脉滴注 jìngmài dī zhù

drip-dry ADJ 滴干 dī gān

drive I V (PT **drove**; PP **driven**) **1** 驾驶 jiàshǐ, 开车 kāichē □ My father drives a Ford. 我父亲开一辆福特车。Wǒ fùqin kāi yí liàng Fútè chē. □ We're driving down to Los Angeles tomorrow. 我们明天开车去洛杉矶。Wǒmen míngtiān kāichē qù Luòshānjī. **2** 用车送 yòngchē sòng □ Can you drive me home? 可以开车送我回家吗? Kěyǐ kāichē sòng wǒ huíjiā ma? **3** 赶 gǎn, 驱赶 qūgǎn □ Political turmoil drove tourists away from the country. 政治动乱把旅游者赶出了这个国家。(→政治动乱使旅游者不敢来这个国家。) Zhèngzhì dòngluàn bǎ lǚyóuzhě gǎnchūle zhè ge guójiā. (→Zhèngzhì dòngluàn shǐ lǚyóuzhě bù gǎn lái zhè ge guójiā.)

II N **1** 开车 kāichē, 乘车 chéngchē □ The conference center is just a ten minutes drive from here. 会议中心离这里开车只要十分钟。Huìyì zhōngxīn lí zhèlǐ kāichē zhǐ yào shí fēnzhōng.

to drive … crazy/nuts 逼得…发疯 bīdé…fāfēng, 逼得…受不了 bī dé…shòubùliǎo □ Her nitpicking drove me crazy. 她老是挑毛病, 真让我受不了。Tā lǎoshi tiāo máobìng, zhēn ràng wǒ shòubùliǎo.

2 本能要求 běnnéng yāoqiú

sex drive 性本能 xìng běnnéng, 性欲 xìngyù

3 运动 yùndòng

membership drive 发展新会员运动 fāzhǎn xīnhuì yuán yùndòng

4 干劲 gànjìn, 魄力 pòlì **5** (计算机)驱动器 (jìsuànjī) qūdòngqì

drive-in ADJ 免下车的 miǎn xiàchē de

a drive-in restaurant 免下车餐馆 miǎn xiàchē cānguǎn

drivel N 胡说八道 húshuō bādào

driven¹ See **drink**

driven² ADJ 有进取心的 yǒu jìnqǔxín de

driver N 驾驶员 jiàshǐyuán, 司机 sījī □ He is an experienced truck driver. 他是位有经验的卡车驾驶员。Tā shì wèi yǒu jīngyàn de kǎchē jiàshǐyuán.

driver's license 驾驶执照 jiàshǐ zhízhào

driveway N (私人) 车道 (sīrén) chēdào [м. wp 条 tiáo]

drizzle I N 细雨 xìyǔ, 毛毛雨 máomaoyǔ II v 下细雨 xiàxì yǔ, 下毛毛雨 xià máomaoyǔ

droll ADJ 滑稽可笑的 gǔjī kěxiào de, 古里古怪的 gǔ lǐ gǔguài de

drone I v 发出嗡嗡声 fāchū wēngwēngshēng II N 1 嗡嗡声 wēngwēngshēng 2 工蜂 gōngfēng, 雄蜂 xióngfēng 3 无线电遥控设备 wúxiàndiàn yáokòng shèbèi, 无人驾驶飞机 wúrén jiàshǐ fēijī

drool I v 流口水 liú kǒushuǐ II N 口水 kǒushuǐ

droop v 低垂 dīchuí, 下垂 xiàchuí

drop I v 1 落下 luòxià □ The leaves changed color and then dropped. 树叶变色, 然后落下。Shùyè biàn sè, ránhòu luòxià. **2** 下车 xiàchē □ "Where shall I drop you?" "At the bus terminal, please." "我在哪里让你下车?" "公共汽车总站。" "Wǒ zài nǎlǐ ràng nǐ xiàchē?" "Gōnggòng qìchē zǒngzhàn." **3** 下降 xiàjiàng □ The price of electronic gadgets will soon drop. 电子小玩意儿不久要降价。Diànzǐ xiǎowányìr bùjiǔ yào jiàngjià. **4** 无意中/突然说出 wúyìzhōng/tūrán shuōchū

to drop a bomb 突然说出惊人消息 tūrán shuōchū jīngrén xiāoxi

to drop a hint 露口风 lù kǒufēng, 暗示 ànshì

5 将…除名 jiāng…chúmíng, 开除 kāichú

to drop anchor 抛锚 pāomáo

to drop the ball 失手犯错 shīshǒu fàncuò

to drop by/in 顺道拜访 shùndào bàifǎng

to drop dead 突然死亡 huran shiwang

II N 1 水滴 shuǐdī

a drop in the bucket 杯水车薪 bēishuǐ chēxīn

eye/ear/nose drops 眼/耳朵/鼻药水 yǎn/ěrduo/bí yàoshuǐ

2 下降 xiàjiàng □ A drop in profits has caused shareholders a lot of worry. 利润下降, 使股民很担忧。Lìrùn xiàjiàng, shǐ gǔmín hěn dānyōu. **3** 空投 kōng tóu

air drops of relief supplies 空投救济物资 kōng tóu jiùjì wùzī

dropout N 1 中途辍学的人 zhōngtú chuòxué de rén 2 逃避社会者 táobì shèhuìzhě, 遁世者 dùnshìzhě

dropper N 滴管 dīguǎn

droppings N [鸟+] 屎 [niǎo+] shǐ, [动物+] 粪便 [dòngwù+] fènbiàn

drought N 干旱 gānhàn, 旱灾 hànzāi

drove¹ v See **drive**

drove² N 1 一群牲畜 yìqún shēngchù 2 一大群人 yí dà qún rén

drown v 1 淹死 yānsǐ 2 浸泡 jìnpào

drowsy ADJ 昏昏欲睡的 hūnhūn yùshuì de

drudge I N 做繁重无聊工作的人 zuò fánzhòng wúliáo gōngzuò de rén II v 做繁重无聊的工作 zuò fánzhòng wúliáo de gōngzuò

drudgery N 繁重无聊的工作 fánzhòng wúliáo de gōngzuò, 苦工 kǔgōng

drug I N 1 毒品 dúpǐn □ Many schools are confronted with the problem of drug abuse. 很多学校面临吸毒问题。Hěn duō xuéxiào miànlín xīdú wèntí. □ I suspect Tom is on drugs. 我怀疑汤姆在吸毒。Wǒ huáiyí Tāngmǔ zài xīdú.

drug addict 吸毒者 xīdúzhě

drug dealing/trafficking 贩毒 fàndú

Drug Enforcement Administration (美国) 麻醉药物强制管理局 (Měiguó) mázuì yàowù qiángzhì guǎnlíjú

drug rehabilitation 吸毒康复 xīdú kāngfù, 戒毒 jiè dú

hard drugs 剧毒品 jùdúpǐn

to do drugs 吸毒 xīdú

2 药 yào, 药品 yàopǐn

II v 1 (用药) 麻醉 (yòngyào) mázuì 2 投放麻醉药 tóufàng mázuìyào

drugstore N 1 杂货店 záhuòdiàn [м. wp 家 jiā] 2 药店 yàodiàn [м. wp 家 jiā]

drum I N 1 鼓 gǔ [м. wp 面 miàn]

drum major 游行乐队的指挥 yóuxíng yuèduì de zhǐhuī

2 大油桶 dà yóutǒng II v [击+] 鼓 [jī+] gǔ

drummer N 鼓手 gǔshǒu

drumstick N 1 鸡腿 jītuǐ [м. wp 条 tiáo] 2 鼓槌 gǔchuí [м. wp 根 gēn]

drunk v See **drink** II ADJ 喝醉 hēzuì □ He gets drunk almost every Friday night. 他几乎每星期五都喝醉。Tā jīhū měi xīngqīwǔ dōu hēzuì.

drunk driver 酒后驾车的人 jiǔhòu jiàchē de rén

drunk driving, drink driving 酒后驾车 jiǔhòu jiàchē

III N 醉鬼 zuìguǐ, 酒鬼 jiǔguǐ

drunkard N 醉鬼 zuìguǐ, 酒鬼 jiǔguǐ

drunken ADJ 喝醉酒的 hēzuì jiǔ de

dry I ADJ 1 干 gān, 干燥 gānzao □ Most parts of Arizona are hot and dry in the summer. 亚利桑那大部分地区夏季都干燥高温。Yàlìsāngnà dàbùfen dìqū xiàjì dōu gānzào gāowēn.

dry clean 干洗 gānxǐ

dry cleaner 干洗店 gānxǐdiàn

dry goods ① 干货 gānhuò ② 纺织品 fǎngzhīpǐn

2 干 [+葡萄酒] gān [+pútaojiǔ] **3** 乏味的 [+课程] fáwèi de [+kèchéng]

II v 使…变干 shǐ…biàn gān, 晒干 shàigān

dryer, drier N 烘干机 hōnggānjī [м. wp 台 tái]

dual ADJ 双重的 shuāngchóng de

dual nationality 双重国籍 shuāngchóng guójí

dub v 1 给…起绰号 gěi…qǐ chuòhào 2 [给电影+] 配音 [gěi diànyǐng+] pèiyīn

dubious ADJ 可疑的 kěyí de, 不可靠的 bùkěkào de

duchess N 女公爵 nǚgōngjué [м. wp 位 wéi], 公爵夫人 Gōngjué Fūrén [м. wp 位 wéi]

duck I N 1 鸭子 yāzi [м. wp 只 zhī] II v 低下头躲避 [+打过来的球] dīxià tóu duǒbì [+dǎguòlái de qiú], 弯腰躲避 wānyāo duǒbì, 闪开 shǎnkai

duckling N 小鸭子 xiǎo yāzi [м. wp 只 zhī]

duct N 管道 guǎndào [м. wp 条 tiáo/根 gēn]

dud ADJ 废物 fèiwù

dude N 男人 nánrén

dude ranch 度假牧场 dùjià mùchǎng

due I ADJ 1 到期的 dàoqī de □ Your homework is due next Monday. 你们的作业下星期一该交。Nǐmen de zuòyè xià xīngqīyī gāi jiāo.

due date ① 预产期 yùchǎnqī ② 最后期限 zuìhòu qīxiàn

2 应付的 yìngfu de □ The rent is due tomorrow. 明天该付房租。Míngtiān gāi fù fángzū.

due process, due process of law 合法的诉讼程序 héfǎ de sùsòng chéngxù

due to 由于 yóuyú □ Many flights were canceled due to a snowstorm. 由于暴风雪很多航班取消了。Yóuyú bàofēngxuě hěn duō hángbān qǔxiāo le.

II N 应有的权益 yīngyǒu de quányì

dues 会员费 huìyuánfèi

duel N 1 [体育运动+] 激烈的竞争 [tǐyù yùndòng+] jīliè de jìngzhēng 2 唇枪舌剑的争论 chúnqiāng shéjiàn de zhēnglùn

duet N 二重唱 èrchóngchàng, 二重奏 èrchóngzòu

duffel bag N 圆筒旅行袋 yuántǒng lǚxíngdài

dug See **dig**

dugout N 1 [棒球场边底的+] 休息棚 [bàngqiú chǎng biān dǐ de +] xiūxipéng 2 独木舟 dúmùzhōu [M. WD 只 zhī]

duke N 公爵 Gōngjué [M. WD 位 wèi]

dull ADJ 1 沉闷的 [+电影] chénmèn de [+diànyǐng] 2 愚笨 的 [+孩子] yúbèn de [+háizi] 3 钝的 [+刀] dùn de [+dāo] 4 隐隐的 [+疼痛] yǐnyǐn de [+téngtòng]

duly ADV 恰当地 qiàdàng de, 应当地 yīngdāng de

dumb I ADJ 1 愚蠢的 yúchǔn de 2 哑巴的 yǎba de II v 使… 搞得过于简单 bǎ...gǎode guòyú jiǎndān

dumbbell N 哑铃 yǎlíng [M. WD 只 zhī/副 fù]

dumbfound v 使…惊呆 shǐ...jīng dāi

dumbfounded ADJ 惊讶得不知所措 jīngyà dé bù zhī suǒ cuò, 惊讶极了 jīngyà jíle

dummy I N 1 笨蛋 bèndàn 2 人体模型 réntǐ móxíng 3 仿制 样品 fǎngzhì yàngpǐn II ADJ 仿真的 fǎngzhēn de, 假的 jiǎde

dump I v 1 丢掉 [+垃圾] diūdiào [+lājī], 丢弃 [+男朋友] diūqì [+nánpéngyou] 2 倾销 [+商品] qīngxiāo [+shāngpǐn], 倾 倒 qīngdǎo 3 [电脑+] 转存 [+文件] [diànnǎo+] zhuǎncún [+wénjiàn] II N 1 垃圾场 lājī chǎng 2 军需品临时堆放处 jūnxūpǐn línshí duīfàngchù

dumpster N 装垃圾的大铁桶 zhuāng lājī de dà tiětǒng

dump truck N 翻斗车 fāndǒuchē [M. WD 辆 liàng]

dunce N 迟钝的学生 chídùn de xuésheng, 愚笨的人 yúbèn de rén

dune N 沙丘 shāqiū

dung N 牛粪 niúfèn, [动物的+] 粪便 [dòngwù de+] fènbiàn

dungeon N 地牢 dìláo

dunk v 1 把 [+食物] 浸一下 bǎ [+shíwù] jìn yíxià 2 [篮球+] 扣篮 [lánqiú+] kòulán

duo N 两人表演 liǎng rénbiǎo yǎn

dupe I v 欺骗 qīpiàn, 哄骗 hǒngpiàn II N 受骗上当的人 shòupiàn shàngdàng de rén

duplex N 二连式住宅 èrliánshì zhùzhái

duplicate I N 复制品 fùzhìpǐn, 副本 fùběn
duplicate of a key 配制的钥匙 pèizhì de yàoshi
in duplicate 一设两份 yí shè liǎngfèn
II v 复制 fùzhì

duplicity N 欺诈 qīzhà

durable ADJ 耐用的 nàiyòng de

duration N 持续时间 chíxù shíjiān

duress N 胁迫 xiépò, 威逼 wēibī

during PREP 在…期间 zài...qījiān □ He called during my absence and left a message on the phone. 我不在的时候, 他打来电话, 在电话上留了话。Wǒ bùzài de shíhou, tā dǎlái diànhuà, zài diànhuàshang liúle huà.

dusk N 黄昏时分 huánghūn shífēn
from dawn till dusk 从早到晚 cóng zǎo dào wǎn

dust I N 灰尘 huīchén
dust jacket [书+] 护封 [shū+] hùfēng
II v 1 擦去灰尘 cā qù huīchén 2 在…上撒 [+粉状物] zài... shàng sǎ [+fěnzhuàngwù]

duster N 掸子 dǎnzi [M. WD 把 bǎ], 抹布 mābù [M. WD 块 kuài]

dustpan N 簸箕 bòji

dusty ADJ 满是灰尘的 mǎn shì huīchén de □ How can he be healthy, living in such a dusty room? 他住在这么一间满是 灰尘的房间, 身体怎么能好呢? Tā zhù zài zhème yì jiān mǎn shì huīchén de fángjiān, shēntǐ zěnme néng hǎo ne?

Dutch I N 1 荷兰语 Hélányǔ 2 荷兰人 Hélánrén II ADJ 荷兰 的 hélán de
to go Dutch 各付各的帐 gè fù gè de zhàng, 平摊费用 píng tān fèiyòng

dutiful ADJ 尽职的 jìnzhí de, 顺从的 shùncóng de

duty N 1 责任 zérèn, 义务 yìwù
sense of duty 责任感 zérèngǎn
garbage duty (日常) 倒垃圾的工作 (rìcháng) dào lájí de gōngzuò
2 税 shuì
customs duty 关税 guānshuì

duty-free ADJ 免税 miǎnshuì

DVD (= digital video disk) ABBREV 数字视频光盘, shùzì shìpín guāngpán, DVD

dwarf I N 小矮人 xiǎo'ǎirén, 侏儒 zhūrú II v 使…显得微小 shǐ...xiǎnde wēixiǎo

dwell (PT & PP **dwelled**, **dwelt**) v 居住 jūzhù
to dwell on (sth) 老是想到 lǎoshi xiǎngdào, 说个没完 shuō gè méiwán

dwelled, dwelt See **dwell**

dweller N 居住在…的人 / 动物 jūzhù zài...de rén/dòngwù

dwindle v 越来越少 yuèláiyuè shǎo, 越来越小 yuèláiyuè xiǎo

dye I N 染料 rǎnliào II v 染 rǎn □ This time Lily is going to dye her hair pink. 莉莉这次要把头发染成粉红色的。Lìlì zhècì yào bǎ tóufa rǎnchéng fěnhóngsè de.

dyed-in-the-wool ADJ 根深蒂固的 gēnshēn dìgù de, 十足 的 shízú de

dynamic ADJ 精力充沛的 jīnglì chōngpèi de, 生气勃勃的 shēngqì bóbó de

dynamics N 动力学 dònglìxué, 力学 lìxué

dynamism N 动力 dònglì, 活力 huólì

dynamite I N 炸药 zhàyào II v (用炸药) 炸毁 (yòng zhàyào) zhàhuǐ

dynamo N 1 直流发电机 zhíliú fādiànjī 2 精力充沛的人 jīnglì chōngpèi de rén 3 强大的动力 qiángdà de dònglì

dynasty N 朝代 cháodài, 王朝 wángcháo

dysentery N 痢疾 lìji

dysfunctional ADJ 1 违法正常规范的 wéifǎ zhèngcháng guīfàn de 2 有功能障碍的 yǒu gōngnéng zhàng'ài de

dyslexia N 诵读困难症 sòngdú kùnnan zhēng, 诵读困难 sòngdú kùnnan

E, e

each I ADJ 各个 gè gè, 每 měi □ He initialed each page of the document. 他在文件每一页上都签了姓名首字母。Tā zài wénjiàn měi yí yèshang dōu qiānle xìngmíng shǒu zìmǔ.
II PRON 各个 gè gè, 每 měi □ The old man left each of his children a sum of money. 老人给子女各留了一笔钱。Lǎorén gěi zǐnǚ gè liúle yì bǐ qián.
each other 彼此 bǐcǐ, 互相 hùxiāng □ Husbands and wives should respect and care for each other. 丈夫和妻子应该相互 尊敬、相互爱护。Zhàngfu hé qīzi yīnggāi xiānghù zūnjìng, xiānghù àihù.

eager ADJ 热切 rèqiè, 热衷 rèzhōng □ Children are often eager to show what they can do. 小孩子常常热切地想显示 自己的能力。Xiǎoháizi chángcháng rèqiède xiǎng xiǎnshì zìjǐ de nénglì.

eagle N 鹰 yīng [M. WD 只 zhī], 老鹰 lǎoyīng [M. WD 只 zhī]

eagle-eyed ADJ 目光锐利的 mùguāng ruìlì de

ear¹ N 1 耳 ěr, 耳朵 ěrduo 2 听觉 tīngjué, 听力 tīnglì
to be all ears 全神贯注地听 quánshén guànzhù de tīng
to be out on one's ears 被迫离开 bèipò líkāi
to go in one ear and out the other 一只耳朵进, 一只耳朵 出 yì zhī ěrduo jìn, yì zhī ěrduǒ chū, 只当耳边风 zhǐdàng ěrbiānfēng
to have a good ear for languages 语言听力的能力很强 yǔyán tīnglì de nénglì hěn qiáng

ear² N [麦+] 穗 [mài+] suì

eardrum N 耳膜 ěrmó

earlobe N 耳垂 ěrchuí

early I ADJ 1 很早的 hěn zǎo de □ This man must be in his early 30s. 这个人一定是三十岁到三十五岁之间。Zhè ge rén yídìng shì sānshí suì dào sānshíwǔ suì zhījiān.
  The early bird catches the worm. 早起的鸟儿吃到虫。(→捷足先登。) Zǎoqǐ de niǎor chīdao chóng. (→ Jiézú xiāndēng.)
  2 初期 chūqī □ It is still quite cold in early spring. 早春时节还挺冷。Zǎochūn shíjié hái tǐng lěng.
  II ADV 1 早 zǎo □ He has to get up early in the morning every weekday. 每一个工作日, 他都得在清晨起床。Měi yí ge gōngzuò rì, tā dōu děi zài qīngchén qǐchuáng. □ I went to the appointment ten minutes early. 我早了十分钟赴约。Wǒ zǎole shí fēnzhōng fùyuē. 2 早期 zǎoqī, 初期 chūqī □ He had a very hard time early in life. 他早期生活很艰苦。Tā zǎoqī shēnghuó hěn jiānkǔ.

earmark I v 指定…作为专门款项 zhǐdìng…zuòwéi zhuānmén kuǎnxiàng II N 特征 tèzhēng, 标记 biāojì

earmuff N 耳套 ěrtào [M. WD 副 fù]

earn v 1 挣钱 zhèngqián, 赚钱 zhuànqián □ The boy earned 1,000 dollars during the summer doing odd jobs. 男孩在夏天打零工, 挣了一千块钱。Nánhái zài xiàtiān dǎ línggōng, zhèngle yì qiān kuài qián. □ The restaurant hardly earned any money last week. 饭店上星期几乎没有赚到钱。Fàndiàn shàng xīngqī jīhū méiyǒu zhuàndao qián.
  earned income 劳动收入 láodòng shōurù, 工资 gōngzī
  to earn a living 谋生 móushēng
  to earn one's keep 做工换取食宿 zuògōng huànqǔ shísù
  2 获得 huòdé, 赢得 yíngdé

earnest I ADJ 认真的 rènzhēn de II N 严肃认真 yánsù rènzhēn
  in earnest 认真地 rènzhēn de

earnings N 工资 gōngzī, 薪水 xīnshui

earphones N 耳机 ěrjī [M. WD 副 fù]

earplugs N 耳塞 ěrsāi

earring N 耳环 ěrhuán [M. WD 副 fù]

earshot N 可听见的距离 kě tīngjiàn de jùlí
  within earshot 在听得到的范围 zài tīngdé dào de fànwéi
  out of earshot 在听不到的范围 zài tīngbùdào de fànwéi

earsplitting ADJ 震耳欲聋的 zhèn ěr yù lóng de

earth N 1 地球 dìqiú □ We have only one Earth. 我们只有一个地球。Wǒmen zhǐyǒu yí ge dìqiú. 2 泥土 nítǔ □ First fill the pot with some loose earth. 先在花盆里放一些泥土。Xiān zài huā pén lǐ fàng yìxiē nítǔ.
  what on earth 到底 dàodǐ, 究竟 jiūjìng □ Why on earth did he drink and drive? 他到底为什么要酒后驾车? Tā dàodǐ wèishénme yào jiǔhòu jiàchē?
  3 世界 shìjiè 4 大地 dàdì, 地面 dìmian
  to come down to earth 回到现实 huídào xiànshí

earthly ADJ 世俗的 shìsú de, 尘世的 chénshì de
  no earthly reason 毫无理由 háowú lǐyóu

earthquake N 地震 dìzhèn

earth-shattering ADJ 惊天动地的 jīngtiān dòngdì de

earthworm N 蚯蚓 qiūyǐn [M. WD 条 tiáo]

earthy ADJ 1 自然的 zìrán de, 朴实的 pǔshí de 2 泥土的 nítǔ de

ease I N 1 (工作) 容易 (gōngzuò) róngyì
  ease of use 使用方便 shǐyòng fāngbiàn
  2 (生活) 安逸 (shēnghuó) ānyì, 舒适 shūshì
  at ease 无拘无束 wújū wúshù, 轻松自在 qīngsōng zìzai
  ill at ease 不自在 bú zìzai
  3 (军事口令) 稍息 (jūnshì kǒulìng) shāoxī
  II v 减轻 [+工作负担] jiǎnqīng [+gōngzuò fùdān], 缓和 [+紧张局势] huǎnhé [+jǐnzhāng júshì]

easel N 画架 huàjià

easily ADV 1 容易地 róngyì de, 不费力地 bú fèilì de □ I can easily cook another dinner. 我可以很容易再做个菜。Wǒ kěyǐ hěn róngyì de zài zuò ge cài. 2 明显地 míngxiǎn de, 没有疑问 méiyǒu yíwèn

east I N 东 dōng, 东面 dōngmiàn □ Which way is east? 那一面是东? Nǎ yí miàn shì dōng?
  II ADJ 东 dōng, 东面 dōngmiàn □ A hurricane will strike the east coast tomorrow. 飓风将在明天袭击东海岸。Jùfēng jiāng zài míngtiān xíjí dōng hǎi'àn.
  III ADV 朝东 cháodōng, 向东 xiàngdōng
  the East 东方 dōngfāng
  the Middle East 中东 Zhōngdōng

eastbound ADJ 向东的 xiàng dōng de

Easter N 复活节 Fùhuójié
  Easter Bunny 复活节兔子 Fùhuójié tùzi
  Easter egg 复活节彩蛋 Fùhuójié cǎidàn

eastern ADJ 东面的 dōngmiànde, 东方的 dōngfāngde
  Eastern Europe 东欧 Dōng'ōu

easternmost ADJ 最东面的 zuì dōngmiàn de

eastward ADJ 朝东面的 cháo dōngmiàn de

easy ADJ 1 容易 róngyì □ She is not easy to get along with. 她不容易相处。Tā bù róngyì xiāngchǔ.
  Easier said than done. 说说容易做起来难。Shuōshuo róngyì zuòqǐlái nán.
  to take it easy 别着急, 慢慢来 Bié zháojí, mànmàn lái.
  easy money 很容易赚的钱 hěn róngyì zhuàn de qián, 来得容易的钱 láide róngyì de qián
  2 轻松的 qīngsōng de, 方便的 fāngbiàn de
  I'm easy. 我随便。Wǒ suíbiàn. 都可以。Dōu kěyǐ.
  easy listening 休闲音乐 xiūxián yīnyuè
  II ADV 放松 fàngsōng

easygoing ADJ 随和的 suíhe de, 心平气和的 xīnpíngqìhé de

eat (PT **ate**; PP **eaten**) v 吃 chī, 吃饭 chīfàn □ I haven't eaten lunch yet. 我还没有吃中饭。Wǒ hái méiyǒu chī zhōngfàn. □ Eat up your broccoli, George! 乔治, 把花椰菜吃完! Qiáozhì, bǎ huāyēcài chī wán!
  eating disorder 饮食失调症 yǐnshí shītiáo zhēng
  to eat one's heart out 嫉妒 jìdu, 难过 nánguò
  to eat one's word 承认说错了话 chéngrèn shuōcuò le huà

eaten See eat

eaves N 屋檐 wūyán

eavesdrop v 偷听 tōutīng, 窃听 qiètīng

ebb I N 退潮 tuìcháo
  ebb and flow 起伏 qǐfú, 涨落 zhǎngluò
  to be at a low ebb 处于低潮 chǔyú dīcháo
  II v 退潮 tuìcháo
  to ebb away 衰退 shuāituì, 逐渐减少 zhújiàn jiǎnshǎo

ebony I N 乌木 wūmù, 黑檀 hēitán II ADJ 乌黑的 wūhēi de

e-book N 电子书 (籍) diànzǐ shū (jí)

ebullience N 欣喜 xīnxǐ

ebullient ADJ 兴高采烈的 xìnggāo cǎiliè de

e-business N 电子商务 diànzǐ shāngwù

eccentric I ADJ 怪诞的 guàidàn de II N 怪诞的人 guàidàn de rén, 怪人 guàirén

eccentricity N 怪诞 guàidàn

echo I N 1 回声 huíshēng, 回音 huíyīn 2 (意见／感情的) 共鸣 (yìjiàn/gǎnqíng de) gòngmíng II v 1 发出回声 fāchū huíshēng, 回响 huíxiǎng 2 附和 fùhè, 重复 chóngfù

éclair N 巧克力酥卷 qiǎokèlì sūjuǎn

eclipse I N 日食 rìshí, 月食 yuèshí II v 1 遮蔽 [+日光或月光] zhēbì [+rìguāng huò yuèguāng] 2 胜过 shèngguò

ecological ADJ 生态的 shēngtài de

ecologist N 生态学家 shēngtàixuéjiā

ecology N 生态 (学) shēngtài (xué)

e-commerce N 电子商务 diànzǐ shāngwù, 电子商业 diànzǐ shāngyè

economic ADJ 经济的 jīngjì de □ This region enjoyed good economic growth last year. 这个地区去年经济增长良好。Zhè ge dìqū qùnián jīngjì zēngzhǎng liánghǎo.

economical ADJ 节省的 jiéshěng de, 节俭的 jiéjiǎn de

economics N 1 经济学 jīngjìxué 2 经济意义 jīngjì yìyì, 经济因素 jīngjì yīnsù

economist N 经济学家 jīngjìxuéjiā

economize V 节省 jiéshěng

economy I N 1 经济 jīngjì □ This policy will weaken the economy. 这个政策会削弱经济。Zhè ge zhèngcè huì xiāoruò jīngjì. market economy 市场经济 shìchǎng jīngjì service-based economy 以服务行业为基础的经济 yǐ fúwù hángyè wéi jīchǔ de jīngjì
2 节省 jiéshěng, 节约 jiéyuē □ It is not good economy to buy shoddy goods. 买劣质商品不是省钱的好办法。Mǎi lièzhì shāngpǐn bú shì shěngqián de hǎo bànfǎ.
II ADJ 便宜的 piányi de, 经济的 jīngjì de
economy class 经济舱 jīngjìcāng
economy pack 经济包 jīngjìbāo

ecosystem N 生态系统 shēngtài xìtǒng

ecstasy N 1 狂喜 kuángxǐ 2 摇头丸 yáotóuwán

ecumenical ADJ 支持基督教各教派大联合的 zhīchí Jīdūjiào gè jiàopài dà liánhé de

eczema N 湿疹 shīzhěn

eddy I N 漩涡 xuánwō II V 起漩涡 qǐ xuánwō

edge I N 1 边 biān, 边缘 biānyuán 2 优势 yōushì, 竞争力 jìngzhēnglì
to gain a competitive edge 获得竞争优势 huòdé jìngzhēng yōushì
II V 1 加边 jiā biān 2 慢慢移动 mànmàn yídòng 3 渐渐发展 jiànjiàn fāzhǎn

edgewise ADV 侧着 cèzhe, 斜着 xiézhe

edgy ADJ 紧张不安的 jǐnzhāng bù'ān de

edible ADJ 可以食用的 kěyǐ shíyòng de

edict N 法令 fǎlìng [M. WD 条 tiáo]

edification N 启示 qǐshì

edifice N 宏伟的建筑物 hóngwěi de jiànzhùwù [M. WD 幢 zhuàng], 大楼 dàlóu [M. WD 幢 zhuàng]

edify V 教海 jiàohuì, 开导 kāidǎo

edit V 编辑 biānjí

edition N 1 版本 bǎnběn 2 一集 yì jí, 一期 yìqī
first edition (of a book) （一本书的）第一版 (yì běn shū de) dìyībǎn

editor N 编辑 biānjí □ Many readers wrote to the editor to criticize the newspaper. 很多读者写信给编辑，批评报纸。Hěn duō dúzhě xiě xìn gěi biānjí, pīpíng bàozhǐ.

editorial N 社论 shèlùn [M. WD 篇 piān]

educate V 教育 jiàoyù, 训练 xùnliàn □ He was educated to practice medicine. 他受到医学教育。Tā shòudao yīxué jiàoyù.

educated ADJ 受过教育的 shòuguo jiàoyù de, 有知识的 yǒu zhīshi de □ She is an highly intelligent and well-educated young woman. 她是一位智力很高、受过良好教育的年轻女子。Tā shì yí wèi zhìlì hěn gāo, shòuguo liánghǎo jiàoyù de niánqīng nǚzǐ.

education N 教育 jiàoyù □ The community college is offering free computer education to the elderly. 社区学院为老年人开设免费的计算机课程。Shèqū xuéyuàn wèi lǎoniánrén kāishè miǎnfèi de jìsuànjī kèchéng.

educational ADJ 教育的 jiàoyù de, 有教育意义的 yǒu jiàoyù yìyì de □ This is an educational, commercial-free channel. 这是没有商业广告的教育频道。Zhè shì méiyǒu shāngyè guǎnggào de jiàoyù píndào.

edutainment N 教育娱乐电影／电视节目／电脑软件 jiàoyù yúlè diànyǐng/diànshì jiémù/diànnǎo ruǎnjiàn

eel N 鳗 mán [M. WD 条 tiáo], 鳗鱼 mányú [M. WD 条 tiáo]

eerie ADJ 怪异而恐怖的 guàiyì ér kǒngbù de

effect I N 效果 xiàoguǒ, 作用 zuòyòng □ Did the medicine have any effect? 那个药有效果吗？Nà ge yào yǒu xiàoguǒ ma? □ Physical exercise has brought about a marked effect on his health. 体育锻炼给他的健康带来明显效果。Tǐyù duànliàn gěi tā de jiànkāng dàilai míngxiǎn xiàoguǒ.
side effect （药品的）副作用 (yàopǐn de) fùzuòyòng
special effects （电影）特技 (diànyǐng) tèjì
to come into effect 生效 shēngxiào
II V 引起 yǐnqǐ, 造成 zàochéng
to effect immediate change 立即引起变化 lìjí yǐnqǐ biànhuà

effective ADJ 有效的 yǒuxiào de □ So far, the medicine has not been effective. 到目前为止，这种药还没有效。Dào mùqián wéizhǐ, zhè zhǒng yào hái méiyǒu xiào.
to be/become effective 生效 shēngxiào □ The new law will become effective on April 1st. 新法律将在四月一日生效。Xīn fǎlǜ jiāng zài sìyuè yí rì shēngxiào.

effects N 私人物品 sīrén wùpǐn [M. WD 件 jiàn]

effeminate ADJ 女人气的 nǚrénqì de, 娘娘腔的 niángniángqiāng de

effervescent ADJ 冒气泡的 mào qìpào de

efficiency N 效率 xiàolǜ

efficient ADJ 高效率的 gāoxiàolǜ de

effigy N 模拟像 mónǐ xiàng

effluent N 污水 wūshuǐ, 废液 fèiyè

effort N 1 努力 nǔlì, 气力 qìlì □ It takes considerable effort to learn a language. 学一种语言要花相当的气力。Xué yì zhǒng yǔyán yào huā xiāngdāng de qìlì. 2 费力 fèilì, 痛苦的事 tòngkǔ de shì □ For him, every step was an effort. 对他来说，每走一步都很费力。Duì tā láishuō, měi zǒu yíbù dōu hěn fèilì.

effortless ADJ 不费力的 bú fèilì de

effusive ADJ （过于）热情的 (guòyú) rèqíng de, 热情奔放的 rèqíng bēnfàng de

EFL (= English as a Foreign Language) ABBREV 作为外语的英语（教学）zuòwéi wàiyǔ de Yīngyǔ (jiàoxué)

e.g. (= for example) ABBREV 例如 lìrú

egg I N 1 蛋 dàn, 鸡蛋 jīdàn □ She cracked two eggs into the soup. 她打了两个鸡蛋放在汤里。Tā dǎle liǎng ge jīdàn fàng zài tāng lǐ. 2 卵 luǎn
egg cell 卵细胞 luǎnxìbāo
II V 怂恿 sǒngyǒng, 鼓动 gǔdòng

egghead N 学究 xuéjiū, 学问家 xuéwèn jiā

eggplant N 茄子 qiézi

eggshell N 蛋壳 dànké

ego N 自我 zìwǒ
an ego trip 自我表现的行为 zìwǒ biǎoxiàn de xíngwéi
to have a big ego 自以为很了不起 zì yǐwéi hěn liǎobuqǐ

egoism See **egotism**

egotism N 自我主义 zìwǒ zhǔyì

egotistical ADJ 自高自大的 zìgāo zìdà de, 自负的 zìfù de

egregious ADJ 极坏的 jí huài de, 令人震惊的 lìng rén zhènjīng de

eight NUM 八 bā, 8

eighteen NUM 十八 shíbā, 18

eighteenth NUM 第十八 dì shíbā

eighth NUM 第八 dì bā

either I ADJ (of two) 任何一个 rènhé yí ge, 两个都 liǎng ge dōu □ The defendant stood in the court with a policeman on either side. 被告站在法庭，两边各有一名警察。Bèigào zhàn zài fǎtíng, liǎngbiān gè yǒu yì míng jǐngchá.
II PRON (of two) 任何一个 rènhé yí ge □ You can write on either of the topics. 你可以在两个题目中写任何一个。Nǐ kěyǐ zài liǎng ge tímù zhōng xiě rènhé yí ge.

III ADV 也（不）yě (bù) □ I don't know either. 我也不知道。Wǒ yě bù zhīdào.

either ... or ... …或者…...huòzhě..., 不是…就是… bú shi…jiùshì… □ You can go there either by train or by coach. 你可以乘火车，或者长途汽车去那里。Nǐ kěyǐ chéng huǒchē, huòzhě chángtú qìchē qù nàlǐ.

ejaculate v 射精 shèjīng

eject v 弹出 dàn chū, 推出 tuīchū

eke v (to eke out) 勉强维持（生计）miǎnqiǎng wéichí (shēngjì)

elaborate I ADJ 精心制作的 jīngxīn zhìzuò de, 精心设计的 jīngxīn shèjì de **II** v 详细说明 xiángxì shuōmíng

elapse v (时间)过去 (shíjiān) guòqù, 流逝 liúshì

elastic I ADJ **1** 有弹性的 yǒu tánxìng de **2** 有伸缩性的 [+计划] yǒu shēnsuōxìng de [+jìhuà] **II** N 橡皮圈 xiàngpíquān, 松紧带 sōngjǐndài

elasticity N 弹性 tánxìng

elated ADJ 欣喜的 xīnxǐ de

elation N 欣喜 xīnxǐ

elbow I N **1** 肘 zhǒu, 肘部 zhǒu bù **2** 衣服的肘部 yīfu de zhǒu bù **II** v 用肘挤开 yòng zhǒu jǐ kāi

elder I ADJ 年长的 niánzhǎng de
elder brother 哥哥 gēge
elder sister 姐姐 jiějie
II N 长者 zhǎngzhě, 长辈 zhǎngbèi

elderly ADJ 老年的 lǎonián de, 上了年纪的 shàngle niánjì de
elderly man/gentleman 老先生 lǎoxiānsheng
elderly woman/lady 老太太 lǎotàitai

elect I v **1** 选举 [+国会议员] xuǎnxiǔkè [M. WD 门 mén] □ He was elected senator of California last year. 他去年被选为加利福尼亚州的参议院议员。Tā qùnián bèi xuǎn wéi Jiālìfúníyà zhōu de cānyìyuàn yìyuán.
president-elect 当选总统 dāngxuǎn zǒngtǒng
2 选择 xuǎnzé
II ADJ 当选了的 dāngxuǎnle de
governer-elect 当选州长 dāngxuǎn zhōuzhǎng, 候任州长 hòurèn zhōuzhǎng

election N 选举 xuǎnjǔ □ It was the first time a free and fair election was held in that country. 这是这个国家第一次举行自由而公正的选举。Zhè shì zhè ge guójiā dì yī cì jǔxíng zìyóu ér gōngzhèng de xuǎnjǔ.

elective I N 选修课 xuǎnxiǔkè [M. WD 门 mén] **II** ADJ **1** 选举产生的 [+代表] xuǎnjǔ chǎnshēng de [+dàibiǎo] **2** 选择性的 [+治疗] xuǎnzéxìng de [+zhìliáo], 非必需的 [+课程] fēi bìxū de [+kèchéng]

electoral ADJ 与选举有关的 yǔ xuǎnjǔ yǒuguān de
electoral college 总统选举团 zǒngtǒng xuǎnjǔ tuán

electorate N 全体选民 quántǐ xuǎnmín

electric ADJ **1** 电的 diàn de, 电器的 diànqì de □ It is safer to use an electric heater than a gas heater. 使用电取暖器比煤气取暖器安全。Shǐyòng diàn qǔnuǎnqì bǐ méiqì qǔnuǎnqì ānquán.
electric chair 电椅 diànyǐ
2 激动人心的 jīdòng rénxīn de

electrical ADJ 电的 diàn de, 电力的 diànlì de

electrician N 电工 diàngōng

electricity N **1** 电 diàn □ The nuclear power plant provides electricity for about 100,000 homes. 这座核发电站向大约十万户住宅提供用电。Zhè zuò héfādiànzhàn xiàng dàyuē shí wàn hù zhùzhái tígòng yòngdiàn. **2** 极其激动的情绪 jíqí jīdòng de qíngxù, 激情 jīqíng

electrify v **1** 使 [+铁路系统] 电气化 shǐ [+tiělù xìtǒng] diànqìhuà, 供电 gōngdiàn **2** 使 [+听众] 万分激动 shǐ [+tīngzhòng] wànfēn jīdòng

electrocute v **1** 触电身亡 chùdiàn shēnwáng **2** 用电刑处死 yòng diànxíng chǔsǐ

electrode N 电极 diànjí

electrolysis N 电蚀除去毛发 diànshí chúqù máofà

electron N 电子 diànzǐ

electronic ADJ 电子的 diànzǐ de, 用电子操作的 yòng diànzǐ cāozuò de
electronic funds transfer 电子资金转账 diànzǐ zījīn zhuǎnzhàng

electronics N **1** [学习+] 电子学 [xuéxí+] diànzǐxué **2** [发展+] 电子工业 [fāzhǎn+] diànzǐ gōngyè **3** [购买+] 电子设备 [gòumǎi+] diànzǐ shèbèi

elegance N 优雅 yōuyǎ, 高雅 gāoyǎ

elegant ADJ 优雅的 yōuyǎ de, 高雅的 gāoyǎ de

elegy N 挽歌 wǎngē [M. WD 首 shǒu/曲 qū], 哀歌 āigē

element N **1** 元素 yuánsù [M. WD 种 zhǒng] □ This tonic contains some rare elements essential to good health. 这种营养剂含有人体健康必需的稀有元素。Zhè zhǒng yíngyǎng jì hányǒu réntǐ jiànkāng bìxū de xīyǒu yuánsù. **2** 因素 yīnsù, 成份 chéngfèn □ There was an element of jealousy in her criticism. 她的批评中有妒嫉的成分。Tā de pīpíng zhōng yǒu dùjì de chéngfèn.
to be in one's element 适得其所 shì dé qí suǒ
the elements 恶劣天气 èliè tiānqì

elemental ADJ 最基本的 zuì jīběn de

elementary ADJ **1** 初级的 chūjí de
elementary school 小学 xiǎoxué
2 基本的 jīběn de
an elementary right 基本的权利 jīběn de quánlì

elephant N 象 xiàng [M. WD 头 tóu], 大象 dàxiàng [M. WD 头 tóu] □ African elephants are bigger than Asian elephants. 非洲象比亚洲象大。Fēizhōu xiàng bǐ Yàzhōu xiàng dà.

elevate v 使…上升 shǐ…shàngshēng, 提升 tíshēng

elevated ADJ **1** 高出地面的 gāochū dìmiàn de
an elevated highway 高架公路 gāojià gōnglù
2 偏高的 piāngāo de

elevator N 电梯 diàntī [M. WD 部 bù], 升降机 shēngjiàngjī [M. WD 部 bù]

eleven NUM 十一 shíyī, 11

eleventh NUM 第十一 dì shíyī
at the eleventh hour 最后一刻 zuìhòu yíkè

elf N 小精灵 xiǎojīnglíng

elicit v 引出 yǐnchū, 套出 tàochū
to elicit a response 得到回应 dédào huíyìng

eligible ADJ 有资格的 yǒu zīgé de **2** 合适的 [+婚姻对象] héshì de [+hūnyīn duìxiàng]

eliminate v **1** 消除 [+分歧] xiāochú [+fēnqí], 消灭 xiāomiè **2** 淘汰 [+选手] táotài [+xuǎnshǒu]

elite I N 精英 jīngyīng **II** ADJ 精锐的 jīngruì de, 杰出的 jiéchū de
elite troops 精锐部队 jīngruì bùduì

elitism N 精英主义 jīngyīng zhǔyì

elitist ADJ 精英的 jīngyīng de

elixir N 灵丹妙药 língdān miàoyào

elk N 驼鹿 tuólù [M. WD 头 tóu], 麋 mí [M. WD 头 tóu]

ellipse N 椭圆 tuǒyuán

ellipsis N **1** 省略 shěnglüè **2** 省略号 shěnglüèhào (…)

elliptical ADJ 椭圆的 tuǒyuán de

elm N 榆树 yúshù [M. WD 棵 kē]

elongate v 使…变得瘦长 shǐ…biàn de shòucháng, 拉长 lācháng

elongated ADJ 瘦长的 shòucháng de

elope v 私奔 sībēn

eloquence N 雄辩 xióngbiàn, 好口才 hǎo kǒucái

eloquent ADJ 雄辩的 xióngbiàn de, 口才极好的 kǒucái jíhǎo de

else ADV 别的 biéde, 其他的 qítā de □ Ask somebody else to help you. 请别人帮你忙吧。Qǐng biérén bāng nǐ máng ba.

elsewhere ADV 别的地方 biéde dìfang, 其他地方 qítā dìfang

□ Sorry, we don't have this brand. Please look elsewhere. 对不起, 我们没有这种牌子。请上别的地方看看。Duìbuqǐ, wǒmen méiyǒu zhè zhǒng páizi。Qǐng shàng biéde dìfang kànkan。

elucidate v 阐明 chǎnmíng, 解释清楚 jiěshì qīngchu

elude v 逃避 táobì, 躲避 duǒbì

elusive ADJ **1** 很难捕捉的 [+猎物] hěn nán bǔzhuō de [+lièwù] **2** 难以说清的 [+词义] nányǐ shuōqīng de [+cíyì]

emaciated ADJ 消瘦的 xiāoshòu de, 憔悴的 qiáocuì de

email, e-mail N (= electronic mail) **I** ABBREV 电子邮件 diànzǐ yóujiàn, 伊妹儿 yī mèir □ I sent him an e-mail this morning. 我今天上午给他发了一个电子邮件。Wǒ jīntiān shàngwǔ gěi tā fāle yí ge diànzǐ yóujiàn。

e-mail address 电子邮件地址 diànzǐ yóujiàn dìzhǐ

II v 给…发电子邮件 gěi…fā diànzi yóujiàn

emanate v 来自 láizì, 发自 fāzì

emancipate v 解放 jiěfàng

emancipated ADJ 解放了的 jiěfàngle de

embalm v 做防腐处理 zuò fángfǔ chǔlǐ

embankment N 堤岸 dī'àn [M. WD 条 tiáo], 堤围 dīwéi [M. WD 条 tiáo]

embargo **I** N 禁运 jìnyùn **II** v 禁运 jìnyùn

embark v **1** 上飞机 shàng fēijī, 上船 shàng chuán **2** 出发 chūfā, 启程 qǐchéng

to embark on sth 开始做某事 kāishǐ zuò mǒushì

embarrass v 使…难堪 shǐ … nánkān, 使…难为情 shǐ… nánwéiqíng □ His rudeness at the party embarrassed his wife. 他在聚会上的粗鲁表现使他妻子难堪。Tā zài jùhuìshang de cūlǔ biǎoxiàn shǐ tā qīzi nánkān。

embarrassed ADJ 难为情 nánwéiqíng, 尴尬 gāngà

embassy N 大使馆 dàshǐguǎn

the American embassy in Beijing 美国驻北京大使馆 Měiguó zhù Běijīng dàshǐguǎn

embattled ADJ **1** 被 (敌人) 包围的 bèi (dírén) bāowéi de **2** 困难重重的 kùnnan chóngchóng de

embed v **1** 插入 chārù **2** 深埋 shēn zhí

embellish v **1** 装饰 zhuāngshì, 修饰 xiūshì **2** 给 [+故事] 添枝加叶 gěi [gùshi+] tiān zhī jiā yè

ember N 余烬 yújìn

embezzle v 贪污 tānwū, 侵吞 qīntūn

embezzler N 贪污犯 tānwūfàn, 侵吞公款的人 qīntūn gōngkuǎn de rén

embittered ADJ 怨恨的 yuànhèn de, 怨愤的 yuànfèn de

emblazon v 印 yìn, 印上 yìn shàng

emblem N 标志 biāozhì, 象征 xiàngzhēng

embodiment N 化身 huàshēn, 体现 tǐxiàn

embody v **1** 体现 tǐxiàn **2** 包括 bāokuò

emboss v 用浮雕图案装饰 yòng fúdiāo tú'àn zhuāngshì

embrace v **1** 拥抱 [+朋友] yōngbào [+péngyou] **2** 采纳 [+建议] cǎinà [+jiànyì], 接受 jiēshòu

embroider v **1** 绣 xiù, 刺绣 cìxiù **2** 给 [+故事] 添油加醋 gěi [+gùshi] tiān yóu jiā cù

embroiled ADJ 被卷入 bèi juǎnrù

embryo N 胚胎 pēitāi

embryonic ADJ 处于萌芽阶段的 chǔyú méngyá jiēduàn de, 刚起步的 gāng qǐbù de

emcee (ABBREV **mc**) N 司仪 sīyí

emerald N 翡翠 fěicuì, 绿宝石 lǜbǎoshí

emerge v 显露 xiǎnlù, 出现 chūxiàn □ Side effects from the new drug are beginning to emerge. 新药的副作用渐渐开始出现。Xīn yào de fù zuòyòng jiànjiàn kāishǐ chūxiàn。

emergency N 紧急情况 jǐnjí qíngkuàng

emergency landing 紧急降落 jǐnjí jiàngluò

emergency medical technician (EMT) 急救医师 jíjiù yīshī

emergency room (ER) 急救室 jíjiùshì, 急诊室 jízhěnshì

emergency services 紧急应变部门 jǐnjí yìngbiàn bùmén

emergent ADJ 新出现的 xīn chūxiàn de

emeritus ADJ 荣誉的 róngyù de

professor emeritus 荣誉退休教授 róngyù tuìxiū jiàoshòu

emigrant N (移居外国的) 移民 (yíjū wàiguó de) yímín

emigrate v (向外) 移民 (xiàngwài) yímín

eminent ADJ 著名的 zhùmíng de, 杰出的 jiéchū de

eminent domain (美国) 政府征用土地权 (Měiguó) zhèngfǔ zhēngyòng tǔdì quán

emirate N (阿拉伯) 酋长国 (Ālābó) qiúzhǎngguó

emissary N 使者 shǐzhě, 特使 tèshǐ

emission N 排气 páiqì, 排放物 páifàng wù

emit v 发出 fāchū

e-money N 电子货币 diànzǐ huòbì

emotion N 感情 gǎnqíng □ He seldom shows his true emotions. 他不大显露真感情。Tā búdà xiǎnlù zhēn gǎnqíng。

emotional ADJ **1** 感情的 gǎnqíng de

emotional quotient (EQ) 情商 qíngshāng

2 情绪激动的 [+球赛观众] qíngxù jīdòng de [+qiúsài guānzhòng], 感情用事的 gǎnqíng yòngshì de

emotive ADJ 使人激动的 shǐ rén jīdòng de

empathize v 有同感 yǒu tónggǎn

empathy N 同感 tónggǎn

emperor N 皇帝 huángdì [M. WD 位 wéi]

emphasis N **1** 重点 zhòngdiǎn □ The emphasis on our language study is communicative skills. 我们语言学习的重点是交际能力。Wǒmen yǔyán xuéxí de zhòngdiǎn shì jiāojì nénglì。**2** 重要性 zhòngyàoxìng

to give/place emphasis to 重视 zhòngshì, 强调 qiángdiào □ Our company places emphasis on after-sale service. 我们公司很重视售后服务。Wǒmen gōngsī hěn zhòngshì shòuhòu fúwù。

emphasize v 强调 qiángdiào □ Our teacher emphasizes the importance of daily practice of the language. 我们的老师强调每天练习语言的重要性。Wǒmen de lǎoshī qiángdiào měitiān liànxí yǔyán de zhòngyàoxìng。

emphatic ADJ 强调的 qiángdiào de, 着重的 zhuózhòng de

emphysema N 肺气肿 fèiqìzhǒng

empire N 帝国 dìguó

empirical ADJ 经验的 jīngyàn de, 实验的 shíyàn de

employ v **1** 雇用 gùyòng, 聘用 pìnyòng □ The restaurant employs five people. 这家饭店雇用了五个人。Zhè jiā fàndiàn gùyòngle wǔ ge rén。□ They employ a top lawyer in town as their legal advisor. 他们聘用了城里一位最好的律师当法律顾问。Tāmen pìnyòngle chénglǐ yí wèi zuì hǎo de lǜshī dāng fǎlǜ gùwèn。**2** 使用 shǐyòng □ Computers are now extensively employed in film-making. 现在在电影制作中广泛使用电脑。Xiànzài zài diànyǐng zhìzuò zhōng guǎngfàn shǐyòng diànnǎo。

employee N 雇员 gùyuán □ They can't just dismiss their employees without an appropriate reason. 他们不能没有正当理由就解雇雇员。Tāmen bù néng méiyǒu zhèngdàng lǐyóu jiù jiěgù gùyuán。

employer N 雇主 gùzhǔ □ The company is believed to be a good employer who treats its staff well. 人们相信这家公司是个善待雇员的好雇主。Rénmen xiāngxìn zhè jiā gōngsī shì ge shàndài gùyuán de hǎo gùzhǔ。

employment N **1** 就业 jiùyè □ Is full employment an achievable goal? 全部就业是一个能达到的目标吗？Quánbù jiùyè shì yí ge néng dàodá de mùbiāo ma? **2** 使用 shǐyòng □ The employment of the new technology has raised productivity. 使用新技术提高了生产力。Shǐyòng xīn jìshù tígāole shēngchǎnlì。

emporium N 大百货商场 dà bǎihuò shāngchǎng

empower v 给…权力 gěi…quánlì, 使…有权 shǐ…yǒuquán

empress N 女皇 nǚhuáng [M. WD 位 wéi], 皇后 Huánghòu [M. WD 位 wéi]

emptiness N **1** 空虚 (的感觉) kōngxū (de gǎnjué) **2** 空旷 kōngkuàng

empty ADJ **1** 空 kōng, 空的 kōng de □ The cookie jar is empty. 饼干罐头是空的。Bǐnggān guàntou shì kōng de. **2** 空洞的 kōngdòng de, 空虚的 kōngxū de □ The mayor's speech is nothing but empty words. 市长演讲只是一些空话。Shìzhǎng yǎnjiǎng zhǐ shì yìxiē kōnghuà.

empty-handed ADJ 两手空空的 liǎngshǒu kōngkōng de, 一无所获的 yìwú suǒ huò de

emulate V **1** 仿效 fǎngxiào, 模仿 mófǎng **2** 仿真 fǎngzhēn

enable V 使…能够 shǐ…nénggòu □ Your advice has enabled me to make the right decision. 你的忠告使我能够做出正确的决定。Nǐ de zhōnggào shǐ wǒ nénggòu zuòchū zhèngquè de juédìng.

enact V 制定 [+法规] zhìdìng [+fǎguī]

enamel N 搪瓷 tángcí, 珐琅质 fàlángzhì

enamored ADJ 迷恋 míliàn, 喜爱 xǐ'ài

encase V 包住 bāozhù

enchanted ADJ **1** 被施了魔法的 [+镜子] bèi shī le mófǎ de [+jìngzi] **2** 陶醉的 [+情人] táozuì de [+qíngrén]

enchanting ADJ 令人陶醉的 lìng rén táozuì de

encircle V 围绕 wéirào, 环绕 huánrào

enclave N 聚居地 jùjūdì

enclose V **1** 附上 fùshang □ Enclosed please find a check for $100. 现附上一百元支票。Xiàn fùshang yì bǎi yuán zhīpiào. **2** 围住 wéizhù

enclosure N **1** 围场 wéichǎng, 圈地 quāndì **2** (信中) 附件 (xìnzhōng) fùjiàn

encompass V **1** 包括 bāokuò, 包含 bāohán **2** 围绕 wéirào, 围住 wéizhù

encore I N 加演的节目 jiā yǎn de jiémù II INTERJ 再来一个 zài lái yí ge

encounter I V (意外) 遇到 (yìwài) yùdào II N 相遇 xiāngyù, 遭遇 zāoyù

a close encounter 近距离遭遇 jìnjùlí zāoyù

encourage V 鼓励 gǔlì, 支持 zhīchí □ The principal encouraged her staff to experiment with new teaching methods. 校长鼓励老师试验新教学方法。Xiàozhǎng gǔlì lǎoshī shìyàn xīn jiàoxué fāngfǎ.

encouraging ADJ 令人鼓舞的 lìngrén gǔwǔ de, 鼓舞人心的 gǔwǔ rénxīn de

encroach V 侵占 qīnzhàn, 蚕食 cánshí

encrusted ADJ 覆盖强硬壳的 fùgài qiáng yìngké de

encrypt V 加密 [+计算机] jiāmì [+jìsuànjī]

encumber V 阻碍 zǔ'ài, 妨碍 fáng'ài

encumbrance N 阻碍 zǔ'ài, 妨碍 fáng'ài

encyclopedia N 百科全书 bǎikē quánshū [M. WD 套 tào]

end I N **1** 尽头 jìntóu □ His office is at the end of the corridor. 他的办公室在走廊尽头。Tā de bàngōngshì zài zǒuláng jìntóu.

end zone 球门区 qiúménqū

2 结局 jiéjú, 结束 jiéshù □ The first semester comes to an end just a week before Christmas. 第一个学期在圣诞节前一个星期的时候结束。Dì yī ge xuéqí zài Shèngdànjié qián yí ge xīngqī de shíhou jiéshù. **3** 目的 mùdì □ The end justifies the means. 只要达到目的, 可以不择手段。Zhǐyào dádào mùdì, kěyǐ bù zé shǒuduàn.

to make ends meet 收支相抵 shōuzhī xiāngdǐ

II V 结束 jiéshù □ When will this war end? 这场战争什么时候才能结束呢? Zhè cháng zhànzhēng shénme shíhou cáinéng jiéshù ne?

All's well that ends well. 结果好才是一切都好。Jiéguǒ hǎo cái shì yíqiè dōu hǎo.

endanger V 使…处于危险 shǐ…chǔyú wēixiǎn, 危及 wēijí

an endangered species 濒危物种 bīnwēi wùzhǒng

endear V 使…受欢迎 shǐ…shòu huānyíng

endearing ADJ 惹人喜爱的 rě rén xǐ'ài de

endearment N 示爱的言行 shì ài de yánxíng

a term of endearment 爱称 àichēng

endeavor I N 努力 nǔlì, 行动 xíngdòng

human endeavor 人类活动 rénlèi huódòng

II V 努力 nǔlì

endemic ADJ 地方性的 [+疾病] dìfāngxìng de [+jíbìng]

ending N 结局 jiéjú, 结尾 jiéwěi

endless ADJ 没完没了的 méiwán méiliǎo de, 无休止的 wú xiūzhǐ de

endorse V 赞同 [+行动计划] zàntóng [+xíngdòng jìhuà], 支持 zhīchí **2** 背书 [+支票] bèishū [+zhīpiào] **3** 为 [+产品] 代言 wèi [+chǎnpǐn] dàiyán

be endowed with 天赋 [以…才能] tiānfù [+yǐ cáinéng], 赋予 fùyǔ

endowment N 捐助 juānzhù, 捐助物 juānzhùwù **2** [音乐+] 天赋 [yīnyuè+] tiānfù

endurance N 忍耐力 rěnnàilì, 耐力 nàilì

endure V **1** 忍耐 rěnnài, 忍受 rěn shòu **2** 持续 (下去) chíxù (xiàqù)

enduring ADJ 持久的 chíjiǔ de

enemy N 敌人 dírén □ With friends like that, who needs enemies? 有那样的朋友, 还需要敌人吗? Yǒu nàyàng de péngyou, hái xūyào dírén ma?

arch enemy 头号敌人 tóuhào dírén, 大敌 dàdí

energetic ADJ 精力充沛的 jīnglì chōngpèi de

energy N **1** 精力 jīnglì, 活力 huólì □ After a long illness, he didn't have much energy left. 久病以后, 他没有剩下多少精力了。Jiǔ bìng yǐhòu, tā méiyǒu shèngxia duōshǎo jīnglì le. **2** 能 néng, 能量 néngliàng

solar/atomic energy 太阳/原子能 tàiyáng/yuánzǐnéng

enforce V (强制) 执行 (qiángzhì) zhíxíng, 实施 shíshī

enforcer N **1** 执法者 zhífǎzhě **2** "打手" 球员 "dǎshou" qiúyuán

enfranchise V 给予选举权 jǐyǔ xuǎnjǔ quán

engage V **1** 聘用 pìnyòng **2** 吸引 [+兴趣] xīyǐn [+xìqu] **3** 与 [+敌军] 交战 yǔ [+díjūn] jiāozhàn

engaged ADJ **1** 订了婚的 dìngle hūn de □ Jane's got engaged to a naval officer. 珍妮和一位海军军官订了婚。Zhēnnī hé yíwèi hǎijūn jūnguān dìngle hūn. **2** (电话) 占线 (diànhuà) zhànxiàn

engagement N **1** 订婚 dìnghūn

engagement ring 订婚戒指 dìnghūn jièzhǐ

2 约会 yuēhui

a previous engagement 已经订好的约会 yǐjing dìnghǎo de yuēhui

3 (军队) 交战 (jūnduì) jiāozhàn

engaging ADJ 迷人的 mírén de, 动人的 dòngrén de

engender V 引起 yǐnqǐ, 导致 dǎozhì

engine N **1** 引擎 yǐnqíng, 发动机 fādòngjī **2** 机车 jīchē

fire engine 消防车 xiāofángchē

engineer N **1** 工程师 gōngchéngshī

civil/electronics/software engineer 土木/电子/软件工程师 tǔmù/diànzǐ/ruǎnjiàn gōngchéngshī

2 轮机员 lúnjīyuán, 火车司机 huǒchē sījī

engineering N 工程 gōngchéng, 工程师行业 gōngchéngshī hángyè □ My father studied civil engineering at the university. 我父亲在大学里学土木工程。Wǒ fùqin zài dàxué lǐ xué tǔmù gōngchéng.

hydraulic engineering 水利工程 shuǐlì gōngchéng
electrical engineering 电机工程 diànjī gōngchéng

English I N **1** 英语 Yīngyǔ **2** 英格兰人 Yīnggélánrén, 英国人 Yīngguórén

American English 美式英语 Měishì Yīngyǔ
British English 英式英语 Yīngshì Yīngyǔ

II ADJ **1** 英格兰的 Yīnggélán de, 英国的 Yīngguó de **2** 英语的 Yīngyǔ de

engrave V 雕刻 diāokè

be engraved on one's mind 铭刻在脑中 míngkè zài nǎo zhōng

engraving N 雕版印刷品 diāobǎn yìnshuāpǐn

engrossed ADJ 全神贯注的 quánshén guànzhù de

engrossing ADJ 引人入胜的 yǐn rén rù shèng de

engulf V 吞没 tūnmò

enhance V 提高 tígāo, 改进 gǎijìn

enigma N 神秘的人／事物 shénmì de rén/shìwù

enjoy V 1 喜爱 xǐài □ She is a good teacher as she enjoys working with young people. 她喜爱和年轻人一起工作, 所以她是个好教师。Tā xǐ'ài hé niánqīngrén yìqǐ gōngzuò, suǒyǐ tā shì ge hǎo jiàoshī. 2 享受 xiǎngshòu □ Enjoy your meal! 好好享用! Hǎohǎo xiǎngyòng! (→ 希望你喜欢这顿饭! Xīwàng nǐ xǐhuan zhè dùn fàn!) □ As a member of the club, you'll enjoy many privileges. 作为俱乐部成员你享受很多特权。Zuòwéi jùlèbù chéngyuán nǐ xiǎngshòu hěn duō tèquán.

to enjoy oneself 开心 kāixīn, 过得很愉快 guòde hěn yúkuài □ Did you enjoy yourself at the summer camp? 你在夏令营过得开心吗? Nǐ zài xiàlíngyíng guòde kāixīn ma?

enjoyable ADJ 愉快的 yúkuài de, 开心的 kāixīn de □ We had an enjoyable walk in the woods. 我们在树林里散步, 很愉快。Wǒmen zài shùlín lǐ sànbù, hěn yúkuài.

enjoyment N 1 喜爱 xǐài □ He makes handicrafts purely for enjoyment, not for profit. 他做工艺品, 纯粹是因为喜爱, 而不是为了盈利。Tā zuò gōngyìpǐn, chúncuì shì yīnwèi xǐài, ér bùshì wèile yínglì. 2 享乐 xiǎnglè, 享受 xiǎngshòu □ She only thinks of enjoyment and hates hard work. 她只想享乐, 讨厌艰苦的工作。Tā zhǐ xiǎng xiǎnglè, tǎoyàn jiānkǔ de gōngzuò.

enlarge V 放大 fàngdà, 增大 zēngdà

enlargement N 1 放大 fàngdà, 增大 zēngdà 2 放大的照片 fàngdà de zhàopiàn

enlarger N (照片) 放大机 (zhàopiàn) fàngdàjī [M. WD 台 tái]

enlighten V 启迪 qǐdí, 开导 kāidǎo

enlightened ADJ 开明的 kāimíng de, 明智的 míngzhì de

enlightening ADJ 启迪的 qǐdí de, 使人明白的 shǐrén míngbai de

enlightenment N 1 启迪 qǐdí, 启蒙 qǐméng
the Enlightenment (欧洲) 启蒙运动 (Ōuzhōu) qǐméng yùndòng
2 (佛教) 觉悟 (Fójiào) juéwù, 般若 bōrě

enlist V 1 请求 (帮助) qǐngqiú (bāngzhù) 2 参加 (军队) cānjiā (jūnduì)

enliven V 使…生动有趣 shǐ…shēngdòng yǒuqù

en masse ADV 全体 quántǐ, 整体 zhěngtǐ

enmity N 敌意 díyì, 仇恨 chóuhèn

enormity N 1 艰巨性 jiānjù xìng 2 严重性 yánzhòngxìng

enormous ADJ 巨大的 jùdà de

enough I PRON 足够 zúgòu □ They haven't got enough money to buy a decent house. 他们没有足够的钱来买一幢像样的房子。Tāmen méiyǒu zúgòu de qián lái mǎi yí zhuàng xiàngyàng de fángzi.
II ADV 足够 zúgòu, 够 gòu □ It's bad enough. 已经够糟了。Yǐjing gòu zāo le.

enrage V 使…大怒 shǐ…dà nù, 激怒 jīnù

enraged ADJ 激怒的 jīnù de, 大怒的 dà nù de

enrich V 1 使 [+文化生活] 丰富 shǐ [+wénhuà shēnghuó] fēngfù 2 强化 qiánghuà 3 使…富裕 shǐ…fùyù

enroll V 招收 [+学生] zhāoshōu [+xuéshēng]

enrollment N 入学 rùxué, 注册 zhùcè

en route ADV 在路上 zài lùshang, 沿途 yántú

ensemble N 1 小乐队 xiǎo yuèduì 2 成套的东西 chéngtào de dōngxi

enshrine V 珍藏 zhēncáng, 铭记 míngjì

ensign N 1 (美国) 海军少尉 (Měiguó) hǎijūn shàowèi 2 舰旗 jiàn qí [M. WD 面 miàn]

enslave V 奴役 núyì

ensue V (接着) 发生 (jiēzhe) fāshēng

ensure V 确保 quèbǎo, 担保 dānbǎo □ The ground crew does everything to ensure the airplane flies safely. 地勤人员尽力确保飞机安全飞行。Dìqín rényuán jìnlì quèbǎo fēijī ānquán fēixíng.

entail V 需要 xūyào

entangle V 使…卷入 shǐ…juǎnrù

entanglement N 卷入 juǎnrù, 纠纷 jiūfēn

enter V 1 进入 jìnrù □ Please knock before you enter. 请先敲门, 再进入。Qǐng xiān qiāomén, zài jìnrù. 2 加入 jiārù, 参加 cānjiā □ He entered the Marine Corps when he was only 18. 他十八岁就参加了海军陆战队。Tā shíbā suì jiù cānjiāle hǎijūn lùzhànduì. 3 (在计算机里) 输入 [+信息] (zài jìsuànjī lǐ) shūrù [+xìnxī]

enterprise N 1 企业 qǐyè [M. WD 家 jiā] 2 开创精神 kāichuàng jīngshén, 创业能力 chuàngyè nénglì

enterprising ADJ 富有创业精神的 fùyǒu chuàngyè jīngshén de

entertain V 1 使…高兴 shǐ…gāoxìng □ The children were thoroughly entertained by the circus. 马戏团让孩子们高兴了。Mǎxìtuán ràng háizimen gāoxìng jíle. 2 招待 zhāodài □ They entertained us to a delicious Italian meal. 他们招待我们吃了美味的意大利饭。Tāmen zhāodài wǒmen chīle měiwèi de Yìdàlì fàn. 3 抱有 (想法) bàoyǒu (xiǎngfǎ)

entertainer N 演艺人员 yǎnyì rényuán, 表演者 biǎoyǎnzhě

entertaining ADJ 逗趣的 dòuqù de

entertainment N 1 娱乐 yúlè, 文娱 wényú jiémù □ Such movies are hugely popular for their entertainment value. 这样的电影因为具有娱乐价值而极受欢迎。Zhèyàng de diànyǐng yīnwèi jùyǒu yúlè jiàzhí ér jí shòu huānyíng. 2 招待 zhāodài □ How much does the company spend on business entertainment every year? 公司每年在商业性招待上花多少钱? Gōngsī měinián zài shāngyèxìng zhāodàishang huā duōshǎo qián?
entertainment center 娱乐中心 yúlè zhōngxīn
entertainment cost 招待费 zhāodàifèi

enthrall V 使…入迷 shǐ…rùmí, 迷住 mízhù

enthralling ADJ 使人入迷的 shǐrén rùmí de, 非常有趣的 fēicháng yǒuqù de

enthuse V 热情高涨 rèqíng gāozhǎng

enthusiasm N 1 热情 rèqíng 2 极大的兴趣 jídà de xìngqu

enthusiast N 爱好者 àihàozhě

enthusiastic ADJ 热情的 rèqíng de

entice V 诱惑 yòuhuò, 引诱 yǐnyòu

enticing ADJ 有诱惑力的 yǒu yòuhuòlì de, 迷人的 mírén de

entire ADJ 全部的 quánbù de, 整个 zhěnggè □ The entire town was destroyed by the hurricane. 整个城镇都遭飓风破坏。Zhěnggè chéngzhèn dōu zāo jùfēng pòhuài.

entirely ADV 全部 quánbù □ He devoted his life entirely to the well-being of his family. 他把一生都献给家人的福利。Tā bǎ yìshēng dōu xiàngěi jiārén de fúlì.

entirety N 全部 quánbù, 整个 zhěnggè

entitle V 1 使…有权 shǐ…yǒuquán □ This library card entitles you to borrow 10 books at a time. 这张借书卡使你可以同时借十本书。Zhè zhāng jièshūkǎ shǐ nǐ kěyǐ tóngshí jiè shí běn shū. 2 给…题名 gěi…tímíng

entitled ADJ 1 有权利的 yǒuquánlì de □ Every citizen over 65 is entitled to a national pension. 每一个年龄超过六十五岁的公民都有权领取国家养老金。Měi yí ge niánlíng chāoguo liùshíwǔ suì de gōngmín dōu yǒu quán lǐngqǔ guójiā yǎnglǎojīn. 2 书 (电影, 戏) 名叫 shū (diànyǐng, xì) míng jiào □ Have you read the book entitled "Uncle Tom's Cabin"? 你读过一本书名叫《汤姆叔叔的小屋》的书吗? Nǐ dúguo yì běn shūmíng jiào "Tāngmǔ shūshu de xiǎo wū" de shū ma?

entitlement N 权利 quánlì, 资格 zīge
entitlement to compensation 获得赔偿的权利 huòdé péicháng de quánlì

entity N 实体 shítǐ

entomologist N 昆虫学家 kūnchóngxuéjiā

entomology N 昆虫学 kūnchóngxué

entourage N 随行人员 suíxíng rényuán

entrails N 内脏 nèizàng, 肠子 chángzi

entrance N 1 入口 rùkǒu 2 进入 jìnrù □ You must pass the examination to gain entrance to the university. 你必须通过考试才能进入大学。Nǐ bìxū tōngguo kǎoshì cáinéng jìnrù dàxué.

entranced ADJ 着迷的 zháomí de

entrant N 参赛者 cānsàizhě

entrap v 使…陷入圈套 shǐ…xiànrùquāntào, 诱骗 yòupiàn

entrapment N 诱骗 yòupiàn, 诱捕 yòubǔ

entreat v 恳求 kěnqiú

entrée N 1 主菜 zhǔcài 2 进入权 jìnrù quán, 进入许可 jìnrù xǔkě

entrenched ADJ 根深蒂固的 gēnshēn dìgù de, 不可动摇的 bùkě dòngyáo de

entrepreneur N 企业家 qǐyèjiā

entrepreneurial ADJ 有创业精神的 yǒu chuàngyè jīngshén de

entrust v 委托 wěituō

entry N 1 进入 jìnrù □ He was refused entry into the country because of his criminal record. 他因为有犯罪记录，所以被拒绝入境。Tā yīnwéi yǒu fànzuì jìlù, suǒyǐ bèi jùjué rùjìng.
entry point 入境口 rùjìngkǒu
No Unauthorized Entry 非公莫入 fēigōng mòrù
2 入口 rùkǒu, 进入通道 jìnrù tōngdào 3（词典）词条 (cídiǎn) cí tiáo, 条目 tiáomù 4 参赛作品 cānsài zuòpǐn

entwined ADJ 交错在一起的 jiāocuò zài yìqǐ de, 密切有关的 mìqiè yǒuguān de

enumerate v 列举 lièjǔ

enunciate v 清晰地发音吐字 qīngxī de fāyīn tǔzì

envelop v 包住 bāozhù, 裹住 guǒ zhù

envelope N 信封 xìnfēng □ Do you know how to address an envelope in Chinese? 你知道怎么样用中文开信封吗? Nǐ zhīdào zěnmeyàng yòng Zhōngwén kāi xìnfēng ma?
stamped addressed envelope 贴好邮票写好地址的回信信封 tiēhǎo yóupiào xiěhǎo dìzhǐ de huíxìn xìnfēng
postpaid envelope 邮资已付的信封 yóuzī yǐfù de xìnfēng

enviable ADJ 叫人羡慕的 jiào rén xiànmù de

envious ADJ 羡慕的 xiànmù de, 妒忌的 dùjì de

environment N 环境 huánjìng □ The government has not done enough to protect the environment. 政府在环境保护方面做得不够。Zhèngfǔ zài huánjìng bǎohù fāngmiàn zuò de bú gòu.
natural environment 自然环境 zìrán huánjìng
pollution of the environment 环境污染 huánjìng wūrǎn

environmental ADJ 环境的 huánjìng de □ Factories that have caused environmental damages will be penalized. 造成环境破坏的工厂将受罚。Zàochéng huánjìng pòhuài de gōngchǎng jiāng shòu fá.

environmentalist N 环保主义者 huánbǎo zhǔyìzhě

environs N 周围 zhōuwéi

envisage v 展望 zhǎnwàng, 想像 xiǎngxiàng

envision v 设想 shèxiǎng, 想像 xiǎngxiàng

envoy N 使者 shǐzhě [M. WD 位 wéi], 外交官 wàijiāoguān [M. WD 位 wéi]

envy I v 羡慕 xiànmù, 嫉妒 jídù □ I envy your good luck. 我很羡慕你的好运气。Wǒ hěn xiànmù nǐde hǎoyùn qì.
II N 1 羡慕 xiànmù, 嫉妒 jídù 2 被人羡慕的东西 bèi rén xiànmù de dōngxi
the envy of the world 人人都羡慕的东西／事物 rénrén dōu xiànmù de dōngxi/shìwù

enzyme N 酶 méi

epaulet N 肩章 jiānzhāng

ephemeral ADJ 短暂的 duǎnzàn de, 瞬息的 shùnxī de

epic I N 史诗 shǐshī, 史诗般的电影（或小说）shǐshī bān de diànyǐng (huò xiǎoshuō) II ADJ 1 史诗的 shǐshī de 2 英雄的 yīngxióng de, 宏伟的 hóngwěi de

epicenter N（地震）中心 (dìzhèn) zhōngxīn, 震中 zhènzhōng

epidemic N 流行病 liúxíngbìng [M. WD 种 zhǒng], 传染病 chuánrǎnbìng [M. WD 种 zhǒng]

epigram N 警句 jǐngjù

epilepsy N 癫痫 diānxián, 羊痫疯 yángxiánfēng

epileptic I ADJ 癫痫的 diānxián de II N 癫痫病人 diānxián bìngrén

epilogue N 1 结尾 jiéwěi, 终场 zhōngchǎng 2 结束语 jiéshùyǔ

Episcopal Church N 圣公会 Shènggōnghuì

Episcopalian ADJ 圣公会教徒 Shènggōnghuì jiàotú

episode N 1（连续剧）一集 (liánxùjù) yì jí 2 一段经历 yíduàn jīnglì

epistle N 书信 shūxìn, 信 xìn

epitaph N 墓志铭 mùzhìmíng

epithet N 1 [污辱性的+] 描写词语 [wūrǔxìng de+] miáoxiě cíyǔ 2 绰号 chuòhào, 别名 biémíng

epitome N 典范 diǎnfàn

epitomize v 成为…的典范 chéngwéi…de diǎnfàn, 象征 xiàngzhēng

epoch N 时代 shídài, 纪元 jìyuán

EQ (= emotional quotient) ABBREV 情绪智商 qíngxù zhìshāng, 情商 qíngshāng

equal I ADJ 1 平等 píngděng □ All men are created equal. 所有的人都是生而平等的。Suǒyǒu de rén dōu shì shēng ér píngděng de. □ Women demand equal pay for equal work. 妇女们要求同工同酬。Fùnǚmen yāoqiú tónggōng tóngchóu.
2 等于 děngyú □ Ten percent of his monthly income is equal to 580 dollars. 他月收入的百分之十等于五百八十元。Tā yuè shōurù de bǎifēnzhī shí děngyú wǔ bǎi bāshí yuán.
equal sign 等号 děnghào (=)
II v 等于 děngyú □ 2 plus 3 equals 5. 二加三等于五。Èr jiā sān děngyú wǔ.

equality N 平等 píngděng

equalize v 使…平等 shǐ…píngděng, 使…相等 shǐ…xiāngděng

equally ADV 平等地 píngděng de, 相同地 xiāngtóng de □ Their two sons are equally intelligent and industrious. 他们的两个儿子一样地聪明勤勉。Tāmen de liǎng ge érzi yíyàng de cōngming qínmiǎn.

equanimity N 镇静 zhènjìng, 镇定 zhèndìng

equate v 平等看待 píngděng kàndài

equation N 等式 děngshì

equator N 赤道 chìdào □ When you cross the equator from the north, you are entering the southern hemisphere. 当你从北面横越赤道，就进入南半球。Dāng nǐ cóng běimiàn héng yuè chìdào, jiù jìnrù nánbànqiú.

equestrian ADJ 骑马的 qímǎ de, 马术的 mǎshù de

equilateral ADJ 等边的 děngbiān de

equilibrium N 均衡 jūnhéng, 平衡 pínghéng

equine ADJ 马的 mǎ de

equinox N 春分 chūnfēn, 秋分 qiūfēn, 昼夜平分时 zhòuyè píngfēn shí

equip v 装备 zhuāngbèi, 配备 pèibèi
well-equipped 设施齐全的 shèshī qíquán de, 装备良好的 zhuāngbèi liánghǎo de

equipment N 设备 shèbèi, 装备 zhuāngbèi □ We don't have the necessary equipment to do the job. 我们没有做这件事的必需设备。Wǒmen méiyǒu zuò zhè jiàn shì de bìxū shèbèi.

equitable ADJ 公平的 gōngping de, 公正的 gōngzhèng de

equity N 1 公平 gōngping, 公正 gōngzhèng 2 [房产的+] 财产净值 [fángchǎn de+] cáichǎn jìngzhí

equivalent I ADJ 等值的 děngzhí de, 相等的 xiāngděng de **II** N 等价物 děngjiàwù, 对应物 duìyìngwù

equivocal ADJ 含糊的 hánhu de, 模棱两可的 móléng liǎngkě de

era N 时代 shídài, 年代 niándài

eradicate v 根除 gēnchú, 彻底消灭 chèdǐ xiāomiè

erase v 消除 xiāochú, 抹去 mǒqù

eraser N 1 橡皮 xiàngpí [M. WD 块 kuài] 2 黑板擦 hēibǎn cā [M. WD 块 kuài]

erect I ADJ 笔直的 bǐzhí de, 垂直的 chuízhí de **II** v 建立 [+纪念碑] jiànlì [+jìniànbēi], 建造 jiànzào

erection N 1 建立 jiànlì, 建造 jiànzào 2 [阴茎+] 勃起 (yīnjīng+) bóqǐ

erode v 1 侵蚀 [+土壤] qīnshí [+tǔrǎng] 2 削弱 [+权力] xuēruò [+quánlì]

erosion N 1 [土壤受到+] 侵蚀 [tǔrǎng shòudào+] qīnshí 2 [权力的+] 削弱 [quánlì de+] xuēruò

erotic ADJ 色情的 sèqíng de, 性的 xìng de

eroticism N 色情 sèqíng, 肉欲 ròuyù

err v 犯错误 fàn cuòwù
　　to err on the side of caution 宁可犯错, 也要谨慎。Nìngkě fàncuò, yě yào jǐnshèn.
　　To err is human, to forgive divine. 犯错是人, 宽恕是神。Fàncuò shì rén, kuānshù shì shén.

errand N 差事 chāishi, 跑腿儿 pǎotuǐr
　　to send sb on an errand 派某人去办一件事 pài mǒurén qù bàn yí jiàn shì

errant ADJ 迷途的 mítú de, 错误的 cuòwù de

errata N 勘误表 kānwùbiǎo [M. WD 张 zhāng/份 fèn]

erratic ADJ 不稳定的 bùwěndìng de, 不可捉摸的 bùkě zhuōmō de

erroneous ADJ 错误的 cuòwù de

error N 1 错误 cuòwù 2 谬误 miùwù □ He has made an error in processing the data. 他在处理数据时犯了一个错误。Tā zài chǔlǐ shùjù shí fànle yí ge cuòwù. □ I corrected my spelling errors before handing in my answer sheet. 我在交上答卷前改正了拼写错误。Wǒ zài jiāoshang dájuàn qián gǎizhèngle pīnxiě cuòwù.

erudite ADJ 博学的 bóxué de, 知识渊博的 zhīshi yuānbó de

erupt v (火山) 爆发 (huǒshān) bàofā

escalate v 升级 shēngjí 2 升高 shēnggāo

escalator N 自动扶梯 zìdòng fútī [M. WD 部 bù]

escapade N 1 刺激行为 cìjī xíngwéi 2 越轨行为 yuèguǐ xíngwéi

escape I v 1 逃离 táolí, 逃避 táobì □ Two prisoners have escaped from jail into the nearby forest. 两名囚犯逃离监狱, 进入附近的森林。Liǎng míng qiúfàn táolí jiānyù, jìnrù fùjìn de sēnlín.
　　to escape one's attention 逃避某人的注意 táobì mǒurén de zhùyì
　　2 记不起 [+某人的姓名] jì bùqǐ [mǒurén de xìngmíng] **II** N 逃离 táolí, 逃避 táobì □ They made their escape at night. 他们在夜间逃离。Tāmen zài yèjiān táolí.

escapism N 逃避现实 táobì xiànshí

eschew v 回避 huíbì, 躲避 duǒbì

escort I v 1 押送 [+犯人] yāsòng [+fànrén], 护送 hùsòng 2 为 [+旅游者] 导游陪同 wéi [+lǚyóuzhě] dǎoyóu péitóng **II** N 1 护卫者 hùwèizhě 2 妓女 jìnǚ
　　male escort 男妓 nánjì

Eskimo N 爱斯基摩人 Àisījīmórén

esophagus N 食管 shíguǎn

esoteric ADJ 深奥的 shēn'ào de

especially ADV 特别 tèbié, 尤其 yóuqí □ I enjoy a good breakfast, especially on a bright morning. 我喜欢美美地吃一顿早餐, 尤其是在阳光明媚的早晨。Wǒ xǐhuan měiměi de chī yí dùn zǎocān, yóuqí shì zài yángguāng míngmèi de zǎochen.

espionage N 间谍活动 jiàndié huódòng

espouse v 信奉 xìnfèng, 支持 zhīchí

espresso N 蒸馏咖啡 zhēngliú kāfēi

essay N 文章 wénzhāng, 论说文 lùnshuōwén, 散文 sǎnwén

essence N 1 要素 yàosù, 本质 běnzhì
　　Time is of the essence. 时间是至关重要的。Shíjiān shì zhìguān zhòngyào de.
　　2 精油 jīngyóu, 精 jīng
　　vanilla essence 香草精 xiāngcǎojīng

essential I ADJ 必不可少的 bì bùkěshǎo de, 必要的 bìyào de □ It is essential that our top man in Beijing speak Chinese. 我们在北京的最高级人员要会说中文, 这是必要的。Wǒmen zài Běijīng de zuìgāojí rényuán yào huì shuō Zhōngwén, zhè shì bìyào de. **II** N 必需品 bìxūpǐn
　　the essentials 要点 yàodiǎn
　　essentials of Chinese grammar 汉语语法要点 Hànyǔ yǔfǎ yàodiǎn

establish v 成立 chénglì, 建立 jiànlì □ The university was established in 1890. 这所大学建立于一八九零年。Zhè suǒ dàxué jiànlì yú yībājiǔlíng nián.

establishment N 1 成立 chénglì, 建立 jiànlì □ The increase in road accidents has led to the establishment of a committee to investigate road safety. 交通事故不断增加, 导致了道路安全调查委员会的成立。Jiāotōng shìgù búduàn zēngjiā, dǎozhìle dàolù ānquán diàochá wěiyuánhuì de chénglì. **2** 机构 jīgòu, 组织 zǔzhī □ She is in charge of an educational establishment in the state. 她负责州里一个教育机构。Tā fùzé zhōu lǐ yí ge jiàoyù jīgòu.
　　the Establishment 当权者 dàngquánzhě

estate N 1 地产 dìchǎn, 房地产 fángdìchǎn 2 遗产 yíchǎn □ He left his whole estate to a charitable organization. 他把遗产全部留给一个慈善组织。Tā bǎ yíchǎn quánbù liúgěi yí ge císhàn zǔzhī.
　　estate tax 遗产税 yíchǎnshuì

esteem I N 尊重 zūnzhòng, 尊敬 zūnjìng
　　to hold sb in esteem 对某人很尊敬 duì mǒurén hěn zūnjìng **II** v 尊重 zūnzhòng, 尊敬 zūnjìng

esthetic See **aesthetic**

estimable ADJ 值得尊敬的 zhíde zūnjìng de

estimate I v 估计 gūjì □ The police estimated that 6,000 people took part in the Mardi Gras parade this year. 警方估计六千人参加了狂欢节大游行。Jǐngfāng gūjì liù qiān rén cānjiāle Kuánghuānjié dàyóuxíng. **II** N 估计 gūjì □ An official estimate suggests that these security measures will cost airline companies 12 million dollars a year. 一项官方估计提示, 这些保安措施将每年花费航空公司一千二百万。Yí xiàng guānfāng gūjì tíshì, zhèxiē bǎo'ān cuòshī jiāng měinián huāfèi hángkōng gōngsī yì qiān èr bǎi wàn.

estimation N 估计 gūjì
　　in sb's estimation 根据某人的估计 gēnjù mǒurén de gūjì

estranged ADJ 1 分居的 (夫妻) fēnjū de (fūqī) 2 不再联系的 (亲友) búzài liánxì de (qīnyǒu)

estrogen N 雌激素 cí jīsù

estuary N 河流入海口 héliú rùhǎikǒu, 河口 hékǒu

et al ADV 以及其他人 yǐjí qítārén, 等人 děng rén

etc (= etcetera) ABBREV 等等 děngděng

etch v 蚀刻 shíkè

eternal ADJ 永恒的 yǒnghéng de, 永远的 yǒngyuǎn de

eternity N 1 永恒 yǒnghéng, 永远 yǒngyuǎn 2 来生 láishēng, 来世 láishì

ether N (乙) 醚 (yǐ) mí

ethereal ADJ 飘逸的 piāoyì de, 超凡的 chāofán de

ethic N 伦理 lúnlǐ, 道德体系 dàodé tǐxì

ethical ADJ 伦理的 lúnlǐ de

ethics N **1** 道德规范 dàodé guīfàn **2** 伦理学 lúnlǐxué

ethnic ADJ 种族的 zhǒngzú de, 民族的 mínzú de
  ethnic minority 少数民族群体 shǎoshù mínzú qúntǐ
  an ethnic slur 侮辱少数民族的诽谤 wūrǔ shǎoshù mínzú de fěibàng

ethos N 精神特质 jīngshén tèzhì

etiquette N 礼仪 lǐyí

etymology N 词源 cíyuán, 词源学 cíyuánxué

EU (= the European Union) ABBREV 欧洲联盟 Ōuzhōu Liánméng

eulogize V 赞美 zànměi, 歌颂 gēsòng

eulogy N 颂词 sòngcí [M. WD 篇 piān]

eunuch N 太监 tàijiàn

euphemism N 委婉语 wěiwǎnyǔ

euphemistic ADJ 委婉的 wěiwǎn de

euphoria N 异常兴奋 yìcháng xīngfèn, 无名欣喜 wúmíng xīnxǐ

euro N 欧元 Ōuyuán

Europe N 欧洲 Ōuzhōu

European I ADJ 欧洲的 Ōuzhōu de II N 欧洲人 Ōuzhōurén

euthanasia N 安乐死 ānlèsǐ

evacuate V 撤离 chè lí □ When a gas pipe burst residents in the apartment house were evacuated from the building. 煤气管破裂以后, 公寓大楼的居民都撤离了大楼。Méiqìguǎn pòliè yǐhòu, gōngyù dàlóu de jūmín dōu chèlí le dàlóu.

evacuee N 撤离者 chèlízhě

evade V 回避 huíbì, 避开 bìkāi

evaluate V 评估 pínggū, 评价 píngjià

evangelical ADJ 福音传道的 fúyīn chuándào de

evangelist N 福音传道者 fúyīn chuándàozhě

evaporate V **1** [气体+] 挥发 [qìtǐ+] huīfā, 蒸发 zhēngfā **2** [人+] 消失 [rén+] xiāoshī

evasion N 回避 huíbì, 避开 bìkāi

evasive ADJ 推脱的 tuītuō de, 回避的 huíbì de

eve N 前一天 qián yìtiān, 前夜 qiányè

even 1 ADJ 平的 píng de, 平坦的 píngtǎn de □ The floor is not completely even. 地板不完全平。Dìbǎn bù wánquán píng. **2** 平衡的 pínghéng de, 均恒的 jūnhéng de □ The chemicals must be stored at an even temperature. 这些化学品必须恒温储藏。Zhèxiē huàxuépǐn bìxū héngwēn chǔcáng.
  even number 偶数 ǒushù
  II ADV 甚至 shènzhì □ He is so busy that he even has to work on Sundays. 他忙得甚至星期天都得工作。Tā mángde shènzhì xīngqītiān dōu děi gōngzuò.
  III V 使…平坦 shǐ…píngtǎn **2** 使…平衡 shǐ…pínghéng
  to even out 使…相等 shǐ…xiāngděng

even-handed ADJ 公平的 gōngping de, 不偏不倚的 bù piān bù yǐ de

evening N 晚上 wǎnshang, 傍晚 bàngwǎn □ He spends most evenings playing virtual games on the computer. 他大多数晚上都在电脑上玩虚拟游戏。Tā dàduōshù wǎnshang dōu zài diànnǎoshang wán xūnǐ yóuxì.
  evening dress, evening wear 夜礼服 yèlǐfú
  evening gown 女子夜礼服 nǚzǐ yèlǐfú

evenly ADV 均匀地 jūnyún de

event N **1** 事件 shìjiàn □ What do you think are the 10 most important events in the 20th century? 你认为什么是二十世纪最重要的十大事件? Nǐ rènwéi shénme shì èrshí shìjì zuì zhòngyào de shí dà shìjiàn?
  in any event 不管怎样 bùguǎn zěnyàng
  in the event of 万一 wànyī
  2 活动 huódòng □ The local church will have a fundraising event this Saturday afternoon. 当地的教会在星期六下午将举行募捐活动。Dāngdì de jiàohuì zài xīngqīliù xiàwǔ jiāng jǔxíng mùjuān huódòng. **3** (体育) 项目 (tǐyù) xiàngmù

□ The100 meter dash event attracted a large crowd of spectators. 一百公尺短跑比赛吸引了一大群观众。Yì bǎi gōngchǐ duǎnpǎo bǐsài xīyǐnle yí dà qún guānzhòng.

eventful ADJ 发生很多事情的 fāshēng hěn duō shìqing de, 多事之秋 duōshì zhī qiū

eventual ADJ 最终的 zuìzhōng de

eventuality N 可能发生的事情 kěnéng fāshēng de shìqing, 可能产生的恶果 kěnéng chǎnshēng de èguǒ

eventually ADV 终于 zhōngyú □ The journey was difficult, but we eventually reached the destination. 路程很艰难, 但是我们终于到达了目的地。Lùchéng hěn jiānnán, dànshì wǒmen zhōngyú dàodále mùdìdì.

ever ADV **1** 一直 yìzhí □ Nothing ever happens in this small town. 这座小镇, 从来没有发生过什么事件。Zài zhè zuò xiǎo zhèn, cónglái méiyǒu fāshēngguo shénme shìjiàn. **2** 在任何时候 zài rènhé shíhou □ If you ever come to Boston, do give me a call. 你在任何时候到波士顿来, 一定要给我打电话。Nǐ zài rènhé shíhou dào Bōshìdùn lái, yídìng yào gěi wǒ dǎ diànhuà.

evergreen I ADJ 常青的 chángqīng de, 常绿的 chánglǜ de II N 常青树 chángqīngshù [M. WD 棵 kē]

everlasting ADJ 永恒的 yǒnghéng de, 永久的 yǒng jiǔ de

every ADJ 每 měi, 每个 měi ge □ He jogs every morning, come rain or shine. 他每天早上跑步, 风雨无阻。Tā měitiān zǎoshang pǎobù, fēngyǔ wúzǔ. □ You are advised to change your PIN every six months. 建议您每六个月更换个人密码。Jiànyì nín měi liù ge yuè gēnghuàn gèrén mìmǎ.

everybody (= everyone)

everyday ADJ 每天的 měitiān de, 日常的 rìcháng de

everyone PRON 每个人 měige rén, 人人 rénrén, 大家 dàjiā □ Everyone likes a bargain. 人人都喜欢买便宜货。Rénrén dōu xǐhuan mǎi piányi huò. □ Is everyone ready for the game? 大家都准备好做游戏了吗? Dàjiā dōu zhǔnbèihǎo zuò yóuxì le ma?

everyplace ADV 各地 gèdì

everything PRON 每件事 měi jiàn shì, 一切 yíqiè □ Mom has got everything ready for the Thanksgiving dinner. 妈妈把感恩节大餐的准备工作都做好了。Māma bǎ Gǎn'ēn jié dàcān de zhǔnbèi gōngzuò dōu zuòhǎo le. □ Don't worry; everything will be all right. 别担心, 一切都会好的。Bié dānxīn, yíqiè dōu huì hǎo de.

everywhere ADV 每个地方 měi ge dìfang, 到处 dàochù □ They're so inseparable that they go everywhere together. 他们形影不离, 到哪儿都在一块儿。Tāmen xíngyǐng bùlí, dào nǎr dōu zài yíkuàir.

evict V (依法) 驱逐 (yīfǎ) qūzhú, 赶出 gǎnchū

eviction N 驱逐 (房客) qūzhú (fángkè)

evidence N **1** 证据 zhèngjù □ Do you have any evidence to support your assertion? 你有没有证据支持你的断言? Nǐ yǒu méiyǒu zhèngjù zhīchí nǐ de duànyán? □ Police have found evidence of foul play in the fire. 警方发现了证据, 这场火灾可能是故意纵火。Jǐngfāng fāxiànle zhèngjù, zhè cháng huǒzāi kěnéng shì gùyì zònghuǒ. **2** 证词 zhèngcí

evident ADJ 明显的 míngxiǎn de

evil I N 邪恶 xié'è □ I see gambling as a social evil. 我认为赌博是社会上的邪恶行为。Wǒ rènwéi dǔbó shì shèhuìshang de xié'è xíngwéi.
  the lesser of two evils 两害相比较轻者 liǎng hài xiāngbǐ jiào qīng zhě
  II ADJ **1** 邪恶的 xié'è de □ President Reagan called the former Soviet Union an evil empire. 里根总统称前苏联是 "邪恶帝国"。Lǐgēn zǒngtǒng chēng qián Sūlián shì "xié'è dìguó." **2** 恶魔的 èmó de, 恶魔似的 èmó shìde
  evil spirit 恶鬼 èguǐ

evocative ADJ 唤起 huànqǐ, 引起 yǐnqǐ

evoke V 唤起 huànqǐ, 引起 yǐnqǐ

evolution N 进化(论) jìnhuà (lùn)

evolutionary ADJ 1 进化(论)的 jìnhuà (lùn) de 2 演变的 yǎnbiàn de

evolve V 逐步演变 zhúbù yǎnbiàn

ewe N 母羊 mǔyáng [M. WD 头 tóu]

exacerbate V 使…恶化 shǐ…èhuà

exacerbation N 恶化 èhuà

exact ADJ 确切的 quèqiè de, 精确的 jīngquè de □ These are not his exact words. 这不是他确切的话。Zhè bú shì tā quèqiè de huà.

exactly ADV 1 完全地 wánquán de, 精确地 jīngquè de □ Of course, I don't know exactly where I lost my wallet. 我当然不能确切地知道钱包掉在哪里了。Wǒ dāngrán bù néng quèqiè de zhīdào qiánbāo diào zài nǎlǐ le. 2 正是 zhèngshì □ This is exactly what I've been looking for. 这正是我一直想要的。Zhè zhèngshì wǒ yìzhí xiǎngyào de. 3 正是这样 zhèng shì zhèyàng, 确实如此 quèshí rúcǐ □ "So, you believe we should eat more deep-sea fish." "Exactly." "这么说, 你相信我们应该多吃深海鱼。""正是这样。"Zhème shuō, nǐ xiāngxìn wǒmen yīnggāi duō chī shēnhǎiyú." "Zhèngshì zhèyàng."

exaggerate V 夸大 kuādà, 夸张 kuāzhāng

exaggerated ADV 夸大的 kuādà de, 夸张的 kuāzhāng de

exaggeration N 夸大 kuādà, 夸张 kuāzhāng

exalt V 赞扬 zànyáng, 歌颂 gēsòng

exam N 1 考试 kǎoshì [M. WD 次 cì/场 cháng] □ Johnny will take his English exam tomorrow. 强尼明天考英文。Qiángní míngtiān kǎo Yīngwén. □ She did poorly in the final exams. 她期终考试考得很差。Tā qīzhōng kǎoshì kǎode hěn chà. 2 (医学) 检查 (yīxué) jiǎnchá

examination N 1 检查 jiǎnchá [M. WD 次 cì], 检验 jiǎnyàn [M. WD 次 cì] □ Pilots must have a thorough medical examination every six months. 飞行员必须每六个月做一次彻底的身体检查。Fēixíngyuán bìxū měi liù ge yuè zuò yí cì chèdǐ de shēntǐ jiǎnchá. 2 考试 kǎoshì [M. WD 次 cì/场 cháng]

examine V 检查 jiǎnchá, 检验 jiǎnyàn □ Every piece of evidence was carefully examined by the jury. 陪审团仔细地检查了每一件证据。Péishěntuán zǐxì de jiǎnchále měi yí jiàn zhèngjù.

example N 1 例子 lìzi □ Can you give me an example of climate change? 你能不能举一个气候变化的例子？Nǐ néngbunéng jǔ yí ge qìhòu biànhuà de lìzi? □ This dictionary is full of good example sentences. 这本词典充满了好例句。Zhè běn cídiǎn chōngmǎnle hǎo lìjù.

for example 例如 lìrú □ Countries in the southern hemisphere, Australia and New Zealand for example, observe Christmas in summer. 南半球国家, 例如澳大利亚和新西兰, 在夏天过圣诞节。Nánbànqiú guójiā, lìrú Àodàlìyà hé Xīnxīlán, zài xiàtiān guò Shèngdànjié.

2 榜样 bǎngyàng, 范例 fànlì □ Parents must set a good example for their children. 父母要为子女树立好榜样。Fùmǔ yào wèi zǐnǚ shùlì hǎo bǎngyàng. □ They follow Mother Teresa's example and work among the poor and the sick. 他们学习特丽萨嬷嬷的榜样, 在穷人、病人中服务。Tāmen xuéxí Tèlìsà mómo de bǎngyàng, zài qióngrén, bìngrén zhōng fúwù.

exasperate V 使…恼怒 shǐ…nǎonù

exasperated ADJ 恼怒的 nǎonù de

exasperating ADJ 让人恼怒的 ràng rén nǎonù de

excavate V 发掘 fājué, 挖掘 wājué

exceed V 超出 chāochū, 超过 chāoguò

exceedingly ADV 极其 jíqí, 非常 fēicháng

excel V 1 优于 yōuyú, 胜过 shèngguò 2 擅长 shàncháng

excellence N 卓越 zhuóyuè, 优秀 yōuxiù

excellent ADJ 优秀 yōuxiù, 杰出的 jiéchū de □ He got A's for all his subjects—what an excellent student! 他门门功课都得A—多么优秀的学生啊！Tā ménmén gōngkè dōu dé A—duōme yōuxiù de xuésheng a!

except I PREP 1 除了 chúle, 除了…以外 chúle…yǐwài □ The zoo is open every day except Christmas Day. 动物园除了圣诞节每天开放。Dòngwùyuán chúle Shèngdànjié měitiān kāifàng. 2 只是 zhǐ shì □ This is a very good movie, except for the seemingly abrupt ending. 这部电影很好, 只是结尾显得太仓促了。Zhè bù diànyǐng hěn hǎo, zhǐ shì jiéwěi xiǎnde tài cāngcù le.

II V 除去 chúqù, 除掉 chúdiào

exception N 例外 lìwài □ Most of the girls don't like science and math, but Jill is an exception. 大多数女孩不喜欢科学和数学, 但是吉尔是个例外。Dàduōshu nǚhair bù xǐhuan kēxué he shùxué, dànshì Jiér shì ge lìwài.

exceptional ADJ 1 杰出的 jiéchū de, 出类拔萃的 chūlèi bácuì de 2 例外的 lìwài de, 特殊的 tèshū de

excerpt N 摘录 zhāilù [M. WD 段 duàn/篇 piān], 节录 jiélù [M. WD 段 duàn/篇 piān]

excess I N 过分 guòfèn, 过量 guòliàng

in excess of 超过 chāoguò

II ADJ 多余的 duōyú de, 额外的 éwài de

excess baggage 超重行李 chāozhòng xíngli

excesses N 过激行为 guòjī xíngwéi, (不必要的) 暴力 (bú bìyào de) bàolì

excessive ADJ 过分的 guòfèn de, 过度的 guòdù de

exchange I N 1 交换 jiāohuàn, 兑换 duìhuàn □ She gave him free English lessons in exchange for piano lessons. 她免费教他英文, 来交换他的钢琴课。Tā miǎnfèi jiào tā Yīngwén, lái jiāohuàn tā de gāngqín kè.

exchange rate 兑换率 duìhuànlǜ □ What is the exchange rate between the American dollar and Japanese yen today? 今天美元和日元的兑换率是多少？Jīntiān Měiyuán hé Rìyuán de duìhuànlǜ shì duōshǎo?

exchange student 交换学生 jiāohuàn xuésheng

2 交易所 jiāoyìsuǒ

New York Stock Exchange (NYSE) 纽约证券交易所 Niǔyuē zhèngquàn jiāoyìsuǒ

II V 交换 jiāohuàn

excise I N (特种) 消费税 (tèzhǒng) xiāofèishuì, 国内货物税 guónèi huòwùshuì II V 除去 chúqù, 切除 qiēchú

excitable ADJ 容易激动的 róngyì jīdòng de

excite V 使激动 shǐ jīdòng □ Don't excite yourself. Keep calm. 别让自己激动。保持镇静。Bié ràng zìjǐ jīdòng. Bǎochí zhènjìng.

excited ADJ 激动 jīdòng, 兴奋的 xīngfèn de □ She is very excited about her forthcoming wedding. 她为即将举行的婚礼而十分激动。Tā wèi jíjiāng jǔxíngde hūnlǐ ér shífēn jīdòng.

excitement N 激动 jīdòng, 兴奋 xīngfèn □ She could hardly conceal her excitement when she was awarded the scholarship. 她得了奖学金, 几乎不能掩饰激动。Tā déle jiǎngxué jīn, jīhū bù néng yǎnshì jīdòng.

exciting ADJ 令人激动地 lìng rén jīdòng de □ It is exciting that their youngest son is leaving home for MIT next week. 他们的小儿子下星期要上麻省理工学院了, 真令人激动。Tāmen de xiǎo'érzi xià xīngqī yào shàng Máshěng Lǐgōng Xuéyuàn le, zhēn lìng rén jīdòng.

exclaim V 叫喊 jiàohǎn, 呼叫 hūjiào

exclamation N 叫喊声 jiàohǎn shēng, 呼叫声 hūjiàoshēng

exclamation point 感叹号 gǎntànhào (!)

exclude V 1 不包括 bù bāokuò 2 排除 [+可能性] páichú [+kěnéngxìng]

excluding PREP 不包括 bù bāokuò, 除了 chúle

exclusive ADJ 1 独家的 [+采访] dújiā de [+cǎifǎng], 专门的 zhuānmén de 2 难以进入的 [+俱乐部] nányǐ jìnrù de [+jùlèbù] 3 昂贵的 [+餐厅] ángguì de [+cāntīng]

excommunicate V 开除 [+出教会] kāichú [+chū jiàohuì], 逐出教门 zhúchū jiàomén

excrement N 粪便 fènbiàn

excrete v 排泄 páixiè

excruciating ADJ 剧烈疼痛的 jùliè téngtòng de, 疼痛得难以忍受的 téngtòng de nányǐ rěnshòu de

excursion N 短途旅游 duǎntú lǚyóu

excusable ADJ 可以原谅的 kěyǐ yuánliàng de

excuse I v 1 原谅 yuánliàng
Excuse me 对不起 duìbuqǐ □ Excuse me, could you tell the time? 对不起，能告诉我现在几点吗? Duìbuqǐ, néng gàosu wǒ xiànzài jǐdiǎn ma? □ Excuse me, I didn't mean it. 对不起，我不是这个意思。Duìbuqǐ, wǒ bú shì zhè ge yìsi.
2 为…辩解 wèi…biànjiě
II N 理由 lǐyóu, 借口 jièkǒu □ She has no excuse for being so rude to the customer. 她没有理由对那位顾客这样没有礼貌。Tā méiyǒu lǐyóu duì nà wèi gùkè zhèyàng méiyǒu lǐmào.

execute v 1 执行 zhíxíng, 实施 shíshī 2 处以死刑 chù yǐ sǐxíng, 处死 chǔsǐ

execution N 1 执行 zhíxíng, 实施 shíshī 2 处死 chǔsǐ

executioner N 死刑执行人 sǐxíng zhíxíng rén

executive I N 高级管理人员 gāojí guǎnlǐ rényuán □ This luxury home belongs to an executive of a multinational corporation. 这幢豪宅属于一位跨国公司的高级管理人员。Zhè zhuàng háozhái shǔyú yí wèi kuàguó gōngsī de gāojí guǎnlǐ rényuán.
the Executive（政府）行政部门 (zhèngfǔ) xíngzhèng bùmén
II ADJ 执行的 zhíxíng de □ He was appointed a member of the executive committee. 他被任命为执行委员会委员。Tā bèi rènmìng wéi zhíxíng wěiyuánhuì wěiyuán.

executor N 遗嘱执行人 yízhǔ zhíxíngrén

exemplary ADJ 可以作为好榜样的 kěyǐ zuòwéi hǎo bǎngyàng de, 楷模的 kǎimó de

exemplify v 是…的典型例子 shì…de diǎnxíng lìzi

exempt I ADJ 被免除的 bèi miǎnchú de
exempt from taxation 免于缴税 miǎnyú jiǎoshuì
II v 免除 miǎnchú

exemption N 1 免除 miǎnchú 2 免税额 miǎnshuì'é

exercise I N 1（体育）锻炼 (tǐyù) duànliàn □ Regular exercise reduces the risk of heart disease. 经常锻炼降低犯心脏病的危险。Jīngcháng duànliàn jiàngdī fàn xīnzàngbìng de wēixiǎn.
exercise bike 健身脚踏车 jiànshēn jiǎotàchē
2 体操 tǐcāo, 健身操 jiànshēncāo □ His doctor recommended a set of exercises for his lumbago. 他的医生推荐一套治疗腰疼的体操。Tā de yīshēng tuījiàn yí tào zhìliáo yāoténg de tǐcāo. **3** 练习 liànxí □ The teacher gives her students exercises to do every day. 老师每天给学生规定练习。Lǎoshī měitiān gěi xuéshēng guīdìng liànxí. **4** 活动 huódòng
a futile exercise 没有效果的活动 méiyǒu xiàoguǒ de huódòng, 徒劳之举 túláo zhī jǔ
5（军事）演习 (jūnshì) yǎnxí
a joint naval exercise 联合海军演习 liánhé hǎijūn yǎnxí
II v 1（体育）锻炼 (tǐyù) duànliàn 2 运用 [+权力] yùnyòng [+quánlì], 行使 xíngshǐ

exert v 施加 shījiā
to exert oneself 努力 nǔlì, 卖力 màilì

exertion N 1 运用 yùnyòng 2 用力 yònglì, 努力 nǔlì

exhale v 呼气 hūqì

exhaust I v 1 使…精力力尽 shǐ…jīngpí lìjìn 2 用尽 yòngjìn
II N 1（汽车）废气 (qìchē) fèiqì 2 排气管 páiqìguǎn, 排气系统 páiqì xìtǒng

exhausted ADJ 精疲力尽的 jīngpí lìjìn de, 累极了的 lèi jíle de

exhaustion N 1 精疲力尽 jīngpí lìjìn 2 耗尽 hàojìn, 用完 yòngwán

exhaustive ADJ 彻底的 chèdǐ de

exhibit I v 1 展览 zhǎnlǎn, 展示 zhǎnshì 2 显示 xiǎnshì, 展示 zhǎnshì

II N 1 展览品 zhǎnlǎnpǐn [M. WD 件 jiàn] □ Sorry, the exhibits are not for sale. 对不起，展览品不出售。Duìbuqǐ, zhǎnlǎnpǐn bù chūshòu. **2**（法庭上的）证物 (fǎtíng shàng de) zhèngwù [M. WD 件 jiàn]

exhibition N 展览 zhǎnlǎn, 展览会 zhǎnlǎnhuì □ The museum is holding an exhibition of Chinese porcelain. 博物馆正在举办中国瓷器展览。Bówùguǎn zhèngzài jǔbàn Zhōngguó cíqì zhǎnlǎn. □ An electronics trade exhibition will be held in Shanghai next month. 下个月将在上海举行电子交易会。Xià ge yuè jiāng zài Shànghǎi jǔxíng diànzǐ jiāoyìhuì.
an exhibition of temper 大发脾气 dà fā píqi
to make an exhibition of oneself 出洋相 chūyángxiàng, 出丑 chūchǒu

exhibitionism N 风头主义 fēngtóu zhǔyì, 表现狂 biǎoxiànkuáng

exhilarated ADJ 兴高采烈的 xìnggāo cǎiliè de

exhilarating ADJ 让人极其兴奋的 ràng rén jíqí xīngfèn de

exhort v 恳请 kěnqǐng, 劝告 quàngào

exhortation N 规劝 guīquàn, 劝谕 quànyù

exhume v 掘出（尸体）juéchū (shītǐ)

exile I v 流放 liúfàng, 放逐 fàngzhú II N 1 流放 liúfàng, 流亡 liúwáng 2 流放者 liúfàngzhě
a political exile 政治流放者 zhèngzhì liúfàngzhě
in exile 流放中 liúfàng zhōng

exist v 存在 cúnzài, 有 yǒu □ Does life exist on Mars? 火星上存在生命吗? Huǒxīngshang cúnzài shēngmìng ma?

existence N 1 存在 cúnzài □ Some people doubt the existence of a superior being called God. 有些人怀疑叫做上帝的超人的存在。Yǒuxiē rén huáiyí jiàozuò Shàngdì de chāorén de cúnzài. **2** 生存 shēngcún □ The continued existence of many species is under threat. 许多物种的继续生存受到威胁。Xǔduō wùzhǒng de jìxù shēngcún shòudào wēixié.

exit I N 1 出口 chūkǒu, 出口处 chūkǒuchù 2 离去 líqù, 退场 tuìchǎng
to make a hasty exit 匆忙离去 cōngmáng líqù
II v 1 离开 líkāi 2 退出 tuìchū

exodus N（大批人）离开 (dàpī rén) líkāi

exonerate v 免除（指控）miǎnchú (zhǐkòng)

exorbitant ADJ [价格+] 过高的 [jiàgé+] guògāo de, 昂贵的 ángguì de

exorcise, exorcize v 1 忘却 wàngquè, 忘掉 wàngdiào 2 驱除 qūchú, 消除 xiāochú

exotic ADJ 异国情调的 yìguó qíngdiào de, 异国的 yìguó de

expand v 变大 biàn dà, 扩张 kuòzhāng

expanse N 广阔的空间 guǎngkuò de kōngjiān

expansion N 变大 biàn dà, 扩张 kuòzhāng

expansive ADJ 1 广阔的 [+麦田] guǎngkuò de [+màitián] **2** 扩张的 [+野心] kuòzhāng de [+yěxīn] **3** 开朗健谈的 [+朋友] kāilǎng jiàntán de [+péngyou]

expatriate N 居住在外国的人 jūzhù zài wàiguó de rén, 侨民 qiáomín

expect v 1 期待 qīdài, 指望 zhǐwàng □ We expect to see an improvement in the economy in the next quarter. 我们期待在下个季度看到经济的改善。Wǒmen qīdài zài xià ge jìdù kàndao jīngjì de gǎishàn. □ Do you really expect me to believe you? 你真的指望我相信你? Nǐ zhēn de zhǐwàng wǒ xiàngxìn nǐ? **2** [女子+] 怀孕 [nǚzǐ+] huáiyùn □ She is expecting. 她怀孕了。Tā huáiyùn le.

expectancy N 期待 qīdài, 期望 qīwàng

expectant ADJ 期待的 qīdài de, 期望的 qīwàng de
an expectant mother 快要当母亲的人 kuàiyào dāng mǔqin de rén, 孕妇 yùnfù

expectation N 期待 qīdài, 期望 qīwàng □ They have unrealistic expectations of their children. 他们对孩子的期待脱离实际。Tāmen duì háizi de qīdài tuōlí shíjì.

contrary to expectation 出乎意料 chūhū yìliào □ Contrary to expectation, only half of the concert tickets were sold. 出乎意料, 音乐会的门票只卖出了一半。 Chūhū yìliào, yīnyuèhuì de ménpiào zhǐ màichūle yí bàn.

expediency N 不讲原则只求效果的做法 bù jiǎng yuánzé zhǐ qiú xiàoguǒ de zuòfǎ, 权宜之计 quányí zhī jì

expedient I ADJ 权宜之计的 quányí zhī jì de, 应急的 yìngjí de II N 应急办法 yìngjí bànfǎ

expedite V 加快 jiākuài, 促进 cùjìn

expedition N 1 探险（队）tànxiǎn (duì), 考察（队）kǎochá (duì)

expel V 1 驱逐 qūzhú, 开除 kāichú □ Two senior students were expelled from school for taking drugs. 两名高年级学生因吸毒被开除。 Liǎng míng gāoniánjí xuésheng yīn xīdú bèi kāichú. 2 排出 [+气体] páichū [+qìtǐ]

expend V 花费 huāfèi

expendable ADJ 可有可无的 kěyǒu kěwú de, 不必保留的 búbì bǎoliú de

expenditure N 花费 huāfèi, 费用 fèiyòng □ The total expenditure for building their new house is $250,000. 建造他们新住宅的全部费用是二十五万美元。 Jiànzào tāmen xīn zhùzhái de quánbù fèiyòng shì èrshíwǔ wàn Měiyuán.

expense N 费用 fèiyòng [M. WD 笔 bǐ], 花费 huāfèi □ His client paid for his traveling expenses. 他的客户支付他的旅差费。 Tā de kèhù zhīfù tāde lǚchāi fèi.

expenses 业务费用 yèwù fèiyòng, 差旅交际费 chāilǚ jiāojìfèi

expense account 报销账单 bàoxiāo zhàngdān

at the expense of 以…为代价 yǐ...wéi dàijià □ He achieved his career aspiration at the expense of his health. 他以健康为代价, 实现了事业上的雄心。 Tā yǐ jiànkāng wéi dàijià, shíxiànle shìyèshang de xióngxīn.

expensive ADJ 昂贵的 ángguì de □ The wealthy young man often gave his girlfriend expensive gifts. 那个阔少常常送给女朋友昂贵的礼物。 Nà ge kuòshào chángcháng sònggěi nǚpéngyǒu ángguì de lǐwù. □ College education is becoming more and more expensive. 大学教育越来越昂贵。 Dàxué jiàoyù yuèláiyuè ángguì.

experience I N 1 经历 jīnglì □ This movie is based on his personal experiences. 这部电影基于他的亲身经历。 Zhè bù diànyǐng jīyú tā de qīnshēn jīnglì. 2 经验 jīngyàn □ He has not had any experience in this type of work. 他对这类工作没有任何经验。 Tā duì zhè lèi gōngzuò méiyǒu rènhé jīngyàn. Experience is the better teacher. 经验是最好的老师。 Jīngyàn shì zuì hǎo de lǎoshī. II V 经历 jīnglì, 体验 tǐyàn □ People experienced hardships in wartime. 人们在战时经历种种苦难。 Rénmen zài zhànshí jīnglì zhǒngzhǒng kǔnàn.

experienced ADJ 有经验的 yǒu jīngyàn de

experiment I N 实验 shíyàn [M. WD 项 xiàng/次 cì], 试验 shìyàn [M. WD 项 xiàng/次 cì] □ The scientist is carrying out a pioneering experiment in his laboratory. 这位科学家正在试验室进行一项开创性试验。 Zhè wèi kēxuéjiā zhèngzài shìyànshì jìnxíng yí xiàng kāichuàngxìng shìyàn. II V 实验 shíyàn, 试验 shìyàn □ People have experimented with various types of cars that do not use gasoline. 人们试验各种不用汽油的汽车。 Rénmen shìyànguo gè zhǒng bú yòng qìyóu de qìchē.

experimental ADJ 实验的 shíyàn de, 试验的 shìyàn de

expert I N 专家 zhuānjiā [M. WD 位 wéi], 行家 hángjiā [M. WD 位 wéi] □ He is a world expert on climate change. 他是气候变化问题的世界权威。 Tā shì qìhòu biànhuà wèntí de shìjiè quánwēi. □ The committee will consult a panel of experts before making the final decision. 委员会要在做出最终决定以前咨询一个专家组。 Wěiyuánhuì yào zài zuòchū zuìzhōng juédìng yǐqián zīxún yí ge zhuānjiāzǔ.

II ADJ 专家的 zhuānjiā de, 内行的 nèiháng de

expert advice 专家意见 zhuānjiā yìjiàn

expert system （计算机）专家系统 (jìsuànjī) zhuānjiā xìtǒng

expertise N 专业知识 zhuānyè zhīshi

expiration N 过期失效 guòqī shīxiào

expiration date 失效日期 shīxiào rìqī

expire V 过期 guòqī, 到期 dàoqī

explain V 1 解释 jiěshì □ The doctor explained in detail what the treatment would be. 医生详细解释了治疗办法。 Yīshēng xiángxì jiěshìle zhìliáo bànfǎ. □ Let me explain what I mean. 让我来解释一下我的意思。 Ràng wǒ lái jiěshì yí xià wǒ de yìsi. 2 说明 shuōmíng, 给出原因 gěichū yuányīn

explanation N 解释 jiěshì □ Do you have an explanation for football hooliganism? 你能不能解释足球流氓的现象？ Nǐ néngbunéng jiěshì zúqiú liúmáng de xiànxiàng? □ They offered a convincing explanation for the late arrival of our order. 他们对我们订货晚到一事作了令人信服的解释。 Tāmen duì wǒmen dìnghuò wǎndào yí shì zuòle lìng rén xìnfú de jiěshì.

explanatory ADJ 解释的 jiěshì de, 说明的 shuōmíng de

expletive N 骂人的话 màrén dehuà [M. WD 句 jù], 粗话 cūhuà [M. WD 句 jù]

explicable ADJ 容易理解的 róngyì lǐjiě de

explicit ADJ 1 清楚的 qīngchu de, 直截了当的 zhíjiéliǎodàng de 2 （色情描写）露骨的 (sèqíng miáoxiě) lùgǔ de

explode V 爆炸 bàozhà □ A car bomb exploded at the evening rush hour and killed a dozen people. 一枚汽车炸弹在晚间交通繁忙时爆炸, 炸死十几个人。 Yì méi qìchē zhàdàn zài wǎnjiān jiāotōng fánmáng shí bàozhà, zhàsǐ shíjǐ gè rén.

exploit[1] N 英勇行为 yīngyǒng xíngwéi, 壮举 zhuàngjǔ

exploit[2] V 1 剥削 [+雇员] bōxuē [+gùyuán] 2 利用 [+资源] lìyòng [+zīyuán], 开发 kāifā

exploitation N 1 剥削 bōxuē

exploitation of child labor 剥削童工 bōxuē tónggōng 2 利用 lìyòng

explore V 1 探索 tànsuǒ □ Geologists are exploring for oil in this region. 地质学家在这个地区探索石油。 Dìzhìxuéjiā zài zhège dìqū tànsuǒ shíyóu. 2 仔细研究 zǐxì yánjiū, 考察 kǎochá □ His proposal sounds interesting and is worth exploring in some detail. 他的提案听来很有意思, 值得做一些仔细研究。 Tā de tí'àn tīnglai hěn yǒuyìsi, zhíde zuò yìxiē zǐxì yánjiū.

explorer N 探险者 tànxiǎnzhě, 探险家 tànxiǎnjiā

explosion N 1 爆炸 bàozhà [M. WD 次 cì] 2 急剧增长 jíjù zēngzhǎng

population explosion 人口急剧增长 rénkǒu jíjù zēngzhǎng, 人口爆炸 rénkǒu bàozhà

explosive I ADJ 1 会爆炸的 huì bàozhà de 2 爆炸性的 bàozhàxìng de II N 炸药 zhàyào

exponent N 倡导者 chàngdǎozhě, 拥护者 yōnghùzhě

export I V 出口 chūkǒu □ China exports huge amounts of consumer goods to the U.S. 中国向美国出口大量消费品。 Zhōngguó xiàng Měiguó chūkǒu dàliàng xiāofèipǐn. II N 出口（商品）chūkǒu (shāngpǐn)

expose V 1 暴露 bàolù □ You should not expose your skin to the summer sun. 你不应该把皮肤暴露在夏日的阳光下。 Nǐ bù yīnggāi bǎ pífū bàolù zài xiàrì de yángguāng xià. 2 揭露 jiēlù □ The sacked accountant threatened to expose the company's tax evasion to the police. 被解雇的会计师威胁要向警方揭露公司的逃税行为。 Bèi jiěgù de kuàijìshī wēixié yào xiàng jǐngfāng jiēlù gōngsī de táoshuì xíngwéi.

exposé N 揭露阴暗面的作品 jiēlù yīn'ànmiàn de zuòpǐn, 曝光揭秘的作品 bàoguāng jiēmì de zuòpǐn

exposed ADJ 暴露在外的 bàolù zàiwài de

exposition N 1 详细讲解 xiángxì jiǎngjiě 2 展览会 zhǎnlǎnhuì, 博览会 bólǎnhuì

exposure N 1 暴露 bàolù 2 揭露 jiēlù 3 曝光（量）bàoguāng (liáng)

exposure meter（摄影用）曝光表 (shèyǐng yòng) bàoguāngbiǎo

express[1] V 表示 biǎoshì, 表达 biǎodá □ I can't express fully how grateful I am for your help. 我无法充分表达对你的帮助的谢意。Wǒ wúfǎ chōngfèn biǎodá duì nǐ de bāngzhù de xièyì.

to express oneself 表达自己的意思／观点 biǎodá zìjǐ de yìsi/guāndiǎn □ I'm afraid he hasn't expressed himself well. 恐怕他没有把意思表达清楚。Kǒngpà tā méiyǒu bǎ yìsi biǎodá qīngchu.

express[2] I ADJ 快速的 kuàisù de, 高速的 gāosù de

Express Mail Delivery Service (EMD) 特快专递 tèkuài zhuān dì

II N 1 特快邮递 tèkuài yóudì 2 特快火车 tèkuài huǒchē [M. WD 列 liè]

expression N 1 表达法 biǎodáfǎ, 习惯用语 xíguàn yòngyǔ □ The expression "hit the jackpot" means "to win a lot of money" or "to be very lucky". 习惯用语 "hit the jackpot" 的意思是 "赢了一大笔钱" 或者 "极其幸运"。Xíguàn yòngyǔ "hit the jackpot" de yìsi shì "yíngle yí dà bǐ qián" huòzhě "jíqí xìngyùn". □ My grandma sometimes uses an expression which sounds strange to me. 奶奶有时候用的语言表达法，我听起来有点怪。Nǎinai yǒushíhou yòng de yǔyán biǎodáfǎ, wǒ tīngqǐlai yǒudiǎn guài. 2 表情 biǎoqíng 3 表达意见／感情 biǎodá yìjiàn/gǎnqíng □ He did not know how to give expression to his frustration. 他不知道怎么样表达自己的挫折感。Tā bù zhīdào zěnmeyàng biǎodá zìjǐ de cuòzhégǎn.

expressionless ADJ 面无表情的 miàn wú biǎoqíng de

expressive ADJ 富于表现力的 fùyú biǎoxiànlì de, 充满感情的 chōngmǎn gǎnqíng de

expressly ADV 1 明确地 míngquè de 2 特意地 tèyì de

expressway N 快速干道 kuàisù gàndào

expropriate V 征用 zhēngyòng, 没收 mòshōu

expulsion N 1 开除 kāichú, 驱逐 qūzhú 2 排出 páichū

exquisite ADJ 精美的 jīngměi de, 精致的 jīngzhì de

extemporaneous ADJ 不作准备的 bú zuò zhǔnbèi de, 即兴的 jíxìng de

an extemporaneous piano performance 即兴钢琴演奏 jíxìng gāngqín yǎnzòu

extend V 1 伸 shēn, 伸展 shēnzhǎn 2 延长 yáncháng □ I need to have my visa extended for another three months. 我需要再延长签证三个月。Wǒ xūyào zài yáncháng qiānzhèng sān ge yuè.

extended family 扩大式家庭 kuòdà shì jiātíng, 大家庭 dàjiātíng

3 提供 [+帮助] tígōng [+bāngzhù]

extension N 1（电话）分机 (diànhuà) fēnjī,（电话）分机号码 (diànhuà) fēnjī hàomǎ 2 延期 yánqī 3 扩展 kuòzhǎn, 扩大 kuòdà

extension cord 电线延长线 diànxiàn yánchángxiàn

4（大学）附设部 (dàxué) fùshèbù

extensive ADJ 广泛的 guǎngfàn de 2 大范围的 dà fànwéi de, 广大的 guǎngdà de

extent N 1 程度 chéngdù □ We do not yet know the extent of the damage caused by the cyclone. 我们不知道龙卷风造成的损害达到什么程度。Wǒmen bù zhīdào lóngjuǎnfēng zàochéng de sǔnhài dádào shénme chéngdù.

to a certain/some extent 在一定程度上 zài yídìng chéngdùshang □ His fear is justifiable to a certain extent. 他的恐惧在一定程度上是有理由的。Tā de kǒngjù zài yídìng chéngdùshang shì yǒu lǐyóu de.

2 范围 fànwéi

exterior I ADJ 外面的 wàimiàn de, 外部的 wàibù láide

II N 外部 wàibù, 外面 wàimiàn

external ADJ 外部的 wàibù de

（of medicine) for external use 外用药 wàiyòngyào

extinct ADJ 灭绝的 mièjué de, 灭种的 mièzhǒng de 2 熄灭了的 xīmièle de

extinction N 1 灭绝 mièjué, 灭种 mièzhǒng

on the brink of extinction 频临灭绝 pínlín mièjué 2 熄灭 xīmiè, 消灭 xiāomiè

extinguish N 1 灭 miè, 消灭 xiāomiè

extinguisher, fire extinguisher N 灭火器 mièhuǒqì

extol V 高度赞扬 gāodù zànyáng

extort V 敲诈勒索 qiāozhà lèsuǒ

extortion N 敲诈勒索 qiāozhà lèsuǒ

extortionate ADJ 敲诈性的 qiāozhàxìng de, 过高的 guògāo de

extra I ADJ 附加的 fùjiā de □ We expect extra pay for extra work. 我们期待额外的工作得到额外的报酬。Wǒmen qīdài éwài de gōngzuò dédào éwài de bàochou.

II ADV 特别 tèbié, 非常 fēicháng □ You have to pay extra if you dine out on a public holiday. 你在公共节日外出就餐需要额外付款。Nǐ zài gōnggòng jiérì wàichū jiùcān jiù xūyào éwài fùkuǎn. □ This wine is of extra fine quality. 这种酒质量特别好。Zhè zhǒng jiǔ zhìliàng tèbié hǎo.

III N 1 额外的东西（如付款）wàijiā de dōngxi (rú fùkuǎn) □ There are no hidden extras to this price. 这个价格以外没有隐含的外加付款。Zhè ge jiàgé yǐwài méiyǒu yǐnhán de wàijiā fùkuǎn. 2（报纸）号外 (bàozhǐ) hàowài [M. WD 份 fèn] 3（电影）临时演员 (diànyǐng) línshí yǎnyuán

extract I V 1 拔出 bá chū, 取出 qǔchū 2 提炼 tíliàn, 采掘 cǎijué 3 设法取得 shèfǎ qǔdé II N 1 提炼物 tíliànwù, 浓缩物 nóngsuōwù 2 摘录 zhāilù [M. WD 段 duàn/篇 piān], 选段 xuǎnduàn [M. WD 段 duàn/篇 piān]

extraction N 1 提炼 tíliàn 2 血统 xuètǒng, 出身 chūshēn

a family of Italian extraction 一个意大利血统的家庭 yí ge Yìdàlì xuètǒng de jiātíng

extracurricular ADJ 课外的 kèwài de

extracurricular activities 课外活动 kèwài huódòng

extradite V 引渡 yǐndù

extraneous ADJ 不相关的 bù xiāngguān de, 无足轻重的 wúzú qīngzhòng de

extraordinary ADJ 1 非凡的 fēifán de, 极其出色的 jíqí chūsè de 2 很特别的 hěn tèbié de

extrapolate V 推断 tuīduàn

extraterrestrial I ADJ 外星的 wàixīng de II N 外星生物 wàixīng shēngwù, 外星人 wàixīngrén

extravagant ADJ 奢侈豪华的 shēchǐ háohuá de, 挥霍无度的 huī huò wúdù de

extreme I ADJ 1 极端 jíduān, 极其 jíqí □ People holding extreme opinions may pose a danger to society. 持有极端观点的人可能对社会造成危害。Chíyǒu jíduān guāndiǎn de rén kěnéng duì shèhuì zàochéng wēihài. □ She cried out in extreme pain. 她疼极了，失声大叫。Tā téng jíle, shīshēng dàjiào. 2 极限的 jíxiàn de, 尽头的 jìntóu de

II N 极端 jíduān □ Love and hate are extremes. 爱和恨是两个极端。Ài hé hèn shì liǎng ge jíduān.

extremely ADV 极其 jíqí □ It is extremely annoying to miss a flight. 没赶上飞机，让人极其恼火。Méi gǎnshang fēijī, ràngrén jíqí nǎohuǒ.

extremism N 极端主义 jíduānzhǔyì

extremist N 极端分子 jíduān fènzi

extremities N 四肢 sìzhī, 手脚 shǒujiǎo

extremity N 极端 jíduān, 末端 mòduān

extricate V 解救 jiějiù

extrovert N 性格外向的人 xìnggé wàixiàng de rén

exuberance N 朝气 zhāoqì, 活力 huólì

exuberant ADJ 朝气蓬勃的 zhāoqì péngbó de, 精力旺盛的 jīnglì wàngshèng de

exude V 1 表现出 biǎoxiànchū 2 渗透出 shèntòuchū

exult v 欢欣鼓舞 huānxīn gǔwǔ

eye N 1 眼睛 yǎnjing □ He closed his eyes and relaxed in his chair. 他闭上眼，在座位上放松。Tā bìshang yǎn, zài zuòwèishang fàngsōng. **2** 眼力 yǎnlì, 眼光 yǎnguāng

to have an eye for sth 对某事物有鉴赏能力 duì mǒu shìwù yǒu jiànshǎng nénglì

an eye for an eye, a tooth for a tooth 以眼还眼, 以牙还牙 yǐ yǎn huán yǎn, yǐ yá huán yá

eyeball N 眼球 yǎnqiú

eyebrow N 眉毛 méimao [M. WD 条 tiáo]

to raise one's eyebrows 表示惊讶/反对 biǎoshì jīngyà/fǎnduì

eye-catching ADJ 醒目 xǐngmù, 令人注目的 lìng rén zhùmù de □ She wore an eye-catching dress to the party. 她在聚会上穿一套令人注目的服装。Tā zài jùhuìshang chuān yí tào lìng rén zhùmù de fúzhuāng.

eyelash N 眼睫毛 yǎnjiémáo

eyelid N 眼皮 yǎnpí, 眼睑 yǎnjiǎn

eye-opener N 使人大开眼界的事 shǐ rén dà kāi yǎnjiè de shì

eyeshadow N 眼影 yǎnyǐng

eyesight N 视力 shìlì

eyesore N 刺眼的东西 cìyǎn de dōngxi, 难看的事物 nánkàn de shìwù

eyewitness N 目击者 mùjīzhě □ There was no eyewitness to this crime. 这桩犯罪案件没有目击人。Zhè zhuāng fànzuì ànjiàn méiyǒu mùjīrén.

F, f

fable N 寓言（故事）yùyán（gùshi）

fabric N 布料 bùliào [M. WD 块 kuài], 织品 zhīpǐn [M. WD 件 jiàn]

fabricate v 1 编造 [+ 故事] biānzào [+gùshi], 捏造 niēzào **2** 制造 [+部件] zhìzào [+bùjiàn]

fabrication N 编造的信息 biānzào díxìn xī, 谎言 huǎngyán

fabulous ADJ 1 极好的 jíhǎo de, 好得不得了 hǎo dé bùdéliǎo **2** 巨大的 jùdà de, 大得惊人的 dà dé jīngrén de

façade N 1 表面 biǎomiàn, 外表 wàibiǎo **2**（建筑物的）正面 (jiànzhùwù de) zhèngmiàn

face I N 1 脸 liǎn, 面孔 miànkǒng □ She has a lovely face. 她脸长得很可爱。Tā liǎn zhǎng de hěn kě'ài. □ The ball hit him in the face. 球打在他脸上。Qiú dǎ zài tā liǎnshang. **2** 表面 biǎomiàn

face value 表面价值 biǎomiàn jiàzhí □ This stamp with the face value of 10 cents can easily grab 1,000 dollars at an auction. 这枚面值十美分的邮票可以轻而易举地拍卖到一千元。Zhè méi miànzhí shí měifēn de yóupiào kěyǐ qīngéryìjǔ de pāimài dào yì qiān yuán.

to lose face 丢脸 diūliǎn, 丢面子 diū miànzi □ He wouldn't admit he had been wrong for fear of losing face. 他怕丢脸而不愿意承认自己错了。Tā pà diūliǎn ér bú yuànyì chéngrèn zìjǐ cuò le.

to pull a long face 拉长脸 lācháng liǎn, 一脸不高兴的表情 yì liǎn bù gāoxīng de biǎoqíng □ The boss pulled a long face when Tom asked for a raise. 汤姆要求涨工资时, 老板一脸不高兴的表情。Tāngmǔ yāoqiú zhǎng gōngzī shí, lǎobǎn yì liǎn bù gāo xīngde biǎoqíng.

II v 1 面临 [+挑战] miànlín [+ tiǎozhàn], 面对 miànduì **2** 正视 [+现实] zhèngshì [+ xiànshí]

to face the music 接受批评 jiēshòu pīpíng

to face up to 勇敢正视 [+困难的处境] yǒnggǎn zhèngshì [+kùnnan de chǔjìng]

Facebook N （网络通信）脸谱 (wǎngluò tōngxìn) liǎnpǔ

faceless ADJ 不受重视的 bú shòu zhòngshì de, 没有趣味的 méiyǒu qùwèi de

facelift N 1 面部拉皮手术 miànbù lāpí shǒushù **2** [建筑物+] 翻新 [jiànzhùwù+] fānxīn

facet N 1 方面 fāngmiàn **2**（宝石的）琢面 (bǎoshí de) zhuómiàn

facetious ADJ 乱开玩笑的 luàn kāiwánxiào de, 想逗人笑的 xiǎng dòurén xiào de

facial I ADJ 脸部的 liǎnbù de II N 面部美容 miànbù měiróng

facile ADJ 1 肤浅的 fūqiǎn de, 浅薄的 qiǎnbó de **2** 过于容易的 guòyú róngyì de **3** 未经认真考虑的 wèijīng rènzhēn kǎolǜ de, 随便的 suíbiàn de

facilitate v 使…容易 shǐ…róngyì, 便于 biànyú

facility N 1 设施 shèshī □ The school has first-class sports facilities but inadequate facilities for study. 这座学校体育设施是第一流的, 但是学习设施不够。Zhè zuò xuéxiào tǐyù shèshī shì dìyīliú de, dànshì xuéxí shèshī bú gòu. **2** 才能 cáinéng □ I believe you have great facility for learning languages. 我相信你有很好的语言学习才能。Wǒ xiāngxìn nǐ yǒu hěn hǎo de yǔyán xuéxí cáinéng.

facsimile N 1 [文件+] 复制品 [wénjiàn+] fùzhìpǐn, [名画+] 摹本 [míng huà+] móběn **2** 传真 chuánzhēn

fact N 事实 shìshí □ No one can deny the fact that the world has become a more dangerous place after 9/11. 没有人能否认这个事实: "九一一" 以后世界更危险了。Méiyǒu rén néng fǒurèn zhè ge shìshí: "jiǔ yāo yāo" yǐhòu shìjiè gèng wēixiǎn le.

a fact of life 现实 xiànshí

the facts of life 性知识 xìng zhīshi

in fact, as a matter of fact 事实上 shìshíshang □ In fact I learned of the news last week. 事实上, 我上星期就听到这个消息了。Shìshíshang, wǒ shàng xīngqī jiù tīngdao zhè ge xiāoxi le.

faction N 派别 pàibié, 派系 pàixì

factitious ADJ 虚假的 xūjiǎ de, 做作的 zuòzuo de

factor N 因素 yīnsù □ What is the most significant factor that led to the success of this company? 导致这个公司成功的最有意义的因素是什么? Dǎozhì zhè ge gōngsī chénggōng de zuì yǒu yìyì de yīnsù shì shénme?

factory N 工厂 gōngchǎng [M. WD 家 jiā/座 zuò] □ The chocolate factory, set up in the 50's, will be closed down next month. 这家在五十年代建立的巧克力工厂下个月要关门了。Zhè jiā zài wǔshí niándài jiànlì de qiǎokèlì gōngchǎng xià ge yuè yào guānmén le.

factual ADJ 事实的 shìshí de, 基于事实的 jīyú shìshí de

faculty N 1 全体教师 quántǐ jiàoshī, 师资 shīzī **2** 天生的能力 tiānshēng de nénglì

the mental faculty 大脑功能 dànǎo gōngnéng, 思维能力 sīwéi nénglì

fad N 短暂的时髦 duǎnzàn de shímáo, 一时的风尚 yìshí de fēngshàng

fade v 1 [记忆+] 逐渐消失 [jìyì+] zhújiàn xiāoshī **2** [颜色+] 褪色 [yánsè+] tuìsè

Fahrenheit N (ABBREV F) 华氏温度 huàshì wēndù

45° F 华氏42度 huáshì sìshíèr dù

fail I v 1 [努力+] 失败 [nǔlì+] shībài □ The business venture failed completely. 这项商业冒险活动彻底失败了。Zhè xiàng shāngyè màoxiǎn huódòng chèdǐ shībài le. **2** 没有能 méiyǒu néng, 未能 wèi néng □ I failed to persuade him to work harder. 我没有能说服他工作更努力些。Wǒ méiyǒu néng shuōfú tā gōngzuò gèng nǔlì xiē. **3** [考试+] 不及格 [kǎoshì+] bùjígé **4** [刹车+] 失灵 [shāchē+] shīlíng **5** [机器 / 人体器官+] 出毛病 [jīqì/réntǐ qìguān+] chūmáobìng, 失灵 shīlíng

failing health 越来越差的健康情况 yuèláiyuè chà de jiànkāng qíngkuàng

6 [生意+] 倒闭 [shēngyì+] dǎobì **7** 使 [+人] 失望 shǐ [+rén] shīwàng

II N (without fail) 必定 bìdìng, 一定 yídìng

failing I N 缺点 quēdiǎn, 弱点 ruòdiǎn **II** PREP 如果不行 rúguǒ bùxíng

failsafe ADJ **1** 配有安全保障装置的 pèiyǒu ānquán bǎozhàng zhuāngzhì de **2** 万无一失的 wànwú yìshī de

failure N **1** 失败 shībài, 倒闭 dǎobì □ All his efforts ended in failure. 他的一切努力都以失败告终。Tā de yíqiè nǔlì dōu yǐ shībài gàozhōng. □ There is a high failure rate with small businesses. 小企业的失败率很高。Xiǎo qǐyè de shībài lǜ hěn gāo. **2** 没有能 méiyǒu néng □ He paid dearly for his failure to take his father's advice. 他没有听父亲的劝告，付出了很大代价。Tā méiyǒu tīng fùqin de quàngào, fùchūle hěn dà dàijià. **3** [考试+] 不及格 [kǎoshì+] bùjígé **4** 失灵 shīlíng **5** 失败者 shībàizhě

faint I ADJ 微弱的 wēiruòde □ I heard a faint voice behind the bush asking for help. 我听到灌木丛后面传来微弱的求救声。Wǒ tīngdao guànmùcóng hòumian chuánlai wēiruò de qiújiù shēng. □ There is still a faint hope that the missing girl will return home alive. 还有微弱的希望，失踪女孩能生回。Hái yǒu wēiruò de xīwàng, shīzōng nǚhái néng shēng huí. **II** V 晕倒 yūndǎo □ At the sight of her badly wounded son, the poor woman fainted. 可怜的女人看到身负重伤的儿子就晕倒了。Kělián de nǚrén kàndao shēnfù zhòng shāng de érzi jiù yūndǎo le. **III** N 昏厥 hūnjué

fair I ADJ **1** 公正的 gōngzhèng de □ Every teacher tries hard to be fair when grading exams. 每一位教师在评判考试卷子时都尽力做到公正。Měi yí wèi jiàoshī zài píngpàn kǎoshì juǎnzi shí dōu jìnlì zuòdao gōngzhèng. □ It seems perfectly fair to me. 我看这完全是公正的。Wǒ kàn zhè wánquán shì gōngzhèng de. **2** 中等水平的 zhōngděng shuǐpíng de □ My son is excellent at math, but his English is only fair. 我儿子数学极好，但是英文一般。Wǒ érzi shùxué jí hǎo, dànshì Yīngwén yìbān. **3** 金黄的 (头发) jīnhuáng de (tóufa), 白皙的 (肤色) báixī de (fūsè) **4** 晴朗的 (天气) qínglǎng de (tiānqì) **II** ADV 公正地 gōngzhèng de, 公平地 gōngping de

fair and square 正大光明地 zhèngdà guāngmíng de

play fair 公平办事 gōngping bànshì

III N **1** 集市 jíshì **2** 交易会 jiāoyìhuì

job fair 职业招聘会 zhíyè zhāopìnhuì

trade fair 商品交易会 shāngpǐn jiāoyìhuì

3 博览会 bólǎnhuì

book fair 图书博览会 túshū bólǎnhuì

fairground N 露天游乐场 lùtiān yóulèchǎng, 露天集市 lùtiān jíshì

fairly ADV **1** 公正地 gōngzhèng de □ Everyone, even illegal immigrants, should be treated fairly. 每一个人，即使是非法移民，也应该公正地对待。Měi yí ge rén, jíshǐ shì fēifǎ yímín, yě yīnggāi gōngzhèng de duìdài. **2** 相当地 xiāngdāng de, 还不错 hái búcuò □ Laura is very proud of her tennis skill, but I think she plays only fairly well. 劳拉对自己的网球技术很骄傲，但我看她只是打得还不错而已。Láolā duì zìjǐ de wǎngqiú jìshù hěn jiāo'ào, dàn wǒ kàn tā dǎde hái búcuò éryǐ.

fairy N 小仙子 xiǎoxiānzǐ, 小精灵 xiǎojīnglíng

fairy tale 童话 tónghuà, 童话故事 tónghuà gùshi

fait accompli N 既成事实 jìchéng shìshí

faith N **1** 极其信任 jíqí xìnrèn □ I have faith in her ability to resolve any difficulties. 我极其信任她有解决困难的能力。Wǒ jíqí xìnrèn tā yǒu jiějué kùnnan de nénglì. □ Some people have lost faith in the political system. 有些人对这个政治制度失去了信心。Yǒuxiē rén duì zhè ge zhèngzhì zhìdù shīqùle xìnxīn. **2** 信仰 xìnyǎng □ In spite of her personal tragedies she still has faith in God. 尽管个人悲剧，她还是信仰上帝。Jǐnguǎn gèrén bēijù, tā háishi xìnyǎng Shàngdì. □ To debate on matters of faith is only a waste of time. 辩论信仰问题只是浪费时间。Biànlùn xìnyǎng wèntí zhǐshì làngfèi shíjiān. **3** 宗教

zōngjiào □ We should have tolerance for people of other faiths as well as for people of no religious faith. 我们应该宽容其他宗教信仰、或者没有宗教信仰的人。Wǒmen yīnggāi kuānróng qítā zōngjiào xìnyǎng, huòzhě méiyǒu zōngjiào xìnyǎng de rén.

faithful ADJ **1** 忠诚的 zhōngchéng de □ My grandfather was entirely faithful to grandma all his life. 我的祖父对祖母终身忠诚。Wǒ de zǔfù duì zǔmǔ zhōngshēn zhōngchéng. **2** 准确可靠的 [+翻译] zhǔnquè kěkào de [+ fānyì]

faithless ADJ 不守信义的 bù shǒu xìnyì de, 不可依赖的 bùkě yīlài de

fake I N **1** 假货 jiǎhuò **2** 假冒者 jiǎmàozhě **II** ADJ 伪造的 wěizào de, 假冒的 jiǎmào de

a fake artwork 假冒艺术品 jiǎmào yìshùpǐn

III V 假装 jiǎzhuāng, 伪装 wěizhuāng

to fake one's signature 伪造某人的签名伪造某人的签名 wěizào mǒurén de qiānmíng

falcon N 猎鹰 lièyīng [M. WD 只 zhī]

fall¹ N **1** 跌倒 diēdǎo, 摔倒 shuāidǎo □ She broke her leg in a fall from the stairs. 她从楼梯上跌下，摔断了腿。Tā cóng lóutīshang diēxia, shuāi duànle tuǐ. **2** 下降 xiàjiàng, 下跌 xiàdiē □ Experts predict a big fall in house prices. 专家预测房产价格要大跌。Zhuānjiā yùcè fángchǎn jiàgé yào dà diē. Zhuānjiā yùcè fángchǎn jiàgé yào dà diē.

fall guy 替罪羊 tìzuìyáng

3 降雨量 jiàngyǔliàng

II V (PT **fell**; PP **fallen**) **1** 跌倒 diēdǎo, 摔倒 shuāidǎo □ The old man stumbled and almost fell. 老人绊了一下，差点儿跌倒。Lǎorén bànle yí xià, chàdiǎnr diēdǎo. **2** 下降 xiàjiàng, 落下 luòxia □ As demand falls, so will prices. 由于需求下降，价格也会下降。Yóuyú xūqiú xiàjiàng, jiàgé yě huì xiàjiàng.

to fall in love 爱上 àishang

to fall short (of) 缺少 quēshǎo, 缺乏 quēfá

to fall off 减少 jiǎnshǎo, 降低 jiàngdī

to fall through 未能成功 wèi néng chénggōng, 失败 shībài

fall² N 秋季 qiūjì, 秋天 qiūtiān

fallacious ADJ 谬误的 miùwù de, 错误的 cuòwù de

fallacy N 谬论 miùlùn, 错误的看法 cuòwù de kànfa

fallen V See **fall¹**

fallible ADJ 会出错的 huì chūcuò de, 难免犯错误的 nánmiǎn fàn cuòwù de

fallout N **1** [核爆炸后的+] 放射性尘埃 [hébàozhà hòu de+] fàngshèxìng chén'āi **2** [金融危机的+] 不良后果 [jīnróng wēijī de+] bùliáng hòuguǒ

fallow ADJ **1** 休耕的 [+土地] xiūgēng de [+tǔdì] **2** 休闲的 [+人] xiūxián de [+rén]

falls N 瀑布 pùbù [M. WD 条 tiáo]

false ADJ 错误的 cuòwù de □ Say if the following answers are true or false. 说说下面的回答是对是错。Shuōshuo xiàmiàn de huídá shì duì shì cuò.

a false step 失足 shīzú, 出错 chūcuò

2 假的 jiǎ de, 虚假的 xūjiǎ de □ Their allegations proved to be false. 他们的断言被证明是假的。Tāmen de duànyán bèizhèngmíng shì jiǎ de.

false teeth 假牙 jiǎyá

under false pretenses 以欺诈手段 yǐ qīzhà shǒuduàn

3 虚伪的 xūwěi de □ Can't you see that her smile and welcome were false? 你看不出她的笑容和欢迎都是虚伪的吗？Nǐ kànbuchū tā de xiàoróng hé huānyíng dōu shì xūwěi de ma?

false alarm 一场虚惊 yì cháng xūjīng

falsehood N 谎言 huǎngyán

falsetto N 假声唱法 jiǎshēng chàngfǎ, 假声 jiǎshēng

falsify V 伪造 wěizào, 篡改 cuàngǎi

falter V **1** [勇气+] 变弱 [yǒngqì+] biàn ruò **2** [经济+] 衰退 [jīngjì+] shuāituì **3** 支支吾吾地说 zhīzhī wūwū de shuō

fame N 名气 míngqi, 名声 míngshēng

famed ADJ 有名的 yǒumíng de

familiar ADJ 1 熟悉的 shúxi de, 精通的 jīngtōng de
to be familiar with 对…熟悉 duì…shúxi □ I'm thoroughly familiar with this part of the city. 我对城市这个地区完全熟悉. (→ 我对城市这个地区了如指掌.) Wǒ duì chéngshì zhè ge dìqū wánquán shúxi. (→ Wǒ duì chéngshì zhè ge dìqū liǎorúzhǐzhǎng.) □ Are you familiar with the Smiths? 你对史密斯一家熟悉吗? Nǐ duì Shǐmìsī yì jiā shúxi ma?
2 随便的 suíbiàn de, 亲切的 qīnqiè de

familiarity N 1 熟悉 shúxi, 精通 jīngtōng 2 亲切 qīnqiè

familiarize V 熟悉 shúxī

family N 1 家 jiā, 家庭 jiātíng □ Is the nuclear family still the norm today? 核心家庭在今天仍然是常规吗? Héxīn jiātíng zài jīntiān réngrán shì chángguī ma?
family name 姓 xìng □ What is your family name? 你姓什么? (→ 您贵姓?) Nǐ xìng shénme? (→ Nín guìxìng?)
family room 家庭娱乐室 jiātíng yúlèshì
family tree 家谱图 jiāpǔtú
single-parent family 单亲家庭 dānqīn jiātíng □ There has been an increase in single-parent families in the past decades. 过去几十年单亲家庭增加了. Guòqù jǐshí nián dānqīn jiātíng zēngjiā le.
2 年幼的子女 niányòu de zǐnǚ, 孩子 háizi □ Fewer and fewer people want a large family. 越来越少的人想要有很多孩子. Yuèláiyuè shǎo de rén xiǎngyào yǒu hěn duō háizi.
family planning 计划生育 jìhuà shēngyù □ Family-planning is frowned upon in some Catholic communities. 在有些天主教国家不赞成计划生育. Zài yǒuxiē Tiānzhǔjiào guójiā bú zànchéng jìhuà shēngyù.
3 亲人 qīnrén, 家人 jiārén
immediate family 直系亲族 zhíxì qīnzú □ Only the immediate family knows this secret. 只有直系亲族知道这个秘密. Zhǐyǒu zhíxì qīnzú zhīdào zhè ge mìmì.
4 (动物/植物)科 (dòngwù/zhíwù) kē, (语言)语族 (yǔyán) yǔzú □ English and German belong to the same language family. 英语和德语属于同一个语族. Yīngyǔ hé Déyǔ shǔyú tóngyíge yǔzú.

famine N 饥荒 jīhuang

famished ADJ 饥饿的 jī'è de

famous ADJ 有名的 yǒumíng de, 著名的 zhùmíng de □ He became a famous author at the age of 25. 他在二十五岁时成了著名作家. Tā zài èrshíwǔ suì shí chéngle zhùmíng zuòjiā.
to be famous for 因…而出名 yīn…ér chūmíng □ The city is famous for its fine restaurants. 这个城市因有很多好餐馆而出名. Zhè ge chéngshì yīn yǒu hěn duō hǎo cānguǎn ér chūmíng.

fan¹ I N 1 扇子 shànzi [M. WD 把 bǎ] II V 扇 shàn, 扇动 shāndòng
to fan out 呈扇形散开 chéng shànxíng sànkāi

fan² N 热情崇拜者 rèqíng chóngbàizhě, …迷 …mí, 粉丝 fěnsī □ Aunt Rose is a great fan of Nicole Kidman. 罗丝阿姨是尼柯尔·基德曼的热情崇拜者. (→ 罗丝阿姨热情崇拜尼柯尔·基德曼.) Luósī āyí shì Níkē'ěr·Jīdémàn de rèqíng chóngbàizhě. (→ Luósī āyí rèqíng chóngbài Níkē'ěr·Jīdémàn.)
fan club 追星俱乐部 zhuī xīng jùlèbù, 影迷会 yǐngmí huì
football fan 足球迷 zúqiúmí
movie fan 电影迷 diànyǐngmí, 影迷 yǐngmí

fanatic N 狂热分子 kuángrè fènzi

fanatical ADJ 狂热的 kuángrè de

fanaticism N 狂热 kuángrè

fanciful ADJ 花哨的 huāshao de [+装饰] 2 空想的 [+念头] kōngxiǎng de [+niàntou]

fancy I ADJ 1 豪华的 [+汽车] háohuá de [+qìchē], 新潮的 xīncháo de 2 优质的 [+乳制品] yōuzhì de [+rǔzhìpǐn] 3 高难度的 [+舞蹈动作] gāonándù de [+wǔdǎo dòngzuò]

II N 1 喜爱 xǐ'ài
to take a fancy to sb 喜欢上某人 xǐhuan shàng mǒurén
2 想象力 xiǎngxiànglì
a flight of fancy 幻想 huànxiǎng
III V 1 以为 yǐwéi, 错认为 cuò rènwéi
to fancy oneself 自以为 zì yǐwéi, 自认为是 zì rènwéi shì
2 喜爱 xǐ'ài

fanfare N 1 嘹亮的小号声 liáoliàng de xiǎohào shēng 2 大张声势 dà zhāng shēngshì

fang N (动物)尖牙 (dòngwù) jiānyá [M. WD 颗 kē]

fanny N 屁股 pìgǔ
fanny pack 腰包 yāobāo

fantasize V 幻想 huànxiǎng

fantastic ADJ 1 好极了 hǎo jí le, 太妙了 tài miào le 2 荒诞的 huāngdàn de, 古怪的 gǔguài de

fantasy N 幻想 huànxiǎng

FAQ (= frequently asked questions) ABBREV 常问问题 chángwèn wèntí

far I ADV 1 远 yuǎn, 遥遥远 yáoyuǎn □ We hadn't gone far before a snowstorm began. 我们没有走很远, 暴风雪就开始了. Wǒmen méiyǒu zǒu hěn yuǎn, bàofēngxuě jiù kāishǐ le. 2 比…得多 yuǎn bǐ…de duō □ Prevention is far more important than finding a cure. 预防比治疗重要得多. Yùfáng bǐ zhìliáo zhòngyào de duō.
II ADJ 远 yuǎn, 遥远 yáoyuǎn □ We can walk if it's not too far. 要是不很远, 我们可以走去. Yàoshi bù hěn yuǎn, wǒmen kěyǐ zǒuqù. □ How far is the airport from here? 飞机场离这里有多远? Fēijī chǎng lí zhèlǐ yǒu duōyuǎn?
to be a far cry from 相差很远 xiāngchà hěn yuǎn □ The new job is a far cry from what I expected. 这份新工作和我期望的相差很远. Zhè fèn xīn gōngzuò hé wǒ qīwàng de xiāngchà hěn yuǎn.
so far 到目前为止 dào mùqián wéizhǐ □ It's all smooth sailing so far. 到目前为止, 一切都很顺利. Dào mùqián wéi zhǐ, yíqiè dōu hěn shùnlì.

faraway ADJ 遥远的 yáoyuǎn de

farce N 闹剧 nàojù

fare¹ N 1 [飞机、火车和长途汽车+] 票价 [fēijī, huǒchē hé chángtú qìchē+] piàojià 2 出租汽车乘客 chūzū qìchē chéngkè 3 膳食 shànshí, 食物 shíwù

fare² V 进展 jìnzhǎn
to fare well/badly 情况很好/很坏 qíngkuàng hěn hǎo/hěn huài

(the) Far East N 远东 Yuǎndōng

farewell N 告别 gàobié
farewell party 告别聚会 gàobié jùhuì, 告别宴会 gàobié yànhuì

far-fetched ADJ 牵强附会的 qiānqiǎngfùhuì de □ I think the metaphor is far-fetched. 我觉得这个比喻牵强附会. Wǒ juéde zhè ge bǐyù qiānqiǎngfùhuì.

far-flung ADJ 远在四方的 yuǎn zài sìfāng de

farm I N 农场 nóngchǎng II V 经营农场 jīngyíng nóngchǎng, 务农 wùnóng □ They make a comfortable living by farming. 他们靠务农生活过得很舒服. Tāmen kào wùnóng shēnghuó guòde hěn shūfu.

farmer N 农场主 nóngchǎngzhǔ □ Farmers are very busy in summer. 农场主在夏天很忙. Nóngchǎngzhǔ zài xiàtiān hěn máng.

farmhand N 农场工人 nóngchǎng gōngrén

farming N 务农 wùnóng

farmyard N 农家院落 nóngjiā yuànluo

far-off ADJ 偏远的 piānyuǎn de

far-out ADJ 远离的 yuǎnlí de

far-reaching ADJ 深远的 shēnyuǎn de

far-sighted ADJ 目光远大的 mùguāngyuǎndà de

fart V 放屁 fàngpì

fascinate v 强烈地吸引 qiángliè de xīyǐn, 迷住 mízhù

fascinating ADJ 让人着迷的 ràng rén zháomí de

fascination N 1 着迷 zháomí, 迷恋 míliàn 2 极大的吸引力 jídà de xīyǐnlì

fascism N 法西斯主义 fǎxīsī zhǔyì

fascist I N 法西斯分子 fǎxīsī fènzi II ADJ 法西斯的 fǎxīsī de

fashion I N 1 流行式样 liúxíng shìyàng, 风尚 fēngshàng □ She tries hard to keep up with the latest fashion. 她尽量赶上最新风尚。Tā jǐnliàng gǎnshang zuì xīn fēngshàng. 2 时装 shízhuāng □ Her dream is to become a fashion designer. 她的梦想是成为一名时装设计师。Tā de mèngxiǎng shì chéngwéi yì míng shízhuāng shèjìshī.

fashion show 时装表演 shízhuāng biǎoyǎn

II v 1 制作 zhìzuò 2 塑造 sùzào, 形成 xíngchéng

fashionable ADJ 流行的 liúxíng de, 时髦的 shímáo de □ This style is no longer fashionable. 这个式样不再流行了。Zhè ge shìyàng bú zài liúxíng le.

fast¹ I ADJ 快 kuài, 迅速 xùnsù □ Johnny takes pride in being the fastest runner in the class. 强尼是班上跑得最快的, 他为此很骄傲。Qiángní shì bānshang pǎo de zuìkuài de, tā wèi cǐ hěn jiāo'ào. □ What is the fastest way to get to the airport? 什么是到机场最快的路径? Shénme shì dào jīchǎng zuì kuài de lùjìng?

fast food 快餐 kuàicān

II ADV 1 快 kuài, 迅速 xùnsù □ The child learns fast. 这个孩子学得很快。Zhè ge hái xué de hěn kuài.

to fast forward 快进 kuài jìn

2 紧紧地 jǐnjǐn de

Not so fast! 慢点! Màn diǎn! 仔细点! Zǐxì diǎn! □ Not so fast! You've got to wait for your turn. 别这么着急, 还没有轮到你呢。Bié zhème zháojí, hái méiyǒu lúndao nǐ ne.

fast asleep 熟睡 shúshuì

fast² I v 禁食 jìnshí, 斋戒 zhāijiè

the fast day 禁食日 jìnshí rì

II N 禁食 (期) jìnshí (qī), 斋戒 zhāijiè

fasten v 系上 jìshang [+安全带 +ānquán dài], 关紧 (门/窗) guānjǐn (mén/chuāng)

to fasten one's attention on sth 把注意力集中在某事 bǎ zhùyìlì jízhōng zài mǒushì

to fasten blame on sb (错误地) 责怪某人 (cuòwù de) zéguài mǒurén

fastener, fastening N 扣件 kòujiàn, 扣紧物 kòujǐn wù

fastidious ADJ 过分讲究的 guòfènjiǎngjiū de, 挑剔的 tiāoti de

fat I ADJ 胖 pàng □ You really see a lot of fat people in this country. 你在这个国家真的看到很多胖子。Nǐ zài zhè ge guójiā zhēn de kàndao hěn duō pàngzi. □ She is in mortal fear of getting fat. 她怕胖, 怕得要死。Tā pà pàng, pà de yàosǐ.

fat farm 减肥营 jiǎnféiyíng

II N 脂肪 zhīfáng, 肥肉 féiròu □ The yoghurt is fat-free. 这种酸奶没有脂肪。Zhè zhǒng suānnǎi méiyǒu zhīfáng. □ She cut off all the fat from the chicken before cooking it. 她在煮鸡前把鸡油全都割掉。Tā zài zhǔ jī qián bǎ jīyóu quándōu gēdiao.

fatal ADJ 1 致命的 [+错误] zhìmìng de [+cuòwù] 2 毁灭性的 [+打击] huǐmièxìng de [+dǎjī], 灾难性的 zāinànxìng de

fatalism N 宿命论 sùmìnglùn

fatalistic ADJ 宿命论的 sùmìnglùn de

fatality N 死亡 (事件) sǐwáng (shìjiàn)

fate N 命运 mìngyùn

fated ADJ 命中注定的 mìngzhōng zhùdìng de

fateful ADJ 灾难性的 zāinànxìng de

fat-free ADJ 无脂肪的 wú zhīfáng de, 无脂 wú zhī

father I N 1 父亲 fùqin

father-in-law 岳父 yuèfù (wife's father), 公公 gōnggong (husband's father)

2 ⋯之父 ⋯zhī fù, 开创者 kāichuàngzhě

the father of one's country 国父 guófù

3 (天主教) 神父 (Tiānzhǔjiào) shénfu

fathers 祖先 zǔxiān

father figure 父亲般的人物 fùqin bān de rénwù, (崇敬的) 长者 (chóngjìng de) zhǎngzhě

fatherly ADJ 父亲 (般) 的 fùqin (bān) de

Father's Day N 父亲节 fùqinjié

fathom I v 彻底了解 chèdǐ liǎojiě, 完全看清楚 wánquán kàn qīngchǔ II N (测深水的) 英寻 (cè shuǐshēn de) yīngxún

fatigue N 疲劳 píláo, 疲倦 píjuàn

fatigues N 宽松军装 kuānsōng jūnzhuāng

fatten v 使⋯长肥 shǐ...zhǎng féi, 喂肥 wèiféi

fattening ADJ 使人发胖的 shǐrén fāpàng de

fatty ADJ 1 高脂肪的 gāo zhīfáng de 2 肥胖的 féipàng de

fatuous ADJ 愚昧的 yúmèi de, 昏庸的 hūnyōng de

faucet N 水龙头 shuǐlóngtóu, 开关阀 kāiguānzhě

fault N 1 过错 guòcuò 2 缺点 quēdiǎn □ I'm sorry, that was my fault. 对不起, 那是我的过错。Duìbuqǐ, nà shì wǒ de guòcuò. □ She loves her son in spite of all his faults. 尽管儿子有很多缺点, 她还是爱他。Jǐnguǎn érzi yǒu hěn duō quēdiǎn, tā háishi ài tā.

to find fault with 挑剔毛病 tiāoti máobing

3 (地表的) 断层 (dìbiǎo de) duàncéng

faulty ADJ 1 有毛病的 yǒu máobing de □ The store refunds or replaces its faulty products. 对有毛病的产品商店或者退款, 或者调换。Duì yǒu máobing de chǎnpǐn shāngdiàn huòzhě tuìkuǎn, huòzhě diàohuàn. 2 有缺点的 yǒu quēdiǎn de □ I can understand him though his pronunciation is faulty. 虽然他发音有缺点, 我还是能听得懂。Suīrán tā fāyīn yǒu quēdiǎn, wǒ háishi néng tīngdedǒng.

fauna N 动物 (群) dòngwù (qún)

favor I N 1 善意的行为 shànyì de xíngwéi □ Can I ask you a favor? 可以请你帮个忙吗? Kěyǐ qǐng nǐ bāng ge máng ma? 2 赞成 zànchéng, 支持 zhīchí

in favor of 赞成 zànchéng, 同意 tóngyì □ Are you in favor of his proposal? 你赞成他的提议吗? Nǐ zànchéng tā de tíyì ma?

to find favor with sb 受到某人的喜爱 shòudào mǒurén de xǐ'ài

to curry favor with 奉承讨好 fèngcheng tǎohǎo, 拍马屁 pāi mǎpì

II v 1 赞同 [+计划] zàntóng [+jìhuà], 支持 zhīchí 2 偏爱 [+人] piān'ài [+rén]

the most favored nation 最惠国 (待遇) zuìhuìguó (dàiyù)

favorable ADJ 1 有利的 yǒulì de □ The human resources manager wrote a favorable report on his work. 人力资源经理对他的工作写了一份有利的报告。Rénlì zīyuán jīnglǐ duì tā de gōngzuò xiěle yí fèn yǒulì de bàogào.

2 优惠的 yōuhuì de

favorable financing terms 优惠的融资条件 yōuhuì de róngzī tiáojiàn

3 给人好印象的 gěi rén hǎo yìnxiàng de

to make a favorable impression 给人留下好印象 gěi rén liúxia hǎo yìnxiàng

favorite I ADJ 最喜爱的 zuì xǐ'ài de □ Which is your favorite rock band? 哪一个是你最喜爱的摇滚乐队? Nǎ yì ge shì nǐ zuì xǐ'ài de yáogǔn yuèduì?

II N 1 最喜爱的人 (或东西) zuì xǐ'ài de rén (huò dōngxi), 宠儿 chǒng'ér □ Everyone knows Tom is the principal's favorite. 人人知道汤姆是校长的宠儿。Rénrén zhīdào Tāngmǔ shì xiàozhǎng de chǒng'ér. 2 最有希望获胜的人 zuì yǒu xīwàng huòshèng de rén

fawn¹ v 巴结 bājie, 讨好 tǎohǎo

fawn² N 1 幼鹿 yòu lù [M. WD 头 tóu] 2 浅黄褐色 qiǎnhuáng hèsè

fax I (= fascimile) ABBREV 传真 chuánzhēn, 电传 diànchuán □ I received a fax from my lawyer yesterday. 我昨天从律师

那里收到一份传真。Wǒ zuótiān cóng lǜshī nàlǐ shōudao yí fèn chuánzhēn. □ Can you send me the document by fax? 你能不能通过电传把文件传给我？Nǐ néngbunéng tōngguo diànchuán bǎ wénjiàn chuángěi wǒ? **II** v 电传 diànchuán □ He faxed his diagram to the boss. 他把图表电传给老板。Tā bǎ túbiǎo diànchuán gěi lǎobǎn.

fax machine 传真机 chuánzhēnjī

faze v 使…窘迫 shǐ…jiǒngpò, 使…感到困扰 shǐ…gǎndao kùnrǎo

fazed ADJ 窘迫的 jiǒngpò de, 不知所措的 bù zhī suǒ cuò de

FBI (= the Federal Bureau of Investigation) ABBREV（美国）联邦调查局 (Měiguó) Liánbāng Diàochájú

fear I v 1 怕 pà, 惧怕 jùpà, 恐怕 kǒngpà □ She fears spiders most of all. 她最怕蜘蛛。Tā zuì pà zhīzhū. **2** 担忧 dānyōu □ They really fear that their daughter is on drugs. 他们真的担忧女儿吸毒。Tāmen zhēn de dānyōu nǚ'ér xīdú. **II** N 怕 pà, 惧怕 jùpà □ She has a mortal fear of snakes. 她怕蛇，怕得要死。Tā pà shé, pà de yàosǐ.

fearful ADJ 担心的 dānxīn de, 惧怕的 jùpà de

fearless ADJ 无畏的 wúwèi de, 无所惧怕的 wú suǒ jùpà de

fearlessness N 无畏 wúwèi

fearsome ADJ 极其可怕的 jíqí kěpà de, 吓人的 xiàrén de

feasibility N 可行 kěxíng, 可行性 kěxíngxìng

feasibility study/report 可行性研究／报告 kěxíngxìng yánjiū/bàogào

feasible ADJ 可行的 kěxíng de, 办得到的 bàndédào de

feast I N 宴会 yànhuì, 盛宴 shèngyàn **II** v 大吃大喝 dàchī dàhē, 尽情饱餐 jìnqíng bǎocān

to feast one's eye on 欣赏 [+美景／美色] xīnshǎng [+měijǐng/měisè]

feat N 事迹 shìjì

feather I N 羽毛 yǔmáo [m. wd 根 gēn]

Birds of a feather flock together. 物以类聚，人以群分。Wù yǐ lèi jù, rén yǐ qún fēn.

II v 长羽毛 zhǎng yǔmáo

to feather one's nest（通过不正当手段）致富 (tōngguò bú zhèngdāng shǒuduàn) zhìfù, 敛财 liǎncái

feathery ADJ 羽毛状的 yǔmáozhuàng de

feature I N 1 特征 tèzhēng □ The common feature of great sportsmen is their commitment. 大运动员的共同特征是对事业的投入。Dà yùndòngyuán de gòngtóng tèzhēng shì duì shìyè de tóurù. **2** 容貌 róngmào □ She's got a slender figure with lovely features. 她身材苗条、容貌可爱。Tā shēncái miáotiáo、róngmào kě'ài. **3**（报纸杂志）特写报道 (bàozhǐ zázhì) tèxiě bàodào, （电视）特别报道 (diànshì) tèbié bàodào **4** 故事片（电影）gùshipiàn (diànyǐng) **II** v 由…主演 yóu…zhǔyǎn

a blockbuster movie featuring Kate Winslet 一部由凯特·温斯莱主演的大片 yí bù yóu Kǎitè·Wēnsīlái zhǔyǎn de dàpiān

2 成为…的特色 chéngwéi…de tèsè **3** 特别推介（商品）tèbié tuījiè (shāngpǐn)

February N 二月 èryuè

feces N 粪便 fènbiàn

fed v See feed

Fed (= the Federal Reserve System) ABBREV（美国）联邦储备系统 (Měiguó) Liánbāng Chǔbèi xìtǒng

federal ADJ 联邦政府的 liánbāng zhèngfǔ de, 联邦的 liánbāng de

federalism N 联邦主义 liánbāng zhǔyì

federation N 联盟 liánméng, 联合会 liánhéhuì

fed up ADJ 厌烦的 yànfán de, 受够了的 shòu gòu le de

fee N 费 fèi, 费用 fèiyòng □ The lawyer's fee is quite reasonable. 这位律师收费很合理。Zhè wèi lǜshī shōufèi hěn hélǐ. □ Overseas students have to pay a much higher tuition fee. 海外学生要付高得多的学费。Hǎiwài xuésheng yào fù gāodeduō de xuéfèi.

annual fee 年费 niánfèi

consultancy fee 咨询费 zīxúnfèi

legal fee 律师费 lǜshīfèi

monthly fee 月费 yuèfèi

feeble ADJ 微弱的 wēiruò de, 菲薄的 fěibó de

feeble-minded ADJ 思维不清的 sīwéi bùqīng de, 弱智的 ruòzhì de

feed I v (PT & PP **fed**) 喂 wèi □ I feed my dog twice a day. 我每天喂两次狗。Wǒ měitiān wèi liǎng cì gǒu. **II** N 1（动物）饲料 (dòngwù) sìliào

chicken feed 鸡饲料 jī sìliào

2 燃料输送管 ránliào shūsòng guǎn, 进料管 jìnliào guǎn

feedback N 反馈 fǎnkuì

feedbag N 饲料袋 sìliàodài

feeding N 喂奶 wèinǎi

feel I v (PT & PP **felt**) **1** 感觉 gǎnjué □ She feels very tired after a day's work. 工作一天以后她感觉非常累。Gōngzuò yì tiān yǐhòu tā gǎnjué fēicháng lèi. **2** 感到 gǎndào □ I feel that he is an honest man. 我感到他是个老实人。Wǒ gǎndao tā shì ge lǎoshi rén. **3** 摸 mō, 抚摸 fǔmō □ Just feel the cloth—how smooth it is. 摸摸这料子—多么光滑啊。Mōmo zhè liàozi—duōme guānghuá a.

to feel like 觉得 juéde, 感到 gǎndao □ I feel like taking a walk. 我觉得想散步。Wǒ juéde xiǎng sànbù.

to feel for 同情 tóngqíng □ She is pretty unhappy about failing her math test. I really do feel for her. 她数学测验不及格，很不高兴。我真的非常同情她。Tā shùxué cèyàn bù jígé, hěn bù gāoxìng. Wǒ zhēn de fēicháng tóngqíng tā.

II N 感觉 gǎnjué, 感受 gǎnshòu

to get a feel for sth 对某事有感受 duì mǒushì yǒu gǎnshòu, 对某事了解 duì mǒushì yǒusuǒ liǎojiě

to get the feel of sth 适应某事物 shìyìng mǒushìwù

feeler N 1 试探 shìtàn 2 [昆虫的+] 触须 [kūnchóng de+] chùxū, 触角 chùjiǎo

to put out feelers 进行试探 jìnxíng shìtàn

feeling N 1 感情 gǎnqíng □ He still has feelings of anger. 他还是感到愤怒。Tā háishi gǎndao fènnù. **2** 感觉 gǎnjué □ I have a feeling that something terrible will happen. 我有种感觉，有什么可怕的事要发生了。Wǒ yǒu zhǒng gǎnjué, yǒu shénme kěpà de shì yào fāshēng le. □ It was a good feeling to have passed all the exams. 所有的考试都通过了，这种感觉真好。Suǒyǒu de kǎoshì dōu tōngguo le, zhè zhǒng gǎnjué zhēn hǎo.

to hurt sb's feelings 伤害感情 shānghài gǎnqíng □ He was not aware that the casual remark of his hurt her feelings. 他不知道，随口一句话伤害了她的感情。Tā bù zhīdào, suíkǒu yí jù huà shānghàile tā de gǎnqíng.

a bad feeling 反感 fǎngǎn

with feeling 带着深情 dàizhe shēnqíng

to put one's feelings into words 用语言表达感情 yòngyǔ yán biǎodá gǎnqíng

3 预感 yùgǎn

to have a feeling that … 有…的预感 yǒu…de yùgǎn

feign v 假装 jiǎzhuāng, 装出 zhuāngchū

feint I N（拳击）佯攻 (quánjī) yánggōng, 虚晃一拳 xū huǎng yì quán **II** N（拳击）佯攻 (quánjī) yánggōng, 虚晃 xū huǎng

feisty ADJ 1 精力充沛的 jīnglì chōngpèi de 2 勇于争辩的 yǒngyú zhēngbiàn de, 好斗的 hào dòu de

feline I ADJ 猫科的 māo kē de, 猫的 māo de **II** N 猫科动物 māo kē dòngwù, 猫 māo [m. wd 只 zhī]

fell¹ v See fall¹

fell² v 砍伐（树木）kǎnfá (shùmù)

fellow N 1 人 rén, 男人 nánren 2 研究生奖学金获得者

yánjiūshēng jiǎngxuéjīn huòdézhě, 学者 xuézhě **3** [学会的+] 会员 [xuéhuì de+] huìyuán

fellowship N **1** 研究生奖学金 yánjiūshēng jiǎngxuéjīn **2** (基督教)团契 (Jīdūjiào) tuánqì **3** 友情 yǒuqíng

felon N 重罪犯 zhòngzuì fàn

felony N 重罪 zhòngzuì

felt[1] V See feel

felt[2] N 毛毡 máozhān
felt tip pen 毡头笔 zhān tóu bǐ

female I ADJ **1** (动物/鸟类)雌的 (dòngwù/niǎolèi) cí de, 母的 mǔ de □ A female tiger is much more ferocious than a male one. 母虎比雄虎凶猛得多。Mǔ hǔ bǐ xióng hǔ xiōngměngde duō. **2** (人)女的 (rén) nǚ de, 女性的 nǚxìng de □ There are too many female teachers in our schools. 我们的学校里女老师太多了。Wǒmen de xuéxiào lǐ nǚ lǎoshī tài duō le. II N **1** 女人 nǚrén, 女子 nǚzǐ **2** 雌性动物 cíxìng dòngwù, 母动物 mǔ dòngwù □ That lion in the cage is a female. 那头关在笼子里的狮子是母的。Nà tóu guān zài lóngzi lǐ de shīzi shì mǔ de.

feminine ADJ 女性的 nǚxìng de

femininity N 女性气质 nǚxìng qìzhì, 女性特征 nǚxìng tèzhēng

feminism N 女权主义 nǚquánzhǔyì

feminist N 女权主义者 nǚquánzhǔyì zhě

fence I N 栅栏 zhàlan, 篱笆 líba
Good fences make good neighbors. 栅栏牢，邻居好。Zhàlan láo, línjū hǎo. II V **1** 用栅栏(篱笆)围起来 yòng zhàlan (líba) wéi qǐlái **2** 击剑 jījiàn

fencing N 击剑(运动)jījiàn (yùndòng)

fend V 抵挡 dǐdǎng
to fend for oneself 独立谋生 dúlì móushēng, 照料自己 zhàoliào zìjǐ

fender N 挡泥板 dǎngníbǎn, 翼板 yì bǎn

ferment I V 发酵 fājiào II N 骚动 sāodòng, 动乱 dòngluàn

fern N 蕨类植物 juélèizhíwù

ferocious ADJ 凶猛的 xiōngměng de, 狂暴的 kuángbào de

ferocity N 凶猛 xiōngměng, 凶暴 xiōngbào

ferret I V 搜查找出 sōuchá zhǎochū II N 雪貂 xuě diāo [m. wd 只 zhǐ]

ferris wheel N 大转轮 dà zhuǎnlún, 摩天轮 mótiānlún

ferrous ADJ 含铁的 hán tiě de, 铁的 tiě de

ferry I N 渡轮 dùlún [m. wd 艘 sōu] II V **1** (用渡轮、直升飞机等)运送 (yòng dùlún, zhíshēng fēijī děng) yùnsòng, 摆渡 bǎidù

fertile ADJ **1** 肥沃的 [+土地] féiwò de [+tǔdì] **2** 能生育的 [+妇女] néng shēngyù de [+fùnǚ] **3** 丰富的 [+想象力] fēngfù de [+xiǎngxiànglì]

fertilizer N 肥料 féiliào

fervent ADJ 强烈的 qiángliè de, 真诚的 zhēnchéng de

fervor N 激情 jīqíng, 热情 rèqíng

fester V **1** [关系+] 越来越糟 [guānxi +] yuèláiyuè zāo, 恶化 èhuà **2** [伤口+] 溃烂 [shāngkǒu+] kuìlàn **3** [垃圾+] 腐烂发臭 [lājī+] fǔlàn fāchòu

festival N 节 jié, 节日 jiérì

festive ADJ 喜庆的 xǐqìng de, 节日的 jiérì de

festivities N 庆祝活动 qìngzhù huódòng, 庆典 qìngdiǎn

festoon V 用彩带和彩旗装饰 yòng cǎidài hé cǎiqí zhuāngshì, 结彩 jiécǎi

fetal ADJ 胎儿的 tāi'ér de
a fetal position 胎儿的姿势 tāi'ér de zīshì, 胎位 tāiwèi

fetch V **1** 拿来 nálái, 取来 qǔlái □ Steve, will you be so good as to fetch me a chair? 史蒂夫, 麻烦你拿一把椅子来, 好吗? Shǐdìfū, máfan nǐ ná yì bǎ yǐzi lái, hǎoma? **2** 卖到 màidào □ This old computer won't fetch you much. 这台旧电脑卖不到多少钱。Zhè tái jiù diànnǎo màibúdào duōshaoqián.

fete I V 致敬 zhìjìng II N 庆祝活动 qìngzhù huódòng

fetid ADJ 恶臭的 èchòu de

fetish N 迷恋 míliàn, 恋物癖 liànwùpǐ
foot fetish 恋脚癖 liànjiǎopǐ
to make a fetish of 迷恋 míliàn, 盲目崇拜 mángmù chóngbài

fetter V 束缚 shùfù

fetters N 束缚 shùfù, 桎梏 zhìgù

fetus N 胎儿 tāi'ér, 胚胎 pēitāi

feud N 长期的纠纷 chángqī de jiūfēn, 怨仇 yuànchóu

feudal ADJ 封建(制度)的 fēngjiàn (zhìdù) de

feudalism N 封建主义 fēngjiàn zhǔyì

fever N **1** 发烧 fāshāo □ I'm afraid I've got a fever. 我恐怕发烧了。Wǒ kǒngpà fāshāo le. **2** 狂热 kuángrè, 极度兴奋 jídù xīngfèn

feverish ADJ **1** 发烧的 fāshāo de **2** 极度兴奋的 jídù xīngfèn de

few I ADJ 很少 hěn shǎo, 不多 bù duō □ Few people understand Einstein's theory of relativity. 很少人懂爱因斯坦的相对论。Hěn shǎo rén dǒng Àiyīnsītǎn de xiāngduìlùn. II PRON 一些 yìxiē, 不多 bù duō □ Few of my friends speak a foreign language. 我的朋友中很少人会说外语。Wǒ de péngyou zhōng hěn shǎo rén huì shuō wàiyǔ.
a few 有些 yǒuxiē □ I still have a few things to attend to. 我还有些事要做。Wǒ hái yǒuxiē shì yào zuò.

fiancé N 未婚夫 wèihūnfū

fiancée N 未婚妻 wèihūnqī

fiasco N 惨败 cǎnbài, 大败 dàbài

fiat N 法令 fǎlìng, 命令 mìnglìng

fib I N 无关紧要的谎言 wúguān jǐnyào de huǎngyán, 小谎话 xiǎo huǎnghuà II V 撒小谎 sā xiǎo huǎng

fiber N 纤维 xiānwéi
fiber optics 光纤通讯 guāngxiāntōngxùn

fiberglass N 纤维玻璃 xiānwéi bōli

fibrous ADJ 多纤维的 duō xiānwéi de

fickle ADJ 经常变化的 jīngcháng biànhuà de, 变化无常的 biànhuàwúcháng de

fiction N 小说 xiǎoshuō [m. wd 本 běn], 虚构作品 xūgòu zuòpǐn [m. wd 本 běn]

fictional ADJ 小说的 xiǎoshuō de

fictionalize V 把…编成小说(或电影)bǎ…biān chéng xiǎoshuō (huò diànyǐng)

fictitious ADJ 虚构的 xūgòu de

fiddle I V **1** [手指+] 拨弄 [shǒuzhǐ+] bōnong **2** 拉小提琴 lā xiǎotíqín II N 小提琴 xiǎotíqín [m. wd 把 bǎ]

fiddler N 小提琴手 xiǎotíqínshǒu

fidelity N **1** [夫妻之间+] 忠贞 [fūqī zhījiān+] zhōngzhēn, 忠诚 zhōngchéng **2** [音响设备+] 保真(度)[yīnxiǎng shèbèi+] bǎozhēn (dù)

fidget V 手脚不停地动 shǒujiǎo bùtíngde dòng, 坐立不安 zuòlì bù'ān

fidgety ADJ 坐立不安的 zuòlì bù'ān de, 烦躁不安的 fánzào bù'ān de

field I N **1** 田 tián [m. wd 片 piàn], 农田 nóngtián [m. wd 片 piàn] □ Corn fields stretch as far as the eye can see. 玉米田一望无际。Yùmǐ tián yíwàngwújì. **2** 场地 chǎngdì [m. wd 块 kuài]
field day ① 体育活动日 tǐyù huódòng rì ② 大显身手的时机 dàxiǎn shēnshǒu de shíjī
football field 足球场 zúqiúchǎng
field event 田赛项目 tiánsài xiàngmù
field glasses 望远镜 wàngyuǎnjìng
field goal (橄榄球)球踢过球门横木 (gǎnlǎnqiú) qiú tī guò qiúmén héngmù
field hockey 曲棍球 qūgùnqiú
field house 室内运动场 shìnèiyùndòngchǎng
field test 现场试验 xiànchǎng shìyàn

field trip（学生）实地考察 (xuésheng) shídì kǎochá
magnetic field 磁场 cíchǎng
Ⅱ v 1 回答（难题）huídá (nántí) **2** 接球 jiē qiú
fielder N（棒球）守场员 (bàngqiú) shǒuchǎngyuán
fieldwork N 实地考察 shídì kǎochá, 野外调查 yěwài diàochá
fiend N 恶魔 èmó
dope fiend 吸毒者 xīdúzhě
sex fiend 色情狂 sèqíngkuáng
fiendish ADJ 恶魔似的 èmó shìde, 极其可怕的 jíqí kěpà de
fierce ADJ **1** 凶猛 xiōngměng □ He keeps a fierce dog to guard his house. 他养了一只凶猛的狗看家。Tā yǎngle yì zhī xiōngměng de gǒu kàn jiā. **2** 激烈 jīliè □ Bidders have to engage in fierce competition to win the contract. 投标者为了赢得合同必须进行激烈竞争。Tóubiāozhě wèile yíngdé hétong bìxū jìnxíng jīliè jìngzhēng.
fiery ADJ **1** 燃烧的 ránshāo de, 着火的 zháohuǒ de **2** 火辣辣的 huǒlàlà de, 火热的 huǒrè de **3** 激情燃烧的 jīqíng ránshāo de
fiesta N **1** 节日 jiérì, 喜庆日 xǐqìngrì **2** 宗教节日 zōngjiào jiérì
fifteen NUM 十五 shíwǔ, 15
fifth NUM 第五 dì wǔ
fifty NUM 五十 wǔshí, 50
fifty-fifty Ⅰ ADJ 平分的 píngfēn de, 一半的 yíbàn de **Ⅱ** ADV 一半对一半 yíbàn duì yíbàn, 对半 duìbàn
fig N 无花果 wúhuāguǒ
fight Ⅰ v (PT & PP **fought**) **1** 战斗 zhàndòu □ They fought bravely for their country. 他们为了自己的国家英勇战斗。Tāmen wèile zìjǐ de guójiā yīngyǒng zhàndòu. **2** 打架 dǎjià, 争吵 zhēngchǎo □ After their divorce they fought for custody of their daughter. 他们离婚后为了女儿的监护权而争吵。Tāmen líhūn hòu wèile nǚ'ér de jiānhùquán ér zhēngchǎo. **3** 奋斗 fèndòu □ It is time to fight against ignorance and intolerance. 到了与无知和无宽容精神作斗争的时候了。Dàole yǔ wúzhī hé wú kuānróng jīngshén zuò dòuzhēng de shíhou le. **Ⅱ** N **1** 打架 dǎjià **2** 吵架 chǎojià, 争吵 zhēngchǎo
fighter N **1**（自由+）斗士 [zìyóu+] dòushì **2**（职业+）拳击手 [zhíyè+] quánjīshǒu **3**（空军+）战斗机 [kōngjūn+] zhàndòujī [M. WD 架 jià]
figment N 凭空想象出来的事物 píngkōng xiǎngxiàng chūlái de shìwù
a figment of one's imagination 凭空想象出来的事物 píngkōng xiǎngxiàng chūlái de shìwù
figurative ADJ 比喻的 bǐyù de
figure Ⅰ N **1** 身材 shēncái □ She has a full figure. 她身材丰满。Tā shēncái fēngmǎn. **2** 数字 shùzì □ According to official figures, the unemployment rate is the highest in 10 years. 根据官方数字，失业率是十年中最高的。Gēnjù guānfāng shùzì, shīyèlǜ shì shí nián nèi zuì gāo de. **3** 人物 rénwù [M. WD 位 wéi], 人士 rénshì [M. WD 位 wéi] □ Her father is a prominent figure in local politics. 她父亲是地方政治的显要人物。Tā fùqin shì dìfāng zhèngzhì de xiǎnyào rénwù. **Ⅱ** v **1** 崭露头角 zhǎnlù tóujiǎo **2** 计算 jìsuàn
figurehead N 有名无实的领袖 yǒu míng wú shí de lǐngxiù
figure of speech N 比喻 bǐyù
figure skating N 花样滑冰 huāyàng huábīng
filch v 小偷小摸 xiǎotōu xiǎomō
file Ⅰ N **1** 档案 dàng'àn □ The government keeps secret files on terrorist suspects. 政府有恐怖主义嫌疑犯的秘密档案。Zhèngfǔ yǒu kǒngbù zhǔyì xiányífàn de mìmì dàng'àn. □ Your job application will be kept in the company file. 你的求职申请将保留在公司档案里。Nǐ de qiúzhí shēnqǐng jiāng bǎoliú zài gōngsī dàng'àn lǐ. **2** 档案计算机 dàng'àn (jìsuànjī), 文件 wénjiàn □ I need to create a new file for this matter. 我要为这件事建立新档。Wǒ yào wèi zhè jiàn shì jiànlì xīn dàng.

file cabinet 文件柜 wénjiànguì
back-up file 储备文件 chǔbèi wénjiàn □ Don't forget to create a back-up file. 别忘了做一个储备文件。Bié wàngle zuò yí ge chǔbèi wénjiàn.
3 锉刀 cuòdāo
nail file 指甲刀 zhǐjiadāo
Ⅱ v 正式立案 zhèngshì lì'àn
to file a divorce 正式提出离婚 zhèngshì tíchū líhūn
2 (to file away) 把…存档 bǎ…cúndàng **3** 锉（平）cuò (píng)
filet, fillet N（去骨的）肉片/鱼片 (qù gǔ de) ròupiàn/yúpiàn
filibuster v（美国国会）以冗长演说阻止议事 (Měiguó Guóhuì) yǐ rǒngcháng yǎnshuō zǔzhǐ yìshì
filigree N 金银丝饰品 jīnyínsī shìpǐn [M. WD 件 jiàn]
filing N 存档 cúndàng, 归档 guīdàng
fill Ⅰ v 装满 zhuāngmǎn, 倒满 dàomǎn □ The hotel was filled to capacity—they simply can't take any more guests. 旅馆满一根本不能再接纳一位旅客了。Lǚguǎn bàomǎn—gēnběn bù néng zài jiēnà yí wèi lǚkè le.
to fill out a form 填表 tiánbiǎo □ Please fill out the form with capital letters. 请用大写字母填写本表。Qǐng yòng dàxiě zìmǔ tiánxiě běn biǎo.
Ⅱ N 充分 chōngfèn, 足够 zúgòu
to eat one's fill 吃得饱饱的 chī dé bǎobǎo de, 吃得心满意足 chī dé xīnmǎn yìzú
filling Ⅰ N **1**（补牙的+）填料 [bǔ yá de+] tiánliào, 填补物 tiánbǔ wù **2**（食品+）馅心 [shípǐn+] xiàn xīn, 馅 xiàn **Ⅱ** ADJ 使人吃得饱饱的 shǐ rén chī dé bǎobǎo de
filly N 小母马 xiǎo mǔmǎ [M. WD 匹 pǐ]
film Ⅰ N **1** 胶卷 jiāojuǎn [M. WD 卷 juǎn] □ Grandpa can hardly buy any film now as most people use digital cameras. 爷爷现在几乎买不到胶卷了，因为大多数人都用数码照相机了。Yéye xiànzài jīhū mǎibudào jiāojuǎn le, yīnwèi dàduōshù rén dōu yòng shùmǎ zhàoxiàngjī le. **2** 电影 diànyǐng [M. WD 部 bù] □ I hope someday I'll be able to attend the famous Cannes Film Festival. 我希望有朝一日能出席康城电影节。Wǒ xīwàng yǒuzhāoyírì néng chūxí Kāngchéng diànyǐngjié. **3** 薄膜 bómó, 薄层 báo céng
Ⅱ v 拍摄 pāishè
filmmaker N 电影导演 diànyǐng dǎoyǎn, 电影制片人 diànyǐng zhìpiànrén
filmstrip N 幻灯片 huàndēngpiàn [M. WD 张 zhāng]
filter Ⅰ N **1** 过滤器 guòlǜqì, 漏斗 lòudǒu **2**（照相机）滤色镜 (zhàoxiàngjī) lǜsèjìng **Ⅱ** v 过滤 guòlǜ
filth N 脏东西 zàng dōngxi, 污秽 wūhuì
filthy ADJ 极其肮脏 jíqí āngzāng, 污秽不堪 wūhuìbùkān
fin N **1** 鱼鳍 yúqí **2**（飞机）垂直尾翼 (fēijī) chuízhí wěiyì
shark's fin soup 鱼翅汤 yúchìtāng
finagle v 要手段搞到手 shuǎ shǒuduàn gǎodào shǒu
final Ⅰ ADJ 最终的 zuìzhōng de, 最后的 zuìhòu de □ We won't know the final results of the election until noon tomorrow. 我们要到明天中午才知道选举的最终结果。Wǒmen yào dào míngtiān zhōngwǔ cái zhīdào xuǎnjǔ de zuìzhōng jiéguǒ. **Ⅱ** N **1** 期终考试 qīzhōng kǎoshì, 大考 dàkǎo **2** 决赛 juésài
finale N（歌剧）最后一幕 [gējù+] zuìhòu yímù, [交响乐+] 终曲 [jiāoxiǎngyuè+] zhōngqǔ
finalist N 决赛选手 juésài xuǎnshǒu
finality N 定局 dìngjú, 不可改变 bùkě gǎi biàn
finalize v 最后定下 zuìhòu dìngxià, 确定 quèdìng
finally ADV 终于 zhōngyú, 最终 zuìzhōng □ After much delay the plane finally took off. 耽搁很久以后，飞机终于起飞了。Dāngé hěn jiǔ yǐhòu, fēijī zhōngyú qǐfēi le.
finance Ⅰ N **1** 财务 cáiwù, 财政 cáizhèng □ As the Director of Finance, he knows the company's finances quite well. 作为财务主任，他对公司财务情况完全知道。Zuòwéi cáiwù zhǔrèn, tā duì gōngsī cáiwù qíngkuàng wánquán zhīdào. □ How do you

plan your finances for your retirement? 你是怎样为退休计划你的财务的? Nǐ shì zěnyàng wèi tuìxiū jìhuà nǐ de cáiwù de?

corporate finance 公司财政 gōngsī cáizhèng

2 金融 jīnróng

finance company 金融公司 jīnróng gōngsī, 信贷公司 xìndài gōngsī

finance institution 金融机构 jīnróng jīgòu

3 款项 kuǎnxiàng, 钱 qián □ The school needs to obtain additional finances for the renovation of its gym. 学校需要取得额外款项来修复体育馆。Xuéxiào xūyào qǔdé éwài kuǎnxiàng lái xiūfù tǐyùguǎn.

II v 为…提供资金 wéi…tígōng zījīn, 出资 chūzī □ A family trust will provide finance her college education. 一项家庭信托基金将资助她上大学。Yí xiàng jiātíng xìntuōjījīn jiāng zīzhù tā shàng dàxué.

finances N **1** [公司+] 资金 [gōngsī+] zījīn **2** 财务管理 cáiwù guǎnlǐ

financial ADJ 财务的 cáiwù de □ The company is in deep financial difficulties. 公司财务困难重重。Gōngsī cáiwù kùnnan chóngchóng.

financial aid 助学金 zhùxuéjīn [M. WD 份 fèn/笔 bǐ], 助学贷款 zhùxué dàikuǎn [M. WD 份 fèn/笔 bǐ]

financier N 金融家 jīnróngjiā [M. WD 位 wèi]

financing N 筹集的资金 chóují de zījīn, 融资 róngzī

finch N 雀科鸟类 què kē niǎolèi, 雀 què [M. WD 只 zhī]

find I v (PT & PP **found**) **1** 找到 zhǎodao □ He found a good job in Los Angeles. 他在洛杉矶找到一份好工作。Tā zài Luòshānjī zhǎodao yí fèn hǎo gōngzuò. □ She still hasn't found her ideal husband. 她还没有找到理想的丈夫。Tā hái méiyǒu zhǎodao lǐxiǎng de zhàngfu. **2** 发现 fāxiàn □ Prof Brown found it necessary to explain some of the basic concepts again. 布朗教授发现需要把一些基本概念再解释一遍。Bùlǎng jiàoshòu fāxiàn xūyào bǎ yìxiē jīběn gàiniàn zài jiěshì yí biàn.

to find out 发现 fāxiàn □ She found out that her son had joined a street gang. 她发现儿子参加了一个街头黑帮。Tā fāxiàn érzi cānjiāle yí ge jiētóu hēibāng.

3 觉得 juéde □ I didn't find his jokes funny at all—I found them silly. 我觉得他讲的笑话一点也不好笑—我觉得他的笑话很傻。Wǒ juéde tā jiǎng de xiàohua yìdiǎn yě bù hǎoxiào—wǒ juéde tā de xiàohua hěn shǎ.

II N 被发现的东西 bèi fāxiàn de dōngxi

an archeological find 考古发现 kǎogǔ fāxiàn, 出土文物 chū tǔ wénwù

finding N **1** 调查（研究）结果 diàochá (yánjiū) jiéguǒ □ The latest research findings will be published next month. 最新研究结果将在下个月公布。Zuìxīn yánjiū jiéguǒ jiāng zài xià ge yuè gōngbù. **2** 发现 fāxiàn □ The wisdom of his words takes finding. 他话中的智慧，要想一想才会发现。Tā huà zhōng de zhìhuì, yào xiǎngyixiǎng cái huì fāxiàn.

fine¹ ADJ **1** 美好的 měihǎo de, 极好的 jíhǎo de □ The room has a fine view of the river and hills. 从房间可以看到山河的美好景色。Cóng fángjiān kěyǐ kàndao shānhé de měihǎo jǐngsè. **2** 晴朗的 [+天气] qínglǎng de [+tiānqì] □ We usually have fine weather in early fall. 我们在初秋通常有晴朗的天气。Wǒmen zài chūqiū tōngcháng yǒu qínglǎng de tiānqì.

3 健康的 [+身体] jiànkāng de [+shēntǐ], 身体好的 shēntǐ hǎo de □ "How are you?" "I'm fine." "你好吗？" "挺好。" "Nǐ hǎo ma?" "Tǐng hǎo." **4** 细微的 xìwēi de

a fine line 极细微的差别 jí xìwēi de chābié

fine print 细则 xìzé

not to put too fine a point on 说得不客气一点 shuō de bú kèqi yìdiǎn

fine² I v 对…罚款 duì…fákuǎn

to be fined for speeding 因超速驾车而被罚款 yīn chāosù jiàchē ér bèi fákuǎn

II N 罚款 fákuǎn, 罚金 fájīn □ He got a heavy fine for driv-

ing without a license. 他因为无照驾车而受到重罚。Tā yīnwéi wúzhào jiàchē shòudao zhòngfá.

fine arts N 艺术（美术、音乐等）yìshù (měishù、yīnyuè děng)

finely ADV **1** 细小地 xìxiǎo de **2** 精确地 jīngquè de

finesse I N 技巧 jìqiǎo II v 巧妙而略带欺骗性地处理 qiǎomiào ér lüè dài qīpiànxìng de chǔlǐ

finger I N 手指 shǒuzhǐ

index finger 食指 shízhǐ

middle finger 中指 zhōngzhǐ

ring finger 无名指 wúmíngzhǐ

small finger 小指 xiǎozhǐ

II v 用手指触摸 yòng shǒuzhǐ chùmō

fingernail N 指甲 zhǐjia

fingerprint N 指纹 zhǐwén

fingertip N 指尖 zhǐjiān

to have sth at one's fingertips 随时可供使用 suíshí kěgōng shǐyòng

finicky ADJ 爱挑剔的 ài tiāoti de

finish I v **1** 结束 jiéshù □ The semester starts in January and finishes in May. 这个学期一月开始，五月结束。Zhè ge xuéqī yí yuè kāishǐ, wǔ yuè jiéshù. **2** 完成 wánchéng, …完 …wán □ I've got to finish my homework first. 我得先完成家庭作业。(→ 我得先做完家庭作业。) Wǒ děi xiān wánchéng jiātíng zuòyè. (→ Wǒ děi xiān zuòwán jiātíng zuòyè.) **3** 获得名次 huòdé míngcì

II N **1** 结果 jiéguǒ **2** 光洁度 guāngjiédù

finish line 终点线 zhōngdiǎnxiàn

finite ADJ 有限制的 yǒuxiàn zhì de, 有限的 yǒuxiàn de

fir N 冷杉 lěngshān [M. WD 棵 kē]

fire I N **1** 火 huǒ □ The candle fell to the floor and the carpet caught on fire. 蜡烛掉到地上，地毯着火了。Làzhú diàodao dìshang, dìtǎn zháohuǒ le.

to catch fire 着火 zháohuǒ

2 火灾 huǒzāi [M. WD 场 cháng] □ "Fire! Fire!" "着火了！着火了！" "Zháohuǒ le! Zháohuǒ le!" □ In case of fire, dial 911. 发生火灾，请打911。Fāshēng huǒzāi, qǐng dǎ jiǔ yāo yāo.

fire alarm 火警报警器 huǒjǐng bàojǐngqì

fire brigade 义务消防队 yìwù xiāofángduì

fire department 消防队 xiāofángduì

fire engine 消防车 xiāofángchē, 救火车 jiùhuǒchē

fire extinguisher 灭火器 mièhuǒqì

fire drill 防火演习 fánghuǒ yǎnxí

fire fighter 消防员 xiāofángyuán

fire hydrant 消防龙头 xiāofánglóngtóu

fire station 消防站 xiāofángzhàn

to open fire 开枪 kāiqiāng

II v **1** 开枪 kāiqiāng □ In the street fight someone fired a gun. 在街头殴斗中有人开了枪。Zài jiētóu ōudòu zhōng yǒurén kāile qiāng. **2** 解雇 jiěgù □ Her boss fired her for incompetence. 她的老板因为她不称职而解雇了她。Tā de lǎobǎn yīnwéi tā bú chènzhí ér jiěgùle tā. **3** 使…激动 shǐ…jīdòng, 激励 jīlì

firearm N 枪支 qiāngzhī

firebrand N 煽动暴乱者 shāndòng bàoluàn zhě

firecracker N 爆竹 bàozhú, 鞭炮 biānpào

firefly N 萤火虫 yínghuǒchóng [M. WD 只 zhī]

fireplace N 壁炉 bìlú

fireproof ADJ 防火的 fánghuǒ de, 耐火的 nàihuǒ de

fireside N 炉边 lúbiān

firewall N 防火墙 fánghuǒqiáng [M. WD 道 dào]

firewood N 木柴 mùchái

fireworks N 焰火 yànhuǒ

firing line N 火线 huǒxiàn, 前线 qiánxiàn

to be on the firing line 处在受到攻击的地位 chǔzài shòudào gōngjī de dìwèi, 首当其冲 shǒudāngqíchōng

firing squad N 行刑队 xíngxíngduì

firm I ADJ **1** 坚固的 jiāngù de, 结实的 jiēshi de □ I prefer a firm mattress. 我喜欢结实的床垫。Wǒ xǐhuan jiēshi de chuángdiàn. **2** 坚定的 jiāndìng de □ Our biology teacher is a firm believer in the theory of evolution. 我们的生物老师坚定地相信进化论。Wǒmen de shēngwù lǎoshī jiāndìng de xiāngxìn jìnhuàlùn.
II N 商行 shāngháng [M. WD 家 jiā], 事务所 shìwùsuǒ, 公司 gōngsī [M. WD 家 jiā] □ After graduation she worked as a clerk in an accounting firm. 她毕业以后在一家会计事务所当职员。Tā bìyè yǐhòu zài yì jiā kuàijì shìwùsuǒ dāng zhíyuán.
law firm 法律事务所 fǎlǜ shìwùsuǒ

first I PRON 第一 dìyī, 最早 zuìzǎo □ He is always the first to come and the last to leave. 他总是第一个来, 最后一个走。Tā zǒngshì dìyī ge lái, zuìhòu yí ge zǒu.
II ADJ 第一 dìyī, 最早的 zuìzǎo de
first aid 急救 jíjiù
first base (baseball) 第一垒 dìyī lěi
first class 头等舱 tóuděngcāng, 第一类邮件 dìyī lèi yóujiàn
first lady 第一夫人 dìyī fūrén, 总统夫人 zǒngtǒng fūrén
first lieutenant 中尉 zhōngwèi
first mate 大副 dàfù
first name 名字 míngzì, 名 míng
first person 第一人称 dìyī rénchēng
first rate 第一流的 dìyīliú de, 一流的 yīliú de
first things first 重要的事先做 zhòngyào de shì xiān zuò
love at first sight 一见钟情 yíjiàn zhōngqíng
III ADV 第一 dìyī, 首先 shǒuxiān □ Who wants to speak first? 谁先说? Shéi xiān shuō?
at first 起先 qǐ xiān, 刚开始 gāng kāishǐ □ She was rather diffident at first. 起先她有点儿胆怯。Qǐxiān tā yǒudiǎnr dǎnqiè.
first of all 首先 shǒuxiān □ First of all, let's define these terms. 首先让我们给这些术语下个定义。Shǒuxiān ràng wǒmen gěi zhèxiē shùyǔ xià ge dìngyì.

firsthand ADJ, ADV 第一手 dìyīshǒu
firstly ADV 第一 dìyī, 首先 shǒuxiān
fiscal ADJ 财政的 cáizhèng de
fiscal year 财务年度 cáiwù niándù, 会计年度 kuàijì niándù
fish I N 鱼 yú [M. WD 条 tiáo] □ Deep-sea fish is high in nutritious value. 深海鱼营养价值很高。Shēnhǎi yú yíngyǎng jiàzhí hěn gāo.
II V 捕鱼 bǔyú, 钓鱼 diàoyú □ Eugene's hobby is trout fishing. 尤金的嗜好是钓鳟鱼。Yóujīn de shìhào shì diào zūnyú.
fishbowl N 玻璃鱼缸 bōlí yúgāng
fisherman N 钓鱼者 diàoyúzhě, 渔民 yúmín
fishery N 渔场 yúchǎng
fishing N 钓鱼 diàoyú, 捕鱼 bǔyú
fishing rod 钓鱼竿 diàoyúgān
fishnet N 鱼网 yúwǎng [M. WD 张 zhāng], 网眼袜子 wǎngyǎn wàzi [M. WD 只 zhī/双 shuāng]
fishtail V 摆尾行驶 bǎiwěi xíngshǐ, 摆尾飞行 bǎiwěi fēixíng
fishy ADJ **1** 鱼腥气的 yú xīngqì de **2** 可疑的 kěyí de □ There's something fishy going on. 事情有些可疑。Shìqing yǒuxiē kěyí.
fission N (原子) 裂变 (yuánzǐ) lièbiàn
fissure N 裂缝 lièfèng
fist N 拳头 quántou, 拳 quán
fit I ADJ **1** 合适 héshì □ Do as you see fit. 你看怎么合适就怎么办。(→ 你看着办。) Nǐ kàn zěnme héshì jiù zěnme bàn. (→ Nǐ kànzhe bàn.) **2** 健康 jiànkāng, 身体好 shēntǐ hǎo □ After the holiday he is as fit as a fiddle. 假期以后, 他身体棒极了。Jiàqī yǐhòu, tā shēntǐ bàng jíle.
II V **1** (PT & PP **fit, fitted**) 合身 héshēn □ I can hardly find clothes to fit me. 我很难找到合身的衣服。Wǒ hěn nán zhǎodao héshēn de yīfu. **2** 适合 [+心意] shìhé [+xīnyì] **3** 安装 [+家具] ānzhuāng [+jiājù], 组装 zǔzhuāng
III N **1** 发脾气 fāpíqi
to throw a fit 大发脾气 dàfā píqi
2 (病或强烈感情) 发作 (bìng huò qiángliè gǎnqíng) fāzuò
fits of laughter 一阵阵大笑 yí zhèn zhèn dàxiào
3 (a good fit) 适合 shìhé
fitful ADJ 一阵阵的 yízhèn zhèn de
fitness N 健康 jiànkāng, 身体好 shēntǐ hǎo
fitted ADJ **1** 定做的 dìngzuò de **2** 配备 pèibèi
fitting I ADJ 合适的 héshì de, 恰当的 qiàdàng de **II** N **1** 试穿 shìchuān
fitting room 试衣间 shìyījiān
2 装置 zhuāngzhì
five NUM 五 wǔ, 5
fix I V **1** 修理 xiūlǐ □ My brother can fix the car if there's nothing too seriously wrong. 如果汽车没有大毛病, 我兄弟能修。Rúguǒ qìchē méiyǒu dà máobìng, wǒ xiōngdì néng xiū. **2** 准备 zhǔnbèi
to fix a meal 准备一顿饭 zhǔnbèi yídùn fàn, 做饭 zuòfàn **3** 确定 quèdìng □ Have you fixed a day to invite them to dinner? 你确定了请他们来吃饭的日子吗? Nǐ quèdìngle qǐng tāmen lái chīfàn de rìzi ma? **4** 操纵 [+比赛] cāozòng [+bǐsài]
II N **1** 困境 kùnjìng
to be in a fix 处于困境 chǔyú kùnjìng
2 毒品 dúpǐn, 上瘾的东西 shàngyǐn de dōngxi
coffee fix 不得不喝的咖啡 bùdebù hē de kāfēi
3 受到非法操纵的事 shòudào fēifǎ cāozòng de shì
fixation N 过分的兴趣 guòfèn de xìngqu, 偏爱 piān'ài
fixed ADJ 固定的 gùdìng de
to have fixed ideas 抱有固执的想法 bàoyǒu gùzhí de xiǎngfǎ
fixedly ADV 固定地 gùdìng de, 专注地 zhuānzhù de
fixture N **1** 固定装置 gùdìng zhuāngzhì **2** 一直在的东西／节目 yìzhí zài de dōngxi/jiémù, 不会离去的东西 bú huì líqù de dōngxi
fizz N [饮料的+] 泡沫 [yǐnliào de+] pàomò
fizzle V 最终失败 zuìzhōng shībài
fjord N 峡湾 xiáwān
flab N 松驰的赘肉 sōngchí de zhuìròu
flabbergasted ADJ 大吃一惊的 dàchīyìjīng de
flabby 1 松弛的(肌肉) sōngchí de (jīròu) **2** 无力的 (争辩) wúlì de (zhēngbiàn)
flaccid ADJ 软弱的 ruǎnruò de, 松软的 sōngruǎn de
flag I N 旗 qí [M. WD 面 miàn], 旗子 qízi [M. WD 面 miàn] □ The national flag of the U.S.A. is the Stars and Stripes. 美国国旗是星条旗。Měiguó guóqí shì xīngtiáoqí. □ The national flag of China is the five-star red flag. 中国国旗是五星红旗。Zhōngguó guóqí shì wǔxīng hóngqí.
II V **1** 标出 [+重要部分] biāo chū [+zhòngyào bùfen], 标志 biāozhì **2** [经济+] 变得疲软 [+jīngjì] biàn de píruǎn **3** (to flag down) 招手要 [+出租汽车] 停下 zhāoshǒu yào [+chūzū qìchē] tíng xià
flagpole N 旗杆 qígān [M. WD 根 gēn]
flagrant ADJ 明目张胆的 míngmù zhāngdǎn de, 公然的 gōngrán de
flagship N **1** 旗舰 qíjiàn [M. WD 艘 sōu] **2** 标志性／最佳产品 biāozhìxìng/zuìjiā chǎnpǐn
flagstone N 石板 shíbǎn
flail V 挥动 [+手臂或腿] huīdòng [+shǒubì huò tuǐ]
flair N 天赋 tiānfù, 天分 tiānfèn
flak N 强烈的批评 qiángliè de pīpíng
flake I N **1** 小薄片 xiǎo báopiàn **2** 健忘而古怪的人 jiànwàng ér gǔguài de rén **II** V **1** 碎成小片 suì chéng xiǎopiàn **2** 剥落 bōluò

flamboyant ADJ 1 炫耀的 xuànyào de, 卖弄的 màinong de 2 (色彩) 艳丽的 (sècǎi) yànlì de

flame I N 火 huǒ, 火焰 huǒyàn 2 欲火 yùhuǒ, 情欲 qíngyù □ The kitchen was in flames. 厨房大火熊熊。Chúfáng dàhuǒ xióngxióng.
old flame 往日情人 wǎngrì qíngrén
II V 变成火红色 biànchéng huǒhóngsè

flaming ADJ 1 熊熊燃烧的 [+大火] xióngxióng ránshāo de [+dàhuǒ] 2 火红的 [+落日] huǒhóng de [+luòrì], 光亮的 guāngliàng de

flamingo N 火烈鸟 huǒlièniǎo [M. WD 只 zhī]

flammable ADJ 易燃的 yìrán de

flank I N 侧翼 cèyì, 侧面 cèmiàn II V 在…的侧翼 zài…de cèyì
to be flanked by 两边有 liǎngbiān yǒu, 两边是 liǎngbiān shì

flannel N 法兰绒 fǎlánróng

flap I V 1 [鸟+] 拍动 [+翅膀] [niǎo+] pāi dòng [+chìbǎng] 2 [旗+] 呼啦啦地拍动 [qí+] hūlālā de pāi dòng II N 1 (信封) 封盖口 (xìnfēng) fēng gài kǒu 2 激动不安 jīdòng bù'ān, 慌乱 huāngluàn

flare I V [火+] 突然烧旺 [huǒ+] tūrán shāo wàng
to flare up 突然大怒 tūrán dà nù, 突然狂暴起来 tūrán kuángbào qǐlái
II N 闪光信号 shǎnguāng xìnhào, 闪光灯 shǎnguāngdēng

flare-up N 突然爆发 tūrán bàofā

flash I V 1 闪光 shǎnguāng □ Lightning flashed and then there was a boom of thunder. 一道闪电，接着雷声隆隆。Yí dào shǎndiàn, jiēzhe léishēng lónglóng. 2 迅速传送 [+消息] xùnsù chuánsòng [+xiāoxi] 3 [汽车+] 飞驰 [qìchē+] fēichí II N 闪光 shǎnguāng [M. WD 道 dào]

flashback N 1 [小说+] 倒叙 [xiǎoshuō+] dàoxù 2 往事突然重现 wǎngshì tūrán chóngxiàn

flashcard N 识图卡 shítúkǎ, 识字卡 shízìkǎ

flasher N 露阴狂 lùyīnkuáng

flashlight N 电筒 diàntǒng, 手电筒 shǒudiàntǒng

flashy ADJ 俗艳的 súyàn de

flask N 1 扁酒瓶 biǎn jiǔpíng 2 烧瓶 shāopíng

flat I ADJ 1 平坦 píngtǎn □ The city is very flat, making cycling easy. 这个城市很平坦，骑自行车很容易。Zhège chéngshì hěn píngtǎn, qí zìxíngchē hěn róngyì. 2 没有气的 [+轮胎 / 球等] méiyǒu qì de [+lúntāi/qiú děng] 3 走了气的 [+饮料] zǒu le qì de [+yǐnliào] 4 偏低的 [+音乐] piāndī de [+yīnyuè] 5 萧条的 [+经济] xiāotiáo de [+jīngjì], 不景气的 bùjǐngqì de 6 固定的 [+价格] gùdìng de [+jiàgé] 7 (音乐) 降半音 (yīnyuè) jiàng bànyīn
E flat E 调 jiàng E tiáo
II N 1 漏气的轮胎 lòuqì de lúntāi, 瘪胎 biě tāi 2 降半音符号 jiàng bànyīn fúhào (♭)
III ADV 1 平坦地 píngtǎn de 2 (to fall flat) [笑话+] 不好笑 [xiàohua+] bùhǎo xiào, 完全失败 wánquán shībài

flatly ADV 1 断然地 [+拒绝] duànrán de [+jùjué] 2 平淡地 [+回答] píngdàn de [+huídá]

flats N 平跟女鞋 píng gēn nǚxié [M. WD 只 zhī/双 shuāng]

flatten V 把…弄平 bǎ…nòng píng

flatter V 1 恭维 gōngwei, 讨好 tǎohǎo 2 胜过 [+真人] shèngguò [+zhēnrén] □ This photo flatters her. 这张照片比她本人好看。Zhè zhāng zhàopiàn bǐ tā běnrén hǎokàn.

flatterer N 恭维者 gōngweizhě, 拍马屁的人 pāi mǎpì de rén

flattery N 恭维 gōngwei, 奉承 fèngcheng

flatulence N [胃肠+] 气涨的 [wèicháng+] qì zhǎng de

flaunt V 炫耀 xuànyào, 夸耀 kuāyào

flavor I N 1 [冰淇淋的+] 味道 [bīngqílín de+] wèidao, 味 wèi 2 [地中海的+] 风味 [Dìzhōnghǎi de+] fēngwèi, 情调 qíngdiào II V 对…加味 duì…jiā wèi

flavored ADJ 加味的 jiā wèi de

flavoring N 调味品 tiáowèipǐn

flaw N 缺陷 quēxiàn, 缺点 quēdiǎn

flawed ADJ 有缺陷的 yǒu quēxiàn de, 错误的 cuòwù de

flawless ADJ 没有缺点的 méiyǒu quēdiǎn de, 无瑕的 wúxiá de, 完美的 wánměi de

flax N 亚麻 yàmá

flea N 跳蚤 tiàozǎo [M. WD 只 zhī]
flea collar 驱蚤项圈 qū zǎo xiàngquān
flea market 旧货市场 jiùhuò shìchǎng

fleabag N 肮脏的低级旅馆 āngzāng de dī jí lǚguǎn

fleck N 斑点 bāndiǎn

flecked ADJ 有斑点的 yǒu bāndiǎn de

fled V See flee

fledgling I ADJ 新生的 xīnshēng de II N (刚学飞的) 小鸟 (gāng xué fēi de) xiǎoniǎo

flee (PT & PP **fled**) V 逃走 táozǒu, 逃掉 táodiào

fleece I N 羊毛 yángmáo, 羊皮 yángpí [M. WD 张 zhāng] II V 向 [+用户] 过多收费 xiàng [+yònghù] guòduō shōufèi, 榨取 zhàqǔ

fleet N 舰队 jiànduì, 船队 chuánduì, (汽) 车队 (qì) chēduì

fleeting ADJ 极其短暂的 jíqí duǎnzàn de

flesh I N 肉 ròu
one's own flesh and blood 亲骨肉 qīngǔròu, 亲人 qīnrén
II V 使…长肉 shǐ…zhǎngròu
to flesh out 使…更生动 shǐ…gèng shēngdòng, 使…更丰富 shǐ…gèng fēngfù

fleshy ADJ 肉体的 ròutǐ de, 肉欲的 ròuyù de

flew V See fly[1]

flex V 收紧 (肌肉) shōujǐn (jīròu)
to flex one's muscle 展示实力 zhǎnshì shílì

flexibility N 灵活性 línghuóxing

flexible ADJ 1 灵活的 [+安排] línghuó de [+ānpái], 有弹性的 yǒu tánxìng de 2 易弯曲的 [+材料] yì wānqū de [+cáiliào], 柔软的 róuruǎn de

flextime N 弹性工作时间 tánxìng gōngzuò shíjiān

flick I V 弹去 tán qù, 弹 tán II N 1 弹 tán 2 动作片 dòngzuò piàn

flicker I V 1 [火+] 闪烁 [huǒ+] shǎnshuò 2 [表情+] 闪现 [biǎoqíng+] shǎnxiàn II N 闪烁 shǎnshuò

flier, flyer N 1 广告纸 guǎnggàozhǐ [M. WD 张 zhāng] 2 飞行员 fēixíngyuán [M. WD 名 míng]

flight N 1 飞行 fēixíng □ Ducks took flight as we approached them. 当我们走近，鸭子就起飞了。Dāng wǒmen zǒujìn, yāzi jiù qǐfēi le.
flight attendant 空中服务员 kōngzhōng fúwùyuán
flight deck 驾驶舱 jiàshǐcāng
2 航班 hángbān □ A return flight is usually cheaper than two one-way flights. 一张往返飞机票通常比两张单程票便宜。Yì zhāng wǎngfǎn fēijī piào tōngcháng bǐ liǎng zhāng dānchéng piào piányi.
night flight 夜间飞行 yèjiān fēixíng
non-stop flight 直航 zhíháng
3 一段楼梯 yí duàn lóutī 4 逃跑 táopǎo

flightless ADJ 不会飞的 bú huì fēi de

flighty ADJ 反复无常的 fǎnfù wúcháng de, 见异思迁的 jiàn yì sī qiān de

flimsy ADJ 1 轻薄的 [+衣服] qīngbáo de [+yīfu] 2 不牢固的 [房屋 / 设备+] bù láogù de [fángwū/shèbèi+], 简陋简陋的 jiǎnlòu de 3 不可靠的 [+论点] bùkěkào de [+lùndiǎn]

flinch V 退缩 tuìsuō 2 回避 huíbì

fling I V (PT & PP **flung**) 抛 [+球] pāo [+qiú], 扔 rēng
to fling oneself 扑 pū, 冲 chōng
II N 一时的放纵 yìshí de fàngzòng, 一段风流情 yí duàn fēngliúqíng

flint N 火石 huǒshí [M. WD 块 kuài]

flip I v **1** 翻转 fānzhuǎn, 翻过来 fānguolái **2** 旋转 xuánzhuǎn
to flip out 突然大发脾气 tūrán dàfā píqi
to flip for 喜欢上 xǐhuanshàng, 爱上 àishang
to flip a coin 抛硬币（来决定）pāo yìngbì (lái juédìng)
II N 筋斗 jīndǒu, 空翻 kōngfān
a backward flip 后空翻 hòukōngfān
(decided by) a flip of the coin 由抛硬币来决定 yóu pāo yìngbì lái juédìng
III ADJ 轻率的 qīngshuài de

flip-flop N **1** 后空翻 hòukōngfān **2** 轻率改变 qīngshuài gǎibiàn

flippant ADJ 轻率的 qīngshuài de, 轻佻的 qīngtiāo de

flipper N （游泳用）鸭脚板 (yóuyǒng yòng) yājiǎobǎn

flip side N 不好的方面 bùhǎo de fāngmiàn

flirt I v 调情 tiáoqíng
to flirt with (an idea) 有点儿想 yǒudiǎnr xiǎng
to flirt with (danger) 轻率地对待 qīngshuài de duìdài
II N 调情者 tiáoqíngzhě

flirtation N **1** 调情 tiáoqíng **2** 一时的兴趣 yìshí de xìngqu

flirtatious ADJ 爱调情的 ài tiáoqíng de

float I v **1** 漂浮 piāofú □ The raft floated down the stream. 筏子顺流漂浮。Fázi shùnliú piāofú. **2** 飘 piāo, 飘浮 piāofú □ Some colorful balloons were floating across the sky. 几只彩色气球在天空飘浮。Jǐ zhī cǎisè qiúqiú zài tiānkōng piāofú. **3** 提出（建议）tíchū (jiànyì) **4** 浮动（货币）fúdòng (huòbì) **II** N 花车 huāchē □ About 50 floats paraded through the main boulevard. 大约五十辆花车在大街游行。Dàyuē wǔshí liàng huāchē zài dàjiē yóuxíng. **2** 备用零钱 bèiyòng língqián

flock I N 一群鸟 yì qún niǎo, 一群羊 yì qún yáng **II** v 成群结队地前往 chéngqún jiéduì de qiánwǎng

flog v **1** 鞭打 biāndǎ, 棒打 bàngdǎ **2** 出售 chūshòu, 卖卖 mài mài

flogging N 鞭打 biāndǎ, 棒打 bàngdǎ

flood I v 淹没 yānmò □ The river burst the dam and flooded the wheat fields. 河水决堤，淹没了麦田。Héshuǐ juédī, yānmòle màitián.
II N 洪水 hóngshuǐ, 水灾 shuǐzāi □ Incessant heavy rain caused floods in this region. 连续大雨给这个地区造成水灾。Liánxù dàyǔ gěi zhè ge dìqū zàochéng shuǐzāi.

floodgate N 防洪闸 fánghóng zhá

floodlight N 泛光灯 fànguāngdēng, 探照灯 tànzhàodēng [M. WD 台 tái]

floodlit ADJ 泛光灯照明的 fànguāngdēng zhàomíng de

floor N **1** 地板 dìbǎn □ Their baby was crawling on the floor. 他们的婴儿正在地板上爬。Tāmen de yīng'ér zhèngzài dìbǎnshang pá.
floor lamp 落地灯 luòdì táidēng
2（楼房）层 (lóufáng) céng, 楼 lóu □ My apartment is on the fifth floor. 我的公寓在五楼。Wǒ de gōngyù zài wǔ lóu.
floor plan 楼层平面图 lóucéng píngmiàntú
to take the floor （在重要会议上）开始发言 (zài zhòngyào huìyì shàng) kāishǐ fāyán, （在舞台上）率先跳舞 (zài wǔtái shàng) shuàixiān tiàowǔ

floorboard N 木地板 mù dìbǎn

flooring N 铺地面的材料 pūdì miàndī cáiliào

floozy N 淫荡的女人 yíndàng de nǚrén, 荡妇 dàngfù

flop I v **1** 猛然坐下／躺下／倒下 měngrán zuòxià/tǎngxià/dǎoxià **2** 彻底失败 chèdǐ shībài, 砸锅 záguō **3** [鸟／鱼+] 扑腾 [niǎo/yú+] pūténg **II** N **1** 重重落下 chóngchóng luòxia, 重摔 zhòng shuāi **2** 失败 shībài, 砸锅 záguō

flophouse N 廉价低档旅馆 liánjià dīdàng lǚguǎn

floppy ADJ 松软垂下的 sōngruǎn chuíxià de

floppy disk, floppy N 软盘 ruǎnpán

flora N 植物（群）zhíwù (qún)

floral ADJ 用花装饰的 yòng huā zhuāngshì de, 花的 huā de

florid ADJ 花哨的 huāshao de

florist N 花店店主 huādiàn diànzhǔ

floss I N 洁牙线 jiéyáxiàn [M. WD 根 gēn] **II** v 使用洁牙线 shǐyòng jiéyáxiàn

flotation N **1** 漂浮 piāofú
flotation ring 救生圈 jiùshēngquān
2 首次发行 shǒucì fāxíng

flotilla N 小舰队 xiǎo jiànduì, 小船队 xiǎochuán duì

flotsam N **1**（水面上）漂浮垃圾 (shuǐmiàn shàng) piāofú lājī **2** 废物 fèiwù

flounder¹ v **1** 遇到大困难 yùdào dà kùnnan **2** 艰难地行走 jiānnán de xíngzǒu

flounder² N 鲆鱼 píng yú [M. WD 条 tiáo], 鲆鱼肉 píngyúròu

flour N 面粉 miànfěn

flourish I v 兴旺繁荣 xīngwàng fánróng **II** N 华丽的词藻 huálì de cízǎo, 不必要的装饰 bú bìyào de zhuāngshì
with a flourish 用夸张的动作 yòng kuāzhāng de dòngzuò

flout v 公然无视 gōngrán wúshì, 违背 wéibèi

flow I v 流 liú, 流动 liúdòng □ This river flows into the Gulf of Mexico. 这条河流入墨西哥湾。Zhè tiáo hé liúrù Mòxīgē wān. **II** N 流 liú, 流动 liúdòng
to go with the flow 随大流 suí dàliú, 随遇而安 suí yù ér ān
to go against the flow 反潮流 fǎn cháoliú
flow chart, flow diagram 流程图 liúchéngtú

flower I N 花 huā, 花儿 huār □ She has beautiful flowers in her garden all year around. 她的花园里一年四季都有美丽的花。Tā de huāyuán lǐ yì nián sì jì dōu yǒu měilì de huā. **II** v 开花 kāihuā □ This plant will flower in fall. 这种植物秋天开花。Zhè zhǒng zhíwù qiūtiān kāihuā.

flowerbed N 花圃 huāpǔ

flowerpot N 花盆 huāpén

flowery ADJ **1** 用花装饰的 [+图案] yòng huā zhuāngshì de [+tú'àn] **2** 华丽的 [+文体] huálì de [+wéntǐ], 花哨的 huāshao de

flown v See fly¹

flu (= influenza) N 流感 liúgǎn, 流行性感冒 liúxíngxìng gǎnmào

fluctuate v 上下波动 de shàngxià bōdòng de, 波动的 bōdòng de

fluctuation N 波动 bōdòng

flue N 烟道 yāndào

fluency N 流利 liúlì

fluent ADJ 流利的 liúlì de □ When will I become a fluent speaker of Chinese? 我什么时候能流利地说中文？Wǒ shénme shíhòu néng liúlì de shuō Zhōngwén?

fluently ADV 流利地 liúlì de

fluff I N 蓬松毛 péngsōng máo, 线团 xiàntuán **II** v **1** 把…拍松 bǎ…pāi sōng **2** 起毛 qǐmáo

fluffy ADJ 毛茸茸的 máoróngróng de

fluid I N 流体 liútǐ, 流质 liúzhì
fluid ounce 液盎司 yè àngsī
II ADJ **1** 流动的 liúdòng de **2** 优雅流畅的 [+演奏] yōuyǎ liúchàng de [+yǎnzòu]

fluids N 体液 tǐyè

fluke N 侥幸 jiǎoxìng

flung v See fling

flunk v 不及格 bù jígé, 没有通过 méiyǒu tōngguò

flunky, flunkey N **1** 勤杂工 qínzágōng **2** 马屁精 mǎpìjīng

fluorescent ADJ 荧光的 yíngguāng de
fluorescent light 日光灯 rìguāngdēng

fluoride N 氟化物 fúhuàwù

flurry N 一阵忙乱 yí zhèn mángluàn, 慌乱 huāngluàn

flush I v **1** 水冲 shuǐ chōng, 冲洗 chōngxǐ **2** [脸+] 发红 [liǎn+] fāhóng **II** N **1** 水冲 shuǐ chōng, 冲洗 chōngxǐ **2** 一阵（情绪）yízhèn (qíngxù)
a flush of pride 一阵自豪感 yízhèn zìháogǎn
III ADV 齐平地 qí píngde

flushed ADJ 脸红的 liǎnhóng de
flushed with excitement 激动得脸色通红 jīdòng dé liǎnsè tōnghóng
flustered ADJ 紧张慌乱的 jǐnzhāng huāngluàn de
flute N 长笛 chángdí, 笛 dí
flutist, flautist N 吹笛的人 chuī dí de rén, 笛手 chuīshǒu
flutter I v 1 拍打 [+翅膀] pāi dǎ [+chìbǎng] 2 (旗) 飘动 [qí+] piāodòng 3 (心+) 快速跳动 [xīn+] kuàisù tiàodòng II N 拍打 pāida, 飘动 piāodòng
flux N 流动 liúdòng
in a flux 不断变化中 búduàn biànhuà zhōng
fly[1] v (PT **flew**; PP **flown**) 1 飞 fēi, 飞翔 fēixiáng □ A couple of birds flew to and fro in our garden. 两三只鸟在我的园子里飞来飞去。Liǎng sān zhī niǎo zài wǒ de yuánzi lǐ fēilai fēiqu. 2 飞 fēi, 飞行 fēixíng 3 驾驶飞机 jiàshǐ fēijī □ Can you fly a helicopter? 你会驾驶直升飞机吗? Nǐ huì jiàshǐ zhíshēng fēijī ma?
fly[2] N 1 苍蝇 cāngying 2 (裤子) 拉锁盖 lāsuǒ gài, 拉链 lāliàn
fly-by-night ADJ 靠不住的 kàobúzhù de, 长不了的 cháng-bùliǎo de
flying I N 乘飞机 chéngfēijī, 飞行 fēixíng II ADJ 能飞的 néng fēi de
flying saucer 飞碟 fēidié, 不明飞行物 bùmíng fēixíngwù
with flying colors 大大成功地 dàdà chénggōng de
to get off to a flying start 有良好的开端 yǒu liánghǎo de kāiduān, 打响第一炮 dǎxiǎng dìyī pào
flyswatter N 苍蝇拍 cāngying pāi
FM (= frequency modulation) ABBREV 调频 tiáopín
foal N 马驹 mǎjū [M. WD 匹 pǐ], 幼马 yòu mǎ [M. WD 匹 pǐ]
foam I N 泡沫 pàomò [M. WD 块 kuài]
foam rubber 海绵橡胶 hǎimián xiàngjiāo
II N 起泡沫 qǐ pàomò
fob v (to fob sth off) 用欺骗手段把某物处理掉 yòng qīpiàn shǒuduàn bǎ mǒuwù chǔlídiào
focal point N 焦点 jiāodiǎn, 重点 zhòngdiǎn
focus I N 1 重点 zhòngdiǎn □ Our focus this week is on Chinese grammar. 我们这个星期的重点是汉语语法。Wǒmen zhè ge xīngqī de zhòngdiǎn shì Hànyǔ yǔfǎ. 2 焦点 jiāodiǎn, 焦距 jiāojù
II v 把重点放在 bǎ zhòngdiǎn fàng zài □ In this course we focus on everyday spoken Chinese. 在这门课程中我们把重点放在中文口语上。Zài zhè mén kèchéng zhōng wǒmen bǎ zhòngdiǎn fàng zài Zhōngwén kǒuyǔ shang. □ People tend to focus on their own interests. 人们往往注重自身的利益。Rénmen wǎngwǎng zhùzhòng zìshēn de lìyì.
out of focus 焦距不对 jiāojù bú duì, 模糊 móhu □ In this photo, your child is out focus. 在这张照片上你孩子很模糊。Zài zhè zhāng zhàopiànshang nǐ háizi hěn móhu.
fodder N 1 饲料 sìliào 2 素材 sùcái
foe N 仇敌 chóudí, 敌人 dírén
fog I N 雾 wù □ The airport is shrouded in a thick blanket of fog. 飞机场被一团大雾笼罩。Fēijīchǎng bèi yì tuán dà wù lǒngzhào.
II v 蒙上水汽 méng shàng shuǐqì
fogbound ADJ 因大雾而受阻的 yīn dà wù ér shòuzǔ de
fogey, fogy N 守旧的人 shǒujiù de rén, 老顽固 lǎowángu
foggy ADJ 多雾的 duō wù de, 有雾的 yǒu wù de
foghorn N 大雾天警告船只的汽笛声 dà wù tiān jǐnggào chuánzhī de qìdíshēng, 雾笛 wùdí
foible N 弱点 ruòdiǎn
foil I N 1 铂纸 bózhǐ, 锡纸 xīzhǐ 2 陪衬物 péichènwù, 陪衬 péichèn II v 挫败 cuòbài
foist v 把…强加于 bǎ…qiángjiā yú
to foist sth on sb 把某物强加给某人 bǎ mǒuwù qiángjiā gěi mǒurén

fold I v 1 折叠 zhédié □ He folded his newspaper neatly and put it in his briefcase. 他把报纸整齐地折叠起来,放进公文提包。Tā bǎ bàozhǐ zhěngqí de zhédié qǐlai, fàngjìn gōngwén tíbāo.
folding bed 折叠床 zhédiéchuáng
folding chair 折叠椅 zhédiéyǐ
to fold one's arms 交叉双臂 jiāochā shuāngbì
2 (公司+) 倒闭 [gōngsī+] dǎobì
II N 折叠的部分 zhédié de bùfen, 褶 zhě
folder N 文件夹 wénjiàn jiā
foliage N 树叶 shùyè [M. WD 片 piàn], 叶子 yèzi
folk ADJ 民间的 mínjiān de
folk music 民间音乐 mínjiān yīnyuè
folk remedy 民间疗法 mínjiān liáofǎ
folklore N 民俗学 mínsúxué, 民俗 mínsú
folks N 1 人们 rénmen □ Some old folks often sit here to enjoy the warm afternoon sun. 几位老人常常坐在这里,享受午后的阳光。Jǐ wèi lǎorén chángcháng zuò zài zhèlǐ, xiǎngshòu wǔhòu de yángguāng.
Hi, folks! 各位, 大家好! Gèwèi, dàjiā hǎo!
country folks 乡下人 xiāngxiarén
townsfolks 城里人 chénglǐrén
2 (one's folks) 父母 fùmǔ, 家里人 jiālǐrén
folksy ADJ 随和的 suíhe de, 友好的 yǒuhǎo de
follow v 1 跟着 gēnzhe, 跟随 gēnsuí □ My dog follows me everywhere. 我走到哪里,我的狗就到哪里。Wǒ zǒudao nǎlǐ, wǒ de gǒu gēndao nǎlǐ. 2 接着发生 jiēzhe fāshēng □ One disaster followed another in his Administration. 在他总统任期,灾难一个接着一个发生。Zài tā zǒngtǒng rènqī, zāinàn yí ge jiēzhe yí ge fāshēng. 3 遵循 zūnxún □ I followed the instructions in the manual very carefully. 我仔细地遵循使用手册上的指令。Wǒ zǐxì de zūnxún shǐyòng shǒucèshang de zhǐlìng. 4 留意 liúyì [+形势的发展] liúyì [+xíngshì de fāzhǎn], 关注 guānzhù 5 领会 [+别人的话] lǐnghuì [+biéren dehuà], 听懂 tīngdǒng
follower N 追随者 zhuīsuízhě, 支持者 zhīchízhě
following I ADJ 下一个 xià yí ge, 下列 xiàliè □ He graduated in May and found a job the following month. 他在五月毕业,下个月就找到一份工作。Tā zài wǔyuè bìyè, xià ge yuè jiù zhǎodao yí fèn gōngzuò. 2 Answer the following questions. 请回答下面的问题。Qǐng huídá xiàmiàn de wèntí.
II N (一群) 追随者 (yìqún) zhuīsuízhě, (一群) 支持者 (yìqún) zhīchízhě
the following 下列 xiàliè
III PREP 在…以后 zài…yǐhòu, 由于 yóuyú
follow-up I ADJ 后续的 hòuxù de II N 后续行动 hòuxù xíngdòng, 随访 suífǎng
folly N 荒唐事 huāngtangshì, 蠢事 chǔnshì
foment v 挑起 tiǎoqǐ, 引发 yǐnfā
fond ADJ 1 喜爱的 xǐ'ài de □ Nina is fond of all her grandchildren. 尼娜喜爱她所有的孙子孙女。Nínà xǐ'ài tā suǒyǒu de sūnzi sūnnǚ. 2 痴心的 chīxīn de
a fond hope 痴心妄想 chīxīn wàngxiǎng
fondle v 爱抚 àifǔ, 抚弄 fǔnòng
fondly ADV 深情地 shēnqíng de
to fondly believe 天真地以为 tiānzhēn de yǐwéi
font N 字形 zìxíng, 字体 zìtǐ
food N 食物 shíwù, 食品 shípǐn □ I love food, delicious food. 我喜欢吃,吃美味的食物。Wǒ xǐhuan chī, chī měiwèi de shíwù.
food bank 食品救济站 shípǐn jiùjìzhàn
food chain 食物链 shíwùliàn
food poisoning 食物中毒 shíwù zhòngdú
food processor 食品加工器 shípǐn jiāgōngqì
food stamp 免费食品券 miǎnfèi shípǐnquàn
baby food 婴儿食品 yīng'ér shípǐn

health food 保健食品 bǎojiàn shípǐn

food for thought 需要认真考虑的事 xūyào rènzhēn kǎolǜ de shì □ Her tragic experiences gave us food for thought. 她的悲惨经历让我们认真思考一些事。Tā de bēicǎn jīnglì ràng wǒmen rènzhēn sīkǎo yìxiē shì.

fool I N 傻瓜 shǎguā, 笨蛋 bèndàn □ Roy may be slow of speech, but he's no fool. 罗伊可能说话慢一点，但是他可不是傻瓜。Luóyī kěnéng shuōhuà màn yìdiǎn, dànshì tā kěbushì shǎguā.

II v 欺骗 qīpiàn, 哄骗 hǒngpiàn

foolhardy ADJ 鲁莽而又愚蠢的 lǔmǎng ér yòu yúchǔn de, 傻大胆 shǎ dàdǎn

foolish ADJ 傻的 shǎ de, 愚蠢的 yúchǔn de □ He was foolish enough to believe her. 他够傻的，竟然会相信她。Tā gòu shǎ de, jìngrán huì xiāngxìn tā.

foolproof ADJ 万无一失的 wànwúyìshī de, 不会出毛病的 bú huì chūmáobing de

foot I N 足 zú, 脚 jiǎo [M. WD 只 zhī]

foot locker 床脚柜 chuángjiǎoguì

II v (to foot the bill) 付款 fùkuǎn, 付账 fùzhàng

footage N 镜头 jìngtóu, 一组镜头 yìzǔ jìngtóu

football N 1 (美国) 橄榄球 (Měiguó) gǎnlǎnqiú, 美式足球 Měishì zúqiú 2 足球 zúqiú □ Football is the national sport in many European and South American countries. 在许多欧洲和南美国家，足球是全国性体育项目。Zài xǔduō Ōuzhōu hé Nánměi guójiā, zúqiú shì quánguóxìng tǐyù xiàngmù.

footbridge N 步行桥 bùxíngqiáo [M. WD 座 zuò]

footfall N 脚步声 jiǎobùshēng

foothill N 山麓 shānlù [M. WD 座 zuò], 小山 xiǎo shān [M. WD 座 zuò]

foothold N 立足点 lìzúdiǎn, 稳固的地位 wěngù de dìwèi

footing N 1 状况 zhuàngkuàng, 基础 jīchǔ

on an equal footing 以平等的地位 yǐ píngděng de dìwèi

2 站稳 zhànwěn

to lose one's footing 没有站稳 méiyǒu zhànwěn, 站不稳 zhàn bùwěn

footlights N 脚灯 jiǎodēng

footloose ADJ 无牵无挂的 wúqiān wúguà de, 随心所欲的 suí xīn suǒ yù de

footloose and fancy-free 无牵无挂的 wúqiān wúguà de, 随心所欲的 suí xīn suǒ yù de

footnote N 脚注 jiǎozhù

footpath N 小路 xiǎolù [M. WD 条 tiáo]

footprint N 脚印 jiǎoyìn, 足迹 zújì

footrest N 搁脚架 gējiǎojià

footsie N (在桌下) 碰脚调情 (zài zhuō xià) pèng jiǎo tiáoqíng, 勾搭 gōuda

footstep N 脚步声 jiǎobùshēng, 脚印 jiǎoyìn

footstool N 搁脚凳 gējiǎodèng [M. WD 只 zhī]

footwear N 鞋类 xié lèi

footwork N 1 (拳击手的) 步法 (quánjīshǒu de+) bùfǎ 2 (外交) 手腕 (wàijiāo+) shǒuwàn

for I PREP 1 为 wéi, 为了 wèile □ One for all, all for one. 我为人人，人人为我。Wǒ wèi rénrén, rénrén wèi wǒ. □ What did you do that for? 你为什么那么做？Nǐ wèishénme nàme zuò? □ For more information, visit our website. 如想得到更多信息，请访问我们的网站。Rú xiǎng dédao gèngduō xìnxī, qǐng fǎngwèn wǒmen de wǎngzhàn. 2 花 (钱) huā (qián), 以…为代价 yǐ...wéi dàijià □ He bought this used car for 5,000 dollars. 他花了五千块钱买这辆旧车。Tā huāle wǔqiān kuài qián mǎi zhè liàng jiùchē.

for all I know 我真的不知道 wǒ zhēnde bù zhīdào

for now 目前 mùqián, 暂时 zànshí

for rent 招租 zhāozū

for sale 出售 chūshòu

3 支持 zhīchí

II CONJ 因为 yīnwèi, 由于 yóuyú □ You can sleep in late tomorrow, for it's Sunday. 你明天可以睡懒觉，因为是星期天。Nǐ míngtiān kěyǐ shuìlǎnjiào, yīnwèi shì xīngqītiān.

forage v 搜索 sōusuǒ, 寻找 xúnzhǎo

foray N 1 短暂的尝试 duǎnzàn de chángshì 2 突袭 tūxí

forbade, forbid v See **forbid**

forbear (PT **forbore**; PP **forborne**) v 忍耐 rěnnài

forbearance N 忍耐宽容 rěnnài kuānróng, 自制 zìzhì

forbid (PT **forbade, forbid**; PP **forbidden**) v 禁止 jìnzhǐ □ Photography is forbidden in the art gallery. 艺术馆内禁止摄影。Yìshùguǎn nèi jìnzhǐ shèyǐng.

forbidden I ADJ 被禁止的 bèi jìnzhǐ de

forbidden fruit 禁果 jìnguǒ

II v See **forbid**

forbidding ADJ 让人害怕的 ràng rén hàipà de, 可怕的 kěpà de

forbore, forborne v See **forbear**

force I N 力 lì, 力量 lìliang □ Demonstrators were taken away by force. 示威者被强迫带走。Shìwēizhě bèi qiǎngpò dàizǒu. □ We do certain things by force of habit, e.g. brushing teeth before going to bed. 我们做某些事是出于习惯势力，象在睡前刷牙。Wǒmen zuò mǒuxiē shì shì chūyú xíguàn shìlì, xiàng zài shuì qián shuāyá.

(armed) forces 武装力量 wǔzhuāng lìliàng, 军队 jūnduì

II v 强迫 qiǎngpò □ The school bully forced him to crawl on the ground. 那个学校恶棍强迫他在地上爬。Nà ge xuéxiào ègùn qiǎngpò tā zài dìshang pá.

forced ADJ 1 强迫的 [+纪律] qiǎngpò de [+jìlǜ] 2 勉强的 [+笑] miǎnqiǎng de [+xiào]

forcefed v See **forcefeed**

forcefeed (PT & PP **forcefed**) v 强迫…进食 qiǎngpò...jìnshí, 强喂 qiáng wèi

forceful ADJ 有说服力的 yǒu shuōfúlì de

forceps N 钳子 qiánzi, 镊子 nièzi

forcibly ADV 强行地 qiángxíng de

ford I N 浅滩 qiǎntān, 渡口 dùkǒu II v 涉水过河 shèshuǐ guòhé

fore I N 前面 qiánmian

to come to the fore 开始显著 kāishǐ xiǎnzhe, 开始变得重要 kāishǐ biànde zhòngyào

II ADJ 前部的 qiánbù de

forearm N 前臂 qiánbì

forebear N 祖先 zǔxiān, 祖宗 zǔzōng

foreboding N 不祥的预感 bùxiáng de yùgǎn

forecast I v (PT & PP **forecast**) 预报 yùbào II N 预报 yùbào

forecaster N 气象预报员 qìxiàng yùbàoyuán

foreclose v (银行+) 收回房产 [yínháng+] shōuhuí fángchǎn

foreclosure N (银行) 收回房产 (yínháng+) shōuhuí fángchǎn

forefathers N 前辈 qiánbèi, 祖先 zǔxiān

forefinger N 食指 shízhǐ

forefront N 前列 qiánliè, 前沿 qiányán

foregone conclusion □ 意料中的结果 yìliào zhòngde jiéguǒ

foreground N 1 (相片或图画+) 近景 [xiàngpiàn huò túhuà+] jìnjǐng 2 重要地位 zhòngyào dìwèi

forehead N 额 é, 前额 qián é

foreign ADJ 外国的 wàiguó de □ What is the first foreign language in America? 哪种语言是美国的第一外语？Nǎ zhǒng yǔyán shì Měiguó de dìyī wàiyǔ?

foreign exchange 外汇 wàihuì

foreign policy 外交政策 wàijiāo zhèngcè

foreign trade 对外贸易 duìwài màoyì

a foreign body (in the eye) (眼睛中的) 异物 (yǎnjing zhōng de) yìwù to be foreign to sb 对某人来说很陌生的 duì mǒurén láishuō hěn mòshēng de

foreleg N (动物) 前腿 (dòngwù) qiántuǐ [M. WD 条 tiáo]

forelock N 前发 qiánfà, 刘海 liúhǎi

foreman N 工头 gōngtóu, 工长 gōngzhǎng

foremost ADJ **1** 首要的 shǒuyào de, 最重要的 zuì zhòngyào de
first and foremost 首先 shǒuxiān
2 最杰出的 [+科学家] zuì jiéchū de [+kēxuéjiā], 屈指首一的 qūzhǐ shǒu yī de

forensic ADJ 法庭的 fǎtíng de, 法医的 fǎyī de
forensic medicine 法医 (学) fǎyī (xué)

foreplay N 前戏 qián xì, 性爱抚 xìng'ài fǔ

forerunner N 先驱 xiānqū, 前身 qiánshēn

foresaw v See foresee

foresee (PT **foresaw**; PP **foreseen**) v 预知 yùzhī

foreseeable ADJ 在可见的未来 zài kějiànde wèilái, 可以预见的 kěyǐ yùjiàn de

foreseen v See foresee

foreshadow v 预示 yùshì

foresight N 先见之明 xiānjiàn zhī míng, 远见 yuǎnjiàn

foreskin N 包皮 bāopí

forest N 森林 sēnlín [M. WD 片 piàn]
forest ranger 林警 lín jǐng, 管林人 guǎnlínrén

forestall v 预先阻止 yùxiān zǔzhǐ

forestry N (森) 林学 (sēn) línxué, 林业 línyè

foretaste N 预兆 yùzhào, 预示 yùshì

foretell (PT & PP **foretold**) v 预言 yùyán

forethought N 事先的考虑 shìxiān de kǎolǜ, 筹划 chóuhuà

foretold v See foretell

forever ADV 永远 yǒngyuǎn, 很长时间 hěn cháng shíjiān □ Good things do not last forever. 好事不会永远持续。Hǎoshì bú huì yǒngyuǎn chíxù. □ They have been arguing forever. 他俩一直在争论不休。Tā liǎ yìzhí zài zhēnglùn bùxiū.

forewarn v 事先警告 shìxiān jǐnggào, 预警 yùjǐng

forewoman N 女工头 nǚgōng tóu, 女工长 nǚgōng cháng

foreword N 前言 qiányán

forfeit I v 丧失 sàngshī, 失去 shīqù II N (作为惩罚) 丧失的东西 (zuòwéi chéngfá) sàngshī de dōngxi, 没收物 mòshōu wù

forgave v See forgive

forge I v **1** 伪造 [+文件] wěizào [+wénjiàn] **2** 建立 [+关系] jiànlì [+guānxi] **3** 锻造 [+剑] duànzào [+jiàn] II N **1** 锻铁炉 duàntiělú, 锻造车间 duànzào chējiān **2** 铁匠铺 tiějiangpù

forger N 伪造者 wěizàozhě

forgery N **1** 伪造罪 wěizàozuì, 伪造 wěizào **2** 伪造品 (伪造文件、赝品画、伪币等) wěizàopǐn (wěizào wénjiàn, yīng pǐnhuà, wěibì děng)

forget (PT **forgot**; PP **forgotten**) v 忘记 wàngjì □ He forgot her birthday. 他忘了她的生日。Tā wàngle tā de shēngrì.

forgetful ADJ 健忘的 jiànwàng de, 记性很差的 jìxing hěn chà de

forget-me-not N 勿忘我草 wù wàng wǒ cǎo

forgive (PT **forgave**; PP **forgiven**) v 原谅 yuánliàng, 宽恕 kuānshù □ I forgave him for his carelessness. 我原谅他粗心。Wǒ yuánliàng tā cūxīn. □ "Can you ever forgive me?" "I forgave you long ago." "你能原谅我吗?" "我早就原谅你了。" "Nǐ néng yuánliàng wǒ ma?" "Wǒ zǎojiù yuánliàng nǐ le."
to forgive and forget 宽恕并且遗忘 (→不念旧恶) kuānshù bìngqiě yíwàng (→bú niàn jiù'è)

forgiven v See forgive

forgiving ADJ **1** 宽容的 [+人] kuānróng de [+rén] **2** 容许出错的 róngxǔ chūcuò de

forgo [also **forego**] (PT **forwent**; PP **forgone**) v 放弃 fàngqì

forgone v See forgo

forgot, forgotten v See forget

fork I N **1** 叉 chā [M. WD 把 bǎ], 叉子 chāzi [M. WD 把 bǎ] **2** 岔路 chàlù, 岔口 chàkǒu II v **1** 用叉子 yòng chāzi **2** 分岔 fēn chà **3** (to fork over/out/up) 付出 (钱) fùchū (qian)

forked ADJ 分叉的 fēn chā de

forklift N 叉车 chāchē [M. WD 辆 liàng], 铲车 chǎnchē [M. WD 辆 liàng]

forlorn ADJ 孤独凄凉的 gūdú qīliáng de

form I N **1** 形式 xíngshì, 状态 zhuàngtài □ It is costly to store the gas in liquid form. 把气体以液体状态储存是很费钱的。Bǎ qìtǐ yǐ yètǐ zhuàngtài chǔcún shì hěn fèiqián de. □ The school will not tolerate bullying in any shape or form. 学校不会容忍任何形式的欺负人的行为。Xuéxiào bú huì róngrěn rènhé xíngshìde qīfurén de xíngwéi. **2** 表格 biǎogé [M. WD 张 zhāng/份 fèn] □ I'm helping my neighbor, a new immigrant, fill out forms. 我帮助邻居,一位新移民,填写表格。Wǒ bāngzhù línjū, yí wèi xīn yímín, tiánxiě biǎogé. **3** [运动员的+] 竞技状态 [yùndòngyuán de+] jìngjì zhuàngtài
II v 形成 xíngchéng, 组成 zǔchéng □ Some scientists formed an organization to promote education on energy conservation. 有几位科学家组成一个团体来推行节省能源的教育。Yǒu jǐ wèi kēxuéjiā zǔchéng yí ge tuántǐ lái tuīxíng jiéshěng néngyuán de jiàoyù.

formal I ADJ **1** 正式 zhèngshì □ The wording sounds too formal for the occasion. 对这样的场合来说,这么用词听起来太正式了。Duì zhèyàng de chǎnghé láishuō, zhème yòngcí tīngqǐlai tài zhèngshì le. **2** 正规 zhèngguī □ The writer hasn't had any formal education. 这位作家没有受过正规教育。Zhè wèi zuòjiā méiyǒu shòuguo zhèngguī jiàoyù.
II N **1** 正式的 [+邀请] zhèngshì de [+yāoqǐng] **2** 正规的 [+教育] zhèngguī de [+jiàoyù]

formality N **1** (必办的) 手续 (bì bàn de) shǒuxù **2** [婚礼上的+] 礼节 [hūnlǐ shàng de+] lǐjié

formalize v 使…确定下来 shǐ…quèdìng xiàlai

format I N 格式 géshì, 样式 yàngshì II v 把…格式化 bǎ…géshì huà

formation N **1** 形成 xíngchéng, 组成 zǔchéng **2** [士兵的+] 列队 [shìbīng de+] lièduì

formative ADJ 促使形成的 cùshǐ xíngchéng de
formative years 人格形成的时期 réngé xíngchéng de shíqī

former I ADJ 以前的 yǐqián de, 前 qián □ A former superior court judge will lead the investigation. 一位前最高法庭法官将领导这项调查。Yí wèi qián zuìgāo fǎtíng fǎguān jiāng lǐngdǎo zhè xiàng diàochá.
the former 前者 qiánzhě □ Of the two candidates, the former seems to be more eligible for the position. 这两位候选人中,看来前者更适合担任这个职务。Zhè liǎng wèi hòuxuǎnrén zhōng, kànlai qiánzhě gèng shìhé dānrèn zhè ge zhíwù.
II N 前者 qiánzhě

formerly ADV 以前 yǐqián

formidable ADJ 令人生畏的 lìng rén shēng wèi de, 很厉害的 hěn lìhai de

formless ADJ 不成形的 bù chéngxíng de, 无定形的 wú dìngxíng de

formula N **1** 方案 fāng'àn □ He believes he's found a formula for happiness. 他相信自己找到了得到幸福的方案。Tā xiāngxìn zìjǐ zhǎodào le dédào xìngfú de fāng'àn. **2** 方程式 fāngchéngshì, 公式 gōngshì □ Do you know the formula for finding the area of a triangle? 你知道求得三角形面积的公式吗? Nǐ zhīdào qiúdé sānjiǎoxíng miànjī de gōngshì ma? **3** 配方 pèifāng □ The formula for Coca-Cola is a closely guarded secret. 可口可乐的配方是一个严密保守的秘密。Kěkǒukělè de pèifāng shì yí ge yánmì bǎoshǒu de mìmì.

formulate v **1** 制定 [+计划、规则等] zhìdìng [+jìhuà, guīzé

děng] **2** 配制 [+化工产品] pèizhì [+huàgōng chǎnpǐn] **3** 清晰表达 [+想法] qīngxī biǎodá [+xiǎngfǎ]

fornicate v 通奸 tōngjiān

forsake (PT **forsook**; PP **forsaken**) v 放弃 fàngqì, 遗弃 fàngqì

forswear (PT **forswore**; PP **forsworn**) v 发誓放弃 fāshì fàngqì

fort N 要塞 yàosài, 堡垒 bǎolěi

forte N 专长 zhuāncháng, 强项 qiángxiàng

forth ADV 向前 xiàngqián

forthcoming ADJ **1** 即将来到的 [+事件] jíjiāng láidào de [+shìjiàn] **2** 愿意提供的 yuànyì tígōng de

forthright ADJ 率directe tǎnshuài de, 直言不讳的 zhíyán búhuì de

fortieth NUM 第四十 dìsìshí

fortification N 加强 jiāqiáng

fortifications 防御工事 fángyù gōngshì

fortify v **1** 设防于 shèfáng yú **2** 加强 jiāqiáng, 激励 jīlì **3** 强化（食品）qiánghuà (shípǐn)

fortitude N 坚韧的精神 jiānrèn de jīngshén, 毅力 yìlì

fortnight N 两个星期 liǎng gè xīngqī, 双周 shuāng zhōu

fortress N 堡垒 bǎolěi [M. WD 座 zuò], 要塞 yàosài [M. WD 座 zuò]

fortuitous ADJ 凑巧的 còuqiǎo de, 正巧的 zhèngqiǎo de

fortunate ADJ 幸运的 xìngyùn de □ It was fortunate that the hospital was just two blocks away. 很幸运，医院就在两个街区以外的地方。Hěn xìngyùn, yīyuàn jiù zài liǎng ge jiēqū yǐwài de dìfang.

fortune N **1** 一大笔钱 yí dàbǐ qián, 财富 cáifù

to make a fortune 赚一大笔钱 zhuàn yí dàbǐ qián, 发财 fācái

2 运气 yùnqi, 命运 mìngyùn

fortune cookie 幸运小饼 xìngyùn xiǎo bǐng

fortune teller 算命的人 suànmìngde rén, 算命先生 suànmìng xiānsheng

to tell one's fortunes 算命 suànmìng

forty NUM 四十 sìshí, 40

forum N 论坛 lùntán

forward I [also **forwards**] ADV 向前 xiàngqián □ He leaned forward to whisper into her ear. 他俯身向前，跟她耳语。Tā fǔshēn xiàngqián, gēn tā ěryǔ. II ADJ **1** 向前的 xiàngqián de, 在前部的 zàiqián bù de **2** 预先的 yùxiān de, 前瞻性的 qiánzhānxìng de III v 转交 zhuǎnjiāo, 转寄 zhuǎnjì IV N 前锋 qiánfēng

forwarding address N 转递地址 zhuǎndì dìzhǐ

forward-looking, forward-thinking ADJ 前瞻性的 qiánzhānxìng de, 前瞻 qián zhān de

forwent v See **forgo**

fossil N 化石 huàshí

fossil fuel 矿物燃料 kuàngwù ránliào

fossilize v 形成化石 xíngchéng huàshí

foster I v **1** 促进 cùjìn, 助长 zhùzhǎng **2** 照管（孩子）zhào-guǎn (háizi) II ADJ 收养的 shōuyǎng de, 寄养的 jìyǎng de

fought v See **fight**

foul I v **1** 犯规 fànguī **2** 污染 wūrǎn, 弄脏 nòngzāng

to foul up 把…搞成一团糟 bǎ…gǎode yìtuánzāo

II N（体育比赛）犯规 (tǐyù bǐsài) fànguī III ADJ **1** 又脏又臭的 [+气味] yòu zàng yòu chòu de [+qìwèi] **2** 肮脏的 [+空气] āngzāng de [+kōngqì] **3** 恶劣的 [+天气] èliè de [+tiānqì]

foul language 粗话 cūhuà, 脏话 zānghuà

foul play 违法行为 wéifǎ xíngwéi

in a foul mood 心情很坏 xīnqíng hěn huài

found[1] v See **find**

found[2] (PT & PP **founded**) v 建立 jiànlì, 创建 chuàngjiàn

foundation N **1** 基础 jīchǔ □ Christianity provided the foundation for Western civilization. 基督教为西方文明提供了基础。Jīdūjiào wèi xīfāng wénmíng tígōngle jīchǔ. **2** 基金会 jījīn huì □ This research project is funded by a foundation. 这个研究项目是一个基金会资助的。Zhè ge yánjiū xiàngmù shì yí ge jījīnhuì zīzhù de. **3** 地基 dìjī, 房基 fángjī

founder[1] N 创立人 chuànglìrén, 创办者 chuàngbànzhě

founder[2] v **1**（船只+）沉没 [chuánzhī+] chénmò **2** [生意+] 垮掉 [shēngyì+] kuǎdiào

founding father N 创始人 chuàngshǐrén

the Founding Fathers（美国）开国元勋 (Měiguó) kāiguó yuánxūn

foundry N 铸造车间 zhùzào chējiān, 铸造厂 zhùzàochǎng

fountain N 喷泉 pēnquán, 喷泉池 pēnquánchí

fountain pen 自来水笔 zìláishuǐbǐ, 钢笔 gāngbǐ

four NUM 四 sì, 4

fourteen NUM 十四 shísì, 14

fourteeth NUM 第十四 dì shísì

fourth NUM 第四 dì sì

(the) Fourth of July N 美国独立纪念日 Měiguó dúlì jìniànrì

fowl N 家禽 jiāqín

fox N 狐狸 húli [M. WD 只 zhī]

foxtrot N 狐步舞（曲）húbùwǔ (qū)

foxy ADJ **1** 狡猾的 jiǎohuá de **2** 性感的 [+女人] xìnggǎn de [+nǚrén]

foyer N 休息厅 xiūxītīng [M. WD 间 jiān], 大堂 dàtáng [M. WD 间 jiān]

fracas N 喧闹的斗殴 xuānnào de dòu'ōu

fraction I N **1** 极小的部分 jíxiǎo de bùfen, 非常少 fēicháng shǎo □ Pirated editions are sold for a fraction of the price of the copyright stuff. 盗版的价钱只有正版货的极小部分。Dàobǎn de jiàqian zhǐyǒu zhèngbǎn huòde jíxiǎo bùfen. **2** 小于一的数目 xiǎoyú yí de shùmù, 分数（如 ¼, ⅜）fēnshù (rú ¼, ⅜)

fractional ADJ **1** 少量的 shǎoliàng de **2** 小数的 xiǎoshù de

fractious ADJ 暴躁的 bàozao de

fracture I v **1** [骨+] 断裂 [gǔ+] duànliè **2** [组织+] 出现裂痕 [zǔzhī+] chūxiàn lièhén II N **1** 骨折 gǔzhé **2** 裂缝 lièfèng

fragile ADJ **1** 易碎的 [+花瓶] yì suìde [+huāpíng], 易损坏的 yì sǔnhuài de

Fragile! Handle With Care. 易碎物品，小心轻放。Yì suì wùpǐn, xiǎoxīnqīngfàng.

2 虚弱的 [+身体] xūruò de [+shēntǐ], 脆弱的 cuìruò de

fragment N **1** [玻璃／金属+] 碎片 [bōli/jīnshǔ] suìpiàn **2** [谈话的+] 片断 [tán huà de+] piànduàn

fragmentary ADJ **1** 碎片的 suìpiàn de **2** 片断的 piànduàn de

fragmented ADJ 分裂的 fēnliè de, 支离破碎的 zhīlí pòsuì de

fragrance N 香味 xiāngwèi, 香气 xiāngqì, 芬芳 fēnfāng □ This shampoo has a light, floral fragrance. 这种洗发精有一股淡淡的花香味。Zhè zhǒng xǐfàjīng yǒu yì gǔ dàndàn de huāxiāngwèi.

fragrant ADJ 香的 xiāng de, 芬芳的 fēnfāng de

frail ADJ 柔弱的 róuruò de

frailty N 柔弱 róuruò, 弱点 ruòdiǎn

frame I N **1** 镜框 jìngkuàng □ She put her father's portrait in a gilded frame. 她把父亲的肖像放在一个镶金镜框里。Tā bǎ fùqin de xiàoxiàng fàng zài yí ge xiāngjīn jìngkuàng lǐ. **2** 框架 kuàngjià

frame of mind 思想状况 sīxiǎng zhuàngkuàng

II v **1** 给 [+一幅画] 装框 gěi [+yìfú huà] zhuāng kuàng **2** 陷害 [+无辜者] xiànhài [+wúgūzhě] **3** 仔细考虑 [+答案] zǐxì kǎolǜ [+dáfù]

frames N 眼镜框 yǎnjingkuàng [M. WD 副 fù]

frame-up N 阴谋陷害 yīnmóu xiànhài, 陷害 xiànhài

framework N **1** 框架 kuàngjià **2** [法律的+] 体系 [fǎlǜ de+] tǐxì

franchise N 1 特许经营 tèxǔ jīngyíng 2 特许经营店 tèxǔ jīngyíngdiàn, 专卖店 zhuānmàidiàn [M. WD 家 jiā]

frank[1] ADJ 坦率的 tǎnshuài de, 坦诚的 tǎnchéng de

frank[2] V（在信封上）加盖 "邮资已付"(zài xìnfēng shàng) jiāgài "yóuzī yǐfù"

frankfurter N 熏肉香肠 xūnròu xiāngcháng [M. WD 根 gēn]

frantic ADJ 1 惊恐的 jīngkǒng de, 情绪失控的 qíngxù shīkòng de 2 紧张纷乱的 jǐnzhāng fēnluàn de

frat (member of a fraternity) N 男生联谊会会员 nánshēng liányìhuì huìyuán

fraternal ADJ 兄弟般的 xiōngdìbān de, 亲如手足的 qīn rú shǒuzú de

fraternity N 1 男生联谊会 nánshēng liányìhuì 2 情谊 qíngyì, 博爱 bó'ài

fraud N 1 诈骗 zhàpiàn, 欺骗 qīpiàn □ The hacker gained a large amount of money from the bank through a computer fraud. 这个黑客通过电脑诈骗从银行获取一大笔钱。Zhège hēikè tōngguò diànnǎo zhàpiàn cóng yínháng huòqǔ yí dà bǐ qián. 2 骗子 piànzi

fraudulent ADJ 欺诈的 qīzhà de, 舞弊的 wǔbì de

fraught ADJ 充满的 chōngmǎn de
fraught with problems 问题成堆的 wèntí chéngduī de

fray[1] V 1 磨损 mósǔn, 磨破 mópò 2 [神经+] 紧张 [shénjīng+] jǐnzhāng
frayed nerves 紧张的神经 jǐnzhāng de shénjīng

fray[2] N 1 争论 zhēnglùn, 争吵 zhēngchǎo 2 打架 dǎjià, 斗殴 dòu'ōu

freak I N 1 怪人 guàirén, 怪物 guàiwu 2 狂热爱好者 kuángrè àihàozhě
control freak 喜欢控制别人的人 xǐhuan kòngzhì biéren de rén, 支配欲极强的人 zhīpèiyù jíqiáng de rén
II V 突然大怒 tūrán dà nù, 突然失态 tūrán shī tài
III ADJ 奇怪的 qíguài de, 离奇的 líqí de
a freak accident 离奇的事故 líqí de shìgù

freaky ADJ 古怪吓人的 gǔguài xiàrén de

freckle N 雀斑 quèbān

free I ADJ 1 自由的 zìyóude □ You're free to choose the holiday destination—Paris or Venice. 你可以随意挑选度假地—巴黎，或者威尼斯。Nǐ kěyǐ suíyì tiāoxuǎn dùjià dì—Bālí, huòzhě Wēinísī.
free market 自由市场 zìyóu shìchǎng
free thinker 思想自由的人 sīxiǎng zìyóu de rén
free throw 罚球 fáqiú
free will 自由意志 zìyóu yìzhì
2 免费的 miǎnfèi de □ Academics used to be given free copies of textbooks by publishers. 大学老师过去由出版社供给免费教科书。Dàxué lǎoshī guòqù yóu chūbǎnshè gōngjǐ miǎnfèi jiàokèshū. □ There is no free lunch. 没有免费的午餐。Méiyǒu miǎnfèi de wǔcān. 3 有空的 yǒukòng de
II V 1 释放 shìfàng □ He was freed after new evidence proved his innocence. 他在新证据证明他无罪以后获释。Tā zài xīn zhèngjù zhèngmíng tā wúzuì yǐhòu huòshì. 2 解救 jiějiù □ The hostage was freed by the Allied Forces. 人质被联军解救。Rénzhì bèi liánjūn jiějiù.
III ADV 免费地 miǎnfèi de
feel free 随意 suíyì □ Feel free to take a copy. 请随意取。Qǐng suíyì qǔ.

freebie, freebee N 免费小礼品 miǎnfèi xiǎo lǐpǐn

freedom N 1 自由 zìyóu □ Freedom of speech is fundamental to democracy. 言论自由是民主的根本。Yánlùn zìyóu shì mínzhǔ de gēnběn. 2 免受 miǎnshòu
freedom from fear 免受恐惧 miǎnshòu kǒngjù

free-for-all N 1 七嘴八舌的争吵 qīzuǐ bāshé de zhēngchǎo 2 混战 hùnzhàn

freehand ADJ 徒手画的 túshǒu huà de

freelance I ADJ 自由职业的 zìyóu zhíyède

freelance translator 个体翻译工作者 gètǐ fānyì gōngzuòzhě
II V 从事自由职业 cóngshì zìyóu zhíyè

freelancer N 自由职业者 zìyóu zhíyèzhě

freeload V 吃白食 chī báishí, 白吃白拿 bái chī bái ná

freely ADV 自由自在地 zìyóu zìzài de, 自如地 zìrú de

freeway N 高速公路 gāosù gōnglù [M. WD 条 tiáo]

freewheeling ADJ 无拘无束的 wújú wúshù de

freeze I V (PT **froze**; PP **frozen**) 1 冻结 dòngjié, 结冰 jiébīng □ The lake usually freezes in November. 这个湖通常在十一月冻结。Zhè ge hú tōngcháng zài shíyī yuè dòngjié. 2 极冷 jí lěng □ It's freezing! 冷极了！Lěng jíle!
II N 1 冻结 dòngjié 2 寒流 hánliú

freeze-dried ADJ 快速冷冻干燥的 kuàisù lěngdòng gānzào de

freezer N 冷藏箱 lěngcángxiāng

freezing N 冰点 bīngdiǎn
freezing point 冰点 bīngdiǎn
below/above freezing point 零度以下/以上 língdù yǐxià/yǐshàng □ The lowest temperature here can reach 12 degrees below freezing point. 这里的最低气温可达零下十二度。Zhèlǐ de zuìdī qìwēn kě dá língxià shí'èr dù.

freight I N 1 货物 huòwù
freight train（火车）货车 (huǒchē) huòchē
II V 运输 yùnshū

freighter N 货轮 huòlún [M. WD 艘 sōu]

French I ADJ 1 法国的 Fǎguó de
French bread 法式长条面包 Fǎshì cháng tiáo miànbāo
French fry 炸土豆条 zhá tǔdòutiáo
French toast 法式炸面包片 Fǎshì zhá miànbāopiàn
2 法国人的 Fǎguórén de
II N 1 法语 Fǎyǔ 2 法国人 Fǎguórén

frenetic ADJ 疯狂的 fēngkuáng de, 狂乱的 kuángluàn de

frenzied ADJ 狂热的 kuángrè de

frenzy N 狂热 kuángrè

frequency N 1 频率 pínlǜ 2 发生的次数 fāshēng de cìshù

frequent ADJ 频繁的 pínfán de □ He is a frequent visitor to the city museum. 他常常去市博物馆。Tā chángcháng qù shì bówùguǎn.
frequent flier 经常乘坐飞机的旅客 jīngcháng chéngzuò fēijī de lǚkè

frequently ADV 频繁 pínfán □ Lately she has frequently been absent from school. 最近她频繁旷课。Zuìjìn tā pínfán kuàngkè.

fresh ADJ 1 新的 [+东西] xīn de [+dōngxi] □ The bathroom needs fresh towels. 浴室里要换毛巾了。Yùshì lǐ yào huàn máojīn le. □ Fresh evidence proved his innocence. 新证据证明他无罪。Xīn zhèngjù zhèngmíng tā wúzuì. 2 新鲜的 [+水果] xīnxian [+de shuǐguǒ] □ Nothing is better than fresh vegetable and fresh fruit. 没有什么比新鲜蔬菜水果更好的了。Méiyǒu shénme bǐ xīnxian shūcài shuǐguǒ gèng hǎo de le. 3 冷冷的 [+风] lěnglěng de [+fēng] 4 精神饱满的 [+人] jīngshen bǎomǎn de [+rén]
to make a fresh start 从新开始 cóng xīn kāishǐ □ After heated quarrels, the couple decided to make a fresh start. 经过激烈争吵，这对夫妻决定从新开始。Jīngguo jīliè zhēngchǎo, zhè duì fūqī juédìng cóng xīn kāishǐ.

freshen V 使…干净清新 shǐ…gānjìng qīngxīn

freshman N（高中或大学）一年级学生 (gāozhōng huò dàxué) yìniánjí xuésheng

freshwater ADJ 淡水 dànshuǐ

fret V 烦恼 fánnǎo, 发愁 fāchóu

fretful ADJ 烦躁的 fánzào de, 发牢骚的 fāláosāo de

friction N 1 摩擦 mócā 2 倾轧 qīngyà

Friday N 星期五 xīngqīwǔ, 周五 zhōuwǔ

fridge N 冰箱 bīngxiāng [M. WD 台 tái]

friend N 朋友 péngyou □ You are my best friend. 你是我最好的朋友。Nǐ shì wǒ zuì hǎo de péngyou.

A friend in need is a friend indeed. 患难见真交。Huànnàn jiàn zhēn jiāo.

to make friends (with)（和…）交朋友 (hé…) jiāo péngyǒu □ She made many friends at the summer camp. 她在夏令营交了很多朋友。Tā zài xiàlìngyíng jiāole hěn duō péngyou. □ Sarah only makes friends with the rich and the famous. 萨拉只跟有钱有名的人交朋友。Sàlā zhǐ gēn yǒuqián yǒumíng de rén jiāo péngyǒu.

friendly ADJ 友好的 yǒuhǎo de □ We have been very friendly to the new neighbors. 我们对新邻居很友好。Wǒmen duì xīn línjū hěn yǒuhǎo.

user-friendly 方便使用者的 fāngbiàn shǐyòngzhě de

friendship N 友谊 yǒuyì □ Their friendship developed while they were in the army. 他们的友谊是在部队里发展的。Tāmen de yǒuyì shì zài bùduì lǐ fāzhǎn de.

fries N (French fries) 炸薯条 zhá shǔtiáo, 炸土豆条 zhá tǔdòutiáo

frigate N 护航舰 hùhángjiàn [M. WD 艘 sōu]

fright N 惊吓 jīngxià

frighten v 惊吓 jīngxià, 使害怕 shǐ hàipà □ His sudden appearance frightened the cat away. 他突然出现，把猫吓跑了。Tā tūrán chūxiàn, bǎ māo xià pǎo le.

frightening ADJ 可怕的 kěpà de □ He found the situation quite frightening. 他发现情况很可怕。Tā fāxiàn qíngkuàng hěn kěpà.

frigid ADJ 1 冷淡的 lěngdàn de 2（女子）性冷淡的 (nǚzǐ) xìng lěngdàn de 3 严寒的 yánhán de

frill N 1 不必要的额外物品 bú bìyào de éwài wùpǐn 2 饰边 shìbiān

fringe N 1 边缘 biānyuán, 边缘组织 biānyuán zǔzhī 2 流苏 liúsū, 缘饰 yuánshì

fringe benefit 附加福利 fùjiā fúlì, 额外津贴 éwài jīntiē

Frisbee N 飞盘 fēipán, 飞碟 fēidié

frisk v 1 对（旅客）搜身 duì [+lǚkè] sōushēn, 安全检查 ānquán jiǎnchá 2（小狗+）欢蹦乱跳 [xiǎo gǒu+] huānbèngluàntiào

fritter I N 油炸馅饼 yóuzhá xiànbǐng [M. WD 块 kuài] II v 浪费 làngfèi, 挥霍 huīhuò

fritz N 故障 gùzhàng

to be on the fritz 出故障 chū gùzhàng

frivolity N 轻浮 qīngfú, 轻佻 qīngtiāo

frivolous ADJ 极不严肃的 jí bù yánsù de, 轻率的 qīngshuài de

fro ADV 向后 xiànghòu

to and fro 来来回回的 láilái huíhuí de

frog N 蛙 wā [M. WD 只 zhī], 青蛙 qīngwā [M. WD 只 zhī]

frolic I v 欢快地玩耍 huānkuài de wánshuǎ II N 嬉闹 xī'nào

from PREP 1 从 cóng □ They walked all the way from home to the park. 他们一直从家里走到公园。Tāmen yìzhí cóng jiālǐ zǒudao gōngyuán. □ I lived in Canada from 1998 to 2002. 我从一九九八年到二零零二年住在加拿大。Wǒ cóng yāojiǔjiǔbā nián dào èrlínglíng'èr nián zhù zài Jiānádà. □ The mall opens from 9 a.m. till 9 p.m. 购物中心从早上九点开到晚上九点。Gòuwù zhōngxīn cóng zǎoshang jiǔ diǎn kāidao wǎnshang jiǔ diǎn. 2 是…人 shì…rén, 来自 láizì □ She is from South Africa. 她是南非人。Tā shì Nánfēirén. □ Our Chinese teacher is from Taipei. 我们的中文老师是台北人。Wǒmen de Zhōngwén lǎoshī shì Táiběirén.

from now on 从现在开始 cóng xiànzài kāishǐ

3 离… lí…, 距… jù….

front I ADJ 前面的 qiánmian de, 前方的 qiánfāng de □ Their front door is decorated with a Christmas wreath. 他们的前门装饰着圣诞花圈。Tāmen de qiánmén zhuāngshizhe Shèngdàn huāquān. □ I prefer a front seat on the plane. 我喜欢飞机的前座。Wǒ xǐhuan fēijī de qián zuò.

II N 1 前面 qiánmian, 正面 zhèngmiàn □ The front of the office building is all glass. 办公大楼的正面全是玻璃。Bàngōng dàlóu de zhèngmiàn quán shì bōli. □ Watch the truck in front! 注意前面的卡车。Zhùyì qiánmiàn de kǎchē.

in front of 在…前面 zài…qiánmian □ In front of the main building of the school is a flowerbed. 学校主楼的前面是一个花圃。Xuéxiào zhǔlóu de qiánmian shì yí ge huāpǔ.

2 外表 wàibiǎo, 装出来的样子 zhuāngchū láide yàngzi

to put on a brave front 装出勇敢的样子 zhuāngchū yǒnggǎn de yàngzi

3 领域 lǐngyù, 活动 huódòng

frontage N 正面 zhèngmiàn

frontal ADJ 正面的 zhèngmiàn de

frontier N 前沿 qiányán, 前线 qiánxiàn

front man N 出面人 chūmiàn rén, 代言人 dàiyánrén

frontrunner N 领先者 lǐngxiān zhě

frost I N 1 霜 shuāng □ The lawn was covered with frost in the early morning. 清晨，草地上一片霜。Qīngchén, cǎodì shàng yí piàn shuāng. 2 冰冻的天气 bīngdòng de tiānqì, 严寒 yánhán II v 1 结霜 jié shuāng 2 撒上糖霜 sā shàng tángshuāng

frostbite N 冻伤 dòngshāng

froth I N 沫 mò, 白沫 báimò 2 空谈 kōngtán, 美好的空想 měihǎo de kōngxiǎng II v 起泡沫 qǐpào mò, 冒白沫 mào báimò

to be frothing at the mouth 气得发昏 qì dé fāhūn

frothy ADJ 1 泡沫多的 pàomò duō de 2 空洞的 kōngdòng de, 肤浅的 fūqiǎn de

frown v 皱眉头 zhòu méitou

to frown upon 对…很不赞成 duì…hěn bú zànchéng

froze v See freeze

frozen I ADJ 1 冷冻的 lěngdòng de □ I picked up some frozen food from the supermarket. 我从超级市场买了些冷冻食品。Wǒ cóng chāojí shìchǎng mǎile xiē lěngdòng shípǐn. 2 [人+] 冷极了 [rén+] lěng jíle, 冻坏了 dòng huài le □ I'm frozen. 我冷极了。Wǒ lěng jíle.

II v See freeze

frugal ADJ 节俭的 jiéjiǎn de

fruit N 1 水果 shuǐguǒ □ Nutritionists encourage us to eat five servings of fruit every day. 营养学家鼓励我们每天吃五份水果。Yíngyǎngxuéjiā gǔlì wǒmen měitiān chī wǔ fèn shuǐguǒ. 2 成果 chéngguǒ □ He can now enjoy the fruits of his labor. 他现在可以享受劳动成果了。Tā xiànzài kěyǐ xiǎngshòu láodòng chéngguǒ le.

fruit tree 果树 guǒshù

to bear fruit 结果 jiéguǒ □ How many years does it take an apple tree to bear fruit? 苹果树要几年才能结果子？Píngguǒshù yào jǐnián cái néng jié guǒzi?

fruitcake N 水果蛋糕 shuǐguǒ dàngāo

fruitful ADJ 富有成果的 fùyǒu chéngguǒ de

fruition N 实现 shíxiàn, 成功 chénggōng

fruitless ADJ 没有结果的 méiyǒu jiéguǒ de, 无效的 wúxiào de

fruity ADJ 有水果味的 yǒu shuǐguǒ wèi de

frustrate v 1 使…恼怒 shǐ…nǎonù 2 挫败 cuòbài, 阻挠 zǔnáo

frustrated ADJ 气恼的 qìnǎo de, 沮丧的 jǔsàng de

frustrating ADJ 让人恼怒的 ràng rén nǎonù de

frustration N 恼怒 nǎonù, 沮丧 jǔsàng

fry v （油）煎 (yóu) jiān, 炸 zhá, 炒 chǎo

to deep-fry 油炸 yóuzhá

to shallow-fry 炒 chǎo

fry-pan, frying pan N 平底煎锅 píngdǐ jiānguō

fuck v 性交 xìngjiāo

Fuck off! 滚你的蛋! Gǔn nǐde dàn!

to fuck up 把…弄糟 bǎ…nòngzāo

fudge I N 乳脂软糖 rǔzhī ruǎntáng [M. WD 块 kuài] II v 回避 huíbì, 搪塞 tángsè

fuel I N 燃料 ránliào □ We will soon suffer from a fuel shortage. 我们不久就要遭受燃料短缺了。Wǒmen bùjiǔ jiùyào zāoshòu ránliào duǎnquē le.

II v **1** 加燃料 jiā ránliào □ They fueled up their car before heading for the mountains. 他们进山前给汽车加满了燃料。Tāmen jìn shān qián gěi qìchē jiāmǎnle ránliào. **2** 刺激 cìjī, 促进 cùjìn

fugitive N 逃犯 táofàn, 逃亡者 táowángzhě

fulcrum N 支点 zhīdiǎn

fulfill v **1** 实现 shíxiàn, 达到 dádào **2** 满足 mǎnzú
to fulfill oneself 实现自己的潜能 shíxiàn zìjǐ de qiánnéng, 充分发挥自己的才能 chōngfèn fāhuī zìjǐ de cáinéng

fulfilled ADJ 满足的 mǎnzú de, 有成就感的 yǒu chéngjiùgǎn de

fulfilling ADJ 给人成就感的 gěi rén chéngjiùgǎn de, 使人满意的 shǐ rén mǎnyì de

full **I** ADJ **1** 满的 mǎn de, 充满的 chōngmǎn de □ The hotel is full; there is no vacancy. 旅馆满了, 没有空房了。Lǚguǎn mǎn le, méiyǒu kòng fáng le. □ She is full of vitality. 她精力充沛。Tā jīnglì chōngpèi.
full house [电影院+] 客满 [diànyǐngyuàn+] kèmǎn
full moon 满月 mǎnyuè
2 饱了 bǎo le, 吃饱了 chībǎo le □ I'm full. Thanks. 吃饱了, 谢谢。Chībǎo le, xièxie.
on a full stomach 刚吃饱 gāng chībǎo
3 整整的 zhěngzhěng de, 全部的 quánbù de
II ADV 正好 zhènghǎo, 直接地 zhíjiē de
to know full well 完全明白 wánquán míngbai
III N (in full) 全部地 quánbù de, 一点不少的 yìdiǎn bùshǎo de

full-blown ADJ 充分发展了的 chōngfèn fāzhǎn le de, 成熟的 chéngshú de

full-fledged ADJ **1** 羽毛长好的 [+鸟] yǔmáo zhǎnghǎo de [+niǎo] **2** 经过全面训练的 [+教师] jīngguò quánmiàn xùnliàn de [+jiàoshī], 成熟的 chéngshú de

full-grown ADJ 发育成熟的 fāyù chéngshú de

full-length ADJ **1** 羽毛长好的 [+鸟] yǔmáo cháng hǎode [+niǎo] **2** 经过全面训练的 [+教师] jīngguò quánmiàn xùnliàn de [+jiàoshī], 成熟的 chéngshú de

full-scale ADJ 全面的 quánmiàn de, 最大限度的 zuìdà xiàndù de

full-time ADJ, ADV 全日(的/地) quánrì (de) □ How can she be a full-time student and take care of two kids? 她怎么能又是全日学生, 又照顾两个孩子? Tā zěnme néng yòushì quánrì xuésheng, yòu zhàogù liǎng ge háizi?

fully ADV 完全的 wánquán de, 十分 shífēn □ I'm fully satisfied with your service. 我对你们的服务十分满意。Wǒ duì nǐmen de fúwù shífēn mǎnyì.

fumble **I** v **1** 摸索 mōsuo, 乱摸 luànmō **2** 接球不稳 jiēqiú bùwěn, 失球 shī qiú **II** N 失球 shī qiú

fume v [一言不发地+] 生气 [yìyán bù fā de+] shēngqì, 怒火中烧 nùhuǒ zhōng shāo

fumes N 难闻的气味 nánwén de qìwèi

fumigate v 烟熏 yānxūn

fun **I** N **1** 乐趣 lèqù, 欢乐 huānlè □ We had lots of fun with the game. 我们玩这个游戏玩得很开心。Wǒmen wán zhè ge yóuxì wán de hěn kāixīn. □ Have fun! 好好玩吧! Hǎohǎo wán ba!
to make fun of 嘲笑 cháoxiào
in fun 取乐 qǔlè □ He sang in the choir, just for fun. 他参加唱诗班, 只是为了好玩。Tā cānjiā chàngshībān, zhǐshì wèile hǎowán.
II ADJ **1** 好玩的 hǎowán de, 让人快乐的 ràng rén kuàilè de **2** 好玩儿的 hǎowánr de, 逗笑的 dòuxiào de □ He wore a fun hat and made everyone laugh. 他戴了一顶好玩儿的帽子, 逗得大家哈哈笑。Tā dàile yì dǐng hǎowánr de màozi, dòude dàjiā hāhā xiào.

function **I** N **1** 功能 gōngnéng □ I don't think the committee has fulfilled a useful function. 我认为这个委员会没有起到有用的作用。Wǒ rènwéi zhè ge wěiyuánhuì méiyǒu qǐdào yǒuyòng de zuòyòng. **2** 函数 hánshù
II v 起作用 qǐ zuòyòng, 运转 yùnzhuǎn □ It is sad to see grandpa's brain no longer functioning properly. 看到爷爷的大脑功能不再正常, 让人伤心。Kàndào yéye de dànǎo gōngnéng bú zài zhèngcháng, ràng rén shāngxīn.
function key (计算机) 功能键 (jìsuànjī) gōngnéngjiàn

functional ADJ **1** 实用的 shíyòng de **2** 正常运转的 zhèngcháng yùnzhuǎn de

fund **I** N **1** 专款 zhuānkuǎn □ How does the company invest its pension fund? 公司是怎样投资退休金专款的? Gōngsī shì zěnyàng tóuzī tuìxiūjīn zhuānkuǎn de? **2** 资金 zījīn, 钱 qián □ We're short of funds at the moment, so we can't afford a new car. 我们现在资金短缺, 所以买不起新车。Wǒmen xiànzài zījīn duǎnquē, suǒyǐ mǎibuqǐ xīn chē.
II v 拨款 bō kuǎn, 资助 zīzhù □ The new road system will be funded by the federal government. 新道路系统将由联邦政府拨款建造。Xīn dàolù xìtǒng jiāng yóu liánbāng zhèngfǔ bō kuǎn jiànzào.

fundamental **I** ADJ 基本的 jīběn de, 根本的 gēnběn de **II** N 基本原理 jīběn yuánlǐ

fundamentalist **I** N 原教旨主义者 yuánjiàozhǐ zhǔyìzhě **II** ADJ 原教旨主义的 yuánjiàozhǐ zhǔyì de

fundamentalism N 原教旨主义 yuánjiàozhǐzhǔyì

funding N 拨款 bō kuǎn, 出资 chūzī **2** 专款 zhuānkuǎn

fund-raising ADJ 募款 mù kuǎn, 筹款 chóu kuǎn

funeral N 葬礼 zànglǐ □ The funeral will be held on Monday morning at the local church. 葬礼将于星期一上午在当地教堂举行。Zànglǐ jiāng yú xīngqīyī shàngwǔ zài dāngdì jiàotáng jǔxíng.
funeral home 殡仪馆 bìnyíguǎn

fungus N 真菌 zhēnjūn

funk N **1** 乡土爵士音乐 xiāngtǔ juéshì yīnyuè **2** 体臭 tǐ chòu **3** (in a blue funk) 恐慌地 kǒnghuāng de, 惊恐地 jīngkǒng de

funky ADJ **1** 时髦的 shímáo de, 有趣的 yǒuqù de **2** 臭烘烘的 chòuhōnghōng de, 脏兮兮的 zàngxīxī de

funnel **I** N 漏斗 lòudǒu, 烟囱 yāncōng **II** v **1** [水+] 流经漏斗 [shuǐ+] liú jīng lòudǒu **2** 汇集 [+钱] huìjí [+qián]

funnies N 漫画专栏 mànhuà zhuānlán

funny ADJ **1** 好笑的 hǎoxiào de, 可笑的 kěxiào de □ The movie is really funny. 这个电影真的很好笑。Zhè ge diànyǐng zhēn de hěn hǎoxiào. **2** 奇怪的 qíguài de □ That's funny—I left my book here just a moment ago and now it's gone. 好奇怪—我刚才把书放在这里, 现在不见了。Hǎo qíguài—wǒ gāngcái bǎ shū fàng zài zhèlǐ, xiànzài bújiàn le.

fur N 毛皮 máopí □ Animal rights campaigners really dislike people who wear furs. 动物权利运动者很不喜欢穿毛皮的人。Dòngwù quánlì yùndòng zhě hěn bù xǐhuan chuān máopí de rén.

furious ADJ **1** 狂怒的 kuángnù de **2** 强烈的 [+攻击] qiángliè de [+gōngjī]

furl v 卷起 juǎnqǐ, 折起 zhéqǐ

furlong N 休假 xiūjià

furnace N 熔炉 rónglú, 火炉 huǒlú

furnish v **1** 为…配备家具 wéi...pèi bèi jiājù **2** 提供 tígōng

furnished ADJ 有家具的 yǒu jiājù de

furnishings N 家具 jiājù, 室内陈设 shìnèi chénshè

furniture N 家具 jiājù □ They have fine furniture in their luxury home. 他们豪华住宅里有精美的家具。Tāmen háohuá zhùzhái lǐ yǒu jīngměi de jiājù.

furor, furore N 公众的愤怒 gōngzhòng de fènnù

furrow **I** N **1** 犁沟 lígōu [m. wd 道 dào] **2** 皱纹 zhòuwén [m. wd 道 dào] **II** v **1** 开沟槽 kāi gōucáo **2** 起皱纹 qǐ zhòuwén

furry ADJ 毛茸茸的 máoróngróng de

further I ADV 1 进一步 jìnyíbù □ I don't have anything further to say. 我没有进一步的话要说了。Wǒ méiyǒu jìnyíbù de huà yào shuō le. **2** 更远地 gèng yuǎn de **3** 而且 érqiě
II ADJ 进一步的 jìnyíbù de □ Further investigation is needed before the case is closed. 需要进一步调查，才能结案。Xūyào jìnyíbù diàochá, cái néng jié'àn.
III V 促进 cùjìn, 推进 tuījìn

furthermore ADV 而且 érqiě, 不仅如此 bù jǐn rúcǐ

furthest ADJ, ADV 最远的／地 zuì yuǎn de

furtive ADJ 偷偷的 tōutōu de, 鬼鬼祟祟的 guǐguǐ suìsuì de

fury N 狂怒 kuángnù, 暴怒 bàonù

fuse I N 1 [电表+] 保险丝 [diànbiǎo+] bǎoxiǎnsī 2 [炸弹的+] 定时引信 [zhàdàn de+] dìngshí yǐnxìn
to have a short fuse 容易发火 róngyì fāhuǒ, 脾气急躁 píqi jízào
II V 1 熔合 rónghé 2 使…结合 shǐ…jiéhé

fuse-box N 保险丝盒 bǎoxiǎnsīhé

fuselage N 飞机机身 fēijī jīshēn

fusion N 熔合 rónghé, 融合 rónghé
fusion jazz 融合爵士乐 rónghé juéshìyuè

fuss I N 不必要的激动 bú bìyào de jīdòng, 无事生非 wúshì shēngfēi
to kick up a fuss 因为小事而大吵大闹 yīnwèi xiǎoshì ér dàchǎo dànào □ You shouldn't make such a fuss about my mistake. 你不应该因为我的错误而这样大吵大闹。Nǐ bù yīnggāi yīnwèi wǒde cuòwù ér zhèyàng dàchǎo dànào.
to make a fuss over 过分注意 guòfèn zhùyì, 过分照顾 guòfèn zhàogù □ She makes a fuss over her child. 她对孩子照顾得太过分了。Tā duì háizi zhàogù dé tài guòfèn le.
II V 1 局促不安 júcù bù'ān 2 过分讲究 guòfèn jiǎngjiū
to fuss over 过分地照料 guòfèn de zhào liào

fussy ADJ 过分讲究的 guòfèn jiǎngjiū de, 挑剔的 tiāoti de

futile ADJ 无用的 wúyòng de

futility N 徒劳 túláo

futon N 蒲团 pútuán

future I N 1 将来 jiānglái, 未来 wèilái □ He has no plan for the future. 他对未来没有计划。Tā duì wèilái méiyǒu jìhuà. **2** 前途 qiántú
II ADJ 将来的 jiānglái de, 未来的 wèilái de □ The poor woman knows practically nothing about her future husband. 这个可怜的女人对她未来的丈夫几乎一无所知。Zhè ge kělián de nǚrén duì tā wèilái de zhàngfu jīhū yìwú suǒzhī.

futuristic ADJ 未来主义的 wèiláizhǔyì de

fuzz N 茸毛 róngmáo, 细毛 xìmáo

fuzzy ADJ 1 模糊的 móhu de 2 不清楚的 bùqīngchu de
fuzzy logic 模糊逻辑 móhu luójí

FYI (= for your information) ABBREV 仅供参考 jǐn gòng cānkǎo

G, g

gab V 喋喋不休 diédié bùxiū, 闲扯 xiánchě

gable N 三角墙 sānjiǎo qiáng

gadget N 小玩意儿 xiǎowányìr

gaffe N 说错话 shuōcuò huà, 失言 shīyán

gag[1] I V 1 作呕 zuò'ǒu, 想吐 xiǎng tǔ 2 用布塞住嘴 yòng bù sāizhù zuǐ 3 不让 [+人] 说话 bú ràng [+rén] shuōhuà, 压制言论自由 yāzhì yánlùn zìyóu II N 1 塞住嘴的布 sāizhù zuǐ de bù

gag[2] N 笑话 xiàohua

gaggle N 1 一群鹅 yì qún é 2 一群喧闹的人 yì qún xuānnào de rén

gaiety N 欢乐 huānlè

gaily ADV 色彩鲜艳的 sècǎi xiānyàn de

gain I V 1 获得 huòdé, 赢得 yíngdé □ As a private assistant to the CEO, she gained lots of experience and influence. 她作为总经理私人助理，获得了很多经验和影响力。Tā zuòwéi zǒngjīnglǐ sīrén zhùlǐ, huòdéle hěn duō jīngyàn hé yǐngxiǎnglì. **2** 增加 zēngjiā □ He has gained weight since he stopped jogging. 自从停止跑步他体重增加了。Zìcóng tíngzhǐ pǎobù tā tǐzhòng zēngjiā le.
to gain on 渐渐赶上 jiànjiàn gǎnshàng
II N 1 增进 zēngjìn, 增加 zēngjiā
One man's gain is another man's loss. 有人得，便有人失。Yǒurén dé, biàn yǒurén shī.
2 获利 huòlì, 收益 shōuyì

gait N 步伐 bùfá

gal N 女孩 nǚhái

gala N 盛会 shènghuì [M. WD 次 cì], 欢庆 huānqìng [M. WD 次 cì]

galactic ADJ 星系的 xīngxì de

galaxy N 星系 xīngxì

gale N 大风 dàfēng, 八级大风 bā jí dàfēng

gall N 厚脸皮 hòu liǎnpí
to have the gall to … 竟然有脸皮… jìngrán yǒu liǎnpí…

gallant ADJ 1 英勇的 yīngyǒng de 2 (对女子)献殷勤的 (duì nǚzǐ) xiàn yīnqín de

gallantry N 英勇 yīngyǒng

gall bladder N 胆囊 dǎnnáng

gallery N 1 画廊 huàláng 2 美术馆 měishùguǎn
art gallery 艺术馆 yìshùguǎn
3 楼座 lóuzuò

galley N 船上的厨房 chuánshàng de chúfáng

gallivant V 游逛 yóuguàng

gallon N 加仑 jiālún □ The SUV has a 15 gallon tank. 这辆越野车的油箱可加十五加仑油。Zhè liàng yuèyěchē de yóuxiāng kě jiā shíwǔ jiālún yóu.

gallop I V [马+] 飞奔 [mǎ+] fēibēn II N [马的+] 飞奔 [mǎ de+] fēibēn

galloping ADJ 飞速增长的 fēisù zēngzhǎng de, 迅速发展的 xùnsù fāzhǎn de

gallows N 绞刑架 jiǎoxíngjià

galore ADJ 大量的 dàliàng de

galoshes N 橡胶套鞋 xiàngjiāo tàoxié [M. WD 双 shuāng]

galvanize V 激起 jīqǐ, 激励 jīlì

gambit N 策略 cèlüè, 手段 shǒuduàn

gamble I V 赌博 dǔbó, 冒险 màoxiǎn II N 赌博 dǔbó, 冒险 (的做法) màoxiǎn (de zuòfǎ)
to take a gamble 冒一下险 mào yíxià xiǎn

gambler N 赌徒 dǔtú

gambling N 赌博 dǔbó

game N 1 游戏 yóuxì □ Most card games are games of chance as well as of skill. 大多数游戏既玩技术，也玩运气。Dàduōshù yóuxì jì wán jìshù, yě wán yùnqi.
game plan (体育比赛)策略 (tǐyù bǐsài) cèlüè
game show (电视)有奖比赛节目 (diànshì) yǒu jiǎng bǐsài jiémù
to play games 玩花招 wán huāzhāo □ Stop playing games with me and pay your bill! 别跟我玩花招，付款吧! Bié gēn wǒ wán huāzhāo, fù kuǎn ba!
to be just a game 仅仅是一场游戏 jǐnjǐn shì yì chǎng yóuxì
2 (球赛)局 (qiúsài) jú, 盘 pán **3** 猎物 lièwù

games N 运动会 yùndònghuì
the Olympic Games 奥林匹克运动会 Àolínpǐkè Yùndònghuì

gamut N 所有的 suǒyǒu de, 全部的 quánbù de

gander N 公鹅 gōng é [M. WD 只 zhī/头 tóu]

gang I N 帮 bāng, 帮派 bāngpài II V 结帮 jié bāng

to gang up on 合伙对付 héhuǒ duìfu

gangland N 黑社会 hēi shèhuì

gangling ADJ 又高又瘦动作笨拙的 yòu gāo yòu shòu dòngzuò bènzhuō de

gangplank N 跳板 tiàobǎn, 步桥 bùqiáo [M. WD 块 kuài]

gangrene N 坏疽 huàijū

gangster N 犯罪团伙成员 fànzuì tuánhuǒ chéngyuán, 匪徒 fěitú

gangway N 大跳板 dà tiàobǎn, 大步桥 dà bùqiáo

gap N 1 空隙 kòngxì, 间隔 jiàngé 2 差距 chājù, 差别 chābié

gape V 目瞪口呆地看 mùdèng kǒudāi de kàn

gaping ADJ 张大的 zhāngdà de, 敞开的 chǎngkāi de

garage N 1 车库 chēkù [M. WD 间 jiān] □ His garage has room for two cars and a boat. 他的车库放得下两辆汽车和一艘船。Tā de chēkù fàngdexià liǎng liàng qìchē hé yì sōu chuán.
garage sale 旧物大甩卖 jiùwù dàshuǎimài
2 修车行 xiū chē háng [M. WD 家 jiā]

garb N 服装 fúzhuāng, 制服 zhìfú [M. WD 件 jiàn/套 tào]

garbage N 1 垃圾 lājī
garbage can 垃圾桶 lājītǒng
garbage collector 垃圾清洁工 lājī qīngjiégōng
garbage disposal 厨房垃圾处理机 chúfáng lājī chǔlǐjī
garbage truck 垃圾车 lājīchē
2 废话 fèihuà, 愚蠢的念头 yúchǔn de niàntou

garbled ADJ 含混不清的 hánhùn bùqīng de

garden N 1 花园 huāyuán □ Grandma has planted a couple of roses in her small garden. 奶奶在小花园里种了几棵玫瑰花。Nǎinai zài xiǎo huāyuán lǐ zhòngle jǐ kē méiguīhuā. **2** 菜园 càiyuán
garden center 花木商店 huāmù shāngdiàn

gardener N 园艺工人 yuányì gōngrén, 花匠 huājiàng

gardening N 园艺 yuányì □ He is so good at gardening he must have a green thumb. 他园艺做得这么好，肯定是天生有园艺的本领。Tā yuányì zuòde zhème hǎo, kěndìng shì tiānshēng yǒu yuányì de běnlǐng.

gardens N 植物园 zhíwùyuán [M. WD 座 zuò]
botanical gardens 植物园 zhíwùyuán

gargantuan ADJ 巨大的 jùdà de, 特大的 tèdà de

gargle V 漱口 shùkǒu, 漱喉 shù hóu
to gargle with salt water 用盐水漱口 yòng yánshuǐ shùkǒu

gargoyle N 滴水嘴 dīshuǐzuǐ

garish ADJ 过于艳丽的 guòyú yànlì de

garland N 花环 huāhuán

garlic N 大蒜 dàsuàn
a clove of garlic 一个蒜瓣 yí ge suànbàn

garment N 服装 fúzhuāng, 制服 zhìfú [M. WD 件 jiàn/套 tào]

garnet N 石榴石 shíliúshí, 石榴红色 shíliúhóng sè

garnish I V 给…加上配菜 gěi…jiāshàng pèicài II N 配菜 pèicài, 装饰菜 zhuāngshì cài

garret N 阁楼 gélóu, 顶楼 dǐnglóu

garrison N 卫戍部队 wèishù bùduì

garrulous ADJ 说个不完的 shuō gè bù wán de, 絮絮叨叨的 xùxù dāodāo de

garter N 吊带 diàodài
garter snake 束带蛇 shùdài shé

gas N 1 (gasoline) 汽油 qìyóu
the gas (gas pedal) 油门 yóumén □ He put his foot on the gas and the car sped on. 他踩下油门，汽车快速向前。Tā cǎixia yóumén, qìchē kuàisù xiàng qián.
gas guzzler 耗油厉害的车 hàoyóu lìhai de chē, 油老虎 yóu lǎohǔ
gas station 加油站 jiāyóuzhàn
2 气体 qìtǐ □ Can you believe that water is made of two gases, Hydrogen and Oxygen? 你能相信吗，水是两种气体—氢气和氧气一组成的? Nǐ néng xiāngxìn ma, shuǐ shì liǎng zhǒng qìtǐ—qīngqì hé yǎngqì—zǔchéng de? **3** 煤气 méiqì

gas mask 防毒面具 fángdú miànjù
gas stove 煤气灶 méiqì zào

gaseous ADJ 气体的 qìtǐ de, 气态的 qìtài de

gash N 又深又长的切口 yòu shēn yòu cháng de qièkǒu, 伤口 shāngkǒu

gasket N 橡皮垫圈 xiàngpí diànquān, 密封垫 mìfēng diàn

gasoline N 汽油 qìyóu

gasp I V (大口) 喘气 (dà kǒu) chuǎnqì
to gasp for air 呼吸急促 hūxī jícù
II N 喘气 chuǎnqì, 深呼吸 shēn hūxī

gassy ADJ 肠胃+] 胀气的 [chángwèi+] zhàngqì de

gastric ADJ 胃的 wèi de
gastric ulcer 胃溃疡 wèikuìyáng

gastronomic ADJ 美食的 měishí de
a gastronomic tour 美食之旅 měishí zhī lǚ

gasworks N 煤气厂 méiqìchǎng [M. WD 家 jiā]

gate N 大门 dàmén [M. WD 扇 shàn/道 dào] □ I'll be waiting for you by the library gate at half past twelve. 我十二点半在图书馆大门口等你。Wǒ shí'èr diǎn bàn zài túshūguǎn dàménkǒu děng nǐ.

gatecrash V 不请自来 bù qǐng zì lái

gatecrasher N 不请自来的人 bù qǐng zì lái de rén

gated community N 封闭式住宅小区 fēngbìshì zhùzhái xiǎoqū

gateway N 出入口 chūrùkǒu, 入门 rùmén

gather V 1 聚集 jùjí, 集合 jíhé □ A crowd of fans gathered at the rear door, hoping to get a glimpse of the movie star. 一群戏迷聚集在后门，希望能一睹明星的风采。Yì qún xìmí jùjí zài hòumén, xīwàng néng yì dǔ míngxīng de fēngcǎi. **2** 收集 shōují □ She is gathering feedback from her students about her new teaching method. 她正在收集学生对新教学法的反映。Tā zhèngzài shōují xuésheng duì xīn jiàoxuéfǎ de fǎnyìng.
to gather up 收拾起 shōushiqǐ □ Gather up your belongings and put them in the car—it's time to go home now. 把自己的东西收拾起来放在车里一该回家了。Bǎ zìjǐ de dōngxi shōushiqǐlai fàng zài chē lǐ—gāi huíjiā le.

gathered N 有褶裥的 yǒu zhějiǎn de

gathering N 集会 jíhuì

gaudy ADJ 俗丽的 súlì de, 花哨的 huāshao de

gauge I N 测量仪器 cèliáng yíqì, 表 biǎo
tire-pressure gauge (汽车) 轮胎气压表 (qìchē) lúntāi qìyābiǎo
II V 1 测量 cèliáng 2 估计 gūjì, 判定 pàndìng
to gauge public opinions 对社会舆论作出估计 duì shèhuì yúlùn zuòchū gūjì

gaunt ADJ 憔悴的 qiáocuì de, 瘦削的 shòuxuē de

gauntlet N 夹道鞭刑 jiādào biānxíng
to run the gauntlet 受到攻击 shòudào gōngjī, 经受困难 jīngshòu kùnnan
to throw down the gauntlet 挑战 tiǎozhàn

gauze N 纱布 shābù

gave V See give

gawk V 呆呆地看 dāidāide kàn, 傻看 shǎ kàn

gawky ADJ 笨手笨脚的 bènshǒu bènjiǎo de

gay I ADJ 1 同性恋的 tóngxìngliàn de 2 快活的 kuàihuo de
II N 男同性恋者 nán tóngxìngliànzhě

gaze V, N 凝视 níngshì, 注视 zhùshì

gazebo N 凉亭 liángtíng [M. WD 座 zuò]

gazelle N 瞪羚 dènglíng [M. WD 只 zhī/头 tóu]

gazette N 1 报纸 bàozhǐ [M. WD 张 zhāng/份 fèn] **2** 杂志 zázhì [M. WD 本 běn]

gear I N 1 (汽车) 排挡 (qìchē) páidǎng
to change gears 换挡 huàn dǎng
2 设备 shèbèi, 工具 gōngjù II V 调整 tiáozhěng
to be geared to 使适合 shǐ shìhé

to be geared up 准备好 zhǔnbèi hǎo

gearbox N 变速箱 biànsùxiāng

gearshift N 换挡杆 huàndǎnggǎn

GED (= General Equivalency Diploma; general educational development) ABBREV 同等（中等教育）学历文凭 tóngyòng (zhōngděng jiàoyù) tóngděng xuélì wénpíng

gee INTERJ 哎呀 āiyā, 哇 wā

geek N 怪人 guàirén, 怪家伙 guài jiāhuo

geese See goose

geezer N 老头子 lǎotóuzi

geisha N 日本艺妓 Rìběn yìjì

gel I N 冻胶 dòngjiāo
hair gel 发胶 fàjiāo
II v 涂发胶 tú fàjiāo

gelatin N 骨胶 gǔjiāo

gem N 宝石 bǎoshí [M. WD 颗 kē/粒 lì/块 kuài]

Gemini N 双子宫（星座）shuāngzǐgōng (xīngzuò)

gender N 性别 xìngbié □ Such a practice will be regarded as gender discrimination. 这种做法会被认为是性别歧视。Zhè zhǒng zuòfǎ huì bèi rènwéi shì xìngbié qíshì.

gene N 基因 jīyīn

genealogy N 家谱 jiāpǔ [M. WD 本 běn], 家谱图 jiāpǔtú [M. WD 张 zhāng]

general I ADJ 大致的 dàzhì de □ I have only a general idea of the matter. 我只知道这件事的大致情况。Wǒ zhǐ zhīdào zhè jiàn shì de dàzhì qíngkuàng.
in general 一般来说 yì bān láishuō □ In general, old people are more conservative. 一般来说，老年人比较保守。Yì bān láishuō, lǎoniánrén bǐjiào bǎoshǒu.
2 普遍的 pǔbiàn de □ Educators have noticed a general lowering of academic standards in schools. 教育家们注意到中小学教学水准的普遍下降。Jiàoyùjiāmen zhùyìdao zhōngxiǎoxué jiàoxué shuǐzhǔn de pǔbiàn xiàjiàng.
general store 杂货店 záhuòdiàn
the general public 公众 gōngzhòng □ The general public is disgusted with Internet pornography. 公众厌恶互联网上的色情内容。Gōngzhòng yànwù hùliánwǎngshang de sèqíng nèiróng.
3 总 zǒng □ He is general manager of the chain stores. 他是这些连锁店的总经理。Tā shì zhèxiē liánsuǒdiàn de zǒngjīnglǐ.
a general election 大选 dàxuǎn
II N 将军 jiāngjūn [M. WD 位 wéi]

generality N 笼统的话 lǒngtǒng de huà [M. WD 句 jù], 泛泛而谈 fànfàn ér tán

generalization N 概括 gàikuò, 归纳 guīnà
to make sweeping generalizations 笼统地概括 lǒngtǒng de gàikuò

generalize v **1** 概括分类 gàikuò fēnlèi **2** 笼统地表达 lǒngtǒng de biǎodá

generally ADV **1** 普遍地 pǔbiàn de □ The new policy proved generally popular. 新政策被证明受到普遍欢迎。Xīn zhèngcè bèi zhèngmíng shòudao pǔbiàn huānyíng. **2** 一般（地）来说 yì bān (de) láishuō □ Generally speaking, people in big cities walk faster than those in small towns. 一般来说，大城市的人走路比小镇上的人快。Yì bān láishuō, dà chéngshì de rén zǒulù bǐ xiǎo zhènshang de rén kuài.

generate v 产生 chǎnshēng, 引起 yǐnqǐ □ Tourism is expected to generate $10 million a year for this city. 期待旅游业能每年为这个城市带来一千万元。Qīdài lǚyóu yè néng měi nián wèi zhè ge chéngshì dàilai yì qiānwàn yuán.

generation N **1** 代 dài, 世代 shìdài □ The José family has lived in Arizona for five generations. 何塞一家在亚利桑那那住了五代了。Hésāi yì jiā zài Yàlìsāngnà jūzhùle wǔ dài le.
generation gap 代沟 dàigōu
2 产生 chǎnshēng □ The generation of electricity from solar energy has a bright future. 太阳能发电前途光明。Tàiyáng néng fādiàn qiántú guāngmíng.

generator N 发电机 fādiànjī [M. WD 台 tái/部 bù]

generic ADJ **1** 没有注册商标的 [+商品] méiyǒu zhùcè shāngbiāo de [+shāngpǐn] **2** 通用的 [+称呼] tōngyòng de [+chēnghu], 泛指的 fànzhǐ de

generosity N 慷慨 kāngkǎi

generous ADJ 慷慨 kāngkǎi, 大方 dàfang

genesis N 起源 qǐyuán, 开端 kāiduān
Genesis (圣经) 创世纪 (Shèngjīng) chuàngshìjì

genetic ADJ 基因的 jīyīn de
genetic engineering 基因工程 jīyīn gōngchéng
genetic fingerprint 基因图谱 jīyīn túpǔ, 遗传指纹 yíchuán zhǐwén

geneticist N 遗传学家 yíchuánxuéjiā

genetics N 遗传学 yíchuánxué

genial ADJ 和蔼可亲的 hé'ǎi kěqīn de

genie N 妖怪 yāoguài

genital ADJ 生殖器的 shēngzhíqì de

genitals N 外生殖器 wàishēngzhíqì

genius N 天才 (人物) tiāncái (rénwù), 天赋 tiānfù
a stroke of genius 天才之举 tiāncái zhī jǔ

genocide N 种族灭绝 zhǒngzú mièjué

genome N 基因组 jīyīnzǔ
human genome 人类基因组 rénlèi jīyīnzǔ

genre N (文学艺术的) 种类 (wénxué yìshù de) zhǒnglèi, 类型 lèixíng

genteel ADJ **1** 彬彬有礼的 bīnbīn yǒulǐ de **2** 雅致的 yǎzhì de

gentile N (对犹太人而言的) 异教徒 (duì Yóutàirén éryán de) yìjiàotú, 非犹太人 fēi Yóutàirén

gentle ADJ 温和 wēnhé, 温柔 wēnróu □ He is a soft-spoken, gentle person. 他说话轻柔、性情温和。Tā shuōhuà qīngróu, xìngqíng wēnhé.

gentleman N **1** 先生 xiānsheng □ Ladies and gentlemen, boys and girls, … 女士们、先生们、小朋友们，… Nǔshìmen, xiānshengmen, xiǎopéngyǒumen,... **2** 君子 jūnzǐ, 绅士 shēnshì □ He was a perfect gentleman when dealing with the drunken woman. 他和喝醉酒的妇女打交道时，完全是一位君子。Tā hé hēzuìjiǔ de fùnǔ dǎ jiāodào shí, wánquán shì yí wèi jūnzǐ.

gently ADV 温和地 wēnhé de, 轻柔地 qīngróu de □ She caressed the puppy gently. 她轻柔地抚摩小狗。Tā qīngróu de fǔmó xiǎogǒu.

gentrification N 提高地区的档次 tígāo dìqū de dàngcì

gentry N 上流社会人士 shàngliú shèhuì rénshì

genuflect v 屈膝跪拜 qūxī guìbài

genuine ADJ 真诚的 zhēnchéng de, 真正的 zhēnzhèng de

genus N (生物) 属 (shēngwù) shǔ

geographical ADJ 地理的 dìlǐ de

geography N **1** 地理 (学) dìlǐ (xué)
economic geography 经济地理学 jīngjì dìlǐxué
physical geography 自然地理学 zìrán dìlǐxué
2 地理情况 dìlǐ qíngkuàng

geological ADJ 地质的 dìzhì de, 地质学的 dìzhìxué de

geologist N 地质学家 dìzhìxuéjiā

geology N 地质学 dìzhìxué

geometric ADJ 几何学的 jǐhéxué de

geometry N 几何 (学) jǐhé (xué)

geranium N 天竺葵 tiānzhúkuí

geriatric ADJ 老年医学的 lǎoniányīxué de

geriatrics N 老年医学 lǎoniányīxué

germ N 细菌 xìjūn

German I ADJ 德国的 Déguó de
German shepherd 德国牧羊犬 Déguó mùyáng quán
II N **1** 德国人 Déguórén **2** 德语 Déyǔ

germinate v **1** 发芽 fāyá, 使…发芽 shǐ...fāyá **2** 开始产生 kāishǐ chǎnshēng, 萌发 méngfā

gerrymander v 不公正地重划选区 bù gōngzhèng de chónghuà xuǎnqū

gerund N 动名词 dòngmíngcí

gestation N 1 怀孕（期）huáiyùn (qī) 2 [新技术的+] 形成 [xīn jìshù de+] xíngchéng, 形成期 xíngchéng qī

gesticulate v 做手势 zuò shǒushì

gesture I N 1 [表示欢迎的+] 手势 [biǎoshì huānyíng de+] shǒushì 2 [友好的+] 姿势 [yǒuhǎo de+] zīshì, 表示 biǎoshì II v 打手势 dǎ shǒushì

get (PT **got**; PP **gotten**) v 1 得到 dédào, 买到 mǎidao □ Can you get me something to drink? 能给我点喝的吗? Néng gěi wǒ diǎn hē de ma? □ He got the antique vase for 200 dollars. 他花了两百块买到这只古董花瓶。Tā huāle liǎng bǎi kuài mǎidao zhè zhī gǔdǒng huāpíng. **2** 变得 biànde □ I really got mad at her. 我真的对她生气极了。Wǒ zhēn de duì tā shēngqì jíle. □ Days are getting longer as spring comes. 春天来了，白天越来越长了。Chūntiān lái le, báitiān yuèláiyuè cháng le. **3** 到达 dàodá □ When I got home, the front door was wide open. 我到家时，前门大开着。Wǒ dào jiā shí, qiánmén dà kāizhe. **4** 使得 shǐde, 让 ràng □ He tried to get his son to sweep the fallen leaves on the driveway. 他试图让儿子扫车道上的落叶。Tā shìtú ràng érzi sǎo chēdàoshang de luòyè. □ I can't get this machine to work properly today. 我今天无法使这台机器正常工作。Wǒ jīntiān wú fǎ shǐ zhè tái jīqì zhèngcháng gōngzuò.

to get across 把意思表达清楚 bǎ yìsi biǎodá qīngchu □ I sometimes find it difficult to get my ideas across. 我觉得有时候很难把意思表达清楚。Wǒ juéde yǒushíhou hěn nán bǎ yìsi biǎodá qīngchu.

to get along with 相处 xiāngchǔ

to get away with 不受惩罚 bú shòu chéngfá □ He is his mother's darling—he can get away with anything. 他是母亲的心肝宝贝—随便做什么都不会受到惩罚。Tā shì mǔqin de xīngān bǎobèi—suíbiàn zuò shénme dōu bú huì shòudao chéngfá.

to get by 勉强维持 miǎnqiǎng wéichí □ The old couple got by on their meager pension. 这对老夫妻靠微薄的养老金勉强维持。Zhè duì lǎo fūqī kào wēibó de yǎnglǎojīn miǎnqiǎng wéichí.

to get up 起床 qǐchuáng □ He got up very late this morning. 他今天早上起床很晚。Tā jīntiān zǎoshang qǐchuáng hěn wǎn.

to get going 离开 líkāi, 走 zǒu □ We've got to get going, it's too late. 我们得走了，太晚了。Wǒmen děi zǒu le, tài wǎn le.

to get to do 有机会 yǒu jīhuì □ He got to dance with Jodie at the Prom. 他在年华嘉会上有机会和茱迪跳舞。Tā zài huánniánjiāhuì shang yǒu jīhuì hé Zhūdí tiàowǔ.

to get the phone/door 接电话／开门 jiē diànhuà/kāi mén □ Collin, can you get the phone, please—I'm in the bathroom. 科林，请你接一下电话，我在浴室呢。Kēlín, qǐng nǐ jiē yíxià diànhuà, wǒ zài yùshì ne.

getaway N 1 [周末+] 旅游 [zhōumò+] lǚyóu 2 逃跑 táopǎo a getaway car [犯罪分子+] 准备逃跑的汽车 [fànzuì fènzǐ] zhǔnbèi táopǎo de qìchē

get-together N 联欢 liánhuān, 联欢会 liánhuānhuì

getup N 奇装异服 qízhuāng yìfú

get-up-and-go N 干劲 gànjìn, 雄心 xióngxīn

geyser N 间隙喷泉 jiànxì pēnquán

ghastly ADJ 极其糟糕的 jíqí zāogāo de, 极其可怕的 jíqí kěpà de

ghetto N 贫民区 pínmínqū, 贫民窟 pínmínkū

ghost N 鬼 guǐ, 鬼魂 guǐhún
ghost town 废弃的城镇 fèiqì de chéngzhèn
ghost writer 代笔人 dàibǐrén

ghoul N 食尸鬼 shíshīguǐ

GI (= Government Issue) ABBREV (美国) 士兵 (Měiguó) shìbīng

giant I N 1 巨人 jùrén 2 [工业界+] 重要人物 [gōngyèjiè+]

zhòngyào rénwù, 巨头 jùtóu, [流行音乐+] 巨星 [liúxíng yīnyuè+] jùxīng II ADJ 巨大的 jùdà de, 特大的 tèdà de

gibberish N 胡言乱语 húyán luànyǔ

giblets N (家禽) 内脏 (jiāqín) nèizàng

giddy ADJ 1 快活的 kuàihuo de, 开心得忘乎所以的 kāixīn dé wàng hū suǒyǐ de
be giddy with successes 因成功而冲昏头脑 yīn chénggōng ér chōnghūn tóunǎo
2 眩晕的 xuànyùn de

gift N 1 礼物 lǐwù [M. WD 件 jiàn/份 fèn] □ Her parents bought an expensive gift for her birthday. 她父母为她生日买了昂贵的礼物。Tā fùmǔ wèi tā shēngri mǎile ángguì de lǐwù.
gift certificate 购物礼券 gòuwù lǐquàn
gift wrap 礼品包装纸 lǐpǐn bāozhuāngzhǐ
2 天生的才能 tiānshēng de cáinéng □ Eugene sure has a gift for languages. 尤金确实在语言方面有天生的才能。Yóujīn quèshí zài yǔyán fāngmian yǒu tiānshēng de cáinéng.

gifted ADJ 天才的 tiāncái de
a special class for gifted children 天才儿童特别班 tiāncái értóng tèbiébān

gig N 演奏会 yǎnzòu huì, (音乐) 演出 (yīnyuè) yǎnchū

gigabyte N 千兆字节 qiānzhào zìjié

gigantic ADJ 巨大的 jùdà de

giggle v 咯咯地笑 gēgē de xiào, 傻乎乎地笑 shǎhūhū de xiào

gild v 给…镀金 gěi…dùjīn
to gild the lily 画蛇添足 huà shé tiān zú

gill N 鱼鳃 yúsāi

gilt I ADJ 镀金的 dùjīn de
gilt-edged 金边的 jīnbiān de
II N 1 镀金层 dùjīncéng 2 金边股票 jīnbiān gǔpiào

gimmick N 花招 huāzhāo
advertising gimmicks 广告花招 guǎnggào huāzhāo

gimmicky ADJ 要花招的 shuǎ huāzhāo de

gin N 杜松子酒 Dùsōngzǐjiǔ

ginger N 姜 jiāng, 生姜 shēngjiāng
ginger ale 姜味汽水 jiāng wèi qìshuǐ

gingerbread N 姜饼 jiāngbǐng

gingerly ADV 小心翼翼地 xiǎoxīn yìyì de

giraffe N 长颈鹿 chángjǐnglù [M. WD 头 tóu]

girder N 大梁 dàliáng

girdle N 紧身褡 jǐnshēn dā

girl I N 1 女孩 nǚhái □ Little girls are usually more sensible than little boys. 小女孩通常比小男孩懂事。Xiǎo nǚhái tōngcháng bǐ xiǎo nánhái dǒngshì.
girlfriend 女朋友 nǚpéngyou
Girl Scouts 女童子军 nǚ tóngzǐjūn
2 女儿 nǚ'ér □ Their girl is now a college student. 他们的女儿现在是大学生了。Tāmen de nǚ'ér xiànzài shì dàxuésheng le.

girlhood N 少女时期 shàonǚ shíqī, 少女时代 shàonǚ shídài

girth N 围长 wéicháng, (人的) 腰围 (rén de) yāowéi

gist N 主要内容 zhǔyào nèiróng, 要点 yàodiǎn

give (PT **gave**; PP **given**) v 1 给 gěi, 给与 jǐyǔ □ Mom gives him 50 dollars every week. 妈妈每星期给他五十块钱。Māma měi xīngqī gěi tā wǔshí kuài qián. **2** 举行 jǔxíng □ They gave a dinner party to celebrate the birth of their first child. 他们举行宴会，庆祝第一个孩子的诞生。Tāmen jǔxíng yànhuì, qìngzhù dìyī ge háizi de dànshēng.
to give away 赠送 zèngsòng □ He gave away all his money to his alma mater. 他把所有的钱都赠送给母校。Tā bǎ suǒyǒu de qián dōu zèngsòng gěi mǔxiào.

to give up 放弃 fàngqì

give-and-take ADJ 互相忍让 hùxiāng rěnràng

giveaway I N 1 赠送 zèngsòng, 捐赠 juānzèng

holiday giveaway 假日捐赠 jiàrì juānzèng

2 赠送的东西 zèngsòng de dōngxi, 赠品 zèngpǐn **II** ADJ 等于是送的 děngyú shì sòng de, 极其便宜的 jíqí piányi de

given I v See give **II** ADJ 任何特定的 rènhé tèdìng de

at any given time 在任何（特定的）时间 zàirèn hé（tèdìng de）shíjiān

III PREP 考虑到 kǎolǜdào

IV N 基本事实 jīběn shìshí, 肯定的事实 kěndìng de shìshí □ That's a given. 这是肯定的。Zhè shì kěndìng de.

given name 名字 míngzì

glacial ADJ **1** 冰川的 bīngchuān de, 冰的 bīng de **2** 冷冰冰的（表情）lěngbīngbīng de (biǎoqíng)

glacier N 冰川 bīngchuān

glad ADJ 高兴 gāoxìng □ I'm glad you could come to the party. 我很高兴你能来参加聚会。Wǒ hěn gāoxìng nǐ néng lái cānjiā jùhuì.

gladiator N 角斗士 juédòushì

gladly ADV **1** 高兴地 gāoxìngde **2** 乐意地 lèyì de

glamor N 迷人的诱惑 mírén de yòuhuò, 魅力 mèilì

glamor girl 时髦迷人的姑娘 shímáo mírén de gūniang, 时尚女郎 shíshàng nǚláng

glamorize v 使…充满诱惑力 shǐ…chōngmǎn yòuhuòlì, 美化 měihuà

glamorous ADJ 迷人的 mírén de, 有诱惑力的 yǒu yòuhuòlì de

glance I v 看一下 kàn yíxià, 看一眼 kàn yìyǎn □ I glanced at my watch, hoping the visitor would soon leave. 我看了一眼手表，希望来访者快点走。Wǒ kàn le yìyǎn shǒubiǎo, xīwàng láifǎngzhě kuài diǎn zǒu.

II N 看一下 kàn yíxià, 看一眼 kàn yìyǎn

gland N 腺 xiàn

sweat gland 汗腺 hànxiàn

glandular ADJ 腺的 xiàn de

glandular fever 腺热 xiàn rè

glare v **1** 愤怒地注视 fènnù de zhùshì **2** [玻璃窗+] 发出强光 [bōlichuāng+] fāchū qiáng guāng

glaring ADJ **1** 怒视的 nùshì de **2** 刺眼的 [+阳光] cìyǎn de [+yángguāng] **3** 明显的 [+错误] míngxiǎn de [+cuòwù]

glass N **1** 玻璃杯 bōli bēi [M. WD 只 zhī] **2** 玻璃 bōli [M. WD 块 kuài] □ After the accident there were pieces of glass all over the place. 事故以后，满地都是玻璃碎片。Shìgù yǐhòu, mǎndì dōu shì bōli suì piàn.

glass ceiling N 无形的限制 wúxíng de xiànzhì

glassed-in ADJ 玻璃围成的 bōli wéi chéng de

glasses N 眼镜 yǎnjìng [M. WD 副 fù]

sunglasses 太阳眼镜 tàiyáng yǎnjìng

glassware N 玻璃器皿 bōli qìmǐn [M. WD 件 jiàn]

glassy ADJ 光亮的 guāngliàng de, 光滑的 guānghuá de

glaze I v **1** [目光+] 呆滞 [mùguāng+] dāizhì **2** 上釉 shàngyòu **II** N 釉 yòu

gleam I N **1** 闪光 shǎnguāng **2** 闪现 shǎnxiàn **II** v **1** [玻璃+] 闪光 [bōli+] shǎnguāng **2** 闪现 [表情] shǎnxiàn [+biǎoqíng]

glean v 搜集 sōují

glee N 欣喜 xīnxǐ, 兴奋 xīngfèn

glen N 峡谷 xiágǔ, 幽谷 yōugǔ

glib ADJ **1** 油嘴滑舌的 [+节目主持人] yóuzuǐ huáshé de [+jiémù zhǔchírén] **2** 草率的 [+结论] cǎoshuài de [+jiélùn]

glide v 滑行 huáxíng

glider N 滑翔机 huáxiángjī [M. WD 架 jià]

gliding N 滑翔（运动）huáxiáng (yùndòng)

glimmer I N 微光 wēiguāng

a glimmer of hope 一线希望 yí xiàn xīwàng

II v 发出微光 fāchū wēiguāng

glimpse I N **1** 一眼 yìyǎn **2** 短暂的经历 duǎnzàn

de jīnglì **II** v **1** 瞥见 piējiàn **2** 突然领悟 tūrán lǐngwù, 顿悟 dùnwù

glint I v 闪闪发光 shǎnshǎn fāguāng, 闪烁 shǎnshuò **II** N 闪光 shǎnguāng

glisten v 闪闪发光 shǎnshǎn fāguāng, 闪闪发亮 shǎnshǎn fāliàng

glitch N 故障 gùzhàng, 差错 chācuò

computer glitch 电脑故障 diànnǎo gùzhàng

glitter I v 闪光 shǎnguāng, 闪烁 shǎnshuò **II** N **1** 闪光 shǎnguāng, 闪烁 shǎnshuò **2** 诱惑（力）yòuhuò (lì)

gloat v 得意洋洋 déyì yángyáng

to gloat over sb's misfortune 因别人的不幸而得意 yīn biéren de búxìng ér déyì, 幸灾乐祸 xìngzāi lèhuò

global ADJ 全地球的 quán dìqiú de, 世界范围的 shìjièfànwéide

global warming 全球变暖 quánqiú biànnuǎn

globalization N [经济+] 全球化 [jīngji de+] quánqiúhuà

globe N **1** 地球 dìqiú

from every corner of the globe 世界各地的 shìjiè gèdì de **2** 地球仪 dìqiúyí □ The boy got a globe of the world for his birthday. 男孩生日得到了一个地球仪。Nánhái shēngri dédàole yí gè dìqiúyí.

globular ADJ 球形的 qiúxíng de, 水珠形的 shuǐzhū xíng de

globule N 水滴 shuǐdī, 水珠 shuǐzhū

gloom N **1** 幽暗 yōu'àn, 昏暗 hūn'àn **2** 忧伤 yōushāng

gloomy ADJ **1** 阴暗的 [+房间] yīn'àn de [+fángjiān] **2** 悲观的 bēiguān de □ The future of the company looks very gloomy. 公司的前景看来十分不妙。Gōngsī de qiánjǐng kànlái shífēn bú miào.

glorified ADJ 被美化的 bèi měihuà de

glorify v **1** 赞美 [+上帝] zànměi [+Shàngdì] **2** 颂扬 [+冒险精神] sòngyáng [+màoxiǎn jīngshén], 吹捧 chuīpěng

glorious ADJ 光荣的 guāngróng de, 荣耀的 róngyào de, 辉煌的 huīhuáng de

glory N 光荣 guāngróng, 荣耀 róngyào, 辉煌 huīhuáng

one's former glory 昔日的辉煌 xīrì de huīhuáng

gloss I N **1** [银器+] 光泽 [yínqì+] guāngzé, 光亮 guāngliàng **2** [古诗+] 注释 [gǔshī+] zhùshì, 注解 zhùjiě **II** v 加注释 jiāzhù shì

glossary N 词汇表 cíhuìbiǎo, 难词表 náncíbiǎo

glossy ADJ 有光泽的 yǒuguāng zé de

glossy paper 上光纸 shàngguāng zhǐ

glove N 手套 shǒutào [M. WD 只 zhī/副 fù]

glove compartment （汽车）贮藏柜 (qìchē) zhùcáng guì

glow I v 发出光亮 fāchū guāngliàng

to glow with happiness 因幸福而容光焕发 yīn xìngfú ér róngguāng huànfā

2 [脸部+] 发热 [liǎn bù+] fārè **II** N **1** 光亮 guāngliàng, 发热 fārè **2** 脸上（健康）的光泽 liǎnshàng (jiànkāng) de guāngzé **3** （美好的）感觉 (měihǎo de) gǎnjué

a glow of pride 自豪的感觉 zìháo de gǎnjué

glower v 怒目而视 nùmù ér shì, 怒视 nùshì

glowing ADJ 热烈赞扬的 rèliè zànyáng de, 好话连篇的 hǎohuà liánpiān de

glowing recommendation 热烈赞扬的推荐（信）rèliè zànyáng de tuījiàn (xìn)

glowworm N 萤火虫 yínghuǒchóng [M. WD 只 zhī]

glucose N 葡萄糖（糖浆）pútaotáng (tángjiāng)

glue I N 胶 jiāo, 胶水 jiāoshuǐ **II** v 粘贴 zhān tiē, 胶合 jiāohé

glum ADJ 闷闷不乐的 mènmèn bú lè de, 沉闷的 chénmèn de

glut N 供应过剩 gōngyìng guòshèng

glutton N 嘴馋的人 zuǐchán de rén, 馋嘴鬼 chánzuǐguǐ

gluttony N 贪吃贪喝 tān chī tān hē, 暴食暴饮 bào shí bào yǐn

glycerin N 甘油 gānyóu

GM (= genetically modified) ABBREV 转基因 zhuǎnjīyīn
GM food 转基因食物 zhuǎnjīyīn shíwù

gnarled ADJ 1 多瘤多节的 [+树] duō liú duōjié de [+shù], 扭曲的 niǔqū de 2 粗糙的 [+手] cūzào de [+shǒu]

gnash V 咬牙 yǎoyá
to gnash one's teeth 咬牙切齿 yǎo yá qiē chǐ

gnat N 叮人的小虫 dīng rén de xiǎo chóng [M. WD 只 zhī]

gnaw V 1 啃 kěn, 咬 yǎo 2 折磨 zhémo, 使…精神痛苦 shǐ… jīngshen tòngkǔ

gnawing ADJ 折磨人的 zhémo rén de, 令人痛苦的 lìng rén tòngkǔ de

gnome N 土地神 Tǔdìshén

GNP (= Gross National Product) ABBREV 国民生产总值 guómín shēngchǎn zǒngzhí

go I V (PT **went**; PP **gone**) 1 去 qù, 到…去 dào…qù □ Father went to Washington DC this morning. 父亲今天早上去华盛顿特区了。Fùqin jīntiān zǎoshang qù Huáshèngdùn tèqū le. □ Go West, young men. 年轻人, 到西部去。Niánqīngrén, dào xībù qu. 2 离去 líqu, 离开 líkāi
to be going to do 要 yào, 会 huì □ I'm not going to bend over backwards to please her. 我不会曲意讨好她。Wǒ bú huì qūyì tǎohǎo tā
Go away! 走开! zǒukāi! □ Go away! Leave me alone. 走开, 别管我。Zǒukāi, bié guǎn wǒ.
to go back 回到 huídao □ I need to go back to my office to pick up my briefcase. 我得回到办公室去取办公文包。Wǒ děi huídao bàngōngshì qù qǔ gōngwénbāo.
to go for a walk/drive 散步/开车兜风 sànbù/kāichē dōufēng
to go on ① 继续 jìxù □ After a short break, the professor went on with his lecture. 休息片刻以后, 教授继续讲课。Xiūxi piànkè yǐhòu, jiàoshòu jìxù jiǎng kè. ② 发生 fāshēng □ What's going on down there? 那里发生什么事了? Nàlǐ fāshēng shénme shì le?
to go out 出去玩 chūqu wán □ He is going out with a new girlfriend these days. 他这些日子带一个新的女朋友出去玩。Tā zhèxiē rìzi dài yí ge xīn de nǚpéngyǒu chūqu wán.
to go shopping/camping/swimming 去购物/去野营/去游泳 qù gòuwù/qù yěyíng/qù yóuyǒng
II N 尝试 chángshì
to make a go of sth 试图 shìtú, 使 [+生意] 成功 shǐ [+shēng yì] chénggōng
to give sth a go 尝试做某事 chángshì zuò mǒushì

goad V 驱使 qūshǐ, 激励 jīlì

go-ahead I N 准许 zhǔnxǔ, 许可 xǔkě
to give sb the go-ahead 给予准许 jǐyǔ zhǔnxǔ
to get the go-ahead 得到批准 dédào pīzhǔn
II ADJ 领先的 lǐngxiān de
a go-ahead touchdown 使球队领先的触地得分 shǐ qiúduì lǐngxiān de chù dì défēn

goal N 1 目标 mùbiāo □ The store manager is worried they won't be able to achieve the sales goal for this quarter. 商店经理担心达不到这个季度的销售目标。Shāngdiàn jīnglǐ dānxīn dábúdào zhège jìdù de xiāoshòu mùbiāo. 2 球门 qiúmén
to score a goal 踢 (打) 进一球 tī (dǎ) jìn yì qiú

goalkeeper N 守门员 shǒuményuán

goalpost N 球门柱 qiúménzhù [M. WD 根 gēn]

goat N 山羊 shānyáng [M. WD 只 zhī/头 tóu]

goatee N (山羊) 胡子 (shānyáng) húzi

gobble V 狼吞虎咽 lángtūn hǔyàn

gobbledygook N 冗长难懂又无聊的文字 rǒngcháng nándǒng yòu wúliáo de wénzì, 官样文章 guānyàng wénzhāng

go-between N 中间人 zhōngjiānrén

goblet N 高脚杯 gāojiǎobēi [M. WD 只 zhī]

goblin N 调皮的小妖精 tiáopí de xiǎoyāojīng

go-cart N 单座赛车 dān zuò sàichē [M. WD 辆 liàng]

God N 上帝 Shàngdì, 老天 Lǎotiān
God helps those who help themselves. 天助自助者。Tiān zhù zì jǐ zhě.

god N 神 shén, 神仙 shénxian [M. WD 位 wèi]

god-awful ADJ 糟透了的 zāotòu le de

godchild N 教子 jiàozǐ, 教女 jiàonǚ

goddammit INTERJ 该死 gāisǐ, 他妈的 tāmāde

goddamn ADJ 该死的 gāisǐ de

goddess N 女神 nǚshén [M. WD 位 wéi]

godfather N 教父 jiàofù

god-fearing ADJ 敬畏上帝的 jìngwèi Shàngdì de

god-forsaken ADJ 荒凉的 huāngliáng de, 鬼也不到的 guǐ yě bú dào de

godless ADJ 不敬上帝的 bújìng Shàngdì de, 不信神的 bú xìn shén de

godlike ADJ 神圣的 shénshèng de, 如同神明的 rútóng shénmíng de

godly ADJ 虔诚的 qiánchéng de

godmother N 教母 jiàomǔ

godparent N 教父 jiàofù, 教母 jiàomǔ

godsend N 飞来的好运 fēiláide hǎoyùn, 意外的惊喜 yìwài de jīngxǐ

gofer N 勤杂工 qínzágōng, 跑腿儿的 pǎotuǐr de

go-getter N 有进取心的人 yǒu jìnqǔxīn de rén

goggle-eyed ADJ 瞪大眼睛的 dèng dà yǎnjing de, 极其惊讶的 jíqí jīngyà de

goggles N 防风眼镜 fángfēng yǎnjìng [M. WD 副 fù], 护目镜 hùmùjìng [M. WD 副 fù]

going I N 1 离去 líqu 2 进展 jìnzhǎn
rough going 进展艰难 jìnzhǎn jiānnán
II ADJ 通行的 tōngxíng de
going rate 通行的价格 tōngxíng de jiàgé, 时价 shíjià

going-over N 仔细的检查 zǐxì de jiǎnchá

goings-on N (不寻常的) 事件 (bù xúncháng de) shìjiàn

gold I N 金 (子) jīn (zi), 黄金 huángjīn
All that glitters is not gold. 闪光的不都是金子。Shǎnguāng de bù dōu shì jīnzi.
II ADJ 1 金子的 jīnzi de □ She bought herself a gold necklace. 她给自己买了一条金项链。Tā gěi zìjǐ mǎile yì tiáo jīn xiàngliàn.
gold digger 靠色相骗取钱财的女人 kào sèxiāng piànqǔ qiáncái de nǚrén
gold medal 金质奖章 jīnzhì jiǎngzhāng, 金牌 jīnpái
gold standard 金本位 jīnběnwèi
2 金黄色的 jīn huáng sè de

golden ADJ 1 金子的 jīnzi de, 金色的 jīnsè de 2 极好的 jíhǎo de, 宝贵的 bǎoguì de
a golden age 黄金时代 huángjīn shídài
a golden handshake 优厚的退休金 yōuhòu de tuìxiūjīn, 一大笔离职费 yí dàbǐ lízhí fèi
a golden opportunity 非常难得的机会 fēicháng nándé de jīhuì

goldfish N 金鱼 jīnyú [M. WD 条 tiáo]
goldfish bowl 金鱼缸 jīnyúgāng

goldmine N 1 金矿 jīnkuàng [M. WD 座 zuò] 2 财源 cáiyuán, 宝库 bǎokù

golf N 高尔夫球 gāo'ěrfūqiú
golf course 高尔夫球场 gāo'ěrfūqiúchǎng

gondola N 1 [意大利威尼斯的+] 平底船 [Yìdàlì Wēinísī de+] píngdǐchuán 2 [风景点+] (电) 缆车 [fēngjǐng diǎn+] diànlǎnchē, 缆车 lǎnchē

gone V See go

goner N 快完蛋的人 kuài wándàn de rén

gong N 锣 luó [M. WD 面 miàn]

gonorrhea N 淋病 lìnbìng

good I ADJ 1 好的 hǎo de, 优良的 yōuliáng de □ It's a good day to have a picnic. 今天是野餐的好日子。Jīntiān shì yěcān de hǎo rìzi. □ It's good to see you. 见到你, 太好了。Jiàndao nǐ, tài hǎo le. 2 守规矩的 shǒu guījǔ de, 乖的 guāi de □ Be a good boy/girl. 做一个乖孩子。(→ 乖点。) Zuò yí ge guāi háizi. (→ Guāi diǎnr.) □ Dear Santa, I'm been a good boy this year. 亲爱的圣诞老人, 我今年很乖。Qīn'ài de Shèngdàn Lǎorén, wǒ jīnnián hěn guāi. 3 愉快的 yúkuài de Have a good holiday! 祝你假期愉快! Zhù nǐ jiàqī yúkuài! 4 有益健康的 yǒuyì jiànkāng de

to be good for sb 对某人的健康有益 duì mǒurén de jiànkāng yǒuyì

II N 1 好处 hǎochu, 利益 lìyì □ It'll do you a world of good to quit smoking. 戒烟对你大有好处。Jiè yān duì nǐ dà yǒu hǎochu. 2 善 shàn, 道德 dàodé □ Is it too simplistic to view world conflicts as a battle between good and evil? 把世界上的争斗都看成善恶之争, 是不是简单化了? Bǎ shìjièshang de zhēngdòu dōu kànchéng shàn'è zhī zhēng, shìbushì jiǎndānhuà le?

to do good 有好处 yǒu hǎochù □ It won't do any good if you don't practice what you preach. 你光说不做, 是没有用的。Nǐ guāng shuō bú zuò, shì méiyǒuyòng de.

be good at 擅长于 shàncháng yú, 善于 shànyú □ He is good at chess. 他擅长下棋。Tā shàncháng xiàqí.

as good as 跟⋯⋯一样 gēn...yíyàng

for good 永远 yǒngyuǎn □ She is leaving for good. 她永远离开了。(→ 她一去不返。) Tā yǒngyuǎn líkāi le. (→ Tā yí qù bù fǎn.)

good morning 早上好 zǎoshang hǎo
good afternoon 下午好 xiàwǔ hǎo
good evening 晚上好 wǎnshang hǎo
good night 晚安 wǎn'ān
goodbye 再见 zàijiàn

good-for-nothing N 一无用处的人 yìwú yòngchu de rén, 懒人 lǎn rén

good-humored ADJ 快活友好的 kuàihuo yǒuhǎo de

good-looking ADJ 好看的 [+人] hǎokàn de [+rén], 漂亮的 piàoliang de

good-natured ADJ 性情温和的 xìngqíng wēnhé de

goodness N 1 善 shàn, 善良 shànliáng 2 食物中最有营养的部分 shíwù zhōng zuì yǒu yíngyǎng de bùfen

goods N 货物 huòwù, 商品 shāngpǐn □ Whatever goods you buy you'll have to pay tax on it. 不管你买什么货物, 都得上税。Bùguǎn nǐ mǎi shénme huòwù, dōu děi shàngshuì.
dry goods 纺织品 fǎngzhī pǐn
electrical goods 电器用品 diànqì yòngpǐn

goodwill N 善意 shànyì, 友善 yǒushàn

goody, goodie N 好吃的东西 hǎochī de dōngxi

goody-goody N 伪君子 wěijūnzǐ, 装乖的孩子 zhuāng guāi de háizi

goof I V 出错 chūcuò, 搞错 gǎocuò II N 愚蠢的错误 yúchǔn de cuòwù

goofy ADJ 傻乎乎的 shǎhūhū de

goon N 1 打手 dǎshou, 暴徒 bàotú 2 傻瓜 shǎguā, 蠢货 chǔnhuò

goose (PL **geese**) N 鹅 é [M. WD 只 zhī]
wild goose 大雁 dàyàn

goose-bumps N 鸡皮疙瘩 jīpí gēda

GOP (= Grand Old Party) ABBREV (美国) 共和党 (Měiguó) Gònghédǎng

gorge I N 峡谷 xiágǔ II V 狼吞虎咽 lángtūn hǔyàn
to gorge oneself on sth 狼吞虎咽地吃某物 lángtūn hǔyàn de chī mǒuwù

gorgeous ADJ 极好的 jíhǎo de, 好极了的 hǎo jíle de

gorilla N 大猩猩 dàxīngxing [M. WD 只 zhī]

gory ADJ 暴力的 bàolì de

gosh INTERJ 啊呀 āyā

gosling N 小鹅 xiǎo é

gospel N 1 (圣经) 福音 (Shèngjīng) Fúyīn 2 信条 xìntiáo
gospel truth 绝对真实的事 juéduì zhēnshí de shì
3 福音音乐 Fúyīn yīnyuè

gossip I N 流言蜚语 liúyán fēiyǔ, 道听途说的话 dàotīng túshuō de huà □ You're a fool if you believe all the gossip you hear. 你要是尽信那些流言蜚语, 你就是个傻瓜。Nǐ yàoshi jìn xìn nàxiē liúyán fēiyǔ, nǐ jiùshì gè shǎguā. 2 喜欢谈论别人私生活的人 xǐhuan tánlùn biéren sīshēnghuó de rén
gossip mill 制造流言蜚语的人 zhìzào liúyán fēiyǔ de rén II V 说别人的闲话 shuō biéren de xiánhuà, 传播流言蜚语 chuánbō liúyán fēiyǔ

got V See get

gotcha INTERJ 1 抓住了 zhuāzhù le 2 我赢了 wǒ yíng le

gotten V See get

gouge V 凿 (孔) záo (kǒng)

goulash N 辣椒炖肉 làjiāo dùnròu

gourd N 葫芦 húlu

gourmet I N 美食家 měishíjiā II ADJ 美食的 měishí de
a gourmet restaurant 美食餐厅 měishí cāntīng, 高级饭店 gāojí fàndiàn

gout N 痛风 (病) tòngfēng (bìng)

govern V 1 治理 zhìlǐ, 管辖 guǎnxiá □ This party has governed the country for 12 years. 这个党治理国家十二年了。Zhè ge dǎng zhìlǐ guójiā shí'èr nián le. 2 控制 kòngzhì, 支配 zhīpèi

governess N 家庭女教师 jiātíng nǚ jiàoshī

government N 1 政府 zhèngfǔ □ The government is re-considering its immigration policy. 政府正在重新考虑移民政策。Zhèngfǔ zhèngzài chóngxīn kǎolǜ yímín zhèngcè. 2 治理 zhìlǐ

governmental ADJ 政府的 zhèngfǔ de

governor N 1 (美国) 州长 (Měiguó) Zhōuzhǎng 2 总督 Zǒngdū

governorship N 州长/总督的职位 Zhōuzhǎng/Zǒngdū de zhíwèi

gown N 女装礼服 nǚ yèlǐfú [M. WD 件 jiàn] 2 (医院/实验室) 白大褂 (yīyuàn/shíyànshì) báidàguà

GP (= general practitioner) ABBREV 普通医生 pǔtōng yīshēng, 全科医生 quánkē yīshēng

GPA (= grade point average) ABBREV 平均积分点 píngjūn jīfēndiǎn

GPS (= global positioning system) ABBREV 1 全球定位系统 quánqiú dìngwèi xìtǒng 2 导航器 dǎohángqì

grab I V 抓住 zhuāzhu □ The police grabbed the criminal before he committed another crime. 警察在罪犯再次犯罪之前抓住了他。Jǐngchá zài zuìfàn zài cì fànzuì zhīqián zhuāzhule tā.
to grab a chance 抓住机会 zhuāzhù jīhuì
II N 抓住 zhuāzhù
to be up for grabs 大家都可以争取 dàjiā dōu kěyǐ zhēngqǔ

grace N 1 优雅 yōuyǎ 2 宽限 kuānxiàn
grace period 宽限期 kuānxiànqī
3 感恩祷告 gǎn'ēn dǎogào
to say grace 做感恩祷告 zuò gǎn'ēn dǎogào
to have the grace to 有⋯⋯的气量 yǒu...de qìliàng, 有⋯⋯的雅量 yǒu...de yǎliàng

graceful ADJ 1 优雅的 yōuyǎ de, 优美的 yōuměi de □ What a graceful dancer she is! 她跳舞跳得多么优美! Tā tiàowǔ tiàode duōme yōuměi! 2 得体的 détǐ de, 礼貌的 lǐmào de □ He corrected my mistake in a graceful way. 他以非常得体的方式纠正了我的错误。Tā yǐ fēicháng détǐ de fāngshì jiūzhèngle wǒ de cuòwù.

gracious ADJ 1 仁慈的 réncí de, 和善的 héshàn de 2 奢华的（生活）shēhuá de (shēnghuó)

gradation N 渐变 jiànbiàn, 层次 céngcì, 等级 děngjí

grade I N 1 年级 niánjí

grade school 小学 xiǎoxué

2 等级 děngjí □ Grade A eggs are just a few cents more expensive than Grade B's. 一等品蛋只比二等品贵几分钱。Yì děngpǐn dàn zhǐ bǐ èr děngpǐn guì jǐ fēn qián. 3 分数 fēnshù □ He always gets good grades for physics. 他物理课总是得好成绩。Tā wùlǐ kè zǒngshì dé hǎo chéngjì.

II v 评分 píngfēn □ The teachers are busy grading the final exams. 老师们正忙于评阅大考卷子。Lǎoshīmen zhèng mángyú píngyuè dàkǎo juànzi.

gradient N 坡度 pōdù, 倾斜度 qīngxié dù

gradual ADJ 逐渐 zhújiàn, 渐渐 jiànjiàn □ Grandpa is aware of the gradual decline of his own health. 爷爷知道自己的健康正逐渐恶化。Yéye zhīdào zìjǐ de jiànkāng zhèngzhújiàn èhuà.

gradually ADV 逐渐地 zhújiàn de, 渐渐地 jiànjiàn de □ Their relationship gradually improved. 他们的关系渐渐改善了。Tāmende guānxi jiànjiàn de gǎishàn le.

graduate I N 毕业生 bìyèshēng II v 毕业 bìyè III ADJ 研究生的 yánjiūshēng de

graduate school 研究生院 yánjiūshēng yuàn

graduate student 研究生 yánjiūshēng

graduated ADJ 分级的 fēnjí de

graduation N 1 毕业 bìyè 2 毕业典礼 bìyè diǎnlǐ

graffiti N 乱涂乱画 luàn tú luàn huà, 涂鸦 túyā

graft I N 1 以权谋私 yǐ quán móu sī, 贪污 tānwū 2 (枝条) 嫁接 (zhītiáo) jiàjiē 3 (皮肤) 移植 (pífū) yízhí II v 1 嫁接 [+枝条] jiàjiē [+zhītiáo] 2 移植 [+皮肤] yízhí [+pífū]

grain N 1 谷物 gǔwù, 粮食 liángshi □ The country earns a great deal of foreign exchange from exporting grain. 这个国家从出口粮食赚取大量外汇。Zhè ge guójiā cóng chūkǒu liángshi zhuànqǔ dà liàng wàihuì. 2 (木头) 纹理 (mùtou) wénlǐ 3 颗粒 kēlì

a grain of truth 一点道理 yìdiǎn dàoli

grainy ADJ 1 模糊的 [+照片] móhu de [+zhàopiàn] 2 粗糙的 cūcāo de

gram N 克 kè

grammar N 1 语法 yǔfǎ □ If you are a serious student of a language, you must study its grammar. 你如果想认真地学好一门语言，就必须学习它的语法。Nǐ rúguǒ xiǎng rènzhēn de xuéhǎo yì mén yǔyán, jiù bìxū xuéxí tā de yǔfǎ. 2 语法书 yǔfǎ shū [M. WD 本 běn]

grammatical ADJ 语法的 yǔfǎ de

grand ADJ 1 雄伟的 xióngwěi de □ The multimillionaire and his family live in a grand house on top of a hill. 这位千万富翁和他的一家住在山顶一幢雄伟的住宅里。Zhè wèi qiānwàn fùwēng hé tā de yì jiā zhù zài shāndǐng yí zhuàng xióngwěi de zhùzhái lǐ. 2 宏大的 hóngdà de □ He has a grand plan for his son. 他为儿子制定了宏大计划。Tā wèi érzi zhìdìngle hóngdà jihuà.

grand jury 大陪审团 dàpéishěntuán

grand piano 大钢琴 dàgāngqín

grand prix 国际汽车大赛 guójì qìchē dàsài

grand slam (棒球) 全垒打 (bàngqiú) quánlěidǎ, (桥牌) 大满贯 (qiáopái) dà mǎnguàn

grandchild N 孙子 sūnzi (one's son's son), 孙女 sūnnǚ (one's son's daughter), 外孙 wàisūn (one's daughter's son), 外孙女 wàisūnnǚ (one's daughter's daughter)

granddad N 爷爷 yéye (paternal grandpa), 外公 wàigōng (maternal grandpa)

granddaughter N 孙女 sūnnǚ (one's son's daughter), 外孙女 wàisūnnǚ (one's daughter's daughter)

grandeur N 宏伟壮丽 hóngwěi zhuànglì

grandfather N 祖父 zǔfù (paternal grandfather), 外祖父 wàizǔfù (maternal grandfather) □ In China a maternal grandfather is called "wàizǔfù". 在中国母系祖父叫做"外祖父"。Zài Zhōngguó mǔxì zǔfù jiàozuo "wàizǔfù."

grandfather clock 落地式自鸣钟 luòdìshì zìmíngzhōng

grandiose ADJ 华而不实的 huá ér bù shí de

grandma N 奶奶 nǎinai (paternal grandma), 姥姥 lǎolao (maternal grandma)

grandmother N 祖母 zǔmǔ (paternal grandmother), 外祖母 wàizǔmǔ (maternal grandmother) □ In China a maternal grandmother is called "wàizǔmǔ". 在中国母系祖母叫做"外祖母"。Zài Zhōngguó mǔxì zǔmǔ jiàozuo "wàizǔmǔ."

grandpa N See grandad

grandparent N 祖父母 zǔfùmǔ (paternal grandparents), 外祖父母 wàizǔfùmǔ (maternal grandparents)

grandson N 孙子 sūnzi (one's son's son), 外孙 wàisūn (one's daughter's son)

grandstand N 大看台 dà kàntái

granite N 花岗岩 huāgāngyán [M. WD 块 kuài]

granny N See grandma

granola N 格兰诺拉麦片 Gélánnuòlā màipiàn

grant I v 1 同意 tóngyì, 准许 zhǔnxǔ □ She granted the ad company permission to use her name. 她同意广告公司用她的名字。Tā tóngyì guǎnggào gōngsī yòng tā de míngzi. 2 承认 [+事实] chéngrèn [+shìshí]

II N 拨款 bō kuǎn, 经费 jīngfèi □ The university was given a research grant for exploring alternate energy resources. 大学获得研究经费以探索替代能源。Dàxué huòdé yánjiū jīngfèi yǐ tànsuǒ tìdài néngyuán.

to take for granted 想当然 xiǎngdāngrán □ You shouldn't take it for granted that your boyfriend will foot the bill. 你不应该以为男朋友一定会付账单。Nǐ bù yīnggāi yǐwéi nánpéngyou yídìng huì fù zhàngdān.

granulated ADJ 砂状的 shā zhuàng de

granule N 小颗粒 xiǎo kēlì

instant coffee granule 速溶咖啡精 sùróng kāfēijīng

grape N 葡萄 pútao [M. WD 颗 kē/串 chuàn]

grapefruit N 西柚 xīyòu, 葡萄柚 pútaoyòu

grapevine N 葡萄（藤）pútao (téng)

to hear about sth on the grapevine 从传闻中听到 cóng chuánwén zhōng tīngdào, 听到小道新闻 tīngdào xiǎodào xīnwén

graph N 图表 túbiǎo [M. WD 张 zhāng] □ He produced a graph showing global warming over the past five decades. 他出示图表，显示过去五十年中全球气温上升的情况。Tā chūshì túbiǎo, xiǎnshì guòqù wǔshí nián zhōng quánqiú qìwēn shàngshēng de qíngkuàng.

bar graph 条形图 tiáoxíngtú

line graph 曲线图 qūxiàntú

pie graph 饼形分析图 bǐngxíng fēnxītú

graphic I ADJ 1 绘图的 huìtú de, 印刷的 yìnshuā de 2 详细的 [+报导] xiángxì de [+bàodǎo] 3 色情下流的 [+描述] sèqíng xiàliú de [+miáoshù]

graphic design 图像设计 túxiàng shèjì

II N (graphics) 图表 túbiǎo [M. WD 张 zhāng], 图像 túxiàng [M. WD 张 zhāng]

graphite N 石墨 shímò

grapple v 1 扭打 niǔdǎ 2 努力对付 [+困境] nǔlì duìfu [+kùnjìng], 设法解决 [+难题] shèfǎjiějué [+nántí]

grasp I v 1 抓牢 zhuā láo, 抓紧 zhuājǐn 2 完全理解 [+一个概念] wánquán lǐjiě [+yí ge gàiniàn] II N 1 理解 [+能力] lǐjiě [+nénglì] 2 达到 dádào, 到手 dàoshǒu

grasping ADJ 贪财的 tāncái de

grass N 草 cǎo [M. WD 颗 kē], 青草 qīngcǎo [M. WD 颗 kē] □ Please keep off the grass. 请勿践踏草坪。Qǐng wù jiàntà cǎopíng.

grass roots 草根阶层 cǎogēn jiēcéng, 基层 jīcéng
The grass is always greener on the other side. 别人的情况总是比自己好。Biéren de qíngkuàng zǒngshì bǐ zìjǐ hǎo. 家花哪有野花香。Jiāhuā nǎyǒu yěhuā xiāng. 外国的月亮比较圆。Wàiguó de yuèliàng bǐjiào yuán.

grasshopper N 蚱蜢 zhàměng [M. WD 只 zhī], 蝗虫 huángchóng [M. WD 只 zhī]

grassland N 草原 cǎoyuán

grassy ADJ 长满草的 zhǎngmǎn cǎo de

grate I V 磨碎 mósuì, 发出刺耳的声音 fāchū cì'ěr de shēngyīn II N 铁栅 tiězhà

grateful ADJ 感谢 gǎnxiè, 感恩 gǎn'ēn □ I'm grateful to you for your timely help. 我很感谢你及时的帮助。Wǒ hěn gǎnxiè nǐ jíshí de bāngzhu.

grater N 磨碎器 mósuì qì

gratification N 满足 mǎnzú
    instant gratification 立即满足 lìjí mǎnzú

gratify V 满足 mǎnzú, 使…满意 shǐ…mǎnyì

gratifying ADJ 令人满足的 lìngrén mǎnzú de

grating I N 铁栅 tiězhà II ADJ 刺耳的 cì'ěr de

gratis ADJ, ADV 免费的 miǎnfèi de, 免费 miǎnfèi

gratitude N 感激 (之情) gǎnjī (zhī qíng), 谢意 xièyì

gratuitous ADJ 无缘无故的 wúyuán wúgù de

gratuity N 小费 xiǎofèi [M. WD 笔 bǐ/份 fèn]

grave[1] N 墓 mù, 坟墓 fénmù, 坟 fén □ They visited their grandparents' graves before leaving their birthplace. 他们离开出生地以前上了祖父母的坟。Tāmen líkāi chūshēngdì yǐqián shàngle zǔfùmǔ de fén.

grave[2] ADJ 严重的 yánzhòng de □ The situation is grave. 情况很严重。Qíngkuàng hěn yánzhòng.

gravel N 碎石子 suì shízi

gravelly ADJ 1 碎石子的 suì shízi de 2 低哑的 [+声音] dīyǎ de [+shēngyīn]

graveside N 坟墓边 fénmù biān

gravestone N 墓碑 mùbēi [M. WD 块 kuài]

graveyard N 墓地 mùdì

gravitate V 吸引 xīyǐn

gravitation N 引力 yǐnlì

gravity N 地心引力 dìxīn yǐnlì, 重力 zhònglì

gravy N 肉汁 ròu zhī

gray I ADJ 灰色的 huīsè de □ She has turned quite gray recently. 她最近头发白了不少。Tā zuìjìn tóufa bái le bùshǎo. II N 灰色 huīsè
    gray matter 大脑 dànǎo, 智力 zhìlì
III V 变成灰色 biànchéng huīsè

graze V 1 [动物+] 吃草 [dòngwù+] chī cǎo, 放牧 fàngmù 2 擦破 cāpò, 擦伤 cāshāng

grease I N 1 油膏 yóugāo 2 润滑油 rùnhuáyóu II V 给…涂上油 gěi…tú shàngyóu
    to grease sb's palm 向某人行贿 xiàng mǒurén xínghuì

greasy ADJ 1 油脂很多的 yóuzhī hěn duō de 2 油腻的 yóunì de
    a greasy spoon 破旧肮脏的小饭馆 pòjiù āngzāng de xiǎo fànguǎn

great ADJ 1 大的 dà de □ The great Mississippi River divides America into the eastern part and the western part. 密西西比这条大河把美国分为东西两部。Mìxīxībǐ zhè tiáo dà hé bǎ Měiguó fēnwéi dōngxī liǎng bù. 2 极好的 jíhǎo de □ This software is great for graphics. 这个软件制图棒极了。Zhè ge ruǎnjiàn zhìtú bàng jíle. 3 伟大 wěidà □ George Washington was a great statesman. 乔治·华盛顿是位伟大的政治家。Qiáozhì·Huáshèngdùn shì yí wèi wěidà de zhèngzhìjiā.
    a great many 很多 hěn duō

greatly ADV 非常 fēicháng, 大大的 dàdà de

greed N 贪心 tānxīn, 贪婪 tānlán

greedy ADJ 1 贪吃 tānchī, 嘴馋 zuǐchán □ I'm not really

hungry, just greedy at the sight of the cakes. 我不是饿，只是看到了这些蛋糕嘴馋。Wǒ bù shì è, zhǐ shì kàndàole zhè xiē dàngāo zuǐchán. 2 贪心的 tānxīn de

Greek I ADJ 希腊的 Xīlà de II N 1 希腊人 Xīlàrén 2 希腊语 Xīlàyǔ
    It's all Greek to me. 我对此一窍不通。Wǒ duì cǐ yíqiào bùtōng.

green I ADJ 1 绿色的 lǜsè de 2 环境 (保护) 的 huánjìng (bǎohù) 3 年轻而没有经验的 niánqīng er méiyǒu jingyan de 4 (脸色) 苍白的 (liǎnsè) cāngbái de II N 1 绿 (色) lǜ (sè) □ The color green symbolizes nature. 绿色标志大自然。Lǜsè biāozhì dàzìrán.

green card 绿卡 lǜkǎ
    2 草地 cǎodì, 草场 cǎochǎng
    bowling green 草地滚木球场 cǎodì gǔnmùqiúchǎng

greenback N 美元 Měiyuán

greenhouse N 温室 wēnshì
    greenhouse effect 温室效应 wēnshì xiàoyìng

greens N 绿色阔叶蔬菜 lǜsè kuò yè shūcài

greet V 1 问好 wènhǎo, 打招呼 dǎ zhāohu 2 欢迎 huānyíng □ The hotel greets guests with a free plate of fruit in their room. 旅馆在客房里放一盘免费水果来欢迎旅客。Lǚguǎn zài kèfáng lǐ fàng yì pán miǎnfèi shuǐguǒ lái huānyíng lǚkè.

greeting N 1 问候 wènhòu, 问好 wènhǎo □ The two men shook hands and exchanged greetings. 两人握手问好。Liǎng rén wòshǒu wènhǎo. 2 祝贺 zhùhè
    greeting card (祝) 贺卡 (zhù) hè kǎ

gregarious ADJ 合群的 héqún de, 喜爱交际的 xǐ'ài jiāojì de

gremlin N (闯祸) 小妖精 (chuǎnghuò) xiǎoyāojing

grenade N 手榴弹 shǒuliúdàn [M. WD 枚 méi]

grew V See **grow**

grey V See **gray**

greyhound N 1 灰狗 huīgǒu [M. WD 只 zhī/条 tiáo] 2 (美国) 灰狗长途汽车 (Měiguó) huīgǒu chángtú qìchē

grid N 1 电力网 diànlìwǎng 2 方格图案 fānggé tú'àn 3 (地图) 坐标方格 (dìtú) zuòbiāo fānggé

griddle N 平底锅 píngdǐguō

gridiron N 1 橄榄球球场 gǎnlǎnqiú qiúchǎng 2 烤架 kǎojià

gridlock N 1 僵局 jiāngjú, (工作) 停顿 (gōngzuò) tíngdùn 2 交通堵塞 jiāotōng dǔsè

grief N 悲伤 bēishāng, 悲哀 bēi'āi

grievance N 委屈 wěiqu, 抱怨 bàoyuàn □ The management takes the workers' grievances very seriously. 管理人员对工人的抱怨十分重视。Guǎnlǐ rényuán duì gōngrén de bàoyuàn shífēn zhòngshì.

grieve V 使…非常难过 shǐ…fēicháng nánguò, 使…感到悲痛 shǐ…gǎndào bēitòng □ It grieves me to see you in such a situation. 看到你现在的处境，我非常难过。Kàndào nǐ xiànzài de chǔjìng, wǒ fēicháng nánguò.

grievous ADJ 严重的 yánzhòng de

grill I V 烤 kǎo, 烧烤 shāokǎo □ When they grilled the fish they had caught, the aroma was simply mouth-watering. 他们烧烤刚捕到的鱼，香味简直让人垂涎欲滴。Tāmen shāokǎo gāng bǔdào de yú, xiāngwèi jiǎnzhí ràng rén chán kǒushuǐ. II N 1 烧烤架 shāokǎojià 2 烧烤餐厅 shāokǎo cāntīng

grim ADJ 1 令人担忧的 [+前景] lìng rén dānyōu de [+qiánjǐng] 2 严肃的 [+法官] yánsù de [+fǎguān] 3 严峻的 yánjùn de

grimace V 1 (开玩笑) 扮鬼脸 (kāiwánxiào) bàn guǐliǎn 2 (因疼痛/厌恶) 扭曲了脸 (yīn téngtòng/yànwù) niǔqūle liǎn

grime N (一层) 油腻 (yìcéng) yóunì

grimy ADJ 油腻的 yóunì de

grin I V 咧开嘴笑 liě kāi zuǐ xiào
    to grin and bear it 苦笑忍受 kǔxiào rěnshòu

to grin from ear to ear 笑得合不拢嘴 xiào dé hébulǒng zuǐ

II N 咧开嘴笑 liě kāi zuǐ xiào

grind I v (PT & PP **ground**) 1 碾碎 [+咖啡豆] niǎnsuì [+kāfēi dòu] 2 绞碎 [+肉] jiǎo suì [+ròu] 3 磨 [+刀] mó [+dāo]

II N 苦工 kǔgōng

grinder N 碾磨机 niǎnmójī

grinding ADJ 折磨人的 zhémo rén de

grinding poverty 折磨人的贫穷 zhémo rén de pínqióng

grindstone N 磨刀石 módāoshí [M. WD 块 kuài]

grip I N 1 紧握 jǐnwò 2 牢牢控制 láoláo kòngzhì

to get a grip on oneself 控制住自己的感情 kòngzhì zhù zìjǐ de gǎnqíng

to get to grips with 真正懂得并且能应付 zhēnzhèng dǒngde bìngqiě néng yìngfu

3 控制 (力) kòngzhì (lì)

to lose one's grip 失去控制 shīqù kòngzhì

4 理解力 lǐjiělì 5 夹子 jiāzi

II v 1 紧紧地握住 jǐnjǐn de wòzhù 2 引起…注意 yǐnqǐ… zhùyì

gripe I v 发牢骚 fā láosāo, 抱怨 bàoyuàn **II** N 牢骚 láosāo, 抱怨的小事 bàoyuàn de xiǎoshì

gripping ADJ 扣人心弦的 kòu rén xīnxián de

grisly ADJ 恐怖的 kǒngbù de

gristle N (肉) 软骨 (ròu) ruǎngǔ

grit I N 1 沙粒 shālì 2 决心和勇气 juéxīn hé yǒngqì **II** v 磨轧 móyà

to grit one's teeth 咬紧牙关 yǎojǐn yáguān

grizzly bear N (大) 灰熊 (dà) huīxióng [M. WD 只 zhī/头 tóu]

groan v 痛苦呻吟 tòngkǔ shēnyín

grocer N 食品杂货店老板 (或店员) shípǐn záhuò diàn lǎobǎn (huò diànyuán)

grocery store N 食品杂货店 shípǐn záhuò diàn [M. WD 家 jiā]

groggy ADJ 1 [头脑+] 昏沉沉的 [tóunǎo+] hūnchénchén de 2 [四肢+] 无力的 [sìzhī+] wúlì de

groin N 腹股沟 fùgǔgōu

groom I v 1 穿戴打扮 chuāndài dǎban

a well-groomed young man 穿戴打扮得整整齐齐的年轻人 chuāndài dǎban dé zhěngzhěng qíqí de niánqīngrén

2 [动物+] 梳理皮毛 [dòngwù+] shūlǐ pímáo 3 培养 [+ 接班人] péiyǎng [+jiēbānrén], 培训 péixùn

II N 1 新郎 xīnláng 2 马夫 mǎfū

groove N 1 凹槽 āocáo [M. WD 道 dào] 2 正常状态 zhèngcháng zhuàngtài

to get back in the groove 重新进入正常状态 chóngxīn jìnrù zhèngcháng zhuàngtài

groovy ADJ 时髦的 shímáo de, 流行的 liúxíng de

grope v [在黑暗中+] 摸索 [zài hēi'àn zhōng+] mōsuo

gross I ADJ 1 总的 zǒngde

gross national product 国民生产总值 guómín shēngchǎn zǒngzhí

gross weight 毛重 máozhòng

2 恶心的 èxīn de 3 恶劣的 èliè de, 极坏的 jí huài de **II** v 1 总利润 zǒng lìrùn 2 税前工资 shuì qián gōngzī

grotesque ADJ 怪诞的 guàidàn de, 荒唐的 huāngtang de

grotto N 石窟 shíkū

grouch I N 牢骚不断的人 láosāo búduàn de rén, 愤愤不平 的人 fènfèn bùpíng de rén **II** v 愤愤地发牢骚 fènfèn de fāláosāo

grouchy ADJ (因为疲劳) 心情很糟 (yīnwéi píláo) xīnqíng hěn zāo

ground[1] I N 1 地 dì, 地面 dìmiàn

ground crew (机场) 地勤人员 (jīchǎng) dìqín rényuán

ground floor (大楼的) 底层 (dàlóu de) dǐcéng, 第一层 dìyī céng

sports ground 体育场 tǐyù chǎng, 操场 cāo chǎng

to get off the ground 开始正常运转 kāishǐ zhèngcháng yùnzhuǎn

to gain ground 取得优势 qǔdé yōushì, 渐渐取胜 jiànjiàn qǔshèng

to stand one's ground 坚持立场 jiānchí lìchǎng, 坚持己见 jiānchí jǐjiàn

2 意见 yìjiàn, 立场 lìchǎng

to give ground (in an argument) (在争论中) 让步 (zài zhēnglùn zhōng) ràngbù

II v 1 (飞机) 停止飞行 (fēijī) tíngzhǐ fēixíng 2 不准 (小孩) 做喜欢做的事 bùzhǔn (xiǎohái) zuò xǐhuan zuò de shì

ground[2] I v See grind **II** ADJ 碾碎的 niǎnsuì de, 磨细的 mó xì de

ground coffee 磨细的咖啡 móxì de kāfēi

ground beef 牛肉饼 niúròubǐng

ground-breaking ADJ 开创性的 kāichuàng xìng de

groundhog N 土拨鼠 tǔbōshǔ [M. WD 只 zhī]

Groundhog Day 土拨鼠日 (二月二日) tǔbōshǔ rì (èryuè'èr rì)

groundless ADJ 没有根据的 méiyǒu gēnjù de

ground rule N 基本规则 jīběn guīzé [M. WD 条 tiáo]

groundswell N 1 大海浪 dà hǎilàng 2 高涨 gāozhǎng

groundwork N 基础 jīchǔ

group I N 1 组 zǔ, 小组 xiǎozǔ □ The teacher divided her class into groups of five. 老师把班上学生分成五人一组。Lǎoshī bǎ bānshang xuésheng fēnchéng wǔ rén yì zǔ. 2 群 qún □ A group of school children are visiting the local museum. 一群 小学生正在参观当地的博物馆。Yì qún xiǎoxuésheng zhèngzài cānguān dāngdì de bówùguǎn.

group therapy 集体心理治疗 jítǐ xīnlǐ zhìliáo

3 集团 jítuán □ The newspaper group controlled a number of national and local newspapers. 这家报业集团控制几家全国和 地方的报纸。Zhè jiā bàoyè jítuán kòngzhì jǐ jiā quánguó hé dìfāng de bàozhǐ.

II v 1 聚集成一组 jùjí chéng yìzǔ 2 分组 fēnzǔ

grouping N 同类人／事 tónglèi rén/shì

grouse N, v 抱怨 bàoyuàn

grove N 小树林 xiǎoshù lín

grovel v 卑躬屈膝 bēigōng qūxī, 点头哈腰 diǎn tóu hā yāo

grow (PT **grew**; PP **grown**) v 1 增长 zēngzhǎng □ Last year the city population grew by 100,000 people. 去年城市人口增 加了十万。Qùnián chéngshì rénkǒu zēngzhǎngle shí wàn. 2 生长 shēngzhǎng □ Any plant grows well here. 这里什么植物都 生长良好。Zhèlǐ shénme zhíwù dōu shēngzhǎng liánghǎo.

Grow up! 快快长大! (→别这么幼稚!) Kuàikuài zhǎng dà! (→Bié zhème yòuzhì!)

3 变得 biànde □ He grew more and more irritable as his condition worsened. 随着病情恶化,他变得越来越易怒。Suízhe bìngqíng èhuà, tā biànde yuèláiyuè yì nù.

grower N 种植者 zhòngzhízhě, 种植公司 zhòngzhí gōngsī [M. WD 家 jiā]

growing pains N 1 发育期痛 fāyùqī tong 2 发展时期的困难 fāzhǎn shíqī de kùnnan

growl v 1 怒气冲冲地说话 nùqì chōngchōng de shuōhuà 2 [狗+] 低声吼叫 [gǒu+] dīshēng hǒujiào

grown v See grow

grown-up I N 成人 chéngrén **II** ADJ 成年的 chéngnián de, 成熟的 chéngshú de

growth N 1 增长 zēngzhǎng 2 生长 shēngzhǎng □ This fertilizer is good for the growth of many kinds of plants. 这种肥料 对多种作物生长有利。Zhè zhǒng féiliào duì duō zhǒng zuòwù shēngzhǎng yǒulì. 3 肿瘤 zhǒngliú, 赘生物 zhuìshēngwù

grub I N 1 食物 shíwù 2 蛆 qū [M. WD 条 tiáo] **II** v 1 翻找 fān zhǎo, 寻找 xúnzhǎo 2 乞讨 qǐtǎo, 要 yào

grubby ADJ 1 肮脏的 [+衣服] āngzāng de [+yīfu], 不干净的 bùgān jìng de 2 卑鄙的 bēibǐ de

grudge I N 怨恨 yuànhèn
　to bear a grudge against sb 对某人有怨恨 duì mǒurén yǒu yuànhèn
　to hold grudges 记住怨恨 jìzhù yuànhèn, 记仇 jìchóu
II v 勉强 [+做] miǎnqiǎng [+zuò]
grudging ADJ 勉强的 miǎnqiǎng de
gruel N 燕麦粥 yànmài zhōu, 麦片粥 màipiànzhōu
grueling ADJ 令人精疲力竭的 lìng rén jīngpí lìjié de
gruesome ADJ 恐怖的 kǒngbù de, 可怕的 kěpà de
gruff ADJ 生硬的 shēngyìng de, 不耐烦的 búnàifán de
grumble v 发牢骚 fāláosāo
grumpy ADJ 脾气不好又爱发牢骚的 píqi bù hǎo yòu àifā láosāo de
grunge N 1 颓废音乐 tuífèi yīnyuè 2 邋遢时尚的时装潮流 lāta shíshàng de shízhuāng cháoliú
grungy ADJ 肮脏发臭的 āngzāng fāchòu de
grunt I v（猪+）咕噜咕噜叫 [zhū+] gūlū gūlū jiào 2 嘟哝 dūnong, 嘟哝地说 dūnong de shuō II N 嘟哝 dūnong, 嘟哝声 dūnong shēng
G-string N 丁字裤 dīngzì kù [M. WD 条 tiáo]
guarantee I v 1 保证 bǎozhèng, 担保 dānbǎo 2 保修 bǎoxiū II N 1 保证 bǎozhèng 2 保修单 bǎoxiū dān 3 担保 dānbǎo
　loan guarantee 贷款担保 dàikuǎn dānbǎo
guarantor N 担保人 dānbǎorén
guaranty N（法律）担保 (fǎlǜ) dānbǎo
guard I N 1 保安（人员）bǎo'ān (rényuán) 2（篮球、橄榄球）后卫 (lánqiú, gǎnlǎnqiú) hòuwèi II v 保卫 bǎowèi, 守护 shǒuhù □ Important government buildings are all guarded by heavily armed troops. 重要的政府大楼都有重兵把守。Zhòngyào de zhèngfǔ dàlóu dōu yǒu zhòngbīng bǎshǒu. 2（体育）防守 (tǐyù) fángshǒu
guarded ADJ 谨慎的 jǐnshèn de, 提防的 dīfang de
guardian N 1 监护人 jiānhùrén 2 保卫者 bǎowèizhě
　guardian angel 守护天使 shǒuhù tiānshǐ
guardianship N 监护人身份 jiānhùrén shēnfen
guardrail N 护栏 hùlán [M. WD 道 dào/条 tiáo]
gubernatorial ADJ 州长的 zhōuzhǎng de
guerrilla N 游击队员 yóujīduìyuán
　guerrilla warfare 游击战 yóujīzhàn
guess I v 1 猜 cāi, 猜想 cāixiǎng □ Guess who's coming to dinner tonight? 你猜猜，今晚谁来吃饭？Nǐ cāicai, jīnwǎn shéi lái chīfàn? 2 认为 rènwéi, 想 xiǎng
II N 猜想 cāixiǎng, 猜测 cāicè □ If you don't know the answer, take a guess. 如果你不知道答案，就猜一下。Rúguǒ nǐ bù zhīdào dá'àn, jiù cāi yíxià.
　anybody's guess 谁都不知道 shéi dōu bù zhīdào □ Your guess is as good as mine. 你不知道，我也不知道。Nǐ bù zhīdào, wǒ yě bù zhīdào.
guesstimate N 大致的估计 dàzhì de gūjì
guesswork N 猜测 cāicè
guest N 客人 kèrén, 宾客 bīnkè [M. WD 位 wèi] □ Guests have lots of praise for the new hotel. 客人对这家新旅馆赞不绝口。Kèrén duì zhè jiā xīn lǚguǎn zàn bù juékǒu. 2 特邀演员 tèyāo yǎnyuán 3 房客 fángkè
guff N 胡说八道 húshuō bādào
guffaw N, v 哈哈大笑 hāhā dàxiào
guidance N 引导 yǐndǎo, 指导 zhǐdǎo
　guidance counselor 咨询顾问 zīxún gùwèn, 辅导员 fǔdǎoyuán
guide I N 1 向导 xiàngdǎo □ The tour guide knows this national park inside out. 导游对这座国家公园了若指掌。Dǎoyóu duì zhè zuò guójiā gōngyuán liǎo ruò zhǐzhǎng. 2 指南 zhǐnán [M. WD 本 běn] □ The retired banker is going to write a guide for first-time investors. 退休银行家要写一本首次投资指南。Tuìxiū yínhángjiā yào xiě yì běn shǒucì tóuzī zhǐnán. 3 手册 shǒucè, 指南 zhǐnán

II v 1 引导 yǐndǎo □ I guided the freshman through the campus to his dormitory. 我把新生引导到他的宿舍。Wǒ bǎ xīnshēng yǐndǎodao tā de sùshè. 2 指导 zhǐdǎo
guidebook N 旅行手册 lǚxíng shǒucè [M. WD 本 běn]
guidelines N 指导方针 zhǐdǎo fāngzhēn
guild N 同业公会 tóngyègōnghuì, 行会 hánghuì
guile N 诡计 guǐjì, 欺骗 qīpiàn
　by guile and skill 连蒙带骗 lián méng dài piàn
guileless ADJ 诚实的 chéngshí de, 不玩花招的 bù wán huāzhāo de
guillotine N 断头台 duàntóutái
guilt N 1 有罪 yǒuzuì, 犯罪 fànzuì 2 内疚 nèijiū, 羞愧 xiūkuì
guilt-ridden ADJ 有负罪感的 yǒu fùzuìgǎn de, 内疚的 nèijiù de
guilty ADJ 有罪的 yǒuzuì de □ He pleaded not guilty. 他申辩无罪。Tā shēnbiàn wú zuì.
guinea pig N 1 豚鼠 túnshǔ [M. WD 只 zhī] 2 当试验品的人 dāng shìyànpǐn de rén
guise N 伪装 wěizhuāng, 外表 wàibiǎo
guitar N 吉他 jítā [M. WD 把 bǎ]
guitarist N 吉他琴手 jítāqínshǒu
gulf N 1 海湾 hǎiwān
　the Gulf of Mexico 墨西哥湾 Mòxīgē wān
　the Persian Gulf 波斯湾 Bōsī wān
　2 重大分歧 zhòngdà fēnqí, 鸿沟 hónggōu
gull N 海鸥 hǎi'ōu [M. WD 只 zhī/头 tóu]
gullible ADJ 容易受骗的 róngyì shòupiàn de, 轻信的 qīngxìn de
gully N 冲沟 chōnggōu [M. WD 条 tiáo], 隘谷 àigǔ [M. WD 条 tiáo]
gulp I v 1 很快地吞下 hěn kuài de tūnxià 2 大口吸气 dà kǒu xīqì II N 吞咽 tūnyàn
gum I N 1 口香糖 kǒuxiāngtáng [M. WD 块 kuài]
　chewing gum 口香糖 kǒuxiāngtáng
　2 牙龈 yáyín, 牙床 yáchuáng
　bleeding gum 牙龈出血 yáyín chūxuè
　3 树胶 shùjiāo
II v（用树胶）粘合 (yòng shùjiāo) zhānhé
gumbo N 秋葵汤 qiūkuítāng
gumdrop N 橡皮糖 xiàngpítáng
gumption N 魄力 pòlì, 精明 jīngmíng
gun I N 1 枪 qiāng [M. WD 支 zhī], 炮 páo [M. WD 门 mén] 2 喷射器 pēnshèqì
II v 加速 jiāsù, 猛踩油门 měng cǎi yóumén
gunboat N 炮舰 pàojiàn [M. WD 艘 sōu]
gunfire N 炮火 pàohuǒ
gung-ho ADJ 非常热切的 fēicháng rèqiè de, 狂热的 kuángrè de
gunman N 持枪歹徒 chíqiāng dǎitú
gunner N 炮手 pàoshǒu
gunpoint N 枪口 qiāngkǒu
　at gunpoint 在枪口威逼下 zài qiāngkǒu wēibī xià
gunpowder N 火药 huǒyào
gunshot N 1（枪炮）射击 (qiāngpào) shèjī 2 枪炮声 qiāngpàoshēng
gurgle I v [水+] 潺潺地流 [shuǐ+] chánchán de liú II N 潺潺流水声 chánchán liúshuǐshēng
guru N 大师 dàshī, 权威 quánwēi
gush I v 1 大量喷出 dàliàng pēn chū, 涌出 yǒngchu 2 滔滔不绝地说 tāotāo bùjué de shuō II N 大量喷出的液体 dàliàng pēnchū de yètǐ
gusher N 1 喷油井 pēnyóujǐng [M. WD 口 kǒu] 2 滔滔不绝地说话的人 tāotāo bùjué de shuōhuà de rén
gust I N 一阵狂风 yízhèn kuángfēng, 一阵大雪 yízhèn dàxuě II v [风+] 劲吹 [fēng+] jìngchuī
gusto N 热情 rèqíng

with gusto 兴致勃勃地 xìngzhìbóbó de

gut ADJ 直觉的 zhíjué de, 本能的 běnnéng de

gut feeling 强烈的直觉 qiángliè de zhíjué

gut reaction 本能的反应 běnnéng de fǎnyìng

guts I N 1 内脏 nèizàng, 肠胃 chángwèi

a pain in one's guts 肚子痛 dùzi tòng

2 勇气 yǒngqì

to have guts (to do sth) 有勇气做某事 yǒu yǒngqì (zuò mǒushì)

II V 彻底烧毁 chèdǐ shāohuǐ

gutter N 1 (路边) 排水沟 (lùbiān) páishuǐgōu [M. WD 条 tiáo]

2 (屋檐) 雨水槽 (wūyán) yǔshuǐcáo [M. WD 条 tiáo]

guttural ADJ 发自喉中的 fāzì hóuzhòng de, 低沉的 dīchén de

guy N (青年) 男人 (qīngnián) nánren

you guys 大家 dàjiā, 各位 gèwèi

guzzle I V 1 乱砍 luàn kǎn, 狂饮 kuángyǐn **2** 大量耗油 dàliàng hàoyóu

gym N 健身房 jiànshēnfáng [M. WD 座 zuò], 体育馆 tǐyùguǎn [M. WD 座 zuò]

gymnasium N See gym

gymnast N 体操运动员 tǐcāo yùndòngyuán

gymnastics N 体操 (运动) tǐcāo (yùndòng)

gynecologist N 妇科医生 fùkē yīshēng

gynecology N 妇科 fùkē

gypsy N 吉卜赛人 Jípǔsàirén

gyrate V 快速旋转 kuàisù xuánzhuǎn

gyroscope, gyro N 回转仪 huízhuǎnyí

H, h

habit N 1 习惯 xíguàn □ He has a habit of chewing his nails whenever he's anxious. 他有在焦虑时咬指甲的习惯。Tā yǒu zài jiāolǜ shí yǎo zhǐjia de xíguàn. **2** 坏习惯 huài xíguàn, 毒瘾 dúyǐn

to break the habit 戒掉坏习惯 jiè diào huài xíguàn, 戒掉毒瘾 jiè diào dúyǐn

habitable ADJ 可以住人的 kěyǐ zhù rén de, 适于居住的 shìyú jūzhù de

habitat N 栖息地 qīxīdì, 居住地 jūzhùdì

habitation N 居住 jūzhù

habitual ADJ 习惯 (性) 的 xíguàn (xìng) de

hack[1] V 1 乱砍 luàn kǎn, 乱劈 luàn pī **2** 非法侵入 [+他人的计算机系统] fēi fǎ qīnrù [+tārén de jìsuànjī xìtǒng]

hack[2] N 1 低级文人 dījí wénrén, 雇佣文人 gùyōng wénrén **2** 老马 lǎo mǎ **3** 出租车 chūzūchē, 出租车司机 chūzūchē sījī

hacker N 黑客 hēikè, 电脑迷 diànnǎo mí

hackneyed ADJ 陈词滥调的 chéncí làndiào de, 陈腐的 chénfǔ de

hacksaw N 钢锯 gāngjù

had V See have

hag N 丑陋的老太婆 chǒulòu de lǎotàipó, 母夜叉 mǔyèchā

haggard ADJ (面容) 憔悴的 (miànróng) qiáocuì de

haggle V 争吵 zhēngchǎo, 讨价还价 tǎojià huánjià

to haggle over prices 讨价还价 tǎojià huánjià

ha ha INTERJ 哈哈 hāha

hail[1] V 1 大声招呼 dàshēng zhāohu, 叫 jiào **2** 赞扬 zànyáng, 称赞 chēngzàn

hail[2] I N 冰雹 bīngbáo II V 下冰雹 xià bīngbáo

hailstone N 雹 (子) báo (zi)

hailstorm N 雹暴 báobào [M. WD 场 cháng]

hair N 1 毛 máo [M. WD 根 gēn], 毛发 máofà [M. WD 根 gēn] □ There's dog hair all over the back seat of the car. 汽车后座上到处都有狗毛。Qìchē hòuzuòshang dàochù dōu yǒu gǒu máo. **2** 头发 tóufa □ He frowns upon men wearing long hair. 他不赞成男人留长发。Tā bú zànchéng nánren liú cháng fà.

to split hair 吹毛求疵 chuī máo qiú cī

hairbrush N 发刷 fàshuā [M. WD 把 bǎ]

haircut N 理发 lǐfà □ He has a haircut every fortnight. 他每两个星期理一次发。Tā měi liǎng ge xīngqī lǐ yí cì fà.

hairdo N 1 (女子) 发型 (nǚzǐ) fàxíng **2** 做头发 zuò tóufa

hairdresser N 理发师 lǐfàshī □ The hairdresser knows all the gossip in the town. 这个理发师知道镇上所有的流言蜚语。Zhè ge lǐfàshī zhīdào zhènshang suǒyǒu de liúyán fēiyǔ.

hairdryer N 吹风机 chuīfēngjī, 干发机 gānfàjī

hairline N 发际线 fàjì xiàn

hairnet N 发网 fàwǎng

hair-raising ADJ 使人发毛耸立的 shǐrén fàmáo sǒnglì de, 万分惊险的 wànfēn jīngxiǎn de

hairsplitting N 吹毛求疵 chuī máo qiú cī

hairspray N 喷发胶 pēnfàjiāo

hairstyle N 发型 fàxíng

hairy ADJ 多毛的 duō máo de, 毛茸茸的 máoróngróng de

halcyon ADJ 美好的 měihǎo de

halcyon years 太平盛世 tàipíng shèngshì

hale ADJ 老当益壮的 lǎodāng yìzhuàng de

half I NUM 半 bàn, 一半 yí bàn □ "I waited for half an hour before the doctor saw me." "That wasn't half bad. I once waited an hour and a half." "我等了半小时才见到医生。" "那不算坏，我有一次等了一个半小时。" "Wǒ děngle bàn xiǎoshí cái jiàndao yīshēng." "Nà bú suàn huài, wǒ yǒu yí cì děngle yí ge bàn xiǎoshí."

half time 半场休息 bàn chǎng xiūxi

II N 半 bàn, 一半 yí bàn □ She cut the cake in half and gave Johnny his half. 她将蛋糕一分为二，把强尼的那一半给了他。Tā jiāng dàngāo yì fēn wéi èr, bǎ Qiángní de nà yí bàn gěile tā.

half-and-half 一半一半的 yíbàn yíbàn de, 稀奶油 xīnǎiyóu

III ADV 部分 bùfen, 一半 yí bàn □ Do you see the glass as half full or half empty? 你看这玻璃杯是一半满，还是一半空？Nǐ kàn zhè bōlibēi shì yí bàn mǎn, háishi yí bàn kōng?

IV ADJ 一半 yíbàn

half-assed ADJ 马马虎虎的 mǎma hūhū de, 敷衍了事的 fūyan liǎoshì de **2** 愚蠢的 yúchǔn de

half-baked ADJ 不成熟的 bù chéngshú de

half-brother N 同父／异母兄弟 tóng fù/yì mǔ xiōngdì

half-hearted ADJ 半心半意的 bànxīnbànyì de

half-mast N 降半旗 jiàngbànqí

to fly at half-mast 降半旗 jiàngbànqí

half-sister N 同父／异母姐妹 tóng fù/yì mǔ jiěmèi

half-time N (球类比赛) 中场休息 (qiúlèi bǐsài) zhōngchàng xiūxi

half-truth N 半真半假的鬼话 bànzhēn bànjiǎ de guǐhuà

halfway ADV 半路 bànlù, 中间 zhōngjiān □ Halfway to the concert they found they had left the admission tickets at home. 他们在去音乐会的半路上才发现入场券忘在家里了。Tāmen zài qù yīnyuèhuì de bànlù shang cái fāxiàn rùchǎngquàn wàng zài jiālǐ le. □ He fell asleep halfway through the lecture. 他讲课听了一半就睡着了。Tā jiǎngkè tīngle yí bàn jiù shuìzháo le.

hall N 1 走廊 zǒuláng, 过道 guòdào □ His study is down the hall. 他的书房在走廊尽头。Tā de shūfáng zài zǒuláng jìntóu. **2** 大厅 dàtīng, 堂 táng □ Lincoln Memorial is perhaps the best-known memorial hall in the world. 林肯纪念堂或许是世界上最著名的纪念堂。Línkěn jìniàntáng huòxǔ shì shìjièshang zuìzhùmíng de jìniàntáng. **3** (大学生) 宿舍楼 (dàxuéshēng) sùshè lóu

hallelujah INTERJ 哈利路亚 Hālìlùyà, 赞美上帝 zànměi Shàngdì, 感谢上帝 gǎnxiè Shàngdì

hallmark N 特征 tèzhēng, 标志 biāozhì
to bear the hallmark of sth 带有某事物的特征 dàiyǒu mǒushìwù de tèzhēng

Hall of Fame N 1 体育明星榜 tǐyù míngxīngbǎng 2 名人纪念馆 míngrén jìniànguǎn [M. WD 座 zuò]

hallowed ADJ 神圣的 shénshèng de

Halloween N 万圣节（十月三十一日夜晚）Wànshèngjié (shíyuè sānshíyī rì yèwǎn)

hallucinate V 产生幻觉／幻视／幻听 chǎnshēng huànjué/huànshì/huàntīng

hallucination N 幻觉／幻视／幻听 huànjué/huànshì/huàntīng

hallucinogen N 会产生幻觉的药物 huì chǎnshēng huànjué de yàowù, 致幻剂 zhìhuànjì

hallway N 门厅 méntīng, 走廊 zǒuláng

halo N 光轮 guānglún, 光圈 guāngquān

halt V, N 停止 tíngzhǐ

halting ADJ 断断续续的 duànduàn xùxù de, 犹犹豫豫的 yóuyóu yùyù de

halve V 1 把…一分为二 bǎ…yìfēn wéi èr, 对半分 duìbàn fēn 2 把…减半 bǎ…jiǎnbàn

ham I N 1 火腿 huǒtuǐ 2 表演过火的演员 biǎoyǎn guòhuǒ de yǎnyuán 3 业余无线电爱好者 yèyú wúxiàndiàn àihàozhě
ham radio 业余无线电台 yèyú wúxiàndiàntái
II V 表演过火 biǎoyǎn guòhuǒ, 夸张地表演 kuāzhāng de biǎoyǎn

hamburger N 1 汉堡牛肉饼 hànbǎo niúròubǐng, 汉堡包 hànbǎobāo 2 碎牛肉 suìniúròu

hamlet N 小村庄 xiǎo cūnzhuāng, 小村子 xiǎo cūnzi

hammer I N 锤子 chuízi [M. WD 把 bǎ], 榔头 lángtou [M. WD 把 bǎ] □ To a hammer every issue is a nail. 锤子看来, 所有的问题都是钉子。(→不要以狭隘固定的眼光来观察复杂而变化的世界。) Chuízi kànlai, suǒyǒu de wèntí dōu shì dīngzi. (→Bú yào yǐ xiá'ài gùdìng de yǎnguāng lái guānchá fùzá ér biànhuà de shìjiè.)
II V 反复敲打 fǎnfù qiāoda

hammock N 吊床 diàochuáng [M. WD 张 zhāng]

hamper I V 阻碍 zǔ'ài, 妨碍 fáng'ài II N 大篮子 dà lánzi
picnic hamper 野餐食品篮 yěcān shípǐn lán

hamster N 金仓鼠 jīn cāngshǔ [M. WD 只 zhī]

hamstring¹ N 腘绳肌腱 guóshéng jījiàn

hamstring² (PT & PP **hamstrung**) V 使…受挫 shǐ…shòucuò, 阻止 zǔzhǐ

hamstrung V See **hamstring²**

hand I N 1 手 shǒu [M. WD 只 zhī/双 shuāng] □ Raise your hand if you know the answer. 知道答案的, 请举手。Zhīdào dá'àn de, qǐng jǔshǒu.
hand luggage 手提行李 shǒutí xínglǐ
on the one hand … on the other hand 一方面…另一方面 yì fāngmian…lìng yì fāngmiàn □ On the one hand you should help her, but on the other hand you shouldn't do everything for her. 你一方面应该帮助她, 另一方面也不应该什么事都给她做好。Nǐ yì fāngmian yīnggāi bāngzhu tā, lìng yì fāngmian yě bù yīnggāi shénme shì dōu gěi tā zuòhǎo.
by hand 手工的 shǒugōng de □ All these articles were made by hand. 这些物品都是手工做的。Zhèxiē wùpǐn dōu shì shǒugōng zuò de.
to shake hands with 和…握手 hé…wòshǒu
2 帮助 bāngzhu □ Can you give me a hand with these books? 你能帮我搬这些书吗? Nǐ néng bāng wǒ bān zhèxiē shū ma? 3 (钟) 指针 (zhōng) zhǐzhēn □ Do you know that ancient clocks had only one hand? 你知道吗, 古老的钟只有一个指针? Nǐ zhīdào ma, gǔlǎo de zhōng zhǐyǒu yí ge zhǐzhēn? 4 手上的牌 shǒushang de pái □ His mood lifted as he got a good hand. 他拿到一手好牌, 情绪高涨起来。Tā nádao yì shǒu hǎo pái, qíngxù gāozhǎngqǐlai.

II V 交 jiāo, 递 dì □ Please hand me the book. 请把那本书交给我。Qǐng bǎ nà běn shū jiāogěi wǒ.

handbag N 手提包 shǒutíbāo, 坤包 kūnbāo

handbook N 手册 shǒucè [M. WD 本 běn], 指南 zhǐnán [M. WD 本 běn]

handcuff I N 手铐 shǒukào [M. WD 副 fù] II V 给…戴上手铐 gěi…dàishàng shǒukào

handful N 一把 yì bǎ

handgun N 手枪 shǒuqiāng

handicap N 不利条件 búlì tiáojiàn, 障碍 zhàng'ài

handicapped ADJ 有生理缺陷的 yǒu shēnglǐ quēxiàn de, 残障的 cánzhàng de
the handicapped 残障人士 cánzhàng rénshì

handiwork N 1 所做的事 suǒ zuò de shì 2 手工 shǒugōng, 手工艺品 shǒugōngyìpǐn

handkerchief N 手帕 shǒupà [M. WD 块 kuài]

handle I N 把 bǎ, 柄 bǐng, 把手 bǎshǒu □ He turned the handle and the door opened. 他转动门把, 门就开了。Tā zhuàndòng ménbǎ, mén jiù kāi le.
II V 1 拿 ná, 抓 zhuā, 摆弄 bǎinòng
Handle with care. 小心轻放。Xiǎoxīn qīng fàng.
2 管理 guǎnlǐ, 控制 kòngzhì □ Only my dad knows how to handle this dog. 只有我爸爸知道怎样控制这条狗。Zhǐ yǒu wǒ bàba zhīdào zěnyàng kòngzhì zhè tiáo gǒu. 3 处理 chǔlǐ, 对付 duìfu □ She handled her collegiate relationships very well. 她处理同事关系处理得非常好。Tā chǔlǐ tóngshì guānxi chǔlǐde fēicháng hǎo.

handlebars N 把手 bǎshǒu

handler N 1 搬运工 bānyùn gōng 2 (动物) 驯练员 (dòngwù) xùnliànyuán

handmade ADJ 手工制作的 shǒugōng zhìzuò de

hand-me-down N (从哥哥姐姐那里传下来的) 旧衣服 (cóng gēge jiějie nàli chuánxiàlái de) jiù yīfú

handout N 1 救济款 jiùjìkuǎn [M. WD 笔 bǐ], 救济物资 jiùjì wùzī [M. WD 批 pī] 2 讲义 jiǎngyì [M. WD 份 fèn], 材料 cáiliào [M. WD 份 fèn]

handpicked ADJ 精心挑选的 jīngxīn tiāoxuǎn de, 亲自挑选的 qīnzì tiāoxuǎn de

handshake N 握手 wòshǒu

hands off INTERJ 别碰 bié pèng □ Hands off, that's mine! 别碰, 那是我的! Bié pèng, nà shì wǒde!

handsome ADJ 1 英俊的 [+男子] yīngjùn de [+nánzǐ] □ That handsome young man is a star in Hollywood. 那位英俊的男青年是好莱坞明星。Nà wèi yīngjùn de nán qīngnián shì Hǎoláiwù míngxīng. 2 健美的 [+女子] jiànměi de [+nǚzǐ] 3 出手大方的 [+礼物、捐助] chūshǒu dàfāng de [+lǐwù, juānzhù], 慷慨的 kāngkǎi de

hands-on ADJ 实际操作的 shíjì cāozuò de, (计算机) 上机的 (jìsuànjī) shàngjī de
hands-on computer training 计算机操作训练 jìsuànjī cāozuò xùnliàn

handstand N 双手倒立 shuāngshǒu dàolì

hands up INTERJ 举起手来 jǔqǐ shǒulái

handwriting N 1 书写 shūxiě, 手写 shǒuxiě 2 书法 shūfǎ

handy ADJ 1 方便的 fāngbiàn de 2 在手边的 zài shǒubiān de 3 手巧的 shǒuqiǎo de

handyman N 手巧的人 shǒuqiǎo de rén, 善于做零星修理的人 shànyú zuò língxīng xiūlǐ de rén

hang¹ (PT & PP **hung**) V 挂 guà, 悬挂 xuánguà □ He took off his coat and hung it in the closet. 他脱下外衣, 把它挂在衣橱里。Tā tuōxià wàiyī, bǎ tā guà zài yīchú lǐ.
to hang about 闲荡 xiándàng
to hang in there 坚持下去 jiānchí xiàqù, 挺住 tǐng zhù
to hang on 等一会 děng yíhuì □ Hang on half a minute—I'm nearly ready. 等一会—我差不多好了。Děng yíhuì—wǒ chàbuduō hǎo le.

to hang up 挂断（电话）guàduàn (diànhuà)

hang² v (PT & PP **hanged**) **1** 吊死 diàosǐ **2** 处以绞刑 chǔyǐjiǎoxíng

hang³ N (to get the hang of) 掌握 zhǎngwò, 了解 liǎojiě

hangar N 飞机库 fēijīkù [M. WD 座 zuò]

hanger N 衣架 yījià

hanger-on N 跟随者 gēnsuízhě, 追随者 zhuīsuízhě

hang glider N 悬挂式滑翔机 xuánguàshì huáxiángjī [M. WD 架 jià]

hanging N 绞刑 jiǎoxíng

hangings N 帘子 liánzi

hangman N 字母猜字游戏 zìmǔ cāizì yóuxì

hangout N 常去的地方 cháng qù de dìfang, 聚集地 jùjí dì

hangover N 酗酒后第二天感到不适 xùjiǔ hòu dì'èrtiān gǎndào búshì, 宿醉 sùzuì

a hangover from sth 遗留的问题 yíliú de wèntí, 后遗症 hòuyízhèng

hangup N 烦恼 fánnǎo, 焦虑 jiāolǜ, 心理障碍 xīnlǐ zhàng'ài

hanker v 渴望 kěwàng, 追求 zhuīqiú

hankering N 渴望 kěwàng, 追求 zhuīqiú

hankie, hanky N 手帕 shǒupà [M. WD 块 kuài]

hanky-panky N **1** 骗局 piànjú **2** 调情 tiáoqíng

haphazard ADJ 杂乱无章的 záluàn wúzhāng de, 毫无计划的 háowú jìhuà de

hapless ADJ 倒霉的 dǎoméi de

happen v **1** 发生 fāshēng □ How did the accident happen? 事故是怎么发生的? Shìgù shì zěnme fāshēng de? **2** 碰巧 pèngqiǎo □ She happened to be at home when the burglar broke into the house. 窃贼破门而入时, 她碰巧在家。Qièzéi pò mén ér rù shí, tā pèngqiǎo zài jiā.

happening¹ ADJ 时髦的 shímáo de, 流行的 liúxíng de

happening² N 发生的事情 fāshēng de shìqíng

happily ADV **1** 幸福地 xìngfú de □ They lived happily ever after. 从此以后, 他们生活得很幸福。Cóng cǐ yǐhòu, tāmen shēnghuóde hěn xìngfú. **2** 高兴地 gāoxìng de □ Children played happily in the park. 孩子们在公园里高兴地玩。Háizimen zài gōngyuán lǐ gāoxìng de wán. **3** 幸运地 xìngyùn de, 幸好 xìnghǎo □ Happily, no one was hurt. 幸好没有人受伤。Xìnghǎo méiyǒurén shòushāng.

happiness N 幸福 xìngfú, 快乐 kuàilè

happy ADJ **1** 幸福的 xìngfú de □ A happy marriage is an essential component of a happy life. 美满婚姻是幸福生活不可缺少的组成部分。Měimǎn hūnyīn shì xìngfú shēnghuó bù kě quēshǎo de zǔchéng bùfen. □ Theirs is a happy family. 他们的家庭很幸福。Tāmende jiātíng hěn xìngfú. **2** 高兴的 gāoxìng de □ We'll be happy to give you a loan. 我们将很高兴给你们贷款。Wǒmen jiāng hěn gāoxìng gěi nǐmen dàikuǎn. **3** 满意的 mǎnyì de □ We're happy with your service. 我们对你们的服务很满意。Wǒmen duì nǐmen de fúwù hěn mǎnyì.

Happy birthday to you! 祝你生日快乐! Zhù nǐ shēngri kuàilè!

Happy New Year! 新年快乐! Xīnnián kuàilè! 新年好! Xīnniánhǎo!

happy-go-lucky ADJ 乐天知命的 lè tiān zhī mìng de, 无忧无虑的 wúyōu wúlǜ de

happy hour N 快乐时光 kuàilè shíguāng, 优惠时段 yōuhuì shíduàn

harangue v **1** 做长篇演说 zuò chángpiān yǎnshuō **2** 滔滔不绝地训斥 tāotāo bùjué de xùnchì

harass v 骚扰 sāorǎo

harassment N 骚扰 sāorǎo, 侵扰 qīnrǎo

harbor N 港 gǎng, 港湾 gǎngwān □ Their luxury apartment overlooks the harbor. 他们的豪华公寓俯瞰港湾。Tāmen de háohuá gōngyù fǔkàn gǎngwān.

hard I ADJ **1** 硬 yìng, 坚硬 jiānyìng □ I do like a firm mattress, but this one is way too hard. 我确实喜欢坚实的床垫, 但是

这个实在太硬了。Wǒ quèshí xǐhuan jiānshí de chuángdiàn, dànshì zhè ge shízài tài yìng le. □ The apples are still hard to eat. 苹果还太硬, 不能吃。Píngguǒ hái tài yìng, bù néng chī.

hard hat 安全帽 ānquánmào

2 艰难的 jiānnán de □ It's hard to decide which model of car to buy. 很难决定买哪一型号的汽车。Hěn nán juédìng mǎi nǎ yì xínghào de qìchē. **3** 苛刻的 kēkè de

to be hard on 对…很苛刻 duì…hěn kēkè □ Don't be so hard on him—he is new on the job. 别对他太苛刻—他是新手。Bié duìtā tài kēkè—tā shì xīnshǒu.

II ADV **1** 努力地 nǔlì de □ He works hard to support his family. 他努力工作, 养活家人。Tā nǔlì gōngzuò, yǎnghuó jiārén. **2** 艰难地 jiānnán de □ This victory was hard won. 这个胜利赢得很艰难。(→ 这个胜利来之不易。) Zhè ge shènglì yíngdé hěn jiānnán. (→ Zhè ge shènglì lái zhī bù yì.) **3** 严重地 yánzhòng de □ It rained hard last night. 昨夜下大雨。Zuóyè xià dàyǔ.

hard-and-fast ADJ 固定不变的 gùdìng búbiàn de

hard and fast rules 严格的规定 yángé de guīdìng

hardball N (to play hardball) 采取强硬手段 cǎiqǔ qiángyìng shǒuduàn

hard-boiled ADJ **1** [蛋+] 煮得老的 [dàn+] zhǔ dé lǎo de **2** 不露声色的 bú lù shēngsè de, 精明老练的 jīngmíng lǎoliàn de

hard cash N 现钞 xiànchāo [M. WD 笔 bǐ], 现金 xiànjīn [M. WD 笔 bǐ]

hard copy N 打印文本 dǎyìn wénběn [M. WD 份 fèn]

hardcore ADJ **1** 顽固不化的 wángù búhuà de **2** 露骨的 lùgǔ de

hardcore pornography 赤裸裸的色情作品 chìluǒluǒ de sèqíng zuòpǐn

hard currency N 硬通货 yìngtōnghuò

hard disk, hard disk drive N (计算机) 硬盘 (jìsuànjī) yìngpán

hard drugs N 烈性毒品 lièxìng dúpǐn

harden v **1** (使…) 变硬 (shǐ)…biàn yìng **2** (使) …更强硬 (shǐ)…gèng qiángyìng **3** 使…冷酷无情 shǐ…lěngkù wúqíng

hard-headed ADJ **1** 心肠很硬的 xīncháng hěn yìng de, 没有同情心的 méiyǒu tóngqíngxīn de **2** 讲究实际的 jiǎngjiu shíjì de, 头脑清醒的 tóunǎo qīngxǐng de

hard-hitting ADJ 激烈的 [+批评] jīliè de [+pīpíng]

hardline ADJ 强硬路线的 qiángyìng lùxiàn de

hardliner N 强硬派 qiángyìngpài

hardly ADV **1** 刚刚 gānggāng, 仅仅 jǐnjǐn □ She had hardly begun to cook when her children came back, hungry as wolves. 她刚刚开始做饭, 孩子们就回家了, 一个个饿得像饿狼。Tā gānggāng kāishǐ zuòfàn, háizimen jiù huíjiā le, yígège xiàng èláng. **2** 几乎不 jīhū bù □ He could hardly believe his ears when he heard the news. 他听到这个消息时, 几乎不能相信自己的耳朵。Tā tīngdao zhè ge xiāoxi shí, jīhū bù néng xiāngxìn zìjǐ de ěrduo. **3** 一点也不 yìdiǎn yě bù, 根本不 gēnběn bù

hard-nosed ADJ 无动于衷的 wúdòng yú zhōng de, 不妥协的 bù tuǒxié de

hard of hearing ADJ 听觉不好的 tīngjué bùhǎo de, 有听力障碍的 yǒu tīnglì zhàng'ài de □ As she was hard of hearing, her son bought her a hearing aid. 她有听力障碍, 她儿子就给她买了一个助听器。Tā yǒu tīnglì zhàng'ài, tā érzi jiù gěi tā mǎile yí ge zhùtīngqì.

hard-pressed ADJ 困难重重的 kùnnan chóngchóng de, 窘迫的 jiǒngpò de

hard rock N 硬摇滚乐 yìng yáogǔnyuè

hard sell N 强行推销 qiángxíng tuīxiāo

hardship N 艰难 jiānnán, 苦难 kǔnàn

hard-up ADJ 缺钱的 quē qián de, 钱很紧的 qián hěn jǐn de

hardware N **1** (计算机) 硬件 (jìsuànjī) yìngjiàn **2** 机器设备

jīqì shèbèi 3 军事装备 jūnshì zhuāngbèi 4 五金制品 wǔjīn zhìpǐn

hardwood N 硬木 yìngmù

hard-working ADJ 努力工作的 nǔlì gōngzuò de, 勤奋的 qínfèn de

hardy ADJ 能吃苦耐劳的 néng chīkǔ nàiláo de, 坚强的 jiānqiáng de

hare N 野兔 yětù [M. WD 只 zhī]

harebrained ADJ 轻率浮躁的 qīngshuài fúzào de, 愚蠢的 yúchǔn de

harelip N 兔唇 tùchún

harem N 1 (伊斯兰国家) 妻妾 (Yīsīlán guójiā) qīqiè 2 后宫 hòugōng

hark V 仔细听 zǐxì tīng, 倾听 qīngtīng
to hark back to 使人 (回) 想起 shǐrén (huí) xiǎng qǐ

harlot N 妓女 jìnǚ, 婊子 biǎozi

harm I N 坏处 huàichu, 损害 sǔnhài □ Taking too much vitamins can do more harm than good. 服用太多的维他命 只有坏处, 没有好处。 Fúyòng tài duō de wéitāmìng zhǐ yǒu huàichu, méiyǒu hǎochu. □ There's no harm in asking. 问问没 有坏处。 Wènwen méiyǒu huàichu.
No harm done. 没关系。Méiguānxi.
II V 损害 sǔnhài, 伤害 shānghài □ High interest rates have harmed the economy. 高利率损害了经济。Gāo lìlǜ sǔnhàile jīngjì.

harmful ADJ 有害的 yǒuhài de □ Violent TV programs are harmful to children's development. 暴力电视节目对儿童成长 有害。Bàolì diànshì jiémù duì értóng chéngzhǎng yǒuhài.

harmless ADJ 1 无害的 [+动物] wúhài de [+dòngwù]
2 无恶意的 [+玩笑] wú èyì de [+wánxiào]

harmonica N 口琴 kǒuqín [M. WD 只 zhī]

harmonious ADJ 和谐的 héxié de, 融洽的 róngqià de

harmony N 和谐 héxié, 融洽 róngqià 2 (音乐) 和声 (yīnyuè) héshēng

harness I N 1 (马的) 挽具 (mǎ de) wǎnjù, 马具 mǎjù 2 (人 的) 保险带 (rén de) bǎoxiǎndài II V 治理利用 zhìlǐ lìyòng

harp I N 竖琴 shùqín II V (to harp on) 唠唠叨叨地说 láoláo dāodāo de shuō, 没完没了地说 méiwán méiliǎo de shuō

harpoon N 捕鲸叉 bǔjīngchā [M. WD 把 bǎ]

harpsichord N 拨弦古钢琴 bōxiángǔgāngqín

harrowing ADJ 令人难受的 lìng rén nánshòu de, 令人痛苦的 lìng rén tòngkǔ de

harsh ADJ 1 苛刻的 kēkè de, 严厉的 yánlì de □ Some students complained that the math teacher's grading was too harsh. 有些学生抱怨, 数学老师的评分太苛刻。Yǒuxiē xuésheng bàoyuàn, shùxué lǎoshī de píngfēn tài kēkè. 2 严苛 的 yánkù de, 严酷的 yánkù de □ I'm afraid this plant won't survive the harsh winter here. 恐怕这种花经受不起这里严酷 的冬季。Kǒngpà zhè zhǒng huā jīngshòu bù qǐ zhèlǐ yánkù de dōngjì.

harvest I N 1 收获 shōuhuò 2 收获量 shōuhuòliàng, 收成 shōucheng
a harvest of apples 苹果的收成 píngguǒ de shōucheng
to reap a bumper harvest 获得丰收 huòdé fēngshōu
II V 收获 shōuhuò

has V See have

has-been N 风光不再的人 fēngguāng bú zài de rén, 过气的 人 guòqì de rén

hash N 1 肉末土豆泥 ròumò tǔdòuní 2 大麻毒品 dàmá dúpǐn

hash browns N 煎土豆饼 jiān tǔdòubǐng [M. WD 块 kuài]

hassle I N 1 麻烦 máfan II V 一再打扰 yízài dǎrǎo, 骚扰 sāorǎo

haste N 匆忙 cōngmáng
More haste, less speed. 越是匆忙越是慢。(→欲速则不达。)
Yuè shì cōngmáng yuè shì màn. (→Yù sù zé bù dá.)

hasten V 加快 jiākuài, 加速 jiāsù

hasty ADJ 仓促的 cāngcù de, 匆忙的 cōngmáng de

hat N 帽子 màozi [M. WD 顶 dǐng] □ He likes to wear a broad-brimmed hat. 他喜欢戴阔边帽。Tā xǐhuan dài kuòbiānmào.
hats off to sb 向某人致敬 xiàng mǒurén zhìjìng

hatch I V 1 [蛋+] 孵化 [dàn+] fūhuà 2 策划出 [+计划、秘密] cèhuà chū [+jìhuà, mìmì] II N (船、飞机) 舱口, 舱门 (chuan, fēijī) cāngkǒu, cāng mén

hatchback N 两舱门式汽车 liǎng cāngmén shì qìchē [M. WD 辆 liàng]

hatchet N (短柄) 小斧头 (duǎn bǐng) xiǎo fǔtou [M. WD 把 bǎ]

hate I V 1 非常不喜欢 fēicháng bù xǐhuan, 讨厌 tǎoyàn □ She hates it when it rains incessantly. 她讨厌绵绵不断地下 雨。Tā tǎoyàn miánmián bú duàn de xiàyǔ. 2 (憎) 恨 (zèng) hèn □ They hate people of different or no religion. 他们憎恨 其他宗教、或者不信宗教的人。Tāmen zènghèn qítā zōngjiào, huòzhě bú xìn zōngjiào de rén.
II N 仇恨 chóuhèn

hateful ADJ 1 充满仇恨的 chōngmǎn chóuhèn de 2 可憎的 kězēng de, 讨厌的 tǎoyàn de

hatred N 恨 hèn, 仇恨 chóuhèn □ She was full of hatred when she finally left the man. 她最终离开那个男人时, 心里充 满仇恨。Tā zuìzhōng líkāi nà ge nánren shí, xīnlǐ chōngmǎn chóuhèn. □ They were accused of stirring racial hatred. 他 们被控煽动种族仇恨。Tāmen bèi kòng shāndòng zhǒngzú chóuhèn.

haughty ADJ 傲慢的 àomàn de, 目中无人的 mùzhōng wú rén de

haul I V 搬运 bānyùn, 拉 lā, 拖 tuō
to haul off 硬拖 yìng tuō, 抓捕 zhuābǔ
II N 1 时期 shíqī, 距离 jùlí
long haul 长途 chángtú, 很长的距离 hěn cháng de jùlí
over the long/short haul 长／短期 cháng/duǎnqī
2 大量赃物 dàliàng zāngwù, 大量走私物品 dàliàng zǒusī wùpǐn

haunches N 后腿 hòutuǐ
sb's haunches 腿臀部 tuǐtúnbù

haunt I V 1 [鬼魂+] 出没 [guǐhún+] chūmò 2 [烦人的事+] 纠 缠 [fánrén de shì+] jiūchán, 烦扰 fánrǎo II N 经常去的地 方 jīngcháng qù de dìfang

haunted ADJ 有鬼的 yǒuguǐ de, 闹鬼的 nàoguǐ de

haunting ADJ 萦绕于心的 yíngrào yú xīn de, 难以忘怀的 nányǐ wànghuái de

have (PT & PP **had**) I V 1 有 yǒu, 拥有 yōngyǒu □ He has a house, a car, some shares and bonds. 他有一幢房子、一辆车、 一些股票和债券。Tā yǒu yí zhuàng fángzi, yí liàng chē, yìxiē gǔpiào hé zhàiquàn. □ How much money do you have on you? 你身上有多少钱? Nǐ shēnshang yǒu duōshǎoqián?
to have time 有空 yǒu kòng, 有时间 yǒu shíjiān □ I don't have time to go to the movies with you today. 我今天没有空 跟你一块儿去看电影。Wǒ jīntiān méiyǒu kōng gēn nǐ yíkuàir qù kàn diànyǐng.
2 有 yǒu, 具有 jùyǒu □ Does the computer have a CD burner? 这种电脑有光碟复制器吗? Zhè zhǒng diànnǎo yǒu guāngdié fùzhìqì ma? □ This dictionary has many useful ex-ample sentences. 这本词典有很多有用的例句。Zhè běn cídiǎn yǒu hěn duō yǒuyòng de lìjù. 3 吃 chī, 喝 hē □ Come and have a beer with us. 来跟我们一起喝杯啤酒。Lái gēn wǒmen yìqǐ hē bēi píjiǔ. 4 生病 shēngbìng
to have a bad cold 感冒 gǎnmào
II AUX V, P (SING **has**)
to have (got) to 得 děi, 不得不 bùdébù □ You've got to be more careful next time. 下次你得小心一点。Xiàcì nǐ děi xiǎoxīn yìdiǎn.
had better 最好 zuìhǎo, 还是 háishi □ You'd better save

more money before buying the house. 你最好多积些钱再买房子。Nǐ zuìhǎo duō jī xiē qián zài mǎi fángzi.

haven N 安全地带 ānquán dìdài, 避难所 bìnànsuǒ

have-nots N (the have-nots) 穷人 qióngrén

haves N (the haves) 富人 fùrén

have to, has to v 得 děi, 必须 bìxū

havoc N 巨大的破坏 jùdà de pòhuài, 浩劫 hàojié

hawk¹ N 1 鹰 yīng [M. WD 只 zhī], 老鹰 lǎoyīng [M. WD 只 zhī] 2 鹰派人物 yīngpài rénwù, 强硬派 qiángyìngpài

hawk² v 叫卖 jiàomài, 兜售 dōushòu

hawker N (叫卖的) 小贩 (jiàomài de) xiǎofàn

hay N 干草 gāncǎo, 牧草 mùcǎo
Make hay while the sun shines. 趁天晴的时候, 打晒干草。(→趁热打铁。) Chèn tiān qíng de shíhou, dǎ shài gāncǎo. (→Chèn rè dǎ tiě.)
hay fever 枯草热 kūcǎorè, 花粉病 huāfěnbìng

haystack N 干草堆 gāncǎoduī

haywire ADJ 乱糟糟的 luànzāozāo de
to go haywire 出错 chūcuò, 乱套 luàntào

hazard N 危险 wēixiǎn, 隐患 yǐnhuàn
hazard lights (汽车) 危险警示灯 (qìchē) wēixiǎn jǐngshì dēng
hazard pay 危险工种岗位补贴 wēixiǎn gōngzhǒng gǎngwèi bǔtiē
occupational hazard 职业危险 zhíyè wēixiǎn
II v 猜测 cāicè

hazardous ADJ 危险的 wēixiǎn de

haze N 烟雾 yānwù, 雾气 wùqì

hazel I N 榛树 zhēn shù [M. WD 棵 kē] II ADJ 淡褐色的 dàn-hèsè de

hazelnut N 榛子 zhēnzi [M. WD 颗 kē]

hazy ADJ 1 雾蒙蒙的 [+天空] wù méngméng de [+tiānkōng] 2 模糊的 [+印象] móhu de [+yìnxiàng]

H-bomb N 氢弹 qīngdàn [M. WD 枚 méi]

he PRON 他 tā

head I N 1 头 tóu, 头部 tóubù □ He is so tall that he sometimes hits his head on the door. 他长得很高, 有时候头会碰到门。Tā zhǎngde hěn gāo, yǒushíhou tóu huì pèngdao mén.
head count 数人头 shù réntóu
head start 先起步的优势 xiān qǐbù de yōushì, 有利的开端 yǒulì de kāiduān
2 领导人 lǐngdǎorén, 长 zhǎng, 头头 tóutou
head of state 国家元首 guójiā yuánshǒu □ The President is the head of state of the U.S.A. 总统是美国的国家元首。Zǒngtǒng shì Měiguó de guójiā yuánshǒu.
head waiter 服务员领班 fúwùyuán lǐngbān
3 头脑 tóunǎo, 智力 zhìlì
to use one's head 动脑子 dòng nǎozi
II v 1 带领 dàilǐng, 率领 shuàilǐng □ The delegation will be headed by the Secretary of Commerce. 代表团将由商务部长率领。Dàibiǎotuán jiāng yóu Shāngwù bùzhǎng shuàilǐng.
2 朝…行进 cháo…xíngjìn □ The stolen car headed east. 被窃的汽车朝东开去。Bèi qiè de qìchē cháo dōng kāiqu. 3 用头顶球 yòngtóu dǐng qiú

headache N 头疼 tóuténg, 头痛 tóutòng

headband N 束发带 shùfàdài, 扎头带 zhātóudài

headfirst ADV 1 头朝前地 tóu cháoqián de 2 轻率地 qīngshuài de, 鲁莽地 lǔmǎng de

headgear N 帽子 màozi [M. WD 顶 dǐng], 头饰 tóushì

headhunter N 1 割取敌人头颅作为战利品的部落 gē qǔ dírén tóulú zuòwéi zhànlìpǐn de bùluò 2 物色人才的人 wùsè réncái de rén

heading N 标题 biāotí

headland N 海岬 hǎijiǎ

headlight N (汽车) 前灯 (qìchē) qiándēng, 车头灯 chētóudēng □ You must dim your headlights when there is oncom-

ing traffic on the road. 在道路上有对面开来的车辆时, 必须把前灯调为近光。Zài dàolùshang yǒu duìmiàn kāilai de chēliàng shí, bìxū bǎ qiándēng tiáowéi jìnguāng.

headline N 1 (报纸的) 标题 (bàozhǐ de) biāotí [M. WD 条 tiáo] 2 (社会上的) 热门话题 (shèhuìshang de) rèmén huàtí
to make the headline 成为热门话题 chéngwéi rèmén huàtí
3 新闻提要 xīnwén tíyāo

headlong ADV 1 头朝前地 tóu cháoqián de 2 轻率地 qīngshuài de
to rush headlong into 轻率地 [+做某事] qīngshuài de [+zuò mǒushì]

headmaster, headmistress N (私立学校) 校长 (sīlì xuéxiào) xiàozhǎng

head-on ADV 迎面 yíngmiàn
to meet head-on 迎面相撞 yíngmiàn xiāngzhuàng

head-phones N 耳机 ěrjī [M. WD 副 fù]

headquarters N 1 (军队) 司令部 (jūnduì) sīlìngbù 2 (公司) 总部 (gōngsī) zǒngbù

headrest N 头靠 tóukào, 头垫 tóudiàn

headroom N 头顶空间 tóudǐng kōngjiān

headstone N 墓碑 mùbēi [M. WD 块 kuài]

headstrong ADJ 固执的 gùzhí de, 任性的 rènxìng de

head-to-head ADJ, ADV 直接 (的/地) [+竞争] zhíjiē (de) [+jìngzhēng], 正面 (的/地) zhèngmiàn (de)

headway N 进展 jìnzhǎn
to make headway 取得进展 qǔdé jìnzhǎn

headwind N 顶头风 dǐngtóu fēng, 顶风 dǐngfēng

heady ADJ 使人兴奋得忘乎所以的 shǐ rén xīngfèn dé wàng hū suǒyǐ de, 令人陶醉的 lìng rén táozuì de

heal v 愈合 yùhé, 治愈 zhìyù

health N 健康 (情况) jiànkāng (qíngkuàng) □ My grandma takes very good care of her health. 我的奶奶很保重自己的健康。Wǒ de nǎinai hěn bǎozhòng zìjǐ de jiànkāng.
health care 保健 bǎojiàn
health club 保健俱乐部 bǎojiàn jùlèbù
health food 保健食品 bǎojiàn shípǐn

healthful ADJ 有利于健康的 yǒulì yú jiànkāng de

healthy ADJ 1 健康的 jiànkāng de □ A healthy body harbors a sound mind. 健康的身体才有健全的心灵。Jiànkāng de shēntǐ cái yǒu jiànquán de xīnlíng. □ The national economy was not healthy when the party came to power. 这个党开始执政时, 国民经济不健康。Zhè ge dǎng kāishǐ zhízhèng shí, guómín jīngjì bú jiànkāng. 2 对健康有利的 duì jiànkāng yǒulì de □ She eats a healthy diet and leads a healthy lifestyle. 她的饮食和生活方式都对健康有利。Tā de yǐnshí hé shēnghuó fāngshì dōu duì jiànkāng yǒulì.

heap I N 堆 duī □ There is a heap of old magazines in the corner. 角落里有一堆旧杂志。Jiǎoluo lǐ yǒu yì duī jiù zázhì.
II v 堆积 duījī, 堆放 duīfàng

hear (PT & PP **heard**) v 1 听 tīng, 听到 tīngdao □ He listened hard but couldn't hear anything. 他极力倾听, 但是什么都听不到。Tā jílì qīngtīng, dànshì shénme dōu tīngbudào. □ I'm sorry to hear the news. 听到这个消息, 我很难过。Tīngdao zhè ge xiāoxi, wǒ hěn nánguò. □ The principal is ready to hear what she has to say. 校长准备倾听她的陈诉。Xiàozhǎng zhǔnbèi qīngtīng tā de chénsù.
hard of hearing See **hard**
to hear from sb 得到关于某人的消息 dédào guānyú mǒurén de xiāoxi, 收到某人的来信/电邮 shōudào mǒurén de láixìn/diànyóu
to hear of 听说 tīngshuō □ I've never heard of this name. 我从来没有听说过这个名字。Wǒ cónglái méiyǒu tīngshuōguo zhè ge míngzi.
2 [法庭+] 审理 [fǎtíng+] shěnlǐ

to hear a case 审理一件案子 shěnlǐ yí jiàn ànzi

heard v See hear

hearing N 1 听觉 tīngjué, 听力 tīnglì 2 听证会 tīngzhènghuì
hearing aid 助听器 zhùtīngqì
hearing impaired 有听力障碍的 yǒu tīnglì zhàng'ài de

hearsay N 传闻 chuánwén, 道听途说 dàotīng túshuō

hearse N 灵车 língchē [M. WD 辆 liàng]

heart N 1 心 xīn, 心脏 xīnzàng □ The doctor told me that I have a healthy heart. 医生告诉我我的心脏很健康。Yīshēng gàosu wǒ wǒ de xīnzàng hěn jiànkāng. □ Her heart beat wildly at the sight of a rattlesnake. 看到响尾蛇, 她的心狂跳起来。Kàndao xiǎngwěishé, tā de xīn kuáng tiàoqǐlai. 2 心 xīn, 心地 xīndì, 心情 xīnqíng □ With a broken heart, she watched him go. 她伤心地看他走了。Tā shāngxīn de kàn tā zǒu le.
heart attack 心脏病发作 xīnzàngbìng fāzuò
heart disease 心脏病 xīnzàngbìng □ There seems to be a family history of heart disease among the Browns. 布朗家似乎有心脏病的家族史。Bùlǎng jiā sìhū yǒu xīnzàngbìng de jiāzúshǐ.
heart failure 心力衰竭 xīnlì shuāijié □ He died of heart failure at the age of 87. 他死于心力衰竭, 终年八十七岁。Tā sǐ yú xīnlì shuāijié, zhōngnián bāshíqī suì.

heartache N 痛心 tòngxīn, 极其悲痛 jíqí bēitòng

heartbeat N 心跳 xīntiào

heartbreak N 伤心 shāngxīn, 心碎 xīnsuì

heartbreaking ADJ 令人心碎的 lìng rén xīnsuì de

heartbroken ADJ 心碎的 xīnsuì de, 极其悲痛的 jíqí bēitòng de

heartburn N 胃炙热 wèizhìrè, 烧心 shāoxīn

heartened ADJ 受到鼓舞的 shòudào gǔwǔ de, 振奋的 zhènfèn de

heartfelt ADJ 衷心的 zhōngxīn de

hearth N 壁炉边 bìlú biān

heartily ADV 1 开怀地 [+大笑] kāihuái de [+dàxiào] 2 完全地 [+同意] wánquán de [+tóngyì]

heartland N 心脏地区 xīnzàng dìqū, 腹地 fùdì

heartless ADJ 没有心肝的 méiyǒu xīngān de, 残酷的 cánkù de

heartrending ADJ 让人极其同情的 ràng rén jíqí tóngqíng de, 让人心酸的 ràng rén xīn suān de

heartstrings N 心弦 xīnxián, 内心深处 nèixīn shēnchù
to pull at sb's heartstrings 触动心弦 chùdòng xīnxián, 深深打动人心 shēnshēn dǎdòng rénxīn

heart-throb N 年轻人迷恋的明星 niánqīngrén míliàn de míngxīng

heart-to-heart N 坦诚的谈话 tǎnchéng de tánhuà, 谈心 tánxīn □ Maybe I should have a heart-to-heart with him. 我或许应该跟他谈一次心。Wǒ huòxǔ yīnggāi gēn tā tán yí cì xīn.

heartwarming ADJ 暖人心的 nuǎn rénxīn de

hearty ADJ 1 热情友好的 [+欢迎] rèqíng yǒuhǎo de [huānyíng] 2 丰盛的 [+晚餐] fēngshèng de [+wǎncān]

heat I N 1 热 rè, 热量 rèliàng □ The fireplace did not give out much heat. 壁炉没有发出多少热量。Bìlú méiyǒu fāchū duōshǎo rèliàng. 2 高温天气 gāowēn tiānqì □ The heat is unbearable in parts of Texas. 在得克萨斯州有些地方, 高温天气使人无法忍受。Zài Dékèsàsī zhōu yǒuxiē dìfang, gāowēn tiānqì shǐ rén wú fǎ rěnshòu.
heat wave 高温期 gāowēnqī, 热浪 rèlàng
II v 变暖 biàn nuǎn, 变热 biàn rè □ Heating this office building is very costly. 给这幢办公大楼供暖, 非常花钱。Gěi zhè zhuàng bàngōng dàlóu gòng nuǎn, fēichéng huāqián.
to heat up 热一下 rè yíxià □ Too tired to cook, she just heated up the leftovers for supper. 她太累了, 不愿意做饭, 就热一下剩菜, 当晚饭吃。Tā tài lèi le, bú yuànyì zuòfàn, jiù rè yíxià shèngcài, dāng wǎnfàn chī.

heated ADJ 1 加热的 [+游泳池] jiārè de [+yóuyǒngchí]

2 有暖气的 [+房间] yǒu nuǎnqì de [+fángjiān] 3 激烈的 [+争论] jīliè de [+zhēnglùn]
heated swimming-pool 温水游泳池 wēnshuǐ yóuyǒngchí

heater N 加热器 jiārèqì [M. WD 台 tái], 暖气 nuǎnqì

heathen N 异教徒 yìjiàotú

heave I v (PT & PP **heaved, hove**) 1 用力拉 yònglì lā, 用力高举 yònglì gāojǔ 2 剧烈起伏 jùliè qǐfú 3 呕吐 ǒutù
to heave a sigh of relief 放心地舒了一口气 fàngxīn de shū le yì kǒu qì
II N 1 用力拉 yònglì lā, 用力高举 yònglì gāojǔ 2 呕吐 ǒutù

heaven N 1 天堂 tiāntáng, 老天爷 lǎotiānyé □ That was the will of the Heaven. 那是老天爷的意旨。Nà shì lǎotiānyé de yìzhǐ. 2 极好的情况 jí hǎo de qíngkuàng, 美好乐园 měihǎo lèyuán □ It's heaven to lie on the beach with a gentle sea breeze on the face. 躺在沙滩上, 让柔和的海风拂面, 真是太好了! Tǎng zài shātānshang, ràng róuhé de hǎi fēng fú miàn, zhēn shì tài hǎo le!
Good Heavens! 老天爷啊! Lǎotiānyé a!

heavenly ADJ 1 上天的 shàngtiān de 2 极好的 jíhǎo de
heavenly body 天体 tiāntǐ

heavily ADV 1 大量地 [+喝水] dàliàng de [+hēshuǐ] 2 重重地 [+喘息] zhòngzhòng de [+chuǎnxī]

heavy ADJ 1 重 zhòng, 沉重 chénzhòng □ How heavy is your suitcase? 你的箱子有多重? Nǐ de xiāngzi yǒu duōchóng?
heavy industry 重工业 zhònggōngyè
heavy metal 重金属 zhòngjīnshǔ

2 很大的 hěn dà de, 很多的 hěn duō de □ A heavy snowstorm almost paralyzed the city. 一场大暴风雪几乎使城市瘫痪。Yì cháng dà bàofēngxuě jīhū shǐ chéngshì tānhuàn. □ At rush hour we always have very heavy traffic. 在这个高峰时间交通总是非常繁忙。Zài zhè ge gāofēng shíjiān jiāotōng zǒngshì fēicháng fánmáng. 3 繁忙的 fánmáng de, 忙碌的 mánglù de
a heavy day at the office 办公室里繁忙的一天 bàngōngshì lǐ fánmáng de yìtiān

4 难消化的食物 nán xiāohuà de shíwù

heavy-duty ADJ 1 耐用的 [+材料] nàiyòng de [+cáiliào] 2 重型的 [+机器] zhòngxíng de [+jīqì] 3 认认真真的 [+谈话] rèn rènzhēn zhēnde [+tánhuà]

heavy-handed ADJ 粗暴的 cūbào de, 高压的 gāo yā de

heavyweight N 1 (体育)重量级选手 (tǐyù) zhòngliàngjí xuǎnshǒu 2 重量级人物 zhòngliàngjí rénwù

Hebrew N 1 希伯来人 Xībóláirén 2 希伯来语 Xībóláiyǔ

heckle v (在公众集会上) 打断 [+发言] (zài gōngzhòng jíhuì shàng) dǎduàn [+fāyán], 呛声 qiāngshēng

heckler N 在公众集会上打断发言的人 zài gōngzhòng jíhuì shàng dǎduàn fāyán de rén, 呛声者 qiāng shēng zhě

heckling N 1 (在公众集会上) 打断发言 (zài gōngzhòng jíhuì shàng) dǎduàn fāyán

hectare N 公顷 (10,000平方公尺) gōngqǐng (10,000 píngfāng gōngchǐ)

hectic ADJ 忙乱的 mángluàn de

hedge I N 1 树篱 shùlí 2 预防措施 yùfáng cuòshī II v 1 回避 [+问题] huíbì [+wèntí] 2 预防 [+风险] yùfáng [+fēngxiǎn]
to hedge one's bets 多处下 (赌) 注 duō chù xià (dǔ) zhù, 脚踩两条船 jiǎo cǎi liǎng tiáo chuan

hedgehog N 刺猬 cìwei

hedonism N 享乐主义 xiǎnglèzhǔyì

hedonist N 享乐主义者 xiǎnglèzhǔyìzhě

heed I v 听 tīng, 听取 tīngqǔ II N 注意 zhùyì, 考虑 kǎolǜ
to take heed of, to pay heed to 认真考虑 rènzhēn kǎolǜ

heedless ADJ 不注意 bù zhùyì, 掉以轻心 diàoyǐqīngxīn

heel N 1 脚跟 jiǎogēn 2 鞋后跟 xié hòugēn

hefty ADJ 1 大块头的 [+人] dàkuàitóu de [+rén] 2 巨额的 [+金钱] jù'é de [+jīnqián] 3 很高的 [+价钱] hěn gāo de [+jiàqian]

height N 高度 gāodù □ Do you know the height of the highest peak on earth—Mt Everest? 你知道世界最高的峰珠穆朗玛峰有多高吗? Nǐ zhīdào shìjiè zuìgāo de fēng Zhūmùlǎngmǎfēng yǒu duōgāo ma? □ Our plane is now flying at the height of 3,000 feet. 我们的飞机正在三千英尺的高度飞行。Wǒmen de fēijī zhèngzài sān qiān yīngchǐ de gāodù fēixíng.

heighten V 增加 zēngjiā, 增强 zēngqiáng

heights N 高地 gāodì [M. WD 块 kuài]

heinous ADJ 1 极其邪恶的 jíqí xié'è de 2 糟透了的 zāotòu le de

heir N 财产继承人 cáichǎn jìchéngrén

heiress N 女财产继承人 nǔ cáichǎn jìchéngrén

heirloom N 传家宝 chuánjiābǎo [M. WD 件 jiàn]

heist N 抢劫 (商店或银行) qiǎngjié (shāngdiàn huò yínháng)

held V See hold

helicopter N 直升飞机 zhíshēng fēijī [M. WD 架 jià]

heliport N 直升飞机机场 zhíshēng fēijī jīchǎng

helium (He) N 氦 hài

hell N 1 地狱 dìyù 2 极坏的情况 jí huài de qíngkuàng □ With a snowstorm and traffic jams, the journey home was hell. 又是暴风雪, 又是车辆堵塞, 回家的路上简直是受罪。Yòu shì bàofēng xuě, yòushì chēliàng dǔsè, huíjiā de lùshang jiǎnzhí shì shòuzuì.

to raise hell 大声吵闹 dàshēng chǎonào

hello INTERJ 1 你好 nǐhǎo □ Hello, my name is Peter Brown. 你好, 我叫彼得·布朗。Nǐhǎo, wǒ jiào Bǐdé·Bùlǎng.

to say hello 问好 wènhǎo □ Please say hello to your mother. 请向你母亲问好。Qǐng xiàng nǐ mǔqin wènhǎo.

2 (打电话时) 喂 (dǎ diànhuà shí) wèi □ "Hello?" "Hello, is Laura Smith there?" "喂?" "喂, 劳拉·史密斯在吗?" "Wéi?" "Wéi, Láolā·Shǐmìsī zài ma?"

helm N 舵 duò, 舵柄 duòbǐng

helmet N 头盔 tóukuī [M. WD 顶 dǐng], 安全帽 ānquánmào [M. WD 顶 dǐng]

help I V 帮 bāng, 帮助 bāngzhu, 帮忙 bāngmáng □ Her father often helps her with her homework. 她父亲常常帮助她做家庭作业。Tā fùqin chángcháng bāngzhu tā zuò jiātíng zuòyè.

can't help (doing) 忍不住 rěnbuzhù, 禁不住 jīnbuzhù

II N 1 帮助 bāngzhu □ I need your help with cleaning the house. 我需要你帮我打扫房子。Wǒ xūyào nǐ bāng wǒ dǎsǎo fángzi. **2** 佣人 yōngrén, 帮手 bāngshǒu

helper N 帮手 bāngshǒu, 助手 zhùshǒu

helpful ADJ 有帮助的 yǒubāngzhu de □ Your comments on my writing are really helpful. 你对我写作的评论真的很有帮助。Nǐ duì wǒ xiězuò de pínglùn zhēn de hěn yǒubāngzhù.

helping[1] N 一份 (食品／菜) yí fèn (shípǐn/cài)

helping[2] ADJ 帮助的 bāngzhù de

a helping hand 帮助 bāngzhù, 援助 yuánzhù

helpless ADJ 1 无助的 wúzhù de, 束手无策的 shùshǒu wú cè de **2** 情不自禁的 qíng bù zìjīn de

helter-skelter ADV 杂乱无章地 záluàn wúzhāng de, 手忙脚乱地 shǒumáng jiǎoluàn de

hem I N (衣服) 边 (yīfu) biān, 折边 zhé biān II V 缝边 féng biān

hemisphere N 半球 bànqiú

the northern hemisphere 北半球 Běibànqiú

hemline N (衣服的) 下摆 (yīfu de) xiàbǎi

hemlock N 毒芹 dú qín

hemoglobin N 血红蛋白 xuèhóng dànbái

hemophilia N 血友病 xuèyǒubìng

hemophiliac N 血友病人 xuèyǒubìng rén

hemorrhage N (体内) 大出血 (tǐnèi) dàchūxiě

hemorrhoids N 痔 zhì, 痔疮 zhì chuāng

hemp N 大麻 dàmá

hen N 母鸡 mǔjī [M. WD 只 zhī]

hence ADV 因而 yīn'ér, 因此 yīncǐ

henceforth, henceforward ADV 从今以后 cóngjīn yǐhòu, 从此以后 cóngcǐ yǐhòu

henchman N 亲信 qīnxìn, 喽啰 lóuluo

hepatitis N 肝炎 gānyán

her I ADJ 她的 tāde II PRON 她 tā

herald V 预示 yùshì

herb N 1 (调味) 香草 (tiáowèi) xiāngcǎo 2 药草 yàocǎo

herbal ADJ 香草的 xiāngcǎo de, 药草的 yàocǎo de

herbivore N 食草类动物 shícǎo lèi dòngwù

herd I N 一群 [+牛] yìqún [+niú] II V 把 [+人群] 集中在一起 bǎ [+rénqún] jízhōng zài yìqǐ

here ADV 这里 zhèlǐ, 这儿 zhèr □ Come here, children! 孩子们, 到这儿来! Háizimen, dào zhèr lái! □ It's half an hour's drive from here to the airport. 从这里到机场开车要半小时。Cóng zhèlǐ dào jīchǎng kāichē yào bàn xiǎoshí. □ Here we are. 我们到了。Wǒmen dào le.

hereabouts ADV 附近 fùjìn

hereafter ADV 今后 jīnhòu

the hereafter 来世 láishì

hereby ADV 特此 tècǐ, 兹 zī

hereditary ADJ 遗传的 yíchuán de

heredity N 遗传 yíchuán

herein ADV 在此处 zài cǐchù, 在此情况下 zài cǐ qíngkuàng xià

heresy N 异教 yìjiào, 邪说 xiéshuō

heretic N 异教徒 yìjiàotú

herewith ADJ 附上 fùshàng, 随函附上 suí hán fùshàng

heritage N 1 遗产 yíchǎn 2 传统 chuántǒng

hermetically ADV 密封地 mìfēng de

hermit N 隐士 yǐnshì, 遁世者 dùnshìzhě

hernia N 疝 shàn, 疝气 shànqì

hero N 1 英雄 yīngxióng [M. WD 位 wèi], 勇士 yǒngshì [M. WD 位 wèi]

a national hero 民族英雄 mínzú yīngxióng

2 (电影／小说) 男主角 (diànyǐng/xiǎoshuō) nán zhǔjué, 男主人公 nán zhǔréngōng

heroic ADJ 英雄的 yīngxióng de, 英勇的 yīngyǒng de

heroics N 英雄行为 yīngxióng xíngwéi, 豪言壮语 háoyán zhuàngyǔ

heroin N 海洛因 hǎiluòyīn

heroine N 女英雄 nǔyīngxióng [M. WD 位 wèi], 女勇士 nǔ yǒngshì [M. WD 位 wèi]

heroism N 英勇 yīngyǒng, 英雄的言行 yīngxióng de yánxíng

heron N 鹭 lù [M. WD 只 zhī]

herpes N 疱疹 pàozhěn

herring N 鲱鱼 fēiyú [M. WD 条 tiáo]

a red herring 转移他人注意力的小事 zhuǎnyí tārén zhùyìlì de xiǎoshì

hers PRON 她的 tāde

herself PRON 她自己 tā zìjǐ, 她亲自 tā qīnzì □ She can only blame herself. 她只能怪自己。Tā zhǐ néng guài zìjǐ.

hesitant ADJ 犹豫的 yóuyù de, 举棋不定的 jǔqí bùdìng de

hesitate V 犹豫 yóuyù, 拿不定主意 ná bùdìng zhǔyi

hesitation N 犹豫 yóuyù, 迟疑 chíyí

heterogeneous ADJ 混杂的 hùnzá de

heterosexual I ADJ 异性恋的 yìxìngliàn de II N 异性恋者 yìxìngliànzhě

heterosexuality N 异性恋 yìxìngliàn

hew V (PT **hewed**; PP **hewed**, **hewn**) 砍 kǎn, 劈 pī

hexagon N 六角形 liùjiǎoxíng, 六边形 liùbiānxíng

hexagonal ADJ 六角形的 liùjiǎoxíng de, 六边形的 liùbiānxíng de

hey INTERJ 喂 wèi, 嘿 hēi

heyday N 全盛时期 quánshèng shíqī

hi INTERJ 你好 nǐ hǎo

hiatus N 间断 jiànduàn, 停顿 tíngdùn

hibernate V 冬眠 dōngmián

hibernation N 冬眠 dōngmián

hiccup, hiccough I N 1 呃逆 ènì, 打嗝 dǎ gé 2 小问题 xiǎo wèntí II V 打呃 dǎ'è, 打嗝 dǎ gé

hick N 乡巴佬 xiāngbālǎo

hickey N 吻痕 wěnhén

hickory N 1 山核桃树 shānhétao shù 2 山核桃木 shānhétao mù

hid V See hide¹

hidden I V See hide¹ II ADJ 隐藏的 yǐncáng de

hide¹ (PT hid; PP hidden) V 1 隐蔽 yǐnbì, 隐藏 yǐncáng □ The trees hid the cottage from view. 树木把小屋隐蔽起来。Shùmù bǎ xiǎo wū yǐnbì qǐlai. □ She hid the stolen goods in the pocket of her overcoat. 她把偷到的东西藏在大衣口袋里。Tā bǎ tōudao de dōngxi cáng zài dàyī kǒudài lǐ. 2 躲 duǒ, 躲藏 duǒcáng

hide and seek 捉迷藏游戏 zhuōmícáng yóuxì

hide² N (动物) 皮 pí

hideaway N 躲藏地 duǒcángdì

hideous ADJ 难看极了 nánkàn jíle, 丑陋不堪 chǒulòu bùkān

hideout N 躲藏地 duǒcángdì, 藏匿 cángnì

hiding N 1 躲藏 duǒcáng, 藏匿 cángnì

to go into hiding 躲藏起来 duǒcáng qǐ lái, 藏匿 cángnì 2 痛打 tòngdǎ

to give sb a hiding 痛打某人 tòngdǎ mǒurén, 把某人痛打一顿 bǎ mǒurén tòngdǎ yídùn

hierarchical ADJ 等级的 děngjí de

hierarchy N 等级 děngjí, 等级制度 děngjí zhìdù

hieroglyphics N 象形文字 xiàngxíng wénzì

hi-fi (= high fidelity) ABBREV 高保真 [+音响设备] gāobǎozhēn [+yīnxiǎng shèbèi]

high I ADJ 1 高 gāo □ Who lives behind this high wall? 在这高墙后面, 住着谁呢? Zài zhè gāo qiáng hòumian, zhùzhe shéi ne? □ Oil prices are getting higher and higher. 油价越来越高。Yóujià yuèláiyuè gāo. □ People in high places are sometimes out of touch with reality. 身居高位的人有时候会脱离实际。Shēn jū gāo wèi de rén yǒushíhou huì tuōlí shíjì. 2 高层的 gāocéng de, 重要的 zhòngyào de 3 中期的 zhōngqī de, 最重要的时期 zuì zhòngyào de shíqī 4 (吸毒后)极度兴奋的 (xīdú hòu) jídù xīngfèn de

high school 中学 zhōngxué

junior high school 初级中学 chūjí zhōngxué, 初中 chūzhōng

senior high school 高级中学 gāojízhōngxué, 高中 gāozhōng

II ADV 高 gāo □ A line of wild geese are flying high in the sky. 一行大雁正在空中高飞。Yì háng dàyàn zhèngzài kōng zhōng gāo fēi.

to look/search high and low 到处寻找 dàochù xúnzhǎo

III N 1 最高点 zuìgāodiǎn 2 (吸毒后的)极度兴奋 (xīdú hòu de) jídù xīngfèn

highbrow ADJ (趣味)高雅的 (qùwèi) gāoyǎ de, 修养很高的 xiūyǎng hěn gāo de

high-class ADJ 高档的 gāodàng de, 优质的 yōuzhì de

higher education N 高等教育 gāoděng jiàoyù

high-grade ADJ 优质的 yōuzhì de

high-handed ADJ 专横的 zhuānhèng de, 盛气凌人的 shèngqì líng rén de

high-heel N 高跟鞋 gāogēnxié [M. WD 双 shuāng]

high jinks, hi jinks N 狂欢作乐 kuánghuān zuòlè

high jump N 跳高 (运动) tiàogāo (yùndòng)

highlands N 高原 gāoyuán

high-level ADJ 高层的 gāocéng de

highlight I V 1 使⋯突出 shǐ…tūchū 2 (在计算机上)突出显示 (zài jìsuànjī shàng) tūchū xiǎnshì, 标示 biāoshì II N 1 最重要的部份 zuì zhòngyào de bùfen 2 (照片上的)强光部分 (zhàopiàn shàng de) qiáng guāng bùfen

highlighter N 亮光笔 liàngguāngbǐ [M. WD 支 zhī]

highly ADV 1 高度地 gāodù de □ His work is highly thought of. 他的工作受到高度评价。Tā de gōngzuò shòudao gāodù píngjià. 2 极其 jíqí □ The performance was highly successful. 演出极其成功。Yǎnchū jíqí chénggōng.

to speak highly of 称赞 chēngzàn □ The principal spoke highly of this class. 校长称赞这个年级。Xiàozhǎng chēngzàn zhè ge niánjí.

high-minded ADJ 高尚的 gāoshàng de

Highness N 殿下 Diànxià

high-pitched ADJ 高音的 gāoyīn de, 尖声的 jiānshēng de

high-powered ADJ 1 大功率的 [+卡车] dàgōnglǜ de [+kǎchē] 2 实力雄厚的 [+公司] shílì xiónghòu de [+gōngsī]

high-pressure ADJ 高气压的 gāoqìyā de, 高压的 gāoyā de

high-profile ADJ (故意)引人注目的 (gùyì) yǐn rén zhùmù de, 高调的 gāodiào de

high-rise N 高层建筑 gāocéng jiànzhù, 高楼 gāolóu [M. WD 幢 zhuàng]

high roller N 下大赌注的人 xià dà dǔzhù de rén, 挥金如土的人 huī jīn rú tǔ de rén

high-spirited ADJ 活泼的 huópo de, 生气勃勃的 shēngqì bóbó de

high-strung ADJ 易激动的 yì jīdòng de, 敏感的 mǐngǎn de

high-tech ADJ 高科技的 gāokējì de

high tide N 高潮 gāocháo

highway N 公路 gōnglù

hijack V 1 劫持 [+飞机／船] jiéchí [+fēijī/chuán] 2 把持 [+组织] bǎchí [+zǔzhī]

hijacker N 劫持者 jiéchízhě

hijacking N 劫持行为 jiéchí xíngwéi, 劫持案件 jiéchí ànjiàn

hike I N 1 徒步旅行 túbù lǚxíng, 远足 yuǎnzú

on a long hike in the hills 在山间长途徒步旅行 zài shānjiān chángtú túbù lǚxíng

2 [价格+] 大幅度上升 [jiàgé+] dàfúdù shàng shēng

a hike in food prices 食品价格大幅度上升 shípǐn jiàgé dàfúdù shàngshēng

II V 1 徒步旅行 túbù lǚxíng, 远足 yuǎnzú 2 [价格+] 大幅度上升 [jiàgé+] dàfúdù shàng shēng

hilarious ADJ 极好笑的 jí hǎoxiào de, 极搞笑的 jí gǎoxiào de

hilarity N 欢笑 huānxiào

hill N (小)山 (xiǎo) shān □ He put his foot on the gas to drive up the hill. 他脚踩油门, 把车开上山。Tā jiǎo cǎi yóumén, bǎ chē kāi shàng shān.

hillbilly N 山里的乡巴佬 shān lǐ de xiāngbālǎo

hillside N 山坡 shānpō

hilly ADJ 多山 (丘) 的 duōshān (qiū) de

hilt N 刀把 dāobǎ

to the hilt 最大极限 zuìdà jíxiàn

him PRON 他 tā

himself PRON 他自己 tā zìjǐ, 他亲自 tā qīnzì □ He fixed the car himself. 他自己修好了汽车。Tā zìjǐ xiūhǎole qìchē.

by himself 他自己一个人 tā zìjǐ yí ge rén

hind ADJ 后面的 hòumian de

the hind leg (动物) 后腿 (dòngwù) hòutuǐ

hinder V 阻地语 Yìndìyǔ

Hindi N 阻地语 Yìndìyǔ

hindquarters N (动物) 后腿 (dòngwù) hòutuǐ

hindrance N 妨碍 fáng'ài

without let or hindrance 毫无障碍的 háowú zhàng'ài de, 畅通无阻的 chàngtōng wúzǔ de

hindsight N 后见之明 hòu jiàn zhī míng, 事后聪明 shìhòu cōngming
with the benefit of hindsight 依靠后见之明 yīkào hòu jiàn zhī míng

Hindu N 印度教教徒 Yìndùjiào jiàotú

Hinduism N 印度教 Yìndùjiào

hinge I N 铰链 jiǎoliàn II v (to hinge on/upon) 取决于 qǔjuéyú

hint I N 1 暗示 ànshì, 提示 tíshì 2 一点儿 yìdiǎnr, 细微 xìwēi II v 暗示 ànshì, 提示 tíshì

hinterland N 内地 nèidì, 偏远地区 piānyuǎn dìqū

hip¹ N 臀部 túnbù

hip² ADJ 赶时髦的 gǎnshímáo de

hippie, hippy N 嬉皮士 xīpíshì

hippopotamus, hippo N 河马 hémǎ [m. wd 头 tóu]

hire I v 1 雇用 gùyòng, 聘任 pìnrèn 2 租用 zūyòng, 租赁 zūlìn II N 出租 chūzū, 租用 zūyòng
a sex-for-hire business 色情服务公司 sèqíng fúwù gōngsī

his I ADJ 他的 tāde □ His girlfriend adores him. 他的女朋友崇拜他。Tā de nǚpéngyou chóngbài tā.
II PRON 他的 tāde

Hispanic I ADJ 西班牙语或葡萄牙语国家的 Xībānyáyǔ huò Pútáoyáyǔ guójiā de, 拉丁美洲的 Lādīngměizhōu de II N 拉丁美洲人 Lādīngměizhōurén

hiss I v 1 发出嘶嘶声 fāchū sī sī shēng 2 发嘘声反对 fā xū shēng fǎnduì II N 嘶嘶声 sīsīshēng

historian N 历史学家 lìshǐ xuéjiā, 研究历史的人 yánjiū lìshǐ de rén

historic ADJ 有历史意义的 yǒu lìshǐ yìyì de, 历史性的 lìshǐxìng de

historical ADJ 历史的 lìshǐ de □ This museum houses some of the most important historical documents of the country. 这个博物馆收藏着国家一些最重要的历史文件。Zhè ge bówùguǎn shōucángzhe guójiā yíxiē zuìzhòngyào de lìshǐ wénjiàn.

history N 1 历史 lìshǐ □ Many young people are quite ignorant of their country's history. 很多年轻人对自己国家的历史很无知。Hěn duō niánqīngrén duì zìjǐ guójiā de lìshǐ hěn wúzhī. □ The history of this university dates back to the 19th century. 这个大学的历史可以追溯到十九世纪。Zhè ge dàxué de lìshǐ kěyǐ zhuīsùdào shíjiǔ shìjì.
to make history 创造历史 chuàngzào lìshǐ
2 发展史 fāzhǎnshǐ

histrionics N 装腔作势 zhuāngqiāng zuòshì

hit I v (PT & PP **hit**) 1 打 dǎ □ In some countries it is illegal for a parent to hit a child. 在有些国家父母打孩子是非法的。Zài yǒuxiē guójiā fùmǔ dǎ háizi shì fēifǎ de. □ He swung the bat and hit the ball. 他抡起球棒击球。Tā lūnqǐ qiúbàng jī qiú.
2 碰 pèng, 撞 zhuàng □ He hit his head on the door frame. 他头碰到门框。Tā tóu pèngdao ménkuàng. □ The car swerved and hit a lamp post. 汽车猛地转向，撞在电线杆上。Qìchē měng de zhuǎnxiàng, zhuàng zài diànxiàngānshang.
II N 1 打击 dǎjī □ The boxer made a clever hit. 拳击手打出妙拳。Quánjīshǒu dǎchū miào quán. 2 走红的人／事 zǒuhóng de rén/shì, 成功 chénggōng □ The song was a big hit. 这首歌大为成功。Zhè shǒu gē dà wéi chénggōng.

hit-and-miss, hit-or-miss ADJ 无计划的 wú jìhuà de, 靠运气的 kào yùnqi de

hit-and-run ADJ 1 肇事后逃逸 zhàoshì hòu táoyì 2 打了就跑的 dǎ le jiù pǎo de

hitch¹ v 搭顺风车 dā shùnfēng chē
to hitch a ride 搭一段顺风车 dā yí duàn shùnfēng chē

hitch² N 故障 gùzhàng
without a hitch 顺利地 shùnlì de

hitchhike v See **hitch¹**

hither and thither ADV 这里那里 zhèli nàli, 到处 dàochù

hitherto ADV 迄今 qìjīn, 至今 zhìjīn

hit man N 职业杀手 zhíyè shāshǒu

HIV (= human immunodeficiency virus) ABBREV 人体免疫缺损病毒 réntǐ miǎnyì quēsǔn bìngdú, 艾滋病病毒 àizībìng bìngdú
HIV positive 艾滋病病毒检测呈阳性 àizībìng bìngdú jiǎncè chéng yángxìng

hive N 蜂巢 fēngcháo, 蜂房 fēngfáng

hoard I v 储藏 chǔcáng, 囤积 túnjī II N 储藏物资 chǔcáng wùzī, 囤积物资 túnjī wùzī
a secret hoard of treasure 秘密的宝物储藏 mìmì de bǎowù chǔcáng

hoarse ADJ 哑 yǎ, 嘶哑 sīyǎ
to shout oneself hoarse 大声喊叫得嗓子嘶哑 dàshēng hǎnjiào dé sǎngzi sīyǎ

hoax I N 骗局 piànjú
to play a hoax 设置骗局 shèzhì piànjú
II v 欺骗 qīpiàn, 作弄 zuònòng

hobble v 一瘸一拐地走 yì liú yì guǎi de zǒu, 跛行 bǒxíng

hobby N 嗜好 shìhào, （业余）爱好 (yèyú) àihào

hobnob v 与比自己地位高的人亲密交谈 yǔ bǐ zìjǐ dìwèi gāo de rén qīnmì jiāotán, 高攀 gāopān

hobo N 流浪汉 liúlànghàn

hock I N 债 zhài, 债务 zhàiwù
in hock ① 负债 fùzhài ② 被典当 bèi diǎndàng, 被抵押 bèi dǐyā
II v 典当 diǎndàng, 抵押 dǐyā

hockey N 冰球（运动）bīngqiú (yùndòng)

hodgepodge N 大杂烩 dàzáhuì

hoe I N 锄头 chútou [m. wd 把 bǎ] II v 锄（地）chú (dì)

hog I N 1 猪 zhū [m. wd 头 tóu] 2 贪吃的人 tānchī de rén, 贪婪的人 tānlán de rén II v 独占 dúzhàn, 不分享 bù fēnxiǎng

ho-hum ADJ 沉闷乏味的 chénmèn fáwèi de

hoist I v 升起 shēngqǐ, 吊起 diào qǐ II N 起重机 qǐzhòngjī

hokey ADJ 娇柔造作的 jiāoróu zàozuo de, 可笑的 kěxiào de

hold I v (PT & PP **held**) 1 拿 ná, 握 wò □ He held his daughter's hand tightly while crossing the street. 他穿马路的时候，紧紧握住女儿的手。Tā chuān mǎlù de shíhou, jǐnjǐn wòzhù nǚ'ér de shǒu. 2 抱 bào, 抱住 bàozhu □ She held the baby in her arms. 她把婴儿抱在怀里。Tā bǎ yīng'ér bào zài huáilǐ. 3 扶 fú, 扶住 fúzhu □ He held the picture for her to see if it was in the right position. 他扶住画儿，让她看看位置正不正。Tā fúzhu huàr, ràng tā kànkan wèizhì zhèngbuzhèng. 4 可容纳 kě róngnà □ This gym can hold 10,000 spectators. 这个体育馆可以容纳一万观众。Zhè ge tǐyùguǎn kěyǐ róngnà yí wàn guānzhòng. 5 举行 jǔxíng □ The annual general meeting will be held next Monday. 年会将在下周一举行。Niánhuì jiāng zài xià zhōuyī jǔxíng. 6 担任 dānrèn □ He holds an important position in the local government. 他在地方政府担任重要职务。Tā zài dìfāng zhèngfǔ dānrèn zhòngyào zhíwù.
to hold on 等等 děngděng, 等一等 děngyiděng □ Hold on, I'll see if he's in. 等等，我看看他在不在。Děngděng, wǒ kànkan tā zàibuzài. □ Hold on a minute, I'll be right back. 稍等一会，我马上回来。Shāo děng yíhuì, wǒ mǎshàng huílai.
to hold one's breath 屏住气 píngzhu qì □ He held his breath and ducked his head in the water. 他屏住气，把头钻到水里。Tā píngzhu qì, bǎ tóu zuāndao shuǐ lǐ.
II N 拿住 názhu, 抓住 zhuāzhu □ The rescuers told him to take hold of the rope. 救助人员叫他握住绳子。Jiùzhù rényuán jiào tā wòzhu shéngzi.
to get hold of 得到 dédao, 弄到 nòngdao □ Do you know where I can get hold of used textbooks? 你知道我在哪里可以弄到旧课本吗？Nǐ zhīdào wǒ zài nǎlǐ kěyǐ nòngdao jiù kèběn ma?

holder N 1 （信用卡／护照）持有人 (xìnyòngkǎ/hùzhào) chíyǒurén 2 容器 róngqì

holding N 拥有的财产 yōngyǒu de cáichǎn

holding company 控股公司 kònggǔ gōngsī

holdover N 残余 cányú, 残留物 cánliúwù

holdup N 持枪抢劫 chíqiāng qiǎngjié

hole I N 1 洞 dòng □ The dentist's X-ray photo shows a hole in one of his teeth. 牙医的X光相片显示他的一颗牙有洞。Yáyī de X guāng xiàngpiàn xiǎnshì tā de yì kē yá yǒu dòng. **2** (野兽的) 洞穴 (yěshòu de) dòngxué **3** (高尔夫球) 球洞 (gāo'ěrfūqiú) qiú dòng

II v **1** 打 (高尔夫球) 入洞 dǎ (gāo'ěrfūqiú) rù dòng **2** (to hole up) 躲藏 duǒcáng, 藏匿 cángnì

holiday N 假日 jiàrì, 假期 jiàqī □ Easter is a national holiday in North America. 复活节是北美的国家假日。Fùhuójié shì Běiměi de guójiā jiàrì.

holiday season 年末假日期间 niánmò jiàrì qījiān

national holiday 国家法定假日 guójiā fǎdìng jiàrì

summer holiday 暑假 shǔjià

winter holiday 寒假 hánjià

holiness N 神圣的 shénshèng de

Your Holiness (对教皇的尊称) 陛下 (duì Jiàohuáng de zūnchēng) bìxià, 圣座 shèng zuò

holistic ADJ 整体的 zhěngtǐ de

holistic medicine 整体医学 zhěngtǐ yīxué

holler v, N 大叫大嚷 dàjiào dàrǎng

hollow I ADJ **1** 空心的 kōngxīn de □ The tree, though hollow, still sprouts new leaves every spring. 这棵树虽然空心了，到春天还是长出新叶。Zhè kē shù suīrán kōngxīn le, dào chūntiān háishí zhǎngchū xīn yè. **2** 空洞的 kōngdòng de □ His promise sounded hollow. 他的许诺听来很空洞。Tā de xǔnuò tīnglai hěn kōngdòng.

II N 小山谷 xiǎo shāngǔ

holly N 冬青树 dōngqīng shù [M. WD 棵 kē]

Hollywood N 好莱坞 Hǎoláiwù, 美国电影业 Měiguó diànyǐngyè

holocaust N 大屠杀 dà túshā

hologram N 全息图 quánxītú [M. WD 张 zhāng/幅 fú]

holster N 手枪皮套 shǒuqiāng pítào

holy ADJ 神的 shén de, 神圣的 shénshèng de

Holy Bible 圣经 Shèngjīng

homage N 崇敬 chóngjìng, 敬意 jìngyì

home I N **1** 家 jiā, 家庭 jiātíng

Home, sweet home. 家, 甜蜜的家。Jiā, tiánmì de jiā. □ East, west, home is the best. 到东到西家最好。Dào dōng dào xī jiā zuì hǎo. (→ 金窝银窝不如自己的狗窝。) Dào dōng dào xī jiā zuì hǎo. (→ Jīnwō yínwō bù rú zìjǐ de gǒuwō.)

home office 家庭办公室 jiātíng bàngōngshì

home town 家乡 jiāxiāng

home team 本地队 běndì duì

to feel at home 感到在家一样 gǎndào zài jiā yíyàng

to make yourself at home 别客气, 请随意 Biékèqi, qǐng suíyì. □ Please take a seat and make yourself at home. 请坐, 随意一些。Qǐng zuò, suíyì yìxiē.

2 国内 guónèi **3** (养老) 院 (yǎnglǎo) yuàn

children's home 孤儿院 gū'éryuàn, 儿童福利院 értóng fúlìyuàn

II ADV 在家 zài jiā □ Hi, honey, I'm home! 嗨, 亲爱的, 我回来啦! Hāi, qīn'ài de, wǒ huílai la! □ He goes home immediately after work. 他下班后立即回家。Tā xiàbān hòu lìjí huíjiā.

III ADJ 家里的 jiālide, 家用的 jiāyòng de

home computer 家用电脑 jiāyòng diànnǎo

home cooking 家常饭菜 jiācháng fàncài

IV v (to home in on) 对准 duìzhǔn

homecoming N 返校 fǎnxiào

homecoming dance 校友返校日舞会 xiàoyǒu fǎnxiàorì wǔhuì, 校友日 Xiàoyǒu rì

homeland N 国土 guótǔ, 祖国 zǔguó

homeless ADJ 无家可归的 wú jiā kě guī de □ Many home-less people spend their nights at New York Central Station. 许多无家可归者在纽约中央车站过夜。Xǔduō wújiākěguīzhě zài Niǔyuē zhōngyāng chēzhàn guò yè.

the homeless 无家可归者 wújiākěguīzhě □ A soup kitchen was set up for the homeless in the city. 为救济无家可归者设立了免费食堂。Wèi jiùjì wújiākěguīzhě shèlìle miǎnfèi shítáng.

homely ADJ **1** 相貌平平的 [+人] xiàngmào píngpíng de [+rén] **2** 简单的 [+饭菜] jiǎndān de [+fàncài]

homemade ADJ 家里做的 jiāli zuò de, 自制的 zìzhì de

homemaker N 家庭主妇 jiātíng zhǔfù

homeopathy N 顺势疗法 shùnshì liáofǎ

homepage N (网址) 主页 (wǎngzhǐ) zhǔyè

homer N (棒球) 本垒打 (bàngqiú) běnlěidǎ

homeroom N (学校) 年级教室 (xuéxiào) niánjí jiàoshì

home run N (棒球) 本垒打 (bàngqiú) běnlěidǎ

homesick ADJ 想家的 xiǎngjiā de, 思乡的 sīxiāng de

homesickness N 思乡 (病) sīxiāng (bìng)

homestead N 农庄 nóngzhuāng, 庄园 zhuāngyuán

homeward ADJ, ADV 向家 (的/地) xiàng jiā (de)

homework N 家庭作业 jiātíng zuòyè, 功课 gōngkè

homey I ADJ 象家里一样的 xiàng jiālǐ yíyàng de, 舒适自在的 shūshì zìzài de II N 老乡 lǎoxiāng, 同乡 tóngxiāng

homicidal ADJ 有杀人倾向的 yǒu shārén qīngxiàng de

homicide N **1** 杀人的 shārén de, 谋杀的 móushā de **2** (警察局) 凶杀科 (jǐngchájú) xiōngshākē

homogeneous ADJ 同一的 tóngyī de

homogenize v 使…同一 shǐ…tóngyī, 使…统一 shǐ…tǒngyī

homonym N 同音同形异义词 tóngyīn tóngxíng yìyìcí

homophobia N 对同性恋的厌恶 duì tóngxìngliàn de yànwù

homophone N 同音异义词 tóngyīn yìyìcí

homosexual I ADJ 同性恋的 tóngxìngliàn de II N 同性恋者 tóngxìngliànzhě

homosexuality N 同性恋 tóngxìngliàn

honcho N 头儿 tóur, 负责人 fùzérén

hone v 磨练 móliàn, 提高 [+能力] tígāo [+nénglì]

honest ADJ 诚实的 chéngshí de, 老实的 lǎoshi de □ I ap-preciate you being so honest about finding the money and returning it. 你拣到了钱交还给失主, 我很欣赏你的诚实。Nǐ jiǎndaole qián jiāohuán gěi shīzhǔ, wǒ hěn xīnshǎng nǐ de chéngshí.

honestly ADV **1** 诚实地 chéngshí de, 老实地 lǎoshi de □ The store keeper does not deal with his customers honestly. 这个商店主人和顾客打交道时不老实。Zhè ge shāngdiàn zhǔrén hé gùkè dǎ jiāodao shí bù lǎoshi. **2** 实在 shízài, 确实 quèshí

honesty N 诚实 chéngshí, 老实 lǎoshi □ I believe honesty is the best policy. 我相信诚实是最好的方针。Wǒ xiāngxìn chéngshí shì zuìhǎo de fāngzhēn.

honey N **1** 蜜 mì, 蜂蜜 fēngmì **2** 亲爱的 qīn'ài de, 心肝宝贝儿 xīngān bǎobèir

honeycomb N 蜂巢 fēngcháo, 蜂窝 fēngwō

honeymoon N 蜜月 mìyuè

honeysuckle N 忍冬 rěndōng, 忍冬花 rěndōnghuā

honk I v 按 (汽车) 喇叭 àn (qìchē) lǎba II N (汽车) 喇叭声 (qìchē) lǎbashēng

honor I N **1** 光荣 guāngróng, 荣幸 róngxìng □ It's an honor to meet you. 和你见面很荣幸。Hé nǐ jiànmiàn hěn róngxìng. **2** 荣誉 róngyù **3** 高尚品德 gāoshàng pǐndé □ My grand-father was a man of honor. 我的祖父品德高尚。Wǒ de zǔfù pǐndé gāoshàng.

Your Honor 法官大人 fǎguān dàren

II v **1** 向…致敬 xiàng…zhìjìng □ We honor the fallen sol-diers. 我们向阵亡将士致敬。Wǒmen xiàng zhènwáng jiàngshì zhìjìng. **2** 兑现 duìxiàn, 实现 shíxiàn □ No matter what hap-pens I will honor this agreement. 不管发生什么, 我都会实现协定。Bùguǎn fāshēng shénme, wǒ dóu huì shíxiàn xiédìng.

in honor of 为 wèi, 为了 wèile □ The City Council gave a luncheon in honor of the retiring mayor. 市政府为退休市长举行午餐会。Shìzhèngfǔ wèi tuìxiū shìzhǎng jǔxíng wǔcānhuì.

honorable ADJ 品德高尚的 pǐndé gāoshàng de, 值得尊敬的 zhíde zūnjìng de

honorary ADJ 1 荣誉的 róngyù de
an honorary citizen 荣誉公民 róngyù gōngmín
2 名誉的 míngyù de
honorary doctorate 名誉博士学位 míngyù bóshì xuéwèi

honor roll N 优等生名单 yōuděngshēng míngdān, 光荣榜 guāngróngbǎng

honors N 大学荣誉学位课程 dàxué róngyù xuéwèi kèchéng
to graduate with honors 以优等成绩毕业 yǐ yōuděng chéngjì bìyè

hood N 1 风帽 fēngmào 2 (汽车) 发动机罩盖 (qìchē) fādòngjī zhàogài

hooded ADJ 带风帽的 dài fēngmào de

hoodlum N 恶棍 ègùn, 坏小子 huàixiǎozi

hoodwink V 哄骗 hǒngpiàn

hoof (PL **hoofs/hooves**) N 蹄 (子) tí (zi)

hook I N 钩子 gōuzi □ Hang your coat on the hook behind the door. 把外衣挂在门背后的钩子上。Bǎ wàiyī guà zài mén bèihòu de gōuzishang.
coat hook 衣钩 yīgōu
II V 钩住 gōu zhu □ Oh, my shirt was hooked on something. 啊呀, 我的衬衣给什么东西钩住了。Āyā, wǒ de chènyī gěi shénme dōngxī gōuzhu le.

hooked ADJ 1 钩状的 gōu zhuàng de 2 成瘾的 chéngyǐn de
be hooked on computer games 对电脑游戏上瘾 duì diànnǎo yóuxì shàngyǐn, 着迷于电脑游戏 zháomí yú diànnǎo yóuxì

hooker N 妓女 jìnǚ

hooky N 逃学 táoxué

hooligan N 流氓 liúmáng, 恶棍 ègùn

hoop N 圈 quān, 环 huán

hoops N 篮球运动 lánqiú yùndòng
to shoot hoops 打篮球 dǎ lánqiú

hooray INTERJ 好啊 hǎo ā, 太好了 tài hǎo le

hoot I N 嘘声 xūshēng, 嘲笑 cháoxiào II V 发出嘘声 fāchū xūshēng, 嘲笑 cháoxiào

hop I V 蹦 bèng, 蹦跳 bèngtiào II N 蹦 bèng, 蹦跳 bèngtiào
a hop, skip and a jump 极短的距离 jí duǎn de jùlí, 很近 hěn jìn

hops N 啤酒花 píjiǔhuā

hope I V 希望 xīwàng □ The little girl hopes that her parents will stay together. 小女孩希望她爸她妈妈能在一起。Xiǎonǚhái xīwàng tā bà tā mā néng zài yìqǐ.
II N 1 希望 xīwàng □ When you think you have lost everything, remember you still have hope. 当你以为已经丧失一切时, 请记住你还拥有希望。Dāng nǐ yǐwéi yǐjīng sàngshī yíqiè shí, qǐng jìzhu nǐ hái yōngyǒu xīwàng. □ They all cherish the hope that their dear grandma will have a speedy recovery. 他们都满怀希望, 亲爱的祖母会很快康复。Tāmen dōu mǎnhuái xīwàng, qīn'ài de zǔmǔ huì hěn kuài kāngfù. **2** 寄予希望的人 / 事 jìyǔ xīwàng de rén/shì

hopeful ADJ 有希望的 yǒu xīwàng de □ The company was hopeful about winning the contract. 公司有希望得到合同。Gōngsī yǒu xīwàng dédào hétóng.

hopefully ADV 1 如果一切顺利 rúguǒ yíqiè shùnlì, 很有可能 hěn yǒu kěnéng 2 充满希望的 chōngmǎn xīwàng de

hopeless ADJ 1 没有希望的 méiyǒu xīwàng de, 无救的 wú jiù de
a hopeless case 无药可救的病人 wú yào kě jiù de bìngrén, 毫无办法的情况 háowú bànfǎ de qíngkuàng
2 糟透了 zāotòule

hopelessly ADV 1 毫无办法 háowú bànfǎ, 处于绝境 chǔyú juéjìng 2 不能自拔的 bù néng zì bá de

hopscotch N (儿童游戏) 跳房子 (értóng yóuxì) tiào fángzi

horde N 一大群 [+旅游者] yí dà qún [+lǚyóuzhě]

horizon N 地平线 dìpíngxiàn

horizons N 视野 shìyě, 范围 fànwéi
to open new horizons 开拓新天地 kāituò xīn tiāndì

horizontal ADJ 水平的 shuǐpíng de, 横向的 héngxiàng de
horizontal axis 横轴 héngzhóu

hormone N 荷尔蒙 hé'ěrméng, 激素 jīsù
growth hormone 生长激素 shēngzhǎng jīsù

horn N 1 喇叭 lǎba □ Many motorists blew their horns to show support for the pickets. 很多开车的人按喇叭支持罢工者。Hěn duō kāichē de rén àn lǎba zhīchí bàgōngzhě. **2** (动物的) 角 (dòngwù de) jiǎo □ The bull's two horns are as menacing as two daggers. 公牛角象两把尖刀, 让人不寒而栗。Gōngniú jiǎo xiàng liǎng bǎ jiān dāo, ràng rén bù hán ér lì.

hornet N 大黄蜂 dàhuángfēng [M. WD 只 zhī]

horny ADJ 性兴奋的 xìng xīngfèn de, 欲火中烧的 yùhuǒ zhōng shāo de

horoscope N 星相算命 xīngxiàng suànmìng

horrendous ADJ 骇人的 hài rén de, 可怕的 kěpà de

horrible ADJ 1 可怕的 kěpà de 2 糟透了的 zāo tòule de, 极讨厌的 jí tǎoyàn de

horrid ADJ 极其糟糕的 jíqí zāogāo de

horrific ADJ 吓人的 xià rén de, 恐怖的 kǒngbù de

horrified ADJ 深感恐惧的 shēngǎn kǒngjù de

horrify V 使…感到恐怖 shǐ…gǎndào kǒngbù, 吓坏 xiàhuài

horrifying ADJ 极其恐怖的 jíqí kǒngbù de, 可怕了 kěpà jíle

horror I N 1 恐怖 kǒngbù 2 恐怖的事 kǒngbù de shì
to one's horror 使某人大为恐慌 shǐ mǒurén dàwéi kǒnghuāng
horror movie 恐怖片 kǒngbùpiàn

hors d'oeuvre N 开胃菜 kāiwèicài, 开胃小吃 kāiwèi xiǎochī

horse N 马 mǎ [M. WD 匹 pǐ]

horse around V 胡闹 húnào, 打闹 dǎ nào

horseback N 马背 mǎbèi
horseback riding 骑马 qímǎ

horseplay N 打闹 dǎnào

horsepower N 马力 mǎlì [M. WD 匹 pǐ]

horseshoe N 马蹄铁 mǎtítiě, 马掌 mǎzhǎng

horticulture N 园艺 (学) yuányì (xué)

hose I N 1 水管 shuǐguǎn 2 连裤袜 liánkùwà [M. WD 双 shuāng] II V 1 (用水管) 冲 (yòng shuǐguǎn) chōng 2 欺骗 qīpiàn

hosiery N 袜类 wà lèi

hospice N 临终医院 línzhōng yīyuàn, 安养院 ānyǎng yuàn

hospitable ADJ 1 好客的 [+人] hàokè de [+rén] 2 适宜的 [+条件] shìyí de [+tiáojiàn]

hospital N 医院 yīyuàn □ Send him to hospital, now! 马上送他到医院去! Mǎshàng sòng tā dào yīyuàn qu! □ She will go to the hospital for a minor operation tomorrow. 明天她要到医院去做一个小手术。Míngtiān tā yào dào yīyuàn qu zuò yí ge xiǎo shǒushù.
to be admitted to the hospital 住进医院 zhù jìn yīyuàn, 住院 zhùyuàn
to be discharged from the hospital 出院 chūyuàn

hospitality N 好客 hàokè
hospitality industry 旅馆服务业 lǚguǎn fúwùyè

hospitalize V 住医院 zhùyīyuàn, 住院 zhùyuàn □ Two accident victims are still hospitalized. 两名事故受害者还住在医院里。Liǎng míng shìgù shòuhàizhě hái zhù zài yīyuàn lǐ.

host¹ I N (F **hostess**) 1 主人 / 女主人 zhǔrén/nǚzhǔrén □ Mrs. Brown is a perfect hostess. 布朗太太待客十分周到。Bùlǎng tàitai dàikè shífēn zhōudao. **2** (电视) 节目主持人

(电视) jiémù zhǔchírén □ The host of this popular food program used to be a chef. 这个很受欢迎的食品节目主持人过去是位大厨师。Zhè ge hěn shòu huānyíng de shípǐn jiémù zhǔchírén guòqù shì wèi dàchúshī. **3** (活动) 东道主 (huódòng) dōngdàozhǔ, (国际活动) 东道国 (guójì huódòng) dōngdàoguó □ The host club did everything possible to make the tournament a success. 东道主俱乐部尽一切努力使这次锦标赛成功。Dōngdàozhǔ jùlèbù jìn yíqiè nǔlì shǐ zhècì jǐnbiāosài chénggōng. **II** v **1** 主持 zhǔchí □ Who will host next year's Oscar Awards ceremony? 谁来主持明年的奥斯卡金像奖颁奖仪式？Shéi lái zhǔchí míng nián de Àosīkǎ jīnxiàngjiǎng bānjiǎng yíshì? **2** 举办 jǔbàn □ A couple of cities are keen to host this event. 有几个城市对举办这个活动极感兴趣。Yǒu jǐ ge chéngshì duì jǔbàn zhè ge huódòng jí gǎnxìngqù.

host² N (a host of) 许多 xǔduō

hostage N 人质 rénzhì
to hold sb hostage 把某人扣作人质 bǎ mǒurén kòu zuò rénzhì

hostel N 旅舍 lǚshè
Youth Hostel 青年旅舍 qīngnián lǚshè

hostile ADJ 敌对的 díduì de, 抱有敌意的 bàoyǒu díyì de
a hostile takeover 恶意接管 èyì jiēguǎn

hostilities N 战斗 zhàndòu, 战事 zhànshì

hostility N 敌意 díyì

hot ADJ **1** 热 rè □ I was so hot that I perspired all over. 我热得浑身出汗。Wǒ rè de húnshēn chūhàn.
hot air balloon 热气球 rèqìqiú
hot dog 热狗 règǒu, 长香肠 cháng xiāngcháng
hot plate 平板电炉 píngbǎn diànlú
hot potato 棘手的问题 jíshǒu de wèntí
hot seat 困难的处境 kùnnan de chǔjìng
2 辣的 (食物) là de (shíwù) □ If you like hot food, try eating in that Indian restaurant. 你喜欢吃辣的，就试试那家印度餐馆。Nǐ xǐhuan chī là de, jiù shìshi nà jiā Yìndù cānguǎn. **3** 暴躁的 bàozao de
a hot temper 暴躁的脾气 bàozao de píqi
4 色情的 sèqíng de

hotbed N 温床 wēnchuáng

hotcake N 煎饼 jiānbing
to sell like hotcakes 非常畅销 fēicháng chàngxiāo

hotel N 旅馆 lǚguǎn, 酒店 jiǔdiàn □ Most people can't afford to stay in a five-star hotel. 大多数人住不起五星级旅馆。Dàduōshù rén zhùbuqǐ wǔ xīngjí lǚguǎn.

hothead N 性情冲动的人 xìngjí chōngdòng de rén

hotheaded ADJ 头脑发热的 tóunǎo fārè de, 性急冲动的 xìngjí chōngdòng de

hotline N 热线 rèxiàn

hotly ADV **1** 强烈地 qiángliè de **2** 紧紧地 jǐnjǐn de

hotshot N 自信的成功者 zìxìn de chénggōngzhě

hotspot N (电脑网页) 热点 (diànnǎo wǎngyè) rèdiǎn

hot-tempered ADJ 脾气暴躁的 píqi bàozao de

hot-water bottle N 热水袋 rèshuǐ dài

hot-wire v 强行起动 (汽车) qiángxíng qǐdòng (qìchē)

hound I v 骚扰 sāorǎo, 追住不放 zhuī zhù bù fang II N 狗 gǒu, 猎狗 liègǒu

hour N 小时 xiǎoshí, 钟头 zhōngtóu □ I'll be home in an hour. 我一小时内回家。Wǒ yì xiǎoshí nèi huíjiā.
opening hours (商店/银行) 营业时间 (shāngdiàn/yínháng) yíngyè shíjiān, (图书馆/博物馆) 开放时间 (túshūguǎn/bówùguǎn) kāifàng shíjiān □ The public library's opening hours are from 10.00 a.m. till 8.00 p.m. 公共图书馆的开放时间是上午十点到晚上八点。Gōnggòng túshūguǎn de kāifàng shíjiān shì shàngwǔ shí diǎn dào wǎnshang bā diǎn.
visiting hours (医院) 探视时间 (yīyuàn) tànshì shíjiān

after hours 下班后 xiàbān hòu □ Here is my after-hours telephone number. 这是我下班后的电话号码。Zhè shì wǒ xiàbān hòu de diànhuà hàomǎ

hourglass N 沙漏 shālòu
an hourglass figure 细腰身材 xìyāo shēncái

hourly ADJ, ADV **1** 每一小时的 měi yì xiǎoshí de **2** 按小时计算的 àn xiǎoshí jìsuàn de

house I N **1** 住宅 zhùzhái, 房子 fángzi □ They sold their house and went abroad. 他们卖掉了房子，出国了。Tāmen màidiàole fángzi, chū guó le.
the White House 白宫 Báigōng
house arrest 软禁 ruǎnjìn
2 议院 yìyuàn
the House (美国) 众议院 (Měiguó) Zhòngyìyuàn
3 公司 gōngsī
printing house 印刷所 yìnshuāsuǒ
publishing house 出版社 chūbǎnshè
4 剧院 jùyuàn
opera house 歌剧院 gējùyuàn
II v 为…提供住房 wéi…tígōng zhùfáng

houseboat N 船屋 chuánwū

housebound ADJ 只能待在家里的 zhǐ néng dài zài jiālide

housebroken ADJ (宠物) 不在屋内便溺的 (chǒngwù) búzài wūnèi biànniào de

household N 家庭 jiātíng, 户 hù □ The average household in this city has 4.5 people. 这个城市的平均家庭人口是四个半人。Zhè ge chéngshì de píngjūn jiātíng rénkǒu shì sì ge bàn rén.
head of a household 户主 hùzhǔ

housekeeper N **1** 管家 guǎnjiā **2** (旅馆的+) 清洁工 [lǚguǎn de+] qīngjiégōng

housekeeping N 家务管理 jiāwù guǎnlǐ

House of Representatives N (美国) 众议院 (Měiguó) Zhòngyìyuàn

houseplant N 室内盆栽植物 shìnèi pénzāi zhíwù

house-sit v 看管房屋 kānguǎn fángwū

house-sitter N 看管房屋的人 kānguǎn fángwū de rén

housewares N 家庭用品 jiātíng yòngpǐn

housewarming N 庆祝乔迁的聚会 qìngzhù qiáoqiān de jùhuì

housewife N 家庭主妇 jiātíng zhǔfù

housework N 家务事 jiāwùshì

housing N 住房 zhùfáng
public housing 政府为低收入家庭提供的住房 zhèngfǔ wéi dī shōurù jiātíng tígōng de zhùfáng, 公房 gōngfáng

hover v 盘旋 pánxuán

hovercraft N 气垫船 qìdiànchuán [M. WD 艘 sōu]

how ADV **1** 怎样 zěnyàng, 怎么样 zěnmeyàng □ I don't know how to say it in Chinese. 我不知道这个在中文里怎么说？Wǒ bù zhīdào zhè ge zài Zhōngwén lǐ zěnme shuō? **2** 多 duō, 多么 duōme □ How old are you? 你几岁? Nǐ jǐsuì? 你多大年纪? Nǐ duōdà niánjì? □ How much did you pay for the used car? 这辆二手车你花了多少钱? Zhè liàng èrshǒuchē nǐ huāle duōshaoqián?

howdy INTERJ 你好 nǐhǎo

however I ADV **1** 不管怎么样 bùguǎn zěnmeyàng, 无论如何 wúlùn rúhé □ I'll finish this job today, however long it may take. 不管要花多长时间，我今天要做完这个工作。Bùguǎn yào huā duō cháng shíjiān, wǒ jīntiān yào zuòwán zhè ge gōngzuò. □ He reads his Bible before going to sleep, however late it is. 不管多么晚，他在临睡前总要读圣经。tā zài línshuì qián zǒngyào dú Shèngjīng. **2** 然而 rán'ér, 但是 dànshì □ I felt unwell yesterday morning, however I still went to work. 昨天早上我感到不舒服，但还是去上班了。Zuótiān zǎoshang wǒ gǎndao bù shūfu, dàn háishì qù shàngbān le. **II** CONJ 不管怎么样 bùguǎn zěnmeyàng, 无论如何 wúlùn rúhé □ However I tried, I couldn't open the door. 不管我怎么试，总是开不开门。Bùguǎn wǒ zěnme shì, zǒngshì kāibukāi mén.

howl v 1 [动物+] 嚎叫 [dòngwù] háojiào 2 吼叫 hǒujiào, [人+] 象动物一样嚎叫 [rén+] xiàng dòngwù yíyàng háojiào

to howl with laughter 狂笑 kuángxiào

HQ (= headquarters) ABBREV（军队）司令部（jūnduì）sīlìngbù,（公司）总部（gōngsī）zǒngbù

HR (= human resources) ABBREV 人力资源（管理）rénlìzīyuán（guǎnlǐ), 人事（管理）rénshì（guǎnlǐ）

HTML (= Hypertext Markup Language) ABBREV（计算机）超文本标记语言（jìsuànjī）chāowénběn biāojì yǔyán

hub N 中心 zhōngxīn, 枢纽 shūniǔ

from hub to tire 从头到尾 cóng tóu dào wěi, 完全地 wánquán de

hubbub N 噪杂的人声 zàozá de rénshēng

huddle I v 挤作一团 jǐ zuò yì tuán

to huddle around 围着 wéizhe

II N 挤在一起的人 jǐ zài yìqǐ de rén

hue N 色调 sèdiào, 色度 sèdù

huff I v 气喘吁吁 qìchuǎn xūxū II N 气呼呼 qì xūxū

in a huff 怒气冲冲 nùqì chōngchōng

huffy ADJ 怒气冲冲的 nùqì chōngchōng de

hug v, N 拥抱 yōngbào

huge ADJ 巨大的 jùdà de, 极大的 jídà de □ The dinosaur was a huge animal. 恐龙是种巨大的动物。Kǒnglóng shì zhǒng jùdà de dòngwù.

hulk N 废弃的飞机／轮船／火车 fèiqì de fēijī/lúnchuán/huǒchē

hull N 1 船体 chuántǐ 2 谷壳 gǔké, 豆荚 dòujiá

hullabaloo N 激烈的批评 jīliè de pīpíng

hum I v 1 哼 [+歌／曲子] hēng [+gē/qǔzi] 2 活跃 huóyuè, 忙碌 mánglù II N 1 哼歌声 hēnggēshēng 2 嗡嗡声 wēngwēngshēng

human I ADJ 人的 rén de, 人类的 rénlèi de □ Some places on earth are simply not fit for human habitation. 地球上有些地方简直不适合人类居住。Dìqiúshang yǒuxiē dìfang jiǎnzhí bú shìhé rénlèi jūzhù.

To err is human; to forgive, divine. 犯错误是人性，饶恕错误是神性。Fàn cuòwu shì rénxìng, ráoshù cuòwu shì shénxìng.

human race 人类 rénlèi

human rights 人权 rénquán

II N 人 rén

human nature 人性 rénxìng, 人的本性 rén de běnxìng

humane ADJ 人道的 réndào de, 仁慈的 réncí de

humanism N 人本主义 rénběn zhǔyì, 人文主义 rénwénzhǔyì

humanist N 人本主义者 rénběn zhǔyìzhě, 人文主义者 rénwén zhǔyìzhě

humanitarian I ADJ 人道主义的 réndào zhǔyì de II N 人道主义者 réndào zhǔyìzhě

humanitarianism N 人道主义 réndàozhǔyì, 博爱精神 bó'ài jīngshén

humanities N 人文学科 rénwén xuékē

humanity N 1 人类 rénlèi 2 博爱 bó'ài, 仁慈 réncí

humanize v 使…人性化 shǐ…rénxìnghuà

humankind N 人类 rénlèi

humanly ADV 人的 rén de

humanly possible 尽最大努力 jìn zuì dà nǔlì

humble I ADJ 1 谦恭的 qiāngōng de, 谦虚的 qiānxū de 2 卑微的 [+出身] bēiwēi de [+chūshēn] II v 使…谦 shǐ…bēiqiān

humdrum ADJ 单调乏味的 dāndiào fáwèi de

humid ADJ 潮湿的 cháoshī de, 湿气很重的 shīqì hěn zhòng de

humidifier N 增湿器 zēngshī qì [M. WD 台 tái]

humidify v 使…湿润 shǐ…shīrùn

humidity N 湿度 shīdù

humiliate v 羞辱 xiūrǔ, 使…丢脸 shǐ…diūliǎn, 使…蒙羞 shǐ…méngxiū

humiliation N 羞辱 xiūrǔ

humility N 谦虚 qiānxū, 谦恭 qiāngōng

humor N 幽默 yōumò, 诙谐 huīxié □ He recognized the humor in that unpleasant situation. 他从那个不愉快的情景中体会到幽默。Tā cóng nà ge bù yúkuài de qíngjǐng zhōng tǐhuìdào yōumò. □ These folksongs are full of humor. 这些民歌充满了幽默。Zhèxiē míngē chōngmǎnle yōumò.

sense of humor 幽默感 yōumògǎn □ She has a good sense of humor, which makes her popular. 她幽默感很强，这使她很受欢迎。Tā yōumògǎn hěn qiáng, zhè shǐ tā hěn shòu huānyíng.

humorist N 幽默作家 yōumò zuòjiā

humorless ADJ 没有幽默感的 méiyǒu yōumògǎn de, 一本正经的 yì běn zhèngjīng de

humorous ADJ 幽默的 yōumò de □ The author is able to see the humorous side of a situation. 作者能够看到事物幽默的一面。Zuòzhě nénggou kàndao shìwù yōumò de yí miàn.

hump N 1 圆形隆起物 yuánxíng lóngqǐ wù 2 驼峰 tuófēng

hunch I N 预感 yùgǎn II v 弓起 [+背] gōng qǐ [+bèi]

hunchback N 驼背的人 tuóbèi de rén, 驼背 tuóbèi

hundred NUM 百 bǎi, 一百 yì bǎi

hundredweight N 1 美担 (= 100磅/45.36公斤) měidàn (= 100 bàng/45.36 gōng jīn)

hung v See **hang¹**

hung jury 未能取得一致意见的陪审团 wèi néng qǔdé yízhì yìjiàn de péishěntuán

hung up 担忧的 dānyōu de

hunger I N 饥饿 jī'è

hunger strike 绝食 juéshí

2 渴求 kěqiú

hunger for knowledge 对知识的渴求 duì zhīshi de kěqiú II v (to hunger for) 渴求 kěqiú

to hunger for recognition 渴求获得他人的认可 kěqiú huòdé tārén de rènkě

hung over ADJ 宿醉 sùzuì

hungry ADJ 饿 è, 饥饿的 jī'è de □ If you're hungry, have some cookies first. 你饿了，就先吃点饼干。Nǐ è le, jiù xiān chī diǎnr bǐnggān.

to go hungry 挨饿 ái'è □ I'll rather go hungry than eat that! 我宁愿挨饿，也不吃那玩意儿! Wǒ nìngyuàn ái'è, yě bù chī nà wányìr!

hunk N 身材魁梧的人 shēncái kuíwú de rén, 性感的男子 xìnggǎn de nánzǐ

hunt v 1 打猎 dǎliè 2 寻找 xúnzhǎo, 搜索 sōusuǒ □ I've hunted for my keys everywhere, but I can't find them. 我到处找钥匙，还是找不到。Wǒ dàochù zhǎo yàoshi, háishi zhǎobudào.

hunter N 猎人 lièrén

hunting N 打猎 dǎliè, 猎取 lièqǔ

hunting grounds 狩猎场 shòulièchǎng

bargain hunting 寻找便宜货 xúnzhǎo piányihuò

hurdle I N 1 [法律+] 障碍 [fǎlǜ+] zhàng'ài 2 [赛跑的+] 拦架 [sàipǎo de+] lánjià II v 跨越 [+拦架] kuàyuè [+lánjià]

hurl v 投掷 tóuzhì, 扔 rēng

hurricane N 飓风 jùfēng

hurried ADJ 匆忙的 cōngmáng de

hurry I v 1 匆忙地做 cōngmáng de zuò □ Don't hurry; it's still early. 别匆匆忙忙，时间还早。Bié cōngcōng mángmáng, shíjiān hái zǎo. 2 催促 cuīcù □ Every morning she hurries the kids up so they won't be late for school. 她每天早上都催促孩子快一点，可以不迟到。Tā měitiān zǎoshang dōu cuīcù háizi kuài yìdiǎnr, kěyǐ bù chídào.

II N 匆忙 cōngmáng □ I'm not in any hurry. 我一点儿也不着急。Wǒ yìdiǎnr yě bù zháojí.
Hurry up! 快! Kuài!

hurt I v (PT & PP **hurt**)1 伤害 shānghài □ Don't throw stones, you may hurt somebody! 别扔石子，你会伤到人的。Bié rēng shízǐ, nǐ huì shāngdao rén de. □ It won't hurt you to check the figures again. 你再检查一下数字，不会有坏处。Nǐ zài jiǎnchá yíxià shùzì, bú huì yǒu huàichu. **2** 感到疼痛 gǎndao téngtòng □ Her feet hurt after she had stood there for so long. 她站了这么久，脚都疼了。Tā zhànle zhème jiǔ, jiǎo dōu téng le. **II** N（感情）伤害 (gǎnqíng) shānghài

hurtful ADJ 伤害人的 shānghài rén de, 使人痛苦的 shǐrén tòngkǔ de

hurtle v 猛冲 měngchōng

husband N 丈夫 zhàngfu □ She is looking for her ideal husband. 她还在寻找理想丈夫。Tā hái zài xúnzhǎo lǐxiǎng zhàngfu.

hush I v 使…安静 shǐ…ānjìng
to hush up 保密 bǎomì, 秘而不宣 mì ér bù xuān □ The company tried in vain to hush up the scandal. 公司没有能让丑闻保密。Gōngsī méiyǒu néng ràng chǒuwén bǎomì.
II N（重大事件前的）沉默 (zhòngdà shìjiàn qián de) chénmò

hushed ADJ 寂静的 jìjìng de

hush-hush ADJ 秘密的 mìmì de

husk N（谷物）外皮 (gǔwù) wàipí, 壳 ké

husky I ADJ 1 [嗓子+] 沙哑的 [sǎngzi+] shāyǎ de **2** 高大健壮的 [+男子] gāodà jiànzhuàng de [+nánzǐ] **II** N 爱斯基摩犬 Àisījīmó quǎn

hustle I v 乱推 luàn tuī, 混乱 hùnluàn **II** N 忙碌 mánglù
hustle and bustle 忙碌喧闹 mánglù xuānnào

hustler N 妓女 jìnǚ

hut N 小棚屋 xiǎo péngwū [M. WD 间 jiān]

hutch N 兔笼 tù lóng

hybrid N 1 杂交品种 zájiāo pǐnzhǒng, 杂种 zázhǒng **2** 混合物 hùnhéwù
hybrid car 油电两用车 yóu diàn liǎngyòng chē

hydrant N 消防笼头 xiāofáng lóngtou, 消防栓 xiāofáng shuān

hydraulic ADJ 水压的 shuǐyā de, 水力的 shuǐlì de

hydraulics N 水压系统 shuǐyā xìtǒng

hydroelectric ADJ 水力发电的 shuǐlì fādiàn de

hydrogen (H) N 氢（气）qīng (qì)

hydrogen bomb N See H-bomb

hydroplane v 水上飞机 shuǐshàng fēijī [M. WD 架 jià]

hyena N 鬣狗 liègǒu [M. WD 只 zhī]

hygiene N（个人）卫生 (gèrén) wèishēng

hygienic ADJ（个人）卫生的 (gèrén) wèishēng de

hymn N 赞美诗 zànměishī, 颂歌 sònggē

hype N, v [媒体的+] 大肆炒作 [méitǐ de+] dàsì chǎozuò

hyped up ADJ 兴奋的 xīngfèn de, 激动的 jīdòng de

hyper I ADJ 过于兴奋的 guòyú xīngfèn de, 非常激动的 fēicháng jīdòng de **II** SUFFIX 过分的 guòfèn de, 过度的 guòdù de

hyperactive ADJ 过于活跃的 [+儿童] guòyú huóyuè de [+értóng], 多动的 duōdòng de

hyperactivity N（儿童）多动症 (értóng) duōdòngzhèng

hyperbole N 夸张 kuāzhāng, 夸张法 kuāzhāngfǎ

hyperlink N 超链接 chāo liànjiē

hypersensitive ADJ 过敏的 guòmǐn de

hypertension N 高血压 gāoxuèyā

hyphen N 连接号 liánjiēhào (-)

hyphenate v（用连接号）连接 (yòng liánjiēhào) liánjiē

hyphenated ADJ（用连接号）连接起来的 (yòng liánjiēhào) liánjiē qǐlái de

hypnosis N 催眠（状态）cuīmián (zhuàngtài)

hypnotic ADJ 催眠的 cuīmián de

hypnotism N 催眠状态 cuīmián zhuàngtài

hypnotist N 催眠师 cuīmiánshī

hypnotize v 对…催眠术 duì…cuīmiánshù

hypochondria N 过分担心健康 guòfèn dānxīn jiànkāng

hypochondriac N 过分担心健康的人 guòfèn dānxīn jiànkāng de rén, 无病呻吟者 wú bìng shēnyínzhě

hypocrisy N 伪善 wěishàn

hypocrite N 伪善者 wěishànzhě, 伪君子 wěijūnzǐ

hypodermic N 皮下注射针头 pí xià zhùshè zhēntóu

hypothermia N 体温过低 tǐwēn guò dī, 寒冷 hánlěng

hypothesis N 假设 jiǎshè

hypothesize v 提出假设 tíchū jiǎshè

hypothetical ADJ 假设的 jiǎshè de

hysterectomy N 子宫切除术 zǐgōng qiēchúshù

hysteria N 1 狂热 kuángrè, 狂热情绪 kuángrè qíngxù **2** 歇斯底里 xiēsīdǐlǐ, 癔病 yìbìng

hysterical ADJ 狂热的 kuángrè de, 歇斯底里的 xiēsīdǐlǐ de

hysterics N 歇斯底里 xiēsīdǐlǐ
to go into hysterics 控制不了感情 kòngzhì bùliǎo gǎnqíng, 歇斯底里发作 xiēsīdǐlǐ fāzuò

I, i

I PRON 我 wǒ □ My wife and I are happy to accept your invitation. 我和妻子很高兴接受您的邀请。Wǒ hé qīzi hěn gāoxìng jiēshòu nín de yāoqǐng.

ice N 冰 bīng □ I drove with extra care as the roads were covered by thin ice. 我开车特别小心，因为路上有薄冰。Wǒ kāichē tèbié xiǎoxīn, yīnwèi lùshang yǒu báobīng.
ice cream 冰淇淋 bīngqílín
ice cream cone 冰淇淋蛋卷 bīngqílín dànjuǎn
ice cube 冰块 bīngkuài
ice hockey 冰球（运动）bīngqiú (yùndòng)
ice pack 冰袋 bīngdài

iceberg N 冰山 bīngshān
the tip of the iceberg 冰山的一角 bīngshān de yìjiǎo

ice skate I v 溜冰 liūbīng **II** N 溜冰鞋 liūbīng xié [M. WD 只 zhī/双 shuāng]

icicle N 冰柱 bīngzhù, 冰凌 bīnglíng

icing N 糖霜 tángshuāng

icky ADJ 让人恶心的 ràng rén èxīn de, 极讨厌的 jí tǎoyàn de

icon N 1 崇拜的偶像 chóngbài de ǒuxiàng **2**（计算机的）图标 (jìsuànjī de) túbiāo

icy ADJ 1 冰冷的 bīnglěng de **2** 结冰的 jiébīng de **3** 冷淡的 [+态度] lěngdàn de [+tàidu], 极不友好的 jí bùyǒuhǎo de

ID I (= identity, identification) ABBREV 1 个人身份 gèrén shēnfen **2** 身份证明 shēnfenzhèng míng
ID card, identity card 身份证 shēnfenzhèng
II v 辨认 [+罪犯] biànrèn [+zuìfàn]

idea N 1 主意 zhǔyi □ What a wonderful idea! 这个主意真太妙了！Zhè ge zhǔyi zhēn tài miào le! □ Buying mom a health club membership is a very good idea! 给妈妈买保健俱乐部会员卡，是个好主意。Gěi māma mǎi bǎojiàn jùlèbù huìyuánkǎ, shì ge hǎo zhǔyi. **2** 认识 rènshi □ His novels give you a good idea of life in 18th-century England. 他的小说使你很好认识十八世纪英国的生活。Tā de xiǎoshuō shǐ nǐ hěn hǎo rènshi shíbā shìjì Yīngguó de shēnghuó. □ I explained my plan in detail, but she didn't seem to get the idea. 我详细解释了我的计划，但是她好像不明白。Wǒ xiángxì jiěshìle wǒ de jìhuà, dànshì tā hǎoxiàng bù míngbai. **3** 想法 xiǎngfǎ □ Where did you get this idea? 你从哪里得到这个想法的？(→ 你怎么会有这个想法的？) Nǐ cóng nǎlǐ dédao zhè ge xiǎngfǎ de? (→ Nǐ zěnme huì yǒu zhè ge xiǎngfǎ de?)

I don't have the slightest idea who did it. 我一点儿也不知道是谁干的。Wǒ yìdiǎnr yě bù zhīdào shì shéi gàn de.

ideal I N 理想 lǐxiǎng □ Peace in the world may be only an ideal, but we should work for it. 世界和平或许只是理想，但是我们应该为之努力。Shìjiè hépíng huòxǔ zhǐ shì lǐxiǎng, dànshí wǒmen yīnggāi wéi zhī nǔlì.
II ADJ 理想的 lǐxiǎng de, 最合适的 zuì héshì de
idealism N 理想主义 lǐxiǎngzhǔyì
idealistic ADJ 理想主义的 lǐxiǎngzhǔyì de
idealization N 理想化 lǐxiǎng huà
idealize V 把…理想化 bǎ…lǐxiǎng huà
idealized ADJ 理想化了的 lǐxiǎng huà le de
identical ADJ 完全相同的 wánquán xiāngtóng de, 同一的 tóngyī de
identifiable ADJ 可以识别的 kěyǐ shíbié de, 可以辨认的 kěyǐ biànrèn de
identification N 1 辨认 biànrèn, 识别 shíbié 2 身份（证明）shēnfen (zhèngmíng)
identify V 确认 quèrèn, 认出来 rènchūlai
identity N 1 身份 shēnfen □ The identity of the criminal is still unknown. 罪犯的身份还不知道。(→ 谁是罪犯，还不知道。) Zuìfàn de shēnfen hái bù zhīdào. (→ Shéi shì zuìfàn, hái bù zhīdào.) 2 个性 gèxìng, （自身的）特征 (zìshēn de) tèzhēng
  identity crisis 失去自身特征的危险 shīqù zìshēn tèzhēng de wēixiǎn
  3 同一性 tóngyīxìng
ideology N 意识形态 yìshíxíngtài
idiocy N 极度愚蠢 jídù yúchǔn de
idiom N 1 成语 chéngyǔ □ The Chinese language has a large number of four-character idioms in its vocabulary. 中文词汇里有大量四个字的成语。Zhōngwén cíhuì lǐ yǒu dàliàng sì gè zì de chéngyǔ. 2 习惯用语 xíguàn yòngyǔ
idiomatic ADJ 1 地道的 [+中文] dìdao de [+Zhōngwén] 2 成语的 chéngyǔ de, 习惯用语的 xíguàn yòngyǔ de
idiosyncrasy N 特性 tèxìng
idiot N 白痴 báichī, 大笨蛋 dà bèndàn
idiotic ADJ 极其愚蠢的 jíqí yúchǔn de, 白痴一样的 báichī yíyàng de
idle I ADJ 1 闲置不用的 [+设备] xiánzhì búyòng de [+shèbèi] 2 没有意义的 [+话] méiyǒu yìyì de [+huà] 3 懒惰的 lǎnduò de, 闲散的 xiánsǎn de
  the idle rich 富贵闲人 fùguì xiánrén
  II V 1 使 [+设备] 闲置 shǐ [+shèbèi] xián zhì 2 [发动机+] 空转 [fādòngjī+] kōngzhuàn
idol N 偶像 ǒuxiàng
idolatry N 偶像崇拜 ǒuxiàng chóngbài, 过分崇拜 guòfèn chóngbài
idolize V 极为崇拜 jíwéi chóngbài
idyllic ADJ 恬静宜人的 tiánjìng yírén de
if I CONJ 1 如果 rúguǒ, 要是 yàoshi □ Do it well, if it's worth doing. 如果这件事值得做，就好好做。Rúguǒ zhè jiàn shì zhíde zuò, jiù hǎohǎo zuò. 2 If you perform well, you can get a promotion at the end of the year. 你如果表现好，年底能升级。Nǐ rúguǒ biǎoxiàn hǎo, niándǐ néng shēngjí. 2 是否 shìfǒu, 是不是 shìbushì, 会不会 huì bù huì □ I'm not sure if she'll honor her commitment. 我不确定她会不会履行自己的承诺。Wǒ bú quèdìng tā huìbuhuì lǚxíng zìjǐ de chéngnuò.
  even if 即使 jíshǐ □ He will buy the new car, even if he has to get a loan. 他即使借钱，也要买新车。Tā jíshǐ jiè qián, yě yào mǎi xīn chē.
  only if 只有 zhǐyǒu, 只要 zhǐyào □ Doctors will do that operation only if there is no alternative. 医生只有别无它法，才会做这个手术。Yīshēng zhǐyǒu bié wú tā fǎ, cái huì zuò zhè ge shǒushù.
  if I were you 要是我是你的话 yàoshi wǒ shì nǐ de huà

□ Let me put it bluntly: if I were you, I wouldn't marry that man. 让我坦率对你说：要是我是你的话，就不会跟那个男人结婚。Ràng wǒ tǎnzhí duì nǐ shuō: yàoshi wǒ shì nǐ de huà, jiù bú huì gēn nà ge nánrén jiéhūn.
  II N 可能 kěnéng, 可能性 kěnéngxìng □ No ifs, ands, or buts. 别找任何借口。Bié zhǎo rènhé jièkǒu.
iffy ADJ 不确定的 bú quèdìng de
igloo N （爱斯基摩人）圆顶冰屋 (Àisījīmórén) yuándǐng xiǎo wū
ignite V 1 点燃 [+炸药] diǎnrán [+zhàyào] 2 激发 [+热情] jīfā [+rèqíng]
ignition N （汽车）点火装置 (qìchē) diǎnhuǒ zhuāngzhì, 点火开关 diǎnhuǒ kāiguān
  ignition key （汽车）启动钥匙 (qìchē) qǐdòng yàoshi
ignoble ADJ 卑鄙的 bēibǐ de, 不光彩的 bù guāngcǎi de
ignominious ADJ 极不光彩的 jí bù guāngcǎi de, 耻辱的 chǐrǔ de
ignorance N 无知 wúzhī □ Prejudice comes from ignorance. 偏见来自无知。Piānjiàn láizì wúzhī.
ignorant ADJ 无知的 wúzhī de, 一点也不知道的 yìdiǎn yě bù zhīdào de □ Quite a few young people seem to be quite ignorant of their own country's history. 不少年轻人似乎对自己国家的历史很无知。Bùshǎo niánqīngrén sìhu duì zìjǐ guójiā de lìshǐ hěn wúzhī.
ignore V 不理睬 bù lǐcǎi □ She ignored me when we passed each other in the hallway. 我们在走廊上对面走过时，她不理睬我。Wǒmen zài zǒulángshang duìmiàn zǒuguo shí, tā bù lǐcǎi wǒ.
ill I ADJ 1 生病 shēngbìng □ He is seriously ill. 他病得很重。Tā bìng de hěn zhòng. 2 坏的 huài de, 有害的 yǒuhài de
  ill effects 有害效果 yǒuhài xiàoguǒ, 不良反应 bùliáng fǎnyìng
  3 (ill at ease) 不在 bú zìzài, 紧张的 jǐnzhāng de
  II ADV 不好地 bù hǎo de **III** N 伤害 shānghài, 厄运 èyùn
ill-advised ADJ 不明智的 bùmíngzhì de
illegal I ADJ 非法的 fēifǎ de, 违法的 wéifǎ de □ It goes without saying that it is illegal to use drugs. 使用毒品当然是非法的。Shǐyòng dúpǐn dāngrán shì fēifǎ de.
  II N 非法移民 fēifǎ yímín, 非法滞留者 fēifǎ zhìliúzhě
illegible ADJ 难以辨认的 [+字迹] nányǐ biànrèn de [+zìjī]
illegitimacy N 非法 fēifǎ
illegitimate ADJ 1 私生的 sī shēng de, 非婚生的 fēi hūn shēng de
  an illegitimate child 私生子 sīshēngzǐ
  2 非法的 fēifǎ de
ill-equipped ADJ 装备不良的 zhuāngbèi bù liáng de, 没有很好准备的 méiyǒu hěn hǎo zhǔnbèi de
ill-fated ADJ 倒霉的 dǎoméi de, 注定失败的 zhùdìng shībài de
illicit ADJ 1 违法的 wéifǎ de 2 社会不容的 shèhuì bù róng de
illiteracy N 不识字 bù shízì, 文盲 wénmáng
illiterate ADJ 不识字的 bù shízì de, 文盲的 wénmáng de
ill-mannered ADJ 不礼貌的 bù lǐmào de, 粗鲁的 cūlǔ de
illness N 病 bìng □ After a long illness her grandmother died last night. 她的祖母在久病之后，于昨forenight去世。Tā de zǔmǔ zài jiǔ bìng zhīhòu, yú zuórì qùshì.
illogical ADJ 不合逻辑的 bù hé luójí de, 不合道理的 bùhé dàoli de
ill-treat V 虐待 nüèdài
ill-treatment N 虐待 nüèdài
illuminate V 1 照亮 [+房间] zhàoliàng [+fángjiān] 2 阐明 [+道理] chǎnmíng [+dàoli]
illumination N 照亮 zhàoliàng, 阐明 chǎnmíng
illusion N 幻觉 huànjué, 幻想 huànxiǎng
  optical illusion 视错觉 shìcuòjué
illusory ADJ 虚构的 xūgòu de, 虚假的 xūjiǎ de

illustrate v 1 举例子解释 jǔ lìzi jiěshì, 举例子说明 jǔ lìzi shuōmíng □ Can you give me an example to illustrate your point? 你能不能举一个例子说明你的观点? Nǐ néngbunéng jǔ yí ge lìzi shuōmíng nǐ de guāndiǎn? 2 画插图 huà chātú □ This book is beautifully illustrated. 这本书插图精美。Zhè běn shū chātú jīngměi.

illustration N 1 图示 túshì, 图解 tújiě 2 插图 chātú [M. WD 张 zhāng] 3 说明 shuōmíng

illustrator N 插图画家 chātú huàjiā

illustrious ADJ 杰出的 jiéchū de, 著名的 zhùmíng de

image N 1 形象 xíngxiàng □ The company will spend millions to improve its public image. 公司要花几百万元来改善公众形象。Gōngsī yào huā jǐ bǎi wàn yuán lái gǎishàn gōngzhòng xíngxiàng. 2 印象 yìnxiàng, 图像 túxiàng

imaginable ADJ 可以想象的 kěyǐ xiǎngxiàng de

imaginary ADJ 想像的 xiǎngxiàng de □ I think her fear was just imaginary. 我认为她的恐惧是想像出来的。Wǒ rènwéi tā de kǒngjù shì xiǎngxiàng chūlai de.

imagination N 想像力 xiǎngxiànglì □ He is dull and lacks imagination. 他很迟钝，缺乏想像力。Tā hěn chídùn, quēfá xiǎngxiànglì.

imaginative ADJ 想像力丰富的 xiǎngxiànglì fēngfù de

imagine v 1 想像 xiǎngxiàng □ Imagine yourself to be rich and famous. 想像一下自己有钱、有名气。Xiǎngxiàng yí xià zìjǐ yǒuqián, yǒu yǒumíngqi. 2 设想 shèxiǎng

imbalance N 不平衡 bù pínghéng

imbecile I N 笨人 bènrén, 蠢货 chǔnhuò II ADJ 愚蠢透顶的 yúchǔn tòudǐng de

imbibe v 喝 [+酒] hē [+jiǔ]

imbue v 使…充满 shǐ…chōngmǎn

imitate v 1 模仿 mófǎng, 仿效 fǎngxiào 2 模拟 mónǐ

imitation I N 1 模仿 mófǎng, 仿效 fǎngxiào 2 仿制品 fǎngzhìpǐn, 伪造品 wěizàopǐn □ Of course that Ming vase is an imitation—how can I afford a genuine one? 那只明代花瓶当然是仿制品—我怎么买得起真的呢? Nà zhǐ Míngdài huāpíng dāngrán shì fǎngzhìpǐn—wǒ zěnme mǎideqǐ zhēnde ne? II ADJ 仿造的 fǎngzào de, 人造的 rénzào de

imitation leather 人造(皮)革 rénzào (pí) gé

imitative ADJ 模仿的 mófǎng de, 仿效的 fǎngxiào de

imitator N 模仿者 mófǎngzhě, 仿效者 fǎngxiàozhě

immaculate ADJ 1 完美的 wánměi de, 无瑕可击的 wúxiá kějī de 2 十分清洁整齐的 shífēn qīngjié zhěngqí de

immaterial ADJ 1 无关紧要的 wúguān jǐnyào de 2 非实体的 fēi shítǐ de

immature ADJ 1 不成熟的 bù chéngshú de 2 未充分发育的 wèi chōngfèn fāyù de

immaturity N 不成熟 bù chéngshú, 发育不全 fāyù bù quán

immediacy N 紧迫性 jǐnpò xìng, 即刻 jíkè

immediate ADJ 1 立即的 lìjí de, 即刻的 jíkè de □ We need to take immediate action. 我们需要立即采取行动。Wǒmen xūyào lìjí cǎiqǔ xíngdòng. 2 当前的 dāngqián de, 目前的 mùqián de □ His immediate concern is to find a job. 他当前关注的是找工作。Tā dāngqián guānzhù de shì zhǎodao gōngzuò. 3 直接的 zhíjiē de □ The immediate cause of his death is a heart attack. 他死亡的直接原因是心脏病发作。Tā sǐwáng de zhíjiē yuányīn shì xīnzàngbìng fāzuò.

the immediate future 最近 zuìjìn □ I don't have a plan to travel to Europe in the immediate future. 我最近没有计划去欧洲。Wǒ zuìjìn méiyǒu jìhuà qù Ōuzhōu.

one's immediate families 直系亲属 zhíxì qīnshǔ □ Only their immediate families were present at the wedding. 只有双方的直系亲属出席了婚礼。Zhǐyǒu shuāngfāng de zhíxì qīnshǔ chūxíle hūnlǐ.

immediately ADV 立即 lìjí, 即刻 jíkè □ Much to my delight, he replied immediately. 让我高兴的是，他立即回复了。Ràng wǒ gāoxìng de shì, tā lìjí huífù le.

immense ADJ 巨大的 jùdà de, 宏大的 hóngdà de

immerse v 浸没 jìnmò, 沉浸 chénjìn

to immerse oneself in 潜心于 qiánxīn yú

immersion N 1 [黄豆] 沉浸 [huángdòu+] chénjìn 2 专注 [+政治活动] zhuānzhù [+zhèngzhì huódòng] 3 沉浸式外语教学法 chénjìnshì wàiyǔ jiàoxuéfǎ

immigrant N 移民(问题) yímín (wèntí) □ The restaurant was fined for employing illegal immigrants. 这家餐馆因为雇佣非法移民而被罚款。Zhè jiā cānguǎn yīnwèi gùyòng fēifǎ yímín ér bèi fákuǎn.

immigrate v 移民 yímín, 移民到… yímín dào… □ The Chen family immigrated to America over 20 years ago. 陈家在二十年前移民到美国。Chén jiā zài èrshí nián qián yímín dào Měiguó.

immigration N 移民(问题) yímín (wèntí)

imminent ADJ 即刻会发生的 jíkè huì fāshēng de

immobile ADJ 固定的 gùdìng de, 动弹不得的 dòngtanbùdé de

immobilize v 固定 gùdìng, 使…不能动 shǐ…bùnéng dòng

immoral ADJ 不道德的 bú dàodé de

immortal I ADJ 1 不会死的 bú huì sǐ de, 长生不老的 chángshēngbùlǎo de 2 不朽的 [+功绩] bùxiǔ de [+gōngjì] II N 长生不老者 chángshēngbùlǎozhě, 仙人 xiānrén

immovable ADJ 1 不能移动的 bùnéng yídòng de, 固定的 gùdìng de 2 不可动摇的 bùkě dòngyáo de, 十分坚定的 shífēn jiāndìng de

immune ADJ 1 有免疫力的 yǒu miǎnyìlì de 2 不受影响的 bú shòu yǐngxiǎng de

immune system 免疫系统 miǎnyì xìtǒng

immunity N 免疫 miǎnyì, 免疫性 miǎnyìxìng

immunize v 使…免疫 shǐ…miǎnyì

immutable ADJ 不能改变的 bùnéng gǎibiàn de, 永恒的 yǒnghéng de

imp N 1 小鬼 xiǎoguǐ 2 小淘气 xiǎo táoqì

impact I N 1 影响 yǐngxiǎng □ Global warming will make a tremendous impact on all forms of life on earth. 地球变暖将对地球上所有形式的生命都有巨大的影响。Dìqiú biàn nuǎn jiāng duì dìqiúshang suǒyǒu xíngshì de shēngmìng dōu yǒu jùdà de yǐngxiǎng. 2 冲击 chōngjī, 撞击 zhuàngjī □ The impact of the crash made the car a crumpled wreck. 撞车产生的冲击把车变成一堆扭曲的废铁。Zhuàngchē chǎnshēng de chōngjī bǎ chē biànchéng yì duī niǔqū de fèitiě. II v 产生(重大)影响 chǎnshēng (zhòngdà) yǐngxiǎng

impair v 损害 sǔnhài, 削弱 xuēruò

impaired ADJ 受损的 shòusǔn de

impairment N 损害 sǔnhài, 削弱 xuēruò

impale v 刺穿 cìchuān

impart v 1 传授 chuánshòu 2 给予 jǐyǔ, 赋予 fùyǔ

impartial ADJ 不偏不倚的 bùpiān bùyǐ de, 公正的 gōngzhèng de

impartiality N 公正 gōngzhèng

impassable ADJ 不能通过的 bùnéng tōngguò de

impasse N 僵局 jiāngjú

impassioned ADJ 热情的 rèqíng de, 激情的 jīqíng de

impassive ADJ 冷淡的 lěngdàn de

impatience N 没有耐心 méiyǒu nàixīn, 不耐烦 búnàifán □ The teacher was feeling a growing impatience. 老师渐渐感到不耐烦了。Lǎoshī jiànjiàn gǎndào bùnàifán le.

impatient ADJ 没有耐心的 méiyǒu nàixīn de, 不耐烦的 búnàifán de

impeach v 弹劾 tánhé, 控告 kònggào

impeachment N 弹劾 tánhé, 控告 kònggào

impeccable ADJ 无瑕可击的 wúxiákějī de, 完美的 wánměi de

impede v 妨碍 fáng'ài, 迟缓 chíhuǎn

impediment N 1 残疾 cánjí 2 妨碍 fáng'ài

impel v 促使 cùshǐ, 驱使 qūshǐ

impending ADJ 即将发生的 jíjiāng fāshēng de, 即将来临的 jí jiāng láilín de

impenetrabe ADJ 1 不能进入的 bùnéng jìnrù de 2 不能理解的 [+文章] bù néng lǐjiě de [+wénzhāng], 费解的 fèijiě de

imperative I ADJ 绝对必要的 juéduì bìyào de, 紧迫的 jǐnpò de II N 1 当务之急 dāngwù zhī jí 2 (语法) 祈使语气 (yǔfǎ) qíshǐ yǔqì

imperceptible ADJ 难以察觉到 nányǐ chájué dào

imperfect I ADJ 不完美的 bù wánměi de II N (语法) 未完成时态 (yǔfǎ) wèi wánchéng shítài

imperfection N 不完美性 bù wánměi xìng

imperial ADJ 帝国的 dìguó de, 皇帝的 huángdì de

imperialism N 帝国主义 dìguó zhǔyì

imperialist N 帝国主义者 dìguó zhǔyìzhě

imperil v 使…陷于危险境地 shǐ...xiànyú wēixiǎn jìngde

impersonal ADJ 无人情味的 wúrén qíngwèi de, 冷漠的 lěngmò de 2 (语法) 无人称的 (yǔfǎ) wúrénchēng de

impersonate v 冒充 màochōng

impersonator N 1 冒充者 [+行骗] màochōngzhě [+xíngpiàn] 2 [滑稽+] 模仿者 [gǔjī+] mófǎngzhě

impertinent ADJ 没有礼貌的 méiyǒu lǐmào de, 粗鲁的 cūlǔ de

impervious ADJ 1 不能渗透的 [+材料] bùnéng shèntòu de [+cáiliào] 2 [对批评+] 无动于衷的 [duì pīpíng+] wúdòng yú zhōng de

impetuous ADJ 冲动的 chōngdòng de

impetus N 1 动力 dònglì, 冲力 chōnglì 2 推动 tuīdòng, 促进 cùjìn

impinge on v 影响到 yǐngxiǎng dào

impish ADJ 顽皮的 wánpí de

implacable ADJ 难以满足的 nányǐ mǎnzú de, 难以平息的 nányǐ píngxí de

implant I v 移植 yízhí, 注入 zhùrù II N (手术) 植入物 (shǒushù) zhírùwù

implausible ADJ 难以置信的 nányǐ zhìxìn de

implement I v 执行 zhíxíng, 实施 shíshī II N 工具 gōngjù, 用具 yòngjù

implementation N 实施 shíshī, 实行 shíxíng

implicate v 使…受牵连 shǐ...shòu qiānlián

implication N 1 含义 hányì, 暗示 ànshì □ What do you think is the implication of this e-mail from her? 你觉得她这份电子邮件有什么含义? Nǐ juéde tā zhè fèn diànzǐ yóujiàn yǒu shénme hányì? 2 牵连 qiānlián □ He denied any implication in this case. 他否认和这件案子有牵连。Tā fǒurèn hé zhè jiàn ànzi yǒu qiānlián.

implicit ADJ 1 隐含的 yǐnhán de, 暗指的 ànzhǐ de 2 (implicit trust) 绝对信任 juéduì xìnrèn

implode v (使…) 内爆 (shǐ...) nèi bào

implore v 恳求 kěnqiú, 哀求 āiqiú

imply v 意味着 yìwèizhe, 暗示 ànshì □ I don't think her silence implies agreement. 我想她的沉默并不意味着同意。Wǒ xiǎng tā de chénmò bìng bú yìwèizhe tóngyì.

impolite ADJ 不礼貌的 bù lǐmào de

import I v 进口 jìnkǒu □ This country has to import all sorts of food from overseas. 这个国家必须从海外进口各类食品。Zhège guójiā bìxū cóng hǎiwài jìnkǒu gèlèi shípǐn. II N 进口货 jìnkǒuhuò

import duty 进口税 jìnkǒushuì

importance N 重要性 zhòngyàoxìng □ No one questions the importance of education to a nation. 没有人质疑教育对民族的重要性。Méiyǒu rén zhìyí jiàoyù duì mínzú de zhòngyàoxìng. to attach importance to 重视 zhòngshì □ We attach great importance to this project. 我们非常重视这个工程。Wǒmen fēicháng zhòngshì zhè ge gōngchéng.

important ADJ 重要的 zhòngyào de □ It is important that workplaces should be smoke-free. 工作场所不准抽烟，这是很重要的。Gōngzuò chángsuǒ bù zhǔn chōuyān, zhè shì hěn zhòngyào de.

importation N 1 [商品+] 进口 [shāngpǐn+] jìnkǒu, 输入 shūrù 2 [新技术+] 引进 [xīn jìshù+] yǐnjìn

impose v 强加 qiángjiā □ Parents shouldn't impose their values on their children. 家长不应该把自己的价值观强加给子女。Jiāzhǎng bù yīnggāi bǎ zìjǐ de jiàzhíguān qiángjiā gěi zǐnǚ. to impose tax [政府+] 征税 [zhèngfǔ+] zhēngshuì

imposing ADJ 壮观的 zhuàngguān de, 宏伟的 hóngwěi de

imposition N 1 强加于人的事 qiángjiā yú rén de shì, 不合理的要求 bùhélǐ de yāoqiú 2 实施 [+法令] shíshī [+fǎlìng]

impossible ADJ 1 不可能的 bù kěnéng de □ It is impossible to do a full-time job and take care of two small children at the same time. 又要做全职工作，又要照顾两个小孩子，是不可能的。Yòu yào zuò quánzhí gōngzuò, yòu yào zhàogù liǎng ge xiǎo háizi, shì bù kěnéng de. 2 极难对付的 jínán duìfù de

imposter N 冒充的人 màochōng de rén, 冒牌货 màopáihuò

impotence N 1 阳痿 yángwěi 2 无能为力 wúnéng wéilì de

impotent ADJ 1 无性交能力的 wú xìngjiāo nénglì de, 阳痿的 yángwěi de 2 无能为力的 wú néng wéilì de

impound v 扣押 kòuyā, 扣留 kòuliú

impoverished ADJ 非常贫困的 fēicháng pínkùn de

impractical 1 不恰当的 bú qiàdàng de 2 不会应付实际问题的 [+人] bú huì yìngfu shíjì wèntí de [+rén]

impracticality N 不实际 (性) bùshí jì (xìng)

imprecise ADJ 不精确 bù jīngquè

imprecision N 不精确 (性) bù jīngquè (xìng)

impregnable ADJ 1 无法攻克的 [+堡垒] wúfǎ gōngkè de [+bǎolěi] 2 无懈可击的 [+论点] wúxiè kějī de [+lùndiǎn]

impress v 1 给人好印象 gěi rén hǎo yìnxiàng, 使人敬佩 shǐ rén jìngpèi □ She often uses foreign words to impress people. 她常常说几个外国词，想让人敬佩。Tā chángcháng shuō jǐ ge wàiguócí, xiǎng ràng rén jìngpèi. □ I'm very impressed by that new laboratory. 那个新实验室给我留下很好的印象。Nà ge xīn shíyànshì gěi wǒ liúxia hěn hǎo de yìnxiàng. 2 使…牢记 shǐ...láojì

to impress the urgency of environmental protection on the public 使公众牢记环境保护的迫切性 shǐ gōngzhòng láojì huánjìng bǎohù de pòqièxìng

3 压印 yā yìn, 盖印 gài yìn

impression N 1 印象 yìnxiàng □ My first impressions of this city were very positive. 我对那个城市的初次印象很正面。Wǒ duì nà ge chéngshì de chūcì yìnxiàng hěn zhèngmiàn. □ Somehow I got the impression that he was deeply unhappy. 不知怎的，我的印象是他内心不幸福。Bù zhī zěnde, wǒ de yìnxiàng shì tā nèixīn bú xìngfú.

to make an impression on 给人印象 gěi rén yìnxiàng □ He made a good impression on his fiancée's parents. 他给未婚妻的父母留下了好印象。Tā gěi wèihūnqī de fùmǔ liúxiale hǎo yìnxiàng.

2 印记 yìnjì, 印痕 yìnhén

impressionable ADJ 易受影响的 yì shòu yǐngxiǎng de

impressionistic ADJ 凭主观印象的 píng zhǔguān yìnxiàng de

impressive ADJ 给人良好印象的 gěi rén liánghǎo yìnxiàng de □ Her piano solo performance was really impressive. 她的钢琴独奏给人良好印象。Tā de gāngqín dúzòu gěi rén liánghǎo yìnxiàng.

imprint I N 印证 yìnzhèng II v 在…加印 zài...jiā yìn

imprison v 监禁 jiānjìn, 把…投进监狱 bǎ...tóu jìn jiānyù

imprisonment N 监禁 jiānjìn

improbable ADJ 1 不大可能的 [+事件] búdà kěnéng de [+shìjiàn] 2 出人意料的 [+搭配] chūrén yìliào de [+dādàng], 不可思议的 bùkěsīyì de

impromptu I ADJ 即兴的 [+表演] jíxìng de [+biǎoyǎn], 即席的 [+演说] jíxí de [+yǎnshuō] II ADV 即兴 jíxìng, 即席 jíxí

improper ADJ 不妥当 bù tuǒdàng, 不合适 bù héshì

impropriety N 不妥 bù tuǒ, 不合适 bù héshì

improve V 改善 gǎishàn, 改进 gǎijìn □ As her health improved, so did her mood. 随着她健康的改善, 情绪也变好了。Suízhe tā jiànkāng de gǎishàn, qíngxù yě biàn hǎo le.

improvement N 改进 gǎijìn, 改善 gǎishàn □ You have made remarkable improvement in your school work this year. 你今年的功课有明显的改进。Nǐ jīnnián de gōngkè yǒu míngxiǎn de gǎijìn. □ This essay is an improvement over your last one. 这篇文章比上一篇有改进。Zhè piān wénzhāng bǐ shàng yí piān yǒu gǎijìn.

improvise V 现编 xiàn biān, 临时凑出 línshí còuchū

impudence N 冒失 màoshi, 厚颜 hòuyán

impudent ADJ 冒失的 màoshi de, 厚颜的 hòuyán de

impulse N 1 冲动 chōngdòng
    impulse buying 一时冲动下的购买 yìshí chōngdòng xià de gòumǎi
  2 电脉冲 diànmàichōng, 神经冲动 shénjīng chōngdòng

impulsive ADJ 冲动的 chōngdòng de

impunity N (with impunity) 不受惩罚 bú shòu chéngfá

impure ADJ 不纯的 bù chún de

impurity N 1 不纯 bùchún 2 杂质 zázhì

in I PREP 1 在…里 zài…lǐ □ He keeps his important documents in a safe. 他把重要文件放在保险箱里。Tā bǎ zhòngyào wénjiàn fàng zài bǎoxiǎnxiāng lǐ. □ My girlfriend is teaching English in Korea. 我的女朋友在韩国教英文。Wǒde nǚpéngyou zài Hánguó jiào Yīngwén. 2 在…之内 zài…zhīnèi, 在…期间 zài…qījiān □ The work was done in a week. 这件工作在一个星期里做好了。Zhè jiàn gōngzuò zài yí ge xīngqī lǐ zuòhǎo le. 3 在…以后 zài…yǐhòu □ Summer will be here in a month. 夏天将在一个月以后来临。Xiàtiān jiāng zài yí ge yuè yǐhòu láilín. 4 在…方面 zài…fāngmiàn □ Human beings have made rapid advances in science and technology. 人类在科学技术方面取得迅速进展。Rénlèi zài kēxué jìshù fāngmiàn qǔdé xùnsù jìnzhǎn.
  II ADV 1 进 jìn, 入 rù □ Come in! 请进! Qǐng jìn! 2 在 [+家/办公室] zài [+jiā/bàngōngshì] □ She was not in when I called. 我打电话的时候, 她不在。Wǒ dǎ diànhuà de shíhou, tā bù zài.

inability N 不能 bù néng, 无力 wú lì

inaccessible ADJ 1 难达到的 nán dádào de 2 得不到的 dé búdào de, 买不起的 mǎibuqǐ de

inaccuracy N 不准确 bù zhǔnquè

inaccurate ADJ 不准确 bù zhǔnquè

inaction N 无行动 wú xíngdòng, 无所作为 wú suǒ zuòwéi

inadequacy N 不足 bù zú, 欠缺 qiànquē

inadequate ADJ 不足的 bù zú de, 欠缺的 qiànquē de

inadmissible ADJ (法律) 不可接受的 (fǎlǜ) bùkě jiēshòu de

inadvertent ADJ 因疏忽而造成的 yīn shūhu ér zàochéng de, 粗心大意的 cūxīn dàyì de

inadvisable ADJ 不明智的 bù míngzhì de, 不可取的 bùkě qǔ de

inalienable ADJ 不可剥夺的 bùkě bōduó de

inane ADJ 极其愚蠢的 jíqí yúchǔn de, 无聊的 wúliáo de

inanimate ADJ 无生命的 wú shēngmìng de

inappropriate ADJ 不合适的 bù héshì de, 不恰当的 bù qiàdàng de

inarticulate ADJ 不能表达自己的 bùnéng biǎodá zìjǐ de, 说不清楚的 shuō bùqīngchu de

inasmuch as CONJ 由于 yóuyú, 因为 yīnwèi

inaudible ADJ 听不见的 tīngbujiàn de

inaugural ADJ 1 就职的 jiùzhí de
  an inaugural speech 就职演说 jiùzhí yǎnshuō

2 首次的 shǒucì de
  inaugural show 首次演出 shǒucì yǎnchū

inaugurate V 1 [为市长+] 举行就职典礼 [wéi Zhōuzhǎng+] jǔxíng jiùzhí diǎnlǐ 2 [为大楼+] 举行落成典礼 [wéi dàlóu+] jǔxíng luòchéngdiǎnlǐ

inauguration N 就职典礼 jiùzhí diǎnlǐ

inauspicious ADJ 不吉利的 bù jílì de, 不详的 bùxiáng de

in-betweeen ADJ 介于两者之间的 jièyú liǎngzhě zhījiān de

inborn ADJ 天生的 [+能力] tiānshēng de [+nénglì]

inbred ADJ 1 天生的 [+偏见] tiānshēng de [+piānjiàn]
  2 近亲繁殖的 jìnqīn fánzhí de

inbreeding N 近亲繁殖 jìnqīn fánzhí

incalculable ADJ 数不清的 shǔbuqīng de, 无法估量的 wúfǎ gūliang de

incandescence N 炽热 chìrè, 白炽 báichì

incandescent ADJ 炽热的 chìrè de, 白炽的 báichì de

incantation N 咒语 zhòuyǔ

incapable ADJ 不能(的) bùnéng (de), 不会(的) bú huì (de)

incapacitate V 1 使 [+人] 失去能力 shǐ [+rén] shīqù nénglì 2 使 [+系统] 不能正常运转 shǐ [+xìtǒng] bùnéng zhèngcháng yùnzhuǎn

incapacity N 无能力 wúnéng lì

incarcerate V 监禁 jiānjìn, 幽禁 yōujìn

incarnate ADJ 成为…的化身 chéngwéi…de huàshēn

incarnation N 化身 huàshēn, 体现 tǐxiàn
  the Incarnation 上帝化身为基督 Shàngdì huàshēn wéi Jīdū

incendiary ADJ 1 燃烧的 [+炸弹] ránshāo de [+zhàdàn] 2 极具煽动性的 [+演说] jí jù shāndòngxìng de [+yǎnshuō]

incense[1] N 香 xiāng, 焚香 fénxiāng

incense[2] V 激怒 jīnù

incentive N 激励 jīlì, 鼓励 gǔlì

inception N 开创 kāichuàng

incessant ADJ 不停的 bù tíng de, 没完没了的 méiwán méiliǎo de

incest N 乱伦 luànlún

incestuous ADJ 乱伦的 luànlún de

inch I N 英寸 yīngcùn
  inch by inch 慢慢地 mànmàn de, 一点一点地 yìdiǎn yìdiǎn de
  II V 慢慢地移动 mànmàn de yídòng

incidence N 发生率 fāshēnglǜ

incident N 事件 shìjiàn □ The tragic incident took place due to a human error. 这个悲剧事件的发生是由于一个人为错误。Zhè ge bēijù shìjiàn de fāshēng shì yóuyú yí ge rénwéi cuòwù. □ This attack was only an isolated incident. 这个攻击事件是一个孤立事件。Zhè ge gōngjī shìjiàn shì yí ge gūlì shìjiàn.

incidental ADJ 1 偶然的 ǒurán de 2 次要的 cìyào de, 附带的 fùdài de
  incidental fees 杂费 záfèi

incidentally ADV 1 偶然地 ǒurán de 2 顺便提一下 shùnbiàn tí yíxià

incinerate V 烧毁 shāohuǐ

incinerator N 焚化炉 fénhuàlú

incipient ADJ 刚开始的 gāng kāishǐ de

incise V 刻(上) kè (shàng)

incision N 1 切入 qiērù, 切开 qiēkāi 2 切口 qiēkǒu

incisive ADJ 切中要害的 qièzhòng yàohài de, 直截了当的 zhíjiéliǎodàng de

incisor N 门齿 ménchǐ [M. WD 颗 kē], 门牙 ményá [M. WD 颗 kē]

incite V 煽动 shāndòng, 鼓动 gǔdòng

inclination N 1 [妥协的+] 意向 [tuǒxié de+] yìxiàng 2 [逃避灾害的+] 倾向 [táobì zāihài de+] qīngxiàng 3 斜坡 xiépō

incline I V 1 (使…) 倾向于 [+反抗] (shǐ…) qīngxiàng yú [+fǎnkàng] 2 (使…) 倾斜 (shǐ…) qīngxié II N 斜坡 xiépō

inclined ADJ 倾向于…的 qīngxiàng yú…de

include V 包括 bāokuò □ Does the price include taxes? 这个价格包括税收吗? Zhè ge jiàgé bāokuò shuìshōu ma? □ The committee included leading authorities in the industry. 委员会包括行业中的主要权威人士。Wěiyuánhuì bāokuò hángyè zhōng de zhǔyào quánwēi rénshì.

including PREP 包括 bāokuò □ We paid $1,000 for the 7-day tour, including all meals. 我们为这七天的旅游付了一千元, 这包括所有的餐食。Wǒmen wèi zhè qī tiān de lǚyóu fùle yì qiān yuán, zhè bāokuò suǒyǒu de cānshí.

inclusion N 包括 bāokuò, 包含 bāohán

inclusive ADJ 包括在内的 bāokuò zàinèi de

incognito ADV 隐瞒身份的 yǐnmán shēnfen de, 微服 wēifú

incoherent ADJ 没有条理的 méiyǒu tiáolǐ de, 杂乱无章的 záluàn wúzhāng de

income N 收入 shōurù □ His income comes from salaries, bank interest and rents. 他的收入来自工资、银行利息和房租。Tāde shōurù láizì gōngzī, yínháng lìxī hé fángzū.

income tax 收入税 shōurùshuì

incoming ADJ 1 进来的 [+电子邮件] jìnlai de [+diànzi yóujiàn] 2 新当选的 [+国会议员] xīn dāngxuǎn de [+Guóhuì Yìyuán]

incommunicado ADJ, ADV 不得与外界联系 bùde yǔ wàijiè liánxì

incomparable ADJ 无可比拟的 wúkě bǐnǐ de

incompatible ADJ 1 不兼容的 [+软件] bù jiānróng de [+ruǎnjiàn] 2 不相容的 [+言论] bù xiāngróng de [+yánlùn] 3 合不来的 [+姐妹] hébùlái de [+jiěmèi]

incompetence N 不胜任 bú shèngrèn, 不称职 bú chènzhí

incompetent ADJ 不能胜任的 bùnéng shèngrèn de, 不称职的 bú chènzhí de

incomplete ADJ 不完整的 bù wánzhěng de, 不完全的 bù wánquán de

incomprehensible ADJ 不可理解的 bùkě lǐjiě de

inconceivable ADJ 不能想象的 bùnéng xiǎngxiàng de, 不可思议的 bùkě sīyì de

inconclusive ADJ 非结论性的 fēi jiélùnxìng de, 无结论的 wú jiélùn de

incongruity N 不协调 bù xiétiáo

incongruous ADJ 不协调的 bù xiétiáo de

inconsequential ADJ 不重要的 bú zhòngyào de

inconsiderate ADJ 不为他人考虑的 bú wèi tārén kǎolǜ de

inconsistency N 自相矛盾 zìxiāng máodùn, 前后不一 qiánhòu bùyī

inconsistent ADJ 前后不一的 qiánhòu bùyī de, 自相矛盾的 zìxiāng máodùn de

inconsolable ADJ 悲伤得无法安慰的 bēishāng de wúfǎ ānwèi de

inconspicuous ADJ 不显眼的 bù xiǎnyǎn de

incontinence N（大小便）失禁 (dàxiǎobiàn) shījìn

incontinent ADJ（大小便）失禁的 (dàxiǎobiàn) shījìn de

incontrovertible ADJ 无可否认的 wúkě fǒurèn de

inconvenience I N 不便之处 búbiàn zhīchù, 麻烦 máfan II V 带来不便 dàilái búbiàn, 造成麻烦 zàochéng máfan

inconvenient ADJ 不方便的 bù fāngbiàn de, 麻烦的 máfan de

incorporate V 吸收 xīshōu, 包容 bāoróng

incorporated (ABBREV **Inc**) ADJ 股份有限公司 gǔfèn yǒuxiàn gōngsī

incorrect ADJ 不正确的 bú zhèngquè de, 错误的 cuòwù de

incorrigible ADJ 不可救药的 bù kě jiùyào de

incorruptible ADJ 刚正清廉的 gāngzhèng qīnglián de

increase I V 增长 zēngzhǎng, 增加 zēngjiā □ Property prices have increased by 10% last year. 去年房产价格增长了百分之十。Qùnián fángchǎn jiàgé zēngzhǎngle bǎifēnzhī shí. □ In some countries population is increasing at an alarming rate. 在有些国家人口以惊人的速度增长。Zài yǒuxiē guójiā rénkǒu yǐ jīngrén de sùdù zēngzhǎng. II N 增加 zēngjiā, 增长 zēngzhǎng □ I feel that any increase in my salary is offset by inflation. 我觉得增加的工资被通货膨胀抵消了。Wǒ juéde zēngjiā de gōngzī bèi tōnghuò péngzhàng dǐxiāo le.

incredible ADJ（令人）难以置信的 (lìng rén) nányǐ zhìxìn de □ He had some incredible experiences in that remote country. 他在那个遥远的国家有一些难以相信的经历。Tā zài nà ge yáoyuǎn de guójiā yǒu yìxiē nányǐ xiāngxìn de jīnglì. □ It is incredible how much money has been wasted by the government. 政府浪费了多少钱, 真是难以相信。Zhèngfǔ làngfèile duōshǎo qián, zhēnshì nányí xiāngxìn.

incredulity N 不相信 bù xiāngxìn

incredulous ADJ 不相信的 bù xiāngxìn de, 怀疑的 huáiyí de

increment N 增长 zēngzhǎng

incremental ADJ 逐步增长的 zhúbù zēngzhǎng de

incriminate V 显示 [+嫌疑犯] 有罪 xiǎnshì [+xiányífàn] yǒuzuì, 牵连 qiānlián

incrimination N 牵连 qiānlián

incriminatory ADJ 使人显得有罪的 shǐrén xiǎnde yǒuzuì de

incubate V 孵化 fūhuà

incubator N 1 孵化器 fūhuàqì 2（早产）婴儿保育箱 (zǎochǎn) yīng'ér bǎoyùxiāng

inculcate V 反复灌输 fǎnfù guànshū, 一再教诲 yízài jiàohuì

incumbent I ADJ 现任的 xiànrèn de II N 现任者 xiànrènzhě

incur V 引起 yǐnqǐ, 导致 dǎozhì

incurable ADJ 无法医治的 wúfǎ zhìyù de, 不可医治的 bùkě yīzhì de

incursion N 突袭 tūxí, 侵犯 qīnfàn

indebted ADJ [对朋友的帮助+] 十分感激的 [duì péngyou de bāngzhù+] shífēn gǎnji de

indebtedness N 感激 gǎnji

indecency N 猥亵（行为）wěixiè (xíngwéi)

indecent ADJ 1 下流的 [+言语] xiàliú de [+yányǔ] 2 离谱的 [+价格] lípǔ de [+jiàgé], 完全不能接受的 wánquán bùnéng jiēshòu de

indecision N 犹豫（不决）yóuyù (bù jué)

indecisive ADJ 1 犹豫（不决）的 yóuyù (bù jué) de 2 结果不明确 jiéguǒ bù míngquè de

indeed ADV 确实 quèshí, 的确 díquè □ "We're having unseasonably hot weather." "Yes, indeed." "最近的天气热得反常。""确实是这样。" "Zuìjìn de tiānqì rè de fǎncháng." "Quèshí shì zhèyàng." □ That was indeed a remarkable achievement. 这确实是了不起的成就。Zhè quèshí shì liǎobuqǐ de chéngjiù.

indefensible ADJ 不可原谅的 bùkě yuánliàng de, 无法辩解的 wúfǎ biànjiě de

indefinable ADJ 难以名状的 nányǐ míngzhuàng de, 难以解释的 nányǐ jiěshì de

indefinite ADJ 不确定的 bú quèdìng de, 不定的 bú dìng de

indelible ADJ 不可磨灭的 bù kě mómiè de

indelicate ADJ 不文雅的 bù wényǎ de, 粗鲁的 cūlǔ de

indemnify V 保障赔偿 bǎozhàng péicháng

indemnity N 1（损失）保障 (sǔnshī) bǎozhàng 2 赔偿金 péichángjīn, 赔款 péikuǎn

indent V 缩格（书写）suō gé (shūxiě)

indentation N 1（行首）空格 (hángshǒu) kònggé 2 凹口 āokǒu

independence N 独立 dúlì □ In 1776 the United States declared its independence from Great Britain. 美国在一七七六年宣布从英国独立。Měiguó zài yāoqīqīliù nián xuānbù cóng Yīngguó dúlì. □ If you want independence from your parents, you must first of all have your own income. 你想独立于父母, 首先要有自己的收入。Nǐ xiǎng dúlì yú fùmǔ, shǒuxiān yào yǒu zìjǐ de shōurù.

Independence Day (Fourth of July)（美国）独立日（七月四日）(Měiguó) dúlì rì (qīyuè sìrì)

independent ADJ 独立的 dúlì de, 不需帮助 bù xū bāngzhù de □ My grandma, in spite of her old age and declining health, is fiercely independent. 我的奶奶虽然年纪大了, 身体越来越差, 但是极其独立。Wǒ de nǎinai suīrán niánjì dà le, shēntǐ yuèláiyuè chà, dànshì jíqí dúlì.

in-depth ADJ 深入的 shēnrù de

indescribable ADJ 难以形容的 nányǐ xíngróng de, 难以描绘的 nányǐ miáohuì de

indestructible ADJ 不可摧毁的 bùkě cuīhuǐ de

indeterminacy N 不确定（性）bú quèdìng(xìng)

indeterminate ADJ 不确定的 bú quèdìng de

index I N (PL **indices**) 1（图书）索引 (túshū) suǒyǐn 2（股票）指数 (gǔpiào) zhǐshù 3 标指 biāozhǐ

index card 索引卡片 suǒyǐn kǎpiàn

index finger 食指 shízhǐ

II V 编索引 biān suǒyǐn

Indian I ADJ 1 印度的 Yìndù de

Indian Ocean 印度洋 Yìndùyáng

Indian summer 初秋的晴朗天气 chūqiū de qínglǎng tiānqì

2 印第安人的 Yìndì'ānrén de

II N 1 印度人 Yìndùrén 2 印第安人 Yìndì'ānrén

American Indian 美洲印第安人 Měizhōu Yìndì'ānrén

indicate V 1 显示 xiǎnshì, 指示 zhǐshì □ This sign indicated that this is a smoke-free area. 这个标记显示, 这是禁烟区。Zhè ge biāojì xiǎnshì, zhè shì jìnyānqū. 2 表示 biǎoshì, 示意 shìyì □ The principal has indicated that he may retire soon. 校长表示过他可能不久就退休。Xiàozhǎng biǎoshìguo tā kěnéng bùjiǔ jiù tuìxiū.

indication N 显示 xiǎnshì, 表示 biǎoshì □ Has the principal given any indication that he may retire next year? 校长有没有表示过明年可能退休? Xiàozhǎng yǒuméiyǒu biǎoshì guò míngnián kěnéng tuìxiū?

indicative ADJ (indicative of) 表明 biǎomíng, 显示 xiǎnshì

indicator N 1 指示 zhǐshì, 指示器 zhǐshìqì 2 指针 zhǐzhēn

indices N See **index**

indict V 控告 kònggào, 起诉 qǐsù

to be indicted for a crime 被控犯罪 bèikòng fànzuì

indictable ADJ 可以控告的 kěyǐ kònggào de

indictment N 控告 kònggào, 起诉 qǐsù

under indictment 受到起诉 shòudào qǐsù

indifference N 漠不关心 mò bù guānxīn, 无所谓 wúsuǒwèi

indifferent ADJ 漠不关心的 mò bù guānxīn de, 无所谓的 wúsuǒwèi de □ He appears to be indifferent to his father's serious illness. 他似乎对父亲的严重疾病漠不关心。Tā sìhū duì fùqin de yánzhòng jíbìng mò bù guānxīn.

indigenous ADJ 土生土长的 tǔshēng tǔzhǎng de, 土著的 tǔzhù de

indigestible ADJ 1 难消化的 [+食物] nán xiāohuà de [+shíwù] 2 难以理解的 [+数据] nányǐ lǐjiě de [+shùjù]

indigestion N 消化不良 xiāohuà bùliáng de

indignant ADJ 愤慨的 fènkǎi de, 气愤的 qìfèn de

indignation N 愤慨 fènkǎi, 气愤 qìfèn

indignity N 侮辱 wǔrǔ, 轻侮 qīngwǔ

indirect ADJ 间接的 jiànjiē de

indirect object 间接宾语 jiànjiē bīnyǔ

indirect speech 间接引语 jiànjiē yǐnyǔ

indiscreet ADJ 不谨慎的 bù jǐnshèn de, 言行失检的 yánxíng shī jiǎn de

indiscretion N 不谨慎 bù jǐnshèn, 言行失检 yánxíng shī jiǎn

indiscriminate ADJ 不加区别的 bù jiā qūbié de, 不分青红皂白的 bù fēn qīng hóng zào bái de

indispensable ADJ 不可缺少的 bùkě quēshǎo de, 必需的 bìxū de

indisputable ADJ 不容置疑的 bùróng zhìyí de, 完全正确的 wánquán zhèngquè de

indistinct ADJ 模糊不清的 móhu bùqīng de

indistinguishable ADJ 很难区分的 hěn nán qūfēn de, 难以辨别的 nányǐ biànbié de

individual I ADJ 个别的 gèbié de, 个人的 gèrén de □ Each individual person must be responsible for his own action. 每个人都必须为自己的行为负责。Měi ge gèrén dōu bìxū wèi zìjǐ de xíngwéi fùzé.

II N 个人 gèrén □ The rights and obligations of the individual should be well defined. 个人的权利和义务需要很好界定。Gèrén de quánlì hé yìwù xūyào hěn hǎo jièdìng.

individualism N 个人主义 gèrén zhǔyì, 重视个人权益自由 zhòngshì gèrén quányì zìyóu

individualist N 按照个人意愿行事的人 ànzhào gèrén yìyuàn xíngshì de rén, 特立独行的人 tèlì dúxíng de rén

individuality N 个性 gèxìng, 特性 tèxìng

individually ADV 个别地 gèbié de, 一个一个地 yígeyíge de

indivisible ADJ 不可分割的 bùkě fēn'gē de

indoctrinate V 向…灌输思想 xiàng…guànshū sīxiǎng

indoctrination N 灌输思想 guànshū sīxiǎng

indolence N 懒惰 lǎnduò

indolent ADJ 懒惰的 lǎnduò de

indomitable ADJ 不屈不挠的 bù qū bù náo de

indoor ADJ 室内的 shìnèi de □ As it's raining, let's play some indoor games. 天在下雨, 我们玩室内游戏吧。Tiān zài xiàyǔ, wǒmen wán shìnèi yóuxì ba.

indoors ADV 室内 shìnèi, 房子里 fángzi lǐ □ How boring it is that we have to stay indoors! 我们得呆在房子里, 多么乏味! Wǒmen děi dāi zài fángzi lǐ, duōme fáwèi!

induce V 1 劝诱 quànyòu, 诱导 yòudǎo 2 [药物+] 诱发 [yàowù+] yòufā, 引产 yǐnchǎn

inducement N 劝诱 quànyòu, 诱导 yòudǎo

induct V 使…就职 shǐ…jiùzhí 2 吸纳…为会员 xīnà…wéi huìyuán

induction N 1 就职 jiùzhí 2 归纳法 guīnàfǎ

indulge V 1 让…尽情享受 ràng…jìnqíng xiǎngshòu 2 满足 [+欲望] mǎnzú [+yùwàng], 放纵 fàngzòng

indulgence N 1 纵容 zòngróng 2 嗜好 shìhào, 迷恋 (的事物) míliàn (de shìwù)

indulgent ADJ 放纵的 fàngzòng de, 沉溺的 chénnì de

industrial ADJ 工业的 gōngyè de □ With steel-making and car-manufacturing, this is an important industrial region. 这个地区有钢铁和汽车制造业, 是个重要的工业区。Zhè ge dìqū yǒu gāngtiě hé qìchē zhìzàoyè, shì ge zhòngyào de gōngyèqū.

industrial accident 工伤事故 gōngshāng shìgù

industrial action 罢工 bàgōng, 怠工 dàigōng

industrial park 工业园 gōngyèyuán

industrialist N 工业家 gōngyèjiā, 企业家 qǐyèjiā [M. WD 位 wèi]

industrialization N 工业化 gōngyèhuà

industrialize V (使…) 工业化 (shǐ…) gōngyèhuà

industrious ADJ 勤劳的 qínláo de

industry N 1 工业 gōngyè □ The country's garment industry is threatened by cheap imports. 这个国家的服装工业受到廉价进口货的威胁。Zhè ge guójiā de fúzhuāng gōngyè shòudao liánjià jìnkòuhuò de wēixié. 2 行业 hángyè, 产业 chǎnyè □ Tourism is the key industry for this state. 旅游业是这个州的关键产业。Lǚyóuyè shì zhè ge zhōu de guānjiàn chǎnyè.

inedible ADJ 不可食用的 bùkě shíyóng de

ineffective ADJ 无效果的 wú xiàoguǒ de

ineffectual ADJ 无能的 wú néng de, 没有效果的 méiyǒu xiàoguǒ de

inefficiency N 低效率 dī xiàolǜ, 低效 dīxiào

inefficient ADJ 效率低下的 xiàolǜ dīxiàde

inelegant ADJ 不雅致的 bù yǎzhì de, 不雅的 bù yǎ de

ineligibility N 无资格 wú zīge

ineligible ADJ 无资格的 wú zīge de

inept ADJ 没有技能的 méiyǒu jìnéng de, 笨拙的 bènzhuō de

ineptitude N 没有技能 (的状态) méiyǒu jìnéng (de zhuàngtài)

inequality N 不平等 bù píngděng

inequity N 不公正 bù gōngzhèng, 不公平 (现象) bùgōngpíng (xiànxiàng)

inert ADJ 1 惰性的 [+气体] duòxìng de [+qìtǐ] 2 迟缓的 [+行动] chíhuǎn de [+xíngdòng]

inertia N 惰性 duòxìng, 惯性 guànxìng

inescapable ADJ 不可避免的 bùkě bìmiǎn de

inessential ADJ 非必需的 fēi bìxū de, 可有可无的 kěyǒu kěwú de

inestimable ADJ (多得) 难以估计的 (duō dé) nányǐ gūjì de

inevitability N 必然 (性) bìrán (xìng)

inevitable ADJ 不可避免的 bùkě bìmiǎn de, 必然的 bìrán de

inexact ADJ 不精确的 bù jīngquè de

inexcusable ADJ 不可原谅的 bùkě yuánliàng de

inexhaustible ADJ 取之不尽的 qǔ zhī bú jìn de, 无穷无尽的 wúqióng wújìn de

inexorable ADJ 不可阻挡的 bùkě zǔdǎng de, 无法停止的 wúfǎ tíngzhǐ de

inexpensive ADJ 不贵的 bú guì de, 便宜的 piányi de

inexperience N 无经验 wú jīngyàn, 缺乏经验 quēfá jīngyàn

inexperienced ADJ 没有经验的 méiyǒu jīngyàn de, 缺乏经验的 quēfá jīngyàn de

inexplicable ADJ 无法解释的 wúfǎ jiěshì de

inextricable ADJ 不可分割的 bùkě fēngē de, 密不可分的 mìbùkěfēn de

infallibility N 永不犯错 yǒng bú fàncuò, 永远正确 yǒngyuǎn zhèngquè

infallible ADJ 不犯错的 bú fàncuò de, 永远正确的 yǒngyuǎn zhèngquè de

infamous ADJ 臭名昭彰的 chòumíng zhāozhāng de

infamy N 臭名昭彰 chòumíng zhāozhāng

infancy N 1 婴儿期 yīng'érqī 2 初期 chūqī, 早期 zǎoqī

infant N 婴儿 yīng'ér, 幼儿 yòu'ér

infantile ADJ 1 婴幼儿的 yīngyòu'ér de 2 幼稚的 yòuzhì de

infantry N 步兵部队 bùbīng bùduì

infatuated ADJ 痴迷的 chīmí de, 迷恋的 míliàn de

infatuation N 痴迷 chīmí, 迷恋 míliàn

infect V 1 传染 chuánrǎn, 感染 gǎnrǎn □ Scientists fear that this virus will eventually infect humans. 科学家们恐惧, 这一病毒终将传染给人类。 Kēxuéjiāmen kǒngjù, zhè yí bìngdú zhōng jiāng chuánrǎn gěi rénlèi. 2 影响 [+别人的情绪] yǐngxiǎng [+biérén de qíngxù]

infection N 感染 gǎnrǎn □ She is suffering from an eye infection. 她的眼睛受感染了。 Tā de yǎnjing shòu gǎnrǎn le.

infectious ADJ 传染的 chuánrǎn de, 感染的 gǎnrǎn de □ The patients have to be kept in isolation as this disease is highly infectious. 因为这种病很会传染, 所以病人不得不隔离起来。 Yīnwèi zhè zhǒng bìng hěn huì chuánrǎn, suǒyǐ bìngrén bùdébù gélí qǐlai.

infer V 推断 tuīduàn, 推定 tuīdìng

inference N 推断 tuīduàn, 推论 tuīlùn

inferior I ADJ 次等的 cìděng de, 低劣的 dīliè de II N 下属 xiàshǔ, 部下 bùxià

inferno N 1 炼狱 liànyù, 地狱 dìyù 2 猛烈燃烧的大火 měngliè ránshāo de dàhuǒ

infertile ADJ 1 无生育能力的 [+夫妻] wú shēngyù nénglì de [+fūqī] 2 贫瘠的 [+土地] pínjí de [+tǔdì]

infertility N 1 不育症 búyùzhèng 2 (土地) 贫瘠 (tǔdì) pínjí

infest V [昆虫／老鼠+] 成群 [kūnchóng/lǎoshu+] chéngqún

infidel N 异教徒 yìjiàotú

infidelity N 通奸 tōngjiān, (夫妻) 不贞 (fūqī) bùzhēn

infield N (棒球场) 内场 (bàngqiúchǎng) nèichǎng

infielder N (棒球) 内场手 (bàngqiú) nèichǎngshǒu

infighting N 内讧 nèihòng, 窝里斗 wōlǐdòu

infiltrate V 渗透 shèntòu, 打入 [+内部] dǎrù [+nèibù]

infiltrator N 渗透者 shèntòuzhě

infinite ADJ 无限止的 wú xiànzhǐ de, 无限的 wú xiàn de

infinitesimal ADJ 极小的 jí xiǎo de, 极其细微的 jíqí xìwēi de

infinitive N 动词不定式 dòngcí búdìngshì, 动词的原形 dòngcí de yuánxíng

infinity N 无限 (的空间) wúxiàn (de kōngjiān)

infirm ADJ 体弱多病的 tǐruò duōbìng de, 年老体弱的 niánlǎo tǐruò de

infirmary N 医务室 yīwùshì, 医院 yīyuàn [M. WD 座 zuò]

infirmity N 1 体弱多病 tǐruò duōbìng 2 疾病 jíbìng

inflame V 1 激怒 [+人] jīnù [+rén] 2 加剧 [+紧张局势] jiājù [+jǐnzhāng júshì]

inflamed ADJ 发炎的 fāyán de, 红肿的 hóngzhǒng de

inflammable ADJ 1 易燃的 [+材料] yìrán de [+cáiliào] 2 易怒的 [+人] yì nù de [+rén]

inflammation N 1 发炎 fāyán 2 炎症 yánzhèng

inflammatory ADJ 1 引发炎症的 yǐnfā yánzhèng de 2 煽动性的 shāndòng xìng de

inflatable ADJ 充气的 chōngqì de

inflate V 1 给…充气 gěi…chōngqì 2 使 [+人] 自高自大 shǐ [+rén] zìgāo zìdà 3 使 [+价格] 上升 shǐ [+jiàgé] shàngshēng

inflated ADJ 1 充了气的 [+救生衣] chōngle qì de [+jiùshēngyī] 2 过高的 [+价格] guògāo de [+jiàgé], 通货膨胀的 tōnghuò péngzhàng de 3 夸大的 [+数据] kuādà de [+shùjù], 言过其实的 yán guò qí shí de

inflation N 通货膨胀 tōnghuò péngzhàng

inflationary ADJ 引起通货膨胀的 yǐnqǐ tōnghuò péngzhàng de

inflexibility N 僵硬 jiāngyìng

inflexible ADJ 不灵活的 bùlínghuó de, 不可更改的 bùkě gēnggǎi de

inflict V 使…遭受 shǐ…zāoshòu

influence I N 影响 yǐngxiǎng □ The retired chair used his influence to get his daughter a job. 退休了的董事长利用他的影响给女儿搞到一份工作。 Tuìxiūle de dǒngshìzhǎng lìyòng tā de yǐngxiǎng gěi nǚ'ér gǎodao yí fèn gōngzuò. □ Uncle Mark is a good influence on all of us. 马克舅舅对我们大家都有好影响。 Mǎkè jiùjiu duì wǒmen dàjiā dōu yǒu hǎo yǐngxiǎng. II V 影响 yǐngxiǎng □ Many things influenced that fatal decision of hers. 很多事影响她作出了那个要命的决定。 Hěn duō shì yǐngxiǎng tā zuòchūle nà ge yàomìng de juédìng.

influential ADJ 有影响力的 yǒu yǐngxiǎnglì de

influenza (= flu) N 流行性感冒 liúxíngxìng gǎnmào, 流感 liúgǎn

influx N 大量涌入 dàliàng yǒngrù

infomercial N 商品信息专题电视片 shāngpǐn xìnxī zhuāntí diànshìpiàn

inform V 1 通知 tōngzhī □ I regret to inform that you have been unsuccessful in your application. 我很遗憾地通知您, 您的申请未能成功。 Wǒ hěn yíhàn de tōngzhī nín, nín de shēnqǐng wèi néng chénggōng. 2 (to inform on sb) 告发 gàofā, 告密 gàomì

informal ADJ 非正式的 fēi zhèngshì de, 随和友好的 suíhé yǒuhǎo de

informant N 提供信息的人 tígōng xìnxī de rén, 告密者 gàomìzhě

information N 信息 xìnxī, 情报 qíngbào □ He collected lots

of information about the company from the Internet. 他从互联网找到关于这家公司的很多信息。Tā cóng hùliánwǎng zhǎodao guānyú zhè jiā gōngsī de hěn duō xìnxī. ▢ Further information is available upon request. 如有要求, 可提供更多信息。Rú yǒu yāoqiú, kě tígōng gèng duō xìnxī.

information center 信息中心 xìnxī zhōngxīn, 问讯处 wènxùnchù

information retrieval（计算机）信息检索 (jìsuànjī) xìnxī jiǎnsuǒ

information science 信息科学 xìnxī kēxué

information superhighway 信息高速公路 xìnxī gāosù gōnglù

information technology (IT) 信息技术 xìnxī jìshù

informative ADJ 提供大量信息的 tígōng dàliàng xìnxī de, 内容丰富的 nèiróng fēngfù de

informed ADJ 1 见多识广的 [+人] jiàn duō shí guǎng de [+rén]
   well-informed 消息灵通的 xiāoxi língtōng de
2 有根据的 [+决定 / 选择] yǒu gēnjù de [+juédìng/xuǎnzé]

informer N 告密者 gàomìzhě

infotainment N 信息娱乐节目 xìnxī yúlè jiémù

infrared ADJ 红外线的 hóngwàixiàn de
   an infrared camera 红外线照相机 hóngwàixiàn zhàoxiàngjī

infrastructure N 基础设施 jīchǔ shèshī, 基础结构 jīchǔ jiégòu

infrequent ADJ 不是经常的 bú shì jīngcháng de, 不常见的 bù chángjiàn de

infringe V 违反 wéifǎn, 侵犯 qīnfàn

infringement N 违反 wéifǎn, 侵犯 qīnfàn

infuriate V 使…大怒 shǐ…dà nù, 激怒 jīnù

infuriating ADJ 让人极为愤怒的 ràng rén jíwéi fènnù de

infuse V 1 向 [+儿童] 灌输思想 xiàng [+értóng] guànshū sīxiǎng 2 冲泡 [+茶叶] chōngpào [+cháyè], 泡茶 pào chá

infusion N 1 灌输思想 guànshū sīxiǎng 2 冲泡茶叶 chōngpào cháyè, 泡茶 pàochá

ingenious ADJ 巧妙的 qiǎomiào de, 机灵的 jīling de

ingenuity N 发明才能 fāmíng cáinéng, 心灵手巧 xīnlíng shǒuqiǎo

ingest V 摄取 [+食物] shèqǔ [+shíwù]

ingot N（金 / 银）锭 (jīn/yín) dìng

ingrained ADJ 根深蒂固的 gēnshēn dìgù de, 顽固的 wángù de

ingratiate V 讨好 tǎohǎo
   to ingratiate oneself with 讨好 tǎohǎo, 取得…欢心 qǔdé…huānxīn

ingratiating ADJ 讨好的 tǎohǎo de, 逢迎的 féngyíng de

ingratitude N 忘恩负义 wàng ēn fù yì, 不知领情 bùzhī lǐngqíng

ingredient N（食品 / 药品的）成份 (shípǐn/yàopǐn de) chéngfèn [M. WD 种 zhǒng]

inhabit V 居住 jūzhù

inhabitable ADJ 可以居住的 kěyǐ jūzhù de

inhabitant N 居民 jūmín, 居住者 jūzhùzhě

inhale V 吸入 xīrù

inhaler N 吸入器 xīrùqì

inherent ADJ 内在的 nèi zài de, 与生俱来的 yǔ shēng jù lái de

inherit V 继承 jìchéng ▢ Barbara inherited the antique furniture from her paternal grandmother. 芭芭拉从祖母手上继承了这些古董家具。Bābālā cóng zǔmǔ shǒushang jìchéngle zhèxiē gǔdǒng jiājù.

inheritance N 遗产 yíchǎn

inhibit V 抑制 yìzhì, 制约 zhìyuē

inhospitable ADJ 不适合居住的 bú shìhé jūzhù de, 恶劣的 èliè de

in-house ADJ, ADV 内部的 nèibù de

an in-house magazine [公司+] 内部杂志 [gōngsī+] nèibù zázhì

inhuman ADJ 无人性的 wú rénxìng de

inhumane ADJ 不人道的 bù réndào de, 残忍的 cánrěn de

inhumanity N 无人性的行为 wú rénxìng de xíngwéi

inimitable ADJ 无可仿效的 wúkě fǎngxiào de, 无与伦比的 wú yǔ lúnbǐ de

initial I ADJ 起初的 qǐchū de, 开始的 kāishǐ de ▢ The housing development project is at its initial stage. 这个住房开发项目正处在起初阶段。Zhè ge zhùfáng kāifā xiàngmù zhèng chù zài qǐchū jiēduàn.
II N 名字的首字母 míngzi de shǒu zìmǔ III V 签上姓名的首字母 qiānshang xìngmíng de shǒu zìmǔ

initiate I V 1 开始 kāishǐ, 发动 fādòng 2 吸收 [+新会员] xīshōu [+xīnhuì yuán] II N 新入会的人 xīn rùhuì de rén, 新成员 xīn chéngyuán

initiative N 1 行动 xíngdòng ▢ The government has introduced a new initiative to combat the drug problem. 政府已采取新行动来与毒品作斗争。Zhèngfǔ yǐ cǎiqǔ xīn xíngdòng lái yǔ dúpǐn zuò dòuzhēng. 2 主动性 zhǔdòngxìng, 积极性 jījíxìng ▢ He does what he is told and doesn't display any initiative. 要他做什么, 他才做什么, 没有显示任何主动。Yào tā zuò shénme, tā cái zuò shénme, méiyǒu xiǎnshì rènhé zhǔdòng.

inject V 1 注射 [+针剂] zhùshè [+zhēnjì] 2 投入 [+资金] tóurù [+zījīn]

injection N 1 注射 [+针剂] zhùshè [+zhēnjì] 2 投入 [+资金] tóurù [+zījīn]

injunction N（法院的）禁令 (fǎyuàn de) jìnlìng

injure V 损伤 sǔnshāng, 伤害 shānghài ▢ Miraculously the driver was only slightly injured in the accident. 驾驶员在这次事故中只是轻微受伤, 真是奇迹。Jiàshǐyuán zài zhè cì shìgù zhōng zhǐ shì qīngwēi shòushāng, zhēn shì qíjì. ▢ She is spreading malicious gossip to injure my reputation. 她在传播恶毒的流言蜚语, 伤害我的名誉。Tā zài chuánbō èdú de liúyán fēiyǔ, shānghài wǒ de míngyù.

injury N 损伤 sǔnshāng, 伤害 shānghài

injustice N 不公正（行为 / 待遇）bù gōngzhèng (xíngwéi/dàiyù)

ink N 墨 mò, 油墨 yóumò, 墨水 mòshuǐ
   ink cartridge 油墨盒 yóumòhé

inkjet printer N 喷墨打印机 pēn mò dǎyìnjī [M. WD 台 tái]

inkling N 模糊的想法 móhu de xiǎngfǎ
   to have no inkling 一点也不知道 yìdiǎn yě bù zhīdào, 毫无所知 háowú suǒzhī

inlaid ADJ 镶嵌着…的 xiāngqiànzhe…de

inland I ADJ 内陆的 nèilù de II ADV 在内陆 zài nèilù

in-laws N
   brother-in-law 内兄 nèixiōng (wife's elder brother), 内弟 nèidì (wife's younger brother), 大伯子 dàbǎizi (husband's elder brother), 小叔子 xiǎoshūzi (husband's younger brother), 姐夫 jiěfu (elder sister's husband), 妹夫 (younger sister's husband) mèifū, 连襟 liánjīn (wife's sister's husband)
   father-in-law 岳父 yuèfù (wife's father), 公公 gōnggong (husband's father)
   mother-in-law 岳母 yuèmǔ (wife's mother), 婆婆 pópo (husband's mother)
   sister-in-law 嫂子 sǎozi (elder brother's wife), 弟媳 dìxí (younger brother's wife), 姑子 gūzi (husband's sister), 姨子 yízi (wife's sister), 妯娌 zhóuli (husband's brother's wife)

inlay N 镶嵌物 xiāngqiàn wù

inlet N 小海湾 xiǎo hǎiwān

inmate N 1（监狱）囚犯 (jiānyù) qiúfàn 2（医院）病人 (yīyuàn) bìngrén

inn N 小旅店 xiǎo lǚdiàn [M. WD 家 jiā]

innate ADJ 天生的 tiānshēng de, 固有的 gùyǒu de

inner ADJ 里面的 lǐmian de, 内部的 nèibù de
inner ear 内耳 nèi'ěr
inner circle 核心集团 héxīn jítuán, 小圈子 xiǎoquānzi
inner city（一般穷人居住的）市中心 (yìbān qióngrén jūzhù de) shìzhōngxīn, 旧城区 jiù chéngqū
inner tube 内胎 nèitāi

innermost ADJ 内心深处 nèixīn shēnchù

innings N（棒球比赛）一局 (bàngqiú bǐsài) yìjú

innkeeper N（小）旅店老板 (xiǎo) lǚdiàn lǎobǎn

innocence N 1 清白无辜 qīngbái wúgū □ The accused couldn't prove his innocence. 被告不能证明自己是清白无辜的。Bèigào bùnéng zhèngmíng zìjǐ shì qīngbái wúgū de. 2（儿童的）天真无邪 (értóng de) tiānzhēn wúxié

innocent ADJ 1 清白无辜的 qīngbái wúgū de □ The prisoner insisted to his last day that he was innocent of the crime. 囚犯到生命最后一天仍然坚持自己没有犯罪。Qiúfàn dào shēngmìng zuìhòu yìtiān réngrán jiānchí zìjǐ méiyǒu fànzuì. 2 天真无邪的 tiānzhēn wúxié de □ She was no longer an innocent child after the experience. 那次经历以后，她不再是个天真无邪的女孩子了。Nàcì jīnglì yǐhòu, tā bùzài shì gè tiānzhēn wúxié de nǚ háizi le.

innocuous ADJ 没有危险的 méiyǒu wēixiǎn de, 没有恶意的 méiyǒu èyì de, 无害的 wúhài de

innovate V 革新 géxīn, 创新 chuàngxīn

innovation N 革新 géxīn, 创新 chuàngxīn

innovative ADJ 创新的 chuàngxīn de

innovator N 革新者 géxīnzhě, 创新者 chuàngxīnzhě

innuendo N 影射 yǐngshè, 暗示 ànshì

innumerable ADJ 无数的 wúshù de

inoculate V 给…接种（疫苗）gěi...jiēzhòng (yìmiáo), 不合时宜 bùhé shíyí de

inoculation N 接种疫苗 jiēzhòng yìmiáo

inoffensive ADJ 不触犯人的 bú chùfàn rén de, 不得罪人的 bù dézuì rén de

inopportune ADJ 不合适的 bù héshì de

inordinate ADJ 过度的 guòdù de, 极度的 jídù de

inorganic ADJ 无机的 wújī de

inpatient N 住院病人 zhùyuàn bìngrén

input I N 1（输入计算机的）信息 (shūrù jìsuànjī de) xìnxī 2（资金／建议的）投入 (zījīn/jiànyì de) tóurù II V (PT & PP **input**) 输入 [+信息] shūrù [+xìnxī]

inquest N 询问 xúnwèn, 审讯 shěnxùn

inquire V 询问 xúnwèn, 查询 cháxún

inquiring ADJ 1 追根究底的 zhuī gēn jiū dǐ de 2 有疑问的 yǒu yíwèn de

inquiry N 询问 xúnwèn, 查询 cháxún

inquisition N 宗教法规 zōngjiào fǎguī

inquisitive ADJ 爱追根究底的 ài zhuī gēn jiū dǐ de, 好奇的 hàoqí de

inroads N 突然袭击 tūrán xíjī
to make inroads 侵占 qīnzhàn, 消耗 xiāohào

ins and outs N 详情细节 xiángqíng xìjié

insane ADJ 精神错乱的 jīngshén cuòluàn de, 发疯的 fāfēng de

insanity N 1 精神错乱 jīngshén cuòluàn 2 愚蠢至极（的行为）yúchǔn zhìjí (de xíngwéi)

insatiable ADJ 不满足的 bù mǎnzú de, 贪得无厌的 tāndé wúyàn de

inscribe V 雕刻 diāokè, 题字 tízì

inscrutable ADJ 不可理解的 bùkě lǐjiě de, 神秘的 shénmì de

insect N 昆虫 kūnchóng, 虫子 chóngzi

insecticide N 灭虫剂 mièchóngjì

insecure ADJ 1 无安全感的 [+职业] wú ānquángǎn de [+zhíyè] 2 缺乏自信的 [+人] quēfá zìxìn de [+rén]

insecurity N 1 无安全感 wú ānquángǎn 2 缺乏自信 quēfá zìxìn

inseminate V 使 [+动物] 受精 shǐ [+dòngwù] shòujīng, 使 [+人] 怀孕 shǐ [+rén] huáiyùn

insemination N 授精 shòujīng

insensible ADJ 1 (insensible of) 没有意识到的 méiyǒu yìshidào de 2 (insensible to) 对…没有感觉 duì...méiyǒu gǎnjué

insensitive ADJ 不敏感的 bù mǐngǎn de, 麻木的 mámù de

inseparable ADJ 形影不离的 [+朋友] xíngyǐng bùlí de [+péngyou], 亲密无间的 qīnmì wújiān de

insert I V 插入 chārù, 加进 jiājìn II N 1 插页广告 chāyè guǎnggào 2 插入物 chārùwù

inset N 附图 fùtú, 附加资料 fùjiā zīliào

inside I PREP 在…里面 zài...lǐmian □ Inside the envelope was a thin note. 信封里面是一张薄薄的便条。Xìnfēng lǐmian shì yì zhāng báobáo de biàntiáo. II ADV 里面 lǐmian, 在里面 zài lǐmian □ She opened the box and found a diamond ring inside. 她打开盒子, 发现里面是一枚钻石戒指。Tā dǎkāi hézi, fāxiàn lǐmian shì yì méi zuànshí jièzhi. □ Don't keep the anger inside. 不要把怒气强忍在心里。Bùyào bǎ nùqì qiángrěn zài xīn lǐ. III N 里面 lǐmian □ Which color are you going to paint the inside of the house? 房子里面你打算油漆什么颜色? Fángzi lǐmian nǐ dǎsuàn yóuqī shénme yánsè? IV ADJ 里面的 lǐmian de, 内部的 nèibù de

insider N 内部人 nèibùrén, 圈内人 quānnèirén
insider trading 内线交易 nèixiàn jiāoyì

insidious ADJ 暗藏的 àncáng de, 暗中为害的 ànzhōng wéi hài de

insight N 1 洞察力 dòngchálì, 眼光 yǎnguāng 2 顿悟 dùnwù

insignia N 1 军衔肩章 jūnxián jiānzhāng 2（团体）标志 (tuántǐ) biāozhì

insignificance N 无重大意义 wú zhòngdà yìyì, 无足轻重 wúzú qīngzhòng

insignificant ADJ 无重大意义的 wú zhòngdà yìyì de, 不重要的 bú zhòngyào de

insincere ADJ 不诚恳的 bù chéngkěn de, 虚伪的 xūwěi de

insincerity N 虚伪 xūwěi

insinuate V 暗示 ànshì

insinuation N 暗示 ànshì

insipid ADJ 淡而无味的 dàn ér wúwèi de, 无味的 wúwèi de

insist V 坚持 jiānchí, 一定要 yídìng yào □ She insisted on paying her share of the bill. 她一定要付帐单上自己份内的部分。Tā yídìng yào fù zhàngdānshang zìjǐ fènnèi de bùfen.

insistence N 坚持 jiānchí □ He dropped his earlier insistence. 他放弃了先前的坚持。Tā fàngqìle xiānqián de jiānchí.

insistent ADJ 坚持的 jiānchí de □ She was most insistent that children must go to bed before 8.00. 她十分坚持, 孩子必须在八点前上床。Tā shífēn jiānchí, háizi bìxū zài bā diǎn qián shàngchuáng.

insolence N 傲慢无礼 àomàn wúlǐ

insolent ADJ 傲慢无礼的 àomàn wúlǐ de

insoluble ADJ 1 无法解决的 [+难题] wúfǎ jiějué de [+nántí] 2 不溶解 [+于水] de bùróngjiě [+yú shuǐ] de

insolvency N 无还债能力 wú huánzhài nénglì, 破产 pòchǎn

insolvent ADJ 无还债能力的 wú huánzhài nénglì de, 破产的 pòchǎn de

insomnia N 失眠（症）shīmián (zhèng)

insomniac N 失眠症患者 shīmiánzhèng huànzhě

inspect V 1 仔细检查 zǐxì jiǎnchá □ It took several minutes for the customs officer to inspect his travel documents. 海关人员花了好几分钟检查他的旅行文件。Hǎiguān rényuán huāle hǎo jǐfēnzhōng jiǎnchá tāde lǚxíng wénjiàn. 2 视察 [+分公司] shìchá [+fēngōngsī]

inspection N 1 仔细检查 zǐxì jiǎnchá 2 视察 shìchá

inspector N 视察员 shìcháyuán, 巡视员 xúnshìyuán

inspiration N 灵感 línggǎn, 启示 qǐshì

inspirational ADJ 给人启示的 gěi rén qǐshì de, 鼓舞人心的 gǔwǔ rénxīn de

inspire V 鼓舞 gǔwǔ, 激励 jīlì

instability N 不稳定 bù wěndìng

install V 1 安装 ānzhuāng 2 任命 rènmìng, 使⋯就职 shǐ⋯jiùzhí

installation N 1 安装 ānzhuāng 2 装置 zhuāngzhì, 设备 shèbèi 3 [军事+] 设施 [jūnshì+] shèshī

installment N 1 分期付款（额）fēnqī fùkuǎn (é) 2 [电视连续剧+] 集 [diànshì liánxùjù+] jí

instance N 事例 shìlì, 例子 lìzi □ In most instances customers don't complain about poor service; they just won't come back. 在大多数情况下，顾客不会抱怨服务不好；他们就是不再来了。Zài dàduōshù qíngkuàng xià, gùkè bú huì bàoyuàn fúwù bù hǎo; tāmen jiùshì bùzài lái le.

for instance 例如 lìrú, 比如 bǐrú □ Many of her friends visited her in the hospital: Laura, Mary, and Helen, for instance. 她在医院的时候，很多朋友来看望她，象劳拉、玛丽、海伦。Tā zhù yīyuàn de shíhou, hěn duō péngyou lái kànwàng tā, xiàng Láolā, Mǎlì, Hǎilún.

instant I ADJ 立即的 lìjí de, 即刻的 jíkè de

instant coffee 速溶咖啡 sùróng kāfēi

instant noodle 速泡面 sùpàomiàn

instant replay 及时重放 jíshí chóngfàng

II N 片刻 piànkè

in an instant 一下子 yíxiàzi, 顷刻之间 qǐngkè zhī jiān

instantaneous ADJ 即将的 jíjiāng de, 立即的 lìjí de

instantly ADV 立即 lìjí, 马上 mǎshàng

instead ADV 代替 dàitì □ I'm not too well today, let's go out tomorrow instead. 我今天不大舒服，我们明天出去吧。Wǒ jīntiān búdà shūfu, wǒmen míngtiān chūqu ba.

instead of 而不是 ér bùshì □ Let's do some reading instead of watching television this evening. 今天晚上让我们看看书，而不是看电视。Jīntiān wǎnshang ràng wǒmen kànkan shū, ér búshì kàn diànshì.

instep N 脚背 jiǎobèi

instigate V 煽动 shāndòng, 挑动 tiǎodòng

instigation N 煽动 shāndòng, 挑动 tiǎodòng

instigator N 煽动者 shāndòngzhě, 煽风点火的人 shānfēng diǎnhuǒ de rén

instill V 长期灌输 chángqī guànshū

instinct N 本能 běnnéng, 天性 tiānxìng □ Is maternal love a human instinct? 母爱是人类的本能吗？Mǔ'ài shì rénlèi de běnnéng ma?

institute I N 院 yuàn, 学院 xuéyuàn, 研究院 yánjiūyuàn

research institute 科学研究院 kēxué yánjiū yuàn

Massachusetts Institute of Technology (MIT) 麻省理工学院 Máshěng Lǐgōng Xuéyuàn

II V 制定 zhìdìng, 开创 kāichuàng

institution N 1 机构 jīgòu

an institution of higher education 高等院校 gāoděng yuànxiào, 大学 dàxué

2 制度 zhìdù, 规章制度 guīzhāng zhìdù

institutionalized ADJ 1 把⋯送进精神病院／养老院 bǎ⋯sòngjìn jīngshén bìngyuàn/yǎnglǎoyuàn 2 把⋯制度化 bǎ⋯zhìdùhuà

instruct V 1 指令 zhǐlìng, 指示 zhǐshì □ The army headquarters instructed the troops to advance rapidly. 军部指令部队迅速前进。Jūnbù zhǐlìng bùduì xùnsù qiánjìn. 2 教 jiāo, 传授 chuánshòu

instruction N 1 指令 zhǐlìng, 指示 zhǐshì □ You have to obey a policeman's instructions. 你不得不遵从警察的指令。Nǐ bùdébù zūncóng jǐngchá de zhǐlìng.

instruction manual 使用／维修手册 shǐyòng/wéixiū shǒucè

2 教 jiāo, 教授 jiāoshòu

instructive ADJ 有教育意义的 yǒu jiàoyù yìyì de, 提供知识的 tígōng zhīshi de

instructor N 教员 jiàoyuán [M. WD 位 wèi], 教练 jiàoliàn, 指导者 zhǐdǎozhě

instrument N 1 器具 qìjù, 器械 qìxiè □ The surgical instruments in the hospital are outdated. 这座医院的手术器械陈旧了。Zhè zuò yīyuàn de shǒushù qìxiè chénjiù le.

instrument panel 仪表板 yíbiǎobǎn

2 乐器 yuèqì □ Do you play an instrument? 你会什么乐器吗？Nǐ huì shénme yuèqì ma?

instrumental ADJ 1 乐器的 yuèqì de 2 起重要作用的 qǐ zhòngyào zuòyòng de

insubordinate ADJ 不服从的 bù fúcóng de, 不听话的 bù tīnghuà de

insubordination N 拒不服从（的行为）jù bùfúcóng (de xíngwéi), 违抗命令 wéikàng mingling

insubstantial ADJ 1 证据不足的 [+论点] zhèngjù bùzú de [+lùndiǎn] 2 虚幻的 xūhuàn de

insufferable ADJ 难以忍受的 nányǐ rěnshòu de

insufficient ADJ 不足的 bùzú de, 不够的 búgòu de

insular ADJ 1 岛屿的 dǎoyǔ de 2 闭塞保守的 bìsè bǎoshǒu de

insulate V 使⋯绝缘／隔热／隔音 shǐ⋯juéyuán/gérè/géyīn

insulation N 绝缘／隔热／隔音材料 juéyuán/gérè/géyīn cáiliào

insulin N 胰岛素 yídǎosù

insult I V 侮辱 wǔrǔ □ I felt insulted by that remark. 我觉得那句话侮辱了我。Wǒ juéde nà jù huà wǔrǔle wǒ. □ Why did you have to insult that poor sales girl? 你干吗要侮辱那个可怜的女店员？Nǐ gànmá yào wǔrǔ nàge kělián de nǚ diànyuán? II N 侮辱 wǔrǔ □ Fans of the two teams shouted insults at each other. 两队球迷相互辱骂。Liǎng duì qiúmí xiānghù rǔmà.

insurance N 1 保险 bǎoxiǎn □ You must have insurance on your car before you're on the road. 你的汽车上路前必须有保险。Nǐ de qìchē shànglù qián bìxū yǒu bǎoxiǎn. 2 保险业 bǎoxiǎn yè

car insurance 汽车保险 qìchē bǎoxiǎn

contents insurance 家庭财产保险 jiātíng cáichǎn bǎoxiǎn

health insurance 医疗保险 yīliáo bǎoxiǎn

house insurance 房产保险 fángchǎn bǎoxiǎn

life insurance 人寿保险 rénshòu bǎoxiǎn

insure V 1 投保 tóubǎo □ Have you insured the house against fire? 你的房子投保火灾了吗？Nǐ de fángzi tóubǎo huǒzāi le ma? □ The family insured their art collection for $750,000. 这个家庭把艺术收藏品投保了七十五万元。Zhè ge jiātíng bǎ yìshù shōucángpǐn tóubǎole qīshíwǔ wàn yuán. 2 确保 quèbǎo □ They save every cent to insure that their children will be able to go to university. 他们省下每一分钱，确保孩子们能上大学。Tāmen shěngxia měi yì fēn qián, quèbǎo háizimen néng shàng dàxué.

insurgency N 起义 qǐyì, 叛乱 pànluàn

insurgent N 起义者 qǐyìzhě, 叛乱分子 pànluàn fènzǐ

insurmountable ADJ 不可逾越的 bùkè yúyuè de, 不可克服的 bùkè kèfú de

insurrection N 起义 qǐyì, 暴动 bàodòng

insurrectionist N 起义者 qǐyìzhě, 暴动者 bàodòngzhě

intact ADJ 未被损伤的 wèi bèi sǔnshāng de, 完美无缺的 wánměi wúquē de

intake N 吸入（量）xīrù (liáng)

intangible ADJ 1 难以捉摸的 [+气氛] nányǐ zhuōmo de [+qìfēn] 2 无形的 [+价值] wúxíng de [+jiàzhí]

integer N 整数 zhěngshù

integral ADJ 构成整体的 gòuchéng zhěngtǐ de

integrate V 1 使⋯结合 shǐ⋯jiéhé 2 使⋯融合 shǐ⋯rónghé

integrated ADJ 综合的 zōnghéde, 协调的 xiétiáo de

integrity N 1 诚信 chéngxìn, 正直 zhèngzhí
moral integrity 高尚的道德 gāoshàng de dàodé
2 完整 wánzhěng
territorial integrity （国家）领土完整 (guójiā) lǐngtǔ wánzhěng

intelligence N 1 智力 zhìlì □ The white collar criminal is a person of exceptional intelligence. 这个白领犯罪分子智力不同凡响。Zhè ge báilǐng fànzuì fènzi zhìlì bù tóng fán xiǎng.
intelligence quotient (IQ) 智商 zhìshāng
artificial intelligence 人工智能 réngōng zhìnéng
2 情报 qíngbào, 谍报 diébào
the Central Intelligence Agency (CIA) （美国）中央情报局 (Měiguó) Zhōngyāng Qíngbàojú

intelligent ADJ 智力很高的 zhìlì hěn gāo de, 聪明的 cōngming de □ Many people marvel how intelligent the dolphin is. 很多人惊奇海豚这么聪明。Hěn duō rén jīngqí hǎitún zhème cōngming.
intelligent life 智能生命 zhìnéng shēngmìng
intelligent terminal （计算机）智能终端 (jìsuànjī) zhìnéng zhōngduān

intelligible ADJ 可以理解的 kěyǐ lǐjiě de, 明白易懂的 míngbai yìdǒng de

intend V 打算 dǎsuàn, 意图 yìtú □ I did intend to do it, but I forgot. 我确实打算做的，但是忘了。Wǒ quèshí dǎsuàn zuò de, dànshì wàng le.

intense 1 强烈的 qiángliè de, 剧烈的 jùliè de **2** 过于认真的 [+人] guòyú rènzhēn de [+rén]

intensify V 加强 jiāqiáng, 加剧 jiājù

intensity N 强度 qiángdù

intensive ADJ 深入的 shēnrù de, 彻底的 chèdǐ de

intent I N 目的意图 mùdì yìtú
for all intents and purposes 实际上 shíjìshàng
agreement of intent 意向书 yìxiàngshū
II ADJ (intent on (doing sth)) 决意（做某事）juéyì (zuòmǒushì)

intention N 打算 dǎsuàn, 意图 yìtú □ What do you think was their real intention? 你认为他们的真实意图是什么？Nǐ rènwéi tāmen de zhēnshí yìtú shì shénme?

intentional ADJ 故意的 gùyì de

intently ADV 全神贯注地 quánshén guànzhù de

inter V 埋葬 máizàng

interact V 互相起作用 hùxiāng qǐ zuòyòng, 互动 hùdòng

interaction N 互相影响 hùxiāng yǐngxiǎng, 互动 hùdòng

interactive ADJ 1 互相起作用的 hùxiāng qǐ zuòyòng de, 互相影响的 hùxiāng yǐngxiǎng de **2** （人和计算机）互动的 (rén hé jìsuànjī) hùdòng de

intercede V 代为请求 dàiwéi qǐngqiú, 为…说情 wéi… shuōqíng

intercept V 拦截 lánjié, 截住 jiézhù

interception N 拦截 lánjié

intercession N 求情 qiúqíng, 说情 shuōqíng

interchange I N 1 交换 jiāohuàn, 互换 hùhuàn **2** （公路上的）立体交叉道 (gōnglù shàng de) lìtǐ jiāochādào **II** V 互换 hùhuàn, 互相替换 hùxiāng tìhuàn

interchangeable ADJ 可以互换的 kěyǐ hùhuàn de

intercom N 内部通讯系统 nèibù tōngxùn xìtǒng, 对讲系统 duìjiǎng xìtǒng

intercontinental ADJ 洲际的 zhōujì de, 跨洲的 kuà zhōu de

intercourse N 1 性交 xìngjiāo **2** [感情的+] 沟通 [gǎnqíng de+] gōutōng, 交流 jiāoliú

interdependence N 相互依赖 xiānghù yīlài

interdependent ADJ 相互依赖的 xiānghù yīlài de

interest N 1 兴趣 xìngqu □ He studies the language out of interest. 他是出于兴趣学这门语言的。Tā shì chūyú xìngqu xué zhè mén yǔyán de. □ My father's main interests in life are cars, baseball and fishing. 我父亲生活中的主要兴趣是汽车、棒球和钓鱼。Wǒ fùqin shēnghuó zhōng de zhǔyào xìngqu shì qìchē, bàngqiú hé diàoyú. **2** 利益 lìyì, 好处 hǎochu □ I believe my parents have my best interests at heart. 我相信我父母内心最关心我的利益。Wǒ xiāngxìn wǒ fùmǔ nèixīn zuì guānxīn wǒ de lìyì. □ Every country is entitled to safeguarding its national interests. 每个国家都有权保护自己的国家利益。Měi ge guójiā dōu yǒu quán bǎohù zìjǐ de guójiā lìyì. **3** 利息 lìxī □ The interest rate on our mortgage has risen from 7% to 10% in the past 12 months. 我们房屋贷款的利息在过去十二个月里从百分之七上升到百分之十。Wǒmen fángwū dàikuǎn de lìxī zài guòqù shí'èr ge yuè lǐ cóng bǎifēnzhī qī shàngshēngdào bǎifēnzhī shí.

interested ADJ 1 对…感兴趣 duì…gǎn xìngqu □ Are you interested in working in a summer camp? 你有兴趣在夏令营工作吗？Nǐ yǒu xìngqu zài xiàlìngyíng gōngzuò ma? □ I'm not interested in this proposal. 我对这个建议没有兴趣。Wǒ duì zhè ge jiànyì méiyǒu xìngqu. **2** 有关系的 yǒu guānxi de
an interested party （利益）相关的一方 (lìyì) xiāngguān de yìfāng

interesting ADJ 有趣 yǒuqù, 有意思 yǒu yìsi □ He has some very interesting ideas. 他有些想法很有意思。Tā yǒuxiē xiǎngfǎ hěn yǒu yìsi. □ It is interesting to hear what the other party has got to say. 听听另一方有什么话说，是很有意思的。Tīngting lìng yì fāng yǒu shénme huà shuō, shì hěn yǒu yìsi de.

interface N 1 （计算机）接口 (jìsuànjī) jiēkǒu, 接口程序 jiēkǒu chéngxù **2** 相互影响 xiānghù yǐngxiǎng

interfere V 干涉 gānshè, 干预 gānyù

interference N 干涉 gānshè, 干预 gānyù

interim I ADJ 临时的 línshí de **II** N (in the interim) 在此期间 zài cǐ qījiān

interior I N 1 内部 nèibù, 里面 lǐmian □ The interior of the car is surprisingly spacious. 汽车里面很宽敞，让人惊讶。Qìchē lǐmian hěn kuānchang, ràng rén jīngyà. **2** 室内 shìnèi **II** ADJ 内部的 nèibù de
interior design 室内装饰 shìnèi zhuāngshì □ The interior design and furnishings will cost another $80,000. 室内设计和家具等还要花八万元。Shìnèi shèjì hé jiājù děng hái yào huā bā wàn yuán.

interject V 突然插话 tūrán chāhuà

interjection N 1 插话 chāhuà **2** 感叹词 gǎntàncí

interlock V 使…连锁 shǐ…liánsuǒ, 使…连接 shǐ…liánjiē

interloper N 擅自闯入者 shànzì chuǎngrù zhě, 不速之客 búsù zhī kè

interlude N 插曲 chāqǔ, 间歇 jiànxiē

intermarriage N 通婚 tōnghūn

intermarry V 通婚 tōnghūn

intermediary I N 1 调解人 tiáojiěrén, 中间人 zhōngjiānrén **2** 代表 dàibiǎo, 代理人 dàilǐrén **II** ADJ 1 中间的 zhōngjiān de **2** 调解人的 tiáojiěrénde, 中间人的 zhōngjiānrén de

intermediate ADJ 中等的 zhōngděng de, 中间的 zhōngjiān de

interminable ADJ 冗长乏味的 rǒngcháng fáwèi de

intermission N 幕间休息 mùjiān xiūxi

intermittent ADJ 断断续续的 duànduàn xùxù de, 间歇的 jiànxiē de

intern[1] N 实习医生 shíxí yīshēng, 实习人员 shíxí rényuán

intern[2] V 拘留 jūliú, 关押 guānyā

internal ADJ 1 内部 nèibù □ The university held an internal inquiry to find out if the professor had committed plagiarism. 大学进行内部调查，以确定那位教授有没有抄袭。Dàxué jìnxíng nèibù diàochá, yǐ quèdìng nà wèi jiàoshòu yǒuméiyǒu chāoxí. **2** 国内 guónèi
internal medicine 内科 nèikē, 内科医学 nèikē yīxué
Internal Revenue Service (IRS) 税务局 shuìwùjú

international ADJ 国际的 guójì de □ International cooperation plays a crucial role in the war against terrorism. 国际合作在反恐怖主义的战争中起关键作用。Guójì hézuò zài fǎn kǒngbùzhǔyì de zhànzhēng zhōng qǐ guānjiàn zuòyòng. □ The United Nations Organization is the most important international body in the world. 联合国是世界上最重要的国际组织。Liánhéguó shì shìjièshang zuì zhòngyào de guójì zǔzhí.

Internet N 互联网 hùliánwǎng, 英特网 yīngtèwǎng □ Has your company registered an Internet domain name? 你们公司登记了互联网网址了吗? Nǐmen gōngsī dēngjìle hùliánwǎng wǎngzhǐ le ma?

Internet service provider (ISP) 互联网服务提供者 hùliánwǎng fúwù tígòng zhě

Internet café 网吧 wǎngbā □ I check my email at Internet cafés when I travel. 我旅行的时候在网吧检查电子邮件。Wǒ lǚxíng de shíhou zài wǎngbā jiǎnchá diànzǐ yóujiàn.

Internet chat room 聊天室 liáotiānshì

internist N 内科医生 nèikē yīshēng

internship N 实习(期间) shíxí (qījiān)

interpersonal ADJ 人际的 rénjì de

interplanetary ADJ 星球之间的 xīngqiú zhījiān de, 球际的 qiú jì de

interplay N 相互作用 xiānghù zuòyòng

interpose V (使…) 插入 (shǐ…) chārù

interpret V 1 翻译 fānyì, 当口译 dāng kǒuyì □ Laura is very excited as she will interpret for a foreign dignitary tomorrow. 劳拉很激动，因为明天她要为外国要人当口译。Láolā hěn jīdòng, yīnwèi míngtiān tā yào wèi wàiguó yàorén dāng kǒuyì. **2** 解释 jiěshì □ The Supreme Court has the right to interpret the Constitution. 最高法院有权解释宪法。Zuìgāo fǎyuàn yǒu quán jiěshì xiànfǎ.

interpretation N 解释 jiěshì, 说明 shuōmíng □ This new theory puts a different interpretation on such behaviors. 这个新理论对这种行为做出了不同的解释。Zhè ge xīn lǐlùn duì zhè zhǒng xíngwéi zuòchū bù tóng de jiěshì.

interpreter N 口译 kǒuyì, 译员 yìyuán □ The court will provide an interpreter for the defendant, as he does not speak English. 法庭将为被告提供口译，因为他不会说英语。Fǎtíng jiāng wèi bèigào tígōng kǒuyì, yīnwèi tā bú huì shuō Yīngyǔ.

interracial ADJ 种族之间的 zhǒngzú zhījiān de

interrogate V 审讯 shěnxùn, 询问 xúnwèn

interrogation N 审讯 shěnxùn

interrogator N 审讯人员 shěnxùn rényuán

interrupt V 打断 dǎduàn □ The mayor's speech was interrupted by questions from the floor. 市长的演说被来自观众席的问题打断。Shìzhǎng de yǎnshuō bèi láizì guānzhòng xí de wèntí dǎduàn. □ I'm sorry to interrupt you, but could you explain your last point again? 很抱歉打断您, 但是您能不能再解释一下最后一个观点? Hěn bàoqiàn dǎduàn nín, dànshì nín néngbunéng zài jiěshì yíxià zuìhòu yí ge guāndiǎn?

intersect V 相交 xiāngjiāo, 交叉 jiāochā

intersection N 交叉口 jiāochākǒu, 交点 jiāodiǎn

intersession N 学期之间的假期 xuéqí zhījiān de jiàqī, 年中假期 niánzhōng jiàqī

intersperse V 散布 sànbù, 点缀 diǎnzhui

interstate I ADJ (美国) 州际(的) (Měiguó) zhōujì (de) **II** N (美国) 州际公路 (Měiguó) zhōujì gōnglù

intertwined ADJ 1 缠结在一起的 chánjié zài yìqǐ de 2 紧密相关的 jǐnmì xiāngguān de

interval N 间歇 jiànxiē

at regular intervals 定期 dìngqī

intervene V 1 介入 jièrù, 干预 gānyù 2 阻扰 zǔrǎo, 阻碍 zǔ'ài

intervening ADJ (两个年份) 之间的 (liǎng gè niánfèn) zhījiān de

intervention N 介入 jièrù, 干预 gānyù

interview I N 1 面试 miànshì, 面谈 miàntán □ The selection committee has prepared a list of questions for tomorrow's interview. 遴选委员会为明天的面试准备了一系列问题。Línxuǎn wěiyuánhuì wèi míngtiān de miànshì zhǔnbèile yíxìliè wèntí.

job interview 求职面试 qiúzhí miànshì

2 采访 cǎifǎng □ The Secretary of State granted an interview to a journalist from the BBC. 国务卿同意英国广播公司的记者采访他。Guówùqīng tóngyì Yīngguó Guǎngbō Gōngsī de jìzhě cǎifǎng tā.

II V 1 面试 miànshì, 面谈 miàntán □ The chairman himself interviewed several candidates. 董事长亲自面试了几位候选人。Dǒngshìzhǎng qīnzì miànshìle jǐ wèi hòuxuǎnrén. **2** 采访 [+新闻人物] cǎifǎng [+xīnwén rénwù] □ In her long career as a journalist she has interviewed countless VIPs. 在她漫长的记者生涯中，她采访了无数大人物。Zài tā màncháng de jìzhě shēngyá zhōng, tā cǎifǎngle wúshù dàrénwù.

interviewee N 1 被采访者 bèi cǎifǎngzhě 2 接受面试的人 jiēshòu miànshì de rén

interviewer N 1 采访者 cǎifǎngzhě 2 主持面试者 zhǔchí miànshì zhě

interweave V (PT **interwove**; PP **interwoven**) 交织 (在一起) jiāozhī (zài yìqǐ)

intestinal ADJ 肠道的 chángdào de, 肠内的 cháng nèi de

intestine N 肠 cháng, 肠道 chángdào

large intestine 大肠 dàcháng

small intestine 小肠 xiǎocháng

intimacy N 1 亲密 qīnmì 2 性行为 xìng xíngwéi

intimacies 亲昵的言语行为 qīnnì de yányu xíngwéi

intimate ADJ 1 亲密的 qīnmì de 2 私人的 sīrén de, 隐私的 yǐnsī de

be intimate with sb 和某人发生性关系 hé mǒurén fāshēng xìng guānxi

intimation N 先兆 xiānzhào, 预兆 yùzhào

intimidate V 恫吓 dònghè, 威胁 wēixié

intimidation N 恫吓 dònghè, 威胁 wēixié

into PREP 进入 jìnrù, 到里面 dào lǐmian □ As soon as he went into the laboratory he smelled a pungent smell. 他一进实验室，就闻到刺鼻的气味。Tā yí jìn shíyànshì, jiù wéndao cìbí de qìwèi.

intolerable ADJ 无法忍受的 wúfǎ rěnshòu de, 无法容忍的 wúfǎ róngrěn de

intolerance N 不容忍 bù róngrěn

intolerant ADJ 1 不能包容的 bùnéng bāoróng de, 心胸狭窄的 xīnxiōng xiázhǎi de 2 不能忍受的 bùnéng rěnshòu, 过敏的 guòmǐn de

lactose intolerant 对乳制品过敏的 duì rǔzhìpǐn guòmǐn de

intonation N 语调 yǔdiào

intoxicated ADJ 1 喝醉酒的 hēzuì jiǔ de 2 陶醉 táozuì, 冲昏头脑的 chōnghūn tóunǎo de

intoxication N 醉酒 zuìjiǔ

intractable ADJ 难解决的 nán jiějué de, 棘手的 jíshǒu de

intramural ADJ 校内的 xiào nèi de

intransigent ADJ 不让步的 bú ràngbù de, 不讲理的 bù jiǎnglǐ de

intransitive verb N 不及物动词 bùjíwù dòngcí

intravenous ADJ 静脉内的 jìngmài nèi de

intravenous drug 静脉注射的药物 jìngmài zhùshè de yàowù

intrepid ADJ 勇敢的 yǒnggǎn de, 无畏的 wúwèi de

intricacy N 复杂 fùzá

intricacies 复杂的细节 fùzá de xìjié

intricate ADJ 错综复杂的 cuòzōng fùzá de

intrigue I V 1 引起…的兴趣／好奇心 yǐnqǐ…de xìngqu/hàoqíxīn 2 策划阴谋 cèhuà yīnmóu **II** N 阴谋 yīnmóu, 密谋 mìmóu

intriguing ADJ 引人入胜的 yǐn rén rù shèng de

intrinsic ADJ 固有的 gùyǒu de, 内在的 nèizài de

introduce v 1 介绍 jièshào □ His uncle has introduced him to many influential people in the industry. 他的舅舅把他介绍给行业中许多有影响的人物。Tā de jiùjiu bǎ tā jièshào gěi hángyè zhōng xǔduō yǒu yǐngxiǎng de rénwù. 2 引进 yǐnjìn □ This government has introduced a new immigration policy. 这个政府引进了新的移民政策。Zhè ge zhèngfǔ yǐnjìnle xīn de yímín zhèngcè. 3 引导 yǐndǎo, 让…首次接触 ràng…shǒucì jiēchù □ It is Mr Wang, my Chinese teacher, who introduced me to Chinese chess. 是王先生，我的中文老师，让我首次接触中国象棋。Shì Wáng xiānsheng, wǒ de Zhōngwén lǎoshī, ràng wǒ shǒucì jiēchù Zhōngguó xiàngqí.

introduction N 1 介绍 jièshào □ It is time to go round and make introductions. 到了相互介绍的时间了。Dàole xiānghù jièshào de shíjiān le. 2 引进 yǐnjìn □ The introduction of computer technology revolutionized printing. 计算机技术的引进给印刷术带来了一场革命。Jìsuànjī jìshù de yǐnjìn gěi yìnshuāshù dàilaile yì cháng gémìng. 3 引论 yǐnlùn, 入门 rùmén
"An Introduction to Sociology" 《社会学引论》 "Shèhuìxué Yǐnlùn"

introductory ADJ 入门的 rùmén de, 引言的 yǐnyán de
an introductory course 入门课 rùmén kè
an introductory essay 引言 yǐnyán

introspection N 反省 fǎnxǐng

introspective ADJ 反省的 fǎnxǐng de

introvert N 性格内向的人 xìnggé nèixiàng de rén

introverted ADJ 性格内向的 xìnggé nèixiàng de, 不爱交际的 bú ài jiāojì de

intrude v 侵扰 qīnrǎo, 侵入 qīnrù

intruder N 入侵者 rùqīnzhě

intrusion N 侵入 qīnrù, 侵扰 qīnrǎo

intrusive ADJ 侵扰的 qīnrǎo de, 打扰的 dǎrǎo de

intuition N 直觉 zhíjué

intuitive ADJ 直觉的 zhíjué de

inundate v 淹没 yānmò, 泛滥 fànlàn
be inundated with [+letters] 收到大量 [+来信] shōudào dàliàng [+láixìn]

inundation N 泛滥 fànlàn

invade v 侵入 qīnrù, 侵略 qīnlüè

invader N 入侵者 rùqīnzhě, 侵略者 qīnlüèzhě

invalid I ADJ 1 无效的 [+合同] wúxiào de [+hétong] 2 站不住脚的 [+理由] zhànbuzhù jiǎo de [+lǐyóu] II N (慢性) 病人 (mànxìng) bìngrén

invalidate v 1 使 [+身份证] 无效 shǐ [+shēnfenzhèng] wúxiào 2 证明 [+论点] 是错误的 zhèngmíng [+lùndiǎn] shì cuòwù de

invalidity N 无效 wúxiào

invaluable ADJ 无价的 wújià de, 极其宝贵的 jíqí bǎoguì de

invariable ADJ 不变的 búbiàn de, 一直的 yìzhí de

invasion N 侵入 qīnrù, 侵略 qīnlüè

invent v 1 发明 fāmíng □ Who invented the telephone? 谁发明了电话？Shéi fāmíngle diànhuà? 2 编造 [+谎言] biānzào [+huǎngyán], 捏造 niēzào

invention 1 发明 (物) fāmíng (wù) □ Thomas Edison will be forever remembered for his so many wonderful inventions. 托马斯·爱迪生发明了这么多奇异的东西，将永远为人们记住。Tuōmǎsī·Àidíshēng fāmíngle zhème duō qíyì de dōngxi, jiāng yǒngyuǎn wèi rénmen jìzhu. 2 编造 biānzào, 捏造 niēzào

inventive ADJ 善于发明的 shànyú fāmíng de, 有创造性的 yǒu chuàngzàoxìng de

inventor N 发明者 fāmíngzhě

inventory N 清单 qīngdān, 详细目录 xiángxì mùlù
to take inventory 列出清单 lièchū qīngdān, 盘点 (存货) pándiǎn (cúnhuò)

inverse N, ADJ 相反 (的) xiāngfǎn de
in inverse proportion to 与…成反比例 yǔ…chéng fǎnbǐlì

invert v 使…倒置 shǐ…dàozhì

invest v 1 （商业）投资 (shāngyè) tóuzī □ My grandma wouldn't invest directly in the stock market. 我的奶奶不愿意直接投资股票市场。Wǒ de nǎinai bú yuànyì zhíjiē tóuzī gǔpiào shìchǎng. 2 投入 [+时间／金钱] tóurù [+shíjiān/jīnqián]

investigate v 调查 diàochá □ The police are investigating the cause of the fire. 警方正在调查火灾的原因。Jǐngfāng zhèngzài diàochá huǒzāi de yuányīn. □ The market should be investigated before a mall is built. 在建造购物中心前应该对市场进行调查。Zài jiànzào gòuwù zhōngxīn qián yīnggāi duì shìchǎng jìnxíng diàochá.

investigation N 调查 diàochá □ Scientists are conducting an investigation into climate change in the Arctic. 科学家在调查北极的气候变化。Kēxuéjiā zài diàochá Běijí de qìhòu biànhuà. □ A thorough investigation has revealed a dark secret. 一场彻底的调查揭露了罪恶的秘密。Yì cháng chèdǐ de diàochá jiēlùle zuì'è de mìmì.

investment v 投资 tóuzī □ She has $20,000 investment in her son's business venture. 她在儿子的商业冒险中有两万元的投资。Tā zài érzi de shāngyè màoxiǎn zhōng yǒu liǎng wàn yuán de tóuzī.

inveterate ADJ 根深蒂固的 gēnshēn dìgù de, 难改的 nán gǎi de

invigorate v 使…生气勃勃 shǐ…shēngqì bóbó, 使…精力充沛 shǐ…jīnglì chōngpèi

invincible ADJ 不可战胜的 bùkě zhànshèng de, 不可征服的 bùkě zhēngfú de

invisibility N 隐形 yǐnxíng

invisible ADJ 看不见的 kànbujiàn de, 隐形的 yǐnxíng de

invitation N 1 邀请 yāoqǐng □ Admission is by invitation only. 凭请柬入场。Píng qǐngjiǎn rùchǎng. 2 请帖 qǐngtiě, 请柬 qǐngjiǎn □ Mary has sent out dozens of invitations to her birthday party. 玛丽发出了几十份生日聚会邀请。Mǎlì fāchū le jǐ shí fèn shēngri jùhuì yāoqǐng.

invite I v 1 邀请 yāoqǐng □ Professor Smith has been invited to give a keynote speech at the conference. 史密斯教授被邀请在会上作主题演说。Shǐmìsī jiàoshòu bèi yāoqǐng zài huìshang zuò zhǔtí yǎnshuō. 2 招致 [+批评] zhāozhì [+pīpíng], 引起 yǐnqǐ II N 邀请 yāoqǐng

inviting ADJ 吸引人的 xīyǐnrén de, 诱人的 yòurén de

invoice I N 发货／工作清单 fāhuò/gōngzuò qīngdān [M. WD 张 zhāng/份 fèn] II v 发出发货／工作清单 fāchū fāhuò/gōngzuò qīngdān

invoke v 诉诸 [+法律] zhūsù [+fǎlǜ], 实施 shíshī

involuntary ADJ 不受意识控制的 bú shòu yìshi kòngzhì de, 不自觉的 bú zìjué de

involve v 1 涉及 shèjí □ This fraud case involves some local politicians and businessmen. 这个舞弊案件涉及一些当地的政客和商人。Zhè ge wǔbì ànjiàn shèjí yìxiē dāngdì de zhèngkè hé shāngrén. 2 需要 xūyào □ Working as a sales representative involves lots of travel. 担任销售代表需要经常旅行。Dānrèn xiāoshòu dàibiǎo xūyào jīngcháng lǚxíng.

involved ADJ 与…有关的 yǔ…yǒuguān de

involvement N 涉及 shèjí, 牵连 qiānlián

inward ADJ 1 内心的 nèixīn de □ Her face turned red, betraying her inward anger. 她脸涨得通红，显示了内心的愤怒。Tā liǎn zhǎngde tōnghóng, xiǎnshìle nèixīn de fènnù. 2 向内的 xiàng nèi de

iodine (I) N 碘 diǎn

ion N 离子 lízǐ

iota N 极少量 jí shǎoliàng
not one iota 一点也不／没有 yìdiǎn yě bù/méiyǒu

IOU (= I owe you) ABBREV 借条 jiètiáo [M. WD 张 zhāng]

IQ (= Intelligence Quotient) ABBREV 智商 zhìshāng

irascible ADJ 脾气暴躁的 píqi bàozao de, 脾气很坏的 píqi hěn huài de

irate ADJ 极为愤怒的 jíwéi fènnù de

iridescence N 彩虹色 cǎihóngsè

iridescent ADJ 变色的 biànsè de, 彩虹色的 cǎihóngsè de

iris N 1 虹膜 hóngmó 2 鸢尾属植物 yuānwěishǔ zhíwù

Irish I ADJ 爱尔兰的 Ài'ěrlán de II N 1 爱尔兰人 Ài'ěrlánrén 2 爱尔兰语 Ài'ěrlányǔ

irk V 使…恼怒 shǐ…nǎonù, 使…气恼 shǐ…qìnǎo

irksome ADJ 让人烦恼的 让人 rang rén fánnǎode, 恼人的 nǎorén de

iron I N 1 铁 tiě □ Red meat is rich in iron. 牛羊肉含有丰富的铁质。Niúyángròu hányǒu fēngfùde tiězhì. 2 熨斗 yùndǒu ironing board 熨衣板 yùnyībǎn
Strike while the iron is hot. 趁热打铁。Chèn rè dǎ tiě.
II ADJ 铁的 tiě de □ The iron gate is locked at all times. 那扇铁门永远锁着。Nà shàn tiěmén yǒngyuǎn suǒzhe.
III V 熨烫 [+衣服] yùntàng [+yīfu]

ironic ADJ 有讽刺意味的 yǒu fěngcì yìwèi de

irony N 讽刺 fěngcì

irrational ADJ 不合理的 bù hélǐ de

irrationality N 不合理 bù hélǐ

irreconcilable ADJ 不可调和的 bùkě tiáohe de, 不相容的 bù xiāngróng de

irrefutable ADJ 不可辩驳的 wúkě biànbó de

irregular ADJ 1 不规则的 bù guīzé de 2 不定时的 bú dìngshí de
irregular verb（英语）不规则动词（Yīngyǔ）bùguīzé dòngcí
irregular heart beats 心率不齐 xīnlǜ bù qí

irregularity N 1 不规则 bùguīzé 2 违规行为 wéiguī xíngwéi, 违规 wéiguī

irrelevance N 不相关 bù xiāngguān, 无关 wúguān

irrelevant ADJ 不相关的 bù xiāngguān de, 无关的 wúguān de

irreparable ADJ 无法弥补的 wúfǎ míbǔ de

irreplaceable ADJ 不可代替的 bùkě dàitì de, 独一无二的 dúyī wú'èr de

irreproachable ADJ 无可指责的 wúkě zhǐzé de, 没有过失的 méiyǒu guòshī de

irresistible ADJ 无法抗拒的 wúfǎ kàngjù de

irrespective of PREP 不管 bùguǎn, 不顾 búgù

irresponsible ADJ 不负责任的 bú fù zérèn de, 没有责任心的 méiyǒu zérènxīn de

irreverence N 不敬 bújìng, 不恭 bùgōng

irreverent ADJ 不尊敬的 bù zūnjìng de, 不谦恭的 bù qiāngōng de

irreversible ADJ 不可逆转的 bùkě nìzhuǎn de, 不可挽回的 bùkě wǎnhuí de

irrevocable ADJ 不可更改的 bùkě gēnggǎi de, 不可取消的 bùkě qǔxiāo de

irrigate V 灌溉 guàngài

irrigation N 灌溉 guàngài

irritable ADJ 1 易怒的 [+老人] yì nù de [+lǎorén] 2 疼痛的 [+伤口] téngtòng de [+shāngkǒu]

irritant N 1 让人恼火的事 ràng rén nǎohuǒ de shì 2 刺激物 cìjīwù

irritate V 1 使 [+人] 恼怒 shǐ [+rén] nǎonù 2 使 [+伤口] 发炎 shǐ [+shāngkǒu] fāyán 3 使…疼痛 shǐ…téngtòng

irritation N 1 恼火 nǎohuǒ, 恼怒 nǎonù 2 让人恼火的事 ràng rén nǎohuǒ de shì 3 疼痛 téngtòng, 发炎 fāyán

IRS ABBREV See **Internal Revenue Service**

Islam N 伊斯兰 Yīsīlán, 伊斯兰教 Yīsīlánjiào

island N 岛 dǎo □ Japan is composed of four major islands. 日本由四个大岛组成。Rìběn yóu sì ge dà dǎo zǔchéng.

islander N 岛上的居民 dǎo shàng de jūmín, 岛民 dǎomín

isle N 岛 dǎo

isolate V 1 隔离 [+病人] gélí [+bìngrén] 2 分离 [+物质] fēnlí [+wùzhì] 3 孤立 [+敌人] gūlì [+dírén]

isolated ADJ 1 孤立的 gūlì de 2 孤零零的 gūlínglíng de
an isolated incident 孤立的事件 gūlì de shìjiàn
an isolated island（大洋中）一个孤零零的小岛 (dàyáng zhōng) yí ge gūlínglíng de xiǎodǎo

isolation N 隔离 gélí
isolation ward 隔离病房 gélíbìngfáng

ISP (= Internet service provider) ABBREV See **Internet**

issue I N 1 有争论的问题 yǒu zhēnglùn de wèntí, 问题 wèntí □ There are a number of issues that need further discussion. 有一些问题需要进一步讨论。Yǒu yìxiē wèntí xūyào jìnyíbù tǎolùn. 2（杂志）期 (zázhì) qī □ Have you read the latest issue of Psychology Today? 你看过最新一期《今日心理学》吗？Nǐ kànguo zuìxīn yì qī "Jīnrì xīnlǐxué" ma?
to take issue with 不同意 bù tóngyì, 有争议 yǒu zhēngyì □ Many teachers take issue with the principal's decision. 很多老师不同意校长的决定。Hěn duō lǎoshī bù tóngyì xiàozhǎng de juédìng.
II V 1 发表 [+声明] fābiǎo [+shēngmíng] 2 发行 [+邮票] fāxíng [+yóupiào] 3 分发 [+枪支] fēnfā [+qiāngzhī]

IT (= information technology) ABBREV See **information**

it PRON 它 tā

Italian I ADJ 意大利的 Yìdàlì de II N 1 意大利语 Yìdàlìyǔ 2 意大利人 Yìdàlìrén

italicize V 用斜体字写 yòng xiétǐzì xiě

italics N 斜体字 xiétǐzì

itch I V 痒 yǎng, 发痒 fāyǎng II N 1 痒 yǎng, 发痒 fāyǎng 2 渴望 kěwàng

item N 项目 xiàngmù, 条目 tiáomù □ The first item on the agenda is recruitment of new members. 议事日程的第一项是吸收新会员。Yìshì rìchéng de dìyī xiàng shì xīshōu xīn huìyuán. 2 一条新闻 yì tiáo xīnwén □ A news item in today's paper attracted his attention. 今天报上有一条新闻吸引了他的注意。Jīntiān bàoshang yǒu yì tiáo xīnwén xīyǐnle tā de zhùyì.

itemize V 一项一项地记下 yí xiàng yí xiàng de jìxià, 分项记载 fēnxiàng jìzǎi

itemized ADJ 逐项分列的 zhúxiàng fēnliè de

itinerant ADJ 流动的 liúdòng de
itinerant circus 流动马戏团 liúdòng mǎxìtuán

itinerary N 旅行日程表 lǚxíng rìchéngbiǎo
to plan an itinerary 计划旅行日程 jìhuà lǚxíng rìchéng

its ADJ 它的 tā de

itself PRON 它自己 tā zìjǐ

IV (= intravenous) ABBREV 静脉滴注 jìngmài dī zhù

ivory N 1 象牙 xiàngyá
ivory tower 象牙塔 xiàngyá tǎ
the ivories 钢琴键 gāngqín jiàn
2 象牙色 xiàngyá sè

ivy N 常青藤 chángqīng téng [M. WD 颗 kē/条 tiáo]
Ivy League（美国）常青藤联盟大学 (Měiguó) chángqīng téng liánméng dàxué

J, j

jab I V 1 刺 cì, 猛击 měngjī 2 打针 dǎzhēn, 注射 zhùshè II N 批评（的话）pīpíng (de huà), 责备（的话）zébèi (de huà)
to take a jab at 抨击 pēngjī

jabber V 激动地说 jīdòng de shuō

jack I N 1 起重器 qǐzhòng qì, 千斤顶 qiānjīndǐng 2（纸牌）杰克牌 (zhǐpái) jiékè pái, J 牌 J pái II V (to jack up)（用起重器）顶起 [+重物] (yòng qǐzhòngqì) dǐng qǐ [+zhòngwù]

jackal N 豺 chái, 胡狼 húláng [M. WD 只 zhī/条 tiáo]

jackass N 讨厌的蠢货 tǎoyàn de chǔnhuò

jacket N 1 上衣 shàngyī [M. WD 件 jiàn], 夹克衫 jiākèshān [M. WD 件 jiàn] 2 护封 hùfēng, 书套 shūtào 3 保护罩 bǎohùzhào

jackhammer N 风钻 fēngzuān

jack-in-the-box N 玩偶盒 wán'ǒuhé

jack-knife I N 折刀 zhédāo [M. WD 把 bǎ] II V 弯曲 wānqū

jack-of-all-trades N 博而不精的人 bó ér bù jīng de rén, 万事通 wànshìtōng

jack-o-lantern N 南瓜灯笼 nánguā dēnglong

jackpot N 一大笔钱 yí dà bǐ qián
　to hit the jackpot ① 赢得大奖 yíngdé dàjiǎng, 中头彩 zhòng tóucǎi ②（突然）交上好运 (túrán) jiāo shàng hǎoyùn

jade N 玉 yù, 碧玉 bìyù, 翡翠 fěicuì

jaded ADJ 厌倦的 yànjuàn de, 没有激情的 méiyǒu jīqíng de

jagged ADJ 锯齿状 jùchǐzhuàng

jaguar N 美洲豹 Měizhōubào [M. WD 只 zhī]

jail I N 1 监狱 jiānyù 2 看守所 kānshǒusuǒ II V 监禁 jiānjìn

jailor, jailer N 监狱看守 jiānyù kānshǒu

jam N 1 果酱 guǒjiàng 2 交通堵塞 jiāotōng dǔsè □ The city center experiences traffic jams during rush hours every day. 市中心每天都在高峰时间发生交通堵塞。Shì zhōngxīn měitiān dōu zài gāofēng shíjiān fāshēng jiāotōng dǔsè. II V 1 [车辆+] 堵塞 [chēliàng+] dǔsè 2 把…塞进 bǎ…sāijìn
　to jam on the brakes 猛踩刹车 měng cǎi shāchē

jamboree N 1 童子军大会 tóngzǐjūn dàhuì 2 喧闹的大会 xuānnào de dàhuì

jammed ADJ 1 挤满 [+人] 的 jǐmǎn [+rén] de 2 塞满 [+东西] 的 sāimǎn [+dōngxi] de 3 卡住的 [+锁] qiǎzhù de [+suǒ]

jam-packed ADJ 1 挤满 [+人] 的 jǐmǎn [+rén] de 2 塞满 [+东西] 的 sāimǎn [+dōngxi] de

jam session N（爵士乐/摇滚乐）即兴演奏会 (juéshìyuè/yáogǔnyuè) jíxìng yǎnzòu huì

Jane Doe N 某女 mǒu nǚ, 一名女性 yì míng nǚxìng

jangle I V（使金属）发出丁零当啷声 (shǐ jīnshǔ) fāchū dīnglíng dānglāng shēng II N 刺耳的金属当啷声 cì'ěr de jīnshǔ dānglāngshēng

janitor N（照管房屋的）工人 (zhàoguǎn fángwū de) gōngrén, 工友 gōngyǒu
　school janitor 校工 xiàogōng

January N 一月 yīyuè □ January 1st is the New Year's Day. 一月一日是元旦。Yīyuè yīrì shì Yuándàn.

Japanese I ADJ 日本的 Rìběn de II N 1 日语 Rìyǔ 2 日本人 Rìběnrén

jar I N 1 广口瓶 guǎngkǒupíng, 罐子 guànzi □ Please help me open this jar—the cover's really tight. 请你帮我开开这个瓶子—盖子实在太紧了。Qǐng nǐ bāng wǒ kāikai zhè ge píngzi—gàizi shízài tài jǐn le. II V 1 使…烦乱 shǐ…fánluàn 2 碰伤 pèngshāng

jargon N 行话 hánghuà, 专门术语 zhuānmén shùyǔ

jaundice N 黄疸病 huángdǎnbìng

jaundiced ADJ 1 患黄疸病的 huàn huángdǎnbìng de 2 有偏见的 yǒu piānjiàn de

jaunt N 短途旅游 duǎntú lǚyóu

javelin N 标枪 biāoqiāng
　javelin 掷标枪（运动）zhì biāoqiāng (yùndòng), 标枪投掷（运动）biāoqiāng tóuzhí (yùndòng)

jaw N 颌 gé, 上下颌 shàng xià gé 下巴 xiàba □ The ball hit him square in the jaw. 球正打在他的下巴上。Qiú zhèng dǎ zài tā de xiàbashang.

jaws N 1（猛兽的）嘴 (měngshòu de) zuǐ 2 钳口 qiánkǒu
　jaws of death 生死关头 shēngsǐ guāntóu

jaywalking N 乱穿马路 luàn chuān mǎlù

jazz I N 爵士（音）乐 juéshì (yīn) yuè II V (to jazz up) 使…更有吸引力 shǐ…gèng yǒu xīyǐnlì

jazzed ADJ 兴奋的 xīngfèn de

jazzy ADJ 1 鲜艳的 xiānyàn de 2 爵士风格的 juéshì fēnggé de

jealous ADJ 妒嫉的 dùjì de □ Julie is very jealous of her sister's talent for languages. 朱莉对她妹妹的语言才能很妒嫉。Zhūlì duì tā mèimei de yǔyán cáinéng hěn dùjí.

jealousy N 妒嫉（的行为）dùjì (de xíngwéi) □ His promotion caused jealousy among his colleagues. 他的提升在同事中引起了妒嫉。Tā de tíshēng zài tóngshì zhōng yǐnqǐle dùjì.

jeans N 牛仔裤 niúzǎikù [M. WD 条 tiáo] □ She always wears a pair of tight jeans. 她总是穿紧身牛仔裤。Tā zǒngshì chuān jǐnshēn niúzǎikù.

jeep N 吉普车 jípǔchē [M. WD 辆 liàng]

jeer I V 嘲笑 cháoxiào, 哄笑 hōngxiào II N 嘲笑 cháoxiào

jeez INTERJ 哎呀 āiyā

jelly N 果酱 guǒjiàng, 果冻 guǒdòng □ Can I have some more jelly, please? 我再吃些果冻，行吗？Wǒ zài chī xiē guǒdòng, xíng ma?

jellyfish N 海蜇 hǎizhé, 水母 shuǐmǔ

jeopardize V 使…陷入危险境地 shǐ…xiànrù wēixiǎn jìngdì

jeopardy N 危险（的境地）wēixiǎn (de jìngdì)
　in jeopardy 处于险境 chǔyú xiǎnjìng

jerk[1] I V 猛地一动 měng de yídòng II N 猛拉 měng lā

jerk[2] N 蠢人 chǔnrén, 鲁莽的人 lǔmǎng de rén

jerky[1] ADJ 忽动忽停的 hūdòng hūtíng de, 晃动的 huàngdòng de

jerky[2] N 熏肉条 xūnròutiáo, 肉干 ròugān

jersey N 1 运动衫 yùndòngshān [M. WD 件 jiàn] 2 针织弹力衫 zhēnzhī tánlì shān [M. WD 件 jiàn]

jest N 笑话 xiàohua, 俏皮话 qiàopihuà
　in jest 开玩笑地 kāiwánxiào de
　II V 说笑话 shuō xiàohua, 开玩笑 kāi wánxiào

jester N（宫廷）小丑 (gōngtíng) xiǎochǒu, 弄臣 nòngchén

Jesus (Jesus Christ) N 耶稣（基督）Yēsū (Jīdū)

jet I N 1 喷气式飞机 pēnqìshì fēijī [M. WD 架 jià]
　jet engine 喷气发动机 pēnqì fādòngjī
　jet lag 时差反应 shíchā fǎnyìng
　jet set 常乘飞机的富人 cháng chéng fēijī de fùrén
　jet stream 高空急流 gāokōng jíliú
　2 喷射流 pēnshèliú 3 黑玉 hēi yù
　II V 1 乘喷气式飞机 chéng pēnqìshì fēijī 2 喷射 pēnshè

jetblack ADJ 乌黑的 wūhēi de

jettison V 丢弃 diūqì, 摆脱 bǎituō

jetty N 1 小码头 xiǎo mǎtou 2 防波堤 fángbōdī

Jew N 犹太人 Yóutàirén

jewel N 珠宝 zhūbǎo, 宝石 bǎoshí
　jewel box 首饰盒 shǒushihé

jeweler N 珠宝商 zhūbǎoshāng
　jeweler's 珠宝商店 zhūbǎo shāngdiàn, 首饰店 shǒushidiàn

jewelry N 珠宝 zhūbǎo, 首饰 shǒushi □ A wedding ring is more than a piece of jewelry. 结婚戒指不仅仅是一件首饰。Jiéhūn jièzhǐ bù jǐnjǐn shì yí jiàn shǒushi.

Jewish ADJ 犹太人的 Yóutàirén de, 犹太的 Yóutài de

jibe[1] N, V 挖苦 wāku, 嘲弄 cháonòng

jibe[2] V 相一致 xiāng yízhì, 符合 fúhé

jig N 吉格舞（曲）jí gé wǔ (qū)

jiggle V（使…）快速移动 (shǐ…) kuàisù yídòng

jigsaw puzzle N 拼图（玩具）pīn tú (wánjù)

jihad N（伊斯兰教）圣战 (Yīsīlánjiào) shèngzhàn

jilt V 突然抛弃情人 tūrán pāoqì qíngrén, 突然断交 tūrán duànjiāo

jingle I V（使…）发出叮当的声响 (shǐ…) fāchū dīngdāng de shēngxiǎng II N 1 叮当声 dīngdāng shēng [M. WD 阵 zhèn] 2 短歌 duǎn gē [M. WD 首 shǒu]

jinx I N 1 不详的人 bùxiángde rén, 不详的事 bùxiángde shì **2** 倒霉的时期 dǎoméi de shíqī

jinxed ADJ 倒霉的 dǎoméi de, 交恶运的 jiāo èyùn de

jitters N 紧张不安 jǐnzhāng bù'ān, 焦虑 jiāolǜ

jittery ADJ 摇摆舞 yáobǎiwǔ **II** v 跳摇摆舞 yáobǎiwǔ

jive I N 摇摆舞 yáobǎiwǔ **II** v 跳摇摆舞 yáobǎiwǔ

job I N 1 职业 zhíyè, 工作 gōngzuò □ I've got a job at McDonald's in summer. 我夏天在麦当劳有一份工作。Wǒ xiàtiān zài Màidāngláo yǒu yí fèn gōngzuò.

job description 工作职责范围 gōngzuò zhízé fànwéi

job hunting 寻找工作 xúnzhǎo gōngzuò

job security 工作保障 gōngzuò bǎozhàng

2 职责 zhízé, 任务 rènwu □ It is Mr Brown's job as school janitor to lock the gate in the evening. 晚上给大门上锁是学校工友布朗先生的职责。Wǎnshang gěi dàmén shàngsuǒ shì xuéxiào gōngyǒu Bùlǎng xiānsheng de zhízé.

to do a good job 做得好 zuò de hǎo □ You did a good job. 你做得很好。Nǐ zuò de hěn hǎo.

an insider job 内部作案 nèibù zuò'àn, 监守自盗 jiānshǒu zì dào

jobless ADJ 没有工作的 méiyǒu gōngzuò de, 失业的 shīyè de

jockey I N 赛马骑师 sàimǎ qíshī **II** v 1 [赛马骑师+] 骑马 [sàimǎ qíshī+] qímǎ **2** 激烈争夺 [+职位] jīliè zhēngduó [+zhíwèi]

jockstrap N 下体护身 xiàtǐ hùshēn, 护裆 hù dàng

jocular ADJ 爱说笑的 ài shuōxiào de

jog I v 1 慢长跑 màn chángpǎo, 跑步 pǎobù □ Daddy jogs every day, rain or shine. 爸爸每天都慢跑步, 风雨无阻。Bàba měitiān dōu màn pǎobù, fēngyǔ wúzǔ. **2** 轻碰 qīngpèng, 轻推 qīng tuī

to jog sb's memory 唤起某人的记忆 huànqǐ mǒurén de jìyì

II N 1 慢长跑 màn chángpǎo, 慢跑 mànpǎo **2** 轻碰 qīngpèng, 轻推 qīng tuī

jogger N 慢跑健身者 màn pǎo jiànshēnzhě

jogging N 健身慢跑 jiànshēn mànpǎo

john N 1 厕所 cèsuǒ **2** 嫖客 piáokè

John Doe N 某男 mǒu nán, 一名男性 yì míng nánxìng

join v 1 参加 cānjiā □ He joined the army after finishing high school. 他中学毕业就参军了。Tā zhōngxué bìyè jiù cānjūn le. □ Have you joined a health club? 你参加了什么健康俱乐部了吗? Nǐ cānjiāle shénme jiànkāng jùlèbù le ma? **2** 跟⋯一起 gēn⋯yìqǐ □ We're going out for lunch. Why don't you join us? 我们出去吃午饭。干吗不跟我们一块儿去呢? Wǒmen chūqu chī zhōngfàn. Gànmá bù gēn wǒmen yíkuàir qù ne? **3** 连接 liánjiē, 结合 jiéhé

joint I ADJ 联合的 liánhé de, 联名的 liánmíng de □ The house is under joint ownership of the couple. 住房是夫妻联名所有的。Zhùfáng shì fūqī liánmíng suǒyǒu de.

joint bank account 联名银行账户 liánmíng yínháng zhànghù

Joint Chiefs of Staff (美国) 参谋长联席会议 (Měiguó) cānmóuzhǎng liánxí huìyì

II N 1 关节 guānjié □ He suffers from stiff joints. 他的关节不灵活。Tā de guānjié bù línghuó. **2** 结合部 jiéhébù, 连接处 liánjiēchù **3** (含有大麻的) 香烟 (hányǒu dàmá de) xiāngyān **4** 酒吧 jiǔbā, 饭店 fàndiàn

jointly ADV 联合地 liánhé de

joint venture N 合资企业 hézī qǐyè [m. wp 家 jiā]

joke I N 笑话 xiàohua, 玩笑 wánxiào □ We told each other jokes to kill time on the train. 我们在火车上讲笑话, 消磨时间。Wǒmen zài huǒchēshang jiǎng xiàohua, xiāomó shíjiān. □

to play a practical joke 搞恶作剧 gǎo èzuòjù

II v 说笑话 shuō xiàohua □ They always joked about his love affairs. 他们总是说笑他谈爱情的事。Tāmen zǒngshì shuōxiào tā tán àiqíng de shì.

joker N 1 小丑 xiǎochǒu **2** (纸牌) 百搭牌 (zhǐpái) bǎidā pái [m. wp 张 zhāng]

jokingly ADV 开玩笑地 kāi wánxiào de, 不是一本正经地 bú shì yìběnzhèngjīng de

jolly ADJ 高兴的 gāoxìng de, 快活的 kuàihuo de

jolt I N (突然的) 震动 (tūrán de) zhèndòng **II** v 使⋯震动 shǐ⋯zhèndòng

jostle v 推挤 tuījǐ, 拥挤 yōngjǐ

jot v (草草) 记下 (cǎocǎo) jìxià

journal N 1 报刊 bàokān, 期刊 qīkān **2** 日志 rìzhì, 日记 rìjì

journalism N 新闻事业 xīnwén shìyè, 新闻工作 xīnwén gōngzuò

journalist N (新闻) 记者 (xīnwén) jìzhě

journey I N (长途) 旅行 (chángtú) lǚxíng □ Have a good journey! 祝你旅行快乐! Zhù nǐ lǚxíng kuàilè! □ A Chinese proverb goes that a journey of a 1,000 miles starts with one step. 中国有一句谚语说, "千里之行, 始于足下。" Zhōngguó yǒu yí jù yànyǔ shuō, "Qiānlǐ zhī xíng, shǐ yú zúxià." **II** v 旅行 lǚxíng

jovial ADJ 快活友善的 kuàihuo yǒushàn de, 快快乐乐的 kuàikuài lèlè de

jowls N 下颌 xiàgé

joy N 1 极大的快乐 jídà de kuàilè, 欢愉 huānyú □ The children shouted with joy when they heard the news. 孩子们听到这个消息, 快乐得大叫起来。Háizimen tīngdao zhè ge xiāoxi, kuàilède dàjiào qǐlai. □ The sheer joy of food and wine kept everyone in high spirits. 享受美酒佳肴的欢愉使大家情绪高涨。Xiǎngshòu měijiǔ jiāyáo de huānyú shǐ dàjiā qíngxù gāozhǎng. **2** 欢愉的事 huānyú de shì

joyful ADJ 快乐的 kuàilè de, 令人欢愉的 lìng rén huānyú de

joyous ADJ 欢乐的 huānlè de

joyriding N 偷车兜风 tōu chē dōufēn

joystick N (电脑游戏/飞机) 操纵杆 (diànnǎo yóuxì/fēijī) cāozònggǎn

jubilant ADJ 兴高采烈的 xìnggāo cǎiliè de, 狂欢的 kuánghuān de

jubilation N 欢乐 huānlè, 狂欢 kuánghuān

jubilee N (25/50) 周年纪念日 (èrshíwǔ/wǔshí) zhōunián jìniàn rì

Judaism N 犹太教 Yóutàijiào, 犹太文化 Yóutài wénhuà

Judas N 犹大 Yóudà, 叛徒 pàntú

judge I N 1 法官 fǎguān [m. wp 位 wèi] □ The judge gave instructions to the jury before they withdrew for deliberation. 法官在陪审团退席评议前给他们一些指示。Fǎguān zài péishěntuán tuìxí píngyì qián gěi tāmen yìxiē zhǐshì. **2** 裁判 cáipàn [m. wp 位 wèi] □ The judge of the gymnastic event was less than fair. 这位体操裁判不够公正。Zhè wèi tǐcāo cáipàn bùgòu gōngzhèng. **3** (对某事有/没有) 判断能力的人 (duì mǒushì yǒu/méiyǒu) pànduàn nénglì de rén

a good judge of character 能识人的人 néng shí rén de rén

II v 1 判断 pànduàn □ As far as I can judge, Tom Brown is the best candidate for the position. 根据我的判断, 汤姆·布朗是担任这个职务最好的候选人。Gēnjù wǒ de pànduàn, Tāngmǔ·Bùlǎng shì dānrèn zhè ge zhíwù zuì hǎo de hòuxuǎnrén. □ You should not judge people by the way they dress. 不应该以衣衫取人。Bù yīnggāi yǐ yīshān qǔrén. **2** 审判 [+案件] shěnpàn [+ànjiàn], 审理 shěnlǐ

judgment N 1 判断 (力) pànduàn (lì) □ I have every confidence in your judgment. 我完全信任你的判断。Wǒ wánquán xìnrèn nǐ de pànduàn.

poor judgment 判断错误 pànduàn cuòwù

2 判决 pànjué □ The court has not yet passed judgment on this case. 法庭对这个案件还没有做出判决。Fǎtíng duì zhè ge ànjiàn hái méiyǒu zuòchu pànjué.

judgmental ADJ 爱批评他人的 ài pīpíng tārén de, 评头品足 píng tóu pǐn zú

Judgment Day N（基督教）最后审判日 (Jīdūjiào) zuìhòu shěnpàn rì

judicial ADJ 法庭的 fǎtíng de
 judicial branch 司法部门的 sīfǎ bùmén de

judiciary N 司法部门 sīfǎ bùmén

judicious ADJ 审慎的 shěnshèn de, 明智的 míngzhì de

judo N 柔道 róudào

jug N（水）壶 (shuǐ) hú

juggle V 1 杂耍 záshuǎ 2 应付 [+很多工作] yìngfu [+hěn duō gōngzuò] 3 玩弄 [+数字] wánnòng [+shùzì]

juggler N 杂耍演员 záshuǎ yǎnyuán

jugular N 颈静脉 jǐngjìngmài
 to go for the jugular 激烈攻击 jīliè gōngjī

juice I N 1 果汁 guǒzhī, 菜汁 càizhī □ She asked for a glass of orange juice. 她要一杯橘子水。Tā yào yì bēi júzishuǐ. 2 肉汁 ròuzhī
 II V 榨（果汁）zhà (guǒzhī)

juicy ADJ 多汁的 duō zhī de, 多液的 duō yè de

juke box N 投币自动唱机 tóu bì zìdòng chàngjī [M. WD 台 tái]

July N 七月 qīyuè □ American love to celebrate Independence Day on July 4th with fireworks. 美国人喜欢放焰火来庆祝七月四日美国独立日。Měiguórén xǐhuan fàng yànhuǒ lái qìngzhù qīyuè sìrì Měiguó dúlìrì.

jumble I N 杂乱的一堆 záluàn de yìduī II V 使…杂乱 shǐ… záluàn

jumbo ADJ 特大（号）的 tèdà (hào) de
 jumbo jet 巨型喷气式客机 jùxíng pēnqìshì kèjī

jump I V 1 跳 tiào, 跳跃 tiàoyuè □ Kids are jumping up and down on the bed. 小孩正在床上蹦跳。Xiǎohái zhèngzài chuángshang bèngtiào. □ It was a horrible sight to see people jumping out of windows during the fire. 在大火中人们跳出窗口，这真是可怕的景象。Zài dàhuǒ zhōng rénmen tiàochu chuāngkǒu, zhè zhēn shì kěpà de jǐngxiàng. 2 猛增 měngzēng, 暴涨 bàozhǎng
 II N 1 跳 tiào, 跳跃 tiàoyuè
 jump rope 跳绳 tiàoshéng
 2 猛增 měngzēng, 暴涨 bàozhǎng

jumper N 1 无袖连衣裙 wú xiù liányīqún 2（篮球）跳投 (lánqiú) tiàotóu
 jumper cable 启动连线 qǐdòng liánxiàn

jump-start V 1（用启动连线）发动 [+汽车] (yòng qǐdòng liánxiàn) fādòng [+qìchē] 2 帮助启动 [+项目] bāngzhù qǐdòng [+xiàngmù], 推动 tuīdòng

jumpsuit N 女式连衫裤 nǚshì liánshānkù [M. WD 套 tào]

jumpy ADJ 心惊肉跳的 xīn jīng ròu tiào de

junction N 交叉（口）jiāochā (kǒu)

juncture N（特定）时刻 (tèdìng) shíkè, 当口 dāngkǒu

June N 六月 liùyuè

jungle N 丛林 cónglín □ The explorers soon lost their way in the jungle. 探险者不久就在丛林中迷路了。Tànxiǎnzhě bùjiǔ jiù zài cónglín zhōng mílù le.

junior I ADJ 地位较低的 dìwèi jiào dī de □ He became a junior partner of the law firm last year. 他去年成了律师事务所的次要合人人。Tā qùnián chéngle lǜshī shìwùsuǒ de cìyào héhuǒrén.
 junior college 两年制专科学院 liǎngniánzhì zhuānkē xuéyuàn
 junior high school 初级中学 chūjí zhōngxué, 初中 chūzhōng
 II N 1（中学／大学）三年级学生 (zhōngxué/dàxué) sānniánjí xuésheng
 be two/three/four years one's junior 比某人小两／三／四岁 bǐ mǒurén xiǎo liǎng/sān/sì suì
 2 纪较小的人 niánjì jiàoxiǎo de rén □ His wife is 10 years his junior. 他的妻子比他小十岁。Tā de qīzi bǐ tā xiǎo shí suì. □ George Bush Junior was elected US President in

2000. 小布什在二零零零年当选为美国总统。Xiǎo Bùshí zài èrlínglínglíng nián dāngxuǎn wéi Měiguó zǒngtǒng.

junk I N 1 垃圾货 lājīhuò, 无用的旧东西 wúyòng de jiù dōngxī
 junk bond 垃圾股票 lājī gǔpiào
 junk food 垃圾食品 lājī shípǐn
 junk mail 垃圾邮件 lājī yóujiàn
 junk yard 破烂场 pòlànshì
 2 中国式帆船 Zhōngguóshì fānchuán
 II V 废弃 fèiqì

junket N 公费旅游 gōngfèi lǚyóu

junta N 军政府 jūnzhèngfǔ

Jupiter N 木星 Mùxīng

jurisdiction N 管辖（权）guǎnxiá (quán), 司法（权）sīfǎ (quán)

juror N 陪审团成员 péishěntuán chéngyuán

jury N 1 陪审团 péishěntuán
 The jury is still out. 还没有定论。Hái méiyǒu dìnglùn.
 foreman of the jury 陪审团团长 péishěntuán tuánzhǎng
 member of the jury 陪审团员 péishěntuán yuán
 2（比赛）评判委员会 (bǐsài) píngpàn wěiyuánhuì

just¹ ADV 1 正是 zhèng shì □ Thank you so much for the gift; it is just what I want. 多谢你的礼物；这正是我想要的。Duō xiè nǐ de lǐwù; zhè zhèng shì wǒ xiǎng yào de.
 just then 正在那时 zhèngzài nàshí
 2 正要 zhèng yào, 刚要 gāng yào 3 仅仅 jǐnjǐn, 只是 zhǐ shì □ I just want to remind you of this. 我只是想提醒你这件事。Wǒ zhǐ shì xiǎng tíxǐng nǐ zhè jiàn shì. 4 刚才 gāngcái, 刚刚 gānggāng □ I've just finished work. 我刚做完工作。Wǒ gāng zuòwán gōngzuò.

just² ADJ 公正的 gōngzhèng de □ It was a just punishment to sentence him to five-year imprisonment. 判他五年徒刑，是公正的惩罚。Pàn tā wǔ nián túxíng, shì gōngzhèng de chéngfá.

justice N 1 公正 gōngzhèng, 正义 zhèngyì □ We should work for social justice as well as economic prosperity. 我们不但应该争取经济繁荣，而且应该争取社会公正。Wǒmen búdàn yīnggāi zhēngqǔ jīngjì fánróng, érqiě yīnggāi zhēngqǔ shèhuì gōngzhèng. 2 司法 sīfǎ □ Do you believe in the justice system of this country? 你信任这个国家的司法制度吗？Nǐ xìnrèn zhè ge guójiā de sīfǎ zhìdù ma? 3 法官 fǎguān [M. WD 位 wèi]
 Justice of the Peace 太平绅士 tàipíng shēnshì

justifiable ADJ 情有可原 qíng yǒu kěyuán

justification N（正当）理由 (zhèngdàng) lǐyóu

justified ADJ 有（正当）理由的 yǒu (zhèngdàng) lǐyóu de, 有道理的 yǒudào lǐ de

justify V 证明…有理由 zhèngmíng…yǒu lǐyóu, 证明…合理 zhèngmíng…hélǐ

jut V 突出 tūchū, 伸出 shēnchū

juvenile I ADJ 1 青少年的 qīngshàonián de
 juvenile delinquent 青少年罪犯 qīngshàonián zuìfàn
 2 幼稚的 yòuzhì de, 不成熟的 bù chéngshú de
 II N 青少年 qīngshàonián

juxtapose V 把…放在一起 bǎ…fàng zài yīqǐ, 并列 bìngliè

juxtaposition N（把不同的东西）并列 (bǎ bùtóng de dōngxi) bìngliè

K, k

kabob, kebab N 烤肉串 kǎoròuchuàn

kaleidoscope N 1 万花筒 wànhuātǒng 2 千变万化 qiānbiàn wànhuà, 多姿多彩 duōzī duōcǎi

kangaroo N 袋鼠 dàishǔ

kaput ADJ 坏了的 huàile de

karaoke N 卡拉OK kǎlā OK

karat N 开 kāi, K

22 karat 22 开 (黄金) 22 kāi (huángjīn), 22 K (黄金) 22 K (huángjīn)

karate N 空手道 kōngshǒudào

karma N 因果报应 yīnguǒ bàoyìng, 命运 mìngyùn

kayak N 小艇 xiǎotǐng [M. WD 艘 sōu]

keel I N (to stay on an even keel) 保持平稳 bǎochí píngwěn

II V (to keel over) 翻倒 fāndǎo, 倒下 dǎoxià

keen ADJ 1 热切的 rèqiè de, 非常希望的 fēicháng xīwàng de □ He's not keen to go to that college. 他不太想上那个大学。Tā bú tài xiǎng shàng nà ge dàxué. 2 敏捷的 [+头脑] mǐnjié de [+tóunǎo] 3 敏锐的 [+眼力] mǐnruì de [+yǎnlì]

keenly ADV 敏锐地 mǐnruì de, 强烈地 qiángliè de

keep I V (PT & PP **kept**) 1 保有 bǎoyǒu, 留下 liúxia □ Keep the change. 留下找头。(→ 不用找了。) Liúxia zhǎotou. (→ Bú yòng zhǎo le.)

to keep a diary 记日记 jì rìjì

to keep one's promise 实现诺言 shíxiàn nuòyán □ Be slow to make a promise, but once you've made it, keep it. 不要轻易许诺，但是一旦承诺，就要做到。Bú yào qīngyì xǔnuò, dànshì yídàn chéngnuò, jiù yào zuòdào.

2 留住 liúzhù, 保留 bǎoliú □ Mom still keeps all those photos of ours when we were small. 妈妈还保留着我们小时候的所有照片。Māma hái bǎoliúzhe wǒmen xiǎoshíhou de suǒyǒu zhàopiàn. 3 一直 yìzhí, 老是 lǎoshi □ Why do you keep asking me the same question? 你为什么老是问我同样的问题？Nǐ wèishénme lǎoshi wèn wǒ tóngyàng de wèntí? □ I kept calling her last night, but she wasn't home. 我昨天晚上一直给她打电话，可是她不在家。Wǒ zuótiān wǎnshang yìzhí gěi tā dǎ diànhuà, kěshì tā bú zài jiā. □ Don't keep grumbling. 别老是抱怨。Bié lǎoshi bàoyuàn.

to keep … from doing … 不让…做… búràng…zuò… □ A previous engagement keeps me from accepting your invitation. 已有约在先，所以不能接受您的邀请。Yǐ yǒuyuē zàixiān, suǒyǐ bù néng jiēshòu nín de yāoqǐng. □ Poor health has kept him from gardening for months. 他身体不好，有几个月不能做园艺活了。Tā shēntǐ bù hǎo, yǒu jǐ ge yuè bù néng zuò yuányìhuó le.

to keep up 继续 jìxù, 保持 bǎochí □ Keep up the good work! 请继续做好工作! Qǐng jìxù zuòhǎo gōngzuò!

to keep up with 跟上 gēnshang □ It is not easy to keep up with the rapid changes of technology. 要跟上迅速变化的技术，不是容易的。Yào gēnshang xùnsù biànhuà de jìshù, bú shì róngyì de.

Keep Out! 不准入内! Bùzhǔn rùnèi!

to keep fit 保持健康 bǎochí jiànkāng

II N 生活费 shēnghuófèi

to earn one's keep 养活自己 yǎnghuo zìjǐ, 谋生 móushēng

keeper N 1 (动物) 饲养员 (dòngwù) sìyǎngyuán 2 (财产) 管理者 (cáichǎn) guǎnlǐzhě

keeping N 保持 bǎochí

in keeping with 与…一致 yǔ…yízhì

keepsake N 纪念品 jìniànpǐn

keg N 大 (啤酒) 圆桶 dà (píjiǔ) yuántǒng

kennel N 1 狗窝 gǒuwō 2 养狗场 yǎnggǒuchǎng

kept See **keep**

kernel N 1 果仁 guǒ rén, 果核 guǒhé 2 要点 yàodiǎn

kernel of truth 主要事实 zhǔyào shìshí, 要点 yàodiǎn

kerosene N 煤油 méiyóu

ketchup N 番茄酱 fānqiéjiàng

kettle N 水壶 shuǐhú

key I N 1 钥匙 yàoshi □ I've misplaced my keys again. 我又忘了钥匙放在哪儿了。Wǒ yòu wàngle yàoshi fàng zài nǎr le.

key ring 钥匙圈 yàoshiquān

spare key 备用钥匙 bèiyòng yàoshi

skeleton key 万能钥匙 wànnéng yàoshi

2 键 jiàn □ Hit these keys to log off your computer. 要关计算机，按这几个键。Yào guān jìsuànjī, àn zhè jǐ ge jiàn. 3 关键 guānjiàn □ The key to successful language learning is constant practice. 成功地学好语言的关键是经常练习。Chénggōng de xuéhǎo yǔyán de guānjiàn shì jīngcháng liànxí. 4 (练习题／考题的) 答案 (liànxítí/kǎotí de) dá'àn □ The office director occupies a key position in the company. 办公室主任在公司里占据了一个关键的职位。Bàngōngshì zhǔrèn zài gōngsī lǐ zhànjùle yí ge guānjiàn de zhíwèi.

II ADJ 关键的 guānjiàn de, 至关重要的 zhìguān zhòngyào de

III V 1 (to key in) 把 [+信息] 输入电脑 bǎ [+xìnxī] shūrù diànnǎo 2 (to key a car) 用钥匙划伤车 yòng yàoshi huáshāng chē

keyboard I N 键盘 jiànpán

keyboard skill 打字技术 dǎzì jìshù □ Our secretary has excellent keyboard skills. 我们的秘书打字技术很高。Wǒmen de mìshū dǎzì jìshù hěn gāo.

II V 用键盘 (将信息) 输入电脑 yòng jiànpán (jiāng xìnxī) shūrù diànnǎo

keyed up ADJ 神经紧张的 shénjīng jǐnzhāng de

keyhole N 锁眼 suǒyǎn

keynote ADJ 主旨的 zhǔzhǐ de, 主题的 zhǔtí de

keynote speech 主题发言 zhǔtí fāyán, 主要发言 zhǔyào fāyán

kg (= kilogram) ABBREV 千克 qiānkè, 公斤 gōngjīn

khaki N 1 卡其黄 kǎqí huáng 2 卡其布 kǎqíbù

khakis N 卡其布裤子 kǎqíbù kùzi [M. WD 条 tiáo]

KFC (= Kentucky Fried Chicken) ABBREV 肯德基烤鸡店 Kěndéjī kǎojī diàn

kick I V 踢 tī □ The boy kicked the ball into the glass window and fled. 男孩把球踢进玻璃窗，逃掉了。Nánhái bǎ qiú tījìn bōli chuāng, táodiào le.

to kick in [药物+] 开始生效 [yàowù+] kāishǐ shēngxiào

to kick off 开球 kāiqiú, [球赛+] 开始 [qiúsài+] kāishǐ

II N 踢 tī

kick boxing 跆拳道 táiquándào

to get a kick out of sth 从某事得到乐趣 cóng mǒushì dédào lèqù

kickback N 回扣 huíkòu

kickoff N 开球 kāiqiú, 比赛开始 bǐsài kāishǐ

kick-start I N 1 脚踏启动器 jiǎotà qǐdòngqì 2 启动 qǐdòng, 促进 cùjìn

II V 1 发动 [+摩托车] fādòng [+mótuōchē] 2 启动 [经济] qǐdòng [+jīngjì], 刺激 cìjī

kid I N 1 小孩子 xiǎo háizi □ Don't be so harsh on him; he's only a kid. 别对他这么严厉，他只是个小孩子。Bié duì tā zhème yánlì, tā zhǐ shì ge xiǎo háizi. 2 小山羊 xiǎo shānyáng

II V 哄骗 hǒngpiàn, 开玩笑 kāi wánxiào, 说着玩 shuōzhe wán

just kidding 只是开个玩笑 zhǐ shì kāi gè wánxiào □ Quit kidding. 别开玩笑。(→ 说正经的。) Bié kāi wánxiào. (→ Shuō zhèngjīng de.)

III ADJ 幼小的 yòuxiǎo de

one's kid brother/sister 小弟弟／小妹妹 xiǎodìdi/xiǎomèimei

kiddo N 小家伙 xiǎojiāhuo

kidnap I V 绑架 bǎngjià □ A billionaire's daughter has been kidnapped by a gang. 一名亿万富翁的女儿被一伙黑帮绑架了。Yì míng yìwàn fùwēng de nǚ'ér bèi yì huǒ hēi bāng bǎngjià le.

II N 绑架 bǎngjià

kidnapper N 绑匪 bǎngfěi, 绑架的罪犯 bǎngjià de zuìfàn

kidnapping N 绑架 bǎngjià, 劫持 jiéchí

WO gni shèn ke De Yi sheng

kidney N 肾（脏）shèn (zàng)

kidney bean 四季豆 sìjìdòu, 芸豆 yúndòu

kill I v 杀死 shāsǐ □ Smoking kills. 吸烟致死。Xīyān zhìsǐ. □ A suicide bomb killed eight people and wounded 14. 一个自杀炸弹造成八人死亡，十四人受伤。Yí ge zìshā zhàdàn zàochéng bā rén sǐwáng, shísì rén shòushāng.

to kill time 消磨时间 xiāomó shíjiān

to kill two birds with one stone 一石二鸟 yì shí èr niǎo, 一箭双雕 yíjiàn shuāngdiāo, 一举两得 yì jǔ liǎng dé

2 终止 [+疼痛] zhōngzhǐ [+téngtòng] **3** 对 [+人] 极为生气 duì [+rén] jíwéi shēngqì II N 1 捕杀 bǔshā **2** 被捕杀的动物 bèibǔ shā de dòngwù

killer I N 杀手 shāshǒu

killer whale 杀人鲸 shārénjīng, 虎鲸 hǔjīng, 逆戟鲸 nìjǐ jīng

II ADJ 好得要命的 hǎo de yàomìng de, 极的 jíhǎo de

killing I N 1 谋杀 móushā

to make a killing 一下子赚大钱 yíxiàzi zhuàn dàqián

II ADJ 要命的 yàomìng de

a killing workload 要人命的工作量 yào rénmìng de gōngzuòliàng, 累死人的工作量 lèisǐ rén de gōngzuòliàng

killjoy N 令人扫兴的人 lìng rén sǎoxìng de rén

kiln N 窑 yáo

kilobyte N 千字节 qiān zìjié

kilogram N 公斤 gōngjīn □ People in most countries use "kilogram" instead of "pound" as a term of weight. 在大多数国家人们使用"公斤"，而不是"磅"作为重量单位。Zài dàduōshù guójiā rénmen shǐyòng "gōngjīn", ér búshì "bàng" zuòwéi zhòngliàng dānwèi. □ One kilogram approximately equals 2.2 pounds. 一公斤大致相当于二点二磅。Yì gōngjīn dàzhì xiāngdāngyú èrdiǎnèr bàng.

kilometer N 公里 gōnglǐ □ "Kilometer" is a metric term of length, and one kilometer is about 0.62 mile. "公里" 是一个公制的长度单位，一公里大约是零点六二英里。"Gōnglǐ" shì yí ge gōngzhì de chángdù dānwèi, yì gōnglǐ dàyuē shì ling diǎn liù èr yīnglǐ.

kilowatt N 千瓦 qiānwǎ

kilt N 苏格兰男子传统短裙 Sūgélán nánzǐ chuántǒng duǎnqún

kimono N （日本）和服 (Rìběn) héfú

kin N 家人 jiārén, 亲属 qīnshǔ

next of kin （最亲近的）亲属 (zuì qīnjìn de) qīnshǔ

kind I N 种 zhǒng, 种类 zhǒnglèi □ You will be surprised to see so many kinds of cheese in a French market. 你会在法国市场上很惊讶地看到种类如此之多的奶酪。Nǐ huì zài Fǎguó shìchǎngshang hěn jīngyà de kàndao zhǒnglèi rú cǐ zhī duō de nǎilào.

II ADJ 好心的 hǎoxīn de, 和蔼的 hé'ǎi de □ You're so kind. 你真的太好了。Nǐ zhēnde tài hǎo le. □ Would you be so kind as to lend me your new Chinese dictionary? 您能不能借给我您的新中文词典？Nín néngbunéng jiè gěi wǒ nín de xīn Zhōngwén cídiǎn?

kind of 有点儿 yǒudiǎnr □ I'm kind of confused. 我有点被搞糊涂了。Wǒ yǒudiǎnr bèi gǎo hútu le.

kindergarten N 幼儿园 yòu'éryuán [M. WD 座 zuò]

kind-hearted ADJ 好心的 hǎoxīn de, 仁慈的 réncí de

kindle v 1 点燃 diǎnrán **2** 激起 jīqǐ

kindly ADV **1** 好心地 hǎoxīn de, 仁慈地 réncí de

to put it kindly 往好里说 wǎng hǎo lǐ shuō

2 请 qǐng, 能不能 néngbunéng □ Would you kindly …? 请…，Qǐng…?

kindness N 好意 hǎoyì, 仁慈 réncí

kindred I N 亲属（关系）qīnshǔ (guānxi) II ADJ 同样的 tóngyàng de

kindred spirit 心投意合的人 xīn tóu yìhé de rén

kinfolk N 家人 jiārén, 亲属 qīnshǔ

king N 1 国王 guówáng □ The king has to share power with the people. 国王不得不与人民分享政权。Guówáng bùdébù yǔ rénmín fēnxiǎng zhèngquán. □ The king is dead. Long live the new king! 旧王崩驾，新王登基！ Jiù wáng bēngjià, xīn wáng dēngjī! **2** （纸牌）老 K 牌 (zhǐpái) lǎo K pái

kingdom N 1 王国 wángguó

the United Kingdom of Great Britain and Northern Ireland 大不列颠及北爱尔兰联合王国 Dàbùlièdiān jí Běi Ài'ěrlán Liánhé Wángguó

the Kingdom of God 天国 Tiānguó

2 界 jiè

the animal kingdom 动物界 dòngwùjiè

kingfisher N 翠鸟 cuìniǎo

kingpin N 头目 tóumù, 领袖 lǐngxiù

king-size ADJ 特大号的 tèdàhào de

kink N 1 纽结 niǔjié **2** 障碍 zhàng'ài

kinky ADJ 变态的 biàntài de

kiosk N 小商亭 xiǎo shāngtíng [M. WD 座 zuò]

kiss I v 吻 wěn, 亲吻 qīnwěn □ Granddad kissed me on the forehead. 爷爷亲吻了我的额头。Yéye qīnwěnle wǒ de étóu. □ The mother kissed her son goodnight, turned off the light and left the room. 母亲亲吻了儿子，道晚安，关掉灯，离开了房间。Mǔqin qīnwěnle érzi, dào wǎn'ān, guāndiao dēng, líkaile fángjiān.

to kiss sb's ass 拍马屁 pāi mǎpì

to kiss sth goodbye 失去获得某事的机会 shīqùhuòdé mǒushì de jīhuì

II N 吻 wěn, 亲吻 qīnwěn □ He got his first kiss from his girl-friend last night. 他在昨夜从女友处得到了初吻。Tā zài zuóyè cóng nǚyǒu chù dédaole chū wěn.

the kiss of death 死亡之吻 sǐwáng zhī wěn, 带来灾难的事 dàilái zāinàn de shì

kit N 成套工具 chéngtào gōngjù

repair kit 修理用的成套工具 xiūlǐ yòng de chéngtào gōngjù

kitchen N 厨房 chúfáng □ Their kitchen is not big, but is well-equipped. 他们的厨房不大，但是设备很好。Tāmen de chúfáng bú dà, dànshì shèbèi hěn hǎo.

kite N 风筝 fēngzheng

kitsch N 俗气的装饰 súqi de zhuāngshì

kitten N 小猫 xiǎomāo

kiwi N 1 几维鸟 jǐ wéi niǎo, 鹬鸵鸟 yùtuó niǎo **2** 新西兰人 Xīnxīlánrén

kiwi fruit 猕猴桃 míhóutáo

kleptomaniac N 有偷窃癖的人 yǒu tōuqièpǐ de rén, 偷窃狂 tōuqiè kuáng

km (= kilometer, kilometre) ABBREV 千米 qiānmǐ, 公里 gōnglǐ

knack N 天生的本领 tiānshēng de běnlǐng

knapsack N 大背包 dà bēibāo

knead v 揉 róu [+面团] róu [+miàntuán], 揉捏 [+背部] róu niē [+bèibù]

knee N 膝 xī, 膝盖 xīgài □ He sat his baby daughter on his knees and began to play with her. 他把女儿放在膝上，开始跟她玩。Tā bǎ nǚ'ér fàng zài xīshang, kāishǐ gēn tā wán.

to bring sb to his/her knees 使某人屈服 shǐ mǒurén qūfú

on one's knees 跪着 guìzhe

knee-cap N 膝盖骨 xīgàigǔ

knee-deep ADJ 齐膝高的 qí xī gāo de

knee-jerk ADJ 本能的 běnnéng de, 本能反应的 běnnéng fǎnyìng de

kneel v (PT & PP **knelt, kneeled**) 跪 guì, 跪下 guìxia □ She kneeled down to pull weeds from the flowerbed. 她跪下拔花圃的杂草。Tā guìxia bá huāpǔ de zácǎo.

knelt See **kneel**

knew See **know**

knickers N 灯笼裤 dēnglongkù [M. WD 条 tiáo]

knick-knack N 小摆设 xiǎobǎishè

knife I N (PL **knives**) 刀 dāo [M. WD 把 bǎ]
  carving knife 切肉刀 qiēròudāo
  kitchen knife 菜刀 càidāo
  paper knife 裁纸刀 cáizhǐdāo
  table knife 餐刀 cāndāo
  II v 用刀扎 yòng dāo zhā

knight I N 1 (古代欧洲) 骑士 (gǔdài Ōuzhōu) qíshì 2 (英国) 爵士 (Yīngguó) juéshì II v 封…为爵士 fēng…wéi juéshì

knighthood N 爵士头衔 juéshì tóuxián

knit I v (PT & PP **knit, knitted**) 1 编结 biānjié □ Grandma is knitting me a sweater. 奶奶在给我织一件毛衣。Nǎinai zài gěi wǒ jié yí jiàn máoyī. 2 紧密地结合 jǐnmì de jiéhé
  II N 编结 (品/服装) biānjié (pǐn/fúzhuāng)

knitting needle N 编结针 biānjiézhēn

knob N 球形把手 qiúxíng bǎshǒu

knobby ADJ 似球形把手的 sì qiúxíng bǎshǒu de

knock I v 1 敲 (打) qiāo (dǎ) □ Someone is knocking at the door. 有人在敲门。Yǒurén zài qiāomén.
  to knock against 撞到 zhuàngdào
  to knock down 碰倒 pèngdǎo, 打到 dǎdào
  to knock off 下班 xiàbān
  2 批评 pīpíng □ Don't knock it until you've tried it. 没试过就别乱批评。Méi shì guò jiù bié luàn pīpíng.
  II N 1 敲击声 qiāojī shēng 2 倒霉的事 dǎoméi de shì
  to have a few hard knocks in one's life 生活中遇到一些倒霉事 shēnghuó zhōng yùdào yìxiē dǎoméi shì

knocker N 门环 ménhuán

knockout N 1 击倒 jī dǎo 2 极具魅力的人 jí jù mèilì de rén
  knockout pills 麻醉剂 mázuìjì, 蒙汗药 ménghànyào
  knockout punch 把对手打倒在地的一拳 bǎ duìshǒu dǎdào zài de yì quán

knoll N 小土丘 xiǎo tǔqiū

knot I N 1 (绳) 结 (shéng) jié □ In the past a sailor had to learn how to tie knots. 过去，水手要学会结绳。Guòqù, shuǐshǒu yào xuéhuì jiéshéng. 2 紧张 (感) jǐnzhāng (gǎn)
  to feel the knots in one's stomach 感到非常紧张 gǎndào fēicháng jǐnzhāng, 心揪得紧紧地 xīn jiū dé jǐnjǐn de
  II v 把…打成结 bǎ…dǎchéng jié, 打结 dǎjié

knotty ADJ 棘手的 jíshǒu de

know I v (PT **knew**; PP **known**) 1 知道 zhīdào □ I don't know where they live. 我不知道他们住在哪里。Wǒ bù zhīdào tāmen zhù zài nǎlǐ. □ Do you know the Chinese word for "computer"? 你知道中文 "computer" 怎么说吗？Nǐ zhīdào "computer" Zhōngwén zěnme shuō ma? □ You don't know how lucky you are. 你不知道自己多么幸运。Nǐ bù zhīdào zìjǐ duōme xìngyùn. 2 认识 rènshi, 结识 jiéshí □ We've known each other since childhood. 我们从小认识。Wǒmen cóngxiǎo rènshi. 3 精通 jīngtōng, 熟悉 shúxī
  II N 知晓 zhīxiǎo
  in the know 知晓内情 zhīxiǎo nèiqíng

know-how N 知识 zhīshi, 技术 jìshù

knowing ADJ 会意的 huìyì de, 心照不宣的 xīnzhào bù xuān de

knowingly ADV 1 心照不宣地 xīnzhào bù xuān de 2 故意地 gùyìde, 明知故犯地 míngzhī gùfàn de

know-it-all N 自以为无所不知的 zì yǐwéi wúsuǒ bù zhī de

knowledge N 1 知识 zhīshi □ Your knowledge of Chinese culture is impressive. 你的中国文化知识很了不起。Nǐ de Zhōngguó wénhuà zhīshi hěn liǎobùqǐ. □ Some people say knowledge is power while others say it's the door to success. 有人说知识就是力量，也有人说知识是通向成功的大门。Yǒurén shuō zhīshi jiù shì lìliang, yě yǒurén shuō zhīshi shì tōngxiàng chénggōng de dàmén. 2 知道 zhīdào, 理解 lǐjiě
  to the best of my knowledge 就我所知 jiù wǒ suǒ zhī □ To the best of my knowledge, Miss White is leaving next month. 就我所知，怀特小姐下个月要走了。Jiù wǒ suǒ zhī, Huáitè xiǎojiě xià ge yuè yào zǒu le. 3 学问 xuéwèn

knowledgeable ADJ 知识丰富的 zhīshí fēngfù de

known[1] v See know

known[2] ADJ 大家知道的 dàjiā zhīdào de, 知名的 zhīmíng de

knuckle I N 指节 zhǐjié II v (to knuckle under) 屈服 qūfú, 认输 rènshū

knucklehead N 傻乎乎的人 shǎhūhū de rén

koala (bear) N (澳洲) 树袋熊 (Àozhōu) shùdàixióng

Koran N 古兰经 Gǔlánjīng, 可兰经 Kělánjīng

Korean I ADJ 韩国的 Hánguó de, 朝鲜的 Cháoxiān de II N 1 韩语 Hányǔ, 朝鲜语 Cháoxiānyǔ 2 韩国人 Hánguórén, 朝鲜人 Cháoxiānrén

kosher ADJ 符合犹太教规定的 fúhé Yóutàijiào guīdìng de

kowtow v 1 磕头 kētóu, 叩头 kòutóu 2 卑躬屈膝 bēigōng qūxī, 唯命是从 wéi mìng shì cóng

Kremlin N (俄国) 克里姆林宫 (Éguó) Kèlǐmǔlíngōng, 俄国政府 Éguó zhèngfǔ

kudos N 威望 wēiwàng, 荣誉 róngyù

kung fu N (中国) 功夫 (Zhōngguó) gōngfu

L, l

label I N 标签 biāoqiān, 标记 biāojì □ He put a label on every piece of his luggage before checking in. 他登机前，在每件行李上都贴了标签。Tā dēngjī qián, zài měi jiàn xíngli shang dōu tiē le biāoqiān. □ Read the information on the label before you buy any foodstuff. 在购买食品前，要先读一下标签上的说明。Zài gòumǎi shípǐn qián, yào xiān dú yí xià biāoqiān shang de shuōmíng.
  II v 加标签 jiā biāojì, 加标签 jiā biāoqiān □ These folders should be labeled since they look alike. 这些文件袋看来都一样，所以应该加上标记。Zhè xiē wénjiàndài kànlai dōu yíyàng, suǒyǐ yīnggāi jiāshang biāojì.

labor I N 1 劳动 láodòng □ The workers are entitled to a decent wage for their labor. 工人们有权为他们的劳动得到合理的工资。Gōngrénmen yǒuquán wèi tāmen de láodòng dédào hélǐ de gōngzī. 2 劳工 láogōng, 工人 gōngrén □ There is a shortage of skilled labor. 现在技术工人短缺。Xiànzài jìshù gōngrén duǎnquē.
  labor camp 劳改营 láogǎiyíng
  Labor Day 劳动节 Láodòngjié (the first Monday in September for U.S. and Canada, and the first of May for other countries)
  labor union 工会 gōnghuì
  manual/physical labor 体力劳动 tǐlì láodòng
  skilled labor 技术工人 jìshù gōngrén
  3 分娩 (期) fēnmiǎn (qī) □ She's been in labor for an hour, I'm afraid it's a difficult labor. 她已经分娩了一个小时了，恐怕是难产。Tā yǐjing fēnmiǎnle yí ge xiǎoshí le, kǒngpà shì nánchǎn.
  II v 劳动 láodòng, 劳作 láozuò

laboratory N 实验室 shíyànshì

laborer N 体力劳动者 tǐlì láodòngzhě

laborious ADJ 缓慢而吃力的 huǎnmàn ér chīlì de

Labrador N 拉布拉多猎犬 Lābùlāduō lièquǎn [M. WD 只 zhī/条 tiáo]

labyrinth N 迷宫 mígōng, 曲径 qūjìng

lace I N 1 网眼织物 wǎngyǎn zhīwù 2 鞋带 xiédài [M. WD 根 gēn/副 fù] II v 用带子束紧 yòng dàizi shùjǐn
  to lace up 系上 jìshang

lacerate v 划破 (皮肉) huápò (píròu)

laceration N 划破 huápò, 撕裂 sīliè

lack I v 缺乏 quēfá □ She lacks the self-discipline to quit smoking. 她缺乏自我约束力来戒烟。Tā quēfá zìwǒ yuēshùlì lái jièyān. II N 缺乏 quēfá, 短缺 duǎnquē □ There is a severe lack of skilled labor. 现在技术工人严重缺乏。Xiànzài jìshù gōngrén yánzhòng quēfá.

lackadaisical ADJ 无精打采的 wújīng dǎcǎi de, 懒散的 lǎnsǎn de

lacking ADJ 缺乏 quēfá

lackluster ADJ 平平淡淡的 píngpíng dàndàn de, 毫不吸引人的 háo bù xīyǐnrén de

laconic ADJ 精炼的 jīngliàn de, 简洁的 jiǎnjié de

lacquer N 漆 qī

lacquerware N 漆器 qīqì

lacy ADJ 网眼织物的 wǎngyǎn zhīwù de

lad N 小伙子 xiǎohuǒzi, 男孩 nánhái

ladder N 1 梯子 tīzi 2 阶梯 jiētī
the corporate ladder 公司的阶梯 gōngsī de jiētī

laden ADJ 满载的 mǎnzài de, 装满的 zhuāngmǎn de

ladies' room N 女厕所 nǚcèsuǒ

ladle I N 长柄勺 chángbǐngsháo [M. WD 把 bǎ], 勺资 sháozi II v（用长柄勺）盛 [+汤] (yòng chángbǐngsháo) shèng [+tāng]

lady (PL **ladies**) N 1 女士 nǚshì, 小姐 xiǎojiě □ Ladies and gentlemen, boys and girls, welcome to our grand opening! 女士们、先生们、小朋友们，欢迎你们来参加我们的盛大开幕式。Nǚshìmen、xiānshengmen、xiǎo péngyǒumen, huānyíng nǐmen lái cānjiā wǒmen de shèngdà kāimù shì. □ The lady on the phone was not very helpful. 听电话的小姐没有给我多大帮助。Tīng diànhuà de xiǎojiě méiyǒu gěi wǒ duōdà bāngzhù.
First Lady 总统夫人 zǒngtǒng fūrén
2 女子 nǚzǐ, 女人 nǚrén

ladybug N 瓢虫 piáochóng [M. WD 只 zhī]

ladylike ADJ 贵妇人似的 guìfùrén sì de

lag I v 落后 luòhòu
to lag behind 落后于 luòhòu yu, 比⋯落后 bi⋯luòhòu II N 间隔 jiànxiē
jet lag 飞行时差综合症 fēixíng shíchā zōnghézhēng, 时差反应 shíchāfǎnyìng

lager N 淡啤酒 dàn píjiǔ

lagoon N 泻湖 xièhú, 环礁湖 huánjiāo hú

laid See lay¹

laidback ADJ 悠闲自在的 yōuxián zìzài de

lain See lie¹

lair N 1 藏身地 cángshēndì 2 兽穴 shòuxuè

laissez-faire N 自由放任的经济政策 zìyóu fàngrèn de jīngjì zhèngcè, 不干预主义 bù gānyù zhǔyì

lake N 湖 hú, 湖泊 húpō □ The lake is so polluted that it's no longer safe for swimming. 这个湖已经被污染得不能游泳了。Zhè ge hú yǐjīng bèi wūrǎn de bù néng yóuyǒng le.

lakefront N 临湖平地 lín hú píngdì

lakeside N 湖畔 húpàn, 湖滨 húbīn

lama N 喇嘛 Lǎma, （藏传佛教的）僧侣 (cángchuán Fójiào de) sēnglǚ

lamb I N 1 羊肉 yángròu □ Can we get New Zealand lamb at the supermarket here? 这里的超市里能买到新西兰羊肉吗？Zhèlǐ de chāoshì lǐ néng mǎidao Xīnxīlán yángròu ma? 2 小羊 xiǎo yáng, 羊羔 yánggāo □ Newborn lambs are totally helpless. 新生小羊羔完全不能自立。Xīnshēng xiǎo yánggāo wánquán bù néng zìlì.
roast lamb 烤羊肉 kǎo yángròu II v 生产羊羔 shēngchǎn yánggāo
lambing season 羊羔出生的季节 yánggāo chūshēng de jìjié

lame ADJ 1 跛的 bǒ de, 瘸的 qué de
a lame duck 跛足鸭 bǒzúyā, 任期将满的总统 rènqī jiāng mǎn de zǒngtǒng
2 处于困境的 [+人] chǔyú kùnjìng de [+rén]
a lame duck president 任期将满（无所作为）的总统 rènqī jiāng mǎn (wú suǒ zuòwéi) de zǒngtǒng

lament I v 悲痛 bēitòng, 哀悼 āidào 2 抱怨 baoyuan II N 挽歌 wǎngē [M. WD 首 shǒu/曲 qū], 哀乐 āiyuè

lamentable ADJ 令人深深惋惜的 lìng rén shēnshēn wǎnxī de

laminate v 层压板 céngyābǎn

laminated ADJ 塑料薄膜覆盖的 sùliào bómó fùgài de, 烫塑的 tàng sù de

lamp N 灯 dēng □ Unable to sleep, she turned on the lamp and began to read. 她睡不着，就开灯看书。Tā shuìbuzháo, jiù kāidēng kàn shū.
desk/table lamp 台灯 táidēng
floor lamp 落地台灯 luòdì táidēng
street lamp 街灯 jiēdēng

lampoon I v 讽刺 fěngcì, 挖苦 wāku II N 讽刺文 fěngcì wén, 讽刺画 fěngcì huà

lampshade N 灯罩 dēngzhào

lance N 长矛 cháng máo

land I N 1 土地 tǔdì □ Developers are ever hungry for more and more land. 开发商永远希望得到越来越多的土地。Kāifāshāng yǒngyuǎn xīwàng dédao yuèláiyuè duō de tǔdì.
land of milk and honey 乳蜜之乡 rǔmì zhī xiāng, 鱼米之乡 yúmǐ zhī xiāng
2 国土 guotu, 国家 guojia II v 1 [飞机+] 着陆 [fēijī+] zhuólù □ Our flight will land in London at 1 p.m. local time. 我们的飞机在当地时间下午一点到达伦敦。Wǒmen de fēijī zài dāngdì shíjiān xiàwǔ yìdiǎn dàodá Lúndūn. 2 [军队+] 登陆 [jūnduì+] dēnglù

landfill N 垃圾场 lājī chǎng

landing N 1 （飞机）着陆 (fēijī) zhuólù, （船）登陆 (chuán) dēnglù 2 楼梯平台 lóutī píngtái
landing gear （着陆）起落架 (zhuólù) qǐluòjià
landing pad 直升飞机起落场 zhíshēng fēijī qǐluò chǎng
landing strip 简易跑道 jiǎnyì pǎodào

landlady N 女房东 nǚ fángdōng

landlocked ADJ 内陆的 nèilù de, 无海岸线的 wú hǎi'ànxiàn de

landlord ADJ 房东 fángdōng

landmark N 地标 dìbiāo

landowner N 土地拥有者 tǔdì yōngyǒuzhě, 地主 dìzhǔ

landscape I N 风景 fēngjǐng, 景色 jǐngsè II v 对⋯进行景观美化 duì⋯jìnxíng jǐngguān měihuà

landslide N 1 山崩 shānbēng, 塌方 tāfāng 2 （选举）压倒性胜利 (xuǎnjǔ) yādǎoxìng shènglì

lane N 1 巷 xiàng, 小街 xiǎo jiē [M. WD 条 tiáo] 2 车道 chēdào
the fast lane 快车道 kuàichēdào

language N 1 语言 yǔyán □ How many languages do you speak? 你会说多少种语言？Nǐ huì shuō duōshǎo zhǒng yǔyán?
foreign language 外国语 wàiguóyǔ, 外语 wàiyǔ
strong language 强硬的语言 qiángyìng de yǔyán
language student 语言学生 yǔyán xuésheng
language teacher 语言老师 yǔyán lǎoshī
2 计算机语言 jìsuànjī yǔyán
a programming language 程序语言 chéngxù yǔyán
3 粗话 cūhuà, 骂人话 màrénhuà □ Watch your language! 注意你的语言！(→ 说话规矩点！别说脏话！) Zhùyì nǐde yǔyán! (→ Shuō huà guījǔ diǎn! Bié shuō zānghuà!)

languid ADJ 懒洋洋的 lǎnyāngyāng de, 慢吞吞的 màntūntūn de

languish v 1 没有进展 méiyǒu jìnzhǎn 2 受煎熬 shòu jiān'áo

languorous ADJ 无精打采的 wújīng dǎcǎi de, 沉闷的 chénmèn de

lanky ADJ 又高又瘦的 yòu gāo yòu shòu de

lantern N 灯笼 dēnglong

lap¹ N 1 膝 tuǐ, 膝 xī □ The cat likes to sit on my lap. 猫很喜欢坐在我腿上。Māo hěn xǐhuan zuò zài wǒ tuǐshang. 2 (跑道的) 一圈 (pǎodào de) yìquān

in the lap of luxury 养尊处优 yǎngzūn chǔyōu

lap² v 轻轻拍打 qīngqīng pāida

to lap up (动物) 舔饮 (dòngwù) tiǎn yǐn

lapel N 翻领 fānlǐng

lapse I N 1 疏忽 shūhu, 失误 shīwù

memory lapse 暂时失忆 zànshí shī yì

2 (时间) 流逝 (shíjiān) liúshì 3 (一时的) 下降 (yìshí de) xiàjiàng

II v 1 [保险+] 终止 [bǎoxiǎn+] zhōngzhǐ, 失效 shīxiào 2 渐渐结束 jiànjiàn jiéshù

laptop N 笔记本电脑 bǐjìběn diànnǎo [M. WD 台 tái], 膝上电脑 xīshàng diànnǎo [M. WD 台 tái]

larceny N 偷窃罪 tōuqièzuì, 盗窃罪 dàoqièzuì

larch N 落叶松 luòyèsōng

lard N 猪油 zhūyóu

large ADJ 1 大 dà □ They live in a large house with eight bedrooms. 他们住在一幢有八间卧室的大房子里。Tāmen zhù zài yí zhuàng yǒu bā jiān wòshì de dà fángzi lǐ. □ Why should that small country maintain such a large army? 那个小国家为什么要维持一支这么大的军队？Nà ge xiǎo guójiā wèishénme yào wéichí yì zhī zhème dà de jūnduì? 2 (身材) 高大的 (shēncái) gāodà de

be at large 在逃 zàitáo, 未被抓到 wèi bèi zhuā dào

largely ADV 主要地 zhǔyào de □ This band is popular largely in English-speaking countries. 这个乐队主要在英语国家受欢迎。Zhège yuèduì zhǔyào zài Yīngyǔ guójiā shòu huānyíng. □ He was employed largely thanks to his local knowledge. 他被雇用，主要是因为他了解当地的情况。Tā bèi gùyòng, zhǔyào shì yīnwèi tā liǎojiě dāngdì de qíngkuàng.

large-scale ADJ 大规模的 dàguīmó de

lark N 1 云雀 yúnquè [M. WD 只 zhī] 2 玩乐 wánlè

for a lark 为了玩乐 wèile wánlè, 为了消遣 wèile xiāoqiǎn

larva N 幼虫 yòuchóng

laryngitis N 喉炎 hóuyán

larynx N 喉 hóu

lascivious ADJ 好色的 hàosè de, 淫荡的 yíndàng de

laser N 激光 (器) jīguāng (qì)

laser printer 激光打印机 jīguāng dǎyìnjī

lash I v 1 鞭打 [+犯人] biāndǎ [+fànrén] 2 捆绑 [+行李] kǔnbǎng [+xínglǐ] 3 抨击 [+政客] pēngjī [+zhèngkè]

to lash out 猛烈抨击 měngliè pēngjī

II N 鞭子 biānzi [M. WD 条 tiáo]

lasso I N 套索 tàosuǒ II v 用套索套捕 (牛马) yòng tàosuǒ tào bǔ (niúmǎ)

last I ADJ 1 最后的 zuìhòu de □ Who painted the famous "Last Supper"? 是谁画了著名的《最后的晚餐》？Shì shéi huàle zhùmíng de "zuìhòu de wǎncān"? □ The last time I saw him he was working in a computer store. 我最后一次见到他时，他正在一家电脑商店工作。Wǒ zuìhòu yí cì jiàndao tā shí, tā zhèngzài yì jiā diànnǎo shāngdiàn gōngzuò.

last name 姓 xìng □ I only know he is Jason, and I don't know his last name. 我只知道他叫贾森，不知道他姓什么。Wǒ zhǐ zhīdào tā jiào Jiǎsēn, bù zhīdào tā xìng shénme.

2 上一个 shàng yí ge □ I drank too much last night. 我昨天晚上喝酒喝得太多了。Wǒ zuótiān wǎnshang hējiǔ hēde tài duō le. 3 最不合适的 zuì bù héshì de, 最不可能的 zuì bù kěnéng de □ I thought Jason was the last person she would

marry, but she did! 我以为她最不可能嫁给贾森，但是她就是嫁了！Wǒ yǐwéi tā zuì bù kěnéng jià gěi Jiǎsēn, dànshì tā jiùshì jià le!

II ADV 最后 zuìhòu □ When did you see him last? 你最后一次是在什么时候见到他的？Nǐ zuìhòu yí cì shì zài shénme shíhou jiàndao tā de? □ The principal will speak last. 校长将最后讲话。Xiàozhǎng jiāng zuìhòu jiǎnghuà.

III v 1 持续 chíxù □ Her first marriage lasted only eight months. 她的第一次婚姻只持续了八个月。Tā de dìyī cì hūnyīn zhǐ chíxùle bā ge yuè. 2 [钱+] 够用 [qián+] gòuyòng □ Their savings won't last them many years. 他们的储蓄不够他们用很多年。Tāmende chǔxù bú gòu tāmen yòng hěn duō nián.

IV N 1 最后 zuìhòu 2 (at long last) 终于 zhōngyú, 总算 zǒngsuàn

last-ditch ADJ 最后的 zuìhòu de

a last-ditch effect 最后的努力 zuìhòu de nǔlì

lasting ADJ 持久的 chíjiǔ de, 耐久的 nàijiǔ de

lastly ADV 最后 zuìhòu

latch I N 门闩 ménshuān, 窗闩 chuāng shuān II v (用门闩/窗闩) 闩上 (yòng ménshuān/chuāng shuān) shuānshang

late I ADJ 1 迟到 chídào □ I'm sorry I'm late. 对不起，我迟到了。Duìbuqǐ, wǒ chídào le. □ She was half an hour late for the appointment. 她约会迟到了半小时。Tā yuēhuì chídàole bàn xiǎoshí. 2 晚 wǎn □ He had a very late lunch today. 他今天中饭吃得很晚。Tā jīntiān zhōngfàn chīde hěn wǎn. 3 已故的 yǐ gù de

his late grandfather 他已故的祖父 tā yǐ gù de zǔfù

II ADV 比通常晚 bǐ tōngcháng wǎn □ On Sundays I get up late. 我星期天起得比较晚。Wǒ xīngqītiān qǐde bǐjiào wǎn. Better late than never. 迟做比不做好。Chí zuò bǐ bú zuò hǎo. 晚来比不来好。Wǎnlái bǐ bùlái hǎo.

lately ADV 最近 zuìjìn, 近来 jìnlái □ He seems to be worried lately. 他最近好像忧心忡忡。Tā zuìjìn hǎoxiàng yōuxīn chōngchōng. □ Have you been to a dentist lately? 你最近去看过牙医吗？Nǐ zuìjìn qù kànguo yáyī ma?

latent ADJ 潜在的 qiánzài de

later I ADV 后来 hòulái, 以后 yǐhòu □ See you later. 回头见。Huítóujiàn. 再见。Zàijiàn. II ADJ 较晚的 jiào wǎn de, 以后的 yǐhòu de

lateral ADJ 侧面的 cèmiàn de, 侧的 cè de

latest ADJ 最后的 zuìhòu de, 最新的 zuì xīn de

at the latest 最迟 zuì chí, 最晚 zuì wǎn

latex N 胶乳 jiāorǔ

lather I N 肥皂泡沫 féizào pàomò II v 1 起泡沫 qǐ pàomò 2 用肥沫涂 yòng zào mò tú

Latin I ADJ 拉丁国家的 Lādīng guójiā de, 拉丁的 Lādīng de

Latin America 拉丁美洲 Lādīng Měizhōu

II N 1 拉丁语 Lādīngyǔ 2 拉丁美洲人 Lādīng Měizhōu rén

Latino N (美国) 拉丁裔男人 (Měiguó) Lādīng Měizhōu yì nánren

latitude N 纬度 wěidù

latrine N 户外厕所 hùwài cèsuǒ

latter I N 后者 hòuzhě II ADJ 1 后者的 hòuzhě de 2 后期的 hòuqī de, 末期的 mòqī de

lattice N 格子图案／结构 gézi tú'àn/jiégòu

laudable ADJ 值得赞美的 zhíde zànměi de

laugh v 大笑 dàxiào □ No one laughed at his jokes. 听了他的笑话，没有人笑。Tīngle tā de xiàohua, méiyǒu rén xiào.

to laugh at 取笑 qǔxiào □ Please don't laugh at me; I'm just learning the language. 请不要取笑我；我正在学这种语言。Qǐng bú yào qǔxiào wǒ; wǒ zhèngzài xué zhè zhǒng yǔyán.

to burst out laughing 大笑起来 dàxiào qǐlai □ Mr Ford, the English teacher, made a wisecrack and the class burst

out laughing. 英语老师福特先生讲了一句俏皮话, 全班大笑起来。Yīngyǔ lǎoshī Fútè xiānsheng jiǎngle yí jù qiàopíhuà, quánbān dàxiào qǐlai.
II N 笑 (声) xiào (shēng)
to get a laugh out of sth 从做某事得到很多乐趣 cóng zuò mǒushì dédào hěn duō lèqù

laughing stock N 笑柄 xiàobǐng

laughter N 1 笑 xiào, 大笑 dàxiào □ Laughter is the best medicine, according to my doctor. 按照我的医生的说法, 大笑是最好的药品。Ànzhào wǒ de yīshēng de shuōfǎ, dàxiào shì zuìhǎo de yàopǐn. **2** 笑声 xiàoshēng □ I heard laughter from the dining-room. Daddy must be telling jokes again. 我听见从餐室传来笑声, 想必爸爸又在讲笑话了。Wǒ tīngjian cóng cānshì chuánlái xiàoshēng, xiǎngbì bàba yòu zài jiǎng xiàohua le.

launch I v 1 发动 [+运动] fādòng [+yùndòng] **2** 发射 [+航天飞机] fāshè [+hángtiān fēijī] **3** 投入 [+市场] tóurù [+shìchǎng] **4** 发行 [+新书] fāxíng [+xīnshū]
II N 1 发射 fāshè, 发出 fāchū
launch pad 发射场 fāshèchǎng
2 汽艇 qìtǐng

launder v 1 洗 (黑) 钱 xǐ (hēi) qián **2** 洗熨 (衣服) xǐ yùn (yīfu)

laundromat N 自助洗衣房 zìzhù xǐyīfáng [M. WD 家 jiā]

laundry N 1 洗衣房 xǐyīfáng, 洗衣店 xǐyīdiàn **2** 要洗的衣服 yào xǐ de yīfu, 洗好的衣服 xǐ hǎo de yīfu

laureate N 奖章获得者 jiǎngzhāng huòdézhě [M. WD 位 wèi]
Nobel laureate 诺贝尔奖获得者 Nuòbèi'ěr jiǎng huòdézhě

laurel N 桂冠 guìguān [M. WD 顶 dǐng]

lava N 岩浆 yánjiāng

lavatory N 厕所 cèsuǒ, 洗手间 xǐshǒujiān

lavender N 薰衣草 xūnyīcǎo
lavender water 薰衣草香水 xūnyīcǎo xiāngshuǐ

lavish I ADJ 铺张的 pūzhāng de, 豪华的 háohuá de **II** v 过份慷慨地给于 guòfèn kāngkǎi de gěiyú
to lavish praise on sb 对某人大加赞扬 duì mǒurén dà jiā zànyáng

law N 1 法律 fǎlǜ, 法规 fǎguī □ It is against law to drive while drunk. 酒后驾车是违法的。Jiǔ hòu jiàchē shì wéifǎ de. □ Daniel has made up his mind to study law at the university. 丹尼尔决定在大学学法律。Dānníěr juédìng zài dàxué xué fǎlǜ.
law and order 法律和秩序 fǎlǜ hé zhìxù, 法治 fǎzhì
tax law 税务法 shuìwù fǎ
to break the law 犯法 fànfǎ
2 法学 fǎxué, 法律业务 fǎlǜ yèwù
law firm 法律事务所 fǎlǜ shìwùsuǒ
law school 法学院 fǎxuéyuàn
3 规律 fǎlǜ, 法则 fǎzé
law of the jungle 丛林法则 cónglín fǎzé, 弱肉强食的法则 ruòròu qiángshí de fǎzé
4 (体育) 规则 (tǐyù) guīzé

law-abiding ADJ 奉守法律的 fèng shǒu fǎlǜ de, 守法的 shǒufǎ de

lawful ADJ 合法的 héfǎ de

lawless ADJ 不守法的 bù shǒufǎ de

lawn N 草坪 cǎopíng [M. WD 片 piàn], 草地 cǎodì [M. WD 片 piàn]
lawn mower 割草机 gēcǎojī
lawn tennis 草地网球 (运动) cǎodì wǎngqiú (yùndòng)

lawsuit N 法律案件 fǎlǜ ànjiàn, 诉讼 sùsòng

lawyer N 律师 lǜshī □ Before you sign an important document you had better ask your lawyer to read it first. 你在重要文件上签字以前, 最好请律师先看一遍。Nǐ zài zhòngyào wénjiàn-shang qiānzì yǐqián, zuìhǎo qǐng lǜshī xiān kàn yí biàn.

criminal lawyer 刑事律师 xíngshì lǜshī

lax ADJ 松懈的 sōngxiè de, 马虎的 mǎhu de

laxative N 通便药 tōngbiàn yào, 泻药 xièyào

laxity N 松懈 sōngxiè, 松弛 sōngchí

lay¹ (PT & PP **laid**) v 1 放 fàng, 放置 fàngzhì □ She laid the baby gently in the crib. 她轻轻地把婴儿放在摇篮里。Tā qīngqīng de bǎ yīng'ér fàng zài yáolán lǐ. **2** 铺 pū, 铺设 pūshè **3** 产卵 chǎnluǎn, 下蛋 xiàdàn □ Every year sea turtles lay eggs on this remote beach. 每年海龟都在这片遥远的海滩下蛋。Měinián hǎiguī dōu zài zhè piàn yáoyuǎn de hǎitān xiàdàn.
to lay off 解雇 jiěgù □ Many people were laid off in this mining town. 在这个矿区很多人被解雇。Zài zhè ge kuàngqū hěn duō rén bèi jiěgù.

lay² ADJ 1 不担任神职的 bù dānrèn shénzhí de, 世俗的 shìsú de **2** 非专业的 fēi zhuānyè de, 外行的 wàiháng de

lay³ v See lie¹

lay⁴ N (the lay of the land) (当前的) 形势 (dāngqián de) xíngshì, 现状 xiànzhuàng

layaway N 分期预付购物 fēnqī yùfù gòuwù

layer I N 层 céng □ A layer of dust covered everything in the abandoned cabin. 在这间被废弃的小屋里, 所有的东西都覆盖着一层灰尘。Zài zhè jiān bèi fèiqì de xiǎo wū lǐ, suǒyǒu de dōngxi dōu fùgàizhe yì céng huīchén.
II v 把…堆成层 bǎ…duī chéng céng

layman N 外行 wàiháng, 门外汉 ménwàihàn

lay-off N 解雇 jiěgù

layout N 1 版面设计 bǎnmiànshèjì, 版式 bǎnshì **2** [花园的+] 布局 [huāyuán de+] bùjú

layover N 中途停留 zhōngtútíngliú

layperson N 普通信徒 pǔtōng xìntú, 门外汉 ménwàihàn

laze v 懒散地生活 lǎnsǎn de shēnghuó

lazy ADJ 1 懒惰 lǎnduò □ If you weren't so lazy, your room would be so disorderly. 要是你不是这么懒惰, 你的房间就不会这么乱。Yàoshì nǐ bú shì zhème lǎnduò, nǐ de fángjiān jiù bú huì zhème luàn. **2** 使人懒洋洋的 shǐrén lǎnyāngyāng de **3** 慢吞吞的 màntūntūn de

lead¹ I v (PT & PP **led**) **1** 带领 dàilǐng □ The tour guide led us to the secret garden. 导游把我们带领到秘密花园。Dǎoyóu bǎ wǒmen dàilǐng dào mìmì huāyuán. □ You can lead a horse to water, but you can't force it to drink. 你可以把马牵到水边, 但是不能强迫马喝水。Nǐ kěyǐ bǎ mǎ qiāndao shuǐ biān, dànshì bù néng qiǎngpò mǎ hēshuǐ.
to lead to 导致 dǎozhì, 造成 zàochéng □ Global warming leads to a rise in sea level. 全球变暖导致海面上升。Quánqiú biàn nuǎn dǎozhì hǎimiàn shàngshēng.
2 领导 lǐngdǎo □ The research project will be led by a world-class biologist. 这个研究项目将由一位世界级的生物学家领导。Zhè ge yánjiū xiàngmù jiāng yóu yí wèi shìjiè jí de shēngwùxuéjiā lǐngdǎo. **3** 领先 lǐngxiān □ At half time the home team was leading by 48-32. 半场的时候本地队以四十八比三十二领先。Bànchǎng de shíhou běndì duì yǐ sìshíbā bǐ sānshíèr lǐngxiān. **4** 生活 shēnghuó, 过 guò □ After retirement, the former governor led a peaceful life. 这位前州长在退休以后过着平静的生活。Zhè wèi qián Zhōuzhǎng zài tuìxiū yǐhòu guòzhe píngjìng de shēnghuó. **5** 使 shǐ, 导致 dǎozhì □ Her childhood experience led her to hate men. 她的童年经历使她憎恨男人。Tā de tóngnián jīnglì shǐ tā zēnghèn nánrén. **6** 通向 tōngxiàng, 通达 tōngdá
II N 1 领先 lǐngxiān, 领先地位 lǐngxiān dìwèi □ They moved into the lead before half time. 他们在半场结束前, 开始领先。Tāmen zài bànchǎng jiéshù qián, kāishǐ lǐngxiān.
to follow sb's lead 仿效某人 fǎngxiào mǒurén
2 线索 xiànsuǒ □ The detective followed every possible lead. 侦探跟踪每一个线索。Zhēntàn gēnzōng měi yí ge xiànsuǒ.
3 (电影) 主角 (diànyǐng) zhǔjué

lead² (Pb) N 铅 qiān, 铅笔芯 qiānbǐxīn
a lead foot 喜欢开快车的人 xǐhuan kāi kuàichē de rén

leader N 领袖 lǐngxiù [M. WD 位 wèi], 领导人 lǐngdǎorén [M. WD 位 wèi] □ The leaders of the two countries will meet to discuss issues of mutual interest. 两国领导人将会面讨论共同感兴趣的问题。Liǎng guó lǐngdǎorén jiāng huìmiàn tǎolùn gòngtóng gǎnxìngqu de wèntí. □ This company is a world leader in the development of renewable energy. 这家公司在全世界开发再生能源方面处于领先地位。Zhè jiā gōngsī zài quánshìjiè kāifā zàishēng néngyuán fāngmiàn chǔyú lǐngxiān dìwèi.

leadership N 领导（地位）lǐngdǎo (dìwèi) □ The party has regained popularity under the leadership of Peter Brown. 这个政党在彼得布朗的领导下重新获得了拥戴。Zhè ge zhèngdǎng zài Bǐdé Bùlǎng de lǐngdǎo xià chóngxīn huòdéle yōngdài.

leading ADJ 主要的 zhǔyào de □ France is one of the leading European countries in wine production. 法国是主要的欧洲产酒国家之一。Fǎguó shì zhǔyào de Ōuzhōu chǎn jiǔ guójiā zhīyī.
a leading question 诱导性问题 yòudǎo xìng wèntí
leading role 主角 zhǔjué □ A new actor will play the leading role. 一位新演员将扮演主角。Yí wèi xīn yǎnyuán jiāng bànyǎn zhǔjué.

leaf N (PL **leaves**) **1** 叶子 yèzi □ The first green leaves begin to appear in early spring. 早春时节，新的绿叶开始出现。Zǎochūn shíjié, xīn de lǜyè kāishǐ chūxiàn. **2** （一）页（书）(yí) yè (shū)
II v (to leave through) 翻阅 [+书] fānyuè [+shū]

leaflet N 传单 chuándān [M. WD 张 zhāng/份 fèn]

leafy ADJ **1** 绿树成荫的 [+住宅区] lǜ shù chéngyìn de [+zhùzháiqū] **2** 多叶的 [+蔬菜] duōyè de [+shūcài]

league N 联盟 liánméng, 联合会 liánhéhuì
the National Basketball League （美国）全国篮球联合会 (Měiguó) quánguó lánqiú liánhéhuì

leak I N 漏洞 lòudòng, 裂缝 lièfèng II v **1** 漏 lòu □ The roof leaks quite badly. 屋顶漏得厉害。Wūdǐng lòu de lìhai. **2** 泄露 [+秘密] xièlòu [+mìmì]
to leak out [消息+] 泄漏出去 [xiāoxi+] xièlòu chūqu

leakage N **1** 漏出 lòuchū, 渗出 shènchū **2** 泄露 xièlòu, 泄露 xièlòu

leaky ADJ 漏的 lòu de, 有漏洞的 yǒu lòudòng de

lean¹ (PT & PP **leaned, leant**) 靠 kào, 前（后）倾 qián (hòu) qīng □ The worker leaned his ladder against the wall. 工人把梯子靠在墙上。Gōngrén bǎ tīzi kào zài qiángshang. □ Johnny, don't lean out of the window! 强尼，不要把身体探出窗外! Qiángní, bú yào bǎ shēntǐ tànchū chuāng wài!

lean² ADJ **1** 瘦 shòu, 瘦而健康 shòu ér jiànkāng □ His lean athletic body is the envy of many of his classmates. 他精瘦的运动员的体格引起班上很多人羡慕。Tā jīngshòu de yùndòngyuán de tǐgé yǐnqǐ bānshang hěn duō rén xiànmù. **2** 瘦 [+肉] shòu [+ròu], 脂肪很少的 zhīfáng hěn shǎo de □ She eats only lean meat. 她只吃瘦肉。Tā zhǐ chī shòuròu.

leaning N 倾向 qīngxiàng, 偏好 piānhào

leap I v (PT & PP **leaped, leapt**) 跳 tiào, 跳跃 tiàoyuè
to leap at 抓住 [+机会] zhuāzhù [+jīhuì]
II N 跳跃 tiàoyuè
by leaps and bounds 突飞猛进 tūfēi měngjìn

leapfrog I N 跳背游戏 tiào bèi yóuxì, 跳山羊 tiào shānyáng
II v 跳越 tiào yuè

leap year N 闰年 rùnnián

learn v (PT & PP **learned/learnt**) **1** 学 xué, 学会 xuéhuì □ Laura is learning to drive. 劳拉在学开车。Láolā zài xué kāichē. □ He learns languages with ease. 他学语言学得很轻松。Tā xué yǔyán xuéde hěn qīngsōng. **2** 获悉 huòxī, 听说 tīngshuō □ I learned of the news only yesterday. 我昨天才获悉这个消息。Wǒ zuótiān cái huòxī zhè ge xiāoxi. **3** 记住 jìzhu

to learn one's lesson 记住教训 jìzhu jiàoxun, 吸取教训 xīqǔ jiàoxun □ I hope you've learned your lesson from this experience. 我希望你从这个经历吸取教训。Wǒ xīwàng nǐ cóng zhè ge jīnglì xīqǔ jiàoxun.

learned ADJ 有学问的 yǒu xuéwèn de, 博学的 bóxué de

learning N **1** 学问 xuéwèn, 知识 zhīshi
a man of learning 一位很有学问的人 yíwèi hěn yǒu xuéwèn de rén
2 学习 xuéxí
learning disability 学习障碍 xuéxí zhàng'ài

lease I N 租约 zūyuē, 租契 zūqì
a one-year lease on an apartment 为期一年的公寓租约 wéiqí yìnián de gōngyù zūyuē
II v **1** 出租 chūzū **2** 租用 zūyòng

leaseback N 售后回租 shòuhòu huí zū

leasehold N （长期）租赁契约 (chángqī) zūlìn qìyuē

leash N 绳子 shéngzi [M. WD 条 tiáo]
(dog) on a leash （狗）用绳子牵住 (gǒu) yòng shéngzi qiān zhù

least I ADJ 最少的 zuì shǎo de, 最小的 zuì xiǎo de □ Among his friends, Harry is the happiest even though he has the least money. 在他的朋友中，哈里是最快乐的，虽然他钱最少。Zài tā de péngyou zhōng, Hālǐ shì zuì kuàilè de, suīrán tā qián zuì shǎo. □ This is the least I can do. 这是我起码可以做的。Zhè shì wǒ qǐmǎ kěyǐ zuò de.
at least 至少 zhìshǎo □ The new luxury car cost him at least $100,000. 这辆新车花了他至少十万元。Zhè liàng xīn chē huāle tā zhìshǎo shí wàn yuán.
II ADV **1** 最少 zuì shǎo, 最小 zuì xiǎo □ In my experience, big things often happen when you least expect it. 在我的经历中，重大的事情往往在你以为最不可能发生的时候来到。Zài wǒ de jīnglì zhōng, zhòngdà de shìqing wǎngwǎng zài nǐ yǐwéi zuì bù kěnéng fāshēng de shíhou láidào.

leather N 皮（革）pí (gé) □ The leather seats in the new car cost him another $3,000. 新车的皮座位又花了他三千块钱。Xīn chē de pí zuòwèi yòu huāle tā sān qiān kuài qián.

leathery ADJ 象皮革一样的 xiàng pígé yíyàng de, 粗糙的 cūcāo de

leave I v (PT & PP **left**) **1** 离开 líkāi □ Every weekday my father leaves home at 8.00 for work. 每星期从星期一到星期五，我父亲八点离开家上班。Měi xīngqī cóng xīngqīyī dào xīngqīwǔ, wǒ fùqin bā diǎn líkāi jiā shàngbān. □ After their youngest daughter left home, the house seemed so empty. 他们的小女儿离家以后，家里显得空荡荡的。Tāmen de xiǎonǚ'ér líjiā yǐhòu, jiāli xiǎnde kōngdàngdàng de. **2** 留下 liúxia □ Will you leave a message? 你要留口信吗? Nǐ yào liú kǒuxìn ma? □ My grandfather left each of his grandchildren a sum of money. 我的祖父给孙子孙女每人留了一笔钱。Wǒ de zǔfù gěi sūnzi sūnnǚ měi rén liúle yì bǐ qián.
left-luggage office 行李保管处 xíngli bǎoguǎn chù
to leave sb alone 不打搅某人 bù dǎjiǎo mǒurén □ Go away, leave me alone. 走开，别管我。Zǒukai, bié guǎn wǒ. □ We'd better leave her alone and let her cry for a while. 我们最好别打搅她，让她哭一会儿。Wǒmen zuìhǎo bié dǎjiǎo tā, ràng tā kū yíhuìr.
to leave sth alone 不动某物 bú dòng mǒuwù □ I've told her time and again to leave my things alone. 我一再告诉她别动我的东西。Wǒ yízài gàosu tā bié dòng wǒ de dōngxi.
II N 假 jià, 假期 jiàqī
leave of absence 获准休假 huòzhǔn xiūjià
maternity leave 产假 chǎnjià
sick leave 病假 bìngjià

leaven I N **1** 酵母 jiàomǔ **2** 使事物变得有趣的小事 shǐ shìwù biàn de yǒuqù de xiǎoshì II v 使…变得有趣 shǐ…biàn de yǒuqù

leavening N 酵母 jiàomǔ

leavening agent 酵母 jiàomǔ

lecherous ADJ 好色的 hàosè de

lectern N 斜面讲桌 xiémiàn jiǎngzhuō

lecture I N 讲座 jiǎngzuò, 讲课 jiǎngkè □ Professor Kerry will deliver a series of lectures on Islam. 克里教授将做一系列关于伊斯兰教的讲座。Kèlǐ jiàoshòu jiāng zuò yíxìliè guānyú Yīsīlánjiào de jiǎngzuò.

II v 1 讲课 jiǎngkè, 做讲座 zuò jiǎngzuò □ Who'll lecture on American history this year? 今年谁讲美国历史? Jīnnián shéi jiǎng Měiguó lìshǐ? **2** 教训 jiàoxun □ Stop lecturing me! 别教训我了! Bié jiàoxun wǒ le!

lecturer N 讲师 jiǎngshī

a senior lecturer 高级讲师 gāojí jiǎngshī

led See **lead**[1]

ledger N 分类帐 fēnlèizhàng, 账本 zhàngběn

leech N **1** 蚂蟥 mǎhuáng [M. WD 条 tiáo] **2** 榨取他人钱财的人 zhàqǔ tārén qiáncái de rén, 吸血鬼 xīxuèguǐ

leek N 韭葱 jiǔcōng

leer I v 色迷迷地看 sèmímí de kàn II N 色迷迷的眼神 sèmímí de yǎnshén

leery ADJ 不信任的 bú xìnrèn de, 怀有戒心的 huáiyǒu jièxīn de

leeway N 自由行事的余地 zìyóu xíngshì de yúdì

left[1] N 左 zuǒ, 左边 zuǒbiān □ The third person from the left in the photo is my father. 照片上左边第三个人是我父亲。Zhàopiànshang zuǒbiān dìsān ge rén shì wǒ fùqin. □ In some countries traffic keeps to the left. 在有些国家, 车辆靠左行驶。Zài yǒuxiē guójiā, chēliàng kào zuǒ xíngshǐ.

left field 左外场 zuǒ wàichǎng

II ADJ, ADV 左的 zuǒ de, 左边 zuǒbiān □ He uses his left hand to do most things: he is a left-handed person. 他大多数事情都是用左手做; 他是个左撇子。Tā dàduōshù shìqing dōu shì yòng zuǒshǒu zuò; tā shì ge zuǒpiězi.

the left 左派 zuǒpài □ The left won the recent general election in that country. 在那个国家左派赢得了最近的大选。Zài nà ge guójiā zuǒpài yíngdéle zuìjìn de dàxuǎn.

left[2] See **leave**

left-hand ADJ 左边的 zuǒbiān de

left-handed ADJ 用左手的 yòng zuǒshǒu de, 左撇子的 zuǒpiězi de

leftovers N 剩菜 shèngcài

leftwing ADJ 左翼 zuǒyì

leg N **1** 腿 tuǐ, 大腿 dàtuǐ □ He hurt his leg in the broad jump. 他在跳远的时候伤了大腿。Tā zài tiàoyuǎn de shíhou shāngle dàtuǐ. **2** 一段 (旅程) yí duàn (lǚchéng)

legacy N **1** 遗留下来的情况 yíliú xiàlai de qíngkuàng **2** 遗产 yíchǎn

legal ADJ **1** 法律的 fǎlǜ de □ I need legal advice on this matter. 我这件事需要法律咨询。Wǒ zhè jiàn shì xūyào fǎlǜ zīxún.

2 合法的 héfǎ de □ What is the legal age for drinking in your country? 在你们国家合法饮酒年龄是几岁? Zài nǐmen guójiā héfǎ yǐnjiǔ niánlíng shì jǐsuì?

legality N 合法 (性) héfǎ (xìng)

legalization N 合法化 héfǎhuà

legalize v 使…合法 shǐ...héfǎ

legend N **1** 传说 chuánshuō, 传奇 chuánqí **2** 传奇性人物 chuánqí xìng rénwù **3** (图片) 说明 (túpiàn) shuōmíng, 图例 túlì

legendary ADJ **1** 传奇的 chuánqí de **2** 著名的 zhùmíng de, 大名鼎鼎的 dàmíng dǐngdǐng de

leggings N 绑腿 bǎngtuǐ [M. WD 条 tiáo]

leggy ADJ 腿长的 tuǐ cháng de

legible ADJ 可以认读的 kěyǐ rèn dú de

legion N **1** 一大批人 yí dàpī rén, 很多人 hěn duō rén **2** (古罗马) 军团 (gǔ Luómǎ) jūntuán

legislate v 制定法律 zhìdìng fǎlǜ, 立法 lìfǎ

legislation N 立法 lìfǎ

legislative ADJ 立法的 lìfǎ de

legislator N 立法者 lìfǎzhě

legislature N 立法机构 lìfǎ jīgòu

legit ADJ 符合规则的 fúhé guīzé de, 守法的 shǒufǎ de

legitimacy N 合法 (性) héfǎ (xìng)

legitimate ADJ **1** 合法的 héfǎ de **2** 正当的 zhèngdàng de

a legitimate reason 正当的理由 zhèngdàng de lǐyóu

a legitimate child 合法婚姻所生的子女 héfǎ hūnyīn suǒ shēngde zǐnǚ, 婚生子 hūn shēngzǐ

leisure N 休闲 xiūxián □ What do you do in your leisure time? 你休闲的时候做什么? Nǐ xiūxián de shíhou zuò shénme?

at one's leisure 有空时 yǒukòng shí

leisurely I ADJ 从容的 cóngróng de, 悠闲的 yōuxián de II ADV 从容地 cóngróng de, 悠闲地 yōuxián de

lemon N 柠檬 níngméng

lemonade N 柠檬汽水 níngméng qìshuǐ

lend (PT & PP **lent**) v 借给 jiè gěi, 借出 jiè chū □ Can you lend me your Chinese dictionary? 你能借给我你的中文词典吗? Nǐ néng jiè gěi wǒ nǐ de Zhōngwén cídiǎn ma? □ The government lends money to university students at low interest. 政府以低息借钱给大学生。Zhèngfǔ yǐ dīxī jièqián gěi dàxuéshēng.

length N **1** 长度 chángdù □ A shark, about 10 feet in length, was spotted in the bay. 在海湾发现一条长约十英尺的鲨鱼。Zài hǎiwān fāxiàn yì tiáo cháng yuē shí yīngchǐ de shāyú.

2 时间 (长度) shíjiān (chángdù)

at length ① 长时间地 chángshíjiān de ② 最终 zuìzhōng, 最后 zuìhòu

lengthen v 把…加长 bǎ...jiā cháng

lengthwise ADV 纵向地 zòngxiàng de

lengthy ADJ **1** 冗长的 [+报告] rǒngcháng de [+bàogào], 过于详细的 guòyú xiángxì de **2** 漫长的 [+等待] màncháng de [+děngdài]

lenient ADJ 宽大的 kuāndà de, 仁慈的 réncí de

lens N **1** (照相机) 镜头 (zhàoxiàngjī) jìngtóu [M. WD 片 piàn] **2** (眼镜) 镜片 (yǎnjìng) jìngpiàn [M. WD 片 piàn]

contact lens 隐形眼镜 yǐnxíng yǎnjìng

lent v See **lend**

Lent N (基督教) 大斋期 (Jīdūjiào) dàzhāiqī

lentil N 小扁豆 xiǎobiǎndòu [M. WD 粒 lì]

Leo N 狮子宫座 Shīzigōngzuò

leopard N 豹 bào [M. WD 只 zhī/头 tóu]

leper N 麻风病人 máfēng bìngrén

leprosy N 麻风病 máfēngbìng

lesbian N, ADJ 女同性恋者 nǚ tóngxìngliànzhě

less I PRON, ADJ 较少的 jiào shǎo de, 较小的 jiào xiǎo de, 不那么 bú nàme □ Her new job has less pay, but is less stressful. 她的新工作工资较少, 但是也不那么紧张。Tā de xīn gōngzuò gōngzī jiào shǎo, dànshì yě bú nàme jǐnzhāng.

II ADV 较少 jiào shǎo, 不那么 bú nàme □ I do hope she will care less about money. 我真的希望她不那么在乎钱。Wǒ zhēn de xīwàng tā bú nàme zàihu qián.

lessee N 承租人 chéngzū rén, 租户 zūhù

lessen v 使…减少 shǐ...jiǎnshǎo

lesser ADJ 减少的 cìyào de, 较小的 jiào xiǎo de

lesson N **1** 课 kè, 课程 kèchéng □ I'm taking Taichi lessons. 我在上太极拳课。Wǒ zài shàng tàijíquán kè. □ Miss Hoffman gives piano lessons. 霍夫曼小姐教钢琴课。Huòfūmàn xiǎojiě jiāo gāngqín kè. **2** 教训 jiàoxun □ Let this be a lesson to you; never judge people by the way they dress. 希望你接受这个教训, 千万不要衣衫取人。Xīwàng nǐ jiēshòu zhè ge jiàoxun, qiānwàn bú yào yīshān qǔrén.

to learn a lesson See **learn**

to teach sb a lesson See **teach**

lest CONJ 以免 yǐmiǎn, 免得 miǎnde

Lest We Forget. 永志不忘。Yǒng zhì bú wàng.

let v (PT & PP **let**) 让 ràng, 允许 yǔnxǔ □ Father did not let Tom drive his car. 父亲不让汤姆开他的车。Fùqin bú ràng Tāngmǔ kāi tā de chē. □ She wanted to go out with John, but her daddy wouldn't let her. 她想跟约翰出去玩, 但是她爸爸不让。Tā xiǎng gēn Yuēhàn chūqu wán, dànshì tā bàba bú ràng.

to let go (of) 放开 fàngkāi, 放掉 fàngdiao □ Joanne let go of the kitten before it scratched her. 乔安娜在小猫还没有抓她以前把它放了。Qiáo'ānnà zài xiǎomāo hái méiyǒu zhuā tā yǐqián bǎ tā fàng le.

let alone 更不用说 gèng bú yòng shuō

letdown N 失望 shīwàng, 令人失望的事 lìng rén shīwàng de shì

lethal ADJ 致命的 zhìmìng de

lethargic ADJ 无精打采的 wújīng dǎcǎi de, 懒洋洋的 lǎnyāngyāng de

lethargy N 无精打采 wújīng dǎcǎi, 倦怠 juàndài

letter N 1 信 xìn □ These days people seldom write letters; they send each other emails. 现在人们不大写信了; 人们互相送电子邮件。Xiànzài rénmen búdà xiěxìn le; rénmen hùxiāng sòng diànzǐ yóujiàn. 2 字母 zìmǔ □ "A" is the first letter of the alphabet. "A"是字母表的第一个字母。"A" shì zìmǔbiǎo de dìyī ge zìmǔ.

to the letter 不折不扣地 bù zhé bú kòu de, 精确地 jīngquè de

letterhead N 印有台头的信纸 yìn yǒu tái tóu de xìnzhǐ

lettuce N 生菜 shēngcài, 莴苣 wōjù

letup N 减弱 jiǎnruò, 松懈 sōngxiè

leukemia N 白血病 báixuèbìng

levee N 防洪堤 fánghóngtí

level I ADJ 平的 píng de, 平坦的 píngtǎn de □ Make sure the ground is absolutely level before you start the game. 在比赛开始前, 要确保地面是平坦的。Zài bǐsài kāishǐ qián, yào quèbǎo dìmiàn shì píngtǎn de. II N 1 水平线 shuǐpíngxiàn □ Rising sea level may submerge these tiny islands before long. 海平面升高, 可能不要很长时间就会淹没这些小岛。Hǎi píngmiàn shēng gāo, kěnéng bú yào hěn cháng shíjiān jiù huì yānmò zhèxiē xiǎo dǎo. 2 水平 shuǐpíng

basic/beginner's level 初级水平 chūjí shuǐpíng

advanced level 高级水平 gāojí shuǐpíng

III v 1 把 [+地面] 弄平 bǎ [+dìmiàn] nòng píng, 使…平坦 shǐ…píngtǎn 2 推倒 [+房屋] tuīdǎo [+fángwū]

to level accusation (提出) 指控 (tíchū) zhǐkòng

leveler N 使人人平等的事 shǐ rénren píngděng de shì

Death is the great leveler. 死亡, 让人人平等。Sǐwáng, ràng rénren píngděng. (→人无论贵贱, 都不免一死。Rén wúlùn guìjiàn, dōu bùmiǎn yì sǐ.)

level-headed ADJ (头脑) 冷静 (tóunǎo) lěngjìng, 稳健的 wěnjiàn de

lever I N 1 杠杆 gànggǎn, 操纵杆 cāozònggǎn 2 手段 shǒuduàn II v (用杠杆) 撬动 (yòng gànggǎn) qiàodòng

leverage I N 1 杠杆作用 gànggǎn zuòyòng 2 影响 yǐngxiǎng, 力量 lìliang 3 借贷经营 jièdài jīngyíng II v 借贷经营 jièdài jīngyíng

levitate v (使…) 浮在空中 (shǐ…) fú zài kōngzhōng

levitation N 漂浮空中 piāofú kōngzhōng

levity N 轻松 qīngsōng, 活跃 huóyuè

levy I v 征税 zhēngshuì II N 税 (款) shuì (kuǎn), 征 (款) zhēng (kuǎn)

lewd ADJ 好色的 hàosè de, 淫荡的 yíndàng de

lexical ADJ 词汇的 cíhuì de

lexicon N 词汇 cíhuì

liability N 1 责任 zérèn, 义务 yìwù 2 累赘 léizhuì, 不利因素 búlì yīnsù 3 (liabilities) 债务 zhàiwù, 负债 fùzhài

liable ADJ 1 很可能会 hěn kěnéng huì [+犯错误] [+fàn cuòwù], 很容易遭受 [+攻击] hěn róngyì zāoshòu [+gōngjī] 2 应负责的 yìng fùzé de

liable for taxes 应缴税的 yìng jiǎoshuì de

liaise v 联络 liánluò, 联系 liánxì

liaison N 1 联络 liánluò

liaison officer 联络官 liánluòguān

2 (男女之间) 私通 (nánnǚ zhījiān) sītōng

liar N 说谎的人 shuōhuǎng de rén

You liar! 你这个坏蛋说谎! Nǐ zhè ge huàidàn shuōhuǎng!

libel I N 诽谤 fěibàng

libel suit 诽谤诉讼 fěibàng sùsòng

II v 诽谤 fěibàng, 说…的坏话 shuō…de huàihuà

libelous ADJ 诽谤的 fěibàng de, 中伤的 zhòngshāng de

liberal I ADJ 宽容的 kuānróng de, 开明的 kāimíng de □ She has a liberal attitude towards abortion. 她对堕胎的态度很宽容。Tā duì duòtāi de tàidu hěn kuānróng.

liberal arts 文科 wénkē

II N 宽容大度的人 kuānróng dàdù de rén, 自由派 zìyóu pài □ Some liberals become conservatives when they get old. 有些自由派年纪大了就变成了保守派。Yǒuxiē zìyóu pài niánjì dàle jiù biànchéngle bǎoshǒu pài.

liberalism N 自由主义 zìyóu zhǔyì

liberalize v 1 使…自由化 shǐ…zìyóuhuà 2 放宽 fàngkuān

liberally ADV 大量地 dàliàng de

liberate v 解放 jiěfàng, 解救 jiějiù

liberated ADJ 思想解放的 sīxiǎng jiěfàng de, 不受约束的 bú shòu yuēshù de

liberation N 解放 jiěfàng, 解救 jiějiù

liberator N 解放者 jiěfàngzhě

libertarian N 自由意志论者 zìyóu yìzhì lùnzhě

liberty N 自由 zìyóu, 自由权 zìyóuquán □ The French Revolution of 1789 raised the slogan of "Liberty, Equality and Fraternity". 一七八九年的法国革命提出了"自由、平等、博爱"的口号。Yāoqībājiǔ nián de Fǎguó gémìng tíchūle "zìyóu、píngděng、bó'ài" de kǒuhào.

libido N 性欲 xìngyù

Libra N 天秤 (星) 座 tiānchèng (xīng) zuò, 天秤宫 tiānchènggōng

librarian N 图书馆长 túshūguǎn guǎnzhǎng, 图书馆管理人员 túshūguǎn guǎnlǐ rényuán □ His wife is a librarian in the local college. 他的妻子是当地一所大学的图书馆馆长。Tā de qīzi shì dāngdì yì suǒ dàxué de túshūguǎn guǎnzhǎng.

library N 图书馆 túshūguǎn, 图书室 túshūshì □ I believe the most important building in a university is the library. 我相信, 一座大学最重要的建筑物就是图书馆。Wǒ xiāngxìn, yí zuò dàxué zuì zhòngyào de jiànzhùwù jiù shì túshūguǎn.

lice See louse

license I N 执照 zhízhào, 许可证 xǔkězhèng

driver's license 汽车驾驶执照 qìchē jiàshǐ zhízhào, 汽车驾驶证 qìchē jiàshǐzhèng

gun license 持枪许可证 chíqiāng xǔkězhèng

license plate 汽车执照牌 qìchē zhízhàopái

II v 许可 xǔkě, 准许 zhǔnxǔ

lichen N 地衣 dìyī

lick I v 1 舔 tiǎn

to lick one's lips 舔唇 tiǎn chún, 热切期望 rèqiè qīwàng

2 打败 dǎbài

II N 1 舔 tiǎn 2 少量 shǎoliàng

licking N 1 痛打 tòngdǎ 2 失败 shībài, 失利 shīlì

licorice N 甘草糖果 gāncǎo tángguǒ

lid N 盖 (子) gài (zi) □ Where is the lid for this saucepan? 这个锅的盖子呢? Zhè ge guō de gàizi ne?

lie¹ I v (PT **lay**; PP **lain**) 1 躺 tǎng □ He is lying on the beach, daydreaming. 他躺在沙滩上, 胡思乱想。Tā tǎng zài shātānshang, húsī luànxiǎng.

to lie down 躺下 tǎngxia □ I feel so tired I just want to lie down and close my eyes. 我很累，只想躺下，闭上眼睛。Wǒ hěn lèi, zhǐ xiǎng tǎngxia, bìshang yǎnjing.

to lie low 躲藏 duǒcáng, 隐蔽起来 yǐnbì qǐlái

2 在于 zàiyú □ Good health lies in regular exercises. 健康在于经常锻炼。Jiànkāng zàiyú jīngcháng duànliàn. **3** 位于 wèiyú

lie² I v 说谎 shuōhuǎng □ Honesty is the best policy, so don't lie to people. 诚实是最好的政策，所以不要对人说谎。Chéng-shí shì zuì hǎo de zhèngcè, suǒyǐ bú yào duì rén shuōhuǎng. II N 谎言 huǎngyán □ It's a lie! 撒谎! Sāhuǎng! □ Children should be disciplined if they tell lies. 儿童说谎就应该受到管教。Értóng shuōhuǎng jiù yīnggāi shòudào guǎnjiào.

lie detector 测谎器 cèhuǎngqì

lien N 扣押权 kòuyāquán

lieu N (in lieu of) 代替 dàitì

lieutenant N (陆军/海军陆战队) 中尉 (lùjūn/hǎijūn lùzhànduì) zhōngwèi, (海军/空军) 上尉 (hǎijūn/kōngjūn) shàngwèi

life (PL **lives**) N **1** 生命 shēngmìng □ These fallen soldiers gave their lives for our country. 这些阵亡将士为国捐躯。Zhè xiē zhènwáng jiàngshì wèi guó juān qū.

life buoy 救生圈 jiùshēngquān

life cycle 生命周期 shēngmìng zhōuqī

life insurance 人寿保险 rénshòu bǎoxiǎn □ He bought a life insurance for his wife. 他给妻子买了人寿保险。Tā gěi qīzi mǎile rénshòu bǎoxiǎn.

life jacket 救生衣 jiùshēngyī

life support system 生命维持器械 shēngmìng wéichí qìxiè

2 生活 shēnghuó □ This is life! 这才叫生活! Zhè cái jiào shēnghuó! □ They lived a peaceful and comfortable life in the countryside. 他们在乡间过着平静而舒适的生活。Tāmen zài xiāngjiān guòzhe píngjìng ér shūshì de shēnghuó. **3** 一生 yìshēng, 寿命 shòumìng

life expectancy 平均寿命 píngjūn shòumìng

early life (人生的) 早期 (rénshēng de) zǎoqī, 早年 zǎonián

all one's life 终生 zhōngshēng, 终身 zhōngshēn

4 终身 zhōngshēn □ life imprisonment 无期徒刑 wúqī túxíng, 终身监禁 zhōngshēn jiānjìn

life sentence 无期徒刑 wúqī túxíng, 终身禁监 zhōngshēn jìnjiān

lifeboat N 救生艇 jiùshēngtǐng [M. WD 艘 sōu]

lifeguard N 救生员 jiùshēngyuán

lifeless ADJ **1** 死的 sǐde **2** 无生气的 wú shēngqì de, 无活力的 wú huólì de, 无生命的 wú shēngmìng de

lifelike ADJ 生动逼真的 shēngdòng bīzhēn de, 栩栩如生的 xǔxǔ rú shēng de

lifeline N 生命线 shēngmìngxiàn, 命脉 mìngmài

lifelong ADJ 终生的 zhōngshēng de

lifesaver N 救星 jiùxīng

life-size, life-sized ADJ 与真人一样大小的 yǔ zhēnrén yíyàng dàxiǎo de

lifestyle N 生活方式 shēnghuó fāngshi □ I don't think her income could support her lifestyle. 我想她的收入无法支撑她的生活方式。Wǒ xiǎng tā de shōurù wúfǎ zhīchēng tāde shēnghuó fāngshì.

life-threatening ADJ 危及生命的 wēijí shēngmìng de

lifetime N 一生 yìshēng, 终生 zhōngshēng

lift I v **1** 抬起 táiqǐ, 举起 jǔqǐ □ He lifted his daughter up to see the parade. 他把女儿举起来，让她看游行。Tā bǎ nǚ'ér jǔqǐlai, ràng tā kàn yóuxíng. **2** 提高 [+水平] tígāo [+shuǐpíng], 增加 zēngjiā

to lift one's spirits 提高某人的情绪 tígāo mǒurén de qíngxù

3 解除 [+禁令] jiěchú [+jìnlìng], 撤销 chèxiāo

II N **1** 升降机 shēngjiàngjī [M. WD 台 tái] **2** (to give sb a lift) 让某人搭便车 ràng mǒurén dābiàn chē, 使某人精神振作 shǐ mǒurén jīngshén zhènzuò

lift-off N [火箭+] 发射 [huǒjiàn+] fāshè

ligament N 韧带 rèndài

light¹ I N **1** 光 guāng, 光线 guāngxiàn □ The light is too poor to read by. 光线太差，不能阅读。Guāngxiàn tài chà, bù néng yuèdú.

light year 光年 guāngnián

2 灯光 dēngguāng □ It was past midnight, but a light still shone in daddy's study. 已经过了午夜，但是父亲的书房里还亮着灯光。Yǐjīng guòle wǔyè, dànshì fùqin de shūfáng lǐ hái liàngzhe dēngguāng. **3** 灯 dēng, 电灯 diàndēng [M. WD 盏 zhǎn] □ The last one to leave, please turn off the lights. 谁最后一个离开，请关掉灯。Shéi zuìhòu yí ge líkāi, qǐng guāndiao dēng.

light bulb 灯泡 dēngpào, 电灯泡 diàn dēngpào

II v (PT & PP **lit, lighted**) **1** 点燃 diǎnrán □ It took him a long time to light the fire in the fireplace. 他花了很长时间才点燃壁炉的火。Tā huāle hěn cháng shíjiān cái diǎnrán bìlú de huǒ. **2** 照亮 zhàoliàng □ The fireworks lit up the night sky. 烟火照亮了夜空。Yānhuǒ zhàoliàngle yèkōng.

light² ADJ **1** 轻的 qīng de □ The box is light and she lifts it up easily. 盒子很轻，她很容易地举了起来。Hézi hěn qīng, tā hěn róngyì de jǔle qǐlai.

light-fingered ADJ ① 有偷窃习惯的 yǒu tōuqiè xíguàn de ② (弹奏乐器) 手指灵巧的 (tánzòu yuèqì) shǒuzhǐ língqiǎo de

2 (衣服等) 轻便的 qīngbiàn de, 薄的 bó de □ In May most people wear light clothes. 五月份，大多数人穿轻便的衣服。Wǔyuèfèn, dàduōshù rén chuān qīngbiàn de yīfu. **3** 淡颜色的 dàn yánsè de

light brown eyes 浅棕色的眼睛 qiǎn zōngsè de yǎnjing

lighten v **1** 减轻 [+工作] jiǎnqīng [+gōngzuò] **2** [天色+] 变亮 [tiānsè+] biàn liàng

lighter N 打火机 dǎhuǒjī

light-headed ADJ **1** 晕眩的 yūnxuàn de **2** 头脑不清的 tóunǎo bù qīng de, 步履不稳的 bùlǚ bù wěn de

light-hearted ADJ 轻松愉快的 qīngsōng yúkuài de, 无忧无虑的 wúyōu wúlǜ de

lighthouse N 灯塔 dēngtǎ [M. WD 座 zuò]

lighting N 照明 (灯) zhàomíng (dēng)

lightly ADV **1** 轻轻地 qīngqīng de **2** 少量地 shǎoliàng de

lightning I N 闪电 shǎndiàn [M. WD 道 dào] II ADJ 闪电般的 shǎndiàn bān de

at lightning speed 以闪电般的速度 yǐ shǎndiàn bān de sùdù

lights-out N 熄灯时间 xīdēng shíjiān

lightweight I N **1** (体育) 轻量级 (tǐyù) qīngliàngjí **2** 没有分量的人 méiyǒu fènliàng de rén, 微不足道的人 wēi bù zú dào de rén II ADJ **1** 轻便的 [+机器] qīngbiàn de [+jīqì]

2 轻薄的 [+衣服] qīngbó de [+yīfu] **3** 浅薄的 [+书籍] qiānbó de [+shūjí]

likable ADJ 惹人喜爱的 rě rén xǐ'ài de

like¹ I v **1** 喜欢 xǐhuan □ She likes Harry a lot, but she doesn't love him. 她挺喜欢哈里，但是并不爱他。Tā tǐng xǐhuan Hālǐ, dànshì bìng bú ài tā. **2** 喜好 xǐhào

would like 想要 xiǎngyào □ How do you like that? 你觉得这个怎么样? Nǐ juéde zhège zěnmeyàng?

II N **1** 喜欢的事 xǐhuan de shì

sb's likes and dislikes 某人喜欢和不喜欢的事 mǒurén xǐhuan hé bù xǐhuan de shì

2 像…的事 xiàng...de shì

… and the like 以及诸如此类的事 yǐjí zhū rú cǐlèi de shì

the likes of sb 像某人这种人 xiàng mǒurén zhè zhǒng rén

like² I PREP 像…一样 xiàng…yíyàng □ If he was more like his father, he wouldn't have been such a loser. 要是他更像一点他父亲, 就不会如此失败了。Yàoshì tā gèng xiàng yì diǎn tā fùqin, jiù bú huì rúcǐ shībài le.

II CONJ 就像 jiù xiàng

like I said 就像我说过的(那样) jiù xiàng wǒ shuō guò de (nà yàng)

like³ ADJ 相似的 xiāngsì de, 相像的 xiāngxiàng de

likelihood N 可能(性) kěnéng (xìng)

in all likelihood 极有可能 jí yǒu kěnéng

likely I ADJ 很可能的 hěn kěnéng de □ Miss Ford is likely to be the next principal. 福特小姐很可能担任下一任校长。Fútè xiǎojiě hěn kěnéng dānrèn xià yí rèn xiàozhǎng.

II ADV 很可能 hěn kěnéng □ I would very likely have done the same as you did. 我很可能像你一样, 也这样做。Wǒ hěn kěnéng xiàng nǐ yíyàng, yě zhèyàng zuò.

like-minded ADJ 想法差不多的 xiǎngfǎ chàbuduōde

liken V 把…比作 bǎ…bǐzuò

likeness N 1 相像 xiāngxiàng, 相似 xiāngsì 2 画像 huàxiàng [M. WD 幅 fú], 照片 zhàopiàn [M. WD 张 zhāng]

likewise ADV 同样地 tóngyàng de

liking N 喜欢 xǐhuan, 爱好 àihào

to have a liking for 喜好 xǐhào

to take a liking to sb 喜欢上某人 xǐhuan shang mǒurén □ Sarah took a liking to the young Canadian after their conversation at the party. 莎拉在聚会谈话以后, 就喜欢上了那个加拿大小伙子。Sālā zài jùhuì tánhuà yǐhòu, jiù xǐhuanshangle nà ge Jiānádà xiǎohuǒzi.

lilac N 1 丁香树 dīngxiāng shù 2 淡紫色 dànzǐ sè

lilt N 抑扬顿挫的声音 yìyáng dùncuò de shēngyīn

lily N 百合花 bǎihéhuā

limb N 1 (树)主干 (shù) zhǔgàn 2 (四)肢 (sì) zhī, 臂 bì [M. WD 条 tiáo]

be out on a limb 处于孤立无援的境地 chǔyú gūlì wúyuán de jìngdì

limbo N (be in limbo) 处于不确定的状态 chǔyú bú quèdìng de zhuàngtài

lime N 1 石灰 shíhuī 2 酸橙树 suānchéng shù [M. WD 棵 kē]

limelight N 公众关注的中心 gōngzhòng guānzhù de zhōngxīn

to seek the limelight 爱出风头 ài chū fēngtou

limerick N 打油诗 dǎyóushī [M. WD 首 shǒu]

limit I N 1 限度 xiàndù □ There is a limit to how much we're able to spend on the holiday. 我们度假能花多少钱, 是有限度的。Wǒmen dùjià néng huā duōshǎo qián, shì yǒu xiàndù de.

within limits 在合理的范围内 zài hélǐ de fànwéinèi

speed limit 最高车速 zuì gāo chēsù

2 边缘 biānyuán □ They asked the real estate agent to find them an apartment within the city limits. 他们要房产经纪人为他们在市区范围内找一套公寓。Tāmen yào fángchǎn jīngjìrén wèi tāmen zài shìqū fànwéi nèi zhǎo yí tào gōngyù.

off limit 不准入内 bù zhǔn rù nèi □ The border town is off limit to foreigners. 这个边境小镇外国人是不准去的。Zhè ge biānjìng xiǎo zhèn wàiguórén shì bù zhǔn qù de.

II V 限制 xiànzhì

limitation N 限制 xiànzhì

limited ADJ 1 有限的 yǒuxiàn de 2 受到限制的 shòudào xiànzhì de

limousine N 大型豪华轿车 dàxíng háohuá jiàochē [M. WD 辆 liàng]

limp I ADJ 软绵绵的 ruǎnmiánmián de, 无力的 wúlì de II V 一瘸一拐地走 yì qué yì guǎi de zǒu III N 一瘸一拐地走 yìqué yìguǎi de zǒu, 跛行 bǒxíng

linchpin, lynchpin N 关键人物 guānjiàn rénwù, 关键的事 guānjiàn de shì

line I N 1 线 xiàn [M. WD 条 tiáo/道 dào] □ You mustn't cross the double yellow on the highway. 在公路上不能越过双道黄线。Zài gōnglùshang bù néng yuèguo shuāng dào huángxiàn. □ The little child tried to draw a straight line. 小孩想划一条直线。Xiǎohái xiǎng huà yì tiáo zhíxiàn. 2 排队 páiduì □ I stood in line for half an hour before reaching my airline's checking-in desk. 我排了半小时队才到航空公司的登机处。Wǒ páile bàn xiǎoshí duì cái dào hángkōng gōngsī de dēngjīchù. 3 皱纹 zhòuwén [M. WD 条 tiáo/道 dào] □ She sighed when she saw in the mirror the lines on her face. 她在镜子里看到脸上的皱纹, 叹了一口气。Tā zài jìngzi lǐ kàndao liǎnshang de zhòuwén, tànle yì kǒu qì. 4 电话线 diànhuàxiàn

online 联网 liánwǎng, 上网 shàngwǎng

5 态度 tàidu, 立场 lìchǎng

to take a hard line on sth 对某事采取强硬立场 duì mǒushì cǎiqǔ qiángyìng lìchǎng

6 (书页上的)行 (shūyè shàng de) háng

II V 排成一行 pái chéng yì háng □ People lined up for the movie star's autograph. 人们排队要电影明星签名。Rénmen páiduì yào diànyǐng míngxīng qiānmíng.

finish line 终点线 zhōngdiǎnxiàn

lineage N 1 行数 xíng shù 2 血统 xuètǒng, 家系 jiāxì

linear ADJ 1 线条的 xiàntiáo de

linear diagram 线条图 xiàntiáotú

2 线性的 xiànxìng de

linear thinking 线性思维 xiànxìng sīwéi

3 长度的 chángdù de

linear measurements 长度测量 chángdù cèliáng

linebacker N (美式橄榄球)中后卫 (Měishì gǎnlǎnqiú) zhōnghòuwèi

lined ADJ 1 印有线条的 [+纸] yìn yǒu xiàntiáo de [+zhǐ] 2 有衬里的 [+上衣] yǒu chènlǐ de [+shàngyī]

linen N 家用纺织品 (床单、台布、内衣等) jiāyòng fǎngzhīpǐn (chuángdān、táibù、nèiyī děng)

liner¹ N 客轮 kèlún [M. WD 艘 sōu]

cruise liner 游轮 yóulún

liner² N 衬里 chènlǐ, 衬垫 chèndiàn

liner notes (激光唱盘)说明文字 (jīguāng chàngpán) shuōmíng wénzì

linesman N 1 (橄榄球)锋线球员 (gǎnlǎnqiú) fēngxiàn qiúyuán 2 (铁路)养路工 (tiělù) yǎnglùgōng

line-up N 1 (球类比赛)运动员阵容 (qiúlèi bǐsài) yùndòngyuán zhènróng 2 (演出)全体演员 (yǎnchū) quántǐ yǎnyuán 3 (电视)一系列节目 (diànshì) yíxìliè jiémù

linger V [人+] 逗留不离去 [rén+] dòuliú bù líqù, [事+] 持续 [shì+] chíxù

lingerie N (女子)内衣裤 (nǚzǐ) nèiyīkù

lingering ADJ 持续的 chíxù de, 拖延的 tuōyán de

lingo N 隐语 yǐnyǔ, 行话 hánghuà

lingua franca N (国际)通用语 (guójì) tōngyòngyǔ

linguist N 1 语言学家 yǔyánxuéjiā 2 通晓多国语言的人 tōngxiǎo duōguó yǔyán de rén

linguistic ADJ 语言的 yǔyán de, 语言学的 yǔyánxué de

linguistics N 语言学 yǔyánxué

liniment N 涂剂 tújì, 搽剂 chájì

lining N (衣服)衬里 (yīfu) chènlǐ

link I V 1 连接 liánjiē □ This airline links almost all state capitals to New York. 这家航空公司把几乎所有的州首府和纽约连接起来。Zhè jiā hángkōng gōngsī bǎ jīhū suǒyǒu de zhōu shǒufǔ hé Niǔyuē liánjiē qǐlai. 2 与…有关 yǔ…yǒuguān □ This terrorist attack has been linked to an extreme religious group abroad. 这个恐怖分子攻击与外国极端宗教组织有关。Zhè ge kǒngbù fènzǐ gōngjī yǔ wàiguó jíduān zōngjiào zǔzhī yǒuguān.

II N 1 关系 guānxi, 联系 liánxi □ Most people believe that there is a link between poverty and poor performance at school. 大多数人相信, 在学校里表现不好与贫穷有关。Dàduōshù rén xiāngxìn, zài xuéxiào lǐ biǎoxiàn bù hǎo yǔ pínqióng yǒuguān.

to link up 连接（电脑）liánjiē (diànnǎo)

2（计算机）链接 (jìsuànjī) liànjiē **3** 环节 huánjié

a weak link (in sth)（某事中的）薄弱环节 (mǒushì zhòngde) bóruò huánjié

linkage N **1** 连接系列 liánjiē xìliè **2** 关联原则 guānlián yuánzé

linking verb N 连系动词 liánxì dòngcí

linoleum N 油地毡 yóudìzhān

lint N 棉绒 miánróng

lion N (F **lioness**) 狮子 shīzi [M. WD 只 zhī/头 tóu]

the lion's share 最大的份额 zuì dà de fèn'é

lip N 嘴唇 zuǐchún □ My lips are chapped. 我的嘴唇裂开了。Wǒ de zuǐchún lièkai le.

lip gloss 亮彩唇膏 liàng cǎi chúngāo

lip synch 假唱 jiǎ chàng

to keep one's lips sealed 守口如瓶 shǒu kǒu rú píng

to pay lip service 只说好话没有行动 zhǐ shuō hǎohuà méiyǒu xíngdòng, 口惠而实不至 kǒu huì ér shí bù zhì

lip-read V 唇读 chúndú, 观察对方的唇形（来猜测语言）guānchá duìfāng de chún xíng (lái cāicè yǔyì)

lip-reading N 唇读 chúndú

lipstick N 唇膏 chúngāo, 口红 kǒuhóng

liquefy V（使…）液化 (shǐ...) yèhuà

liqueur N 利口酒 lìkǒu jiǔ

liquid I N 液体 yètǐ □ I prefer to use liquid soap, not bar soap. 我喜欢用液体香皂，不喜欢用固体香皂。Wǒ xǐhuan yòng yètǐ xiāngzào, bù xǐhuan yòng gùtǐ xiāngzào.

II ADJ **1** 液体的 yètǐ de **2** 很容易变成现金的 hěn róngyì biànchéng xiànjīn de

liquid assets 流动资金 liúdòng zījīn

liquidate V 停业清理 tíngyè qīnglǐ, 清算（破产企业）qīngsuàn (pòchǎn qǐyè)

liquidation N 停业清理 tíngyè qīnglǐ

liquor N 烈性酒 lièxìng jiǔ □ She hasn't touched liquor since she learned of her pregnancy. 自从怀孕以来，她就不碰烈性酒。Zìcóng huáiyùn yǐlái, tā jiù bú pèng lièxìng jiǔ.

liquor store 酒店 jiǔdiàn

list I N **1** 单子 dānzi [M. WD 份 fèn/张 zhāng], 清单 qīngdān [M. WD 份 fèn/张 zhāng] □ Being a meticulous man, Daniel always makes a list of the things for a holiday. 丹尼尔是十分仔细的人，他度假前总是把要带的东西做一张表。Dānníěr shì shífēn zǐxì de rén, tā dùjià qián zǒngshì bǎ yào dài de dōngxi zuò yì zhāng biǎo. **2** 目录 mùlù

list price（厂商的）定价 (chǎngshāng de) dìngjià

shopping list 购物单 gòuwùdān

II V 列出 lièchū

listen V **1** 听 tīng □ She listens to Chinese conversation tapes while driving. 她开车的时候听中文会话录音带。Tā kāichē de shíhou tīng Zhōngwén huìhuà lùyīndài. □ I warned him of the danger, but he wouldn't listen. 我警告过他危险，但是他不愿意听。Wǒ jǐnggàoguo tā wēixiǎn, dànshì tā bú yuànyì tīng.

2（你）听着吧 (nǐ) tīngzhe ba □ Listen, this is my last offer. Take it or leave it. 听着，这是我最后的条件。你要么接受，要么就算了。Tīngzhe, zhè shì wǒ zuìhòu de tiáojiàn. Nǐ yàome jiēshòu, yàome jiù suàn le.

to listen in 偷听 tōutīng

to listen up 注意听 zhùyì tīng

listener N 听者 tīngzhě, 听众 tīngzhòng

listing N（清单上的）一项 (qīngdān shàng de) yí xiàng

listings 活动内容时间表 huódòng nèiróng shíjiānbiǎo

listless ADJ 无精打采的 wújīng dǎcǎi de, 懒洋洋的 lǎnyāngyáng de

lit See **light**[1]

litany N **1**（基督教）应答祈祷 (Jīdūjiào) yìngdá qídǎo

2 冗长的话 rǒngcháng de huà

lite ADJ 低度的 dī dù de, 低脂肪的 dī zhīfáng de

lite beer 淡啤酒 dàn píjiǔ

liter N 公升 gōngshēng □ One gallon equals about four liters. 一加仑大约等于四公升。Yì jiālún dàyuē děngyú sì gōngshēng.

literacy N 有读写能力 yǒu dú xiě nénglì

literal ADJ 字面上的 zìmiàn shàng de, 逐字的 zhúzì de

a literal translation 逐字的翻译 zhúzì de fānyì

literally ADV **1** 按照字面 ànzhào zìmiàn **2** 确实 quèshí, 简直 jiǎnzhí

to take … literally 照字面理解 zhào zìmiàn lǐjiě

literary ADJ 文学的 wénxué de

literate ADJ 能读会写的 néng dú huì xiě de, 识字的 shízì de

literature N **1** 文学 wénxué □ My sister is studying Latin American literature in college. 我姐姐在大学学拉丁美洲文学。Wǒ jiějie zài dàxué xué Lādīngměizhōu wénxué. **2** 文献资料 wénxiàn zīliào

medical literature 医学文献 yīxué wénxiàn

lithe ADJ 柔软灵活的 róuruǎn línghuó de

litigate V 诉讼 tíchū sùsòng, 打官司 dǎ guānsi

litigation N 诉讼 sùsòng [M. WD 项 xiàng/件 jiàn]

litmus test 1 试金石 shìjīnshí, 检验 jiǎnyàn **2** 石蕊测试 shíruǐ cèshì

litter[1] N 垃圾 lājī

litter bag 垃圾袋 lājīdài

II V 乱扔垃圾 luànrēng lājī

litter[2] N 一窝（幼兽）yìwō (yòu shòu)

a litter of puppies 一窝小狗 yìwō xiǎogǒu

litterbug N 乱扔垃圾的人 luànrēng lājī de rén

little I ADJ **1** 小 xiǎo □ Tom's father built a little tree house for him. 汤姆的父亲给他造了一个小树屋。Tāngmǔ de fùqin gěi tā zàole yí ge xiǎo shùwū. **2** 年幼的 niányòu de, 小 xiǎo □ Can you imagine this? The senator was a shy boy when he was little. 你能想象吗? 这位参议员小时候是个害羞的孩子。Nǐ néng xiǎngxiàng ma? Zhè wèi cānyìyuán xiǎoshíhou shì ge hàixiū de háizi. **3** 不多的 bù duō de, 很少的 hěn shǎo de □ I need a little help to move the furniture. 我需要有人帮我搬一下家具。Wǒ xūyào yǒurén bāng wǒ bān yíxià jiājù.

II ADV 稍许一点儿 shāoxǔ yìdiǎnr □ She ate very little last night. 她昨天晚上吃得很少。Tā zuótiān wǎnshang chī de hěn shǎo. □ This artist was little known in his time. 这位艺术家生前鲜为人知。Zhè wèi yìshùjiā shēngqián xiǎn wéi rén zhī.

a little 一点儿 yì diǎnr □ I'd like to have a little more cake, not too much, please. 我想再吃一点儿蛋糕，不要太多，行吗? Wǒ xiǎng zài chī yìdiǎnr dàngāo, búyào tài duō, xíng ma?

a little while 一会儿 yíhuìr □ After a little while she returned dressed up to the nines. 过了一会儿，她身穿盛装回来了。Guòle yíhuìr, tā shēnchuān shèngzhuāng huílai le.

little by little 一点一点地 yì diǎnr yìdiǎnr de □ Little by little he worked his way into her graces. 他一点一点地取得了她的好感。Tā yìdiǎnr yìdiǎnr de qǔdéle tā de hǎogǎn.

Little League N 儿童棒球联合会 Értóng bàngqiú liánhéhuì

liturgical ADJ 礼拜仪式的 lǐbài yíshì de

liturgy N **1** 礼拜仪式 lǐbài yíshì **2** 祈祷书 qídǎoshū

live I V **1** 活着 huózhe, 生活 shēnghuó □ All my grandparents lived to a great age. 我所有的祖父母都活到高龄。Wǒ suǒyǒu de zǔfùmǔ dōu huódao gāolíng. □ All his life he lived simply and honestly. 他一生都简朴诚实。Tā yì shēng dōu jiǎnpǔ chéngshí.

to live and let live 自己活，也让别人活 Zìjǐ huó, yě ràng biérén huó. □ If you understand the meaning of "to live and let live", you won't go to extremes in the pursuit of fame and fortune. 如果你懂得"自己活，也让别人活"的含义，就在追求名利时不会走极端。Rúguǒ nǐ dǒngde "zìjǐ huó, yě ràng biérén huó" de hányì, jiù zài zhuīqiú mínglì shí bú huì zǒu jíduān.

to live off 靠…为生 kào…wéishēng □ He lives off the money his parents left him. 他靠父母留下的钱为生。Tā kào fùmǔ liúxia de qián wéishēng.

2 居住 jūzhù, 住 zhù □ She still lives with her parents. 她还和父母一起住。Tā hái hé fùmǔ yìqǐ zhù.
to live together 同居 tóngjū □ Ever since leaving high school, Joanne has been living with one boyfriend after another. 她离开中学以来，一直和一个又一个男朋友同居。Tā líkāi zhōngxué yǐlái, yìzhí hé yí ge yòu yí ge nánpéngyou tóngjū.
II ADJ **1** 现场 xiànchǎng □ The café has live music every Friday and Saturday nights. 这家咖啡馆每星期五、星期六晚上有现场音乐演出。Zhè jiā kāfēiguǎn měi xīngqīwǔ, xīngqīliù wǎnshang yǒu xiànchǎng yīnyuè yǎnchū. **2** 活着的 huózhǎo de
an experiment on live animals 活体动物实验 huótǐ dòngwù shíyàn

livelihood N 生计 shēngjì □ My father earned his livelihood by teaching. 我的父亲靠教书谋生。Wǒ de fùqin kào jiāoshū móushēng.

lively ADJ 活跃的 huóyuè de, 活泼的 huópo de

liven V (使…)活跃起来 (shǐ…) huóyuè qǐlái, (使…)更有趣 (shǐ…) gèng yǒuqù

liver N 肝(脏) gān (zàng)

lives N, PL See **life**

livestock N 牲畜 shēngchù, 家畜 jiāchù

livid ADJ **1** 气得脸色铁青的 qì dé liǎnsè tiěqīng de, 大怒的 dà nù de **2** 铅灰色的 qiān huīsè de

living I ADJ **1** 活的 huó de □ He is one of our greatest living Jazz musicians. 他是我们在世的最伟大的爵士音乐家之一。Tā shì wǒmen zàishì de zuì wěidà de juéshì yīnyuèjiā zhīyī.
the living 活着的人 huózhe de rén, 生者 shēngzhě
2 在使用的 zài shǐyòng de □ Is Latin a living language? 拉丁语还有人使用吗？Lādīngyǔ hái yǒurén shǐyòng ma?
living room 起居室 qǐjūshì, 客厅 kètīng
living standard 生活水平 shēnghuó shuǐpíng □ Many people feel their living standard is falling. 很多人觉得生活水平在下降。Hěn duō rén juéde shēnghuó shuǐpíng zài xiàjiàng.
II N 生计 shēngjì
to make a living 谋生 móushēng □ It is difficult to make a decent living without any qualification. 没有学历资格很难谋生。Méiyǒu xuélì zīge hěn nán móushēng.

lizard N 蜥蜴 xīyì [M. WD 只 zhī]

llama N 美洲驼 Měizhōutuó [M. WD 头 tóu]

load I N **1** 一大批 yí dà pī, 大量 dàliàng □ A ship carrying a full load of tourists sailed into the harbor. 一艘载满游客的轮船驶进海港。Yì sōu zàimǎn yóukè de lúnchuán shǐjìn hǎigǎng. □ He has loads of money to meet her every wish. 他有大量的钱来满足她每一个愿望。Tā yǒu dàliàng de qián lái mǎnzú tā měi yí ge yuànwàng.
a truck/boat/coach load of 一卡车/一船/一旅游车 yì kǎchē/yì chuán/yì lǚyóuchē
3 (沉重的)负担 (chénzhòng de) fùdān **4** 附加费 fù jiāfèi
II V **1** 装载 zhuāngzài □ They loaded their SUV with suitcases, bags and camping gear. 他们往越野车上装箱子、包、和露营器具。Tāmen wǎng yuèyěchē shang zhuāng xiāngzi, bāo, hé lùyíng qìjù. **2** 给(枪)上子弹 gěi (qiāng) shàng zǐdàn

loaded ADJ **1** 装载货物的 [+卡车] zhuāngzhe huòwù de [+kǎchē] **2** 装有子弹的 [+枪] zhuāngyǒu zǐdàn de [+qiāng] **3** (棒球)满垒的 (bàngqiú) mǎnlěi de **4** 话中有话的 [+问题] huà zhōng yǒu huà de [+wèntí]
a loaded question 别有用心的问题 biéyǒu yòngxīn de wèntí
5 富有的 fùyǒu de, 有钱的 yǒuqián de

loaf¹ (PL **loaves**) N 大面包 dà miànbāo

loaf² V 游手好闲 yóu shǒu hào xián, 虚度光阴 xūdù guāngyīn

loafer N **1** 游手好闲者 yóu shǒu hào xián zhě **2** 平跟船鞋 pínggēn chuánxié [M. WD 双 shuāng]

loan I N **1** 借出物 jièchūwù □ These pictures are loans from a private collector. 这些画是从一位私人收藏家那里借来的。Zhèxiē huà shì cóng yí wèi sīrén shōucángjiā nàlǐ jièlai de. **2** 借款 jièkuǎn, 笔, 贷款 dàikuǎn [M. WD 笔 bǐ] □ He asked me for a loan again. 他又向我借钱。Tā yòu xiàng wǒ jiè qián.
loan shark N 放高利贷者 fàng gāolìdài zhě
II V 借出 jièchū □ Can you loan me $100 until Thursday? 你能借我一百块吗？我星期四还。Nǐ néng jiè wǒ yì bǎi kuài ma? Wǒ xīngqīsì huán.
on loan 借来的 jièlai de □ This tent is on loan from a friend of mine. 这个帐篷是我从朋友那里借来的。Zhè ge zhàngpeng shì wǒ cóng péngyou nàlǐ jièlai de.

loanword N 外来语 wàiláiyǔ, 借译词 jièyìcí

loath, loth ADJ 厌恶 yànwù, 不愿意 bú yuànyì

loathe V 厌恶 yànwù, 憎恨 zēnghèn

loathing N 厌恶 yànwù, 强烈的反感 qiánglìe de fǎngǎn

loathsome ADJ 令人厌恶的 lìng rén yànwù de

loaves See **loaf¹**

lobby I N **1** 大厅 dàtīng, 大堂 dàtáng **2** (美国国会的)游说团 (Měiguó Guóhuì de) yóushuìtuán
a powerful environmental lobby 强大的环保游说团 qiángdà de huánbǎo yóushuìtuán
II V (美国政治)游说 (Měiguó zhèngzhì) yóushuì

lobe N **1** (脑)叶 (nǎo) yè, (肺)叶 (fèi) yè

lobster N 龙虾 lóngxiā [M. WD 只 zhī]

local I ADJ **1** 当地的 dāngdì de, 本地的 běndì de □ He never reads the local paper; he only reads national papers. 他从来不看当地的报纸，只看全国性报纸。Tā cónglái bú kàn dāngdì de bàozhǐ, zhǐ kàn quánguóxìng bàozhǐ. □ Local calls are free so long as you pay for the line. 只要你付线路费，本地电话就是免费的。Zhǐ yào nǐ fù xiànlùfèi, běndì diànhuà jiù shì miǎnfèi de. **2** 局部的 júbù de □ The doctor has not decided whether a local or general anesthetic is needed for this operation. 医生还没有决定这个手术用局部还是全身麻醉。Yīshēng hái méiyǒu juédìng zhè ge shǒushù yòng júbù háishì quánshēn mázuì.
II N 当地人 dāngdì rén □ This bar is a favorite haunt for the locals. 这家酒吧是当地人喜欢去的地方。Zhè jiā jiǔbā shì dāngdìrén xǐhuan qù de dìfang.

locale N 地点 dìdiǎn, 现场 xiànchǎng

locality N 地区 dìqū

localize V 使…局部化 shǐ…júbùhuà

locally ADV 在当地 zài dāngdì, 在本地 zài běndì

locate V **1** 找到 zhǎodào □ Sorry, I can't locate this country on the map. 对不起，我在地图上找不到这个国家。Duìbuqǐ, wǒ zài dìtúshang zhǎobudào zhè ge guójiā. **2** 设在 shè zài
to be located in/at 位于 wèi yú, 坐落在 zuòluò zài □ The restaurant is located in a shopping mall. 这家餐馆坐落在一个购物中心。Zhè jiā cānguǎn zuòluò zài yí ge gòuwù zhōngxīn.

location N 位置 wèizhi □ I don't think this is a suitable location for a nursing home. 我想这个地方建养老院不合适。Wǒ xiǎng zhè ge dìfang jiàn yǎnglǎoyuàn bù héshì.

lock I N **1** 锁 suǒ □ Oh, my God, the lock is broken. 啊，天哪，锁被弄坏了。À, tiānna, suǒ bèi nònghuài le. □ They had a new lock fitted after the burglary. 那次撬门事件以后他们装了新锁。Nà cì qiàomén shìjiàn yǐhòu tāmen zhuāngle xīn suǒ.
combination lock 号码锁 hàomǎsuǒ
2 水闸 shuǐzhá, 船闸 chuánzhá
lock, stock and barrel 全部 quánbù
3 一绺(头发) yì liǔ (tóufa)
II V 锁 suǒ, 锁上 suǒshang □ Have you locked all the doors and windows? 你把所有的门窗都锁上了吗？Nǐ bǎ suǒyǒu de mén chuāng dōu suǒshang le ma?
to lock sb up 把某人监禁起来 bǎ mǒurén jiānjìn qǐlái, 把某人关起来 bǎ mǒurén guān qǐlái

to lock sth up 把某物锁起来 bǎ mǒuwù suǒqǐlái

locker N 存放柜 cúnfànggùi [M. WD 只 zhī]

locker room 衣物间 yīwùjiān, 更衣室 gēngyīshì

locket N 盒式项链坠物 héshì xiàngliàn zhuìwù

locksmith N 锁匠 suǒjiang, 修锁工人 xiū suǒ gōngrén

locomotive N 火车头 huǒchētóu, 机车 jīchē [M. WD 台 tái]

locust N 蝗虫 huángchóng

lodge I v 1 租住 zū zhù, 寄宿 jìsù 2 供…寄宿 gōng…jìsù 3 卡在 qiǎ zài, 卡住 qiǎ zhù 4 提出 [+抗议] tíchū [+kàngyì] II N 1 小屋 xiǎo wū 2 地方分会 dìfang fēnhuì

lodging N 住宿的地方 zhùsù de dìfang, 寄宿处 jìsùchù

loft N 阁楼 gélóu

lofty ADJ 1 崇高的 [+理想] chónggāo de [+lǐxiǎng] 2 高傲的 [+人] gāo'ào de [+rén], 傲慢的 àomàn de

log I N 1 木材 mùcái, 木块 mùkuài

log cabin 原木小屋 yuánmù xiǎowū

2 飞行日记 fēixíng rìjì [M. WD 本 běn], 航海日记 hánghǎi rìjì [M. WD 本 běn]

II v 1 砍伐（树木）kǎnfá (shùmù) 2 正式记录 zhèngshì jìlù 3 工作了（若干时间）gōngzuò le (ruògān shíjiān)

to log in/on（计算机）进入系统 (jìsuànjī) jìnrù xìtǒng

to log out/off（计算机）退出系统 (jìsuànjī) tuìchū xìtǒng

loggerheads N (at loggerheads with sb) 与某人不和 yǔ mǒurén bùhé, 同某人争吵 tóng mǒurén zhēngchǎo

logging N 伐木（业）fámù (yè)

logic N 逻辑（学）luójí (xué)

logical ADJ 合乎逻辑的 hé hū luójí de

logistics N 组织安排工作 zǔzhī ānpái gōngzuò, 后勤（工作）hòuqín (gōngzuò)

logjam N 无法进展的局面 wúfǎ jìnzhǎn de júmiàn, 僵局 jiāngjú

logo N 标志 biāozhì, 标识 biāoshì

loincloth N 腰布 yāobù [M. WD 块 kuài]

loins N 腰部 yāobu

loiter v 游荡 yóudàng, 闲逛 xiánguàng

loitering N 游荡 yóudàng, 徘徊 páihuái

loll v 懒洋洋地坐／躺 lǎnyāngyāng de zuò/tǎng

lollipop N 棒糖 bàngtáng [M. WD 根 gēn/块 kuài]

lone ADJ 孤独的 gūdú de, 仅有的 jǐnyǒu de

lonely ADJ 1 寂寞的 jìmò de, 孤独的 gūdú de □ She was very lonely after her friends all went on holiday. 她的朋友都去度假了,她很寂寞。Tā de péngyou dōu qù dùjià le, tā hěn jìmò. 2 荒无人迹的 huāng wú rénjì de

loner N 独来独往的人 dú lái dú wǎng de rén

lonesome ADJ 孤独的 gūdú de, 孤寂的 gūjì de

long[1] I ADJ 长 cháng □ It's a long drive from here to the airport. 从这里到飞机场要开很长时间车。Cóng zhèlǐ dào fēijī chǎng yào kāi hěn cháng shíjiān chē.

long johns 长内裤 cháng nèikù

long jump 跳远（运动）tiàoyuǎn (yùndòng)

long shot 可能性不大的事 kěnéngxìng bùdà de shì, 玄乎的事 xuánhu de shì

II ADV 长时间 cháng shíjiān □ Were you there long? 你在那里待了很久吗? Nǐ zài nàlǐ dàile hěn jiǔ ma?

long before/after 在…很久以前以后 zài…hěn jiǔ yǐqián/yǐhòu □ My parents came to this city long before I was born. 我父母在我出生很久以前就到这个城市来了。Wǒ fùmǔ zài wǒ chūshēng hěn jiǔ yǐqián jiù dào zhè ge chéngshì lái le.

for long 很久 hěn jiǔ □ Have you been working in this company for long? 你在这家公司工作了很久吗? Nǐ zài zhè jiā gōngsī gōngzuòle hěn jiǔ ma?

as long as 只要 zhǐ yào □ I can give you a loan as long as you pay me back in three months. 你如果在三个月之内还我,我就可以借给你钱。Nǐ rúguǒ zài sān ge yuè zhīnèi huán wǒ, wǒ jiù kěyǐ jiè gěi nǐ qián.

no longer 不再 bú zài □ Dr William no longer works in this hospital. 威廉医生不再在这个医院工作了。Wēilián yīshēng búzài zài zhè ge yīyuàn gōngzuò le.

III N (the long and short of it) 主要是 zhǔyào shì, 关键是 guānjiàn shì

long[2] v 渴望 kěwàng, 盼望 pànwang

a longed-for reunion 盼望已久的团聚 pànwang yǐjiǔ de tuánjù

long-distance ADJ 长途的 chángtú de

long-distance call 长途电话 chángtú diànhuà

long-distance driver 长途卡车司机 chángtú kǎchē sījī

long-distance runner 长跑运动员 chángpǎo yùndòngyuán

long-drawn-out ADJ 拖得太长的 tuō dé tài cháng de, 冗长的 rǒngcháng de

longevity N 长寿 chángshòu

longhand N 普通手写 pǔtōng shǒuxiě

longing N 渴望 kěwàng

a longing for friendship 对友谊的渴望 duì yǒuyì de kěwàng

longitude N 经度 jīngdù

longitude 30° east 东经30度 dōngjīng sānshí dù

longitudinal ADJ 长时间的 cháng shíjiān de, 历时的 lìshí de

long-lasting ADJ 1 长久的 chángjiǔ de, 耐用的 nàiyòng de 2 纵向的 zòngxiàng de, 经度的 jīngdù de

long-lived ADJ 长期存在的 chángqī cúnzài de, 长寿的 chángshòu de

long-lost ADJ 丢失很久的 diūshī hěn jiǔ de, 久未见面的 jiǔwèi jiànmiàn de

long-range ADJ 1 远程的 yuǎnchéng de, 远距离的 yuǎnjùlí de 2 长期的 chángqī de

long-running ADJ 持续很时间的 chíxù hěn chángshíjiān de

longshoreman N 码头工人 mǎtou gōngrén

long-standing ADJ 长期（存在）的 chángqī (cúnzài) de

long-suffering ADJ 长期忍受的 chángqī rěnshòu de

long-term ADJ 长期的 chángqī de

longtime ADJ 长久的 chángjiǔ de

long-winded ADJ 絮絮叨叨的 xùxù dāodao de

look I v 1 看 kàn, 瞧 qiáo □ He looked into the hole, and couldn't see anything. 他朝洞里看,但是什么也看不见。Tā cháo dòng lǐ kàn, dànshì shénme yě kànbujiàn.

to look after 照顾 zhàogu, 照料 zhàoliao □ Who'll look after you when you're old? 你老了谁来照顾你? Nǐ lǎole shéi lái zhàogu nǐ?

to look down upon 看不起 kànbuqǐ □ That snob looks down upon people with low incomes. 那个势利鬼看不起低收入的人。Nà ge shìlìguǐ kànbuqǐ dī shōurù de rén.

to look forward to 期待 qīdài, 盼 pàn □ Johnny is looking forward to Christmas. 强尼期待圣诞节。Qiángní qīdài Shèngdànjié.

to look up 查 chá, 查阅 cháyuè □ Would you please teach me how to look up a word in a Chinese dictionary? 你能不能教我怎样在中文词典上查词? Nǐ néngbunéng jiāo wǒ zěnyàng zài Zhōngwén cídiǎnshang chá cí?

2 寻找 xúnzhǎo □ Jennifer looked everywhere for the kitten. 詹妮弗到处寻找小猫。Zhānnīfú dàochù xúnzhǎo xiǎo māo.

3 看上去 kànshangqu □ He looks as if he's going to cry. 他看上去要哭了。Tā kànshangqu yào kū le.

II N 1 看 kàn □ Will you have a look at this photo? 你看一看这张照片,好吗? Nǐ kànyíkàn zhè zhāng zhàopiàn, hǎoma?

2 表情 biǎoqíng □ Don't give me that funny look! 别这么怪模怪样地看我! Bié zhème guàimú guàiyàng de kàn wǒ!

lookalike N 长得极像某名人的人 zhǎngde jí xiàng mǒu míngrén de rén

lookout N 岗哨 gǎngshào, 了望台 liàowàngtái

to be on the lookout for 监视 jiānshì

loom I v 1 隐隐出现 yǐnyǐn chūxiàn 2 临近 línjìn II N 织布机 zhībùjī [M. WD 架 jià]

loony ADJ 怪异的 guàiyì de, 愚蠢的 yúchǔn de

loop I N 1 环形 huánxíng 2 圈 quān, 环 huán

to be out of the loop 圈外人 quānwàirén

II v 把…绕成圈 bǎ…ràochéng quān

loophole N 漏洞 lòudòng, 空子 kòngzi

loose ADJ 1 松 sōng, 松开 sōngkāi □ Your shoes laces are loose. 你的鞋带松了。Nǐde xiédài sōng le. 2 宽松的（衣服）kuānsōng de (yīfu) □ I like to wear loose clothes. 我喜欢穿宽松的衣服。Wǒ xǐhuan chuān kuānsōng de yīfu. 3 不精确的 bù jīngquè de, 粗略的 cūlüè de

a loose translation 粗略的译文 cūlüè de yìwén

loose-leaf ADJ 活页的 huóyè de

loosen v（使…）变松 (shǐ…) biàn sōng, 松开 sōngkāi

loot I v 抢劫 qiāngjié, 掠夺 lüèduó II N 1 赃物 zāngwù 2 战利品 zhànlìpǐn 3 钱财 qiáncái

lop v 砍掉 kǎndiào

lopsided ADJ 歪斜的 wāixié de, 倾斜的 qīngxié de

Lord N 上帝 Shàngdì, 耶稣 Yēsū

lord N 1（英国）贵族 (Yīngguó) guìzú 2 主人 zhǔrén

lose (PT & PP **lost**) v 1 丢失 [+钱包] diūshī [+qiánbāo], 失去 [+工作] shīqù [+gōngzuò] □ Mark lost his umbrella again! 马克又丢失了一把伞！Mǎkè yòu diūshīle yì bǎ sǎn!

to lose one's way 迷路 mílù

to lose heart 丧失信心 sàngshī xìnxīn

2 输 [+比赛] shū [+bǐsài] □ The home team lost the match yesterday. 主队输了昨天的球赛。Zhǔduì shūle zuótiān de qiúsài.

loser N 1 失败者 shībàizhě 2 倒霉蛋 dǎoméidàn

loss N 1 丧失 sàngshī □ The loss of her grandson was too much a blow to the old woman. 老妇人丧失了孙子, 这个打击太大, 她忍受不了。Lǎo fùrén sàngshīle sūnzi, zhè ge dǎjī tàidà, tā rěnshòubuliǎo. 2 损失 sǔnshī □ Her departure is a great loss to the school. 她的离去是学校的损失。Tāde líqù shì xuéxiào de sǔnshī. 3（商业）亏损 (shāngyè) kuīsǔn □ The store made a loss last quarter. 这家商店在上季度亏损了。Zhè jiā shāngdiàn zài shàng jìdù kuīsǔn le. □ They had to sell the goods at a loss. 他们只能以亏损价出售这些货物。Tāmen zhǐ néng yǐ kuīsǔn jià chūshòu zhè xiē huòwù.

lost I ADJ 1 丢失的 [+宠物] diūshī de [+chǒngwù] 2 迷路的 [+旅行者] mílù de [+lǚxíngzhě] 3 浪费掉 [+时间] làngfèi diào de [+shíjiān] II v See **lose**

lost-and-found N 失物招领处 shīwù zhāolǐngchù

lot I PRON, ADJ 1 (a lot of, lots of) 很多 hěn duō, 许多 xǔduō □ A lot of people wrote to the local paper to support the mayor. 很多人写信给当地报纸, 支持市长。Hěn duō rén xiě xìn gěi dāngdì bàozhǐ, zhīchí shìzhǎng. □ They spend lots of money on overseas holidays. 他们在海外度假上花了很多的钱。Tāmen zài hǎiwài dùjiàshang huāle hěn duō de qián. 2 很多 hěn duō

to have a lot on one's plate 有很多事情要处理 yǒu hěn duō shìqing yào chǔlǐ, 有很多难题要解决 yǒu hěn duō nántí yào jiějué

II ADV 多 duō, 得多 dé duō □ I feel a lot better. 我感到好多了。Wǒ gǎndào hǎo duō le.

III N 1 一块地 yí kuài dì 2 一块空地 yí kuài kòngdì 3 命运 mìngyùn, 运气 yùnqi

to draw lots 抽签 chōuqiān

to throw in your lot with sb 与某人共命运 yǔ mǒurén gòng mìngyùn

3 一批人 yìpī rén, 一群人 yìqún rén

lotion N 1 护肤液 hùfūyè 2 药液 yàoyè

lottery N 彩票 cǎipiào, 乐透 lètòu

loud ADJ 1 响 xiǎng, 大声 dàshēng □ The music is too loud. 音乐太响了。Yīnyuè tài xiǎng le. 2 色彩过分鲜艳的 sècǎi guòfèn xiānyàn de, 刺眼的 cìyǎn de

loudly ADV 大声地 dàshēng de □ "Help! Help!" the drowning man cried out loudly. "救命！""救命！"落水的男子大声喊叫。"Jiùmìng! Jiùmìng!" luòshuǐ de nánzǐ dàshēng hǎnjiào.

loud-mouth N 夸夸其谈的人 kuākuā qí tán de rén, 言语粗俗的人 yányǔ cūsú de rén

loudspeaker N 扩音器 kuòyīnqì, 扬声器 yángshēngqì

lounge I N（旅馆）休息室 (lǚguǎn) xiūxìshì,（机场）候机大厅 (jīchǎng) hòujī dàtīng

lounge chair 躺椅 tǎngyǐ

II v 懒洋洋地坐 lǎnyāngyāng de zuò, 懒洋洋地站 ǎnyāngyāng de zhàn

louse I N (PL **lice**) 虱子 shīzi II v (to louse up) 把…弄糟 bǎ…nòngzāo

lousy ADJ 糟透了的 zāotòule de

lovable ADJ 让人喜爱的 ràng rén xǐ'ài de, 可爱的 kě'ài de

love I v 1 喜爱 xǐ'ài □ Laura loves dancing. 劳拉喜欢跳舞。Láolā xǐ'ài tiàowǔ. □ Peter really loves his stamp collection. 彼得确实喜爱自己的邮票集。Bǐdé shízài xǐ'ài zìjǐ de yóupiàojí. 2 爱 ài, 心爱 xīn'ài □ She loves her husband dearly. 她深深地爱丈夫。Tā shēnshēn de ài zhàngfu.

II N 1 爱 ài □ Some people say the love of money is the root of all evil. 有人说, 爱钱是万恶之源。Yǒurén shuō, ài qián shì wàn'è zhī yuán. 2 爱情 àiqíng □ She married him for love, not for money. 她跟他结婚是出于爱情, 不是为了钱。Tā gēn tā jiéhūn shì chūyú àiqíng, bú shì wèile qián.

love affair 恋爱关系 liàn'ài guānxi

love seat 双人小沙发 shuāngrén xiǎo shāfā

love triangle 三角恋爱 sānjiǎo liàn'ài

lovely ADJ 1 可爱的 kě'ài de □ Who can say no to such a lovely little girl? 谁忍心对这么可爱的小姑娘说不？Shéi rěnxīn duì zhème kě'ài de xiǎogūniang shuō bù? 2 美妙的 měimiào de, 极好的 jíhǎo de □ Oh, what lovely music! 啊, 这音乐真美妙! A, zhè yīnyuè zhēn měimiào!

lover N 1 情人 qíngrén 2 爱好者 àihàozhě

lovesick ADJ 害相思病的 hài xiāngsībìng de

loving ADJ 表示爱的 biǎoshì ài de, 爱的 ài de

low ADJ 1 低 dī □ The fence is too low. 篱笆太低了。Líba tài dī le. □ The low ceiling of the rooms makes the home cozy. 这些房间低低的天花板使房子很暖和舒适。Zhèxiē fángjiān dī dī de tiānhuābǎn shǐ fángzi hěn nuǎnhuo shūshì. 2 低下的 dīxià de □ The price of the product is low, but the quality isn't. 这个产品的价格低, 质量可不低。Zhè ge chǎnpǐn de jiàgé dī, zhìliàng kě bù dī.

lowbrow ADJ 低俗的 dīsú de, 庸俗的 yōngsú de

low-cal ADJ 低热量的 dī rèliáng de

lowdown¹ N 最重要的信息 zuì zhòngyào de xìnxī

lowdown² ADJ 卑劣的 bēiliè de, 低下的 dīxià de

low-end ADJ 低档的 dīdàng de, 廉价的 liánjià de

lower I v 降低 jiàngdī □ Please lower your voice. 请小点儿声。Qǐng xiǎo diǎnr shēng.

II ADJ 较低的 jiào dī de

lowercase N 小写字体 xiǎoxiě zìtǐ

lowfat ADJ 低脂肪的 dī zhīfáng de

low-key ADJ 低调的 dīdiào de

low-life N 人类渣滓 rénlèi zhāzǐ, 败类 bàilèi

lowly ADJ 低微的 dīwēi de, 低下的 dīxià de

lowlying ADJ 高出海面不多的 gāochū hǎimiàn bù duō de

loyal ADJ 忠诚的 zhōngchéng de □ I will remain loyal to my family. 我将对家人忠诚。Wǒ jiāng duì jiārén zhōngchéng.

loyalty N 忠诚 zhōngchéng, 忠心 zhōngxīn □ Can I count on your loyalty? 我可以依赖你的忠诚吗? Wǒ kěyǐ yīlài nǐ de zhōngchéng ma?

lozenge N 糖锭 tángdìng

cough lozenge 止咳糖 zhǐkétáng

LSD ABBREV（一种）迷幻药 (yìzhǒng) míhuànyào

lube N 加滑润剂 jiā huárùnjì

a lube job 给汽车加滑润油的活儿 gěi qìchē jiā huárùnyóu de huór

lubricant N 滑润剂 huárùnjì

lubricate V 给…加润润滑剂 gěi…jiā rùnhuájì

lubrication N 加滑润剂 jiā huárùnjì

lucid ADJ 1 神志清楚的 shénzhì qīngchu de 2 表达清楚的 biǎodá qīngchu de

luck N 运气 yùnqi, 运道 yùndào □ Even with a university degree, you still need luck to get a good job. 你即使有大学学位, 还要靠运气好才能找到好工作。Nǐ jíshǐ yǒu dàxué xuéwèi, hái yào kào yùnqi hǎo cái néng zhǎodao hǎo gōngzuò. □ Any luck with the exam? 考试运气好吗? Kǎoshì yùnqi hǎo ma? Good luck! 祝您好运! Zhù nín hǎo yùn! Just my luck! 都怪我运气不好! Dōu guài wǒ yùnqi bù hǎo!

lucky ADJ 幸运的 xìngyùn de □ I'm really lucky to be alive after such a terrible accident. 我经过这么可怕的事故还活着, 真是运气。Wǒ jīngguo zhème kěpà de shìgù hái huózhe, zhēnshì yùnqi. □ What is your lucky number? 你的幸运数字是什么? Nǐ de xìngyùn shùzì shì shénme?

lucrative ADJ 赚大钱的 zhuàn dàqián de, 利润丰厚的 lìrùn fēnghòu de

ludicrous ADJ 可笑的 kěxiào de, 荒唐的 huāngtang de

lug V 艰难地拖 jiānnán de tuō

luggage N 行李 xíngli [M. WD 件 jiàn]

lugubrious ADJ 悲伤的 bēishāng de

lukewarm ADJ 1 温吞的 [+水] wēntun de [+shuǐ] 2 冷淡的 [+态度] lěngdàn de [+tàidu]

lull I V 使…平静下来 shǐ…píngjìng xiàlai II N 间歇 jiànxiē

lullaby N 摇篮曲 yáolánqǔ, 催眠曲 cuīmiánqǔ

lumbago N 腰肌劳损 yāojī láosǔn, 腰痛 yāotòng

lumber I N 木材 mùcái II V 1 伐木制成木材 fámù zhìchéng mùcái 2 缓慢笨拙地移动 huǎnmàn bènzhuō de yídòng

lumberjack N 伐木工人 fámù gōngrén

luminary N 名人 míngrén, 杰出人物 jiéchū rénwù

luminous ADJ 1 发光的 fā guāng de 2 色彩亮丽的 sècǎi liànglì de

lump I N 块 kuài, 肿块 zhǒng kuài lump sum 一次性付款 yícìxìng fùkuǎn to have a lump in one's throat 感到哽咽 gǎndào gěngyè II V 把…混在一起 bǎ…hùn zài yìqǐ

lumpy ADJ 有团块的 yǒu tuánkuài de, 疙疙瘩瘩的 gēgedada de

lunacy N 疯狂 fēngkuáng, 精神错乱 jīngshén cuòluàn

lunar ADJ 月(亮)的 yuè (liàng) de

lunatic I ADJ 精神错乱的 jīngshén cuòluàn de, 疯的 fēng de II N 精神病患者 jīngshénbìng huànzhě, 疯子 fēngzi

lunch I N 午餐 wǔcān, 午饭 wǔfàn □ He usually has a quick lunch in the office. 他通常在办公室很快地吃一顿午饭。Tā tōngcháng zài bàngōngshì hěn kuài de chī yí dùn wǔfàn. □ Can I have lunch with you one of these days? 哪天跟你一起吃午饭, 行吗? Nǎ tiān gēn nǐ yìqǐ chī wǔfàn, xíng ma? II V 吃午饭 chī wǔfàn, 进午餐 jìn wǔcān

luncheon N (正式)午餐 (zhèngshì) wǔcān

lunchtime N 午餐时间 wǔcān shíjiān, 午休 wǔxiū

lung N 肺 fèi lung function 肺功能 fèi gōngnéng

lunge V, N 猛冲 měngchōng, 猛扑 měngpū

lurch[1] V 跌跌撞撞 diēdiē zhuàngzhuàng

lurch[2] N 1 晃动 huàngdòng 2 踉跄 liàngqiàng to leave sb in the lurch 使某人处于困境而不顾 shǐ mǒurén chǔyú kùnjìng ér bú gù

lure V 引诱 yǐnyòu, 诱惑 yòuhuò

lurid ADJ 骇人听闻的 hàirén tīngwén de, 充满性和暴力的 chōngmǎn xìng hé bàolì de

lurk V 潜伏 qiánfú

luscious ADJ 美味的 měiwèi de

lush ADJ 茂盛的 màoshèng de

lust I N 强烈的性欲 qiángliè de xìngyù II V 1 强烈渴求发生性关系 qiángliè kěqiú fāshēng xìng guānxi de 2 热烈追求 rèliè zhuīqiú, 贪恋 tānliàn

luster N 光彩 guāngcǎi, 光耀 guāngyào

lustrous ADJ 有光泽的 yǒu guāngzé de

lusty ADJ 健壮的 jiànzhuàng de, 精力充沛的 jīnglì chōngpèi de

Lutheran I ADJ 路德会的 Lùdéhuì de II N 路德会教友 Lùdéhuì jiàoyǒu

luxuriant ADJ 茂盛的 màoshèng de, 茂密的 màomì de

luxuriate V 尽情享受 jìnqíng xiǎngshòu

luxurious ADJ 奢侈的 shēchǐ de, 豪华的 háohuá de

luxury N 1 奢侈 shēchǐ, 豪华 háohuá □ She's led a life of luxury since her childhood. 她从小过着奢侈的生活。Tā cóngxiǎo guòzhe shēchǐ de shēnghuó. 2 奢侈品 shēchǐpǐn luxury hotel 豪华旅馆 háohuá lǚguǎn

lymph N 淋巴 línbā

lymphoma N 淋巴肿瘤 línbā zhǒngliú

lynch V 用私刑处死 yòng sīxíng chǔsǐ

lyric I N 抒情诗 shūqíngshī [M. WD 首 shǒu] II ADJ 抒情的 [+歌声] shūqíng de [+gēshēng]

lyrical ADJ 抒情(诗)的 shūqíng (shī) de

lyricist N 歌词作者 gēcí zuòzhě

M, m

M.A. (= Master of Arts) ABBREV 文学硕士(学位) wénxué shuòshì (xuéwèi)

ma N 妈 mā, 妈妈 māma

ma'am N 夫人 fūrén, 太太 tàitai

macabre ADJ 与死亡有关的 yǔ sǐwáng yǒuguān de, 恐怖的 kǒngbù de

macaroni N 通心面 tōngxīnmiàn, 通心粉 tōngxīnfěn

machete N 大砍刀 dà kǎndāo [M. WD 把 bǎ]

machine I N 机器 jīqì [M. WD 台 tái] □ In advanced countries, machines have by and large replaced human labor in agriculture. 在发达国家, 机器大致在农业上替代了人力劳动。Zài fādá guójiā, jīqì dàzhì zài nóngyèshang tìdàile rénlì láodòng. machine gun 机关枪 jīguānqiāng sewing machine 缝纫机 féngrènjī washing machine 洗衣机 xǐyījī office machine 办公用机器 bàngōng yòng jīqì II V 用机器加工 yòng jīqì jiāgōng

machine-readable ADJ 计算机可读的 jìsuànjī kě dú de

machinery N 器械 qìxiè, 机器 jīqì

machinist N 机器操作工 jīqì cāozuògōng

macho ADJ 有男子汉气概的 yǒu nánzǐhàn qìgài de, 有阳刚气的 yǒu yánggāng qì de

mackerel N 鲭鱼 qīng yú [M. WD 条 tiáo]

macrocosm N 宏观世界 hóngguān shìjiè

mad ADJ 1 发疯 fāfēng □ You must be mad to challenge the principal. 你敢公然对抗校长, 一定是疯了。Nǐ gǎn gōngrán duìkàng xiàozhǎng, yídìng shì fēng le. 2 十分生气 shífēn shēngqì, 气得要命 qìde yàomìng □ Her husband was mad with her for losing the car key. 她丢了汽车钥匙, 她丈夫气得要命。Tā diūle qìchē yàoshi, tā zhàngfū qìde yàomìng. 3 极其愚蠢 jíqí yúchǔn □ What a mad thing to do! 这件事做得多么愚蠢! Zhè jiàn shì zuò de duōme yúchǔn! like mad 极快地 jí kuài de, 拼命地 pīnmìng de □ These boy racers drive like mad. 这些男孩车手开起汽车来不要命。Zhè xiē nánhái chēshǒu kāiqǐ qìchē lai bú yào mìng. mad cow disease 疯牛病 fēngniúbìng

madam N 太太 tàitai, 夫人 fūrén

maddening ADJ 让人极为恼火的 ràng rén jíwéi nǎohuǒ de

made See make

madhouse N 很多人闹哄哄的地方 hěn duō rén nàohōnghōng de difang, 疯人院 fēngrényuàn

madly ADV 发疯似地 fāfēng shìde
be madly in love with sb 发疯似地爱上某人 fāfēng sì de àishang mǒurén, 爱某人爱得要命 ài mǒurén ài deyàomìng

madman N 狂人 kuángrén, 疯子 fēngzi

madness N 精神错乱 jīngshén cuòluàn, 疯狂 fēngkuáng

Madonna N 圣母玛丽亚 Shèngmǔ Mǎlìyà

maelstrom N 混乱的局面 hùnluàn de júmiàn, 大动乱 dà dòngluàn

maestro N（音乐）大师（yīnyuè）dàshī [M. WD 位 wèi]

mafia N 黑手党 hēishǒudǎng

magazine N 1 杂志 zázhì, 期刊 qīkān □ She often bought women's magazines to learn recipes. 她常常买妇女杂志来学些菜谱。Tā chángcháng mǎi fùnǚ zázhì lái xué xiē càipǔ. **2** 子弹夹 zǐdànjiā, 弹盒 dànhé **3** 弹药库 dànyàokù, 军火库 jūnhuǒkù **4** 胶卷盒 jiāojuǎnhé

magenta N 洋红色 yánghóngsè

maggot N 蛆 qū [M. WD 条 tiáo]

magic I N 魔术 móshù, 戏法 xìfǎ □ Harry is popular at parties because he can do magic tricks. 哈里在聚会上很受欢迎，因为他会变魔术。Hālǐ zài jùhuìshang hěn shòu huānyíng, yīnwèi tā huì biàn móshù.
to work like magic 取得神奇的效果 qǔdé shénqí de xiàoguǒ
II ADJ 魔术的 móshù de, 有魔力的 yǒu mólì de
a magic number 一个神奇的数字 yí ge shénqí de shùzì
magic touch 神奇本领 shénqí běnlǐng

magical ADJ **1** 有魔力的 yǒu mólì de **2** 奇异的 qíyì de, 迷人的 mírén de

magician N 魔术师 móshùshī, 变戏法的人 biànxìfǎ de rén

magistrate N 地方法官 dìfang fǎguān [M. WD 位 wèi]

magnanimity N 宽宏 kuānhóng, 慷慨 kāngkǎi

magnanimous ADJ 宽宏大量的 kuānhóng dàliàng de

magnate N 巨头 jùtóu, 大亨 dàhēng

magnesium (Mg) N 镁 měi

magnet N **1** 磁铁 cítiě [M. WD 块 kuài], 磁石 císhí [M. WD 块 kuài] **2** 特别有吸引力的人／地方 tèbié yǒu xīyǐnlì de rén/dìfang

magnetic ADJ 磁性的 cíxìng de

magnetism N **1** 磁性 cíxìng **2** 魅力 mèilì

magnification N 放大（率）fàngdà（lǜ）

magnificence N 宏伟壮丽 hóngwěi zhuànglì

magnificent ADJ 宏伟壮丽的 hóngwěi zhuànglì de, 宏大的 hóngdà de

magnify V 放大 fàng dà
a magnifying glass 放大镜 fàngdàjìng

magnitude N **1** 重大 zhòngdà **2**［地震+］度［dìzhèn+］dù
an earthquake of magnitude six 六级地震 liù jí dìzhèn

magnolia N 木兰 mùlán, 玉兰 yùlán

magpie N 喜鹊 xǐquè [M. WD 只 zhī]

mahjong, mahjongg N 麻将（牌）májiàng（pái）
to play mahjong 打麻将 dǎ májiàng

mahogany N 桃花心木 táohuāxīnmù, 红木 hóngmù

maid N 女佣人 nǚ yōngrén, 清洁女工 qīngjié nǚgōng

maiden N 少女 shàonǚ
maiden name 女子婚前的姓 nǚzǐ hūnqián de xìng

maid of honor N 首席女傧相 shǒuxí nǚbīnxiāng

mail I N **1** 邮件 yóujiàn □ There isn't much mail today. 今天没有多少邮件。Jīntiān méiyǒu duōshǎo yóujiàn. □ When does the mail arrive every day? 每天邮件什么时候到？Měitiān yóujiàn shénme shíhou dào? **2** 邮政 yóuzhèng □ Your check is in the mail. 给你的支票刚寄出。Gěi nǐ de zhīpiào gāng jìchū.
II V 邮寄 yóujì □ She mails many Christmas cards every year. 她每年邮寄许多圣诞卡。Tā měinián yóujì xǔduō Shèngdànkǎ.
mail order 邮购 yóugòu □ Have you bought anything from www.amazon.com by mail order? 你从 www.amazon.com 邮购过什么东西吗？Nǐ cóng www.amazon.com yóugòuguo shénme dōngxi ma?

mailbox N 信箱 xìnxiāng, 邮箱 yóuxiāng

maildrop N **1** 邮政地址 yóuzhèng dìzhǐ **2**（设在邮局的）私人信箱（shèzài yóujú de）sīrén xìnxiāng

mailing list N **1** 邮寄名单 yóujì míngdān **2**（计算机）邮件列表（jìsuànjī）yóujiàn lièbiǎo

mailman N 邮递员 yóudìyuán

maim V 使…残废 shǐ…cánfèi

main I ADJ 主要的 zhǔyào de □ My main concern is to make sure this mistake is not repeated. 我主要关心的是确保这样的错误不再重犯。Wǒ zhǔyào guānxīn de shì quèbǎo zhèyàng de cuòwù búzài chóng fàn. □ Most people have their main meal of the day in the evening. 大多数人在晚上吃一天的主餐。Dàduōshù rén zài wǎnshang chī yìtiān de zhǔcān.
main course 主菜 zhǔcài
the main thing 最重要的事 zuì zhòngyào de shì
II N（水／煤气）总管道（shuǐ/méiqì）zǒngguǎndào, 干线电缆 gànxiàn diànlǎn

mainframe N（大型计算机）主机（dàxíng jìsuànjī）zhǔjī

mainland N 大陆 dàlù, 本土 běntǔ

mainly ADV 主要（地）zhǔyào（de）, 大部分（地）dàbùfen（de）□ Students in this school are mainly from middle-class families. 这个学校的学生主要来自中产阶级家庭。Zhè ge xuéxiào de xuésheng zhǔyào láizì zhōngchǎn jiējí jiātíng.

mainstay N 支柱 zhīzhù, 骨干 gǔgàn

mainstream N, ADJ 主流（的）zhǔliú（de）

maintain V **1** 保养 bǎoyǎng, 维修 wéixiū □ I maintain my car every half a year. 我每半年维修一次汽车。Wǒ měi bànnián wéixiū yí cì qìchē. □ The school buildings are well maintained. 学校的房子保养得很好。Xuéxiào de fángzi bǎoyǎng de hěn hǎo. **2** 保持 bǎochí, 维持 wéichí □ Everybody agrees that the status quo should be maintained. 大家都同意，应该保持现状。Dàjiā dōu tóngyì, yīnggāi bǎochí xiànzhuàng.

maintenance N **1** 维修 wéixiū, 保养 bǎoyǎng **2** 保持 bǎochí, 维持 wéichí

majestic ADJ 雄伟的 xióngwěi de, 庄严的 zhuāngyán de

majesty N 雄伟 xióngwěi, 庄严 zhuāngyán
Your Majesty 国王陛下 guówáng bìxià, 皇帝陛下 huángdì bìxià

major I ADJ 重要的 zhòngyào de, 主要的 zhǔyào de □ This country has become a major oil exporter. 这个国家成了主要的石油出口国。Zhè ge guójiā chéngle zhǔyào de shíyóu chūkǒuguó.
II N **1** 大学主修科目 dàxué zhǔxiū kēmù □ What is your major? 你主修什么？Nǐ zhǔxiū shénme? **2** 主修某专业的学生 zhǔxiū mǒu zhuānyè de xuésheng □ Her boyfriend is an Information Science major. 她的男朋友主修信息科学。Tā de nánpéngyou zhǔxiū xìnxī kēxué. **3**（军队）少校（jūn duì）shàoxiào
III V 主修 zhǔxiū □ I'm majoring in Chinese. 我主修中文。Wǒ zhǔxiū Zhōngwén.

majority N 多数 duōshù □ The majority of people are right-handed. 多数人是用右手的。Duōshù rén shì yòng yòushǒu de.
the overwhelming majority 绝大多数 juédà duōshù
the silent majority 沉默的大多数 chénmò de dàduōshù

Major league N（美国）职业棒球大联盟（Měiguó）Zhíyè bàngqiú dà liánméng

make I V (PT & PP **made**) **1** 做 zuò, 制造 zhìzào □ Mom made a big birthday cake for me. 妈妈给我做了一个很大的生日蛋糕。Māma gěi wǒ zuòle yí ge hěn dà de shēngrì dàngāo.

be made of 是…做的 shì…zuò de
Made in China 中国制造 Zhōngguó zhìzào
2 使 shǐ, 让 ràng, 使得 shǐde □ What made you decide to major in journalism? 是什么使你决定主修新闻? Shì shénme shǐ nǐ juédìng zhǔxiū xīnwén? □ Let's work together to make the world a better place. 让我们共同努力, 使世界变得更美好。Ràng wǒmen gòngtóng nǔlì, shǐ shìjiè biànde gèng měihǎo. **3** 挣 (钱) zhèng (qián) □ In summer he made enough money to pay the tuition fee. 在夏天他挣到了足够的钱, 可以付学费。Zài xiàtiān tā zhèngdaole zúgòu de qián, kěyǐ fù xuéfèi. **4** 成为 chéngwéi □ I'm sure my sister will make a good teacher. 我肯定姐姐能成为一名好老师。Wǒ kěndìng jiějie néng chéngwéi yì míng hǎo lǎoshī.
to make a difference 起作用 qǐ zuòyòng □ The maintenance of the machine made a difference in its performance. 机器修了, 在功能上起作用了。(→机器修以后, 工作起来果然不一样。) Jīqì wéixiū le, zài gōngnéngshang qǐ zuòyòng le. (→Jīqì wéixiū yǐhòu, gōngzuò qǐlai guǒrán bù yíyàng.)
to make the bed 铺床 pūchuáng □ Sometimes he does not make his bed for days. 他有时候好几天不铺床。Tā yǒushíhou hǎojǐ tiān bù pūchuáng.
to make out 弄清 nòngqīng □ Can you make out what the old man is saying? 你能听出那位老人在说什么吗? Nǐ néng tīngchū nà wèi lǎorén zài shuō shénme ma?
to make up 构成 gòuchéng □ Women make up 70% of the teaching staff in the school. 妇女构成这所学校百分之七十的师资。(→这所学校师资的百分之七十是女子。) Fùnǚ gòuchéng zhè suǒ xuéxiào bǎifēnzhī qīshí de shīzī. (→Zhè suǒ xuéxiào shīzī de bǎifēnzhī qīshí shì nǚzǐ.)
to make ends meet 收支相抵 shōuzhī xiāngdǐ □ He earns so little that he can hardly make ends meet. 他挣得太少, 很难收支相抵。Tā zhèngde tài shǎo, hěn nán shōuzhī xiāngdǐ.
II N 牌子 páizi, 品牌 pǐnpái
make-believe ADJ 虚假的 xūjiǎ de, 假的 jiǎ de
maker N 制造商 zhìzàoshāng, 生产厂 shēngchǎnchǎng
coffee maker 煮咖啡器 zhǔkāfēiqì
decision maker 决策人 juécèrén
popcorn maker 爆玉米花机 bàoyùmǐhuājī
makeshift ADJ 临时的 línshí de
makeup N 化妆品 huàzhuāngpǐn, 化妆用品 huàzhuāng yòngpǐn
making N 制造 zhìzào, 制作 zhì zuò
(a tragedy) of one's own making 自己一手造成的 (悲剧) zìjǐ yìshǒu zàochéng de (bēijù)
makings N 要素 yàosù, 素质 sùzhì
to have the makings of an entrepreneur 具备企业家的素质 jùbèi qǐyèjiā de sùzhì
malady N **1** 疾病 jíbìng **2** 弊端 bìduān, 通病 tōngbìng
the malady of the welfare state (社会) 福利制度的弊端 (shèhuì) fúlì zhìdù de bìduān
malaise N **1** 烦躁不安的情绪 fánzào bù'ān de qíngxù
2 心神不定 xīnshén búdìng
malaria N 疟疾 nüèji
male I ADJ **1** 雄 (性) 的 xióng (xìng) de □ The male panda seemed uninterested in his female companion. 这头雄性的大熊猫似乎对他的雌性伙伴没有兴趣。Zhè tóu xióngxìng de dà xióngmāo sìhū duì tā de cíxìng huǒbàn méiyǒu xìngqu. **2** 男性的 nánxìng de
II N 雄性动物 xióngxìng dòngwù, 男人 nánren □ The detectives believe the criminal must be a male, in his 30s. 侦探相信, 罪犯一定是男性、三十多岁。Zhēntàn xiāngxìn, zuìfàn yídìng shì nánxìng、sānshí duō suì.
male chauvinist 大男子主义 dànánzǐ zhǔyì
malevolent ADJ 恶意的 èyì de
malformation N 畸形 (的器官) jīxíng (de qìguān)

malfunction I N 故障 gùzhàng, 失灵 shīlíng **II** V 不能正常运转 bùnéng zhèngcháng yùnzhuǎn
malice N 恶意 èyì, 害人的意图 hàirén de yìtú
malicious ADJ 恶意的 èyì de, 恶毒的 èdú de
malign I V 诽谤 fěibàng, 中伤 zhòngshāng **II** ADJ 有害的 yǒuhài de
malignant ADJ **1** 恶性的 èxìng de
a malignant tumor 恶性肿瘤 èxìng zhǒngliú
2 恶意的 èyì de, 邪恶的 xié'è de
mall N 购物中心 gòuwù zhōngxīn
mallard N 绿头鸭 lǜtóuyā
malleable ADJ **1** 可锻造的 [+金属] kě duànzào de [+jīnshǔ]
2 易受影响的 [+人] yì shòu yǐngxiǎng de [+rén]
mallet N **1** 木槌 mùchuí [M. WD 根 gēn] **2** 长柄球棍 chángbǐng qiúgùn [M. WD 根 gēn]
malnourished ADJ 营养不良的 yíngyǎng bùliáng de
malnutrition N 营养不良 yíngyǎng bùliáng
malpractice N 玩忽职守 wánhū zhíshǒu
malt N **1** 麦芽 màiyá **2** 麦乳精 (饮料) màirǔjīng (yǐnliào)
maltreat V 虐待 nüèdài
maltreatment N 虐待 nüèdài
mama N 妈妈 māma
mammal N 哺乳动物 bǔrǔ dòngwù
mammogram N 乳房X光照片 rǔfáng X guāng zhàopiàn
mammoth ADJ 巨大的 jùdà de, 庞大的 pángdà de
man I N (PL **men**) **1** 男人 nánren, 男子 nánzǐ □ He is a lucky man to have found such a nice wife. 他很幸运找到这么好的妻子。Tā hěn xìngyùn zhǎodao zhème hǎo de qīzi. **2** 人 rén, 人类 rénlèi □ Man will never stop exploring the frontier. 人类不会停止探索新天地。Rénlèi bú huì tíngzhǐ tànsuǒ xīn tiāndì.
II V 使用 shǐyòng, 操纵 cāozòng **III** INTERJ 啊呀 āyā, 嘿 hēi
manacle I N 镣铐 liàokào, 手铐 shǒukào, 脚镣 jiǎoliáo **II** V **1** 给 [+人] 上手铐/脚镣 gěi [+rén] shàng shǒukào/jiǎoliáo **2** 束缚 shùfù
manage V **1** 设法 shèfǎ, 做成 zuòchéng □ I finally managed to find his home. 我最终设法找到了他的家。Wǒ zuìzhōng shèfǎ zhǎodaole tāde jiā. □ They managed to live comfortably on a modest income. 他们靠不多的收入, 生活得挺舒服。Tāmen kào bù duō de shōurù, shēnghuó de tǐng shūfu.
2 经营 jīngyíng □ My father has managed this factory for 12 years. 我父亲经营这家工厂十二年了。Wǒ fùqin jīngyíng zhè jiā gōngchǎng shí'èr nián le. **3** 管理 guǎnlǐ □ He is very good at managing his money. 他很会管钱。Tā hěn huì guǎn qián.
manageable ADJ 容易对付的 róngyì duìfu de, 容易处理的 róngyì chǔlǐ de
management N **1** 管理 guǎnlǐ, 经营 jīngyíng □ Careful management brought the company back to life. 谨慎的管理使公司起死回生。Jǐnshèn de guǎnlǐ shǐ gōngsī qǐ sǐ huí shēng.
asset management 资产管理 zīchǎn guǎnlǐ
database management 数据库管理 shùjùkù guǎnlǐ
system management 系统管理 xìtǒng guǎnlǐ
2 管理人员 guǎnlǐ rényuán, 资方 zīfāng □ The management and the union are negotiating a pay rise. 管理人员和工会在谈判增加工资问题。Guǎnlǐ rényuán hé gōnghuì zài tánpàn zēngjiā gōngzī wèntí.
manager N 经理 jīnglǐ □ I want to see your manager to file a complaint. 我要见你们的经理提意见。Wǒ yào jiàn nǐmen de jīnglǐ tí yìjiàn.
managerial ADJ 管理的 guǎnlǐ de, 经营的 jīngyíng de
Mandarin N (中国) 普通话 (Zhōngguó) Pǔtōnghuà, 国语 guóyǔ, 华语 Huáyǔ
mandate I N **1** 授权 shòuquán **2** 托管权 tuōguǎnquán, 受托管的国家 shòutuōguǎn de guójiā **3** 训令 xùnlìng **II** V **1** 指示 zhǐshì, 指令 zhǐlìng **2** 授权 shòuquán, 委任 wěirèn
mandatory ADJ 法定的 fǎdìng de, 强制性的 qiángzhìxìng de
mane N 鬃毛 zōngmáo

maneuver I N 1 熟练的动作 shúliàn de dòngzuò 2 花招 huāzhāo, 巧计 qiǎojì II v 熟练地操作 shúliàn de cāozuò, 巧妙地移动 qiǎomiào de yídòng
room to maneuver 回旋的余地 huíxuán de yúdì
maneuvers 军事演习 jūnshì yǎnxí
joint maneuvers 联合军事演习 liánhé jūnshì yǎnxí

maneuverable ADJ 灵活的 línghuó de

manger N（牲畜）食槽（shēngchù）shícáo

mangle v 1 伤害 shānghài 2 弄糟 nòngzāo, 糟蹋 zāota

mango N 芒果（树）mángguǒ（shù）

mangrove N 红树 hóngshù [M. WD 棵 kē]

manhandle v 粗暴地推 [+人] cūbào de tuī [+rén], 粗暴地对待 cūbào de duìdài

manhole N 检修孔 jiǎnxiūkǒng, 进人孔 jìnrénkǒng

manhood N 1 男子气概 nánzǐ qìgài 2（男子）成年 (nánzǐ) chéngnián

manhunt N 搜捕 sōubǔ, 追捕 zhuībǔ

mania N 1 狂热 kuángrè 2 躁狂症 zàokuángzhèng

maniac N 疯子 fēngzi, 迷 mí
computer maniac 电脑迷 diànnǎomí, 电脑发烧友 diànnǎo fāshāoyǒu

maniacal ADJ 疯狂的 fēngkuáng de

manic ADJ 焦躁的 jiāozào de, 十分激动的 shífēn jīdòng de

manicure N, v 修指甲 xiū zhǐjia

manicurist N 修指甲的美容师 xiū zhǐjia de měiróngshī

manifest I v 表现 biǎoxiàn, 表露 biǎolù II ADJ 明显的 míngxiǎn de, 显著的 xiǎnzhe de

manifestation N 明显迹象 míngxiǎn jìxiàng

manifesto N 宣言 xuānyán [M. WD 份 fèn], 声明 shēngmíng

manifold I ADJ 多方面的 duōfāngmiàn de, 各种各样的 gèzhǒng gèyàng de II N（发动机的）歧管 (fādòngjī de) qíguǎn

manila envelope N 牛皮纸信封 niúpízhǐ xìnfēng

manipulate v 1 操纵 cāozòng, 影响 yǐngxiǎng 2 处理 [+国家] chǔlǐ [+guójiā]

manipulative ADJ 1 善于操纵他人的 shànyú cāozòng tārén de 2 推拿正骨法的 tuīná zhènggǔfǎ de

manipulator N 善于操纵他人的人 shànyú cāozòng tārén de rén

mankind N 人类 rénlèi

manly ADJ 有男子汉气概的 yǒu nánzǐhàn qìgài de, 阳刚气的 yánggāngqì de

man-made ADJ 人造的 rénzào de, 人工的 réngōng de

mannequin, manikin N 人体模型 réntǐ móxíng, 橱窗模特儿 chúchuāng mótèr

manner N 1 方式 fāngshì, 方法 fāngfǎ □ We should deal with this matter in a businesslike manner. 我们应该以有效的方式处理这件事。Wǒmen yīnggāi yǐ yǒuxiào de fāngshì chǔlǐ zhè jiàn shì. 2 态度 tàidu, 仪态 yítài □ He has a soft voice and friendly manner. 他口气柔和、态度友好。Tā kǒuqì róuhé, tàidu yǒuhǎo.

mannered ADJ 做作的 zuòzuo de, 娇柔造作的 jiāoróu zàozuo de

mannerism N（言谈举止的）习惯性动作 (yántán jǔzhǐ de) xíguànxìng dòngzuò, 习性 xíxìng

manners N 礼貌 lǐmào

mannish ADJ 像男人一样的 [+女子] xiàng nánren yíyàng de [+nǚzǐ]

manor N 庄园大宅 zhuāngyuán dàzhái [M. WD 座 zuò]

manpower N 劳动力 láodònglì, 人力 rénlì

mansion N 大宅 dàzhái, 大厦 dàshà

manslaughter N 过失杀人 guòshī shārén

mantel, mantelpiece N 壁炉架 bìlújià

mantle N 1 披风 pīfēng, 斗篷 dǒupéng [M. WD 件 jiàn]
to inherit sb's mantle 继承某人的衣钵 jìchéng mǒurén de yībó

2 一层 yìcéng
a mantle of snow 一层积雪 yìcéng jīxuě

mantra N 1 一再重复的名言 yízài chóngfù de míngyán 2 祷文 dǎowén

manual 1 ADJ 体力的 tǐlì de, 手工的 shǒugōng de 2 N 使用说明 shǐyòng shuōmíng, 使用手册 shǐyòng shǒucè
manual labor 体力劳动 tǐlì láodòng, 体力活 tǐlìhuó

manufacture I v 制造 zhìzào □ Japan manufactures some of the world's most popular cars. 日本生产了世界上几种最流行的汽车。Rìběn shēngchǎnle shìjièshang jǐ zhǒng zuì liúxíng de qìchē.
II N 1 制造 zhìzào □ This company is engaged in the manufacture of computer chips. 这个公司从事计算机芯片的制造。Zhè ge gōngsī cóngshì jìsuànjī xìnpiàn de zhìzào. 2 制造品 zhìzàopǐn, 产品 chǎnpǐn
manufacturing industry 制造业 zhìzàoyè

manufacturer N 制造商 zhìzàoshāng, 制造厂商 zhìzào chǎngshāng □ The store will send faulty goods back to the manufacturer. 商店将把有毛病的商品退回给制造商。Shāngdiàn jiāng bǎ yǒu máobing de shāngpǐn tuìhuí gěi zhìzàoshāng.

manufacturing N 制造业 zhìzàoyè

manure N 粪肥 fènféi

manuscript N 手稿 shǒugǎo, 原稿 yuángǎo

many ADJ 很多 hěn duō, 许多 xǔduō □ Many of his friends are football fans. 他许多朋友都是足球迷。Tā xǔduō péngyou dōu shì zúqiúmí.

map I N 地图 dìtú □ Can you find me a street map of Boston? 你能帮我找到一张波士顿街道地图吗？Nǐ néng bāng wǒ zhǎodao yì zhāng Bōshìdùn jiēdào dìtú ma?
II v 1 绘制地图 huìzhì dìtú 2 策划 cèhuà, 筹划 chóuhuà

maple N 枫树 fēngshù [M. WD 棵 kē]

mar v 损坏 sǔnhuài, 把…弄脏 bǎ…nòngzāng

marathon I N 马拉松赛跑 mǎlāsōng sàipǎo II ADJ 马拉松式的 mǎlāsōng shì de, 长时间的 cháng shíjiān de

marauding ADJ 侵扰的 qīnrǎo de, 四处抢杀的 sìchù qiǎngshā de

marble N 1 大理石 dàlǐshí □ The bathroom has a marble floor. 浴室地面是大理石的。Yùshì dìmiàn shì dàlǐshí de. 2 弹子 dànzi, 玻璃弹子 bōli dànzi
game of marbles 弹子游戏 dànzi yóuxì

March N 三月 sānyuè

march I v 齐步行进 qíbù xíngjìn, 行军 xíngjūn
marching band 军乐队 jūnyuèduì
II N 1 [军队+] 行军 [jūn duì+] xíngjūn 2 示威游行 shìwēi yóuxíng 3 进行曲 jìnxíngqǔ

Mardi Gras N（巴西）狂欢节 (Bāxī) Kuánghuānjié

mare N 母马 mǔ mǎ [M. WD 匹 pǐ]

margarine N 人造黄油 rénzào huángyóu

margin N 1 页边空白的 yèbiān kòngbái de 2 差数 chāshù
by a wide margin 以很大的差数 yǐ hěn dà de chāshù
3 利润 lìrùn
pre-tax margin 税前利润 shuì qián lìrùn
4 边缘 biānyuán
to live on the margins of society 生活在社会边缘 shēnghuó zài shèhuì biānyuán

marginal ADJ 1 极小的 jíxiǎo de, 可以忽略不计的 kěyǐ hūlüè bújì de 2 边缘的 biānyuán de

marijuana N 大麻（烟）dàmá (yān)

marina N 1 小港湾 xiǎo gǎngwān 2 游艇停泊港 yóutǐng tíngbógǎng

marinade N 混合调味酱 hùnhé tiáowèijiàng

marinate v 把 [+鱼] 浸在调味酱里 bǎ [+yú] jìn zài tiáowèijiàng lǐ

marine ADJ 1 海洋的 hǎiyáng de 2 海运的 hǎiyùn de

mariner N 海员 hǎiyuán, 水手 shuǐshǒu

Marines, the Marine Corps N（美国）海军陆战队（Měiguó）Hǎijūn lùzhànduì

marionette N 牵线木偶 qiānxiàn mù'ǒu

marital ADJ 婚姻的 hūnyīn de

   marital status 婚姻状况 hūnyīn zhuàngkuàng

maritime ADJ 海事的 hǎishì de, 船舶的 chuánbó de

mark I N 1 痕迹 hénjì, 污斑 wūbān □ How did you get that dirty mark on your shirt? 你衬衫上怎么有那块污斑？Nǐ chènshānshang zěnme yǒu nà kuài wūbān? 2 记号 jìhào □ She made some pencil marks on the document. 她在文件上用铅笔做了些记号。Tā zài wénjiànshang yòng qiānbǐ zuòle xiē jìhào. On your mark, get set, go! 各就各位，预备，起! Gè jiù gè wèi, yùbèi, qǐ!

   punctuation mark 标点符号 biāodiǎn fúhào

3（学生的）分数（xuésheng de）fēnshù

II v 1 做记号 zuò jìhào, 写着 xiězhe □ The envelope was marked "private and confidential". 信封上写着"私人机密"。Xìnfēngshang xiězhe "sīrén jīmì".

   to mark down 降低价格 jiàngdī jiàgé □ The appliances had to be marked down twice in the past month. 电器用品在过去一个月里不得不两次降低价格。Diànqì yòngpǐn zài guòqù yí ge yuè lǐ bùdébù liǎngcì jiàngdī jiàgé.

   to mark up 提高价格 tígāo jiàgé □ It's not the time to mark up the goods. 现在不是提高价格的时机。Xiànzài bú shì tígāo jiàgé de shíjī.

2 纪念 jìniàn □ To mark its 100th anniversary, the company will throw a grand dinner party. 为了纪念成立一百周年，公司将举行盛大宴会。Wèile jìniàn chénglì yì bǎi zhōunián, gōngsī jiāng jǔxíng shèngdà yànhuì.

markdown N 减价 jiǎnjià

marked ADJ 明显的 míngxiǎn de, 显著的 xiǎnzhù de

marker N 1 标志 biāozhì 2 记号笔 jìhàobǐ [M. WD 支 zhī]

market I N 1 市场 shìchǎng □ China is the company's biggest overseas market. 中国是这家公司最大的海外市场。Zhōngguó shì zhè jiā gōngsī zuì dà de hǎiwài shìchǎng.

   market maker 证券交易商 zhèngquàn jiāoyìshāng

   market price 市场价格 shìchǎng jiàgé, 时价 shíjià

   market share 市场占有率 shìchǎng zhànyǒulǜ

   buyer's market 买方市场 mǎifāng shìchǎng

   seller's market 卖方市场 màifāng shìchǎng

II v 推销 tuīxiāo □ This new electronic gadget has been successfully marketed in East Asia. 这个新电子玩意儿在东亚推销得很成功。Zhè ge xīn diànzǐ wányìr zài Dōngyà tuīxiāode hěn chénggōng.

marketable ADJ 有销路的 yǒu xiāolù de, 符合市场需求的 fúhé shìchǎng xūqiú de

marketing N 营销 yíngxiāo, 推销 tuīxiāo □ The company has done some global marketing of the new cell phone. 公司在全球推销这种新手机。Gōngsī zài quánqiú tuīxiāo zhè zhǒng xīn shǒujī.

marketplace N 1 商业销售活动 shāngyè xiāoshòu huódòng 2（露天）市场（lùtiān）shìchǎng

marking N 1 识别标志 shíbié biāozhì 2 斑点 bāndiǎn

marksman N 神枪手 shénqiāngshǒu

markup N 提价幅度 tíjià fúdù

marmalade N 柑橘果酱 gānjú guǒjiàng

maroon V 将…遗弃在荒野 jiāng…yíqì zài huāngyě

marquee N 大帐篷 dà zhàngpéng [M. WD 顶 dǐng]

marriage N 婚姻 hūnyīn □ She will contemplate marriage only after finding her Mr Right. 她在找到如意郎君以后，才会考虑婚姻。Tā zài zhǎodao rúyì lángjūn yǐhòu, cái huì kǎolǜ hūnyīn.

married ADJ 结了婚的 jiéle hūn de, 已婚的 yǐhūn de □ Are you married or single? 你是已婚，还是单身？Nǐ shì yǐhūn, háishì dānshēn? □ She is happily married with three children. 她婚姻幸福，并已有三个孩子。Tā hūnyīn xìngfú, bìng yǐ yǒu sān ge háizi.

marrow N 1 骨髓 gǔsuǐ

   bone marrow transplant 骨髓移植 gǔsuǐ yízhí

2 最深处 zuì shēnchù, 骨子里 gǔzilǐ

   to know sb to the marrow 透彻地了解某人 tòuchè de liǎojiě mǒurén

marry v 1 结婚 jiéhūn □ He was married to his high school sweetheart. 他和中学时的情人结婚。Tā hé zhōngxué shí de qíngrén jiéhūn. □ Will you marry me? 跟我结婚，好吗？（→［男子］嫁给我，好吗？；［女子］娶我，好吗？）Gēn wǒ jiéhūn, hǎo ma? (→［nánzǐ］Jià gěi wǒ, hǎo ma?; ［nǚzǐ］Qǔ wǒ, hǎo ma?) 2 为…主持婚礼 wéi…zhǔchí hūnlǐ

Mars N 火星 huǒxīng

marsh N 沼泽地 zhǎozédì

marshal I N 1（美国）联邦政府执法官（Měiguó）liánbāng zhèngfǔ zhífǎguān 2（美国）消防局长（Měiguó）xiāofáng júzhǎng 3（游行）总指挥（yóuxíng）zǒngzhǐhuī 4（军队）元帅（jūnduì）yuánshuài

   grand marshal 大司仪 dà sīyí

II v 组织 zǔzhī

   to marshal one's arguments 整理自己的论点 zhěnglǐ zìjǐ de lùndiǎn

marshmallow N 棉花糖 miánhuātáng

marsupial N 有袋动物 yǒudài dòngwù [M. WD 只 zhī]

martial ADJ 军事的 jūnshì de, 打斗的 dǎdòu de

   martial arts 武术 wǔshù, 功夫 gōngfu

   martial law 军事管制 jūnshì guǎnzhì, 戒严 jièyán

Martian N 火星人 huǒxīng rén

Martin Luther King Day N 马丁路德金纪念日 Mǎdīnglùdéjīn jìniànrì

martyr I N 烈士 lièshì, 殉道者 xùndàozhě [M. WD 位 wèi] II ADJ（be martyred）成为烈士 chéngwéi lièshì, 成为殉道者 chéngwéi xùndàozhě

martyrdom N 殉道 xùndào

marvel N 奇迹 qíjì II v 对…感到惊讶 duì…gǎndào jīngyà, 惊叹 jīngtàn

marvelous ADJ 绝妙的 juémiào de, 极好的 jí hǎo de

Marxism N 马克思主义 Mǎkèsī zhǔyì

Marxist N 马克思主义者 Mǎkèsī zhǔyìzhě

mascot N 吉祥物 jíxiángwù

masculine ADJ 男性的 nánxìng de, 有男性特征的 yǒu nánxìng tèzhēngde

masculinity N 男性特征 nánxìng tèzhēng, 阳刚气 yánggāngqì

mash I v 把…捣烂 bǎ…dǎolàn

   mashed patato 土豆泥 tǔdòuní

II N 糊状物 húzhuàngwù

mask I N 1 面具 miànjù, 假面具 jiǎ miànjù 2 面罩 miànzhào, 口罩 kǒuzhào II v 掩饰 yǎnshì, 掩盖 yǎngài

masked ADJ 蒙面的 méngmiàn de

masochism N（性）受虐狂（xìng）shòunüèkuáng

mason N 砖瓦匠 zhuānwǎjiàng

Mason N 共济会会员 gòngjìhuì huìyuán

masonry N 1 砖石 zhuānshí 2 砖石建筑技术 zhuānshí jiànzhù jìshù

masquerade I N 1 假面舞会 jiǎmiàn wǔhuì 2 伪装 wěizhuāng II v 伪装 wěizhuāng, 假装 jiǎzhuāng

mass I N 1 大量 dàliàng, 大批 dàpī □ The newspaper editor received masses of letters from angry readers. 报纸编辑收到大批愤怒读者的来信。Bàozhǐ biānjí shōudao dàpī fènnù dúzhě de láixìn.

   the masses 群众 qúnzhòng

2 质量 zhìliàng

II ADJ 大量的 dàliàng de

   mass media 大众传播媒介 dàzhòng chuánbō méijiè

   mass murderer 谋杀多人的凶手 móushā duō rén de xiōngshǒu

mass production 大量生产 dàliàng shēngchǎn, 大规模生产 dàguīmó shēngchǎn III v 集中 jízhōng

Mass N（天主教）弥撒 (Tiānzhǔjiào) mísa, 弥撒曲 mísaqǔ

massacre I N 大屠杀 dà túshā II v 屠杀 túshā

massage I N 按摩 ànmó, 推拿 tuīná □ The doctor recommended massage to ease the pain. 医生建议做按摩，来减轻疼痛。Yīshēng jiànyì zuò ànmó, lái jiǎnqīng téngtòng.
massage parlor 按摩院 ànmóyuàn, 妓院 jìyuàn
II v 给…按摩／推拿 gěi…ànmó/tuīná

masseur N（男）按摩师 (nán) ànmóshī

masseuse N（女）按摩师 (nǚ) ànmóshī

massive ADJ 1 又大又重的 [+大门] yòu dà yòu zhòng de [+dàmén], 厚重的 hòuzhòng de 2 巨大的 jùdà de

mass-produce v 大批量生产 dà pīliàng shēngchǎn

mast N 桅杆 wéigān [M. WD 根 gēn]

master I N 1 主人 zhǔrén □ I want to be master of my own destiny. 我要做自己命运的主人。Wǒ yào zuò zìjǐ mìngyùn de zhǔrén.
master of ceremonies 司仪 sīyí
2 大师 dàshī □ He went to China to study under a Qigong master. 他去中国拜一位气功大师为师。Tā qù Zhōngguó bài yí wèi qìgōng dàshī wéi shī. 3 硕士 shuòshì
Master of Arts 文学硕士（学位）wénxué shuòshì (xuéwèi)
Master of Science 理科硕士（学位）lǐkē shuòshì (xuéwèi)
master's degree, master's 硕士学位 shuòshì xuéwèi
II v 精通 jīngtōng □ I can't say I've mastered Chinese. 我不能说自己精通中文。Wǒ bù néng shuō zìjǐ jīngtōng Zhōngwén.
III ADJ 1 技艺精湛的 jìyì jīngzhàn de
master chef 技艺精湛的大厨师 jìyì jīngzhàn de dàchúshī
2 原始的 yuánshǐ de, 最重要的 zuì zhòngyào de
master key 万能钥匙 wànnéng yàoshi

masterful ADJ 1 能控制的 néng kòngzhì de, 能驾驭的 néng jiàyù de 2 技艺高超的 jìyì gāochāo de

mastermind I N 出谋划策者 chūmóu huàcè zhě, 幕后策划者 mùhòu cèhuà zhě II v 出谋划策 chūmóu huàcè

masterpiece N 杰作 jiézuò, 名作 míngzuò [M. WD 部 bù/幅 fú]

mastery N 1 精通 jīngtōng, 掌握 zhǎngwò 2 控制（权）kòngzhì (quán)

masturbate v 手淫 shǒuyín, 自慰 zìwèi

mat N 席子 xízi [M. WD 张 zhāng], 垫子 diànzi [M. WD 块 kuài]

matador N 斗牛士 dòuniúshì

match¹ N 火柴 huǒchái

match² I N 1 比赛 bǐsài □ Our school basketball team will have a match with that team on Friday. 我们学校的篮球队要在星期五跟那个队比赛。Wǒmen xuéxiào de lánqiúduì yào zài xīngqīwǔ gēn nà ge duì bǐsài. 2 相配的东西 xiāngpèi de dōngxi □ Those shoes are really not a good match for the dress. 这双鞋和衣服不相配。Zhè shuāng xié hé yīfu bù xiāngpèi.
a perfect match 完全相配的人 wánquán xiāngpèi de rén, 天作之合 tiānzuò zhī hé
3 对手 duìshǒu
to be no match for sb 不是某人的对手 bú shì mǒurén de duìshǒu
II v 相配 xiāngpèi □ These two socks don't match. 这两只袜子不相配。(→ 这两只袜子不是一双。) Zhè liǎng zhī wàzi bù xiāngpèi. (→ Zhè liǎng zhī wàzi bú shì yì shuāng.)

matchbook N 纸夹火柴 zhǐjiā huǒchái

matchbox N 火柴盒 huǒcháihé

matching ADJ 相配的 xiāngpèi de

matchless ADJ 无与伦比的 wú yǔ lúnbǐ de, 举世无双的 jǔshì wúshuāng de

match-maker N 媒人 méirén

mate I N 1 伙伴 huǒbàn 2（动物）交配对象 (dòngwù) jiāopèi duìxiàng II v（动物）交配 (dòngwù) jiāopèi

material I N 1 布料 bùliào, 料子 liàozi □ I've got some good material to make curtains. 我有一些很好的料子可以做窗帘。Wǒ yǒu yìxiē hěn hǎo de liàozi kěyǐ zuò chuānglián. 2 材料 cáiliào
raw materials 原材料 yuáncáiliào
building materials 建筑材料 jiànzhù cáiliào
II ADJ 1 物质上的 wùzhì shàng de
material comforts 物质享受 wùzhì xiǎngshòu
2（法律上）至关重要的 (fǎlǜshàng) zhìguān zhòngyào de
material evidence 重要证据 zhòngyào zhèngjù

materialism N 唯物主义 wéiwù zhǔyì, 实利主义 shílì zhǔyì

materialistic ADJ 实利主义的 shílì zhǔyì de

materialize v 1 [计划+] 实现 [jìhuà+] shíxiàn 2 出现 chūxiàn

maternal ADJ 1 母亲的 mǔqin de, 母性的 mǔxìng de 2 母亲方面的 mǔqin fāngmiàn de
maternal grandmother 外祖母 wàizǔmǔ

maternity ADJ 孕妇的 yùnfù
maternity leave 产假 chǎnjià
maternity ward 产科病房 chǎnkē bìngfáng

math N 数学 shùxué

mathematical ADJ 数学的 shùxué de

mathematician N 数学家 shùxuéjiā

mathematics N 数学 shùxué □ It is generally believed that Asian students tend to be good at mathematics. 普遍相信，亚洲学生往往数学比较好。Pǔbiàn xiāngxìn, Yàzhōu xuésheng wǎngwǎng shùxué bǐjiào hǎo.

matinee N 下午场 xiàwǔcháng, 日间演出 rìjiān yǎnchū

matriarch N 女家长 nǚ jiāzhǎng [M. WD 位 wèi], 女族长 nǚ zúzhǎng [M. WD 位 wèi]

matriarchal ADJ 女子统治的 nǚzǐ tǒngzhì de, 母系的 mǔxì de
a matriarchal society 母系社会 mǔxì shèhuì

matriarchy N 母系社会 mǔxì shèhuì, 母系制 mǔxìzhì

matriculate v 注册入学 zhùcè rùxué

matriculation N 注册入学 zhùcè rùxué

matrimonial ADJ 婚姻的 hūnyīn de

matrimony N 婚姻 hūnyīn

matron N 中年已婚的妇女 zhōngnián yǐhūn de fùnǚ 2 女总管 nǚ zǒngguǎn

matronly ADJ 中年妇女的 zhōngnián fùnǚ de, 发福的 fāfú de

matte, mat ADJ 无光泽的 wú guāngzé de

matted ADJ 缠结在一起的 chánjié zài yìqǐ de

matter I N 1 事情 shìqing, 事件 shìjiàn □ I don't know much about this matter. 我对这件事知道得不多。Wǒ duì zhè jiàn shì zhīdào de bù duō. □ At today's meeting, we have several important matters to discuss. 在今天的会议上，有几件重要的事要讨论。Zài jīntiān de huìyìshang, yǒu jǐ jiàn zhòngyào de shì yào tǎolùn. 2 问题 wèntí □ A major earthquake in this region is not a matter of if but a matter of when. 在这个地区，问题不是会不会发生大地震，而是什么时候发生。Zài zhè ge dìqū, wèntí bú shì huì bu huì fāshēng dà dìzhèn, ér shì shénme shíhou fāshēng. 3 情况 qíngkuàng □ It didn't help matters that he wasn't able to speak the local language. 因为他不会说当地的语言，情况就更糟。Yīnwèi tā bú huì shuō dāngdì de yǔyán, qíngkuàng jiù gèng zāo. 4 物质 wùzhì □ Do you believe that a human body is nothing but a mass of organic matter? 你相信不相信人体只是一团有机物质? Nǐ xiāngxìn buxiāngxìn réntǐ zhǐ shì yì tuán yǒujī wùzhì?
II v 重要 zhòngyào, 有关系 yǒu guānxi
It doesn't matter. 没有关系。méiyǒu guānxi.

matter-of-fact ADJ 就事论事的 jiùshì lùnshì de, 不动感情的 búdòng gǎnqíng de

matting N 编织用的材料 biānzhī yòng de cáiliào

mattress N 床垫 chuángdiàn

mature I ADJ 1 成熟的 chéngshú de 2 到期的 [+存款] dàoqī de [+cúnkuǎn] II v 1 (变得) 成熟 (biàn de) chéngshú 2 [存款+] 到期 [cúnkuǎn+] dàoqī

maturity N 1 成熟 chéngshú 2 到期 dàoqī

maudlin ADJ 1 哭哭啼啼的 [+人] kūkū títí de [+rén] 2 伤感而可笑的 [+歌曲] shānggǎn ér kěxiào de [+gēqǔ]

maul v 撕破皮肉 sīpò pírou, 伤害 shānghài

mausoleum N 陵墓 língmù

mauve N, ADJ 淡紫色(的) dànzǐsè (de)

maverick N 独立思考的人 dúlì sīkǎo de rén, 自行其事的人 zìxíng qí shì de rén

mawkish ADJ 自作多情的 zìzuò duōqíng de, 过分动感情的 guòfèn dòng gǎnqíng de

max I N 最大限度 zuì dà xiàndù II v (to max out) 用得精光 yòng dé jīngguāng

maxim N 格言 géyán

maximize v 把…增加到最大限度 bǎ…zēngjiā dào zuì dà xiàndù

maximum N 1 最大量 zuì dà liáng 2 ADJ 最大的 zuì dà de, 最多的 zuì duō de

May N 五月 wǔyuè

may MODAL V (PT **might**) 1 可能 kěnéng □ He may be unable to help us. 他可能没有办法帮助我们。Tā kěnéng méiyǒu bànfǎ bāngzhù wǒmen. □ It may rain tonight. 今晚可能下雨。Jīnwǎn kěnéng xiàyǔ. □ May I have some more tea? 我可以再要点茶吗? Wǒ kěyǐ zài yào diǎnr chá ma?

maybe ADV 或许 huòxǔ, 大概 dàgài □ Maybe someone at the information desk can help you. 问讯台或许有人能帮助你。Wènxùntái huòxǔ yǒurén néng bāngzhù nǐ. □ There are 800 or maybe 1,000 people watching the basketball match. 八百名观众，或许一千名观众观看了那场篮球赛。Bā bǎi míng guānzhòng, huòxǔ yì qiān míng guānzhòng guānkànle nà cháng lánqiúsài.

May Day N (五一) 劳动节 (Wǔyī) Láodòngjié

mayday N 求救信号 qiújiù xìnhào

mayhem N 极为混乱的局面 jíwéi hùnluàn de júmiàn

mayonnaise N 蛋黄酱 dànhuángjiàng

mayor N 市长 shìzhǎng [M. WD 位 wèi]

maze N 迷宫 mígōng

M.B.A , MBA (= Master of Business Administration) ABBREV See **master**

MC (= Master of Ceremonies) ABBREV 司仪 sīyí

McCoy N (the real McCoy) 真货 zhēnhuò, 货真价实的东西 huò zhēn jià shí de dōngxi

M.D. (= Doctor of Medicine) ABBREV 医学博士 yīxué bóshì

me PRON 我 wǒ

meadow N 草地 cǎodì, 牧场 mùchǎng

meager ADJ 极少的 jí shǎo de, 微薄的 wēibó de

meal N 1 (一顿) 饭 (yí dùn) fàn □ Most people have three meals a day. 大多数人一天吃三顿饭。Dàduōshù rén yìtiān chī sān dùn fàn. 2 (谷物的) 粗磨粉 (gǔwù de) cū mòfěn

mealtime N 吃饭时间 chīfàn shíjiān, 开饭时间 kāifàn shíjiān □ She hates her family watching TV at mealtimes. 她很不喜欢家里人吃饭的时候看电视。Tā hěn bù xǐhuan jiālǐrén chīfàn de shíhou kàn diànshì.

mealy-mouthed ADJ (说话) 转弯抹角的 (shuōhuà) zhuǎnwān mòjiǎo de

mean¹ (PT & PP **meant**) v 1 意思是 yìsi shì □ The word "polyglot" means "knowing many languages". "polyglot" 这个词的意思是 "懂多种语言"。"polyglot" zhè ge cí de yìsi shì "dǒng duō zhǒng yǔyán". □ What does this sentence mean? 这句句子是什么意思? Zhè jù jùzi shì shénme yìsi? 2 有意 yǒuyì □ Sorry, I didn't mean it. 对不起，我不是有意的。Duìbuqǐ, wǒ bú shì yǒuyì de. 3 意味着 yìwèizhe □ What does her sudden resignation mean? 她突然辞职，是什么意思? Tā tūrán cízhí, shì shénme yìsi?

mean² ADJ 1 卑鄙的 bēibǐ de 2 刻薄的 kèbó de, 小气的 xiǎoqi de

a no mean player 一个出色的运动员 yí ge chūsè de yùndòngyuán

mean³ N (the mean) 平均数 píngjūnshù

meander v 1 [河水+] 弯弯曲曲地流 [héshuǐ+] wānwān qūqū de liú 2 [人+] 荡来荡去 [rén+] dànglái dàngqù 3 [谈话+] 东拉西扯 [tánhuà+] dōnglā xīchě

meaning N 1 意思 yìsi □ I know the meanings of all these words, but I don't know the meaning of the sentence. 这些词的意思我都知道，但是句子的意思我不明白。Zhèxiē cí de yìsi wǒ dōu zhīdào, dànshì jùzi de yìsi wǒ bù míngbai. 2 意义 yìyì □ What is the meaning of life? 生活的意义是什么? Shēnghuó de yìyì shì shénme?

meaningful ADJ 有意义的 yǒu yìyì de, 有意思的 yǒu yìsi de

meaningless ADJ 毫无意义的 háowú yìyì de, 没有价值的 méiyǒu jiàzhí de

means N 1 手段 shǒuduàn, 方法 fāngfǎ □ She will try to get what she wants by all means, legal or illegal. 她想要的，就会用一切手段来取得，不管是合法还是非法的。Tā xiǎng yào de, jiù huì yòng yíqiè shǒuduàn lái qǔdé, bùguǎn shì héfǎ háishi fēifǎ de.

by all means 当然 dāngrán □ "Can I have a look at your new cell phone?" "By all means." "可以看看你的新手机吗?" "当然可以。" "Kěyǐ kànkan nǐ de xīn shǒujī ma?" "Dāngrán kěyǐ."

by no means 一点都不 yìdiǎn dōu bù □ She by no means dislikes him; in fact she is quite fond of him. 她一点都不厌恶他; 事实上她挺喜欢他。Tā yìdiǎn dōu bú yàn'è tā; shìshíshang tā tǐng xǐ'ài tā.

2 收入 shōurù, 财产 cáichǎn

means test 经济状况调查 jīngjì zhuàngkuàng diàochá

to live beyond one's means 花费超过收入 huāfèi chāoguò shōurù, 透支 tòuzhī

meant See **mean¹**

meantime N (in the meantime) 与此同时 yǔ cǐ tóngshí

meanwhile ADV 同时 tóngshí □ She went to college; meanwhile most of her friends got married and started families. 她上大学; 与此同时，她的朋友大都结婚、生孩子了。Tā shàng dàxué; yǔ cǐ tóngshí, tā de péngyou dàdōu jiéhūn, shēng háizi le.

measles N 麻疹 mázhěn

German measles 风疹 fēngzhěn

measly ADJ 少得可怜的 shǎo dé kělián de

measurable ADJ 可测量的 kě cèliáng de

measure I N 1 措施 cuòshī □ The government has taken measures to reduce fuel consumption. 政府已经采取措施减少燃料消耗。Zhèngfǔ yǐjīng cǎiqǔ cuòshī jiǎnshǎo ránliào xiāohào.

half measures (效果不佳的) 折中办法 (xiàoguǒ bùjiā de) zhézhōng bànfǎ, 将就措施 jiāngjiu cuòshī

2 量具 liángjù, 量器 liáng qì

tape measure (钢) 卷尺 (gāng) juǎnchǐ, 软尺 ruǎnchǐ

in large/some measure 在很大／某种程度上 zài hěn dà／mǒuzhǒng chéngdù shàng

II v 量 liáng, 测量 cèliáng

measured ADJ 深思熟虑的 shēnsī shúlǜ de, 稳妥的 wěntuǒ de

measurement N 1 度量 dùliàng 2 长度 chángdù, 宽度 kuāndù □ Have you written down the measurements of each room? 你把每间房间的长度和宽度都记下来了吗? Nǐ bǎ měi jiān fángjiān de chángdù hé kuāndù dōu jìxiàlaile ma?

the metric system of measurement 公制度量衡 gōngzhì dùliànghéng

meat N（食用的）肉 (shíyòng de) ròu □ I'm not eating much meat these days. 近来我不大吃肉。Jìnlái wǒ búdà chī ròu.

meatball N 肉丸 ròu wán

meatloaf N 肉糕 ròu gāo [M. WD 块 kuài]

meaty ADJ 1 肉很多的 ròu hěn duō de 2 重大的 zhòngdà de

Mecca N 1（沙地阿拉伯）麦加 (Shādì Ālābó) Màijiā 2 朝圣地 cháoshèngdì, 众人向往的地方 zhòngrén xiàngwǎng de dìfang

mechanic N 汽车修理工 qìchē xiūlǐgōng, 机械工 jīxiè gōng

mechanical ADJ 1 机械（方面）的 jīxiè (fāngmiàn) de, 机械操纵的 jīxiè cāozòng de

mechanical failure 机械故障 jīxiè gùzhàng

2 机械的 [+回答] jīxiè de [+huídá], 不加思索的 bù jiā sīsuǒ de

mechanics N 1 力学 lìxué 2 工作的方法 gōngzuò de fāngfǎ, 技术细节 jìshù xìjié

mechanism N 1 机械装置 jīxiè zhuāngzhì 2 机制 jīzhì, 机构 jīgòu

survival mechanism 求生手段 qiúshēng shǒuduàn

mechanize V 把…机械化 bǎ…jīxièhuà

mechanized ADJ 机械化的 jīxièhuà de

medal N 奖牌 jiǎngpái, 奖章 jiǎngzhāng

gold medal 金牌 jīnpái

medalist N 奖牌获得者 jiǎngpái huòdézhě

medallion N 圆形挂饰 yuánxíng guàshì

meddle V 干预 gānyù, 管闲事 guǎn xiánshì

meddler N 多管闲事的人 duō guǎn xiánshì de rén

meddlesome ADJ 爱管闲事的 ài guǎn xiánshì de

media N（新闻）媒体 (xīnwén) méitǐ □ The media had a field day over the scandal. 媒体因为这件丑闻而忙碌兴奋了一阵。Méitǐ yīnwèi zhè jiàn chǒuwén ér mánglù xīngfènle yí zhèn.

mass media 大众媒体 dàzhòng méitǐ

median I N 1（道路）中间安全带 (dàolù) zhōngjiān ānquándài 2（统计）中位数 (tǒngjì) zhōngwèishù II ADJ 中间的 zhōngjiān de, 中位的 zhōngwèi de

the median price 中位价 zhōngwèijià

mediate V 调解 tiáojiě, 调停 tiáotíng

mediation N 调解 tiáojiě, 调停 tiáotíng

mediator N 调解员 tiáojiě yuán

Medicaid N（美国）医疗补助制度 (Měiguó) yīliáo bǔzhù zhìdù

medical ADJ 1 医学的 yīxué de, 医疗的 yīliáo de □ She was rushed to the hospital for medical treatment. 她被赶送到医院接受治疗。Tā bèi gǎnsòngdao yīyuàn jiēshòu zhìliáo.

medical certificate 疾病证明 jíbìng zhèngmíng

medical school 医学院 yīxuéyuàn

medical checkup 体格检查 tǐgé jiǎnchá

2 内科的 nèikē de

Medicare N（美国）老年人医疗保健制度 (Měiguó) lǎoniánrén yīliáo bǎojiàn zhìdù

medicated ADJ 含有药物的 hányǒu yàowù de

medication N 药物 yàowù

medicinal ADJ 药用的 yàoyòng de, 药的 yào de

medicine N 1 药 yào, 医药 yīyào □ Remember to take your medicine. 记住吃药。Jìzhu chīyào.

Good medicine tastes bitter. 良药苦口。Liángyào kǔkǒu.

2 医学 yīxué, 医药 yīyào □ There are complicated ethical problems in medicine. 医学中有复杂的伦理问题。Yīxué zhōng yǒu fùzá de lúnlǐ wèntí. □ She is very interested in traditional Chinese medicine. 她对传统中医非常感兴趣。Tā duì chuántǒng Zhōngyī fēicháng gǎnxìngqu.

medieval ADJ 中世纪的 Zhōngshìjì de

mediocre ADJ 平庸的 píngyōng de, 一般的 yìbān de

mediocrity N 平庸 píngyōng

meditate V 沉思 chénsī, 打坐 dǎzuò

meditation N 沉思 chénsī, 打坐 dǎzuò

meditative ADJ 沉思的 chénsī de

Mediterranean ADJ 地中海的 Dìzhōnghǎi de

the Mediterranean 地中海 Dìzhōnghǎi

medium I ADJ 中等的 zhōngděng de, 中号的 zhōnghào de

medium rare 半熟的 bàn shóu de

II N 1 传播媒介 chuánbō méijiè 2 方法 fāngfǎ, 手段 shǒuduàn

medium-sized, medium-size ADJ 中号的 zhōnghào de

medley N 1（音乐）组合曲 (yīnyuè) zǔhéqǔ, 组曲 zǔqǔ 2（游泳）混合接力赛 (yóuyǒng) hùnhé jiēlìsài 3（食品）大拼盘 (shípǐn) dǎ pīnpán

meek ADJ 温顺的 wēnshùn de

meet I V (PT & PP **met**) 1 会见 huìjiàn, 见面 jiànmiàn □ Have you met my brother? 你见过我的哥哥吗？Nǐ jiànguo wǒ de gēge ma? 2 接 jiē, 迎接 yíngjiē □ I'm going to the airport this evening to meet a trade delegation from China. 今天晚上我要去机场接一个中国贸易代表团。Jīntiān wǎnshang wǒ yào qù jīchǎng jiē yí ge Zhōngguó màoyì dàibiǎotuán. □ The hotel bus will meet you at the train station. 旅馆的专车会在火车站接你。Lǚguǎn de zhuānchē huì zài huǒchēzhàn jiē nǐ. 3 满足 [+需要] mǎnzú [+xūyào], 符合 [+要求] fúhé [+yāoqiú]

II N（运动）会 (yùndòng) huì

meeting N 会 huì, 会议 huìyì □ Did you attend yesterday's meeting? 你出席了昨天的会议了吗？Nǐ chūxíle zuótiān de huìyì le ma? □ The marketing people hold a meeting every Monday morning. 营销部门的人每星期一上午开会。Yíngxiāo bùmén de rén měi xīngqīyī shàngwǔ kāihuì.

meeting house 聚会所 jùhuìsuǒ

mega ADJ 百万倍 bǎiwànbèi

megabyte N（计算机）兆字节 (jìsuànjī) zhàozìjié

megalomania N 妄自尊大 wàngzì zūn dà

megalomaniac N, ADJ 自大狂 zìdàkuáng, 妄自尊大的人 wàngzì zūn dà de rén

megaphone N 喇叭筒 lǎbātǒng

megastore N 超大型商店 chāo dàxíng shāngdiàn

megaton N 百万吨（级）bǎiwàndūn (jí)

melancholy I ADJ 忧郁的 yōuyù de II N 忧郁症 yōuyùzhèng

melée N 混乱局面 hùnluàn júmiàn

mellow I ADJ 1 温和平静的 [+心情] wēnhé píngjìng de [+xīnqíng] 2 友善随和的 [+人] yǒushàn suíhe de [+rén] 3 圆润悦耳的 [+声音] yuánrùn yuè'ěr de [+shēngyīn] 4 醇和的 [+酒] chúnhé de [+jiǔ] II V 1 使…变得温和平静 shǐ…biàn de wēnhé píngjìng 2 使 [+颜色] 变得柔和 shǐ [+yánsè] biàn de róuhe

melodic ADJ 旋律优美的 xuánlǜ yōuměi de

melodious ADJ 悦耳动听的 yuè'ěr dòngtīng de

melodrama N 1 情节剧 qíngjiéjù [M. WD 出 chū/部 bù] 2 戏剧化的局面 xìjùhuà de júmiàn

melodramatic ADJ 1 情节剧的 qíngjiéjù de 2 吵吵闹闹的 chǎochǎo nàonào de, 夸张的 kuāzhāng de

melody N 1 主旋律 zhǔxuánlǜ, 主调 zhǔdiào 2 曲调 qǔdiào

melon N 瓜 guā

melt V 融化 rónghuà □ The cake was so good it melted in my mouth. 蛋糕做得好极了，进嘴就化了。Dàngāo zuòde hǎo jíle, jìn zuǐ jiù huà le.

meltdown N 崩溃 bēngkuì, 彻底瘫痪 chèdǐ tānhuàn

financial meltdown 金融崩溃 jīnróng bēngkuì

melting point N 熔点 róngdiǎn

melting pot N（民族）大熔炉 (mínzú) dàrónglú

member N 成员 chéngyuán, 会员 huìyuán

life member 终身会员 zhōngshēn huìyuán

membership N 1 会员资格 huìyuán zīgé □ I applied for a golf club membership last week. 我上星期报名参加高尔夫球俱乐部。Wǒ shàng xīngqī bàomíng cānjiā gāo'ěrfūqiú jùlèbù. 2 全体会员 quántǐ huìyuán membership fee 会员费 huìyuánfèi

membrane N （薄）膜 (bó) mó, 膜状物 mózhuàngwù

memento N 纪念品 jìniànpǐn

memo, memorandum N 公务便条 gōngwù biàntiáo [M. WD 张 zhāng/份 fèn], 备忘录 bèiwànglù

memoirs N 回忆录 huíyìlù [M. WD 本 běn]

memorabilia N （与某人或某事物有关的）收藏纪念品 (yǔ mǒurén huò mǒu shìwù yǒuguān de) shōucáng jìniànpǐn

memorable ADJ 值得纪念的 zhíde jìniàn de, 难忘的 nánwàng de

memorial I ADJ 悼念的 dàoniàn de, 纪念（死者）的 jìniàn (sǐzhě) de
memorial service 追悼仪式 zhuīdào yíshì
II N 纪念碑 jìniànbēi
Memorial Day 阵亡将士纪念日 zhènwáng jiàngshì jìniànrì

memorize V 记住 jìzhu

memory N 1 记忆力 jìyìlì □ His memory is not as good as it used to be. 他的记忆力不如以前了。Tā de jìyìlì bùrú yǐqián le. 2 记忆 jìyì □ The old photos brought back memories of her childhood. 老照片唤起了她童年的记忆。Lǎo zhàopiàn huànqǐle tā tóngnián de jìyì.
in memory of 纪念 jìniàn □ They donated a bench to the park in memory of their beloved grandmother. 他们向公园捐赠了长椅，纪念他们亲爱的祖母。Tāmen xiàng gōngyuán juānzèngle chángyǐ, jìniàn tāmen qīn'ài de zǔmǔ.

men See **man**

menace I N 1 威胁 wēixié, 恫吓 dònghè 2 危险人物 wēixiǎn rénwù II V 威胁 wēixié, 恫吓 dònghè

menacing ADJ 1 威吓的 wēihè de 2 凶兆的 xiōngzhào de

menagerie N 1 一批野生动物 yìpī yěshēng dòngwù 2 一帮形形色色的人 yì bāng xíngxíng sèsè de rén

mend V 1 缝补 féngbǔ, 修补 xiūbǔ
to mend one's ways 改过自新 gǎiguò zìxīn
to mend fences 恢复良好关系 huīfù liánghǎo guānxi, 消释前嫌 xiāoshì qiánxián
2 [骨头+] 愈合 [gǔtou+] yùhé

menial ADJ 不需要技能的 bù xūyào jìnéng de, 枯燥的 kūzào de
a menial job 低档工作 dīdàng gōngzuò, 粗活 cūhuó

meningitis N 脑膜炎 nǎomóyán

menopause N （女子）更年期 (nǚzǐ) gēngniánqī, 绝经 juéjīng

menstrual ADJ 月经的 yuèjīng de
menstrual period 月经期 yuèjīng qī

menstruate V [妇女+] 来月经 [fùnǚ+] lái yuèjīng, 行经 xíngjīng

mental ADJ 1 精神的 jīngshén de, 智力的 zhìlì de □ He is eighteen years old but has a mental age of ten. 他今年十八岁，但是智力年龄只有十岁。Tā jīnnián shíbā suì, dànshì zhìlì niánlíng zhǐ yǒu shí suì. 2 精神病的 jīngshénbìng de
mental health 精神医学 jīngshén yīxué
mental hospital 精神病院 jīngshén bìngyuàn
mental illness/disorder 精神病 jīngshénbìng

mentality N 心态 xīntài

mentally handicapped ADJ 有智力缺陷的 yǒu zhìlì quēxiàn de, 弱智的 ruòzhì de

menthol N 薄荷脑 bòhenǎo

mention I V 提到 tídao □ Did I hear my name mentioned? 有人提到我吗? Yǒu rén tídao wǒ ma? II N 提及 tíjí

mentor N 导师 dǎoshī [M. WD 位 wèi]

menu N 菜单 càidān, 菜谱 càipǔ

meow N 猫叫声 māo jiàoshēng

mercenary I N 雇佣兵 gùyōngbīng II ADJ 只是为钱的 zhǐ shì wéi qián de, 唯利是图的 wéi lì shì tú de

merchandise N 商品 shāngpǐn, 货物 huòwù

merchant I N 商人 shāngrén, 批发商 pīfāshāng II ADJ 商业的 shāngyè de
the merchant marine 商船（队）shāngchuán (duì)

mercifully ADV 幸运地 xìngyùn de, 幸亏 xìngkuī

mercury (Hg) N 汞 gǒng, 水银 shuǐyín
the mercury 室外温度 shìwài wēndù

Mercury N 水星 Shuǐxīng

mercy N 仁慈 réncí, 宽恕 kuānshù
at the mercy of sb 听任某人摆布 tīngrèn mǒurén bǎibù
a mercy mission 救援任务 jiùyuán rènwu

mercy-killing N 安乐死 ānlèsǐ

mere ADJ 只不过 zhǐbúguò, 仅仅 jǐnjǐn

merely ADV 仅仅 jǐnjǐn, 只不过 zhǐbúguò □ I merely asked for a sample. 我仅仅要了一个样品。Wǒ jǐnjǐn yàole yí ge yàngpǐn.

merge V 1 合并 hébìng, 融合 rónghé 2 [车辆+] 会合 [chēliàng+] huìhé

merger N （公司）合并 (gōngsī) hébìng

meridian N 子午线 zǐwǔxiàn

meringue N 蛋白酥 dànbáisū [M. WD 块 kuài]

merit I N 优点 yōudiǎn, 长处 chángchù II V 值得 zhíde, 应得 yīngdé

meritocracy N 精英管理／统治 jīngyīng guǎnlǐ/tǒngzhì

mermaid N 美人鱼 měirényú

merry ADJ 快乐的 kuàilè de
Merry Christmas! 圣诞快乐! Shèngdàn kuàilè!

merry-go-round N 旋转木马 xuánzhuǎn mùmǎ

mesh I N 1 网状物 wǎngzhuàng wù 2 混合物 hùnhéwù II V 把…相配 bǎ…xiāngpèi

mesmerize V 迷住 mízhù

mess[1] I N 1 脏乱的状态 zāngluàn de zhuàngtài □ The two girls made a mess of the kitchen. 这两个女孩把厨房弄得又脏又乱。Zhè liǎng ge nǚhái bǎ chúfáng nòngde yòu zāng yòu luàn. 2 一团糟 yì tuán zāo □ You've made a mess of the job. 你把这件事弄得一团糟了。Nǐ bǎ zhè jiàn shì nòngde yì tuán zāo le.
II V 1 (to mess around) 鬼混 guǐhùn 2 (to mess up) 弄糟 nòngzāo

mess[2] N 军人食堂 jūnrén shítáng
mess hall 军人食堂 jūnrén shítáng

message N 1 信息 xìnxī, 口信 kǒuxìn, 短信 duǎnxìn □ Can I leave a message? 我可以留一个口信吗? Wǒ kěyǐ liú yíge kǒuxìn ma?
to get the message 得到了信息 dédaole xìnxī, 明白了意思 míngbaile yìsi □ He finally got the message and stopped coming to see my sister. 他终于得到了信息，不再来找我妹妹了。Tā zhōngyú dédaole xìnxī, búzài lái zhǎo wǒ mèimei le. 2 启示 qǐshì, 主题 zhǔtí □ The movie has a clear message: Good will triumph over evil. 这部电影有个明确的主题：善良将战胜邪恶。Zhè bù diànyǐng yǒu ge míngquè de zhǔtí: shànliáng jiāng zhànshèng xié'è.

messenger N 信使 xìnshǐ, 传送信息的人 chuándì xìnxī de rén

messiah N 1 救世主 Jiùshìzhǔ, 救星 jiùxīng 2 （基督教）耶稣基督 (Jīdūjiào) Yēsū Jīdū 3 （犹太教）弥赛亚 (Yóutàijiào) Mísàiyà

Messrs. See **Mr.**

messy ADJ 1 脏乱 zāngluàn □ How messy your bedroom is! 你的卧室太脏乱了! Nǐ de wòshì tài zāngluàn le! 2 极其复杂麻烦 jíqí fùzá máfan □ Every divorce case is messy. 每一个离婚案都是极其复杂麻烦的。Měi yí ge líhūn àn dōu shì jíqí fùzá máfan de.

met See **meet**

metabolism N 新陈代谢 xīn chén dài xiè

metal N 1 金属 jīnshǔ □ Gold, silver, iron and copper are all metals. 金、银、铁、铜，都是金属。Jīn、yín、tiě、tóng, dōu shì jīnshǔ.

metal detector 金属探测器 jīnshǔ tàncèqì

precious metal 贵金属 guìjīnshǔ

2 重金属摇滚乐 zhòngjīnshǔ yáogǔnyuè

metallic ADJ 金属（般）的 jīnshǔ (bān) de

metallurgy N 冶金学 yějīnxué

metamorphosis N（彻底的）变化 (chèdǐ de) biànhuà

metaphor N 比喻 bǐyù, 隐喻 yǐnyù

metaphorical ADJ 比喻的 bǐyù de, 隐喻的 yǐnyù de

metaphysics N 形而上学 xíng'érshàngxué

mete V (to mete out) 给予 [+惩罚] jǐyǔ [+chéngfá]

meteor N 流星 liúxīng [M. WD 颗 kē]

meteoric ADJ **1** 流星（似）的 liúxīng (sì) de **2** 突发而迅速的 tūfā ér xùnsù de

meteorite N 小流星 xiǎo liúxīng, 陨石 yǔnshí

meteorologist N 气象学家 qìxiàngxuéjiā, 天气预报员 tiānqì yùbàoyuán

meteorology N 气象学 qìxiàngxué

meter N **1** 公尺 gōngchǐ, 米 mǐ □ A meter is a unit of length in the metric system. 公尺是公制的度量单位。Gōngchǐ shì gōngzhì de dùliàng dānwèi. **2** 仪表 yíbiǎo □ The fare mounted up on the meter as the taxi accelerated. 出租汽车加速向前，计程表上的路费上升。Chūzū qìchē jiāsù xiàng qián, jìchéngbiǎo shàng de lùfèi shàngshēng.

electricity meter 电表 diànbiǎo

gas meter 煤气表 méiqìbiǎo

parking meter 停车计时表 tíngchē jìshíbiǎo

water meter 水表 shuǐbiǎo

methane N 甲烷 jiǎwán, 沼气 zhǎoqì

method N **1** 方法 fāngfǎ □ What is your method of payment? 你用什么方法付款？Nǐ yòng shénme fāngfǎ fù kuǎn? **2** 条理 tiáolǐ, 秩序 zhìxù

methodical ADJ 有条理的 yǒu tiáolǐ de, 井井有条的 jǐngjǐng yǒutiáo de

Methodist N 循道宗信徒 dùndàozōng xìntú

methodological ADJ 方法论的 fāngfǎlùn de

methodology N 方法论 fāngfǎlùn, 一整套方法 yìzhěngtào fāngfǎ

meticulous ADJ 注意细节的 zhùyì xìjié de, 十分谨慎的 shífēn jǐnshèn de

metric ADJ 公制的 gōngzhì de, 十进制的 shíjìnzhì de

metric system 公制 gōngzhì, 十进制 shíjìnzhì

metro N 地下铁路系统 dìxià tiělù xìtǒng

metropolis N 大城市 dà chéngshì, 大都会 dà dūhuì

metropolitan ADJ 大城市的 dà chéngshì de, 大都会的 dà dūhuì de

mettle N 勇气 yǒngqì, 毅力 yìlì

Mexican I ADJ 墨西哥的 Mòxīgēde **II** N **1** 墨西哥语 Mòxīgēyǔ **2** 墨西哥人 Mòxīgērén

mezzanine N **1** 夹层楼 jiācénglóu, 夹楼 jiālóu **2**（剧院）底层楼厅的前面几排 (jùyuàn) dǐcéng lóu tīng de qiánmian jǐ pái

mice See **mouse**

microbe N 微生物 wēishēngwù

microbiologist N 微生物学家 wēishēngwùxuéjiā

microbiology N 微生物学 wēishēngwùxué

microchip N 微晶片 wēijīngpiàn [M. WD 块 kuài], 微芯片 wēixìnpiàn [M. WD 块 kuài]

microcomputer N 微型电脑 wēixíng diànnǎo, 微机 wēijī

microcosm N 微观世界 wēiguān shìjiè, 缩影 suōyǐng

microfiche N 微缩胶片 wēisuō jiāopiàn

microfilm N 微缩胶卷 wēisuō jiāojuǎn

microorganism N 微生物 wēishēngwù

microphone (ABBREV **mike**) N 扩音器 kuòyīnqì, 麦克风 màikèfēng

microprocessor N（计算机）微处理器 (jìsuànjī) wēichǔlǐqì

microscope N 显微镜 xiǎnwēijìng [M. WD 台 tái/架 jià]

microscopic ADJ 微小的 wēixiǎo de, 显微镜的 xiǎnwēijìng de

microwave (stove) N 微波炉 wēibōlú

midair N 空中 kōngzhōng

midday N 中午 zhōngwǔ, 午间 wǔjiān

middle I N 中间 zhōngjiān, 中部 zhōngbù □ In the middle of the garden is a small fountain. 花园中间有一个小喷泉。Huāyuán zhōngjiān yǒu yí ge xiǎo pēnquán. □ A couple of runners collapsed in the middle of the marathon. 有几个跑步者在马拉松赛跑中途倒地了。Yǒu jǐ ge pǎobùzhě zài mǎlāsōng sàipǎo zhōngtú dǎodì le.

II ADJ 中间的 zhōngjiān de □ He isn't too ambitious, and is perfectly happy with a position in middle management. 他不是很有野心，在中级管理层有一个职位就很满足了。Tā bú shì hěn yǒu yěxīn, zài zhōngjí guǎnlǐcéng yǒu yí ge zhíwèi jiù hěn mǎnzú le.

Middle Ages 中世纪（年代）Zhōngshìjì (niándài)

Middle America ① (美国) 中部地区 (Měiguó) zhōngbù dìqū ② 美国中产阶级 Měiguó zhōngchǎnjiējí

middle class 中产阶级 zhōngchǎn jiējí

Middle East 中东（地区）Zhōngdōng (dìqū)

middle finger 中指 zhōng zhǐ

middle name 中名 zhōng míng

middle school（美国）初级中学 (Měiguó) chūjí zhōngxué, 初中 chūzhōng

middle-aged N 中年 zhōngnián

middleman N 中间人 zhōngjiānrén, 中间商 zhōngjiānshāng

middle-of-the-road ADJ 中间路线的 zhōngjiān lùxiàn de, 温和的 wēnhé de

midget N 矮人 ǎirén, 矮子 ǎizi

midlife crisis N 中年危机 zhōngnián wēijī

midnight N 午夜 wǔyè, 半夜 bànyè

midriff N 腹部 fùbù

midst N (in the midst) 在…中间 zài…zhōngjiān

midterm N **1** 期中考试 qīzhōng kǎoshì **2**（官员任职的）中期 (guānyuán rènzhí de) zhōngqī

midway ADJ, ADV 中途（的）zhōngtú (de)

midweek ADJ, ADV 在一周中 zài yì zhōu zhōng

Midwest N（美国）中西部 (Měiguó) zhōngxī bù

midwife N 助产士 zhùchǎnshì, 接生员 jiēshēngyuán

miffed ADJ 有点恼火的 yǒudiǎn nǎohuǒ de

might¹ MODAL V **1** 可能 kěnéng, 或许 huòxǔ □ I might be wrong, but he did say something about tomorrow. 我可能错了，不过他确实提到明天。Wǒ kěnéng cuò le, búguò tā quèshí tídao míngtiān. **2** 可以 kěyǐ □ Might I speak to you for a moment? 我可以和你说一会儿话吗？Wǒ kěyǐ hé nǐ shuō yíhuìr huà ma? **3** 不妨 bùfáng

might as well 还是 háishi, 还不如 hái bùrú □ You might as well go now. 你还是现在就走吧。Nǐ háishi xiànzài jiù zǒu ba.

might² N 威力 wēilì, 力量 lìliang

Might is right. 强权即公理。Qiángquán jí gōnglǐ.

mighty ADJ **1** 极其强大的 jíqí qiángdà de □ The mighty hurricane destroyed coastal cities. 强大的飓风破坏了沿海城市。Qiángdà de jùfēng pòhuàile yánhǎi chéngshì. **2** 巨大的 jùdà de, 庞大的 pángdà de

migraine N 偏头痛 piāntóutòng

migrant N **1**（经济）移民 (jīngjì) yímín **2** 候鸟 hòuniǎo, 迁徙动物 qiānxǐ dòngwù

migrate V **1** 移民 yímín, 移民 yímín **2** 迁徙 qiānxǐ □ Large numbers of birds migrate to South America in winter. 大量的鸟类在冬天迁徙到南美洲。Dàliàng de niǎolèi zài dōngtiān qiānxǐ dào Nánměizhōu.

migration N 移居 yíjū, 迁移 qiānyí

migratory ADJ 移居的 yíjū de, 迁徙的 qiānxǐ de

mike See **microphone**

mild ADJ 1 温和的 wēnhé de, 轻微的 qīngwēi de 2 淡的（味道）dàn de (wèidao)

mildew N 霉（菌）méi（jùn）

mile N 英里 yīnglǐ □ The new airport is about 20 miles south of the city center. 新机场在市中心南面大约二十英里。Xīn jīchǎng zài shì zhōngxīn nánmiàn dàyuē èrshí yīnglǐ.

mileage N 1 行车里程 xíngchē lǐchéng 2 利益 lìyì, 好处 hǎochu

milestone N 里程碑 lǐchéngbēi [M. WD 块 kuài]

milieu N 生活环境 shēnghuó huánjìng

militant I ADJ 激进的 jījìn de II N 战斗人员 zhàndòurényuán

militarism N 军国主义 jūnguó zhǔyì

militaristic ADJ 军国主义的 jūnguó zhǔyì de

military I ADJ 军事的 jūnshì de □ Using military means should be the last resort. 使用军事手段应该是最后的办法。Shǐyòng jūnshì shǒuduàn yīnggāi shì zuìhòu de bànfǎ.
II N 军队 jūnduì

militate V (to militate against) 阻止 zǔzhǐ, 妨碍 fáng'ài

militia N 民兵 mínbīng

milk N 1 奶 nǎi □ Mother's milk is the best food for babies. 母奶是婴儿最好的食物。Mǔnǎi shì yīng'ér zuì hǎo de shíwù.
2 牛奶 niúnǎi
milkman 送牛奶的工人 sòng niúnǎi de gōngrén
milk powder 奶粉 nǎifěn
milk shake 泡沫牛奶 pàomò niúnǎi, 奶昔 nǎixī
3 乳液 rǔyè
II V 1 挤奶 jǐ nǎi 2 榨取 zhàqǔ

milky ADJ 1 多奶的 duō nǎi de 2 乳白色的 rǔbáisè de

Milky Way N 银河 Yínhé

mill N 1（工）厂（gōng）chǎng □ The paper mill was heavily fined for polluting the river. 造纸厂因为污染了河流而被重罚。Zàozhǐchǎng yīnwèi wūrǎnle héliú ér bèi zhòng fá. 2 磨粉机 mòfěnjī
cotton mill 棉纺织厂 miánfǎngzhīchǎng
steel mill 钢铁厂 gāngtiěchǎng
II V 1 将 [+谷物] 磨碎 jiāng [+gǔwù] mósuì 2 (to mill around) 来回乱转 láihuí luàn zhuàn

millennial ADJ（一）千年的（yì）qiānnián de

millennium N（一）千年（yì）qiānnián

millet N 小米 xiǎomǐ [M. WD 颗 kē/粒 lì]

milligram N 毫克 háokè

milliliter N 毫升 háoshēng

millimeter N 毫米 háomǐ

millinery N 帽类 màolèi

million NUM 百万 bǎiwàn □ This city has a population of about two million. 这个城市大约有两百万人口。Zhè ge chéngshì dàyuē yǒu liǎng bǎiwàn rénkǒu.
millions 数百万的 shù bǎiwàn de, 很多的 hěn duō de

millionaire N 百万富翁 bǎiwàn fùwēng

mime I N 1 哑剧 yǎjù 2 做手势（来表达意思）zuò shǒushì (lái biǎodá yìsi) II V 演哑剧 yǎn yǎjù

mimic I V 模仿（他人）mófǎng (tārén) II N 滑稽模仿表演 gǔjī mófǎng biǎoyǎn

mince V 1 把 [+食物] 剁碎 bǎ [+shíwù] duòsuì 2 吞吞吐吐地说话 tūntūn tǔtǔ de shuōhuà
not to mince one's words 直截了当地说 zhíjié liǎodàng de shuō

mincemeat N 百果馅 bǎiguǒxiàn
to make mincemeat of sb 彻底打败某人 chèdǐ dǎbài mǒurén

mind N 1 头脑 tóunǎo, 心智 xīnzhì □ Zen Buddhism teaches one how to achieve complete peace of mind. 佛教禅宗教人怎样取得完全平静的心态。Fójiào chánzōng jiāo rén zěnyàng qǔdé wánquán píngjìng de xīntài. 2 心思 xīnsi, 主意 zhǔyi □ Are you quite sure in your own mind what you really want? 你心里确实明白想要什么吗？Nǐ xīnlǐ quèshí míngbai xiǎng yào shénme ma?
to change one's mind 改变主意 gǎibiàn zhǔyì
to make up one's mind 打定主意 dǎdìng zhǔyì, 决定 juédìng □ Once I've made up my mind, I won't change it. 我一旦决定，不会改变。Wǒ yídàn juédìng, bú huì gǎibiàn.
to keep/bear in mind 记住 jìzhu □ I will keep your wishes in mind. 我会记住你的愿望。Wǒ huì jìzhu nǐ de yuànwang.
II V 1 在意 zàiyì □ I don't mind doing overtime, so long as I'm paid for it. 我不在意加班，只要付我钱。Wǒ bú zàiyì jiābān, zhǐyào fù wǒ qián. 2 注意 zhùyì, 留神 liúshén □ Mind your manners. 注意自己的言行。Zhùyì zìjǐ de yánxíng. 3 照看 zhàokān, 管理 guǎnlǐ □ Mind your own business. 管好你自己的事。Guǎnhǎo nǐ zìjǐ de shì.

mind-boggling ADJ 难以想象的 nányǐ xiǎngxiàng de

mindful ADJ 留意的 liúyì de, 记住的 jìzhu de

mindless ADJ 1 不动脑子的 búdòng nǎozi de 2 没有脑子的 méiyǒu nǎozi de, 愚笨的 yúbèn de

mine¹ PRON 我的 wǒ de □ No, this is not my laptop; mine is a Dell. 这不是我的笔记本电脑，我的是戴尔牌的。Zhè bú shì wǒ de bǐjìběn diànnǎo, wǒ de shì Dài'ěr pái de.

mine² I N 矿 kuàng □ It's no longer profitable to work this mine. 再开采这个矿，已经无利可图了。Zài kāicǎi zhè ge kuàng, yǐjīng wú lì kě tú le.
coal mine 煤矿 méikuàng
gold mine 金矿 jīnkuàng
II V 开矿 kāikuàng, 采矿 cǎikuàng

minefield N 布雷区 bùléiqū

miner N 矿工 kuànggōng

mineral N 矿物质 kuàngwùzhì □ This spring water is rich in minerals. 这里的泉水含有多种矿物质。Zhèlǐ de quánshuǐ hányǒu duō zhǒng kuàngwùzhì.
mineral water 矿泉水 kuàngquánshuǐ

minesweeper N 扫雷艇 sǎoléitǐng [M. WD 艘 sōu]

mingle V（使…）混合（shǐ…）hùnhé

mini ADJ 小型的 xiǎoxíng de

miniature I ADJ 微型的 wēixíng de
miniature golf 小型高尔夫球场 xiǎoxíng gāo'ěrfū qiúchǎng
II N 1 微型复制品 wēixíng fùzhìpǐn 2 袖珍画像 xiùzhēn huàxiàng

minimal ADJ 极小的 jí xiǎo de, 极少的 jí shǎo de

minimize V 把…降低到最小限度 bǎ…jiàngdī dào zuì xiǎo xiàndù

minimum I N 最小量 zuì xiǎo liáng, 最低限度 zuì dī xiàndù II ADJ 最小 zuì xiǎo, 最少 zuì shǎo
minimum wage 最低工资 zuì dī gōngzī

mining N 采矿（业）cǎikuàng（yè）

miniseries N（电视）连续短片（diànshì）liánxù duǎnpiàn

miniskirt N 超短裙 chāoduǎnqún [M. WD 条 tiáo]

minister N 1 部长 bùzhǎng □ What is called "secretary" in the U.S., as in "Secretary of Education", is called "minister", as in "Minister of Education" in most other countries. 在美国称作 secretary 的，如 Secretary of Education，在大多数其他国家称作 minister，例如 Minister of Education。Zài Měiguó chēngzuò "secretary" de, rú "Secretary of Education", zài dàduōshù qítā guójiā chēngzuò "minister", lìrú "Minister of Education". 2 牧师 mùshi □ The new minister of the local Presbyterian church is a young man with an angelic face. 当地长老会教堂的新牧师是一位长着天使般面容的年轻人。Dāngdì zhǎnglǎohuì jiàotáng de xīn mùshi shì yí wèi zhǎngzhe tiānshǐbān miànróng de niánqīng rén.
II V 1 当牧师 dāng mùshi 2 (to minister to) 帮助 bāngzhù

ministerial ADJ 部长的 bùzhǎng de, 牧师的 mùshi de

ministry N 1（政府）部（zhèngfǔ）bù □ The Chinese Ministry of Foreign Affairs issued an important statement yesterday. 中

国外交部昨天发表了重要声明。Zhōngguó Wàijiāobù zuótiān fābiǎole zhòngyào shēngmíng. **2** 牧师的职责 mùshī de zhízé □ Jonathan's decision to enter the ministry was supported by his parents. 詹纳森决定担任牧师职务, 得到父母的支持。Zhānnàsēn juédìng dānrèn mùshī zhíwù, dédao fùmǔ de zhīchí.

minivan N 小型客车 xiǎoxíng kèchē [M. WD 辆 liàng], 面包车 miànbāochē [M. WD 辆 liàng]

mink N 水貂（皮）shuǐdiāo (pí)

minor I ADJ 次要的 cìyào de, 不很重要的 bú hěn zhòngyào de II N 未成年人 wèi chéngniánrén III V 副修 fùxiū □ Helen majors in political science and minors in Arabic. 海伦主修政治学, 副修阿拉伯文。Hǎilún zhǔxiū Zhèngzhìxué, fùxiū Ālābówén.

minority N 少数 shǎoshù

Minor league N (美国)职业棒球小联盟 (Měiguó) Zhíyè bàngqiú xiǎo liánméng

minstrel N 歌手 gēshǒu

mint[1] I V 1 创造（新词）chuàngzào (xīncí) **2** 授予学位 shòuyǔ xuéwèi

a newly minted graduate 一位新获得学位的大学毕业生 yíwèi xīn huòdé xuéwèi de dàxué bìyèshēng

II N 铸币厂 zhùbìchǎng [M. WD 座 zuò]

to make a mint 赚一大笔钱 zhuàn yí dà bǐ qián

III ADJ (in mint condition) 崭新的 zhǎnxīn de

mint[2] 薄荷 bòhe, 薄荷糖 bòhetáng [M. WD 块 kuài]

minty ADJ 有薄荷味的 yǒu bòhe wèi de

minus I V PREP 1 减去 jiǎnqù □ 20 minus 4 is 16. 20减去4等于16。Èrshí jiǎnqù sì děngyú shíliù. **2** 少了 shǎole, 缺少 quēshǎo

II N 1 减号 jiǎnhào, 负号 fùhào

minus sign 减号 jiǎnhào, 负号 fùhào (−)

2 缺点 quēdiǎn

III ADJ 1 零下 língxià

minus 10° 零下十度 língxià shí dù (−10˚)

2（学校分数）减 (xuéxiào fēnshù) jiǎn

B minus B减 B jiǎn (B−)

minuscule ADJ 极其微小的 jíqí wēixiǎo de

minute[1] N 分 fēn, 分钟 fēnzhōng □ It's four minutes to 12 o'clock. 现在是十二点差四分。Xiànzài shì shí'èr diǎn chà sì fēn.

at the last minute 最后一刻 zuì hòu yí kè □ She decided to go with me at the last minute. 她在最后一刻决定和我一起去。Tā zài zuì hòu yí kè juédìng hé wǒ yìqǐ qù.

at any minute 随时 suíshí, 马上 mǎshàng □ Father may come home any minute now. 父亲现在随时可能回家。Fùqin xiànzài suíshí kěnéng huíjiā.

minute[2] ADJ 极小的 jíxiǎo de, 微小的 wēixiǎo de

minutes N（会议）记录 (huìyì) jìlù

to keep minutes 做（会议）记录 zuò (huìyì) jìlù

miracle N 奇迹 qíjì □ It's a miracle that he survived the accident! 他经过那次事故而没有死, 真是奇迹! Tā jīngguò nà cì shìgù ér méiyǒu sǐ, zhēnshì qíjì!

miraculous ADJ 奇迹般的 qíjì bān de, 神奇的 shénqí de

mirage N 海市蜃楼 hǎishì shènlóu

mire I N 1 泥潭 nítán **2** 困境 kùnjìng II V 1 使…陷入泥潭 shǐ…xiànrù nítán **2** 使…陷入困境 shǐ…xiànrù kùnjìng

mirror I N 镜子 jìngzi □ The bathroom mirror gets fogged up after a hot bath. 洗了热水澡以后, 浴室里的镜子蒙上了水汽。Xǐle rèshuǐ zǎo yǐhòu, yùshì lǐ de jìngzi méngshangle shuǐqì.

mirror image ① 非常相像的事物 fēicháng xiāngxiàng de shìwù ② 完全相反的事物 wánquán xiāngfǎn de shìwù

rearview mirror 后视镜 hòushì jìng

II V 与…完全一样 yǔ…wánquán yíyàng

mirth N 欢乐 huānlè

misadventure N 灾祸 zāihuò, 不幸 búxìng

misapprehension N 误会 wùhuì, 误解 wùjiě

misappropriate V 挪用 nuóyòng, 盗用 dàoyòng

misappropriation N 挪用 nuóyòng, 盗用 dàoyòng

misbehave V 行为不端 xíngwéi bùduān, 做坏事 zuò huàishì

miscalculate V 1 误算[+开支] wù suàn [+kāizhī] **2** 错误估计[+形势] cuòwù gūjì [+xíngshì], 错误判断 cuòwù pànduàn

miscalculation N 1 误算 wù suàn **2** 错误估计 cuòwù gūjì, 错误判断 cuòwù pànduàn

miscarriage N 流产 liúchǎn, 小产 xiǎochǎn

miscarry V 流产 liúchǎn, 小产 xiǎochǎn

miscellaneous ADJ 各种各样的 gèzhǒng gèyàng de, 混杂的 hùnzá de

miscellaneous expenses 杂费 záfèi

mischief N 调皮捣乱 tiáopí dǎoluàn □ Busy work can keep you out of mischief. 工作忙了, 可以让你没有时间调皮捣乱。Gōngzuò máng le, kěyǐ ràng nǐ méiyǒu shíjiān tiáopí dǎoluàn.

mischievous ADJ 调皮捣乱的 tiáopí dǎoluàn de

misconception N 错误想法 cuòwù xiǎngfǎ, 误解 wùjiě

misconduct N 行为不端 xíngwéi bùduān

misconstrue V 误解 wùjiě

misdeed N 错误行为 cuòwù xíngwéi, 违法行为 wéifǎ xíngwéi

misdemeanor N 轻罪 qīngzuì

misdirect V 1 错误地使用 cuòwù de shǐyòng **2** 把…送错地方 bǎ…sòngcuò dìfang

miser N 守财奴 shǒucáinú, 小气鬼 xiǎoqiguǐ

miserable ADJ 悲惨的 bēicǎn de

miserly ADJ 1 吝啬 lìnsè, 小气的 xiǎoqi de **2** 少得可怜的 shǎo dé kělián de

misery N 苦难 kǔnàn, 痛苦 tòngkǔ

misfit N 格格不入的人 gégé bùrù de rén, 不适应环境的人 bú shìyìng huánjìng de rén

misfortune N 不幸 búxìng

misgiving N 疑虑 yílǜ, 担忧 dānyōu

misguided ADJ 事与愿违的 shì yǔ yuàn wéi de, 帮倒忙的 bāngdàománg de

mishandle V 对…处理不当 duì…chǔlǐ búdàng

mishap N 小过失 xiǎo guòshī, 小事故 xiǎo shìgù

misinform V 向…提供错误信息 xiàng…tígōng cuòwù xìnxī

misinterpret V 曲解 qūjiě, 误解 wùjiě

misjudge V 错误判断 cuòwù pànduàn, 误判 wùpàn

mislaid See mislay

mislay (PT & PP **mislaid**) V 忘记把[钥匙+]放在哪里 wàngjì bǎ [yàoshi+] fàng zài nǎli

mislead (PT & PP **misled**) V 误导 wùdǎo

misleading ADJ 误导的 wùdǎo de

misled See mislead

mismanage V 管理不善 guǎnlǐ búshàn, 错误处置 cuòwù chǔzhì

mismanagement N 管理不善 guǎnlǐ bú shàn, 处置失当 chǔzhì shīdàng

mismatch N 错误的搭配 cuòwù de dāpèi

mismatched ADJ 不成对的 bù chéngduì de

mismatched gloves 不成对的手套 bù chéngduì de shǒutào

misnomer N 错误的名称 cuòwù de míngchēng

misogynist N 憎恨女性的人 zēnghèn nǚxìng de rén

misogyny N 对女性的憎恨 duì nǚxìng de zēnghèn, 厌女症 yànnǚzhēng

misplace V 错放 cuò fàng

misplaced ADJ 错给的 cuò gěi de, 不应该给予的 bù yīnggāi jǐyǔ de

misprint N 印刷错误 yìnshuā cuòwù

misquote V 错误地使用 cuòwù de shǐyòng, 错误地引述 cuòwù de yǐnshù

misread (PT & PP **misread**) V 1 错误地判断 cuòwù de pànduàn **2** 读错 dú cuò

misrepresent v（故意）错误地描述 (gùyì) cuòwù de miáoshù

miss¹ I v 1 错过 cuòguò □ He missed the last bus. 他错过了最后一班公共汽车。Tā cuòguòle zuìhòu yìbān gōnggòng qìchē. □ If you miss this chance, there may not be a second chance. 如果你错过这个机会，可能不会有第二次机会了。Rúguǒ nǐ cuòguò zhè cì jīhuì, kěnéng bú huì yǒu dì'èr cì jīhuì le. 2 想念 xiǎngniàn, 怀念 huáiniàn □ She missed those long summer afternoons by the seaside. 她怀念在海边度过的漫长的夏日午后。Tā huáiniàn zài hǎibiān dùguò de màncháng de xiàrì wǔhòu. II N 失误 shīwù

A miss is as good as a mile. 因小失误失败，终究也是失败。Yīn xiǎo shīwù shībài, zhōngjiū yě shì shībài.

miss² N 小姐 xiǎojiě □ Miss Williams, our English teacher, thoroughly enjoys being a single woman. 我们的英文老师威廉小姐非常喜欢单身的生活。Wǒmen de Yīngwén lǎoshī Wēiliánshì xiǎojiě fēicháng xǐhuan dānshēn de shēnghuó.

misshapen ADJ 畸形的 jīxíng de, 变形的 biànxíng de

missile N 导弹 dǎodàn [M. WD 枚 méi]

missing ADJ 1 失踪的 shīzōng de

a missing person 失踪者 shīzōngzhě

2 丢失的 diūshī de, 找不到的 zhǎobudào de

a missing document 一份丢失的文件 yí fèn diūshī de wénjiàn

3 缺少的 quēshǎo de, 漏掉的 lòudiào de

missing link 缺少的一环 quēshǎo de yì huán

mission N 1 使命 shǐmìng □ Their mission was to bring relief supplies to the villages. 他们的使命是把救济物资运到村庄。Tāmen de shǐmìng shì bǎ jiùjì wùzī yùndao cūnzhuāng. 2 代表团 dàibiǎotuán □ Canada will send a trade mission to China. 加拿大将派一个贸易代表团去中国。Jiānádà jiāng pài yí ge màoyì dàibiǎotuán qù Zhōngguó. 3 传教 chuánjiào, 布道 bùdào

missionary N 传教士 chuánjiàoshì

misspell v (PT & PP **misspelled, misspelt**) 拼错 pīn cuò

misspelling N 拼写错误 pīnxiě cuòwù

misspend (PT & PP **misspent**) v 使用不当 shǐyòng bùdang, 滥用 lànyòng

misspent v See misspend

misstep N 失误 shīwù, 失策 shīcè

mist I N 雾气 wùqì, 水蒸气 shuǐzhēngqì □ The woods are shrouded in a thick mist. 树林笼罩在浓雾中。Shùlín lǒngzhào zài nóng wù zhōng. II v 蒙上雾气 méng shàng wùqì □ When I drink coffee, my glasses mist over. 我喝咖啡时，眼镜蒙上了雾气。Wǒ hē kāfēi shí, yǎnjìng méngshàngle wùqì.

mistake I N 错误 cuòwù, 过失 guòshī □ There are too many spelling mistakes in your essay. 你的文章里拼写错误太多。Nǐ de wénzhāng lǐ pīnxiě cuòwù tài duō. II v (PT **mistook**; PP **mistaken**) 1 误会 wùhuì, 误解 wùjiě 2 把…误认为 bǎ…wùrènwéi

mistaken I v See mistake II ADJ 弄错的 nòngcuò de

mister See Mr.

mistletoe N 槲寄生 hújìshēng

mistook See mistake

mistreat v 虐待 nüèdài

mistreatment N 虐待 nüèdài

mistress N 1 情妇 qíngfù 2 女主人 nǚzhǔren

mistrial N 无效审判 wúxiào shěnpàn

mistrust N, v 不信任 bú xìnrèn

mistrustful ADJ 不信任的 bú xìnrèn de

misty ADJ 有雾的 yǒu wù de, 多雾的 duō wù de

misunderstand v 误解 wùjiě, 误会 wùhuì

misunderstanding N 误解 wùjiě, 误会 wùhuì

misuse I v 1 用错 yòngcuò 2 滥用 [+公款] lànyòng [+gōngkuǎn] II N 1 错用 cuòyòng 2 滥用 lànyòng

mite¹ N 螨 mǎn, 螨虫 mǎnchóng

mite² N (a mite of) 有点儿 yǒudiǎnr

mitigate v 减少 jiǎnshǎo, 减轻 jiǎnqīng

mitigation N 减少 jiǎnshǎo, 减轻 jiǎnqīng

mitt N 防护手套 fánghù shǒutào [M. WD 只 zhī/副 fù]

boxing mitt 拳击手套 quánjí shǒutào

mitten N 连指手套 lián zhǐ shǒutào [M. WD 只 zhī/副 fù]

mix I v 1 混合 hùnhé 2 和 [+不很熟的人] 交往 hé [+bù hěn shú de rén] jiāowǎng

to mix up 弄混 nòng hùn, 混淆 hùnxiáo

II N 混合（物）hùnhé (wù)

mixed ADJ 混合的 hùnhé de

mixed marriage 异族通婚 yìzú tōnghūn, 异教通婚 yìjiào tōnghūn

mixer N（食物）搅拌器 (shíwù) jiǎobànqì

mixture N 混合物 hùnhéwù □ Have you prepared the cake mixture? 你拌好了做蛋糕的面团了吗? Nǐ bànhǎole zuò dàngāo de miàntuán le ma?

mix-up N 乱中出错 luàn zhōng chū cuò, 错误 cuòwù

moan I v 1 呻吟 shēnyín 2 抱怨 bàoyuàn II N 1 呻吟（声）shēnyín (shēng) 2 怨声 yuàn shēng

moat N 护城河 hùchénghé

mob I N（一群）暴民 (yìqún) bàomín II v 围住 wéizhù

mobile ADJ 移动的 yídòng de, 流动的 liúdòng de

mobile clinic 流动诊所 liúdòng zhěnsuǒ

mobile home 流动住房 liúdòng zhùfáng

mobile phone 移动电话 yídòng diànhuà, 手机 shǒujī

mobility N 流动性 liúdòngxìng

upward mobility 提升（社会）地位 tíshēng (shèhuì) dìwèi

mobilization N 动员 dòngyuán

mobilize v 动员 dòngyuán, 调动 diàodòng

mobster N 犯罪集团成员 fànzuì jítuán chéngyuán, 暴徒 bàotú

mock I v 嘲笑 cháoxiào, 嘲弄 cháonòng II ADJ 1 模拟的 mónǐ de

a mock trial 模拟审判 mónǐ shěnpàn

2 装出来的 zhuāngchūlái de, 假装的 jiǎzhuāng de

mock indignation 装作愤怒的样子 zhuāngzuò fènnù de yàngzi

mockery N 1 无用的东西 wúyòng de dōngxi

to make a mockery of 使…变得无用 shǐ…biàn de wúyòng

2 嘲弄 cháonòng

mockingbird N 嘲鸫（鸟）cháodōng (niǎo) [M. WD 只 zhī]

modal verb N 情态动词 qíngtài dòngcí

mode N 方式 fāngshì, 模式 móshì

model N 1 模特儿 mótèr □ How much can a top model earn in a year? 一个顶级的模特儿一年可以挣多少钱? Yí ge dǐngjí de mótèr yìnián kěyǐ zhèng duōshǎo qián? 2 模型 móxíng □ Uncle Justin is still fascinated by model trains. 贾斯丁叔叔仍然对模型火车入迷。Jiǎsīdīng shūshu réngrán duì móxíng huǒchē rùmí. 3 型号 xínghào □ The new model proved very popular. 这种新型号很受欢迎。Zhè zhǒng xīn xínghào hěn shòu huānyíng. 4 榜样 bǎngyàng □ The principal praised him as a model of service and dedication. 校长赞扬他是服务和献身的榜样。Xiàozhǎng zànyáng tā shì fúwù hé xiànshēn de bǎngyàng. II ADJ 1 模范的 mófàn de, 楷模的 kǎimó de

a model student 模范学生 mófàn xuésheng

2 模型（的）móxíng (de)

model train 火车模型 huǒchē móxíng

III v 1 当模特儿 dāng mótèr 2 以…为榜样 yǐ…wéi bǎngyàng

to model oneself after sb 以某人为榜样 yǐ mǒurén wéi bǎngyàng

be modeled on sth 仿照某物 fǎngzhào mǒuwù

modeling N 1 模特儿的工作 mótèr de gōngzuò 2 模型制作 móxíng zhìzuò

modem N 调制调解器 tiáozhì tiáojiěqì

moderate I ADJ 适度的 shìdù de, 不偏激的 bù piānjī de II V 1 主持 [+辩论会] zhǔchí [+biànlùnhuì] 2 调解 [+争执] tiáojiě [+zhēngzhí] 3 使 [+观点] 和缓 shǐ [+guāndiǎn] héhuǎn III N 温和派 (人士) wēnhépài (rénshì)

moderation N 1 缓和 huǎnhé 2 节制 jiézhì, 不过分 bú guòfēn
in moderation 适度地 shìdù de, 有节制地 yǒu jiézhì de

moderator N 1 主持人 zhǔchírén 2 调解人 tiáojiě rén

modern ADJ 1 现代的 xiàndài de □ I'm very interested in modern Chinese history. 我对中国现代历史非常感兴趣。Wǒ duì Zhōngguó xiàndài lìshǐ fēicháng gǎnxìngqu. 2 现代化的 xiàndàihuà de □ This modern building does not match the surrounding classic architecture. 这幢现代化大楼和周围的古典建筑不相配。Zhè zhuàng xiàndàihuà dàlóu hé zhōuwéi de gǔdiǎn jiànzhù bù xiāngpèi. 3 新式的 xīnshì de, 时髦的 shímáo de

modernization N 现代化 xiàndàihuà

modernize V 使…现代化 shǐ…xiàndàihuà

modest ADJ 1 谦虚的 qiānxū de □ The firefighter was very modest about his heroism. 救火员对自己的英雄行为十分谦虚。Jiùhuǒyuán duì zìjǐ de yīngxióng xíngwéi shífēn qiānxū. 2 朴素的 pǔsù, 不起眼的 bù qǐyǎn de □ I was surprised that the mayor lived in such a modest house. 我很惊讶，市长竟然住在这样不起眼的房子里。Wǒ hěn jīngyà, shìzhǎng jìngrán zhù zài zhèyàng bù qǐyǎn de fángzi lǐ.

modesty N 谦虚 qiānxū

modicum N 少量 shǎoliàng, 一点 yìdiǎn

modification N 修改 xiūgǎi, 调节 tiáo jié

modifier N 修饰语 xiūshìyǔ

modify V 修改 xiūgǎi, 调节 tiáojié

modular ADJ 模块化的 mókuàihuà de

modulate V 调节 tiáojié, 调整 tiáozhěng

modulation N 调节 tiáojié, 调整 tiáozhěng

module N 1 单元 dānyuán, 部件 bùjiàn 2 (计算机软件) 模块 (jìsuànjī ruǎnjiàn) mókuài 3 (宇宙飞船) 分离舱 (yǔzhòu fēichuán) fēnlícāng

mohair N 马海毛绒 mǎhǎimáoróng

Mohammed N 穆罕默德 (伊斯兰教领袖) Mùhǎnmòdé (Yīsīlánjiào lǐngxiù)

moist ADJ 湿润的 shīrùn de, 潮湿的 cháoshī de

moisten V 使…湿润 shǐ…shīrùn

moisture N 湿气 shīqi, 水汽 shuǐqì

moisturizer N 润肤膏 rùnfūgāo

molar N 臼齿 jiùchǐ [M. WD 颗 kē], 磨牙 móyá

molasses N 糖浆 tángjiāng

mold¹ N 1 模具 mújù, 模式 móshì
to break the mold 打破模式 dǎpò móshì
2 类型 lèixíng, 气质 qìzhì
the mold of a typical businessman 典型商人的气质 diǎnxíng shāngrén de qìzhì
3 霉 (菌) méi (jūn)

mold² V 1 用模具制作 [+蛋糕] yòng mújù zhìzuò [+dàngāo] 2 塑造 [+青年人] sùzào [+qīngniánrén]

molder V 腐烂 fǔlàn, 烂掉 làndiào

molding N 1 模制件 mózhìjiàn 2 装饰线条 zhuāngshì xiàntiáo

moldy ADJ 发霉的 fāméi de

mole N 1 (色素) 痣 (sèsù) zhì 2 内奸 nèijiān, 奸细 jiānxi 3 鼹鼠 yǎnshǔ

molecule N 分子 fènzǐ

molest V (性) 骚扰 (xìng) sāorǎo, 猥亵 wěixiè

mollify V 安抚 ānfǔ, 平息怒气 píngxī nùqì

molt V [动物+] 蜕皮 [dòngwù+] tuìpí, [鸟+] 换羽 [niǎo+] huànyǔ

molten ADJ 熔化的 rónghuà de

mom N 妈妈 māma

moment N 1 片刻 piànkè, 一会儿 yíhuìr □ I'll be back in a moment. 我一会儿就回来。Wǒ yíhuìr jiù huílai. 2 那时 nàshí, 正在那时 zhèngzài nàshí □ At that moment, his cell phone rang. 正在那时，他的手机铃响了。Zhèngzài nàshí, tā de shǒujī líng xiǎng le. 3 时机 shíjī □ This is not the right moment to ask for a raise. 这不是要求加薪的好时机。Zhè bú shì yāoqiú jiāxīn de hǎo shíjī.
for the moment 暂时 zànshí

momentary ADJ 一时的 yìshí de, 片刻的 piànkè de

momentous ADJ 重大的 zhòngdà de, 重要的 zhòngyào de

momentum N 势头 shìtóu, 动力 dònglì

mommy N 妈咪 māmī

monarch N 君主 jūnzhǔ, 国王／女王 guówáng/nǚwáng

monarchy N 君主政体 jūnzhǔ zhèngtǐ

monastery N 修道院 xiūdàoyuàn [M. WD 座 zuò], 寺院 sìyuàn [M. WD 座 zuò]

Monday N 星期一 xīngqīyī, 周一 zhōuyī

monetary ADJ 货币的 huòbì de, 金融的 jīnróng de

money N 钱 qián, 金钱 jīnqián □ He had to borrow money from his parents to pay the tuition fee. 他得向父母借钱来付学费。Tā děi xiàng fùmǔ jiè qián lái fù xuéfèi.
Money makes the world turn. 有钱能使鬼推磨。Yǒu qián néng shǐ guǐ tuī mò. (→If you have money you can make the devil push your mill stone.)
money market 货币市场 huòbì shìchǎng
money order 汇票 huìpiào, 汇款单 huìkuǎndān

mongrel N 杂种狗 zázhǒng gǒu [M. WD 只 zhī/条 tiáo]

moniker N 绰号 chuòhào, 名号 mínghào

monitor I N 1 (机算计) 显示器 (jīsuànjī) xiǎnshìqì [M. WD 台 tái] 2 (安全) 监视器 (ānquán) jiānshìqì, 监护器 jiānhùqì 3 (学校) 班长 (xuéxiào) bānzhǎng, 级长 jízhǎng II V 1 监视 jiānshì, 监听 jiāntīng

monk N 修道士 xiūdào shì, 僧侣 sēnglǚ
Buddhist monk 和尚 héshang

monkey I N 猴 (子) hóu (zi) □ The monkeys in the zoo attract many children. 动物园里的猴子吸引很多孩子。Dòngwùyuán lǐ de hóuzi xīyǐn hěn duō háizi.
II V (to monkey around) 打闹 dǎnào, 捣蛋 dǎodàn

monkey wrench N 活动扳手 huódòngbānshǒu [M. WD 把 bǎ]

mono N 1 单声道音响系统 dān shēng dào yīnxiǎng xìtǒng 2 腺热 xiàn rè

monochrome ADJ 单色的 dānsè de, 黑白的 hēibái de

monogamy N 一夫一妻制 yìfūyìqīzhì

monogram N 字母组合图案 zìmǔ zǔ hé tú'àn

monolithic ADJ 1 宏伟的 [+大楼] hóngwěi de [+dàlóu] 2 庞大的 [+组织] pángdà de [+zǔzhī]

monologue N 独白 dúbái [M. WD 篇 piān]

monopolistic ADJ 垄断的 lǒngduàn de

monopolize V 垄断 lǒngduàn, 独占 dúzhàn

monopoly N 1 垄断 (权) lǒngduàn (quán) 2 垄断企业 lǒngduàn qǐyè

monorail N 单轨铁道 dānguǐ tiědào [M. WD 条 tiáo]

monosyllable N 单音节 dānyīnjié

monotone N 单调 dāndiào, 单调的声音 dāndiào de shēngyīn

monotonous ADJ 单调的 dāndiào de, 乏味的 fáwèi de

monsoon N 雨季 yǔjì

monster N 巨大的怪物 jùdà de guàiwu, 魔鬼 móguǐ

monstrosity N 巨大丑陋的东西 jùdà chǒulòu de dōngxi

monstrous ADJ 1 极大的 jídà de 2 极坏的 jí huài de

montage N 剪辑 jiǎnjí, 蒙太奇 Méngtàiqí

month N 月 yuè, 月份 yuèfèn

monthly I ADJ 每月的 měiyuè de, 每月一次的 měi yuè yícì de □ At their monthly meeting, teachers discussed workload

issues. 在每月例会上，老师们讨论工作量问题。Zài měiyuè lìhuìshang, lǎoshīmen tǎolùn gōngzuòliàng wèntí.
II N 每月 měi yuè □ Are you paid monthly or fortnightly? 你是每月还是每两周发工资？Nǐ shì měi yuè háishi měi liǎng zhōu fā gōngzī?
III N 月刊 yuèkān

monument N 纪念碑 jìniànbēi
monumental ADJ 1 伟大的 wěidà de, 不朽的 bùxiǔ dé 2 巨大的 jùdà de
moo N 牛哞声 niú mōu shēng, 哞 mōu
mooch V 乞讨 qǐtǎo, 讨 tǎo
mood N 1 情绪 qíngxu, 心情 xīnqíng □ Dad is often in a bad mood when he comes back from work. 爸爸下班回来心情常常不好。Bàba xiàbān huílái xīnqíng chángcháng bù hǎo.
in no mood to do sth 不想做某事 bù xiǎng zuò mǒushì
2 不好的心情 bù hǎo de xīnqíng
to be in a mood 心情不好 xīnqíng bù hǎo, 暗暗生气 àn'àn shēngqì
moody ADJ 情绪多变的 qíngxù duōbiàn de, 喜怒无常的 xǐnù wúcháng de
moon N 1 月 yuè, 月亮 yuèliang 2 月球 yuèqiú □ Scientists are talking about developing the moon. 科学家在谈上月球开发的事。Kēxuéjiā zài tán shàng yuèqiú kāifā de shì.
moonbeam N 月光 yuèguāng [M. WD 道 dào]
moonless ADJ 没有月亮的 méiyǒu yuèliang de
moonlight I N 月光 yuèguāng II V 从事第二职业 cóngshì dì'èr zhíyè, 兼职 jiānzhí
moonlighter N 从事第二职业的人 cóngshì dì'èr zhíyè de rén
moor[1] V 停泊 tíngbó
moor[2] N 荒野 huāngyě
mooring N 1 停泊地 tíngbódì 2 系泊用具 xìbó yòngjù
moose N (PL **moose**) 麋 mí, 驼鹿 tuólù [M. WD 头 tóu]
moot ADJ 1 没有结论的 méiyǒu jiélùn de
a moot point 还有争议的事 háiyǒu zhēngyì de shì
2 不会再发生的 búhuì zài fāshēng de, 不再重要的 búzài zhòngyào de
mop I N 1 拖把 tuōbǎ 2 蓬乱的头发 péngluàn de tóufa II V（用拖把）拖地板 (yòng tuōbǎ) tuō dìbǎn
mope V 闷闷不乐 mènmèn búlè
moped N 机动自行车 jīdòng zìxíngchē [M. WD 辆 liàng]
moral I ADJ 1 道德的 dàodé de □ You shouldn't always avoid moral judgment. 你不应该总是回避道德判断。Nǐ bù yīnggāi zǒngshì huíbì dàodé pànduàn. 2 有道德的 yǒu dàodé de □ They vow to lead a moral life. 他们发誓过有道德的生活。Tāmen fāshì guò yǒu dàodé de shēnghuó.
II N 教育意义 jiàoyù yìyì, 寓意 yùyì
morale N 士气 shìqì, 斗志 dòuzhì
moralistic ADJ 道德说教的 dàodé shuōjiào de
morality N 道德（观）dàodé (guān), 道德水准 dàodé shuǐzhǔn
moralize V 说教 shuōjiào, 训导 xùndǎo
morals N 道德（准则）dàodé（zhǔnzé）
loose morals 低下的道德准则 dīxià de dàodé zhǔnzé, 放荡的品行 fàngdàng de pǐnxíng
morass N 1 困境 kùnjìng 2 沼泽（地）zhǎozé (dì)
moratorium N 暂停 zàntíng
morbid ADJ 1 病态的 bìngtài de, 不健康的 bú jiànkāng de
2 疾病的 jíbìng de
more I ADJ 更多的 gèngduō de, 比较多的 bǐjiào duō de □ More students passed the exam this year than last year. 今年通过考试的学生比去年多。Jīnnián tōngguò kǎoshì de xuésheng bǐ qùnián duō. □ I need more time to do the homework. 我需要更多的时间来做作业。Wǒ xūyào gèngduō de shíjiān lái zuò zuòyè.
II PRON 更多的（东西）gèngduō de (dōngxi) □ I want to

learn more about the colleges before I make the final decision. 我想对这些大学有更多了解，再作最后决定。Wǒ xiǎng duì zhèxiē dàxué yǒu gèngduō liǎojiě, zài zuò zuìhòu juédìng.
III ADV 更 gèng, 比较 bǐjiào □ You'll have to be more careful next time. 下次你得更小心一点儿。Xià cì nǐ děi gèngxiǎoxīn yìdiǎnr.
more and more 越来越（多）yuèláiyuè (duō) □ His political views are more and more radicalized. 他的政治观点越来越激进了。Tāde zhèngzhì guāndiǎn yuèláiyuè jījìn le.
the more ... the more 越…越 yuè...yuè □ The more you know, the more you want to know. 你知道得越多，就越想知道更多。Nǐ zhīdàote yuè duō, jiù yuè xiǎng zhīdào gèng duō.
not any more 不再 búzài □ Mr. Brown is not working here any more. 布朗先生不再在这里工作了。Bùláng xiānsheng búzài zài zhèlǐ gōngzuò le.
moreover ADV 而且 érqiě, 此外 cǐwài
mores N 习俗 xísú
morgue N 停尸房 tíng shī fáng, 太平间 tàipíngjiān
Mormon I N 摩门教徒 Mómén jiào tú II ADJ 摩门教的 Móménjiào de
Mormonism N 摩门教 Móménjiào
morning N 1 上午 shàngwǔ (from 6.00 a.m. to 12 noon) □ They have a weekly staff meeting on Monday mornings. 他们每星期一上午开职工会议。Tāmen měi xīngqīyī shàngwǔ kāi zhígōng huìyì. □ For many elderly people, morning is the best time of a day. 对许多老年人来说，上午是最好的时间。Duì xǔduō lǎoniánrén láishuō, shàngwǔ shì zuì hǎo de shíjiān. 2 早上 zǎoshang (from 6.00 a.m.–8.00 a.m.)
morning glory 牵牛花 qiānniúhuā [M. WD 朵 duǒ/棵 kē]
moron N 白痴 báichī, 蠢货 chǔnhuò
morose ADJ 阴郁的 yīnyù de, 闷闷不乐的 mènmèn bú lè de
morph V 变形 biànxíng, 改变 gǎibiàn
morphine N 吗啡 mǎfēi
morphing N（计算机）图象渐变 (jìsuànjī) túxiàng jiànbiàn
Morse code N 莫尔斯密码 Mò'ěrsī mìmǎ
morsel N 一点儿食物 yìdiǎnr shíwù
mortal I ADJ 1 不会长生不老的 bú huì chángshēngbùlǎo de, 会死亡的 huì sǐwáng de 2 致命的 [+打击] zhìmìng de [+dǎjī]
mortal sin 弥天大罪 mítiān dàzuì
3 极度的 [+恐惧] jídù de [+kǒngjù]
II N 凡人 fánrén, 普通人 pǔtōngrén
mortality N 1 死亡率 sǐwánglǜ 2 终有一死 zhōng yǒu yì sǐ
mortar N 1 迫击炮 pǎijīpào [M. WD 门 mén] 2 砂浆 shā jiāng **3** 研钵 yánbō, 臼 jiù
mortarboard N 学位帽 xuéwèimào [M. WD 顶 dǐng]
mortgage I N 抵押贷款 dǐyā huòkuǎn, 按揭 ànjiē II V 抵押 dǐyā
mortician N 丧葬承办人 sāngzàng chéngbàn rén, 殡仪馆工作人员 bìnyíguǎn gōngzuò rényuán
mortify V 使…难堪 shǐ...nánkān
mortuary N 停尸房 tíngshīfáng, 太平间 tàipíngjiān
mosaic N 马赛克 mǎsàikè, 镶嵌图案 xiāngqiàn tú'àn
mosey V 闲逛 xiánguàng
Moslem V See **Muslim**
mosque N 清真寺 qīngzhēnsì [M. WD 座 zuò]
mosquito N 蚊子 wénzi [M. WD 只 zhī]
moss N 苔藓 táixiǎn
mossy ADJ 有苔藓的 yǒu táixiǎn de
most I ADJ 大多数 dàduōshù □ Most people at least try to lead a moral life. 大多数人至少试图过有道德的生活。Dàduōshù rén zhìshǎo shìtú guò yǒu dàodé de shēnghuó.
II PRON 大多数 dàduōshù □ It rained for most of the day yesterday. 昨天大多时间都在下雨。Zuótiān dàduō shíjiān dōu zài xiàyǔ.
III ADV 最 zuì □ Of all my friends, Jack is the most successful.

在我的朋友中，杰克是最成功的。Zài wǒ de péngyou zhōng, Jiékè shì zuì chénggōng de.

most of all 最重要的 zuì zhòngyào de

mostly ADV 大部分 dàbùfen, 通常 tōngcháng

motel N 汽车旅馆 qìchē lǚguǎn [M. WD 家 jiā]

moth N 飞蛾 fēié [M. WD 只 zhī]

mothball I N 1 樟脑丸 zhāngnǎowán [M. WD 粒 lì] II V 1 长期关闭 [+工厂] chángqī guānbì [+gōngchǎng] 2 把 [+计划] 束之高阁 bǎ [+jìhuà] shù zhī gāogé

moth-eaten ADJ 虫咬 (坏) 的 chóng yǎo (huài) de

mother I N 1 母亲 mǔqin, 妈妈 māma □ I love my mother more than I love anybody else. 我爱母亲, 胜过我爱任何人。Wǒ ài mǔqin, shèngguò wǒ ài rènhé rén. □ She became a mother soon after leaving high school. 她离开中学不久就当了妈妈。Tā líkāi zhōngxué bùjiǔ jiù dāngle māma.

Mother Earth 大地母亲 dàdì mǔqin

Mother Nature 大自然 dàzìrán

teenage mother 少女母亲 shàonǚ mǔqin

2 起源 qǐyuán, 根源 gēnyuán

Necessity is the mother of invention. 需要是发明之母。Xūyào shì fāmíng zhī mǔ.

3 范例 fànlì, 最好／最坏的事例 zuì hǎo/zuì huài de shìlì

the mother of battles 最激烈的战斗 zuì jīliè de zhàndòu

II V 像母亲一样照管 [+他人] xiàng mǔqin yíyàng zhàoguǎn [+tārén]

motherboard N (计算机) 主板 (jìsuànjī) zhǔbǎn

motherfucker N 混蛋 húndàn, 不要脸的东西 búyàoliǎn de dōngxi

motherhood N 母性 mǔxìng

mother-in-law N 岳母 yuèmǔ (one's wife's mother), 婆婆 pópo (one's husband's mother)

motherly ADJ 向母亲一样的 xiàng mǔqin yíyàng de, 慈母般的 címǔ bān de

mother-of-pearl N 珍珠母 zhēnzhūmǔ [M. WD 颗 kē]

Mother's Day N 母亲节 Mǔqinjié

motif N 1 主题 zhǔtí 2 图案 tú'àn

motion I N 1 运动 yùndòng, 移动 yídòng □ He jumped off the train when it was still in motion. 火车还在开, 他就跳下去了。Huǒchē hái zài kāi, tā jiù tiàoxiaqu le.

motion picture 电影 diànyǐng

to go through the motion 装装样子 zhuāng zhuāng yàngzi

2 动议 dòngyì, 提议 tíyì □ His motion was debated and passed at the board meeting. 他的动议在董事会上经过辩论通过。Tā de dòngyì zài dǒngshìhuìshang jīngguò biànlùn tōngguò.

II V 做手势 zuò shǒushì, 示意 shìyì

motionless ADJ 不动的 búdòng de, 静止的 jìngzhǐ de

motivate V 激励 jīlì, 激发 jīfā

motivated ADJ 有动机的 yǒu dòngjī de

motivation N 动机 dòngjī, 原因 yuányīn

motive N 动机 dòngjī, 原因 yuányīn

motley ADJ 形形色色的 xíngxíng sèsè de

motor I N 1 发动机 fādòngjī, 马达 mǎdá II ADJ 机动车辆的 jīdòng chēliàng de

motor home 旅宿汽车 lǚsù qìchē, 房车 fáng chē

motor vehicle 机动车辆 jīdòng chēliàng

motorbike N 摩托车 mótuōchē [M. WD 辆 liàng]

motorcade N 车队 chēduì

motorcycle N (大型) 摩托车 (dàxíng) mótuōchē [M. WD 辆 liàng]

motorist N 开汽车的人 kāi qìchē de rén, 驾车人 jiàchē rén

motorized ADJ 装发动机的 zhuāng fādòngjī de, 机动的 jīdòng de

mottled ADJ 杂色的 zásè de, 斑驳的 bānbó de

motto N 座右铭 zuòyòumíng, 格言 géyán

mound N 1 土堆 tǔduī, 土丘 tǔqiū 2 堆 duī

mount¹ V 1 骑上 qíshang, 跨上 kuàshang

Royal Canadian Mounted Police 加拿大皇家骑警 Jiānádà Huángjiā Qíjǐng

2 增长 zēngzhǎng, 上升 shàngshēng 3 裱贴 [+图画] biǎotiē [+túhuà]

mount² N 山 shān, 峰 fēng

mountain N 1 山 shān, 山岳 shānyuè □ I'm not fit enough to climb mountains with you. 我身体不太好, 不能跟你一块儿去爬山。Wǒ shēntǐ bútài hǎo, bù néng gēn nǐ yíkuàir qù páshān.

to make a mountain out of a molehill 小题大做 xiǎo tí dà zuò

mountain bike 山地车 shāndìchē

2 (mountains of) 大量的 dàliàng de, 一大堆的 yídàduī de

mountaineering N 登山 (运动) dēngshān (yùndòng)

mountainous ADJ 多山的 duōshān de

mountainside N 山坡 shānpō

mountaintop N 山顶 shāndǐng

Mountie, Mounty N 加拿大皇家骑警 Jiānádà Huángjiā Qíjǐng

mounting ADJ 日益增长的 rìyì zēngzhǎng de

mourn V 哀悼 āidào

mourner N 参加葬礼者 cānjiā zànglǐ zhě

mournful ADJ 悲痛的 bēitòng de, 哀伤的 āishāng de

mourning N 1 哀悼 āidào, 悲痛 bēitòng 2 丧服 sāngfú [M. WD 件 jiàn]

mouse (PL **mice**) N 1 (老) 鼠 (lǎo) shǔ 2 (also PL **mouses**) (计算机) 鼠标 (jìsuànjī) shǔbiāo

Mickey Mouse 米老鼠 Mǐlǎoshǔ

mousse N 奶油冻 nǎiyóudòng

mousy ADJ 1 安静害羞的 [+女孩] ānjìng hàixiū de [+nǚhái] 2 灰褐色的 huīhèsè de

mouth I N 1 嘴 zuǐ, 嘴巴 zuǐbā □ "Open your mouth wider, " the doctor ordered. "张开嘴," 医生命令道。"Zhāngkāi zuǐ," yīshēng mìnglìng dào. 2 口状物 kǒu zhuàng wù

mouth of a river 河口 hékǒu, 入海口 rùhǎikǒu

II V 1 不出声地说 bù chūshēng de shuō 2 言不由衷地说 [+动听的好话] yán bù yóuzhōng de shuō [+dòngtīng de hǎohuà]

mouthful N 1 一口 (食物／饮料) yìkǒu (shíwù/yǐnliào) 2 满口 mǎnkǒu 3 长而拗口的词 cháng ér àokǒu de cí

mouthpiece N 1 代言人 dàiyánrén, 喉舌 hóushé 2 (电话) 送话口 (diànhuà) sònghuàkǒu 3 (乐器) 吹口 (yuèqì) chuīkǒu

mouthwash N 漱口药水 shùkǒu yàoshuǐ

mouth-watering ADJ 令人馋言欲滴的 lìng rén chányán yù dī de, 诱人的 yòurén de

movable ADJ 活动的 huódòng de

move I V 1 动 dòng, 移动 yídòng □ He moved his chair closer to the fireplace. 他把椅子移得跟壁炉近一点。Tā bǎ yǐzi yíde lí bìlú jìn yìdiǎnr. 2 迁移 qiānyí, 搬家 bānjiā □ The Smiths have moved to Oklahoma. 史密斯一家搬到俄克拉何马州去了。Shǐmìsī yì jiā bāndao Ékèlāhémǎ zhōu qù le. 3 感动 gǎndòng □ The movie moved many in the audience to tears. 电影感动得很多观众流泪。Diànyǐng gǎndòng hěn duō guānzhòng liú lèi. 4 (会议上) 提出动议 (huìyìshang) tíchū dòngyì, 提议 tíyì

II N 1 动 dòng, 移动 yídòng □ One false move, and you're a dead man! 你敢乱动, 就要你命! Nǐ gǎn luàndòng, jiù yào nǐ mìng! 2 迁移 qiānyí, 搬家 bānjiā □ The company's move from New York to Vancouver was smooth and trouble-free. 公司从纽约迁移到温哥华, 十分顺利, 没有出问题。Gōngsī cóng Niǔyuē qiānyídao Wēngēhuá, shífēn shùnlì, méiyǒu chū wèntí. 3 行动 xíngdòng □ This is a wise move towards peace in the region. 这是通向地区和平的明智行动。Zhè shì tōngxiàng dìqū hépíng de míngzhì xíngdòng.

movement N 1 动 dòng, 动静 dòngjìng 2 运动 yùndòng □ The feminist movement gained strength in the 70s. 女权运动在七十年代开始势力强大。Nǚquán yùndòng zài qīshí niándài kāishǐ shìlì qiángdà.

mover N 1 搬运工人 bānyùn gōngrén 2 有势力的人 yǒu shìlì de rén
a mover and shaker 权势人物 quánshì rénwù
a prime mover 倡导者 chàngdǎozhě

movie N 电影 diànyǐng □ Which movie won this year's Best Film at Oscars? 哪部电影获得了今年奥斯卡最佳影片奖？Nǎ bù diànyǐng huòdéle jīnnián Àosīkǎ zuìjiā yǐngpiàn jiǎng?
movie star 电影明星 diànyǐng míngxīng
movie theater See (the) movies
(the) movies N 电影院 diànyǐngyuàn [m. wd 座 zuò/家 jiā]

moving ADJ 1 感动人的 gǎndòng rén de, 感人至深的 gǎnrén zhì shēn de 2 移动的 yídòng de
moving van 搬家卡车 bānjiā kǎchē

mow (PT **mowed**; PP **mown**, **mowed**) V 割草 gē cǎo

mower N 割草机 gēcǎojī [m. wd 台 tái]

Mr. (= mister PL **Messrs**) ABBREV 先生 xiānsheng

Mrs. (= missis/missus) ABBREV 太太 tàitai

Ms. N 女士 nǚshì

MTV (= Music Television) ABBREV 音乐电视公司 yīnyuè diànshì gōngsī

much I ADJ 很多 hěn duō □ Did you have much difficulty finding your way here? 你找到这里困难吗？Nǐ zhǎodào zhèlǐ kùnnan ma?
II PRON 很多 hěn duō □ I never eat much for lunch. 我中饭从来吃得不多。Wǒ zhōngfàn cónglái chīde bù duō.
III ADV 很 hěn, 非常 fēicháng
how much ① 多么地 duōme de □ You don't know how much I loved her! 你不知道我多么地爱她。Nǐ bù zhīdào wǒ duōme de ài tā. ② 多少钱 duōshao qián, 多少 duōshao
too much 太多 tài duō □ Sometimes you talk too much. 你有时候话太多。Nǐ yǒushíhou huà tài duō.

muck N 污物 wūwù, 污秽 wūhuì

muckraking N 搜集/发表（名人的）丑闻 sōují/fābiǎo (míngrén de) chǒuwén

mucous ADJ 粘液的 niányède

mucus N 粘液 niányè

mud N （烂）泥（làn）ní

muddle I V (to muddle along) 混日子 hùnrìzi, 得过且过 dé guò qiě guò II N 混乱 hùnluàn

muddy I ADJ 1 沾泥的 zhānní de □ Will you please take off your muddy shoes before coming into the house? 你进屋前请把沾满了泥的鞋脱掉。Nǐ jìn wū qián qǐng bǎ zhānmǎnle ní de xié tuōdiao. 2 泥泞的 nínìng de □ We really need a SUV for such a muddy road. 开这样泥泞的路，我们确实需要越野车。Kāi zhèyàng nínìng de lù, wǒmen quèshí xūyào yuèyěchē.
II V 使…沾上污泥 shǐ…zhānshang wūní

mudslide N 泥石流 níshíliú

muff V 把…弄错 bǎ…nòngcuò

muffin N 小面包圈 xiǎo miànbāoquān, 小甜饼 xiǎo tiánbǐng

muffle V 1 使 [+声音] 减弱 shǐ [+shēngyīn] jiǎnruò 2 把…包起来 bǎ…bāo qǐlái, 裹住 guǒzhù

muffled ADJ 听不清的（声音）tīngbuqīng de (shēngyīn)

muffler N 1 消音器 xiāoyīnqì 2 厚围巾 hòu wéijīn

mug[1] N 大杯子 dà bēizi, 茶缸 chágāng

mug[2] V （行凶）抢劫 (xíngxiōng) qiǎngjié

mugger N （行凶）抢劫犯 (xíngxiōng) qiǎngjiéfàn

muggy ADJ 闷热的 mēnrè de, 湿热的 shīrè de

mugshot N （罪犯的）面部照片 (zuìfàn de) miànbù zhàopiàn

mulatto N （黑人与白人的）混血儿 (hēirén yǔ báirén de) hùnxuè'ér

mulch I N 腐叶 fǔ yè II V 用腐叶覆盖 yòng fǔ yè fùgài

mule N 1 骡子 luózi [m. wd 头 tóu]
as stubborn as a mule 顽固的人 wángù de rén, 固执的人 gùzhí de rén
2 被雇用来夹带毒品的人 bèi gùyòng lái jiādài dúpǐn de rén, 毒品走私犯 dúpǐn zǒusī fàn

mull V 1 在 [+葡萄酒] 内放糖和香料后加热 zài [+pútaojiǔ] nèi fàng táng hé xiāngliào hòu jiārè 2 (to mull over) 反复思考 [+问题] fǎnfù sīkǎo [+wèntí]

mullah N 毛拉 máolā [m. wd 位 wèi]

multicolored ADJ 有不同色彩的 yǒu bùtóng sècǎi de

multicultural ADJ 多元文化的 duōyuán wénhuà de

multiculturalism N 多元文化主义 duōyuán wénhuà zhǔyì

multilateral ADJ 多方的 duōfāng de, 多边的 duōbiān de, 多国的 duōguó de
multilateral negotiation 多边谈判 duōbiān tánpàn

multimedia N, ADJ 多媒体（的）duōméitǐ (de)

multinational I ADJ 跨国的 kuàguó de, 多国的 duōguó de
multinational manufacturer 跨国制造商 kuàguó zhìzàoshāng
II N 跨国公司 kuàguó gōngsī

multiple[1] ADJ 多个的 duōge de, 多种的 duōzhǒng de
multiple choice 选择题 xuǎnzétí

multiple[2] 倍数 bèishù

multiplex N 多放映厅电影院 duō fàngyìngtīng diànyǐngyuàn [m. wd 座 zuò]

multiplication N 乘法（运算）chéngfǎ (yùnsuàn)

multiplicity N 多样（性）duōyàng (xìng)

multiply V 1 乘 chéng □ 5 multiplied by 2 is 10. 五乘二是十。Wǔ chéng èr shí shí. 2 增多 zēngduō □ The company's problems have multiplied since the sudden resignation of the CEO. 自从总经理突然辞职，公司的问题越来越多。Zìcóng zǒngjīnglǐ tūrán cízhí, gōngsī de wèntí yuèláiyuè duō.

multipurpose ADJ 多用途的 duōyòngtú de

multiracial ADJ 多种族的 duōzhǒngzú de

multitude N 大量 dàliàng, 大批 dàpī
the multitude 大众 dàzhòng, 民众 mínzhòng

mum I N (mum's the word) 别讲给人家听 bié jiǎng gěi rénjiā tīng II ADJ 沉默的 chénmò de
to keep mum 守口如瓶 shǒu kǒu rú píng

mumble V 含糊地说 hánhu de shuō

mumbo-jumbo N 晦涩难懂的东西 huìsè nándǒng de dōngxi

mummy N 木乃伊 mùnǎiyī [m. wd 具 jù]

mumps N 腮腺炎 sāixiànyán

munch V （用力）嚼 (yònglì) jiáo

munchies N 零食 língshí, 小吃 xiǎochī
to have the munchies 感到饥饿 gǎndào jī'è

mundane ADJ 平淡乏味的 píngdàn fáwèi de, 平凡无奇的 píngfán wú qí de

municipal ADJ 市（政府）的 shì (zhèngfǔ) de

municipality N （自治）市 (zìzhì) shì, 市政府 shìzhèngfǔ

munitions N 军火 jūnhuǒ, 军需品 jūnxūpǐn

mural N 壁画 bìhuà [m. wd 幅 fú]

murder I N 谋杀 móushā, 谋杀案 móushā'àn □ He was found guilty of murder and sentenced to life imprisonment. 他被判定犯有谋杀罪，被判无期徒刑。Tā bèi pàndìng fànyǒu móushāzuì, bèi pàn wúqī túxíng.
II V 谋杀 móushā □ What kind of person could have murdered an 80-year-old woman? 什么样的人会谋杀一位八十岁的老太太？Shénmeyàng de rén huì móushā yí wèi bāshí suì de lǎotàitai?

murderous ADJ 可能杀人的 kěnéng shārén de, 凶残的 xiōngcán de

murky ADJ 1 见不到底的 [+水] jiànbúdào dǐ de [+shuǐ] 2 复杂难懂的 [+问题] fùzá nándǒng de [+wèntí]

murmur I v 1 轻柔低语 qīngróu dīyǔ II n 1 低语声 dīyǔ shēng 2（心脏）杂音 (xīnzàng) záyīn 3 悄悄抱怨 qiāoqiāo bàoyuàn
a murmur of opposition 轻轻的反对声 qīngqīng de fǎnduìshēng
without a murmur 毫无怨言 háowú yuànyán

muscle n 肌肉 jīròu □ He strained a muscle while playing football. 他踢球时扭伤了肌肉。Tā tī qiú shí niǔshāngle jīròu.

muscular adj 肌肉发达的 jīròu fādá de

muse v 默默思考 mòmò sīkǎo

museum n 博物馆 bówùguǎn □ This museum is famous for its collection of Chinese ceramics. 这家博物馆因收藏中国瓷器而著名。Zhè jiā bówùguǎn yīn shōucáng Zhōngguó cíqì ér zhùmíng.

mush n 烂糊状的东西 lànhu zhuàng de dōngxi

mushroom I n 蘑菇 mógu II v 快速成长 kuàisù chéngzhǎng

mushy adj 1 软乎乎的 [+香蕉] ruǎn hū hū de [+xiāngjiāo] 2 过于多情的 guòyú duōqíng de

music n 音乐 yīnyuè, 乐曲 yuèqǔ □ She listens to Baroque music every day before going to sleep. 她每天睡觉前都听巴洛克音乐。Tā měitiān shuìjiào qián dōu tīng Bāluòkè yīnyuè.
to face the music 受责备 shòu zébèi

musical I adj 1 音乐的 yīnyuè de □ Where can I rent musical instruments? 我在哪里可以租到乐器？Wǒ zài nǎlǐ kěyǐ zūdao yuèqì? 2 有音乐天赋的 yǒu yīnyuè tiānfù de □ None of the Harrison brothers is musical. 哈里森兄弟都没有音乐天赋。Hālǐsēn xiōngdì dōu méiyǒu yīnyuè tiānfù.
II n 音乐喜剧 yīnyuè xǐjù □ I enjoy watching musicals, whether it's a play or movie. 我喜欢观看音乐喜剧，不管是戏、还是电影。Wǒ xǐhuan guānkàn yīnyuè xǐjù, bùguǎn shì xì, háishí diànyǐng.

musician n 音乐家 yīnyuèjiā [m. wd 位 wèi] □ Germany produced so many great musicians in the 18th century. 德国在十八世纪产生了许多伟大的音乐家。Déguó zài shíbā shìjì chǎnshēngle xǔduō wěidà de yīnyuèjiā.

musing n 沉思 chénsī, 思索 sīsuǒ

musk n 麝香 shèxiāng

Muslim n, adj 穆斯林（的）Mùsīlín (de), 伊斯兰教信徒（的）Yīsīlán jiào xìntú (de)

muss v 弄乱 nòngluàn

mussel n 贻贝 yíbèi, 壳菜 qiàocài, 淡菜 dàncài

must I modal v 1 必须 bìxū □ Everybody must pay their taxes on time. 每个人都必须及时交税。Měi ge rén dōu bìxū jíshí jiāo shuì. 2 一定 yídìng, 想必 xiǎngbì □ You've been driving for three hours; you must be tired. 你开了三小时车，一定累了。Nǐ kāile sān xiǎoshí chē, yídìng lèi le.
II n 必不可少的东西 bì bùkě shǎo de dōngxi, 必须做的事 bìxū zuò de shì

mustache, moustache n 小胡子 xiǎo húzi

mustang n 小野马 xiǎo yěmǎ [m. wd 匹 pǐ]

mustard n 芥末（酱）jièmo (jiàng)

muster v 召集 zhàojí, 集合 jíhé
to muster up courage 鼓足勇气 gǔzú yǒngqì

musty adj 发霉的 fāméi de, 发出霉味的 fāchū méi wèi de

mutable adj 可变的 kěbiàn de

mutate v（动植物）变异 (dòngzhíwù) biànyì

mutation n（动植物）变异 (dòngzhíwù) biànyì

mute I adj 1 不会说话的 bú huì shuōhuà de, 哑的 yǎ de 2 不说话的 bù shuō huà de, 默不作声的 mòbù zuòshēng de II n 哑巴 yǎba III v 使 [+声音] 减弱 shǐ [+shēngyīn] jiǎnruò, 使 [+声音] 消失 shǐ [+shēngyīn] xiāoshī

mutilate v 使…伤残 shǐ…shāngcán, 肢解 zhījiě

mutilation n 使人伤残的 shǐrén shāngcán de, 肢解 zhījiě

mutinous adj 反叛的 fǎnpàn de, 拼命的 pīnmìng de

mutiny n 反叛 fǎnpàn, 兵变 bīngbiàn [m. wd 次 cì/场 cháng]

mutt n 杂种狗 zázhǒng gǒu

mutter I v 嘀咕 dígu, 咕哝 gūnong II n 嘀咕声 dígushēng

mutton n 羊肉 yángròu

mutual adj 相互的 xiānghù de, 彼此的 bǐcǐ de, 共同的 gòngtóng de
mutual fund 单位投资 dānwèi tóuzī, 共同基金 gòngtóng jījīn

muzzle I n 1（动物的）口鼻部 (dòngwù de) kǒubíbù 2（狗的）口套 (gǒu de) kǒutào 3（枪）口 (qiāng) kǒu,（炮）口 (páo) kǒu II v 1 不让…说话 búràng…shuōhuà 2 给狗戴口套 gěi gǒu dài kǒutào

my adj 我的 wǒde

myopia n 1 近视 jìnshì 2 目光短浅 mùguāng duǎnqiǎn

myopic adj 1 近视的 jìnshì de 2 目光短浅的 mùguāng duǎnqiǎn de

myriad I n (a myriad of) 无数的 wúshù de II adj 无数的 wúshù de

myself pron 我自己 wǒ zìjǐ □ I've got only myself to blame. 我只能怪自己。Wǒ zhǐ néng guài zìjǐ.

mysterious adj 神秘的 shénmì de, 不可思议的 bùkě sīyì de □ Mysterious events keep occurring in the ancient monastery. 在这座古老的修道院神秘的事情一再发生。Zài zhè zuò gǔlǎo de xiūdàoyuàn shénmì de shìqing yízài fāshēng.

mystery n 神秘的事物 shénmì de shìwù, 无法解释的事 wúfǎ jiěshì de shì □ It's a mystery to me why she was in the woods that night. 她那天夜里在树林里干什么，我无法解释。Tā nàtiān yèlǐ zài shùlín lǐ gàn shénme, wǒ wúfǎ jiěshì.

mystic, mystical adj 神秘（主义）的 shénmì (zhǔyì) de

mystic n 神秘主义者 shénmì zhǔyì zhě

mysticism n 神秘主义 shénmì zhǔyì

mystique n 神秘（性）shénmì (xìng)

myth n 1 神话（故事）shénhuà (gùshi) 2 无根据的说法 wú gēnjù de shuōfa

mythical adj 神话（故事）的 shénhuà (gùshi) de

mythological adj 神话（学）的 shénhuà (xué) de

mythology n 神话（学）shénhuà (xué)

N, n

nab v 当场抓获 dāngchǎng zhuāhuò

nag I v 1 不停地指责／抱怨 bùtíngde zhǐzé/bàoyuàn, 唠叨 láodao 2 困扰 kùnrǎo II n 1 爱唠叨的人 ài láodao de rén 2（老）马 (lǎo) mǎ

nagging adj 不断困扰人的 búduàn kùnrǎo rén de, 烦人的 fánrén de

nail I n 1 钉 dīng, 钉子 dīngzi □ I need a hammer to drive the nail in. 我要一把锤子把钉子敲进去。Wǒ yào yì bǎ chuízi bǎ dīngzi qiāo jìnqu. 2 指甲 zhǐjia, 趾甲 zhǐjiǎ
nail file 指甲锉 zhǐjiacuò
nail polish 指甲油 zhǐjiayóu
II v 1 用钉子钉住 yòng dīngzi dìngzhù 2 抓住 zhuā zhù, 逮住 dǎi zhù
to nail sb/sth down 最终确定 zuìzhōng quèdìng, 终于获得 zhōngyú huòdé

nailbrush n 指甲刷 zhǐjiashuā [m. wd 把 bǎ]

naive adj 天真的 tiānzhēn de, 幼稚的 yòuzhì de

naked adj 裸体的 luǒtǐ de
the naked eye 肉眼 ròuyǎn
naked truth 明显的事实 míngxiǎn de shìshí

name I n 1 名字 míngzi, 姓名 xìngmíng □ "What's your name?" "James, James Bond." "你叫什么名字？" "我叫詹姆斯，詹姆斯·邦德。" "Nǐ jiào shénme míngzi?" "Wǒ jiào Zhānmǔsī, Zhānmǔsī·Bāngdé."

name tag 姓名牌 xìngmíngpái

2 名称 míngchēng □ "Springfield" is a common place name in the States, made famous by the cartoon series "The Simpsons". "春田"是一个普通的美国地名，因为动画连续剧"辛普森一家"而闻名。"Chūntián" shì yí ge pǔtōng de Měiguó dìmíng, yīnwèi dònghuà liánxùjù "Xīnpǔsēn yì jiā" ér wénmíng. **3** 名声 míngshēng, 声誉 shēngyù □ Our school enjoys a very good name. 我们学校享有很好的声誉。Wǒmen xuéxiào xiǎngyǒu hěn hǎo de shēngyù.

in the name of 以⋯的名义 yǐ⋯de míngyì

the name of the game 最重要的东西 zuì zhòngyào de dōngxi

II v 1 取名 qǔmíng, 命名 mìngmíng □ They named their new-born baby after their grandfather. 他们以他们祖父的名字命名新生儿。Tāmen yǐ tāmen zǔfù de míngzi mìngmíng xīnshēng'ér. **2** 说出名字 shuōchū míngzi

to name your price 出个价 chū gè jià, 你说要多少钱 nǐ shuō yào duōshǎoqián

name-calling n 骂人 màrén, 辱骂 rǔmà

name-drop v 提及名人来抬高自己 tíjí míngrén lái táigāo zìjǐ

nameless ADJ 1 不便提及的 búbiàn tíjí de **2** 无名的 wúmíng de, 未名的 wèi míng de **3** 不知其名的 bùzhī qí míng de

namely ADV 也就是说 yě jiù shì shuō, 即 jí

namesake n 同名的人 tóngmíng de rén

nanny n 保姆 bǎomǔ

nano technology n 纳米技术 nàmǐjìshù

nap I n（白天）小睡（báitiān）xiǎoshuì II v 在（白天）小睡 zài（báitiān）xiǎoshuì

napalm n 凝固汽油 nínggù qìyóu

nape n 颈背 jǐngbèi, 后颈 hòujǐng

napkin n 1 餐巾 cānjīn [m. wd 块 kuài] **2** 餐巾纸 cānjīnzhǐ [m. wd 张 zhāng]

narc I n 缉毒警察 jīdú jǐngchá II v（向警方）告密（xiàng jǐngfāng）gàomì

narcissism n 自恋 zì liàn, 自我欣赏 zìwǒ xīnshǎng

narcissist n 自恋者 zìliànzhě, 极度我欣赏的人 jídù zìwǒ xīnshǎng de rén

narcissistic ADJ 自恋的 zì liàn de

narcissus n 水仙花 shuǐxiānhuā [m. wd 朵 duǒ/棵 kē]

narcotic I n 麻醉剂 mázuìjì II ADJ 1 麻醉剂的 mázuìjì de **2** 毒品的 dúpǐn de

narcotic addiction 毒瘾 dúyǐn

narrate v 叙述 xùshù, 讲述 jiǎngshù

narration n 1 叙述 xùshù **2** 解说 jiěshuō

narrative n 故事 gùshi, 叙事 xùshì

narrator n 叙述者 xùshùzhě, 解说人 jiěshuōrén

narrow I ADJ 1 窄 zhǎi, 狭窄 xiázhǎi □ The bridge is so narrow that there is only one lane for traffic. 这座桥很窄，只有一条车道。Zhè zuò qiáo hěn zhǎi, zhǐ yǒu yì tiáo chēdào. **2** 心胸狭小的 xīnxiōng xiáxiǎo de, 狭隘的 xiá'ài de □ She has a narrow mind and lacks sympathy for people of other social classes. 她心胸狭小，对其他社会阶层的人缺乏同情。Tā xīnxiōng xiáxiǎo, duì qítā shèhuì jiēcéng de rén quēfá tóngqíng. **3** 微弱的 wēiruò de, 有限的 yǒuxiàn de

a narrow majority 微弱多数 wēiruò duōshù

II v 1（使⋯）变窄（shǐ⋯）biàn zhǎi

to narrow down 缩小范围 suōxiǎo fànwéi, 缩小差距 suōxiǎo chājù

narrow-minded ADJ（思想）不开放的（sīxiǎng）bù kāifàng de, 保守的 bǎoshǒu de

nasal ADJ 1 鼻（子）的 bí（zi）de **2** 鼻音的 bíyīn de

nasty ADJ 1 让人厌恶的 ràng rén yànwù de □ Theirs is a small apartment with cheap and nasty furniture. 他们的公寓很小，放着让人厌恶的便宜货家具。Tāmen de gōngyù hěn xiǎo, fàngzhe ràng rén yànwù de piányíhuò jiājù. **2** 恶劣的 èliè de □ What a nasty thing to say! 这话说得多么恶劣! Zhè huà shuōde duōme èliè! □ To most people, their darling son is a nasty brat. 对大多数人来说，他们的宝贝儿子是个恶劣的臭小子。Duì dàduōshù rén láishuō, tāmen de bǎobèi érzi shì ge èliè de chòu xiǎozǐ.

nation n 1 国家 guójiā □ The entire nation rejoiced over the victory of their athletes at the Olympic Games. 全国都为运动员在奥林匹克运动会上的胜利而欢欣。Quánguó dōu wèi yùndòngyuán zài Àolínpǐkè yùndònghuìshang de shènglì ér huānxīn. **2** 民族 mínzú

the Chinese nation 中华民族 Zhōnghuá Mínzú

national I ADJ 1 国家的 guójiā de, 民族的 mínzú de □ The government of every country has to defend the national interests. 每一个国家的政府都得保护国家利益。Měi yí ge guójiā de zhèngfǔ dōu děi bǎohù guójiā lìyì. □ What is the impact of globalization on national boundaries? 全球化对国家界限有什么影响? Quánqiúhuà duì guójiā jièxiàn yǒu shénme yǐngxiǎng? **2** 国有的 guóyǒu de, 国立的 guólì de

national anthem 国歌 guógē

national debt 国债 guózhài

the National Guard（美国）国民警卫队（Měiguó）guómín jǐngwèi duì

national monument 国家保护单位 guójiā bǎohù dānwèi

national park 国家公园 guójiā gōngyuán

National University of Singapore 新加坡国立大学 Xīnjiāpō Guólì Dàxué

II n 国民 guómín, 公民 gōngmín

Chinese national 一名中国公民 yì míng Zhōngguó gōngmín

nationalism n 民族主义 mínzú zhǔyì

nationalist I ADJ 民族主义的 mínzú zhǔyì de II n 民族主义者 mínzú zhǔyìzhě

nationalistic ADJ（狭隘）民族主义的（xiá'ài）mínzú zhǔyì de, 民族主义情绪的 mínzú zhǔyì qíngxù de

nationality n 国籍 guójí

American nationality 美国国籍 Měiguó guójí

dual nationality 双重国籍 shuāngchóng guójí

nationalize v 将⋯国有化 jiāng⋯guóyǒuhuà

nationally ADV 全国 quánguó, 全民族 quánmín zú

nationwide ADJ 全国范围（的）quánguó fànwéi (de), 全国性的 quánguó xìng de

native I ADJ 1 出生地的 chūshēngdì de □ His native language is Spanish. 他的母语是西班牙文。Tā de mǔyǔ shì Xībānyá wén. **2** 当地的 dāngdì de, 土生的 tǔshēng de

II n 1 本国人 běnguó rén □ Our Chinese teacher is a native of Northern China. 我们的中文老师是中国北方人。Wǒmen de Zhōngwén lǎoshī shì Zhōngguó Běifāng rén.

a Native American 美国印第安人 Měiguó Yìndì'ān rén

2 当地土生的动/植物 dāngdì tǔshēng de dòng/zhíwù

Nativity, nativity n 耶稣降生 Yēsū jiàngshēng

a Nativity play 叙述耶稣降生的短剧 xùshù Yēsū jiàngshēng de duǎn jù

NATO n (= North Atlantic Treaty Organization) ABBREV 北大西洋公约组织 Běidàxīyáng Gōngyuē zǔzhī

natural I ADJ 1 自然的 zìrán de, 天然的 tiānrán de

natural gas 天然气 tiānránqì

natural history 博物学 bówùxué

natural resources 自然资源 zìrán zīyuán

natural selection 自然淘汰 zìrántáotài, 天择 tiānzé

2 本能的 běnnéng de, 本性的 běnxìng de □ It is only natural that she should be nervous before her first public speech. 她在第一次演说前有点儿紧张，那是很自然的。Tā zài dìyī cì yǎnshuō qián yǒudiǎnr jǐnzhāng, nà shì hěn zìrán de. **3** 天生的 tiānshēng de □ Louis Armstrong was a natural musician. 路易斯·阿姆斯特朗是一位天生的音乐家。Lùyìsī·Āmǔsītèlǎng shì yí wèi tiānshēng de yīnyuèjiā.

II N 天生具有某种才能的人 tiānshēng jùyǒu mǒuzhǒng cáinéng de rén, 天才 tiāncái

naturalist N 博物学家 bówùxuéjiā

naturalization N 归化 guīhuà

naturalize v 使…归化 shǐ…guīhuà, 使…入国籍 shǐ…rù guójí

naturally ADV **1** 自然地 zìrán de **2** 天生（地）tiānshēng (de) **3** 大大方方地 dàdà fāngfāng de

nature N **1** 大自然 dà zìrán □ The relationship between man and nature is an issue of primary importance. 人与大自然的关系是最重要的问题。Rén yǔ dà zìrán de guānxi shì zuì zhòngyào de wèntí. **2** 本性 běnxìng, 天性 tiānxìng □ It's children's nature to be curious. 好奇是儿童的天性。Hàoqí shì értóng de tiānxìng.

　nature reserve 自然保留地 zìrán bǎoliúdì

naught N 零 líng

　to come to naught 毫无结果 háo wú jiéguǒ, 泡汤 pàotāng

naughty ADJ 调皮捣蛋的（小孩）tiáopí dǎodàn de (xiǎohái)

nausea N 呕吐感 ǒutùgǎn, 恶心 èxīn

nauseate v 使…恶心 shǐ…èxīn, 使…想吐 shǐ…xiǎng tù

nauseous ADJ 想呕吐的 xiǎng ǒutù de, 感到恶心的 gǎndào èxīn de

nauseating ADJ 让人呕吐的 ràng rén ǒutù de, 令人作呕的 lìngrén zuò'ǒu de

nautical ADJ 船舶的 chuánbó de, 航海的 hánghǎi de

　nautical mile 海哩 hǎi li

naval N 海军的 hǎi jūn de

nave N （教堂的）中堂 (jiàotáng de) zhōngtáng

navel N 肚脐 dùqí

navigable ADJ 可通航的 kě tōngháng de

navigate v **1** 航行 hángxíng, 导航 dǎoháng **2** 找对方向 zhǎo duì fāngxiàng

navigation N 航行（学）hángxíng (xué), 航海术 hánghǎi shù, 航空（术）hángkōng (shù)

navigational ADJ 航行的 hángxíng de, 航海的 hánghǎi de, 海空的 hǎikōng de

navigator N 领航员 lǐnghángyuán

navy N 海军 hǎijūn □ Only a few countries in the world have a navy. 世界上只有不多的国家拥有海军。Shìjièshang zhǐyǒu bù duō de guójiā yōngyǒu hǎijūn.

　navy blue 海军蓝 hǎijūn lán

near I ADJ **1** 近的 jìn de, 不远的 bùyuǎn de □ The hotel is very near the airport. 旅馆离飞机场很近。Lǚguǎn lí fēijīchǎng hěn jìn.

　in the near future 在不久的将来 zài bùjiǔ de jiānglái **2** 近似 jìnsì, 相似 xiāngsì □ The English translation is quite near to its Chinese original. 英文译本和中文原义很相近。Yīngwén yìběn hé Zhōngwén yuánwén hěn xiāngjìn. **II** ADV 近 jìn □ The kids got more and more excited as Christmas drew near. 圣诞节越来越近，孩子们也越来越兴奋了。Shèngdànjié yuèláiyuè jìn, háizimen yě yuèláiyuè xīngfèn le. **III** PREP 离…近 lí…jìn □ I don't want to live near a nuclear power plant. 我不想住得离核电站很近。Wǒ bù xiǎng zhùde lí hédiànzhàn hěn jìn. **IV** v 接近 jiējìn, 靠近 kàojìn

nearby ADJ 附近的 fùjìn de □ Mrs Wilson teaches in a nearby school. 威尔逊太太在附近一所学校教书。Wēi'ěrxùn tàitai zài fùjìn yì suǒ xuéxiào jiāoshū.

nearly ADV 很接近地 hěn jiējìn de, 几乎 jīhū □ We're nearly there. 我们很接近那里了。(→ 我们快到了。) Wǒmen hěn jiējìn nàlǐ le. (→ Wǒmen kuài dào le.)

nearsighted ADJ 近视的 jìnshi de

nearsightedness N 近视 jìnshi

neat ADJ **1** 整齐的 zhěngqí de □ Why can't you keep your room neat and clean, son? 孩子，你为什么不能让自己的房

间保持清洁整齐？Háizi, nǐ wèishénme bù néng ràng zìjǐ de fángjiān bǎochí qīngjié zhěngqí? **2** 爱整洁的 ài zhěngjié de **3** 挺好的 tǐng hǎo de □ For $5,000 he bought a neat car. 他花五千块钱买了一辆挺好的汽车。Tā huā wǔ qiān kuài qián mǎile yí liàng tǐng hǎo de qìchē. **4**（不加冰／水的）纯酒 (bù jiā bīng/shuǐ de) chúnjiǔ □ I'll take my whisky neat, please. 我要不加水的威士忌。Wǒ yào bù jiāshuǐ de wēishìjì.

necessarily ADV 必然（地）bìrán (de)

　not necessarily 不一定 bù yídìng, 未必 wèibì □ Expensive dresses do not necessarily suit you. 昂贵的衣服你穿不一定合适。Ángguì de yīfu nǐ chuān bù yídìng héshì. □ More money does not necessarily make you happier. 钱多不一定使你幸福。Qián duō bù yídìng shǐ nǐ xìngfú.

necessary ADJ **1** 必需的 bìxū de □ We don't have the necessary software to do this job. 我们没有必需的软件来做这件工作。Wǒmen méiyǒu bìxū de ruǎnjiàn lái zuò zhè jiàn gōngzuò. □ Co-operation from the public is necessary for the police. 对警方来说，公众的合作是必需的。Duì jǐngfāng láishuō, gōngzhòng de hézuò shì bìxū de. **2** 有必要的 yǒu bìyào de □ Is it necessary for us to work any overtime tonight? 今天晚上有必要加班吗？Jīntiān wǎnshang yǒu bìyào jiābān ma?

necessitate v 使…成为必需 shǐ…chéngwéi bìxū

necessity N 必要的东西 bìyào de dōngxi □ A computer with a language kit is a necessity for compiling this dictionary. 对编写这部词典来说，一台带有语言工具的电脑是必要的。Duì biānxiě zhè bù cídiǎn láishuō, yìtái dàiyǒu yǔyán gōngjù de diànnǎo shì bìyào de.

neck I N **1** 颈 jǐng, 头颈 tóujǐng □ The giraffe has a very long neck. 长颈鹿的头颈非常长。Chángjǐnglù de tóujǐng fēicháng cháng.

　neck and neck 不相上下 bù xiāng shàng xià **2** 瓶颈 píngjǐng **II** v 拥抱亲吻 yōngbào qīnwěn, 热吻 rèwěn

necklace N 项链 xiàngliàn [m. wd 条 tiáo/根 gēn]

neckline N 领口 lǐngkǒu

necktie N 领带 lǐngdài [m. wd 条 tiáo/根 gēn]

nectar N **1** 浓果汁 nóng guǒzhī **2** 花蜜 huāmì

nectarine N **1** 油桃 yóutáo **2** 油桃树 yóutáo shù [m. wd 棵 kē]

née ADJ （女子的）婚前姓 (nǚzǐ de) hūnqián xìng

need I v 需要 xūyào, 有必要 yǒu bìyào □ What do you need to take with you on a camping trip? 去露营需要带些什么？Qù lùyíng xūyào dài xiē shénme?

II N 需要 xūyào □ There's a need for further research on this subject. 这个问题需要进一步研究。Zhè ge wèntí jí xūyào jìnyíbù yánjiū.

　A friend in need is a friend indeed. 困难中的朋友才是真正的朋友。(→ 患难见真交。) Kùnnan zhòng de péngyou cái shì zhēnzhèng de péngyou (→Huànnàn jiàn zhēn jiāo.) Adversity shows up a true friend.)

　needs 基本需要 jīběn xūyào

needle I N 针 zhēn, 指针 zhǐzhēn, 注射针 zhùshèzhēn **II** v 刺激 cìjī, 激怒 jīnù

needless ADJ 不必要的 búbìyào de

　needless to say 不用说 búyòng shuō, 当然 dāngrán

needlework N **1** 缝纫 féngrèn, 刺绣 cìxiù **2** 针线活 zhēnxianhuó

needy ADJ 贫困的 pínkùn de, 缺食少衣的 quē shí shǎo yī de

negate v **1** 否定 fǒudìng, 否认 fǒurèn **2** 取消 [+决定] qǔxiāo [+juédìng]

negation N 否定 fǒudìng, 取消 qǔxiāo

negative ADJ **1** 消极的 xiāojí de □ Rising oil prices will have a negative impact on the economy. 油价上升对经济有消极影响。Yóujià shàngshēng duì jīngjì yǒu xiāojí yǐngxiǎng. **2** 否定的 fǒudìng de □ I hate to give you a negative answer. 我很不喜欢给你一个否定的回答。Wǒ hěn bù xǐhuan gěi nǐ yí ge fǒudìng de huídá. □ The selection committee made a negative decision on his application. 遴选委员会对他的申请做出了否定的决定。Línxuǎn wěiyuánhuì duì tā de shēnqǐng zuòchūle fǒudìng de juédìng. **3**（化验）阴性的（huàyàn）yīnxìng de □ Much to his relief, the results of his HIV test were negative. 他的HIV检查结果是阴性的，使他很宽慰。Tā de HIV jiǎnchá jiéguǒ shì yīnxìng de, shǐ tā hěn kuānwèi.

neglect I **v** 忽略 hūlüè, 不重视 bú zhòngshì □ For too long has he neglected his health; now he has to face the consequences. 他长期以来一直忽略健康，现在不得不面对后果了。Tā chángqī yǐlái yīzhí hūlüè jiànkāng, xiànzài bùdébù miànduì hòuguǒ le.
II **n** 忽视 hūshì, 忽略 hūlüè
neglect of duty 玩忽职守 wánhū zhíshǒu
neglectful ADJ 疏忽（大意）的 shūhu（dàyì）de
negligee, negligé N（女式）薄料内衣（nǚ shì）báoliào nèiyī
negligence N 疏忽大意 shūhu dàyì, 玩忽职守 wánhū zhíshǒu
negligent ADJ 疏忽大意的 shūhu dàyì de, 玩忽职守的 wánhū zhíshǒu de
negligible ADJ 可忽视的 kě hūshì de, 微不足道的 wēi bùzú dào de
negotiable ADJ **1** 可谈判的 kě tánpàn de, 可协商的 kě xiéshāng de **2** 可通行的 kě tōngxíng de
negotiate v 谈判 tánpàn □ The two countries will negotiate to settle their border dispute. 两国将谈判解决边境争端。Liǎngguó jiāng tánpàn jiějué biānjìng zhēngduān.
negotiation N 谈判 tánpàn □ Differences should be resolved through negotiation, not confrontation. 应该通过谈判，而不是对抗，来解决分歧。Yīnggāi tōngguò tánpàn, ér búshì duìkàng, lái jiějué fēnqí.
Negro N 黑人 hēirén
neigh I **v**（马）嘶（mǎ）sī II **n** 马嘶声 mǎsīshēng
neighbor N **1** 邻居 línjū **2** 旁边的人 pángbiān de rén □ My nearest neighbor on the plane slept all the way on the flight. 在飞机上坐在我身旁的人一路睡到头。Zài fēijīshang zuò zài wǒ shēnpáng de rén yīlù shuìdàotóu.
neighborhood N 邻近地区 línjìn dìqū, 地段 dìduàn □ They live in a quiet middle-class neighborhood. 他们住在一个安静的中产阶级地区。Tāmen zhù zài yí ge ānjìng de zhōngchǎn jiējí dìqū.
in the neighborhood of 大约 dàyuē, 约为 yuē wéi
neighboring ADJ 相邻的 xiānglín de, 邻近的 línjìn de
neighborly ADJ（邻居之间）友好的（línjū zhījiān）yǒuhǎo de, 睦邻的 mùlín de
neither I PRON（两／二者）都不（liǎng／èrzhě）dōu bù □ Neither of us speaks Japanese. 我们俩都不会说日语。Wǒmen liǎ dōu bú huì shuō Rìyǔ.
II **v** 也不 yě bù □ "I don't like the new math teacher." "Neither do I." "我不喜欢新来的数学老师。" "我也不喜欢。" "Wǒ bù xǐhuan xīnlái de shùxué lǎoshī." "Wǒ yě bù xǐhuan." □ Helen did not come to my birthday party, neither did Sarah. 海伦没有来参加我的生日聚会，萨拉也没来。Hǎilún méiyǒu lái cānjiā wǒ de shēngri jùhuì, Sàlā yě méi lái.
neither … nor 既不…也不 jì bù…yě bù, …和…都不 …hé…dōu bù □ Neither his father nor his mother knows about his drug problem. 他的父亲、母亲都不知道他的吸毒问题。Tā de fùqin, mǔqin dōu bú zhīdào tā de xīdú wèntí.
neon (Ne) N 氖 nǎi
neon light 霓虹灯 níhóngdēng
nephew N 侄子 zhízi (brother's son), 外甥 wàisheng (sister's son)
nepotism N 裙带关系 qúndài guānxi
Neptune N 海王星 Hǎiwángxīng
nerd N 书呆子 shūdāizi
computer nerd 电脑迷 diànnǎo mí
nerve N **1** 胆量 dǎnliàng, 勇气 yǒngqì □ It takes a lot of nerve to confront the principal. 与校长对抗需要很大的胆量。Yǔ

xiàozhǎng duìkàng xūyào hěn dà de dǎnliàng. **2**（厚）脸皮（hòu）liǎnpí □ What nerve he has to ask for another loan! 他竟然有脸皮再要借钱。Tā jìngrán yǒu liǎnpí zài yào jiè qián.
3 神经 shénjīng
nerve-racking ADJ 让人心烦（意乱）的 ràng rén xīnfán（yì luàn）de
nerves N 焦虑紧张 jiāolǜ jǐnzhāng
nervous ADJ 紧张 jǐnzhāng, 不自在 bú zìzài □ She was nervous about the job interview. 她对求职面试很紧张。Tā duì qiúzhí miànshì hěn jǐnzhāng.
a nervous breakdown 精神崩溃 jīngshén bēngkuì
the nervous system 神经系统 shénjīng xìtǒng
nest I N 鸟巢 niǎocháo, 鸟窝 niǎowō **2**（小动物的）窝（xiǎo dòngwù de）wō, 穴 xué
nest egg 积蓄 jīxù
II **v** 筑巢 zhù cháo
nestle v 偎依 wēiyī
nestling N 幼鸟 yòuniǎo, 雏鸟 chúniǎo
net¹ I N **1** 网 wǎng □ The tennis player cursed when he hit the ball into the net again. 网球运动员把球打在网上，他暗骂了一声。Wǎngqiú yùndòngyuán bǎ qiú dǎ zài wǎngshang, tā ànmàle yì shēng.
net² I **v 1** 净赚 [+一大笔钱] jìngzhuàn [+yí dàbǐ qián] **2** 获得 huòdé, 获取 huòqǔ II ADJ 净的 jìng de □ Last year their business earned a net profit of $200,000. 去年他们的生意赚了净利润二十万元。Qùnián tāmen de shēngyì zhuànle jìng lìrùn èrshí wàn yuán.
net income 净收入 jìngshōurù
net result 最终结果 zuìzhōng jiéguǒ
net weight 净重 jìngzhòng
netting N 网 wǎng, 网状物 wǎngsang wù
nettle I N 荨麻 qiánmá II **v** 惹恼 rěnǎo
network I N **1** 系统 xìtǒng, 网 wǎng □ All the TV networks covered the trial in detail. 所有的电视系统都详尽报道了这次审判。Suǒyǒu de diànshì xìtǒng dōu xiángjìn bàodàole zhè cì shěnpàn. **2**（计算机）网络（jìsuànjī）wǎngluò
II **v 1** 使 [+计算机] 联网 shǐ [+jìsuànjī] liánwǎng **2** 联络的 liánluò de, 接触 jiēchù
networking N（同行间）联络（tóngháng jiān）liánluò
neurology N 神经（病）学 shénjīng（bìng）xué
neurosis N 神经官能症 shénjīng guānnéngzhèng
neurotic I N 神经官能症（患者）shénjīng guānnéngzhèng（huànzhě）II ADJ 神经质的 shénjīngzhì de, 神经过敏的 shénjīng guòmǐn de
neuter I **v** 阉割 [+雄性动物] yāngē [+xióngxìng dòngwù] II ADJ **1** 中性的 zhōngxìng de **2** 无生殖器的 [+动物] wú shēngzhíqì de [+dòngwù]
neutral I ADJ **1** 中立的 [+国家] zhōnglì de [+guójiā] **2** 素淡的 [+颜色] sùdàn de [+yánsè] **3** 中性的 [+词语] zhōngxìng de [+cíyǔ] II N **1** 中立国 zhōnglìguó, 中立人士 zhōnglì rénshì **2** 素淡的颜色 sùdàn de yánsè **3**（汽车）空档位置（qìchē）kōngdàng wèizhì
neutrality N 中立（地位）zhōnglì（dìwèi）
neutralize v **1** 使… [+国家] 中立 shǐ… [+guójiā] zhōnglì **2** 使 [+毒药] 无效 shǐ [+dúyào] wúxiào
neutron N 中子 zhōngzǐ
never ADV 从不 cóng bù, 永远不 yǒngyuǎn bù □ I never smoke. 我从不吸烟。Wǒ cóng bù xīyān. □ Never, ever, lie to me! 永远不要对我撒谎！Yǒngyuǎn bú yào duì wǒ sāhuǎng!
nevertheless ADV 尽管如此 jǐnguǎn rúcǐ, 然而 rán'ér
new ADJ 新 xīn, 新的 xīn de □ She bought a new cell phone. 她买了一只新手机。Tā mǎile yì zhī xīn shǒujī. □ The new manager changed lots of old rules. 新经理改变了很多旧规矩。Xīn jīnglǐ gǎibiànle hěn duō jiù guīju.
New Age 新时代 xīnshídài
New World 新大陆（南北美洲）Xīndàlù（nánběi Měizhōu）

New Year 新年 xīnnián
New Year's Day 元旦 Yuándàn
New Year's Eve 除夕 chúxī
2 不熟悉的 bùshú xī de
newborn I N 新生儿 xīnshēng'ér II ADJ 新生的 xīnshēng de
newcomer N 新来的人 xīnlái de rén, 新手 xīnshǒu
newfangled ADJ 新花样的 xīn huāyàng de
newly ADV 新近(地) xīnjìn (de)
newlyweds N 新婚夫妇 xīnhūn fūfù
news N **1** 消息 xiāoxi □ Have you heard any news about your younger brother? 你听到有关你弟弟的任何消息了吗? Nǐ tīngdao yǒuguān nǐ dìdi de rènhé xiāoxi le ma?
No news is good news. 没有消息就是好消息。Méiyǒu xiāoxi jiù shì hǎo xiāoxi. **2** 新闻 xīnwén □ What's the latest news? 最新新闻是什么? Zuìxīn xīnwén shì shénme? □ That's news to me. 这对我来讲是一个新闻。(→我以前不知道这件事。) Zhè duì wǒ lái jiǎng shì yí ge xīnwén. (→Wǒ yǐqián bù zhīdào zhè jiàn shì.) **3** 新闻节目 xīnwén jiémù □ The first thing he does in the morning is watch the news. 他每天早上第一件事就是看新闻节目。Tā měitiān zǎoshang dìyī jiàn shì jiù shì kàn xīnwén jiémù.
news agency 新闻通讯社 xīnwéntōngxùn shè
news bulletin 新闻简讯 xīnwén jiǎnxùn
newscast N (电视)新闻报导 (diànshì) xīnwén bàodǎo
newscaster N (电视)新闻播报员 (diànshì) xīnwén bōbàoyuán
newsletter N 简讯 jiǎnxùn
newspaper N 报 bào, 报纸 bàozhǐ □ When he was young, he delivered newspapers to earn pocket money. 他小时候送报挣一些零用钱。Tā xiǎoshíhou sòng bào zhèng yìxiē língyòngqián.
newsprint N 新闻纸 xīnwénzhǐ, 白报纸 báibàozhǐ
newsstand N 报摊 bàotān, 卖报摊 mài bàotān
newsy ADJ 新闻很多的 [+来信] xīnwén hěn duō de [+láixìn]
New Testament N (圣经)新约全书 (Shèngjīng) Xīnyuē quán shū
next I ADJ **1** 下 xià, 下一个 xià yí ge □ I'll be leaving for Taiwan next Friday. 我在下星期五动身去台湾。Wǒ zài xià xīngqīwǔ dòngshēn qù Táiwān. □ Who will be the next U.S. President? 谁将担任下一任美国总统? Shéi jiāng dānrèn xià yí rèn Měiguó zǒngtǒng?
next day 下一天 xià yì tiān, 第二天 dì'èr tiān
next door 隔壁 gébì
next week 下星期 xià xīngqī, 下周 xià zhōu
next month 下个月 xià ge yuè
next time 下次 xià cì, 下一次 xià yí cì □ Please come earlier next time. 下次请来得早一点。Xiàcì qǐng láide zǎo yì diǎn.
next year 明年 míngnián
2 隔壁的 [+房间] gébì de [+fángjiān]
II ADV 接着 jiēzhe, 接下来 jiēxiàlái III PRON 下一个 xià yí ge
next of kin 最近的亲属 zuìjìn de qīnshǔ
NFL (= National Football League) ABBREV (美国)全国橄榄球联盟 (Měiguó) Quánguó gǎnlǎnqiú liánméng
NHL (= National Hockey League) ABBREV (美国)全国曲棍球联盟 (Měiguó) Quánguó qūgùnqiú liánméng
nib N 笔尖 bǐjiān
nibble I V 一点一点地吃 yìdiǎn yìdiǎn de chī, 啃 kěn
II N 一小口 yì xiǎokǒu
nice ADJ **1** 好 hǎo, 令人愉快的 lìng rén yúkuài de □ We had a nice time at the party. 我们在聚会上很愉快。Wǒmen zài jùhuìshang hěn yúkuài. **2** 友好 yǒuhǎo, 和善 héshàn □ Be nice to your grandma! 对你奶奶要好一点! Duì nǐ nǎinai yào hǎo yì diǎn! □ It was nice of you to send me the card. 你给我送卡, 太好了。Nǐ gěi wǒ sòng kǎ, tài hǎo le. **3** 正派的 zhèngpài de
nice-looking ADJ 好看的 hǎokàn de, 漂亮的 piàoliang de

nicely ADV 很好地 hěnhǎo de, 让人满意地 ràng rén mǎnyì de
nicety N **1** 细节 xìjié
legal niceties 法律细节 fǎlǜ xìjié
2 细微的区别 xìwēi de qūbié
niche N **1** 特定的市场 tèdìng de shìchǎng **2** 正好合适的工作 zhènghǎo héshì de gōngzuò **3** 壁龛 bìkān
nick[1] N (in the nick of time) 正在这当口 zhèngzài zhè dāngkǒu
nick[2] I N 小切口 xiǎo qièkǒu II V 留下小切口 liúxia xiǎo qièkǒu
nickel N (美国)五分钱硬币 (Měiguó) wǔfēnqián yìngbì
nickel-and-dime ADJ 小规模的 xiǎoguīmó de, 小打小闹的 xiǎo dǎ xiǎo nào de
nickname N 绰号 chuòhào, 外号 wàihào
nicotine N 尼古丁 nígǔdīng
niece N 侄女 zhínǚ (brother's daughter), 外甥女 wàishengnǚ (sister's daughter)
night N 夜 yè, 夜晚 yèwǎn □ The bars in town are all crowded on Friday nights. 星期五的夜晚, 城里的酒吧都挤满了人。Xīngqīwǔ de yèwǎn, chénglǐ de jiǔbā dōu jǐmǎnle rén.
night and day, day and night 日日夜夜 rìrì yèyè
night club 夜总会 yèzǒnghuì
night owl 喜欢熬夜的人 xǐhuan áoyè de rén, 夜猫子 yèmāozi
night school 夜校 yèxiào
nightgown N 睡袍 shuìpáo
nightfall N 天黑时分 tiānhēi shífèn, 傍晚 bàngwǎn
nightingale N 夜莺 yèyīng
nightlife N 夜生活 yèshēnghuó, 夜间娱乐 yèjiān yúlè
nightly ADJ, ADV 每晚(的)měi wǎn (de), 每夜(的)měi yè (de)
nightmare N **1** 恶梦 èmèng **2** 极其可怕的经历 jíqí kěpà de jīnglì
nightmarish ADJ 恶梦般的 èmèng bān de
nightstand, night table N 床头柜 chuángtóuguì
nighttime N 夜间 yèjiān
nil N 无 wú, 零 líng
virtually nil 几乎为零 jīhū wéi líng
nimble ADJ 敏捷的 mǐnjié de, 灵敏的 língmǐn de
nine NUM 九 jiǔ, 9 □ She has a nine-to-five job. 她的工作是从九点到五点。Tā de gōngzuò shì cóng jiǔ diǎn dào wǔ diǎn.
nineteen NUM 十九 shíjiǔ, 19
nineteenth NUM 第十九 dì shíjiǔ
ninety NUM 九十 jiǔshí, 90
ninth NUM 第九 dìjiǔ
nip I V **1** (轻轻地)啃咬 (qīngqīng de) kěn yǎo **2** 掐断 [+花朵] qiāduàn [+huāduǒ]
to nip sth in the bud 消灭在萌芽状态 xiāomiè zài méngyá zhuàngtài
3 冻伤 dòngshāng
II N (轻)咬 (qīng) yǎo, (轻)啃 (qīng) kěn
nip and tuck 两种可能性都有 liǎng zhǒng kěnéngxìng dōu yǒu, 胜负难分 shèngfù nánfēn
nipple N **1** 乳头 rǔtóu **2** 橡皮奶嘴 xiàngpí nǎizuǐ
nippy ADJ 冷飕飕的 lěngsōusōu de
nitpicking N 过分挑剔的 guòfèn tiāoti de, 鸡蛋里挑骨头 jīdàn lǐ tiāo gútou
nitrogen (N) 氮 dàn
nitty-gritty N 实质性部份 shízhìxìng bùfen
nitwit N 笨人 bènrén
no I ADV **1** 不 bù, 不是 bú shì, 没有 méiyǒu □ "Are you an American?" "No, I'm not. I'm a Canadian." "你是美国人吗?" "不是, 我是加拿大人。" "Nǐ shì Měiguó rén ma?" "Bú shì, wǒ shì Jiānádà rén."
no good 没有好处 méiyǒu hǎochu
no more/less than 不多于/少于 bùduō yú/shǎoyú

II ADJ 没有 méiyǒu □ No words can express my gratitude. 没有言词可以表达我的谢意。Méiyǒu yáncí kěyǐ biǎodá wǒ de xièyì.

in no time 马上 mǎshàng □ Wait a minute. I'll be ready in no time. 等一等, 我马上准备好。Děngyiděng, wǒ mǎshàng zhǔnbèi hǎo.

III N 拒绝 jùjué, 不 bù □ Say "No" to pre-marital sex! 对婚前性行为说 "不"! Duì hūnqián xìngxíngwéi shuō "bù"!

nobility N 贵族 (阶级) guìzú (jiējí)

noble I ADJ **1** 高尚的 gāoshàng de **2** 贵族的 guìzú de **II** N 贵族 guìzú [M. WD 位 wèi]

nobleman, noblewoman N 贵族 [M. WD 位 wèi]

nobody I PRON 没有人 méiyǒu rén □ There was nobody at home that afternoon. 那天下午家里没有人。Nà tiān xiàwǔ jiālǐ méiyǒu rén. □ Nobody likes to be slighted. 没有人喜欢被人轻慢。Méiyǒu rén xǐhuan bèi rén qīngmàn.

II N 无足轻重的人 wúzú qīngzhòng de rén, 小人物 xiǎorénwù

no-brainer N 不用动脑筋的事 búyòng dòng nǎo jìn de shì, 十分简单的事 shífēn jiǎndān de shì

nocturnal ADJ 夜间 (活动) 的 yèjiān (huódòng) de

nod v **1** 点头 diǎntóu **2** (to nod off) 打瞌睡 dǎkēshuì

node N **1** (计算机系统的) 终端计算机 (jìsuànjī xìtǒng de) zhōngduān jìsuànjī **2** 交点 jiāodiǎn

lymph node 淋巴结 línbājié

no-fault ADJ 不考虑是谁造成过失的 bùkǎolǜ shì shéi zàochéng guòshī de

a no-fault car insurance 不计过失的汽车保险 bújì guòshī de qìchē bǎoxiǎn

a no-fault divorce 无过失离婚 wú guòshī líhūn

no-frills ADJ 无花俏的 wú huāqiào de, 最基本的 zuì jīběn de

noise N 噪音 zàoyīn □ The machines at the construction site made a terrible noise. 建筑工地上的机器噪音很大。Jiànzhù gōngdìshang de jīqì zàoyīn hěn dà.

noiselessly ADV 无声无息地 wúshēng wúxī de, 静悄悄地 jìngqiāoqiāo de

noisy ADJ 吵闹的 chǎonào de, 嘈杂的 cáozá de □ How can we have a nice meal in such a noisy restaurant? 我们怎么能在这样吵闹的饭店好好吃一顿饭? Wǒmen zěnme néng zài zhèyàng chǎonào de fàndiàn hǎohǎo chī yí dùn fàn?

nomad N **1** 游牧者 yóumùzhě **2** 经常搬家／换工作的人 jīngcháng bānjiā/huàngōng zuò de rén, 经常到处旅行的人 jīngcháng dàochù lǚxíng de rén

nomadic ADJ 游牧 (部落) 的 yóumù (bùluò) de

no-man's land N 无人地带 wúréndìdài

nomenclature N 命名法 mìngmíngfǎ

nominal ADJ **1** 名义上的 míngyìshàng de **2** 名词 (性) 的 míngcí (xìng) de

a nominal phrase 名词 (性) 词组 míngcí (xìng) cízǔ **3** 象征性的 xiàngzhēngxìng de, 极少的 jí shǎo de

a nominal fee 象征性收费 xiàngzhēngxìng shōufèi

nominate v **1** 提名 tímíng **2** 任命 rènmìng

nomination N **1** 提名 tímíng **2** 任命 rènmìng

nominee N 被提名者 bèi tímíng zhě

nonaggression N 互不侵犯的 wúbù qīn fàn de

nonalcoholic ADJ 不含酒精的 bù hán jiǔjīng de

nonchalant ADJ 毫不在意的 háobú zàiyì de, 若无其事的 ruòwú qí shì de

noncombatant N 非战斗人员 fēi zhàndòu rényuán

noncommittal ADJ 不做承诺的 bú zuò chéngnuò de, 不明确表态的 bù míngquè biǎotài de

non-dairy ADJ 不含奶的 bù hán nǎi de

nondescript ADJ 难以描绘的 nányǐ miáohuì de, 平淡无奇的 píngdàn wúqí de

none I PRON 一个也没有 yí ge yě méiyǒu □ The old couple has four children—none stays in their hometown. 老夫妻有四

个儿女——一个也没有留在家乡。Lǎo fūqī yǒu sì ge érnǚ—yí ge yě méiyǒu liú zài jiāxiāng.

none other than 正是 zhèng shì, 恰恰是 qiàqià shì □ The offended customer was none other than the Chairman of the chain store. 那个被冒犯了的顾客正是那家连锁店的董事长。Nà ge bèi màofàn le de gùkè zhèng shì nà jiā liánsuǒdiàn de dǒngshìzhǎng.

II ADV 一点也没有 yìdiǎn yě méiyǒu

none the better 一点也没有更好 yìdiǎn yě méiyǒu gèng hǎo

none too happy 一点也不高兴 yìdiǎn yě bù gāoxìng

nonentity N 无名之辈 wúmíng zhī bèi

nonetheless ADV 尽管如此 jǐnguǎn rúcǐ, 然而 rán'ér, 但是 dànshì

non-event N 无关紧要的 wúguān jǐnyào de

nonexistent ADJ 不存在的 bù cúnzài de

nonfat ADJ 不含脂肪的 bù hán zhīfáng de, 脱脂的 tuōzhī de

nonfiction N 非小说类书籍 fēi xiǎoshuō lèi shūjí

nonintervention N 不干涉 bù gānshè

non-negotiable ADJ **1** 没有商量余地的 [+安排] méiyǒu shāngliang yúdì de [+ānpái] **2** 不可转让的 [+支票] bùkě zhuǎnràng de [+zhīpiào]

no-no N 不准干的事 bùzhǔn gàn de shì, 不许可的事 bù xǔkě de shì

no-nonsense ADJ 务实的 wùshí de, 实用的 shíyòng de

nonpayment N 无力支付 wúlì zhīfù

nonplussed ADJ 惊奇得无以对答的 jīngqí de wúyǐ duìdá de, 不知所措的 bù zhī suǒ cuò de

nonprofit ADJ 非盈利 (性) 的 fēi yínglì (xìng) de

nonproliferation N 防止核／化学武器扩散 fángzhǐ hé/huàxué wǔqì kuòsàn

non-refundable ADJ 不可退款的 bùkě tuìkuǎn de

non-renewable ADJ 不可再生的 bùkě zàishēng de

non-resident N 非本国／本地居民 fēi běnguó/běndì jūmín

nonsense N **1** 胡说 húshuō, 荒唐念头 huāngtang niàntou □ "I'm not going to the interview." "Nonsense! You've got to go." "我不去面试了。" "胡说! 你非得去不可。" "Wǒ bú qù miànshì le." "Húshuō! Nǐ fēiděi qù bùkě." **2** 胡闹 húnào, 胡作非为 húzuò fēiwéi □ I'm not going to take any more nonsense from you! 我不会再忍受你的胡作非为! Wǒ bú huì zài rěnshòu nǐ de húzuò fēiwéi!

nonsensical ADJ 没有意义的 méiyǒu yìyì de, 荒谬的 huāngmiù de

non sequitur N **1** 不符合前提的推论 bù fúhé qiántí de tuīlùn **2** 前后不一致的叙述 qiánhòu bù yízhì de xùshù

nonsmoker N 不吸烟的人 bù xīyān de rén

nonsmoking ADJ 禁烟的 jìnyān de

nonstandard ADJ 不标准的 bù biāozhǔn de

nonstick ADJ 不沾食物的 bù zhān shíwù de

nonstop ADJ, ADV 不停顿 (的) bù tíngdùn (de), 直达的 zhídá de

nonverbal ADJ 不用言语表达的 bú yòng yányǔ biǎodá de

nonviolence N 非暴力行为 fēibàolì xíngwéi

nonviolent ADJ 非暴力的 fēibàolì de

noodle N 面 miàn

noodle soup 汤面 tāngmiàn

fried noodle 炒面 chǎomiàn

nook N (房间的) 角落 (fángjiān de) jiǎoluò

noon N 正午 zhèngwǔ, 中午 zhōngwǔ □ The church bells ring at noon. 正午, 教堂钟声响起。Zhèngwǔ, jiàotáng zhōngshēng xiǎngqǐ.

no one PRON 没有人 méiyǒu rén □ No one knew who she was. 没有人知道她是谁。Méiyǒu rén zhīdào tā shì shéi.

noose N 绳套 shéngtào, 绞索 jiǎosuǒ

nope ADV 不 bù, 不是 bú shì

nor ADV 也不 yě bù □ She did not do well last year, nor do I think she will do any better this year. 她去年干得不好，我看今年也不会干得好一点。Tā qùnián gàn de bù hǎo, wǒkàn jīnnián yě bú huì gàn de hǎo yìdiǎn.

norm N 规范 guīfàn, 标准 biāozhǔn

normal I ADJ 正常的 zhèngcháng de □ Something in the child's behavior is not quite normal. 这个孩子的行为中有些方面不完全正常。Zhè ge háizi de xíngwéi zhōng yǒuxiē fāngmiàn bù wánquán zhèngcháng.
II N 正常水平 zhèngcháng shuǐpíng

normality N 正常状态 zhèngcháng zhuàngtài

normalization N 正常化 zhèngchánghuà

normalize V 使…正常化 shǐ…zhèngchánghuà

normally ADV 正常 zhèngcháng, 正常地 zhèngcháng de □ I normally sleep well. 我在正常情况下睡得很好。Wǒ zài zhèngcháng qíngkuàng xià shuì de hěn hǎo.

north I N 北 běi, 北面 běimiàn □ Canada is to the north of U.S. 加拿大在美国北面。Jiānádà zài Měiguó běimiàn.
II ADJ 北面的 běimiàn de, 朝北的 cháo běi de
North America 北美 Běiměi, 北美洲 Běiměi zhōu
North American ① 北美洲的 Běiměi zhōu de ① 北美洲人 Běiměi zhōu rén
the North Pole 北极 Běijí
III ADV（朝）北 (cháo) běi

northbound ADJ 往北的 wǎng běi de, 北行的 běi xíng de

northeast I N 1 东北（方向）dōngběi (fāngxiàng) 2 东北（地区）dōngběi (dìqū) II ADJ 1 在东北（地区）的 zài dōngběi (dìqū) de 2 来自东北（地区）dōngběi (dìqū de) III ADV 朝东北（方向）cháo dōngběi (fāngxiàng)

northerly ADJ 在北部的 zài běibù de, 朝北部的 cháo běibù de
the northerly 北面吹来的风 běimiàn chuī láide fēng, 北风 běifēng
in a northerly direction 朝北的方向 cháo běi de fāngxiàng, 往北 wǎng běi

northern ADJ 北方的 běifāng de □ She speaks Chinese with a northern accent. 她的中文带有北方口音。Tā de Zhōngwén dàiyǒu běifāng kǒuyīn.
the northern hemisphere 北半球 Běi bànqiú

northerner, Northerner N 北方人 Běifāngrén

Northern Lights N 北极光 Běijíguāng

northernmost ADJ 最北面的 zuì běimiàn de

northward ADJ, ADV 往北（的）wǎng běi (de)

northwest I N 1 西北（方向）xīběi (fāngxiàng) 2 西北（地区）xīběi (dìqū) II ADJ 1 在西北（地区）的 zài xīběi (dìqū) de 2 来自西北（地区）de láizì xīběi (dìqū) de III ADV 朝西北（方向）cháo xīběi (fāngxiàng)

nose I N 鼻子 bízi
to have a runny nose 流鼻涕 liú bíti □ He caught a nasty cold, and his nose is running. 他感冒了，流鼻涕。Tā gǎnmào le, liú bíti.
nose job 鼻子整形（手术）bízi zhěngxíng (shǒushù)
II V (to nose around) 四处查看 sìchù chákàn, (to nose forward) [车辆+] 缓慢前行 [chēliàng+] huǎnmàn qiánxíng

nosebleed N 鼻出血 bíchūxuè

nosedive I N 1（飞机）俯冲 (fēijī) fǔchōng 2（股票）猛跌 (gǔpiào) měngdiē II V 1 [飞机+] 突然俯冲 [fēijī+] tūrán fǔchōng 2（股票）猛跌 (gǔpiào) měngdiē

no-show N 预定而没来的人 yùdìng ér méi láide rén

nostalgia N 怀旧（情绪）huáijiù (qíngxù)

nostalgic ADJ 怀旧的 huáijiù de

nostril N 鼻孔 bíkǒng

nosy, nosey ADJ 爱打听别人隐私的 ài dǎting biéren yǐnsī de

not ADV 不 bù □ The use of cell phones is not allowed in the library. 图书馆里不准使用手机。Túshūguǎn lǐ bù zhǔn shǐyòng shǒujī.
not at all 一点也不 yì diǎn yě bù, 根本不 gēnběn bù
not only … but also 不但…而且… bùdàn…érqiě…

notable I ADJ 值得注意的 zhíde zhùyì de, 显著的 xiǎnzhe de II N 著名人物 zhùmíng rénwù, 名人 míngrén

notarize V 对…进行公证 duì…jìnxíng gōngzhèng, 公证 gōngzhèng

notary public, notary N 公证人员 gōngzhèng rényuán

notation N 1（一套）符号 (yítào) fúhào 2 标志法 biāozhìfǎ

notch I N 1（V字形）切口 (V zìxíng) qiēkǒu, 凹口 āo kǒu 2 等级 děngjí II V 1 刻（V字形）切口 kè (V zìxíng) qiēkǒu 2 (to notch up) 赢得 [+胜利] yíngdé [+shènglì]

note I N 1 笔记 bǐjì □ OK, I'll make a note of the meeting in my journal. 好的，我在日记本上记下这次会议。Hǎo de, wǒ zài rìjìběnshang jìxia zhè cì huìyì.
to make notes 做笔记 zuò bǐjì □ He has the habit of making notes while reading. 他习惯看书时做笔记。Tā xíguàn kànshū shí zuò bǐjì.
to take notes 纪录 jìlù □ She took detailed notes of her father's medication. 她对父亲用药的情况作详细的记录。Tā duì fùqin yòng yào de qíngkuàng zuò xiángxì de jìlù.
to make a mental note of 记在心里 jì zài xīnlǐ □ He made a mental note to send her a birthday card next week. 他在心里记住，下星期要给她寄一张生日贺卡。Tā zài xīnlǐ jìzhu, xià xīngqī yào gěi tā jì yì zhāng shēngrì hèkǎ.
2 便条 biàntiáo [M. WD 张 zhāng] □ I wrote her a note asking if I could have a word with her. 我写了一张便条给她，问能不能跟她谈谈。Wǒ xiěle yì zhāng biàntiáo gěi tā, wèn néng-bunéng gēn tā tántán. 3 注解 zhùjiě [M. WD 条 tiáo] □ He studied this book very carefully, reading every note in it. 他仔仔细细地学习了这本书，把每一个注解都读过了。Tā zǐzǐ xìxì de xuéxíle zhè běn shū, bǎ měi yí ge zhùjiě dōu dúguo le. 4 纸币 zhǐbì [M. WD 张 zhāng], 钞票 chāopiào [M. WD 张 zhāng] 5 音调 yīndiào, 音符 yīnfú
a high/low note 高／低音 gāo／dīyīn
II V 1 注意 zhùyì □ Please note that this dictionary uses American English. 请注意，本词典采用美式英语。Qǐng zhùyì, běn cídiǎn cǎiyòng Měishì Yīngyǔ. 2 指出 zhǐchū

notebook N 笔记（本）bǐjì (běn) [M. WD 本 běn]

noted ADJ 知名的 zhīmíng de

notepaper N 便条纸 biàntiáo zhǐ [M. WD 张 zhāng], 信纸 xìnzhǐ [M. WD 张 zhāng]

noteworthy ADJ 值得注意的 zhíde zhùyì de

nothing PRON 没有什么 méiyǒu shénme, 没有什么东西 méiyǒu shénme dōngxi □ Nothing is more important than good health. 没有什么比身体好更重要。Méiyǒu shénme bǐ shēntǐ hǎo gèng zhòngyào. □ "Thanks a lot!" "It was nothing." "多谢！" "没什么。" "Duō xiè!" "Méishénme."
nothing but 只不过 zhǐbuguò, 仅仅是 jǐnjǐn shì
nothing less than 完全是 wánquán shì
to have nothing to lose 不会有损失 bú huì yǒu sǔnshī

notice I N 1 布告 bùgào, 通知 tōngzhī □ The store put up a notice on the gate, saying that it will be closed tomorrow for inventory. 商店在门上张贴了布告，明天关门盘货。Shāngdiàn zài ménshang zhāngtiēle bùgào, míngtiān guānmén pánhuò. □ Employees must give the management a month's notice before leaving the job. 雇员必须在离职前一个月通知主管人员。Gùyuán bìxū zài lízhí qián yí ge yuè tōngzhī zhǔguǎn rényuán. 2 (to give notice) 提出离职／辞职 tíchū lízhí/cízhí
II V 注意到 zhùyìdao □ Didn't you notice? She's now wearing a wedding ring. 你注意到没有？她现在戴结婚戒指了。Nǐ zhùyìdao méiyǒu? Tā xiànzài dài jiéhūn jièzhi le.
to take no notice of 不理会 bù lǐhuì □ Take no notice of what she said; she was just jealous. 别理会她说的话；她只是嫉妒。Bié lǐhuì tā shuō de huà; tā zhǐ shì jídù.

noticeable ADJ 看得到的 kàndédào de, 显著的 xiǎnzhe de

notification N 通知 tōngzhī

notify V 通知 tōngzhī

notion N 概念 gàiniàn, 观念 guānniàn

notoriety N 臭名远扬 chòumíng yuǎn yáng, 坏名声 huàimíng shēng

notorious ADJ 臭名远扬的 chòumíng yuǎn yáng de, 有坏名声的 yǒu huài míngshēng de

notwithstanding PREP 尽管 jǐnguǎn

nougat N 牛轧糖 niúgáitáng [M. WD 块 kuài]

noun N 名词 míngcí

nourish V 1 给…营养 gěi…yíngyǎng, 滋养 zīyǎng 2 怀有 [+感情] huáiyǒu [+gǎnqíng]

nourishing ADJ 有营养的 yǒu yíngyǎng de, 滋养的 zīyǎng de

nourishment N 营养 yíngyǎng

novel¹ N 小说 xiǎoshuō [M. WD 篇 piān/部 bù]

novel² ADJ 新的 xīn de, 新奇的 xīnqí de

novelist N 小说家 xiǎoshuōjiā, 小说作者 xiǎoshuō zuòzhě

novelty N 1 新奇 xīnqí 2 新鲜玩意儿 xīnxian wányìr

November N 十一月 shíyīyuè

novice N 新手 xīnshǒu, 初学者 chūxuézhě

now I ADV 1 现在 xiànzài □ What time is it now? 现在几点钟? Xiànzài jǐ diǎnzhōng? 2 立刻 lìkè, 马上 mǎshàng

by now (到) 现在 (dào) xiànzài □ Father should have arrived in Beijing by now. 父亲现在应该到达北京了。Fùqin xiànzài yīnggāi dàodá Běijīng le.

for now 目前 mùqián, 暂时 zànshí □ The vice principal is in charge for now. 副校长暂时主管。Fù xiàozhǎng zànshí zhǔguǎn.

from now on 从现在起 cóng xiànzài qǐ □ From now on, please use my new e-mail address. 请从现在起使用我新的电子邮件地址。Qǐng cóng xiànzài qǐ shǐyòng wǒ xīn de diànzǐ yóujiàn dìzhǐ.

not now 现在不行 xiànzài bùxíng

right now 马上 mǎshàng, 就是现在 jiùshì xiànzài

II CONJ (now that) 既然 jìrán

nowadays ADV 现今 xiànjīn, 如今 rújīn

nowhere ADV 没有 (什么) 地方 méiyǒu (shénme) dìfang, 无处 wúchù □ There's nowhere to put the piano in their tiny apartment. 在他们小小的公寓里, 没有地方放钢琴。Zài tāmen xiǎoxiǎo de gōngyù lǐ, méiyǒu dìfang fàng gāngqín.

to get nowhere 毫无进展 háowú jìnzhǎn □ He was getting nowhere with job hunting until he met an old classmate. 他在遇到一位老同学之前, 找工作毫无进展。Tā zài yùdao yí wèi lǎo tóngxué zhījiān, zhǎo gōngzuò háowú jìnzhǎn.

noxious ADJ 有毒的 yǒudú de, 有害的 yǒuhài de

nozzle N 喷嘴 pēnzuǐ

nuance N 细微差异 xìwēi chāyì

nuclear ADJ 原子核的 yuánzǐhé de, 核子的 hézǐ de

nuclear disarmament 核裁军 hécáijūn

nuclear energy 核能 hénéng

nuclear family 核心家庭 héxīn jiātíng

nuclear power 核电 hédiàn

nuclear power plant 核电站 hédiànzhàn

nuclear reaction 核反应 héfǎnyìng

nuclear reactor 核反应堆 héfǎnyìngduī

nuclear weapon 核武器 hé wǔqì

nucleus N 1 核子 hézǐ 2 细胞核 xìbāohé 3 核心 (人物) héxīn (rénwù)

nude I ADJ 裸体的 luǒtǐ de II N 裸体画 luǒtǐhuà, 人体雕塑 réntǐ diāosù

nudge V 1 用 (肘) 轻推 yòng (zhǒu) qīng tuī

to nudge one's way 往前挤 wǎngqián jǐ

2 劝说 quànshuō, 鼓励 gǔlì

nudist I N 裸体主义者 luǒtǐ zhǔyìzhě II ADJ 裸体的 luǒtǐde

nudist camp 裸体营 luǒtǐyíng, 天体营 tiāntǐyíng

nudity N 裸体 luǒtǐ

nugget N 1 小 (天然) 金块 xiǎo (tiānrán) jīnkuài 2 (食物) 小块 (shíwù) xiǎo kuài 3 有重大价值的东西 yǒu zhòngdà jiàzhí de dōngxi

a nugget of information 有重大价值的信息 yǒu zhòngdà jiàzhí de xìnxī

nuisance N 讨厌鬼 tǎoyànguǐ, 讨厌的事 tǎoyàn de shì

to make a nuisance of oneself 做令人讨厌的事 zuò lìng rén tǎoyàn de shì

nuke I N 核武器 hé wǔqì II V 用核武器攻击 yòng hé wǔqì gōngjī

null ADJ 无效的 wúxiào de

null and void 无效的 wúxiào de

null result 零效果 líng xiàoguǒ

nullify V 宣布… (在法律上) 无效 xuānbù…(zài fǎlǜshàng) wúxiào

numb I ADJ 麻木的 mámù de, 失去感觉的 shīqù gǎnjué de II V 使…麻木 shǐ…mámù, 使…失去感觉 shǐ…shīqù gǎnjué

number I N 1 数字 shùzì □ Sudoku is a number game. "数独" 是一种数字游戏。"Shùdú" shì yì zhǒng shùzì yóuxì. 2 数目 shùmù, 号码 hàomǎ □ What is your telephone number? 你的电话号码是多少? Nǐ de diànhuà hàomǎ shì duōshǎo?

number crunching 做数字工作 zuò shùzì gōngzuò, 运算 yùnsuàn

3 数量 shùliàng □ A large number of residents in California are bilingual. 在加利福尼亚州, 有大批居民使用双语。Zài Jiālìfúníyà zhōu, yǒu dàpī jūmín shǐyòng shuāng yǔ.

number one 第一 dìyī, 最好的 zuìhǎo de

II V 1 给…编号 gěi…biānhào

to number the pages 编页码 biān yèmǎ

2 总共 zǒnggòng, 共计 gòngjì

The days are numbered. 不会很久了。Bú huì hěn jiǔ le. 快完蛋了。Kuài wándàn le.

numbness N 麻木 mámù

numeral N 数词 shùcí

numerate ADJ 懂算术的 dǒng suànshù de, 会简单计算的 huì jiǎndān jìsuàn de

numerical ADJ 数字上的 shùzì shàng de, 数量上的 shùliàng shàng de

numerous ADJ 众多的 zhòngduō de, 数量很多的 shùliàng hěn duō de

nun N 修女 xiūnǚ

Buddhist nun 尼姑 nígū

nuptial ADJ 婚姻的 hūnyīn de, 婚礼的 hūnlǐ de

nuptial vows 婚姻誓言 hūnyīn shìyán

pre-nuptial agreement 婚前契约 hūnqián qìyuē

nuptials N 婚礼 hūnlǐ [M. WD 次 cì/场 cháng]

nurse I N 护士 hùshi □ The nurses in the ward take good care of the patients. 这个病房的护士对病人照顾得很好。Zhè ge bìngfáng de hùshi duì bìngrén zhàogù de hěn hǎo.

a registered nurse 注册护士 zhùcè hùshi

II V 1 护理 [+病人] hùlǐ [+bìngrén] 2 给 [+婴儿] 喂奶 gěi [+yīng'ér] wèinǎi 3 心中充满 [+仇恨] xīnzhōng chōngmǎn [+chóuhèn]

nursery N 托儿所 tuō'érsuǒ □ The mall has a nursery for shoppers. 商场为购物者提供托儿所。Shāngchǎng wèi gòuwùzhě tígōng tuō'érsuǒ.

nursery rhyme 童谣的 tóngyáo, 儿歌 érgē

nursery school 幼儿园 yòu'éryuán

2 苗圃 miáopǔ

nursing N 护理 hùlǐ

nursing home 养老院 yǎnglǎoyuàn

nurture V, N 培育 péiyù, 培养 péiyǎng

nut N 1 坚果 jiānguǒ, 干果 gānguǒ □ Nuts are rich in nutrition. 坚果富有营养。Jiānguǒ fùyǒu yíngyǎng. 2 螺母 luómǔ, 螺帽 luómào 3 怪人 guàirén

soccer nut 足球迷 zúqiúmí

a hard nut to crack 棘手的问题 jíshǒu de wèntí

a tough nut 难对付的人 nán duìfu de rén

nutcracker N 胡桃夹子 hútáo jiāzi

nutrient N 营养 yíngyǎng, 滋养 zīyǎng

nutrition N 营养 yíngyǎng

nutritious ADJ 营养丰富的 yíngyǎng fēngfù de

nuts ADJ 发疯的 fāfēng de, 发狂的 fākuáng de

to go nuts 气得发疯 qìde fāfēng □ He went nuts when the computer crashed again. 电脑又死机了, 他气得发疯。Diànnǎo yòu sǐ jī le, tā qì de fāfēng.

nutshell N (in a nutshell) 用一句话来说 yòng yí jù huà láishuō, 一言以蔽之 yì yán yǐ bì zhī

nutty ADJ 1 古怪的 gǔguài de, 发疯的 fāfēng de 2 有坚果味的 yǒu jiānguǒ wèi de

nuzzle V (用鼻子) 触碰 (yòng bízi) chùpèng

nylon N 尼龙 nílóng

nylons N 尼龙长袜 nílóng chángwà [M. WD 双 shuāng], 连裤袜 liánkùwà [M. WD 条 tiáo]

nymph N 仙女 xiānnǚ

nymphomania N (女子) 性欲旺盛 (nǚzǐ) xìngyù wàng-shèng

nymphomaniac N 女色情狂 nǚ sèqíngkuáng

O, o

oaf N (男) 傻瓜 (nán) shǎguā, 笨蛋 bèndàn

oak N 1 橡树 xiàngshù [M. WD 棵 kē] 2 橡木 xiàng mù

oar N 桨 jiāng

oasis N 绿洲 lǜzhōu

oath N 1 誓言 shìyán

to take/swear an oath 宣誓 xuānshì □ The witness took an oath before giving his testimony. 证人在作证前先宣誓。Zhèngrén zài zuòzhèng qián xiān xuānshì.

to take the oath of office 宣誓就职 xuānshì jiùzhí

2 咒骂 zhòumà, 诅咒 zǔzhòu

oatmeal N 燕麦片 yànmàipiàn

oats N 燕麦 yànmài

to sow wild oats (年轻时) 生活放荡 (niánqīng shí) shēnghuó fàngdàng

obedience N 服从 fúcóng, 顺从 shùncóng

obedient ADJ 顺从的 shùncóng de, 听话的 tīnghuà de

obese ADJ (过度) 肥胖的 (guòdù) féipàng de

obesity N 过度肥胖 guòdù féipàng, 肥胖症 féipàng zhēng

obey V 服从 fúcóng □ Every citizen should obey the law. 每一个公民都应该服从法律。Měi yí ge gōngmín dōu yīnggāi fúcóng fǎlǜ.

obituary N 讣告 fùgào [M. WD 份 fèn]

object I N 1 物体 wùtǐ, 东西 dōngxi □ A flying object was spotted by many people last night. 昨夜很多人见到一个飞行物。Zuóyè hěn duō rén jiàndào yí ge fēixíngwù.

Unidentified Flying Object (UFO) 不明飞行物 bù míng fēixíngwù

2 目的 mùdì, 目标 mùbiāo □ From the first day he set his object to become the top student in that school. 他从第一天起, 就定下目标, 要成为学校的顶尖学生。Tā cóng dìyī tiān qǐ, jiù dìngxià mùbiāo, yào chéngwéi xuéxiào de dǐngjiān xuéshēng. 3 (语法) 宾语 (yǔfǎ) bīnyǔ □ In the sentence "I study Chinese," the word "Chinese" is the object. 在 "I study Chinese" 这句话中, "Chinese" 是宾语。Zài "I study Chinese" zhè jù huà zhōng, "Chinese" shì bīnyǔ.

II V 反对 fǎnduì □ I object to this plan as it will increase our

workload. 我反对这个计划, 因为它会增加我们的工作量。Wǒ fǎnduì zhè ge jìhuà, yīnwèi tā huì zēngjiā wǒmen de gōngzuò liàng.

objection N 反对 fǎnduì, 厌恶 yànwù □ She has a strong objection to abortion. 她强烈反对堕胎。Tā qiángliè fǎnduì duòtāi.

objectionable ADJ 令人厌恶的 lìng rén yànwù de

objective I N 目标 mùbiāo, 目的 mùdì □ Her sole objective in life is to be a Hollywood star. 她生活中的唯一目标是当一个好莱坞电影明星。Tā shēnghuó zhōng de wéiyī mùbiāo shì dāng yí ge Hǎoláiwù diànyǐng míngxīng.

II ADJ 客观的 kèguān de, 真实的 zhēnshí de

objectivity N 客观 (性) kèguān (xìng), 公正 (性) gōngzhèng (xìng)

obligate V 使…负义务 shǐ…fù yìwù

obligation N 义务 yìwù, 职责 zhízé

obligatory ADJ 必须做的 bìxū zuò de, 强制性的 qiángzhìxìng de

oblige V 1 迫使 pòshǐ 2 应请求 (做) yìng qǐngqiú (zuò)

to feel obliged to do sth 感到有义务做某事 gǎndào yǒu yìwù zuò mǒushì

much obliged 非常感谢 fēicháng gǎnxiè

obliging ADJ 乐意助人的 lèyì zhù rén de

oblique ADJ 1 间接的 jiànjiē de 2 斜的 xié de, 倾斜的 qīngxié de

obliterate V 1 抹掉 [+记忆] mǒdiào [+jìyì] 2 毁灭 [+罪证] huǐmiè [+zuìzhèng] 3 遮蔽 zhēbì

oblivion N 忘却 wàngquè, 遗忘 yíwàng

oblivious ADJ 未注意到的 wèi zhùyì dào de, 未察觉的 wèi chájué de

oblong ADJ, N 长方形 (的) chángfāngxíng (de), 椭圆形 (的) tuǒyuánxíng (de)

obnoxious ADJ 讨厌的 tǎoyàn de, 极坏的 jí huài de

oboe N 双簧管 shuānghuángguǎn

obscene ADJ 淫秽的 yínhuì de, 下流的 xiàliú de

obscenity N 淫秽/下流 (的语言/行为) yínhuì/xiàliú (de yǔyán/xíngwéi)

obscure I ADJ 1 不出名的 bù chūmíng de, 不为人知的 bù wéi rén zhī de 2 难以理解的 nányǐ lǐjiě de, 晦涩的 huìsè de II V 使…难以理解 shǐ…nányǐ lǐjiě, 混淆 hùnxiáo

obscurity N 1 默默无闻 mòmò wú wén 2 费解 (的事) fèijiě (de shì)

observable ADJ 可观察到的 kěguān chá dào de, 可看到的 kěkàn dào de

observance N 1 遵守 zūnshǒu, 奉行 fèngxíng 2 庆祝 qìngzhù

observant ADJ 观察能力很强的 guānchá nénglì hěn qiáng de

observation N 1 观察 guānchá □ The patient is under observation as a suspected case of bird flu. 正在对这个病人进行观察, 因为怀疑是一例禽流感。Zhèngzài duì zhège bìngrén jìnxíng guānchá, yīnwèi huáiyí zhè shì yílì qínliúgǎn. 2 言论 yánlùn, 评论 pínglùn □ Grandpa made some witty observations about life. 爷爷对生活发表了一些风趣的评论。Yéye duì shēnghuó fābiǎole yìxiē fēngqù de pínglùn.

observatory N 天文台 tiānwéntái [M. WD 座 zuò], 气象台 qìxiàngtái [M. WD 座 zuò]

observe V 1 观察 guānchá, 注意到 zhùyìdao □ The shop assistant observed that the man in the raincoat left without buying anything. 店员注意到那个穿雨衣的男人什么也没有买就走了。Diànyuán zhùyìdao nà ge chuān yǔyī de nánren shénme yě méiyǒu mǎi jiù zǒu le. 2 纪念 [+节日] jìniàn [+jiérì], 庆祝 qìngzhù

observer N 观察者 guāncházhě, 观察员 guāncháyuán

obsessed ADJ 老是想着的 lǎoshi xiǎngzhe de, 痴迷 chīmí

obsession N 入迷 zháomí, 强迫性思维 qiángpòxìng sīwéi

obsessive ADJ 缠住不放的 chánzhù bú fàng de, 强迫性的 qiángpòxìng de

obsolescence N 过时 guòshí, 废弃 fèiqì

obsolescent ADJ 即将过时的 jíjiāng guòshí de, 逐步废弃的 zhúbù fèiqì de

obsolete ADJ 过时的 guòshí de, 废弃的 fèiqì de

obstacle N 障碍 (物) zhàng'ài (wù)

obstetrician N 产科医生 chǎnkē yīshēng

obstetrics N 产科 (学) chǎnkē (xué)

obstinacy N 固执 gùzhí, 顽固 wángù

obstinate ADJ 固执的 gùzhí de, 顽固的 wángù de

obstruct V 1 阻碍 zǔ'ài, 妨碍 fáng'ài □ He was arrested for obstructing a police officer in the course of his duty. 他因妨碍警官执行公务而被捕。Tā yīn fáng'ài jǐngguān zhíxíng gōngwù ér bèibǔ. 2 堵塞 [+交通] dǔsè [+jiāotōng]

obstruction N 1 堵塞 (物) dǔsè (wù), 梗塞 gěngsè 2 阻扰 zǔrǎo

obtain V 获得 huòdé, 取得 qǔdé □ She has managed to obtain two tickets for the concert. 她设法取得了这个音乐会的两张票子。Tā shèfǎ qǔdéle zhè ge yīnyuèhuì de liǎng zhāng piàozi.

obtainable ADJ 能得到的 néng dédào de

obtrude V 强行闯入 qiángxíng chuǎngrù

obtrusive ADJ 过分突出的 guòfèn tūchū de, 太显眼的 tài xiǎnyǎn de

obtuse ADJ 1 愚笨的 yúbèn de 2 (数学) 钝角 (shùxué) dùnjiǎo

　an obtuse triangle 钝角三角形 dùnjiǎo sānjiǎoxíng

obverse N 对立面 duìlìmiàn, 相反的事物 xiāngfǎn de shìwù

obvious ADJ 明显的 míngxiǎn de □ Wasn't it obvious from the start that he was trying to cover up something? 他想掩盖什么事, 这不是从一开始就很明显的吗? Tā xiǎng yǎngài shénme shì, zhè bú shì cóng yì kāishǐ jiù hěn míngxiǎn de ma? □ Reducing costs is the obvious answer to the company's financial problem. 降低成本是解决公司财务问题的明显答案。Jiàngdī chéngběn shì jiějué gōngsī cáiwù wèntí de míngxiǎn dá'àn.

obviously ADV 明显 (地) míngxiǎn (de) □ Obviously I can't be in two places at one time. 我显然不可能同时在两个地方。Wǒ xiǎnrán bù kěnéng tóngshí zài liǎng ge dìfang. □ Obviously, the family is in need of help. 很明显, 这个家庭需要帮助。Hěn míngxiǎn, zhè ge jiātíng xūyào bāngzhù.

occasion N 1 场合 chǎnghé, 时刻 shíkè □ On that occasion I was not able to have a serious conversation with him. 在那种场合我无法和他认真地交谈。Zài nà zhǒng chǎnghé wǒ wúfǎ hé tā rènzhēn de jiāotán. 2 特殊的事件 tèshū de shìjiàn, 喜庆的场合 xǐqìng de chǎnghé □ What is the occasion for this party? 举行这次聚会是为了庆祝什么事件? Jǔxíng zhè cì jùhuì shì wèile qìngzhù shénme shìjiàn?

occasional ADJ 偶尔的 ǒu'ěr de

occasionally ADV 偶然地 ǒurán de, 有时候 yǒushíhou □ She sends me e-mails occasionally to keep in touch. 她偶而给我发电子邮件, 来保持联系。Tā ǒu'ěr gěi wǒ fā diànzi yóujiàn, lái bǎochí liánxì.

occult I N 神秘行为 shénmì xíngwéi, 魔法 mófǎ II ADJ 神秘的 shénmì de, 奥秘的 àomì de

occupancy N 占用 (期) zhànyòng (qī), 占有 (期) zhànyǒu (qī)

occupant N 居住者 jūzhùzhě, 住户 zhùhù

occupation N 1 占领 zhànlǐng, 占据 zhànjù 2 职业 zhíyè

occupational ADJ 职业的 zhíyè de

　occupational therapy 职业治疗 zhíyè zhìliáo

occupy V 1 占据 zhànjù, 占用 zhànyòng □ The lavatory is occupied. 洗手间有人使用。Xǐshǒujiān yǒu rén shǐyòng. 2 (军事) 占领 (jūnshì) zhànlǐng

occur V 1 发生 fāshēng □ When did the accident occur? 这次事故是什么时候发生的? Zhè cì shìgù shì shénme shíhòu fāshēng de? □ This disease first occurred in Africa. 这种疾病首先在非洲发生。Zhè zhǒng jíbìng shǒuxiān zài Fēizhōu fāshēng. 2 想到 xiǎngdao, 想起 xiǎngqǐ □ The idea has never occurred to me. 我从来没有这个想法。Wǒ cónglái méiyǒu zhè ge xiǎngfǎ.

occurrence N 发生 (的事) fāshēng (de shì), 出现 chūxiàn

ocean N 洋 yáng, 海洋 hǎiyáng □ America is flanked by two great oceans—the Atlantic on the east, and the Pacific on the west. 美国的两边都是大洋—大西洋在东面, 太平洋在西面。Měiguó de liǎng biān dōu shì dàyáng—Dàxīyáng zài dōngmian, Tàipíngyáng zài xīmian.

oceanographer N 海洋学工作者 hǎiyángxué gōngzuòzhě, 海洋学家 hǎiyángxuéjiā

oceanography N 海洋学 hǎiyángxué

o'clock ADV 点钟 diǎnzhōng, 点 diǎn □ It's ten o'clock. 现在是十点钟。Xiànzài shì shí diǎnzhōng.

octagon N 八角形 bājiǎoxíng, 八边形 bābiānxíng

October N 十月 shíyuè □ Leaves change color in late October. 树叶在十月转色。Shùyè zài shíyuè zhuǎn sè.

octopus N 章鱼 zhāngyú

OD (= overdose) ABBREV 服用过量毒品 fúyòng guòliàng dúpǐn

odd ADJ 1 古怪的 gǔguàide, 奇特的 qítè de □ It's odd that all the lights are on but nobody is in the house. 所有的灯都亮着, 但是没有人在家, 很奇怪。Suǒyǒu de dēng dōu liàngzhe, dànshì méiyǒurén zài jiā, hěn qíguài.

　an odd ball 举止古怪的人 jǔzhǐ qíguàide rén

　the odd man out 与众不同 yǔ zhòng bù tóng de rén

2 奇数的 jīshù de □ 1, 3, 5, 7, etc. are odd numbers. 一、三、五、七等等, 都是奇数。Yī, sān, wǔ, qī děngděng, dōu shì jīshù. 3 偶尔的 ǒu'ěr de, 零星的 língxīng de 4 多一点 duō yìdiǎn

　20-odd 二十多个 èrshí duō gè

oddity N 1 古怪 (的人) gǔguài (de rén) 2 奇特 (的事) qítè (de shì)

oddly ADV 1 奇怪地 qíguài de, 古怪地 gǔguài de 2 奇怪的是 qíguài de shì, 古怪的是 gǔguài de shì

oddments N 零头 língtóu, 碎屑 suìxiè

odds N 可能 (性) kěnéng (xìng)

　against all odds 尽管困难重重 jǐnguǎn kùnnan chóngchóng

　to be at odds with 与…不合 yǔ…bùhé

　odds and ends 零星杂物 língxīng záwù

ode N 颂歌 sònggē, 颂曲 sòng qū

odious ADJ 丑恶的 chǒu'è de, 可憎的 kězēng de

odometer N (汽车) 里程计 (qìchē) lǐchéng jì

odor N 气味 qìwèi

odorless ADJ 无气味的 wú qìwèi de

odyssey N 漫长艰难的旅程 màncháng jiānnán de lǚchéng

of PREP 1 …的 …de □ He is a friend of mine. 他是我的朋友。Tā shì wǒ de péngyou. □ Students of this school all study a foreign language. 这所学校的学生都学外语。Zhè suǒ xuéxiào de xuésheng dōu xué wàiyǔ. □ What are the responsibilities of a family doctor? 家庭医生的职责是什么? Jiātíng yīshēng de zhízé shì shénme? □ The President of the United States of America is the commander-in-chief of all armed forces of the country. 美利坚合众国总统是国家所有武装力量的最高司令。Měilìjiān Hézhòngguó zǒngtǒng shì guójiā suǒyǒu wǔzhuāng lìliang de zuìgāo sīlìng. 2 来自 láizì

　a sage of the East 一位来自东方的圣贤 yíwèi láizì dōngfāng de shèngxián

off I ADV 1 取消 qǔxiāo □ The match is off owing to bad weather. 由于天气不好比赛取消了。Yóuyú tiānqì bù hǎo bǐsài qǔxiāo le. 2 除掉 chúdiao, 减去 jiǎnqu □ You get 10% off if you pay by cash. 如果付现金, 可获百分之十的折扣。Rúguǒ fù xiànjīn, kě huò bǎifēnzhī shí de zhékòu. 3 离 lí, 离去 líqù □ After unloading its cargo, the lorry drove off. 卡车卸货以后就开走了。Kǎchē xièhuò yǐhòu jiù kāizǒu le.

II PREP **1** 离去 líqù □ Keep off the grass. 请勿进入草地。Qǐng wù jìnrù cǎodì. □ Employees are reminded to turn off their computers during the lunch break. 雇员被提示, 在午间休息时要关掉电脑。Gùyuán bèi tíshì, zài wǔjiān xiūxi shí yào guāndiào diànnǎo. **2** 附近 fùjìn □ The shopping mall is just off the main road. 购物中心就在大路附近。Gòuwù zhōngxīn jiù zài dàlù fùjìn.

offbeat ADJ 不寻常的 bùxúncháng de, 不落俗套的 búluò sútào de

offcolor ADJ 下流的 xiàliú de, 黄色的 huángsè de

offend V 冒犯 màofàn, 触怒 chùnù □ I was offended by his condescending tone of voice. 他盛气凌人的口气冒犯了我。Tā shèng qì líng rén de kǒuqì màofànle wǒ.

offender N 违法者 wéifǎzhě, 罪犯 zuìfàn
first-time offender 初犯(罪犯)chūfàn (zuìfàn)

offense N **1** 违法行为 wéifǎ xíngwéi, 犯法 fànfǎ □ Speeding is the most common offense motorists commit. 超速是驾车人最普遍的违法行为。Chāosù shì jiàchērén zuì pǔbiàn de wéifǎ xíngwéi. **2** 伤害 shānghài, 伤害感情 shānghài gǎnqíng □ She is quick to take offense. 她很容易生气。Tā hěn róngyì shēngqì.
No offense. 请不要见怪。Qǐng bú yào jiànguài. □ No offense, but your figures don't add up. 请不要见怪, 不过你的数字不对。Qǐng bú yào jiànguài, búguò nǐde shùzì bú duì.

offensive ADJ 冒犯的 màofàn de, 很不礼貌的 hěn bù lǐmào de □ This hand gesture is offensive in many cultures. 这个手势在很多文化里都是很不礼貌的。Zhè ge shǒushì zài hěn duō wénhuà lǐ dōu shì hěn bù lǐmào de.

offer I V **1** 提供 tígōng □ In addition to a high salary, the company offers him a car and an apartment in New York. 公司除了高薪以外, 还为他提供汽车和在纽约的公寓。Gōngsī chúle gāoxīn yǐwài, hái wèi tā tígōng qìchē hé zài Niǔyuē de gōngyù. **2** 出价 chūjià, 出钱 □ We offered $400,000 for the house. 我们出价四十万元买这幢房子。Wǒmen chūjià sìshí wàn yuán mǎi zhè zhuàng fángzi. **3** 表示愿意提供 biǎoshì yuànyi tígōng
II N **1** (提供帮助的)建议 (tígōng bāngzhu de) jiànyì □ I don't understand why they refused our offer to help. 我不明白, 他们为什么拒绝我们提供帮助的建议。Wǒ bù míngbai, tāmen wèishénme jùjué wǒmen tígōng bāngzhu de jiànyì. **2** 出价 chūjià □ What is the best offer you have received for your car? 你这辆车最高出价多少钱? Nǐ zhè liàng chē zuìgāo chūjià duōshaoqián?

offering N **1** 赠品 zèngpǐn, 献金 xiànjīn **2** 提供的东西 tígōng de dōngxi

offhand ADJ, ADV **1** 不假思索的 bù jiǎ sīsuǒ de, 脱口而出的 tuōkǒu ér chū de **2** 漫不经心的 màn bù jīngxīn de

office N **1** 办公室 bàngōng shì, 办公大楼 bàngōng dàlóu □ The principal's office is on the second floor. 校长的办公室在二楼。Xiàozhǎng de bàngōng shì zài èrlóu. **2** 办事处 bànshì chù □ Their company will set up an office in Shanghai next month. 他们的公司下个月要在上海设立办事处。Tāmen de gōngsī xià ge yuè yào zài Shànghǎi shèlì bànshì chù.
office building 办公大楼 bàngōng dàlóu, 写字楼 xiězì lóu

officer N **1** 军官 jūnguān □ The commanding officer of the submarine enjoys the trust and loyalty of his men. 这艘潜水艇的司令官得到士兵的信任和忠诚。Zhè sōu qiánshuǐtǐng de sīlìngguān dédào shìbīng de xìnrèn hé zhōngchéng. **2** 警官 jǐngguān □ He was arrested by two plainclothes officers at the airport. 他在机场被两名便衣警官逮捕。Tā zài jīchǎng bèi liǎng míng biànyī jǐngguān dàibǔ. **3** (政府)官员 (zhèngfǔ) guānyuán **4** (公司)高级职员 (gōngsī) gāojí zhíyuán

official I ADJ 官方的 guānfāng de, 正式的 zhèngshì de □ What is the official version of the accident? 关于这个事故官方怎么说? Guānyú zhè ge shìgù guānfāng zěnme shuō?
II N 官员 guānyuán □ A senior official from the Ministry of Commerce came to investigate the scandal. 商业部一名高级官员来调查这件丑闻。Shāngyèbù yì míng gāojí guānyuán lái diàochá zhè jiàn chǒuwén.

officialdom N (全体)官僚 (quántǐ) guānliáo

officially ADV 正式地 zhèngshì de, 公开地 gōngkāi de

officiate V 行使正式的职责 xíngshǐ zhèngshì de zhízé

offing N (be in the offing) 即将发生的 jíjiāng fāshēng de

offline ADV (计算机)不联网地 (jìsuàn jī) bùliánwǎng de, 脱机(地)tuōjī (de)
to work offline 脱机工作 tuōjī gōngzuò

offpeak ADJ 非高峰(时间)的 fēi gāofēng (shíjiān) de
offpeak hours 非高峰时间 fēi gāofēng shíjiān

off-ramp N 出口坡道 chūkǒu pōdào

offset (PT & PP **offset**) V **1** 补偿 bǔcháng, 弥补 míbǔ **2** 衬托 chèntuō

offshoot N 分支 fēnzhī

offshore ADJ, ADV **1** 在近海的 zài jìnhǎi de
offshore drilling 近海钻探 jìnhǎi zuāntàn
2 境外的 jìngwài de, 海外的 hǎiwài de
offshore investment 海外投资 hǎiwài tóuzī

offspring N 子孙后代 zǐsūn hòudài

off-the-record ADJ 不公开发表的 bù gōngkāi fābiǎo de, 私下的 sīxia de

off-the-wall ADJ 有些不同寻常的 yǒuxiē bùtóng xúncháng de

often ADV 经常 jīngcháng, 常常 chángcháng □ He often goes to the city library to read magazines. 他经常去市图书馆看杂志。Tā jīngcháng qù shì túshūguǎn kàn zázhì.

ogle V (色迷迷地)盯着看 (sèmímí de) dīngzhe kàn

ogre N 吃人妖魔 chīrén yāomó

ohm N 欧姆 Ōumǔ

oil I N **1** 油 yóu □ The mechanic applied some oil to the machine to lubricate it. 机修工给机器上些油, 使它滑润。Jīxiūgōng gěi jīqì shàng xiē yóu, shǐ tā huárùn. **2** 石油 shíyóu □ Saudi Arabia is one of the major oil producers in the world. 沙特阿拉伯是世界上主要产油国之一。Shātèālābó shì shìjièshang zhǔyào chǎnyóu guó zhīyī.
oil field 油田 yóutián
oil painting 油画 yóuhuà
oil rig 采油架 cǎiyóujià
oil slick 浮油 fúyóu
oil well 油井 yóujǐng
peanut oil 花生油 huāshēngyóu
olive oil 橄榄油 gǎnlǎnyóu
deep sea fish oil 深海鱼油 shēnhǎiyúyóu
II V 加滑润油 jiā huárùnyóu, 上油 shàng yóu

oiled ADJ 涂了油的 tú le yóu de

oily ADJ 含油的 [+鱼] hán yóu de [+yú], 油质的 [+头发] yóuzhì de [+tóufa], 油滑的 [+人] yóuhuá de [+rén]

ointment N 油膏 yóugāo, 软膏 ruǎngāo

OK I ADJ, ADV **1** 好 hǎo, 不错 búcuò □ I think I did OK in the interview. 我想我面试还不错。Wǒ xiǎng wǒ miànshì hái búcuò. **2** 行 xíng, 可以 kěyǐ □ Is it OK if I don't come tomorrow? 我明天不来, 可以吗? Wǒ míngtiān bù lái, xíng ma? □ "Could you give me a lift to the city center?" "OK." 我可以搭你车去市中心吗? "可以。" "Wǒ kěyǐ dā nǐ chē qù shìzhōngxīn ma?" "Kěyǐ."
II V 同意 tóngyì, 批准 pīzhǔn □ We hope the headquarters will OK our budget for next year. 我们希望总部会批准我们明年的预算。Wǒmen xīwàng zǒngbù huì pīzhǔn wǒmen míngnián de yùsuàn.
III INTERJ 好 hǎo, 好吧 hǎo ba □ OK, I'll let you try. 好吧, 你来试试吧。Hǎo ba, nǐ lái shìshi ba.

old ADJ **1** 老 lǎo, 上了年纪的 shàngle niánjì de □ Both her parents are very old and in poor health. 她的父母都很老了, 身体都不好。Tā de fùmǔ dōu hěn lǎo le, shēntǐ dōu bù hǎo. □ The policeman often helps old people walk across the street. 这位警察常常帮助老年人穿马路。Zhè wèi jǐngchá chángcháng bāngzhu lǎoniánrén chuān mǎlù.

old age 老年 (时期) lǎonián (shíqī)

old timer 老资格的人 lǎozīgé de rén, 老前辈 lǎoqiánbèi **2** 旧 jiù □ Anyone wants these old books? Help yourself. 谁要这些旧书? 自己拿吧。Shéi yào zhèxiē jiùshū? Zìjǐ ná ba. **3** 熟悉的 shúxī de, 有深交的 yǒu shēnjiāo de

old boy network (男) 校友关系网 (nán) xiàoyǒu guānxiwǎng

old flame 老情人 lǎoqíngrén

old friend 老朋友 lǎopéngyou

olden ADJ (in olden days) 过去 guòqù, 往昔 wǎngxī

old-fashioned ADJ 老式的 lǎoshì de, 守旧的 shǒujiù de □ He wears such old-fashioned clothes—he'll never find a girlfriend. 他穿这么老式的衣服—永远别想找到女朋友。Tā chuān zhème lǎoshì de yīfu—yǒngyuǎn bié xiǎng zhǎodao nǚpéngyou.

oldie N **1** 名人 míngrén **2** 旧物 jiùwù

Old Testament N (圣经) 旧约书 (Shèngjīng) Jiùyuēshū

olive N 橄榄 gǎnlǎn [M. WD 颗 kē]

to offer an olive branch 表示和解 biǎoshì héjiě

Olympic Games N 奥林匹克运动会 Àolínpǐkè Yùndònghuì

omelet, omelette N 煎蛋卷 jiāndànjuǎn

omen N 预兆 yùzhào, 兆头 zhàotou

ominous ADJ 不吉利的 bù jílì de, 不详的 bùxiáng de

omission N 省略 (的东西) shěnglüè (de dōngxi), 遗漏 yílòu

omit V 省略 shěnglüè, 排除 páichú

omnipotence N 全能 quánnéng, 无所不能 wúsuǒbùnéng

omnipotent ADJ 全能的 quánnéng de

omniscience N 全知 quánzhī

omniscient ADJ 全知的 quán zhī de, 无所不知的 wúsuǒbùzhī de

omnivorous ADJ 杂食的 [+动物] zá shí de [+dòngwù]

on I PREP **1** 在…上 zài…shang □ She sat the baby on her lap. 她把婴儿抱在膝盖上。Tā bǎ yīng'ér bào zài xīgài shang. □ Can I find our town on this map? 在这张地图上能找到我们的小城吗? Zài zhè zhāng dìtúshang néng zhǎodao wǒmen de xiǎo chéng ma? □ The restaurant is on Broadway. 这家餐馆在百老汇街上。Zhè jiā cānguǎn zài Bǎilǎohuìjiēshang. **2** 在 zài □ I'm leaving for Seattle on Friday. 我星期五去西雅图。Wǒ xīngqīwǔ qù Xīyǎtú. **3** 关于 guānyú □ He borrowed a book on China. 他借了一本关于中国的书。Tā jièle yì běn guānyú Zhōngguó de shū.

II ADV **1** 继续 jìxù, …下去 …xiaqu □ She walked on until she reached the river. 她一直走,直到河边。Tā yìzhí zǒu, zhídào hébiān. **2** 穿着 chuānzhe, 戴着 dàizhe □ The old man can't see clearly without putting on his glasses. 这位老人不戴眼镜就看不清楚。Tā wèi lǎorén bú dài yǎnjìng jiù kànbuqīngchu.

3 接通 jiētōng

to turn/switch on 开 (灯, 电视机, etc.) kāi (dēng, diànshìjī, etc.)

to get on 乘 chéng

to go on 继续 [+说/做] jìxù [+shuō/zuò]

once I ADV **1** 一次 yí cì □ I've met her only once. 我只见过她一次。Wǒ zhǐ jiànguo tā yí cì. □ My father plays golf once a week. 我父亲每星期打一次高尔夫球。Wǒ fùqin měi xīngqī dǎ yí cì gāo'ěrfū qiú.

once more 再一次 zài yí cì, 又一次 yòu yí cì □ He tried once more, but still had no luck. 他又试了一次,还是不行。Tā yòu shìle yí cì, háishí bù xíng.

at once ① 马上 mǎshàng □ She called to ask him to go home at once. 她打电话来要他马上回家。Tā dǎ diànhuà lái yào tā mǎshàng huíjiā. ② 同时 tóngshí □ Do not drive and talk on the phone all at once. 不要在开车的同时打电话。Bú yào zài kāichē de tóngshí dǎ diànhuà.

once in a while 偶尔 ǒu'ěr □ They have dinner at the

expensive restaurant once in a while. 他们偶尔在那家很贵的饭店吃饭。Tāmen ǒu'ěr zài nà jiā hěn guì de fàndiàn chīfàn.

2 曾经 céngjīng

once upon a time 从前 cóngqián

II CONJ 一 yī, 一旦 yídàn □ Once you've started the engine, you should concentrate on driving. 你一发动引擎,就应该集中注意力驾车。Nǐ yì fādòng yǐnqíng, jiù yīnggāi jízhōng zhùyìlì jià chē.

once-over N 大致一看 dàzhì yíkàn

to give sb/sth the once-over 对某人/某事粗略地打量一下 duì mǒurén/mǒushì cūlüè de dǎliang yíxià

oncoming ADJ 迎面而来的 yíngmiàn érlái de

one I NUM **1** 一 yī □ We have only one Earth. 我们只有一个地球。Wǒmen zhǐ yǒu yí ge dìqiú.

II PRON 一个 yí ge □ No, I don't want this one; I want that one. 不,我不要这个,我要那个。Bù, wǒ bú yào zhè ge, wǒ yào nà ge.

one by one 一个接着一个 yí ge jiēzhe yíge □ The patients see the doctor one by one. 病人一个接一个来看病。Bìngrén yí ge jiē yí ge lái kànbìng.

one another 相互 xiānghù, 彼此 bǐcǐ □ If they hate one other, why did they get married in the first place? 要是他们相互仇恨,当初为什么要结婚呢? Yàoshì tāmen xiānghù chóuhèn, dāngchū wèishénme yào jiéhūn ne?

one-liner N 俏皮话 qiàopihuà

one-of-a-kind ADJ 独一无二的 dúyī wú èr de

onerous ADJ 繁重的 (工作) fánzhòng de (gōngzuò), 艰巨的 (任务) jiānjù de (rènwu)

oneself PRON 自己 zìjǐ, 自身 zìshēn

one-sided ADJ 片面的 piànmiàn de, 不公正的 bù gōngzhèng de

onetime ADJ **1** 从前的 cóngqián de **2** 一次性的 yícìxìng de, 只发生一次的 zhǐ fāshēng yícì de

one-to-one ADJ **1** 一对一的 [+讨论] yīduìyī de [+tǎolùn] **2** 一比一的 [+兑换率] yībǐyī de [+duìhuànlǜ]

one-track mind N 只想一件事的头脑 zhǐ xiǎng yí jiàn shì de tóunǎo, 老是想着一件事的脑子 lǎoshi xiǎngzhe yí jiàn shì de nǎozi

one-upmanship N 胜人一筹 shèng rén yì chóu

one-way ADJ 单 (方) 向的 dān (fāng) xiàng de

a one-way street 单行 (街) 道 dānxíng (jiē) dào

ongoing ADJ 持续的 chíxù de

onion N 洋葱 yángcōng □ His breath always smells like onions. 他呼出的气中总是有洋葱的气味。Tā hūchū de qì zhōng zǒngshì yǒu yángcōng de qìwèi.

online ADJ 联网的 liánwǎng de, 联线的 liánxiàn de

onlooker N 旁观者 pángguānzhě

only I ADV 只 zhǐ, 只有 zhǐyǒu, 只是 zhǐ shì □ Don't get mad with me; I was only telling you the truth. 别对我发这么大火,我只是对你说说真话。Bié duì wǒ fā zhème dà huǒ, wǒ zhǐ shì duì nǐ shuōshuo zhēn huà.

II ADJ 唯一的 wéiyī de □ Jazz is the only music my granddad listens to. 我爷爷只听爵士音乐。Wǒ yéye zhǐ tīng juéshì yīnyuè.

an only child 独生子女 dúshēng zǐnǚ

III CONJ 只是 zhǐ shì, 但是 dànshì

on-ramp N 进入坡道 jìnrù pōdào

onrush N 向前猛冲 xiàngqián měngchōng

onset N 开始 kāishǐ

onslaught N 强攻 qiánggōng

onto PREP 到…上 dào…shang, 在…上 zài…shang □ It's amazing how the boys got onto the roof. 这些男孩是怎么上屋顶的,真是奇怪。Zhèxiē nánhái shì zěnme shàng wūdǐng de, zhēn shì qíguài.

onus N 责任 zérèn

onward ADV, ADJ 向前 (方) 的/地 xiàngqián (fāng) de

oodles N 大量 dàliàng, 许多 xǔduō

oops INTERJ 啊呀 āyā

ooze I v 慢慢流出 mànmàn liúchū, 渗出 shènchū II N 1 慢慢流动 mànmàn liúdòng 2 淤泥 yūní

opal N 蛋白石 dànbáishí, 澳宝 àobǎo

opaque ADJ 1 不透明的 [+玻璃] bú tòumíng de [+bōli] 2 难懂的 [+文字] nándǒng de [+wénzì]

open I ADJ 1 开(着)的 kāi (zhe) de, 打开的 dǎkāi de □ Leave the windows open to let the fresh air in. 把窗户开着, 让新鲜空气进来。Bǎ chuānghu kāizhe, ràng xīnxiān kōngqì jìnlai. □ I was surprised to find the door wide open. 我发现房门大开, 大吃一惊。Wǒ fāxiàn fángmén dà kāi, dà chī yì jīng. 2 营业的 yíngyè de □ Is the bank open on Saturday mornings? 银行在星期六上午营业吗? Yínháng zài xīngqīliù shàngwǔ yíngyè ma? □ Over the weekend, the bars are open until midnight. 周末, 酒吧开到午夜。Zhōumò, jiǔbā kāidao wǔyè. 3 开放的 kāifàng de □ The garden is not open to the public. 这座花园不对外开放。Zhè zuò huāyuán bú duì wài kāifàng. □ The criminal gang members were tried in open court. 犯罪团伙成员受到了公开审判。Fànzuì tuánhuǒ chéngyuán shòudaole gōngkāi shěnpàn.

open house 开放日 kāifàngrì
an open plan 公开计划 gōngkāi jìhuà
open season 捕猎开放季节 bǔliè kāifàng jìjié

4 公开的 gōngkāi de
an open letter 公开信 gōngkāixìn
an open secret 公开的秘密 gōngkāi de mìmì

5 还没有结论的 hái méiyǒu jiélùn de, 还没有决定的 hái méiyǒu juédìng de
to keep an open mind 不匆忙下结论 bù cōngmáng xià jiélùn

II v 1 开 kāi, 打开 dǎkāi □ Open your books to page 36. 请把书翻到三十六页。Qǐng bǎ shū fāndao sānshíliù yè. □ Can you open the can for me, John? 约翰, 你帮我打开这个罐头, 好吗? Yuēhàn, nǐ bāng wǒ dǎkāi zhè ge guàntou, hǎo ma? 2 开始营业 kāishǐ yíngyè, 开门 kāimén □ The new megastore will open next month. 这家新的巨型商店将在下月开始营业。Zhè jiā xīn de jùxíng shāngdiàn jiāng zài xiàyuè kāishǐ yíngyè. 3 开放 kāifàng □ The royal palace will be opened to the public on the Queen's birthday. 皇家宫殿将在女王生日向公众开放。Huángjiā gōngdiàn jiāng zài Nǚwáng shēngri xiàng gōngzhòng kāifàng.
to open fire 开火 kāihuǒ □ The young police officer opened fire in panic. 年轻的警官在慌乱中开枪。Niánqīng de jǐngguān zài huāngluàn zhōng kāi qiāng.

open-air ADJ 露天的 lùtiān de □ Everybody enjoyed the open-air concert. 人人都喜欢这个露天音乐会。Rénrén dōu xǐhuan zhè ge lùtiān yīnyuèhuì.

open-heart surgery N 心脏(直视)手术 xīnzàng (zhíshì) shǒushù

open-and-shut case N 很容易解决的问题 hěn róngyì jiějué de wèntí

open-ended ADJ 1 无限期的 wúxiànqī de 2 无明确答案的 [+问题] wú míngquè dá'àn de [+wèntí]

opener N 1 开启[瓶/罐子的] 工具 kāiqǐ [píng/guànzi de] gōngjù 2 (体育比赛)开局 (tǐyù bǐsài) kāijú
for openers 首先 shǒuxiān

opening I N 1 [新店+] 开张 [xīndiàn+] kāizhāng 2 [新公司+] 开业 [xīn gōngsī+] kāiyè 3 [职位的+] 空缺 [zhíwèi de+] kòngquē 4 通道 tōngdào [M. WD 条 tiáo] 5 孔 kǒng, 洞 dòng II ADJ 首次的 shǒucì de

open-minded ADJ 思想开放的 sīxiǎng kāifàng de □ Our principal is open-minded about the new teaching methods. 我们的校长能够接受新的教学方法。Wǒmen de xiàozhǎng nénggou jiēshòu xīn de jiàoxué fāngfǎ.

open-mindedness N (思想)开通 (sīxiǎng) kāitōng, 开明 kāimíng

openness N 1 坦诚 tǎn chéng 2 开明 kāimíng, 思想(开通) sīxiǎng (kāitōng)

opera N 歌剧 gējù
Peking opera 京剧 Jīngjù, 京戏 Jīngxì

operable ADJ 可动手术的 kě dòng shǒushù de

operate v 1 操纵 cāozòng, 操作 cāozuò □ The whole system is operated by a computer. 整个系统是由电脑操纵的。Zhěng ge xìtǒng shì yóu diànnǎo cāozòng de. 2 运行 yùnxíng, 运转 yùnzhuǎn □ The washing machine is not operating properly. 洗衣机的运转不正常。Xǐyījī de yùnzhuǎn bú zhèngcháng. 3 动手术 dòng shǒushù □ The doctor decided to operate on him as soon as his condition allowed. 医生决定等他的病情许可就马上动手术。Yīshēng juédìng děng tā de bìngqíng xǔkě jiù mǎshàng dòng shǒushù.

operating system N (计算机)操作系统 (jìsuànjī) cāozuò xìtǒng

operation N 1 手术 shǒushù [M. WD 次 cì] □ Helen will have an operation to remove her tonsils. 海伦要动手术切除扁桃腺。Hǎilún yào dòng shǒushù qiēchú biǎntáoxiàn. 2 行动 xíngdòng □ The relief operation was funded by charities. 这个救济行动是由慈善组织出资的。Zhè ge jiùjì xíngdòng shì yóu císhàn zǔzhī chūzī de. 3 运转 yùnzhuǎn □ Keep away from the machine when it's in operation. 机器运转时, 不要靠近它。Jīqì yùnzhuǎn shí, bú yào kàojin tā.

operational ADJ 可以使用的 kěyǐ shǐyòng de

operative I ADJ 1 起作用的 qǐ zuòyòng de 2 关键的 guānjiàn de
the operative word 最重要的词 zuì zhòngyào de cí
II N 1 特工 tègōng, 间谍 jiàndié 2 操作工 cāozuògōng, 技工 jìgōng

operator N 操作工 cāozuògōng, 操作员 cāozuòyuán, (电话)接线员 (diànhuà) jiēxiànyuán
computer operator 电脑操作员 diànnǎo cāozuòyuán
sewing-machine operator 缝纫机操作工 féngrènjī cāozuògōng

ophthalmologist N 眼科医生 yǎnkē yīshēng

ophthalmology N 眼科(学) yǎnkē (xué)

opinion N 1 意见 yìjiàn, 看法 kànfǎ □ What's your opinion on the fight against terrorism? 你对反恐怖主义, 有什么看法? Nǐ duì fǎn kǒngbù zhǔyì, yǒu shénme kànfǎ? 2 舆论 yúlùn, 公众看法 gōngzhòng kànfa
public opinion 舆论 yúlùn, 民意 mínyì □ Do you think the trial was influenced by public opinion? 你认为审判受到舆论的影响吗? Nǐ rènwéi shěnpàn shòudao yúlùn de yǐngxiǎng ma?
to have a high/low opinion of 对…评价很高/不高 duì…píngjià hěn gāo/bù gāo □ The board has a high opinion of the new CEO. 董事会对新总经理评价很高。Dǒngshìhuì duì xīn zǒngjīnglǐ píngjià hěn gāo.
opinion poll 民意调查 mínyì diàochá

opinionated ADJ 自以为是的 zì yǐwéi shì de, 固执的 gùzhí de

opium N 鸦片 yāpiàn

opponent N 反对者 fǎnduìzhě, 对手 duìshǒu □ The new Administration has some powerful opponents in Congress. 新政府在国会里有几位很有权势的反对者。Xīn zhèngfǔ zài Guóhuì lǐ yǒu jǐ wèi hěn yǒu quánshì de fǎnduìzhě.

opportune ADJ 1 合适的 [+时刻] héshì de [+shíkè] 2 及时的 [+行动] jíshí de [+xíngdòng]

opportunism N (不讲原则的)机会主义 (bù jiǎng yuánzé de) jīhuì zhǔyì, 投机(行为) tóujī (xíngwéi)

opportunist N (不讲原则的)机会主义者 (bù jiǎng yuánzé de) jīhuìzhǔyìzhě

opportunistic ADJ (不讲原则的)机会主义的 (bù jiǎng yuánzé de) jīhuìzhǔyìdì

opportunity N 机会 jīhuì □ I haven't yet had an opportunity to talk to her. 我还没有机会和她谈话。Wǒ hái méiyǒu jīhuì hé tā tánhuà.

Opportunity knocks at the door only once. 机不可失，时不再来。 Jī bù kě shī, shí bú zài lái. (→ The opportunity shouldn't be missed and this occasion will not come again.)

oppose v 1 反对 fǎnduì □ Environmentalists strongly oppose logging the rain forests. 环境保护主义者强烈反对在雨林伐木。 Huánjìng bǎohù zhǔyìzhě qiángliè fǎnduì zài yǔlín fámù. **2** 对抗 duìkàng

opposed ADJ 反对的 fǎnduì de

opposing ADJ 对立的 duìlì de, 对抗的 duìkàng de

opposite I ADJ 相对的 xiāngduì de, 对面的 duìmiàn de □ China lies on the opposite side of the Pacific. 中国位于太平洋的对岸。 Zhōngguó wèiyú Tàipíngyáng de duì'àn. II N 相反的事物 xiāngfǎn de shìwù □ I thought quite the opposite. 我还以为情况正好相反呢。 Wǒ hái yǐwéi qíngkuàng zhènghǎo xiāngfǎn ne. III PREP, ADV 在…对面的 zài…duìmiàn de

opposition N 1 反对 fǎnduì □ Our proposal met with little opposition in the committee. 我们的提案在委员会没有受到多少反对。 Wǒmen de tí'àn zài wěiyuánhuì méiyǒu shòudao duōshǎo fǎnduì. **2** (体育比赛) 竞争对手 (tǐyù bǐsài) jìngzhēng duìshǒu **3** (the Opposition) 反对党 fǎnduìdǎng

oppress v 1 压迫 yāpò **2** 使…感到压抑 shǐ…gǎndào yāyì

oppressed ADJ 1 受压迫的 shòu yāpò de **2** 受压抑的 shòu yāyì de

oppression N 压迫 yāpò, 压制 yāzhì

oppressive ADJ 1 暴虐的 [+统治] bàonüè de [+tǒngzhì], 不公平的 bùgōngpíng de **2** 压抑的 [+气氛] yāyì de [+qìfen] **3** 闷热的 [+天气] mēnrè de [+tiānqì]

oppressor N 压迫者 yāpòzhě

opt v 选择 xuǎnzé

to opt for 挑选 tiāoxuǎn

to opt out 决定 (不做某事) juédìng (bú zuò mǒushì), 逃避 táobì

optic ADJ 眼睛的 yǎnjīng de, 视觉的 shìjué de

optical ADJ 1 光学的 guāngxué de

optical fiber 光学纤维 guāngxué xiānwéi

2 视觉的 shìjué de

optical illusion 视错觉 shì cuòjué

optician N 眼镜 (制造) 商 yǎnjìng (zhìzào) shāng

optimism N 乐观主义 lèguān zhǔyì

optimist N 乐观主义者 lèguān zhǔyìzhě

optimistic ADJ 乐观的 lèguān de

optimize v 使…最优化 shǐ…zuì yōuhuà, 使…最有效 shǐ…zuì yǒuxiào

optimum ADJ 最优的 zuì yōu de, 最佳的 zuì jiā de

an optimum condition 最佳条件 zuì jiā tiáojiàn

option N 选择 xuǎnzé, 选择权 xuǎnzéquán □ I don't have much of an option in this matter, do I? 关于这件事，我没有太多的选择，不是吗？ Guānyú zhè jiàn shì, wǒ méiyǒu tài duō de xuǎnzé, bú shì ma?

optional ADJ 可选择的 kě xuǎnzé de, 非强迫的 fēi qiǎngpò de

optometrist N 验光师 yànguāngshī

opulence N 豪华 háohuá, 奢侈 shēchǐ

opulent ADJ 豪华 háohuá de, 奢侈的 shēchǐ de

or CONJ 1 或者 huòzhě □ Your father or mother must come to the parents meeting. 你的父亲，或者母亲，必须出席家长会。 Nǐ de fùqin, huòzhě mǔqin, bìxū chūxí jiāzhǎnghuì. □ Give me liberty, or give me death. 给我自由，或者让我死。(→ 不自由，毋宁死。) Gěi wǒ zìyóu, huòzhě ràng wǒ sǐ. (→ Bú zìyóu, wú nìng sǐ.) **2** 还是 háishì □ Would you like vanilla or chocolate ice cream? 你要香草冰淇淋，还是巧克力冰淇淋？ Nǐ yào xiāngcǎo bīngqilín, háishì qiǎokèlì bīngqilín? □ Who'll teach us Chinese this year—you or Miss Wang? 今年谁教我们中文，是你，还是王小姐？ Jīnnián shéi jiāo wǒmen Zhōngwén, shì nǐ, háishì Wáng xiǎojiě? **3** (要) 不然 (yào) bùrán, 否则 fǒuzé □ Save your important files every day, or you may lose them. 你要每天储存重要的文件，要不然可能会丢失。 Nǐ yào měitiān chǔcún zhòngyào de wénjiàn, yàobùrán kěnéng huì diūshī.

oral I ADJ 1 口头的 kǒutóu de **2** 口腔的 kǒuqiāng de

oral examination 口试 kǒushì

oral contraceptive 口服避孕药 kǒufú bìyùnyào

II N 口试 kǒushì

orange N 1 橙子 chéngzi, 橘子 júzi □ Los Angeles has a nickname—the Big Orange. 洛杉矶有一个绰号，叫 "大橘子"。 Luòshānjī yǒu yí ge chuòhào, jiào "Dà júzi".

orange juice 橘子汁 júzizhī

2 橙黄色 chénghuángsè, 橘红色 júhóngsè

orang-utang N 红毛猩猩 hóngmáo xīngxing [M. WD 只 zhī]

orator N 演说家 yǎnshuō jiā

oratory N 1 演说技巧 yǎnshuō jìqiǎo **2** 雄辩的口才 xióngbiàn de kǒucái

orbit I N 1 轨道 guǐdào **2** 范围 fànwéi II V 环绕 [+轨道] huánrào [+guǐdào] 运行 yùnxíng

orchard N 果园 guǒyuán

orchestra N 管弦乐队 (guǎnxián) yuèduì

orchestra pit 乐池 yuèchí

symphony orchestra 交响乐队 jiāoxiǎng yuèduì

orchestral ADJ 管弦乐队的 (guǎnxián) yuèduì de

orchestrate v (秘密地) 组织策划 (mìmì de) zǔzhī cèhuà

orchestration N 精心策划 jīngxīn cèhuà

orchid N 兰花 lánhuā [M. WD 株 zhū/朵 duǒ]

ordain v 任命…为牧师 rènmìng…wéi mùshi, 授予…神职 shòuyǔ…shénzhí

ordeal N 痛苦经历 tòngkǔ jīnglì, 艰难过程 jiānnán guòchéng

order I N 1 顺序 shùnxù □ The manager asked his secretary to put the files in order. 经理要秘书按顺序整理好档案。 Jīnglǐ yào mìshū àn shùnxù zhěnglǐhǎo dàng'àn. □ These names are arranged in alphabetical order. 这些姓名是按字母顺序排列。 Zhèxiē xìngmíng àn zìmǔ shùnxù páiliè. **2** 秩序 zhìxù □ The new teacher found it difficult to keep his class in order. 新老师觉得很难维持课堂秩序。 Xīn lǎoshī juéde hěn nán wéichí kètáng zhìxù.

law and order 法律与秩序 fǎlǜ yǔ zhìxù

3 订单 dìngdān, 订货 dìnghuò □ Your order has been dispatched and should reach you in a week. 你们的订货已经发出，将在一周内到达你们那儿。 Nǐmen de dìnghuò yǐjīng fāchū, jiāng zài yì zhōu nèi dàodá nǐmen nàr. **4** 命令 mìnglìng □ The police chief gave the order to raid the house. 警长下达命令突击那幢房子。 Jǐngzhǎng xiàdá mìnglìng tūjī nà zhuàng fángzi.

II V 1 点菜 diǎn cài □ I'll order the fish of the day. How about you? 我要点今天的鱼，你呢？ Wǒ yào diǎn jīntiān de yú, nǐ ne? **2** 订购 dìnggòu □ The bookstore can order the book for you, if you like. 你要的话，书店可以为你订购那本书。 Nǐ yào de huà, shūdiàn kěyǐ wèi nǐ dìnggòu nà běn shū. **3** 命令 mìnglìng, 嘱咐 zhǔfù □ The doctor ordered her to stay in bed. 医生嘱咐她卧床休息。 Yīshēng zhǔfù tā wòchuáng xiūxi.

in order to 为了 wèile □ She is studying hard in order to win a scholarship. 为了得到奖学金，她正在努力学习。 Wèile dédao jiǎngxuéjīn, tā zhèngzài nǔlì xuéxí.

orderly I ADJ 有条理的 yǒu tiáolǐ de, 守秩序的 shǒu zhìxù de II N (医院) 勤杂工 (yīyuàn) qínzágōng

ordinal ADJ 顺序的 shùnxù de

ordinal number 序数 (词) xùshù (cí)

II N 序数 xùshù

ordinance N 法令 fǎlìng, 法规 fǎguī

ordinarily ADV 通常 (来说) tōngcháng (láishuō)

ordinary ADJ 普通的 pǔtōng de, 平常的 píngcháng de □ Ordinary people like me want neither fame nor fortune. 像我这

样的普通人不指望有名有利。Xiàng wǒ zhèyàng de pǔtōngrén bù zhǐwàng yǒu míng yǒu lì.

ordination N 授予神职 shòuyǔ shénzhí

ore N 矿石 kuàngshí

organ N 1 器官 qìguān □ The boy received an organ transplant. 男孩做了器官移植手术。Nánhái zuòle qìguān yízhí shǒushù. **2** 风琴 fēngqín □ My sister plays an electronic organ. 我的妹妹会弹电子风琴。Wǒde mèimei huì dàn diànzǐ fēngqín.

organic ADJ 1 有机的 yǒujī de, 生物的 shēngwù de
organic vegetables 有机蔬菜 yǒujī shūcài
2（人体）器官的 (réntǐ) qìguān de
organic disorder 器官性疾病 qìguān xìng jíbìng

organism N 有机体 yǒujītǐ, 生物 shēngwù

organist N 管风琴手 guǎnfēngqínshǒu

organization N 组织 zǔzhī □ A charitable organization has promised to help rebuild schools in the disaster area. 有一个慈善组织答应帮助灾区重建学校。Yǒu yí ge císhàn zǔzhī dāying bāngzhu zāiqū chóng jiàn xuéxiào.
non-governmental organization (NGO) 非政府组织 fēizhèngfǔ zǔzhī

organizational ADJ 组织的 zǔzhī de

organize V 组织 zǔzhī, 安排 ānpái □ The school is organizing a trip to China. 学校在组织去中国的旅行。Xuéxiào zài zǔzhī qù Zhōngguó de lǚxíng.

organized ADJ 1 有组织的 yǒu zǔzhī de
organized crime 有组织犯罪 yǒu zǔzhī fànzuì, 集团犯罪 jítuán fànzuì
2（时间）安排得很好的 (shíjiān) ānpái de hěn hǎode, 有条有理的 yǒutiáo yǒulǐ de

organizer N 组织者 zǔzhīzhě

orgasm N 性高潮 xìng gāocháo

orgy V 纵欲狂欢 zòngyù kuánghuān

orient V 定（方）位 dìng (fāng) wèi
to orient oneself 确定自己的位置 quèdìng zìjǐ de wèizhì
to be oriented towards 将…作为主要目的 jiāng...zuòwéi zhǔyào mùdì

Orient N 东方 dōngfāng

Oriental ADJ 东方的 dōngfāng de

orientation N 1 目标 mùbiāo, 目的 mùdì **2** 倾向 qīngxiàng **3**（让新来者）熟悉情况 (ràng xīnláizhě) shúxī qíngkuàng
orientation week（大学）新生入学周 (dàxué) xīnshēng rùxué zhōu

origin N 1 起源 qǐyuán, 来历 láilì □ Many American place names have Indian origin, e.g. Massachusetts. 很多美国地名起源于印第安语，例如"马萨诸塞州"。Hěn duō Měiguó dìmíng qǐyuán yú Yìndì'ān yǔ, lìrú "Mǎsàzhūsài zhōu". country of origin（产品）原产国 (chǎnpǐn) yuánchǎn guó **2** 出身 chūshēn,（家庭）背景 (jiātíng) bèijǐng

original ADJ 1 原始的 yuánshǐ de, 最初的 zuìchū de □ We had to abandon our original plan as it was too expensive. 我们不得不放弃最初的计划，因为花费太大。Wǒmen bùdébù fàngqì zuìchū de jìhuà, yīnwèi huāfèi tài dà. **2** 新颖的 xīnyǐng de, 有创见的 yǒu chuàngjiàn de

originality N 独创（性）dúchuàng (xìng), 创造力 chuàngzàolì

originally ADV 起初 qǐchū, 原先 yuánxiān

originate V 起源（于）qǐyuán (yú), 起始（于）qǐshǐ (yú)

oriole N 金黄鹂 jīn huánglí [M. WD 只 zhī]

ornament I N 装饰物 zhuāngshì wù II V 点缀 diǎnzhuì

ornamental ADJ 装饰的 zhuāngshì de

ornate ADJ 装饰华丽的 zhuāngshì huálì de, 装饰过分的 zhuāngshì guòfèn de

ornery ADJ 脾气很坏的 píqi hěn huài de, 叛逆的 pànnì de

ornithologist N 鸟类学家 niǎolèixuéjiā

ornithology N 鸟类学 niǎolèixué

orphan I N 孤儿 gū'ér II V (be orphaned) 成为孤儿 chéngwéi gū'ér

orphanage N 孤儿院 gū'éryuàn

orthodox ADJ 正统的 zhèngtǒng de

Orthodox Church N 东正教（会）Dōngzhèngjiào (huì)

orthopedics N 矫形外科 jiǎoxíng wàikē

Oscar N 奥斯卡金像奖 Àosīkǎ jīnxiàngjiǎng

oscillate V 1 来回摆动 láihuí bǎidòng, 振荡 zhèndàng **2** 反复改变 fǎnfù gǎibiàn

ostentation N 卖弄 màinong

ostentatious ADJ 讲究排场的 jiǎngjiu páichǎng de, 铺张的 pūzhāng de

ostracism N 排斥 páichì, 抵制 dǐzhì

ostracize V 排斥 páichì, 抵制 dǐzhì

ostrich N 鸵鸟 tuóniǎo [M. WD 只 zhī]

other I ADJ 其他的 qítā de, 另外的 lìngwài de □ Only Jonathan plays soccer: all the other boys play football. 只有乔纳森踢足球，其他的男孩都打橄榄球。Zhǐyǒu Qiáonàsēn tī zúqiú, qítā de nánhái dōu dǎ gǎnlǎn qiú. □ Other people may disagree but I think it should be compulsory to learn a foreign language. 其他人可能不同意，不过我认为外语应该是必修的。Qítā rén kěnéng bù tóngyì, búguò wǒ rènwéi wàiyǔ yīnggāi shì bìxiū de.
the other day 不久前一天 bù jiǔ qián yì tiān □ The other day, I saw a deer in someone's backyard. 不久前一天，我在一户人家的后院看到一头鹿。Bù jiǔ qián yì tiān, wǒ zài yí hù rénjiā de hòuyuàn kàndao yì tóu lù.
every other day/week/year, etc. 每隔一天／一星期／一年 měi gé yì tiān/yì xīngqī/yì nián, 每两天／两周／两年一次 měi liǎng tiān/liǎng zhōu/liǎng nián yí cì
in other words 也就是说 yě jiù shì shuō, 换句话说 huàn jù huà shuō
II PRON 另一个 lìng yí ge □ They have two houses—one for living and the other as an investment. 他们有两处房产——一处自己住，另一处是投资。Tāmen yǒu liǎng chù fángchǎn—yí chù zìjǐ zhù, lìng yí chù shì tóuzī.

otherwise I CONJ 不然 bùrán, 否则 fǒuzé □ You must pass all exams, otherwise no college will accept you. 你必须通过所有的考试，否则没有大学会录取你。Nǐ bìxū tōngguò suǒyǒu de kǎoshì, fǒuzé méiyǒu dàxué huì lùqǔ nǐ.
II ADV 不同 bù tóng, 不同地 bù tóng de □ While we believe it's a good idea, he thinks otherwise. 虽然我们相信这是个好主意，他却不这么认为。Suīrán wǒmen xiāngxìn zhè shì ge hǎo zhǔyi, tā què bú zhème rènwéi.

otter N 水獭 shuǐtǎ [M. WD 只 zhī]

ouch INTERJ 哎哟 āiyō, 疼啊 téng a

ought to MODAL V 应该 yīnggāi, 该 gāi □ You ought to leave now if you're going to catch the train. 你如果要赶火车，现在该走了。Nǐ rúguǒ yào gǎn huǒchē, xiànzài gāi zǒu le.

ounce N 盎司 àngsī,（英）两 (yīng) liǎng (= 28.35 克 kè)

our PRON 我们的 wǒmen de □ We love our country dearly. 我们热爱我们的国家。Wǒmen rè'ài wǒmen de guójiā.

ours PRON 我们的 wǒmen de □ Their school is bigger than ours. 他们的学校比我们的大。Tāmen de xuéxiào bǐ wǒmen de dà.

ourselves PRON （我们）自己 (wǒmen) zìjǐ □ We're all grown-ups and can take care of ourselves. 我们都是成人了，能够照顾自己。Wǒmen dōu shì chéngrén le, nénggou zhàogù zìjǐ.

oust V 把…赶走 bǎ...gǎnzǒu

ouster N 赶走 gǎnzǒu, 撤职 chèzhí

out ADV 1 外面 wàimian, 不在（家／办公室）búzài (jiā/bàngōngshì) □ Mr Clark is out now. Would you like to leave a message? 克拉克先生出去了。要留口信吗？Kèlākè xiānsheng wàichū le. Yào liú kǒuxìn ma?
Get out! 出去! 滚出去! Chūqu! Gǔnchūqu!
2 有差错 yǒu chācuò de □ These statistics are way out! 这些统计数字差得太远了! Zhè xiē tǒngjì shùzìchàde tài yuǎn le! **3** 不可能 bù kěnéng □ Picnic is out in this weather. 在这

种天气, 野餐是不可能的。Zài zhè zhǒng tiānqì, yěcān shì bù kěnéng de.

outage N 断供期 duàngòngqī

power outage 停电期间 tíngdiànqījiān

outbreak N 爆发 bàofā, 突发 tūfā

epidemic outbreak 流行病突发 liúxíngbìng tūfā

outburst N 突然大发脾气 tūrán dàfā píqi, (强烈情绪的) 爆发 (qiángliè qíngxù de) bàofā

outcast N 被遗弃的人 bèi yíqì de rén

outcome N 结果 jiéguǒ □ They're waiting for the outcome of the general election. 他们在等大选的结果。Tāmen zài děng dàxuǎn de jiéguǒ.

outdated ADJ 过时的 guòshí de, 老式的 lǎoshì de

outdoors ADV 户外 hùwài □ In summer we spend lots of time outdoors. 夏天我们在户外度过很多时光。Xiàtiān wǒmen zài hùwài dùguo hěn duō shíguāng.

outer ADJ 外面的 wàimiàn de, 远离中心的 yuǎnlí zhōngxīn de

outer space 外层空间 wàicéng kōngjiān

outgoing ADJ 外向的 wàixiàng de, 开朗的 kāilǎng de

outing N 远足 yuǎnzú, 短途旅行 duǎntú lǚxíng

outlet N 1 电源插座 diànyuán chāzuò 2 零售商店 língshòushāng diàn, 经销点 jīngxiāo diǎn 3 通风口 tōngfēngkǒu, 排水道 páishuǐdào 4 发泄 (强烈感情) 的方法 fāxiè (qiángliè gǎnqíng) de fāngfǎ

outline I N 1 提纲 tígāng □ Here is an outline of our business plan. 这是我们商业计划的提纲。Zhè shì wǒmen shāngyè jìhuà de tígāng. 2 轮廓 lúnkuò, 外形 wàixíng II v 扼要说明 èyào shuōmíng □ Can you outline your arguments in 200 words? 你能不能用二百个词扼要说明一下你的论点? Nǐ néngbùnéng yòng èr bǎi ge cí èyào shuōmíng yí xià nǐ de lùndiǎn?

outlive v 活得比···长 huó dé bǐ...cháng

to outlive one's usefulness 不再有用 búzài yǒuyòng, 失去功效 shīqù gōngxiào

outlying ADJ 边远的 biānyuǎn de, 外围的 wàiwéi de

out of PREP 1 从···里出来 cóng...lǐ chūlai □ They came out of the woods before dark. 他们在天黑前走出树林。Tāmen zài tiānhēi qián zǒuchū shùlín. 2 He's been out of the country for years. 他在国外多年了。Tā zài guówài duō nián le. 2 用完 yòngwán □ We'll soon run out of gas. 我们很快就要用完汽油了。Wǒmen hěn kuài jiù yào yòngwán qìyóu le. 3 出于 chūyú

out of curiosity 出于好奇心 chū yú hàoqí xīn

out of bounds ① (球类运动) 球出界 (qiúlèiyùndòng) qiú chūjiè ② 不准入内 bùzhǔn rùnèi

Out of Bounds to Foreigners. 外国人不准入内。Wàiguórén Bùzhǔn Rùnèi.

out of touch 脱离现实 tuōlí xiànshí, 不了解现实情况 bùliǎojiě xiànshí qíngkuàng

out of work 失业 shīyè

out-of-date ADJ 过时的 guòshí de, 陈旧的 chénjiù de

out-of-state ADJ (美国) 外州的 (Měiguó) wài zhōu de

out-of-the-way ADJ 偏远的 piānyuǎn de

outpatient N 门诊病人 ménzhěn bìngrén

outpost N 边缘军事哨所 biānyuán jūnshì shàosuǒ, 边缘贸易点 biānyuán màoyìdiǎn

outpouring N 1 大量涌现 dàliàng yǒngxiàn 2 强烈感情的表达 qiángliè gǎnqíng de biǎodá

output N (出) 产量 (chū) chǎnliàng □ The factory plans to increase output by 10%. 工厂计划增加产量百分之十。Gōngchǎng jìhuà zēngjiā chǎnliàng bǎifēnzhī shí.

outrage I N 1 震怒 zhènnù, 极大的愤慨 jídà de fènkǎi II v ···震怒 shǐ...zhènnù

outrageous ADJ 令人震怒的 [+行为] lìngrén zhènnù de

[+行为] 2 极不合理的 [+价格] jí bùhélǐ de [+jiàgé], 离谱的 lípǔ de

outreach N 扩大服务 kuòdà fúwù

outright I ADJ 1 彻底的 chèdǐ de 2 毫不掩饰的 háobù yǎnshì de II ADV 1 彻底地 chèdǐ de 2 不掩饰地 bù yǎnshì de 3 立刻 lìkè, 立即 lìjí

outrun v 跑得比···快 pǎo de bǐ...kuài, 超过 chāoguò

outset N 开头 kāitóu, 开始 kāishǐ

outshine v 使···黯然失色 shǐ...ànrán shīsè, 优于 yōuyú

outside I ADV (在) 外面 (zài) wàimiàn □ Leave your dog outside, please. 请把你的狗留在外面。Qǐng bǎ nǐ de gǒu liú zài wàimiàn.
II ADJ 1 外面的 wàimiàn de, 室外的 shìwài de

the outside world 外面的世界 wàimiàn de shìjiè, 外界 wàijiè

III PREP 在···外面 zài...màimian □ They live outside of the city. 他们住在城外。Tāmen zhù zài chéngwài.
IV N 外面 wàimiàn □ The outside of the office building is glass and mosaic. 办公大楼的外面是玻璃和马赛克。Bàngōng dàlóu de wàimian shì bōli hé mǎsàikè.

outsider N (局) 外人 (jú) wàirén

outskirts N 远郊 yuǎnjiāo, 郊区 jiāoqū

outsmart v 比···精明 bǐ...jīngmíng

outsourcing N 将工作外包 jiāng gōngzuò wàibāo, 从外部采购 (部件) cóng wàibù cǎigòu (bùjiàn)

outspoken ADJ 直言不讳的 zhíyán búhuì de, 坦率的 tǎnshuài de

outstanding ADJ 杰出的 jiéchū de, 出色的 chūsè de

outstretched ADJ 张开的 zhāngkāi de, 伸展的 shēnzhǎn de

outstrip v 在数量上超过 zài shùliàng shàng chāoguò, 多于 duōyú

outward ADJ, ADV 向外 (的/地) xiàngwài (de), 外面 (的/地) wàimiàn (de)

outwardly ADV 在表上 zàiwài biǎo shàng

outweigh v 超过 chāoguò

outwit v 智胜 zhì shèng

oval ADJ 椭圆形 tuǒyuánxíng

ovary N 卵巢 luǎncháo

ovation N (热烈) 鼓掌 (rèliè) gǔzhǎng

oven N 烘箱 hōngxiāng, 烤炉 kǎolú

over I ADV 1 倒下 dǎoxià

to fall over 摔倒 shuāidǎo, 倒下 dǎoxià

2 在 zài, 到 dào

over there 在那里 zài nàli

3 翻转 fānzhuǎn

to turn over 翻过来 fānguolái

4 (Over!) 完毕! Wánbì! 完了! Wán le!
II ADJ 结束 jiéshù, 完了 wánle □ The party is over. 好日子过完了。Hǎorìzi guò wánle.
III PREP 1 在···上方 zài...shàngfāng □ A hot-air balloon flew over the town. 一只热气球飞过小镇。Yì zhī rè qiúqiú fēiguo xiǎo zhèn. 2 覆盖在··· fùgài zài... □ She put her hand over her mouth to cover a yawn. 她用手捂住口, 悄悄打个哈欠。Tā yòng shǒu wǔzhu kǒu, qiāoqiāo dǎ ge hāqian. 3 在··· 上 zài...zhīshàng, 超过 chāoguò □ He must be over 60. 他想必过了六十了。Tā xiǎngbì guòle liùshí le.

overall I ADJ 一切的 yíqiè de □ The overall costs of the overseas holiday went far beyond the budget. 海外度假的总开支大大超过预算。Hǎiwài dùjià de zǒng kāizhī dàdà chāoguò yùsuàn.
II ADV 总之 zǒngzhī, 总共 zǒnggòng □ Overall, I would say the project was a huge success. 总之, 我想说, 这个工程是个巨大的成功。Zǒngzhī, wǒ xiǎng shuō, zhè ge gōngchéng shì ge jùdà de chénggōng.

overalls N 背带工装裤 bēidài gōngzhuāngkù [M. WD 条 tiáo]

overbearing ADJ 专横 zhuānhèng

overboard ADV (to fall overboard) (从船上) 掉入水中 (cóng chuánshàng) diào rù shuǐ zhōng
to go overboard 做得太过分 zuòde tài guòfēn

overburdened ADJ 负担过重的 fùdān guòzhòng de

overcast ADJ (天空) 多云的 (tiānkōng) duōyún de

overcharge v 1 多收…的钱 duō shōu…de qián, 要价太高 yàojià tàigāo 2 使…充电过度 shǐ…chōngdiàn guòdù

overcoat N 大衣 dàyī [M. WD 件 jiàn]

overcome v 1 克服 [+障碍] kèfú [+zhàng'ài] 2 使…失去知觉 shǐ…shīqù zhījué

overcompensate v 对…过多赔偿 duì…guòduō péicháng

overcrowded ADJ 太拥挤 tài yōngjǐ, 人太多 rén tài duō

overdo v 做得过火 zuòde guòhuǒ, 做得过份 zuòde guòfèn

overdone ADJ 煮得太久的 [+菜] zhǔ dé tài jiǔ de [+cài]

overdose I N 1 药物过量 yàowù guòliàng, 过量服用 guòliàng fúyòng 2 过量 guòliàng, 过分喜爱 guòfèn xǐ'ài II v 用药过量 yòngyào guòliàng

overdraft N 透支 (额) tòuzhī (é)

overdraw v (存款账户) 透支 (cúnkuǎn zhànghù) tòuzhī

overdue ADJ 1 过期不付的 [+借款] guòqī bùfù de [+jièkuǎn] 2 过期不还的 [+图书] guòqī bù huán de [+túshū] 3 过期不交的 [+作业] guòqī bù jiāo de [+zuòyè]

overeat v 吃得过多 chī dé guòduō

overestimate v 过高估计 guògāo gūjì

overextend v (to overextend oneself) 消费超过财力 xiāofèi chāoguò cáilì, 超前消费 chāoqián xiāofèi

overflow I v 溢出 yìchū, 漫过 mànguò II N 1 泛滥 fànlàn, 溢流 yìliú 2 溢流管 yìliú guǎn [M. WD 条 tiáo] 3 无法容纳的人 (或物) wúfǎ róngnà de rén (huò wù)

overgrown ADJ 长满 zhǎngmǎn

overhang v 悬在…上方 xuán zài…shàngfāng

overhaul v 1 彻底检修 [+洪水系统] chèdǐ jiǎnxiū [+gōngshuǐ xìtǒng] 2 对 [+税收制度] 全面改革 duì [+shuìshōu zhìdù] quánmiàn gǎigé

overhead[1] I ADJ, ADV 在头顶 (的/地) zài tóudǐng (de), 在空中 (的/地) zài kōngzhōng (de)
overhead projector (高射) 投影仪 (gāo shè) tóuyǐngyí

overhead[2] N 1 行政管理费用 xíngzhèng guǎnlǐfèi yòng, 管理成本 guǎnlǐ chéngběn 2 透明胶片 tòumíng jiāopiàn [M. WD 张 zhāng]

overhear v 无意中听到 wúyìzhōng tīngdào

overjoyed ADJ 非常高兴的 fēicháng gāoxìng de

overkill N 1 过度杀伤 guòdù shāshāng 2 过分行为 guòfèn xíngwéi

overland ADJ, ADV 经陆路 (的/地) jīng lùlù (de)

overlap I v 部份重叠 bùfen chóngdié II N 重叠 (的部份) chóngdié (de bùfen)

overload I v 使 [+卡车] 超重装载 shǐ [+kǎchē] chāozhòng zhuāngzài 2 使 [+电器设备] 超负荷 shǐ [+diànqì shèbèi] chāofùhè II N 1 超重装载 chāozhòng zhuāngzài 2 (电器设备) 超负荷 (diànqì shèbèi) chāofùhé

overlook v 1 俯瞰 fǔkàn, 俯视 fǔshì □ Their luxury apartment in New York overlooks Central Park. 他们在纽约的豪华公寓俯视中央公园。Tāmen zài Niǔyuē de háohuá gōngyù fǔshì Zhōngyāng Gōngyuán. 2 忽视 hūshì, 忽略 hūlüè 3 不计较 bújì jiào, 原谅 yuánliàng

overly ADV (太) 过于 (tài) guòyú
not overly 不太 bútài

overnight I ADJ 在一夜间 zài yíyè jiān
an overnight flight 整夜飞行 zhěngyè fēixíng
an overnight success 一举成功 yìjǔ chénggōng
II ADV (一) 夜间 (yí) yèjiān

overpass N 天桥 tiānqiáo [M. WD 座 zuò], 立交桥 lìjiāoqiáo [M. WD 座 zuò]

overpopulated ADJ 人口过多的 rénkǒu guòduō de

overpopulation N 人口过多 rénkǒu guòduō

overpower v 制服 zhìfú

overpowering ADJ 不可抗拒的 bùkě kàngjù de, 强烈的 qiángliè de

overpriced ADJ 定价太高的 dìngjià tàigāo de

overrated ADJ 评价过高的 píngjià guògāo de

overreact v 对…反应过度 duì…fǎnyìng guòdù

overreaction N 过火反应 guòhuǒ fǎnyìng

override v 1 推翻 [+以前的决定] tuīfān [+yǐqián de juédìng] 2 改变 [+自动程序] gǎibiàn [+zìdòng chéngxù] 3 比…更重要 bǐ…gèng zhòngyào

overriding ADJ 首要的 shǒuyào de

overrule v 否决 fǒujué, 推翻 tuīfān
Objection overruled. 反对无效。Fǎnduì wúxiào.

overrun[1] v 1 [植物+] 蔓延 [zhíwù+] mànyán 2 [河水+] 溢出 [héshuǐ+] yìchū, 泛滥 fànlàn

overrun[2] N 超支 chāozhī

overseas ADJ, ADV 海外的 hǎiwài de, 国外的 guówài de

oversee v 监督 jiāndū, 监管 jiānguǎn

overshadow v 1 给…蒙上阴影 gěi…méng shàng yīnyǐng 2 使…相形见绌 shǐ…xiāngxíng jiànchù

overshoot v 1 错过 [+目的地] cuòguò [+mùdìdì] 2 超出 [+预算] chāochū [+yùsuàn]

oversight N 疏忽 shūhu, 失误 shīwù

oversimplification N 过分简单 (化) guòfèn jiǎndān (huà)

oversimplify v 使…过于简单 shǐ…guòyú jiǎndān

oversleep v 睡过头 shuìguòtóu

overstate v 夸大 kuādà, 夸张 kuāzhāng

overt ADJ 公开的 gōngkāi de

overtake v 1 领先 lǐngxiān, 超过 chāoguò 2 突然降临 tūrán jiànglín

over-the-counter ADJ 非处方的 (药) fēi chǔfāng de (yào)

overthrow v 推翻 tuīfān, 打倒 dǎdǎo

overtime N 1 加班时间 jiābān shíjiān 2 加班费 jiābānfèi 3 (体育比赛) 加时 (tǐyù bǐsài) jiā shí

overture N 1 序曲 xùqǔ 2 主动表示 (友好) zhǔdòng biǎoshì (yǒuhǎo)
to make overtures to sb 向某人示好 xiàng mǒurén shìhǎo

overturn v 推翻 tuīfān, 否决 fǒujué

overview N 概况 gàikuàng, 概述 gàishù

overweight ADJ (体重) 超重 (tǐzhòng) chāozhòng

overwhelm v 压倒 yādǎo, 彻底打败 chèdǐ dǎbài

overwhelming ADJ 1 压倒的 yādǎo de 2 不可抗拒的 bùkě kàngjù de
an overwhelming majority 压倒多数 yādǎo duōshù, 绝对多数 juéduì duōshù

overwork v (使…) 工作过度 (shǐ…) gōngzuò guòdù

overwrought ADJ 神经非常紧张的 shénjīng fēicháng jǐnzhāng de, 极其焦虑的 jíqí jiāolǜ de

owe v 1 欠 qiàn □ He owes me $500. 他欠我五百元。Tā qiàn wǒ wǔ bǎi yuán.
to owe sb a favor 欠某人人情 qiàn mǒurén rénqíng 2 (应该) 把…归功于 (yīnggāi) bǎ…guīgōng yú □ He owed his success to perseverance. 他应该把成功归功于坚持不懈。Tā yīnggāi bǎ chénggōng guīgōng yú jiānchí bù xiè.

owing to PREP 由于 yóuyú □ Many flights were delayed owing to the nasty weather. 由于这种恶劣天气，很多航班都延期了。Yóuyú zhè zhǒng èliè tiānqì, hěn duō hángbān dōu yánqī le.

owl N 猫头鹰 māotóuyīng [M. WD 只 zhī]

own I v 拥有 yōngyǒu □ We do not own this apartment; we're renting it. 我们并不拥有这套公寓，我们是租用的。Wǒmen bìng bù yōngyǒu zhè tào gōngyù, wǒmen shì zūyòng de.
II ADJ, PRON 自己的 zìjǐ de □ She makes her own clothes. 她自己做衣服。Tā zìjǐ zuò yīfu.

owner N 物主 wùzhǔ, 业主 yèzhǔ

ox N 公牛 gōngniú [M. WD 头 tóu]

oxide N 氧化物 yǎnghuàwù
oxidize V 氧化 yǎnghuà
oxygen N 氧气 yǎngqì
oyster N 牡蛎 mǔlì, 生蚝 shēng háo
ozone N 臭氧 chòuyǎng
ozone layer 臭氧层 chòuyǎngcéng

P, p

pace I N 1 速度 sùdù
to keep pace with 与…保持同样的速度 yǔ…bǎochí tóngyàng de sùdù
to speed up the pace 加快速度 jiākuài sùdù
2 (一)步 (yí) bù
to step a pace 走一步 zǒu yíbù
II v 1 慢步走 mànbù zǒu, 踱步 duó bù
to pace the floor 在房间里走来走去 zài fángjiān lǐ zǒulái zǒuqù, 在房间里踱步 zài fángjiān lǐ duó bù
2 为…定速 wéi…dìngsù
pacemaker N (心脏)起搏器 (xīnzàng) qǐ bó qì
pacesetter N 1 带头人 dàitóurén, (体育)领跑人 (tǐyù) lǐng pǎo rén 2 榜样 bǎngyàng
Pacific Ocean N 太平洋 Tàipíngyáng
Pacific Rim N 环太平洋国家 huán Tàipíngyáng guójiā
pacifier N 1 镇静剂 zhènjìngjì 2 橡皮奶嘴 xiàngpí nǎizuǐ
pacifism N 和平主义 hépíngzhǔyì
pacify v 1 使…平静 (下来) shǐ…píngjìng (xiàlai) 2 平定 píngdìng
pack I N 1 包 bāo, 盒 hé, 副 fù 2 群 qún
a pack of cards 一副扑克牌 yì fù pūkèpái
a pack of cigarettes 一包香烟 yì bāo xiāngyān
a pack of gum 一盒口香糖 yì hé kǒuxiāngtáng
a pack of wolves 一群狼 yì qún láng
II v 1 把…装进 [+箱子] bǎ…zhuāngjìn [+xiāngzi] 2 把…包装好 bǎ…bāozhuāng hǎo 3 [人+]挤进 [+rén] jǐjìn
to pack up ① 收拾行李 shōushi xíngli ② 停止工作 tíngzhǐ gōngzuò, 收工 shōugōng
to pack one's bags 卷铺盖走人 juǎn pūgai zǒurén
package I N 1 包裹 bāoguǒ □ A package of books arrived this morning. Did you mail order them? 今天上午到了一大包书。你邮购了吗? Jīntiān shàngwǔ dàole yí dà bāo shū. Nǐ yóugòule ma? 2 套 tào □ The new government will introduce a package of reforms. 新政府将引进一整套改革。Xīn zhèngfǔ jiāng yǐnjìn yì zhěngtào gǎigé.
package deal 一揽子交易 yì lǎn zi jiāoyì
package tour 配套旅游 pèitào lǚyóu
II v 1 把 [+东西] 打包 bǎ [+dōngxi] dǎbāo 2 对 [+人] 进行包装 duì [+rén] jìnxíng bāozhuāng
packaging N 包装材料 bāozhuāng cáiliào
packed ADJ 非常拥挤的 fēicháng yōngjǐ de
packed to the roof 挤得水泄不通 jǐ dé shuǐxièbùtōng
packer N 打包工 dǎbāo gōng
packet N 1 一小包 yì xiǎobāo, 一小袋 yì xiǎo dài 2 (计算机)信息包 (jìsuànjī) xìnxībāo
packing N 打包 dǎbāo, 装箱 zhuāngxiāng
packing case 装货大木箱 zhuānghuò dàmù xiāng
pad I N 1 拍纸簿 pāizhǐbù [M. WD 本 běn]
note pad 记事本 jìshìběn
2 垫垫 hùdiàn [M. WD 块 kuài]
knee pad 护膝 hùxī
3 (妇女用的)卫生巾 (fùnǚ yòng de) wèishēngjīn
4 (导弹)发射台 (dǎodàn) fāshètái 5 (直升飞机)停机坪 (zhíshēng fēijī) tíngjīpíng 6 (动物的)爪垫 (dòngwù de) zhuǎdiàn

II v 1 (用软物)填塞 (yòng ruǎn wù) tiánsāi 2 虚报 [+费用] xūbào [+fèiyòng] 3 放轻脚步走 fàngqīng jiǎobù zǒu
padding N 1 垫衬材料 diàn chèn cáiliào 2 (书中)凑篇幅的内容 (shū zhōng) còu piānfu de nèiróng
paddle I N 短浆 duǎn jiāng [M. WD 把 bǎ] II v 用浆划 yòng jiāng huà
paddy, rice paddy N 水稻田 shuǐdào tián [M. WD 块 kuài]
padlock I N 挂锁 guàsuǒ [M. WD 把 bǎ] II v (用挂锁)锁上 (yòng guàsuǒ) suǒshang
padre N (随军)牧师 (suíjūn) mùshi [M. WD 名 míng/位 wèi]
pagan N, ADJ 异教(徒)yìjiào (tú)
page I N 页 yè □ He is a fast reader; he reads 40 pages an hour. 他能快速阅读, 每小时能读四十页。Tā néng kuàisù yuèdú, měi xiǎoshí néng dú sìshí yè.
II v 1 (用扩音器)唤人 (yòng kuòyīnqì) huàn rén 2 翻页 fān yè
to page through 很快地翻阅 hěn kuài de fānyuè
pageant N 1 盛装游行 shèngzhuāng yóuxíng 2 (选美)表演 (xuǎn měi) biǎoyǎn
pageantry N 盛大庆典 shèngdà qìngdiǎn
pager N 寻呼机 xúnhūjī
pagoda N (宝)塔 (bǎo) tǎ [M. WD 座 zuò]
paid See pay
pail N 提桶 títǒng
pain N 疼痛 téngtòng, 痛苦 tòngkǔ □ The doctor gave him an injection to relieve his pain. 医生给他打了一针解痛。Yīshēng gěi tā dǎle yì zhēn jiě tòng.
to be a pain (in the neck) 极其讨厌 jíqí tǎoyàn
pained ADJ (感情)受到伤害的 (gǎnqíng) shòudào shānghài de, (感到)痛苦的 (gǎndào) tòngkǔ de
painful ADJ 1 疼痛的 téngtòng de □ The dog gave him a painful bite. 那条狗把他咬得很痛。Nà tiáo gǒu bǎ tā yǎode hěn tòng. 2 (令人)痛苦的 [+事] (lìngrén) tòngkǔ de [+shì] □ The memory of his failed marriage is still painful to him. 回想起失败的婚姻, 他仍然很痛苦。Huíxiǎngqǐ shībài de hūnyīn, tā réngrán hěn tòngkǔ.
a painful experience 痛苦经历 tòngkǔ jīnglì
a painful decision (令人)痛苦的决定 (lìng rén) tòngkǔ de juédìng
painkiller N 止痛药 zhǐtòngyào
painless ADJ 1 无痛的 wú tòng de 2 不费力的 bú fèilì de
pains N 尽力(去做某事)jìnlì (qù zuò mǒushì)
painstaking ADJ 仔细的 zǐxì de, 精心的 jīngxīn de
paint I N 漆 qī, 油漆 yóuqī □ The exterior of the house needs a fresh coat of paint. 房子的外部需要新漆一遍。Fángzi de wàibù xūyào xīn qī yí biàn.
paint thinner 油漆稀释液 yóuqī xīshì yè
II v 1 漆 qī, 油漆 yóuqī □ He has painted his room yellow. 他把房间漆成黄色。Tā bǎ fángjiān qīchéng huángsè. 2 (用油彩)画 (yòng yóucǎi) huà, 绘画 huìhuà □ Who painted this landscape? 这幅风景画是谁画的? Zhè fú fēngjǐng huà shì shéi huà de?
Wet paint. 油漆未干。Yóuqī wèi gān.
paintbrush N 1 漆刷 qī shuā, 油漆刷子 yóuqī shuāzi [M. WD 把 bǎ] 2 画笔 huàbǐ [M. WD 支 zhī]
painter N 1 画家 huàjiā 2 油漆工 yóuqīgōng
painting N 绘画作品 huìhuà zuòpǐn, (图)画 (tú) huà □ Several paintings were stolen from the museum. 好几幅绘画作品从博物馆偷走了。Hǎojǐ fú huìhuà zuòpǐn cóng bówùguǎn tōuzǒu le.
pair I N 双 shuāng, 副 fù, 对 duì
a pair of socks 一双袜子 yì shuāng wàzi
a pair of shoes 一双鞋子 yì shuāng xiézi
a pair of gloves 一副手套 yí fù shǒutào
a pair of scissors 一把剪刀 yì bǎ jiǎndāo

a pair of spectacles 一副眼镜 yí fù yǎnjìng

a pair of pants 一条裤子 yì tiáokùzi

a pair of dancers 一对舞伴 yí duì wǔbàn

II v 和某人配成一对 he mǒurén pèichéng yíduì

pajamas N 睡衣睡裤 shuìyī shuìkù [M. WD 套 tào]

pal N 好朋友 hǎo péngyou

palace N 1 王宫 wánggōng, 皇宫 huánggōng, 宫殿 gōngdiàn □ Be sure to visit Buckingham Palace when you go to London. 你去伦敦, 一定要参观白金汉宫。Nǐ qù Lúndūn, yídìng yào cānguān Báijīnhàngōng. **2** (像王宫一样的) 豪华大宅 (xiàng wánggōng yíyàng de) háohuá dàzhái

palatable ADJ 1 美味可口的 měiwèi kěkǒu de 2 合心意的 hé xīnyì de, 可以接受的 kěyǐ jiēshòu de

palate N 味觉 wèijué

palatial ADJ 象宫殿似的 xiàng gōngdiàn sìde, 豪华的 háohuá de

pale I ADJ 1 苍白的 cāngbái de □ She turned pale when she heard the terrible news. 她听到这个可怕的消息, 脸色变得刷白。Tā tīngdao zhè ge kěpà de xiāoxi, liǎnsè biànde shuàbái. **2** 浅淡的 qiǎndàn de **II** v 使…相形失色 shǐ… xiāngxíngshīsè **III** N (beyond the pale) 出格的 [+行为] chūgé de [+xíngwéi], 无法接受的 wúfǎ jiēshòu de

paleontologist N 古生物学家 gǔshēngwùxuéjiā

paleontology N 古生物学 gǔshēngwùxué

palette N 调色板 tiáosèbǎn [M. WD 块 kuài]

palimony N 分居赔偿金 fēnjū péichángjīn

pall I N 1 (一层) 烟幕 (yìcéng) yānmù

to cast a pall over sth 给某事蒙上阴影 gěi mǒushì méng shàng yīnyǐng

2 棺罩 guān zhào

II v 渐渐失去吸引力 jiànjiàn shīqù xīyǐnlì

pallbearer N 抬棺者 tái guān zhě, 护柩者 hù jiù zhě

pallet N 货板 huòbǎn, 托盘 tuōpán

pallid ADJ 苍白的 cāngbái de, 无血色的 wú xuèsè de

pallor N 苍白 cāngbái

palm I N 1 手掌 shǒuzhǎng, 手心 shǒuxīn

palm reader 看手相的人 kàn shǒuxiàng de rén

palm top 掌上电脑 zhǎngshàng diànnǎo

to read sb's palm 看手相 kàn shǒuxiàng

2 (palm tree) 棕榈树 zōnglǘshù [M. WD 棵 kē]

II v (to palm sth off) 哄骗人接受假货 hǒngpiàn rén jiēshòu jiǎhuò

Palm Sunday N (基督教) 棕榈主日 (Jīdūjiào) zōnglǘ zhǔrì

palpable ADJ 可以觉察到的 kěyǐ gǎnjué dào de, 明显的 míngxiǎn de

palpitate v (心脏) 跳动过速 (xīnzàng) tiàodòng guòsù, 不规则跳动 bùguīzé tiàodòng

palpitations N 心悸 xīnjì, 心动过速 xīndòng guòsù, 心律不齐 xīnlǜ bù qí

paltry ADJ 太少的 tài shǎo de, 微不足道的 wēi bùzú dào de

pamper v 娇惯 jiāoguàn, 娇养 jiāoyǎng

pamphlet N 小册子 xiǎocèzi

pan I N 1 锅 guō, 平底锅 píngdǐguō □ They bought a set of non-sticking pans. 他们买了一套不粘锅。Tāmen mǎile yí tào bùzhānguō.

frying pan 煎锅 jiān guō

broiler pan 烤盘 kǎo pán

roasting pan 烤盘 kǎo pán

saucepan 长柄锅 chángbǐng guō

2 浅盘 qiánpán, 淘金盘 táojīn pán

II v 1 严厉批评 [+电影] yánlì pīpíng [+diànyǐng] **2** [摄影机+] 摇动拍摄 [shèyǐngjī+] yáodòng pāishè **3** (金等) 淘 (jīn děng) táo

to pan out [事件+] 进展 [shìjiàn+] jìnzhǎn

panacea N 万灵药 wànlíngyào

panache N 潇洒自如 xiāosǎ zìrú

pancake N 圆煎饼 yuán jiānbǐng [M. WD 块 kuài]

pancreas N 胰 (腺) yí (xiàn)

panda N 熊猫 xióngmāo

giant panda 大熊猫 dàxióngmāo

pandemic N (广泛流传的) 流行病 (guǎngfàn liúchuán de) liúxíngbìng

pandemonium N 大混乱 dà hùnluàn

pander v 迎合 yínghé, 讨好 tǎohǎo

pane N (窗子) 玻璃 (chuāngzi) bōli [M. WD 块 kuài]

panel[1] N 专家小组 zhuānjiā xiǎozǔ, 委员会 wěiyuánhuì □ The panel had a heated discussion on immigration policies. 专家小组对移民政策进行了热烈讨论。Zhuānjiā xiǎozǔ duì yímín zhèngcè jìnxíngle rèliè tǎolùn.

panel[2] N 1 护墙板 hù qiáng bǎn [M. WD 块 kuài], 镶板 xiāngbǎn [M. WD 块 kuài] **2** 仪表板 yíbiǎobǎn [M. WD 块 kuài], 操纵台 cāozòng tái **II** v 铺设护墙板 pùshè hùqiángbǎn

room paneled with walnut wood 铺设桃木护墙板的房间 pùshè táomù hùqiángbǎn de fángjiān

panelist N 专家小组成员 zhuānjiā xiǎozǔ chéngyuán

pang N 剧痛 jùtòng

panhandle v 乞讨 qǐtǎo, 行乞 xíngqǐ

panhandler N 乞丐 qǐgài, 叫花子 jiàohuāzi

panic I N 惊慌 jīnghuāng, 惊恐 jīngkǒng

panic-stricken 惊慌失措 jīnghuāng shīcuò

II v (使…) 惊慌 (shǐ…) jīnghuāng

panic-stricken ADJ 惊慌失措的 jīnghuāng shīcuò de

panorama N 1 全景 quánjǐng **2** 概述 gàishù

panoramic ADJ 全景的 quánjǐng de

pansy N 三色紫罗兰 sānsè zǐluólán [M. WD 株 zhū / 朵 duǒ]

pant v 气喘 qìchuǎn

pantheism N 泛神论 Fànshénlùn

panther N 黑豹 hēibào [M. WD 只 zhī]

panties N (女子) 内裤 (nǚzǐ) nèikù [M. WD 条 tiáo]

pantomime N 哑剧 yǎjù [M. WD 出 chū]

pantry N 食物储藏室 shíwù chǔcángshì

pants N 裤子 kùzi □ The pants are too small for the boy now. 这条裤子这个男孩现在穿太小了。Zhè tiáo kùzi zhè ge nánhái xiànzài chuān tài xiǎo le.

pantsuit N (女式) 裤套装 (nǚ shì) kù tàozhuāng [M. WD 套 tào]

pantyhose N (女式) 连裤袜 (nǚ shì) liánkùwà [M. WD 双 shuāng]

pantyliner N 卫生护垫 wèishēng hùdiàn

papa N 爸爸 bàba

papacy N 教皇的职权 Jiàohuáng de zhíquán

paper I N 1 纸 zhǐ □ Could you give me some blank paper? 能不能给我一些空白的纸张？Néngbunéng gěi wǒ yìxiē kòngbái de zhǐzhāng?

paper clip 回形针 huíxíngzhēn

2 报纸 bàozhǐ

paper boy/girl 送报的男孩／女孩 sòng bào de nánhái / nǚhái

3 (学校课程) 文章 (xuéxiào kèchéng) wénzhāng □ She is writing up her English paper, which is due tomorrow. 她正在写英文课的论文，明天要交。Tā zhèngzài xiě Yīngwén kè de lùnwén, míngtiān yào jiāo. **4** 论文 lùnwén □ Prof Johnson will deliver a paper on global warming at the conference. 约翰逊教授将在研讨会上宣读关于全球变暖的论文。Yuēhànxùn jiàoshòu jiāng zài yántǎohuìshang xuāndú guānyú quánqiú biànnuǎn de lùnwén. **5** 证件 zhèngjiàn, 文件 wénjiàn **II** v 用纸糊 yòng zhǐ hú

to paper over a problem 掩盖问题 yǎngài wèntí

paperback N 简装本 jiǎnzhuāng běn

papers N 个人文件 gèrén wénjiàn □ He keeps his papers in

a safe. 他把个人文件存放在保险柜里。Tā bǎ gèrén wénjiàn cúnfàng zài bǎoxiǎn guì lǐ.

paperweight N 镇纸 zhènzhǐ [M. WD 块 kuài]

paperwork N 文书工作 wénshū gōngzuo

par N 1 水平 shuǐpíng, 标准 biāozhǔn

below par ① 在（一般）水平之下 zài (yìbān) shuǐpíng zhī xià ② 身体欠佳 shēntǐ qiànjiā

on a par with 与…水平相同 yǔ…shuǐpíng xiāngtóng

2（高尔夫球）标准杆数 (gāo'ěrfūqiú) biāozhǔn gǎn shù

parable N 寓言故事 yùyán gùshi

parachute I N 降落伞 jiàngluò sǎn II v 1 [军人+] 跳伞 [jūnrén+] tiàosǎn 2 空投 [+救济物资] kōngtóu [+jiùjì wùzī]

parade N 庆祝游行 qìngzhù yóuxíng

New York's Village Halloween Parade 纽约万圣节大游行 Niǔyuē wàn shèng jié dà yóuxíng

paradigm N 1 思维方式 sīwéi fāngshì 2 做事模式 zuòshì móshì 3 范例 fànlì

paradise N 天堂 tiāntáng, 乐园 lèyuán

paradox N 1 似乎自相矛盾的情况 sìhu zìxiāng máodùn de qíngkuàng 2 是非而是的隽语 shìfei ér shi de juànyǔ

paradoxical ADJ 似乎自相矛盾的 sìhu zìxiāng máodùn de

paraffin N 石蜡 shílà

paragon N（完美的）典范 (wánměi de) diǎnfàn

paragraph N（文章中的）段 (wénzhāng zhòngde) duàn, 段落 duànluò

parakeet N 长尾小鹦鹉 cháng wěi xiǎo yīngwǔ [M. WD 只 zhī]

paralegal N 律师助手 lǜshī zhùshǒu

parallel I N 1 平行线 píngxíng xiàn □ Two parallels never intersect. 两条平行线永不相交。Liǎng tiáo píngxíng xiàn yǒng bù xiāngjiāo. 2 相同的人或情况 xiāngtóng de rén huò qíngkuàng □ Can you find a historical parallel to this present time? 你能从历史上找到和当今相同的情况吗？Nǐ néng cóng lìshǐshàng zhǎodào he dāngjīn xiāngtóng de qíngkuàng ma? II ADJ 1 平行的 píngxíng de □ The railway runs parallel to the river for about 20 miles. 铁路线和那条河平行大约二十英里。Tiělù xiàn hé nà tiáo hé píngxíng dàyuē èrshí yīnglǐ. 2 相同的 xiāngtóng de □ The solicitor spent the whole afternoon in the legal library to search for a parallel case. 律师在法律图书室花了一个下午，寻找一个相同的案例。Lǜshī zài fǎlǜ túshūshì huāle yí ge xiàwǔ, xúnzhǎo yí ge xiāngtóng de ànlì. III v 与…相似 yǔ…xiāngsì

paralysis N 瘫痪 tānhuàn

paralytic I ADJ 瘫痪的 tānhuàn de II N 瘫痪病人 tānhuàn bìngrén

paramedic N 辅助医务人员 fǔzhù yīwù rényuán, 护理人员 hùlǐ rényuán

parameter N 界限 jièxiàn, 范围 fànwéi

paramilitary I ADJ 准军事的 zhǔn jūnshì de II N 准军事人员 zhǔn jūnshì rényuán

paramount ADJ 最重要的 zuì zhòngyào de, 高于一切的 gāoyú yíqiè de

paranoia N 1 多疑症 duōyí zhēng 2 偏执狂 piānzhíkuáng

paranoid ADJ 1 多疑的 duōyí de, 疑神疑鬼的 yíshén yíguǐ de 2 偏执狂的 piānzhíkuáng de

paranormal ADJ 超自然的 chāozìrán de, 神秘的 shénmì de

paraphernalia N 随身物品 suíshēn wùpǐn

paraphrase I v 对…释义 duì…shìyì, 改述 gǎi shù II N 释义 shìyì, 改述 gǎi shù

paraplegic N 半身不遂者 bànshēn bùsuí zhě

parasite N 寄生虫 jìshēngchóng

parasitic ADJ 寄生的 jìshēng de

parasol N 太阳伞 tàiyáng sǎn [M. WD 把 bǎ]

paratrooper N 空降部队 kōngjiàng bùduì, 伞兵 sǎnbīng

parcel I N 1 邮包 yóubāo, 包裹 bāoguǒ 2 一块（土地）yí kuài (tǔdì)

parcel post（美国）包裹邮递系统 (Měiguó) bāoguǒ yóudì xìtǒng

II v (to parcel out) 把…分成小部份 bǎ…fēnchéng xiǎo bùfen

parched ADJ 极其干旱的 jíqí gānhàn de, 干枯的 gānkū de

parchment N 羊皮纸 yángpízhǐ [M. WD 张 zhāng]

pardon I v 1 宽恕 kuānshù, 原谅 yuánliàng 2 赦免 [+犯人] shèmiǎn [+fànrén]

pardon me 对不起 duìbuqǐ

Pardon? 请再说一遍。Qǐng zàishuō yí biàn.

II N 赦免令 shèmiǎnlìng

pardonable ADJ 可原谅的 kěyuán liàng de

pare v 1 削减 xuējiǎn, 减少 jiǎnshǎo 2 削皮 xiāopí

parent N 父亲或母亲 fùqin huò mǔqin □ She is taking her boyfriend home to meet her parents this Saturday. 这个星期六她要带男友回家见父母。Zhè ge xīngqīliù tā yào dài nányǒu huíjiā jiàn fùmǔ. □ Jack and Michelle have recently become parents. 杰克和密歇尔最近当上爸爸妈妈了。Jiékè hé Mìxiē'ěr zuìjìn dāng bàba māma le.

parentage N 出身 chūshēn, 身世 shēnshì

parental ADJ 父母的 fùmǔ de

parental guidance 父母的指导 fùmǔ de zhǐdǎo

parenthesis N 圆括号 yuánkuòhào [( )]

parenthood N 父母的身份 fùmǔ de shēnfen

parish N（基督教）教区 (Jīdūjiào) jiàoqū

parishioner N 教区居民 jiàoqū jūmín

parity N（报酬）相同 (bàochou) xiāngtóng, 同等 tóngděng

park I N 1 公园 gōngyuán □ The old couple often takes a leisurely walk in the park. 这对老夫妻常常在公园里悠闲地散步。Zhè duì lǎo fūqī chángcháng zài gōngyuán lǐ yōuxiánde sànbù. 2（天然）公园 (tiānrán) gōngyuán

national park 国家公园 guójiā gōngyuán

amusement park 娱乐场 yúlè cháng, 乐园 lèyuán

ball park 棒球场 bàngqiú chǎng

car park 停车场 tíngchē chǎng

science park 科学园区 kēxué yuánqū, 新科技开发区 xīnkē jì kāifāqū

II v 1 停车 tíngchē □ Is it OK if I park here? 我能在这里停车吗？Wǒ néng zài zhèlǐ tíngchē ma?

park and ride 换车通勤 huànchē tōngqín

2 停放 tíngfàng

parka N（带帽的）风雪大衣 (dài mào de) fēngxuě dàyī

parking N 停车 tíngchē

parking ticket 违章停车罚款 wéizhāng tíngchē fákuǎn

parking lot 停车场 tíngchēchǎng

parking meter 停车计数收费表 tíngchē jìshù shōufèi biāo

parkway N 林荫大道 línyìn dàdào

parliament N 国会 Guóhuì

parliamentary ADJ 议会的 yìhuì de, 国会的 Guóhuì de

parlor N 商店 shāngdiàn

beauty parlor 美容院 měiróngyuàn

dental parlor 牙科诊所 yákē zhěnsuǒ

funeral parlor 殡仪馆 bìnyíguǎn

icecream parlor 冰淇淋店 bīngqílín diàn

parochial ADJ 1 教区的 jiàoqū de 2 狭隘的 xiá'ài de

parody I N（滑稽）模仿 (huájī) mófǎng II v [滑稽地+] 模仿 [huájīde+] mófǎng

parole I N 假释 jiǎshì II v 准许假释 zhǔnxǔ jiǎshì

parquet N 镶木地板 xiāngmù dìbǎn

parrot N 鹦鹉 yīngwǔ [M. WD 只 zhī]

parsley N 西芹 xīqín

parsnip N 欧洲萝卜 Ōuzhōu luóbo

part I N 1 部分 bùfen □ Prof Brown spent part of his holiday researching in the British Museum. 布朗教授部分假日在大英博物馆做研究。Bùlǎng jiàoshòu bùfen jiàrì zài Dà Yīng bówùguǎn zuò yánjiū. **2** 零件 língjiàn □ Do you sell parts for GM cars? 你们出售通用汽车的零件吗？Nǐmen chūshòu Tōngyòng qìchē de língjiàn ma? **3** 角色 juésè □ Every girl in the drama group wants to play the part of Cinderella. 戏剧组的每一个女生都想扮演灰姑娘。Xìjù zǔ de měi yí ge nǚshēng dōu xiǎng bànyǎn Huīgūniáng.

to play a part (in) 扮演角色 bànyǎn juésè, 起到作用 qǐdao zuòyòng □ She played a major part in the successful fundraising campaign. 她在这次成功的募捐活动中起了主要作用。Tā zài zhè cì chénggōng de mùjuān huódòng zhōng qǐle zhǔyào zuòyòng.

to take part (in) 参加 cānjiā □ The teacher encouraged everyone to take part in the discussion. 老师鼓励每一个人都参加讨论。Lǎoshī gǔlì měi yí ge rén dōu cānjiā tǎolùn.

II v **1** (使)…分开 (shǐ)…fēnkāi **2** [与朋友+] 分手 [yǔ péngyou+] fēnshǒu

partial ADJ 部分的 bùfen de
  be partial to 偏袒 piāntǎn, 偏爱 piān'ài
partiality N 偏袒 piāntǎn, 不公正 bù gōngzhèng
participant N 参加者 cānjiāzhě, 参与者 cānyùzhě
participate v 参加 cānjiā, 参与 cānyù
participation N 参加 cānjiā, 参与 cānyù
participle N 分词 fēncí
  past participle 过去分词 guòqùfēncí
  present participle 现在分词 xiànzàifēncí
particle N **1** 微粒 wēilì **2** (原子中的) 粒子 (yuánzǐ zhòng de) lìzi
particular I ADJ 特别的 tèbié de, 特殊的 tèshū de □ In this particular case, we may need to waive the rules. 对这个特殊情况，我们可能要放弃规定。Duì zhè ge tèshū qíngkuàng, wǒmen kěnéng yào fàngqì guīdìng.
  II N (in particular) 特别（地）tèbié (de), 尤其 yóuqí
particularly ADV 特别 tèbié □ This Chinese restaurant serves good food; their roast duck is particularly good. 这家中菜馆的菜很好，特别是烤鸭。Zhè jiā Zhōngcài guǎn de cài hěn hǎo, tèbié shì kǎoyā.
particulars N 细节 xìjié, 详情 xiángqíng
parting I N 分离 fēnlí, 离别 líbié **II** ADJ 临别（时）的 línbié (shí) de
  parting shot 临别时的攻击 línbié shí de gōngjī
partisan ADJ 热烈支持某一党派的 rèliè zhīchí mǒu yì dǎngpài de
partition I N **1** (国家的) 分裂 (guójiā de) fēnliè **2** 隔墙 géqiáng **II** v 分割 fēngē, 分开 fēnkāi
partly ADV 部分 bùfen, 部分地 bùfen de □ It was partly my fault. 一部分是我的错。Yí bùfen shì wǒ de cuò.
partner N **1** 合伙人 héhuǒrén **2** He was made a partner of the law firm when he was only 32. 他三十二岁的时候就成了律师事务所的合伙人。Tā sānshíèr suì de shíhou jiù chéngle lǜshī shìwùsuǒ de héhuǒrén. **2** 搭档 dādàng □ They've been partners at bridge for many years. 他们两人搭档打桥牌已经好几年了。Tāmen liǎng rén dādàng dǎ qiáopái yǐjīng hǎojǐ nián le. **3** 性伴侣 xìng bànlǚ, 配偶 pèi'ǒu □ You and your partner are invited to our Christmas fancy-dress party. 邀请你和你的男/女朋友来参加我们的圣诞化装聚会。Yāoqǐng nǐ hé nǐ de nán/nǚpéngyǒu lái cānjiā wǒmen de shèngdàn huàzhuāng jùhuì. **4** 舞伴 wǔbàn
partnership N 合伙（关系）héhuǒ (guānxi), 合作（关系）hézuò (guānxi)
part of speech N 词性 cíxìng, 词类 cílèi
partridge N 鹧鸪 zhègū [M. WD 只 zhī]
part-time ADJ, ADV 兼职（的/地）jiānzhí (de), 部分时间的 bùfen shíjiān de
partway ADV **1** (在) 途中 (zài) túzhōng **2** 一段时间后 yí duàn shíjiān hòu
party I N **1** 派对 pàiduì, 聚会 jùhuì, 社交聚会 shèjiāo jùhuì

□ Our neighbors often hold all-night parties. 我们的邻居经常举行通宵聚会。Wǒmen de línjū jīngcháng jǔxíng tōngxiāo jùhuì.
  birthday party 生日庆祝会 shēngri qìngzhù huì
  dinner party 宴会 yànhuì
  garden party 游园会 yóuyuán huì
2 （政）党 (zhèng) dǎng □ There are two major political parties in the U.S.A., the Democrats and Republicans. 美国有两大党：民主党和共和党。Měiguó yǒu liǎng dà dǎng: Mínzhǔ dǎng hé Gònghé dǎng. **3** 小组 xiǎozǔ □ The search party returned to the base, empty-handed. 搜索小组空手回到基地。Sōusuǒ xiǎozǔ kōngshǒu huídào jīdì.
  II v 尽情吃喝玩乐 jìnqíng chīhē wánlè
pass I v **1** 通过 tōngguò, 经过 jīngguò □ The jungle was so dense that the explorers could hardly pass. 丛林很密，探险者几乎无法通过。Cónglín hěn mì, tànxiǎn zhě jīhū wúfǎ tōngguò. **2** 走过 zǒuguo □ He passed me in the hallway without saying hi. 他在走廊里从我身旁走过，招呼也不打一声。Tā zài zǒuláng lǐ cóng wǒ shēnpáng zǒuguo, zhāohu yě bù dǎ yì shēng. **3** 传 chuán, 递 dì, 传递 chuándì □ Pass me the dictionary, please. 请你把词典递给我。Qǐng nǐ bǎ cídiǎn dìgěi wǒ. **4** 过去 guòqu □ Two weeks passed and there was still no news about the missing girl. 两个星期过去了，还没有失踪女孩的消息。Liǎng ge xīngqī guòqu le, hái méiyǒu shīzōng nǚhái de xiāoxi. **5** 通过 [+考试] tōngguò [+kǎoshì], （考试）及格（kǎoshì）jígé □ He passed all exams with flying colors. 他以优异成绩通过了所有的考试。Tā yǐ yōuyì chéngjì tōngguòle suǒyǒu de kǎoshì.
  to pass away 去世 qùshì
  to pass for 冒充 màochōng □ With a pair of thick glasses and a deep voice, young Alec could pass for a teacher. 小艾力克带了一副厚眼镜，说话嗓门很粗，可以冒充老师。Xiǎo Àilìkè dàile yí fù hòu yǎnjìng, shuōhuà sǎngmén hěn cū, kěyǐ màochōng lǎoshī.
  to pass out 昏厥 hūnjué, 晕倒 yūndǎo □ Standing at attention in the heat for a long time, the poor guard passed out. 可怜的卫兵在酷热中立正站了很长时间，晕倒了。Kělián de wèibīng zài kùrè zhōng lìzhèng zhànle hěn cháng shíjiān, yūndǎo le.
  II N **1** 传 chuán, 传递 chuándì □ The forward got a long pass to score. 前锋接到一个长传，投篮得分。Qiánfēng jiēdào yí ge chángchuán, tóulán défēn. **2** 通行证 tōngxíng zhèng **3**（考试）及格（kǎoshì）jígé **4** 山口 shānkǒu
passable ADJ 过得去的 guòdequ de, 还可以的 hái kěyǐ de
passage N **1** 通道 tōngdào □ The castle has a secret passage to the attic. 城堡有一个秘密通道，到达顶楼。Chéngbǎo yǒu yí ge mìmì tōngdào, dàodá dǐnglóu. **2** 通过 tōngguò □ Passage of heavy trucks over this bridge is forbidden. 重型卡车不准通过这座桥。Zhòngxíng kǎchē bù zhǔn tōngguò zhè zuò qiáo. **3**（书/乐曲）一段 (shū/yuèqǔ) yí duàn **4**（时间的）流逝 (shíjiān de) liúshì
passageway N（狭窄的）通道 (xiázhǎi de) tōngdào [M. WD 条 tiáo]
passbook N（银行）存折 (yínháng) cúnzhé [M. WD 本 běn]
passé ADJ 过时的 guòshí de, 老式的 lǎoshì de
passenger N 乘客 chéngkè
  passenger seat（汽车）驾驶员旁边的座位 (qìchē) jiàshǐyuán pángbiān de zuòwèi
passerby N 过路人 guòlùrén
passing I ADJ **1** 经过的 [+车辆] jīngguò de [+chēliàng] **2** 一时的 [+兴趣] yìshí de [+xìngqu] **II** N **1** 终止 zhōngzhǐ, 消失 xiāoshī
  passing of time 时间的流逝 shíjiān de liúshì
2 去世 qùshì, 逝世 qùshì **3** (in passing) 顺便提到 shùnbiàn tídào
passion N 激情 jīqíng, 热爱 rè'ài

passionate ADJ 感情强烈的 gǎnqíng qiángliè de, 充满激情的 chōngmǎn jīqíng de

passive I ADJ 被动的 bèidòng de
  passive smoking 被动抽烟 bèidòng chōuyān
II N 被动式 bèidòngshì

passport N 护照 hùzhào □ My passport will soon expire; I need to apply for a new one. 我的护照快过期了; 我得申请新护照。Wǒ de hùzhào kuài guòqī le; wǒ děi shēnqǐng xīn hùzhào.

password N 口令 kǒulìng, 通行字 tōngxíng zì □ Enter the password. 请输入口令。Qǐng shūrù kǒulìng.

past I ADJ 过去的 guòqu de □ In the past few weeks shares prices have been on a roller coaster. 过去几周里, 股票价格大起大落。Guòqu jǐ zhōu lǐ, gǔpiào jiàgé dà qǐ dà luò. □ Past and present students gathered to celebrate the 80th birthday of the professor. 过去的和现今的学生相聚一堂, 祝贺教授八十大寿。Guòqu de hé xiànjīn de xuésheng xiāngjù yì táng, zhùhè jiàoshòu bāshí dà shòu.
II N 过去 guòqù □ Memories of the past brought happiness and sadness to the old man. 过去的回忆给老人带来欢愉和忧伤。Guòqù de huíyì gěi lǎorén dàilai huānyú hé yōushāng. □ In the past we wrote more letters than we do today. 过去我们写信比现在多。Guòqù wǒmen xiěxìn bǐ xiànzài duō.
III PREP 1 晚于 wǎn yú, 在… 以后 zài…yǐhòu □ It's ten past two. 现在两点十分。Xiànzài liǎng diǎn shí fēn. □ He is past 70, but he still plays basketball. 他七十多岁了, 但还是打篮球。Tā qīshí duō suì le, dàn hái shì dǎ lánqiú. 2 远于 yuǎn yú, 过了… guòle… □ The farm is 15 miles past the railway. 那个农场在过了铁路十五英里的地方。Nà ge nóngchǎng zài guòle tiělù shíwǔ yīnglǐ de dìfang. 3 经过 jīngguò □ I walk past the news stand every day on my way to the bus stop. 我每天去公共汽车站的路上都经过这个报摊。Wǒ měitiān qù gōnggòng qìchē zhàn de lùshang dōu jīngguò zhè ge bàotān. 4 (past caring) 不在乎 búzàihu

paste I N 1 浆糊 jiànghu, 糨糊 jiànghu 2 糊状物 húzhuàng wù 3 [鱼+] 酱 [yú+] jiàng
  wallpaper paste 贴墙纸的浆糊 tiē qiángzhǐ de jiànghu
II V 1 (用糨糊) 粘贴 (yòng jiànghu) zhān tiē 2 (计算机) 粘贴 (jìsuànjī) zhān tiē

pastel I N 1 彩色粉笔 cǎisè fěnbǐ, 蜡笔 làbǐ 2 彩色粉笔画 cǎisè fěnbǐhuà [M. WD 幅 fú] II ADJ 浅 [+颜色] qiǎn [+yánsè], 淡 dàn

pasteurization N 灭菌 mièjūn, 消毒 xiāodú

pasteurize V 灭菌 mièjūn, 消毒 xiāodú

pastime N 消遣 xiāoqiǎn, 娱乐 yúlè

pastor N 牧师 mùshi

pastoral ADJ 1 牧师的 mùshi de 2 田园风光的 tiányuán fēngguāng de, 乡村生活的 xiāngcūn shēnghuó de

(the) past perfect N 过去完成时态 guòqù wánchéng shítài

pastry N 1 油酥面团 yóu sū miàntuán 2 油酥点心 yóu sū diǎnxin [M. WD 块 kuài/件 jiàn]

(the) past tense N 过去式 guòqù shì, 过去时态 guòqù shítài

pasture N 牧场 mùchǎng

pasty I ADJ 苍白的 cāngbái de II N (肉等的) 馅饼 (ròu děng de) xiànbǐng

pat I V 轻轻地拍 qīngqīng de pāi
  to pat sb on the back 赞扬某人 zànyáng mǒurén
II N 1 轻拍 qīng pāi 2 (黄油等) 小块 (huángyóu děng) xiǎokuài
  a pat on the back 赞扬 zànyáng
III ADJ 脱口而出的 tuōkǒu ér chū de [+huídá]

patch I N 1 (衣服上的) 补丁 (yīfu shàng de) bǔdīng 2 (计算机) 程序补丁 (jìsuànjī) chéngxù bǔdīng 3 膏药 gāoyao 4 小块土地 xiǎo kuài tǔdì II V 1 缝补 [+衣服] féngbǔ [+yīfu] 2 (to patch up) 修补 [+关系] xiūbǔ [+guānxi], 解决分歧 jiějué [+fēnqí]

patchwork N 拼布工艺 (品) pīn bù gōngyì (pǐn)

patchy ADJ 1 局部零星的 [+阵雨] júbù língxīng de [+zhènyǔ] 2 零碎的 [+知识] língsuì de [+zhīshi]

paté N 肉酱 ròujiàng, 鱼酱 yú jiàng

patent I N 专利 (权) zhuānlì (quán) II V 取得专利 (权) qǔdé zhuānlì (quán) III ADJ 明显的 míngxiǎn de
  a patent lie 明显的谎言 míngxiǎn de huǎngyán

patent leather N 漆皮 qīpí
  patent leather shoes 漆皮皮鞋 qīpí píxié

patently ADV 显然地 xiǎnrán de

paternal ADJ 1 父亲的 fùqin de 2 父权的 fùquán de

paternalism N 父权主义 fùquánzhǔyì, 家长式统治 jiāzhǎng shì tǒngzhì

paternalistic ADJ 父权主义的 fùquánzhǔyì de, 家长式的 jiāzhǎng shì de

paternity N 父亲的身份 fùqin de shēnfen
  paternity leave 陪产假 péi chǎnjià

path N 小路 xiǎolù, 道路 dàolù □ Follow this path, and you will be out of the woods in about 10 minutes. 你顺着这条小路走, 大约十分钟走出林子。Nǐ shùnzhe zhè tiáo xiǎolù zǒu, dàyuē shí fēnzhōng zǒuchū línzi.

pathetic ADJ 1 可怜的 kělián de 2 没用的 méiyòng de

pathological ADJ 1 病态的 bìngtài de, 无法控制的 wúfǎ kòngzhì de
  a pathological liar 无法不撒谎的人 wúfǎ bù sāhuǎng de rén, 说谎成性的人 shuōhuǎng chéngxìng de rén
2 病理 (学) 的 bìnglǐ (xué) de

pathology N 病理 (学) bìnglǐ (xué)

pathos N 引起怜悯的因素 yǐnqǐ liánmǐn de yīnsù, 感伤力 gǎnshāng lì

pathway N 途径 tújìng

patience N 耐心 nàixīn, 忍耐心 rěn nài xīn □ Fishing requires great patience. 钓鱼需要极大耐心。Diàoyú xūyào jídà nàixīn. □ The salesman eventually ran out of patience with that difficult customer. 售货员终于对那个难缠的顾客失去了耐心。Shòuhuò yuán zhōngyú duì nà ge nánchán de gùkè shīqùle nàixīn.

patient I ADJ 耐心的 nàixīn de □ He is very patient with the children. 他对孩子很耐心。Tā duì háizi jí nàixīn.
II N 病人 bìngrén □ The patient complained of a nagging stomachache. 病人诉说肚子隐隐地痛。Bìngrén sùshuō dùzi yǐnyǐn de tòng.

patio N 露天平台 lùtiān píngtái

patriarch N (男) 家长 (nán) jiāzhǎng, 族长 zúzhǎng, 受尊敬的长者 shòu zūnjìng de zhǎngzhě

patriarchal ADJ 父权制的 fùquánzhì de

patriarchy N 父权制 fùquánzhì, 男性统治 nánxìng tǒngzhì

patricide N 弑父 (罪) shì fù (zuì), 杀父罪 shā fù zuì

patrimony N 1 (祖传) 遗产 (zǔchuán) yíchǎn 2 国家资源 guójiā zīyuán, 国宝 guóbǎo

patriot N 爱国者 àiguózhě

patriotic ADJ 爱国 (主义) 的 àiguó (zhǔyì) de

patriotism N 爱国主义 àiguózhǔyì

patrol N 1 巡逻 xúnluó, 巡查 xúnchá 2 巡逻兵 xúnluó bīng, 巡逻队 xúnluóduì II V 巡逻 xúnluó, 巡查 xúnchá

patrolman N 巡警 xúnjǐng, 巡逻 (保安) 人员 xúnluó (bǎo'ān) rényuán

patron N 1 赞助人 zànzhùrén, 资助人 zīzhù rén 2 顾客 gùkè

patronage N 1 赞助 zànzhù, 资助 zīzhù 2 任命权 rènmìng quán

patronize V 1 以高人一筹的姿态对待 [+人] yǐ gāorén yì chóu de zītài duìdài [+rén] 2 光顾 [+饭店] guānggù [+fàndiàn]

patter I N 1 急速的轻拍声 jísù de qīng pāi shēng, 啪嗒啪嗒声 pādā pādā shēng 2 顺口溜 shùnkǒuliū II V 发出急速的

轻拍声 fāchū jísù de qīng pāi shēng, 发出啪嗒啪嗒的声音 fāchū pādā pādā de shēngyīn

pattern I N 1 图案 tú'àn, 花样 huāyàng □ She wears a dress with a floral pattern on it. 她穿了一件带鲜花图案的连衣裙。Tā chuān le yíjiàn dài xiānhuā tú'àn de liányīqún. **2** 模式 móshì, 方式 fāngshì □ Mr Zhang explained to us the major sentence patterns in Chinese. 张先生给我们解释了中文的主要句型。Zhāng xiānsheng gěi wǒmen jiěshìle Zhōngwén de zhǔyào jùxíng.
II v 模仿 mófǎng, 仿效 fǎngxiào

patterned ADJ 有图案装饰的 yǒu tú'àn zhuāngshì de

patty N 肉饼 ròubǐng [M. WD 块 kuài]

paucity N 贫乏 pínfá, 贫困 pínkùn

paunch N (男人的) 大肚子 (nánren de) dàdùzi, 啤酒桶肚子 píjiǔtǒng dùzi

pauper N 贫民 pínmín, 穷人 qióngrén

pause N, v 暂停 zàntíng, 停顿 tíngdùn □ Shall we take a pause here? 我们停一会, 好吗? Wǒmen tíng yí huì, hǎo ma? □ The children paused to pick raspberries along the trail. 孩子们在小路上停下采复盆子。Háizimen zài xiǎolùshang tíngxia cǎi fùpénzi.

pave v 铺(路) pū (lù)
to pay the way for sb/sth 为某人／某事铺设道路 wéi mǒurén/mǒushì pūshè dàolù, 为某事做准备 wéi mǒushì zhǔnbèi

pavement N 1 铺好的路面 pū hǎode lùmiàn **2** 人行道 rénxíngdào

pavilion N 1 展览馆 zhǎnlǎnguǎn **2** 亭子 tíngzi

paw I N (动物的) 爪子 (dòngwù de) zhuǎzi II v 1 用爪子抓 yòng zhuǎzi zhuā **2** 对 [+青年女子] 动手动脚 duì [+qīngnián nǚzǐ] dòngshǒu dòngjiǎo

pawn I N (象棋) 兵 (xiàngqí) bīng, 卒 zú **2** (被利用的) 棋子 (bèi lìyòng de) qízǐ II v 典当 diǎndàng, 抵押 dǐyā

pawnbroker N 当铺老板 dàngpùlǎobǎn

pawnshop N 当铺 dàngpù

pay I v (PT & PP **paid**) 付 [+钱] fù [+qián], 付钱 (给某人) fùqián (gěi mǒurén) □ Can I pay the bill by credit card? 我可以用信用卡付帐单吗? Wǒ kěyǐ yòng xìnyòngkǎ fù zhàngdān ma? □ He paid a used car dealer $2,000 for this lemon. 他付给二手汽车商两千美元买这辆破车。Tā fùgěi èrshǒu qìchē shāng liǎng qiān Měiyuán mǎi zhè liàng pò chē.
to pay attention to 注意 zhùyì, 关注 guānzhù
to pay back 还(债) huán (zhài) □ I'll pay you back next month. 我下个月还你钱。Wǒ xià ge yuè huán nǐ qián.
to pay for 受惩罚 shòu chéngfá □ Bruce had a car accident—he paid for his reckless driving. 布鲁斯出车祸了—他开车莽撞受到了惩罚。Bùlǔsī chū chēhuò le—tā kāichē mǎngzhuàng shòudaole chéngfá.
to pay off ① 还清(债) huánqīng (zhài) □ My parents paid off the mortgage in ten years. 我的父母在十年里付清了买房贷款。Wǒ de fùmǔ zài shí nián lǐ fùqīngle mǎi fáng dàikuǎn. ② 获得成功 huòdé chénggōng, 产生利润 chǎnshēng lìrùn
II N 工资 gōngzī □ How much is the weekly pay? 每周工资是多少? Měi zhōu gōngzī shì duōshǎo?

payable ADJ 应付的 yìngfu de
(a check) payable to sb 应付给某人(的支票) yìngfu gěi mǒurén (de zhīpiào)

paycheck N 工资支票 gōngzī zhīpiào, 薪酬 xīnchóu

payday N 发薪日 fāxīnrì

payee N 收款人 shōukuǎnrén, 受款人 shòukuǎnrén

payload N (有效) 载重量 (yǒuxiào) zàizhòngliàng

payment N 付款 fùkuǎn □ Payment for the new refrigerator was due last Friday. 新电冰箱应该在上星期五付款。Xīn diànbīngxiāng yīnggāi zài shàng xīngqī wǔ fùkuǎn.

payoff N 得益 déyì, 收益 shōuyì

pay phone N 公用电话 gōngyòng diànhuà

payroll N 发薪员工名单 fāxīn yuángōng míngdān
be on the payroll (of a company) 是(一家公司的)雇员 shì (yì jiā gōngsī de) gùyuán

pay-TV N 收费电视(频道) shōufèi diànshì (píndào)

PBS (= Public Broadcasting System) ABBREV 公共广播公司 gōnggòng guǎngbō gōngsī

PC (= personal computer) ABBREV 个人电脑 gèrén diànnǎo [M. WD 台 tái]

PC (= politically correct) ABBREV 政治正确的 zhèngzhì zhèngquè de

PDA (= personal digital assistant) ABBREV 个人数字助手 gèrén shùzì zhùshǒu

pea N 豌豆 wāndòu [M. WD 粒 lì]

peace N 1 和平 hépíng □ Everybody wants peace; the question is on what condition. 人人想要和平: 问题是什么样条件下的和平。Rénrén xiǎngyào hépíng; wèntí shì shénmeyàng tiáojiànxia de hépíng. **2** 安静 ānjìng, 宁静 níngjìng □ The peace of the summer afternoon was broken by a thunderstorm. 夏日午后的宁静被一场雷雨打破。Xiàrì wǔhòu de níngjìng bèi yì cháng léiyǔ dǎpò.
to make peace with sb 和某人和解 hé mǒurén héjiě

peaceable ADJ 温和的 wēnhé de, 不爱争吵的 bú àizhēng chǎo de

Peace Corps N (美国) 和平队 (Měiguó) Hépíngduì

peaceful ADJ 1 和平的 hépíng de □ Countries should seek peaceful co-existence. 各个国家应该追求和平共处。Gège guójiā yīnggāi zhuīqiú hépíng gòngchǔ. **2** 安静的 ānjìng de, 宁静的 níngjìng de □ They had a peaceful evening in the cabin. 他们在小木屋里度过了一个宁静的夜晚。Tāmen zài xiǎo mùwū lǐ dùguole yí ge níngjìng de yèwǎn.

peacekeeping forces N (联合国) 维持和平部队 (Liánhéguó) wéichí hépíng bùduì

peacemaker N 调停人 tiáotíngrén

peacetime N 和平时期 hépíng shíqī

peach N 桃树 táoshù [M. WD 棵 kē], 桃子 táozi

peacock N 孔雀 kǒngquè [M. WD 只 zhī]

peak I N 顶峰 dǐngfēng, 最高点 zuìgāodiǎn II v 达到顶峰 dádào dǐngfēng III ADJ 最高的 zuìgāo de

peal N 响亮的声音 xiǎngliàng de shēngyīn
a peal of thunder 一阵雷声 yízhèn léishēng
peals of laughter 一阵阵笑声 yízhèn zhèn xiàoshēng

peanut N 花生(米) huāshēng (mǐ) [M. WD 颗 kē]
peanut butter 花生酱 huāshēngjiàng

peanuts N 很少的钱 hěn shǎo de qián

pear N 梨树 líshù [M. WD 棵 kē], 梨 lí

pearl N 1 珍珠 zhēnzhū
pearl necklace 一串珍珠项链 yíchuàn zhēnzhū xiàngliàn **2** 珍珠色 zhēnzhū sè

peasant N 农民 nóngmín

peat N 泥炭 nítàn, 泥灰 níhuī

pebble N 卵石 luǎnshí [M. WD 块 kuài], 小圆石 xiǎo yuánshí [M. WD 块 kuài]

pecan N 山核桃树 shānhétao shù [M. WD 棵 kē], 山核桃 shānhétao [M. WD 颗 kē]

peck I v 1 [鸟+] 啄 [niǎo+] zhuó **2** [情人+] 轻吻 [qíngrén+] qīng wěn II N 1 (鸟) 啄 (niǎo) zhuó **2** 轻吻 qīng wěn

pecking order N (社群中的) 等级 (shèqún zhōng de) děngjí

peculiar ADJ 怪异的 guàiyì de, 奇特的 qítè de

peculiarity N 1 独特(性) dútè (xìng) **2** 奇异的东西 qíyì de dōngxi

pedagogical ADJ 教学上的 jiàoxué shàng de

pedagogy N 教学(法) jiàoxué (fǎ)

pedal I N 踏板 tàbǎn II v 踩踏板 cǎi tàbǎn

pedantic ADJ 学究似的 xuéjiū shìde, 书呆子气的 shūdāizi qì de

peddle v 兜售 dōushòu

pedestal N 基座 jīzuò
　to place sb on a pedestal 偶像崇拜某人 ǒuxiàng chóngbài mǒurén
pedestrian I N 行人 xíngrén, 步行者 bùxíngzhě II ADJ 1 行人的 xíngrén de
　pedestrian crossing 行人横道线 xíngrénhéngdào xiàn 2 平淡无奇的 píngdàn wúqí de
pediatrician N 儿科医生 érkēyīshēng
pediatrics N 儿科 (学) érkē (xué)
pedicure N 修脚 xiūjiǎo
pedigree I N 血统 xuètǒng, 谱系 pǔxì II ADJ 纯种的 chúnzhǒng de
pee V, N 撒尿 sāniào, 小便 xiǎobiàn
peek I V 偷看 tōukàn II N 偷看 (一眼) tōukàn (yìyǎn)
peel I V 削/剥 [水果+] 皮 xiāo/bō [+shuǐguǒ] pí, [油漆+] 剥落 [yóuqī+] bōluò II N 果皮 guǒpí
peelings N (削/剥下的) 皮 (xiāo/bō xiàde) pí
peep N, V 偷看 tōukàn, 窥视 kuīshì
peephole N 窥视孔 kuīshìkǒng
peeping Tom 喜欢偷看的人 xǐhuan tōukàn de rén, 窥视狂 kuīshìkuáng
peer[1] I N 1 同等 (或地位) 相同的人 tóngděng (huò dìwèi) xiāngtóng de rén, 同龄人 tónglíngrén, 同事 tóngshì, 同伴 tóngbàn
　peer pressure 同辈人的压力 tóngbèi rén de yālì 2 (英国) 贵族 (Yīngguó) guìzú
peer[2] V 盯着看 dīngzhe kàn, 凝视 níngshì
peerless ADJ 无与伦比的 wú yǔ lúnbǐ de
peeve N 令人恼火的事 lìngrén nǎohuǒ de shì
peg I N 1 挂衣钩 guàyīgōu 2 (小提琴) 弦轴 (xiǎotíqín) xiánzhóu II V 把…固定在 (某一水平) bǎ…gùdìng zài (mǒu yì shuǐpíng)
pejorative ADJ 贬义的 biǎnyì de, 贬损的 biǎnsǔn de
Pekingese, Pekinese N 哈巴狗 hǎbagǒu [M. WD 只 zhī]
pelican N 鹈鹕 tíhú [M. WD 只 zhī]
pellet N 小硬球 xiǎo yìngqiú
pelt I V 连续投掷 liánxù tóuzhì, 扔 rēng II N 兽皮 shòupí [M. WD 张 zhāng]
pelvis N 骨盆 gǔpén
pen[1] I N 笔 bǐ □ The teacher always uses a red pen to grade exams. 这位老师总是用红笔批阅考卷。Zhè wèi lǎoshī zǒngshì yòng hóng bǐ pīyuè kǎojuàn.
　The pen is mightier than the sword. 文事胜武功。Wénshì shèng wǔgōng.
　ball pen 圆珠笔 yuánzhūbǐ
　fountain pen 钢笔 gāngbǐ
　pen name 笔名 bǐmíng
　pen pal 笔友 bǐyǒu
　II V 1 (用笔) 写 (yòngbǐ) xiě
pen[2] V N (关养家畜的) 栏/圈 (guān yǎngjiā chū de) lán/quān
penal ADJ 刑罪的 xíng zuì de
　penal code 刑法典 xíngfǎ diǎn
　penal colony 罪犯流放地 zuìfàn liúfàng dì
penalize V 惩罚 chéngfá, 处罚 chǔfá
penalty N 惩罚 chéngfá, 处罚 chǔfá
penance N 自我惩罚 zìwǒ chéngfá, 忏悔 chànhuǐ
penchart N 嗜好 shìhào, 爱好 àihào
pencil N 铅笔 qiānbǐ
　pencil drawing 铅笔画 qiānbǐ huà
　pencil sharpener 削铅笔刀 xiāo qiānbǐ dāo, 削铅笔器 xiāo qiānbǐ qì
pendant N 挂件 guà jiàn, 垂饰 chuí shì
pending I PREP 当…时 dāng…shí, 直到 zhídào II ADJ 1 未定的 wèidìng de 2 即将发生的 jíjiāng fāshēng de
pendulum N 钟摆 zhōngbǎi

penetrate V 1 进入 jìnrù, 打进 dǎjìn 2 穿透 chuāntòu, 渗透 shèntòu
penetrating ADJ 1 有深度的 [+见解] yǒu shēndù de [+jiànjiě], 有洞察力的 yǒu dòngchálì de 2 刺耳的 [+尖叫] cì'ěr de [+jiānjiào]
penguin N 企鹅 qǐ'é [M. WD 只 zhī/头 tóu]
penicillin N 青霉素 qīngméisù, 盘尼西林 pánníxīlín
peninsula N 半岛 bàndǎo
peninsular ADJ 半岛的 bàndǎo de
penis N 阴茎 yīnjīng
penitence N 忏悔 chànhuǐ, 悔过 huǐguò
penitent ADJ 忏悔的 chànhuǐ de, 悔过的 huǐguò de
penitentiary N 监狱 jiānyù [M. WD 座 zuò]
penknife N 小折刀 xiǎozhédāo
pennant N 三角旗 sānjiǎoqí [M. WD 面 miàn]
penniless ADJ 身无分文的 shēn wúfèn wén de, 一贫如洗的 yìpín rú xǐ de
penny N (英国/加拿大) 一分钱 (Yīngguó/Jiānádá) yì fēn qián
pension[1] N 养老金 yǎnglǎo jīn, 退休金 tuìxiū jīn □ He lives comfortably on his pension and savings. 他靠退休金和储蓄生活过得很舒服。Tā kào tuìxiū jīn hé chǔxù shēnghuó guòde hěn shūfu.
　pension fund 退休基金 tuìxiū jījīn
pension[2] N (法国的) 旅舍 (Fǎguó de) lǚshè
pensioner N 领取养老金的人 lǐngqǔ yǎnglǎojīn de rén, 老年人 lǎoniánrén
pensive ADJ 忧伤的 yōushāng de
pentagon N 五边形 wǔbiānxíng
Pentagon N (美国) 五角大楼 (Měiguó) Wǔjiǎo Dàlóu
Pentecostal I ADJ 五旬节派教会的 wǔxúnjiépài jiàohuì de
　Pentecostal churches 五旬节派教会 wǔxúnjiépài jiàohuì II N 五旬节派教会教友 wǔxúnjiépài jiàohuì jiàoyǒu
penthouse N 楼顶公寓 lóudǐng gōngyù [M. WD 套 tào]
pent-up ADJ 郁结的 yùjié de
penury N 贫穷 pínqióng, 贫困 pínkùn
peon N 劳工 láogōng, 苦工 kǔgōng
people I N 1 人 rén, 人们 rénmen □ People say he is a good governor. 人们说他是一位好州长。Rénmen shuō tā shì yí wèi hǎo Zhōuzhǎng.
　the people 人民 rénmín □ Abraham Lincoln wished to establish in America a government of the people, by the people and for the people. 亚伯拉罕·林肯希望在美国建立一个民有、民治、民享的政府。Yàbólāhǎn·Línkěn xīwàng zài Měiguó jiànlì yí ge mínyǒu、mínzhì、mínxiǎng de zhèngfǔ.
　II V (be peopled with) 充满 chōng mǎn, 挤满 jǐmǎn
　(the) People' Republic of China (PRC) N 中华人民共和国 Zhōnghuá Rénmín Gònghéguó
pep I V 使…充满活力 shǐ…chōngmǎn huólì II N 活力 huólì, 精力 jīnglì
　pep rally 动员大会 dòngyuán dàhuì
　pep talk 鼓动士气的讲话 gǔdòng shìqì de jiǎnghuà, 打气的讲话 dǎqì de jiǎnghuà
pepper I N 胡椒粉 hújiāofěn, 辣椒粉 làjiāofěn II V 1 撒胡椒粉 sā hújiāofěn 2 使 [+讲话] 有趣 shǐ [+jiǎnghuà] yǒuqù
peppermint N 薄荷 bohe
pepperoni N (意大利) 辣味香肠 (Yìdàlì) làwèi xiāngcháng
Pepsi N 百事可乐 Bǎishì Kělè
per PREP 每 měi □ This hybrid car gets 50 miles per gallon of gasoline. 这种油电两用汽车每五十英里耗油一加仑。Zhè zhǒng yóudiàn liǎngyòng qìchē měi wǔshí yīnglǐ hào yóu yì jiālún.
per capita ADJ, ADV 人均 (的) rénjūn (de)
perceive V 1 察觉 chájué, 注意到 zhùyìdào 2 认为 rènwéi
percent (%) ADJ 百分之… bǎifēnzhī… □ Inflation has been kept under 5% for two years. 两年内通货膨胀被控制在百分

之五以下。Liǎng nián nèi tōnghuò péngzhàng bèi kòngzhì zài bǎifēnzhī wǔ yǐxià.

percentage N 百分比 bǎifēnbǐ

perceptible ADJ 可以察觉到的 kěyǐ chájué dào de

perception N 1 察觉 chájué 2 认为 rènwéi

perch I N 1（鸟）栖息处 (niǎo) qīxī chù 2（观看的）高处 (guānkàn de) gāo chù II v 1 [鸟+] 栖息 [niǎo+] qīxī 2 (be perched on) 位于 wèiyú

percolate v 用渗滤壶煮（咖啡）yòng shènlǜ hú zhǔ (kāfēi)

percussion N 1 打击乐器 dǎjīyuèqì 2 撞击声 zhuàngjī shēng

peremptory ADJ 专横的 zhuānhèng de, 霸道的 bàdào de

perennial I ADJ 长期的 chángqī de, 多年的 duōnián de II N 多年生植物 duōniánshēng zhíwù

perfect I ADJ 完美的 wánměi de, 尽善尽美的 jìnshàn jìnměi de □ They are perfect for each other. 他们俩十分般配。Tāmen liǎ shífēn bānpèi. □ Nobody is perfect. 没有人是完美的。(→金无足赤，人无完人。) Méiyǒu rén shì wánměi de. (→Jīn wú zúchì, rén wú wánrén. As no gold is 100% pure, no man is perfect.)
Practice makes perfect. 熟能生巧。Shú néng shēng qiǎo. (→Long experience produces skill.)
II v 使…完美 shǐ…wánměi

perfection N 完美 wánměi, 完善 wánshàn

perfectionist N 完美主义者 wánměizhǔyì zhě

perfectly ADV 1 完美地 wánměi de, 完全 wánquán, 十分 shífēn □ She is perfectly happy with the new job. 她对新工作十分满意。Tā duì xīn gōngzuò shífēn mǎnyì.

perforated ADJ 有齿孔的 yǒu chǐkǒng de

perform v 1 表演 biǎoyǎn, 演出 yǎnchū □ She will perform her violin solo tonight. 今天晚上她将表演小提琴独奏。Jīntiān wǎnshang tā jiāng biǎoyǎn xiǎotíqín dúzòu. 2 做 zuò, 履行 lǚxíng □ The surgeon and his team are performing a delicate eye operation. 外科医生和他的小组正在做一个精细的眼科手术。Wàikē yīshēng hé tā de xiǎozǔ zhèngzài zuò yí ge jīngxì de yǎnkē shǒushù.

performance N 1 演出 yǎnchū, 表演 biǎoyǎn □ The jazz band will give only one performance in our town. 这个爵士乐队在我们城里只演出一场。Zhè ge juéshì yuèduì zài wǒmen chénglǐ zhǐ yǎnchū yì cháng. 2（工作）表现 (gōngzuò) biǎoxiàn □ In December the management will review the performance of every staff member. 管理人员将在十二月评估每个职工的表现。Guǎnlǐ rényuán jiāng zài shí'èr yuè pínggū měi ge zhígōng de biǎoxiàn.

performer N 表演者 biǎoyǎnzhě, 演出者 yǎnchūzhě

performing arts N 表演艺术 biǎoyǎn yìshù

perfume I N 香水 xiāngshuǐ II v 使…充满香气 shǐ…chōngmǎn xiāngqì

perfunctory ADJ 敷衍（了事）fūyǎn (liǎoshì) de, 草率的 cǎoshuài de

perhaps ADV 或许 huòxǔ, 大概 dàgài □ Perhaps it will rain, perhaps it won't—no one is sure. 或许会下雨，或许不下—没有人能肯定。Huòxǔ huì xiàyǔ, huòxǔ bú xià—méiyǒurén néng kěndìng.

peril N 危险 wēixiǎn

perilous ADJ 危险的 wēixiǎn de, 险要的 xiǎnyào de

perimeter N 四周 sìzhōu, 周围 zhōuwéi

period I N 1 一段时间 yí duàn shíjiān, 时期 shíqī □ After the war there was a period of peace and prosperity. 战后有一段和平繁荣的时期。Zhànhòu yǒu yí duàn hépíng fánróng de shíqī. 2（在学校）一节课 (zài xuéxiào) yì jié kè, 一堂课 yì táng kè □ We'll have a math test in the second period tomorrow morning. 我们明天上午第二节课有数学考试。Wǒmen míngtiān shàngwǔ dì'èr jié kè yǒu shùxué kǎoshì. 3 句号 jùhào □ While we use a dot as a period when writing English, the period for Chinese is a tiny circle. 我们写英文的时候，

用一个点作为句号，而中文的句号是一个小圆圈。Wǒmen xiě Yīngwén de shíhou, yòng yí ge diǎn zuòwéi jùhào, ér Zhōngwén de jùhào shì yí ge xiǎo yuánquān. □ Period! No more discussion! 就是这样，不用再说了。Jiùshì zhèyàng, bú yòng zài shuō le. □ We're not going to buy that gas guzzler, period! 我们不买那辆吃油老虎车，不用再说了! Wǒmen bù mǎi nà liàng chī yóu lǎohǔchē, bú yòng zài shuō le! 4 月经 yuèjīng □ She's got her period. 她来月经了。Tā lái yuèjīng le. II ADJ 特定历史时期的 tèdìng lìshǐ shíqī de
a period piece 历史戏剧／电影

periodic, periodical ADJ 定期的 dìngqī de

periodical N 期刊 qīkān [M. WD 本 běn], 杂志 zázhì [M. WD 本 běn]

periodically ADV 定期（地）dìngqī (de)

periodic table N（元素）周期表 (yuánsù) zhōuqībiǎo

peripheral I ADJ 1 边缘的 biānyuán de, 外围的 wàiwéi de 2 次要的 cìyào de II N（计算机）外围设备 (jìsuànjī) wàiwéi shèbèi

periphery N 边缘 biānyuán

periscope N 潜望镜 qiánwàngjìng [M. WD 台 tái]

perish v 1 死亡 sǐwáng 2 消亡 xiāowáng 3 [水果+] 腐烂 [shuǐguǒ+] fǔlàn

perishable ADJ [食物+] 易腐烂的 [shíwù+] yì fǔlàn de

perjure v 作伪证 zuò wěizhèng

perjury N 伪证（罪）wěizhèng (zuì)

perk I N 特殊福利 tèshū fúlì, 特权 tèquán II v 振作（起来）zhènzuò (qǐlái)

perky ADJ 自信而快活的 zìxìn ér kuàihuo de, 生气勃勃的 shēngqì bóbó de

perm I N 烫发 tàngfà II v 烫发 tàngfà

permanence N 永久（性）yǒngjiǔ (xìng), 持久（性）chíjiǔ (xìng)

permanent ADJ 永久的 yǒngjiǔ de, 持久的 chíjiǔ de

permeate v 充满 chōngmǎn, 弥漫 mímàn

permissible ADJ 允许的 yǔnxǔ de, 许可的 xǔkě de

permission N 许可 xǔkě, 准许 zhǔnxǔ □ Have you got your parents' permission to stay with us? 你父母准许你住在这里吗? Nǐ fùmǔ zhǔnxǔ nǐ zhù zài zhèlǐ le ma?

permissive ADJ 放纵的 fàngzòng de, 宽容的 kuānróng de

permit I v 许可 xǔkě, 准许 zhǔnxǔ II N 许可（证）xǔkě (zhèng)

permutation N 排列 páiliè, 组合 zǔhé

pernicious ADJ 恶毒的 èdú de, 极有害的 jí yǒuhài de

perpendicular ADJ 垂直的 chuízhí de, 直立的 zhílì de

perpetrate v 犯（罪）fàn (zuì), 做（错事）zuò (cuò shì)

perpetrator N 犯罪者 fànzuìzhě, 作恶者 zuò'èzhě

perpetual ADJ 永恒的 yǒnghéng de, 持续不变的 chíxù búbiàn de

perpetuate v 使 [+坏事] 永远存在下去 shǐ [+huàishì] yǒngyuǎn cúnzài xiàqu

perplex v 使…困惑 shǐ…kùnhuò

perplexity N 困惑 kùnhuò, 茫然 mángrán

perquisite N See perk I (N)

per se ADV 本身 běnshēn, 就其本身而言 jiù qí běnshēn éryán

persecute v 迫害 pòhài

persecution N 迫害 pòhài
persecution complex 受迫害妄想症 shòupò hài wàngxiǎng zhēng

persecutor N 迫害者 pòhàizhě

perseverance N 坚韧（精神）jiānrèn (jīngshén)

persevere v 锲而不舍 qiè ér bù shě, 坚持不懈 jiānchí bú xiè

persist v 1 坚持 jiānchí, 执意 zhíyì 2 [坏天气+] 持续 [huài tiānqì+] chíxù

persistence N 坚持 jiānchí

persistent ADJ 1 坚持的 jiānchí de, 执意的 zhíyì de 2 持续的 [+大雨] chíxù de [+dàyǔ]

person N 人 rén

in person 亲自 qīnzì

persona N 表面人格 biǎomiàn réngé

personable ADJ 美貌而有风度的 měimào ér yǒu fēngdù de

personal ADJ 1 个人的 gèrén de, 私人的 sīrén de □ It's a personal matter, and I'd prefer not to discuss it. 这是一件私事，我最好不谈论它。Zhè shì yí jiàn sīshì, wǒ zuìhǎo bù tánlùn tā.

personal belongings 个人物件 gèrén wùjiàn, 私人财物 sīrén cáiwù

personal computer 个人电脑 gèrén diànnǎo

personal hygiene 个人卫生 gèrén wèishēng

personal organizer 掌上电脑 zhǎngshàng diànnǎo

personal pronoun 人称代词 rénchēng dàicí

personal stereo 小型音响 xiǎoxíng yīnxiǎng, 随身听 suíshēn tīng

personal trainer 私人健身教练 sīrén jiànshēn jiàoliàn 2 人身攻击的 rénshēn gōngjī de, 批评个人的 pīpíng gèrén de □ It's nothing personal—I just don't agree with your views. 我不是要批评你—我只是不同意你的观点。Wǒ bú shì yào pīpíng nǐ—wǒ zhǐ shì bù tóngyì nǐ de guāndiǎn.

personality N 1 个性 gèxìng, 性格 xìnggé 2 [电视+] 名人 [diànshì+] míngrén

personalize V 1 印上姓名 yìn shàng xìngmíng 2 个性化 gèxìng huà

personally ADV 就个人而言 jiù gèrén éryán

personals N（报纸上）个人信息栏 (bàozhǐ shàng) gèrén xìnxīlán

personification N 化身 huàshēn

personify V 是…的典范 shì…diǎnfàn

personnel N 1 全体员工 quántǐ yuángōng 2 人事部门 rénshì bùmén

perspective N [看问题的+] 视角 [kàn wèntí de+] shìjiǎo, 观点 guāndiǎn

to keep … in perspective 正确认识 zhèngquè rènshi 2 透视画法 tòushì huàfǎ

perspiration N 汗水 hànshuǐ

perspire V 出汗 chūhàn, 流汗 liúhàn

persuade V 1 说服 shuōfú, 劝服 quànfú 2 使…相信 shǐ…xiāngxìn □ She persuaded her boss that she was the best person to do the job. 她让老板相信了她是做这个工作的最佳人选。Tā ràng lǎobǎn xiāngxìnle tā shì zuò zhè ge gōngzuò de zuìjiā rénxuǎn.

persuasion N 说服 shuōfú, 劝服 quànfú

persuasive ADJ 有说服力的 yǒu shuōfúlì de

pert ADJ 1 活泼可爱的 [+女孩] huópo kě'ài de [+nǚhái] 2 调皮的 [+回答] tiáopí de [+huídá]

pertain V 与…直接有关 yǔ…zhíjiē yǒuguān

pertinent ADJ 直接有关的 zhíjiē yǒuguān de

perturbed ADJ 感到不安的 gǎndào bù'ān de, 烦恼的 fánnǎo de

peruse V 阅读 yuèdú

pervade V 弥漫 mímàn, 遍及 biànjí

pervasive ADJ 普遍的 pǔbiàn de, 无处不在的 wúchù búzài de

perverse ADJ 不合常理的 bùhé chánglǐ de, 乖张的 guāizhāng de

perversion N 1（性）变态 (xìng) biàntài 2 歪曲 wāiqū

pervert I V 使…变坏 shǐ…biànhuài, 破坏 pòhuài II N 性变态者 xìng biàntàizhě

perverted ADJ 变态的 biàntài de, 荒谬的 huāngmiù de

pesky ADJ 令人讨厌的 lìngrén tǎoyàn de

pessimism N 悲观主义 bēiguānzhǔyì

pessimist N 悲观主义者 bēiguānzhǔyìzhě

pessimistic ADJ 悲观（主义）的 bēiguān (zhǔyì) de

pest N 有害动物 yǒuhài dòngwù [M. WD 只 zhī], 害虫 hàichóng [M. WD 只 zhī], 害鸟 hàiniǎo [M. WD 只 zhī]

pester V 不断烦扰 búduàn fánrǎo, 纠缠 jiūchán

pesticide N 灭虫剂 miè chóng jì

pet I N 宠物 chǒngwù □ She keeps a piglet as her pet. 她养了一头小猪当宠物。Tā yǎngle yì tóu xiǎozhū dāng chǒngwù.

pet name 小名 xiǎomíng, 昵称 nìchēng

pet store 宠物商店 chǒngwù shāngdiàn

II V 抚弄 fǔnòng, 摸 [+宠物] mō [+chǒngwù] III ADJ 特别喜爱的 tèbié xǐ'ài de

petal N 花瓣 huābàn [M. WD 片 piàn]

peter V (to peter out) 逐渐减少 zhújiàn jiǎnshǎo

petite ADJ 娇小的 jiāoxiǎo de

petition I V 请愿 qǐngyuàn, 请求 qǐngqiú II N 请愿（书）qǐngyuàn (shū)

petrified ADJ 惊呆了的 jīng dāi le de, 吓呆的 xiàdāi de

petrified wood 石化木 shíhuà mù

petrochemical N 石（油）化（学）shí (yóu) huà (xué)

petroleum N 石油 shíyóu

petty ADJ 琐碎的 suǒsuì de, 小的 xiǎode

petty cash 小额现金 xiǎo'é xiànjīn

petty crime 轻罪 qīngzuì

petty officer N（海军）军士 (hǎijūn) jūnshì [M. WD 名 míng]

petulant ADJ 随意发脾气的 suíyì fāpíqi de, 任性暴躁的 rènxìng bàozao de

pew N（教堂）长木椅 (jiàotáng) cháng mù yǐ [M. WD 排 pái/张 zhāng]

PG (= parental guidance) ADJ 在家长指导下观看（的电影）zài jiā zhǎng zhǐdǎo xià guānkàn (de diànyǐng)

phallic ADJ 阴茎的 yīnjīng de

phallus N 男性生殖器 nánxìng shēngzhíqì, 阴茎 yīnjīng

phantom N 1 幽灵 yōulíng, 鬼魂 guǐhún 2 幻影 huànyǐng

pharmaceutical ADJ 制药（工业）zhìyào (gōngyè)

pharmacist N 药剂师 yàojìshī

pharmacologist N 药理学家 yàolǐxué jiā

pharmacology N 药理学 yàolǐxué

pharmacy N 药店 yàodiàn, 药房 yàofáng

Pharoah N 法老（古埃及统治者）Fǎlǎo (gǔ Āijí tǒngzhìzhě)

phase I N 阶段 jiēduàn, 时期 shíqī II V (to phrase in) 逐步实行 zhúbù shíxíng

to phase out 逐步停止 zhúbù tíngzhǐ

Ph.D. N 博士（学位）bóshì (xuéwèi)

pheasant N 雉 zhì [M. WD 只 zhī], 野鸡 yějī

phenomenal ADJ 非凡的 fēifán de, 不同寻常的 bùtóng xúncháng de

phenomenon N 1 现象 xiànxiàng 2 奇迹 qíjì, 奇人 qírén

philanderer N 玩弄女性的人 wánnòng nǚxìng de rén, 放荡公子 fàngdàng gōngzǐ

philandering N 玩弄女性 wánnòng nǚxìng, 风流放荡 fēngliú fàngdàng

philanthropist N 慈善家 císhànjiā

philistine N 不懂文学艺术的人 bùdǒng wénxué yìshù de rén, 没有教养的人 méiyǒu jiàoyǎng de rén

philosopher N 哲学家 zhéxuéjiā

philosophical ADJ 1 哲学的 zhéxué de 2 想得开的 xiǎng dé kāi de, 豁达的 huòdá de

philosophy N 哲学 zhéxué

phlegm N 痰 tán

phlegmatic ADJ 不会激动的 bú huì jīdòng de, 冷漠的 lěngmò de

phobia N 恐惧 kǒngjù

phoenix N 凤凰 fènghuáng [M. WD 只 zhī]

phone I N 电话（机）diànhuà (jī) □ The phone in his office was ringing hot that morning. 今天上午他办公室的电话响个不停。Jīntiān shàngwǔ tā bàngōngshì de diànhuà xiǎng ge bù tíng.

phone booth（共用）电话亭 (gòngyòng) diànhuàtíng

phone number 电话号码 diànhuà hàomǎ

cordless phone 移动电话 yídòng diànhuà

to be on the phone 在打电话 zàidǎ diànhuà □ Sarah has been on the phone for over an hour. 萨拉打了一个多小时的电话了。Sàlā dǎle yí ge duō xiǎoshí de diànhuà le.

II v 打电话 dǎ diànhuà □ I'll phone the doctor to find out the test result. 我要给医生打电话，了解检查结果。Wǒ yào gěi yīshēng dǎ diànhuà, liǎojiě jiǎnchá jiéguǒ.

phonetic ADJ 语音的 yǔyīn de

phonetics N 语音学 yǔyīnxué

phony, phoney I ADJ 1 假冒 [+产品] 的 jiǎmào [+chǎnpǐn] de 2 假装的 [+友好] jiǎzhuāng de [+yǒuhǎo], 虚伪的 xūwěi de **II** N 伪造品 wěizàopǐn, 虚假的东西 xūjiǎ de dōngxi

phosphorescence N 磷光 línguāng

phosphorescent ADJ 发磷光的 fā línguāng de

phosphorus (P) N 磷 lín

photo N 照片 zhàopiàn, 象片 xiàng piàn

 photo finish ① 摄影定胜负 shèyǐng dìng shèngfù ② 难分胜负的比赛 nánfēn shèngfù de bǐsài

photocopier N 复印机 fùyìnjī [M. WD 台 tái]

photocopy N 复印件 fùyìnjiàn, 影印 yǐngyìn **II** v 复印 fùyìn, 影印 yǐngyìn

photogenic ADJ 上镜（头）的 shàng jìng (tóu) de, 上相的 shàngxiàng de

photograph N 照片 zhàopiàn □ The bride and bridegroom posed for photographs in the garden. 新娘新郎在花园里摆姿势拍照。Xīnniáng xīnláng zài huāyuán lǐ bǎizǐshì pāizhào.

photographer N 摄影师 shèyǐngshī, 摄影家 shèyǐng jiā

photographic ADJ 摄影的 shèyǐng de

photography N 摄影（术）shèyǐng (shù)

photosynthesis N 光合作用 guānghé zuòyòng

phrasal verb N 短语动词 duǎnyǔ dòngcí

phrase I N 1 短语 duǎnyǔ, 词组 cízǔ □ In "My brother works for an IT company", "my brother" is a noun phrase and "in an IT company" a prepositional phrase. 在 "My brother works in an IT company" 这句话中，"my brother" 是一个名词短语，"for an IT company" 是一个介词短语。Zài "My brother works in an IT company" zhè jù huà zhōng, "my brother" shì yí ge míngcí duǎnyǔ, "for an IT company" shì yí ge jiècí duǎnyǔ. 2 警句 jǐngjù, 隽语 juànyǔ □ "Equal pay for equal work" is a phrase trade unions often use. "同工同酬" 是工会经常使用的警句。"Tónggōng tóngchóu" shì gōnghuì jīngcháng shǐyòng de jǐngjù.

II v（用词语）表达（yòngcí yǔ）biǎodá

phrasing N 1 措词 cuòcí, 选词 xuǎn cí 2 乐句划分 yuèjù huàfēn

physical I ADJ 1 身体的 shēntǐ de □ His problem is physical, not mental. 他是身体有问题，不是精神有问题。Tā shì shēntǐ yǒu wèntí, bú shì jīngshén yǒu wèntí. □ How can you enjoy life without physical well-being? 身体不好，怎么能享受人生呢？Shēntǐ bù hǎo, zěnme néng xiǎngshòu rénshēng ne? 2 物质的 wùzhì de □ The police have so far not got any physical evidence of his crime. 警方目前还没有掌握他犯罪的物质证据。Jǐngfāng mùqián hái méiyǒu zhǎngwò tā fànzuì de wùzhì zhèngjù.

 physical education (PE) 体育 tǐyù

 physical examination/checkup 体格检查 tǐgé jiǎnchá

 physical therapy 物理疗法 wùlǐliáofǎ, 理疗 lǐliáo

II N 体格检查 tǐgé jiǎnchá

physician N（内科）医生（nèikē）yīshēng [M. WD 位 wèi]

physicist N 物理学家 wùlǐxuéjiā [M. WD 位 wèi]

physics N 物理（学）wùlǐ (xué)

physiology N 1 生理学 shēnglǐxué 2 生理（机能）shēnglǐ (jīnéng)

physiotherapy N 物理疗法 wùlǐliáofǎ, 理疗 lǐliáo

physique N 体格 tǐgé

pi (π) N 圆周率 yuánzhōulǜ (= 3.1416)

pianist N 钢琴演奏者 gāngqín yǎnzòuzhě, 钢琴家 gāngqínjiā [M. WD 位 wèi]

piano N 钢琴 gāngqín [M. WD 架 jià]

piccolo N 短笛 duǎndí [M. WD 支 zhī]

pick I v 1 挑选 tiāoxuǎn □ The coach has picked Harry as captain of the basketball team. 教练挑选哈里当篮球队的队长。Jiàoliàn tiāoxuǎn Hālǐ dāng lánqiú duì de duìzhǎng. 2 采 cǎi, 采集 cǎijí □ Some farmers hire illegal immigrants to pick fruit. 有些农民雇佣非法移民来采摘水果。Yǒuxiē nóngmín gùyōng fēifǎ yímín lái cǎizhāi shuǐguǒ. 3 挖 wā, 剔 tī

to pick one's nose 挖鼻孔 wā bíkǒng

to pick up ① (使) 站起来 (shǐ) zhànqǐlai □ Pick yourself up, Tom! 汤姆，自己站起来！Tāngmǔ, zìjǐ zhànqǐlai! ② 拣起来 jiǎnqǐlai, 收拾起 shōushiqǐ □ The children picked up their toys and went to bed. 孩子们收拾好玩具，去睡觉了。Háizimen shōushiqǐ wánjù, qù shuìjiào le. ③ 好转 hǎozhuǎn □ Sales will pick up in November. 到十一月销售会好转的。Dào shíyí yuè xiāoshòu huì hǎozhuǎn de. ④ (开汽车) 接人 (kāi qìchē) jiē rén □ I can pick you up at the school gate at 6 o'clock. 我可以六点钟在学校大门口接你。Wǒ kěyǐ liù diǎnzhōng zài xuéxiào dàmén jiē nǐ. ⑤ 结识 jiéshí, 搭上 dāshang □ He picked up a young woman at the bar on Friday night. 他星期五晚上在酒吧搭上了一个青年女子。Tā xīngqīwǔ wǎnshang zài jiǔbā dāshangle yí ge qīngnián nǚzǐ.

to pick on 找…的岔子 zhǎo…de chàzi □ Why are you always picking on me? 你为什么老是找我的岔子？Nǐ wèishénme lǎoshi zhǎo wǒ de chàzi?

to pick and choose 挑挑拣拣 tiāotiāo jiǎnjiǎn □ She would pick and choose for ages before buying a pair of shoes. 她总要挑挑拣拣半天，才买一双鞋。Tā zǒngyào tiāotiāo jiǎnjiǎn bàntiān, cái mǎi yí shuāng xié.

II N 1 挑选 tiāoxuǎn 2 最好的 zuìhǎo de, 精华 jīnghuá

pickax N 镐 gǎo, 鹤嘴锄 hèzuǐchú [M. WD 把 bǎ]

picket N 1 抗议者 kàngyìzhě 2 (罢工) 纠察队 (bàgōng) jiūcháduì

 picket line 纠察线 jiūcháxiàn

II v 1 抗议示威 kàngyì shìwēi 2 [罢工工人+] 设置纠察队 [bàgōng gōngrén+] shèzhì jiūcháduì

pickings N 可挑选的东西 kě tiāoxuǎn de dōngxi

pickle I N 1 酸黄瓜 suānhuángguā 2 腌菜 yāncài **II** v 腌制 [+黄瓜] yānzhì [+huángguā]

pick-me-up N 兴奋饮料 xīngfèn yǐnliào, 兴奋药物 xīngfèn yàowù

pickpocket N 扒手 páshǒu, 贼 zéi

 Beware of pickpockets. 谨防扒手。Jǐnfáng páshǒu.

pickup I N 1 敞篷小货车 chǎngpéng xiǎo huòchē [M. WD 辆 liàng] 2 增加 zēngjiā, 提高 tígāo 3 提取的时间 tíqǔ de shíjiān [+黄瓜] 4 临时拼凑的 [+游戏／比赛] línshí pīncòu de [+yóuxì/bǐsài]

picky ADJ 挑剔的 tiāoti de

picnic I N 1 野餐 yěcān 2 轻松愉快的事 qīngsōng yúkuài de shì **II** v 举行野餐 jǔxíng yěcān

pictorial I ADJ 有图片的 yǒu túpiàn de **II** N 画报 huàbào [M. WD 本 běn]

picture I N 1 画 huà, 图画 túhuà □ The child's picture of a giant panda was praised by the teacher. 孩子画的大熊猫得到了老师的赞扬。Háizi huà de dà xióngmāo dédàole lǎoshī de zànyáng.

 picture book 图画书 túhuà shū [M. WD 本 běn]

2 照片 zhàopiàn [M. WD 张 zhāng] □ He took many pictures of his daughter's birthday party. 他在女儿的生日聚会上拍了很多照片。Tā zài nǚ'ér de shēngrì jùhuìshang pāile hěn duō zhàopiàn. **3** 情景 qíngjǐng □ The movie gives a vivid picture of the Civil War. 这部电影生动地体现了美国南北战争的情景。Zhè bù diànyǐng shēngdòng de tǐxiànle Měiguó Nán-Běi zhànzhēng de qíngjǐng. **4** [电视+] 图像 [diànshì+] túxiàng □ The picture was much clearer after his adjustment. 他调节以后图像清晰多了。Tā diàojié yǐhòu túxiàng qīngxī duō le.

picturesque ADJ 风景如画的 fēngjǐng rú huà de

piddling ADJ 琐碎的 suǒsuì de, 微不足道的 wēi bùzú dào de

pidgin N 混杂语言 hùnzá yǔyán, 洋泾浜 yángjīngbāng

pie N 馅饼 xiànbǐng [M. WD 块 kuài] □ The sight and smell of the apple pie made him homesick. 看到苹果馅饼，闻到苹果馅饼的香味，使他想家。Kàndao píngguǒ xiànbǐng, wéndao píngguǒ xiànbǐng de xiāngwèi, shǐ tā xiǎng jiā.

as easy as pie 极容易 jí róngyì

pie in the sky 空中楼阁 kōngzhōng lóugé

pot pie 菜肉馅饼 cài ròuxiànbǐng

piece I N 1 块 kuài, 份 fèn, 片 piàn □ She gave every child a big piece of the cake. 她给每个孩子一大块蛋糕。Tā gěi měi ge háizi yí dà kuài dàngāo. **2** 件 jiàn, 条 tiáo

a piece of advice 一个忠告 yí ge zhōnggào

a piece of information 一条信息 yì tiáo xìnxī

a piece of news 一条新闻 yì tiáo xīnwén

a piece of paper 一张纸 yì zhāng zhǐ

to go to pieces 精神崩溃 jīngshén bēngkuì □ After the disappearance of their daughter, the couple almost went to pieces. 女儿失踪以后，这对夫妻几乎精神崩溃了。Nǚ'ér shīzōng yǐhòu, zhè duì fūqī jīhū jīngshén bēngkuì le.

to smash/tear to pieces 砸 / 撕得粉碎 zá/sīde fěnsuì

to be a piece of cake 容易极了 róngyì jíle, 轻而易举 qīng ér yì jǔ □ Taking care of a small child is not a piece of cake. 照看小孩可不是轻而易举的事。Zhàokàn xiǎohái kě bú shì qīng ér yì jǔ de shì.

II V (to piece together) [把细节+] 拼合起来 [bǎxì jié+] pīnhé qǐlái

piecemeal ADJ, ADV 一步一步（的）yíbù yíbù (de), 逐步（的）zhúbù (de)

piecework N 计件工作 jìjiàn gōngzuò

pie chart N 圆形统计图 yuánxíng tǒngjìtú

pier N 1（突堤）码头 (tū dī) mǎtou **2** 桥墩 qiáodūn

pierce V 刺穿 cì chuān

pierced ears 耳朵穿孔的 ěrduo chuānkǒng de

piercing ADJ 1 刺耳的 [+声音] cì'ěr de [+shēngyīn], 尖利的 jiānlì de **2** 锐利的 [+眼光] ruìlì de [+yǎnguāng]

piety N 虔诚的 qiánchéng de

pig I N 1 猪 zhū [M. WD 头 tóu] □ He worked on a pig farm in the summer vacation. 他暑假里在一个养猪场干活。Tā shǔjià lǐ zài yí ge yǎngzhūchǎng gànhuó. **2** 贪吃的人 tānchī de rén, 肮脏的人 āngzāng de rén

II V (to pig out) 大吃（大喝）dà chī (dà hē)

pigeon N 鸽子 gēzi [M. WD 只 zhī]

pigeonhole I N 信件格 xìnjiàn gé, 文件格 wénjiàn gé II V 把 [人+] 不公平地归类 bǎ [rén+] bùgōngpíng de guīlèi

pigeon-toed ADJ 内八字的 nèi bāzì de

piggy N 小猪 xiǎo zhū [M. WD 头 tóu]

piggy bank 储蓄罐 chǔxù guàn

piggyback ride N 骑在别人背上 qí zài biéren bēishàng

pigheaded ADJ 固执的 gùzhí de, 顽固的 wángù de

piglet N 小猪 xiǎo zhū, 猪崽 zhūzǎi

pigment N 1（天然）色素 (tiānrán) sèsù **2** 颜料 yánliào

pigmentation N 天然颜色 tiānrán yánsè

pigpen, pigsty N 1 猪圈 zhūjuàn, 猪栏 zhūlán **2** 极其肮脏凌乱的地方 jíqí āngzāng língluàn de dìfang

pigtail N 发辫 fàbiàn [M. WD 条 tiáo], 辫子 biànzi [M. WD 条 tiáo]

pike N 1 收费高速公路 shōufèi gāosù gōnglù [M. WD 条 tiáo] **2** 狗鱼 gǒuyú [M. WD 条 tiáo] **3** 长矛 chángmáo

pile I N 1（一大）堆 (yí dà) duī □ There is a pile of books and newspapers in the corner—could you chuck them out for me? 角落里有一堆书报—你能帮我扔掉吗？Jiǎoluò lǐ yǒu yì duī

shūbào—nǐ néng bāng wǒ rēngdiao ma? **2** 大量 dàliàng, 许多 xǔduō □ After a week's absence from the office, I found a pile of mail in my inbox. 我一个星期没有上班，发现电子邮件的邮箱里有很多很多的邮件。Wǒ yí ge xīngqī méiyǒu shàngbān, fāxiàn diànzǐ yóujiàn de yóuxiāng lǐ yǒu hěn duō hěn duō de yóujiàn. **3** 桩（子）zhuāng (zi)

II V 堆起来 duīqǐlái □ Daddy is piling up firewood in the backyard. 爸爸正在把木柴堆在后院。Bàba zhèngzài bǎ mùchái duī zài hòuyuàn.

piles See **hemorrhoids**

pile-up N 多车相撞（事故）duō chē xiāngzhuàng (shìgù)

pilfer V 偷窃 [+不太值钱的东西] tōuqiè [+bútài zhíqián de dōngxi], 小偷小摸 xiǎotōu xiǎomō

pilgrim N 朝圣者 cháoshèngzhě

pilgrimage N 朝圣 cháoshèng

piling N 房柱 fáng zhù [M. WD 根 gēn], （桥）墩 (qiáo) dūn

pill N 药片 yàopiàn [M. WD 片 piàn]

the pill 口服避孕药 kǒufú bìyùnyào [M. WD 片 piàn]

pillar N 房柱 fángzhù [M. WD 根 gēn], 柱子 zhùzi [M. WD 根 gēn]

pillion N 摩托车后座 mótuōchē hòuzuò

to ride pillion 骑在摩托车后座 qí zài mótuōchē hòuzuò

pillow N 枕头 zhěntou

pillow case 枕头套 zhěntoutào

pilot I N 1（飞机）驾驶员 (fēijī) jiàshǐyuán, 飞行员 fēixíng yuán □ A pilot mustn't drink alcohol before flying. 飞行员在飞行前不可以喝酒。Fēixíngyuán zài fēixíng qián bù kěyǐ hējiǔ. **2** 领港员 lǐnggǎngyuán

II V 驾驶（飞机）jiàshǐ (fēijī) □ These Air Force officers are being trained to pilot a new model fighter plane. 这些空军军官正在受训，学习驾驶一种新型战斗机。Zhèxiē kōngjūn jūnguān zhèngzài shòuxùn, xuéxí jiàshǐ yì zhǒng xīnxíng zhàndòujī.

III ADJ 试验性的 shìyànxìng de, 试点的 shìdiǎn de

pilot project 试验项目 shìyàn xiàngmù □ Our school will launch a pilot project for the new curriculum. 我们学校将开始新课程的试验项目。Wǒmen xuéxiào jiāng kāishǐ xīn kèchéng de shìyàn xiàngmù.

pilot light ①（煤气灶）常燃火苗 (méiqìzào) cháng ránhuǒ miáo ②（显示通电的）指示灯 (xiǎnshì tōngdiàn de) zhǐshìdēng

pimp N 拉皮条的男子 lāpítiáo de nánzǐ

pimple N 粉刺 fěncì

PIN (= personal identity number) ABBREV 个人密码 gèrén mìmǎ □ Do not tell your PIN to anybody! 别把你的个人密码告诉任何人。Bié bǎ nǐ de gèrén mìmǎ gàosu rènhé rén.

pin I N 1 大头针 dàtóuzhēn, 别针 biézhēn

safety pin 安全别针 ānquán biézhēn, 别针 biézhēn

2 饰针 shìzhēn □ He gave his wife a diamond pin on her birthday. 他在妻子生日时送给她一枚钻石饰针。Tā zài qīzi shēngri shí sònggěi tā yì méi zuànshí shìzhēn.

rolling pin 擀面杖 gǎnmiàn zhàng

tie pin 领带扣针 lǐngdài kòuzhēn

3（保龄球）球柱 (bǎolíngqiú) qiúzhù II V 1 把…固定住 bǎ…gùdìng zhù

to pin down 使…明确表态 shǐ…míngquè biǎotài, 使…详细说明 shǐ…xiángxì shuōmíng

2 (to pin one's hope on sb/sth) 把希望寄托在某人／某事上 bǎ xīwàng jìtuō zài mǒurén/mǒushì shàng

pinball N 弹球游戏 tánqiú yóuxì

pincer N 螯 áo

pincers N 钳子 qiánzi [M. WD 把 bǎ]

pinch I V 1 掐 qiā, 拧 nǐng, 夹 jiā **2** 偷 tōu, 顺手牵羊 shùnshǒu qiān yáng II N 掐 qiā, 拧 nǐng, 夹 jiā

pinch of salt 一撮盐 yì cuō yán

to take sth with a pinch of salt 对（某事）心存怀疑 duì (mǒushì) xīn cún huáiyí

pinched ADJ 1 资金不足的 zījīn bùzúde, 拮据的 jiéjū de 2 消瘦的 xiāoshòu de

pinch-hit v（棒球比赛中）替补击球 (bàngqiú bǐsài zhōng) tìbǔ jīqiú

pincushion N 针垫 zhēndiàn

pine¹ N 松树 sōngshù [M. WD 棵 kē]

pine cone 松果 sōngguǒ, 松球 sōngqiú

pine needle 松针 sōngzhēn

pine² v (to pine for sb) 苦苦思念某人 kǔkǔ sīniàn mǒurén

pineapple N 菠萝 bōluó, 凤梨 fènglí

ping N 砰的一声 pēng de yì shēng

ping-pong N 乒乓球（运动）pīngpāngqiú (yùndòng)

pinion v 剪去（鸟的）飞羽 jiǎn qù [+niǎo de] fēiyǔ

pink I ADJ 粉红的 fěnhóng de, 淡红的 dànhóng de, 浅红的 qiǎnhóng de II N 粉红 fěnhóng, 淡红 dànhóng, 浅红 qiǎnhóng

pink slip ① 汽车所有权证明 qìchē suǒyǒuquán zhèngmíng ② 解雇通知书 jiěgù tōngzhīshū

pinnacle N 1 顶点 dǐngdiǎn, 顶峰 dǐngfēng 2（教堂的）顶尖 (jiàotáng de) dǐngjiān

pinpoint I N 极小的点 jíxiǎo de diǎn

with pinpoint accuracy 极其精确 jíqí jīngquè II v 精确地说出 jīngquè de shuōchū

pinprick N（用针刺出来的）小孔 (yòng zhēncì chūlái de) xiǎokǒng

pins and needles N 发麻 fāmá, 针刺感 zhēncì gǎn

on pins and needles 坐立不安 zuòlì bù'ān

pinstripe N 细条纹 xìtiáo wén

pinstriped ADJ 有细条纹的 yǒu xì tiáowén de

a pinstriped suit 一套条纹西服 yítào tiáowén xīfú

pint N 品脱 pǐntuō (= 0.4732 liter)

pinup N 性感美女图 xìnggǎn měinǚtú [M. WD 张 zhāng]

pioneer I N 先锋 xiānfēng, 先驱 xiānqū [M. WD 位 wéi] II v 开创 kāichuàng, 当先驱 dāngxiānqū

pious ADJ 虔诚的 qiánchéng de

pip N 1（苹果的+）籽 [píngguǒ de+] zǐ, 种子 zhǒngzi 2（骰子的）点 (tóuzi de) diǎn

pipe I N 1 管道 guǎndào □ A water-pipe burst, and water flooded a section of the sidewalk. 水管破裂, 淹了一段人行道。Shuǐguǎn pòliè, yānle yí duàn rénxíng dào. 2 烟斗 yāndǒu □ Very few people smoke a pipe these days. 现在很少人抽烟斗。Xiànzài hěn shǎo rén chōu yāndǒu.

pipe dream 白日梦 báirìmèng

sewer pipe 污水管 wūshuǐ guǎn

II v 1 用管道运输 yòng guǎndàoyùnshū 2 吹奏（管乐器）chuīzòu (guǎnyuèqì)

pipeline N 管道 guǎndào

in the pipeline [计划+] 正在进行中 [jìhuà+] zhèngzài jìnxíngzhōng

piping I N 管道系统 guǎndào xìtǒng II ADV (piping hot) 非常烫的 fēicháng tàng de

pipsqueak N 无足轻重的小人物 wúzú qīngzhòng de xiǎorénwù

piquant ADJ 1 辛辣开胃的 [+食物] xīnlà kāiwèi de [+shíwù] 2 有趣的 [+故事] yǒuqù de [+gùshi], 激动人心的 jīdòng rénxīn de

pique I v 1 激起 [+好奇心] jīqǐ [+hàoqíxīn] 2 使…生气 shǐ… shēngqì II N 激怒 jīnù

in a fit of pique 一怒之下 yí nù zhīxià

piracy N 1 海盗（行为）hǎidào (xíngwéi) 2（出版物）非法翻印 (chūbǎnwù) fēifǎ fānyìn,（电子产品）非法复制 (diànzǐ chǎnpǐn) fēifǎ fùzhì, 盗版 dàobǎn

pirate I N 1 盗版者 dàobǎn zhě, 偷盗版权的人 tōudào bǎnquán de rén 2 海盗 hǎidào II v 盗版 dàobǎn, 偷盗版权 tōudào bǎnquán

pirated edition 盗版本 dàobǎn běn

pirated DVD 盗版的DVD dàobǎn de DVD

Pisces N 双鱼宫 shuāngyú gōng

piss v, N 撒尿 sāniào

pissed, pissed off ADJ 恼怒的 nǎohuǒ de, 失望的 shīwàng de

pistol N 手枪 shǒuqiāng [M. WD 把 bǎ]

piston N 活塞 huósāi

pit I N 1 坑 kēng, 大坑 dà kēng 2 矿井 kuàngjǐng 3 麻点 mádiǎn 4（水果）硬核 (shuǐguǒ) yìng hé

cherry pit 樱桃核 yīngtáo hé II v 1 去核 qù hé 2 留下伤痕 liúxia shānghén

pit bull N 比特犬 bǐtè quǎn, 凶猛的狗 xiōngměng de gǒu

pitch I v 1（棒球）当投手 (bàngqiú) dāng tóushǒu □ Jim will pitch for his team for the first time tomorrow. 杰姆明天要第一次当投手。Jiémǔ míngtiān yào dìyī cì dāng tóushǒu. 2 定调 dìngdiào, 定音 dìngyīn □ The song is pitched too high for me. 这首歌音调太高, 我唱不上去。Zhè shǒu gē yīndiào tài gāo, wǒ chàng bú shàngqù. 3 (to pitch a tent) 搭帐篷 dā zhàngpéng II N 1（棒球）投球 (bàngqiú) tóuqiú 2 音调 yīndiào 3 沥青 lìqīng

pitch black 漆黑 qīhēi

pitcher N 1（茶）壶 (chá) hú 2（棒球）投手 (bàngqiú) tóushǒu

pitchfork N 干草叉 gāncǎochā [M. WD 把 bǎ]

piteous ADJ 让人怜悯的 ràng rén liánmǐn de

pitfall N 陷井 xiànjǐng, 隐患 yǐnhuàn

pitiful ADJ 1 可怜的 kělián de 2 很糟糕的 hěn zāogāo de, 蹩脚的 biéjiǎo de

pitiless ADJ 没有怜悯心的 méiyǒu liánmǐn xīn de, 冷酷的 lěngkù de

pit-stop N（赛车中的）停车加油维修时间 (sàichē zhòngde) tíngchē jiāyóu wéixiū shíjiān

to make a pit-stop（长途驾车旅行中）中途停车休息 (chángtú jiàchē lǚxíngzhōng) zhōngtú tíngchē xiūxi

pittance N 少得可怜的钱 shǎo dé kělián de qián

pity I N 1 怜悯 liánmǐn, 可怜 kělián □ She was full of pity for the orphan. 她对这个孤儿充满了怜悯。Tā duì zhè ge gū'ér chōngmǎnle liánmǐn. 2 可惜 kěxī, 遗憾 yíhàn II v 怜悯 liánmǐn, 同情 tóngqíng

pivot I N 1 支点 zhīdiǎn, 支轴 zhī zhóu 2 关键（人物或事情）guānjiàn (rénwù huò shìqing), 中心 zhōngxīn II v（在支轴上）移动 (zài zhī zhóu shàng) yídòng

pivotal ADJ 关键的 guānjiàn de, 至关重要的 zhìguān zhòngyào de

pixel N 像素 xiàngsù, 像点 xiàng diǎn

pixie N 小妖怪 xiǎo yāoguài, 小精灵 xiǎo jīnglíng

pizza N 比萨饼 bǐsà bǐng, 意大利馅饼 Yìdàlì xiànbǐng

Pizza Hut 必胜客 Bìshèngkè, 比萨饼店 bǐsà bǐngdiàn

placard N 1 标语牌 biāoyǔpái, 广告牌 guǎnggàopái [M. WD 块 kuài] 2 布告 bùgào, 招贴 zhāotiē [M. WD 张 zhāng]

placate v 使…平息 shǐ…píngxī, 安抚 ānfǔ

placatory ADJ 安抚性的 ānfǔ xìng de

place I N 1 地方 dìfang □ The garden behind the chapel is the quietest place in the college. 小教堂的后花园是大学里最安静的地方。Xiǎo jiàotáng de hòu huāyuán shì dàxué lǐ zuì ānjìng de dìfang. 2 地位 dìwèi, 身份 shēnfen □ He often drops hints that he knows people in high places. 他常常暗示, 认识地位很高的人。Tā chángcháng ànshì, rènshi dìwèi hěn gāo de rén. □ I'm sorry—it's not my place to give advice here. 对不起, 我没有资格在这里提建议。Duìbuqǐ, wǒ méiyǒu zīgé zài zhèlǐ tí jiànyì. 3 场合 chǎnghé □ This is not the place to expound your political views. 这里不是你详细谈论政治观点的地方。Zhèlǐ bú shì nǐ xiángxì tánlùn zhèngzhì guāndiànde dìfang. □ To be in the right places with the right people—that is what she always tries to do. 在适当的场合, 和适当的人在一

起一地总是极力这么做。Zài shìdàng de chǎnghé, hé shìdàng de rén zàiyìqǐ—tā zǒngshì jílì zhème zuò. **4** 位子 **wèizi** ☐ Will you please keep me a place in the auditorium? I'll be there in a minute. 你在礼堂里给我留个位子, 好不好? 我一会儿就到。Nǐ zài lǐtáng lǐ gěi wǒ liú ge wèizi, hǎobuhǎo? Wǒ yíhuìr jiù dào.

II v **1** 把…放在 bǎ…fàng zài, 使…处于 shǐ…chǔyú ☐ He placed his newly acquired antique vase in the display cabinet. 他把新买到的古董花瓶放在陈列柜里。Tā bǎ xīn mǎidao de gǔdǒng huāpíng fàng zài chénlièguì lǐ. **2** 确定价格／年代 quèdìng jiàgé/niándài

to place a call 打电话 dǎ diànhuà
to place an order 下订单 xià dìngdān
to take place 发生 fāshēng ☐ No one knows exactly what took place that night. 没有人确切地知道那天夜里发生了什么。Méiyǒurén quèqiè de zhīdào nàtiān yèlǐ fāshēngle shénme.

placebo N **1** (做药物试验用的) 无效对照剂 (zuò yàowù shìyànyòng de) wúxiào duìzhàojì **2** 安慰剂 ānwèijì
placement N **1** 安置 ānzhì **2** 放置 fàngzhì, 布置 bùzhì
placenta N 胎盘 tāipán
placid ADJ 平静的 píngjìng de, 宁静的 níngjìng de
plagiarism N 剽窃 (行为) piāoqiè (xíngwéi), 抄袭 (行为) chāoxí (xíngwéi)
plagiarist N 剽窃者 piāoqièzhě, 抄袭者 chāoxízhě
plagiarize v 剽窃 piāoqiè, 抄袭 chāoxí
plague I N **1** 瘟疫 wēnyì **2** 鼠疫 shǔyì **3** 祸害 huòhai, 麻烦 máfan II v 困扰 kùnrǎo, 烦扰 fánrǎo
plaid N (布料的) 彩格图案 (bùliào de) cǎi gé tú'àn
plain I ADJ **1** 明白的 míngbai de, 明显的 míngxiǎn de ☐ It's quite plain that she does not like the young man at all. 她根本不喜欢那个小伙子, 这是很明显的。Tā gēnběn bù xǐhuan nà ge xiǎohuǒzi, zhè shì hěn míngxiǎn de. **2** 简单的 jiǎndān de, 朴素的 pǔsù de ☐ I find her all the more attractive when she wears that plain white dress. 她穿了那条朴素的白裙子, 我觉得更漂亮。Tā chuānle nà tiáo pǔsù de báiqúnzi, wǒ juéde gèng piàoliang. **3** 坦率的 [+话] tǎnshuài de [+huà]
plain truth 坦率的事实 tǎnshuài de shìshí, 老实话 lǎoshi huà
II N 平原 píngyuán ☐ The central part of the U.S., known as the Midwest, is a vast plain. 美国的中部, 被称为中西部, 是一片广阔的平原。Měiguó de zhōngbù, bèi chēngwéi zhōngxī bù, shì yí piàn guǎngkuò de píngyuán.
plainclothes ADJ 穿便衣的 [+警察] chuān biànyī de [+jǐngchá]
plainly ADV **1** 清楚地 qīngchu de, 明显地 míngxiǎn de **2** 坦率地 [+说话] tǎnshuài de [+shuōhuà] **3** 朴素地 [+穿衣] pǔsù de [+chuān yī]
plaintiff N 原告 yuángào, 起诉人 qǐsùrén
plaintive ADJ 哀伤的 āishāng de
plan I N **1** 计划 jìhuà, 规划 guīhuà ☐ What are your plans for the summer vacation? 你的暑期计划是什么? Nǐde shǔqī jìhuà shì shénme? ☐ The company headquarters is drawing up a plan to expand their business in Southeastern Asia. 公司总部正在制定在东南亚扩展业务的计划。Gōngsī zǒngbù zhèngzài zhìdìng zài Dōngnányà kuòzhǎn yèwù de jìhuà. **2** 平面图 píngmiàntú **3** 示意图 shìyìtú
II v 计划 jìhuà, 订计划 dìng jìhuà ☐ We should plan our overseas holiday carefully. 我们应该仔细计划我们的海外旅游。Wǒmen yīnggāi zǐxì jìhuà wǒmen de hǎiwài lǚyóu.
plane I N **1** 飞机 fēijī **2** 平面 píngmiàn
plane geometry 平面几何 píngmiàn jǐhé
3 刨子 bàozi [M. WD 把 bǎ]
II ADJ 平面的 píngmiàn de **III** v 用刨子刨平 yòng bàozi bàopíng
planet N 行星 xíngxīng ☐ The Earth is one of the planets in

the solar system. 地球是太阳系的行星之一。Dìqiú shì Tàiyángxì de xíng xīng zhīyī.
planetarium N 天文馆 tiānwénguǎn [M. WD 座 zuò], 太空馆 tàikōng guǎn [M. WD 座 zuò]
plank N 厚木板 hòu mùbǎn [M. WD 块 kuài/条 tiáo]
plankton N 浮游生物 fúyóushēngwù
planner N 规划者 guīhuàzhě, 策划者 cèhuàzhě
planning N 计划 jìhuà, 规划 guīhuà
family planning 计划生育 jìhuà shēngyù
plant I N **1** 植物 zhíwù, 作物 zuòwù ☐ This botanical garden boasts of some rare plants. 这座植物园拥有一些稀有植物。Zhè zuò zhíwù yuán yōngyǒu yìxiē xīyǒu zhíwù. **2** 花 huā, 花草 huācǎo ☐ Half of her plants were dead when she returned from her month-long holiday. 她度假一个月回来, 花草死了一半。Tā dùjià yí ge yuè huílai, huācǎo sǐle yí bàn. **3** 厂 chǎng, 工厂设备 gōngchǎng shèbèi ☐ The entire plant was moved to China. 整个工厂的设备都搬往中国。Zhěng ge gōngchǎng de shèbèi dōu bān wǎng Zhōngguó. **4** 栽赃物 zāizāng wù **5** 间谍 jiàndié II v **1** 种 zhòng, 种植 zhòngzhí ☐ A forestry company will plant pine trees on the mountain slopes here. 一家森林公司将在这里的山坡上植松树。Yì jiā sēnlín gōngsī jiāng zài zhèlǐ de shānpōshang zhí sōngshù. **2** 安插 [+间谍] ānchā [+jiàndié]
plantation N **1** 庄园 zhuāngyuán **2** 种植园 zhòngzhíyuán
planter N **1** 种植者 zhòngzhí zhě **2** 种植机 zhòngzhí jī [M. WD 台 tái] **3** 花盆 huāpén
plaque N **1** (金属或石料的) 饰板 (jīnshǔ huò shíliào de) shì bǎn **2** 牙斑 yá bān
plasma N **1** 血浆 xuèjiāng **2** 等离子体 děnglí zǐtǐ
plaster I N **1** 灰泥 huīní **2** 熟石膏 shúshígāo
plaster cast 石膏绷带 shígāo bēngdài, 石膏夹 shígāo jiā
3 橡皮膏 xiàngpígāo
II v **1** 抹石灰 mǒ shíhuī **2** 在…上厚厚地涂抹 zài…shàng hòu hòu de túmǒ
plastered ADJ 喝得烂醉的 hē dé lànzuì de
plastic I N 塑料 sùliào ☐ Almost every toy today is made of plastic and made in China. 现在几乎所有的玩具都是塑料做的, 都是在中国制造的。Xiànzài jīhū suǒyǒu de wánjù dōu shì sùliào zuò de, dōu shì zài Zhōngguó zhìzào de.
plastic surgery 整容外科 zhěngróng wàikē, 整容手术 zhěngróng shǒushù
II ADJ 做作的 [+笑容] zuòzuo de [+xiàoróng], 不自然的 bú zìrán de
plasticity N 可塑性 kěsùxìng
plate N **1** 盘子 pánzi, 碟子 diézi ☐ Mary brought a plate of honey drumsticks to the potluck party. 玛丽带了一盘蜜汁鸡腿来参加随意聚餐。Mǎlì dàile yì pán mìzhī jītuǐ lái cānjiā suíyì jùcān. **2** (镀金／银的) 金属 (dùjīn/yín de) jīnshǔ, 镀金／银的器皿 dùjīn/yín de qìmǐn **3** 假牙 jiǎyá, 牙齿校正器 yáchǐ jiàozhèngqì
plateau I N **1** 高原 gāoyuán **2** 稳定时期 wěndìng shíqī
II v 进入稳定时期 jìnrù wěndìng shíqī
plated ADJ 镀 [+金银] 的 dù [+jīn/yín] de
platelet N 血小板 xuèxiǎobǎn
platform N **1** 讲台 jiǎngtái, 舞台 wǔtái **2** (火车站) 站台 (huǒchēzhàn) zhàntái, 月台 yuètái **3** (钻井) 平台 (zuànjǐng) píngtái **4** (政党) 纲领 (zhèngdǎng) gānglǐng
plating N 金属镀层 jīnshǔ dùcéng
platinum (Pt) N 铂 bó, 白金 báijīn
platitude N 老生常谈 lǎoshēng chángtán, 陈词滥调 chéncí làndiào
platonic ADJ 柏拉图式的 Bólātú shì de, 纯精神恋爱的 chún jīngshén liàn'ài de
platoon N (军队) 排 (jūnduì) pái
platter N 大盘子 dà pánzi

seafood platter 海鲜大拼盘 hǎixiān dà pīnpán

platypus N 鸭嘴兽 yāzuǐshòu [M. WD 只 zhī]

plaudits N 赞扬 zànyáng, 颂扬 sòngyáng

plausible ADJ 似有道理的 sìyǒu dàoli de, 可信的 kě xìn de

play I v 1 玩 wán, 玩耍 wánshuǎ □ Let's play a game. 我们来玩游戏吧。Wǒmen lái wán yóuxì ba. □ Tommy is playing with the dog—both are having a really swell time! 汤米在玩狗—人和狗都玩得可高兴了! Tāngmǐ zàiwán gǒu—rén hé gǒu dōu wánde kě gāoxìng le! 2 比赛 bǐsài □ In the 2006 Football World Cup final, France played against Italy. 二〇〇六年世界足球杯决赛时, 法国队对意大利队。Èr líng líng liù nián shìjiè zúqiú bēi juésài shí, Fǎguó duì duì Yìdàlì duì. 3 打 (球) dǎ (qiú), 下 (棋) xià (qí) □ My father often plays chess with Uncle Robert. 我父亲常常和罗伯特叔叔下象棋。Wǒ fùqin chángcháng hé Luóbótè shūshu xià xiàngqí. 4 演奏 yǎnzòu, 弹 dàn, 拉 lā □ What instrument do you play? 你会弹一种乐器? Nǐ huì tán yì zhǒng yuèqì? 5 演 yǎn, 表演 biǎoyǎn □ Bono and his group U2 will play in a charity concert next month. 波诺和他的U2乐队下个月要举行义演。Bōnuò hé tā de U2 yuèduì xià ge yuè yào jǔxíng yìyǎn.

II N 1 游戏 yóuxì

All work and no play makes Jack a dull boy. 整天工作不会玩, 使杰克呆头呆脑。Zhěngtiān gōngzuò bú huì wán, shǐ Jiékè dāitóu dāinǎo.

2 戏剧 xìjù, 剧本 jùběn □ Shakespeare's plays are some of the best literature ever written. 莎士比亚的剧本是有史以来最好的文学。Shāshìbǐyà de jùběn shì yǒushǐ yǐlái zuìhǎo de wénxué.

to play a part/role ① 扮演…的角色 bànyǎn…de juésè □ The actor who plays the leading role does a wonderful job. 扮演主角的演员演得好极了。Bànyǎn zhǔjué de yǎnyuán yǎnde hǎo jíle. ② 起…的作用 qǐ…de zuòyòng □ Education plays an important part in achieving social progress. 教育在取得社会进步方面起重要作用。Jiàoyù zài qǔdé shèhuì jìnbù fāngmiàn qǐ zhòngyào zuòyòng.

to play a trick/jokes on 恶作剧 èzuòjù □ The boys didn't mean to hurt him—they were only playing a trick. 这些男孩不是有意伤害他—他们只是在恶作剧。Zhèxiē nánhái bú shì yǒuyì shānghài tā—tāmen zhǐ shì zài èzuòjù.

to play with fire 玩火 wánhuǒ, 冒险 màoxiǎn □ If you don't want to play with fire, you shouldn't touch those shares. 如果你不想冒险, 就别碰那些股票。Rúguǒ nǐ bù xiǎng màoxiǎn, jiù bié pèng nàxiē gǔpiào.

play on words 双关语 shuāngguānyǔ □ "Pre-arranged marriage pre-paired people for the future" is an example of a play on words. "Pre-arranged marriage pre-paired people for the future" 是双关语。"Pre-arranged marriage pre-paired people for the future" shì shuāngguānyǔ.

play-acting v 装作一本正经的 zhuāngzuò yì běn zhèngjīng de, 假装 jiǎzhuāng

playboy N 花花公子 huāhuā gōngzi

play-by-play ADJ (play-by-play commentary) (体育) 比赛实况报导 (tǐyù) bǐsài shíkuàng bàodào

a play-by-play man (体育) 比赛实况播音员 (tǐyù) bǐsài shíkuàng bàoyīnyuán

Play-Doh N (彩色) 橡皮泥 (cǎisè) xiàngpíní [M. WD 块 kuài]

player N 1 球员 qiúyuán, 选手队员 xuǎnshǒu qiúyuán, 选手 xuǎnshǒu □ He was voted the best player of the tournament. 他被评选为锦标赛的最佳球员。Tā bèi píngxuǎnwéi jǐnbiāosài zhōng de zuìjiā qiúyuán. 2 (事件) 参与者 (shìjiàn) cānyùzhě 3 (乐器) 演奏者 (yuèqì) yǎnzòuzhě 4 (a CD player) 激光唱机 jīguāngchàngjī

playful ADJ 开玩笑的 kāiwánxiào de, 轻快的 qīngkuài de

playground N 操场 cāochǎng, 游戏场 yóuxìchǎng

playhouse N 戏院 xìyuàn, 剧场 jùchǎng

playing card N 扑克牌 pūkèpái, 纸牌 zhǐpái [M. WD 副 fù]

playmate N 1 玩伴 wán bàn, 游戏伙伴 yóuxì huǒbàn 2 性玩乐伙伴 xìng wánlè huǒbàn

playoff N 总决赛 zǒng juésài

playroom N 游戏室 yóuxì shì

plaything N 1 玩具 wánjù 2 玩物 wánwù, 玩弄的对象 wánnòng de duìxiàng

playwright N 剧作家 jùzuòjiā [M. WD 位 wèi]

plaza N 1 广场 guǎngchǎng, 市场 shìchǎng 2 购物区 gòuwù qū

plea N 1 恳求 kěnqiú, 请求 qǐngqiú 2 (法庭上) 申诉 (fǎtíng shàng) shēnsù

plea-bargain N 辩诉交易 biànsù jiāoyì, 认罪求情 rènzuì qiúqíng

plead (PT & PP **pled/pleaded**) v 1 恳求 kěnqiú, 央求 yāngqiú 2 争辩 zhēngbiàn, 解释 jiěshì 3 (to plead guilty/not guilty) (法庭上) 承认/不承认有罪 (fǎtíng shàng) chéngrèn/bùchéngrèn yǒuzuì

pleasant ADJ (使人) 愉快的 (shǐrén) yúkuài de, 可心的 kěxīn de □ She was attracted by his pleasant voice over the phone. 她被他电话里悦耳的嗓音吸引。Tā bèi tā diànhuà lǐ yuè'ě rde sǎngyīn xīyǐn.

pleasantry N 客套话 kètàohuà, 寒暄 hánxuān

please I INTERJ 请 qǐng □ Sit down, please. 请坐。Qǐngzuò. □ Please don't smoke here. 请不要在这里吸烟。Qǐng bú yào zài zhèlǐ xīyān. □ "Would you like to try this wine?" "Yes, please." "您要尝尝这种酒吗?" "要的, 谢谢。" "Nín yào chángchang zhè zhǒng jiǔ ma?" "Yào de, xièxie." II v 使…愉快 shǐ…yúkuài, 使…满意 shǐ…mǎnyì □ It's difficult to please everyone. 让每个人都满意, 是很难的。Ràng měi ge rén dōu mǎnyì, shì hěn nán de.

pleased ADJ 愉快的 yúkuài de, 满意的 mǎnyì de □ The teacher is very pleased with the exam results. 老师对考试结果很满意。Lǎoshī duì kǎoshì jiéguǒ hěn mǎnyì.

pleasurable ADJ 愉快的 yúkuài de

pleasure N 1 愉快 yúkuài, 满足 mǎnzú 2 乐事 lèshì □ It gives me much pleasure to introduce to you our new deputy principal. 我很高兴地向大家介绍我们的新副校长。Wǒ hěn gāoxìng de xiàng dàjiā jièshào wǒmen de xīn fù xiàozhǎng. 3 令人愉快的事 lìng rén yúkuài de shì, 乐事 lèshì

pleat I N 褶(子) zhě (zi) II v 打褶(子) dǎzhě (zi)

pleated ADJ 有褶的 yǒu zhě de

plebiscite N 公民投票 (制度) gōngmín tóupiào (zhìdù)

pled See plead

pledge I N 1 誓言 shìyán, 保证 bǎozhèng

a pledge of love 爱情誓约 àiqíng shìyuē

2 抵押品 dǐyāpǐn

II v 1 发誓 fāshì, 保证 bǎozhèng 2 宣誓加入 xuānshì jiārù

Pledge of Allegiance N (美国) 效忠美国誓言 (Měiguó) xiàozhōng Měiguó shìyán

plentiful ADJ 丰富的 fēngfù de, 富饶的 fùráo de

plenty I PRON 充裕 chōngyù, 绰绰有余 chuòchuò yǒuyú □ Mom has prepared plenty of food for the party. 妈妈为聚会准备了绰绰有余的食物。Māma wèi jùhuì zhǔnbèile chuòchuò yǒuyú de shíwù. II ADV 绰绰有余 chuòchuò yǒuyú □ There's plenty more toys for all the children. 每个孩子都有玩具, 还绰绰有余。Měi ge háizi dōu yǒu wánjù, hái chuòchuò yǒuyú.

plethora N (a plethora of) 过多的 guòduō de, 许多 xǔduō

pliable, pliant ADJ 1 柔韧的 [+材料] róurèn de [+cáiliào], 柔软的 róuruǎn de 2 柔顺的 [+人] róushùn de [+rén], 易受影响的 yì shòu yǐngxiǎng de

pliers N 钳子 qiánzi [M. WD 把 bǎ]

plight N 困境 kùnjìng, 悲惨的境地 bēicǎn de jìngde

plod v 1 缓慢而沉重地走 huǎnmàn ér chénzhòng de zǒu 2 做辛苦而单调的工作 zuò xīnkǔ ér dāndiào de gōngzuò

plodding ADJ 缓慢的 huǎnmàn de, 艰难的 jiānnán de

plop I v 1 扑通一声落下 pūtōng yì shēng luòxià 2 随便地扔 suíbiàn de rēng II N 扑通声 pūtōng shēng

plot¹ I N 1 情节 qíngjié
The plot thickens. 情况变得复杂起来。Qíngkuàng biàn de fùzá qǐlái.
2 阴谋 yīnmóu, 秘密计划 mìmì jìhuà
II v 1 密谋 mìmóu, 策划 cèhuà

plot² I N（小块）土地 (xiǎo kuài) tǔdì II v 标绘出…的位置 biāohuì chū…de wèizhì

plow, plough I N 犁 lí [M. WD 把 bǎ] II v 犁 [+地] lí [+dì], 耕 [+地] gēng [+dì] 2 用雪犁清除雪 yòng xuělí qīngchú xuě
to plow on 继续努力 jìxù nǔlì

ploy N 计谋 jìmóu, 手段 shǒuduàn

pluck I v 1 拔 [+鸡毛] bá [+jīmáo] 2 弹 [+琴弦] dàn [+qínxián] 3 拉 lā 4 采 [+花] cǎi [+huā] II N 勇气 yǒngqì, 胆量 dǎnliàng

plug I N 1 插头 chātóu
to pull the plug 中断（资助）zhōngduàn (zīzhù)
2（浴缸）塞子 (yùgāng) sāizi 3（汽车）火花塞 (qìchē) huǒhuāsāi
II v 1 堵塞 dǔsè 2 填补 tiánbǔ 3 插入插头 chārù chātóu, 接通电源 jiētōng diàn yuán

plum I N (plum tree) 李（子）树 lǐ (zi) shù [M. WD 棵 kē]
II ADJ (a plum job) 人人想要的好职位 rénrén xiǎngyào de hǎo zhíwèi, 美差 měichāi

plumage N 鸟的彩色羽毛 niǎo de cǎisè yǔmáo

plumber N 水暖工 shuǐnuǎngōng, 管子工 guǎnzigōng

plumbing N 1 水暖管道（设备）shuǐnuǎn guǎndào (shèbèi)
2 水暖工的工作 shuǐnuǎngōng de gōngzuò

plume N 1（鲜艳的长）羽毛 (xiānyàn de cháng) yǔmáo
2 一缕 [+烟雾] yì lǚ [+yānwù]

plummet v 急剧跌落 jíjù diēluò

plump I ADJ 胖乎乎的 pànghūhū de, 丰满的 fēngmǎn de
II v 1 使…胖起来 shǐ…pàng qǐlái 2 把 [+枕头] 拍得松软 bǎ [+zhěntou] pāi de sōngruǎn

plunder I v 掠夺 lüèduó, 抢劫 qiǎngjié II N 1 掠夺 lüèduó, 抢劫 qiǎngjié 2 战利品 zhànlìpǐn

plunge I v 突然冲下 tūrán chōng xià, 突然撞 tūrán zhuàng II N 冲 chōng, 暴跌 bàodiē
to take the plunge 决定冒险 juédìng màoxiǎn

plunger N 活塞 huósāi, 柱塞 zhùsāi

plunk v 乱扔 luànrēng
to plunk down 花很多钱 huā hěn duō qián

(the) pluperfect N 过去完成时态 guòqù wánchéng shítài

plural N, ADJ 复数 fùshù □ The plural of "mouse" is "mice" and the plural of "deer" is "deer." "Mouse" 的复数是 "mice"，而 "deer" 的复数是 "deer"。"Mouse" de fùshù shì "mice", ér "deer" de fùshù shì "deer".

plurality N 得票（数）dépiào (shù)

plus I PREP 加 jiā □ Two plus three equals five. (2 + 3 = 5) 二加三等于五。Èr jiā sān děngyú wǔ.
II CONJ 再加上 zài jiāshang, 而且 érqiě □ He earns a six-figure salary, plus his parents have left him some properties. 他的工资是六位数的，再加上他父母又留给他一些产业。Tā de gōngzī shì liù wèi shù de, zài jiāshang tā fùmǔ yòu liúgěi tā yìxiē chǎnyè.
III ADJ 多于 duōyú □ The highest temperature today is 60°F plus. 今天的最高气温高于华氏六十度。Jīntiān de zuìgāo qìwēn gāoyú huáshì liùshí dù.
(school grades) A/B/C plus A/B/C 加（A+/B+/C+）A/B/C jiā
plus sign 加号 jiāhào (+)
IV N 有利因素 yǒulì yīnsù, 优点 yōudiǎn
pluses and minuses 有利和不利因素 yǒulì hé búlì yīnsù, 利弊 lìbì

plush ADJ 豪华舒适的 háohuá shūshì de

Pluto N 冥王（星）Míngwáng (xīng)

plutocracy N 富豪统治（的国家）fùháo tǒngzhì (de guójiā)

plutonium (Pu) N 钚 bù

ply I N 1（胶合板）层 (jiāohébǎn) céng, （卫生纸）层 (wèishēngzhǐ) céng, 绳（股）shéng (gǔ) 2 两层卫生纸 liǎngcéng wèishēngzhǐ II v [船+] 定期航行 [chuán+] dìngqī hángxíng
to ply one's trade 从事自己的行当 cóngshì zìjǐ de hángdang

plywood N 胶合板 jiāo báibǎn [M. WD 块 kuài]

pneumatic ADJ 用压缩空气推动的 yòng yāsuōkōngqì tuīdòng de

pneumonia N 肺炎 fèiyán

poach v 1 偷猎 [+大象] tōu liè [+dàxiàng] 2 挖走 [+球员] wā zǒu [+qiúyuán] 3 煮 [+鸡蛋] zhǔ [+jīdàn]

poacher N 偷猎者 tōu lièzhě

P.O. Box N 邮政信箱 yóuzhèngxìnxiāng

pocket I N 1 口袋 kǒudài
pocket change 零钱 língqián
pocket knife 小折刀 xiǎozhédāo
pocket money 零花钱 línghuāqián
2 财力 cáilì, 收益 shōuyì
out of one's own pocket 自掏腰包 zì tāo yāobāo
3 小片地区 xiǎopiàn dìqū
pockets of shower 小片地区有阵雨 xiǎopiàn dìqū yǒu zhènyǔ
II v 1 放进口袋 fàngjìn kǒudài 2 侵吞 qīntūn

pocket, pocket-sized ADJ 袖珍的 xiùzhēn de

pocketbook N 小笔记本 xiǎo bǐjìběn

pocketful N 一袋 yídài

pockmark N 麻点 mádiǎn

pod N 豆荚 dòujiá

podiatrist N 足病医生 zúbìng yīshēng

podiatry N 足病 zúbìng

podium N（讲）台 (jiǎng) tái, （演出）台 (yǎnchū) tái

poem N 诗 shī [M. WD 首 shǒu], 诗歌 shīgē [M. WD 首 shǒu]
□ Can you recite any poem? 你能背诵一首诗吗? Nǐ néng bèisòng yì shǒu shī ma?

poet N 诗人 shīrén □ My favorite American poet is Robert Frost. 我最喜爱的美国诗人是罗伯特·佛罗斯特。Wǒ zuì xǐ'ài de Měiguó shīrén shì Luóbótè·Fóluósītè.

poetic ADJ 诗歌的 shīgē de, 有诗意的 yǒu shīyì de
poetic justice 应得的惩罚 yīngdé de chéngfá, 恶有恶报 èrén bì yǒu èbào
poetic license 诗的破格 shī de pògé

poetry N 诗歌 shīgē □ It is a sign of the times that few people read poetry and even fewer write poetry. 现在很少人读诗歌，写诗的人就更少，这是时代的特征。Xiànzài hěn shǎo rén dú shīgē, xiěshī de rén jiù gèngshǎo, zhè shì shídài de tèzhēng.

poignancy N 哀伤 āishāng, 惋惜 wǎnxī

poignant ADJ 令人哀伤的 lìngrén āishāng de, 令人惋惜的 lìngrén wǎnxī de

point I N 1 点 diǎn □ "The suspect was found speeding that night." "That's a very interesting point." "有人那天晚上发现嫌疑犯超速驾车。""这一点十分有意思。""Yǒurén nàtiān wǎnshang fāxiàn xiányífàn chāosù jiàchē." "Zhè yì diǎn shífēn yǒuyìsi."
point of view 看法 kànfa, 视角 shìjiǎo
strong point 长处 chángchu
weak point 弱点 ruòdiǎn
up to a point 在一定程度上 zài yídìng chéngdùshang □ I agree with you up to a point. 我在一定程度上同意你。Wǒ zài yídìng chéngdùshang tóngyì nǐ.
to make a point of 特地 tèdì, 很重视 hěn zhòngshì □ He makes a point of saving all important emails for three months. 他特地把所有重要的电子邮件都保存三个月。Tā tèdì bǎ suǒyǒu zhòngyào de diànzǐ yóujiàn dōu bǎocún sān ge yuè.

2 要点 yàodiǎn, 关键 guānjiàn □ "But there's no traffic at the time." "That's not the point. You should stop at a red light at all times." "可是那时候没有车辆啊。" "这并不重要。你任何时候都要在红灯前停下。" "Kěshì nàshíhou méiyǒu chēliàng a." "Zhè bìng bú zhòngyào. Nǐ rènhé shíhou dōu yào zài hóngdēng qián tíngxià."

point man 重要骨干 zhòngyào gǔgàn, 负责人 fùzérén

3 道理 dàolǐ, 价值 jiàzhí □ "A hybrid car may be more expensive, but it saves gas." "You have a point." "油电两用车是贵一些, 可是省油。" "有道理。" "Yóudiàn liǎngyòng chē shì guì yìxiē, kěshì shěng yóu." "Yǒudàolǐ." **4** 时刻 shíkè □ At this point I can't give you a definite answer. 眼下我不能给你确切的回答。Yǎnxià wǒ bù néng gěi nǐ quèqiè de huídá. **5** (小数)点 (xiǎoshù)diǎn □ The Dow Jones index rose 20 points to 11,239. 道琼指数上升二十个点, 到达一万一千两百三十九点。Dàoqióng zhǐshù shàngshēng èrshí ge diǎn, dàodá yí wàn yì qiān liǎng bǎi sānshí jiǔ diǎn. **6** (比赛得) 分(bǐsài dé) fēn **II v** 指 zhǐ, 对 duì □ "Out!" the angry host said, pointing at the door. "出去!" 愤怒的主人指着门说。"Chūqu!" fènnù de zhǔrén zhǐzhe mén shuō.

to point out 指出 zhǐchū □ She pointed out that the data are not really reliable. 她指出, 数据不可靠。Tā zhǐchū, shùjù bù kěkào.

pointblank ADV **1** 近距离 [+射击] jìnjùlí [+shèjī] **2** 直截了当地 [+拒绝] zhíjiéliǎodàng de [+jùjué], 断然 duànrán

pointed ADJ **1** 尖的 [+指甲] jiān de [+zhǐjia] **2** 锐利的 [+批评] ruìlì de [+pīpíng], 尖刻的 jiānkè de

pointer N **1** 指示棒 zhǐshì bàng **2** (仪器的) 指针 (yíqì de) zhǐzhēn **3** (计算机) 鼠标箭头 (jìsuànjī) shǔbiāo jiàntóu **4** 指示猎犬 zhǐshì lièquǎn [M. WD 只 zhī/条 tiáo]

pointless ADJ 没有意义的 méiyǒu yìyì de

pointy ADJ 尖的 jiānde

poise I N 沉着 chénzhuó, 自信 zìxìn **II v** 使…平衡 shǐ…pínghéng

poised ADJ **1** 作好准备的 zuò hǎo zhǔnbèi de **2** 沉着自信的 chénzhuó zìxìn de

poison I N 毒药 dúyào □ Rat poison must be kept away from children. 毒鼠药一定要放在小孩子拿不到的地方。Dúshǔyào yídìng yào fàng zài xiǎoháizi nábúdào de dìfang.

One man's meat is another man's poison. 一个人的肉食是另一个人毒药。(→各人的口味爱好不同。) Yí ge rén de ròushí shì lìng yí ge rén dúyào. (→Gèrén de kǒuwèi àihào bù tóng.) **II v** 放毒 fàngdú □ In some areas rabbits are poisoned as pests. 在有些地方兔子作为害兽被毒死。Zài yǒuxiē dìfang tùzi zuòwéi hàishòu bèi dú sǐ.

poisoning I N **1** 中毒 zhòngdú

food poisoning 食物中毒 shíwù zhòngdú

2 投毒 tóudú

poisonous ADJ 有毒的 yǒudú de □ Globefish is poisonous but it is an expensive delicacy in Japan. 豚鱼有毒, 但是在日本是昂贵的美食。Túnyú yǒudú, dànshì zài Rìběn shì ángguìde měishí.

poke I v **1** 伸入 [+头] shēnrù [+tóu], 插入 chārù **2** 刺入 cìrù, 戳进 chuōjìn

to poke fun at 取笑 qǔxiào

to poke one's nose into sth 多管闲事 duōguǎn xiánshì **II** N 戳 chuō, 捅 tǒng

to take a poke at sb 打某人 dǎ mǒurén, 批评某人 pīpíng mǒurén

poker N **1** 拨火棒 bōhuǒ bàng [M. WD 根 gēn]

2 打 [+扑克牌] dǎ [+pūkèpái]

poker-faced ADJ 不露表情的 búlù biǎoqíng de, 不动声色的 búdòng shēngsè de

polar ADJ 北极的 Běijí de, 南极的 Nánjí de

polar bear 北极熊 Běijíxióng

polarity N 截然相反 jiérán xiāngfǎn

polarize v 使…两极化 shǐ…liǎngjíhuà

Polaroid N **1** 一次成象照相机 yícì chéngxiàng zhàoxiàngjī [M. WD 台 tái] **2** 一次成象图片 yícì chéngxiàng túpiàn [M. WD 张 zhāng]

Pole N 波兰人 Bōlánrén

pole N **1** 杆 gǎn [M. WD 根 gēn], 杆子 gānzi [M. WD 根 gēn], 竿杆 gān [M. WD 根 gēn]

fishing pole 鱼竿 yúgān □ The fishing pole broke in half when the fish jumped out of the water. 鱼跳出水面时, 鱼竿断成两段。Yú tiàochū shuǐmiàn shí, yúgān duànchéng liǎng duàn.

2 极 jí, 南极 Nánjí, 北极 Běijí

the North Pole 北极 Běijí

the South Pole 南极 Nánjí

3 电极 diànjí, 磁极 cíjí

be poles apart 截然相反 jiérán xiāngfǎn, 完全不同 wánquán bùtóng

polemic N 大辩论 dàbiànlùn, 论战 lùnzhàn [M. WD 场 cháng]

polemical ADJ 辩论的 biànlùn de, 论战的 lùnzhàn de

police I N 警察 jǐngchá, 警方 jǐngfāng □ The police chased the suspect for miles until he pulled over. 警察追赶嫌疑犯好多英里, 嫌疑犯才把车停在路边。Jǐngchá zhuīgǎn xiányífàn hǎoduō yīnglǐ, xiányífàn cái bǎ chē tíng zài lùbiān.

police department 警察局 jǐngchájú

police force 警察部队 jǐngchá bùduì

police officer 警察 jǐngchá

police state 警察国家 jǐngchá guójiā

police station 派出所 pàichūsuǒ, 警察分局 jǐngchá fēnjú **II** v 监督 jiāndū, 监察 jiānchá

policeman N 警察 jǐngchá, 男警察 nán jǐngchá □ My sister married a policeman and he is hardly at home. 我的姐姐嫁给一个警察, 他老不回家。Wǒ de jiějie jiàgěi yí ge jǐngchá, tā lǎo bù huíjiā.

policewoman N 女警察 nǚ jǐngchá

policy N **1** 政策 zhèngcè □ Does the government have a clear policy on marijuana? 政府对大麻有明确的政策吗? Zhèngfǔ duì dàmá yǒu míngquè de zhèngcè ma? **2** 保险单 bǎoxiǎn dān, 保险 bǎoxiǎn □ Your policy does not cover natural disasters such as hurricane. 你的保险不保飓风这样的自然灾害。Nǐ de bǎoxiǎn bù bǎo jùfēng zhèyàng de zìrán zāihài.

polio N 小儿麻痹症 xiǎo'ér mábìzhèng

Polish I ADJ 波兰的 Bōlán de, 波兰人的 Bōlánrén de, 波兰语的 Bōlányǔ de **II** N 波兰语 Bōlányǔ

polish v **1** 擦亮 [+银器] cāliàng [+yínqì], 磨光 [+地板] móguāng [+dìbǎn] □ He polished his shoes before the interview. 他去面试前把鞋擦得亮亮的。Tā qù miànshì qián bǎ xié cāde liàngliàng de. **2** 修改 [+文章] xiūgǎi [+wénzhāng], 润色 rùnsè

to polish up ① 擦亮 cāliàng ②(进修)提高 (jìnxiū) tígāo

polished ADJ **1** 擦亮的 cāliàng de, 磨光的 móguāng de **2** 优美的 yōuměi de, 文雅的 wényǎ de

polite ADJ 有礼貌的 yǒulǐmào de □ When he complimented the Chinese girl on her good English, she replied with a polite smile. 当他恭维这个中国女孩英文说得好时, 她有礼貌地笑笑。Dāng tā gōngwéi zhè ge Zhōngguó nǚhái Yīngwén shuóde hǎo shí, tā yǒulǐmào de xiàoxiào.

political ADJ 政治的 zhèngzhì de □ The political situation in that Latin American country is, to say the least, volatile. 那个拉丁美洲国家的政治局势, 至少应该说是动荡不定。Nà ge Lādīng Měizhōu guójiā de zhèngzhì júshì, zhìshǎo yīnggāi shuō shì dòngdàng búdìng.

political prisoner 政治犯 zhèngzhìfàn

politically correct ADJ 政治正确的 zhèngzhì zhèngquè de

politician N 政客 zhèngkè, 政治领袖 zhèngzhì lǐngxiù

politicize V 使⋯政治化 shǐ⋯zhèngzhì huà, 使⋯卷入政治 shǐ⋯juǎnrù zhèngzhì

politics N 1 政治 zhèngzhì □ The young lawyer is thinking of going into politics. 这位年轻律师在考虑参政。Zhè wèi niánqīng lǜshī zài kǎolǜ cānzhèng. 2 权术 quánshù, 勾心斗角 gōuxīn dòujiǎo □ Office politics will inevitably get in the way of getting work done. 办公室里勾心斗角是肯定会影响工作的。Bàngōngshì lǐ gōuxīn dòujiǎo shì kěndìng huì yǐngxiǎng gōngzuò de. 3 政治学 zhèngzhìxué

polka N 波尔卡舞曲 Bō'ěrkǎwǔ qū [M. WD 首 shǒu]

poll I N 1 民意调查 mínyì diàochá, 民意测验 mínyì cèyàn 2 选举 xuǎnjǔ II V 对⋯进行民意调查 duì⋯jìnxíng mínyì diàochá

pollen N 花粉 huāfěn
pollen count 花粉量 huāfěn liáng

pollinate V 给 [+果树] 授花粉 gěi [+guǒshù] shòu huāfěn

polling place, polling station N 投票站 tóupiàozhàn

pollster N 民意调查者 mínyì diàocházhě

pollutant N 污染物 wūrǎnwù

pollute V 污染 wūrǎn, 弄脏 nòngzāng

pollution N 污染 wūrǎn

polo N 马球（运动）mǎqiú (yùndòng)
polo shirt 马球衫 mǎqiúshān

polyester N 涤纶 dílún

polygamist N 有几个妻子的男子 yǒu jǐge qīzi de nánzǐ

polygamous ADJ 一夫多妻的 yìfūduōqī de

polygamy N 一夫多妻制 yìfūduōqī zhì

polygon N 多边形 duōbiānxíng, 多角形 duōjiǎoxíng

polygraph N 测谎器 cèhuǎngqì [M. WD 台 tái]

polymer N 聚合物 jùhéwù

polytechnic N 综合性理工学院 zōnghéxìng lǐgōng xuéyuàn, 工艺专科学校 gōngyì zhuānkē xuéxiào

polyunsaturated fat N 不饱和脂肪 bù bǎohé zhīfáng

pomegranate N 石榴 shíliu

pomp N 盛大的仪式 shèngdà de yíshì, 盛典 shèngdiǎn

pompom N 小绒球 xiǎo róngqiú

pomposity N 自命不凡 zìmìng bùfán, 大摆架子 dà bǎi jiàzi

pompous ADJ 自命不凡的 zìmìng bùfán de, 爱摆架子的 ài bǎi jiàzi de

poncho N 披风 pīfēng, 斗篷 dǒupéng [M. WD 件 jiàn]

pond N 池塘 chítáng □ I think the fish pond is the most picturesque spot in the garden. 我觉得鱼池是这座花园里最有画意的一角。Wǒ juéde yúchí shì zhè zuò huāyuán lǐ zuìyǒu huàyì de yì jiǎo.

ponder V 郑重考虑 zhèngzhòng kǎolǜ, 深思 shēnsī

ponderous ADJ 1 笨拙的 [+行动] bènzhuō de [+xíngdòng] 2 严肃而乏味的 [+说教] yánsù ér fáwèi de [+shuōjiào]

pontiff N（天主教）教皇 (Tiānzhǔjiào) Jiàohuáng

pontificate V 自以为是地夸夸其谈 zìyǐwéishì de kuākuāqítán

pontoon N 浮舟 fúzhōu

pony N 小种马 xiǎo zhǒngmǎ

ponytail N 马尾辫 mǎwěi biàn [M. WD 条 tiáo/根 gēn]

pooch N 狗 gǒu [M. WD 只 zhī/条 tiáo]

poodle N 长毛狗 chángmáo gǒu [M. WD 只 zhī/条 tiáo]

pooh-pooh V 嗤之以鼻 chī zhī yǐ bí

pool I N 1 池 chí, 水池 shuǐ chí □ After the rainstorm, the playground was reduced to a muddy pool. 暴雨以后，操场变成了一片泥塘。Bàoyǔ yǐhòu, cāochǎng chéngle yí ge ní táng. 2 游泳池 yóuyǒng chí □ The pool is closed for repair. 游泳池内部修理，暂不开放。Yóuyǒng chí nèibù xiūlǐ, zàn bù kāifàng. 3 台球 táiqiú
pool hall 台球厅 táiqiú tīng
pool table 台球桌 táiqiú zhuō
to play pool 打台球 dǎ táiqiú

4 公用物 gōngyòng wù **5** 备用人员 bèiyòng rényuán II V 集中使用 jízhōng shǐyòng

poop I N 大便 dàbiàn II V 拉大便 lādà biàn

poor ADJ 1 穷 qióng, 贫穷 pínqióng □ The family is too poor to send their children to college. 这个家庭太穷了，不能送孩子上大学。Zhè ge jiātíng tài qióng le, bù néng sòng háizi shàng dàxué. 2 不好的 bù hǎo de □ Attendance at the church is poor. 上教堂的人很少。Shàng jiàotáng de rén hěn shǎo. 3 差的 chà de, 蹩脚的 biéjiǎo de □ No one wants to play with him, as he is a poor loser. 没有人想跟他玩，因为他输不起的。Méiyǒurén xiǎng gēn tā wán, yīnwèi tā shūbuqǐ de.
to be in poor health 身体不好 shēntǐ bù hǎo
the poor 穷人 qióngrén

poorly ADV 很差（地）hěn chà (de)

pop¹ I V 1 发出噼啪的声音 fāchū pī pā de shēngyīn 2 爆 [+玉米花] bào [+yùmǐhuā] 3 蹦出 bèng chū 4 很快地来（或去）hěn kuài de lái (huò qù) II N 1 劈啪声 pīpā shēng 2 汽水 qìshuǐ, 啤酒 píjiǔ

pop² N 流行音乐 liúxíng yīnyuè
pop concert 流行音乐会 liúxíng yīnyuè huì

pop³ N 爸爸 bàba

popcorn N 爆玉米花 bào yùmǐhuā

Pope N（天主教）教皇 (Tiānzhǔjiào) Jiàohuáng [M. WD 位 wèi]

poplar N 杨树 yángshù [M. WD 棵 kē]

poppy N 罂粟 yīngsù

populace N 民众 mínzhòng

popular ADJ 1 很受欢迎的 hěn shòu huānyíng de □ Bruce is the most popular boy in the class. 布鲁斯是班上最受欢迎的男孩。Bùlǔsī shì bānshang zuì shòu huānyíng de nánhái. 2 流行的 liúxíng de □ What's hot in popular culture now? 眼下流行文化中最热门的什么？Yǎnxià liúxíng wénhuà zhōng zuìrèmén de shénme? 3 大众的 dàzhòng de □ He has popular support behind him. 他得到大众的支持。Tā dédào dàzhòng de zhīchí.

popularity N 1 流行 liúxíng 2 受欢迎 shòu huānyíng

popularize V 使⋯流行 shǐ⋯liúxíng, 使⋯普及 shǐ⋯pǔjí

popularly ADV 大众（地）dàzhòng (de)
popularly priced 定价适中 dìngjià shìzhōng

populate V (be populated by) 居住着 jūzhùzhe
densely populated 人口稠密的 [+地区] rénkǒu chóumì de [+dìqū]
thinly populated 人口稀少的 [+地区] rénkǒu xīshǎo de [+dìqū]

population N 1 人口 rénkǒu □ The population in the U.S. is over 300 million. 美国有三亿多人口。Měiguó yǒu sān yì duō rénkǒu. 2（动物的）数量 (dòngwù de) shùliàng □ Thanks to conservation efforts, the population of this endangered bird has doubled in the past five years. 由于致力于环保，这种濒临灭绝的鸟类的数量在过去五年里增加了一倍。Yóuyú zhìlì yú huánbǎo, zhè zhǒng bīnlín mièjué de niǎolèi de shùliàng zài guòqù wǔ nián lǐ zēngjiāle yí bèi.

populous ADJ 人口众多的 rénkǒu zhòngduō de

porcelain N 瓷器 cíqì
an expensive porcelain dinner set 一套昂贵的瓷器餐具 yítào ángguì de cíqì cānjù

porch N 门廊 ménláng □ I'll leave the porch light on so that you can read the address on the door. 我会把门廊上的灯开着，这样你就可以看清门上的地址。Wǒ huì bǎ ménlángshang de dēng kāizhe, zhèyàng nǐ jiù kěyǐ kànqīng ménshang de dìzhǐ.

porcupine N 豪猪 háozhū [M. WD 只 zhī/头 tóu]

pore¹ N 毛孔 máokǒng

pore² V (to pore over) 长时间仔细阅读 chángshíjiān zǐxì yuèdú

pork N 猪肉 zhūròu

pornographer N 色情作品的制作者 sèqíng zuòpǐn de zhìzuòzhě

pornography N 色情作品 sèqíng zuòpǐn, 黄色电影／杂志 huángsèdiànyǐng/zázhì

porous ADJ 多孔的 duōkǒng de, 水能渗透的 shuǐnéng shèntòu de

porridge N（燕麦）粥（yànmài）zhōu

port N 1 港 gǎng, 港口 gǎngkǒu □ The ships were all in port because of an approaching hurricane. 船只都进港了, 因为飓风要来了。Chuánzhī dōu jìn gǎng le, yīnwèi jùfēng yào lái le. 2（计算机）插口（jìsuànjī）chākǒu 3（船舶／飞机）左舷（chuánbó/fēijī）zuǒxián 4（葡萄牙）波尔图葡萄酒（Pútaoyá）bō ěr tú pútaojiǔ

portable I ADJ 1 手提式的 shǒutíshì de, 便携式的 biànxiéshì de

a portable toilet 流动厕所 liúdòng cèsuǒ

2（计算机）可兼容 [+程序]（jìsuànjī）kě jiānróng [+chéngxù]
II N 手提式电器 shǒutíshì diànqì

portal N 1（互联网）门户网站（hùliánwǎng）ménhù wǎngzhàn 2 大门 dàmén [M. WD 座 zuò]

portend V 预示 [+大灾难] yùshì [+dàzāinàn]

portent N 预兆 yùzhào, 迹象 jìxiàng

porter N 1（行李）搬运工（xíngli）bānyùn gōng 2（大楼）修理工（dàlóu）xiūlǐ gōng, 清洁工 qīngjiégōng 3（旅馆）守门人（lǚguǎn）shǒuménrén

portfolio N 1 公事包 gōngshìbāo 2（个人）投资组合 (gèrén) tóuzī zǔhé

investment portfolio 投资组合 tóuzī zǔhé

3（政府高级官员的）职责范围（zhèngfǔ gāojí guānyuán de）zhízé fànwéi

porthole N（飞机／船）舷窗（fēijī/chuán）xiánchuāng

portico N（有柱子的）门廊（yǒu zhùzi de）ménláng

portion I N 1（一）部分（yí）bùfen 2 一份（食物）yí fèn (shíwù)

double portion of chips 两份炸土豆条 liǎngfèn zhátǔdòutiáo

II V (to portion out) 把…分成几份 bǎ…fēnchéng jǐ fèn, 分fēn

portly ADJ 胖的 pàng de, 发福的 fāfú de

portrait N 肖像 xiàoxiàng [M. WD 幅 fú]

portraiture N 肖像画艺术 xiàoxiànghuà yìshù

portray V 1 描绘 miáohuì, 描述 miáoshù 2 扮演 [+角色] bànyǎn [+juésè]

portrayal N 1 描绘 miáohuì, 描述 miáoshù 2 扮演 bànyǎn

Portuguese I ADJ 葡萄牙的 Pútaoyá de, 葡萄牙人 Pútaoyárén de, 葡萄牙语 Pútaoyáyǔ II N 1 葡萄牙语 Pútaoyáyǔ 2 葡萄牙人 Pútaoyárén

pose I V 1 摆姿势（拍照或画象）bǎi zīshì（pāizhào huò huàxiàng）

to pose as 冒充 màochōng

2 引起 [+问题] yǐnqǐ [+wèntí], 导致 dǎozhì
II N 1 姿势 zīshì 2 装腔作势的举止 zhuāngqiāng zuòshì de jǔzhǐ

poseur N 装腔作势的人 zhuāngqiāng zuòshì de rén

posh ADJ 高档的 gāodàng de, 豪华的 háohuá de

position N 1 位置 wèizhì □ From her position at the window, she had a good view of the garden. 从她在窗口的位置, 可以清楚地看到花园。Cóng tā zài chuāngkǒu de wèizhì, kěyǐ qīngchu de kàndào huāyuán. 2 姿势 zīshì □ Sitting in a comfortable position in that warm room, he soon dozed off. 他舒舒服服地坐在那间暖洋洋的房间里, 很快就打瞌睡了。Tā shūshūfúfú de zuò zài nà jiān nuǎnyángyáng de fángjiān lǐ, hěn kuài jiù dǎkēshuì le. 3 地位 dìwèi □ People in a position of authority should have high ethical standards. 占据高位的人应该有较高的道德标准。Zhànjù gāowèi de rén yīnggāi yǒu

jiàogāo de dàodé biāozhǔn. 4 职务 zhíwù □ A dozen people are applying for this secretarial position. 有十几个人申请这个秘书职务。Yǒu shíjǐ ge rén shēnqǐng zhè ge mìshū zhíwù. 5 立场 lìchǎng □ The politician's extreme position on the issue of abortion made him unpopular. 这个政客在堕胎问题上的极端立场使他不受欢迎。Zhè ge zhèngkè zài duòtāi wèntíshang de jíduān lìchǎng shǐ tā bú shòu huānyíng.

positive ADJ 1 肯定的 kěndìng de, 无疑的 wúyí de □ I'm absolutely positive that this was the man who attacked me. 我完全肯定他就是攻击我的男子。Wǒ wánquán kěndìng tā jiù shì gōngjī wǒ de nánzǐ. 2 积极的 jījí de □ Our teaching staff is very positive in dealing with children's learning difficulties. 我们的老师在对付学生学习困难时采取非常积极的态度。Wǒmen de lǎoshī zài duìfu xuéshēng xuéxí kùnnan shí cǎiqǔ fēicháng jījí de tàidu. 3 阳性的 yángxìng de □ The tests proved positive. 化验结果是阳性的。Huàyàn jiéguǒ shì yángxìng de.

positively ADV 1 确实（地）quèshí (de), 无疑（地）wúyí (de) 2 积极地 jījí de, 正面地 zhèngmiàn de, 肯定地 kěndìng de

posse N (a posse of) 一群 yìqún, 一大帮 yí dàbāng

possess V 1 有 yǒu, 持有 chíyǒu, 拥有 yōngyǒu 2 控制 kòngzhì, 支配 zhīpèi

possessed ADJ 中邪的 zhòngxié de, 鬼迷心窍的 guǐmíxīnqiào de

possession N 1 拥有 yōngyǒu, 持有 chíyǒu □ To leave the country you must be in possession of a current passport. 你要出国, 一定要持有有效护照。Nǐ yào chūguó, yídìng yào chíyǒu yǒuxiào hùzhào. □ He has in his possession an extremely valuable rare stamp. 他拥有一枚极其珍贵的稀有邮票。Tā yōngyǒu yì méi jíqí zhēnguì de xīyǒu yóupiào. 2 财产 cáichǎn □ The family lost all their possessions during the war. 这个家庭在战争中丧失了所有的财产。Zhè ge jiātíng zài zhànzhēng zhōng sàngshīle suǒyǒude cáichǎn.

possessive I ADJ 1 占有欲很强的 zhànyǒuyù hěn qiáng de 2（语法）所有格的（yǔfǎ）suǒyǒugé de II N 所有格（形式）suǒyǒugé（xíngshì）

possibility N 1 可能性 kěnéng xìng □ The possibility of becoming a millionaire never occurred to me. 我从来没有想过有可能成为百万富翁。Wǒ cónglái méiyǒu xiǎngguo yǒukěnéng chéngwéi bǎi wàn fùwēng. 2 可能的事 kěnéng de shì □ Early retirement is one possibility. 提早退休也是可能的。Tízǎo tuìxiū yěshì kěnéng de.

possible ADJ 可能的 kěnéng de □ Snow is possible, but unlikely at this time of year. 这个时候下雪是可能的, 但是可能性不大。Zhège shíhou xiàxuě shì kěnéng de, dànshì kěnéng xìng bú dà.

possibly ADV 可能 kěnéng, 也许 yěxǔ □ She is possibly the most promising student in the class. 她或许是班上最有前途的学生。Tā huòxǔ shì bān shàng zuì yǒu qiántúde xuéshēng.

possum N 负鼠 fùshǔ [M. WD 只 zhǐ], 袋貂 dàidiāo [M. WD 只 zhī]

post I N 1 柱子 zhùzi □ The fence post is crooked. 围栅的柱子有点弯曲。Wéizhà de zhùzi yǒudiǎn wānqū. 2 要职 yàozhí, 重要的位置 zhòngyào de wèizhí □ The corporate lawyer was offered a post in the legal department of the company. 这位公司律师被聘请在公司的法律部担任要职。Zhè wèi gōngsī lǜshī bèi pìnqǐng zài gōngsī de fǎlǜ bù dānrèn yàozhí. □ He was relieved of his overseas post due to poor health. 他因健康欠佳被解除海外的职务。Tā yīn jiànkāng qiàn jiā bèi jiěchú hǎiwài de zhíwù. 3 (British) 邮件 yóujiàn

post office 邮政局 yóuzhèngjú

post office box 邮箱 yóuxiāng, 信箱 xìnxiāng

II V 贴公告 tiē gōnggào, 通告 tōnggào □ A warning sign "Beware of Dogs" has been posted on the gate. 一块警告牌"小心护家狗"贴在大门上。Yí kuài jǐnggào pái "xiǎoxīn hù jiā gǒu" tiē zài dàménshang.

Post no bills. 请勿张贴。Qǐn gwù zhāngtiē.

postage N 邮资 yóuzī

postal ADJ 邮政的 yóuzhèng de
　postal service 邮政 yóuzhèng

postcard N 明信片 míngxìnpiàn [M. WD 张 zhāng]

postdate V (在支票上)写比实际晚的日期 (zài zhīpiào shàng) xiě bǐ shíjì wǎn de rìqī

postdoctoral ADJ 博士后的 bóshìhòu de

poster N 海报 hǎibào, 广告画 guǎnggàohuà

posterior N 臀部 túnbù, 屁股 pìgu

posterity N 子孙后代 zǐsūn hòudài

postgraduate I ADJ 研究生的 yánjiūshēng de, 硕士(或博士)的 shuòshì (huò bóshì) de II N 硕士(或博士)研究生 shuòshì (huò bóshì) yánjiūshēng

posthumous ADJ 死后发生的 sǐhòu fāshēng de
　a posthumous son 遗腹子 yífùzǐ

posthumously ADV 死后 sǐhòu

Post-it N 便条粘帖纸 biàntiáo zhāntiē zhǐ [M. WD 张 zhāng]

postman N 邮递员 yóudìyuán

postmark N 邮戳 yóuchuō

postmaster N 邮政局长 yóuzhèngjúzhǎng

postmortem, postmortem examination N 1 尸体检验 shītǐ jiǎnyàn 2 (对失败的)事后检讨 (duì shībài de) shìhòu jiǎntǎo

postnatal ADJ 产后的 chǎnhòu de, 分娩的 fēnmiǎn de
　postnatal depression 产后忧郁(症) chǎnhòu yōuyù (zhēng)

postpone V 把…延期 bǎ...yánqī, 推迟 tuīchí

postponement N 延期 yánqī

postscript (ABBREV **P.S.**) N 附笔 fùbǐ, 又及 yòují

postulate V, N 假定 jiǎdìng, 假设 jiǎshè

posture N 1 仪态 yítài 2 立场 lìchǎng, 姿态 zītài

pot I N 1 锅 guō, 壶 hú □ She made a fresh pot of tea for her visitor. 她给客人新泡了一壶茶。Tā gěi kèrén xīn pàole yì hú chá.
　pots and pans 锅碗瓢盆 guō wǎn piáo pén
　coffee pot 咖啡壶 kāfēi hú
　tea pot 茶壶 chá hú
　2 花盆 huāpén □ This plant needs a bigger pot. 这株花需要大一点的花盆。Zhè zhū huā xūyào dà yìdiǎn de huāpén.
　flower pot 花盆 huā pén
　3 大麻 dàmá
　II V 把植物移植到花盆里 bǎ zhíwù yízhí dào huāpén lǐ

potassium (K) N 钾 jiǎ

potato N 土豆 tǔdòu, 马铃薯 mǎlíngshǔ □ I just love my grandmother's potato salad. 我就是喜欢吃奶奶做的土豆色拉。Wǒ jiù shì xǐhuan chī nǎinai zuò de tǔdòu sèlā.

potato chip N (炸)土豆片 (zhá) tǔdòupiàn

potbelly N 大肚子 dàdùzi, 啤酒桶肚子 píjiǔtǒng dùzi

potency N 1 [药物+] 效力 [yàowù+] xiàolì, 效能 xiàonéng 2 [男子的+] 性能力 [nánzǐ de+] xìngnénglì

potent ADJ 1 有效的 [+药] yǒuxiào de [+yào] 2 强有力的 [+武器] qiángyǒulì de [+wǔqì] 3 有性能力的 [+男子] yǒu xìngnénglì de [+nánzǐ]

potential I ADJ 潜在的 qiánzài de □ This ambiguous clause in the contract is a potential source of dispute. 合同里这一条模糊不清的条款有可能引起争端。Hétong lǐ zhè yì tiáo móhu bù qīng de tiáokuǎn yǒukěnéng yǐnqǐ zhēngduān.
　II N 潜力 qiánlì □ The boy has enormous potential as a football player. 这个男孩具有当足球运动员的巨大潜力。Zhè ge nánhái jùyǒu dāng zúqiú yùndòngyuán de jùdà qiánlì.

potentiality N 潜力 qiánlì, 可能性 kěnéngxìng

potentially ADV 潜在地 qiánzài de, 可能 kěnéng

pothead N 吸大麻的人 xī dàmá de rén

potholder N 防烫厚布垫 fáng tàng hòu bù diàn [M. WD 块 kuài]

pothole N (路面)凹坑 (lùmiàn) āokēng

potion N 药水 yàoshuǐ
　love potion 春药 chūnyào, 发情药水 fāqíng yào shuǐ

potluck (potluck dinner/lunch) N 自带菜肴的聚餐 zì dài càiyáo de jùcān, 百乐餐 bǎi lè cān

potpourri N 1 百花香 bǎihuāxiāng 2 (音乐或文学)集锦 (yīnyuè huò wénxué) jíjǐn

pottery N 陶器 táoqì

potty N (小孩用的)便盆 (xiǎohái yòng de) biànpén

pouch N 小袋(子) xiǎo dài (zi)

poultry N 家禽 jiāqín

pounce V 突然猛扑 tūrán měngpū, 突然袭击 tūrán xíjī

pound I N 1 磅 bàng □ Her aim is to lose 5 pounds in a month. 她的目标是一个月内减肥五磅。Tā de mùbiāo shì yí ge yuè nèi jiǎnféi wǔ bàng. **2** (英)镑 (Yīng) bang (£)
　pound cake 重油重糖蛋糕 zhòngyóu zhòng táng dàngāo
　II V 1 连续猛击 liánxù měngjī 2 [心脏+] 剧烈跳动 [xīnzàng+] jùliè tiàodòng

pour V 1 倒 dǎo, 倾倒 qīngdǎo □ Shall I pour you some coffee? 要不要我给你倒一些咖啡？Yàobuyào wǒ gěi nǐ dǎo yìxiē kāfēi? **2** 下倾盆大雨 xià qīngpén dàyǔ □ It's been pouring all morning. 下了一上午的倾盆大雨。Xiàle yí shàngwǔ de qīngpén dàyǔ.
　It never rains but it pours. 要么不下雨，一下就大雨倾盆。(→祸不单行。) Yàome bú xiàyǔ, yí xià jiù dàyǔ qīngpén. (→Huò bù dān xíng. Misfortunes never come singly.)

poverty N 贫穷 pínqióng
　the poverty line 贫困线 pínkùnxiàn

poverty-stricken ADJ 极其贫穷的 jíqí pínqióng de

P.O.W (= prisoner of war) ABBREV 战俘 zhànfú
　P.O.W. camp 战俘营 zhànfúyíng

powder I N 粉末 fěnmò □ The office was closed after a suspicious white powder was found. 在发现可疑白色粉末以后，办公室被封闭了。Zài fāxiàn kěyí báisè fěnmò yǐhòu, bàngōngshì bèi fēngbì le.
　powder room (女用)卫生间 (nǚ yòng) wèishēngjiān
　II V 给 [+皮肤] 涂粉 gěi [+pífū] túfěn

powdery ADJ 1 粉状的 fěnzhuàng de 2 涂粉的 túfěn de

power N 1 权力 quánlì, 力量 lìliang □ Schools do not have the power to search students for drugs or firearms. 学校没有权力对学生搜身，找出毒品或枪支。Xuéxiào méiyǒu quánlì duì xuésheng sōushēn, zhǎochū dúpǐn huò qiāngzhī.
　power base 权力基础 quánlìjīchǔ
　power of attorney (法律)代理权 (fǎlù) dàilǐ quán
　2 政治权力 zhèngzhì quánlì, 政权 zhèngquán □ The party returned to power after years in opposition. 这个政党在野多年后重新执政。Zhè ge zhèngdǎng zàiyě duōnián hòu chóngxīn zhízhèng. **3** 电力 diànlì □ The snowstorm caused widespread power failure. 这场暴风雪造成大面积停电。Zhè chǎng bàofēngxuě zàochéng dàmiànjī tíng diàn.
　power plant 发电站 fādiàn zhàn
　power tool 电动工具 diàndònggōngjù

powerboat N 摩托赛艇 mótuō sàitǐng [M. WD 艘 sōu]

powerful ADJ 1 强有力的 qiángyǒulì de □ The new model SUV is equipped with a powerful engine. 这种新型越野车装备强有力的发动机。Zhè zhǒng xīnxíng yuèyěchē zhuāngbèi qiángyǒulìde fādòngjī. **2** 权力大的 quánlì dà de, 强大的 qiángdà de □ Democrats usually have the powerful support of labor unions. 民主党人通常得到工会的强大支持。Mínzhǔdǎng rén tōngcháng dédào gōnghuì de qiángdà zhīchí.

powerless ADJ 无权的 wúquán de, 无势力的 wú shìlì de

powerline N 输电线(路) shūdiànxiàn (lù)

powwow N 会议 huìyì, 讨论 tǎolùn

practicable ADJ 行得通的 xíngdetōng de, 可行的 kěxíng de

practical ADJ 1 实践的 shíjiàn de, 实际的 shíjì de □ She has a lot of practical experience in nursing. 她在护理方面有丰富的实践经验。Tā zài hùlǐ fāngmian yǒu fēngfù de shíjiàn jīngyàn.

2 实用的 shíyòng de □ This pair of shoes is not practical for a long walk. 这双鞋走长路不实用。Zhè shuāng xié zǒu cháng lù bú shíyòng. **3** 讲究实际的 jiǎngjiu shíjì de □ Be practical and do not buy that fancy car. 讲究实际一点吧，别买那辆花哨的车。Jiǎngjiu shíjì yì diǎn ba, bié mǎi nà liàng huāshào de chē.

practical joke 恶作剧 èzuòjù

practicality N **1** 可行性 kěxíngxìng **2** 实际（情况）shíjì (qíngkuàng)

practically ADV **1** 讲究实际地 jiǎngjiu shíjì de **2** 几乎 jīhū, 差不多 chàbuduō

practice I N **1** 实践 shíjiàn, 实际 shíjì □ Has anyone put this theory into practice? 有人实践过这条理论吗？Yǒurén shíjiànguo zhè tiáo lǐlùn ma? □ This idea sounds wonderful, but it won't work in practice. 这个主意听起来很妙，但是在实际中行不通。Zhè ge zhǔyì tīngqilai hěn miào, dànshì zài shíjì zhōng xíngbutōng. **2** 练习 liànxí □ Spoken Chinese requires lots of practice. 中文口语需要多多练习。Zhōngwén kǒuyǔ xūyào duōduō liànxí. **3** 常规 chángguī □ It is my practice to pay bills at the end of every month. 每月月底付帐单，是我的常规。Měi yuè yuèdǐ fù zhàngdān, shì wǒ de chángguī. **4**（医生）诊所（yīshēng）zhěnsuǒ,（律师）事务所（lǜshī）shìwùsuǒ □ The dentist has opened a new practice in the town. 这位牙医在城里新开了一家诊所。Zhè wèi yáyī zài chénglǐ xīn kāile yì jiā zhěnsuǒ.

II v (British on **practise**) **1** 练习 liànxí □ She often practices her Chinese on Meiying. 她常常和梅英练习中文。Tā chángcháng hé Méiyīng liànxí Zhōngwén. **2** 执业 zhíyè, 当医生 dāng yīshēng, 当律师 dāng lǜshī □ It's twenty years since he started practicing as a family doctor. 他开始当家庭医生已经二十年了。Tā kāishǐ dāng jiātíng yīshēng yǐjīng èrshí niánle.

practiced ADJ 经验丰富的 jīngyàn fēngfù de, 老练的 lǎoliàn de

practicing ADJ **1** 开业的 kāiyè de
practising lawyer 开业律师 kāiyè lǜshī
2 遵循教义的 [+宗教徒] zūnxún jiàoyì de [+zōngjiàotú]

practitioner N **1** 开业者 kāiyè zhě, 从业者 cóngyèzhě
medical practitioner 开业医生 kāiyè yīshēng
2 实践者 shíjiànzhě

pragmatic ADJ 讲究实用的 jiǎngjiu shíyòng de, 务实的 wùshí de

pragmatism N 实用主义 shíyòngzhǔyì

prairie N 草原 cǎoyuán
prairie dog 草原犬鼠 cǎoyuán quǎnshǔ

praise I v 表扬 biǎoyáng, 赞扬 zànyáng □ Children need to be praised when they do good things. 孩子做了好事，就需要表扬。Háizi zuòle hǎo shì, jiù xūyào biǎoyáng.
II N 表扬 biǎoyáng, 赞扬 zànyáng □ He received praise from the management for his outstanding achievement. 他因为业绩突出，得到管理层的表扬。Tā yīnwèi yèjì tūchū, dédao guǎnlǐcéng de biǎoyáng.

praiseworthy ADJ 值得赞扬的 zhíde zànyáng de

prance v 昂首阔步 ángshǒu kuòbù

prank N 恶作剧 èzuòjù

prankster N 恶作剧者 èzuòjùzhě

prattle v 絮絮叨叨地说 xùxu dāodāo de shuō

prawn N 大虾 dàxiā [M. WD 只 zhī]

pray v 祈祷 qídǎo, 祷告 dǎogào □ They prayed for an early end to the war. 他们祈祷早日结束战争。Tāmen qídǎo zǎorì jiéshù zhànzhēng.

prayer N 祈祷 qídǎo, 祷告 dǎogào □ Your prayer will be answered. 上帝会回应你的祈祷。Shàngdì huì huíyìng nǐ de qídǎo.

preach v **1** 布道 bùdào, 宣扬 xuānyáng **2** 说教 shuōjiào

preacher N 讲道者 jiǎngdàozhě, 说教的人 shuōjiào de rén

preachy ADJ 爱说教的 ài shuōjiào de

preamble N 前言 qiányán, 序言 xùyán

prearranged ADJ 预先安排好的 yùxiān ānpái hǎo de

precarious ADJ 不稳定的 bùwěndìng de, 有危险的 yǒu wēixiǎn de

precaution N 预防（措施）yùfáng (cuòshī)

precautionary ADJ 预防（性）的 yùfáng (xìng) de

precede v 在…发生前 zài…qián fāshēng

precedence N (to take precedence over) 优先于 yōuxiān yú

precedent N 先例 xiānlì, 判例 pànlì
to break a precedent 打破惯例 dǎpò guànlì
to set a precedent 开创先例 kāichuàng xiānlì

preceding ADJ 前面的 qiánmian de

precept N 准则 zhǔnzé

precinct N **1** 分区 fēnqū **2** 警察分局 jǐngchá fēnjú **3** 周围地区 zhōuwéi dìqū

precious I ADJ 珍贵的 zhēnguì de
precious metal 贵金属 guìjīnshǔ
precious stone 宝石 bǎoshí
II ADV (precious little) 非常少 fēicháng shǎo

precipice N 悬崖 xuányá

precipitate I v 迅速导致 xùnsù dǎozhì, 加速 jiāsù
II ADJ 仓促的 cāngcù de, 贸然的 màorán de III N 沉淀物 chéndiànwù

precipitation N **1** 降雨（或雪）jiàngyǔ (huò xuě), 降雨（或雪）量 jiàngyǔ (huò xuě) liáng **2** 沉淀 chéndiàn **3** 仓促 cāngcù

precipitous ADJ 突然的 tūrán de

précis N 摘要 zhāiyào

precise ADJ 精确的 jīngquè de, 精密的 jīngmì de

precisely ADV **1** 精确地 jīngquè de **2** 恰好 qiàhǎo, 正巧是 zhèngqiǎo shì

precision N 精密 jīngmì, 精确 jīngquè
precison tool 精密工具 jīngmì gōngjù

preclude v 使…不能 shǐ…bùnéng, 防止 fángzhǐ

precocious ADJ 早熟的 zǎoshú de, 智力超常的 zhìlì chāocháng de

preconceived ADJ 预先形成的 yùxiān xíngchéng de

preconception N 先入为主的偏见 xiān rù wéi zhǔ de piānjiàn

precondition N 先决条件 xiānjué tiáojiàn, 前提 qiántí

precursor N 前身 qiánshēn

predate v 先于…发生 xiānyú…fāshēng

predator N **1** 捕食其他动物的动物 bǔshí qítā dòngwù de dòngwù **2** 掠夺者 lüèduózhě, 损人利己的人 sǔnrén lìjǐ de rén

predatory ADJ **1** 捕食其他动物的 bǔshí qítā dòngwù de **2** 掠夺性的 lüèduó xìng de

predecessor N 前任 qiánrèn, 前辈 qiánbèi

predestination N 宿命论 sùmìnglùn

predestined ADJ 命中注定（的）mìngzhōng zhùdìng (de)

predetermined ADJ 预先确定（的）yùxiān quèdìng (de)

predicament N 困境 kùnjìng

predicate N（语法）谓语（yǔfǎ）wèiyǔ

predict v 预言 yùyán, 预测 yùcè

prediction N 预言 yùyán, 预测 yùcè

predilection N 偏爱 piān'ài

predisposed ADJ **1** 有…倾向的 yǒu…qīngxiàng de **2** 易患 [+高血压] 的 yìhuàn [+gāoxuèyā] de

predominance N 优势 yōushì

predominant ADJ 占优势的 zhàn yōushì de

predominantly ADV 绝大多数（地）juédà duōshù (de)

predominate v 占主要地位 zhàn zhǔyào dìwèi

preeminent ADJ 卓越的 zhuóyuè de, 杰出的 jiéchū de

preempt v 先发制人以阻止 [+敌人的进攻] xiānfāzhìrén yǐ zǔzhǐ [+dírén de jìngōng]

preemptive ADJ 先发制人的 xiānfāzhìrén de

preen v [鸟+] 整理羽毛 [niǎo +] zhěnglǐ yǔmáo
to preen oneself [人+] 精心打扮 [rén+] jīngxīn dǎban
pre-existing ADJ 早先就存在的 zǎoxiān jiù cúnzài de
prefabricated ADJ 预制的 yùzhì de
preface I N 序言 xùyán, 前言 qiányán II v 以…作为开始 yǐ…
zuòwéi kāishǐ
prefer v 更喜欢 gèngxǐhuan, 比较喜欢 bǐjiào xǐhuan □ We
can have steak or fish for the main course. Which would you
prefer? 我们主菜可以吃肉排, 或者鱼; 你喜欢哪一样? Wǒmen
zhǔcài kěyǐ chī ròupái, huòzhě yú; nǐ xǐhuan nǎ yí yàng?
preferable ADJ 更可取的 gèng kěqǔ de, 更好 gènghǎo
preferably ADV 更可取(地) gèng kěqǔ (de), 最好 zuìhǎo
preference N 偏爱 piān'ài
in preference to sth 不要某事 búyào mǒu shì
preferential ADJ 优惠的 yōuhuì de, 优待的 yōudài de
prefix N 前缀 qiánzhuì
pregnancy N 怀孕(期) huáiyùn (qī) □ She kept away from
wine during her pregnancy. 她在怀孕期间不沾酒。Tā zài
huáiyùn qījiān bù zhān jiǔ.
pregnant ADJ 1 怀孕的 huáiyùn de □ Ellen is three months
pregnant and is already suffering from discomfort. 艾伦怀孕
三个月, 已经不舒服了。Àilún huáiyùn sān ge yuè, yǐjīng bù
shūfú le. 2 富有含义的 fùyǒu hányì de, 意味深长的 yìwèi
shēncháng de
a pregnant pause 意味深长的停顿 yìwèi shēncháng de
tíngdùn
preheat v 预热 yùrè
prehistoric ADJ 史前的 shǐqián de
prehistory N 史前时期 shǐqián shíqī
prejudge v 过早判断 guòzǎo pànduàn
prejudice I N 偏见 piānjiàn, 成见 chéngjiàn II v 使…有偏见
shǐ…yǒu piānjiàn, 使…有成见 shǐ…yǒu chéngjiàn
prejudicial ADJ 不利的 búlì de
preliminary I ADJ 初步的 chūbù de, 起始的 qǐshǐ de
II N (preliminaries) 初步行动 chūbù xíngdòng, 筹备工作
chóubèi gōngzuò
prelude N (戏剧)序幕 (xìjù) xùmù, (音乐)序曲 (yīnyuè)
xùqǔ [M. WD 首 shǒu]
premarital ADJ 婚前的 hūnqián de
premarital sex 婚前性行为 hūnqián xìng xíngwéi
premature ADJ 过早的 guòzǎo de, 不成熟的 bùchéngshú
de
premature death 早逝 zǎoshì, [儿童+] 夭折 [értóng+] yāo-
zhé, [中年人+] 英年早逝 [zhōngniánrén+] yīngnián zǎoshì
premeditated ADJ 预谋的 yùmóu de
premeditation N 预谋 yùmóu
premenstrual ADJ 月经前的 yuèjīng qián de
premier I N 总理 zǒnglǐ II ADJ 最好的 zuìhǎo de, 首要的
shǒuyào de
première N (电影)首映 (diànyǐng) shǒuyìng, (戏剧)首演
(xìjù) shǒuyǎn, (电视连续剧)首播 (diànshì liánxùjù)
shǒubō
premise N 前提 qiántí
premises N 房屋连土地 fángwū lián tǔdì, 场所 chǎngsuǒ
premium N 1 保险费 bǎoxiǎnfèi 2 优质汽油 yōuzhì qìyóu
at a premium 紧缺 jǐnquē
to place a premium on sth 高度重视某事 gāodù zhòng-
shì mǒushì
premonition N 预感 yùgǎn
premonitory ADJ 给予警告的 jǐyǔ jǐnggào de, 预兆性的
yùzhào de
prenatal ADJ 产前的 chǎnqián de, 孕期的 yùnqī de
preoccupation N 全神贯注 quánshén guànzhù, 入神
rùshén
preoccupied ADJ 全神贯注的 quánshén guànzhù de, 入神
的 rùshén de

preoccupy v 使…全神贯注 shǐ…quánshén guànzhù, 使…
入神 shǐ…rùshén
preordained ADJ 命中注定的 mìngzhōng zhùdìng de
prepaid ADJ 预付的 yùfù de
prepaid envelope 邮资已付的信封 yóuzīyǐfù de xìnfēng
preparation N 准备 zhǔnbèi □ Chinese dishes usually take
lots of preparation. 做中国菜通常要做很多准备工作。Zuò
Zhōngguó cài tōngcháng yào zuò hěn duō zhǔnbèi gōngzuò.
to make preparations for 准备 zhǔnbèi, 为…作准备 wèi…
zuò zhǔnbèi □ Scientists are making last-minute prepara-
tions for the launch of the spaceship. 科学家们在为发射宇航
船作最后准备。Kēxuéjiāmen zài wèi fāshè yǔhángchuán zuò
zuìhòu zhǔnbèi.
preparatory ADJ 预备的 yùbèi de, 准备的 zhǔnbèi de
preparatory school (prep school) 私立预备学校 sīlì yùbèi
xuéxiào
prepare v 准备 zhǔnbèi □ Have you prepared yourself for the
severe Alaskan winter? 你准备好了在阿拉斯加过严冬吗? Nǐ
zhǔnbèihǎo le zài Ālāsījiā guò yándōng ma?
prepared ADJ 1 有准备的 yǒu zhǔnbèi de, 做好准备的 zuò
hǎo zhǔnbèi de □ "Be prepared!" the boy scouts shouted in
chorus. "时刻准备着!" 童子军齐声喊叫。"Shíkè zhǔnbèizhe!"
tóngzǐjūn qíshēng hǎnjiào.
be prepared for the worst 做最坏打算 zuò zuì huài
dǎsuan
2 愿意的 yuànyì de
preparedness N 有准备(的状态) yǒu zhǔnbèi (de
zhuàngtài)
preponderance N 优势 yōushì, 多数 duōshù
preposition N 介词 jiècí, 前置词 qiánzhìcí
preposterous ADJ 荒诞的 huāngdàn de, 完全不合理的
wánquán bùhélǐ de
preppy ADJ 私立学校学生的 sīlì xuéxiào xuésheng de
preregister v 预先登记 yùxiān dēngjì, 预先注册 yùxiān
zhùcè
preregistration N 预先登记 yùxiān dēngjì, 预先注册
yùxiān zhùcè
prerequisite N 先决条件 xiānjué tiáojiàn, 必备条件 bìbèi
tiáojiàn
prerogative N 特权 tèquán
presage v 预示 yùshì, 预告 yùgào
Presbyterian N 长老会教徒 Zhǎnglǎohuì jiàotú
preschool N 学前班 xué qián bān, 幼儿园 yòu'éryuán
prescribe v 1 [医生+] 嘱咐(使用)开处方 [yīshēng+] zhǔfù
(shǐyòng) kāi chǔfāng 2 规定 guīdìng, 指定 zhǐdìng
prescription N 处方 chǔfāng [M. WD 份 fèn/张 zhāng], 药方
yàofāng [M. WD 份 fèn/张 zhāng]
prescriptive ADJ 规定的 guīdìng de, 指定的 zhǐdìng de
presence N 1 在场 zàichǎng, 出席 chūxí □ His presence at
the meeting was little noticed. 很少人注意他在场。Hěn shǎo
rén zhùyì tā zàichǎng. 2 风采气势 fēngcǎi qìshì
present¹ I ADJ 1 在场的 zàichǎng de, 出席的 chūxí de
□ There were about 80 people present at the wedding. 大
约有八十个人参加了婚礼。Dàyuē yǒu bāshí ge rén cānjiāle
hūnlǐ. □ Everybody present at the party could sense that
something was wrong between the host and hostess. 那次
聚会在场的人都可以感觉到, 男女主人之间有点儿不对劲。Nà
cì jùhuì zàichǎng de rén dōu kěyǐ gǎnjuédao, nánnǚ zhǔrén
zhījiān yǒudiǎnr búduìjìn. 2 目前的 mùqián de, 现在的
xiànzài de
present participle 现在分词 xiànzài fēncí
present perfect 现在完成时态 xiànzài wánchéng shítài
(the) present tense 现在时态 xiànzài shítài
II N 现在 xiànzài, 目前 mùqián
present² I N 礼物 lǐwù, 礼品 lǐpǐn □ This bike was a birthday
present from his father. 这辆自行车是他父亲给他的生日礼

物。Zhè liàng zìxíngchē shì tā fùqin gěi tā de shēngri lǐwù.
II v 1 给予 [+礼物] jǐyǔ [+lǐwù], 赠与 zèngyǔ 2 提出 [+论文] tíchū [+lùnwén], 宣布 xuānbù 3 上演 [+戏剧] shàngyǎn [+xìjù], 演出 yǎnchū

presentable ADJ 拿得出手的 nádéchūshǒu de, 体面的 tǐmian de

presentation N 1 报告 bàogào, 陈述 chénshù
to give a presentation on the new project 介绍新产品 jièshào xīnchǎnpǐn
2 授予 shòuyǔ, 颁发 bānfā
presentation ceremony 授奖仪式 shòujiǎng yíshì
3 (a presentation copy) 赠阅本 zèngyuèběn

present-day ADJ 今日的 jīnrì de, 现今的 xiànjīn de

presently ADV 立即 lìjí, 即刻 jíkè

preservation N 保护 bǎohù, 维护 wéihù

preservative N 防腐剂 fángfǔjì

preserve I v 维护 wéihù, 保护 bǎohù □ The local authorities are doing a remarkable job in preserving this 18th century house. 地方当局在保护这座十八世纪建筑方面做得很出色。Dìfāng dāngjú zài bǎohù zhè zuò shíbā shìjì jiànzhù fāngmian zuòde hěn chūsè. □ She is a well-preserved woman of sixty. 她是一位保养得很好的六十岁的妇人。Tā shì yí wèi bǎoyǎngdehěn hǎo de liùshí suì de fùrén.
II N 1 自然保护区 zìrán bǎohùqū 2 独占的地盘 dúzhàn de dìpán 3 果酱 guǒjiàng

preside v 主持 zhǔchí, 负责 fùzé

presidency N 总统的职位 zǒngtǒng de zhíwèi, 大学校长的职位 dàxué xiàozhǎng de zhíwèi

president N 总统 zǒngtǒng, 大学校长 dàxué xiàozhǎng, 主席 zhǔxí
president of a university 大学校长 dàxué xiàozhǎng
president of a bank 银行行长 yínháng hángzhǎng
president of a club 俱乐部主任 jùlèbù zhǔrèn
president of a company 公司董事长 gōngsī dǒngshìzhǎng
president of a trade union 工会主席 gōnghuì zhǔxí
U.S. President 美国总统 Měiguó zǒngtǒng

president-elect N 当选总统 dāngxuǎn zǒngtǒng

presidential ADJ 总统的 zǒngtǒng de
presidential suite (旅馆的) 总统套房 (lǚguǎn de) zǒngtǒng tàofáng

President's Day N (美国) 总统日 (Měiguó) zǒngtǒng rì (the 3rd Monday of February)

press I N 1 新闻界 xīnwén jiè □ The press was asked to leave after the two leaders had posed for photographs. 两位领袖合影以后，新闻界被要求离场。Liǎng wèi lǐngxiù héyǐng yǐhòu, xīnwén jiè bèi yāoqiú lí chǎng.
press agent 新闻代理人 xīnwén dàilǐrén
press conference 记者招待会 jìzhě zhāodàihuì
press corps 记者团 jìzhě tuán
press release 新闻稿 xīnwéngǎo
2 出版社 chūbǎnshè □ The family owns a small press specializing in Christian books. 这个家庭拥有一家小出版社，专门出版基督教书籍。Zhè ge jiātíng yōngyǒu yì jiā xiǎo chūbǎn shè, zhuānmén chūbǎn Jīdūjiào shūjí.
II v 1 按 àn □ Press F11 for a full screen. 按F11键，得到全屏幕。Àn F11 jiàn, dédào quán píngmù. **2** 熨烫 [+衬衫] yùn tàng [+chènshān], 烫平 tàngpíng **3** 压平 yāpíng, 压碎 yāsuì **4** 催促 cuīcù, 力劝 lìquàn **5** (to press charges) 提出诉讼 tíchū sùsòng

pressed ADJ (be pressed for time/money) 时间／资金紧张 shíjiān/zījīn jǐnzhāng

pressing ADJ 紧迫的 jǐnpò de

pressure I N 1 压力 yālì □ The manager put a lot of pressure on his staff to be more efficient. 经理对雇员施加很大压力，要他们提高效率。Jīnglǐ duì gùyuán shījiā hěn dà yālì, yào tāmen tígāo xiàolǜ. **2** (大) 气压 (dà) qìyā

pressure cooker 压力锅 yālì guō
II v 对…施加压力 duì...shījiā yālì

pressured ADJ 感觉有压力的 gǎnjué yǒu yālì de

pressure group N 压力集团 yālì jítuán

pressurized ADJ 加压的 jiāyā de, 增压的 zēngyā de

prestige N 威望 wēiwàng, 声望 shēngwàng

prestigious ADJ 有声望的 yǒushēng wàng de, 威望很高的 wēiwàng hěn gāo de

presumably ADV 可能 kěnéng, 大概 dàgài, 据推测 jù tuīcè

presume v 猜想 cāixiǎng, 认为 rènwéi, 推测 tuīcè

presumption N 假定 jiǎdìng, 推定 tuīdìng

presumptuous ADJ 自以为是的 zì yǐwéi shì de, 冒失的 màoshi de

presuppose v 预先假设 yùxiān jiǎshè, 预设 yù shè

pretend I v 假装 jiǎzhuāng □ Jenny pretended to be asleep when her mother came into the room. 妈妈进房间时，詹妮假装睡着了。Māma jìn fángjiān shí, Zhānnī jiǎzhuāng shuìzháo le. □ Stop pretending! 别装模作样了！Bié zhuāng mú zuò yàng le!
II ADJ 假装的 jiǎzhuāng de, 假想的 jiǎxiǎng de

pretense N 假装 jiǎzhuāng, 伪称 wěichēng
under false pretense 以虚假的借口 yǐ xūjiǎ de jièkǒu
under the pretense of 以…为借口 yǐ...wéi jièkǒu, 借口 jièkǒu

pretension N 虚荣 xūróng, 自负 zìfù

pretentious ADJ 装腔作势的 zhuāngqiāng zuòshì de, 矫饰的 jiǎoshì de

pretext N 借口 jièkǒu, 托词 tuōcí
under the pretext that 以…为借口 yǐ...wéi jièkǒu

pretty I ADJ 漂亮的 piàoliang de, 可爱的 kě'ài de □ She looks very pretty in that yellow dress. 她穿了那件黄色的连衣裙很漂亮。Tā chuānle nà jiàn huángsè de liányīqún hěn piàoliang. □ She is not just a pretty face; she is also an able administrator. 她不仅漂亮，而且还是一位能干的行政管理人员。Tā bùjǐn piàoliang, érqiě háishì yí wèi nénggàn de xíngzhèng guǎnlǐ rényuán.
II ADV 相当 xiāngdāng □ His financial situation is pretty awful. 他的财务情况相当糟。Tā de cáiwù qíngkuàng xiāngdāng zāo. □ The two cameras are pretty much the same. 这两台照相机基本上是一样的。Zhè liǎng tái zhàoxiàngjī jībǐnshang shì yíyàng de.

pretzel N 椒盐饼干 jiāoyán bǐnggān [M. WD 块 kuài]

prevail v 1 占优势 zhàn yōushì, 占上风 zhàn shàngfēng **2** 盛行 shèngxíng, 流行 liúxíng

prevailing ADJ 流行的 liúxíng de, 普遍的 pǔbiàn de

prevalence N 流行的程度 liúxíng de chéngdù

prevalent ADJ 盛行的 shèngxíng de, 流行的 liúxíng de

prevent v 防止 fángzhǐ, 阻止 zǔzhǐ □ The police successfully prevented a terrorist attack. 警察成功地阻止了一起恐怖攻击事件。Jǐngchá chénggōng de zǔzhǐle yì qǐ kǒngbù gōngjī shìjiàn.

prevention N 防止 fángzhǐ, 阻止 zǔzhǐ
Prevention is better than cure. 预防胜于治疗。Yùfáng shèngyú zhìliáo.

preventive ADJ 预防 (性) 的 yùfáng (xìng) de, 防备的 fángbèi de

preview N (电影) 预映 (diànyǐng) yù yìng, (戏剧) 预演 (xìjù) yùyǎn

previous ADJ 前一个 qián yí ge, 上一个 shàng yí ge □ The previous manager made a mess of things. 前经理把事情弄得一团糟。Qián jīnglǐ bǎ shìqing nòngde yìtuánzāo.

previously ADV 以前 yǐqián, 先前 xiānqián □ She has previously promised to give me a loan. 她先前答应过借钱给我。Tā xiānqián dāyingguo jièqián gěi wǒ.

prewar ADJ, ADV 战前 (的) zhànqián (de)

prey I N 被捕食的动物 bèi bǔshí de dòngwù, 猎物 lièwù
beast of prey 食肉猛兽 shí ròu měngshòu

to fall prey to 成为…的牺牲品 chéngwéi…de xīshēngpǐn **II** v (to prey on) 伤害 shānghài

price I N **1** 价格 jiàgé, 价钱 jiàqian □ What is the price of this refrigerator? 这台冰箱多少钱? Zhè tái bīngxiāng duōshǎoqián? **2** 代价 dàijià □ Age is a high price to pay for maturity. 年老是成熟的昂贵代价。Niánlǎo shì chéngshú de ángguì dàijià.

the asking price 要价 yàojià □ The asking price for the notebook computer is $950, but I paid $800 for it. 这个笔记本电脑要价九百五十元, 我付了八百元。Zhè ge bǐjìběn diànnǎo yàojià jiǔ bǎi wǔshí yuán, wǒ fùle bā bǎi yuán.

at a price 以代价 yǐ dàijià □ Regular exercises are a small price to pay for keeping fit. 经常锻炼是为保持健康付出的小小代价。Jīngcháng duànliàn shì wèi bǎochí jiànkāng fùchū de xiǎoxiǎo dàijià.

at any price 不惜代价 bù xī dàijià □ He is determined to move up the corporate ladder at any price. 他决定不惜代价攀登企业的台阶。Tā juédìng bù xī dàijià pāndēng qǐyè de táijiē. **II** v 给…定价 / 标价 gěi…dìngjià/biāojià

priceless ADJ 无价的 wújià de, 价值极高的 jiàzhí jí gāo de

pricey, pricy ADJ (价格) 昂贵的 (jiàgé) ángguì de

prick I v **1** (刺) 破 (cì) pò, (扎) 穿 (zhā) chuān **2** 刺痛 cìtòng
to prick up one's ears 竖起耳朵听 shùqǐ ěrduo tīng
II N **1** 刺孔 cìkǒng **2** 刺痛 cìtòng

prickle I N **1** 皮刺 pí cì **2** 刺痛 (感) cìtòng (gǎn) **II** v 刺痛 cìtòng

prickly ADJ **1** 多刺的 [+玫瑰] duō cì de [+méigui] **2** 引起刺痛的 yǐnqǐ cìtòng de **3** 棘手的 [+事] jíshǒu de [+shì]

pride N 骄傲 jiāo'ào, 自傲 zì'ào □ Her pride in her children is sometimes rather foolish. 她为子女的骄傲, 有时候显得很傻。Tā wèi zǐnǚ de jiāo'ào, yǒushíhou xiǎnde hěn shǎ. □ I don't want your money; I have my pride. 我不要你的钱, 我有自尊心。Wǒ bú yào nǐ de qián, wǒ yǒu zìzūnxīn.

priest N 神甫 shénfu, 教士 jiàoshì □ The ordination of women priests aroused much controversy. 授圣职给女教士, 引起了很大争端。Shòu shèngzhí gěi nǚ jiàoshì, yǐnqǐle hěn dà zhēngduān.

priesthood N 神职人员的职位 shénzhí rényuán de zhíwèi, 神职 shénzhí

prim ADJ 古板的 gǔbǎn de, 一本正经的 yì běn zhèngjīng de

primacy N 首位 shǒuwèi, 首要 shǒuyào

prima donna N **1** 首席女歌唱家 shǒuxí nǚ gēchàngjiā **2** 妄自尊大的人 wàng zì zūn dà de rén

primal ADJ 原始的 yuánshǐ de, 基本的 jīběn de

primarily ADV 主要地 zhǔyào de

primary I ADJ **1** 首要的 shǒuyào de, 第一的 dìyī de □ It is of primary importance to have constant practice if you want to improve your Spoken Chinese. 你如果想改进中文口语, 最重要的是经常练习。Nǐ rúguǒ xiǎng gǎijìn Zhōngwén kǒuyǔ, zuìzhòngyào de shì jīngcháng liànxí. **2** 最初的 zuìchū de, 基本的 jīběn de
primary care 基础保健 jīchǔ bǎojiàn
primary color 原色 yuánsè, 基色 jīsè
primary school 小学 xiǎoxué
II N (美国总统候选人的) 初选 (Měiguó zǒngtǒng hòuxuǎnrén de) chūxuǎn

primate N 灵长目动物 língzhǎngmù dòngwù

prime I ADJ 最重要的 zhòngyào de, 最好的 zuìhǎo de □ Her prime concern is the well-being of Johnny, her only child. 她最关心的是独生儿子强尼的健康和幸福。Tā zuìguānxīn de shì dúshēng érzi Qiángní de jiànkāng hé xìngfú.
prime minister 首相 shǒuxiàng, 总理 zǒnglǐ
prime number 质数 zhìshù
prime time 黄金时段 huángjīn shíduàn
II N 盛年 shèngnián, 鼎盛年华 dǐngshèng niánhuá
III v (to be primed) 准备好 zhǔnbèi hǎo, 做好准备 zuòhǎo zhǔnbèi

primer N **1** 底漆 dǐqī **2** 入门指南 (书) rùmén zhǐnán (shū)

primeval ADJ **1** 太初的 tàichū de, 太古的 tàigǔ de **2** 远古的 yuǎngǔ de, 原始的 yuánshǐ de

primitive ADJ 原始的 yuánshǐ de □ Cannibalism was practiced in some primitive societies. 某些原始社会有吃人的习俗。Mǒuxiē yuánshǐ shèhuì yǒu chīrén de xísú.

primordial ADJ 太古的 tàigǔ de, 太初的 tàichū de

primp v 梳妆打扮 shūzhuāngdǎbàn

primrose N **1** 报春花 bàochūnhuā [M. WD 朵 duǒ] **2** 淡黄色 dànhuángsè

prince N 王子 wángzǐ, 亲王 qīnwáng

princely ADJ **1** 王子的 wángzǐ de, 亲王的 qīnwáng de **2** 慷慨的 kāngkǎi de, 大度的 dàdù de
a princely sum 一笔巨款 yìbǐ jùkuǎn

princess N 公主 gōngzhǔ, 王妃 wángfēi

principal I ADJ 主要的 zhǔyào de □ The principal aim of the program is to reduce poverty in the region. 这项计划的主要目标是减少地区的贫穷现象。Zhè xiàng jìhuà de zhǔyào mùbiāo shì jiǎnshǎo dìqū de pínqióng xiànxiàng.
II N **1** 校长 xiàozhǎng, 院长 yuànzhǎng □ The principal is respected and supported by all staff. 校长得到教职员工的尊敬和拥护。Xiàozhǎng dédào jiàozhíyuángōng de zūnjìng hé yōnghù. **2** 本金 běnjīn, 资本 zīběn □ They will pay off the principal and interest in 15 years. 他们将在十五年内还请本金和利息。Tāmen jiāng zài shíwǔ nián nèi huánqǐng běnjīn hé lìxī.

principality N 公国 gōngguó

principally ADV 主要地 zhǔyào de

principle N **1** 原则 yuánzé □ I agree with you in principle. 我原则上同意你。Wǒ yuánzéshang tóngyì nǐ. **2** 原理 yuánlǐ □ I don't even understand the basic principles of corporate accountancy. 我甚至不懂公司会计学的基本原理。(→ 我对公司会计学一窍不通。) Wǒ shènzhì bù dǒng gōngsī kuàijìxué de jīběn yuánlǐ. (→ Wǒ duì gōngsī kuàijìxué yí qiào bù tōng.)

principled ADJ 有原则的 yǒu yuánzé de, 坚持原则的 jiānchí yuánzé de

print I v **1** 印 yìn, 印刷 yìnshuā □ This beautiful art book was printed in China. 这本漂亮的艺术书是在中国印刷的。Zhè běn piàoliang de yìshù shū shì zài Zhōngguó yìnshuā de.
to print money 大量印发钞票 dàliàng yìnfā chāopiào
2 用印刷体书写 yòngyìn shuā tǐ shūxiě
II N **1** 印刷字体 yìnshuā zìtǐ □ The print is too small for old people to read. 这种印刷字体太小, 老年人看不清。Zhè zhǒng yìnshuā zìtǐ tài xiǎo, lǎoniánrén kànbuqīng.
the fine print 小号印刷体 xiǎohào yìnshuātǐ, 文件的细节 wénjiàn de xìjié □ Be sure to read and understand the fine print in a document before signing it. 在文件上签字以前, 一定要看懂小号印刷体印的细节。Zài wénjiànshang qiānzì yǐqián, yídìng yào kàndǒng xiǎohào yìnshuātǐ yìn de xìjié.
in print [书+] 买得到 [shū+] mǎidedào □ Is that book still in print? 这本书还买得到吗? Zhè běn shū hái mǎidedào ma?
out of print 绝版 (书) juébǎn (shū), 买不到的书 mǎibudào de shū □ The professor is searching high and low for a book that is out of print. 教授在到处寻找一本绝版书。Jiàoshòu zài dàochù xúnzhǎo yì běn juébǎn shū.
2 印刷品 yìnshuāpǐn
printed matter (邮寄的) 印刷品 (yóujì de) yìnshuāpǐn
print media 报刊 (媒体) bàokān (méitǐ)
3 (印出来的) 照片 (yìnchū láide) zhàopiàn, 电影拷贝 diànyǐng kǎobèi **4** 印记 yìnjì, 印痕 yìnhén

printer N **1** (计算机) 打印机 (jìsuànjī) dǎyìnjī [M. WD 台 tái] **2** 印刷工人 yìnshuāgōngrén

printing N **1** 印刷 (技术) yìnshuā (jìshù) **2** (书的一次) (shū de yícì) yìnshuā

printing press N 印刷机 yìnshuājī [M. WD 台 tái]

printout N (计算机) 打印出来的材料 (jìsuànjī) dǎyìn chūlái de cáiliào [M. WD 份 fèn]

prior ADJ 事先的 shìxiān de, 以前的 yǐqián de
  prior conviction 犯罪前科 fànzuì qiánkē
  prior warning 事先警告 shìxiān jǐnggào
  prior to sth 在某事之前 zài mǒushì zhī qián
prioritize V 确定…先后顺序 quèdìng…xiānhòu shùnxù
priority N 1 最重要的事 zuìzhòngyào de shì, 首先要做的事 shǒuxiān yào zuò de shì □ I'll make it my priority to pass all the exams. 我要把通过考试作为我最重要的事。Wǒ yào bǎ tōngguò kǎoshì zuòwéi wǒ zuìzhòngyào de shì.
  to get one's priorities right 按照轻重缓急办事 ànzhào qīng zhòng huǎn jí bànshì □ The first principle of time management is to get your priorities right. 时间管理的第一条原则是按照轻重缓急办事。Shíjiān guǎnlǐ de dìyī tiáo yuánzé shì ànzhào qīng zhòng huǎn jí bànshì.
  to get one's priorities wrong 不按轻重缓急办事 bú ànzhào qīng zhòng huǎn jí bànshì □ She is in trouble because she's got her priorities wrong. 她不按轻重缓急办事, 所以遇到了麻烦。Tā bú ànzhào qīng zhòng huǎn jí bànshì, suǒyǐ yùdaole máfan.
  to give priority to 把…作为重点 bǎ…zuòwéi zhòngdiǎn, 优先办理 yōuxiān bànlǐ □ The company will give priority to research and development. 公司将把研究与开发作为重点。Gōngsī jiāng bǎ yánjiū yǔ kāifā zuòwéi zhòngdiǎn.
  2 优先（权）yōuxiān (quán)
  to have priority over 享有优先权 xiǎngyǒu yōuxiānquán □ What makes you think you have priority over me? 你凭什么要优先于我? Nǐ píng shénme yào yōuxiān yú wǒ?
prism N 棱镜 léngjìng
prison N 监狱 jiānyù [M. WD 座 zuò] □ He was sent to prison for tax evasion. 他因为逃税而进监狱。Tā yīnwéi táo shuì ér jìn jiānyù.
prisoner N 犯人 fànrén, 囚犯 qiúfàn
  prisoner of conscience 政治犯 zhèngzhìfàn, 良心犯 liángxīn fàn
prissy ADJ 谨小慎微的 jǐn xiǎo shènwēi de, 一板一眼的 yìbǎnyìyǎn de
pristine ADJ 崭新的 zhǎnxīn de, 一尘不染的 yì chén bù rǎn de
privacy N 隐私（权）yǐnsī (quán)
private I ADJ 1 私人的 sīrén de □ These are my private papers—you've no right to look at them! 这些是我的私人文件—你没有权力看! Zhèxiē shì wǒ de sīrén wénjiàn—nǐ méiyǒu quánlì kàn!
  private investigator 私家侦探 sījiā zhēntàn
  private parts 生殖器 shēngzhíqì, 私处 sīchù
  2 私立的 sīlì de, 私营的 sīyíng de □ This private school is very expensive. 这所私立学校很贵。Zhè suǒ sīlì xuéxiào hěn guì.
  private enterprise 私营企业制 sīyíng qǐyè zhì
  II N (in private) 私下（地）sīxia (de), 秘密地 mìmì de
privatize V 将…私有化 jiāng…sīyǒuhuà
privilege N 特权 tèquán, 特殊的荣幸 tèshū de róngxìng
privileged ADJ 享有特权的 xiǎngyǒu tèquán de
privy I ADJ (privy to) 了解 [+内情] de liǎojiě [+nèiqíng] de II N 厕所 cèsuǒ
prize I N 奖 jiǎng, 奖赏 jiǎngshǎng, 奖品 jiǎngpǐn □ Who won the Nobel Prize for Peace this year? 谁获得了今年的诺贝尔和平奖? Shéi huòdéle jīnnián de Nuòbèi'ěr héping jiǎng? II V 十分珍视 shífēn zhēnshì, 高度重视 gāodù zhòngshì III ADJ 优等的 yōuděng de, 获奖的 huòjiǎng de
prizefight N 职业拳击赛 zhíyè quánjī sài
pro N 专业人员 zhuānyè rényuán, 职业运动员 zhíyè
  to go pro 成为职业运动员 chéngwéi zhíyè yùndòngyuán
probability N 1 可能性 kěnéngxìng
  in all probability 极有可能 jí yǒu kěnéng
  2 概率 gàilù

probable ADJ 很可能的 hěn kěnéng de
probably ADV 很有可能（地）hěn yǒu kěnéng (de) □ Scientists say the polar bear will probably be extinct in 30 years. 科学家说, 北极熊很有可能在三十年内灭绝。Kēxuéjiā shuō, Běijíxióng hěn yǒukěnéng zài sānshí nián nèi mièjué.
probation N 1 （罪犯）缓刑 (zuìfàn) huǎnxíng 2 （雇员）试用期 (gùyuán) shìyòngqī 3 （雇员）留任察看期 (gùyuán) liúrèn chá yòng qī
  probation officer 缓刑监督官 huǎnxíng jiāndū guān
probe I V 调查 diàochá II N 1 （彻底）调查 (chèdǐ) diàochá 2 航天探测器 hángtiān tàncèqì
problem N 1 难题 nántí, 困难 kùnnan □ I've had a problem with the computer—it often crashes. 我的电脑出问题了—老是死机。Wǒ de diànnǎo chūwèntí le—lǎo shì sǐjī. 2 问题 wèntí □ Let's get to the root of the problem—there isn't enough funding. 让我们别回避问题的根源—资金不够。Ràng wǒmen bié huíbì wèntí de gēnyuán—zījīn bú gòu. 3 题目 tímù □ This math problem is really difficult. 这道数学题真难。Zhè dào shùxué tí zhēn nán. □ Do we have to solve all the problems on the test? 我们考试的时候所有的题目都得回答吗? Wǒmen kǎoshì de shíhou suǒyǒu de tímù dōu děi huídá ma?
  No problem. ① 没问题。Méi wèntí. □ "Can I use your dictionary?" "Sure, no problem." "我可以用你的词典吗?" "没问题。" "Wǒ kěyǐ yòng nǐ de cídiǎn ma?" "Méi wèntí." ② 没什么 méishénme □ "I'm sorry to have kept you waiting." "No problem." "对不起, 让你等了。" "没什么。" "Duìbuqǐ, ràng nǐ děng le." "Méishénme."
problematic ADJ 有很多难题的 yǒu hěn duō nántí de, 很难对付的 hěn nán duìfu de
procedure N 1 程序 chéngxù, 步骤 bùzhòu □ The college has a standard procedure for enrolment. 这个大学录取新生有一套标准的程序。Zhè ge dàxué lùqǔ xīnshēng yǒu yí tào biāozhǔn de chéngxù. 2 （特殊的）外科手术 (tèshū de) wàikē shǒushù
proceed V 1 （继续）进行 (jìxù) jìnxíng, 进行下去 jìnxíng xiàqu 2 行进 xíngjìn, 前进 qiánjìn
proceedings N 1 [刑事+] 诉讼 [xíngshì+] sùsòng 2 会议记录 huìyì jìlù
proceeds N 收入 shōurù, 收益 shōuyì
process I N 1 过程 guòchéng □ We're in the process of selling our house. 我们正在出售我们的住房。Wǒmen zhèngzài chūshòu wǒmen de zhùfáng. 2 工艺流程 gōngyìliúchéng II V 1 加工 [+食品] jiāgōng [+shípǐn] 2 处理 [+数据] chǔlǐ [+shùjù]
procession N 1 游行队伍 yóuxíng duìwǔ, 车队 chēduì 2 一系列（事件）yíxìliè (shìjiàn)
processor N （计算机）信息处理器 (jìsuànjī) xìnxī chǔlǐqì
  word processor 文字处理器 wénzì chǔlǐqì
proclamation N 公告 gōnggào, 宣言 xuānyán
procrastinate V 耽搁 dānge, 拖延 tuōyán
procrastination N 耽搁 dānge, 拖延 tuōyán
procreate V 生育（后代）shēngyù (hòudài)
procreation N 生育（后代）shēngyù (hòudài)
procure V 获取 huòqǔ, 采购 cǎigòu
procurement N 获取 huòqǔ, 采购 cǎigòu
prod I V 1 激励 jīlì, 促使 cùshǐ 2 戳 chuō, 捅 tǒng II N 1 激励 jīlì, 促使 cùshǐ 2 戳 chuō, 捅 tǒng
prodigal I ADJ 挥霍浪费的 huīhuòlàngfèi de II N 挥霍浪费的人 huīhuòlàngfèi de rén
prodigious ADJ 大得惊人的 dà de jīngrén de
prodigy N 奇才 qícái, 神童 shéntóng
produce I V 1 生产 shēngchǎn □ The factory is producing a new line of shoes. 这家工厂在生产一系列新鞋。Zhè jiā gōngchǎng zài shēngchǎn yí xìliè xīn xié. 2 出产 chūchǎn □ Brazil produces a large amount of soybeans. 巴西出产大量

的大豆。Bāxī chūchǎn dàliàng de dàdòu. **3** 出示 [+文件] chūshì [+wénjiàn] **4** 制作电影/电视节目 zhìzuò diànyǐng/diànshì jiémù
II N 蔬菜水果 shūcài shuǐguǒ, 农产品 nóngchǎnpǐn

producer N **1** 生产者 shēngchǎnzhě, 制造厂商 zhìzào chǎng shāng **2** (电影/电视/广播) 制片人 (diànyǐng/diànshì/guǎngbō) zhìpiànrén

product N **1** 产品 chǎnpǐn, 制品 zhìpǐn □ New Zealand is well-known for its quality dairy products. 新西兰因高质量的乳制品而闻名。Xīnxīlán yīn gāo zhìliàng de rǔzhìpǐn ér wénmíng. **2** 结果 jiéguǒ, 产物 chǎnwù **3** (数学) 乘积 (shùxué) chéngjī

production N **1** 生产 shēngchǎn □ Production of hybrid cars is expected to increase dramatically. 人们预料，油电两用车的生产将大大增加。Rénmen yùliào, yóu diàn liǎng yòng chē de shēngchǎn jiāng dàdà zēngjiā. **2** 电影作品 diànyǐng zuòpǐn, 戏剧作品 xìjù zuòpǐn □ The blockbuster movie is another successful production by the Indian film industry. 那部大片是印度电影工业的又一成功作品。Nà bù dàpiàn shì Yìndù diànyǐng gōngyè de yòu yì chénggōng zuòpǐn.

productive ADJ **1** 多产的 duō chǎn de **2** 富有成效的 fùyǒuchéngxiào de **3** 生产性 [+设备] 的 shēngchǎnxìng [+shèbèi] de

productivity N 生产 (效) 率 shēngchǎn (xiào) lǜ

profane ADJ **1** 亵渎 (神灵) 的 xièdú (shénlíng) de **2** 下流的 [+语言] xiàliú de [+yǔyán]

profanity N 亵渎的语言 xièdú de yǔyán, 下流话 xiàliúhuà

profess V **1** 自称 zìchēng, 谎称 huǎngchēng **2** 公开表明 gōngkāi biǎomíng

profession N **1** 专业 zhuānyè, 职业 zhíyè □ He entered the legal profession after getting his law degree. 他取得法学学位后就从事法律工作了。Tā qǔdé fǎxué xuéwèi hòu jiù cóngshì fǎlǜ gōngzuò le. □ She is a clinical psychologist by profession. 她的专业是临床心理学家。Tā de zhuānyè shì línchuáng xīnlǐxuéjiā. **2** [所有的+] 专业人士 [suǒyǒu de+] zhuānyè rénshì □ The medical profession is divided on this issue. 在这个问题上医学界人士意见分歧。Zài zhè ge wèntíshang yīxué jiè rénshì yìjiàn fēnqí. **3** 公开表白 gōngkāi biǎobái

professional **I** ADJ 专业的 zhuānyè de □ Professional athletes make tons of money. 专业运动员大把大把地赚钱。Zhuānyè yùndòngyuán dàbǎ dàbǎ de zhuànqián.
II N 专业人士 zhuānyè rénshì □ If you want the job done properly, call a professional. 你要让这件事好好办，就请一位专业人士吧。Nǐ yào ràng zhè jiàn shì hǎohǎo bàn, jiù qǐng yí wèi zhuānyè rénshì ba.

professionalism N 专业精神 zhuānyè jīngshén, 精益求精的态度 jīng yì qiú jīng de tàidu

professor N 教授 jiàoshòu, 大学教师 dàxué jiàoshī

proffer V (正式) 提出 [+道歉] (zhèngshì) tíchū [+dàoqiàn]

proficiency N 精通 jīngtōng, 熟练 shúliàn
proficiency in Chinese 中文水平 Zhōngwén shuǐpíng, 精通中文 jīngtōng Zhōngwén

proficient ADJ 精通的 jīngtōng de, 熟练的 shúliàn de
be proficient in a language 精通一门言语 jīngtōng yìmén yǔyán

profile N **1** (人头部的) 侧面 (réntóu bù de) cèmiàn **2** (人物) 简介 (rénwù) jiǎnjiè
to keep a high/low profile 保持高/低姿态 bǎochí gāo/dī zītài

profit **I** N **1** 利润 lìrùn □ I sold my house and actually made a profit. 我卖了房子，实际上赚了钱。Wǒ màile fángzi, shíjìshang zhuànle qián.
profit margin 利润率 lìrùnlǜ
profit sharing 分享利润 fēnxiǎng lìrùn, 分红制 fēnhóngzhì
gross profit 毛利 máolì
net profit 净利润 jìng lìrùn, 纯利润 chún lìrùn

2 利益 lìyì, 好处 hǎochu
II V **1** 对…有益 duì…yǒuyì, 对…有利 duì…yǒulì **2** 获利 huòlì

profitability N 获利 (程度) huòlì (chéngdù)

profitable ADJ 可获利的 kě huò lì de, 盈利的 yínglì de

profiteer N 牟取非法暴利者 móuqǔ fēifǎ bàolì zhě, 奸商 jiānshāng

profiteering N 牟取非法暴利 (的行为) móuqǔ fēifǎ bàolì (de xíngwéi)

profligate ADJ 挥霍浪费的 huīhuòlàngfèi de

profound ADJ **1** 深刻的 shēnkè de, 深远的 shēnyuǎn de **2** 知识渊博的 zhīshi yuānbó de

profoundity N 深刻 shēnkè, 深度 shēndù

profuse ADJ 大量的 dàliàng de, 极其丰富的 jíqí fēngfù de

profusion N 大量 dàliàng, 充沛 chōngpèi

progeny N **1** 后代 hòudài **2** 后续的事 hòuxù de shì

prognosis N 预后 yùhòu, 预测 yùcè

program N **1** (电视/演出) 节目 (diànshì/yǎnchū) jiémù □ What television program are you watching? 你在看什么电视节目？Nǐ zàikàn shénme diànshì jiémù? **2** (电脑) 程序 (diànnǎo) chéngxù □ This program allows you to edit digital photos. 这个电脑程序使你可以编辑数码照片。Zhè ge diànnǎo chéngxù shǐ nǐ kěyǐ biānjí shùmǎ zhàopiàn. **3** 课程 kèchéng □ The teachers are encouraged to enroll in an IT training program. 老师们被鼓励参加信息技术训练课程。Lǎoshīmen bèi gǔlì cānjiā xìnxī jìshù xùnliàn kèchéng. **4** 方案 fāng'àn, 计划 jìhuà □ Greenpeace is going to launch a program to save dolphins. 绿色和平要开展一项拯救海豚的计划。Lǜsè hépíng yào kāizhǎn yí xiàng zhěngjiù hǎitún de jìhuà.

programmer N (计算机) 程序编写员 (jìsuànjī) chéngxù biānxiěyuán

programming N (计算机) 程序编写 (jìsuànjī) chéngxù biānxiě **2** (电视/广播) 节目 (diànshì/guǎngbō) jiémù

progress **I** N **1** 进步 jìnbù **2** 进展 jìnzhǎn □ Turning the meadow into an industrial park is called progress? 把这一片草地变成工业园，这就叫进步？Bǎ zhè yí piàn cǎodì biànchéng gōngyè yuán, zhè jiù jiào jìnbù?
II V **1** [工作+] 进展 [gōngzuò+] jìnzhǎn **2** [人+] 缓慢行进 [rén+] huǎnmàn xíngjìn

progression N 进展 jìnzhǎn **2** 移动 yídòng, 行进 xíngjìn

progressive **I** ADJ 进步的 jìnbù de **II** N 进步人士 jìnbùrénshì [M. WD 位 wèi]

prohibit V 禁止 jìnzhǐ

prohibitive ADJ **1** 禁止 (性) 的 jìnzhǐ (xìng) de **2** 高得负担不起的 [+价格] gāo de fùdān bùqǐ de [+jiàgé]

project **I** N **1** 项目 xiàngmù □ This research project is funded by the state government. 这个研究项目是州政府资助的。Zhè ge yánjiū xiàngmù shì zhōu zhèngfǔ zīzhù de. **2** 课题 kètí, 作业 zuòyè □ Our class is doing a project on the 19th-century Chinese immigrants in California. 我们班在做一个关于十九世纪在加利福尼亚州的中国移民的课题。Wǒmen bān zài zuò yí ge guānyú shíjiǔ shìjì zài Jiālìfúníyà zhōu de Zhōngguó yímín de kètí.
II V **1** 预计 yùjì, 推测 tuīcè **2** 放映 (电影) fàngyìng (diànyǐng) **3** 作投影图 zuò tóuyǐngtú

projectile N 投掷物 tóuzhì wù, 发射物 fāshè wù

projection N **1** 预测 yùcè, 推断 tuīduàn **2** 凹出物 āo chū wù **3** 投影 tóuyǐng, 投射 tóushè

projectionist N 电影放映员 diànyǐng fàngyìngyuán

projector N 幻灯机 huàndēngjī, 电影放映机 diànyǐng fàngyìngjī

proletarian ADJ 无产阶级的 wúchǎnjiējí de

proletariat N 无产阶级 wúchǎnjiējí

proliferate V 扩散 kuòsàn

proliferation N 扩散 kuòsàn

a prohibition on the proliferation of nuclear weapons 禁止核武器扩散 jìnzhǐ héwǔqì kuòsàn

prolific ADJ 多产的 [+作家] duō chǎn de [+zuòjiā]

prologue N（戏剧）序幕 (xìjù) xùmù,（叙事诗）序诗 (xùshìshī) xù shī,（书）序言 (shū) xùyán

prolong V 延长 yáncháng, 拉长 lācháng

prolonged ADJ 持续很久的 chíxù hěn jiǔ de, 长时间的 chángshíjiān de

prom N（高中生的）学年舞会 (gāozhōngsheng de) xuénián wǔhuì, 嘉年华会 jiānián huáhuì

senior prom（中学生）毕业舞会 (zhōngxuésheng) bìyè wǔhuì

promenade N 海滨散步道 hǎibīn sànbù dào

prominence N 1 突出 tūchū, 显著 xiǎnzhe 2 杰出 jiéchū

to gain prominence 开始闻名 kāishǐ wénmíng

prominent ADJ 1 显著的 xiǎnzhe de 2 杰出的 jiéchū de

promiscuous ADJ 淫乱的 yínluàn de, 滥交的 lànjiāo de

promise I V 承诺 chéngnuò, 答应 dāyìng □ He's promised his children that he would take them to the zoo this weekend. 他答应孩子这个周末带他们去动物园。Tā dāyìng háizi zhè ge zhōumò dài tāmen qù dòngwù yuán.

II N 承诺 chéngnuò, 答应 dāyìng □ A promise should be slow to make, but quick to fulfill. 应该慢一点儿做出承诺, 快一点儿实现承诺。Yīnggāi màn yìdiǎnr zuòchū chéngnuò, kuài yìdiǎnr shíxiàn chéngnuò.

promising ADJ 大有前途的 dàyǒu qiántú de, 大有希望的 dàyǒu xīwàng de

promo N 广告短片 guǎnggào duǎnpiàn

promontory N 海角 hǎijiǎo

promote V 1 促进 cùjìn □ This organization aims at promoting trade with China. 这个组织的宗旨是促进与中国的贸易。Zhè ge zǔzhī de zōngzhǐ shì cùjìn yǔ Zhōngguó de màoyì. 2 促销 cùxiāo □ The new product is aggressively promoted in North America and Europe. 这个新产品在北美和欧洲强力促销。Zhè ge xīn chǎnpǐn zài Běiměi hé Ōuzhōu qiánglì cùxiāo. 3 提升 tíshēng, 晋升 jìnshēng □ She was promoted to professor-ship after the publication of her third book. 她在第三本书出版后被提升为教授。Tā zài dìsān běn shū chūbǎn hòu bèi tíshēngwéi jiàoshòu.

promoter N 1 [绿色生活方式+] 倡导者 [lǜsè shēnghuó fāngshì+] chàngdǎozhě 2 [音乐会+] 主办者 [yīnyuèhuì+] zhǔbànzhě

promotion N 1 提升 tíshēng, 晋升 jìnshēng 2 促进 cùjìn □ We work for the promotion of social progress. 我们为促进社会进步而努力。Wǒmen wéi cùjìn shèhuì jìnbù ér nǔlì. 3 促销 cùxiāo, 推销 tuīxiāo □ The company spends much more on sales promotion than on wages paid to their workers in China. 这家公司在促销上花的钱比付给中国工人的工资多得多。Zhè jiā gōngsī zài cùxiāoshang huā de qián bǐ fùgěi Zhōngguó gōngrén de gōngzī duō de duō.

promotional V 促销的 cùxiāo de

promotional tour 巡回促销 xúnhuí cùxiāo

prompt[1] ADJ 及时的 jíshí de, 迅速的 xùnsù de □ Thank you for your prompt reply to my inquiry. 谢谢您及时答复我的询问。Gǎnxiè nín jíshí dáfù wǒde xúnwèn.

prompt[2] I V 促使 cùshǐ, 引起 yǐnqǐ II N 1（计算机）提示 (jìsuànjī) tíshì 2（给演员的）提词 (gěi yǎnyuán de) tící

prompter N 提词员 tícíyuán

prone ADJ 倾向于…的 qīngxiàng yú…de, 容易…的 róngyì…de

prone to accidents 容易发生事故的 róngyì fāshēng shìgù de

pronoun N（语法）代词 (yǔfǎ) dàicí

pronounce V 1 发音 fāyīn □ How do you pronounce this word? 这个词怎么发音? Zhè ge cí zěnme fāyīn? 2 宣告 xuāngào

pronounced ADJ 明显的 míngxiǎn de

pronouncement N 公告 gōnggào, 声明 shēngmíng

pronto ADV 马上 mǎshàng, 立刻 lìkè

pronunciation N 发音 fāyīn □ Pronunciation is very important in learning a foreign language. 学习外语, 发音很重要。Xuéxí wàiyǔ, fāyīn hěn zhòngyào.

proof[1] N 证明 zhèngmíng, 证据 zhèngjù □ Do you have any proof that she started the malicious rumor? 你有没有证据, 是她造了这个恶毒的谣言? Nǐ yǒu méiyǒu zhèngjù, shì tā zàole zhè ge èdú de yáoyán?

proof[2] ADJ 能抵挡…的 néng dǐdǎng…de, 防 fáng, 抗 kàng

bulletproof 防弹的 fángdàn de

earthquake-proof 抗地震的 kàng dìzhèn de

proofread V 校对 jiàoduì

proofreader N 校对员 jiàoduìyuán

prop I V 支撑 zhīchēng, 支持 zhīchí II N 1 支撑物 zhīchēng wù 2 小道具 xiǎo dàojù

propaganda N 宣传 xuānchuán

propagate V 1 繁殖 [+植物] fánzhí [+zhíwù] 2 传播 [+信仰] chuánbō [+xìnyǎng]

propel V 推进 tuījìn, 推动 tuīdòng

propeller N 螺旋桨 luóxuánjiǎng, 推进器 tuījìnqì

propensity N 习性 xíxìng, 倾向(性) qīngxiàng (xìng)

proper ADJ 1 适当的 shìdàng de, 恰当的 qiàdàng de □ You should follow the proper procedure. 你应该按照正确的程序去做。Nǐ yīnggāi ànzhào zhèngquè de chéngxù qù zuò. 2 符合礼仪的 fúhé lǐyí de, 正派的 zhèngpài de □ It is not proper to call your professor by his full name. 连名带姓地叫你的教授, 是不符合礼仪的。Lián míng dài xìng de jiào nǐ de jiàoshòu, shì bù fúhé lǐyí de.

proper noun, proper name（语法）专有名词 (yǔfǎ) zhuānyǒu míngcí

properly ADV 适当地 shìdàng de

property N 1 财产 cáichǎn [M. WD 笔 bǐ] □ The antique furniture was her private property. 这些古董家具是她的个人财产。Zhèxiē gǔdǒng jiājù shì tā de gèrén cáichǎn. 2 房地产 fángdìchǎn, 产业 chǎnyè □ He owns expensive properties in prime locations. 他在最好的地段拥有昂贵的房地产。Tā zài zuìhǎode dìduàn yōngyǒu ángguì de fángdìchǎn.

intellectual property 知识产权 zhīshi chǎnquán

lost property office 失物招领处 shīwù zhāolǐng chù

stolen property 赃物 zāngwù

3 性质 xìngzhì, 特性 tèxìng

prophecy N（宗教的）预言 (zōngjiào de) yùyán

prophesy V 预言 yùyán, 预示 yùshì

prophet N 1（宗教的）先知 (zōngjiào de) xiānzhī 2（新观念的）倡导者 (xīn guānniàn de) chàngdǎozhě

prophetic ADJ 正确预见的 zhèngquè yùjiàn de, 有预见的 yǒu yùjiàn de

propitious ADJ 吉利的 jílì de, 最佳的 zuìjiā de

proponent N 支持者 zhīchízhě, 提倡者 tíchàngzhě

proportion N 1 比例 bǐlì □ The proportion of passes to failures in the exam is 9 to 1. 这次考试及格与不及格之比是九比一。Zhè cì kǎoshì jígé yǔ bù jígé zhībǐ shì jiǔ bǐ yī. 2 部分 bùfen □ A large proportion of teenage mothers do not finish high school. 很大一部分少女母亲没有念完中学。Hěn dà yí bùfen shàonǚ mǔqin méiyǒu niànwán zhōngxué.

in proportion to sth 按照与某物的比例 ànzhào yǔ mǒu wù de bǐlì

proportional ADJ 成比例的 chéngbǐlì de

proposal N 1 提议 tíyì □ The proposal was shot down when the boss considered the cost. 老板考虑到费用, 就取消了提议。Lǎobǎn kǎolǜdao fèiyòng, jiù qǔxiāole tíyì. 2 求婚 qiúhūn □ She accepted his proposal happily. 她喜滋滋地接受了他的求婚。Tā xǐzīzī de jiēshòule tā de qiúhūn.

propose V 1 提议 tíyì □ Are you proposing that we should

raise tuition fees? 你是不是提议我们提高学费? Nǐ shìbushì tíyì wǒmen tígāo xuéfèi? □ I propose a toast to the health of all present. 我提议为大家的健康干杯。Wǒ tíyì wèi dàjiā de jiànkāng gānbēi. **2** 求婚 qiúhūn □ He's still divided about whether he should propose to her. 要不要向她求婚, 他还举棋不定。Yàobuyào xiàng tā qiúhūn, tā hái jǔ qí bù dìng. **3** 打算 dǎsuan □ What do you propose to do with regard to the littering problem in the school? 你打算怎么处理学校里乱丢垃圾的事? Nǐ dǎsuan zěnme chǔlǐ xuéxiào lǐ luàn diū lājī de shì?

proposition I N **1** 观点 guāndiǎn, 见解 jiànjiě **2** [商业+] 提议 [shāngyè+] tíyì, 建议 jiànyì II v 提出发生性关系 tíchū fāshēng xìng guānxi

proprietary ADJ **1** 专卖的 [+产品] zhuānmài de [+chǎnpǐn] **2** 属于自己的 [+感觉] shǔyú zìjǐ de [+gǎnjué]
proprietary information (公司) 内部信息 (gōngsī) nèibù xìnxī

proprietor N 拥有者 yōngyǒuzhě, 老板 lǎobǎn

propriety N 得体的行为 détǐ de xíngwéi, 规范 (的言行) guīfàn (de yánxíng)

propulsion N 推进力 tuījìnlì, 推进器 tuījìnqì

pro rata ADJ 按比例计算的 [+报酬] àn bǐlì jìsuàn de [+bàochou]

prosaic ADJ 平淡乏味的 píngdàn fáwèi de

proscribe v 禁止 jìnzhǐ, 取缔 qǔdì

proscription N 禁止 jìnzhǐ, 取缔 qǔdì

prose N 散文 sǎnwén [M. WD 篇 piān]
prose poem 散文诗 sǎnwénshī

prosecute v 起诉 qǐsù, 检控 jiǎnkòng

prosecution N **1** 起诉 qǐsù, 检控 jiǎnkòng **2** 检控方 jiǎnkòng fāng, 原告 (律师) yuángào (lùshī)

prosecutor N 检控官 jiǎnkòng guān, 起诉人 qǐsùrén

proselytize v 说服 [+人] 入教 shuōfú [+rén] rùjiào

prospect I N **1** 前景 qiánjǐng
in prospect 可能即将发生 kěnéng jíjiāng fāshēng
2 会成功的人 huì chénggōng de rén
II v 勘探 kāntàn, 勘察 kānchá

prospective ADJ 可能的 kěnéng de, 预期的 yùqī de

prospectus N **1** [简况+] 小册子 [jiǎnkuàng+] xiǎocèzi **2** [投资+] 计划书 [tóuzī+] jìhuà shū

prosper v 兴旺 xīngwàng, 成功 chénggōng

prosperity N 兴旺 xīngwàng, 繁荣 fánróng □ I wish you prosperity and good health in the new year. 我祝你新年身体健康、万事如意。Wǒ zhù nǐ zài xīnnián lǐ shēntǐ jiànkāng, wànshì rúyì.

prosperous ADJ 兴旺的 xīngwàng de, 繁荣的 fánróng de □ The region became prosperous after a huge oil field was discovered there. 在发现大油田以后, 这个地区兴旺起来。Zài fāxiàn dàyóu tián yǐhòu, zhège dìqū xīngwàng qǐlái.

prosthesis N 假肢 jiǎzhī, 假牙 jiǎyá

prostitute I N **1** 妓女 jìnǚ II v 出卖 [+自己的才能] chūmài [+zìjǐ de cáinéng], 滥用 lànyòng
to prostitute oneself 卖淫 màiyín, 出卖自己 chūmài zìjǐ

prostitution N **1** 娼妓业 chāngjì yè **2** 滥用 lànyòng

prostrate ADJ **1** 俯伏的 fǔwò de, 卧倒在地的 wòdǎo zài dì de, [被悲伤+] 压垮的 [bèi bēishāng+] yā kuǎ de, 一蹶不振的 yì jué bú zhèn de II v (to prostrate oneself) 拜倒 bàidǎo
be prostrate 一蹶不振 yì jué bú zhèn, 压垮的 yā kuǎ de

protagonist N **1** [电影+] 主要人物 [diànyǐng+] zhǔyào rénwù, 主角 zhǔjué **2** 提倡者 tíchàngzhě, 支持者 zhīchízhě

protect v 保护 bǎohù, 保卫 bǎowèi

protection N 保护 bǎohù, 保卫 bǎowèi □ Trade unions provide protection of workers' rights and interests. 工会为工人的权益提供保护。Gōnghuì wèi gōngrén de quányì tígòng bǎohù.

protective ADJ 保护 (性) 的 bǎohù (xìng) de

protective custody 保护性拘留 bǎohùxìng jūliú

protégé N 被保护人 bèi bǎohùrén, 门生 ménshēng

protein N 蛋白质 dànbáizhì

protest v, N 抗议 kàngyì □ Many people went on to the streets to protest against the new immigration law. 很多人上街, 抗议新移民法。Hěn duō rén shàngjiē, kàngyì xīn yímínfǎ.

Protestant I ADJ (基督教) 新教的 (Jīdūjiào) Xīnjiào de II N (基督教) 新教徒 (Jīdūjiào) Xīnjiàotú

Protestantism N (基督教) 新教 (Jīdūjiào) Xīnjiào

protocol N **1** 礼仪 lǐyí **2** 协议 xiéyì, 协定 xiédìng

proton N 质子 zhìzǐ

prototype N 原型 yuánxíng, 典范 diǎnfàn

protracted ADJ 持久的 chíjiǔ de, 长久的 chángjiǔ de

protractor N 量角器 liángjiǎoqì

protrude v 伸出 shēnchū, 凸出 tūchū

protruding ADJ 凸出的 tūchū de

protrusion N 凸出 (物) tūchū (wù)

proud ADJ 骄傲的 jiāo'ào de, 自傲的 zì'ào de □ The self-made millionaire is very proud of his achievement. 这个白手起家的百万富翁对自己的成就非常自傲。Zhè ge báishǒu qǐjiā de bǎiwàn fùwēng duì zìjǐ de chéngjiù fēicháng zì'ào.

prove v (PT **proved**; PP **proved**, **proven**) 证明 zhèngmíng □ It's the prosecutor's job to prove that the defendant is guilty. 起诉人有责任证明被告是有罪的。Qǐsùrén yǒu zérèn zhèngmíng bèigào shì yǒuzuì de.

proven ADJ 被证实的 bèi zhèngshí de

proverb N 谚语 yànyǔ

proverbial ADJ 大名鼎鼎的 dàmíng dǐngdǐng de
the proverbial sth 常言中的 cháng yánzhòng de

provide v 提供 tígòng, 供给 gòngjǐ □ The church provides meals to the homeless here every Tuesday night. 每星期二晚上教会为这里的无家可归者提供一顿饭。Měi xīngqī'èr wǎnshàng jiàohuì wèi zhèlǐ de wújiā kěguī zhě tígòng yí dùn fàn. □ Could you provide us with the latest statistics on population increase? 您能不能向我们提供关于人口增长的最新统计数字? Nín néngbunéng xiàng wǒmen tígòng guānyú rénkǒu zēngzhǎng de zuìxīn tǒngjì shùzì?
to provide for 养活 yǎnghuo □ He has to provide for a large family with his meager wages. 他要以微薄的工资养活大家庭。Tā yào yǐ wēibó de gōngzī yǎnghuo dà jiātíng.

provided (that) CONJ 如果 rúguǒ, 假设 jiǎshè □ You'll be awarded a generous scholarship provided that you pass all the exams with As. 你如果门门课都得A, 就可以获得一份优厚的奖学金。Nǐ rúguǒ ménmén kè dōu dé A, jiù kěyǐ huòdé yí fèn yōuhòu de jiǎngxuéjīn.

providence N 天意 tiānyì, 天命 tiānmìng

providential ADJ 象天意安排的 xiàng tiānyì ānpái de, 正巧的 zhèngqiǎo de

provider N 供应者 gòngyīngzhě

providing CONJ 如果 rúguǒ, 假设 jiǎshè

province N **1** [中国的+] 省 [Zhōngguó de+] shěng
Sichuan Province of China 中国四川省 Zhōngguó Sìchuānshěng
2 [知识的+] 领域 [zhīshi de+] lǐngyù, 范围 fànwéi

provincial I ADJ **1** 省的 shěng de, 行政的 xíngzhèng de
the provincial government of Sichuan 四川省政府 Sìchuānshěng zhèngfǔ
2 狭隘的 xiá'ài de, 守旧的 shǒujiù de
II N 外省人 wàishěngrén, 来自小地方的人 láizì xiǎo dìfang de rén

provision N **1** 提供 tígòng, 供应 gòngyìng □ In an ideal world the government should be responsible for the provision of medical care to all the people. 在理想的世界, 政府应该负责为所有人提供医疗服务。Zài lǐxiǎng de shìjiè, zhèngfǔ yīnggāi fùzé wèi suǒyǒu rén tígòng yīliáo fúwù. **2** 条款 tiáokuǎn, 规定 guīdìng

provisional ADJ 临时的 línshí de, 暂时的 zànshí de

provisions N 粮食 liángshi, 食物 shíwù

proviso N 附加条件 fùjiā tiáojiàn, 前提 qiántí

provocation N 挑衅 (行为) tiǎoxìn (xíngwéi)

provocative ADJ 1 挑衅(性)的 tiǎoxìn (xìng) de 2 十分性感的 shífēn xìnggǎn de, 挑逗性的 tiǎodòu xìng de

provoke V 激怒 jīnù, 激起 jīqǐ

provost N (大学) 教务长 (dàxué) jiàowùzhǎng

prow N 船头 chuántóu

prowess N 高超的技艺 gāochāo de jìyì

prowl I v 来回行走 láihuí xíngzǒu, 巡逻 xúnluó II N (on the prowl) 四处寻觅 sìchù xúnmì, 流窜 liúcuàn

prowler N 流窜伺机作案者 liúcuàn sìjī zuò'àn zhě

proximity N 邻近 línjìn, 靠近 kàojìn

proxy N 代理人 dàilǐrén
　proxy vote 委托投票 wěituō tóupiào
　by proxy 委托他人代理 wěituō tārén dàilǐ

prude N (在性方面) 过分拘谨的人 (zài xìng fāngmiàn) guòfèn jūjǐnde rén

prudence N 谨慎 jǐnshèn, 理性 lǐxìng

prudent ADJ 慎重的 shènzhòng de, 理性的 lǐxìng de

prudish ADJ (在性方面) 一本正经(的)(zài xìng fāngmiàn) yìběnzhèngjīng (de)

prune[1] v (to prune back) 1 修剪 [+树枝] xiūjiǎn [+shùzhī] 2 剪除 jiǎnchú, 除去 chúqù

prune[2] N 西梅干 xī méi gān

prurience N 淫荡 yíndàng, 好色 hàosè

prurient ADJ 好色的 hàosè de, 淫荡的 yíndàng de

pry v 1 撬开 qiàokāi 2 打听 [+别人的隐私] dǎting [+biéren de yǐnsī]
　prying eyes 窥视者 kuīshìzhě

psalm N 圣歌 shènggē [M. WD 首 shǒu], 赞美诗 zànměishī [M. WD 首 shǒu]

pseudonym N 笔名 bǐmíng

psych v (to psych out) 吓住 [+对手] xiàzhù [+duìshǒu]

psyche N 心灵 xīnlíng, 灵魂 línghún

psyched ADJ 作好心理准备 zuò hǎo xīnlǐ zhǔnbèi

psychedelic ADJ 引起迷幻的 [+药物] yǐn qǐ míhuàn de [+yàowù]

psychiatrist N 精神病医生 jīngshénbìng yīshēng

psychiatry N 精神病学 jīngshénbìngxué

psychic I ADJ 通灵的 tōnglíng de, 超自然的 chāo zìrán de
　psychic prediction 通灵预言 tōnglíng yùyán
II N 通灵的人 tōnglíng de rén, 有特异功能的人 yǒu tèyì gōngnéng de rén

psycho N 精神病人 jīngshénbìngrén, 变态人格者 biàntài réngé zhě

psychoanalysis N 精神分析 (治疗法) jīngshén fēnxī (zhìliáofǎ)

psychoanalyst N 精神分析医生 jīngshén fēnxī yīshēng

psychoanalyze v 对…进行精神分析 duì…jìnxíng jīngshén fēnxī, 用精神分析法治疗 yòng jīngshén fēnxīfǎ zhìliáo

psychological ADJ 心理学的 xīnlǐxué de, 心理上的 xīnlǐ shàng de

psychologist N 心理学家 xīnlǐxuéjiā

psychology N 心理(学) xīnlǐ (xué)

psychopath N 精神病患者 jīngshénbìng huànzhě, 严重精神变态者 yánzhòng jīngshén biàntàizhě

psychosis N 精神病 jīngshénbìng

psychosomatic ADJ 有精神引起的 [+疾病] yóu jīngshén yǐn qǐ de [+jíbìng], 身心的 shēnxīn de

psychotherapist N 心理治疗医生 xīnlǐzhìliáo yīshēng

psychotherapy N 心理治疗法 xīnlǐzhìliáo fǎ

psychotic I ADJ 精神病的 jīngshénbìng de II N 精神病患者 jīngshénbìng huànzhě

pub N 酒吧 jiǔbā □ Why don't we swing by the pub first for a couple of beers before heading home? 干吗不先去酒吧喝几杯啤酒再回家? Gànmá bù xiān qù jiǔbā hē jǐ bēi píjiǔ zài huíjiā?

puberty N 青春期 qīngchūnqī

pubescent ADJ 处于青春期的 chǔyú qīngchūnqī de

pubic ADJ 阴部的 yīnbù de
　pubic hair 阴毛 yīnmáo

public I N 1 公众 gōngzhòng, 大众 dàzhòng □ The library is open to the public every day except public holidays. 除了公共假日, 图书馆每天向公众开放。Chúle gōnggòng jiàrì, túshūguǎn měitiān xiàng gōngzhòng kāifàng.
　in public 在公众场合 zài gōngzhòng chǎnghé □ To use a cell phone in public, though a common practice, may still make people feel uncomfortable. 虽然在公共场合使用手机是很普遍的, 但是仍然使人感觉不舒服。Suīrán zài gōngzhòng chǎnghé shǐyòng shǒujī shì hěn pǔbiàn de, dànshì réngrán shǐ rén gǎnjué bù shūfú.
II ADJ 1 公共的 gōnggòng de, 公用的 gōngyòng de □ Are there public restrooms nearby? 附近有公共厕所吗? Fùjìn yǒu gōnggòng cèsuǒ ma?
　public access 公众进入权 gōngzhòng jìnrù quán
　public address (PA) system 扩音系统 kuòyīn xìtǒng
　public assistance 政府补助 zhèngfǔ bǔzhù
　public defender 公设辩护律师 gōngshè biànhù lǜshī
　public housing 政府住房 zhèngfǔ zhùfáng
　public relations 公共关系 gōnggòng guānxì, 公关 gōngguān □ The food-poisoning incident was a public relations disaster for the restaurant. 食物中毒事件对那家餐馆来说是公关大灾难。Shíwù zhòngdú shìjiàn duì nà jiā cānguǎn láishuō shì gōngguān dàzāinàn.
　public school 公立学校 gōnglì xuéxiào, (英国) 私立学校 (Yīngguó) sīlì xuéxiào
　2 公开的 gōngkāi de
　to go public 公开 gōngkāi, 公布于众 gōngbù yú zhòng

publication N 1 出版 chūbǎn □ The publication of this book made her rich and famous. 这本书的出版使她名利双收。Zhè běn shū de chūbǎn shǐ tā míng lì shuāng shōu. 2 出版物 chūbǎn wù, 书刊报章 shūkān bàozhāng

publicist N 广告员 guǎnggào yuán, 公关人员 gōngguān rényuán

publicity N 公共关注 gōnggòng guānzhù, 宣传 xuānchuán
　good/bad publicity 有利的／不利的宣传 yǒulì de/búlì de xuānchuán
　publicity campaign 宣传活动 xuānchuán huódòng

publicize v 传播 chuánbō, 公开 gōngkāi

publicly ADV 公开 gōngkāi □ The politician denounced his colleagues publicly and created a scandal. 这个政客公开谴责同僚, 引起一场丑闻。Zhè ge zhèngkè gōngkāi qiǎnzé tóngliáo, yǐnqǐ yì cháng chǒuwén.

publish v 出版 chūbǎn □ When was her first novel published? 她的第一部小说是什么时候出版的? Tā de dìyī bù xiǎoshuō shì shénme shíhòu chūbǎn de?

publisher N 出版人 chūbǎnrén, 出版商 chūbǎnshāng, 出版公司 chūbǎn gōngsī

publishing N 出版事业 chūbǎn shìyè, 出版界 chūbǎnjiè

puck N 冰球 bīngqiú

pucker v 撅起嘴 juē qǐ zuǐ

pudding N 布丁 bùdīng, 甜食 tiánshí

puddle N 水坑 shuǐkēng, 小水潭 xiǎoshui tán

pudgy ADJ 肥胖的 féipàng de

puerile ADJ 傻乎乎的 shǎhūhū de, 孩子气的 háiziqì de

puff I v 1 (吸烟时) 喷烟 (xīyān shí) pēn yān 2 [烟囱+] 冒烟 [yāncōng+] màoyān 3 喘粗气 chuǎn cū qì II N 吸 (烟) xī (yān)

puffy ADJ [眼睛+] 肿大的 [yǎnjing+] zhǒngdà de

pugnacious ADJ 爱争吵的 àizhēng chǎo de, 好斗的 hǎo dǒu de

puke I v 呕吐 ǒutù II N 呕吐物 ǒutù wù

pull I v 1 拉 lā □ Little Jimmy likes to pull the cat's tail. 小杰姆喜欢拉猫儿的尾巴。Xiǎo Jiémǔ xǐhuan lā māo de wěiba. 2 拖 tuō, 牵 qiān 3 拔 bá □ He had to have his decayed tooth pulled yesterday. 昨天他不得不把蛀牙拔掉。Zuótiān tā búdebù bǎ zhùyá bádiao.

to pull one's leg 戏弄 xìnòng, 对…说假话 duì…shuō jiǎhuà

to pull one's weight 尽力, 做好本份工作 jìnlì, zuòhǎo běnfèn gōngzuò

to pull over [汽车+] 停在路边 [qìchē+] tíng zài lùbiān

II N 1 拉 lā, 拖 tuō, 牵 qiān 2 拉绳 lā shéng 3 吸引力 xīyǐnlì

pulley N 滑轮 huálún

pullout N 1 撤离 chèlí 2 插页 chāyè

pullover N 套头毛衣 tàotóu máoyī

pull-up N 引体向上 yǐn tǐ xiàng shàng

pulmonary ADJ 肺的 fèi de

pulp I N 1 果肉 guǒròu 2 纸浆 zhǐjiāng II v 把…捣成浆 bǎ…dǎo chéng jiāng III ADJ 低俗的 dīsú de

pulp fiction 低俗小说 dīsú xiǎoshuō

pulpit N (教堂中的) 讲坛 (jiàotáng zhòng de) jiǎngtán, 布道坛 bùdàotán

pulsate v 有规律的振动 yǒuguīlǜ de zhèndòng

pulsation N (心脏) 搏动 (xīnzàng) bódòng, (脉) 跳动 (mài) tiàodòng

pulse I N 1 脉搏 màibó 2 [光波+] 脉冲 [guāngbō+] màichōng 3 (社会) 动向 (shèhuì) dòngxiàng, 走向 zǒuxiàng 4 (音乐) 拍子 (yīnyuè) pāizi, 节奏 jiézòu II v 1 [心脏+] 搏动 [xīnzàng+] bódòng 2 [机器+] 振动 [jīqì+] zhèndòng

pulverization N 粉末化 fěnmò huà

pulverize v 把…磨成粉末 bǎ…mó chéng fěnmò

puma N 美洲狮 měizhōushī [M. WD 只 zhī/头 tóu]

pumice N 浮石 fúshí [M. WD 块 kuài]

pummel v [拳头+] 连续捶打 [quántou+] liánxù chuídǎ

pump I N 1 抽水机 chōushuǐ jī, 泵 bèng □ Pumps work day and night to drain the flooded fields. 抽水机日夜不停地抽水从浸水的田里排出去。Chōushuǐ jī rìyè bù tíng de bǎ shuǐ cóng jìnshuǐ de tián lǐ páichūqu. 2 打气筒 dǎqì tǒng □ Have you got a bicycle pump? 你有自行车打气筒吗？Nǐ yǒu zìxíngchē dǎqì tǒng ma?

II v 1 抽水 chōushuǐ 2 打气 dǎqì □ The tire was flat so I pumped it up. 轮胎瘪了, 我就打气。Lúntāi biě le, wǒ jiù dǎqì.

pumpkin N 南瓜 nánguā [M. WD 只 zhī]

pun N 双关语 shuāngguānyǔ, 一语双关 yìyǔ shuāngguān

punch[1] I v 1 用拳猛击 yòng quán měngjī 2 按 [+键] àn [+jiàn] 3 打洞 dǎdòng

to punch in (上班) 打卡 (shàngbān) dǎkǎ

to punch out (下班) 打卡 (xiàbān) dǎkǎ

II N 1 (用拳) 猛击 (yòng quán) měngjī 2 穿孔机 chuānkǒngjī

punch[2] N 潘趣酒 pānqùjiǔ, 混合饮料 hùnhé yǐnliào

punching bag N (拳击练习用的) 吊袋 (quánjī liànxí yòng de) diào dài

punch line N 抛出笑料的妙语 pāochū xiàoliào de miàoyǔ

punctuate v 1 加标点符号 jiā biāodiǎn fúhào 2 (be punctuated by) 不时被打断 bùshí bèi dǎdan

punctuation N 标点符号 (用法) biāodiǎn fúhào (yòngfǎ)

punctuation mark 标点符号 biāodiǎn fúhào

puncture I N (轮胎的) 穿孔 (lúntāi de) chuānkǒng II v 扎穿 [+轮胎] zhā chuān [+lúntāi]

pundit N 权威 quánwēi, 专家 zhuānjiā

pungent ADJ 1 刺鼻的 [+气味] cìbí de [+qìwèi] 2 辛辣的 [+文章] xīnlà de [+wénzhāng]

punish v 罚 fá, 惩罚 chéngfá □ Those who break the law must be punished. 犯法者, 必须受到惩罚。Fànfǎ zhě, bìxū shòudao chéngfá. □ The boy was punished for lying. 男孩因为撒谎而受到惩罚。Nánhái yīnwèi sāhuǎng ér shòudao chéngfá.

punishable ADJ 会受到惩罚的 huì shòudào chéngfá de, 应受到惩罚的 yìng shòudào chéngfá de

punishable by/with life imprisonment 会受到终身监禁 huì shòudào zhōngshēn jiānjìn

punishing ADJ 极其累人的 jíqí lèirén de, 繁重不堪的 fánzhòng bùkān de

punishment N 惩罚 chéngfá, 处罚 chǔfá □ Instead of jail time, his punishment was a fine of $10,000. 他得到的惩罚不是坐牢, 而是罚款一万。Tā dédào de chéngfá bú shì zuòláo, ér shì fákuǎn yí wàn.

punitive ADJ 惩罚(性)的 chéngfá (xìng) de

punk N 朋克 péng kè, 小流氓 xiǎo liúmáng

punk rock 朋克摇滚乐 péng kè yáogǔnyuè

punk rocker 朋克摇滚乐迷 péng kè yáogǔnyuè mí

punt I N 悬空长球 xuánkōng cháng qiú 2 方头平底船 fāngtóu píngdǐchuán [M. WD 艘 sōu] II v 1 踢悬空长球 tī xuánkōng cháng qiú 2 乘方头平底船 chéng fāngtóu píngdǐchuán

puny ADJ 1 瘦小的 [+孩子] shòuxiǎo de [+háizi] 2 微薄的 [+利润] wēibó de [+lìrùn]

pup N 小狗 xiǎogǒu [M. WD 只 zhī]

pupil[1] N 小学生 xiǎo xuésheng □ There are 30 pupils in Mrs. Smith's science class. 在史密斯太太的科学课上有三十个学生。Zài Shǐmìsī tàitai de kēxué kèshang yǒu sānshí ge xuésheng.

pupil[2] N 瞳孔 tóngkǒng

puppet N 1 木偶 mù'ǒu 2 傀儡 kuǐlěi

puppeteer N 玩木偶的人 wán mù'ǒu de rén, 木偶艺人 mù'ǒu yìrén

puppy N 小狗 xiǎogǒu [M. WD 只 zhī]

puppy love 少男少女的恋情 shàonán shàonǚ de liànqíng, 早恋 zǎoliàn

purchase I v 购买 gòumǎi II N 购买到的物品 gòumǎi dào de wùpǐn

pure ADJ 纯的 chún de, 纯净的 chúnjìng de □ This trout stream has some of the purest water in this area. 这条鳟鱼小溪里的水是这个地区最纯净的。Zhè tiáo zūnyú xiǎoxī lǐ de shuǐ shì zhè ge dìqū zuì chúnjìng de.

puree N [番茄+] 酱 [fānqié+] jiàng, 糊 hú

purely ADV 纯粹(地) chúncuì (de), 完全(地) wánquán (de)

purgatory N 炼狱 liànyù, 遭受极大苦难的地方 zāoshòu jídà kǔnàn de dìfang

purge I v 清洗 [+政敌] qīngxǐ [+zhèngdí], 清除 qīngchú II N 清洗 (行动) qīngxǐ (xíngdòng)

purification N 净化 jìnghuà

purify v 使…纯净 shǐ…chúnjìng, 净化 jìnghuà

purist N 力求纯正的人士 lìqiú chúnzhèng de rénshì, 纯正主义者 chúnzhèng zhǔyìzhě

Puritan N 清教徒 Qīngjiàotú

puritan N 道德上很严格的人 dàodé shàng hěn yángé de rén

puritanical ADJ 清教徒式的 Qīngjiàotú shì de

purity N 纯洁(度) chúnjié (dù), 纯度 chúndù

purple I N 紫色 zǐsè II ADJ 紫色的 zǐsè de

purport I v 据说 jùshuō, 声称 shēngchēng II N 大意 dàyì

purpose N 目的 mùdì □ To put it bluntly, the primary, if not the only, purpose of most businesses is to make money. 坦率地说, 大多数商家的主要目的, 如果不是唯一目的, 就是赚钱。Tǎnshuài de shuō, dàduōshù shāngjiā de zhǔyào mùdì, rúguǒ bú shì wéiyī mùdì, jiù shì zhuànqián.

on purpose 故意(地) gùyì (de)

to no purpose 毫无成果 háowú chéngguǒ

accidentally on purpose 明明是故意却装作无意 míngmíng shì gùyì què zhuāngzuò wúyì

purposeful ADJ **1** 有明确目的的的 yǒu míngquè mùdì de **2** 坚定的 jiāndìng de, 果断的 guǒduàn de

purposely ADV 故意（地）gùyì (de)

purr I v **1** [猫+] 发出呼噜声 [māo+] fāchū hūlushēng **2** [人+] 轻柔地说 [rén+] qīngróu de shuō II N 轻柔的说话声 qīngróu de shuōhuàshēng

purse I N **1** （女用）钱包 (nǚ yòng) qiánbāo, 手提包 shǒutíbāo **2** 资金 zījīn

public purse 政府资金 zhèngfǔ zījīn

to control the purse string 控制财权 kòngzhì cáiquán, 掌管钱财 zhǎngguǎn qiáncái

II v (to purse one's lips) 撅起嘴巴 juē qǐ zuǐba

purser N （客轮的）事务长 (kèlún de) shìwùzhǎng

pursue v **1** 追求 [+财富] zhuīqiú [+cáifù] **2** 追赶 [+小偷] zhuīgǎn [+xiǎotōu] **3** 从事 cóngshì, 继续 jìxù

pursuit N **1** 追求 zhuīqiú **2** 追赶 zhuīgǎn

purvey v 供应 [+商品] gōngyìng [+shāngpǐn], 提供 [+信息] tígōng [+xìnxī]

purveyor N 供应商 gōngyìngshāng, 提供者 tígòngzhě

pus N 脓 nóng

push I v **1** 推 tuī □ We had to get off the bikes and pushed them up the steep street. 我们不得不从自行车上下来, 推着车走上这条陡峭的街。Wǒmen bùdébù cóng zìxíngchēshang xiàlai, tuīzhe chē zǒushang zhè tiáo dǒuqiào de jiē. **2** 按 àn **3** 推动 tuīdòng, 逼迫 bīpò □ He was pushed into the language class by his parents. 他是被父母推着来上语言班的。Tā shì bèi fùmǔ tuīzhe lái shàng yǔyán bān de. **4** 贩卖 fànmài □ He was arrested for pushing drugs. 他因贩卖毒品而被捕。Tā yīn fànmài dúpǐn ér bèibǔ.

to push around 摆布 bǎibù □ I won't allow anyone to push me around. 我不允许任何人摆布我。Wǒ bù yǔnxǔ rènhé rén bǎibù wǒ.

to push on 继续前进 jìxù qiánjìn □ Let's push on—we've got to get there before dark. 我们继续走吧, 我们得在天黑前到达。Wǒmen jìxù zǒu ba, wǒmen děi zài tiānhēi qián dàodá.

to push up 提高价格 tígāo jiàgé

II N 推 tuī □ I gave Tommy a push and he fell into the pool. 我推了汤姆一把, 他就掉下水去了。Wǒ tuīle Tāngmǔ yì bǎ, tā jiù diàoxia shuǐ qù le. **2** 试图 shìtú

pusher N 毒品贩子 dúpǐn fànzi

pushover N 很容易被说服的人 hěn róngyì bèi shuōfú de rén, 容易被影响的人 róngyì bèi yǐngxiǎng de rén

push-up N 俯卧撑 fǔwòchēng

pushy ADJ 咄咄逼人的 duōduō bīrén de

pussycat N **1** 猫咪 māomī [M. WD 只 zhī] **2** 温和的好人 wēnhé de hǎorén

pussyfoot v 畏首畏尾 wèi shǒu wèi wěi, 犹豫不决 yóuyù bù jué

put v (PT & PPT **put**) **1** 放 fàng, 放置 fàngzhì □ "Where did you put today's paper?" "I put it on the coffee table." "你把今天的报纸放在哪里了？" "放在咖啡桌上了。" "Nǐ bǎ jīntiān de bàozhǐ fàng zài nǎlǐ le?" "Fàng zài kāfēi zhuōshang le." □ Please don't put any sugar or milk in my tea. 请不要在我的茶里放糖和牛奶。Qǐng bú yào zài wǒ de chá lǐ fàng táng hé niúnǎi. **2** 写 xiě, 写下 xiěxia □ She put her signature to the will only after reading it very carefully. 她仔细读了一遍以后, 才在遗嘱上签字。Tā zǐxì dúle yí biàn yǐhòu, cái zài yízhǔshang qiānzì. **3** 表达 biǎodá □ How should I put it? 我该怎么说呢？Wǒ gāi zěnme shuō ne? **4** 使 shǐ □ The news put me in a bad mood. 这个消息让我心情很坏。Zhège xiāoxi ràng wǒ xīnqíng hěn huài.

to put aside 储蓄 chǔxù □ It's a good idea to put aside some money for a rainy day. 储蓄一些钱以防万一, 是个好主意。Chǔxù yìxiē qián yǐ fáng wànyī, shì ge hǎo zhúyì.

to put away 放回去 fàng huíqù □ After using the dictionary, you should put it away. 用完词典以后, 要放回去。Yòngwán cídiǎn yǐhòu, yào fànghuíqu.

to put down 羞辱 xiūrǔ □ He resented at being put down by the young teacher in class. 他对那个年轻老师在上课时羞辱他, 感到恼怒。Tā duì nà ge niánqīng lǎoshī zài shàngkè shí xiūrǔ tā, gǎndao nǎonù.

to put forward 提出 tíchū □ May I put forward a proposal? 我可以提一个提议吗？Wǒ kěyǐ tí yí ge tíyì ma?

to put on ① 穿上 [+衣服 / 鞋子] chuānshang [+yīfu/xiézi] □ The boy put on his sports shoes and ran out. 男孩穿上运动鞋, 跑出去了。Nánhái chuānshang yùndòng xié, pǎochūqu le. ② 增加 [+体重] zēngjiā [+tǐzhòng] □ Heck, I've put on weight again! 天哪, 我体重又增加了! Tiān na, wǒ tǐzhòng yòu zēngjiā le! ③ 放 [+音乐] fàng [+yīnyuè] □ Let's put on some music. 我们放些音乐吧。Wǒmen fàng xiē yīnyuè ba.

to put out 扑灭 [+火] pūmiè [+huǒ] □ The fire was finally put out. 火终于扑灭了。Huǒ zhōngyú pūmiè le.

(to feel) put out 感到有点恼火 gǎndào yǒudiǎn nǎohuǒ

putrefy v 腐烂 fǔlàn

putrid ADJ 腐臭的 fǔchòu de

putt I v 轻轻地打 [+高尔夫球] qīngqīngde dǎ [+gāo'ěrfūqiú], 推 [+高尔夫球] tuī [+gāo'ěrfūqiú] II N 轻击 qīng jī, 推（高尔夫）球 tuī (gāo'ěrfū) qiú

putty N 油灰 yóuhuī

put upon ADJ (to feel put upon) 感到被人占了便宜 gǎndào bèi rénzhànle piányi

puzzle I N **1** 智力游戏 zhìlì yóuxì

crossword puzzle 纵横填字游戏 zònghéng tiánzìyóuxì jigsaw puzzle 拼图游戏 pīn tú yóuxì

2 不可理解的事 bùkě lǐjiě de shì □ Her sudden departure is still a puzzle to me. 我还是不明白她为什么突然离去。Wǒ háishi bù míngbai tā wèishénme tūrán líqù.

II v **1** 使…困惑 shǐ…kùnhuò, 把…弄糊涂 bǎ…nònghú tú □ The teachers were puzzled by his very poor performance in the exams. 他考得非常不好, 使老师们很困惑。Tā kǎo dé fēicháng bùhǎo, shǐ lǎoshīmen hěn kùnhuò. **2** 苦思冥想 kǔsī míngxiǎng

puzzled ADJ 困惑的 kùnhuò de

pygmy N 非常矮小的人 fēicháng ǎixiǎo de rén, 侏儒 zhūrú

pylon N **1** 高压电线架 gāoyādiàn xiàn jià **2** 圆锥形路障 yuánzhuī xíng lùzhàng

pyramid N 金字塔 jīnzìtǎ, 金字塔形物 jīnzìtǎxíng wù

pyre N 火葬柴堆 huǒzàng chái duī

python N （大）蟒蛇 (dà) mǎngshé [M. WD 条 tiáo]

Q, q

quack¹ I v [鸭子+] 嘎嘎叫 [yāzi+] gāgā jiào II N [鸭子+] 嘎嘎叫声 [yāzi+] gāgā jiàoshēng

quack² N 冒牌医生 màopáiyīshēng, 庸医 yōngyī

quad ABBREV See **quadrangle**, **quadruplet**

quadrangle N 四边形 sìbiānxíng, 四角形 sìjiǎoxíng

quadrant N 四分之一圆 sì fēn zhī yī yuán

quadraphonic ADJ 四声道（的）sìshēng dào (de)

quadrilateral N 四边形 sìbiānxíng

quadriplegic I N 四肢瘫痪者 sìzhī tānhuàn zhě II ADJ 四肢瘫痪的 sìzhī tānhuàn de

quadruped N 四足动物 sìzú dòngwù

quadruple I v 增加到四倍 zēngjiā dào sìbèi, 增加三倍 zēngjiā sānbèi, 翻两番 fān liǎng fān II ADJ 四倍的 sìbèi de

quadruplet N 四胞胎之一 sìbāotāi zhī yī

quagmire N **1** 泥潭 nítán **2** （难以脱身的）困境 (nán yī tuīshēn de) kùnjìng

quail¹ N 鹌鹑 ānchún [M. WD 只 zhī]

quail² v 发抖 fādǒu, 害怕 hàipà

quaint ADJ 古色古香的 gǔsè gǔxiāng de, 奇特的 qítè de

quake I v 1 [人+] 颤抖 [rén+] chàndǒu, 哆嗦 duōsuo 2 [大地+] 震动 [dàdì+] zhèndòng II N 地震 dìzhèn

Quaker N (基督教) 贵格会 (Jīdūjiào) Guìgéhuì, 公谊会 gōngyìhuì

qualification N 资格 zīgé, 资格证明 zīgé zhèngmíng □ He doesn't have formal qualification, but he's highly competent. 他没有正式的资格证明, 但是他非常能干称职。Tā méiyǒu zhèngshì de zīgé zhèngmíng, dànshì tā fēicháng nénggàn chènzhí.

qualified ADJ 1 合格的 hégé de 2 有保留的 [+同意] yǒu bǎoliú de [+tóngyì]

qualify v 获得资格 huòdé zīgé □ She won't qualify for teaching until next year. 她明年才获得教师资格。Tā míngnián cái huòdé jiàoshī zīgé.

qualitative ADJ 质量 (上) 的 zhìliàng (shàng) de, 性质的 xìngzhì de
qualitiative analysis 定性分析 dìngxìng fēnxī

quality I N 1 品质 pǐnzhí □ Many teachers believe that Robert has leadership qualities. 很多老师相信罗伯特有领袖品质。Hěn duō lǎoshī xiāngxìn Luóbótè yǒu lǐngxiù pǐnzhí. 2 质量 zhìliàng □ It is generally acknowledged that products of that company are of excellent quality. 普遍认为, 那家公司的产品质量优越。Pǔbiàn rènwéi, nà jiā gōngsī de chǎnpǐn zhìliàng yōuyuè. □ The air quality of this city is deteriorating. 这个城市的空气质量越来越差。Zhè ge chéngshì de kōngqì zhìliàng yuèláiyuè chà.
II ADJ 优质的 yōuzhì de, 高质量的 gāo zhìliàng de □ The furniture maker only uses quality timber. 这家家具制造商只采用优质木材。Zhè jiā jiājù zhìzàoshāng zhǐ cǎiyòng yōuzhì mùcái.
quality control 质量管理 zhìliàng guǎnlǐ
quality time 宝贵时光 bǎoguì shíguāng

qualm N 疑虑 yílǜ, 不安 bù'ān

quandary N (不知所措的) 困境 (bù zhī suǒ cuò de) kùnjìng

quantifiable ADJ 可以量化的 kěyǐ liànghuà de

quantifier N (语法) 数量词 (yǔfǎ) shùliàngcí

quantify v 用数字测定 yòng shùzì cèdìng, 量化 liànghuà

quantitative ADJ 数量 (上) 的 shùliàng (shàng) de
quantitative analysis 定量分析 dìngliàng fēnxī

quantity N 数量 shùliàng □ No one knows the exact quantity of drugs that is smuggled into the country. 没有人知道走私到这个国家的毒品的确切数量。Méiyǒu rén zhīdào zǒusī dào zhè ge guójiā de dúpǐn de quèqiē shùliàng.
in quantity 大量 dàliàng, 大批 dàpī □ If you buy the goods in quantity, I'll give you a discount. 你如果大量订货, 我给你打折。Nǐ rúguǒ dàliàng dìnghuò, wǒ gěi nǐ dǎzhé.

quantum N 量子 liàngzǐ
quantum leap 突飞猛进 tūfēi měngjìn, 飞跃 fēiyuè

quarantine I N 隔离检疫 (期) gélí jiǎnyì (qī) II v 对…隔离检疫 duì…gélí jiǎnyì

quark N 夸克 kuākè

quarrel I N 争吵 zhēngchǎo, 吵架 chǎojià □ He had a quarrel with his wife about money this morning. 今天早上他和妻子因为钱的问题吵架。Jīntiān zǎoshang tā hé qīzi yīnwèi qián de wèntí chǎojià.
II v 争吵 zhēngchǎo, 吵架 chǎojià □ I could hear the couple living next door quarreling again. 我可以听到隔壁那对夫妻又在吵架。Wǒ kěyǐ tīngdao gébì nà duì fūqī yòu zàichǎojià.

quarrelsome ADJ 爱争吵的 ài zhēngchǎo de

quarry I N 1 采石场 cǎishíchǎng 2 猎场 lièchǎng II v 采石 cǎishí

quart N 夸脱 kuātuō (= 0.9463 liter)

quarter I N 1 四分之一 sì fēn zhī yī □ Roughly a quarter of Canadians speak French. 大约有四分之一的加拿大人说法语。Dàyuē yǒu sì fēnzhī yī de Jiānádà rén shuō fǎyǔ. 2 一刻钟 yí kè zhōng □ It's a quarter to one now; I'll have lunch at a quarter after. 现在是一点差一刻, 我在一点半钟吃中饭。Xiànzài shì yì diǎn chà yí kè, wǒ zài yì diǎn yí kè chī zhōngfàn. 3 季度 jìdù □ Sales soared in the fourth quarter. 在第四季度, 销售猛增。Zài dìsì jìdù, xiāoshòu měng zēng. 4 (大学的) 学季 (dàxué de) xuéjì 5 25分的硬币 èrshíwǔ fēn de yìngbì
II ADJ 四分之一的 sì fēn zhī yī de
III v 1 把…分成四份 bǎ…fēnchéng sì fèn 2 提供食宿 tígōng shísù

quarterback N 1 (美式足球) 枢纽前卫 (Měishì zúqiú) shūniǔ qiánwèi, 四分卫 sì fēn wèi 2 组织者 zǔzhīzhě, 指挥者 zhǐhuīzhě

quarterfinal N 四分之一决赛 sì fēn zhī yī juésài

quarterly I ADJ, ADV 一年四次的 yìnián sìcì de, 季度的 jìdù de II N 季刊 (杂志) jìkān (zázhì)

quarters N 居住的地方 jūzhù de dìfang, 住处 zhùchù
servants' quarters 佣人睡房 yōngrén shuìfáng

quartet N 四重唱 (小组) sìchóngchàng (xiǎozǔ), 四重奏 (乐队) sìchóngzòu (yuèduì)
string quartet 弦乐四重奏乐队 xiányuè sìchóngzòu yuèduì

quartz N 石英 shíyīng

quasar N 类星体 lèixīngtǐ

quash v 1 平息 [+骚乱] píngxī [+sāoluàn], 镇压 zhènyā 2 撤销 [+上诉] chèxiāo [+shàngsù], 废除 fèichú

quaver I v 1 颤抖 chàndǒu 2 用颤抖的声音说 yòng chàndǒu de shēngyīn shuō II N 颤抖 chàndǒu, 颤音 chànyīn

quay N 码头 mǎtou

queasy ADJ (感到) 恶心的 (gǎndào) ěxīn de, 想呕吐 xiǎng ǒutù

queen N 女王 nǚwáng, 王后 wánghòu □ Queen Elizabeth II is beloved by many Britons. 伊丽莎白二世女王受到很多英国人的热爱。Yīlìshābái èr shì Nǚwáng shòudao hěn duō Yīngguórén de rè'ài.
queen bee 蜂后 fēng hòu

queen-size ADJ 大号的 [+床] dàhào de [+chuáng]

queer I ADJ 1 怪怪的 guài guài de, 奇怪的 qíguài de 2 同性恋的 tóngxìngliàn de, 双性恋的 shuāngxìngliàn de, 变性恋的 biànxìng liàn de II N 同性恋者 tóngxìngliànzhě

quell v 镇压 zhènyā, 平息 píngxī

quench v (to quench one's thirst) 解渴 jiěkě, (to quench a fire) 灭火 mièhuǒ

querulous ADJ 爱发牢骚的 ài fāláosào de, 老是抱怨的 lǎoshi bàoyuàn de

query I N 疑问 yíwèn, 问题 wèntí II v 1 提出疑问 tíchū yíwèn 2 询问 xúnwèn

quest N, v 追求 zhuīqiú, 探求 tànqiú

question I N 1 问题 wèntí □ Do you have any questions? 你有什么问题吗? Nǐ yǒu shénme wèntí ma?
question mark 问号 wènhào (?)
2 考题 kǎotí □ Sorry, there's a typo error in Question 5. 对不起, 第五个问题有一个打印错误。Duìbuqǐ, dìwǔ ge wèntí yǒu yí ge dǎyìn cuòwù.
without question 肯定无疑 kěndìng wúyí □ The cheap imports are without question a challenge to local industry. 廉价进口货对当地工业肯定是一个挑战。Liánjià jìnkǒu huò duì dāngdì gōngyè kěndìng shì yí ge tiǎozhàn.
out of the question 绝对不可能 juéduì bù kěnéng □ It is out of the question for me to apologize to her. 要我对她道歉是绝对不可能的。Yào wǒ duì tā dàoqiàn shì juéduì bù kěnéng de.
(It's a) good question! 问得好! 我也不知道。Wènde hǎo! Wǒ yě bù zhīdào. □ "What should be done to ensure both economic development and environmental conservation?" "It's

a good question!" "应该怎么样确保经济发展和环境保护？" "问得好，但是我也不知道。" Yīnggāi zěnmeyàng quèbǎo jīngjì fāzhǎn hé huánjìng bǎohù?" Wènde hǎo, dànshì wǒ yě bù zhīdào."

II v 1 [警察+] 审问 [jǐngchá+] shěnwèn □ Police questioned the suspect for three hours. 警方审问了这个嫌疑犯三个小时。Jǐngfāng shěnwènle zhè ge xiányífàn sān ge xiǎoshí. 2 怀疑 huáiyí, 质疑 zhìyí □ I question the accuracy of these figures. 我怀疑这些数字的准确性。Wǒ huáiyí zhèxiē shùzì de zhǔnquè xìng.

questionable ADJ 1 有问题的 [+结论] yǒu wèntí de [+jiélùn], 不能确定的 bùnéng quèdìng de 2 不诚实的 [+交易] bù chéngshí de [+jiāoyì]

questioning ADJ 询问的 xúnwèn de

questionnaire N 问卷 wènjuàn, 调查表 diàochábiǎo [M. WD 份 fèn]

queue I N 1 (计算机) 队列 (jìsuànjī) duìliè

print queue 打印队列 dǎyìn duìliè

2 排队 páiduì

II v 排队 páiduì

quibble I v (为小事) 争吵 (wéi xiǎoshì) zhēngchǎo **II** N 有一点不满意 yǒu yìdiǎn bù mǎnyì

quiche N 蛋奶火腿馅饼 dàn nǎi huǒtuǐ xiànbǐng [M. WD 块 kuài]

quick I ADJ 1 快的 kuài de, 迅速的 xùnsù de □ The subway is quicker than buses. 乘地铁比乘公共汽车快。Chéng dìtiě bǐ chéng gōnggòng qìchē kuài. □ Harry is a quick learner. 哈里学得很快。Hālǐ xuéde hěn kuài. 2 聪明的 cōngming de, 灵活的 línghuó de

quick study 学得很快的聪明人 xué dehěn kuài de cōngmingrén

3 性急的 jíxìng de

II ADV 快快 (地) kuài kuài (de), 迅速 (地) xùnsù (de)

quicken v (使…) 加快 (shǐ…) jiā kuài

quickie I ADJ 又快又容易的 yòu kuài yòu róngyì de **II** N 又快又容易做的事 yòu kuài yòu róngyì zuò de shì

quickly ADV 快 kuài, 迅速 xùnsù □ He ate up his lunch quickly and rushed to the gym. 他很快吃完中饭，就赶去健身房。Tā hěn kuài chīwán zhōngfàn, jiù gǎnjù jiànshēn fáng.

quicksand N 流沙 liúshā

quick-tempered ADJ 脾气急躁的 píqì jízào, 性急的 xìngjí de

quick-witted ADJ 敏捷的 mínjié de, 对答如流的 duìdá rú liú de

quid pro quo N 交换 (物) jiāohuàn (wù)

quiescent ADJ (暂时) 静止的 (zànshí) jìngzhǐ de

quiet I ADJ 1 安静的 ānjìng de □ Please keep quiet. 请保持安静。Qǐng bǎochí ānjìng. □ The attic, though small, is quiet and cozy. 阁楼虽然小，但是很静，很舒适。Gélóu suīrán xiǎo, dànshì hěn jìng, hěn shūshì. 2 清淡的 qīngdàn de □ Business is quiet on Mondays. 星期一生意很清淡。Xīngqīyī shēngyì hěn qīngdàn.

II N 平静 píngjìng □ Upon retirement the movie star will move to the mountains to enjoy peace and quiet. 退休以后，这位电影明星要搬到大山里去享受宁静和平的生活。Tuìxiū yǐhòu, zhè wèi diànyǐng míngxīng yào bāndao dà shān lǐ qù xiǎngshòu níngjìng hépíng de shēnghuó.

quill N 羽毛管 yǔmáo guǎn

quill pen 羽毛笔 yǔmáo bǐ

quilt N 被子 bèizi [M. WD 条 tiáo]

patchwork quilt 百衲被 bǎinà bèi

quilted ADJ 夹 (层) 的 jiā (céng) de

quinine N 奎宁 kuíníng, 金鸡纳霜 jīnjīnàshuāng

quintessence N 典范 diǎnfàn

quintessential ADJ 典型的 diǎnxíng de, 典范的 diǎnfàn de

quintet N 五重唱 (小组) wǔchóngchàng (xiǎozǔ), 五重奏 (乐队) wǔchóngzòu (yuèduì)

quintuplet N 五胞胎之一 wǔbāotāi zhī yī

quip I v 说俏皮话 shuō qiàopíhuà **II** N 俏皮话 qiàopíhuà

quirk N 1 古怪的行为 gǔguài de xíngwéi, 怪癖 guàipǐ 2 奇怪的巧事 qíguài de qiǎoshì, 奇合 qíhé

quirky ADJ 离奇古怪的 líqí gǔguài de

quit v (PT & PP **quit**) 1 辞去 [+工作] cíqù [+gōngzuò], 离开 líkāi 2 停止 [+抽烟] tíngzhǐ [+chōuyān], 不再 búzài

quite ADV 相当 xiāngdāng

not quite 不完全 bù wánquán, 不十分 bù shífēn □ I'm not quite sure if he can do the job well. 我不完全肯定他能做好这件事。Wǒ bù wánquán kěndìng tā néng zuòhǎo zhè jiàn shì.

quits ADJ (to call it quits) 停止 (做某事) tíngzhǐ (zuò mǒu shì), 结束 jiéshù

quitter N 打退堂鼓的人 dǎ tuìtánggǔ de rén, 半途而废的人 bàntú ér fèi de rén

quiver N 微微发抖 wēiwēi fādǒu, 颤抖 chàndǒu

quixotic ADJ 唐吉珂德似的 tángjíkēdé shìde, 浪漫而空想的 làngmàn ér kōngxiǎng de

quiz I N 小测验 xiǎo cèyàn **II** v 1 查问 cháwèn 2 给 [+学生] 做小测验 gěi [+xuésheng] zuò xiǎocèyàn

quizzical ADJ 疑问的 yíwèn de, 好奇的 hàoqí de

quorum N (会议的) 法定人数 (huìyì de) fǎdìng rénshù

quota N 配额 pèi'é, 定量 dìngliàng

quotable ADJ 值得引用的 zhíde yǐnyòng de

quotation N 1 引言 yǐnyán 2 报价 bàojià

quotation marks 引号 yǐnhào (" ")

quote I v 1 引用…的话 yǐnyòng…de huà 2 报价 bàojià **II** N 引言 yǐnyán

quotient N (数学) 商 (数) (shùxué) shāng (shù)

intelligence quotient (IQ) 智商 zhìshāng

Quran N See **Koran**

qwerty ADJ (a qwerty keyboard) 标准键盘 biāozhǔn jiànpán

R, r

rabbi N (犹太教的) 教士 (Yóutàijiào de) jiàoshì, 拉比 lābǐ

rabbit N 兔 (子) tù (zi) [M. WD 只 zhī]

rabble N (一群) 暴民 (yìqún) bàomín, (一帮) 痞子 (yìbāng) pǐzi

rabid ADJ 1 患狂犬病的 huàn kuángquǎnbìng de 2 过激狂热的 guòjī kuángrè de

rabies N 狂犬病 kuángquǎn bìng

raccoon N 浣熊 huànxióng [M. WD 头 tóu]

race¹ I N (跑步、游泳等) 比赛 (pǎobù、yóuyǒng děng) bǐsài □ The athlete from Kenya led the race from start to finish. 这位肯尼亚运动员在赛跑中自始至终一直领先。Zhè wèi Kěnníyà yùndòngyuán zài sàipǎo zhōng zì shǐ zhì zhōng yìzhí lǐngxiān.
II v 1 参加 [+赛车] 比赛 cānjiā [+sàichē] bǐsài □ Hundreds of cyclists race in the "Tour de France" every year. 每年几百名自行车运动员在"法国之旅"中赛车。Měi nián jǐ bǎi míng zìxíngchē yùndòngyuán zài "Fǎguó zhī lǚ" zhōng sài chē.
2 飞快地奔跑 fēikuài de bēnpǎo □ He raced to catch the bus. 他飞快地奔跑，赶公共汽车。Tā fēikuài de bēnpǎo, gǎn gōnggòng qìchē.

race² N 种族 zhǒngzú □ People should be treated with respect regardless of race and religion. 人们不分种族和宗教都应得到尊重。Rénmen bù fēn zhǒngzú hé zōngjiào dōu yīng dédào zūnzhòng.

race relations 种族关系 zhǒngzú guānxi

race-course, racetrack N 赛道 sàidào [M. WD 条 tiáo]

racial ADJ 种族的 zhǒngzú de

racial discrimination 种族歧视 zhǒngzú qíshì

racing N 赛车/马/跑 sàichē/mǎ/pǎo

racism N 种族主义 zhǒngzú zhǔyì

racist I ADJ 种族主义的 zhǒngzúzhǔyì de **II** N 种族分子 zhǒngzú fènzi

rack I N 架子 jiàzi

dish rack 盘碟架 pándié jià

luggage rack 行李架 xínglijià

magazine rack 杂志架 zázhìjià

roof rack 车顶架 chēdǐng jià

wine rack 酒瓶架 jiǔ píng jià

II v (to rack one's brains) 绞尽脑汁 jiǎojìn nǎozhī

racket N **1** 吵闹 chǎonào **2** 非法勾当 fēifǎ gòudang **3** 球拍 qiúpāi

racketeer N 干非法勾当的人 gàn fēifǎ gòudang de rén

racketeering N 非法勾当 (如敲诈, 勒索, 诈骗) fēifǎ gòudang (rú qiāozhà, lèsuǒ, zhàpiàn)

racquet N 球拍 qiúpāi

racy ADJ 带有性挑逗的 dàiyǒu xìng tiǎodòu de, 有趣味的 yǒuqù wèi de

radar N 雷达 léidá

radial ADJ 辐射状的 fúshè zhuàng de

radiant tire 辐射状轮胎 fúshè zhuàng lúntāi

radiance N **1** 喜气洋洋 xǐqì yángyáng, 容光焕发 róngguāng huànfā **2** 光辉 guānghuī

radiant ADJ **1** 喜气洋洋的 xǐqì yángyáng de, 容光焕发的 róngguāng huànfā de **2** 光辉的 guānghuī de, 灿烂的 cànlàn de

radiate v **1** 发射出 [+光辉] fāshè chū [+guānghuī] **2** 显示出 xiǎnshì chū

radiation N 辐射 fúshè

radiation sickness 放射病 fàngshèbìng

radiator N **1** (汽车的) 散热器 (qìchē de) sànrèqì **2** (房屋的) 暖气装置 (fángwū de) nuǎnqì zhuāngzhì

radical I ADJ **1** 根本的 [+改变] gēnběn de [+gǎibiàn], 彻底的 chèdǐ de **2** 激进的 [+政治主张] jījìn de [+zhèngzhì zhǔzhāng], 极端的 jíduān de **II** N 激进分子 jījìn fènzi

radicalism N 激进主义 jījìnzhǔyì

radio I N **1** 收音机 shōuyīnjī, 无线电 wúxiàndiàn □ Nowadays most people listen to the radio only when they're traveling in cars. 现在大多数人只是在驾车时听收音机。Xiànzài dàduōshù rén zhǐ shì zài jiàchē shí tīng shōuyīnjī. **2** 无线电收发设备 wúxiàndiàn shōufā shèbèi **3** 广播事业 guǎngbō shìyè **II** v 用无线电发送信息 yòng wúxiàndiàn fāsòng xìnxī

radioactive ADJ 有发射性的 [+材料] yǒu fāshè xìng de [+cáiliào]

radiologist N 放射科医生 fàngshèkē yīshēng

radiology N 放射 (医) 学 fàngshè (yī) xué

radiotherapy N 放射治疗 fàngshèzhìliáo

radish N 小萝卜 xiǎoluóbo

radium (Ra) N 镭 léi

radius N (圆的) 半径 (yuán de) bànjìng

radon (Rn) N 氡 dōng

raffle I N 抽奖 chōujiǎng **II** v (to raffle off) 以…为奖品 yǐ... wéi jiǎngpǐn

raft N 木筏 mùfá, 橡皮筏 xiàngpífá [M. WD 艘 sōu]

rafter N 乘筏的人 chéng fá de rén **2** 椽子 chuánzi

rafting N 漂流 (运动) piāoliú (yùndòng)

rag I N **1** 抹布 mābù **2** (低质量的) 报纸 (dī zhìliàng de) bàozhǐ, 小报 xiǎobào **3** See **ragtime**

rag doll 布娃娃 bùwáwa

II v (to rag on) 戏弄 xìnòng

ragamuffin N 穿得破烂的小孩 chuān dé pòlàn de xiǎohái

ragbag N (a ragbag of sth) 杂乱无章的东西 záluàn wúzhāng de dōngxi, 七零八碎的事物 qīlíng bāsuì de shìwù

rage I N 大怒 dà nù

to fly into a rage 突然大发脾气 tūrán dà fā píqi

II v **1** 激烈地进行 jīliè de jìnxíng **2** 对…大发脾气 duì...dà fā píqi

ragged, raggedy ADJ **1** 破烂的 [+衣服] pòlàn de [+yīfu], 衣衫褴褛的 yīshān lánlǚ de **2** 不完美的 [+表演] bù wánměi de [+biǎoyǎn]

ragtag ADJ **1** 乱哄哄的 luànhōnghōng de, 杂乱的 záluàn de **2** 肮脏的 āngzāng de

ragtime N 雷格泰姆 (音乐/舞蹈) léigétàimǔ (yīnyuè/wǔdǎo)

rah-rah ADJ 太会叫好的 tài huì jiàohǎo de **II** INTERJ 好！好！hǎo! hǎo!

raid I v **1** 袭击 xíjī, 突袭 tūxí **2** [警察+] 突袭搜捕 [jǐngchá+] tūxí sōubǔ **II** N **1** 袭击 xíjī, 突袭 tūxí **2** (警察) 突袭搜捕 (jǐngchá) tūxí sōubǔ **3** 挪用 [+资金] nuóyòng [+zījīn]

rail¹ N **1** 栏杆 lángān, 扶手 fúshou **2** 铁轨 tiěguǐ

by rail 乘火车 (旅行) chénghuǒchē (lǚxíng)

rail² v 声讨 shēngtǎo

railing N 栏杆 lángān, 扶手 fúshou

railroad¹ N 铁路 tiělù, 铁道 tiědào □ In the U.S.A. the railroad is very little used, while it is the main means of transport in many other countries. 美国很少用铁路，但是在许多国家铁路是主要交通工具。Měiguó hěn shǎo yòng tiělù, dànshì zài xǔduō guójiā tiělù shì zhǔyào jiāotōng gōngjù.

railroad² v 强迫 qiǎngpò, 强行 qiángxíng

railway N See **railroad¹**

rain I N 雨 yǔ, 雨水 yǔshuǐ □ We were caught in the rain. 我们赶上下雨了。Wǒmen gǎnshang xiàyǔ le. □ Do you get much rain in your area? 你们地区常下雨吗？Nǐmen dìqū cháng xiàyǔ ma?

II v 下雨 xiàyǔ □ The weather forecast says it'll rain tomorrow. 天气预报说明天下雨。Tiānqì yùbào shuō míngtiān xiàyǔ.

rain forest 雨林 yǔlín

rainbow N 虹 hóng, 彩虹 cǎihóng

rain check N **1** 近期兑现的优惠券 jìnqī duìxiàn de yōuhuì quàn **2** (体育) 近期比赛入场券 (tǐyù) jìnqī bǐsài rùchǎngquàn [M. WD 张 zhāng]

to take a rain check 改日再做某事 gǎirì zài zuò mǒu shì

raincoat N 雨衣 yǔyī [M. WD 件 jiàn]

raindrop N 雨点 yǔdiǎn

rainfall N 降雨量 jiàngyǔliàng

rains N (热带的) 雨季 (rèdài de) yǔjì

rainstorm N 暴雨 bàoyǔ [M. WD 场 cháng]

rainwater N 雨水 yǔshuǐ

rainy ADJ 多雨的 duō yǔ de, 经常下雨的 jīngcháng xiàyǔ de

to save for a rainy day 存钱以备不时之需 cúnqián yǐbèi bùshízhīxū

raise v **1** 举起 jǔqǐ, 升起 shēngqǐ, 抬起 táiqǐ □ Those who've seen a giant panda, raise your hands! 看见过大熊猫的，请举手！Kànjianguo dà xióngmāo de, qǐng jǔshǒu! □ Every morning the flag is raised at school. 每天早上，国旗在学校升起。Měitiān zǎoshang, guóqí zài xuéxiào shēngqǐ. **2** 提高 tígāo □ Don't raise your voice at me, son. 小子，别对我大声嚷嚷。Xiǎozi, bié duì wǒ dàshēng rāngrang. **3** 饲养 sìyǎng □ She raised a dozens chickens for fresh eggs. 她为了吃到新鲜鸡蛋，养了十几只鸡。Tā wèile chīdao xīnxian jīdàn, yǎngle shíjǐ zhī jī. **4** 提出 [+问题] tíchū [+wèntí]

II N 加薪 jiā xīn □ It's not a good time to ask for a raise. 现在不是要求加薪的好时机。Xiànzài bú shì yāoqiú jiā xīn de hǎo shíjī.

to raise hell/Cain 大吵大闹 dà chǎo dà nào □ He raised hell when he found his car damaged. 他发现汽车被弄坏了，大吵大闹。Tā fāxiàn qìchē bèi nònghuài le, dà chǎo dà nào.

raison d'être N 存在的理由 cúnzài de lǐyóu

rake I N 耙子 pázi [M. WD 把 bǎ] **II** v 用耙子耙 yòng pázi bà

to rake leaves 把落叶耙在一起 bǎ luòyè bà zài yìqǐ

rally I N **1** 大型 [+抗议] 集会 dàxíng [+kàngyì] jíhuì **2** 汽车拉力赛 qìchē lālìsài **3** (股票) 反弹 [gǔpiào+] fǎntán, 重新振作 chóngxīn zhènzuò **II** v **1** 集合 jíhé **2** 重新振作 chóngxīn zhènzuò, 反弹 fǎntán

rallying cry N（有号召力的）战斗口号 (yǒu hàozhàolì de) zhàndòu kǒuhào

rallying point N 凝聚力 níngjùlì

RAM (= Random Access Memory) ABBREV（计算机）随机存取存储器 (jìsuànjī) suíjī cúnqǔ cúnchǔqì

ram I v 猛撞 měngzhuàng II N 公羊 gōngyáng [m. wd 头 tóu]

Ramadan N（伊斯兰教）斋月 (Yīsīlánjiào) zhāiyuè

ramble V, N 1 漫步 mànbù, 闲逛 xiánguàng 2 漫谈 mántán, 没有边际的说很多话 méiyǒu biānjì de shuō hěn duō huà

rambling ADJ 1 漫无边际的 [+文章] màn wú biānjì de [+wénzhāng] 2 杂乱无章的 [+建筑] záluàn wúzhāng de [+jiànzhù]

rambunctious ADJ 吵吵闹闹的 chǎochǎo nàonào de

ramification N 意料不到的后果 yìliào búdào de hòuguǒ

ramp N（出入高速公路的）坡道 (chūrù gāosù gōnglù de) pōdào

rampage V, N 横冲直撞 héngchōng zhízhuàng
to go on a rampage 骚乱 sāoluàn, 闹事 nàoshì

rampant ADJ 猖獗的 chāngjué de, 失控的 shīkòng de

ramshackle ADJ 破烂的 pòlàn de

ran See run

ranch N 大牧场 dà mùchǎng, 大农场 dà nóngchǎng
ranch house 牧场式住房 mùchǎngshì zhùfáng

rancher N 牧场主 mùchǎng zhǔ, 农场主 nóngchǎng zhǔ

ranching N 经营农场 jīngyíng nóngchǎng, 经营牧场 jīngyíng mùchǎng

rancid ADJ 变味的 [+黄油] biànwèi de [+huángyóu], 不新鲜的 bù xīnxian de

rancor N 怨恨 yuànhèn, 深仇 shēn chóu

rancorous ADJ 充满怨恨的 chōngmǎn yuànhèn de

random I ADJ 随意的 suíyì de, 任意的 rènyì de
random sample 随机抽样 suíjī chōuyàng
II N (at random) 随机（地）suíjī (de), 任意（地）rènyì (de)

rang See ring

range I N 1 系列 xìliè □ Come to our store and see the new range of furniture from Italy. 请到我们店来，看看意大利来的新家具系列。Qǐng dào wǒmen diàn lái, kànkan Yìdàlì lái de xīn jiājù xìliè. **2** 范围 fànwéi □ My dad has a wide range of interests. 我父亲兴趣广泛。Wǒ fùqin xìngqu guǎngfàn. **3** 幅度 fúdù □ What is the salary range for an associate professor in your university? 你们大学副教授的工资幅度是多少？Nǐmen dàxué fù jiàoshòu de gōngzī fúdù shì duōshǎo? **4** 距离 jùlí □ The murder victim was shot at point-blank range. 凶杀被害人是被近距离开枪射死的。Xiōngshā bèihài rén shì jìn jùlí kāiqiāng shèsǐ de.
II v 1 范围在…和…之间 fànwéi zài...hé...zhījiān 2 涉及 shèjí 3 排列 páiliè

ranger N 1 护林员 hùlínyuán, 管理员 guǎnlǐyuán 2 巡逻骑警 xúnluó qíjǐng

rank I N 1 级别 jíbié, 军阶 jūnjiē □ He was promoted to the rank of colonel before retiring from the army. 他从陆军退役以前，被提升为上校。Tā cóng lùjūn tuìyì yǐqián, bèi tíshēngwéi shàngxiào. **2** 社会阶层 shèhuì jiēcéng, 身份 shēnfen
II v 分成等级 fēnchéng děngjí, 排名 páimíng □ Every year this magazine ranks American universities and colleges. 每年这家杂志都为美国大学排名。Měi nián zhè jiā zázhì dōu wèi Měiguó dàxué páimíng.
III ADJ 1 十足的 shízú de, 完全的 wánquán de 2 难闻的 nánwén de

rank and file N 普通成员 pǔtōng chéngyuán

ranking I N 排名 páimíng, 名次 míngcì II ADJ 级别最高的 jíbiézuìgāo de, 高级的 [+官员] gāojí de [+guānyuán]

rankle v 使…十分恼火 shǐ...shífēn nǎohuǒ

ransack v 1 彻底搜查 chèdǐ sōuchá 2 洗劫 xǐjié

ransom I N（绑票）赎金 (bǎngpiào) shújīn II v 付赎金救出 fù shújīn jiù rén

rant v 怒气冲冲地叫嚷 nùqì chōngchōng de jiàorǎng

rap I N 1 轻敲 qīngqiāo 2 指控 zhǐkòng
drunk driving rap 酒后驾车的指控 jiǔhòu jiàchē de zhǐkòng
3（音乐）说唱乐 (yīnyuè) shuōchàngyuè
II v 1 轻敲 qīngqiāo
to rap sb on the knuckles 轻轻地批评某人 qīngqīng de pīpíng mǒurén
2 气愤地指责 qìfèn de zhǐzé **3** 念出说唱乐的歌词 niàn chū shuōchàng yuè de gēcí

rape v, N 强奸 qiángjiān, 强暴 qiángbào □ The police report that rape is on the increase in that city. 警方报告，这座城市的强奸案在增加。Jǐngfāng bàogào, zhè zuò chéngshì de qiángjiān àn zàizēngjiā.
date rape 约会强奸 yuēhuì qiángjiān

rapid ADJ 迅速的 xùnsù de □ Rapid economic development requires more and more energy supply. 迅速的经济发展需要越来越多的能源供应。Xùnsù de jīngjì fāzhǎn xūyào yuèláiyuè duō de néngyuán gōngyìng.
rapid heartbeats 心动过速 xīndòng guòsù

rapidly ADV 迅速（地）xùnsù (de) □ After grandma's death grandpa's health declined rapidly. 奶奶去世后，爷爷的健康情况迅速恶化。Nǎinai qùshì hòu, yéye de jiànkāng qíngkuàng xùnsù èhuà.

rapids N 激流 jīliú

rapist N 强奸犯 qiángjiānfàn

rapport N 融洽关系 róngqià guānxi
to establish a rapport with sb 与某人建立融洽关系 yǔ mǒurén jiànlì róngqià guānxi

rapprochement N [两国+] 关系重新缓和 [liǎngguó+] guānxi chóngxīn huǎnhé

rapt ADJ 出神的 chūshén de, 全神贯注的 quánshén guànzhù de
with rapt attention 全神贯注地 quánshén guànzhù de

rapture N 狂喜 kuángxǐ

rapturous ADJ 狂喜的 kuángxǐde

rare ADJ 1 稀有的 xīyǒu de, 难得的 nándé de □ A white Christmas is rare in the Southern Hemisphere. 下雪的圣诞节在南半球是很难得的。Xiàxuě de Shèngdàn jié zài nánbànqiú shì hěn nándé de. **2** 半熟的 bàn shóu de □ No, I don't like my steak well-done; I like it rare. 不，我不喜欢牛排煮得太老，我喜欢半熟的。Bù, wǒ bù xǐhuan niúpái zhǔde tài lǎo, wǒ xǐhuan bàn shóu de.

rarely ADV 很少（发生）hěn shǎo (fāshēng)

raring ADJ 急切的 jíqiè de, 渴望的 kěwàng de

rarity N 1 珍贵的东西 zhēnguì de dōngxi, 稀有的宝物 xīyǒu de bǎowù 2 不常发生的事 bù cháng fāshēng de shì

rascal N 恶棍 ègùn, 无赖 wúlài

rash I ADJ 急躁的 jízào de, 草率的 cǎoshuài de II N 皮疹 pízhěn
to break out in a rash 起疹子 qǐ zhěnzi, 发出疹子 fāchū zhěnzi

rasp I v 发出刺耳的声音 fāchū cì'ěr de shēngyīn II N 1 粗哑刺耳的声音 cūyǎ cì'ěr de shēngyīn 2 粗锉刀 cūcuòdāo

raspberry N 山莓 shānméi, 悬钩子 xuángōuzi

rat I N（老）鼠 (lǎo) shǔ [m. wd 只 zhī]
rat race 无休止的竞争 wú xiūzhǐ de jìngzhēng, 相互倾轧 xiānghù qīngyà
II v（背信弃义地）告密 (bèixìn qìyì de) gàomì

rate N 1 率 lǜ, 比率 bǐlǜ □ What is the rate of exchange between U.S. dollars and Euros? 美元和欧元的兑换比率是多少？Měiyuán hé Ōuyuán de duìhuàn bǐlǜ shì duōshǎo? **2** 费用 fèiyòng, 价格 jiàgé □ Sure, I'll pay her the going rate for word-processing. 当然，我会按现在的价格付她文字处理的钱。Dāngrán, wǒ huì àn xiànzài de jiàgé fù tā wénzì chǔlǐ de qián. **3** 速度 sùdù □ He reads at the rate of 250 words per minute. 他的阅读速度是一分钟二百五十个词。Tā de yuèdú sùdù shì yì fēnzhōng èr bǎi wǔshí ge cí.

first-rate 一等 yì děng, 第一流 dìyī liú

at any rate 不管怎么说 bùguǎn zěnme shuō, 无论如何 wú lùn rú hé □ At any rate you've learned a good lesson from this incident. 不管怎么说，你从这件事得到了教训。Bùguǎn zěnme shuō, nǐ cóng zhè jiàn shì dédàole jiàoxùn.

rather ADV 相当 xiāngdāng □ I've done rather badly in the exam. 我考试考得相当差。Wǒ kǎoshì kǎode xiāngdāng chà.

rather than 不 bù, 不是 bú shì □ I'll stay at home rather than go out with them. 我要呆在家里，不跟他们一起出去。Wǒ yào dāi zài jiālǐ, bù gēn tāmen yìqǐ chūqu.

rather too 未免 wèimiǎn □ This punishment is rather too harsh. 这个惩罚未免太严厉了。Zhè ge chéngfá wèimiǎn tài yánlì le.

would rather 宁愿 nìngyuàn □ She didn't want to see anybody—she would rather be left alone. 她谁都不愿意见—她宁愿一个人呆着。Tā shéi dōu bú yuànyì jiàn—tā nìngyuàn yí ge rén dāizhe.

ratification N 正式签署 zhèngshì qiānshǔ, 批准 pīzhǔn

ratify V 正式签署 [+条约] zhèngshì qiānshǔ [+tiáoyuē], 批准 pīzhǔn

rating N 1 等级 děngjí, 率 lǜ 2 (电影的) 级别 (diànyǐng de) jíbié

approval rating 支持率 zhīchílǜ

credit rating 信用等级 xìnyòng děngjí

ratings N (电影／电视) 收视率 (diànyǐng/diànshì) shōushìlǜ

ratio N 比 (例) bǐ (lì), 比率 bǐlǜ

ration I N 配给 (量) pèijǐ (liáng) II V 定量供应 dìngliàng gōngyìng, 实行配给 shíxíng pèijǐ

rationale N 原因 yuányīn, 依据 yījù

rationalize V 1 合理的解释 hélǐ de jiěshì 2 合理化 hélǐhuà

rationalization N 合理化 hélǐhuà

rationing N 配给 pèijǐ, 定量供应 dìngliàng gōngyìng

rations N (每日的) 口粮配给 (měirì de) kǒuliáng pèijǐ

rattle I V 1 使…咯咯震动 shǐ…gēgē zhèndòng 2 使…神经紧张 shǐ…shénjīng jǐnzhāng II N 1 咯咯的声音 gēgē de shēngyīn 2 拨浪鼓 (玩具) bōlànggǔ (wánjù)

rattlesnake N 响尾蛇 xiǎngwěishé [M. WD 条 tiáo]

raucous ADJ 1 噪杂的 [+人群] zàozá de [+rénqún] 2 沙哑的 [+声音] shāyǎ de [+shēngyīn]

raunchy ADJ 色情的 sèqíng de, 下流的 xiàliú de

ravage V 严重摧毁 yánzhòng cuīhuǐ, 毁坏 huǐhuài

ravages N (破坏性) 后果 (pòhuàixìng) hòuguǒ

rave I V 胡言乱语 húyán luànyǔ

to rave about 赞赏 zànshǎng

to rant and rave 大叫大嚷 dàjiào dàrǎng, 大骂 dàmà

II ADJ 赞扬的 zànyáng de

rave review 热烈好评 rèliè hǎopíng

III N 狂欢聚会 kuánghuān jùhuì

raven N 渡鸦 dùyā [M. WD 只 zhī]

ravenous ADJ 极饿的 jí'è de, 饿的 è de

ravine N 深谷 shēngǔ, 峡谷 xiágǔ

raving ADJ 胡言乱语的 húyán luànyǔ de

raving success 巨大成功 jùdà chénggōng

ravings N 胡言乱语 húyán luànyǔ, 疯话 fēnghuà

ravish V 1 使…陶醉 shǐ…táozuì 2 强奸 qiángjiān

ravishing ADJ 令人心醉的 lìngrén xīnzuì de, 十分美丽的 shífēn měilì de

raw ADJ 1 生的 [+食物] shēng de [+shíwù]

raw materials 原材料 yuán cáiliào

2 不成熟的 [+人] bùchéngshú de [+rén], 没有经验的 méiyǒu jīngyàn de

a raw recruit 新兵 xīnbīng

3 阴冷的 [+天气] yīnlěng de [+tiānqì]

ray N 光线 guāngxiàn

a ray of hope 一线希望 yí xiàn xīwàng

ray gun 光束枪 guāngshùqiāng, 激光枪 jīguāng qiāng

rayon N 人造丝 rénzàosī

raze V 把…夷为平地 bǎ…yí wéi píngdì

razor N 剃刀 tìdāo [M. WD 把 bǎ], 剃胡刀 tì hú dāo [M. WD 把 bǎ]

razor blade N 刀片 dāopiàn

razz V 嘲笑 cháoxiào

re PREP 关于 guānyú

reach I V 1 到达 dàodá □ Police reached the crime scene in 25 minutes. 警察在二十五分钟内到达犯罪现场。Jǐngchá zài èrshíwǔ fēnzhōng nèi dàodá fànzuì xiànchǎng. □ We'll have a bathroom break when we reached the next town. 我们到达下一个小镇时，要停下来洗手。Wǒmen dàodá xià yí ge xiǎo zhèn shí, yào tíngxiàlai xǐshǒu. 2 够得着 gòudezháo □ The child stood on tiptoes, but still couldn't reach the cooker jar. 小孩踮起脚，但还是够不着饼干罐头。Xiǎohái diǎnqǐjiǎo, dàn háishì gòubuzháo bǐnggān guàntou. 3 伸手拿 shēnshǒu ná □ He reached out his hand for the salt. 他伸手拿盐。Tā shēnshǒu ná yán. 4 和…联系 liánxi □ You can reach me at my office on 918-3187. 你可以打电话九一八三一八七，到我办公室找我。Nǐ kěyǐ dǎ diànhuà jiǔ yāo bā sān yāo bā qī, dào wǒ bàngōng shì zhǎo wǒ.

II N 1 河段 héduàn

the upper/lower reaches (of a river) (河流) 上游／下游 (héliú) shàngyóu/xiàyóu

2 可能得到 kěnéng dédào □ She believes that the scholarship is within her reach. 她相信能得到奖学金。Tā xiāngxìn néng dédào jiǎngxuéjīn.

beyond the reach of sb 某人不可能得到 mǒurén bù kěnéng dédào □ Such luxuries are beyond the reach of wage-earners. 这样的奢侈品对工薪阶层来说是可望而不可及的。Zhèyàng de shēchǐ pǐn duì gōngxīn jiēcéng láishuō shì kě wàng ér bù kě jí de.

out of/beyond (one's) reach ① 在手伸不到的地方 zài shǒu shēnbudào de dìfang □ Keep the medicines out of the reach of children. 把药放在孩子拿不到的地方。Bǎ yào fàng zài háizi nábudàode dìfang. ② 买不起 mǎibuqǐ

within (one's) reach ① 在手伸得到的地方 zài shǒu shēndedào de dìfang, 在可以达到的地方 zài kěyǐ dádào de dìfang □ My apartment is within easy reach of a supermarket. 我的公寓离超市很近。Wǒ de gōngyù lí chāoshì hěn jìn. ② 买得起 mǎideqǐ

react V 反应 fǎnyìng □ How did the public react to the tough security measures? 公众对严格的保安措施有什么反应？Gōngzhòng duì yángé de bǎo'ān cuòshī yǒu shénme fǎnyìng?

to react against 反对 fǎnduì, 反抗 fǎnkàng □ Farmers reacted strongly against huge meat imports. 农民们反抗大量的肉类进口。Nóngmínmen fǎnkàng dàliàng de ròulèi jìnkǒu.

reaction N 1 反应 fǎnyìng, 反响 fǎnxiǎng □ His anti-immigration speech provoked angry reactions in some ethnic communities. 他的反移民演说在一些种族社区里激起愤怒的反应。Tā de fǎn yímín yǎnshuō zài yìxiē zhǒngzú shèqū lǐ jīqǐ fènnù de fǎnyìng. 2 药物反应 yàowù fǎnyìng, 生理反应 shēnglǐ fǎnyìng □ I know a man who has a strong reaction to peanuts. 我知道一个人对花生有生理反应。Wǒ zhīdào yí ge rén duì huāshēng yǒu shēnglǐ fǎnyìng.

reactionary I ADJ 反动的 fǎndòng de II N 反动派 fǎndòngpài, 反动份子 fǎndòng fènzi

reactive ADJ 反应 (性的) fǎnyìng (xìng) de

reactor N (核) 反应堆 (hé) fǎnyìngduī

read (PT & PP **read**) V 1 读书 dú shū, 阅读 yuèdú, 看得懂 kàndedǒng □ My 10-year-old son can read story books by himself. 我十岁的儿子能自己阅读故事书了。Wǒ shí suì de érzi néng zìjǐ yuèdú gùshi shū le. 2 读到 dúdào, 看到 kàndào □ I've read that a new medicine has been invented to cure Alzheimer's disease. 我读到一篇文章（or 一条消息），说已经发明出治疗老年性痴呆症的药物了。Wǒ dúdao yì piān wénzhāng (or yì tiáo xiāoxi), shuō yǐjīng fāmíngchū zhìliáo lǎoniánxìng chīdāizhèng de yàowù le.

to read between the lines 仔细读（找出言外之意）zǐxì dú (zhǎochū yán wài zhī yì) □ If you read between the lines, you'll see she's not totally against your proposal. 如果你仔细读，就会发现她并不是完全不同意你的提议。Rúguǒ nǐ zǐxì dú, jiù huì fāxiàn tā bìng bú shì wánquán bù tóngyì nǐ de tíyì.

readable ADJ（读起来）有趣的（dú qǐlái）yǒuqù de, 易读的 yì dú de

reader N 1 读者 dúzhě □ She received many readers' letters after the publication of her novel. 她的小说发表以后，收到很多读者来信。Tā de xiǎoshuō fābiǎo yǐhòu, shōudao hěn duō dúzhě láixìn. 2 读书的人 dúshū de rén □ I'm not much of reader. 我书读得不多。Wǒ shū dúde bù duō. 3 读本 dúběn [M. WD 本 běn], 读物 dúwù [M. WD 本 běn]

readership N 读者（群）dúzhě (qún)

readily ADV 1 容易地 róngyì de 2 乐意地 lèyì de

readiness N 1 愿意 yuànyì, 情愿 qíngyuàn 2 准备好 zhǔnbèi hǎo, 准备就绪 zhǔnbèi jiùxù

reading N 1 阅读 yuèdú □ He enjoys reading and playing soccer. 他喜欢阅读和踢英式足球。Tā xǐhuan yuèdú hé tī Yīngshì zúqiú. 2 阅读材料 yuèdú cáiliào □ The teacher assigned us a lot of reading. 老师布置很多阅读材料要我们看。Lǎoshī bùzhì hěn duō yuèdú cáiliào yào wǒmen kàn. 3 理解 lǐjiě, 解释 jiěshì

reading room N 阅览室 yuèlǎn shì

readjust V 重新适应 chóngxīn shìyìng, 调整适应 tiáozhěng shìyìng

read-only memory See ROM

readout N（计算机）信息读出（jìsuànjī）xìnxī dú chū

ready ADJ 准备好 zhǔnbèihǎo □ The police squad is ready to raid the house. 警察小队准备好了袭击那幢房子。Jǐngchá xiǎoduì zhǔnbèihǎole xíjī nà zhuàng fángzi. □ Dinner's ready! 饭做好了！Fàn zuòhǎo le!

(Get) ready, (get) set, go! 各就各位，预备，起！Gè jiù gè wèi, yùbèi, qǐ!

ready-made ADJ 现成的 xiànchéng de

ready-to-wear 现成的（服装）xiànchéng de (fúzhuāng)

real I ADJ 真正的 zhēnzhèng de, 真实的 zhēnshí de □ Terrorism is a real threat to the world. 恐怖主义是对世界的真正威胁。Kǒngbù zhǔyì shì duì shìjiè de zhēnzhèng wēixié. □ You can't meet such people in real life. 在真实生活中你不会遇到这样的人。Zài zhēnshí shēnghuó lǐ nǐ bú huì yùdao zhèyàng de rén. II ADV 确实 quèshí, 实在 shízài □ That test is real hard. 那次考试确实很难。Nà cì kǎoshì quèshí hěn nán.

real estate N 房地产 fángdìchǎn

real estate agency 房地产公司 fángdìchǎn gōngsī
real estate agent 房地产经纪人 fángdìchǎn jīngjìrén

realism N 现实主义 xiànshízhǔyì

realist N 现实主义者 xiànshízhǔyì zhě

realistic ADJ 现实（主义）的 xiànshí (zhǔyì) de, 讲究实际的 jiǎngjiu shíjì de

realistically ADV 现实（主义）地 xiànshí (zhǔyì) de, 讲究实际地 jiǎngjiu shíjì de

reality N 现实 xiànshí, 真实情况 zhēnshí qíngkuàng

reality show 写实节目 xiěshí jiémù, 真人秀 zhēnrén xiù

realization N 1 意识 yìshí, 领悟 lǐngwù 2 实现 shíxiàn, 达到 dádào

realize V 1 意识到 yìshidao, 了解 liǎojiě □ Do you realize how much your parents have done for you? 你意识到父母为你做了多少事吗？Nǐ yìshidao fùmǔ wèi nǐ zuòle duōshǎo shì ma? 2 实现 shíxiàn □ He has realized his ambitions and is

proud of it. 他实现了自己抱负，感到很自傲。Tā shíxiànle zìjǐ bàofù, gǎndao hěn zì'ào.

really ADV 真正地 zhēnzhèng de, 真地 zhēn de □ I don't really believe her. 我并不真地相信她。Wǒ bìng bù zhēn de xiāngxìn tā. □ "Martha gave birth to a baby boy." "Really? When?" "玛莎生了个男孩。" "真的吗？什么时候生的？" "Mǎshā shēngle ge nánhái." "Zhēn de ma? Shénme shíhòu shēng de?"

not really 不太 bú tài □ "Was the band's performance good?" "Not really." "乐队的演出好吗？" "不太好。" Yuèduì de yǎnchū hǎo ma? "Bú tài hǎo."

realm N 领域 lǐngyù, 范围 fànwéi

real-time ADJ（计算机）即时处理的（jìsuànjī）jíshí chǔlǐ de

realtor N 房地产经纪人 fángdìchǎn jīngjìrén

realty N 房地产 fángdìchǎn

ream N 1 令 lìng (= 500 张纸 zhāngzhǐ) 2 大量（文字材料）dàliàng (wénzì cáiliào)

reap V 获得 huòdé

You reap what you sow. 种瓜得瓜，种豆得豆。Zhòng guā dé guā, zhòng dòu dé dòu.

rear¹ I N 1 后面 hòumian, 背面 bèimiàn

to bring up the rear 处在最后的地位 chǔzài zuìhòu de dìwèi

2 臀部 túnbù

II ADJ 后面的 hòumian de

rear door 后门 hòumén

rear² V 1 养育 [+孩子] yǎngyù [+háizi], 抚养 fǔyǎng 2 饲养 [+家畜] sìyǎng [+jiāchù] 3 [动物+] 用后腿直立 [dòngwù+] yòng hòutuǐ zhílì 4 (to rear its ugly head) [丑闻+] 出现 [chǒuwén+] chūxiàn, 冒头 màotóu

rearrange V 重新安排 chóngxīn ānpái

rearrangement N 重新安排 chóngxīn ānpái

rearview mirror N 后视镜 hòushìjìng

rearward ADV 在后面 zàihòu miàn

reason I N 1 原因 yuányīn, 理由 lǐyóu □ Is there any reason why you're often late for class? 你上课经常迟到，有什么原因吗？Nǐ shàngkè jīngcháng chídào, yǒu shénme yuányīn ma? 2 理性 lǐxìng, 道理 dàoli □ She was so mad that she wouldn't listen to reason. 她气疯了，失去了理性。Tā qìfēng le, shīqùle lǐxìng. II V 1 思考 sīkǎo □ Only man has the ability to reason. 只有人类具有思考的能力。Zhǐ yǒu rénlèi jùyǒu sīkǎo de nénglì. 2 推论 tuīlùn □ The detective reasoned that the crime must have been committed by an insider. 侦探推论，一定是内部人作的案。Zhēntàn tuīlùn, yídìng shì nèibù rén zuò de àn.

reasonable ADJ 1 讲道理的 jiǎng dàolǐ de □ No reasonable person will impose such harsh punishment. 没有一个讲道理的人会强加这么严酷的惩罚。Méiyǒu yí ge jiǎng dàolǐ de rén huì qiángjiā zhème yánkù de chéngfá. 2 符合情理的 fúhé qínglǐ de □ It is not reasonable to assign so much homework. 布置这么多家庭作业是不符合情理的。Bùzhì zhème duō jiātíng zuòyè shì bù fúhé qínglǐ de.

reasonably ADV 1 相当（地）xiāngdāng (de) 2 合情合理（地）héqíng hélǐ (de), 按照情理 ànzhào qínglǐ

reasonably priced 价格合理的 jiàgé hélǐ de

reasoned ADJ 经过慎重考虑的 jīngguò shènzhòng kǎolǜ de, 理智的 lǐzhì de

reasoning N 1 推理 tuīlǐ 2 道理 dàoli

reassurance N 安慰 ānwèi

reassure V 使…放心 shǐ…fàngxīn, 消除疑虑 xiāochú yílǜ

reassuring ADJ 让人放心的 ràng rén fàngxīn de, 安慰的 ānwèi de

rebate N（部分）退款（bùfen）tuìkuǎn, 回扣 huíkòu

rebel I N 造反者 zàofǎnzhě, 反叛 fǎnpàn II V 造反 zàofǎn, 反叛 fǎnpàn

rebellion N 叛乱 pànluàn

rebellious ADJ 反抗的 fǎnkàng de, 反叛的 fǎnpàn de

rebirth N 1 重生 chóngshēng, 再生 zàishēng 2 复兴 fùxīng

reboot V 重新启动（计算机）chóngxīn qǐdòng (jìsuànjī)

rebound I v 1 [球+] 弹回 [qiú+] tánhuí 2 [价格+] 回升 [jiàgé+] huíshēng, 反弹 fǎntán II N (on the rebound) 1 [球+] 在弹回 [qiú+] zài tánhuí 2 [事情+] 正有起色 [shìqing+] zhèng yǒuqǐsè

on the rebound 因失恋而情绪低落时 yīn shīliàn ér qíngxù dīluò shí

rebuff N, V 回绝 huíjué, 拒绝 jùjué

rebuild V 重建 chóngjiàn, 恢复 huīfù

rebuke I v 指责 zhǐzé, 斥责 chìzé II N 指责 zhǐzé

rebut V 驳斥 bóchì, 反驳 fǎnbó

rebuttal N 驳斥 bóchì, 反驳 fǎnbó

recalcitrance N 桀骜不驯 jié'ào búxùn

recalcitrant ADJ 不听话的 [+小孩] bù tīnghuà de [+xiǎohái], 难管的 nán guǎn de

recall I v 1 想起 xiǎngqǐ 2 回想 huíxiǎng, 回忆 huíyì □ Try to recall what happened that evening. 尽量回想一下那天晚上发生了什么。Jǐnliàng huíxiǎng yí xià nà tiān wǎnshang fāshēngle shénme. 3 [制造厂商+] 收回 [+产品] [zhìzào chǎngshāng+] shōuhuí [+chǎnpǐn] 4 召回 [+大使] zhàohuí [+dàshǐ] 5（在计算机上）重新调出信息 (zài jìsuànjī shàng) chóngxīn tiáo chū xìnxī II N 1 记忆（力）jìyì (lì) 2（对官员的）罢免 (duì guānyuán de) bàmiǎn 3（商品）收回令 (shāngpǐn) shōuhuílìng

recant V 公开宣布放弃 [+以前的观点] gōngkāi xuānbù fàngqì [+yǐqián de guāndiǎn]

recap, recapitulate N 重新说一下内容简要 chóngxīn shuō yíxià nèiróng jiǎnyào, 复习 fùxí

recapitalize V 给 [+公司] 再投资 gěi [+gōngsī] zàitóuzī

recapture v 1 重新抓获 [+逃犯] chóngxīn zhuāhuò [+táofàn] 2 再现 [+历史时期] zàixiàn [+lìshǐ shíqī]

recede v 1 渐渐消失 jiànjiàn xiāoshī 2 [洪水+] 退去 [hóngshuǐ+] tuìqù

receipt N 收据 shōujù, 收条 shōutiáo

receive v 1 收到 shōudao □ I received your package this morning; thanks for sending it express. 我今天上午收到了你的包裹；谢谢你寄快件。Wǒ jīntiān shàngwǔ shōudaole nǐde bāoguǒ; xièxie nǐ jì kuàijiàn. 2 得到 dédao, 受到 shòudao □ After his promotion he received congratulations from his colleagues. 他提升以后，收到同事们的祝贺。Tā tíshēng yǐhòu, shōudao tóngshìmen de zhùhè.

receiver N 1（电话）听筒 (diànhuà) tīngtǒng 2 破产企业管理人 pòchǎn qǐyè guǎnlǐ rén 3 买卖赃物者 mǎimai zāngwùzhě 4（电子信号）接收机 (diànzǐ xìnhào) jiēshōujī 5（橄榄球）接球手 (gǎnlǎnqiú) jiēqiúshǒu

receivership N 破产管理 pòchǎn guǎnlǐ

recent ADJ 近来的 jìnlái de

recently ADV 近来 jìnlái, 最近 zuìjìn □ This student behaved normally until recently. 这名学生在最近以前一直表现正常。Zhè míng xuésheng zài zuìjìn yǐqián yìzhí biǎoxiàn zhèngcháng.

receptacle N 容器 róngqì

reception N 1 招待会 zhāodàihuì, 宴会 yànhuì

wedding reception 婚宴 hūn yàn

2 接待 jiēdài, 欢迎 huānyíng

reception desk（旅馆的）接待处 (lǚguǎn de) jiēdài chù, 登记台 dēngjì tái

3（电视机的）收视质量 (diànshìjī de) shōushì zhìliàng,（收音机的）接收性能 (shōuyīnjī de) jiēshōu xìngnéng

poor reception（电视）收视质量很差 (diànshì) shōushì zhìliàng hěn chà

receptionist N 接待员 jiēdài yuán

receptive ADJ 乐于接受的 lèyú jiēshòu de

recess N 中途休息时间 zhōngtú xiūxi shíjiān, 休会 xiūhuì

recession N（经济）衰退（期）(jīngjì) shuāituì (qī)

recharge v 1 给 [+电池] 充电 gěi [+diànchí] chōngdiàn 2 使…恢复精力 shǐ…huīfù jīnglì

rechargeable ADJ 可充电的 [+电池] kě chōngdiàn de [+diànchí]

recipe N 烹饪法 pēngrèn fǎ, 菜谱 càipǔ

recipient N 领受者 lǐngshòu zhě, 得奖人 déjiǎngrén

reciprocal ADJ 互相的 hùxiāng de, 互惠的 hùhuì de

reciprocate v 报答 bàodá, 给以回报 gěiyǐ huíbào

recital N（音乐）演奏会 (yīnyuè) yǎnzòu huì,（诗歌）朗诵会 (shīgē) lǎngsòng huì

recitation N 背诵 bèisòng

recite v 朗诵 lǎngsòng, 背诵 bèisòng

reckless ADJ 不考虑后果的 bù kǎolǜ hòuguǒ de, 鲁莽的 lǔmǎng de

reckon v 1 估计 gūjì 2 看作 kànzuò, 认为 rènwéi

to reckon with 认真对付 rènzhēn duìfu

reckoning N 1 估计 gūjì, 估算 gūsuàn 2 (a day of reckoning) 算总帐的日子 suàn zǒngzhàng de rìzi, 报应的那一天 bàoyìng de nà yì tiān

reclaim v 1 回收 [+有用材料] huíshōu [+yǒuyòng cáiliào] 2 收回 [+部分税款] shōuhuí [+bùfen shuìkuǎn] 3 开垦 [+土地] kāikěn [+tǔdì]

recline v 躺 tǎng

recluse N 隐居者 yǐnjūzhě, 隐士 yǐnshì

reclusive ADJ 隐居的 yǐnjū de

recognition N 1 认出 rènchū 2 认识到 rènshidào, 接受 jiēshòu 3 承认 chéngrèn 4 表彰 biǎozhāng, 赞扬 zànyáng

recognizable ADJ 能认出来的 néng rènchū láide

recognize v 1 认出 rènchū, 辨认出 biànrènchū □ I could hardly recognize Mark in a three piece suit and wearing gold-rimmed glasses. 马克穿了三件套装，戴了金丝边眼镜，我几乎认不出他来了。Mǎkè chuānle sān jiàn tàozhuāng, dàile jīnsī biān yǎnjìng, wǒ jīhū rènbuchū tā lái le. □ No one recognized this language until Eugene had a look and declared it to be Tibetan. 没有人能辨认出这种语言，直到尤金看了一眼，宣布那是西藏文。Méiyǒu rén néng biànrènchū zhè zhǒng yǔyán, zhídào Yóujīn kànle yì yǎn, xuānbù nà shì Xīzàng wén. 2 认识到 rènshidào □ The principal recognized that some teachers' workloads were too heavy. 校长认识到，有些老师的工作量太重了。Xiàozhǎng rènshidao, yǒuxiē lǎoshī de gōngzuòliàng tài zhòng le. 3 承认 chéngrèn, 公认 gōngrèn □ Professor Ford is recognized as a leading authority in stem-cell research. 人们公认，福特教授是干细胞研究的主要权威。Rénmen gōngrèn, Fútè jiàoshòu shì gànxìbāo yánjiū de zhǔyào quánwēi. 4 表彰 biǎozhāng, 赞扬 zànyáng □ The young soldier was recognized for his bravery in action. 这位年轻的士兵因作战勇敢而受到表彰。Zhè wèi niánqīngde shìbīng yīn zuòzhàn yǒnggǎn ér shòudào biǎozhāng.

recoil I v 1（因厌恶）退避 (yīn yànwù) tuìbì 2 [枪炮+] 反冲 [qiāngpào+] fǎnchōng II N 反冲 fǎnchōng, 后座力 hòuhuòzuòlì

recollect v 努力回想 nǔlì huíxiǎng, 记起 jìqǐ

recollection N 1 记起 xiǎngqǐ 2 记忆 jìyì, 回忆 huíyì

recommend v 1 推荐 tuījiàn, 介绍 jièshào 2 建议 jiànyì □ The builder recommended that they install a solar energy system in their new house. 营造商建议他们在新居装上太阳能系统。Yíngzào shāng jiànyì tāmen zài xīn jū zhuāngshang tàiyángnéng xìtǒng.

recommendation N 1 推荐 tuījiàn, 介绍 jièshào 2（正式）建议（zhèngshì）jiànyì, 意见 yìjiàn

recompense N, V 补偿 bǔcháng, 赔偿 péicháng

reconcile v 使…重归于好 shǐ…chóng guīyú hǎo, 调和 tiáohé

reconciliation N 重归于好 chóng guīyú hǎo, 调和 tiáohé, 和解 héjiě

spirit of reconciliation 和解的精神 héjiě de jīngshén

recondition v 修复 [+旧机器] xiūfù [+jiù jīqì]
reconnaissance N 侦察 zhēnchá
　aerial reconnaissance 空中侦察 kōngzhōng zhēnchá
　reconnaissance aircraft 侦察机 zhēnchájī
reconnoiter v 侦察 zhēnchá
reconsider v 重新考虑 chóngxīn kǎolù
reconsideration N 重新考虑 chóngxīn kǎolù
reconstitute v 重组 chóngzǔ, 重建 chóngjiàn
reconstruct v 1 再现 [+某一事件] zàixiàn [+mǒuyí shìjiàn]
　2 重建 chóngjiàn
reconstruction I N 1 重建 chóngjiàn 2 重现 chóngxiàn 3 修复手术 xiūfù shǒushù
record I N 1 记录 jìlù □ There is no record of her being baptized at this church. 在这个教堂里没有她行洗礼的记录。Zài zhè ge jiàotáng lǐ méiyǒu tā xíng xǐlǐ de jìlù. □ That country has a bad record on human rights. 那个国家的人权记录很差。Nà ge guójiā de rénquán jìlù hěn chà. **2** 最高记录 zuìgāo jìlù □ There was a record number of applicants for the college. 那所大学的报名人数创下最高记录。Nà suǒ dàxué de bàomíng rénshù chuàng xia zuìgāo jìlù. **3** 唱片 chàngpiàn [M. WD 张 zhāng]
　to break a record 打破记录 dǎpò jìlù
　record player 唱机 chàngjī
　III v 记录下来 jìlùxiàlai □ All students' test results are recorded on the computer. 学生所有的考查成绩都记录在电脑里。Xuésheng suǒyǒu de kǎochá chéngjì dōu jìlù zài diànnǎo lǐ.
　off the record 不得发表的 bù dé fābiǎo de □ The police chief admitted, off the record, the investigation had made little progress. 警长承认，调查进展甚微，但这一说法不得发表。Jǐngzhǎng chéngrèn, diàochá jìnzhǎn shènwēi, dàn zhè yì shuōfǎ bù dé fābiǎo.
record-breaking ADJ 破记录的 pò jìlù de
recorder N 录音机 lùyīnjī [M. WD 台 tái], 摄象机 shèxiàngjī
recording N 录音 lùyīn, 录象 lùxiàng
recount v 叙述 xùshù, 描述 miáoshù
re-count N 重新计算选票 chóngxīn jìsuàn xuǎnpiào
recoup v 偿还 chánghuán, 补偿 bǔcháng
recourse N 求助(的对象) qiúzhù (de duìxiàng)
　without recourse to sth 得不到某事物的帮助 dé búdào mǒushìwù de bāngzhù
recover v 1 康复 kāngfù □ The patient is recovering well. 病人康复良好。Bìngrén kāngfù liánghǎo. **2** 恢复 huīfù □ It will take some time for the economy to recover. 经济恢复需要一些时间。Jīngjì huīfù xūyào yìxiē shíjiān. **3** 找回 zhǎohuí □ The body was recovered from the river after three days of searching. 经过三天的搜索，在河里找回了尸体。Jīngguò sān tiān de sōusuǒ, zài hélǐ zhǎohuíle shītǐ.
recovery N 1 恢复健康 huīfù jiànkāng, 康复 kāngfù 2 [经济+]复苏 [jīngjì+] fùsū 3 重新获得 chóngxīn huòdé, [失物的+]复得 [shīwù de+] fùdé
recreate v 重建 chóngjiàn, 重演 chóngyǎn
recreation N 消遣 xiāoqiǎn, 娱乐 yúlè
recrimination N 互相指责 hùxiāng zhǐzé
recruit I v 吸收新成员 xīshōu xīn chéngyuán, 招募 zhāomù II N 新成员 xīn chéngyuán, 新兵 xīn bīng
rectal ADJ 直肠的 zhícháng de
rectangle N 长方形 chángfāngxíng, 矩形 jǔxíng
rectangular ADJ 长方形的 chángfāngxíng de
rectify v 纠正 jiūzhèng, 矫正 jiǎozhèng
rector N 1 (基督教)教区长 (Jīdūjiào) jiàoqūzhǎng 2 学院院长 xuéyuàn yuànzhǎng
rectum N 直肠 zhícháng
recuperate v [病人+]康复 [bìngrén+] kāngfù, 复原 fùyuán
recuperation N 康复 kāngfù
recur v 复发 fùfā, 重现 chóngxiàn
recyclable ADJ 可回收利用的 kě huíshōu lìyòng de

recycle v 回收利用 huíshōu lìyòng
red N, ADJ 红(的) hóng (de), 红色(的) hóngsè (de) □ She likes to wear red. 她喜欢穿红色的衣服。Tā xǐhuan chuān hóngsè de yīfu.
　red carpet 红地毯 hóng dìtǎn, (对贵宾的)隆重接待 (duì guìbīn de) róngzhòng jiēdài
　Red Crescent 红新月 Hóng xīnyuè
　Red Cross 红十字 Hóng shízì
　red meat 牛羊肉 niúyángròu
red-blooded ADJ 血气方刚的 xuèqì fāng gāng de
redden v (使…)变红 (shǐ…) biàn hóng
redeem v 1 补救 bǔjiù, 补偿 bǔcháng
　to redeem oneself 挽回声誉 wǎnhuí shēngyù
　a redeeming feature 可以起弥补作用的特点 kěyǐ qǐ míbǔ zuòyòng de tèdiǎn
　2 赎回 [+抵押物] shúhuí [+dǐyāwù]
redeemable ADJ 可以补救的 kěyǐ bǔjiù de
redemption I N 1 补救 bǔjiù, 挽救 wǎnjiù
　to be past redemption 不可挽回的 bùkě wǎnhuí de, 不可救药的 bù kě jiùyào de
　2 兑换(现款) duìhuàn (xiànkuǎn)
redevelop v 重新开放 chóngxīn kāifā, 重建 chóngjiàn
redevelopment N 重新开放 chóngxīn kāifā, 重建 chóngjiàn
red-eye N 夜间航班 yèjiān hángbān
red-handed ADJ (to catch sb red-handed) 当场抓获某人 dāngchǎng zhuāhuò mǒurén
redhead N 红头发的人 hóng tóufa de rén
red-herring N 转移注意力的事情 zhuǎnyí zhùyìlì de shìqing
redhot ADJ 1 炽热的 [+金属] chìrè de [+jīnshǔ] 2 火热的 [+爱情] huǒrè de [+àiqíng] 3 令人万分激动的 [+故事] lìng rén wànfēn jīdòng de [+gùshi]
redirect v 使…改变方向 shǐ…gǎibiàn fāngxiàng
red-light district N 红灯区 hóngdēngqū
redneck N 没有文化思想保守的乡巴佬 méiyǒu wénhuà sīxiǎng bǎoshǒu de xiāngbalǎo
redo v 重做 zhòng zuò
redouble v (to redouble one's efforts) 加倍努力 jiābèi nǔlì
redress I v 修正 xiūzhèng, 纠正 jiūzhèng II N 赔偿 péicháng
reduce v 减少 jiǎnshǎo, 降低 jiàngdī □ The doctor recommended that he reduce his weight by 40 pounds. 医生建议他减肥四十磅。Yīshēng jiànyì tā jiǎnféi sìshí bàng. □ The company is planning to reduce prices to boost sales. 公司计划建议降低价格来促进销售。Gōngsī jìhuà jiànyì jiàngdī jiàgé lái cùjìn xiāoshòu.
reduction N 减少 jiǎnshǎo, 降低 jiàngdī □ The reduction of costs improved the company's profitability. 降低成本改善了公司的盈利状况。Jiàngdī chéngběn gǎishànle gōngsī de yínglì zhuàngkuàng.
redundancy N 1 多余(的东西) duōyú (de dōngxi) 2 解雇(员工) jiěgù (yuángōng)
　redundancy compensation 解雇补偿 jiěgù bǔcháng
　redundancy notice 解雇通知 jiěgù tōngzhī
redundant ADJ 1 多余的 duōyú de, 重复的 chóngfù de 2 被解雇的 bèi jiěgù de, 失业的 shīyè de
redwood N 红杉(树) hóngshān (shù) [M. WD 棵 kē]
reed N 芦苇 lúwěi
re-educate v 再教育 zài jiàoyù, 重新教育 chóngxīn jiàoyù
re-education N 再教育 zài jiàoyù, 重新教育 chóngxīn jiàoyù
reef N 礁(石) jiāo (shí)
reek I v 发出臭味 fāchū chòuwèi II N 臭味 chòuwèi
reel I N 一卷(线) yí juàn (xiàn), 一盘(电影片) yìpán (diànyǐngpiàn) II v 1 摇摇晃晃地走 yáoyán huǎnghuǎng de zǒu 2 慌乱 huāngluàn, 眩晕 xuànyùn
reelect v 重选 zhòngxuǎn

reelection N 重新选举 chóngxīn xuǎnjǔ

re-enact V 重演 chóngyǎn, 再现 zàixiàn

reenactment V 重演 chóngyǎn, 再现 zàixiàn

reentry N 再次进入 zàicì jìnrù, 重返 chóngfǎn

refer V 1 指 zhǐ, 针对 zhēnduì □ When I made the criticism, I was not referring to you. 我批评时，不是指你。Wǒ pīpíng shí, bú shì zhǐ nǐ. 2 提到 tídao □ Please do not refer to this incident again. 请不要再提到那件事。Qǐng bú yào zài tídao nà jiàn shì. 3 查阅 cháyuè □ I'll refer to an unabridged dictionary. 我要查阅大词典。Wǒ yào cháyuè dà cídiǎn. 4 转交 zhuǎnjiāo □ Her family doctor referred her to a heart specialist. 她的家庭医生把她转到心脏专家那里。Tā de jiātíng yīshēng bǎ tā zhuǎndao xīnzàng zhuānjiā nàlǐ.

referee N 1 (体育比赛) 裁判(员) (tǐyù bǐsài) cáipàn (yuán) 2 (学术论文) 审阅人 (xuéshù lùnwén) shěnyuè rén 3 (纠纷) 调停人 (jiūfēn) tiáotíngrén

reference N 1 提到 tídao □ All her friends avoid making any references to her son who died in a car accident. 她所有的朋友都回避提到她的儿子，他死于车祸。Tā suǒyǒu de péngyou dōu huíbì tídao tā de érzi, tā sǐ yú chēhuò. □ In his memoir there are not many references to his first wife. 在他的回忆录里，很少提到他的第一任妻子。Zài tā de huíyìlù lǐ, hěn shǎo tídao tā de dìyī rèn qīzi. 2 注 zhù, 附注 fùzhù □ If you quote somebody, you must give reference to the original source. 你如果引用谁的话，一定要注明出处。Nǐ rúguǒ yǐnyòng shéi de huà, yídìng yào zhùmíng chūchù. 3 证明 zhèngmíng, 介绍信 jièshào xìn □ He has excellent references from his former employers. 他持有以前的几位雇主写的极好的介绍信。Tā chíyǒu yǐqián de jǐ wèi gùzhǔ xiě de jíhǎo de jièshào xìn. 4 参考 cānkǎo □ This is for your reference only. 仅供参考。Jǐn gōng cānkǎo.

reference book 参考书 cānkǎo shū

reference library 参考书图书馆 cānkǎoshū túshūguǎn

referendum N 全民投票 quánmín tóupiào, 公民直接投票 gōngmín zhíjiē tóupiào

refill[1] V 1 再注满 zài zhù mǎn 2 再斟满一杯 zài zhēnmǎn yìbēi

refill[2] N 新添制 xīn tiān zhì

refill for a ballpoint pen 圆珠笔笔芯 yuánzhūbǐ bǐxīn

refinance V 重新安排财务／债务 chóngxīn ānpái cáiwù/zhàiwù

refine V 1 提炼 [+石油] tíliàn [+shíyóu] 2 逐步改进 zhúbù gǎijìn

refined ADJ 1 提炼过的 tíliàn guò de, 精炼的 jīngliàn de 2 高雅的 [+古典音乐爱好者] gāoyǎ de [+gǔdiǎn yīnyuè àihàozhě] 3 [精确的+] 测量方法 [jīngquè de+] cèliáng fāngfǎ

refinement N 1 精炼 jīngliàn, 提纯 tíchún 2 高雅 gāoyǎ, 有修养 yǒu xiūyǎng 3 改进 gǎijìn, 补充 bǔchōng

refinery N 提炼厂 tíliàn chǎng

oil refinery 炼油厂 liànyóuchǎng

refinish V 再抛光 [+家具] zài pāoguāng [+jiājù]

reflect V 1 反映 fǎnyìng □ Does the opinion poll reflect popular mood? 民意调查反映了公众的情绪吗? Mínyì diàochá fǎnyìngle gōngzhòng de qíngxù ma? 2 思考 sīkǎo □ The convict spent a lot of time in his cell reflecting on his past life. 这个囚犯在监牢里花很多时间思考他过去的生活。Zhè ge qiúfàn zài jiānláo lǐ huā hěn duō shíjiān sīkǎo tā guòqù de shēnghuó. 3 反射 fǎnshè

reflection N 1 倒影 dàoyǐng

one's reflection in the mirror 镜子里的自己 jìngzi lǐ de zìjǐ

2 思考 sīkǎo

upon reflection 经过思考 jīngguò sīkǎo

3 反映 fǎnyìng

reflection of sb's intelligence 反映出某人的智力 fǎnyìng chū mǒurén de zhìlì

4 反射 fǎnshè

light reflection 光线的反射 guāngxiàn de fǎnshè

reflective ADJ 1 沉思的 chénsī de 2 反光的 fǎnguāng de

reflector N 1 反光板 fǎnguāng bǎn 2 反射镜 fǎnshèjìng

reflex N (生理) 反射 (shēnglǐ) fǎnshè

reflex action 反射动作 fǎnshè dòngzuò, 本能反应 běnnéng fǎnyìng

reform I N 改革 gǎigé, 改进 gǎijìn □ Some people fear that the new government will introduce radical reforms in the social welfare system. 有人恐怕新政府将在社会福利方面引进激烈的改革。Yǒurén kǒngpà xīn zhèngfǔ jiāng zài shèhuì fúlì fāmiàn yǐnjìn jīliè de gǎigé. II V 改革 gǎigé, 改进 gǎijìn □ He has reformed his ways and is now a "born-again" Christian. 他洗心革面，成了一位 "再生" 基督教徒。Tā xǐxīn gémiàn, chéngle yí wèi "zàishēng" Jīdū jiàotú.

reform school 少年管教所 shàonián guǎnjiàosuǒ

reformation N 改革 gǎigé, 改进 gǎijìn

reformer N 改革者 gǎigézhě, 改良者 gǎiliángzhě

refrain[1] V 克制 kèzhì, 抑制 yìzhì

to refrain from laughing 克制住不笑 kèzhì zhù bú xiào, 忍住不笑 rěnzhù bú xiào

refrain[2] N 1 副歌 fùgē 2 一再重复的话 yízài chóngfù de huà

refresh V 1 使…恢复精力 shǐ…huīfù jīnglì

to refresh one's memory 唤起记忆 huànqǐ jìyì

2 更新 [+计算机信息] gēngxīn [+jìsuànjī xìnxī]

refresher course N 进修课程 jìnxiū kèchéng [M. WD 门 mén]

refreshing ADJ 清新的 qīngxīn de, 提神的 tíshén de

refreshments N 点心饮料 diǎnxin yǐnliào

refrigerate V 冷冻 [+食物] lěngdòng [+shíwù]

refrigeration N 冷冻 lěngdòng, 冷藏 lěngcáng

refrigerator N 冰箱 bīngxiāng, 电水箱 diàn bīngxiāng

refuel V 1 给…加燃料 gěi…jiā ránliào 2 使 [+感情] 更强烈 shǐ [+gǎnqíng] gèng qiángliè, 重新点燃 chóngxīn diǎnrán

refuge N 避难所 bìnànsuǒ, 庇护所 bìhùsuǒ

refugee N 难民 nànmín

refund I N 退款 tuìkuǎn [M. WD 笔 bǐ] II V 退款 tuìkuǎn, 退票 tuìpiào

refurbish V 翻修 fānxiū

refurbishment N 翻修 fānxiū

refusal N 拒绝 jùjué

refuse[1] V 拒绝 jùjué □ Why did you refuse his invitation? 你为什么拒绝他的邀请? Nǐ wèishénme jùjué tā de yāoqǐng?

refuse[2] N 废物 fèiwù, 垃圾 lājī

refute V 驳斥 bóchì, 反驳 fǎnbó

regain V 收回 shōuhuí, 恢复 huīfù

regal ADJ 帝王一般的 dìwáng bān de

regalia N (典礼时的) 盛装 (diǎnlǐ shí de) shèngzhuāng

regard I V 把…看作 bǎ…kànzuo □ I regard Miss Allen as the best teacher I've ever had. 我把艾伦小姐看作我所有的老师里最好的。Wǒ bǎ Àilún xiǎojiě kànzuo wǒ suǒyǒu de lǎoshī lǐ zuìhǎo de. □ He is generally regarded as a bully. 大家都认为他是个强横霸道的人。Dàjiā dōu rènwéi tā shì ge qiáng héng bà dào de rén. II N 1 尊重 zūnzhòng □ I have great regard for his judgment. 我非常尊重他的判断。Wǒ fēicháng zūnzhòng tā de pànduàn. 2 关心 guānxīn, 关注 guānzhù

in this/that regard 关于这／那方面 guānyú zhè/nà fāngmiàn

with regard to 关于 guānyú

without regard to 不考虑 bùkǎolǜ, 不管 bùguǎn

regarding PREP 关于 guānyú

regardless ADV 不管 bùguǎn, 不顾 búgù

regards N 问候 wènhòu, 致意 zhìyì □ Please give my regards to your father. 请向您父亲问候。Qǐng xiàng nín fùqin wènhòu.

regatta N 划船比赛 huáchuán bǐsài, 赛船会 sàichuán huì

regenerate V 再生 zàishēng, 恢复 huīfù

regent N 摄政者 shèzhèngzhě
　prince regent 摄政王 Shèzhèngwáng

regime N 政权 zhèngquán, 政府 zhèngfǔ

regimen N 养生之道 yǎngshēng zhī dào

regiment N (军队)团 (jūnduì) tuán
　regiment commander 团长 tuánzhǎng

regimented ADJ 严格控制的 yángé kòngzhì de

region N 地区 dìqū, 区域 qūyù

regional ADJ 地区的 dìqū de, 区域性的 qūyùxìng de

register I v 1 注册 zhùcè □ Over 100 students have registered for Chinese 101 this year. 一百多名学生注册上一年级中文课。Yì bǎi duō míng xuéshēng zhùcè shàng yì niánjí Zhōngwén kè. 2 登记 dēngjì □ You'd better register with the embassy when you're in a foreign country. 你到了外国, 最好在大使馆登记一下。Nǐ dàole wàiguó, zuìhǎo zài dàshǐguǎn dēngjì yí xià. II N 登记簿 dēngjì bù
　cash register 收银机 shōuyínjī

registered mail N 保价信 bǎojiàxìn [M. WD 封 fēng]

registered nurse N 注册护士 zhùcè hùshi

registered voter N 登记了的选民 dēngjì le de xuǎnmín

registrar N (大学)教务长 (dàxué) jiàowùzhǎng

registration N 1 (大学)注册 (dàxué) zhùcè 2 登记 dēngjì
　voter registration 选民登记 xuǎnmín dēngjì
　3 机动车登记证 jīdòngchē dēngjìzhèng

registry N 1 登记 dēngjì, 注册 zhùcè
　bridal registry 新婚礼品单 xīnhūn lǐpǐn dān
　2 登记处 dēngjìchù

regress V 倒退 dàotuì, 退化 tuìhuà

regret V 懊悔 àohuǐ, 遗憾 yíhàn

regretful ADJ 懊悔的 àohuǐ de, 遗憾的 yíhàn de

regrettable ADJ 让人懊悔的 ràng rén àohuǐ de, 令人遗憾的 lìngrén yíhàn de

regroup V 重新编组 chóngxīn biānzǔ, 重组 chóngzǔ

regular I ADJ 1 正常的 zhèngcháng de □ He was relieved to learn that his pulse and heartbeat were regular. 他听说自己的脉搏和心跳正常, 放下了心。Tā tīngshuō zìjǐ de màibó hé xīntiào zhèngcháng, fàngxiàle xīn. 2 常规的 chángguī de □ It is the old lady's regular habit to have a nap after lunch. 午饭后睡一会儿, 是老太太的常规。Wǔfàn hòu shuì yíhuìr, shì lǎotàitai de chángguī. 3 有规则的 yǒu guīzé de, 整齐的 zhěngqí de □ He has regular features but is not really handsome. 他五官端正, 但不能算英俊。Tā wǔguān duānzhèng, dàn bù néng suàn yīngjùn. II N 1 常客 chángkè, 老主顾 lǎozhǔgu □ Warren is one of the regulars at the bar. 华伦是这家酒吧的常客。Huálún shì zhè jiā jiǔbā de chángkè. 2 正规兵 zhèngguī bīng

regulate V 1 [通过规章来+] 管理 [tōngguò guīzhāng lái+] guǎnlǐ, 控制 kòngzhì 2 调整 [+机器] tiáozhěng [+jīqì], 校准 jiàozhǔn

regulation N 1 规章 guīzhāng, 规定 guīdìng, 条例 tiáolì
　building regulations 营造规章 yíngzào guīzhāng
　safety regulations 安全条例 ānquán tiáolì
　2 管理 guǎnlǐ, 控制 kòngzhì
　financial regulation 金融管理 jīnróng guǎnlǐ

regulatory ADJ 管理的 guǎnlǐ de

regurgitate V 1 吐出已吞咽的食物 tùchū yǐ tūnyàn de shíwù, 回翻 huí fān 2 不加思索地重复 [+别人的话] bù jiā sīsuǒ de chóngfù [+biérén huà]

rehab N (吸毒者的) 康复治疗 (xīdúzhě de) kāngfù zhìliáo
　rehab center 康复中心 kāngfù zhōngxīn, 戒毒所 jièdúsuǒ

rehabilitate V 1 使…恢复正常生活 shǐ…huīfù zhèngcháng shēnghuó 2 恢复…的名誉 huīfù…de míngyù, 平反 píngfǎn

rehash I v 用新方式重复(旧内容) yòng xīn fāngshì chóngfù (jiù nèiróng), 用新瓶装旧酒 yòng xīnpíng zhuāng jiùjiǔ II N 新瓶装旧酒 xīnpíng zhuāng jiùjiǔ

rehearsal N 排练 páiliàn, 排演 páiyǎn
　dress rehearsal 彩排 cǎipái

rehearse V 排练 páiliàn, 排演 páiyǎn

reign I N 统治(时期) tǒngzhì (shíqī)
　reign of terror 恐怖统治 kǒngbùtǒngzhì
　II v 1 统治 [+一个王国] tǒngzhì [+yí ge wángguó] 2 占支配地位 zhàn zhīpèi dìwèi
　the reigning champion 当今冠军 dāngjīn guànjūn

reimburse V 付还 fùhuán, 偿还 chánghuán
　to reimburse sb for travel expenses 给某人报销差费 gěi mǒurén bàoxiāo lǚchāifèi
　to be reimbursed for travel expenses 报销差费 bàoxiāo lǚchāifèi

rein I N 缰绳 jiāngshéng [M. WD 条 tiáo]
　to give sb free rein 给予某人行动的自由 jǐyǔ mǒurén xíngdòng de zìyóu
　II v (to rein in) 加强管理／控制 jiāqiáng guǎnlǐ/kòngzhì

reincarnate V 再生 zàishēng, 转世 zhuǎnshì

reincarnation N 再生 zàishēng, 转世 zhuǎnshì

reindeer N 驯鹿 xùnlù [M. WD 头 tóu]

reinforce V 加强 jiāqiáng, 增强 zēngqiáng

reinforcement N 加强 jiāqiáng, 增强 zēngqiáng

reinforcements N 增援部队 zēngyuánbùduì

reinstate V 1 使…恢复原职 shǐ…huīfù yuánzhí 2 恢复(原来的)制度／规章 huīfù (yuánlái de) zhìdù/guīzhāng

reinvent V (在现有基础上)重新制定 (zài xiànyǒu jīchǔ shàng) chóngxīn zhìdìng
　to reinvent oneself 改变自我 gǎibiàn zìwǒ, 改头换面 gǎitóu huànmiàn
　to reinvent the wheel 做别人早已做过的事 zuò biéren zǎoyǐ zuò guò de shì, 浪费精力 làngfèi jīnglì

reissue I v 重新发行 chóngxīn fāxíng, 重印 chóngyìn II N 重新发行的唱片 chóngxīn fāxíng de chàngpiàn, 重印的书刊 chóngyìn de shūkān

reiterate V 反复地讲 fǎnfù de jiǎng, 重申 chóngshēn

reiteration N 重申 chóngshēn

reject I v 1 拒绝 jùjué, 不赞同 bú zàntóng 2 拒绝接受 jùjué jiēshòu, 丢弃 diūqì II N 退货 tuìhuò, 残次产品 cáncì chǎnpǐn

rejoice N 欢欣 huānxīn, 欣喜 xīnxǐ □ Her parents rejoiced that she had passed the important examination. 她通过了这次重要考试, 她的父母很欣喜。Tā tōngguole zhè cì zhòngyào kǎoshì, tā de fùmǔ hěn xīnxǐ.

rejoicing N 欢庆 huānqìng

rejoin V 1 重新加入 [+组织] chóngxīn jiārù [+zǔzhī], 重返 chóngfǎn 2 回答 huídá

rejoinder N 巧妙地回答 qiǎomiào de huídá

rejuvenate V 1 使 [+人] 变得年轻 shǐ [+rén] biàn de niánqīng, 使…恢复活力 shǐ…huīfù huólì 2 重振 [+地区] chóngzhèn [+dìqū]

rekindle V 重新激起 [+兴趣] chóngxīn jīqǐ [+xìngqu]

relapse N (旧病／坏习惯)复发 (jiùbìng/huài xíguàn) fùfā, 故态复萌 gùtàifùméng

relate V 1 联系起来 liánxìqǐlai □ I find it difficult to relate cause and effect in this case. 在这件事中, 我很难把原因和结果联系起来。Zài zhè jiàn shì zhōng, wǒ hěn nán bǎ yuányīn hé jiéguǒ liánxìqǐlai. 2 理解 lǐjiě □ Bill is sometimes so crazy that I can't relate to him anymore. 比尔有时候疯颠颠的, 我无法再理解他了。Bǐ'ěr yǒushíhou fēngdiāndiān de, wǒ wú fǎ zài lǐjiě tā le. 3 讲述 jiǎngshù

related ADJ 1 与…有关的 yǔ…yǒuguān de □ Road accidents related to fatigue are on the rise. 与疲劳有关的交通事故在上升。Yǔ píláo yǒuguān de jiāotōng shìgù zàishàngshēng. 2 与

…是亲戚 yǔ…shì qīnqi □ I'm remotely related to the senator, but we haven't met with each other. 我和那位参议员是远亲，但是从来没有见过面。Wǒ hé nà wèi cānyìyuán shì yuǎn qīn, dànshì cónglái méiyǒu jiànguo miàn.

relation N **1** 关系 guānxi □ No one can deny the relation between low family income and poor performance at school. 没有人可以否认家庭收入低下与在学校表现不佳之间的关系。Méiyǒu rén kěyǐ fǒurèn jiātíng shōurù dīxià yǔ zài xuéxiào biǎoxiàn bù jiā zhījiān de guānxi. **2** 亲戚 qīnqi □ Is he any relation of yours? 他和你有亲戚关系吗？Tā hé nǐ yǒu qīnqi guānxi ma?

relationship N **1** 关系 guānxi □ Is there any relationship between poverty and disease? 贫穷和疾病之间有什么关系吗？Pínqióng hé jíbìng zhījiān de wèntí guānxi ma? **2** 情人关系 qíngrén guānxi, 夫妻关系 fūqī guānxi

relative I ADJ 相对的 xiāngduì de □ Many people fled the war zone to relative safety. 很多人逃离战区，到相对比较安全的地方。Hěn duō rén táolí zhàn qū, dào xiāngduì bǐjiào ānquán de dìfang.
II N 亲戚 qīnqi □ We have relatives in Arizona. 我们在亚利桑那有几个亲戚。Wǒmen zài Yàlìsāngnà yǒu jǐ ge qīnqi.

relatively ADV 相对（地）xiāngduì (de), 比较（地）bǐjiào (de)
relatively speaking 相对来说 xiāngduì láishuō

relativity N 相对性 xiāngduìxìng

relax V 放松 fàngsōng □ Breathe slowly and deeply, and relax your muscles. 缓慢地深呼吸，肌肉放松。Huǎnmàn de shēn hūxī, jīròu fàngsōng.

relaxation N **1** 松弛 sōngchí
relaxation therapy 松弛疗法 sōngchí liáofǎ
2 休闲 xiūxián, 消遣 xiāoqiǎn

relaxed ADJ **1** 轻松的 qīngsōng de **2** 舒适的 shūshì de

relay I V 传达 chuándá, 传递 chuándì **II** N **1** 接力赛跑 jiēlìsàipǎo **2** 转播设备 zhuǎnbō shèbèi

release I V **1** 释放 shìfàng □ The prisoner was released after his lawyer produced new evidence. 律师提出新证据以后，犯人被释放了。Lùshī tíchū xīn zhèngjù yǐhòu, fànrén bèi shìfàng le. **2** 放开 fàngkai □ He released the handbrake and started the engine. 他放开手闸，发动引擎。Tā fàngkai shǒuzhá, fādòng yǐnqíng. **3** 发行 [+电影] fāxíng [+diànyǐng]
II N 释放 shìfàng □ After his release from prison he settled down in rural Missouri. 他出狱后，在密苏里乡间定居。Tā chū yù hòu, zài Mìsūlǐ xiāngjiān dìngjū.

relegate V 贬低 biǎndī
to relegate sb to 把某人降低到… bǎ mǒurén jiàngdī dào…

relent V 变得温和／宽容 biàn de wēnhé/kuānróng, 不再坚持 búzài jiānchí

relentless ADJ 无情的 wúqíng de, 严厉的 yánlì de

relevance N 关系 guānxi

relevant ADJ 有关的 yǒuguān de, 相关的 xiāngguān de □ The police is looking for anyone with relevant information. 警察在寻找知道有关信息的人。Jǐngchá zài xúnzhǎo zhīdào yǒuguān xìnxī de rén.

reliable ADJ 可靠的 kěkào de, 可依赖的 kě yīlài de □ I don't want a luxury car, but I do need a reliable car. 我不要豪华的汽车，但是我确实需要一辆可靠的车。Wǒ bú yào háohuá de qìchē, dànshì wǒ quèshí xūyào yí liàng kěkào de chē.

reliance N 依赖 yīlài, 依靠 yīkào

reliant ADJ 依赖于 yīlàiyú

relic N 遗迹 yíjì, 遗物 yíwù

relief¹ N **1** 不再担忧 bú zài dānyōu □ Much to my relief, no one was hurt in the accident. 没有在事故中受伤，使我不再担忧。Méiyǒu zài shìgù zhōng shòushāng, shǐ wǒ bú zài dānyōu. **2** 解痛 jiětòng □ The drug gives temporary relief from pain. 这种药暂时解痛。Zhè zhǒng yào zànshí jiětòng. **3** 救济物资 jiùjì wùzī □ The federal government immediately

sent relief to the disaster area. 联邦政府立即向灾区送去救济物资。Liánbāng zhèngfǔ lìjí xiàng zāi qū sòngqu jiùjì wùzī.

relief² N 浮雕 fúdiāo
relief map 地势图 dìshìtú, 地形图 dìxíngtú

relieve V **1** 减轻 jiǎnqīng **2** 替换 tìhuan
to relieve oneself 大小便 dàxiǎobiàn
to relieve sb of duties/a post 解除某人的职务／职位 jiěchú mǒurén de zhíwù/zhíwèi

relieved ADJ 宽慰的 kuānwèi de, 不再担心的 búzài dānxīn de

religion N 宗教 zōngjiào □ Christianity, Islam and Buddhism are three great religions of the world. 基督教、伊斯兰教和佛教是世界上三大宗教。Jīdūjiào、Yīsīlánjiào hé Fójiào shì shìjièshàngsan dà zōngjiào.

religious ADJ **1** 宗教的 zōngjiào de □ Solemnity is the hallmark of religious services. 庄严是宗教仪式的共同特点。Zhuāngyán shì zōngjiào yíshì de gòngtóng tèdiǎn. **2** 相信宗教的 xiāngxìn zōngjiào de, 虔诚的 qiánchéng de

religiously ADV **1** 与宗教有关 yǔ zōngjiào yǒuguān **2** 十分认真（地）shífēn rènzhēn (de), 一丝不苟（地）yìsī bùgǒu (de)

relinquish V 放弃 fàngqì, 交出 jiāochū

relish I V 享受 xiǎngshòu, 真心喜欢 zhēnxīn xǐhuan
II N **1** 调味品 tiáowèipǐn **2** 享受 xiǎngshòu, 喜欢 xǐhuan

relive V 重温 chóngwēn, 回忆 huíyì

relocate V 重新安置 chóngxīn ānzhì, 迁移 qiānyí

relocation N 迁移 qiānyí, 安置 ānzhì

reluctance N 不情愿 bùqíngyuàn, 勉强 miǎnqiǎng

reluctant ADJ 不情愿 bù qíngyuàn, 勉强 miǎnqiǎng

rely V **1** 依靠 yīkào, 依赖 yīlài □ The modern world relies heavily on oil. 现代世界深深地依赖石油。Xiàndài shìjiè shēnshēn de yīlài shíyóu. **2** 信赖 xìnlài, 信任 xìnrèn

remain V **1** 仍然是 réngrán shì, 还是 hái shì □ They remained the best of friends till their last days. 他们直到生命最后一刻都是最好的朋友。Tāmen zhídào shēngmìng zuìhòu yí kè dōu shì zuìhǎo de péngyou. **2** Everyone please remain seated until the dismissal bell rings. 请大家坐在座位上，等到下课铃响。Qǐng dàjiā zuò zài zuòwèishang, děngdao xiàkè líng xiǎng. **2** 仍然存在 réngrán cúnzài, 还在 hái zài □ The house where Shakespeare was born remains and attracts visitors from all over the world. 莎士比亚出生的故居还在，吸引世界各地的参观者。Shāshìbǐyà chūshēng de gùjū hái zài, xīyǐn shìjiè gèdì de cānguānzhě. **3** 留下 liúxia, 剩下 shèngxia

remainder N 剩余部分 shèngyú bùfen, 余数 yúshù

remaining ADJ 剩下的 shèngxia de, 留下的 liúxia de

remains N **1** 遗址废墟 yízhǐ fèixū **2** 遗体 yítǐ
Roman remains 罗马时代的遗址 Luómǎ shídài de yízhǐ

remark I N [一句+] 话 [yí jù+] huà, 评论 pínglùn □ It is inappropriate to make such personal remarks at the meeting. 在会上说这种涉及个人隐私的话，是不恰当的。Zài huìshang shuō zhè zhǒng shèjí gèrén yǐnsī de huà, shì bú qiàdàng de.
II V 说 shuō, 评论 pínglùn □ Mrs. Tucker remarked that only very few of her students could afford piano lessons. 塔科尔太太说，只有个别学生有钱上私人钢琴课。Tǎkē'ěr tàitai shuō, zhǐ yǒu gèbié xuésheng yǒuqián shàng sīrén gāngqín kè.

remarkable ADJ 不寻常的 bù xúncháng de, 了不起的 liǎobuqǐ de □ Anyone who speaks many languages is remarkable. 任何会说好几种语言的人都挺了不起的。Rènhé huì shuō hǎojǐ zhǒng yǔyán de rén dōu tǐng liǎobuqǐ de.

remarriage N 再婚 zàihūn

remarry V 再婚 zàihūn, 再娶 zàiqǔ, 再嫁 zàijià

remedial ADJ **1** 补救的 bǔjiù de, 治疗的 zhìliáo de
remedial action 补救措施 bǔjiù cuòshī
2 补习的 bǔxí de
remedial English class 英文补习班 Yīngwén bǔxíbān

remedy I N **1** 补救办法 bǔjiù bànfǎ **2** 药物 yàowù, 治疗 zhìliáo

herbal remedy 草药治疗 cǎoyào zhìliáo
II v 补救 bǔjiù, 改善 gǎishàn

remember v **1** 记住 jìzhu, 记得 jìde □ I remember my first day of school quite well. 我还清楚地记得第一天上学的情景。Wǒ hái qīngchu de jìde dìyī tiān shàngxué de qíngjǐng. □ Remember to send Mary an e-card today! 别忘了给玛丽送一张电子贺卡! Bié wàngle gěi Mǎlì sòng yìzhāng diànzǐ hèkǎ! **2** 悼念 [+死者] dàoniàn [+sǐzhě], 纪念 jìniàn **3** 给…送礼物 gěi…sònglǐ wù

remind v 提醒 tíxǐng, 使…想起 shǐ…xiǎngqǐ □ This old watch often reminds me of my grandfather. 这块旧表使我想起祖父。Zhè kuài jiù biǎo shǐ wǒ xiǎngqǐ zǔfù.

reminder N **1** 提醒 (物) tíxǐng (wù)
a friendly reminder 友好的提醒 yǒuhǎo de tíxǐng
2 让人回忆过去的东西 ràng rén huíyì guòqù de dōngxi
a reminder of her high school days 让她回想起中学时代的东西 ràng tā huíxiǎng qǐ zhōngxué shídài de dōngxi

reminisce v 缅怀往事 miǎnhuái wǎngshì, 追忆往事 zhuīyì wǎngshì

reminiscences N 回忆 (录) huíyì (lù)

reminiscent ADJ 令人回想过去的 lìngrén huíxiǎng guòqù de

remiss ADJ 玩忽职守的 wánhū zhíshǒu de, 失误的 shīwù de

remission N **1** 减轻 (时期) jiǎnqīng (shíqī), 缓解 (期) huǎnjiě (qī) **2** 减免刑期 jiǎnmiǎn xíngqī

remit v 汇款 huìkuǎn

remittance N 汇款 (额) huìkuǎn (é)

remnant N 剩余物 shèngyú wù, 残余 cányú

remodel v 整修 zhěngxiū, 重新塑造 chóngxīn sùzào

remonstrate v 抗议 kàngyì

remorse N 悔恨 huǐhèn, 深深的内疚 shēnshēn de nèijiù

remorseful ADJ 悔恨的 huǐhèn de, 极其内疚的 jíqí nèijiù de

remorseless ADJ 毫无悔意的 háowú huǐ yì de

remote ADJ **1** 遥远的 yáoyuǎn de
remote control 遥控器 yáokòng qì
2 冷淡的 lěngdàn de, 漠不关心的 mò bù guānxīn de **3** 微小的 wēixiǎo de
remote chance 微小的机会 wēixiǎo de jīhuì

remove v **1** 拿掉 nádiao, 移开 yíkāi □ Please remove your car or it will be towed away. 请把你的车开走, 不然就要被拖走。Qǐng bǎ nǐ de chē kāizǒu, bùrán jiù yào bèi tuōzǒu. **2** 排除 páichú □ The threat of an all-out war cannot be removed by one ceasefire after another. 一次又一次的停火不会排除全面战争的威胁。Yí cì yòu yí cì de tínghuǒ bú huì páichú quánmiàn zhànzhēng de wēixié. **3** 免职 miǎnzhí □ He was removed from the board of directors. 他被免除董事的职务。Tā bèi miǎnchú dǒngshì de zhíwù.

remunerate v 酬劳 chóuláo

remuneration N 酬金 chóujīn

Renaissance N (欧洲) 文艺复兴 (Ōuzhōu) Wényì Fùxīng

renal ADJ 肾脏的 shènzàng de

rename v 重新命名 chóngxīn mìngmíng, 更名 gēngmíng

render v **1** 使…成为 shǐ…chéngwéi
to render sth obsolete 使某物过时 shǐ mǒuwù guòshí
2 给予 jǐyǔ, 提供 tígōng
services rendered 提供的服务 tígōng de fúwù

rendering N **1** 表现 (方式) biǎoxiàn (fāngshì) **2** 透视圈 tòushì quān

rendezvous **I** N **1** 相会 xiānghuì, 约会 yuēhui **2** 约会地点 yuēhuì dìdiǎn **II** v 相会 xiānghuì, 会合 huìhé

rendition N **1** 表演 biǎoyǎn, 演奏 yǎnzòu **2** 翻译 fānyì, 译文 yìwén

renegade **I** N 叛徒 pàntú, 变节者 biànjiézhě **II** ADJ 变节的 biànjié de, 背叛的 bèipàn de

renege v 违背 wéibèi
to renege on a promise 违背诺言 wéibèi nuòyán

renew v **1** 延长 yáncháng, 延期 yánqī □ I haven't decided whether to renew the lease or not. 我还没有决定要不要延长租约。Wǒ hái méiyǒu juédìng yàobuyào yáncháng zūyuē.
to renew a book (从图书馆) 续借图书 (cóng túshūguǎn) xùjiè túshū
2 恢复 [+关系] huīfù [+guānxi]

renewable ADJ **1** 可再生的 kě zàishēng de
renewable energy 可再生能源 kězàishēng néngyuán
2 可延期的 kě yánqī de, 可延续的 kě yánxù de

renewal N 延长 yáncháng, 延期 yánqī

renewed ADJ 重新开始的 chóngxīn kāishǐ de

renounce v (正式) 放弃 (zhèngshì) fàngqì, 抛弃 pāoqì

renovate v 修复 xiūfù, 装修 zhuāngxiū

renovation N 修复 xiūfù, 装修 zhuāngxiū

renowned ADJ 著名的 zhùmíng de, 有名望的 yǒu míng-wàng de

rent **I** v **1** 租借 zūjiè, 租用 zūyòng □ They rented a camper and vacationed the entire summer in the Yellow Stone National Park. 他们租了一辆野营车, 整个夏天都在黄石国家公园度假。Tāmen zūle yí liàng yěyíng chē, zhěngge xiàtiān dōu zài Huángshí guójiā gōngyuán dùjià. **2** 出租 chūzū □ Mr Bell makes a living by renting out small apartments to students. 倍尔先生以出租小公寓给学生为生。Bèi'ěr xiānsheng yǐ chūzū xiǎo gōngyù gěi xuésheng wéi shēng.
II N 租金 zūjīn, 房租 fángzū □ How much is the rent for a two bedroom apartment in San Francisco now? 现在在旧金山租一套两个卧室的公寓, 要付多少房租? Xiànzài zài Jiùjīnshān zū yí tào liǎng ge wòshìde gōngyù, yào fù duōshǎo fángzū?

rental **I** N **1** 租借 (物) zūjiè (wù), 租赁 (物) zūlìn (wù) **2** 租金 zūjīn **II** ADJ 供出租的 gòngchū zū de, 租来的 zū láide

renunciation N (正式) 放弃 (zhèngshì) fàngqì, 抛弃 pāoqì

reorder v **1** 重新订购 chóngxīn dìnggòu **2** 重新安排 chóngxīn ānpái
to reorder one's priorities 重新安排轻重缓急 chóngxīn ānpái qīngzhònghuǎnjí

reorganize v 改组 gǎizǔ, 改编 gǎibiān

rep[1] (= representative) ABBREV **1** 代表 dàibiǎo **2** 推销员 tuīxiāoyuán

rep[2] (= reputation) ABBREV 名声 míngshēng

repair **I** v 修 xiū, 修理 xiūlǐ □ The mechanic did a good job repairing my car. 修车工修我的车修得很好。Xiūchēgōng xiū wǒ de chē xiū de hěn hǎo.
II N **1** 修理 xiūlǐ, 修缮 xiūshàn **2** (in good repair) [房屋+] 情况良好 [fángwū+] qíngkuàng liánghǎo

reparation N 赔偿 péicháng, 赔款 péikuǎn

repatriate v 遣送…回国 qiǎnsòng…huíguó, 遣返 qiǎnfǎn

repatriation N 遣返 (回国) qiǎnfǎn (huíguó)

repay v **1** 付还 fùhuán, 偿还 chánghuán **2** 报答 bàodá

repayment N **1** 付还 fùhuán, 偿还 chánghuán **2** 还款 (额) huánkuǎn (é) **3** 报答 bàodá

repeal v 废除 fèichú, 取消 qǔxiāo

repeat **I** v **1** 重复 chóngfù □ Sorry, could you please repeat what you said? 对不起, 请你把刚才说的话再说一遍。Duìbuqǐ, qǐng nǐ bǎ gāngcái shuō de huà zài shuō yí biàn.
to repeat oneself 重复自己说过的话 chóngfù zìjǐ shuō guò dehuà
2 重播 [+电视节目] chóngbō [+diànshì jiémù]
II N **1** 重现的事 chóngxiàn de shì **2** 重播的 (电视) 节目 chóngbō de (diànshì) jiémù
repeat customer 回头客 huítóukè

repeated ADJ 反复的 fǎnfù de, 再三的 zàisān de

repeatedly ADV 反复地 fǎnfù de

repel v **1** 使…厌恶 shǐ…yànwù, 使…强烈反感 shǐ…qiángliè fǎngǎn **2** 驱除 qūchú, 驱走 qūzǒu

repellent **I** N 除虫剂 chúchóngjì
mosquito repellent 驱蚊剂 qūwénjì

II ADJ 令人厌恶的 lìngrén yànwù de, 令人反感的 lìng rén fǎngǎn de

repent V 忏悔 chànhuǐ, 懊悔 àohuǐ

repentance N 忏悔 chànhuǐ, 懊悔 àohuǐ

repentant ADJ 忏悔的 chànhuǐ de, 懊悔的 àohuǐ de

repercussion N 反响 fǎnxiǎng, 持续的影响 chíxù de yǐngxiǎng

repertoire N 1 (剧团/演员的) 全部剧目 (jùtuán/yǎnyuán de) quánbù jùmù 2 (某人的) 全部技能 (mǒurén de) quánbù jìnéng

repertory N 1 轮流演出的剧目 lúnliú yǎnchū de jiémù 2 See **repertoire**

repetitious ADJ (一再) 重复的 (yízài) chóngfù de

repetitive ADJ 重复的 chóngfù de

rephrase V 重新措词 chóngxīn cuòcí, 换个说法 huàn gè shuōfa

replace V 1 替代 tìdài, 替换 tìhuan □ DVD players have replaced VCRs in many homes. 在很多家庭DVD已经替代了录像机。Zài hěn duō jiātíng DVD yǐjing tìdàile lùxiàng jī. **2** 放回 fànghuí □ Please check if you've replaced the receiver. 请看一下电话听筒放回去了吗? Qǐng kàn yíxià diànhuà tīngtǒng fànghuíqu le ma?

replacement N 接替 jiētì, 替代 (物) tìdài (wù) kneel replacement 膝部置换手术 xībù zhìhuàn shǒushù

replay V, N 1 重播 [+电视节目] chóngbō [+diànshì jiémù] **2** 重新比赛 chóngxīn bǐsài

replenish V 再装满 zài zhuāngmǎn, 补充 bǔchōng

replete ADJ 充足的 chōngzú de, 充裕的 chōngyù de

replica N 复制品 fùzhìpǐn

replicate V 复制 fùzhì, 重做 zhòngzuò

replication N 复制 fùzhì, 重做 zhòngzuò

reply I V 回答 huídá, 回复 huífù □ The mayor sees to it that he replies to every letter promptly. 市长确保及时回复每一封信。Shìzhǎng quèbǎo jíshí huífù měi yì fēng xìn. **II** N 回答 huídá, 答复 dáfù □ The company made no reply to my complaint. 公司没有回答我的抱怨。Gōngsī méiyǒu huídá wǒ de bàoyuàn.

report I N 报告 bàogào □ Their representative in Beijing sends periodic reports to the headquarters. 他们在北京的代表周期性地向总部报告。Tāmen zài Běijīng de dàibiǎo zhōuqīxìng de xiàng zǒngbù bàogào. report card (学生) 成绩报告单 (xuésheng) chéngjì bàogàodān **II** V 报告 bàogào □ When you see anything suspicious, report it to the police immediately. 看到可疑情况，立即报告警察。Kàndao kěyí qíngkuàng, lìjí bàogào jǐngchá.

reported speech N 间接引语 jiànjiē yǐnyǔ

reportedly ADV 据报导 jù bàodǎo

reporter N 记者 jìzhě

repose N, V 1 休息 xiūxi **2** 安置 ānzhì

repository N 1 仓库 cāngkù **2** 知识渊博的人/书 zhīshi yuānbó de rén/shū

repossess V 收回 shōuhuí

reprehensible ADJ 应受谴责的 yìng shòu qiǎnzé de

represent V 1 代表 dàibiǎo □ Who will represent our school at the ceremony? 在那个仪式上谁代表我们学校? Zài nà ge yíshìshang shéi dàibiǎo wǒmen xuéxiào? **2** 象征 xiàngzhēng, 是…的象征 shì…de xiàngzhēng □ The bald eagle represents the U.S.A. 秃鹰是美国的象征。Tūyīng shì Měiguóde xiàngzhēng.

representation N 代表 dàibiǎo □ I believe there should be student representation in the consultative committee. 我相信在协商委员会里应该有学生的代表。Wǒ xiāngxìn zài xiéshāng wěiyuánhuì lǐ yīnggāi yǒu xuésheng de dàibiǎo.

representative I N 代表 dàibiǎo □ Dr. Harrison doesn't have time to see drug company representatives today. 哈里森医

生今天没有时间会见医药公司代表。Hālǐsēn yīshēng jīntiān méiyǒu shíjiān huìjiàn yīyào gōngsī dàibiǎo. **II** ADJ 有代表性的 yǒu dàibiǎoxìng de □ Are these paintings representative of contemporary America art? 这些画能代表当代美国艺术吗? Zhèxiē huà néng dàibiǎo dāngdài Měiguó yìshù ma?

repress V 1 抑制 [+感情/冲动] yìzhì [+gǎnqíng/chōngdòng], 克制 kèzhì **2** 镇压 [+抗议者] zhènyā [+kàngyìzhě]

repressed ADJ 受压抑的 shòu yāyì de

repression N 1 压抑 yāyì, 克制 kèzhì **2** 镇压 zhènyā

repressive ADJ 1 压抑的 yāyì de **2** 残酷的 cánkù de

reprieve N 1 缓解 huǎnjiě, 缓行 huǎnxíng **2** 死刑撤销令 sǐxíng chèxiāo lìng

reprimand V, N 谴责 qiǎnzé, 斥责 chìzé

reprint I V 重印 chóngyìn, 再版 zàibǎn **II** N 重印书 chóngyìn shū

reprisal N 报复 (行动) bàofu (xíngdòng)

reprise N, V 重演 chóngyǎn, 重奏 chóngzòu

reproach V, N 责备 zébèi, 责怪 zéguài beyond reproach 无可非议 wúkě fēiyì, 完全 wánquán

reproduce V 1 [生物+] 繁殖 [shēngwù+] fánzhí **2** 复制 [+艺术品] fùzhì [+yìshùpǐn]

reproduction N 1 繁殖 fánzhí, 生殖 shēngzhí **2** 复制 (品) fùzhì (pǐn) reproduction furniture 仿古家具 fǎnggǔ jiājù

reproductive ADJ 繁殖的 fánzhí de, 生殖的 shēngzhí de

reprove V 责备 zébèi, 指责 zhǐzé

reptile N 爬行动物 páxíng dòngwù

republic N 共和国 gònghéguó

republican I ADJ (美国) 支持共和党的 (Měiguó) zhīchí Gònghédǎng de **II** N 1 (美国) 共和党支持者 (Měiguó) Gònghédǎng zhīchízhě **2** 共和 (国/政体) 的 gònghé (guó/zhèngtǐ) de

Republican Party N (美国) 共和党 (Měiguó) Gònghédǎng

repudiate V 1 驳斥 bóchì, 否认 fǒurèn **2** 拒绝 (接受) jùjué (jiēshòu)

repudiation N 1 驳斥 bóchì **2** 拒绝 (接受) jùjué (jiēshòu)

repugnance N 强烈的反感 qiángliè de fǎngǎn, 极其厌恶 jíqí yànwù

repugnant ADJ 强烈反感的 qiángliè fǎngǎn de, 极其厌恶的 jíqí yànwù de

repulse V 1 使…强烈反感 shǐ…qiángliè fǎngǎn, 使…极其厌恶 shǐ…jíqí yànwù **2** 击退 jītuì, 打退 dǎtuì

repulsion N 1 强烈反感 qiángliè fǎngǎn, 厌恶 yànwù **2** 排斥 (力) páichì (lì)

repulsive ADJ 令人强烈反感的 lìngrén qiángliè fǎngǎn de, 令人厌恶的 lìng rén yànwù de

reputable ADJ 声誉良好的 shēngyù liánghǎo de, 有信誉的 yǒu xìnyù de

reputation N 名声 míngshēng, 名望 míngwàng

repute N 名声 míngshēng, 名望 míngwàng

reputed ADJ 普遍认为 pǔbiàn rènwéi

reputedly ADV 据说 jùshuō

request I N 请求 qǐngqiú, 要求 yāoqiú □ The branch manager has made a request for more staff. 分公司经理要求增加员工。Fēngōngsī jīnglǐ yāoqiú zēngjiā yuángōng. **II** V 请求 qǐng, 请求 qǐngqiú

requiem N 1 安魂弥撒 ānhún mísa **2** 安魂曲 ānhún qū

require V 1 需要 xūyào □ We require extra staff and funding to bring the project to a successful end. 为了圆满结束这个项目，我们需要额外的人员和资金。Wèile yuánmǎn jiéshù zhè ge xiàngmù, wǒmen xūyào éwài de rényuán hé zījīn. **2** 要求 yāoqiú □ Motorists are required to report a road accident as soon as possible. 要求驾车人尽快报告交通事故。Yāoqiú jiàchē rén jǐnkuài bàogào jiāotōng shìgù.

requirement N 1 必需的事物 bìxū de shìwù □ Our immediate requirement is $50,000 to launch the program. 我们目前必须五万元，来启动这个计划。Wǒmen mùqián bìxū wǔ wàn yuán, lái qǐdòng zhè ge jìhuà. **2** 规定的条件 guīdìng de tiáojiàn □ This computer meets your requirements exactly. 这台计算机完全符合你规定的条件。Zhè tái jìsuànjī wánquán fúhé nǐ guīdìng de tiáojiàn.

requisite I ADJ 必要的 bìyào de, 必需的 bìxū de II N 必需的事物 bìxū de shìwù

requisition I N 征用（令）zhēngyòng (lìng) II V 征用 zhēngyòng

reroute V 改变路线 gǎibiàn lùxiàn

rerun I N 重演的电影 chóngyǎn de diànyǐng, 重播的电视／广播节目 chóngbō de diànshì/guǎngbō jiémù II V 重演 [+电影] chóngyǎn [+diànyǐng], 重播 [+电视／广播节目] chóngbō [+diànshì/guǎngbō jiémù]

rescind V 废除 fèichú, 取消 qǔxiāo

rescue V, N 救援 jiùyuán, 营救 yíngjiù
rescue team 救援队 jiùyuán duì, 营救人员 yíngjiù rényuán

research I V 研究 yánjiū, 调查 diàochá □ The sociologist is researching single parenthood in rural areas. 这位社会科学家正在研究农村地区的单亲现象。Zhè wèi shèhuì kēxuéjiā zhèngzài yánjiū nóngcūn dìqū de dānqīn xiànxiàng. II N 研究 yánjiū □ The team has carried out research into the causes of depression. 这个小组对忧郁症的起因做了研究。Zhè ge xiǎozǔ duì yōuyùzhèng de qǐyīn zuòguo yánjiū.
research and development (R & D) 研究和开发 yánjiū he kāifā

resemblance N （外表的）相似 (wàibiǎo de) xiāngsì, 相像 xiāngxiàng
to bear a resemblance to sb 长的很像某人 zhǎng de hěn xiàng mǒurén

resemble V 象 xiàng, 与…相似 yǔ…xiāngsì

resent V 怨恨 yuànhèn, 愤愤不平 fènfèn bùpíng □ Barbara resented her mother's interference in her affairs. 芭芭拉怨恨母亲干涉她的事务。Bābālā yuànhèn mǔqin gānshè tā de shìwù.

resentful ADJ 怨恨的 yuànhèn de, 十分不满的 shífēn bùmǎn de

resentment N 怨恨 yuànhèn, 愤懑 fènmèn

reservation N **1** 保留 bǎoliú, 预订 yùdìng
to make a reservation 预订 [+机票／旅馆房间] yùdìng [+jīpiào/lǚguǎn fángjiān]
2 疑问 yíwèn
to express reservation 表示怀疑 biǎoshì huáiyí
3 印第安人保留地 Yìndì'ānrén bǎoliúdì

reserve I V 保留 bǎoliú, 预订 yùdìng □ This parking lot is reserved for visitors. 这个停车位子是为来访者保留的。Zhè ge tíngchē wèizi shì wèi láifǎngzhě bǎoliú de.
to reserve the right (to do sth) 保留（做某事的）权利 bǎoliú (zuò mǒushì de) quánlì II N **1** 储备（金）chǔbèi (jīn)
in reserve 备用 bèiyòng
2 拘谨寡言 jūjǐn guǎyán
to drop one's reserve 不再矜持 búzài jīnchí
3 （野生动物）保护区 (yěshēng dòngwù) bǎohùqū
4 后备部队 hòubèibùduì

reserved ADJ **1** 预订的 yùdìng de **2** 矜持的 jīnchí de, 拘谨寡言的 jūjǐn guǎyán de

reservoir N **1** 水库 shuǐkù [M. WD 座 zuò] **2** 储藏 chǔcáng
vast reservoir of information on the Internet 互联网上大量的信息 hùliánwǎng shàng dàliàng díxìn xī

reshuffle N, V 调整 tiáozhěng, 改组 gǎizǔ

reside V 居住 jūzhù

residence N **1** 居住 jūzhù
permanent residence 永久居住（权）yǒngjiǔ jūzhù (quán)
2 寓所 yùsuǒ [M. WD 座 zuò]

private residence 私人住宅 sīrén zhùzhái, 私寓 sī yù
official residence 官邸 guāndǐ

residency N **1** （医生）住院实习（期）(yīshēng) zhùyuàn shíxí (qī) **2** 永久居住权 yǒngjiǔ jūzhù quán

resident I N **1** 居民 jūmín **2** 住院（实习）医生 zhùyuàn (shíxí) yīshēng II ADJ 居住的 jūzhù de
resident artist in a university 大学常驻艺术家 dàxué chángzhù yìshùjiā

residential ADJ 住宅区的 zhùzháiqū de
a leafy residential area 树木成荫的住宅区 shùmù chéngyìn de zhùzháiqū

residual ADJ 残余的 cányú de, 剩余的 shèngyú de

residue N 残留（物）cánliú (wù), 剩余（物）shèngyú (wù)

resign V **1** 辞职 cízhí **2** (to resign oneself to sth) 无可奈何地接受某事 wúkě nàihé de jiēshòu mǒushì

resignation N **1** 辞职 cízhí **2** 顺从 shùncóng, 无可奈何地接受 wúkě nàihé de jiēshòu

resigned ADJ **1** 无可奈何的 wúkě nàihé de **2** 屈从的 qūcóng de, 顺从的 shùncóng de

resilience N 复苏的能力 fùsū de nénglì, 弹性 tánxìng

resin N （合成）树脂 (héchéng) shùzhī

resist V **1** 抵抗 [+攻击] dǐkàng [+gōngjī], 抵制 dǐzhì **2** 忍住 [+冲动] rěnzhù [+chōngdòng], 顶住 dǐngzhù
to resist temptation 顶住诱惑 dǐngzhù yòuhuò

resistance N **1** 抵抗 dǐkàng, 抗拒 kàngjù **2** （身体的）抵抗力 (shēntǐ de) dǐkànglì

resistant ADJ **1** 抵抗的 dǐkàng de **2** 有抵抗力的 yǒu dǐkànglì de

resolute ADJ 坚决的 jiānjué de, 坚定的 jiāndìng de

resolution N **1** 决议 juéyì
U.N. resolution 联合国的一项决议 Liánhéguó de yí xiàng juéyì
2 决定 juédìng, 决心 juéxīn
New Year's Resolutions 新年决心 xīnnián juéxīn
3 解决（办法）jiějué (bànfǎ)
successful resolution of the financial crisis 金融危机的成功解决 jīnróng wēijī de chénggōng jiějué

resolve I V **1** 决定 juédìng, 下决心 xià juéxīn □ Bruce resolved that he would never go to the casino again. 布鲁斯下决心，再也不进赌场。Bùlǔsī xià juéxīn, zàiyě bú jìn dǔchǎng.
2 解决 [+难题] jiějué [+nántí] II N 决心 juéxīn
unyielding resolve 不可动摇的决心 bùkě dòngyáo de juéxīn

resonance N **1** 嘹亮 liáoliàng, 洪亮 hóngliàng **2** 共鸣 gòngmíng **3** 共振 gòngzhèn

resonant ADJ 洪亮的 hóngliàng de, 回荡的 huídàng de

resonate V **1** 回荡 huídàng **2** 产生共鸣／共振 chǎnshēng gòngmíng/gòngzhèn

resort¹ I N 手段 shǒuduàn
the last resort 最后一招 zuìhòu yìzhāo II V 求助于 qiúzhù yú, 诉诸 sùzhū
to resort to law 求助于法律 qiúzhù yú fǎlǜ, 诉诸法律 sùzhū fǎlǜ

resort² N 度假地 dùjiàdì
resort hotel 度假酒店 dùjià jiǔdiàn
summer resort 避暑地 bìshǔdì

resound V 回荡 huídàng, 回响 huíxiǎng

resounding ADJ 极响亮的 jí xiǎngliàng de, 洪亮的 hóngliàng de

resource N **1** 资源 zīyuán
natural resources 自然资源 zìrán zīyuán □ Australia, known as "the lucky country", is rich in natural resources. 澳大利亚被称为"幸运国家"，有丰富的自然资源。Àodàlìyà bèi chēngwéi "xìngyùn guójiā", yǒu fēngfù de zìrán zīyuán.
2 资料 zīliào, 信息资源 xìnxī zīyuán

resourceful ADJ 办法很多的 bànfǎ hěn duō de, 足智多谋的 zúzhì duōmóu de

respect I N 1 尊敬 zūnjìng □ Dr. Williams is respected for his superb diagnostic skills. 威廉士医生因有高超的诊断技术而受到尊敬。Wēiliánshì yīshēng yīn yǒu gāochāo de zhěnduàn jìshù ér shòudào zūnjìng.

to pay last respects 向死者告别 xiàng sǐzhě gàobié **2** 尊重 zūnzhòng □ Thieves have no respect for private property. 偷窃犯不尊重私有财产。Tōuqièfàn bù zūnzhòng sīyǒu cáichǎn. **3** 方面 fāngmiàn □ Your essay is unsatisfactory in many respects. 你的文章在很多方面不能令人满意。Nǐ de wénzhāng zài hěn duō fāngmiàn bù néng lìngrén mǎnyì. **II** V 1 尊敬 zūnjìng □ I respect him for his moral courage. 我尊敬他的道德勇气。Wǒ zūnjìng tā de dàodé yǒngqì. **2** 尊重 zūnzhòng □ Her husband always respects her wishes and feelings. 她的丈夫总是尊重她的意愿和感情。Tāde zhàngfu zǒngshì zūnzhòng tā de yìyuàn hé gǎnqíng.

respectability N 体面 tǐmian, 可敬 kějìng

respectable ADJ 1 体面的 [+外表] tǐmian de [+wàibiǎo] **2** 正派的 [+行为] zhèngpài de [+xíngwéi] **3** 还过得去的 [+成绩] hái guòdeqù de [+chéngjì]

respected ADJ 受尊敬的 shòu zūnjìng de

respectful ADJ 恭敬的 gōngjìng de, 彬彬有礼的 bīnbīn yǒulǐ de

respective ADJ 各自的 gèzì de

respectively ADV 各自 gèzì

respiration N 呼吸 hūxī

respirator N 人工呼吸器 réngōng hūxīqì

respiratory ADJ 呼吸（道）的 hūxī (dào) de

respite N 暂停 zàntíng, 暂缓 zànhuǎn

resplendent ADJ 华丽的 huálì de, 辉煌的 huīhuáng de

respond V 1 反应 fǎnyìng □ He responded to her request with a dismissive note. 他对她的请求的反应, 是一张口气轻蔑的便条。Tā duì tā de qǐngqiú de fǎnyìng, shì yī zhāng kǒuqì qīngmiè de biàntiáo. **2** 回答 huídá, 答复 dáfù □ I sometimes respond to letters by phone. 我有时候打电话答复来信。Wǒ yǒushíhou dǎ diànhuà dáfù láixìn.

response N 反应 fǎnyìng □ The government's response to the crisis is thought to be too slow. 人们认为政府对这个危机的反应太慢。Rénmen rènwéi zhèngfǔ duì zhè ge wēijī de fǎnyìng tài màn.

responsibility N 1 责任 zérèn □ Willy has taken responsibility for the fundraising event. 威利负责这项筹款活动。Wēilì fùzé zhè xiàng chóukuǎn huódòng. **2** 职责 zhízé □ It is the responsibility of parents to train their children about morality. 在道德方面训练子女, 是家长的职责。Zài dàodé fāngmiàn xùnliàn zǐnǚ, shì jiāzhǎng de zhízé.

responsible ADJ 1 负有责任的 fùyǒu zérèn de □ The lawyer said that his client was not responsible for the accident. 律师说, 他的委托人对事故没有责任。Lǜshī shuō, tā de wěituōrén duì shìgù méiyǒu zérèn. **2** 有责任心的 yǒu zérènxīn de □ Can we find a responsible man to take care of the equipment? 能找到一个有责任心的人照管设备吗? Néng zhǎodao yí ge yǒu zérènxīn de rén zhàoguǎn shèbèi ma? **3** 负责的 fùzé de □ Mrs. Johnson is responsible for the administrative side of the company. 约翰逊太太负责公司的行政方面。Yuēhànxùn tàitai fùzé gōngsī de xíngzhèng fāngmiàn. □ The vice president of the company is responsible for research and development. 公司副总经理负责研究和开发。Gōngsī fù zǒngjīnglǐ fùzé yánjiū hé kāifā.

to hold ... responsible 要…负责任 yào...fù zérèn □ Parents hold the school responsible for the safety of their children. 家长要学校对孩子的安全负责任。Jiāzhǎng yào xuéxiào duì háizi de ānquán fù zérèn.

responsibly ADV 负责地 fùzé de, 妥善地 tuǒshàn de

responsive ADJ 1 反应快的 fǎnyìng kuài de, 机敏的 jīmǐn de

be responsive to treatment 容易治疗的 róngyì zhìliáo de **2** 同情的 tóngqíng de, 响应的 xiǎngyìng de

rest¹ N 剩下的东西 shèngxia de dōngxi, 其余 qíyú □ She counted the rest of her money and found it to be less than $50. 她数了数剩下的钱, 发现只有五十块不到了。Tā shùle shù shèngxia de qián, fāxiàn zhǐ yǒu wǔshí kuài bú dào le.

rest² I N 休息 xiūxi □ A man deserves a good rest after a day's honest work. 一个人老老实实工作一天之后, 理应得到好好休息。Yí ge rén lǎolǎoshíshí gōngzuò yì tiān zhīhòu, lǐyīng dédao hǎohǎo xiūxi. □ You'd better take a short rest before driving on. 你最好休息一会儿再开车。Nǐ zuìhǎo xiūxi yíhuìr zài kāichē.

rest home 疗养所 liáoyǎngsuǒ **II** V 1 休息 xiūxi □ I'll rest my eyes—I've read for too long. 我要让眼睛休息一下—我看书看得时间太长了。Wǒ yào ràng yǎnjing xiūxi yí xià—wǒ kàn shū kànde shíjiān tài cháng le.

rest assured 放心 fàngxīn □ Rest assured, I'll get the car fixed today. 请放心, 我今天修好车。Qǐng fàngxīn, wǒ jīntiān xiūhǎo chē.

2 [死者+] 长眠 [sǐzhě+] chángmián

Rest in Peace (RIP) 安息 ānxī

3 (to rest upon) 依赖于 yīlàiyú, 依据 yījù

restate V 重申 chóngshēn, 换一种方式说 huàn yìzhǒng fāngshì shuō

restaurant N 饭店 fàndiàn [m. wd 家 jiā], 餐馆 cānguǎn [m. wd 家 jiā] □ I heard this Thai restaurant is really great but a tad expensive. 我听说这家泰国餐馆真不错, 可是价钱贵一点儿。Wǒ tīngshuō zhè jiā Tàiguó cānguǎn zhēn búcuò, kěshì jiàqian guì yìdiǎnr.

restful ADJ 使人心情平静的 shǐrén xīnqíng píngjìng de, 悠闲的 yōuxián de

restitution N 赔偿 péicháng

restive ADJ 不安宁的 bù ānníng de, 难控制的 nán kòngzhì de

restless ADJ 烦躁的 fánzào de, 静不下来的 jìng bú xià lái de

restoration N 1 恢复 huīfù **2** 修复 xiūfù

restore V 1 恢复 [+信心] huīfù [+xìnxīn], 回复 huífù **2** 修复 [+家具] xiūfù [+jiājù]

restrain V 1 克制 kèzhì, 控制 kòngzhì **2** 制服 [+罪犯] zhìfú [+zuìfàn]

restrained ADJ 克制的 kèzhì de, 冷静的 lěngjìng de

restraint N 1 克制 kèzhì, 抑制 yìzhì **2** 限制 xiànzhì, 约束 yuēshù

restrict V 限制 xiànzhì □ Parents should restrict what their children have access to on the computer. 家长应该限制孩子在电脑上能看到的东西。Jiāzhǎng yīnggāi xiànzhì háizi zài diànnǎoshang néng kàndao de dōngxi.

restricted ADJ 1 受限制的 shòu xiànzhì de **2** 内部的 nèibù de, 不准外传的 bù zhǔn wàichuán de

restricted document 内部文件 nèibù wénjiàn

restriction N 限制 xiànzhì

to impose restrictions 加以限制 jiāyǐ xiànzhì

to lift restrictions 解除限制 jiěchú xiànzhì

restrictive ADJ 限制（性）的 xiànzhì (xìng) de

restroom N 洗手间 xǐshǒujiān

restructure V 改组 gǎizǔ, 调整 [+组织] tiáozhěng [+zǔzhī]

result I N 1 结果 jiéguǒ □ His achievement is the result of years of hard work. 他的成就是多年辛勤工作的结果。Tā de chéngjiù shì duōnián xīnqín gōngzuò de jiéguǒ. □ She failed two exams, with the result that she was rejected by the college. 她两门考试不及格, 结果是那所大学拒收她。Tā liǎng mén kè bù jígé, jiéguǒ shì nà suǒ dàxué jùshōu tā.

as a result of 由于 yóuyú □ As a result of the doctor's negligence, the boy had to have his leg amputated. 由于医生的疏忽, 男孩只能锯掉一条腿。Yóuyú yīshēng de shūhu, nánhái zhǐ néng jùdiao yì tiáo tuǐ.

2 效果 xiàoguǒ, 成果 chéngguǒ □ Mr Swift's new teaching method has begun to show results. 斯威福特先生的新教学方法已经显示效果。Sīwéifútè xiānsheng de xīn jiàoxué fāngfǎ yǐjīng xiǎnshì xiàoguǒ. **3** 成绩 chéngjì, 业绩 yèjì **II** v 发生 fāshēng

to result from 起因于 qǐyīn yú, 是由于 shì yóuyú □ The increased sales resulted from a successful promotion. 销售增加是由于促销成功。Xiāoshòu zēngjiā shì yóuyú cùxiāo chénggōng.

to result in 造成了 zàochéng le □ Their painful divorce resulted in severe trauma. 他们痛苦的离婚造成了严重的创伤。Tāmen tòngkǔ de líhūn zàochéngle yánzhòng de chuāngshāng.

resultant ADJ 因而发生的 yīn'ér fāshēng de, 作为后果的 zuòwéi hòuguǒ de

resume v 重新开始 chóngxīn kāishǐ, 继续 jìxù

to resume one's position 恢复原职 huīfù yuánzhí

résumé N 个人简历 gèrén jiǎnlì, 履历 lǚlì □ Do you update your résumé regularly? 你定期更新个人简历吗？Nǐ dìngqī gēngxīn gèrén jiǎnlì ma?u

resurface v 1 重新出现 chóngxīn chūxiàn, 重现 chóngxiàn **2** 重铺路面 chóng pūlù miàn

resurgence N 重新流行 chóngxīn liúxíng, 死灰复燃 sǐhuī fùrán

resurgent ADJ 重新流行的 chóngxīn liúxíng de

resurrect v 复活 fùhuó, 恢复 huīfù

resurrection N 复活 fùhuó, 恢复 huīfù

resuscitate v 抢救 qiǎngjiù, （使…）恢复呼吸 (shǐ…) huīfù hūxī

Do not resuscitate. 不要抢救。Búyào qiǎngjiù.

resuscitation N 抢救 qiǎngjiù

retail I N 零售 língshòu

a chain of retail stores 零售连锁店 língshòu liánsuǒdiàn **II** ADV 以零售价（格）yǐ língshòujià (gé) **III** v 零售 língshòu, 零卖 língmài

retailer N 零售商 língshòushāng, 零售（商）店 língshòu (shāng) diàn

retain v 1 保留 bǎoliú **2** 记住 jìzhu **3** 付定金聘请 [+律师] fùdìng jīn pìnqǐng [+lǜshī]

retainer N 预付聘请费 yùfù pìnqǐng fèi, 律师费 lǜshī fèi

retake v 收复 shōufù, 夺回 duóhuí

retaliate v 报复 bàofu, 反击 fǎnjī

retaliation N 报复 bàofu, 反击 fǎnjī

retard I v 使…迟缓 shǐ…chíhuǎn, 阻碍 zǔ'ài **II** N 笨蛋 bèndàn

retarded ADJ 智力发展迟缓的 zhìlì fāzhǎn chíhuǎn de, 弱智的 ruòzhì de

retch v 恶心 èxīn, 作呕 zuò'ǒu

retention N 保留 bǎoliú, 留住 liúzhù

rethink v 重新考虑 chóngxīn kǎolǜ, 反思 fǎnsī

reticence N 沉默寡言 chénmò guǎyán

reticent ADJ 沉默的 chénmò de, 不爱说话的 bú ài shuōhuà de

retina N 视网膜 shìwǎngmó

retinue N （一大批）随从 (yí dàpī) suícóng, 随行人员 suíxíng rényuán

retire v 1 退休 tuìxiū □ Dr. Gates is due to retire as principal of the high school in September. 盖茨博士定于九月从校长职务上退休。Gàicí bóshì dìngyú jiǔyuè cóng xiàozhǎng zhíwù shàng tuìxiū. **2** 退出（体坛）tuì chū (tǐtán)

retiree N 退休者 tuìxiūzhě

retirement N 退休 tuìxiū, 退休生活 tuìxiū shēnghuó

retirement community （退休）老人社区 (tuìxiū) lǎorén shèqū

retirement home （退休）老人福利院 (tuìxiū) lǎorén fúlìyuàn

retort v, N 反驳 fǎnbó, 回嘴 huízuǐ

retract v 1 正式收回 [+说过的话] zhèngshì shōuhuí [+shuōguòde huà] **2** 缩回 suōhuí

retractable ADJ 可收缩的 kě shōusuō de

retraction N 正式收回 zhèngshì shōuhuí, 撤回 chèhuí

retread N 1 翻新的轮胎 fānxīn de lúntāi **2** 翻版 fānbǎn

retreat I N 1 [军队+] 撤退 [jūnduì+] chètuì **2** [撤回+] 承诺 [chèhuí+] chéngnuò **3** 往后退 wǎnghòu tuì **II** v 1 （军队）撤退 (jūnduì) chètuì **2** （承诺的）撤回 (chéngnuò de) chèhuí **3** 后退 hòutuì **4** 休养地 xiūyǎng dì

retrial N 重新审理 chóngxīn shěnlǐ, 重审 chóngshěn

retribution N 惩罚 chéngfá, 报应 bàoyìng

retrieve v 1 收回 shōuhuí, 找到 zhǎodào **2** （计算机）检索 (jìsuànjī) jiǎnsuǒ

retriever N （能找回猎物的）猎犬 (néng zhǎohuí lièwù de) lièquǎn

retroactive ADJ 有追溯效力的 yǒu zhuīsù xiàolì de

retrospect N 回顾 huígù, 回想 huíxiǎng

retrospective ADJ 回顾的 huígù de

retry v 重新审理 [+案件] chóngxīn shěnlǐ [+ànjiàn], 重审 chóngshěn

return I v 1 回 huí, 返回 fǎnhuí □ The letter was returned owing to insufficient postage. 由于邮资不足，信被退回来了。Yóuyú yóuzī bù zú, xìn bèi tuìhuílai le. **2** 还 huán, 归还 guīhuán □ If you can't return the books by the due date, you can renew them. 如果你到期不能还书，可以续借。Rúguǒ nǐ dàoqī bù néng huán shū, kěyǐ xù jiè. **3** 回报 huíbào, 报答 bàodá □ The professor returned the students' greeting with a nod and a smile. 教授点头微笑回答学生的问候。Jiàoshòu diǎntóu wēixiào huídá xuésheng de wènhòu.

II N 1 返回 fǎnhuí □ On her return home from Africa she found the weather unbearably cold. 她从非洲回来，觉得天气冷得受不了。Tā cóng Fēizhōu huílai, juéde tiānqì lěng de shòubuliǎo. **2** 归还 guīhuán □ The return of AV materials in the book return slot is subject to fines. 把音象资料还到还书的地方要罚款的。Bǎ yīnxiàng zīliào huándào huánshū de dìfang yào fákuǎn de. **3** 恢复 huīfù □ They dined in a restaurant to celebrate his full return to health. 他们在饭店吃了一顿，庆祝他完全复康。Tāmen zài fàndiàn chīle yí dùn, qìngzhù tā wánquán fùkāng. **4** 往返票 wǎngfǎn piào □ I booked a return flight to Shanghai through the Internet. 我在电脑上订了去上海的往返机票。Wǒ zài diànnǎoshang dìngle qù Shànghǎi de wǎngfǎn jīpiào. **5** （投资的）回报 (tóuzī de) huíbào, 利润 lìrùn □ He prayed to God for a big return from his investment. 他祈求上帝，让他在这项投资中得到好回报。Tā qíqiú Shàngdì, ràng tā zài zhè xiàng tóuzī zhōng dédào hǎo huíbào.

returnable ADJ 1 必须归回的 [+文件] bìxū guīhuí de [+wénjiàn] **2** 可以收回的 [+瓶子] kěyǐ shōuhuí de [+píngzi]

reunion N 1 团聚 tuánjù **2** （校友）聚会 (xiàoyǒu) jùhuì

reunite v （使…）再联合 (shǐ…) zài liánhé, （使…）重聚 (shǐ…) chóngjù

be reunited with sb 与某人团聚 yǔ mǒurén tuánjù

rev I N 1 旋转一周 xuánzhuǎn yìzhōu, 一转 yì zhuǎn **II** v (to rev up) 加快转速 jiākuài zhuànsù

revaluation N 1 （货币）升值 (huòbì) shēngzhí **2** 重新估价 chóngxīn gūjià

revalue v 1 使 [+货币] 升值 shǐ [+huòbì] shēngzhí **2** 重新估价 chóngxīn gūjià

revamp v 更新 gēngxīn, 修改 xiūgǎi

reveal v 1 显露 xiǎnlù, 露出来 lòuchulai □ I think dressing in a way that reveals the navel is bad taste. 我认为穿衣服时露出肚脐，品味很差。Wǒ rènwéi chuān yīfú shí lòuchu dùqí, pǐnwèi hěn chà. **2** 透露 tòulù, 揭露 jiēlù □ Should the doctor reveal the truth to him? 医生应该向病人透露真情吗？Yīshēng yīnggāi xiàng bìngrén tòulù zhēn qíng ma?

revealing ADJ 1 揭露性的 [+书／文章] jiēlùxìng de [+shū/wénzhāng] 2 暴露的 [+衣服] bàolù de [+yīfu]

revel V 1 狂欢 kuánghuān 2 (to revel in) 陶醉于 táozuì yú

revelation N 1 揭露 jiēlù 2 揭露出来的事 jiēlù chūlái de shì 3 (上帝的) 启示 (Shàngdì de) qǐshì

reveler N 狂欢者 kuánghuānzhě, 寻欢作乐的人 xúnhuān zuòlè de rén

revelry N 狂欢 kuánghuān, 寻欢作乐 xúnhuān zuòlè

revenge I N 报仇 bàochóu, 复仇 fùchóu II V (为…) 报仇 (wéi…) bàochóu
  be revenged on sb 向某人报仇 xiàng mǒurén bàochóu
  to revenge sb 为某人报仇 wéi mǒurén bàochóu

revenue N 收入 shōurù □ Tax revenues have decreased because of property devaluation. 因为房产贬值，税收减少了。Yīnwèi fángchǎn biǎn zhí, shuìshōu jiǎnshǎo le.

reverberate V 回响 huíxiǎng, 回荡 huídàng

reverberation N 回响 huíxiǎng, 回荡 huídàng

revere V 尊敬 zūnjìng, 崇敬 chóngjìng

reverence N 尊敬 zūnjìng, 崇敬 chóngjìng

Reverend N 牧师 mùshi

reverent ADJ 恭敬的 gōngjìng de, 虔诚的 qiánchéng de

reverie N 幻想 huànxiǎng, 梦想 mèngxiǎng

reversal N 倒转 dàozhuǎn, 逆转 nìzhuǎn
  reversal of fortune 时运倒转 shíyùn dàozhuǎn, 交恶运 jiāo èyùn

reverse I V 1 [汽车+] 倒退 [qìchē+] dàotuì 2 颠倒 [+顺序] diāndǎo [+shùnxù] 3 取消 [+原判] qǔxiāo [+yuánpàn]
  to reverse a ruling 取消原判 qǔxiāo yuánpàn
  II N 1 [硬币的+] 背面 [yìngbì de+] bèimiàn 2 [工作中的+] 挫折 [gōngzuò zhòngdì+] cuòzhé, 恶运 èyùn 3 (汽车的) 倒车挡 (qìchē de) dàochēdǎng
  to put the car into reverse 把车挂上倒车挡 bǎchē guàshang dàochēdǎng
  III ADJ 背面的 bèimiàn de, 反面的 fǎnmiàn de
  reverse side (of a form) (表格的) 背面 biǎogé de bèimiàn
  reverse discrimination 逆向歧视 nìxiàng qíshì

revert V 回复 [+到以前的情况] huífù [+dào yǐqián de qíngkuàng]

review I N 1 复查 fùchá, 检查 jiǎnchá □ The education authorities will conduct a review of teachers' salary scales. 教育当局要对教师的工资级别做一次复查。Jiàoyù dāngjú yào duì jiàoshī de gōngzī jíbié zuò yí cì fùchá. 2 评论 pínglùn □ The movie has got poor reviews. 这部电影得到的评论很差。Zhè bù diànyǐng dédào de pínglùn hěn chà.
  II V 1 复查 fùchá, 检查 jiǎnchá □ The professor reviewed his notes before lecturing. 教授在讲课前又看了一下笔记。Jiàoshòu zài jiǎngkè qián yòu kànle yíxià bǐjì. 2 写评论 xiě pínglùn □ Her first novel was favorably reviewed. 她的第一部小说受到了很好的评论。Tā de dìyī bù xiǎoshuō shòudaole hěn hǎo de pínglùn. 3 复习功课 fùxí gōngkè □ Tonight most of the students will be reviewing their lessons for tomorrow's exam. 今天晚上大多数学生将复习功课，准备明天的考试。Jīntiān wǎnshang dàduōshù xuésheng jiāng fùxí gōngkè, zhǔnbèi míngtiān de kǎoshì.

reviewer N 评论家 pínglùnjiā

revile V 辱骂 rǔmà, 谩骂 mànmà

revise V 1 修订 xiūdìng, 改正 gǎizhèng 2 复习 (功课) fùxí (gōngkè)

revision N 修订 xiūdìng, 修正 xiūzhèng

revitalize V 使…重获活力 shǐ…zhòng huò huólì, 使…新生 shǐ…xīnshēng

revival N 复兴 fùxīng, 再生 zàishēng

revive V 1 (使…) 苏醒 (shǐ…) sūxǐng 2 再次流行 zàicì liúxíng, 恢复 huīfù

revoke V 吊销 [+执照] diàoxiāo [+zhízhào], 废除 fèichú

revolt N, V 反叛 fǎnpàn, 起义 qǐyì

revolting ADJ 令人厌恶的 lìngrén yànwù de, 令人作呕的 lìngrén zuò'ǒu de

revolution N 1 革命 gémìng □ The American Revolution was one of the pivotal events in world history. 美国独立革命是世界历史上最关键的事件之一。Měiguó dúlì gémìng shì shìjiè lìshǐshang zuìguānjiàn de shìjiàn zhī yī. 2 重大变革 zhòngdà biàngé, 重大突变 zhòngdà tūbiàn □ Information technology has brought about a revolution in the workplace. 信息技术给工作场所带来了一场革命。Xìnxī jìshù gěi gōngzuò chángsuǒ dàilaile yì cháng gémìng.

revolutionary I ADJ 革命 (性) 的 gémìng (xìng) de II N 革命者 gémìngzhě

revolutionize V 使…发生革命 (性) 变化 shǐ…fāshēng gémìng (xìng) biànhuà

revolve V 1 (使…) 旋转 (shǐ…) xuánzhuǎn 2 (to revolve around) 围绕 wéirào

revolver N 左轮手枪 zuǒlúnshǒuqiāng [M. WD 把 bǎ]

revolving ADJ 旋转的 xuánzhuǎn de

revue N (时事讽刺) 歌舞表演 (shíshì fěngcì) gēwǔ biǎoyǎn

revulsion N 厌恶 yànwù, 憎恨 zēnghèn

revved up ADJ 兴奋的 xīngfèn de, 激动的 jīdòng de

reward I N 报偿 bàocháng [M. WD 份 fèn], 报酬 bàochou [M. WD 份 fèn] □ You deserve a reward for your loyalty. 你的忠诚理应得到报偿。Nǐ de zhōngchéng lǐyīng dédao bàocháng. □ The reward for good work is more work, according to cynics. 有些好挖苦的人说，干活干得好，得到的报偿就是要你干更多的活。Yǒuxiē hào wākǔ de rén shuō, gànhuó gàn de hǎo, dédao de bàocháng jiù shì yào nǐ gàn gèngduō de huó. II V 报偿 bàocháng, 报酬 bàochou, 奖赏 jiǎngshǎng □ Students' efforts should be properly rewarded. 学生作出的努力应该好好奖赏。Xuésheng zuòchū de nǔlì yīnggāi hǎohǎo jiǎngshǎng.

rewind (PT & PP **rewound**) V 倒回 dǎo huí

rewire V 更换路线 gēnghuàn lùxiàn

reword V 改个说法 gǎi gè shuōfa

rework V 改编 gǎibiān

rewrite V 重写 zhòng xiě, 改写 gǎixiě

rhapsody N 1 狂想曲 kuángxiǎngqǔ [M. WD 首 shǒu] 2 赞美 zànměi

rhetoric N 1 华丽词藻 huálì cízǎo 2 修辞学 xiūcíxué

rhetorical ADJ 修辞的 xiūcí de
  a rhetorical question 修辞性疑问句 xiūcíxìng yíwènjù

rheumatic ADJ 风湿病的 fēngshībìngde
  rheumatic fever 风湿热 fēngshīrè

rheumatism N 风湿病 fēngshībìng

rhinoceros, rhino N 犀牛 xīniú [M. WD 头 tóu]

rhododendron N 杜鹃花 dùjuānhuā [M. WD 株 zhū/朵 duǒ]

rhubarb N 大黄 dàihuáng

rhyme I N 1 韵 yùn, 韵脚 yùnjiǎo 2 同韵词 tóngyùncí □ Can you think of a rhyme for "picnic"? 你能想到一个词和 "picnic" 押韵吗？Nǐ néng xiǎngdào yí ge cí hé "picnic" yāyùn ma? II V 押韵 yāyùn □ "Low" and "how" don't rhyme. "Low" 和 "how" 不押韵。"Low" hé "how" bù yāyùn.

rhythm N 节奏 jiézòu □ The melody is good, but the rhythm is not quite right. 旋律很好，但是节奏不太对。Xuánlǜ hěn hǎo, dànshì jiézòu bú dà duì.

rhythmic ADJ 有节奏的 yǒu jiézòu de

rib I N 1 肋骨 lèigǔ
  rib cage 胸腔 xiōngqiāng
  2 肋条肉 lèitiáo ròu [M. WD 块 kuài] II V 跟…开玩笑 gēn…kāi wánxiào

ribald ADJ 粗俗的 cūsú de, 下流的 xiàliú de

ribbon N 丝带 sīdài [M. WD 条 tiáo], 缎带 duàndài [M. WD 条 tiáo]

rice I N 1 米饭 mǐfàn □ Meilin's grandma usually eats a bowl of rice and some vegetables for lunch. 梅琳的奶奶中饭吃一碗

米饭, 一些素菜。Méilín de nǎinai zhōngfàn chī yì wǎn mǐfàn, yìxiē sùcài. **2** 米 mǐ, 稻米 dàomǐ □ Rice is probably the most widely eaten grain in the world. 稻米很可能是世界上食用最广的谷物。Dàomǐ hěn kěnéng shì shìjièshang shíyòng zuì guǎng de gǔwù.

rice paddy (水) 稻田 (shuǐ) dào tián

rich I ADJ **1** 富 fù, 富有的 fùyǒu de □ She has a rich dad. 她有一个富爸爸。Tā yǒu yí ge fù bàba. **2** 富有 fùyǒu, 有丰富的 yǒu fēngfù de □ Some deep sea fish is rich in healthful oil. 有些深海鱼含有丰富的健康脂肪。Yǒuxiē shēnhǎi yú hányǒu fēngfù de jiànkāng zhīfáng. □ You should eat food rich in iron. 你应该多吃富有铁质的食物。Nǐ yīnggāi duō chī fùyǒu tiězhì de shíwù.

riches N 财富 cáifù

richly ADV **1** 富贵地 fùguì de, 华丽地 huálì de
richly colored 色彩鲜艳的 sècǎi xiānyàn de
richly flavored 味道浓郁的 wèidao nóngyù de
2 大量地 dàliàng de

rickets N 佝偻病 gōulóubìng

rickety ADJ **1** 快要散架的 [+椅子] kuàiyào sǎnjià de [+yǐzi] **2** 摇摇晃晃的 yáoyáo huǎnghuǎng de

rickshaw N 人力车 rénlìchē, 黄包车 huángbāochē

ricochet V 弹飞 dàn fēi, 反弹 fǎntán

rid I V (PT & PP **rid**) 摆脱 bǎituō □ We've tried every means to rid the house of mice. 我们试了种种办法清除房子里的老鼠。Wǒmen shìle zhǒngzhǒng bànfǎ qīngchú fángzi li de lǎoshǔ.
to get rid of 摆脱 bǎituō, 清除 qīngchú □ He looks forward to the day when he can get rid of his debts. 他期待着摆脱债务的那一天。Tā qīdàizhe bǎituō zhàiwù de nà yì tiān. □ Every year they get rid of lots of junk after a spring cleaning. 每年春季大扫除以后, 他们都要清除一大堆垃圾货。Měinián chūnjì dà sǎochú yǐhòu, tāmen dōu yào qīngchú yí dà duī lājī huò.

riddance N (good riddance) 终于滚蛋了 zhōngyú gǔndàn le, 走得好 zǒu de hǎo

riddle N **1** 谜 (语) mí (yǔ) **2** 奥秘 àomì

riddled ADJ **1** 充满…的 chōngmǎn…de **2** 到处是小洞的 dàochù shì xiǎodòng de

ride I V (PT **rode**; PP **ridden**) **1** 骑 [+马 / 自行车] qí [+mǎ / zìxíngchē] **2** 乘坐 [+火车] chéngzuò [+huǒchē]
II N 乘 [+汽车 / 火车 / 摩托车] chéng [+qìchē/huǒchē/mótuōchē] □ Can you give me a ride to the airport? 你可以开车送我去机场吗? Nǐ kěyǐ kāi chē sòng wǒ qù jīchǎng ma?
to take sb for a ride 欺骗某人 qīpiàn mǒurén

rider N 骑马/自行车的人 qí mǎ/zìxíngchē de rén

ridge N 山脊 shānjǐ

ridicule N, V 嘲笑 cháoxiào, 取笑 qǔxiào

ridiculous ADJ 可笑的 kěxiào de, 荒唐的 huāngtáng de

riding N 骑马 qímǎ

rife ADJ 流行的 liúxíng de, 普遍存在的 pǔbiàn cúnzài de

rifle¹ N 枪 qiāng, 步枪 bùqiāng

rifle² V 翻遍 [+抽屉] fān biàn [+chōutì]

rift N **1** 裂缝 lièfèng **2** 分裂 fēnliè, 分歧 fēnqí

rig I V **1** 操纵 [+选举] cāozòng [+xuǎnjǔ] **2** 给 (船) 配备绳索帆具 gěi (chuan) pèibèi shéngsuǒ fānjù II N **1** (石油) 钻井架 (shíyóu) zuān jǐngjià

rigging N 帆缆 fānlǎn, 帆具 fānjù

right I ADJ 正确的 zhèngquè de, 对的 duì de □ "Is this the DVD you were looking for?" "Right, that's it." "你就在找这张DVD吗?" "对。"Nǐ jiù zài zhǎo zhè zhāng DVD ma?" "Duì." **2** 恰当的 qiàdàng de, 适当的 shìdàng de □ The company can't find the right person to be their representative in Shanghai. 公司找不到适当人选上上海公司代表。Gōngsī zhǎobudào shìdàng rénxuǎn qù Shànghǎi dāng gōngsī dàibiǎo. **3** 右面的 yòumian de □ The boy fell from the tree and sprained his right foot. 男孩从树上摔下, 扭伤了右脚。Nánhái cóng shùshang shuāixia, niǔshāngle yòu jiǎo.

right field (棒球) 右外场 (bàngqiú) yòu wàichǎng
II ADV **1** 就 jiù, 正 zhèng □ The CD was right under his nose all the time. 那张光碟就一直在他鼻子底下。Nà zhāng guāngdié jiù yìzhí zài tā bízi dǐxià. **2** 正确地 zhèngquè de, 对 duì □ Have I guessed it right? 我猜对了吗? Wǒ cāiduì le ma? **3** 右面 yòumian □ Turn right at the traffic lights and the restaurant is on your right. 在红绿灯的地方向右拐, 饭店就在你右边。Zài hónglǜdēng de dìfang xiàng yòu guǎi, fàndiàn jiù zài nǐ yòubian.
III N **1** 正确 zhèngquè, 正当 zhèngdàng □ Don't underestimate children's ability to tell the difference between right and wrong. 不要低估儿童辨别是非的能力。Bú yào dīgū értóng biànbié shìfēi de nénglì. **2** 权利 quánlì □ You have no right to use my computer without permission. 你没有权利不经过我的许可就使用我的电脑。Nǐ méiyǒu quánlì bùjīngguò wǒ de xǔkě jiù shǐyòng wǒ de diànnǎo. **3** 右 yòu, 右面 yòumian
IV V (to right a wrong) 纠正错误 jiūzhèng cuòwù

right-angled ADJ 直角的 zhíjiǎo de

righteous ADJ 正义的 zhèngyì de
righteous anger 义愤 yìfèn

righteousness N 正义 zhèngyì

rightful N 合法的 héfǎ de, 公正的 gōngzhèng de
a rightful owner 合法主人 héfǎ zhǔrén

right-hand ADJ 右边的 yòubian de, 右侧的 yòucè de

rightly ADV 正确地 zhèngquè de, 有道理的 yǒudào lǐ de

right of way N 先行权 xiānxíng quán

rights N 特许使用权 tèxǔ shǐyòngquán
property rights (法定) 房产使用权 (fǎdìng) fángchǎn shǐyòngquán

right-wing N, ADJ (政治) 右翼 (的) (zhèngzhì) yòuyì (de)
right-wing politician 右翼政客 yòuyì zhèngkè

rigid ADJ **1** 严格的 [+方法] yángé de [+fāngfǎ] **2** 僵硬的 [+观点] jiāngyìng de [+guāndiǎn]

rigidity N 严格 yángé, 僵硬 jiāngyìng

rigmarole N 繁琐费时的手续 fánsuǒ fèishí de shǒuxù, 繁文缛节 fánwén rùjié

rigor N 严谨 yánjǐn

rigorous ADJ 严谨的 yánjǐn de, 严格的 yángé de

rile V 激怒 jīnù

rim I N 边缘 biānyuán II V 环绕 huánrào

rind N (水果的) 厚皮 (shuǐguǒ de) hòu pí

ring¹ I N 戒指 jièzhǐ □ A wedding ring is more than a piece of jewelery. 结婚戒指不仅仅是一件首饰。Jiéhūn jièzhǐ bù jǐnjǐn shì yí jiàn shǒushi. □ The pretty young lady wears a wedding ring to discourage advances from men. 这位年轻漂亮的女郎戴上结婚戒指, 来避免男子的勾引。Zhè wèi niánqīng piàoliang de nǚláng dàishang jiéhūn jièzhi, lái bìmiǎn nánzǐ de gōuyǐn.
ring finger 无名指 wúmíngzhǐ
2 环 huán, 圆圈 yuánquān □ The Olympics symbol is five rings in different colors. 奥林匹克的标志是不同颜色的五个环。Àolínpǐkè de biāozhì shì bù tóng yánsè de wǔ ge huán.
key ring 钥匙环 yàoshihuán
3 拳击/摔跤台 quánjī/shuāijiāo tái
to retire from the ring 退出拳击运动 tuìchū quánjī yùndòng
4 犯罪团伙 fànzuì tuánhuǒ

ring² I N 铃声 língshēng □ Did you hear a ring at the door? 你听到门铃了吗? Nǐ tīngdao ménlíng le ma?
to have a familiar ring 听起来耳熟 tīngqilai ěrshú
2 语气 yǔqì
to have a ring of truth 听起来像真的 tīngqilai xiàng zhēnde
II V (PT **rang**; PP **rung**) **1** 按电铃 àn diànlíng, 打铃 dǎlíng □ The visitor rang the door bell but there was no answer. 来访者按电铃, 可是没有人应门。Láifǎngzhě àn diànlíng, kěshì méiyǒu rén yìngmén. **2** [铃+] 响 [líng+] xiǎng □ I was just

stepping into the bath when the phone rang. 我正跨进浴缸，电话铃响了。Wǒ zhèng kuàjìn yùgāng, diànhuà líng xiǎng le.

to ring a bell 听起来耳熟 tīngqǐlái ěrshú □ Does the name James Dolittle ring a bell? 詹姆士·杜利特尔这个名字你听起来耳熟吗？Zhānmǔshì·Dùlìtè'ěr zhè ge míngzì nǐ tīngqǐlái ěrshú ma?

ringleader N (匪帮）头目 (fěibāng) tóumù

ringside N 台边区 tái biānqū
ringside seat 台边区前排座位 tái biān qū qiánpáizuòwèi

ringworm N (头）癣 (tóu) xuǎn

rink N 溜冰场 liūbīngchǎng, 旱冰场 hànbīngchǎng

rinky-dink ADJ 低廉劣质的 dīlián lièzhì de

rinse I v 冲洗 chōngxǐ II N 1 冲洗 chōngxǐ 2 染发剂 rǎnfà jì

riot I N 骚乱 sāoluàn, 暴乱 bàoluàn
riot police 防暴警察 fángbào jǐngchá
a riot of color 色彩绚丽 sècǎi xuànlì
II v 骚乱 sāoluàn, 闹事 nàoshì

rioting N 骚乱 sāoluàn, 暴乱 bàoluàn

riotous ADJ 狂暴的 kuángbào de, 放纵的 fàngzòng de

RIP (= "Rest in Peace") ABBREV 安息 ānxī

rip I v 撕裂 sīliè
to rip into 不公平的猛烈抨击 bùgōngpíng de měngliè pēngjī
to rip sb off 欺诈 qīzhà, 多收钱 duō shōuqián
II N 裂缝 lièfèng, 裂口 lièkǒu

ripcord N (降落伞的）开伞索 (jiàngluòsǎn de) kāi sǎn suǒ

ripe ADJ 成熟的 chéngshú de □ The time is ripe for a structural reform of the finance sector. 对财政部门进行结构性改革的时机已经成熟。Duì cáizhèng bùmén jìnxíng jiégòuxìng gǎigé de shíjī yǐjīng chéngshú.

ripen v (使⋯）成熟 (shǐ⋯) chéngshú

ripoff N 1 价格不合理的商品 yàojià bù hélǐ de shāngpǐn, 宰人的东西 zǎirén de dōngxi 2 (音像）盗版 (yīnxiàng) dàobǎn

ripple I v 泛起微波 fàn qǐ wēibō II N 微波细浪 wēibō xì làng
a ripple of laughter 一阵笑声 yízhèn xiàoshēng
ripple effect 连锁反应 liánsuǒ fǎnyìng

rip-roaring ADJ, ADV 喧闹的 xuānnào de, 热闹的 rènao de

rise I v (PT **rose**; PP **risen**) 1 上涨 shàngzhǎng, 增加 zēngjiā □ Oil prices have risen for three consecutive quarters. 石油价格连续三个季度上升。Shíyóu jiàgé liánxù sān ge jìdù shàngshēng. 2 [太阳+] 升起 [tàiyáng+] shēngqǐ □ The sun rises in the east. 太阳从东面升起。Tàiyáng cóng dōngmian shēngqǐ. 3 [社会地位+] 上升 [shèhuì dìwèi+] shàngshēng □ She rose from a secretary to be the personal assistant to the Vice President. 她从秘书上升到副总经理私人助理。Tā cóng mìshū shàngshēngdao fù zǒngjīnglǐ sīrén zhùlǐ. 4 起床 qǐchuáng □ Early to bed, and early to rise makes you healthy, wealthy and wise. 早睡早起，使你健康、富有、智慧。Zǎo shuì zǎo qǐ, shǐ nǐ jiànkāng, fùyǒu, zhìhuì. □ All rise. 全体起立。Quántǐ qǐlì.
to rise to one's feet 站起来 zhànqǐlai
II N 增加 zēngjiā □ Experts attribute the rise in racial discrimination cases to the worsening economy. 专家们把种族歧视案件的增加归罪于经济情况恶化。Zhuānjiāmen bǎ zhǒngzú qíshì ànjiàn de zēngjiā guīzuìyú jīngjì qíngkuàng èhuà.
to give rise to 引起 yǐnqǐ

riser N (early/late riser) 早起／晚起的人 zǎoqǐ/wǎnqǐ de rén

risk I N 风险 fēngxiǎn □ Have you taken into consideration the risk of failure? 你有没有考虑过失败的风险？Nǐ yǒuméiyǒu kǎolùguo shībài de fēngxiǎn?
risk-free 没有风险的 méiyǒu fēngxiǎn de
at your own risk 风险自负 fēngxiǎn zìfù □ You ride through the Death Valley at your own risk. 你开车穿越"死亡谷"，风险自负。Nǐ kāichē chuānyuè "sǐwánggǔ", fēngxiǎn zìfù.
to run the risk of … 冒⋯的险 mào…de xiǎn □ By making this criticism he ran the risking of offending his supervisor. 他

提出这个批评，冒着得罪上司的风险。Tā tíchū zhè ge pīpíng, màozhe dézuì shàngsī de fēngxiǎn.
to take a risk 冒险 màoxiǎn □ If you can't take a risk, put your money in the bank. 你如果不能承受风险，就把钱放在银行里。Nǐ rúguǒ bù néng chéngshòu fēngxiǎn, jiù bǎ qián fàng zài yínháng lǐ.
II v 冒险 màoxiǎn □ He risked his life to save an old woman from the fire. 他冒着生命危险把一位老太太从大火中救出来。Tā màozhe shēngmìng wēixiǎn bǎ yí wèi lǎotàitai cóng dàhuǒ zhōng jiùchūlai.

riskiness N 冒险 (性) màoxiǎn (xìng), 冒险的程度 màoxiǎn de chéngdù

risky ADJ 冒险的 màoxiǎn de

risqué ADJ 粗俗的 cūsú de, 色情的 sèqíng de

rite N 仪式 yíshì, 礼仪 lǐyí

ritual I N 1 仪式 yíshì, 礼仪 lǐyí, 惯例 guànlì, 老程式 lǎo chéngshì II ADJ 仪式的 yíshì de, 礼仪的 lǐyí de

ritzy ADJ 豪华时髦的 háohuá shímáo de

rival I N (竞争）对手 (jìngzhēng) duìshǒu II v 可与⋯相匹敌 kě yǔ…xiāng pǐdí, 与⋯旗鼓相当 yǔ…qígǔxiāngdāng

rivalry N 竞争 jìngzhēng, 争斗 zhēngdòu
gang rivalry 帮派争斗 bāngpài zhēngdòu

river N 河 hé, 江 jiāng □ The river is very popular for trout fishing. 很多人去这条河钓鳟鱼。Hěn duō rén qù zhè tiáo hé diào zūnyú.

riverbed N 河床 héchuáng

riverside N 河边 hébiān

rivet I N 铆钉 mǎodīng [M. WD 枚 méi] II v 1 用铆钉固定 yòng mǎodīng gùdìng 2 吸引 [+注意] xīyǐn [+zhùyì]

riveting ADJ 十分吸引人的 shífēn xīyǐn rén de, 极其精彩的 jíqí jīngcǎi de

roach N 1 (= cockroach) 蟑螂 zhāngláng 2 (大麻烟的）烟蒂 (dàmáyān de) yāndì

road N 道路 dàolù [M. WD 条 tiáo], 公路 gōnglù [M. WD 条 tiáo] □ You must reduce speed on residential roads. 在住宅区的街道上你得减速。Zài zhùzhái qū de jiēdàoshang nǐ děi jiǎnsù.
main road 主要街道 zhǔyào jiēdào
side/back road 小路 xiǎolù
road test 道路试车 dàolù shìchē
road trip 长途驾车旅行 chángtú jiàchē lǚxíng

roadblock N 路障 lùzhàng

roadhouse N (公路旁的）饭店 (gōnglù pángde) fàndiàn

roadkill N 公路上被压死的动物 gōnglù shàng bèi yā sǐde dòngwù

roadside N 路边 lùbiān, 路旁 lùpáng

roadway N 车行道 chēxíngdào [M. WD 条 tiáo]

roadworthy ADJ 可以行驶的 kěyǐ xíngshǐ de, 可以上路的 kěyǐ shànglù de

roam v 漫步 mànbù, 闲逛 xiánguàng

roaming N 漫游 mànyóu

roar v, N [动物+] 吼叫 [dòngwù+] hǒujiào, 咆哮 páoxiào

roast I v 烤 kǎo, 烘 hōng II N 1 烤肉 kǎoròu 2 露天烧烤聚会 lùtiān shāokǎo jùhuì III ADJ 烤好的 kǎo hǎode
roast beef 烤牛肉 kǎoniúròu

rob v 抢 qiǎng, 抢劫 qiǎngjié □ What? Someone's robbed the HSBC in New York. 什么？有人抢了纽约的汇丰银行？Shénme? Yǒurén qiǎngle Niǔyuē de Huìfēng yínháng?

robber N 强盗 qiángdào, 抢劫犯 qiǎngjié fàn

robbery N 抢劫 qiǎngjié

robe N 1 [法官的+] 长袍 [fǎguān de+] chángpáo 2 睡袍 shuìpáo [M. WD 件 jiàn]

robin N 知更鸟 zhīgēngniǎo [M. WD 只 zhī]

robot N 机器人 jīqì rén

robotics N 机器人制造及运用研究 jīqìrén zhìzào jí yùnyòng yánjiū, 机器人学 jīqìrénxué

robust ADJ 1 健壮的 [+人] jiànzhuàng de [+rén] 2 健全的

[+组织] jiànquán de [+zǔzhī] 3 坚固的 [+房屋] jiāngù de [+fángwū]

rock¹ I N 石头 shítou [M. WD 块 kuài], 岩石 yánshí [M. WD 块 kuài] □ The museum has a nice collection of rocks and minerals. 这座博物馆有一套岩石和矿石。Zhè zuò bówùguǎn yǒu yí tào yánshí hé kuàngshí.

rock² I V 1 摇动 yáodòng

The hand that rocks the cradle rules the world. 摇动摇篮的手统治世界。Yáodòng yáolán de shǒu tǒngzhì shìjiè.

2 剧烈震动 jùliè zhèndòng

II N 1 摇滚音乐 yáogǔn yīnyuè □ He downloaded lots of rock music from the Internet. 他从因特网下载了很多摇滚音乐。Tā cóng Yīntèwǎng xiàzàile hěn duō yáogǔn yīnyuè.

rock 'n' roll 摇滚乐 yáogǔnyuè

rock bottom I N 谷底 gǔdǐ II ADJ 最低的 zuìdī de

rock bottom prices 最低价 zuìdījià, 跳楼价 tiàolóujià

to hit rock bottom 达到最坏的状况 dádào zuì huài de jìngkuàng, 陷入谷底 xiànrù gǔdǐ

rocker N 1 摇椅 yáoyǐ [M. WD 把 bǎ] 2 摇滚乐手 yáogǔnyuè shǒu [M. WD 名 míng]

rocket I N 火箭 huǒjiàn □ The launch of the rockets drew condemnation from all over the world. 火箭的发射引起全世界的谴责。Huǒjiàn de fāshè yǐnqǐ quán shìjiè de qiǎnzé.

rocket scientist 火箭专家 huǒjiàn zhuānjiā, 极其聪明博学的人 jíqí cōngmíng bóxué de rén

II V 迅速上升 xùnsù shàngshēng, 猛增 měngzēng

rocking chair N 摇椅 yáoyǐ [M. WD 把 bǎ]

rocking horse N 摇动木马 yáodòng mùmǎ

rocky ADJ 1 多岩石的 duō yánshí de 2 困难重重的 kùnnan chóngchóng de

Rocky Mountains N（美国）洛矶山脉 (Měiguó) Luòjī shānmài

rod N 杆 gǎn, 棍 gùn □ The rod bent in half as the shark tried to get away from the fisherman. 当鲨鱼试图逃离时,鱼杆一折为二。Dāng shāyú shìtú táolí shí, yúgān yì zhé wéi èr.

rodent N 啮齿动物 nièchǐ dòngwù, 老鼠 lǎoshu, 松鼠 sōngshǔ

rodeo N 牛仔竞技表演 niúzǎi jìngjì biǎoyǎn

roe N 鱼籽 yúzǐ

rogue¹ ADJ 不守规矩的 bù shǒu guīju de, 制造麻烦的 zhìzào máfan de

rogue² N 恶棍 ègùn, 坏蛋 huàidàn

roguish ADJ 淘气的 táoqì de, 调皮的 tiáopí de

role N 1 作用 zuòyòng □ His PhD thesis is on the role of technological advances in globalization. 他的博士论文是技术进步在全球化中的作用。Tā de bóshì lùnwén shì jìshù jìnbù zài quánqiúhuà zhōng de zuòyòng. **2** 角色 juésè □ What role do you want to play in the upcoming stage work? 再下一个戏中你想演那个角色? Zài xià yí ge xì zhōng nǐ xiǎng yǎn nàge juésè?

leading role 主要人物 zhǔyào rénwù, 主角 zhǔjué

a role model 榜样 bǎngyàng, 楷模 kǎimó □ Our Chinese teacher, Miss Clark, an American who speaks fluent Chinese, is a role model for us all. 我们的中文老师克拉克小姐说一口流利的中文,是我们的好榜样。Wǒmen de Zhōngwén lǎoshī Kèlākè xiǎojiě shuō yì kǒu liúlìde Zhōngwén, shì wǒmen de hǎo bǎngyàng.

role-play N 角色扮演 juésè bànyǎn

roll I V 1 滚 gǔn, 滚动 gǔndòng □ The dog rolled the ball around the yard. 狗绕着院子滚球。Gǒu ràozhe yuànzi gǔnqiú. **2** 转动 zhuàndòng □ He has a habit of rolling a pencil between his fingers when he is thinking. 他在动脑筋的时候,习惯把铅笔夹在手指中转动。Tā zài dòng nǎojīn de shíhou, xíguàn bǎ qiānbǐ jiā zài shǒuzhǐ zhōng zhuàndòng. **3** 卷起 juǎnqǐ □ The child rolled himself up in the rug. 孩子把自己卷在毯子里。Háizi bǎ zìjǐ juàn zài tǎnzi lǐ. **4** 轧平 yàpíng □ She

is rolling the dough and getting ready to make some pastries. 她在擀面,准备做小甜饼。Tā zài gǎnmiàn, zhǔnbèi zuò xiǎo tiánbǐng.

II N 1 卷 juàn □ The engineer put a roll of blueprints on the shelf. 工程师把一卷蓝图放在书架上。Gōngchéngshī bǎ yí juàn lántú fàng zài shūjiàshang. **2** 名单 míngdān

roll call 点名 diǎnmíng □ The teacher called the roll in the first class. 老师在第一课时点名。Lǎoshī zài dìyī kè shí diǎn míng.

3 小圆面包 xiǎo yuán miànbāo

roller N 1 滚筒 gǔntǒng **2** 卷发夹 juǎnfà jiā

roller coaster N 过山车 guòshānchē, 云霄飞车 yúnxiāo fēi chē

roller skate I N 旱冰鞋 hànbīngxié II V 溜旱冰 liū hànbīng

roller skating N 溜旱冰 liū hànbīng

rollicking ADJ 热闹的 rènao de, 喧闹的 xuānnào de

rolling ADJ 连绵起伏的 liánmiánqǐfú de

rolling-pin N 擀面棍 gǎnmiàn gùn [M. WD 根 gēn]

roly-poly ADJ 圆圆胖胖的 yuányuán pàngpàng de

ROM (= Read-Only Memory) ABBREV（计算机）只读存储器 (jìsuànjī) zhǐ dú cúnchǔ qì

Roman Catholic N 罗马天主教会 Luómǎ Tiānzhǔ jiàohuì

Roman numeral N 罗马数字 Luómǎ shùzì

romantic I ADJ 浪漫的 làngmàn de □ The couple had a romantic candlelight dinner to celebrate their anniversary. 这对夫妻吃了一顿浪漫的烛光晚餐,庆祝结婚周年。Zhè duì fūqī chīle yí dùn làngmàn de zhúguāng wǎncān, qìngzhù jiéhūn zhōunián.

II N 1 浪漫的人 làngmàn de rén, 爱幻想的人 ài huànxiǎng de rén **2** 浪漫主义者 làngmànzhǔyìzhě

romanticize V 把...浪漫化 bǎ...làngmàn huà

romp I V 追跑打闹 zhuī pǎo dǎnào II N 嬉闹 xīnào, 玩耍 wánshuǎ

roof I N 屋顶 wūdǐng, 车顶 chēdǐng

a roof over one's head 栖身之地 qīshēn zhī dì □ This is poor housing, but at least we have a roof over our heads. 房子是很差,但是至少有个栖身之地。Fángzi shì hěn chà, dànshì zhìshǎo yǒu ge qīshēn zhī dì.

under one roof 住在同一所房子 zhù zài tóng yì suǒ fángzi □ I can't live under one roof with that chain smoker. 我没有办法和这个老烟鬼住在同一所房子里。Wǒ méiyǒu bànfǎ hé zhè ge lǎoyānguǐ zhù zài tóng yì suǒ fángzi lǐ.

II V 盖屋顶 gài wūdǐng

tile-roofed 瓦屋顶 wǎwū dǐng

roofing N 盖层面材料 gàicéng miàn cáiliào

roofrack N（汽车）车顶（行李）架 (qìchē) chēdǐng (xíngli) jià

rooftop N 屋顶 wūdǐng

rookie N 新队员 xīn duìyuán, 新人 xīnrén

room I N 1 房间 fángjiān □ All the rooms in this old mansion are quite big. 这幢旧大楼所有的房间都很大。Zhè zhuàng jiù dàlóu suǒyǒu de fángjiān dōu hěn dà. **2** 空间 kōngjiān □ There's no room for a piano in the sitting room. 在会客室里没有放钢琴的地方了。Zài huìkèshì lǐ méiyǒu fàng gāngqín de dìfang le. **3** 余地 yúdì □ Of course there's still room for improvement. 当然还有改进余地。Dāngrán hái yǒu gǎijìn yúdì.

room and board 供应住宿和膳食 gōngyìng zhùsù hé shànshí

room service 客房（用餐）服务 kèfáng (yòngcān) fúwù

to room with sb 和某人同住一室 hé mǒurén tóng zhù yí shì

roommate N 室友 shì yǒu

roomy ADJ 宽敞的 kuānchang de

roost I N（鸟的）栖息处 (niǎo de) qīxī chù, 鸟窝 niǎowō, 鸟巢 niǎocháo II V [鸟+] 栖息 [niǎo+] qīxī

has come home to roost 来报应 láibào yìng

rooster N 公鸡 gōngjī, 雄鸡 xióngjī [M. WD 只 zhī]

root I N **1** 根 gēn, 根子 gēnzi □ She pulled the weeds out by the roots. 她把野草连根拔起。Tā bǎ yěcǎo lián gēn báqǐ. **2**（家族的）根（jiāzú de）gēn, 老根 lǎo gēn □ Meilin's grandfather went back to China to trace their roots. 梅琳的祖父回中国寻根。Méilín de zǔfù huí Zhōngguó xún gēn.
root beer 根汁汽水 gēn zhī qìshuǐ
3 根源 gēnyuán □ The English and German languages share a common root. 英语和德语有共同的根源。Yīngyǔ hé Déyǔ yǒu gòngtóng de gēnyuán.
II v[植物+] 生根 [zhíwù+] shēnggēn

rootless ADJ 无根的 wú gēn de, 无归属感的 wú guīshǔ gǎn de

rope I N 绳 shéng, 绳子 shéngzi, 绳索 shéngsuǒ **II** v 用绳子捆绑 yòng shéngzi kǔnbǎng

ropes N (be on the ropes) 处境危险 chǔjìng wēixiǎn

rosary N 念珠 niànzhū

rose[1] N **1** 玫瑰 méiguì, 玫瑰花 méiguihuā □ A rose by any other name smells just as sweet. 玫瑰，任叫什么名字，都是一样芬芳。Méiguì, rèn jiào shénme míngzi, dōu shì yíyàng fēnfāng. (→ 名称不是本质的东西。) Méiguì, rèn jiào shénme míngzi, dōu shì yíyàng fēnfāng. (→Míngchēng bú shì běnzhì de dōngxi.) **2** 粉红色 fěnhóngsè

rose[2] v See rise

Rosh Hashanah N（犹太人的）新年 (Yóutàirén de) xīnnián, 岁首节 suìshǒu jié

roster N 名单 míngdān, 值勤表 zhíqín biǎo
duty roster 值勤表 zhíqín biǎo, 值日表 zhírìbiǎo

rostrum N 讲台 jiǎngtái

rosy ADJ **1** 玫瑰色的 méiguìsè de, 粉红色的 fěnhóngsè de **2** 美好的 měihǎo de, 充满希望的 chōngmǎn xīwàng de

rot I v 烂 làn, 腐烂 fǔlàn **II** N **1** 腐烂（的过程）fǔlàn (de guòchéng) **2**（制度的）腐败（zhìdù de）fǔbài

rotary ADJ 旋转的 xuánzhuǎn de

Rotary Club N 扶轮社 Fúlúnshè

rotate v **1**（使…）旋转 (shǐ…) xuánzhuǎn,（使…）转动 (shǐ…) zhuàndòng **2** 轮换 lúnhuàn, 轮流 lúnliú

rotation N **1** 旋转 xuánzhuǎn **2** 轮换 lúnhuàn

ROTC (= Reserve Officers' Training Corp) ABBREV（美国）后备军官训练团 hòubèijūn guān xùnliàn tuán

rote N 死记硬背 sǐjì yìngbèi
rote learning 死记硬背的学习方法 sǐjì yìngbèi de xuéxí fāngfǎ

rotisserie N 旋转式烤肉架 xuánzhuǎnshì kǎoròu jià

rotor N 转动件 zhuàndòng jiàn, 转子 zhuànzǐ

rotten ADJ **1** 腐烂的 fǔlàn de, 变质的 biànzhì de **2** 糟透的 zāotòu de

rotund ADJ 圆胖的 yuán pàng de

rotunda N 圆形建筑物 yuánxíng jiànzhù wù

rouge N 胭脂 yānzhī

rough I ADJ **1** 高低不平的 gāodī bù píng de □ You need an SUV for such rough terrain. 开这样不平的地形，需要越野车。Kāi zhè yàng bù píng de dìxíng, xūyào yuèyě chē. **2** 粗暴的 cūbào de □ Nancy hates rough sports; she watches American football only to please her boyfriend. 南茜厌恶粗暴的体育，她看美式足球只是为了让男朋友高兴。Nánxī yànwù cūbào de tǐyù, tā kàn Měishì zúqiú zhǐ shì wèile ràng nánpéngyou gāoxìng. **3** 粗略的 cūlüè de □ Can you give me a rough translation of this Chinese story? 你能粗略地翻译一下这个中文故事吗？Nǐ néng cūlüè de fānyì yí xiàzhège Zhōngwén gùshi ma?
II v (to rough it out) 过艰苦的生活 guò jiānkǔ de shēnghuó, (rough sb up) 殴打某人 ōudǎ mǒurén
III N **1**（高尔夫球场的）深草区 (gāo'ěrfū qiúchǎng de) shēn cǎo qū **2** 草图 cǎotú, 略图 lüètú
to take the rough with the smooth 既能享受也能吃苦 jì néng xiǎngshòu yě néng chīkǔ, 能伸能屈 néng shēn néng qū

IV ADV 粗野（地）cūyě (de)

roughage N（食物中的）粗纤维 (shíwù zhòngde) cūxiānwéi

rough-and-tumble ADJ（很多人）残酷竞争的 (hěn duō rén) cánkù jìngzhēng de

roughhouse v 打闹 dǎnào, 殴斗 ōudòu

roughly ADV 大致上 dàzhìshàng, 大约 dàyuē

roughneck N **1** 油井工人 yóujǐng gōngrén **2** 脾气暴躁的人 píqi bàozao de rén

roughshod ADJ (to run roughshod over sth) 粗暴对待某事物 cūbào duìdài mǒushìwù

roulette N 轮盘赌 lúnpándǔ

round I ADJ **1** 圆的 yuán de □ She kissed the child's round cheeks. 她亲吻孩子圆嘟嘟的脸蛋。Tā qīnwěn háizi yuándūdū de liǎndàn. **2** 整数的 zhěngshù de □ How much is the day's takings, in round figures? 今天进账多少钱？给我一个整数。Jīntiān jìn zhàng duōshǎo qián? Gěi wǒ yí ge zhěngshù. **3** 来回的 láihuí de, 往返的 wǎngfǎn de
II N **1** 一系列（事件）yíxìliè (shìjiàn)
the next round of talks 下一轮会谈 xià yì lún huìtán
2（比赛的）一轮 (bǐsài de) yìlún, 一局 yìjú, 一场 yìchǎng
3 巡访 xún fǎng,（医生的）定期出诊 (yīshēng de) dìngqī chūzhěn
a mailman's rounds 邮递员的定时递信 yóudìyuán de dìngqí dìxìn
4 一发（子弹）yìfā (zǐdàn), 一次（射击）yícì (shèjī)
III v 环绕 huánrào
to round sth off 圆满结束 yuánmǎn jiéshù
to round sb up 聚拢 jùlǒng
IV ADV 旋转（地）xuánzhuǎn (de)
round about 大约 dàyuē
V PREP 围绕 wéirào

roundabout ADJ 拐弯抹角的 guǎiwān mǒjiǎo de

round-the-clock ADJ 日夜的 rìyè de, 二十四小时的 èrshísì xiǎoshí de □ This pharmacy is open round-the-clock. 这家药房二十四小时营业。Zhè jiā yàofáng èrshísì xiǎoshí yíngyè.

round-trip ADJ 往返的 wǎngfǎn de

rouse v **1** 唤醒 huànxǐng **2** 振奋 zhènfèn, 激励 jīlì **3** 引起…的兴趣 yǐnqǐ…de xìngqu

rousing ADJ 激励人的 jīlì rén de

rout v 彻底击败 chèdǐ jībài, 溃败 kuìbài

route I N **1** 路线 lùxiàn □ Which route do you take to get to work? 你上班走哪条路线？Nǐ shàngbān zǒu nǎ tiáo lùxiàn? **2** 航线 hángxiàn, 行车路线 xíngchē lùxiàn
bus route 公共汽车路线 gōnggòng qìchē lùxiàn
3 [做事的+] 方法 [zuòshì de+] fāngfǎ **4** 公路 gōnglù
route 68 68号公路 68 hào gōnglù
II v 按特定路线传送 àn tèdìng lùxiàn chuánsòng

routine I N 常规 chángguī, 例行公事 lìxíng gōngshì
daily routine 每天的例行公事 měitiān de lìxíng gōngshì
II ADJ 惯例的 guànlì de, 例行的 lìxíng de

roving ADJ (a roving reporter) 巡回（记者）xúnhuí (jìzhě)

row[1] **I** N 排 pái □ My ticket says that I'm in row 12, seat 5 of row 12. 我的票是十二排，十二排五座。Wǒ de piào shì shí'èr pái, shí'èr pái wǔ zuò.
II v 划 huá, 划船 huáchuán □ They rowed the boat slowly to the other side of the river. 他们慢慢地把船划到对岸。Tāmen mànmān de bǎ chuán huádào duì'àn.
in a row 连续 liánxù □ It rained three days in a row. 连续下了三天雨。Liánxù xiàle sān tiān yǔ.

row[2] N, v（大声）吵架 (dàshēng) chǎojià

rowboat N 划艇 huátǐng [M. WD 艘 sōu]

rowdy ADJ 吵吵闹闹的 chǎochǎo nàonào de, 粗野的 cūyě de

rowing N 划船（运动）huáchuán (yùndòng)

royal N, ADJ 王室（的）wáng shì (de), 皇家（的）huángjiā

(de) □ In the British royal family the Queen is by far the most popular figure. 在英国王室，女王是最受欢迎的。Zài Yīngguó wángshì, Nǚwáng shì zuì shòu huānyíng de.

royalty N 1 版税 bǎnshuì, 稿费 gǎofèi
a royalty of 7% for each copy sold 每出售一本得稿费7% měi chūshòu yìběn dé gǎofèi 7%
2 王室成员 wángshì chéngyuán, 皇族成员 huángzú chéngyuán

RSVP (= Repondez s'il vous plaît) ABBREV 敬请赐复 jìngqǐng cì fù

rub I v 擦 cā, 摩擦 mócā □ Don't rub your eyes; use eye drops. 别揉眼睛—用眼药水。Bié cā yǎnjing—yòng yǎn yàoshuǐ.
to rub sb the wrong way 惹怒某人 rěnù mǒurén
to rub salt into a wound 雪上加霜 xuě shàng jiā shuāng
II N 擦 cā, 摩擦 mócā
the rub 问题 wèntí, 难题 nántí

rubber N 橡皮 xiàngpí
rubber band 橡皮筋 xiàngpíjīn

rubberneck v（好奇地）东张西望 (hàoqí de) dōngzhāng xīwàng

rubber-stamp v 不经考虑就批准 bùjīng kǎolǜ jiù pīzhǔn

rubbery ADJ 橡皮似的 xiàngpí shìde

rubbish I N 1 胡说八道 húshuō bādào, 废话 fèihuà 2 垃圾 lājī II v 把…说得一无所是 bǎ…shuó de yīwú suǒ shì

rubble N 瓦砾 wǎlì

rubdown N 1 按摩 ànmó 2 摩平 mópíng

ruby N 红宝石 hóngbǎoshí [M. WD 颗 kē]

rudder N（方向）舵 (fāngxiàng) duò

ruddy ADJ [脸色+] 红润的 [liǎnsè+] hóngrùn de, 气色很好的 qìsè hěn hǎo de

rude ADJ 粗鲁的 cūlǔ de, 无礼的 wúlǐ de □ It's rude to ignore a greeting. 对别人打招呼不理睬，是很粗鲁的。Duì biéren dǎ zhāohu bù lǐcǎi, shì hěn cūlǔ de.
a rude awakening 突然发觉 tūrán fājué

rudimentary ADJ 基本的 jīběn de, 初浅的 chūqiǎn de

rudiments N 基础（部份）jīchǔ (bùfen)

rue v 后悔 hòuhuǐ, 懊悔 àohuǐ

rueful ADJ 后悔的 hòuhuǐ de, 懊悔的 àohuǐ de

ruffle I v 把…弄乱 bǎ…nòngluàn
to ruffle sb's feathers 使别人不快 shǐ biéren búkuài
II N（衣服的）褶边 (yīfu de) zhě biān

rug N 小地毯 xiǎo dìtǎn [M. WD 块 kuài]

rugby N（英式）橄榄球 (Yīngshì) gǎnlǎnqiú

rugged ADJ 1 高低不平的 [+地形] gāodī bùpíng de [+dìxíng], 崎岖的 qíqū de 2 坚固的 [+汽车] jiāngù de [+qìchē], 结实 jiēshi de 3 粗犷的 [+容貌] cūguǎng de [+róngmào] 4 自信的 [+人] zìxìn de [+rén]
rugged individualism 自信而粗犷的个人主义 zìxìn ér cūguǎng de gèrénzhǔyì

ruin I v 毁坏 huǐ, 毁坏 huǐhuài □ The birthday party was ruined when the dog knocked over the birthday cake. 狗打翻了生日蛋糕，毁了这个生日聚会。Gǒu dǎfānle shēngrì dàngāo, huǐle zhè ge shēngrì jùhuì. 2 使…破产 shǐ… pòchǎn
II N 毁坏 huǐhuài □ The company faces financial ruin over the heavy penalties. 公司因为沉重的罚金而面临财务破产。Gōngsī yīnwèi chénzhòng de fájīn ér miànlín cáiwù pòchǎn.
in ruins 废墟 fèixū □ Every day busloads of tourists come to see the ruins of the 12th-century abbey. 每天一车一车的旅游者来参观这座十二世纪修道院的废墟。Měitiān yì chē yì chē de lǚyóuzhě lái cānguān zhè zuò shí'èr shìjì xiūdàoyuàn de fèixū.

ruinous ADJ 毁灭性的 huǐmièxìng de

rule I N 1 规则 guīzé □ Do you know the consequences if you break the rule? 你知道犯规的后果吗？Nǐ zhīdào fànguī de hòuguǒ ma? □ Life is a game which you must play by the rules. 生活就像一场游戏，你得按照规则来做。Shēnghuó

jiù xiàng yì chǎng yóuxì, nǐ děi ànzhào guīzé lái zuò. **2** 统治 tǒngzhì, 执政 zhízhèng □ America is a country based on the rule of law. 美国是个基于法治的国家。Měiguó shì ge jīyú fǎzhì de guójiā.
II v 1 统治 tǒngzhì, 执政 zhízhèng □ Kings and queens still rule some countries. 在有些国家还是国王、女王统治。Zài yǒuxiē guójiā hái shì Guówáng、Nǚwáng tǒngzhì. **2** [法庭+] 裁决 [fǎtíng+] cáijué
as a rule 通常 tōngcháng □ As a rule, I always bring my lunch to work. 通常我总是带中饭上班。Tōngcháng wǒ zǒngshì dài zhōngfàn shàngbān.

ruled ADJ 有平行线的 [+纸] yǒu píngxíngxiàn de [+zhǐ]

ruler N 1 统治者 tǒngzhìzhě □ The king was considered a benevolent ruler. 这位国王被认为是明君。Zhè wèi Guówáng bèi rènwéi shì míngjūn. **2** 尺 chǐ [M. WD 把 bǎ] □ Charlie hit the boy with a ruler. 查理用尺打男孩子。Chálǐ yòng chǐ dǎ nánháizi.

ruling I N（法庭的）裁决 (fǎtíng de) cáijué, 裁定 cáidìng II ADJ 执政的 zhízhèng de

rum N 朗姆酒 Lǎngmǔjiǔ

rumble I v 1 发出轰隆声 fāchū hōnglōng shēng 2 [肚子饿得+] 咕咕叫 [dùzi è de+] gūgū jiào II N 轰隆声 hōnglōng shēng

ruminate v 1 长时间沉思 chángshíjiān chénsī 2 [动物的+] 反刍 [dòngwù de+] fǎnchú

rummage v 翻找 fānzhǎo
rummage sale 旧物义卖 jiùwù yìmài

rumor N 谣传 yáochuán, 谣言 yáoyán

rumored ADJ 谣传的 yáochuán de, 据传的 jùchuán de

rump N 臀部 túnbù

rumple v 把…弄皱 bǎ…nòng zhòu

run I v (PT **ran**; PP **run**) 1 跑 pǎo, 奔跑 bēnpǎo □ You have to run to catch the bus. 你要赶汽车，就得奔跑了。Nǐ yào gǎn qìchē, jiù děi bēnpǎo le. **2** 管理 guǎnlǐ □ My father runs a factory that employs 500 workers. 我的父亲管理一家雇用五百名工人的工厂。Wǒde fùqin guǎnlǐ yì jiā gùyòng wǔ bǎi míng gōngrén de gōngchǎng. **3** 行驰 xíngchí □ Does Greyhound run on Christmas day? 灰狗长途汽车圣诞节也跑吗？Huīgǒu chángtú qìchē Shèngdànjié yě pǎo ma? **4** 运行 yùnxíng □ The New York subway runs 24/7. 纽约地铁一天二十四小时、一星期七天运行。Niǔyuē dìtiě yì tiān èrshísì xiǎoshí、xīngqī qī tiān yùnxíng. □ The engine is running very smoothly. 机器运行非常平稳。Jīqì yùnxíng fēicháng píngwěn. **5** 流 liú, 流淌 liútǎng □ Tears ran down her cheeks as she told her sad story. 她说着自己伤心的故事，眼泪淌了下来。Tā shuōzhe zìjǐ shāngxīn de gùshi, yǎnlèi tǎngle xiàlai. **6** 竞选 jìngxuǎn □ Who will run for the U.S. presidency in the next general election? 下次大选谁竞选美国总统？Xià cì dàxuǎn shéi jìngxuǎn Měiguó zǒngtǒng?
to run across/to run into 遇见 yùjiàn □ My brother ran across his army buddy Jim in the new shopping mall yesterday. 我哥哥昨天在购物中心遇见老战友。Wǒ gēge zuótiān zài gòuwù zhōngxīn yùjiàn lǎozhànyǒu.
to run after ① 追 zhuī ② 追求 zhuīqiú □ The young businessman is running after his boss' daughter. 这个年轻的商人在追求他老板的女儿。Zhè ge niánqīng de shāngrén zài zhuīqiú tā lǎobǎn de nǚ'ér.
to run out of 用完 yòngwán □ What would you do when you ran out of money? 你钱用完了，怎么办呢？Nǐ qián yòng-wán le, zěnmebàn ne?
to run through 快快检查 kuàikuài jiǎnchá □ Let's run through today's "must do" list. 让我们很快地检查一下今天必须做的事。Ràng wǒmen hěn kuài de jiǎnchá yí xià jīntiān bì zuò de shì.
II N 1 跑步 pǎobù
to do sth on the run 边跑边做事 biān pǎo biān zuòshì, 急急匆匆 jíjí cōngcōng

to be on the run 东藏西躲 dōngcángxīduǒ

2 竞选 jìngxuǎn **3** 挤兑（银行）jǐduì (yínxíng), 抛售（货币）pāoshòu (huòbì) **4**（棒球比赛）一分（bàngqiú bǐsài）yìfēn

runaround N (to give sb the runaround) 搪塞 tángsè, 敷衍 fūyan

runaway I N 离家出走的儿童 líjiā chūzǒu de értóng II ADJ **1** 离家出走的 líjiā chūzǒu de **2** 失控的 [+车辆] shīkòng de [+chēliàng]

a runaway success 迅速的成功 xùnsù de chénggōng

run-down[1] ADJ **1** 破旧的 [+房屋] pòjiù de [+fángwū] **2** 虚弱的 [+人] xūruò de [+rén]

run-down[2] N 简报 jiǎnbào, 要点 yàodiǎn

rung[1] See **ring** (v)

rung[2] N **1**（梯子的）横档（tīzi de）héngdàng **2**（社会）等级（shèhuì）děngjí, 地位 dìwèi

run-in N 争吵 zhēngchǎo

runner N **1** 参加赛跑的人 cānjiā sàipǎo de rén

marathon runner 马拉松赛跑选手 mǎlāsōng sàipǎo xuǎnshǒu

2 雪橇滑板 xuěqiāo huábǎn **3** (a drug runner) 走私毒品的人 zǒusī dúpǐn de rén

runner-up N 亚军 yàjūn, 第二名 dì'èrmíng

running N **1** 跑步 pǎobù, 赛跑 sàipǎo

running commentary 现场实况报道 xiànchǎng shíkuàng bàodào

running mate 竞选伙伴 jìngxuǎnhuǒbàn

running shorts 运动短裤 yùndòng duǎnkù

running water 自来水 zìláishuǐ

in running order（机器）运行正常（jīqì）yùnxíng zhèngcháng

2 经营 jīngyíng, 管理 guǎnlǐ

runny ADJ 流鼻涕眼泪的 liú bíti yǎnlèi de

run-of-the-mill ADJ 极普通的 jí pǔtōng de, 一般的 hěn yìbān de

run-up N（跳高时的）助跑（tiàogāo shí de）zhùpǎo

the run-up to sth 某事件的前奏 mǒu shìjiàn de qiánzòu

runway N（机场）跑道（jīchǎng）pǎodào [m. wd 条 tiáo]

rupture I N 破裂 pòliè II v（使…）破裂（shǐ…）pòliè

rural ADJ 农村的 nóngcūn de □ Hilary, a city girl, can never get used to rural life. 希拉里是个城市女孩，她永远不能习惯农村的生活。Xīlālǐ shì ge chéngshì nǚhái, tā yǒngyuǎn bù néng xíguàn nóngcūn de shēnghuó.

ruse N 诡计 guǐjì

rush I v **1** 匆匆来去 cōngcōng láiqù □ During a fire alarm, it's not a good idea to rush down the stairs. 发生火警时，冲下楼梯不是一个好办法。Fāshēng huǒ jǐng shí, chōngxia lóutī bú shì yí ge hǎo bànfǎ. **2** 催促 cuīcù □ Don't rush me—I need to think. 别催促我—我要想想。Bié cuīcù wǒ—wǒ yào xiǎngxiǎng.

II N **1** 匆忙 cōngmáng, 赶紧 gǎnjǐn **2** 繁忙时期 fánmáng shíqī

the Christmas rush 圣诞节前的购物忙季 Shèngdànjié qián de gòuwù mángjì

rush hour（交通）高峰时间（jiāotōng）gāofēng shíjiān

Russian I ADJ 俄国的 Éguóde, 俄国人的 Éguórén de, 俄语的 Éyǔ de II N **1** 俄国人 Éguórén **2** 俄语 Éyǔ

rust I N **1** 铁锈 tiěxiù **2**（植物的）锈病（zhíwù de）xiùbìng II v（使…）生锈（shǐ…）shēngxiù

rustic ADJ 乡村（风味）的 xiāngcūn (fēngwèi) de

rustle I v（使…）沙沙作响（shǐ…）shāshā zuòxiǎng II N 沙沙声 shāshā shēng

rustler N 偷牲畜的贼 tōu shēngchù de zéi

rustproof ADJ 防锈的 fángxiù de

rusty ADJ **1** 生锈的 shēngxiù de **2** 荒废的 huāngfèi de, 生疏的 shēngshū de

rut N 车辙 chēzhé

be stuck in a rut 刻板而乏味地生活 kèbǎn ér fáwèi de shēnghuó, 没有新意 méiyǒu xīnyì

ruthless ADJ 无情的 wúqíng de, 冷酷的 lěngkù de

ruthlessness N 无情 wúqíng, 冷酷 lěngkù

rye N 裸麦 luǒmài

S, s

Sabbath N 安息日 Ānxīrì

sabbatical N（大学教师）学术休假（dàxué jiàoshī）xuéshù xiūjià

saber N **1** 佩剑 pèijiàn [m. wd 把 bǎ], 花剑 huājiàn [m. wd 把 bǎ] **2** 军刀 jūndāo, 马刀 mǎdāo

sable N **1** 貂皮 diāopí [m. wd 张 zhāng] **2** 貂 diāo [m. wd 只 zhī]

sabotage v, N（蓄意）破坏（xùyì）pòhuài

sac N（动植物的）囊（dòngzhíwù de）nāng

saccharin N 糖精 tángjīng

saccharine ADJ **1** 过分甜蜜的 guòfèn tiánmì de **2** 自作多情的 zìzuò duōqíng de, 肉麻的 ròumá de

sachet N 香袋 xiāngdài

sack[1] N **1** 大厚纸袋 dà hòu zhǐdài **2** 麻袋 mádài [m. wd 只 zhī], 粗衣袋 cū yīdài [m. wd 只 zhī]

sack[2] v **1**（橄榄球）擒抱 [+四分卫]（gǎnlǎnqiú）qín bào [+sìfēn wèi] **2** 解雇 [+工人] jiěgù [+gōngrén] **3**（军队+）洗劫 [jūnduì+] xǐjié **4** (to sack out) 上床睡觉 shàngchuáng shuìjiào

sacrament N（基督教）圣餐（Jīdūjiào）Shèngcān, 圣事 Shèngshì

sacred ADJ **1** 神圣的 shénshèng de □ Hardly anything seems sacred anymore. 似乎没有什么东西是圣的了。Sìhu méiyǒu shénme dōngxī shì shénshèng de le. **2** 神的 shén de, 宗教的 zōngjiào de

sacred cow 神圣的信条 shénshèngde xìntiáo

sacrifice I v 牺牲 [+自己的利益] xīshēng [+zìjǐ de lìyì], 放弃 fàngqì □ She sacrificed everything for her family. 她为家庭牺牲了一切。Tā wèi jiātíng xīshēngle yíqiè.

II N 牺牲 xīshēn

the ultimate supreme sacrifice 牺牲自己的生命 xīshēng zìjǐ de shēngmìng, 捐躯 juānqū

sacrilege N **1** 亵渎神明（的行为）xièdú shénmíng (de xíngwéi) **2** 不敬（行为）bújìng (xíngwéi)

sacrosanct ADJ 神圣不可侵犯的 shénshèng bùkě qīnfàn de, 不可亵渎的 bùkě xièdú de

sad ADJ 悲哀的 bēi'āi de, 难过的 nánguò de, 伤心的 shāngxīn de □ It's really sad that dozens of small businesses had to close down after the megastore was opened. 在超级商店开张以后，几十家小商店只能关门，真是很悲哀。Zài chāojí shāngdiàn kāizhāng yǐhòu, jǐshí jiā xiǎo shāngdiàn zhǐ néng guānmén, zhēnshì hěn bēi'āi.

sadden v 使…伤心 shǐ…shāngxīn

saddle I N **1** 马鞍 mǎ'ān **2**（自行车/摩托车）车座（zìxíngchē/mótuōchē）chēzuò II v 装马鞍 zhuāng mǎ'ān

saddlebag N **1**（马）鞍囊（mǎ）ānnáng **2**（自行车/摩托车车座后的）工具袋（zìxíngchē/mótuōchē chēzuò hòu de）gōngjùdài, 挂包 guàbāo

sadism N 虐待狂 nüèdàikuáng, 性虐待 xìngnüèdài

sadist N 虐待狂（人）nüèdàikuáng (rén)

sadistic ADJ 虐待狂的 nüèdàikuáng de

sadly ADV **1** 伤心地 shāngxīn de **2** 很可惜 hěn kěxī, 说来伤心 shuōlái shāngxīn

safari N 非洲野外观兽旅行 Fēizhōu yěwài guān shòu lǚxíng

safe I ADJ 安全的 ānquán de, 保险的 bǎoxiǎn de □ It's not

safe going out at night in the downtown area. 夜里去市中心不安全。Yèlǐ qù shì zhōngxīn bù ānquán.

to be on the safe side 为了安全（起见）wèile ānquán (qǐjiàn)

to be in safe hands 被妥善照顾着 bèi tuǒshàn zhàogùzhe

safe sex 安全性交 ānquánxìng jiāo

II N 保险箱 bǎoxiǎnxiāng, 保险柜 bǎoxiǎnguì □ Their new home has a wall safe. 他们的新房子有一个墙内保险柜。Tāmen de xīn fángzi yǒu yí ge qiángnèi bǎoxiǎn guì.

safe-deposit box N（银行）保险箱 (yínháng) bǎoxiǎn xiāng

safeguard **I** N 保护(性)措施 bǎohù (xìng) cuòshī, 安全措施 ānquán cuòshī **II** V 保护 bǎohù, 保卫 bǎowèi

safekeeping N 妥善保管 tuǒshàn bǎoguǎn

for safekeeping 以便妥善保管 yǐbiàn tuǒshàn bǎoguǎn

safety N 安全 ānquán

Safety first. 安全第一。Ānquán dìyī. □ More and more people are concerned about safety on the subway. 越来越多的人关注地铁的安全。Yuèláiyuè duō de rén guānzhù dìtiě de ānquán.

safety belt 安全带 ānquándài

safety pin 别针 biézhēn

safety valve 安全阀 ānquánfá

sag V 1 [肌肉+] 下垂 [jīròu+] xiàchuí, 下陷 xiàxiàn 2 [价格+] 下跌 [jiàgé+] xiàdiē, 下降 xiàjiàng

saga N 长篇家族史 chángpiān jiāzú shǐ [m. wd 篇 piān/本 běn]

sage **I** N 圣人 shèngrén, 哲人 zhérén **II** ADJ 贤明的 xiánmíng de, 明智的 míngzhì de

Sagittarius N 人马星座 rénmǎ xīngzuò, 人马宫 rénmǎ gōng

said I V See say **II** ADJ 上述的 shàngshù de

sail I N 1 帆 fān [m. wd 张 zhāng] □ The yacht with the scarlet red sail looks very beautiful against the blue sky and the blue sea. 那艘红帆游艇在蓝天、蓝海的衬托下，显得美极了。Nà sōu hóng fān yóutǐng zài lán tiān, lán hǎi de chèntuō xia, xiǎnde měi jíle. **2** 起航 qǐháng □ The ship set sail at noon and headed into the open sea. 船儿中午扬帆，向大海驶去。Chuán'r zhōngwǔ yángfān, xiàng dàhǎi shǐqu.

II V 航行 hángxíng □ Tom's dream is to sail solo around the world. 汤姆的梦想是做一次个人环球航行。Tāngmǔ de mèngxiǎng shì zuò yí cì gèrén huánqiú hángxíng.

sailboat N 帆船 fānchuán [m. wd 艘 sōu]

sailing N 1 帆船运动 fānchuán yùndòng **2** 启程时间 qǐchéng shíjiān, 航班 hángbān

smooth sailing 一帆风顺 yì fān fēng shùn

sailor N 水手 shuǐshǒu, 海员 hǎiyuán

saint N 圣人 shèngrén

Saint Peter 圣徒彼得 shèngtú Bǐdé, 圣彼得 shèng Bǐdé **2** 道德高尚的人 dàodé gāoshàng de rén, 仁慈的人 réncí de rén, 大好人 dà hǎorén

sake N (for the sake of sb/sth) 为了某人／某事 wèile mǒurén/mǒushì

salable, saleable ADJ 可以出售的 kěyǐ chūshòu de

salad N 凉拌菜沙律 liángbàncài shālǜ, 色拉 sèlā

salad bar 凉拌菜自助柜 liángbàncài zìzhùguì

salad dressing 凉拌菜调味酱 liángbàncài tiáowèi jiàng

salami N 萨拉米香肠 Sàlā mǐ xiāngcháng

salaried ADJ 领薪金的 lǐng xīnjīn de

salary N 工资 gōngzī, 薪水 xīnshuǐ □ The salary is not great, but the benefits are hard to beat. 工资不高，但是福利没话说。Gōngzī bù gāo, dànshì fúlì méi huà shuō.

sale N 1 卖 mài, 出售 chūshòu □ Sale of alcohol to underage people is illegal. 向未成年人出售酒类是非法的。Xiàng wèichéngnián rén chūshòu jiǔlèi shì fēifǎ de. **2** 减价出售 jiǎnjià chūshòu

clearance sale 清仓大拍卖 qīngcāng dà pāimài □ The furniture store is having a clearance sale, which attracts many bargain hunters. 家具店在清仓大减价，吸引了很多找便宜货的人。Jiājù diàn zài qīngcāng dà jiǎnjià, xīyǐnle hěnduō zhǎo piányìhuò de rén. □ Some people fly to London to get bargains during the New Year sale. 有些人乘飞机去伦敦，在新年大拍卖中买便宜货。Yǒuxiē rén chéng fēijī qù Lúndūn, zài xīnnián dà pāimài zhōng mǎi piányí huò.

for sale 供出售 gòngchūshòu

going-out-of-business sale 关门大拍卖 guānmén dà pāimài

on sale ① 在出售 zài chūshòu, 在上市 zài shàngshì □ The band's latest release is not on sale yet. 这个乐队的最新作品还没有上市。Zhège yuèduì de zuìxīn zuòpǐn hái méiyǒu shàngshì. ② 在减价出售 zài jiǎnjià chūshòu □ All the books in the store are on sale, with a discount of up to 50% on the marked items. 店里所有的书都减价出售，最多的在标价上打对折。Diàn lǐ suǒyǒu de shū dōu jiǎnjià chūshòu, zuìduō de zài biāojiàshang dǎ duìzhé.

sales N 销售额量 xiāoshòu'é liàng □ Sales were down last month. 上个月销售量减少了。Shàng ge yuè xiāoshòuliàng jiǎnshǎo le.

sales clerk 售货员 shòuhuòyuán

sales representative 销售代表 xiāoshòu dàibiǎo

sales slip (receipt) 购物发票 gòuwù fāpiào

sales tax 销售税 xiāoshòushuì

salesperson N 推销员 tuīxiāoyuán, 售货员 shòuhuòyuán

salience N 显著 xiǎnzhe, 明显 míngxiǎn

salient ADJ 显著的 xiǎnzhe de, 明显的 míngxiǎn de

saline I ADJ (含) 盐的 (hán) yán de **II** N 生理盐水 shēnglǐ yánshuǐ

saliva N 口水 kǒushuǐ, 唾沫 tuòmò

salivate V 流口水 liú kǒushuǐ, 垂涎 (三尺) chuíxián (sānchǐ)

sallow ADJ 灰黄色的 huīhuáng sè de

salmon N 鲑鱼 guīyú [m. wd 条 tiáo], 大马哈鱼 dàmǎhǎyú [m. wd 条 tiáo]

salon N 院 yuàn, 厅 tīng, 店 diàn

beauty salon 美容厅 měiróngtīng

bridal salon 婚纱店 hūnshādiàn

hairdressing salon 美发厅 měi fā tīng, 发廊 fàláng

saloon N 酒吧 jiǔbā

salsa N 1 辣沙司 là shāsī 2 萨尔萨舞（曲）Sà'ěrsà wǔ (qū)

salt N 盐 yán □ The dish needs a little bit of salt. 这个菜要放一点儿盐。Zhè ge cài yào fàng yì diǎnr yán.

salt fish 咸鱼 xián yú

salt pork 腌肉 yān ròu

salt shaker 盐瓶 yánpíng

the salt of the earth 平凡而诚实的好人 píngfán ér chéngshí de hǎorén, 社会中坚力量 shèhuì zhōngjiān lìliàng

to take sth with a pinch of salt 不完全相信某事 bù wánquán xiāngxìn mǒushì

saltwater N 海水 hǎishuǐ, 咸水 xiánshuǐ

salty ADJ 1 咸（的）xián (de) □ I find the soup too salty. 我觉得汤太咸了。Wǒ juéde tāng tài xián le. **2** 粗俗的 cūsú de

salutation N 称呼（语）chēnghu (yǔ)

salute I V 1 向…敬礼 xiàng...jìnglǐ, 行军礼 xíngjūn lǐ 2 赞扬 zànyáng **II** N 敬礼 jìnglǐ, 致敬 zhìjìng

salvage I V 1 抢救 qiǎngjiù 2 挽回 wǎnhuí, 挽回 wǎnhuí **II** N 1 抢救 qiǎngjiù, 救援 jiùyuán 2 抢救出来的东西 qiǎngjiù chūlái de dōngxi

salvation N（基督教）拯救 (Jīdūjiào) zhěngjiù, 挽救 wǎnjiù

Salvation Army（基督教）救世军 (Jīdūjiào) Jiùshìjūn

salve I N 1 宽慰 kuānwèi, 缓解 huǎnjiě 2（解痛）软膏 (jiětòng) ruǎngāo **II** V (to salve one's conscience) 使良心得到宽慰 shǐ liángxīn dédào kuānwèi

salvo N（大炮）齐放 (dàpào) qífàng

Samaritan N 助人为乐者 zhù rén wéi lè zhě

same I ADJ 相同的 xiāngtóng de, 同样的 tóngyàng de □ I moved to another part of town but I have the same phone number. 我搬到城里另一个区了，但是电话号码没有变。Wǒ bāndao chénglǐ lìng yí ge qū le, dànshì diànhuà hàomǎ méiyǒu biàn.
at the same time 同时 tóngshí
same difference 都一样 dōu yíyàng □ "Would you like a smoked salmon sandwich or a bacon and egg sandwich?" "Same difference." "您要吃薰鲑鱼三明治，还是咸肉鸡蛋三明治？" "都一样。" "Nín yào chī xūn guīyú sānmíngzhì, háishì xiánròu jīdàn sānmíngzhì?" "Dōu yí yàng."
II PRON 同样的人／物 tóngyàng de rén/wù

sameness N 相同性 xiāngtóngxìng, 千篇一律 qiānpiān yílǜ

sample I N 样品 yàngpǐn □ The supermarket offers free samples to lure in customers. 超级市场提供免费样品来吸引顾客。Chāojí shìchǎng tígōng miǎnfèi yàngpǐn lái xīyǐn gùkè.
II v 试试 shì shì, 试用 shìyòng □ Visitors to the cheese factory can sample all kinds of cheese. 参观奶酪工厂的人可以试尝各种奶酪。Cānguān nǎilào gōngchǎng de rén kěyǐ shìcháng gè zhǒng nǎilào.
random sample 抽样 chōuyàng □ The survey covers a random sample of 1,000 women between 25 and 45. 这项调查涉及一千名年龄在二十五到四十五之间的妇女。Zhè xiàng diàochá shèjí yì qiān míng niánlíng zài èrshíwǔ dào sìshíwǔ zhījiān de fùnǔ.

sampling N 抽样调查 chōuyàng diàochá

samurai N（古代日本的）武士 (gǔdài Rìběn de) wǔshì

sanatorium, sanitorium N 疗养院 liáoyǎngyuàn

sanctify v 1 使…神圣化 shǐ...shénshèng huà 2 认可 rènkě

sanctimonious ADJ 假装高尚的 jiǎzhuāng gāoshàng de, 冠冕堂皇的 guānmiǎn tánghuáng de

sanction I N (sanctions) 批准 pīzhǔn, 认可 rènkě
to break sanctions 打破制裁 dǎpò zhìcái
to impose sanctions on 对…实施制裁 duì...shíshī zhìcái
to lift sanctions 取消制裁 qǔxiāo zhìcái
II v 1 制裁 zhìcái 2 批准 pīzhǔn, 许可 xǔkě

sanctity N 神圣（性）shénshèng (xing)

sanctuary N 1 避难所 bìnànsuǒ, 庇护所 bìhùsuǒ
to give sanctuary to 提供避难（所）tígōng bìnàn (suǒ)
to seek sanctuary 寻求庇护 xúnqiú bìhù
2 （动物）保护区 (dòngwù) bǎohùqū
wildlife sanctuary 野生动物保护区 yěshēng dòngwù bǎohùqū

sanctum N（机）密室 (jī) mìshì

sand I N 沙 shā
sand dune 沙丘 shāqiū
II v 磨光 móguāng

sandal N 凉鞋 liángxié [M. WD 只 zhī/双 shuāng]

sandbag N 沙包 shābāo, 沙袋 shādài II v 用沙包堵 yòng shābāo dǔ

sandbank N 沙坝 shābà

sandbox N 沙箱 shāxiāng, 沙坑 shākēng

sandcastle N（在海滩堆成的）沙堡 (zài hǎitān duī chéng de) shābǎo □ The children built sandcastles on the beach. 孩子们在海滩上堆沙城堡。Háizimen zài hǎitānshang duī shāchéngbǎo.

sandpaper I N 1 砂纸 shāzhǐ, 沙皮纸 shāpí zhǐ II v 用砂纸打磨 yòng shāzhǐ dǎmó

sandstone N 砂岩 shāyán

sandstorm N 沙（尘）暴 shā (chén) bào

sandwich I N 1 夹心面包 jiāxīn miànbāo, 三明治 sānmíngzhì
club sandwich 总汇三明治 zǒnghuì sānmíngzhì, 大三明治 dà sānmíngzhì
II v (be sandwiched between) 被夹在…中间 bèi jiā zài... zhōngjiān

sandy ADJ 1 被沙覆盖的 bèi shā fùgài de 2 浅黄色的 qiǎnhuángsè de

sane ADJ 头脑清醒的 tóunǎo qīngxǐng de, 明智的 míngzhì de

sang See **sing**

sanguine ADJ 乐观的 lèguān de, 充满自信的 chōngmǎn zìxìn de

sanitary ADJ（清洁）卫生的 (qīngjié) wèishēng de, 有利健康的 yǒulì jiànkāng de
sanitary napkin 卫生巾 wèishēngjīn

sanitation N 公共卫生 gōnggòng wèishēng
sanitation worker 垃圾工 lājī gōng

sanitize v 1 净化 [+语言] jìnghuà [+yǔyán] 2 对…消毒 duì...xiāodú

sanity N 明智 míngzhì, 理智 lǐzhì

sank See **sink**

Santa Claus N 圣诞老人 Shèngdàn Lǎorén

sap I N（植物的）液 (zhíwù de) yè, 汁 zhī II v 使…伤元气 shǐ...shāng yuánqì, 消耗 xiāohào

sapling N 幼树 yòushù [M. WD 棵 kē]

sapphire N 蓝宝石 lánbǎoshí [M. WD 块 kuài], 蓝宝石色 lánbǎoshí sè

sappy ADJ 1 多液的 [+植物] duō yè de [+zhíwù] 2 多情得傻乎乎的 duōqíng de shǎhūhū de

sarcasm N 挖苦 wākǔ, 刻薄的讽刺 kèbóde fěngcì

sarcastic ADJ 挖苦的 wākǔ de, 刻薄讽刺的 kèbó fěngcì de

sardine N（罐头）沙丁鱼 (guàntou) shādīngyú
be packed like sardines 拥挤不堪 yōngjǐ bùkān

sardonic ADJ 嘲讽的 cháofěng de

sari N（印度女子穿的）莎丽服 (Yìndù nǚzǐ chuān de) shālìfú [M. WD 件 jiàn]

SASE (= self-addressed stamped envelope) ABBREV（写好回信地址贴有邮票的）回信信封 (xiě hǎo huíxìn dìzhǐ tiē yǒu yóupiào de) huíxìn xìnfēng

sash N 1 宽腰带 kuān yāodài [M. WD 条 tiáo] 2 绶带 shòudài [M. WD 条 tiáo]

sass N, v 对…粗鲁无理 duì...cūlǔ wúlǐ

sassy ADJ 粗鲁无礼的 cūlǔ wúlǐ de

sat See **sit**

Satan N 魔鬼 móguǐ, 撒旦 Sādàn

satanic ADJ 1 崇拜魔鬼的 chóngbài móguǐ de 2 恶魔般的 èmó bān de, 邪恶的 xié'è de

Satanism N 魔鬼崇拜 móguǐ chóngbài

satellite N 卫星 wèixīng □ How many telecommunication satellites are orbiting the earth? 有多少通讯卫星在环绕地球运行？Yǒu duōshǎo tōngxùn wèixīng zài huánrào dìqiú yùnxíng?
satellite dish 卫星电视碟形天线 wèixīng diànshì diéxíng tiānxìng
satellite television 卫星电视 wèixīng diànshì, 卫视 wèi shì

satin N 缎（子）duàn (zi)

satiny ADJ 光滑柔软的 guānghuá róuruǎn de, 绸缎似的 chóuduàn shìde

satire N 讽刺（作品）fěngcì (zuòpǐn)

satirist N 讽刺作家 fěngcì zuòjiā

satirize v 讽刺 fěngcì

satisfaction N 满意 mǎnyì □ She admired her daughter's painting with satisfaction. 她满意地欣赏女儿的绘画作品。Tā mǎnyì de xīnshǎng nǚ'ér de huìhuà zuòpǐn.

satisfactory ADJ 令人满意的 lìngrén mǎnyì de □ Your exam results are not entirely satisfactory. 你的考试成绩不尽令人满意。Nǐde kǎoshì chéngjì bú jìn lìngrén mǎnyì.

satisfied ADJ（感到）满意的 (gǎndào) mǎnyìde
a satisified customer 满意的顾客 mǎnyì de gùkè

satisfy v 1 使…满意 shǐ...mǎnyì □ Nothing satisfies him—he's always grumbling. 没有什么东西能使他满意—他一天到晚

抱怨。Méiyǒu shénme dōngxi néng shǐ tā mǎnyì—tā yì tiān dào wǎn bàoyuàn. **2** 使…满足 shǐ…mǎnzú □ If my answers can't satisfy your curiosity, try to get more information on the Internet. 如果我的回答不能满足你的好奇心, 试试在因特网上获取更多的信息。Rúguǒ wǒ de huídá bù néng mǎnzú nǐde hàoqíxīn, shìshì zài Yīntèwǎng shang huòqǔ gèngduō de xìnxī.

satisfying ADJ 令人满意的 lìngrén mǎnyì de
saturate V **1** (使…) 浸湿 (shǐ…) jìnshī **2** (使…) 充满 (shǐ…) chōngmǎn, 饱和 bǎohé
saturated ADJ **1** 浸透了的 jìntòu le de **2** 饱和的 bǎohé de
　saturated fat 饱和脂肪 bǎohézhīfáng
saturation N **1** 浸透 jìntòu **2** 饱和 bǎohé
　saturation advertising 密集广告 mìjí guǎnggào
Saturday N 星期六 xīngqīliù
Saturn N 土星 Tǔxīng
sauce N 酱 jiàng, 调味汁 tiáowèizhī, 沙士 shāshì
　tomato sauce 番茄酱 fānqiéjiàng
saucepan N (有柄) 平底锅 (yǒu bǐng) píngdǐguō
saucer N 茶托 chátuō, 茶碟 chádié
saucy ADJ 色情的 sèqíng de, 无礼的 wúlǐ de, 有趣的 yǒuqù de
sauna N **1** 蒸气浴 zhēngqìyù, 桑那浴 sāngnàyù **2** 蒸气浴室 zhēngqì yùshì, 桑那浴室 sāngnà yùshì
saunter N, V 慢慢踱步 mànmàn duóbù, 慢慢地走 mànmàn de zǒu
sausage N 香肠 xiāngcháng
sauté V 快炒 [+素菜] kuài chǎo [+sùcài]
savage I ADJ 野蛮的 yěmán de II N 野蛮人 yěmánrén
savagery N 野蛮 (性) yěmán (xìng)
save I V **1** (拯) 救 (zhěng) jiù □ Great efforts have been made to save the giant panda. 做了很大努力来拯救大熊猫。Zuòle hěn dà nǔlì lái zhěngjiù dàxióngmāo. **2** 存 (钱) cún (qián), 储蓄 chǔxù □ I'm trying to save up for a holiday in China. 我在为到中国去度假存钱。Wǒ zài wèi dào Zhōngguóqù dùjià cúnqián. □ Some people make it a habit to save certain percentage of whatever income they may have. 有些人养成习惯, 从收入中储蓄一定比例的钱。Yǒuxiē rén yǎngchéng xíguàn, cóng shōurù zhōng chǔxù yídìng bǐlì de qián. **3** 省 shěng, 节省 jiéshěng □ Walking to work saves me money on gasoline. 步行去上班为我省下汽油钱。Bùxíngqu shàngbān wèi wǒ shěngxia qìyóu qián.
　A penny saved is a penny earned. 省下一分钱, 就是多赚一分钱。Shěngxia yì fēn qián, jiù shì duō zhuàn yì fēn qián.
4 (电脑) 存盘 (diànnǎo) cún pán, 储存 chǔcún □ Remember to save your files before shutting down your computer. 记住在关闭电脑前, 储存你的档案。Jìzhu zài guānbì diànnǎo qián, chǔcún nǐ de dàng'àn.
　to save face 保全面子 bǎoquán miànzi
II N (守门员) 救球 (shǒuményuán) jiù qiú III PREP 除了 chúle
saver N 节省的方法／装置 jiéshěng de fāngfǎ/zhuāngzhì
savings N **1** 储蓄 chǔxù, 存款 cúnkuǎn □ He withdrew all his savings to buy that diamond ring. 他取出了所有的存款, 来买钻石戒指。Tā qǔchūle suǒyǒu de cúnkuǎn, lái mǎi zuànshí jièzhi. **2** 省下的钱 shěngxia de qián □ You can have 10% savings if you pay cash. 你如果付现金, 可以省百分之十的钱。Nǐ rúguǒ fù xiànjīn, kěyǐ shěng bǎifēnzhī shí de qián.
　savings account 储蓄账户 chǔxù zhànghù
　savings bank 储蓄银行 chǔxù yínháng
savior N 救世主 Jiùshìzhǔ, 救星 jiùxīng
savor N **1** 好味道 hǎo wèidao **2** [生活的+] 乐趣 [shēnghuó+] de lèqù
savory I ADJ 美味的 měiwèi de, 鲜美的 xiānměi de II N 香薄荷 xiāng bòhe

savvy I N (丰富的) 知识 (fēngfù de) zhīshi II ADJ 知识丰富的 zhīshífēngfù de
saw[1] V See **see**
saw[2] I N 锯 (子) jù (zi) [M. WD 把 bǎ] II V (PT **sawed**; PP **sawn**, **sawed**) (用锯子) 锯 (yòng jùzi) jù
sawdust N (锯) 木屑 (jù) mù xiè
sawmill N 锯木厂 jùmùchǎng [M. WD 家 jiā]
saxophone N 萨克斯管 sàkèsīguǎn
say I V (PT & PP **said**) **1** 说 shuō □ Mary said she wouldn't join us to see a movie. 玛丽说她不跟我们一块儿去看电影。Mǎlì shuō tā bù gēn wǒmen yíkuàir qù kàn diànyǐng. □ Confucius says: "Human beings are all similar in nature while they are widely different in practices and customs. 孔夫子说: "性相近也, 习相远也。" Kǒngfūzǐ shuō: "Xìng xiàng jìn yě, xí xiāng yuǎn yě."
　they say 据说 jùshuō □ They say the principal is a slave-driver. 据说这个校长逼人工作不留情。Jùshuō zhè ge xiàozhǎng bī rén gōngzuò bù liúqíng.
　that is to say 也就是说 yě jiù shuō □ China is the most populous country in the world; that is to say Chinese is the most popular language. 中国是世界上人口最多的国家, 也就是说中国话是使用者最多的语言。Zhōngguó shì shìjièshang rénkǒu zuìduō de guójiā, yě jiù shì shuō Zhōngguóhuà shì shǐyòng zhě zuìduō de yǔyán.
　having said that 尽管如此 jǐnguǎn rúcǐ, 不过 búguò □ The boss is very strict; having said that, he is quite fair. 这个老板很严格, 尽管如此, 他还是公正的。Zhè ge lǎobǎn hěn yángé, jǐnguǎn rúcǐ, tā hái shì gōngzhèng de.
2 说明 shuōmíng, 表达 biǎodá □ What is the artist trying to say in this painting? 这位艺术家在这幅绘画中想表达什么? Zhè wèi yìshùjiā zài zhè fú huìhuà zhōng xiǎng biǎodá shénme? II N 说话的权利 shuōhuà de quánlì, 发言权 fāyánquán □ Many teachers feel that they don't have much say in the running of the school. 许多老师觉得他们对学校的管理没有多少发言权。Xǔduō lǎoshī juéde tāmen duì xuéxiào de guǎnlǐ méiyǒu duōshǎo fāyánquán.
saying N 俗话 súhuà [M. WD 句 jù]
scab N **1** 破坏罢工的人 pòhuài bàgōng de rén, 工贼 gōngzéi **2** (伤) 痂 (shāng) jiā
scads N 大量 dàliàng, 大批 dàpī
scaffold N **1** 脚手架 jiǎoshǒujià **2** 升降吊架 shēngjiàng diàojià, 吊篮 diào lán **3** 绞刑架 jiǎoxíng jià
scaffolding N 搭脚手架的材料 dā jiǎoshǒujià de cáiliào
scald I V **1** 烫伤 tàngshāng **2** 把…加热到接近沸点 bǎ…jiārè dào jiējìn fèidiǎn II N 烫伤 tàngshāng
scalding ADJ 滚烫的 gǔntàng de
scale[1] I N **1** 规模 guīmó □ Twice a year the Johnsons entertain on a grand scale. 约翰逊夫妇一年两次大请客。Yuēhànxùn fūfù yì nián liǎng cì dà qǐngkè. **2** 级别 jíbié, 等级 děngjí □ "On a scale from 1 to 10, how would you rate this computer game?" "I'd give it a 7." "从一到十, 你给这个电脑游戏几分?" "我给它七分。" "Cóng yī dào shí, nǐ gěi zhè ge diànnǎo yóuxì jǐ fēn?" "Wǒ gěi tā qī fēn."
II V (to scale sth back/down) 缩小某事的规模 suōxiǎo mǒushì de guīmó
scale[2] I N (鱼) 鳞 (yú) lín II V 刮鱼鳞 guāyúlín
scale[3] V 攀登 (山峰) pāndēng (shānfēng)
scales N 秤 chèng □ She bought bathroom scales to monitor her weight. 她为了监督自己的体重, 买了一个体重秤。Tā wèile jiāndū zìjǐ de tǐzhòng, mǎi le yí ge tǐzhòng chèng.
scallop N 扇贝 shànbèi
scalp I N 头皮 tóupí II V 倒卖 dǎomài
scalpel N 手术刀 shǒushùdāo [M. WD 把 bǎ], 解剖刀 jiě bàodāo [M. WD 把 bǎ]
scaly ADJ 有鳞的 yǒu lín de
scam N 骗局 piànjú, 诈骗 (行为) zhàpiàn (xíngwéi)

scamper v 跳跳蹦蹦 tiào tiào bèng bèng

scan I v 1 浏览 [+报纸标题] liúlǎn [+bàozhǐ biāotí] 2 迅速地查找 xùnsù de cházhǎo 3 [用扫描器+] 扫描 [yòng sǎomiáoqì+] sǎomiáo II N 扫描检查 sǎomiáo jiǎnchá

brain scan 大脑扫描 dànǎo sǎomiáo

ultrasound scan 超声波扫描（检查）chāoshēngbō sǎomiáo (jiǎnchá)

scandal N 丑闻 chǒuwén

scandalize v 使…震惊 shǐ…zhènjīng, 引起…的公愤 yǐnqǐ…de gōngfèn

scandalous ADJ 丑恶无耻的 chǒu'è wúchǐ de, 令人发指的 lìngrén fàzhǐ de

scanner N 扫描装置 sǎomiáo zhuāngzhì [M. WD 台 tái], 扫描仪 sǎomiáo yí [M. WD 台 tái]

scant ADJ 不足的 bùzú de, 少量的 shǎoliàng de

scapegoat N 替罪羊 tìzuìyáng

scar I N 伤疤 shāngbā, 疤痕 bāhén II v (be scarred with) 留下…的伤疤 liúxia…de shāngbā

scarce ADJ 稀有的 xīyǒu de, 缺乏的 quēfá de □ People who are fully bilingual in English and Chinese are scarce. 精通英中两种语言的人很缺乏。Jīngtōng Yīng Zhōng liǎng zhǒng yǔyán de rén hěn quēfá.

scarcely ADV 1 几乎不 jīhūbù, 几乎没有 jīhū méiyǒu 2 刚刚 gānggāng

scarcity N 短缺 duǎnquē, 不足 bùzú

scare I v 惊吓 jīngxià □ I was scared driving home last night because of all the lightning and thundering. 我昨天夜里开车回家一路上闪电雷鸣，把我吓坏了。Wǒ zuótiān yèlǐ kāichē huíjiā yílùshang shǎndiàn léimíng, bǎ wǒ xiàhuai le. □ The thought of his job interview next week scared him stiff. 想到下星期的求职面试，他吓坏了。Xiǎngdao xià xīngqī de qiúzhí miànshì, tā xiàhuai le. II N 惊吓 jīngxià □ What a scare you gave me! 你把我吓了一跳！Nǐ bǎ wǒ xiàle yí tiào! □ Her husband's heart attack gave her a terrible scare. 她丈夫的心脏病发作，让她吓了一大跳。Tā zhàngfu de xīnzàngbìng fāzuò, ràng tā xiàle yí dà tiào.

scarecrow N 稻草人 dàocǎorén

scarf N 围巾 wéijīn [M. WD 条 tiáo], 头巾 tóujīn [M. WD 条 tiáo]

scarlet ADJ 猩红色 xīnghóngsè, 绯红色 fēihóng sè

scary ADJ 吓人的 xiàrén de, 恐怖的 kǒngbù de

scathing ADJ 极其严厉的 jíqí yánlì de, 尖刻的 jiānkè de

scatter v 1 散开 sànkai □ When one of the men pulled out a knife, the crowd scattered. 当其中一人拔出一把刀，人群散开了。Dāng qízhōng yì rén báchū yì bǎ dāo, rénqún sànkai le. 2 撒 sā □ Papers were scattered all over the floor. 报纸、文件撒了一地板。Bàozhǐ, wénjiàn sāle yí dìbǎn.

scatterbrained ADJ 心不在焉的 xīnbúzàiyān de, 疏忽的 shūhu de

scavenge v 1 [动物+] 吃别的动物吃剩的东西 [dòngwù+] chī biéde dòngwù chī shèng de dōngxi, 吃腐肉 chī fǔròu 2 [人+] 在垃圾中寻食 [rén+] zài lājī zhōng xún shí

scenario N 1 可能发生的情况 kěnéng fāshēng de qíngkuàng

the worst scenario 最坏的情况 zuì huài de qíngkuàng

2（电影）脚本 (diànyǐng) jiǎoběn

scene N 1（戏剧的）场 (xìjù de) chǎng, 场景 chǎngjǐng □ This war movie has some heart-breaking scenes. 这部战争影片有几个令人心碎的场景。Zhè bù zhànzhēng yǐngpiàn yǒu jǐ ge lìng rén xīn suì de chǎngjǐng. 2 景色 jǐngsè □ After their son's birthday party, the sitting room was a scene of disorder. 儿子的生日聚会后，客厅里一片凌乱。Érzi de shēngri jùhuì hòu, kètīng lǐ yí piàn língluàn. 3 现场 xiànchǎng □ It took 20 minutes for the police to arrive at the scene of the road accident. 警察花了二十分钟到达交通事故现场。Jǐngchá huāle èrshí fēnzhōng dàodá jiāotōng shìgù xiànchǎng. 4 (to make a scene) 大吵大闹 dà chǎo dà nào, 大发脾气 dà fā píqì □ Uncle Hugh was deeply embarrassed when his wife made

a scene at the garden party. 妻子在游园会上大吵大闹，使休伯伯深感羞愧。Qīzi zài yóuyuánhuìshang dà chǎo dà nào, shǐ Xiū bóbo shēn gǎn xiūkuì.

behind the scenes 幕后 mùhòu □ Diplomats work feverishly behind the scenes to avoid a war. 外交官在幕后紧张活动，以避免一场战争。Wàijiāoguān zài mùhòu jǐnzhāng huódòng, yǐ bìmiǎn yì chǎng zhànzhēng.

scenery N 1 自然景色 zìrán jǐngsè □ At the top of the hill, the scenery is beautiful. 在山顶，景色优美。Zài shāndǐng, jǐngsè yōuměi. 2（舞台）布景 (wǔtái) bùjǐng

scenic ADJ 景色优美的 jǐngsè yōuměi de

scent I N 1 气味 qìwèi, 气息 qìxī

to throw sb off the scent 使某人失去线索 shǐ mǒurén shīqù xiànsuǒ

2 香味 xiāngwèi, 芳香 fāngxiāng

II v 1 散布香味 sànbù xiāngwèi 2 [动物+] 嗅出 [dòngwù+] xiù chū

scented ADJ 有香味的 yǒu xiāngwèi de

scepter N（国王/女王的）权杖 (guówáng/nǚwáng de) quánzhàng

schedule I N 1（火车/汽车）时刻表 (huǒchē/qìchē) shíkèbiǎo 2（工作）日程表 (gōngzuò) rìchéng biǎo

ahead of schedule 提前 tíqián

II v 安排在（某一时间）ānpái zài (mǒu yìshíjiān)

scheduled flight 定期航班 dìngqī hángbān

scheme I N 1 方案 fāng'àn, 计划 jìhuà □ The local government has designed a training scheme for unemployed youth. 地方政府为失业青年设计了一项培训计划。Dìfāng zhèngfǔ wèi shīyè qīngnián shèjìle yí xiàng péixùn jìhuà. 2 诡计 guǐjì, 阴谋 yīnmóu □ He always seems to have a new scheme to make money. 他好像总有赚钱的诡计。Tā hǎoxiàng zǒng yǒu zhuànqián de guǐjì.

II v 策划 cèhuà, 阴谋 yīnmóu □ Her rival is scheming to ruin her reputation. 她的对手正在策划使她名声扫地。Tā de duìshǒu zhèngzài cèhuà shǐ tā míngshēng sǎodì.

schism N 分裂 fēnliè

schizophrenia N 精神分裂症 jīngshén fēnlièzhèng

schmaltzy ADJ 伤感的 [+音乐] shāngǎn de [+yīnyuè]

schmooze v 闲聊 xiánliáo, 敷衍 fūyan

schmuck N 笨蛋 bèndàn

scholar N 学者 xuézhě [M. WD 位 wèi]

scholarly ADJ 学术的 xuéshù de

scholarship N 1 奖学金 jiǎngxuéjīn [M. WD 笔 bǐ] 2 学术研究 xuéshù yánjiū, 学问 xuéwèn

scholastic ADJ 教学的 jiàoxué de, 学术的 xuéshù de

school N 1 [中、小+] 学校 [zhōng、xiǎo+] xuéxiào □ Our school has a first-rate teaching staff. 我们学校有第一流的师资。Wǒmen xuéxiào yǒu dìyī liú de shīzī.

elementary school/primary school 小学 xiǎoxué

high school 中学 zhōngxué

junior high school 初级中学 chūjí zhōngxué, 初中 chūzhōng

senior high school 高级中学 gāojí zhōngxué, 高中 gāozhōng

after school 课外 kèwài

to be in school 在学校（上课）zài xuéxiào □ She checked and replied to e-mails while her children were in school. 孩子在学校里的时候，她检查、回复电子邮件。Háizi zài xuéxiào lǐ de shíhou, tā jiǎnchá, huífù diànzǐ yóujiàn.

to go to school 上学 shàngxué □ In some developing countries poor children are often unable to go to school. 在发展中国家，穷人的孩子常常不能上学。Zài fāzhǎn zhōng guójiā, qióngrén de háizi chángcháng bù néng shàngxué.

2 [大学+] 院、系 [dàxué+] yuàn、xì □ He has applied to Harvard School of Medicine. 他已经在哈佛大学医学院报名了。Tā yǐjīng zài Hāfó dàxué Yīxuéyuàn bàomíng le.

graduate school 研究生院 yánjiūshēng yuàn
3 （鱼）群 qún □ Eugene could see schools of fish swimming in the clear river. 尤金可以看到一群群鱼儿在清澈的河水中游着。Yóujīn kěyǐ kàndao yì qún qún yúr zài qīngchè de héshuǐ zhōng yóuzhe. **II** v 训练 xùnliàn, 教育 jiàoyù

schooling N 学校教育 xuéxiào jiàoyù

schooner I N 双桅帆船 shuāng wéi fānchuán **2** 大啤酒杯 dà píjiǔ bēi

science N **1** 科学 kēxué □ The life sciences include botany, zoology and biology. 生命科学包括植物学、动物学和生物学。Shēngmìng kēxué bāokuò zhíwùxué, dòngwùxué hé shēngwùxué. □ My son is really good at science and math. 我儿子的科学和数学真的很棒。Wǒ érzi de kēxué hé shùxué zhēn de hěn bàng.

science fiction See **sci-fi**

pure science 纯科学 chún kēxué

social science 社会科学 shèhuì kēxué

2 自然科学 zìrán kēxué, 理科 lǐkē □ This university has an excellent college of arts and science. 这所大学拥有一个极好的文理学院。Zhè suǒ dàxué yōngyǒu yí ge jí hǎo de wénlǐ xuéyuàn.

science park 科学园区 kēxué yuánqū, 新科技开发区 xīn kējì kāifāqū

applied science 应用科学 yìngyòng kēxué

natural science 自然科学 zìrán kēxué

scientific ADJ 科学的 kēxué de □ Man will never stop making scientific discoveries. 人类永远不会停止做出科学发现。Rénlèi yǒngyuǎn bú huì tíngzhǐ zuòchū kēxué fāxiàn. □ That theory does not sound so scientific to me. 这个理论我听起来不是很科学。Zhè ge lǐlùn wǒ tīngqǐlai bú shì hěn kēxué.

scientist N 科学家 kēxuéjiā, 科学工作者 kēxué gōngzuòzhě □ You don't have to be a rocket scientist to see this point. 不一定要是火箭科学家才能看到这一点。Bùyídìng yàoshì huǒjiàn kēxuéjiā cái néng kàndao zhè yì diǎn.

scientology N 科学论（教会）kēxué lùn (jiàohuì)

sci-fi (= science fiction) ABBREV 科学幻想小说 kēxué huànxiǎng xiǎoshuō

scintillating ADJ 闪烁发光的 shǎnshuò fāguāng de

scissors N 剪刀 jiǎndāo

scoff v 嘲笑 cháoxiào

scold v 训斥 xùnchì, 斥责 chìzé

scone N 司康烤饼 sī kāng kǎobǐng

scoop I N **1** （冰淇淋）勺 (bīngqílín) sháo, 球形勺 qiúxíng sháo **2** 独家抢先报导 dújiā qiǎngxiān bàodǎo **II** v **1** 用勺铲起 yòng sháo chǎn qǐ **2** 抢先报导 qiǎngxiān bàodǎo

scooter N **1** 小型摩托车 xiǎoxíng mótuō chē **2** 踏板车 tàbǎn chē

scope I N **1** 范围 fànwéi

to extend the scope of 扩大…的范围 kuòdà…de fànwéi

2 （发挥才能的）机会 (fāhuī cáinéng de) jīhuì

scope for creativity 发挥创造性的机会 fāhuī chuàngzàoxìng de jīhuì

II v (to scope out) 了解 liǎojiě, 查明 chámíng

scorch I v **1** （使…）烤焦 (shǐ…) kǎojiāo **2** 烫伤 [+人] tàngshāng [+rén] **II** v 烤焦 kǎojiāo, 枯萎 kūwěi

scorcher N 大热天 dà rètiān

scorching ADJ 太阳火辣辣的 tàiyáng huǒlàlà de, 极热的 jí rè de

score I N **1** 比分 bǐfēn, 得分 défēn □ "What was the score for last week's championship game?" "62 to 48, in our favor." "上星期锦标赛的比分怎么样？" "六十二比四十八，我们领先。""Shàng xīngqī jǐnbiāosài de bǐfēn zěnmeyàng?" "Liùshíèr bǐ sìshíbā, wǒmen lǐng xiān."

to keep score 记分 jìfēn

to settle a score 报仇 bàochóu, 算旧账 suàn jiùzhàng

2 分数 fēnshù □ Ellen got a higher score than Hilary on the Chinese test. 埃伦中文测验分数比希拉里高。Āilún Zhōngwén cèyàn fēnshù bǐ Xīlālǐ gāo. **3** 乐谱 yuèpǔ **4** 二十 èrshí

scores of 许多 xǔduō, 大量 dàliàng

II v **1** 得分 défēn

to score ponts 得分 défēn, 赢得好感 yíngdé hǎogǎn

2 获得成功 huòdé chénggōng

scoreboard N 记分牌 jìfēnpái

scorecard N 记分卡 jìfēn kǎ [M. WD 张 zhāng]

scorer N **1** （体育比赛的）记分员 (tǐyù bǐsài de) jìfēnyuán **2** 得分的运动员 défēn de yùndòngyuán

scorn N, v 鄙视 bǐshì, 蔑视 mièshì

scorpion N 蝎子 xiēzi

Scotch N （苏格兰）威士忌酒 (Sūgélán) wēishìjì jiǔ

scotch v 制止 zhìzhǐ, 阻止 zǔzhǐ

scot-free ADV (to get off scot-free) 逃脱惩罚 táotuō chéngfá

Scotland N 苏格兰 Sūgélán

Scotsman N 苏格兰（男）人 Sūgélán (nán) rén

Scotswoman N 苏格兰（女）人 Sūgélán (nǚ) rén

Scottish ADJ 苏格兰的 Sūgélán de, 苏格兰人的 Sūgélán rén de

scoundrel N 恶棍 èguùn, 无赖 wúlài

scour v **1** 擦亮 [+餐具] cāliàng [+cānjù] **2** 彻底搜查 [+地方] chèdǐ sōuchá [+dìfang]

scourge I N 大祸害 dàhuòhai, 灾星 zāixīng **II** v 使…遭受巨大灾难 shǐ…zāoshòu jùdà zāinàn

scout I N **1** 侦察兵 zhēnchábīng **2** 童子军 tóngzǐjūn

Boy Scouts 男童子军 nán tóngzǐjūn

Girl Scouts 女童子军 nǚ tóngzǐjūn

talent scout 物色新秀者 wùsè xīnxiù zhě

II v **1** 侦察 zhēnchá

to scout for 物色新秀 wùsè xīnxiù

2 寻找 xúnzhǎo

scowl I N 愤怒的表情 fènnù de biǎoqíng **II** v 愤怒地看 fènnù de kàn, 怒视 nùshì

Scrabble N 纵横拼字游戏 zònghéng pīnzì yóuxì

scrabble v 翻找 fānzhǎo

scraggly ADJ 凌乱的 língluàn de, 散乱的 sànluàn de

scram v 逃离 táo lí, 跑开 pǎokāi

scramble I v **1** 争夺 zhēngduó, 争抢 zhēngqiǎng

to scramble for front seats 争夺前排的座位 zhēngduó qiánpái de zuòwèi

2 仓促行动 cāngcù xíngdòng

to scramble to safety 仓促逃离到安全地带 cāngcù táolí dào ānquán dìdài

scrambled egg 炒蛋 chǎodàn

3 （美式橄榄球）持球抢跑 (Měishì gǎnlǎnqiú) chí qiú qiǎng pǎo

II N **1** 争夺 zhēngduó **2** 乱忙 luànmáng

scrap I N **1** 废料 fèiliào, 废品 fèipǐn

scrap metal 金属废料 jīnshǔ fèiliào

2 吃剩的食物 chī shèng de shíwù

table scraps 剩菜 shèngcài

3 小纸片 xiǎo zhǐpiàn, 碎布片 suìbù piàn

II v **1** 把…当废料处理 bǎ…dāng fèiliào chǔlǐ **2** 放弃 fàngqì

3 争吵 zhēngchǎo

scrapbook N 剪贴簿 jiǎntiēbù [M. WD 本 běn]

scrape I v **1** 刮 guā

to scrape sth away 把某物刮掉 bǎ mǒuwù guādiào

to scrape sth clean 把某物刮干净 bǎ mǒuwù guā gānjìng

2 摩擦 mócā, 擦疼 cāshāng

to scrape by 勉强度日 miǎnqiǎng dùrì

to scrape through 勉强通过 miǎnqiǎng tōngguò

3 [金属+] 发出刮擦声 [jīnshǔ+] fāchū guācāshēng

II N **1** 擦伤 cāshāng **2** 困境 kùnjìng

scraper N 刮漆刀 guāqīdāo [M. WD 把 bǎ]

scrappy ADJ 敢作敢为的 gǎn zuò gǎn wèi de
scratch I v 1 搔 [+皮肤] sāo [+pífū]
to scratch the surface 触及 (问题的) 表面 chùjí (wèntí de) biǎomiàn
to scratch one's head 大伤脑筋 dà shāng nǎojīn
2 [猫+] 抓 [māo+] zhuā, 划伤 huá shāng
II N 刮痕 guāhén, 划痕 huàhén
from scratch 从零开始 cóng líng kāishǐ
scratch paper 单面草稿纸 dānmiàn cǎogǎozhǐ
scratchy ADJ 1 扎人的 zhārén de 2 低沉嘶哑的 [+噪音] dīchén shāyǎ de [+sǎngyīn] 3 疼痛的 [+喉咙] téngtòng de [+hóulóng]
scrawl I v 潦草地写 liǎocǎo de xiě II N 潦草写成的东西 liǎocǎo xiě chéng de dōngxi, 潦草的笔迹 liǎocǎo de bǐjì
scrawny ADJ 瘦弱的 shòuruò de
scream I v 尖叫 jiānjiào, 大声呼喊 dàshēng hūhǎn II N 尖叫声 jiānjiào shēng
be a scream 非常滑稽的人／事 fēicháng huájī de rén/shì
screech I v [车轮+] 发出刺耳声 [chēlún+] fāchū cì'ěr shēng,
to screech to a halt [汽车+] 突然刹车停下 [qìchē+] tūrán shāchē tíng xià
II N (车轮的) 刺耳声 (chēlún de) cì'ěr shēng
screen I N 1 屏幕 píngmù □ The screen flickered, and then the computer shut down. 屏幕闪烁一下, 电脑关掉了。Píngmù shǎnshuò yí xià, diànnǎo guāndiao le.
screen saver (计算机) 屏幕保护程序 (jìsuànjī) píngmù bǎohù chéngxù
2 纱窗 shāchuāng □ Don't be surprised to find mosquitoes in the house—the screen door is full of holes. 屋子里有蚊子不奇怪, 纱窗全是洞。Wūzi lǐ yǒu wénzi bù qíguài, shāchuāng quán shì dòng. 3 屏风 píngfēng □ The dining area is separated from the kitchen by a screen. 吃饭的地方和厨房用屏风隔开。Chīfàn de dìfang hé chúfáng yòng píngfēng gékai.
II v 1 检查 jiǎnchá, 审查 shěnchá
to be screened for breast cancer 作乳房癌检查 zuò rǔfáng ái jiǎnchá
2 隐蔽 yǐnbì, 遮蔽 zhēbì
screenplay N (电影／电视) 剧本 (diànyǐng/diànshì) jùběn
screenwriter N (电影／电视) 剧本作者 (diànyǐng/diànshì) jùběn zuòzhě
screw I N 螺丝钉 luósī dīng □ The accident happened just because of a loose screw. 只是因为一颗螺丝钉没有拧紧, 就发生了事故。Zhǐ shì yīnwèi yì kē luósī dīng méiyǒu níngjǐn, jiù fāshēngle shìgù.
to have a screw loose 头脑出了问题 tóunǎo chūle wèntí, 有点儿怪 yǒudiǎnr guài, 古怪 gǔguài □ He collects all sorts of junk—he must have a screw loose. 他什么样的垃圾都收集—肯定头脑出了问题。Tā shénme yàng de lājī dōu shōují—kěndìng tóunǎo chūle wèntí.
II v 1 用螺丝钉拧上 yòng luósī dīng dìngshang □ You just screw all the parts together—it's child's play. 你只要把所有的部件都用螺丝钉拧上—容易得很。Nǐ zhǐ yào bǎ suǒyǒu de bùjiàn dōu yòng luósī dīng dìngshang—róngyì de hěn. 2 拧上 nǐngshang, 拧紧 níngjǐn □ Don't forget to screw the lid back on the jar. 别忘了把瓶盖子拧上。Bié wàngle bǎ píng gàizi nǐngshang.
to screw up 搞糟 gǎozāo □ I'm giving you an easy assignment, so don't screw it up. 我给你一件容易的事做, 所以别弄糟了。Wǒ gěi nǐ yí jiàn róngyì de shì zuò, suǒyǐ bié nòngzāo le.
screwball N 古怪的人 gǔguài de rén
screwball comedy 荒诞喜剧 huāngdàn xǐjù
screw-driver N 螺丝刀 luósīdāo
screwed up ADJ 1 弄糟的 [+计划] nòngzāo de [+jìhuà] 2 焦躁的 [+人] jiāozào de [+rén]

screwy ADJ 古怪的 gǔguài de, 荒谬的 huāngmiù de
scribble I v 1 潦草的写 liǎocǎo de xiě 2 乱涂乱画 luàn tú luàn huà II N 乱涂乱写 luàn tú luànxiě
script I N 1 剧本 jùběn 2 电影剧本 diànyǐng jùběn 3 笔迹 bǐjì, 手迹 shǒujì
to read from a script 照稿子念 zhào gǎozi niàn
II v 1 写 [+演讲稿／剧本] xiě [+yǎnjiǎnggǎo/jùběn] 2 精心策划 jīngxīn cèhuà
scripted ADJ 1 预先写好的 [+演讲] yùxiān xiě hǎo de [+yǎnjiǎng], 照稿宣读的 zhào gǎo xuāndú de 2 刻意安排的 [+事件] kèyì ānpái de [+shìjiàn]
scriptural ADJ 圣书的 shèngshū de, 圣典的 shèngdiǎn de
scripture N 1 基督教圣经 Jīdūjiào Shèngjīng 2 (宗教) 经文 (zōngjiào) jīngwén, 圣书 shèngshū
scriptwriter N (电影／电视) 剧作家 (diànyǐng/diànshì) jùzuòjiā
scroll I N 纸卷 zhǐ juàn, 卷轴 juànzhóu II v (在计算机显示器上) 上下滚动 (zài jìsuànjī xiǎnshìqì shàng) shàngxià gǔndòng
scrooge N 守财奴 shǒucáinú, 吝啬鬼 lìnsèguǐ
scrotum N 阴囊 yīnnáng
scrounge v 索要 suǒyào, 索讨 suǒtǎo
scrub¹ v, N 擦洗 cāxǐ, 刷洗 shuāxǐ
scrub² N 矮树丛 ǎishùcóng, 灌木丛 guànmù cóng
scruffy ADJ 邋遢的 lāta de, 肮脏的 āngzāng de
scrumptious ADJ 美味的 měiwèi de
scrunch v 把…揉成一团 bǎ…róu chéng yì tuán
scruple N 顾忌 gùjì, 顾虑 gùlǜ
scrupulous ADJ 1 诚实公正的 chéngshí gōngzhèng de, 讲良心道德的 jiǎng liángxīn dàodé de 2 细微认真的 xìwēi rènzhēn de, 一丝不苟的 yìsī bùgǒu de
scrutinize v 仔细检查 zǐxì jiǎnchá, 细查 xìchá
scrutiny N 仔细检查 zǐxì jiǎnchá, 细查 xìchá
scuba-diving N 斯库巴潜泳 sīkùbā qiányǒng
scuff v 使…磨损 shǐ…mósǔn
scuffle v, N 扭打 niǔdǎ
sculptor N 雕塑家 diāosùjiā, 雕刻家 diāokèjiā
sculpture I N 雕塑 diāosù, 雕塑作品 diāosù zuòpǐn II v 雕塑 diāosù
sculptured ADJ 有雕塑装饰的 yǒu diāosù zhuāngshì de
scum N 1 浮渣 fúzhā 2 人渣 rén zhā, 人类渣滓 rénlèi zhāzǐ
scumbag N 人渣 rén zhā, 人类渣滓 rénlèi zhāzǐ
scurrilous ADJ 辱骂的 rǔmà de
scurry N, v 小步急跑 xiǎobù jí pǎo
scurvy N 坏血病 huàixuèbìng
scuttle v 1 破坏 pòhuài, 力阻 lìzǔ 2 小步疾行 xiǎobù jíxíng
scythe N 长柄大镰刀 cháng bǐng dàliándāo
sea N (大) 海 (dà) hǎi □ The storm moved out to sea after several days of incessant rain. 在几天连续下雨以后, 风暴移向大海。Zài jǐ tiān liánxù xiàyǔ yǐhòu, fēngbào yí xiàng dàhǎi.
sea level 海平面 hǎi píng miàn
sea plane 海上飞机 hǎi shàng fēijī
seabed N 海床 hǎichuáng, 海底 hǎidǐ
seafaring ADJ 航海的 hánghǎi de
seafood N 海鲜 hǎixiān
seagull N 海鸥 hǎi'ōu [M. WD 只 zhī]
seahorse N 海马 hǎimǎ [M. WD 只 zhī]
seal¹ N 海豹 hǎibào [M. WD 头 tóu]
seal² v 封闭 fēngbì □ Police sealed off the area after a shooting incident. 发生枪击事件以后, 警方封闭了这一地区。Fāshēng qiāngjī shìjiàn yǐhòu, jǐngfāng fēngbìle zhè yí dìqū.
to seal a deal 确保达成交易 quèbǎo dáchéng jiāoyì
seal³ N 印章 yìnzhāng, 图章 túzhāng [M. WD 枚 méi]
sealed ADJ 1 密封的 [+信封] mìfēng de [+xìnfēng] 2 保密的 [+文件] bǎomì de [+wénjiàn]
sealion N 海狮 hǎishī [M. WD 头 tóu]

seam N 1 缝 fèng, 线缝 xiànfèng 2（煤）矿层 (méi)kuàng céng

seaman N 海员 hǎiyuán

seamanship N 航海技能 hánghǎi jìnéng, 航海术 hánghǎishù

seamless ADJ 1 无缝的 wú fèng de 2 连贯的 liánguàn de

seamstress N 女裁缝 nǚ cáiféng, 女缝纫工 nǚ féngrèngōng

seamy ADJ 丑陋的 chǒulòu de
the seamy side 阴暗面 yīn'ànmiàn

sear v 烧焦 shāojiāo, 烧烤 shāokǎo

search I N 寻找 xúnzhǎo, 搜索 sōusuǒ □ Two weeks later, the police called off the search for the missing girl. 两星期以后, 警方放弃了对失踪女孩的搜索。Liǎng xīngqī yǐhòu, jǐngfāng fàngqìle duì shīzōng nǚhái de sōusuǒ.
search and rescue 搜索营救 sōusuǒ yíngjiù
search engine 搜索引擎 sōusuǒ yǐnqíng
search party 搜索队 sōusuǒ duì
search warrant 搜索证 sōusuǒ zhèng
II v 寻找 xúnzhǎo, 搜索 sōusuǒ □ What are you searching for? 你在找什么呀? Nǐ zài zhǎo shénme ya?
Search me! 我不知道! Wǒ bù zhīdào !

searching ADJ 探究的 tànjiū de
searching inquiry 彻底的调查 chèdǐ de diàochá

searchlight N 探照灯 tànzhàodēng [M. WD 台 tái]

searing ADJ 1 灼热的 [+天气] zhuórè de [+tiānqì], 炽热的 chìrè de 2 严苛的 [+语言] yánkē de [+yǔyán]

seashell N 海贝壳 hǎibèiké

seashore N 海岸 hǎi'àn, 海滩 hǎitān

seasick ADJ 晕船的 yùnchuán de □ When she got seasick, the holiday was ruined. 当她晕船, 假日就毁了。Dāng tā yùnchuán, jiàrì jiù huǐ le.

seaside N 海边的 hǎibiān de, 海滨的 hǎibīn de

season¹ N 1 季节 jìjié □ In most parts of America there are four distinct seasons: spring, summer, fall and winter. 美国大部分地方四季分明: 春季、夏季、秋季和冬季。Měiguó dà bùfen dìfang sìjì fēnmíng: chūnjì、xiàjì、qiūjì hé dōngjì. 2 时令 shílìng □ The grapes are in season. 正是葡萄成熟的时令。Zhèng shì pútao chéngshú de shílìng. 3 时期 shíqī □ In the football season, Jack spends lots of time watching games on TV. 在足球赛的季节, 杰克花很多时间在电视上看球赛。Zài zúqiúsài de jìjié, Jiékè huā hěn duō shíjiān zài diànshìshang kàn qiúsài.
season ticket 季票 jìpiào

season² v 给 [+食物] 加调料 gěi [+shíwù] jiā tiáoliào

seasonable ADJ 符合时令的 fúhé shílìng de

seasonal ADJ 季节性的 jìjiéxìng de

seasoned ADJ 1 有经验的 [+水手] yǒu jīngyàn de [+shuǐshǒu] 2 调好味的 [+食物] tiáo hǎo wèi de [+shíwù]

seasoning N 调味品 tiáowèipǐn

seat I N 1 座位 zuòwèi
seat belt 安全带 ānquándài
aisle seat 靠过道的座位 kào guòdào de zuòwèi
passenger seat 副驾驶员座位 fùjiàshǐyuán zuòwèi, 驾驶员旁边的座位 jiàshǐyuán pángbiān de zuòwèi
window seat 靠窗口的座位 kào chuāngkǒu de zuòwèi
2 席位 xíwèi
a seat on the committee 委员会中的一个席位 wěiyuánhuì zhòng de yí ge xíwèi, 委员会成员 wěiyuánhuì chéngyuán
II v 1 坐 zuò □ Would everyone please be seated? 请大家坐下。Qǐng dàjiā zuòxia. 2 坐得下 zuòdexia □ Our school gym can seat 2,000 people. 我们学校的体育馆坐得下两千个人。Wǒmen xuéxiào de tǐyùguǎn zuòdexia liǎng qiān ge rén.

seating N 1 全部座位 quánbù zuòwèi 2 座位安排 zuòwèi ānpái

seaweed N 海草 hǎicǎo, 海藻 hǎizǎo

sec N (just a sec) 等一会儿 děng yíhuìr

secede v (to secede from) 退出 [+某组织] tuìchū [+mǒu zǔzhī], 脱离 [+某国而独立] tuōlí [+mǒu guó ér dúlì]

secession N 退出 [+某组织] tuìchū [+mǒu zǔzhī], 脱离 [+某国而独立] tuōlí [+mǒu guó ér dúlì]

secluded ADJ 僻静的 pìjìng de, 僻远的 pìyuǎn de

seclusion N 隐居 yǐnjū

second¹ I ADJ 1 第二 dì'èr □ Jim is the second child in the family. 杰姆是家里第二个孩子。Jiémǔ shì jiāli dì'èr ge háizi.
second base（棒球的）二垒 (bàngqiú de) èr lěi
second class mail 二类邮件 èr lèi yóujiàn
second nature 第二天性 dì'èrtiān xìng
second person 第二人称 dì èr rénchēng
second sight 预见（力）yùjiàn (lì)
2 另一个 lìng yí ge, 再一次 zàiyícì
second chance/opinion 再一次机会 zàiyícì jīhuì, 另一种意见 lìngyì zhǒng yìjiàn
II ADV 第二 dì'èr, 其次 qícì III v 附议 fùyì, 支持 zhīchí □ I second the motion. 我支持这项动议。Wǒ zhīchí zhè xiàng dòngyì. 我附议一项动议。Wǒ fùyì yī xiàng dòngyì.

second² I N 1 秒 miǎo 2 片刻 piànkè □ All this took place in seconds. 这一切发生在几秒钟之内。Zhè yíqiè fāshēng zài jǐ miǎozhōng zhīnèi. □ A hummingbird flutters its wings over 100 times per second. 蜂鸟每秒钟振动翅膀一百次以上。Fēngniǎo měi miǎozhōng zhèndòng chìbǎng yì bǎi cì yǐshàng.
in a second 极快地 jí kuài de, 瞬间 shùnjiān

secondary ADJ 1 第二位的 dì'èr wèi de, 次要的 cìyào de □ For her, the job is secondary—her family always comes first. 对她来说, 工作是第二位的—一家庭总是第一。Duì tā láishuō, gōngzuò shì dì'èr wèi de—jiātíng zǒng shì dìyī.
secondary school 中等学校 zhōngděng xuéxiào, 中学 zhōngxué
2 继发性的 jìfāxìng de
secondary infection 继发性感染 jì fā xìnggǎn rǎn

second-class ADJ 二等的 èrděng de
second-class citizen 二等公民 èrděng gōngmín
second-class ticket 二等票 èrděng piào

second-degree ADJ (second-degree murder) 二级谋杀 èrjí móushā

second-guess v 1 事后批评 shìhòu pīpíng 2 猜测 cāicè, 预测 yùcè

secondhand I N 二手货 èrshǒu huò, 旧货 jiù huò II ADJ 二手的 èrshǒu de
secondhand store 旧货店 jiùhuòdiàn □ I got this rare book from a secondhand bookstore. 我在一家旧书店买到这本珍本书。Wǒ zài yì jiā jiùshū diàn mǎidao zhè běn zhēnběn shū.

secondly ADV 第二 dìèr, 其次 qícì

second-rate ADJ 次等的 cìděng de

seconds N 1 第二份（饭菜）dì èr fèn (fàncài) 2 次品（服装）cìpǐn (fúzhuāng)

secrecy N 保密 bǎomì □ The testing of the new airplane was conducted in secrecy. 新飞机的测试是保密的。Xīn fēijī de cèshì shì bǎomì de.

secret I N 1 秘密 mìmì
to keep a secret 保守秘密 bǎoshǒu mìmì □ Are you able to keep a secret? 你能保守秘密吗? Nǐ néng bǎoshǒu mìmì ma?
II ADJ 秘密（的）mìmì (de), 隐蔽的 yǐnbì de □ The newspaper had got hold of a secret document, but wasn't sure if it would be legal to publish it. 这家报社获得了一份秘密文件, 但是不知道发表是不是合法。Zhè jiā bàoshè huòdéle yí fèn mìmì wénjiàn, dànshì bù zhīdào fābiǎo shìbushì héfǎ.
secret agent 特工 tègōng, 特务 tèwu
secret service 特工处 tègōng chù, 特工部门 tègōng bùmén

to keep sth secret from sb 对某人隐瞒某事 duì mǒurén yǐnmán mǒushì

secretarial ADJ 秘书的 mìshū de

secretariat N 秘书处 mìshūchù

the U.N. Secretariat 联合国秘书处 Liánhéguó Mìshūchù

secretary N 1 秘书 mìshu □ If you need to reach me, contact my secretary. 你要找我，和我秘书联系。Nǐ yào zhǎo wǒ, hé wǒ mìshu liánxi. **2**（美国）部长 bùzhǎng

(U.S.) Secretary of State（美国）国务卿（Měiguó）Guówùqīng

secrete V 分泌 fēnmì

secretion N 分泌 fēnmì

secretive ADJ 严守秘密的 yánshǒu mìmì de, 守口如瓶的 shǒu kǒu rú píng de

sect N 派别 pàibié,（宗教）教派（zōngjiào）jiàopài

sectarian ADJ 教派（之间）的 jiàopài（zhījiān）de

sectarian conflict 教派（之间）的冲突 jiàopài（zhījiān de）chōngtū

section N 1 部分 bùfen, 段 duàn □ A section of the overpass needs to be repaired so the road is temporarily closed. 立交桥有一段要修，所以道路暂时封闭。Lìjiāo qiáo yǒu yí duàn yào xiū, suǒyǐ dàolù zànshí fēngbì. **2** 部门 bùmén □ Dr. Jones heads the financial section of the company. 琼斯博士是公司财务部门的主管。Qióngsī bóshì shì gōngsī cáiwù bùmén de zhǔguǎn. **3**（报纸）栏目 (bàozhǐ) lánmù □ Charlie only reads the sports section of the newspaper. 查理只看报纸的体育栏目。Chálǐ zhǐ kàn bàozhǐ de tǐyù lánmù.

sector N 部门 bùmén, 领域 lǐngyù □ My father left government service and now works for the private sector. 我的父亲从政府部门离职，现在在私营部门工作。Wǒ de fùqin cóng zhèngfǔ bùmén lízhí, xiànzài zài sīyíng bùmén gōngzuò.

secular ADJ 世俗的 shìsú de, 非宗教的 fēi zōngjiào de

secure I ADJ 1 安全的 ānquán de, 没有风险的 méiyǒu fēngxiǎn de □ Do you feel secure about your future? 你对未来感到安全吗? Nǐ duì wèilái gǎndao ānquán ma? **2** 牢固的 láogù de, 绝对安全的 juéduì ānquán de □ Is the ladder secure? 梯子安全吗? Tīzi ānquán ma?

II V 1 固定住 gùdìngzhu □ Make sure all the doors and windows are secured before the storm comes. 在风暴来临之前，要确保门窗都固定住。Zài fēngbào láilín zhīqián, yào quèbǎo ménchuāng dōu gùdìngzhu. **2** 获得 huòdé, 得到 dédào **3** 保护 bǎohù, 使…免于攻击 shǐ…miǎnyú gōngjī

security N 1 安全 ānquán □ The President gives priority to national security. 总统把国家安全放在第一位。Zǒngtǒng bǎ guójiā ānquán fàng zài dìyī wèi. **2** 保障 bǎozhàng □ What is your social security number? 你的社会保障号码是多少? Nǐ de shèhuì bǎozhàng hàomǎ shì duōshǎo? **3** 抵押品 dǐyā pǐn □ He pledged his home as security for an $800,000 loan. 他把住宅抵押，向银行借八十万元。Tā bǎ zhùzhái zuò dǐyā, xiàng yínháng jiè bāshí wàn yuán.

security check 安（全）检（查）ān (quán) jiǎn (chá)

security clearance 安全审查 ānquán shěnchá

security deposit（租房）押金 (zū fáng) yājīn

security forces 保安部队 bǎo'ān bùduì, 安全部队 ānquán bùduì

security guard 保安人员 bǎo'ān rényuán

social security 社会保障 shèhuì bǎozhàng

sedan N 小轿车 xiǎojiàochē [M. WD 辆 liàng]

sedate ADJ 庄重的 zhuāngzhòng de, 严肃的 yánsù de

sedated ADJ 服用了镇静剂的 fúyòngle zhènjìngjì de

sedative N 镇静剂 zhènjìngjì

sedentary ADJ 1 坐着的 zuòzhe de, 很少活动的 hěn shǎo huódòng de **2** 定居的 dìngjū de, 不迁移的 bù qiānyí de

sedentary population 固定人口 gùdìng rénkǒu

sediment N 沉淀（物）chéndiàn (wù)

sedimentary ADJ 沉积的 chénjī de

sedition N 煽动推翻政府（罪）shāndòng tuīfān zhèngfǔ (zuì), 造反 zàofǎn

seditious ADJ 煽动推翻政府的 shāndòng tuīfān zhèngfǔ de

seduce V 勾引 gōuyǐn, 引诱 yǐnyòu

seduction N 勾引 gōuyǐn, 引诱 yǐnyòu

seductive ADJ（性感）诱人的（xìnggǎn）yòurén de, 富有性感诱惑力的 fùyǒu xìnggǎn yòuhuòlì de

seductress N 勾引男人的女人 gōuyǐn nánren de nǚrén

see (PT **saw**; PP **seen**) V 1 看到 kàndao □ I looked out of the window but couldn't see anything. 我朝窗外望去，但是什么也看不到。Wǒ cháo chuāngwài wàngqu, dànshì shénme yě kànbudào. **2** Did you see what happened? 发生的事，你看到了吗? Fāshēng de shì, nǐ kàndao le ma? **2** 理解 lǐjiě, 明白 míngbai

Oh, I see. 啊，我明白了。A, wǒ míngbai le.

I don't see why not. 没有什么不可以。Méiyǒu shénme bù kěyǐ. □ "Can we have pizza for dinner tonight?" "I don't see why not." "我们今天晚上吃比萨饼，好不好? ""我看没有什么不可以。" "Wǒmen jīntiān wǎnshang chī bǐsà bǐng, hǎobuhǎo?" "Wǒ kàn méiyǒu shénme bù kěyǐ."

3 看望 kànwàng □ I'll go to see my aunt this weekend. 这个周末我要去看看姨妈。Zhège zhōumò wǒ yào qù kànwàng yímā. **4** 会面 huìmiàn □ Please see me at your earliest convenience. 请你尽快来见我。Qǐng nǐ jǐnkuài lái jiàn wǒ. **5** 想 xiǎng □ "How much more money do we need to save for a new car?" "Let me see." "我们买新车还要储蓄多少钱?" "让我想一想。" "Wǒmen mǎi xīn chē hái yào chǔxù duōshǎo qián?" "Ràng wǒ xiǎng yì xiǎng."

seed I N 1（植物的）种子（zhíwù de）zhǒngzi **2**（水果/蔬菜的）籽（shuǐguǒ/shūcài de）zǐ **3**（体育比赛）种子选手（tǐyù bǐsài）zhǒngzi xuǎnshǒu, 种子队 zhǒngziduì II V 1 播种 bōzhòng **2** 去掉籽 qùdiào zǐ **3** 挑选为种子选手 tiāoxuǎn wéi zhǒngzi xuǎnshǒu

seedless ADJ 无籽的 wú zǐ de

a seedless watermelon 无籽西瓜 wú zǐ xīguā

seedling N 幼苗 yòumiáo, 秧苗 yāngmiáo

seedy ADJ 肮脏下流的 āngzāng xiàliú de

seek V (PT & PP **sought**) 谋求 móuqiú, 寻求 xúnqiú □ After squandering all his money, he had to seek a job. 他把钱挥霍光以后，不得不找工作。Tā bǎ qián huīhuòguāng yǐhòu, bùdébù zhǎo gōngzuò.

to seek one's fortune 离家寻求成功和财富 líjiā xúnqiú chénggōng hé cáifù

seem V 看来 kànlai, 似乎 sìhū □ The newcomer seems to be a very nice guy. 新来的人看来挺和善。Xīn lái de rén kànlai tǐng héshàn.

seeming ADJ 表面上的 biǎomiànshàng de, 似乎…的 sìhū…de

seemingly ADV 看上去 kànshangqu, 看来 kànlái, 看样子 kànyàngzi

seen See see

seep V 渗漏 shènlòu

seepage N 渗漏 shènlòu

seesaw I N 跷跷板 qiāoqiāobǎn II V 时上时下（地动）shí shàng shíxià (de dòng)

seethe V 1 发怒 fānù, 怒火中烧 nùhuǒzhōngshāo

to seethe with jealousy 妒火中烧 dùhuǒ zhōngshāo, 因妒嫉而愤怒 yīn dùjí ér fènnù

2 到处都是 dàochù dōu shì

to seethe with ants 到处都是蚂蚁 dàochù dōu shì mǎyǐ, 满是蚂蚁 mǎn shì mǎyǐ

see-through ADJ 透明的 tòumíng de

segment N 1 部份 bùfen **2** 线段 xiàndùan **3** 片 piàn, 节 jié

segmented ADJ 分段的 fēnduàn de, 分节的 fēnjié de

segregate V 分离 fēnlí, 隔离 gélí

segregated ADJ 分离的 fēnlí de, 隔离的 gélí de

segregation N 分离 fēnlí, 隔离 gélí

seismic ADJ 地震的 dìzhèn de

seismograph N 地震仪 dìzhènyí [M. WD 台 tái/架 jià]

seismologist N 地震学家 dìzhènxuéjiā

seismology N 地震学 dìzhènxué

seize V 1 一把抓住 yì bǎ zhuāzhù, 紧紧抓住 jǐnjǐn zhuāzhu, 夺过 duóguo □ The thief seized my bag and ran off. 小偷一把夺过我的包, 奔走了。Xiǎotōu yì bǎ duóguo wǒ de bāo, bēnzǒu le. □ He tries to seize every opportunity and is thought to be too aggressive. 他什么机会都想抓住, 人们觉得他太咄咄逼人。Tā shénme jīhuì dōu xiǎng zhuāzhù, rénmen juéde tā tài duōduō bīrén. 2 扣押 kòuyā, 没收 mòshōu □ Customs officers seized a large amount of drugs yesterday. 海关官员昨天扣押了大量毒品。Hǎiguān guānyuán zuótiān kòuyāle dàliàng dúpín.

seizure N 1 没收 mòshōu

    drug seizure 没收毒品 mòshōu dúpǐn

    2 (疾病的) 突然发作 (jíbìng de) tūrán fāzuò, 昏厥 hūnjué

seldom ADV 不常常 bù chángcháng, 很少 hěn shǎo □ The Campbells are vegetarians, and seldom dine out. 坎贝尔夫妇是吃素食的, 很少在外面吃饭。Kǎnbèi'ěr fūfù shì chī sùshí de, hěn shǎo zài wàimiàn chīfàn.

select I V 选择 xuǎnzé, 选拔 xuǎnbá □ With so many highly qualified applicants, it is really difficult to select the right person. 有这么多高水准的合格的求职者, 真的很难选出最合适的人。Yǒu zhème duō gāo shuǐzhǔn de hégé de qiúzhízhě, zhēn de hěn nán xuǎnchū zuìhéshì de rén.

    II ADJ 1 精心挑选出来的 jīngxīn tiāoxuǎn chūlái de 2 少数人专用的 shǎoshùrén zhuānyòng de

selection N 1 选择 xuǎnzé, 选拔 xuǎnbá □ Carol was delighted about her selection as cheerleader captain. 卡罗尔很高兴被选为啦啦队队长。Kǎluó'ěr hěn gāoxìng bèi xuǎnwéi lālāduì duìzhǎng. 2 挑选出来的人或物 tiāoxuǎn chūlái de rén huò wù □ The little store has a large selection of gifts and cards. 这家小店备有许多礼品和贺卡。Zhè jiā xiǎo diàn bèiyǒu xǔduō lǐpǐn hé hèkǎ.

selective ADJ 1 有选择的 [+记忆] yǒu xuǎnzé de [+jìyì] 2 认真挑选的 [+顾客] rènzhēn tiāoxuǎn de [+gùkè]

self N 自我 zìwǒ, 自己 zìjǐ

self-absorbed ADJ 自顾自的 zìgùzìde

self-appointed ADJ 自封的 zìfēng de, 自以为是…的 zì yǐwéi shì…de

self-assurance N 十足的自信 shízú de zìxìn

self-assured ADJ 十分自信的 shífēn zìxìn de

self-centered ADJ 自我中心的 zìwǒ zhōngxīn de

self-confident ADJ 自信的 zìxìn de

self-conscious ADJ 怕羞的 pà xiū de, 不自然的 bú zìrán de

self-control N 自我控制 zì wǒ kòngzhì, 自制力 zìzhìlì

self-defeating ADJ 效果适得其反的 xiàoguǒ shì dé qí fǎn de

self-defense N 自卫 zìwèi

self-denial N 克己苦行 kèjǐ kǔxíng, 自我牺牲 zìwǒ xīshēng

self-destructive ADJ 自我毁灭的 zìwǒ huǐmiè de

self-discipline N 自我约束 zìwǒ yuēshù, 自律 zìlǜ

self-employed ADJ 拥有自己的生意的 yōngyǒu zìjǐ de shēngyì de, 个体经营的 gètǐ jīngyíng de

self-esteem N 自尊 (心) zìzūn (xīn)

self-evident ADJ 显而易见的 xiǎn'éryìjiàn de, 不言而喻的 bùyán'éryù de

self-explanatory ADJ 无需解释的 wúxū jiěshì de

self-fulfilling prophecy N 自我应验的预言 zìwǒ yìngyàn de yùyán, 咒语成真 zhòuyǔ chéng zhēn

self-help N 自助 zìzhù, 自救 zìjiù

self-image N 自我形象 zìwǒ xíngxiàng

self-important ADJ 妄自尊大 wàng zì zūn dà, 自负的 zìfù de

self-improvement N 自我改进 zìwǒ gǎijìn

self-indulgence N 放纵 fàngzòng

self-indulgent ADJ 放纵自己的 fàngzòng zìjǐ de

self-inflicted ADJ 自作自受的 zìzuò zìshòu de

self-interest N 自我利益 zìwǒ lìyì, 自私自利 zìsī zìlì

    be motivated by pure self-interest 纯粹出于自私自利的动机 chúncuì chūyú zìsī zìlì de dòngjī

selfish ADJ 自私的 zìsī de □ This selfish man won't be a good husband. 这个自私的人不可能当一个好丈夫。Zhè ge zìsī de rén bù kěnéng dāng yí ge hǎo zhàngfu.

selfless ADJ 无私的 wúsī de

self-made ADJ 白手起家而成功的 báishǒu qǐjiā ér chénggōng de

    self-made millionaire 白手起家的百万富翁 báishǒu qǐjiā de bǎiwàn fùwēng

self-pity N 自怜 zì lián

    tears of self-pity 自怜的眼泪 zì lián de yǎnlèi

self-portrait N 自画像 zìhuàxiàng

self-possessed ADJ 镇定的 zhèndìng de

self-preservation N 自我保护 zìwǒ bǎohù

self-reliance N 自力更生 zìlì gēngshēng

self-reliant ADJ 自力更生的 zìlì gēngshēng de, 依靠自己的 yīkào zìjǐ de

self-respect N 自尊 zìzūn

    to keep one's self-respect 保持自尊 bǎozhī zìzūn

self-respecting ADJ 有自尊心的 yǒu zìzūnxīn de

self-restraint N 自我克制的 zìwǒ kèzhì de

self-righteous ADJ 自命道德高人一等的 zìmìng dàodé gāo rén yì děng de

self-sacrifice N 自我牺牲 zìwǒ xīshēng

self-seeking ADJ 追逐私利的 zhuīzhú sīlì de

self-service ADJ 自助式的 zìzhù shì de

self-serving ADJ 只为谋私利的 zhǐ wèi móu sīlì de

self-styled ADJ 自封的 zìfēng de

self-sufficiency N 自给自足 zìjǐ zìzú

self-sufficient ADJ 自给自足的 zìjǐ zìzú de

self-supporting ADJ 自食其力的 zìshí qílì de

sell V (PT & PP **sold**) 1 卖 mài, 出售 chūshòu □ This bookstore sells Asian language books and periodicals. 这家书店出售亚洲语言的书籍期刊。Zhè jiā shūdiàn chūshòu Yàzhōu yǔyán de shūjí qīkān. 2 销售 xiāoshòu □ Our products sell in over 30 countries. 我们的产品在三十多个国家销售。Wǒmen de chǎnpǐn zài sānshí duō ge guójiā xiāoshòu. 3 兜售 dōushòu, 推销 tuīxiāo □ Don't you even try to sell me this crazy idea! 你要向我兜售这个怪念头, 想都别想! Nǐ yào xiàng wǒ dōushòu zhè ge guài niàntou, xiǎng dōu bié xiǎng!

selling point N 卖点 màidiǎn

sellout N 1 门票售完的比赛/演出 ménpiào shòu wán de bǐsài/yǎnchū 2 背信弃义者 bèixìn qìyì zhě, 叛徒 pàntú

semantic ADJ 语义 (上) 的 yǔyì (shàng) de, 词义 (上) 的 cíyì (shàng) de

semantics N 1 语义 yǔyì 2 语义学 yǔyìxué

semblance N 相似的情况/事物 xiāngsì de qíngkuàng/shìwù

semen N 精液 jīngyè

semester N 学期 xuéqī □ Emily has one more semester to go before she graduates. 埃米利还有一个学期就毕业了。Āimǐlì hái yǒu yí ge xuéqī jiù bìyè le.

semicircle N 半圆 bànyuán

semicolon N 分号 fēnhào

semiconductor N 半导体 bàndǎotǐ

semifinal N 半决赛 bànjuésài

seminal ADJ 开创性的 kāichuàngxìng de, 对后来者有巨大影响的 duì hòuláizhě yǒu jùdà yǐngxiǎng de

seminar N 讨论课 tǎolùnkè, 研讨会 yántǎohuì

seminary N 神学院 shénxuéyuàn

semiprecious ADJ 次贵重的 [+宝石] cì guìzhòng de [+bǎoshí]

Semitic ADJ **1** 闪米特人的 Shǎnmǐtèrén de, 闪米特语的 Shǎnmǐtèyǔ de **2** 犹太人的 Yóutàirén de

senate N **1** 参议院 cānyìyuàn **2**（某些大学的）校董会 (mǒuxiē dàxué de) xiàodǒnghuì

senator N 参议员 cānyìyuán

send (PT & PP **sent**) V **1** 寄 jì, 发 fā □ She has sent out job applications to a dozen companies. 她向十几家公司寄去了求职申请。Tā xiàng shíjǐ jiā gōngsī jìqule qiúzhí shēnqǐng. **2** 送 sòng □ He was sent to prison for tax fraud. 他因为税务舞弊而被送进监狱。Tā yīnwèi shuìwù wǔbì ér bèi sòngjìn jiānyù. □ They sent their son to a private school in California. 他们送儿子上加州的一所私立学校。Tāmen sòng érzi shàng Jiāzhōu de yì suǒ sīlì xuéxiào. **3** 派 pài, 派遣 pàiqiǎn □ The manager sent a technician to our home to repair the refrigerator. 经理派了一名技工来我家修理电冰箱。Jīnglǐ pàile yì míng jìgōng lái wǒ jiā xiūlǐ diànbīngxiāng.

to send for 要求…来 yāoqiú…lái, 请 qǐng

send-off N 欢送会 huānsònghuì

senile ADJ 年老糊涂的 niánlǎo hútu de

senility N 年老糊涂 niánlǎo hútu

senior I ADJ **1** 年长的 niánzhǎng de □ My brother Paul is three years my senior. 我哥哥保罗比我大三岁。Wǒ gēge Bǎoluó bǐ wǒ dà sān suì.

senior citizen 老年人 lǎoniánrén, 长者 zhǎngzhě

2 资深的 zīshēn de □ A senior official met them to hear their complaint. 一位资深官员会见他们，听了他们的抱怨。Yíwèi zīshēn guānyuán huìjiàn tāmen, tīngle tāmende bàoyuàn.

II N 高中毕业班学生 gāozhōng bìyèbān xuésheng

senior high school 高（级）中（学）gāo (jí) zhōng (xué)

seniority N 高年资 gāonián zī, 资历 zīlì

sensation N **1** 感觉 gǎnjué □ After eating that Thai dinner, she had a burning sensation on her tongue. 她吃了那顿泰国饭后，舌头上有火辣辣的感觉。Tā chī le nà dùn Tàiguó fàn hòu, shétou shàng yǒu huǒlàlà de gǎnjué. **2** 轰动 hōngdòng □ The documentary caused a sensation. 那部纪录片造成了轰动。Nà bù jìlùpiàn zàochéngle hōngdòng.

sensational ADJ **1** 引起轰动的 [+消息] yǐnqǐ hōngdòng de [+xiāoxi], 耸人听闻的 sǒngrén tīngwén de **2** 令人激动的 [+演出] lìngrén jīdòng de [+yǎnchū]

sensationalism N 哗众取宠（的手法）huázhòng qǔchǒng (de shǒufǎ), 一味追求轰动效应 yíwèi zhuīqiú hōngdòng xiàoyìng

sensationalize V 把 [+一条新闻] 渲染得耸人听闻 bǎ [+yì tiáo xīnwén] xuànrǎn dé sǒngrén tīngwén

sense I N **1** 感觉 gǎnjué □ The five senses are the senses of sight, hearing, taste, smell and touch. 五种感官是视觉、听觉、味觉、嗅觉和触觉。Wǔ zhǒng gǎnguān shì shìjué, tīngjué, wèijué, xiùjué hé chùjué.

sense of humor/shame/guilt 幽默感/羞耻感/负罪感 yōumògǎn/xiūchǐgǎn/fùzuìgǎn □ A decent man should have a sense of shame. 正派人应该有羞耻感。Zhèngpài rén yīnggāi yǒu xiūchǐ gǎn.

2 理解 lǐjiě, 领悟 lǐngwù □ He won't admit that he has a poor sense of direction. 他不愿意承认方向感很差。Tā bú yuànyì chéngrèn fāngxiàng gǎn hěn chà. **3** 词义 cíyì, 意义 yìyì □ This word is not used in a literal sense. 这个词不是用在字面意思上。Zhè ge cí bú shì yòng zài zìmiàn yìsishang.

II V 感觉到 gǎnjuédao □ I sensed something was not quite right with her today. 我感觉到她今天有些不对劲。Wǒ gǎnjuédao tā jīntiān yǒuxiē bú duìjìn.

to make sense 有道理 yǒudàolǐ □ His angry response made no sense whatsoever. 他愤怒的反应没有什么道理。Tā fènnù de fǎnyìng méiyǒu shénme dàolǐ.

in a sense 在一定意义上 zài yídìng yìyìshang □ What you say is true in a sense. 你说的在一定意义上是对的。Nǐ shuō de zài yídìng yìyìshang shì duì de.

senseless ADJ **1** 无知觉的 wú zhījué de **2** 没有意义的 méiyǒu yìyì de

senses N 理智 lǐzhì □ She must have lost her senses. 她准是疯了。Tā zhǔn shì fēng le.

sensibility N 感觉 gǎnjué, 感受（力）gǎnshòu (lì)

sensible ADJ 明白事理的 míngbai shìlǐ de, 懂事的 dǒngshì de □ Be sensible and don't marry that man; there's something fishy about him. 你明白事理一点儿，别跟那个男人结婚；他有些地方令人生疑。Nǐ míngbai shìlǐ yìdiǎnr, bié gēn nà ge nánren jiéhūn; tā yǒuxiē dìfang lìngrén shēng yí.

sensitive ADJ **1** 敏感的 mǐngǎn de □ Some people are very sensitive to the smell of cigarettes. 有些人对香烟气味非常敏感。Yǒuxiē rén duì xiāngyān qìwèi fēicháng mǐngǎn. **2** 能理解的 néng lǐjiě de, 体贴的 tǐtiē de **3** 需小心处理的 xū xiǎoxīn chǔlǐ de, 机密的 jīmì de

commercially sensitive 商业机密的 shāngyè jīmì de

4 对…很灵敏的 duì…hěn língmǐn de

light-sensitive 对光敏感的 duìguāng mǐngǎn de

sensor N 传感器 chuángǎnqì

sensory ADJ 感官的 gǎnguān de

sensual ADJ 肉欲的 ròuyù de, 性感的 xìnggǎn de

sensuous ADJ 给感官快感的 gěi gǎnguān kuàigǎn de, 赏心悦目的 shǎngxīn yuèmù de

sent See **send**

sentence I N **1** 句子 jùzi □ I know the words in the sentence, but I can't understand this sentence. 这个句子里的词我都认识，但是句子的意思我不明白。Zhè ge jùzi lǐ de cí wǒ dōu rènshi, dànshì jùzi de yìsi wǒ bù míngbai. **2** 判决 pànjué □ The judge will pronounce sentence on the convicted tomorrow. 法官明天对罪犯判决。Fǎguān míngtiān duì zuìfàn pànjué.

II V 判决 pànjué, 判处 pànchǔ □ The rapist was sentenced to ten-years' imprisonment. 强奸犯被判处十年徒刑。Qiángjiān fàn bèi pànchǔ shínián túxíng.

sentiment N 意见 yìjiàn, 态度 tàidu

public sentiment 公众的情绪 gōngzhòng de qíngxù

sentimental ADJ **1** 自作多情的 zìzuò duōqíng de, 多愁善感 duōchóu shàngǎn **2** 感情上的 gǎnqíng shàng de

sentimental value 感情价值 gǎnqíng jiàzhí

sentimentality N 多愁善感 duōchóu shàngǎn

sentry N 哨兵 shàobīng, 卫兵 wèibīng

separable ADJ 可以分开的 kěyǐ fēnkāi de

separate I ADJ **1** 分开的 fēnkāi de □ They booked separate rooms for themselves and the kids. 他们给自己和孩子订了分开的房间。Tāmen gěi zìjǐ hé háizi dìngle fēnkāi de fángjiān. **2** 不相关的 bù xiāngguān de □ I think this is a separate issue, irrelevant to our discussion. 我认为这是另一个问题，与我们的讨论无关。Wǒ rènwéi zhè shì lìng yí ge wèntí, yǔ wǒmen de tǎolùn wú guān.

II V **1** 分开 fēnkai, 分离 fēnlí □ This difficult assignment will separate gifted students from others. 这个难度很大的作业将把有天赋的学生和其他学生分开。Zhè ge nándù hěn dà de zuòyè jiāng bǎ yǒu tiānfù de xuésheng hé qítā xuésheng fēnkai.

to separate the men from the boys 把强者和弱者区分开来 bǎ qiángzhě hé ruòzhě qūfēn kāilái, 把勇敢者和胆怯者区分开来 bǎ yǒnggǎnzhě hé dǎnqièzhě qūfēn kāilái

to separate the sheep from the goats 区分好人和坏人 qūfēn hǎorén hé huàirén

2 [夫妻+] 分居 [fūqī] fēnjū

separated ADJ 分居的 [+夫妻] fēnjū de [+fūqī]

separation N **1** 分开 fēnkāi □ Early separation of an infant from the mother is not desirable. 很早就把婴儿和母亲分开是不好的。Hěn zǎo jiù bǎ yīng'ér hé mǔqin fēnkai shì bù hǎo de. **2** 分居 fēnjū

sepsis N 脓毒症 nóngdúzhēng

September N 九月 jiǔyuè

sequel N 续集 xùjí, 后续 hòuxù

sequence N 顺序 shùnxù □ You must perform the task in strict sequence. 你必须严格按照顺序来执行这项任务。Nǐ bìxū yángé ànzhào shùnxù lái zhíxíng zhè xiàng rènwu. □ This book describes the sequence of events that led to the American invasion of Iraq. 这本书描述了导致美国入侵伊拉克的事件顺序。Zhè běn shū miáoshùle dǎozhì Měiguó rùqīn Yīlākè de shìjiàn shùnxù.

sequencing N 编排顺序 biānpái shùnxù

sequential ADJ 顺序的 shùnxù de, 连续的 liánxù de

sequin N 闪光塑料小圆片 shǎnguāng sùliào xiǎo yuánpiàn [M. WD 片 piàn]

sequoia N 红杉 hóngshān

serenade I N 小夜曲 xiǎoyèqǔ II v 对…唱／奏小夜曲 duì…chàng/zòu xiǎoyèqǔ

serendipity N 发现珍奇事物的天生本领 fāxiàn zhēnqí shìwù de tiānshēng běnlǐng

serene ADJ 安详的 ānxiáng de, 安宁的 ānníng de

sergeant N 军士 jūnshì, 巡佐 xúnzuǒ

serial I ADJ 1 一系列的 yíxìliè de
serial killer 系列杀人犯 xìliè shārénfàn, 连环杀手 liánhuán shāshǒu
2 (按)顺序(安排)的 (àn) shùnxù (ānpái) de
serial number 顺序编号 shùnxù biānhào
II N 电视连续剧 diànshì liánxùjù, 报刊连载小说 bàokān liánzǎi xiǎoshuō

series N 一系列 yíxìliè □ Dr Baker will give a series of public lectures on Islam. 贝克博士将作一系列关于伊斯兰教的公众讲座。Bèikè bóshì jiāng zuò yíxìliè guānyú Yīsīlánjiào de gōngzhòng jiǎngzuò. 2 连续剧 liánxùjù □ The popular TV series will soon be on cable. 这套很受欢迎的电视连续剧将在有线电视频道播放。Zhè tào hěn shòu huānyíng de diànshì liánxùjù jiāng zài yǒuxiàn diànshì píndào bōfàng.

serious ADJ 1 严重的 yánzhòng de, 重大的 zhòngdà de □ I realized that I'd made a serious mistake. 我意识到自己犯了严重错误。Wǒ yìshidao zìjǐ fànle yánzhòng cuòwù. □ The doctor told me there's nothing serious about my father's condition. 医生告诉我，父亲的病情并不严重。Yīshēng gàosu wǒ, fùqin de bìngqíng bìng bù yánzhòng. 2 严肃的 yánsù de □ Mr Wilkinson seems serious, but he enjoys a good joke. 威尔金森先生看起来很严肃，但是他喜欢说笑话。Wēi'ěrjīnsēn xiānsheng kànqilai hěn yánsù, dànshì tā xǐhuan shuō xiàohua. 3 认真的 rènzhēn de □ You can't be serious! 你不可能是认真的!(→别开玩笑!) Nǐ bù kěnéng shì rènzhēn de! (→Bié kāi wánxiào!)

seriously ADV 1 严重(地) yánzhòng (de) □ He was seriously injured in a road accident. 他在交通事故中受了重伤。Tā zài jiāotōng shìgù zhōng shòule zhòng shāng. 2 严肃(地) yánsù (de) □ The principal spoke to her seriously about a student's complaint. 校长就学生的意见跟她严肃地谈了一次话。Xiàozhǎng jiù xuésheng de yìjiàn gēn tā yánsù de tánle yí cì huà. 3 严格(地) yángé (de)
to take sb seriously 把某人当作值得尊重的人 bǎ mǒurén dāngzuò zhíde zūnzhòng de rén
to take oneself seriously 觉得自己了不起 juéde zìjǐ liǎobuqǐ
4 认真(地) rènzhēn (de) □ You all know I like to joke around, but seriously, I do plan to get married one of these days. 大家知道我喜欢说笑话，不过说真的，我打算最近结婚。Dàjiā zhīdào wǒ xǐhuan shuō xiàohuà, búguò shuō zhēn de, wǒ dǎsuàn zuìjìn jiéhūn.

sermon N (基督教的)布道 (Jīdūjiào de) bùdào, 讲道 jiǎngdào

serpent N (大)蛇 (dà) shé [M. WD 条 tiáo]

serrated ADJ 有锯齿的 yǒu jùchǐ de

serum N 免疫血清 miǎnyì xuèqīng

servant N 佣人 yōngrén, 仆人 púrén

serve I v 1 为…服务 wéi…fúwù, 接待 jiēdài □ Are you being served? 有人招呼你了吗? Yǒu rén zhāohu nǐ le ma? 2 服役 fúyì, 当兵 dāngbīng □ He served in the army for 10 years. 他在部队里服役十年。Tā zài búduì lǐ fúyì shí nián. 3 提供食品 tígōng shípǐn □ Dinner will be served at 7.30. 晚饭在七点半供应。Wǎnfàn zài qī diǎn bàn gòngyìng. 4 用作 yòngzuo □ The kitchen also serves as a dining area. 厨房也用作吃饭的地方。Chúfáng yě yòngzuo chīfàn de dìfang. 5 发球 fā qiú □ It's your turn to serve. 该你发球了。Gāi nǐ fā qiú le.
it serves … right 活该 huógāi □ I'm sorry that Mike failed the exam, but it served him right for not doing his studies. 迈克考试不及格，我很难过，不过他不学习，也是活该。Màikè kǎoshì bù jígé, wǒ hěn nánguò, búguò tā bù xuéxí, yě shì huógāi.
II v (网球／排球)发球 (wǎngqiú/páiqiú) fāqiú

server N 1 (计算机)服务器 (jìsuànjī) fúwù qì 2 发球者 fāqiú zhě 3 (饭店)服务员 (fàndiàn) fúwùyuán, 侍者 shìzhě

service I N 1 服务 fúwù □ The food in the restaurant is good and the service, quick and friendly. 这家餐馆饭菜很好，服务又快又友好。Zhè jiā cānguǎn fàncài hěn hǎo, fúwù yòu kuài yòu yǒuhǎo.
service charge 服务费 fúwùfèi, 小费 xiǎofèi
service door (工作人员)专用门 (gōngzuò rényuán) zhuānyòng mén
service station (汽车)加油站 (qìchē) jiāyóuzhàn
service industry 服务业 fúwùyè, 第三产业 dìsān chǎnyè
2 任职 rènzhí □ After 30 years service in the company, Mr. Clifford retired last month. 克里福德先生在公司服务三十年以后，于上个月退休了。Kèlǐfúdé xiānsheng zài gōngsī fúwù sānshí nián yǐhòu, yú shàng ge yuè tuìxiū le. 3 宗教仪式 zōngjiào yíshì □ His funeral service will be held in the parish church. 他的葬礼将在教区教堂举行。Tā de zànglǐ jiāng zài jiàoqū jiàotáng jǔxíng. 4 效力 xiàolì □ I'm happy to be of service, sir. 先生，我很高兴为您效力。Xiānsheng, wǒ hěn gāoxìng wéi nín xiàolì.
II v 1 维修 wéixiū, 保养 bǎoyǎng □ I'll have my car serviced next week. 下星期我要维修汽车。Wǒ xià xīngqī yào wéixiū qìchē. 2 支付利息 zhīfù lìxī
public services 公用事业 gōngyòng shìyè

serviceable ADJ 1 可以使用的 [+设备] kěyǐ shǐyòng de [+shèbèi] 2 还可以的 [+食物] hái kěyǐ de [+shíwù]

serviceman N 军人 jūnrén

services N (the services) 军队 jūnduì, 武装部队 wǔzhuāng bùduì

servicewoman N (女)军人 (nǚ) jūnrén

servile ADJ 完全屈从的 wánquán qūcóng de, 奴颜婢膝的 núyánbìxī de

serving N 一份食物 yí fèn shíwù
five servings of fruit and vegetable every day 每天五份水果蔬菜 měitiān wǔ fèn shuǐguǒ shūcài

servitude N 奴役 núyì, 劳役 láoyì

session N 1 (一段)时间 (yí duàn) shíjiān □ Dr. White will read his paper in the afternoon session of the conference. 怀特博士将在研讨会的下午会议上宣读论文。Huáitè bóshì jiāng zài yántǎohuì de xiàwǔ huìyìshang xuāndú lùnwén. 2 开庭 kāitíng □ The court is still in session. 还在开庭。Hái zàikāitíng. 3 学期 xuéqī □ Do academics get extra pay for teaching the summer session? 大学老师教暑期班有额外的工资吗? Dàxué lǎoshī jiāo shǔqī bān yǒu éwài de gōngzī ma?
to be in session 正在开会 zhèngzài kāihuì, 正在开庭 zhèngzài kāitíng □ The bureau chief and his assistants were in session for the whole day. 局长和他的助手们开了一天的会。Júzhǎng hé tā de zhùshǒumen kāile yì tiān de huì.

set I v (PT & PP **set**) 1 摆 bǎi, 摆放 bǎifàng □ Dinner will be ready soon. Will you please set the table? 很快就要吃饭了，你摆一摆碟子刀叉，好不好？(or 很快就要吃饭了，你摆一摆碗筷，好不好？) Hěn kuài jiù yào chīfàn le, nǐ bǎiyìbǎi diézi dāochā, hǎobuhǎo? (or Hěn kuài jiù yào chīfàn le, nǐ bǎiyìbǎi wǎnkuài, hǎobuhǎo?) **2** 调停，调整 tiáozhěng **3** 建立 jiànlì, 创造 chuàngzào ▫ This sentencing set a dangerous precedent for future cases. 这个判决为以后的案件创造了一个危险的先例。Zhè ge pànjué wèi yǐhòu de ànjiàn chuàngzàole yí ge wēixiǎn de xiānlì.

to set a record 创造纪录 chuàngzào jìlù ▫ He set a new world record for the 100 meter dash. 他创造了新的一百米短跑世界纪录。Tā chuàngzàole xīn de yì bǎi mǐ duǎnpǎo shìjiè jìlù.

to set an example 树立榜样 shùlì bǎngyàng ▫ My father set me a good example in being punctual. 我父亲在准时方面为我树立了一个好榜样。Wǒ fùqin zài zhǔnshí fāngmiàn wèi wǒ shùlìle yí ge hǎo bǎngyàng.

4 (日)落 (rì) luò ▫ In summer the sun sets at 9.00 p.m. in this part of America. 在美国这一地区，夏天晚上九点太阳才落山。Zài Měiguó zhè yí dìqū, xiàtiān wǎnshang jiǔ diǎn tàiyáng cái luòshān.

to set aside 省下 shěngxia, 留下 liúxia ▫ She sets aside a bit of money every week to buy gifts for her grandchildren before Christmas. 她每个月省下一点儿钱，给她孙子孙女买圣诞礼物。Tā měi gè yuè shěngxia yìdiǎnr qián, gěi tā sūnzi sūnnǚ mǎi Shèngdàn lǐwù.

to set out 出发 chūfā, 动身 dòngshēn

to set up ① 成立 chénglì ▫ The IT company was set up in Silicon Valley almost 20 years ago. 这家信息技术公司大约二十年前成立于硅谷。Zhè jiā xìnxī jìshù gōngsī dàyuē èrshí nián qián chénglì yú Guīgǔ. ② 准备好使用 zhǔnbèihǎo shǐyòng, 安装 ānzhuāng ▫ David is helping his grandmother set up her computer. 戴维在帮他祖母安装电脑。Dàiwéi zài bāng tā zǔmǔ ānzhuāng diànnǎo. ③ 竖立 shùlì ▫ Police set up road-blocks to catch terrorists. 警察为了抓恐怖分子竖立路障。Jǐngchá wèile zhuā kǒngbù fènzǐ shùlì lùzhàng.

II N **1** 一套 yí tào, 一付 yí fù ▫ She gave her husband a set of golf clubs on his birthday. 她在丈夫生日时送给他一套高尔夫球棒。Tā zài zhàngfu shēngrì shí sòng gěi tā yí tào gāo'ěrfūqiú bàng. **2** 电视机 diànshìjī, 收音机 shōuyīnjī ▫ The TV set is broken again. Let's buy a new set. 电视机又坏了，我们买一个新的吧。Diànshìjī yòu huài le, wǒmen mǎi yí ge xīn de ba. **3** (电影／电视)拍摄场 (diànyǐng/diànshì) pāishèchǎng, 戏剧布景 (xìjù) bùjǐng **4** (球赛)一盘 (qiúsài) yìpán **5** 一组 (乐曲) yìzǔ (yuèqǔ)

setback N 挫折 cuòzhé
setter N **1** 蹲伏猎犬 dūnfú lièquǎn **2** 制定者 zhìdìngzhě
example-setter 树立榜样的人 shùlì bǎngyàng de rén
setting N **1** 环境 huánjìng ▫ The private kindergarten is in a peaceful setting of a residential area. 这座私人幼儿园坐落在一个住宅区的安静环境之中。Zhè zuò sīrén yòu'éryuán zuòluò zài yí ge zhùzháiqū de ānjìng huánjìng zhīzhōng. **2** 背景 bèijǐng ▫ The setting of the movie is a small Midwest town in the 50's. 这部电影的背景是五十年代中西部的一个小城。Zhè bù diànyǐng de bèijǐng shì wǔshí niándài zhōngxībù de yí ge xiǎo chéng. **3** 定位档 dìngwèidàng ▫ Shall I turn the microwave to a higher setting? 要不要把微波炉调到温度高一点？Yàobuyào bǎ wēibōlú tiáo de wēndù gāo yì diǎn?
settle V **1** 定居 dìngjū ▫ They're tired of moving around and have decided to settle here. 他们厌倦不断搬家，决定在这里定居了。Tāmen yànjuàn bú duàn bānjiā, juédìng zài zhèlǐ dìngjū le. **2** 安顿 āndùn ▫ Eric settled himself on the couch to watch a baseball game. 埃里克舒舒服服地躺在沙发上看垒球比赛。Āilìkè shūshūfúfú de tǎng zài shāfashang kàn lěiqiú bǐsài. **3** 解决 [+争端] jiějué [+zhēngduān] ▫ International disputes should be settled through negotiations. 国际争端应该通过谈判解决。Guójì zhēngduān yīnggāi tōngguò tánpàn

jiějué. ▫ I'd like to settle this matter with my neighbor once and for all. 我想一劳永逸地和邻居解决这个问题。Wǒ xiǎng yì láo yǒng yì de hé línjū jiějué zhè ge wèntí.

to settle out of court 法庭外和解 fǎtíng wài héjiě
4 偿还 chánghuán, 结清 jiéqīng ▫ When are you going to settle these bills? 你准备什么时候结清这些帐单？Nǐ zhǔnbèi shénme shíhou jiéqīng zhè xiē zhàngdān?
settled ADJ **1** 不可能改变的 bùkěnéng gǎibiàn de **2** 安定的 [+生活] āndìngde [+shēnghuó], 舒适的 shūshì de
settlement N **1** [和解+] 协议 [héjiě+] xiéyì ▫ A settlement was reached between the judge and lawyers. 法官和律师之间达成了协议。Fǎguān hé lǜshī zhījiān dáchéngle xiéyì. **2** 结账 jiézhàng, 偿还 chánghuán ▫ He transferred $8,000 to her bank account as a settlement of the debt. 他把八千元转到她的账户，偿还债务。Tā bǎ bā qiān yuán zhuǎndào tā de zhànghù, chánghuán zhàiwù. **3** 定居 dìngjū ▫ When did the European settlement of North Carolina begin? 欧洲人什么时候开始在北卡罗来纳州定居的？Ōuzhōu rén shénme shíhou kāishǐ zài Běi Kǎluóláinà zhōu dìngjū de?
settler N 定居者 dìngjūzhě, 移民 yímín
set-up N **1** 安排 ānpái, 布局 bùjú **2** (计算机系统的)调试 (jìsuànjī xìtǒng de) tiáoshì, 装配 zhuāngpèi **3** 全套设备 quántào shèbèi **4** 圈套 quāntào, 陷阱 xiànjǐng
seven NUM 七 qī, 7 ▫ Seven is a lucky number in Western culture. 在西方文化中，七是个吉利的数字。Zài xīfāng wénhuà zhōng, qī shì ge jílì de shùzì.
seventeen NUM 十七 shíqī, 17
seventh NUM 第七 dìqī
Seventh Day Adventist I ADJ 基督教复临安息会的 Jīdūjiào fùlín ānxī huì de II N 基督教复临安息会教友 Jīdūjiào fùlín ānxī huì jiàoyǒu
seventy NUM 七十 qīshí, 70
sever V **1** 切断 qiēduàn
a severed finger 断指 duàn zhǐ
2 断绝 [+关系] duànjué [+guānxi]
several I ADJ 几个 jǐ ge, 一些 yìxiē ▫ Several customers have complained about his bad service. 有几位顾客抱怨他服务不好。Yǒu jǐ wèi gùkè bàoyuàn tā fúwù bù hǎo.
II PRON 几个 jǐ ge, 一些 yìxiē ▫ Several of our students have gone to the Ivy League universities. 我们有几个学生上常青藤联合会名牌大学了。Wǒmen yǒu jǐ ge xuésheng shàng chángqīngténg liánhéhuì míngpái dàxué le.
severance pay N 解雇费 jiěgù fèi, 离职金 lízhí jīn
severe ADJ **1** 严厉的 yánlì de ▫ She thinks her husband is too severe with their son. 她觉得丈夫对孩子太严厉。Tā juéde zhàngfu duì háizi tài yánlì. **2** 剧烈的 jùliè de ▫ The storm was so severe that power was knocked out for hours. 风暴十分剧烈，以至于停电好几小时。Fēngbào shífēn jùliè, yǐzhìyú tíngdiànle hǎojǐ xiǎoshí.
sew (PT **sewed**; PP **sewn**) V 缝 féng, 缝纫 féngrèn
sewage N (下水道的)污水 (xiàshuǐdào de) wūshuǐ
sewer N 下水道 xiàshuǐdào, 阴沟 yīngōu
sewn See **sew**
sex N **1** 性别 xìngbié ▫ "Can you tell which sex the puppy is?" "I think it's male." "你知道这条小狗是雌的，还是雄的？" "我想是雄的。" "Nǐ zhīdào zhè tiáo xiǎogǒu shì cí de, háishi xióng de?" "Wǒ xiǎng shì xióng de." **2** 性行为 xìng xíngwéi, 性交 xìngjiāo ▫ Many young people pledge not to have sex until marriage. 许多青年人发誓，在婚前不发生性关系。Xǔduō qīngnián rén fāshì, zài hūn qián bù fāshēng xìng guānxi.
sex education 性教育 xìng jiàoyù
opposite sex 异性 yìxìng ▫ She may be loathed by some girls but is attractive to many members of the opposite sex. 有些女孩可能厌恶她，可是对许多异性的人很有吸引力。Yǒuxiē nǚhái kěnéng yànwù tā, kěshì duì xǔduō yìxìng de rén tā hěn yǒu xīyǐnlì.

sexism N 性别歧视 xìngbié qíshì

sexist I ADJ 1 性别歧视的 xìngbié qíshì de, 歧视妇女的 qíshì fùnǚ de II N 性别歧视者 xìngbié qíshì zhě, 歧视妇女的人 qíshì fùnǚ de rén

sex symbol N 性感偶像 xìnggǎn ǒuxiàng

sexual ADJ 1 性别的 xìngbié de □ Sexual equality has been achieved in many workplaces. 在很多工作场所性别平等已经实现了。Zài hěn duō gōngzuò chǎngsuǒ xìngbié píngděng yǐjīng shíxiàn le. 2 性交的 xìngjiāo de □ Their relationship is purely romantic and is not sexual. 他们的关系纯粹是浪漫性质的，并没有性关系。Tāmen de guānxi chúncuì shì làngmàn xìngzhì de, bìng méiyǒu xìng guānxi.

sexual assault 性侵犯 xìng qīnfàn, 强奸 qiángjiān
sexual desire 性欲 xìngyù
sexual harassment 性骚扰 xìng sāorǎo
sexual intercourse 性交 xìngjiāo
sexual transmitted diseases (STDs) 性传播疾病 xìng chuánbō jíbìng

sexuality N 性欲 xìngyù, 性行为 xìng xíngwéi

sexy ADJ 性感的 xìnggǎn de, 引起性欲的 yǐnqǐ xìngyù de

shabby ADJ 1 破旧的 [+城区] pòjiù de [+chéngqū], 寒酸的 [+衣服] hánsuān de [+yīfu] 2 不公平的 [+对待] bù gōngping de [+duìdài]

shack I N 简陋的小屋 jiǎnlòu de xiǎo wū, 棚屋 péngwū [M. WD 间 jiān] II v (to shack up with sb) 与某人同居 yǔ mǒurén tóngjū

shackle I N 1 镣铐 liàokào [M. WD 副 fù] 2 枷锁 jiāsuǒ, 桎梏 zhìgù
the shackle of the family 家庭的桎梏 jiātíng de zhìgù
II v 1 给…带上镣铐 gěi...dàishang liàokào 2 束缚 shùfù

shade I N 1 荫 yìn, 背阴 bèiyìn □ Even in the shade, the temperature is still 100° F. 即使在背阴处，温度仍是华氏一百度。Jíshǐ zài bèiyīn chù, wēndù réng shì huáshì yì bǎi dù. 2 (色彩的) 浓淡 (sècǎi de) nóngdàn
a warm shade 暖色 nuǎnsè
3 细微差别 xìwēi chābié
shades of opinions 各种不同意见 gè zhǒng bùtóng yìjiàn
4 灯罩 dēngzhào
II v 为…遮阳 wéi...zhēyáng

shades N 百叶窗 bǎiyèchuāng [M. WD 扇 shàn], 遮阳窗帘 zhēyáng chuānglián [M. WD 幅 fú]

shadow N 影子 yǐngzi, 阴影 yīnyǐng □ The oak tree casts a long shadow on the lawn before the sunset. 太阳下山前，橡树在草地上投下长长的影子。Tàiyang xiàshān qián, xiàngshù zàicǎodìshang tóuxia chángcháng de yǐngzi.
beyond/without a shadow of doubt 毫无疑问 háowú yíwèn □ "Are you sure?" "Yes, beyond a shadow of doubt." "你能肯定吗？""毫无疑问。""Nǐ néng kěndìng ma?" "Háowú yíwèn."
II v 跟踪 gēnzōng, 盯梢 dīngshāo

shadowy ADJ 1 多阴影的 duō yīnyǐng de, 模糊的 móhu de 2 神秘的 shénmì de

shady ADJ 1 遮阳的 zhēyáng de, 背阴的 bèiyīn de
shady courtyard 背阴的院子 bèiyīn de yuànzi
2 不正当的 búzhèngdàng de, 可疑的 kěyí de
a shady deal 一项可疑的交易 yí xiàng kěyí de jiāoyì

shaft N 1 竖井 shùjǐng
elevator shaft 电梯竖井 diàntī shùjǐng
2 (a shaft of sunshine) 一道阳光 yídào yángguāng

shaggy ADJ (毛发) 又长又乱的 (máofà) yòu cháng yòu luàn de

shake I v (PT **shook**; PP **shaken**) 1 摇动 yáodòng □ Shake the bottle before taking the medicine. 服药前先摇动药瓶。Fúyào qián xiān yáodòng yàopíng.
to shake hands with 和…握手 hé...wòshǒu
to shake one's fist 挥动拳头 huīdòng quántou

to shake one's head 摇头 yáotóu
2 [人+] 发抖 [rén+] fādǒu, 打颤 dǎchàn □ He was shaking with cold when he climbed out of the pool. 他从游泳池爬上来，冷得直发抖。Tā cóng yóuyǒngchí páshanglai, lěng de zhí fàdǒu. 3 动摇 [+信心] dòngyáo [+xìnxīn]
II v N 1 摇动 yáodòng, 摇晃 yáohuang 2 泡沫牛奶 pàomò niúnǎi, 奶昔 nǎixī

shakedown N 1 敲诈勒索 qiāozhà lèsuǒ 2 彻底搜查 chèdǐ sōuchá

shaken See shake

shakeup N 改组 gǎizǔ
a major shakeup of the company 公司的大改组 gōngsī de dà gǎizǔ

shaky ADJ 1 摇晃的 [+椅子] yáohuang de [+yǐzi] 2 不牢靠的 [+知识] bù láokào de [+zhīshi] 3 颤抖的 [+声音] chàndǒu de [+shēngyīn]

shall MODAL V (PT **should**) 1 必须 bìxū, 应当 yīngdāng 2 一定会 yídìng huì 3 要不要 yàobuyào
Shall I ...? 要不要我…? Yàobuyào wǒ…?
We shall see. 我们再看看吧。Wǒmen zài kàn kàn ba.

shallot N 青葱 qīngcōng [M. WD 根 gēn]

shallow ADJ 1 浅 qiǎn □ The children were playing at the shallow end of the pool. 孩子们在游泳池浅水的一头玩水。Háizimen zài yóuyǒngchí qiǎnshuǐ de yìtóu wánshuǐ. 2 肤浅 fūqiǎn □ I find his argument shallow. 我觉得他的论点很肤浅。Wǒ juéde tā de lùndiǎn hěn fūqiǎn.

sham I N 1 假局 jiǎjú 2 骗局 piànjú, 假象 jiǎxiàng 3 假冒者 jiǎmào zhě II ADJ 虚假的 xūjiǎ de
a sham marriage 虚假的婚姻 xūjiǎ de hūnyīn, 假结婚 jiǎ jiéhūn

shambles N (in a shambles) 彻底失败 chèdǐ shībài, 一团糟 yìtuánzāo

shame I N 1 羞耻 xiūchǐ, 耻辱 chǐrǔ □ Didn't he feel shame for having told a lie? 他撒了谎，就不感到羞耻吗？Tā sāle huǎng, jiù bù gǎndao xiūchǐ ma? □ This criminal has brought shame to his family. 这个罪犯给他的家庭带来了耻辱。Zhè ge zuìfàn gěi tā de jiātíng dàilaile chǐrǔ. 2 可惜 kěxī □ What a shame our home team hasn't won a game this year! 我们的主队今年一场球也没有赢，真可惜！Wǒmen de zhǔduì jīnnián yì chǎng qiú yě méiyǒu yíng, zhēn kěxī!
Shame on you! 你真丢脸！Nǐ zhēn diūliǎn! □ Shame on you for cheating on the exam! 你考试作弊，真丢脸！Nǐ kǎoshì zuòbì, zhēn diūliǎn!
II v 使…感到羞愧 shǐ...gǎndào xiūkuì

shamefaced ADJ 面有愧色的 miànyǒukuìsè de, 羞愧的 xiūkuì de

shameful ADJ 可耻的 [+行为] kěchǐ de [+xíngwéi]

shameless ADJ 无耻的 [+人] wúchǐ de [+rén]

shampoo I N 洗发精 xǐfà jīng, 香波 xiāngbō II v (用洗发精) 洗头发 (yòng xǐfàjīng) xǐtóufa

shamrock N 三叶草 sānyècǎo

shanty N 简陋的小屋 jiǎnlòu de xiǎowū, 棚屋 péngwū

shantytown N 棚户区 pénghùqū, 贫民区 pínmínqū

shape I N 1 形状 xíngzhuàng □ The flower bed is in the shape of a star. 花圃是星状的。Huāpǔ shì xīng zhuàng de. 2 状态 zhuàngtài, 情况 qíngkuàng □ The garden has been neglected and is in poor shape. 花园荒废了，看来很糟。Huāyuán huāngfèi le, kànlai hěn zāo.
in shape 身体健康 shēntǐ jiànkāng □ I jog every day to keep in shape. 我每天跑步，保持身体健康。Wǒ měitiān pǎobù, bǎochí shēntǐ jiànkāng.
II v 1 形成 xíngchéng 2 使…成形 shǐ...chéngxíng

shaped ADJ 有…形状的 yǒu...xíngzhuàng de

shapely ADJ 样子好看的 yàngzi hǎokàn de

share I v 1 分享 fēnxiǎng, 合用 héyòng □ I will share my last dollar with her. 我会和她分享最后一块钱。Wǒ huì hé tā fēnxiǎng zuìhòu yí kuài qián. □ Teach your child to share things with others. 要教会孩子和别人分享。Yào jiàohuì háizi hé biéren fēnxiǎng. **2** 共有 gòngyǒu □ The couple shares the same interest and aspirations. 这对夫妻有共同的兴趣和理想。Zhè duì fūqī yǒu gòngtóng de xìngqu hé lǐxiǎng. **II** N **1** 个人的份儿 gèrén de fènr □ Jimmy took his share of the cake and left the kitchen. 杰米拿了他的那份蛋糕，离开了厨房。Jiémǐ nále tā de nà fèn dàngāo, líkāile chúfáng. **2** 股 gǔ, 股份 gǔfèn [M. WD 份 fèn] □ The trader bought 1,000 shares of the technology stock today. 那个交易员今天买了一千股技术股票。Nà ge jiāoyìyuán jīntiān mǎile yì qiān gǔ jìshù gǔpiào.

shark N 鲨鱼 shāyú [M. WD 条 tiáo]

sharp ADJ **1** 锐利的 [+刀子] ruìlì de [+dāozi], 锋利的 fēnglì de □ The knife is very sharp, so be careful. 这把刀非常锐利，所以要小心。Zhè bǎ dāo fēicháng ruìlì, suǒyǐ yào xiǎoxīn. **2** 尖锐的 [+批评] jiānruì de [+pīpíng] □ She made the sharp criticism out of a deep concern for your well-being. 她是出于对你的利益的深切关心才做这个尖锐批评的。Tā shì chūyú duì nǐ de lìyì de shēnqiè guānxīn cái zuò zhè ge jiānruì pīpíng de. **3** 急剧的 [+上升] jíjù de [+shàngshēng] **4** 敏锐的 [+头脑] mǐnruì de [+tóunǎo]

as sharp as a tack 头脑机敏 tóunǎo jīmǐn

5 剧烈的 [+疼痛] jùliè de [+téngtòng]

sharp pain 剧痛 jùtòng

sharpen v **1** 使 [+刀子] 锋利 shǐ [+dāozi] fēnglì **2** 使 [+照片] 清晰 shǐ [+zhàopiàn] qīngxī

sharpener N 磨刀器 módāo qì, 卷笔刀 juǎnbǐdāo

shatter v **1** 使 [+玻璃] 粉碎 shǐ [+bōli] fěnsuì **2** 使 [+希望] 破灭 shǐ [+xīwàng] pòmiè

shatterproof ADJ 防碎的 fángsuì de

shave v, N 刮胡子 guā húzi, 剃须 tìxū

a close shave 侥幸脱险 jiǎoxìng tuōxiǎn

shaver N (电动) 剃刀 (diàndòng) tìdāo

shavings N 刨片 páo piàn

shawl N 披肩大围巾 pījiān dà wéijīn [M. WD 条 tiáo]

she PRON 她 tā

sheaf (PL **sheaves**) N (一) 叠 (纸) (yì) dié (zhǐ)

shear (PT **sheared**; PP **shorn**) v **1** 给羊剪毛 gěi yáng jiǎnmáo, 剪羊毛 jiǎnyángmáo **2** 剪断 jiǎnduàn, 砍掉 kǎndiào

shears N 园艺大剪刀 yuányì dà jiǎndāo [M. WD 把 bǎ]

sheath N **1** (刀) 套 (dāo) tào, (剑) 鞘 (jiàn) qiào **2** (女子) 紧身衣 (nǚzǐ) jǐnshēnyī [M. WD 件 jiàn]

sheathe v 包覆起来 bāofù qǐlái

shed[1] N 小库房 xiǎo kùfáng, 工具房 gōngjùfáng [M. WD 间 jiān]

shed[2] v (PT & PP **shed**) **1** 摆脱 bǎituō, 去掉 qùdiào

to shed hairs 掉毛 diào máo

2 流出 liúchū

to shed blood 流血 liú xiè

to shed tears 流泪 liú lèi

3 [灯+] 发光 [dēng+] fāguāng

sheen N 一层光泽 yì céng guāngzé

sheep (PL **sheep**) N 羊 yáng [M. WD 只 zhī/头 tóu], 绵羊 miányáng □ New Zealand has more sheep than people. 新西兰的羊比人多。Xīnxīlán de yáng bǐ rén duō.

a flock of sheep 一群羊 yì qún yáng

sheep dog 牧羊犬 mùyángquǎn

sheepish ADJ 窘困的 jiǒngkùn de, 腼腆的 miǎntian de

sheer ADJ **1** 十足的 shízú de, 纯粹的 chúncuì de

sheer folly 纯粹是愚蠢 chúncuì shì yúchǔn

sheer luck 完全是运气 wánquán shì yùnqi

2 陡峭的 [+悬崖] dǒuqiào de [+xuányá] **3** 极薄的 jí báo de, 几乎透明的 jīhū tòumíng de

sheet N **1** 床单 chuángdān □ Dave never changes sheets unless his mom does it for him. 戴夫从来不换床单，除非他妈

妈给他换。Dàifu cónglái bú huàn chuángdān, chúfēi tā māma gěi tā huàn. **2** 一张 yì zhāng

sheik, sheikh N (阿拉伯) 酋长 (Ālābó) qiúzhǎng, 王子 wángzǐ

shelf (PL **shelves**) N 搁板 gēbǎn, 搁架 gējià □ There are many books on Chinese history on the top shelf. 在最高一层搁板上有许多关于中国历史的书。Zài zuìgāo yì céng gēbǎn shang yǒu xǔduō guānyú Zhōngguó lìshǐ de shū.

shell N **1** 壳 ké, 外壳 wàiké, 甲 jiǎ □ The turtle started to poke its head out of its shell. 乌龟开始把头从龟壳里探出来。Wūguī kāishǐ bǎ tóu cóng guīké lǐ tànchūlai. **2** 贝壳 bèiké □ Flora has a beautiful collection of sea shells. 弗罗拉收集了很多美丽的贝壳。Fúluólā shōujíle hěn duō měilì de bèiké. **3** 子弹 zǐdàn, 炮弹 pàodàn

shellfish N 贝类 (动物) bèilèi (dòngwù)

shelter I N **1** 遮蔽 zhēbì □ Many people took shelter from the shower in the mall. 许多人在商场避雨。Xǔduō rén zài shāngchǎng bì yǔ. **2** 遮蔽所 zhēbì suǒ, 避难的地方 bìnàn de dìfang □ Local churches provide food and shelter for the homeless. 当地的教堂为无家可归者提供食物和住所。Dāngdì de jiàotáng wèi wú jiā kě guī zhě tígōng shíwù hé zhùsuǒ. **II** v **1** 遮蔽 zhēbì, 挡住 dǎngzhu □ A couple of tall trees shelter the house from the north wind. 几棵大树为房子挡住了北风。Jǐ kē dà shù wèi fángzi dǎngzhule běifēng. **2** 窝藏 wōcáng □ She was sentenced to a six-month prison term for sheltering her fugitive brother. 她因为窝藏她的逃犯兄弟而被判六个月徒刑。Tā yīnwèi wōcáng tā de táofàn xiōngdì ér bèi pàn liù ge yuè túxíng.

sheltered ADJ **1** 避开风雨的 bìkāi fēngyǔ de **2** 备受庇护的 bèishòu bìhù de

a sheltered childhood 备受庇护的童年 bèishòu bìhù de tóngnián

shelve v **1** 搁置 [+计划] gēzhì [+jìhuà] **2** 将 [+商品] 放在货架上 jiāng [+shāngpǐn] fàng zài huò jià shang

shenanigans N 捣鬼 dǎoguǐ, 恶作剧 èzuòjù

shepherd I N 牧羊人 mùyángrén II v 带领 [+一群人] dàilǐng [+yìqún rén]

sheriff N (美国) 民选的县治安官 (Měiguó) mínxuǎn de xiàn zhì'ānguān

sherry N 雪莉酒 xuělìjiǔ

shh INTERJ 嘘 xū

shield N 盾 dùn, 盾牌 dùnpái

shift I N **1** 变化 biànhuà **2** [早/晚+] 班 [zǎo/wǎn+] bān

day shift 白天班 báitiān bān, 日班 rìbān

night shift 夜班 yèbān

II v **1** 变化 biànhuà **2** 转移 zhuǎnyí, 转换 zhuǎnhuàn

to shift the responsibility 转嫁责任 zhuǎnjià zérèn

shiftless ADJ 不求上进的 bù qiú shàngjìn de, 得过且过的 déguò qiěguò de

shifty ADJ **1** 狡猾的 [+人] jiǎohuá de [+rén], 贼眼溜溜的 zéiyǎn liūliū de

shimmer v 闪闪发微光 shǎnshǎn fā wēiguāng

shin N 肋部 lèibù, 小腿 xiǎotuǐ

shine I v (PT & PP **shone**) **1** 照 (耀) zhào (yào) **2** 照射 zhàoshè □ Hey, don't shine your flashlight in my face! 喂，不要用手电筒照我！Wèi, bú yào yòng shǒudiàntǒng zhào wǒ! **3** (PT & PP **shined**) 擦亮 cāliàng **II** N **1** 光泽 guāngzé, 光亮 guāngliàng **2** 擦亮 cāliàng

shingle N **1** 木瓦 mù wǎ [M. WD 片 piàn], 墙面板 qiángmiàn bǎn [M. WD 块 kuài] **2** (海滩上的) 卵石 (hǎitān shàng de) luǎnshí

shingles N 带状疱疹 dàizhuàng pàozhěn

shining ADJ 光辉的 guānghuī de, 杰出的 jiéchū de

shining example 光辉榜样 guānghuī bǎngyàng

shiny ADJ 光滑发亮的 guānghuá fāliàng de

ship I N 船 chuán, 舰 jiàn □ A ship carrying 1,000 illegal immigrants ran aground in the harbor. 载着一千名非法移民的船在海湾触礁. Zàizhe yì qiān míng fēifǎ yímín de chuán zài hǎiwān chùjiāo.

II v 运送 yùnsòng, 发出 fāchū □ Your order was shipped two days ago. 你的订货已在两天前发出. Nǐ de dìnghuò yǐ zài liǎng tiān qián fāchū.

shipload N (船舶) 运载量 / 载人数 (chuánbó) yùnzàiliàng/zàirén shù

a shipload of grain 一船的谷物 yì chuán de gǔwù

shipment N **1** 一批货物 yì pī huòwù

a shipment of drugs 一批毒品 yìpī dúpǐn

2 运送 yùnsòng

illegal shipment of weapons 非法运送武器 fēifǎ yùnsòng wǔqì

shipping N 船舶 chuánbó, 船运 chuányùn

shipping clerk 船运公司办事员 chuányùn gōngsī bàn-shìyuán

shipping and handling fees (货物) 运发费 (huòwù) yùn fā fèi

shipwreck I N **1** 船只失事 chuánzhī shīshì, 海难 hǎinàn **2** 失事船只 shīshì chuánzhī [M. WD 艘 sōu]

II v [船+] 沉没 [chuán+] chénmò

shipyard N 造船厂 zàochuán chǎng [M. WD 家 jiā]

shirk v 逃避 [+责任] táobì [+zérèn]

shirt N 衬衫 chènshān □ Do you know how to iron a shirt? 你会熨或衬衫吗? Nǐ huì yùntàng chènshān ma?

shirtsleeves N 衬衫袖子 chènshān xiùzi

in shirtsleeves 只穿衬衫 zhǐ chuān chènshān

shit N **1** 粪便 fènbiàn, 大便 dàbiàn

Oh, shit! 啊呀, 坏了! Āyā, huàile!

2 呸, 放屁! Pēi, fàngpì!

to give sb shit 侮辱某人 wǔrǔ mǒurén

to feel like shit 感到很不舒服 gǎndào hěn bù shūfú, 感到浑身不对劲 gǎndào húnshēn búduìjìn

shiver N, v 发抖 fādǒu

to shiver with cold 冷得发抖 lěng de fādǒu

shoal N **1** 一大群鱼 yí dà qún yú **2** 浅滩 qiǎntān

shock I N **1** 震惊 zhènjīng □ The news of the terrorist attack was a terrible shock to all of us. 关于恐怖主义分子袭击的消息, 使我们大受震惊. Guānyú kǒngbù zhǔyì fènzǐ xíjī de xiāoxi, shǐ wǒmen dà shòu zhènjīng. **2** 震动 zhèndòng, 冲击 chōngjī □ He got a mild electric shock when changing a light bulb. 他换灯泡的时候, 被电击了. Tā huàn dēngpào de shíhou, bèi diànjī le.

shock absorber 减震器 jiǎnzhènqì

shock wave 冲击波 chōngjībō, 强烈反应 qiánglиè fǎnyìng

3 休克 xiūkè □ The road accident victim is still in shock. 交通事故受害者还在休克中. Jiāotōng shìgù shòuhàizhě háizài xiūkè zhōng.

shock therapy 休克疗法 xiūkè liáofǎ

II v 震惊 zhènjīng □ I was shocked to hear that the company had gone bankrupt. 听说公司破产了, 我很震惊. Tīngshuō gōngsī pòchǎn le, wǒ hěn zhènjīng.

cultural shock 文化冲击 wénhuà chōngjī □ It was a cultural shock when I crossed the U.S.–Mexican border. 跨过美国 - 墨西哥边境, 我感受到了文化冲击. Kuàguo Měiguó–Mòxīgē biānjìng, wǒ gǎnshòudao wénhuà chōngjī.

shocking ADJ 令人震惊的 lìngrén zhènjīng de

shod v **1** See **shoe** **II** v **2** 穿着…鞋子的 chuānzhuó…xiézi de

shoddy ADJ **1** 粗制滥造的 [+商品] cūzhì lànzào de [+shāngpǐn], 劣质的 lièzhì de **2** 不公正的 bù gōngzhèng de

shoe I N 鞋 xié, 鞋子 xiézi □ What size shoes do you wear? 你穿什么尺码的鞋? Nǐ chuān shénme chǐmǎ de xié?

ballet shoes 芭蕾舞鞋 bālěiwǔxié

flat-heeled shoes 平底鞋 píngdǐxié

high-heeled shoes 高跟鞋 gāogēnxié

sports shoes 运动鞋 yùndòngxié

tennis shoes 网球鞋 wǎngqiúxié

walking shoes 步行鞋 bùxíngxié

If the shoe fits, (wear it.) 如果说得对, 就接受吧. Rúguǒ shuōde duì, jiù jiēshòu ba. □ "Are you saying I'm a wimp?" "If the shoe fits, …." "你说我是没用的人?" "如果说得不错, …." "Nǐ shuō wǒ shì méiyòng de rén?" "Rúguǒ shuó de bú cuò, …."

II v (PT & PP **shod**) 给 (马) 钉铁蹄 gěi (mǎ) dīng tiětí

shoehorn N 鞋拔 xiébá

shoelace N 鞋带 xiédài [M. WD 根 gēn/副 fù]

shoestring N 鞋带 xiédài [M. WD 根 gēn/副 fù]

a shoestring budget 微薄的预算 wēibó de yùsuàn

on a shoestring 精打细算 jīngdǎ xìsuàn

shone See **shine**

shoo I INTERJ 嘘 xū **II** v (to shoo sb away) 把某人赶走 bǎ mǒurén gǎnzǒu

shoo-in N 会轻易得胜的人 huì qīngyì déshèng de rén

shook See **shake**

shook-up ADJ 心烦意乱的 xīn fán yì luàn de

shoot[1] v (PT & PP **shot**) **1** 开枪 kāiqiāng, 射击 shèjī □ Please, please don't shoot—tell me what you want. 千万、千万别开枪—你说你要什么. Qiānwàn, qiānwàn bié kāiqiāng—nǐ shuō nǐ yào shénme.

to shoot on sight 见人就开枪 jiàn rén jiù kāiqiāng

2 拍摄 (照片/电影/电视片) pāishè (zhàopiàn/diànyǐng/diànshì piàn) □ The movie was shot in New Zealand. 这部电影是在新西兰拍的. Zhè bù diànyǐng shì zài Xīnxīlán pāi de. **3** 投 [+篮] tóu [+lán], 射 [+门] shè [+mén] □ Paul shot the ball into the goal and won the only point. 保罗射门进球, 得了唯一的一分. Bǎoluó shèmén jìn qiú, déle wéiyī de yì fēn.

to shoot the breeze 聊天 liáotiān, 侃大山 kǎn dàshān

to shoot your mouth off 到处乱说 dàochù luànshuō □ I warn you: don't shoot your mouth off about my divorce. 我警告你: 别到处乱说我离婚的事. Wǒ jǐnggào nǐ: bié dàochù luànshuō wǒ líhūn de shì.

II N (照片/电影/电视片) 拍摄 (zhàopiàn/diànyǐng/diànshì piàn) pāishè **2** 打猎 dǎliè

shoot[2] N 芽 yá, 苗 miáo

shooting N 枪击 qiāngjī

shooting star N 流星 liúxīng [M. WD 颗 kē]

shop I N **1** 店 diàn [M. WD 家 jiā], 店铺 diànpù [M. WD 家 jiā] **2** 工场 gōngchǎng [M. WD 间 jiān], 车间 chējiān □ He is now in charge of the paint shop. 他现在负责油漆车间. Tā xiànzài fùzé yóuqī chējiān. **3** 工艺课 gōngyìkè, 手工课 shǒugōngkè □ I took shop in high school and enjoyed it. 我在中学的时候上了工艺课, 很喜欢. Wǒ zài zhōngxué de shíhou shàngle gōngyì kè, hěn xǐhuan.

II v 购物 gòuwù, 买东西 mǎi dōngxi

shoplift v 偷窃商品 tōuqiè shāngpǐn

shoplifter N 偷商店货物的人 tōu shāngdiàn huòwù de rén

shoplifting N 商店货物扒窃 shāngdiàn huòwù páqiè

shopping N 购物 gòuwù

shopping bag 购物袋 gòuwùdài

shipping cart 购物推车 gòuwù tuīchē

shopping center 购物中心 gòuwù zhōngxīn

shopping mall 购物中心 gòuwù zhōngxīn, 商场 shāngchǎng

shopping plaza 购物广场 gòuwù guǎngchǎng

shopping spree 尽情采购 jìnqíng cǎigòu

to go shopping 上街买东西 shàngjiē mǎi dōngxi, 上街采购 shàngjiē cǎigòu □ I've some shopping to do this weekend. 这个周末我要办一些采购. Zhè ge zhōumò wǒ yào bàn yìxiē cǎigòu.

shore I N 岸边 ànbiān, 海岸 hǎi'àn, 湖畔 húpàn □ They're going to build a house on the lake shore. 他们要在湖畔建造一幢房子。Tāmen yào zài húpàn jiànzào yì zhuàng fángzi. **II** v (to shore up) 支撑 zhīchēng

shorn See **shear**

short I ADJ 1 短 duǎn □ She cuts her hair very short every summer. 她在夏天剪头发剪得很短。Tā zài xiàtiān bǎ tóufa jiǎn de hěn duǎn. □ There's only a short distance between the two towns. 这两座小城之间距离很短。Zhè liǎng zuò xiǎo chéng zhījiān jùlí hěn duǎn.

short circuit 短路 duǎnlù
short cut 近路 jìnlù, 捷径 jiéjìng
short story 短篇小说 duǎnpiān xiǎoshuō
short wave 短波 duǎnbō

2 矮 ǎi, 矮小 ǎixiǎo □ Some historical giants were short men, such as Napoleon and Deng Xiaoping. 有些历史巨人很矮小，像拿破仑、邓小平。Yǒuxiē lìshǐ jùrén hěn ǎixiǎo, xiàng Nápòlún, Dèng Xiǎopíng. **3** 不够 bú gòu, 缺乏 quēfá □ Money is always short in his household. 他家总是缺钱。Tā jiā zǒngshì quē qián.

in short supply 很缺乏 hěn quēfá □ Bilingual talents are in short supply. 双语人才很缺乏。Shuāngyǔ réncái hěn quēfá.

to be short with 对…很粗暴无礼 duì…hěn cūbào wúlǐ, 简慢 jiǎnmàn □ Sorry I was so short with you—I was really in a hurry then. 对不起，刚才太粗暴无礼，我实在很匆忙。Duìbuqǐ, gāngcái tài cūbào wúlǐ, wǒ shízài hěn cōngmáng.

II v 使 [+电器] 短路 shǐ [+diànqì] duǎnlù **III** N (in short) 简单地说 jiǎndān de shuō **IV** ADV 1 (short of) 除非 chúfēi, 要不是 yàobùshì **2** (to stop short of) 差一点 chàyīdiǎn, 险些 xiǎnxiē **3** (to cut short) 突然中断 tūrán zhōngduàn, 打断 dǎduàn

shortage N 短缺 duǎnquē □ That country has suffered from a food shortage in the past few years. 那个国家在过去几年里粮食短缺。Nàge guójiā zài guòqù jǐ nián lǐ liángshí duǎnquē.

shortbread N 黄油甜酥饼 huángyóu tiánsūbǐng

short-change v 少给找头 shǎo gěi zhǎotou, 欺诈 qīzhà

shortcoming N 缺点 quēdiǎn

shorten v 缩短 suōduǎn □ Doctors try hard to shorten the waiting time for surgery in public hospitals. 医生们努力缩短在公共医院做手术的等候时间。Yīshēngmen nǔlì suōduǎn zài gōnggòng yīyuàn zuò shǒushù de děnghòu shíjiān.

shortening N 起酥油 qǐsūyóu

shortfall N 差额 chā'é, 不足之数 bùzú zhī shù

shorthand N 速记 (法) sùjì (fǎ)

shorthanded ADJ 人手不够的 rénshǒu búgòu de

shortlist v 准备决选名单 zhǔnbèi juéxuǎn míngdān
be shortlisted 进入决赛 jìnrù juésài

short-lived ADJ 短暂的 duǎnzàn de

shortly ADV 1 不久 bù jiǔ 2 不耐烦地 bú nàifán de

short-range ADJ 1 短程的 duǎnchéng de 2 短期的 duǎnqī de, 近期的 jìnqī de
a short-range plan 近期计划 jìnqī jìhuà

shorts N 短裤 duǎnkù [M. WD 条 tiáo]

short-sighted ADJ 1 近视的 [+眼睛] jìnshi de [+yǎnjing] 2 短视的 [+政策] duǎnshì de [+zhèngcè]

short-term ADJ 短期的 duǎnqī de
short-term lease 短期租赁 duǎnqī zūlìn

shot I v See **shoot II** N 1 射击 shèjī □ Her shots missed the target. 她的射击都没有命中。Tā de shèjī dōu méiyǒu mìngzhòng. 2 注射 zhùshè □ The doctor gave the baby a tetanus shot. 医生给婴儿打了一针破伤风预防针。Yīshēng gěi yīng'ér dǎle yī zhēn pòshāngfēng yùfángzhēn. 3 镜头 jìngtóu □ He got some great shots of his daughter in the ballet performance. 他拍了几张很好的女儿在芭蕾舞演出时的照片。Tā pāile jǐ zhāng hěn hǎo de nǚ'ér zài bālěiwǔ yǎnchū shí de zhàopiàn.

shot in the arm 兴奋剂 xīngfènjì, 令人鼓舞的事 lìngrén gǔwǔ de shì □ The extra funding was a much-needed shot in the arm for the research project. 这笔额外拨款对这项科研项目来说是十分需要的兴奋剂。Zhè bǐ éwài bōkuǎn duì zhè xiàng kēyán xiàngmù láishuō shì shífēn xūyào de xīngfènjì.

shotgun N 猎枪 lièqiāng [M. WD 支 zhī/把 bǎ]
shotgun wedding (因女方已怀孕) 不得不举行的婚礼 (yīn nǚfāng yǐ huáiyùn) bùdébù jǔxíng de hūnlǐ, 奉子成婚 fèng zi chénghūn

shot put N 推铅球 (运动) tuīqiānqiú (yùndòng)

should MODAL v 1 应该 yīnggāi □ Should we stay or leave? 我们应该留下，还是离开？Wǒmen yīnggāi liúxià, háishi líkāi? □ You should have told me sooner. 你应该早点告诉我的。Nǐ yīnggāi zǎodiǎn gàosu wǒ de. 2 可能 kěnéng □ He should be home now. 他现在可能回家了。Tā xiànzài kěnéng huíjiā le.

shoulder I N 肩膀 jiānbǎng □ Nathan injured his shoulder playing soccer. 内森踢足球时伤了肩膀。Nèisēn tī zúqiú shí shāngle jiānbǎng.
shoulder bag 挎包 kuàbāo, 肩背包 jiānbèi bāo
shoulder blade 肩胛骨 jiānjiǎgǔ
to shrug one's shoulder 耸肩膀 sǒng jiānbǎng
II v 承担 [+责任] chéngdān [+zérèn]

shout v, N 喊 hǎn, 喊叫 hǎnjiào □ There's no need to shout. I can hear you perfectly well. 没有必要喊，我听得十分清楚。Méiyǒu bìyào hǎn, wǒ tīngde shífēn qīngchu.
to shout at 对…嚷嚷 duì…rāngrang □ She told the children to shut up when they began to shout at each other. 孩子开始相互嚷嚷，她叫他们闭嘴。Háizi kāishǐ xiānghù rāngrang, tā jiào tāmen bìzuǐ.

shove N, v 推 tuī
push and shove 你推我挤 nǐtuīwǒjǐ

shovel I N 铁锹 tiěqiāo [M. WD 把 bǎ], 铲子 chǎnzi [M. WD 把 bǎ] **II** v 用铲子铲起 yòng chǎnzi chǎn qǐ

show I v (PT **showed**; PP **shown**) 1 显示 xiǎnshì □ Bill's school report shows that he has made good progress. 比尔的成绩报告单显示他大有进步。Bǐ'ěr de chéngjì bàogào dān xiǎnshì tā dà yǒu jìnbù. □ She is beginning to show signs of aging. 她开始显示出老年的迹象。(→她开始显老。) Tā kāishǐ xiǎnshìchū lǎonián de jìxiàng. (→Tā kāishǐ xiǎn lǎo.) 2 给…看 gěi…kàn □ I'll show you how to do qigong. 我给你看怎么样做气功。Wǒ gěi nǐ kàn zěnme yàng zuò qìgōng. 3 放 fàng, 放映 fàngyìng □ What's showing at the cinema? 电影院在放什么电影？Diànyǐng yuàn zàifàng shénme diànyǐng?

II N 1 演出 yǎnchū □ The show starts at 8 p.m. 演出晚上八点开始。Yǎnchū wǎnshang bā diǎn kāishǐ. 2 节目 jiémù □ I never watch those TV game shows. 我从来不看那种电视游戏节目。Wǒ cónglái bú kàn nà zhǒng diànshì yóuxì jiémù. 3 展览 zhǎnlǎn □ The annual flower show attracts visitors from neighboring states. 每年一度的花卉展览吸引了邻州来的参观者。Měi nián yí dù de huāhuì zhǎnlǎn xīyǐnle lín zhōu lái de cānguānzhě.

to be on show 展览中 zhǎnlǎn zhōng, 展出中 zhǎnchū zhōng □ The 19th-century English paintings will be on show until the end of August. 十九世纪英国绘画作品将展出到八月底。Shíjiǔ shìjì Yīngguó huìhuà zuòpǐn jiāng zhǎnchū dào bā yuè dǐ.

4 表面的样子 biǎomiàn de yàngzi □ His public support of the workers was nothing but a show. 他在公众场合对工人的支持只是做做样子。Tā zài gōngzhòng chǎnghé duì gōngrén de zhīchí zhǐ shì zuòzuò yàngzi.

show business 演艺界 yǎnyìjiè
to show … around 带领…参观 dàilǐng…cānguān □ Thank you very much for showing us around the campus. 谢谢你带领我们参观你们的学校。Xièxie nǐ dàilǐng wǒmen cānguān nǐmen de xuéxiào.
to show off 显示 xiǎnshì, 卖弄 màinong □ He likes to

show off how well he plays the trombone. 他喜欢卖弄自己长号吹得多么棒。Tā xǐhuan màinong zìjǐ chánghào chuīde duōme bàng.

to show up 来 lái, 出席 chūxí □ The party was a disaster – only a couple of guests showed up. 这次聚会完全失败—只有两三个人来了。Zhè cì jùhuì wánquán shībài—zhǐyǒu liǎng sān ge rén lái.

show and tell N 展示与讲述课 zhǎnshì yǔ jiǎngshù kè

showcase I N [新产品+] 展示 [xīnchǎnpǐn+] zhǎnshì, 陈列 chénliè II V 展示 [+新产品] zhǎnshì [+xīn chǎnpǐn]

showdown N 摊牌 tānpái, 决战 juézhàn

shower I N 1 阵雨 zhènyǔ 2 淋浴 (间) línyù (jiān)

  shower cap 淋浴帽 línyùmào

  shower gel 浴液 yù yè

3 (baby shower) 产前送礼会 chǎnqián sònglǐ huì, (bridal shower) 结婚送礼会 jiéhūn sònglǐ huì

II V 1 洗淋浴 xǐ línyù 2 洒落 sǎluò 3 大量地给 dàliàng de gěi

  to shower sb with praise 对某人赞扬有加 duì mǒurén zànyáng yǒu jiā

showery ADJ 多阵雨的 duō zhènyǔ de

showgirl N 歌舞女演员 gēwǔ nǚyǎnyuán

showing N 1 (电影) 放映 (diànyǐng) fàngyìng

  a private showing 内部放映 nèibù fàngyìng

2 (艺术品) 展览 (yìshùpǐn) zhǎnlǎn **3** 表现 biǎoxiàn

  a disappointing showing 令人失望的表现 lìngrén shīwàng de biǎoxiàn

showman N 演员 yǎnyuán, 艺人 yìrén

showmanship N 1 表演技巧 biǎoyǎn jìqiǎo 2 (政客) 作秀 (zhèngkè) zuòxiù

shown See **show**

show-off N 喜欢卖弄自己的人 xǐhuan màinong zìjǐ de rén

showpiece N 公开展示的东西 gōngkāi zhǎnshì de dōngxi, 样板 yàngbǎn

showroom N 陈列厅 chénliètīng

showtime N 开演时间 kāiyǎn shíjiān

  It's showtime! 演出现在开始了! Yǎnchū xiànzài kāishǐ le!

showy ADJ 花哨的 huāshao de

shrank See **shrink**

shrapnel N 弹片 dànpiàn [M. WD 片 piàn]

shred I N 细条 xìtiao, 碎片 suìpiàn

  to tear sth to shreds 把某物撕成碎片 bǎ mǒuwù sī chéng suìpiàn

II V 1 把 [+文件] 切碎 bǎ [+wénjiàn] qiēsuì 2 把 [+食物] 切成碎片 bǎ [+shíwù] qiēchéng suìpiàn

shredder N 碎纸机 suìzhǐjī

shrewd ADJ 精明的 jīngmíng de, 判断正确的 pànduàn zhèngquè de

shriek N, V 尖叫 jiānjiào, 尖声喊叫 jiānshēng hǎnjiào

  a shriek of terror 恐怖的尖叫声 kǒngbù de jiānjiào shēng

shrill ADJ 尖叫的 jiānjiào de

shrimp N 小虾 xiǎoxiā

shrine N 圣坛 shèng tán, 圣地 shèngdì

shrink¹ (PT **shrank**; PP **shrunk**) V 缩缩 suōsuō, 缩小 suōxiǎo

  to shrink from 逃避 táobì

shrink² N 精神病医生 jīngshénbìng yīshēng

shrinkwrap N 收缩性薄膜 shōusuōxìng bómó

shrivel, shrivel up V (使···) 收缩 (shǐ···) shōusuō, (使···) 干瘪 (shǐ···) gānbiě

shroud I N 1 覆盖 (物) fùgài (wù), 遮蔽 (物) zhēbì (wù)

  in a shroud of secrecy 在完全秘密之中 zài wánquán mìmì zhī zhōng

2 (包) 尸布 (bāo) shī bù

II V 覆盖 fùgài, 遮蔽 zhēbì

shrub N 灌木 guànmù [M. WD 棵 kē]

shrubbery N 灌木丛 guànmù cóng

shrug I V 耸肩 sǒngjiān

  to shrug off 不予重视 bùyǔ zhòngshì, 不理会 bù jiā lǐhuì

II N 耸肩 sǒngjiān

shrunk See **shrink**

shrunken ADJ 干瘪的 gānbiě de

shudder V 发抖 fādǒu, 颤抖 chàndǒu

shuffle I V 1 拖着脚走 tuōzhe jiǎo zǒu, 蹒跚 pánshān 2 洗牌 xǐpái 3 调动 [+人员] diàodòng [+rényuán] II N 1 拖着脚走路 tuōzhe jiǎo zǒulù, 蹒跚 pánshān 3 (人员) 调动 (rényuán) diàodòng

shun V 躲避 duǒbì, 躲开 duǒkāi

shunt V 1 使 [电／血液+] 分流 shǐ [diàn/xuèyè] fēnliú 2 把 [+人] 转移到 bǎ [+rén] zhuǎnyí dào II N 旁路 pánglù, 旁通道 pángtōng dào

shush V 示意保持安静 shìyì bǎochí ānjìng, 叫人别作声 jiào rén bié zuòshēng

shut I V (PT & PP **shut**) 关上 guānshang □ Please shut the door. The AC is on. 请把门关上, 空调开着呢。Qǐng bǎ mén guānshang, kōngtiáo kāizhe ne.

  to shut down 关门 guānmén, 停止营业 (生产) tíngzhǐ yíngyè (shēngchǎn) □ They had to shut down the factory as they couldn't compete with the cheap imports. 因为无法与廉价进口货竞争, 他们只能关掉厂。Yīnwèi wúfǎ yǔ liánjià jìnkǒuhuò jìngzhēng, tāmen zhǐ néng guāndiao chǎng.

  to shut up 闭嘴 bìzuǐ □ Just shut up; I've had enough of it. 闭嘴, 我听够了。Bìzuǐ, wǒ tīnggou le.

II ADJ 关好的 guānhǎo de

shutdown N 关闭 guānbì, 停业 tíngyè

shut-eye N (to get some shut-eye) 闭一会眼睛 bì yíhuì yǎnjing, 睡一会 shuì yíhuì

shut-in N 不能外出的人 bùnéng wàichū de rén

shutter N 1 (照相机) 快门 (zhàoxiàngjī) kuàimén 2 百叶窗 bǎiyèchuāng [M. WD 扇 shàn]

shuttle I N 1 来回往返的汽车／飞机 láihuí wǎngfǎn de qìchē/fēijī 2 (织布机) 梭子 (zhībùjī) suōzi

  shuttle diplomacy 穿梭外交 chuānsuō wàijiāo

II V 穿梭往返 chuānsuō wǎngfǎn

shuttle-cock N 羽毛球 yǔmáoqiú

shy I ADJ 1 害羞的 hàixiū de □ Even at 20, he is still shy around girls. 即使二十岁了, 他在女孩子面前还是害羞。Jíshǐ èrshí suì le, tā zài nǚháizi miànqián hái shì hàixiū. **2** (shy of sth) 没有达到 méiyǒu dádào

II V (to shy away from) 避开 bìkāi, 回避 huíbì

shyster N 奸诈的人 jiānzhà de rén

sibling N 兄弟姐妹 xiōngdi jiěmèi

  sibling rivalry 兄弟姐妹之间的竞争 xiōngdi jiěmèi zhījiān de jìngzhēng

sic ADV 原文如此 yuánwén rú cǐ

sick I ADJ 1 病了 bìng le, 生病了 shēngbìng le

  sick leave 病假 bìngjià

  sick pay 病假工资 bìngjià gōngzī

2 恶心 ěxīn, 呕吐 ǒutù □ The boat ride made him terribly sick. 乘船让他感到恶心难受。Chéngchuán ràng tā gǎndao ěxīn nánshòu. **3** 厌倦 yànjuàn □ I'm really sick and tired of his grumbling. 他老是唠唠叨叨抱怨, 我实在听厌了。Tā lǎoshì láoláo dāodāo bàoyuàn, wǒ shízài tīngyàn le.

  to make … sick 叫…感到厌恶 jiào…gǎndao yànwù, 叫…感到愤慨 jiào…gǎndao fènkǎi □ The way they treat their womenfolk makes me sick. 他们对待妇女的做法叫我感到厌恶愤慨。Tāmen duìdài fùnǚ de zuòfǎ jiào wǒ gǎndao yànwù fènkǎi.

II N (the sick) 病人 bìngrén

sickbay N 病房 bìngfáng [M. WD 间 jiān]

sickbed N 病床 bìngchuáng [M. WD 张 zhāng]

sicken V 1 使···厌恶 shǐ···yànwù 2 (使···) 生病 (shǐ···) shēngbìng

sickening ADJ 令人厌恶的 lìng rén yànwù de, 令人作呕的 lìng rén zuò'ǒu de

sickle N 镰刀 liándāo [M. WD 把 bǎ]

sickly ADJ 1 体弱多病的 [+人] tǐruò duōbìng de [+rén] 2 难闻的 [+气味] nánwén de [+qìwèi]

sickness N 病 bìng, 疾病 jíbìng

side I N 1 部分 bùfen, 部 bù, 面 miàn 2 身边 shēnbiān, 身旁 shēnpáng □ Come and sit by my side. 来, 坐到我旁边来。 Lái, zuò dào wǒ pángbiān lái. 3 面 miàn, 侧面 cèmiàn □ A box has four sides, plus a top and a bottom. 盒子有四个侧面, 还有顶和底。 Hézi yǒu sì ge cèmiàn, hái yǒu dǐng hé dǐ. 4 边 biān □ They set up a fruit stand by the side of the road. 他们在路边摆设水果摊。 Tāmen zài lùbiān bǎishè shuǐguǒ tān. 5 一方 yì fāng □ There are faults on both sides. 双方都有错。 Shuāngfāng dōu yǒu cuò.
II ADJ 旁边的 pángbiān de, 侧面的 cèmiàn de
a side street 小巷 xiǎoxiàng, 小路 xiǎolù
side dish 配菜 pèicài
side effect 副作用 fù zuòyòng
side order 另点的小菜 lìng diǎn de xiǎocài
III V (to side against) 站在…的对立面 zhàn zài…de duìlìmiàn
to side with 站在…的一面 zhàn zài…de yímiàn, 支持 zhīchí

sideboard N 餐具柜 cānjù guì

sideburns N 脸腮胡子 liǎnsāi húzi

sidecar N (摩托车的) 边车 (mótuōchē de) biānchē

sidekick N 助手 zhùshǒu

sideline I N 副业 fùyè
on the sideline 旁观 pángguān, 采取观望态度 cǎiqǔ guānwàng tàidu
II V 不让 [+运动员] 参加比赛 búràng [+yùndòngyuán] cānjiā bǐsài

sidelong ADJ (a sidelong glance) 斜着眼睛看 xiézhe yǎnjing kàn, 偷看 tōukàn

sideshow N 1 主场外的游乐节目 zhǔchǎng wài de yóulè jiémù 2 次要事件 cìyào shìjiàn

sidestep V 避开 bìkāi, 回避 huíbì

sidetrack V 1 使…离题 shǐ…lítí 2 拖延 tuōyán

sidewalk N 人行道 rénxíngdào [M. WD 条 tiáo]

sideways ADV 向一边 (地) xiàng yìbiān (de)

siding N 1 墙板 qiáng bǎn [M. WD 块 kuài], 壁板 bìbǎn [M. WD 块 kuài] 2 (铁道) 旁轨 (tiědào) páng guǐ, 侧线 cèxiàn

sidle V 悄悄走近 qiāoqiāo zǒujìn

siege N 包围 bāowéi, 围困 wéikùn
to be under siege ① 被包围 bèibāo wéi ② 受到围攻 shòudào wéigōng

siesta N 午睡 wǔshuì

sieve I N (筛) 子 (shāi) zi, 漏勺 lòusháo II V (用筛子) 筛 (yòng shāizi) shāi

sift V 1 筛 [+面粉] shāi [+miànfěn], 过滤 guòlǜ 2 详细检查 xiángxì jiǎnchá

sigh I V 1 叹气 tànqì, 舒了口气 shū le kǒuqì □ Mom sighed with relief when Jimmy came back home, safe and sound. 杰米安全回家, 妈妈放心地舒了一口气。 Jiémǐ ānquán huíjiā, māma fàngxīn de shū le yìkǒuqì.
II N 叹气 tànqì

sight N 1 视觉 shìjué □ The old man has lost the sight of one eye. 老人一只眼失明了。 Lǎorén yì zhī yǎn shīmíng le. 2 看到 kàndao □ The baby laughed at the sight of its mom. 婴儿看到妈妈, 就笑了。 Yīng'ér kàndao māma, jiù xiào le. 3 景象 jǐngxiàng □ Welcome to the sights of Singapore! 欢迎来新加坡观光。 Huānyíng lái Xīnjiāpō guānguāng.
out of sight 不看见 bú kànjiàn
out of sight, out of mind 不看见, 不想到。(→不见, 心不烦。) Bú kànjiàn, bù xiǎng dào. (→Yǎn bú jiàn, xīn bù fán.)

sighted ADJ 有视力的 yǒu shìlì de, 能看见的 néng kànjian de

sighting N 看到 kàndào, 目击 mùjī
UFO sighting 目击不明飞行物 mùjī bùmíng fēixíngwù
sightings of the fugitive 多次看到逃犯 duōcì kàndào táofàn

sightless ADJ 失明的 shīmíng de

sightread V 随看随奏 [+乐曲] suí kàn suí zòu [+yuèqǔ], 随看随唱 [+歌曲] suí kàn suí chàng [+gēqǔ]

sightseeing N 观光 guānguāng, 游览 yóulǎn

sign I N 1 符号 fúhào □ "Do you know what this sign ">" means?" "Yes, it is a mathematical sign meaning 'greater than'." "你知道 ">" 这个符号是什么意思吗?" "知道, 这是一个数学符号, 表示 '大于'。" "Nǐ zhīdào ">" zhè ge fúhào shì shénme yìsi ma?" "Zhīdào, zhè shì yí ge shùxué fúhào, biǎoshì 'dàyú'." 2 标志 biāozhì □ The sign says turn left, but there's no road to turn left on! 标志指向左拐, 可是左边无路可拐。 Biāozhì shuō xiàng zuǒguǎi, kěshì zuǒbiān wú lù kě guǎi. 3 招牌 zhāopái □ The motorist saw a motel sign and stopped his car. 开车的看到汽车旅馆的招牌, 就停下了车。 Kāichē de kàndao qìchē lǚguǎn de zhāopái, jiù tíngxiale chē. 4 手势 shǒushì □ The man in the car in front gave us a sign to pass him. 我们前面车里的人向我们打手势, 让我们超过去。 Wǒmen qiánmian chēlǐ de rén xiàng wǒmen dǎ shǒushì, ràng wǒmen chāoguoqu. 5 迹象 jìxiàng □ There is no sign of an immediate cessation of hostilities. 没有立即停止冲突的迹象。 Méiyǒu lìjí tíngzhǐ chōngtū de jìxiàng.
II V 1 签字 qiānzì 2 打手势 dǎ shǒushì, 示意 shìyì □ The teacher signed the class to be quiet. 老师向班上学生示意, 要他们安静。 Lǎoshī xiàng bānshang xuéshēng shìyì, yào tāmen ānjìng.
to sign for 签收 qiānshōu
to sign up ① 聘用 pìnyòng □ A multinational corporation signed him up even before he left college. 他大学还没有毕业, 一家跨国公司就聘用他了。 Tā dàxué hái méiyǒu bìyè, yì jiā kuàguó gōngsī jiù pìnyòng tā le. ② 报名参加 bàomíng cānjiā □ Have you signed up for the Chinese conversation class? 你报名参加中文会话班了吗? Nǐ bàomíng cānjiā Zhōngwén huìhuà bān le ma?

signal I N 1 信号 xìnhào □ When I give the signal, press the button. 我给你信号, 你就按铃。 Wǒ gěi nǐ xìnhào, nǐ jiù àn líng.
II V 1 打手势示意 dǎ shǒushì shìyì □ The policeman raised his hand and signaled to the motorist to stop. 警察举起手, 要驾车人停下。 Jǐngchá jǔqǐ shǒu, yào jiàchē rén tíngxia. 2 标志 biāozhì □ This state visit signaled the beginning of a new relationship between the two countries. 这次国事访问标志两国新关系的开始。 Zhè cì guóshì fǎngwèn biāozhì liǎng guó xīn guānxi de kāishǐ. 3 明确表示 míngquè biǎoshì □ Sam has signaled his intention to retire at the end of the year. 山姆明确表示年底退休。 Shānmǔ míngquè biǎoshì niándǐ tuìxiū.
III ADJ (a signal success) 巨大的成功 jùdà de chénggōng

signatory N 签署者 qiānshǔzhě, 签约国 qiānyuē guó

signature I N 1 签字 qiānzì, 签名 qiānmíng
an illegible signature 无法辨认的签名 wúfǎ biànrèn de qiānmíng
to collect signatures 收集签名 shōují qiānmíng
2 特征 tèzhēng, 标志 biāozhì
II ADJ 标志性的 biāozhìxìng de, 特有的 tèyǒu de

significance N 意义 yìyì □ When television came into being, few realized its significance. 开始有电视的时候, 很少人意识到电视的意义。 Kāishǐ yǒu diànshì de shíhou, hěn shǎo rényì shídào diànshì de yìyì.

significant ADJ 有重大意义的 yǒu zhòngdà yìyì de □ That law proved to be significant to the legal system of the state. 那项法律被证明对州法律制度有重大意义。 Nà xiàng fǎlǜ bèi zhèngmíng duì zhōu fǎlǜ zhìdù yǒu zhòngdà yìyì.

significant other 最重要的那位（丈夫／妻子、男朋友／女朋友）zuì zhòngyàode nà wèi (zhàngfu/qīzi, nánpéngyou/nǚpéngyou)

signify v 标志 biāozhì, 意味 yìwèi

signing N 签字 qiānzì, 签署 qiānshǔ

signing ceremony 签字仪式 qiānzì yíshì

sign language N 手（势）语 shǒu (shì) yǔ

signpost N 路标 lùbiāo, 指示牌 zhǐshì pái

silence I N 1 寂静 jìjìng □ The silence of the night was broken by peals of thunder. 夜的寂静被阵阵雷声打破。Yè de jìjìng bèi zhènzhèn léishēng dǎpò. □ After the speech there was a moment of silence before a thunder of applause. 演讲结束，先是短暂的寂静，接着掌声如雷。Yǎnjiǎng jiéshù, xiānshì duǎnzàn de jìjìng, jiēzhe zhǎngshēng rú léi. 2 沉默 chénmò Speech is silver, and silence is golden 言语是银，沉默是金。Yányǔ shì yín, chénmò shì jīn.

silencer N 消声器 xiāoshēngqì

silent ADJ 1 寂静的 jìjìng de □ The street was deserted and silent. 街上没有人，一片寂静。Jiēshang méiyǒu rén, yí piàn jìjìng. 2 沉默的 chénmò de, 一言不发的 yì yán bù fā de □ She was silent for a few months before I got an e-mail from her. 她沉默了几个月，我才收到她一份电子邮件。Tā chénmòle jǐ ge yuè, wǒ cái shōudao tā yí fèn diànzǐ yóujiàn.

(the) silent majority 沉默的大多数 chénmò de dàduōshù

silent partner 不参与经营的合伙人 bù cānyù jīngyíng de héhuǒrén

silhouette I N 侧面影像 cèmiàn yǐngxiàng, 黑色轮廓画象 hēisè lúnkuò huàxiàng II v 现出黑色轮廓 xiànchū hēisè lúnkuò

silicon (Si) N 硅 guī

Silicon Valley 硅谷 Guīgǔ

silk N 丝绸 sīchóu, 绸缎 chóuduàn

silken ADJ 1 丝绸做的 sīchóu zuò de 2 光泽柔滑的 guāngzé róuhuá de

silkworm N 蚕 cán

silky ADJ 丝绸般的 sīchóu bān de, 光泽柔滑的 guāngzé róuhuá de

sill N 窗台 chuāngtái

silly ADJ 愚蠢的 yúchǔn de, 傻的 shǎ de □ What a silly thing to say! 这话说得多蠢！Zhè huà shuōde duō chǔn! □ He made one silly mistake and there was no end to his troubles. 他犯了一个愚蠢的错误，就麻烦不断。Tā fànle yí ge yúchǔn de cuòwù, jiù máfan bú duàn.

silt I N 淤泥 yūní, 泥沙 níshā II v (to silt up) 淤塞 yūsè

silver I N 1 银 yín, 银器 yínqì 2 银（白）色 yín (bái) sè II ADJ 银制的 yínzhì de, 银质的 yínzhì de

silver anniversary 银婚（纪念日）yínhūn (jìniànrì), 结婚二十五周年 jiéhūn èrshíwǔ zhōunián

silver medal 银牌 yínpái

silver plate 镀银器皿 dùyín qìmǐn

silver-plated ADJ 镀银的 dùyín de

silversmith N 银匠 yínjiàng

silverware N 银器 yínqì □ Her parents sold all their silverware to pay for her college education. 她的父母卖掉了所有的银器供她上大学。Tāde fùmǔ màidiaole suǒyǒu de yínqì gòng tā shàng dàxué.

similar ADJ 相似的 xiāngshì de □ His family background is similar to mine. 他的家庭背景和我很相像。Tā de jiātíng bèijǐng hé wǒ hěn xiāngxiàng. □ We've had similar experiences. 我们有相似的经历。Wǒmen yǒu xiāngsì de jīnglì.

similarity N 相似 xiāngsì, 相似性 xiāngsì xìng □ Discuss the similarities and differences between the two business plans. 请你们讨论一下这两个商业计划的相似和不同点。Qǐng nǐmen tǎolùn yí xià zhè liǎng ge shāngyè jìhuà de xiāngsì hé bù tóng diǎn.

similarly ADV 同样（地）tóngyàng (de), 相似（地）xiāngsì (de)

simile N 明喻 míngyù

simmer I v 1 （用文火）慢慢煮 (yòng wénhuǒ) mànmàn zhǔ, 炖 dùn 2 （冲突）渐渐激化 (chōngtū) jiànjiàn jīhuà II N （用文火）慢慢煮 (yòng wénhuǒ) mànmàn zhǔ, 炖 dù

simper v 傻笑 shǎxiào

simple ADJ 1 简单的 jiǎndān de □ If you say it in simple Chinese, I can understand you. 如果你说简单的中文, 我就听得懂。Rúguǒ nǐ shuō jiǎndān de Zhōngwén, wǒ jiù tīngde dǒng. 2 简朴的 jiǎnpǔ de □ I enjoy a simple life. 我喜欢过简朴的生活。Wǒ xǐhuan guò jiǎnpǔ de shēnghuó.

simple fracture 单纯性骨折 dānchún xìng gǔzhé

simple interest 单利 dānlì

simple-minded ADJ 头脑简单的 tóunǎo jiǎndān de

simplicity N 简单容易 jiǎndān róngyì

simplify v 简化 jiǎnhuà □ The process has been much simplified. 这个过程被简化了。Zhè ge guòchéng bèi jiǎnhuà le.

simplified (Chinese) character 简体字 jiǎntǐzì

simply ADV 1 仅仅 jǐnjǐn, 只是 zhǐ shì □ He took the job simply because it was the only one available. 他拿了那份工作, 仅仅因为当时只有那一份工作。Tā nále nà fèn gōngzuò, jǐnjǐn yīnwèi dāngshí zhǐ yǒu nà yí fèn gōngzuò. 2 简直 jiǎnzhí □ I simply can't understand how you wrecked the car. 我简直不明白, 你是怎么样把车毁成这个样子的。Wǒ jiǎnzhí bù míngbai, nǐ shì zěnme yàng bǎ chē huǐchéng zhè ge yàngzi de. 3 简单地 jiǎndān de 4 简朴地 jiǎnpǔ de □ Mary is dressed simply in her own elegant style. 玛丽衣着很简朴, 自有一种优雅的风格。Mǎlì yīzhuó hěn jiǎnpǔ, zì yǒu yì zhǒng yōuyǎ de fēnggé.

simulate v 模拟 móní, 模仿 mófǎng

simulation N 模拟 móní, 模仿 mófǎng

simulation exercise 模拟练习 móní liànxí

computer simulation 计算机模拟 jìsuànjī móní

simultaneous ADJ 同时（发生）tóngshí (fāshēng)

simultaneous interpreter 同声传译员 tóngshēng chuányì yìyuán

sin I N 罪 zuì, 罪孽 zuìniè II v 违犯教规 wéifàn jiàoguī, 犯罪 fànzuì

since I CONJ 1 自从 zìcóng □ He's had nightmares since he saw the accident. 他自从目睹这场事故, 一直噩梦不断。Tā zìcóng mùdǔ zhè cháng shìgù, yìzhí èmèng bú duàn. □ Philip has been wearing glasses since he was 15. 菲利浦从十五岁就开始戴眼镜。Fēilìpǔ cóng shíwǔ suì jiù kāishǐ dài yǎnjìng. 2 因为 yīnwèi, 由于 yóuyú □ Dad is sleeping in since it's Saturday. 爸爸在睡懒觉, 因为今天是星期六。Bàba zài shuìlǎnjiào, yīnwèi jīntiān shì xīngqīliù.

II PREP 自从 zìcóng □ We haven't had much rain since spring. 自从春季以来, 没有下过什么雨。Zìcóng chūnjì yǐlái, méiyǒu xiàguo shénme yǔ.

III ADV 自从那以后 zìcóng nà yǐhòu, 后来 hòulái □ I met him last Christmas and haven't heard from him since. 我在上个圣诞节和他见过面, 以后就一直没有听到他的消息。Wǒ zài shànggè Shèngdànjié hé tā jiàn guò miàn, yǐhòu jiù yìzhí méiyǒu tīngdào tāde xiāoxi.

sincere ADJ 真诚的 zhēnchéng de □ My best friend Ralph is a sincere and honest man. 我最好的朋友拉尔夫是一个真诚老实的人。Wǒ zuìhǎo de péngyou Lāěrfū shì yí ge zhēnchéng lǎoshi de rén.

sincerely ADV 真诚地 zhēnchéng de

Sincerely Yours 您真诚的 nín zhēnchéng de, 你的 nǐde

sincerity N 真诚 zhēnchéng, 诚挚 chéngzhì

in all sincerity 十分真诚地 shífēn zhēnchéng de

sinew N 腱 jiàn, 力量 lìliàng

sinewy ADJ 肌肉发达的 jīròu fādá de

sinful ADJ 有罪（过）的 yǒuzuì (guò) de, 极不应该的 jí bù yīnggāi de

sing (PT **sang**; PP **sung**) V 唱 chàng, 唱歌 chànggē □ I'm able to sing only in the shower. 我只会在洗澡的时候唱歌。Wǒ zhǐ huì zài xǐzǎo de shíhou chànggē. □ She is singing the baby to sleep. 她唱着歌给孩子催眠。Tā chàngzhe gē gěi háizi cuīmián.

to sing along 跟着…一起唱 gēnzhe…yìqǐ chàng

to sing sb's praises 高度赞扬某人 gāodù zànyáng mǒurén

Singapore N 新加坡 Xīnjiāpō

Singaporean I ADJ 新加坡的 Xīnjiāpō de II N 新加坡人 Xīnjiāpōrén

singe V 烧焦 shāojiāo

singer N 歌手 gēshǒu, 歌唱家 gēchàngjiā [M. WD 名 míng/位 wèi]

pop singer 流行歌手 liúxíng gēshǒu

single I ADJ 1 一 yī, 唯一的 wéiyī de □ They won by a single point. 他们赢了一分。(→ 他们以一分领先。) Tāmen yíngle yì fēn. (→Tāmen yǐ yì fēn lǐngxiān.) 2 单人的 dānrén de □ Can I reserve one single room and one double room? 我能不能订一间单人房、一间双人房? Wǒ néngbunéng dìng yì jiān dānrénfáng、yì jiān shuāngrénfáng?

single file 一路纵排 yílù zòng pái, 单行 dānxíng

3 单身 (的) dānshēn (de) □ George stayed single his entire life. 乔治一辈子都是单身。Qiáozhì yí bèizi dōu shì dānshēn. II V (to single out) 挑选出 tiāoxuǎn chū

single-breasted ADJ 单排纽扣的 (上衣) dānpái niǔkòu de (shàngyī) [M. WD 件 jiàn]

single-handed ADJ 单枪匹马的 dānqiāng pǐmǎ de, 独自一人的 dúzì yìrén de

single-minded ADJ 一心一意 yì xīn yí yì

singles N 1 单身汉 dānshēnhàn, 未婚女子 wèihūn nǚzǐ 2 单打比赛 dāndǎbǐsài

singly ADV 单个地 dān gè de, 一个一个地 yí ge yí ge de

singsong N 反复起伏的语调 fǎnfù qǐfú de yǔdiào

singular I ADJ 1 (语法) 单数的 (yǔfǎ) dānshù de 2 唯一的 wéiyī de, 独一的 dúyī de 3 异常的 [+才能] yìcháng de [+cáinéng], 非凡的 fēifán de II N (语法) 单数 (yǔfǎ) dānshù

singularly ADV 异常地 yìcháng de, 非凡地 fēifán de

sinister ADJ 邪恶的 xié'è de, 阴险的 yīnxiǎn de

sink[1] (PT **sank**; PP **sunk**) V 1 (石头+) 下沉 [shítou+] xiàchén □ The rock sank to the bottom of the pond. 岩石沉到池塘底。Yánshí chéndao chítáng dǐ. 2 (价格+) 下降 [jiàgé+] xiàjiàng, 减少 jiǎnshǎo

to sink into despair 陷入绝望之中 xiànrù juéwàng zhīzhōng

to sink or swim 沉浮 chénfú, 自找生路 zìzhǎo shēnglù

3 挖 [+井] wā [+jǐng]

sink[2] N 洗脸盆 xǐliǎnpén, 洗涤池 xǐdí chí

sinner N 有罪过的人 yǒu zuìguò de rén, 罪人 zuìrén

sinus N 鼻窦 bídòu

sip I V 小口喝 xiǎokǒu hē, 啜 chuò, 抿 mǐn II N 一小口 (酒) yì xiǎokǒu [+jiǔ]

siphon I N 虹吸管 hóngxīguǎn II V 1 用虹吸管吸出 yòng hóngxīguǎn xīchū 2 (非法) 抽调 [+资金] (fēifǎ) chōudiào [+zījīn]

sir N 先生 xiānsheng □ Sir, would you mind if I ask you a question? 先生,可以问您一个问题吗? Xiānsheng, kěyǐ wèn nín yí ge wèntí ma? □ May I take your order, sir? 先生,可以请您点菜了吗? Xiānsheng, kěyǐ qǐng nín diǎncài le ma?

sire V 生殖 shēngzhí, 繁殖 fánzhí

siren N 气筒 qìtǒng, 警报器 jǐngbàoqì

air-raid siren 空袭警报 kōngxí jǐngbào

sirloin, sirloin steak N 牛里脊肉 niú lǐjǐ ròu

sissy I N 女孩子气的男孩 nǚháizi qì de nánhái, 娘娘腔的男孩 niángniángqiāng de nánhái II ADJ 女孩子气的 nǚháizi qì de, 娘娘腔的 niángniángqiāng de

sister N 1 姐姐 jiějie, 妹妹 mèimei, 姐妹 jiěmèi □ My sister Agnes and I went to the art exhibit together. 我和我的姐妹阿格尼丝一起去看艺术展览。Wǒ hé wǒ de jiěmèi Āgénísī yìqǐ qù kàn yìshù zhǎnlǎn.

sister city 姐妹城市 jiěmèi chéngshì □ San Francisco and Shanghai are sister cities. 旧金山和上海是姐妹城市。Jiùjīnshān hé Shànghǎi shì jiěmèi chéngshì.

2 修女 xiūnǚ

sisterhood N 1 姐妹情谊 jiěmèi qíngyì 2 妇女宗教团契 fùnǚ zōngjiào tuánqì

sister-in-law N 嫂嫂 sǎosao (elder brother's wife), 弟媳 dìmèi (younger brother's wife), 小姨 xiǎoyí (wife's sister), 小姑 xiǎogū (husband's sister)

sit (PT & PP **sat**) V 1 坐 zuò □ Sit down, please. 请坐。Qǐng zuò. □ She loves sitting under a tree and reading romantic novels. 她喜欢坐在树底下看浪漫小说。Tā xǐhuan zuò zài shù dǐxia kàn làngmàn xiǎoshuō.

to sit back 放松休息 fàngsōng xiūxi □ At the holiday resort all you have to do is sit back and be pampered. 在这个度假胜地,你要做的就是完全放松、让人侍候。Zài zhè ge dùjià shèngdì, nǐ yào zuò de jiù shì wánquán fàngsōng、ràng rén shìhòu.

to sit up and take notice 开始关注 kāishǐ guānzhù, 警觉起来 jǐngjué qǐlái

2 [国会+] 开会 [guóhuì+] kāihuì

to sit on 是委员会成员 shì wěiyuánhuì chéngyuán □ Mr Douglas has been sitting on the committee for five years. 道格拉斯先生担任委员会委员已经五年了。Dàogélāsī xiānsheng dānrèn wěiyuánhuì wěiyuán yǐjīng wǔ nián le.

sitcom See **situation comedy**

sit-down ADJ 有服务员侍候的 [+餐馆] yǒufú wù yuán shìhòu de [+cānguǎn], 非自助餐的 fēi zìzhùcān de

site I N 地方 dìfang, 地点 dìdiǎn

on site 在现场 zài xiànchǎng

camp site 露营地 lùyíngdì

construction/building site 建筑工地 jiànzhù gōngdì, 工地 gōngdì

II V (be sited) 位于 wèiyú

sit-in N 静坐示威 jìngzuò shìwēi

sitter N (babysitter) (替人照看孩子的) 保姆 (tìrén zhàokàn háizi de) bǎomǔ

sitting N 1 (分批用餐的) 一批 (fēnpī yòngcān de) yìpī 2 (in one sitting) 一口气 yìkǒuqì

a sitting duck 容易击中的目标 róngyì jīzhòng de mùbiāo

situated ADJ 位于 wèiyú, 座落在 zuòluò zài

situation N 1 形势 xíngshì □ The present international situation is, to say the least, volatile. 目前的国际形势说得最好也是变幻不定。Mùqián de guójì xíngshì shuōde zuìhǎo yě shì biànhuàn bú dìng. 2 处境 hǔjìng, 状况 zhuàngkuàng □ I don't envy the situation he is in. 我并不羡慕他的处境。Wǒ bìng bú xiànmù tā de chǔjìng.

situation comedy (ABBREV sitcom) N 情景喜剧 qíngjǐng xǐjù

sit-up N 仰卧起坐 yǎng wò qǐ zuò

six NUM 六 liù, 6

six-pack N 六罐 / 瓶装 liù guàn/píng zhuāng, 半打瓶 bàndǎ píng

sixteen NUM 十六 shíliù, 16

sixth NUM 第六 dìliù

sixty NUM 六十 liùshí, 60

sizable ADJ 相当大 / 多的 xiāngdāng dà/duō de

size N 1 大小 dàxiǎo, 体积 tǐjī, 分量 fènliàng □ Good things come in small sizes. 好东西,小分量。(→ 好东西份量都不大。) Hǎo dōngxi, xiǎo fènliàng. (→Hǎo dōngxi fènliàng dōu bú dà.) 2 多少 duōshǎo, 数目 shùmù □ The bank branch seldom receives a deposit of that size. 这家银行分行很少收到这么大的一笔存款。Zhè jiā yínháng fēnháng hěn shǎo shōudao zhème dà de yì bǐ cúnkuǎn. 3 尺码 chǐmǎ □ "What size shirt do you wear?" "Size 40." "你穿多少号码的衬衫？" "四十码的。" "Nǐ chuān duōshǎo hàomǎ de chènshān?" "Sìshí mǎ de."

sizzle I v [在煎锅里+] 发出嘶嘶声 [zài jiānguō lǐ] fā chū sīsī shēng II N 嘶嘶声 sīsī shēng

skate I v 溜冰 liūbīng II N (ice skate) 滑冰鞋 huábīng xié [M. wd 双 shuāng], 溜冰鞋 liūbīng xié [M. wd 双 shuāng] roller skate 旱冰鞋 hànbīng xié

skateboard N 滑板 huábǎn

skater N 溜冰者 liūbīng zhě, 滑冰者 huábīng zhě

skeleton N 骨架 gǔjià, 骨骼 gǔgé
skeleton key 万能钥匙 wànnéng yàoshi
skeleton service 最基本的服务 zuì jīběn de fúwù
skeleton staff 必不可少的工作人员 bì bùkěshǎo de gōngzuò rényuán

skeptic N 怀疑论者 huáiyílùnzhě

skeptical ADJ 持怀疑态度的 chí huáiyí tàidu de, 不相信的 bù xiāngxìn de

skepticism N 怀疑态度 huáiyí tàidu, 怀疑论 huáiyílùn

sketch I N 1 素描 sùmiáo, 速写 sùxiě 2 滑稽短剧 gǔjī duǎnjù [M. wd 出 chū] II v 画速写 huà sùxiě, 画素描 huà sùmiáo

sketchy ADJ 粗略的 cūlüè de

skew v 歪曲的 wāiqū de, 曲解 qūjiě

skewer I N 烤肉叉 kǎoròuchā [M. wd 把 bǎ] II v（用烤肉叉）把 [+食物] 串起来 (yòng kǎoròuchā) bǎ [+shíwù] chuàn-qǐlái

ski I v 滑雪 huáxuě II N 滑雪板 huáxuě bǎn [M. wd 副 fù]

skid I v [汽车+] 滑向一边 [qìchē+] huá xiàng yìbiān, 打滑 dǎhuá II N (车辆) 打滑 (chēliàng) dǎhuá
skid marks（汽车）打滑痕迹 (qìchē) dǎhuá hénjì
to hit the skids 突然恶化 tūrán èhuà

skier N 滑雪者 huáxuězhě

skies N 天空 tiānkōng

skill N 技能 jìnéng, 技巧 jìqiǎo □ Some computer skills are absolutely necessary if you want to work in an office. 你想坐办公室，懂一点电脑技术是绝对必要的。Nǐ xiǎng zuò bàngōngshì, dǒng yì diǎn diànnǎo jìshù shì juéduì bìyào de.

skilled ADJ 有技巧的 yǒu jìqiǎo de
skilled worker 技术工人 jìshù gōngrén

skillet N 长柄平底煎锅 chángbǐng píngdǐ jiānguō

skillful ADJ 高技能的 gāo jìnéng de, 有技巧的 yǒu jìqiǎo de, 熟练的 shúliàn de □ The skillful skater gave a dazzling performance. 技巧很高的溜冰运动员作了一场令人眼花缭乱的表演。Jìqiǎo hěn gāo de liūbīng yùndòngyuán zuòle yì cháng lìngrén yǎnhuā liáoluàn de biǎoyǎn.

skim v 1 从液体表面撇去浮物 cóng yètǐ biǎomiàn piē qù fúwù 2 浏览 [+报纸标题] liúlǎn [+bàozhǐ biāotí]
skim milk 脱脂牛奶 tuōzhī niúnǎi

skimp v 舍不得花钱／时间 shěbudé huāqián/shíjiān

skimpy ADJ 1 太短的 [+裙子] tài duǎn de [+qúnzi], 过于暴露的 guòyú bàolù de 2 过分节省的 guòfèn jiéshěng de

skin I N 1 皮肤 pífū □ One should never be discriminated against because of the color of one's skin. 一个人不应该因为肤色而受歧视。Yí ge rén bù yīnggāi yīnwèi fūsè ér shòu qíshì. 2 [动物／水果+] 皮 [dòngwù/shuǐguǒ+] pí □ "Is this a genuine leopard skin?" "Of course not. It's a fake." "这是真的豹皮吗？" "当然不是，是仿制品。" "Zhè shì zhēnde bàopí ma?" "Dāngrán búshì, shì fǎngzhìpǐn." □ Don't throw the banana skin on the footpath—someone might slip on it. 不要把香蕉皮扔在走道上，可能有人会滑倒。Bú yào bǎ xiāngjiāopí rēng zài zǒudàoshang, kěnéng yǒurén huì huádǎo.
to be skin and bone 皮包骨 pí bāo gǔ, 骨瘦如柴 gǔ shòu rú chái
to have thick skin 脸皮厚 liǎnpí hòu
II v 剥去…的皮 bāoqù...de pí, 去皮 qùpí

skin-deep ADJ 肤浅的 fūqiǎn de

skinflint N 小气鬼 xiǎoqi guǐ

skinhead N 光头党 guāngtóu dǎng

skinny ADJ 瘦得皮包骨头的 shòu dé pí bāo gútou de
skinny dipping 裸（体）（游）泳 luǒ (tǐ) (yóu) yǒng

skin-tight ADJ 紧身的 jǐnshēn de

skip I v 1 轻快得跳 qīngkuài dé tiào, 蹦跳 bèngtiào
to skip rope 跳绳 tiàoshéng
2 匆匆离开 cōngcōng líkāi
to skip town 逃离出城 táolí chūchéng
to skip a year 跳级 tiàojí
3 不做 bú zuò, 跳过 tiàoguò
to skip breakfast 不吃早饭 bù chī zǎo fàn
II N 轻跳 qīng tiào, 蹦跳 bèngtiào

skipper I N 1 船长 chuánzhǎng [M. wd 位 wèi] 2 运动队队长 yùndòngduì duìzhǎng II v 当船长／运动队队长 dāng chuánzhǎng/yùndòngduì duìzhǎng

skirmish N 小规模冲突 xiǎoguīmó chōngtū

skirt I N 裙子 qúnzi II v 1 沿着…边缘行走 yánzhe...biān-yuán xíngzǒu 2 绕过 [+敏感话题] ràoguò [+mǐngǎn huàtí]

skit N 滑稽短剧 gǔjī duǎnjù, 讽刺短文 fěngcì duǎnwén

skittish ADJ 1 [马+] 容易受惊的 [mǎ+] róngyì shòujīng de 2 [人+] 小心翼翼的 [rén+] xiǎoxīn yìyì de

skulk v 1 躲躲闪闪 duǒduǒ shǎnshǎn, 鬼鬼祟祟 guǐguǐ suìsuì

skull N 头颅 tóulú

skullcap N（牧师／犹太男子戴的）圆便帽 (mùshi/Yóutài nánzǐ dài de) yuán biànmào

skunk N 臭鼬 chòuyòu [M. wd 只 zhī], 黄鼠狼 huángshǔ-láng [M. wd 只 zhī]

sky (PL **skies**) N 天空 tiānkōng □ For this remarkable young man's career, the sky's the limit. 这位杰出的年轻人前途无量。Zhè wèi jiéchū de niánqīng rén qiántú wú liàng.

skydiver N 跳伞运动员 tiàosǎn yùndòngyuán

skydiving N 跳伞（运动）tiàosǎn (yùndòng)

sky-high ADJ 极高的 [+价格] jí gāo de [+jiàgé]

skylark N 云雀 yúnquè [M. wd 只 zhī]

skylight N 天窗 tiānchuāng [M. wd 扇 shàn]

skyline N（空中）轮廓线 (kōngzhōng) lúnkuòxiàn

skyrocket v 猛升 měng shēng, 剧增 jùzēng

skyscraper N 摩天大楼 mótiān dàlóu [M. wd 幢 zhuàng/座 zuò]

slab N 厚板 hòubǎn, 平板 píngbǎn [M. wd 块 kuài]
a slab of beef 一大块牛肉 yí dà kuài niúròu

slack I ADJ 1 [生意+] 清淡的 [shēngyì+] qīngdàn de, 萧条的 xiāotiáo de 2 [纪律+] 松懈的 [jìlǜ+] sōngxiè de, 马虎的 mǎhu de 3 [绳子+] 松的 [shéngzi+] sōng de II N 1 多余的资金／能力 duōyú de zījīn/nénglì 2 松弛（部份）sōngchí (bùfen)
to take up the slack 接替 jiētì, 补足 bǔzú
III v 松劲 sōngjìn, 松懈 sōngxiè

slacken, slacken off v（使…）放慢／变弱 (shǐ...) fàng màn/biàn ruò

slacks N 便装裤 biànzhuāng kù [M. wd 条 tiáo]

slag N 炉渣 lúzhā [M. wd 块 kuài], 矿渣 kuàngzhā [M. wd 块 kuài]

slain See **slay**

slake v 满足 mǎnzú
to slake your thirst 解渴 jiěkě
to slake a desire 满足欲望 mǎnzú yùwàng

slam I v 1 使劲关门 shǐjìn guānmén 2 砰地放下 pēng de fàngxià
to slam on the brakes 猛踩刹车 měng cǎi shāchē
II N 碰的一声 pèng de yì shēng

slander N, v 诽谤 fěibàng, 诋毁 dǐhuǐ

slanderous ADJ 诽谤的 fěibàng de, 诋毁的 dǐhuǐ de

slang N 俚语 lǐyǔ

slant I v 倾斜 qīngxié, 斜穿 xiéchuān II N 1 斜面 xiémiàn,

斜线 xiéxiàn **2** 有偏向性的观点 yǒupiān xiàngxìng de guāndiǎn

slap I v 用巴掌打 yòng bāzhang dǎ, 掴 [+耳光] guāi [+ěrguāng]

to slap sb on the back 赞扬恭贺某人 zànyáng gōnghè mǒurén

to slap sb on the face 打某人一巴掌 dǎ mǒurén yì bāzhǎng, 掴耳光 guāi ěrguāng

II N 一巴掌 yì bāzhǎng, (一记) 耳光 (yí jì) ěrguāng

slapdash ADJ 草率仓促的 [+工作] cǎoshuài cāngcù de [+gōngzuò]

slapstick N 滑稽打闹喜剧 huájī dǎnào xǐjù [M. WD 出 chū]

slash I v **1** 猛砍 měngkǎn **2** 大幅度削减 dàfúdù xuējiǎn

II N **1** 猛砍 měngkǎn **2** 斜线号 xiéxiànhào (/)

slat N 薄板条 báobǎntiáo

slate[1] N **1** 板岩 bǎnyán [M. WD 块 kuài], 板石 bǎnshí [M. WD 块 kuài]

a clean slate 清白的历史 qīng bái de lìshǐ, 无不良记录 wúbù liáng jìlù

2 候选人名单 hòuxuǎnrén míngdān

slate[2] v 预定 yùdìng, 预计 yùjì

slather v 给 [+面包] 涂上厚厚的一层 [+花生酱] gěi [+miànbāo] túshàng hòuhòude yìcéng [huāshēngjiàng]

slaughter v, N 屠宰 túzǎi, 屠杀 túshā

slaughterhouse N 屠宰场 túzǎichǎng

slave I N **1** 奴隶 núlì □ One would hardly believe that slaves still exist in the 21st century. 几乎很难相信，到了二十一世纪，还有奴隶。Jīhū hěn nán xiāngxìn, dàole èrshíyī shìjì, hái yǒu núlì. **2** 完全受摆布的人 wánquán shòu bǎibù de rén □ Some young people are really slaves to electronic gadgets. 有些年轻人真的成了电子玩意儿的奴隶。Yǒuxiē niánqīngrén zhēn de chéngle diànzǐ wányìr de núlì.

II v 苦干 kǔ gàn, 拼命工作 pīnmìng gōngzuò □ I've been slaving for days over this report. 我连续几天埋头苦干写这份报告。Wǒ liánxù jǐ tiān mái tóu kǔ gàn xiě zhè fèn bàogào.

slave driver 奴隶监工 núlì jiāngōng, 驱使别人拼命工作的人 qūshǐ biéren pīnmìng gōngzuò de rén □ Who wants to work under a slave driver? 谁愿意在一个奴隶监工下面工作? Shéi yuànyì zài yí ge núlì jiāngōng xiàmian gōngzuò?

slavery N 奴役 núyì

slavish ADJ 奴性的 núxìng de

slay (PT **slew**; PP **slain**) v 杀死 shāsǐ, 谋杀 móushā

sleazy ADJ 低级庸俗的 dījí yōngsú de

sled N 雪橇 xuěqiāo

sledge hammer N 大锤 dàchuí

sleek ADJ **1** 线条流畅优美的 [+轿车] xiàntiáo liúchàng yōuměi de [+jiàochē] **2** 光滑的 [+毛皮] guānghuá de [+máopí]

sleep I v (PT & PP **slept**) 睡 shuì, 睡觉 shuìjiào

to sleep around 乱搞性关系 luàn gǎo xìng guānxi □ After her divorce, she slept around for a year or so until she met John. 她离婚以后，一直乱搞性关系，直到遇到了约翰。Tā líhūn yǐhòu, yìzhí luàn gǎo xìng guānxi, zhídào yùdaole Yuēhàn.

to sleep in 睡懒觉 shuìlǎnjiào □ Dad slept in until 11.00 last Saturday. 爸爸上星期六睡到十一点钟才起来。Bàba shàng xīngqīliù shuì dào shíyī diǎnzhōng cái qǐlai.

to sleep over 在别人家过夜 zài biéren jiā guò yè

to lose sleep over … 因为…而睡不着觉 yīnwèi…ér shuìbuzháo jiào □ I won't lose sleep over this matter. 我不会因为这件事儿睡不着觉。Wǒ bú huì yīnwèi zhè jiàn shìr shuìbuzháo jiào.

II N 睡眠 shuìmián

sleep deprivation 睡眠不足 shuìmián bùzú, 缺乏睡眠 quēfá shuìmián □ Sleep deprivation is the cause of many accidents. 睡眠不足是很多事故的原因。Shuìmián bù zú shì hěn duō shìgù de yuányīn.

sleeper N **1** (a heavy/light sleeper) 睡得很深／很浅的人 shuì dehěn shēn/hěn qiǎn de rén **2** 火车卧铺车厢 huǒchē wòpù chēxiāng **3** 儿童睡衣 értóng shuìyī

sleeping bag N 睡袋 shuìdài

sleeping pill N 安眠药 ānmiányào

sleepless ADJ 不眠的 bù mián de, 睡不着觉的 shuì bù zháo jiào de

sleepless night 不眠之夜 bù mián zhī yè

sleepwalk v 梦游 mèngyóu

sleepwalker N 梦游者 mèngyóuzhě

sleepwalking N 梦游 mèngyóu

sleepy ADJ 瞌睡的 kēshuì de, 困倦的 kùnjuàn de

sleepyhead N 想睡觉的人 xiǎng shuìjiào de rén, 瞌睡虫 kēshuìchóng

sleet N 雨夹雪 yǔjiāxuě [M. WD 场 cháng]

sleeve N 衣袖 yīxiù, 袖子 xiùzi

sleeveless ADJ 无袖的 wú xiù de

sleigh N 雪橇 xuěqiāo

sleight of hand N **1** (魔术师的) 巧妙花招 (móshùshī de) qiǎomiào huāzhāo **2** [欺骗的+] 花招 [qīpiàn de+] huāzhāo, 手法 shǒufǎ

slender ADJ 苗条的 miáotiao de, 纤细的 xiānxì de

slept See **sleep**

sleuth N 侦探 zhēntàn

slew[1] **1** See **slay 2** [汽车+] 突然急转弯 [qìchē+] tūrán jí zhuǎnwān

slew[2] N 大量 dàliàng

slice I N **1** 一(薄)片 yì (báo) piàn

a slice of lemon 一片柠檬 yípiàn níngméng

2 一部分 yí bùfen

a slice of life 生活的一个片断 shēnghuó de yí ge piànduàn

a slice of profits 利润的一部分 lìrùn de yí bùfen

II v 把…切成薄片 bǎ…qiēchéng bópiàn

slick I ADJ **1** 油滑的 [+推销员] yóuhuá de [+tuīxiāoyuán] **2** 华丽而无意义的 [+演出] huálì ér wúyìyì de [+yǎnchū]

II N **1** (路面／水面上的) 浮油 (lùmiàn/shuǐmiàn shàng de) fúyóu **2** 优质光纸印刷的精美杂志 yōuzhì guāngzhǐ yìnshuā de jīngměi zázhì III v 用油把头发梳得光滑发亮 yòng yóu bǎ tóufa shū dé guānghuá fāliàng

slid See **slide**

slide I v (PT & PP **slid**) **1** 滑 huá □ The children screamed with delight as they were sliding down the icy slope. 孩子们从冰坡上滑下来，快活地尖叫。Háizimen cóng bīngpōshang huáxiàlai, kuàihuo de jiānjiào. **2** 下滑 xiàhuá, 下降 xiàjiàng **3** 越来越坏 yuèláiyuè huài, 每况愈下 měi kuàng yù xià □ After his wife's death, the old man slid into depression. 老伴去世以后，老人的健康每况愈下。Lǎobàn qùshì yǐhòu, lǎorén de jiànkāng měi kuàng yù xià.

II N **1** 滑梯 huátī □ The toddler now dares to go down the slide by himself. 这个小孩子现在敢一个人滑下滑梯了。Zhè ge xiǎoháizi xiànzài gǎn yí ge rén huáxia huátī le. **2** 幻灯片 huàndēngpiàn [M. WD 张 zhāng/套 tào] □ Our geography teacher gave a slide show on the African savannah. 我们的地理老师放了非洲草原的幻灯片。Wǒmen de dìlǐ lǎoshī fàngle Fēizhōu cǎoyuán de huàndēngpiàn.

slide projector 幻灯机 huàndēngjī

3 下滑 xiàhuá, 下降 xiàjiàng □ Can the government do anything to stop the slide of share prices? 政府能够制止股票价格下滑吗? Zhèngfǔ nénggòu zhìzhǐ gǔpiào jiàgé xiàhuá ma? **4** 崩落 bēngluò □ Heavy rainfall has caused landslides in the hills. 大雨在山区造成土崩。Dàyǔ zài shānqū zàochéng tǔbēng.

sliding door N 拉门 lāmén [M. WD 道 dào], 滑动门 huádòng mén [M. WD 道 dào]

sliding scale N 浮动计算法 fúdòng jìsuàn fǎ

slight I ADJ 轻微的 qīngwēi de, 微小的 wēixiǎo de □ There is a slight difference in meaning between these two words. 这两个词的词义有微小的区别。Zhè liǎng ge cí de cíyì yǒu wēixiǎo de qūbié.
II V 怠慢 dàimàn, 轻视 qīngshì

slightly ADV 稍 shāo, 稍微 shāowēi □ The prices in this store are slightly higher than in other stores. 这家商店的价格比其他商店稍微贵一点儿。Zhè jiā shāngdiàn de jiàgé bǐ qítā shāngdiàn shāowēi guì yìdiǎnr.

slim I ADJ 1 苗条的 miáotiao de, 修长的 xiūcháng de 2 微小的 wēixiǎo de
slim chance 微小的机会 wēixiǎo de jīhuì
3 薄的 [+本子] báo de [+běnzi]
II V 使…减少 shǐ…jiǎnshǎo

slime N 黏液 niányè, 黏糊糊的东西 niánhūhūde dōngxi

slimy ADJ 黏糊糊的 niánhūhūde

sling I V (PT & PP **slung**) 投 tóu, 掷 zhì, 抛 pāo **II** N 吊带 diàodài, 吊索 diàosuǒ
slings and arrows 恶意攻击 èyìgōngjī

slingshot N 弹弓 dàngōng

slink (PT & PP **slunk**) V 悄悄溜走 qiāoqiāo liūzǒu

slip I V 1 滑 huá, 滑动 huádòng □ Many people slipped and fell on the icy stairs. 很多人在结冰的台阶上滑倒。Hěn duō rén zài jiébīng de táijiēshang huádǎo. 2 溜 liū, 偷偷走动 tōutōu zǒudòng □ A couple of students slipped out during the lecture. 有两个学生在上课时溜走了。Yǒu liǎng sān ge xuéshēng zài shàngkè shí liūzǒu le. 3 下降 xiàjiàng □ Regulars to the bar complain that the standards have slipped under the new management. 酒吧的老主顾抱怨，自从来了新经理，水准下降了。Jiǔbā de lǎo zhǔgù bàoyuàn, zìcóng láile xīn jīnglǐ, shuǐzhǔn xiàjiàng le.
II N 一小张纸 yì xiǎo zhāng zhǐ 2 失误 shīwù
a slip of the pen 笔误 bǐwù
a slip of the tongue 口误 kǒuwù

slipknot N 活结 huójié

slipper N 拖鞋 tuōxié [M. WD 只 zhī/双 shuāng]

slippery ADJ 1 滑的 huá de, 光滑的 guānghuá de □ Be careful, the road is slippery. 小心点儿，路上滑。Xiǎoxīn diǎnr, lùshang huá. 2 油滑的 yóuhuá de, 狡猾的 jiǎohuá de

slipshod ADJ 不认真的 bú rènzhēn de, 马虎的 mǎhu de

slip-up N 失误 shīwù, 疏忽 shūhu

slit I V (PT & PP **slit**) 切开 qiēkāi, 撕开 sīkāi **II** N 狭长的口子 xiácháng de kǒuzi, 裂缝 lièfèng

slither V 弯弯曲曲地滑动 wānwān qūqū dé huádòng

sliver N 碎片 suìpiàn, 一小片 yì xiǎo piàn

slob N 懒惰而肮脏的人 lǎnduò ér āngzāng de rén, 粗鲁无礼的人 cūlǔ wúlǐ de rén

slobber V 流口水 liú kǒushuǐ

slog I V 1 艰难地走 jiānnán de zǒu 2 辛苦地工作 xīnkǔ de gōngzuò **II** N 漫长而艰巨的事 màncháng ér jiānjù de shì

slogan N 标语 biāoyǔ, 口号 kǒuhào

slop I V [水+] 晃荡溢出 [shuǐ+] huàngdang yìchū **II** N 泔脚 gānjiǎo

slope I N 斜面 xiémiàn, 山坡 shānpō □ He changed gear and drove up the steep slope. 他换档，把车开上陡坡。Tā huàn dàng, bǎ chē kāishang dǒupō.
II V 倾斜 qīngxié

sloppy ADJ 马虎的 mǎhu de, 草率的 cǎoshuài de

slosh V 使 [+液体] 晃荡 shǐ [+yètǐ] huàngdang

sloshed ADJ 喝醉的 hēzuì de

slot I N 狭缝 xiáfèng, 投物入口 tóu wù kǒu 2 固定时间 gùdìng shíjiān, 固定位置 gùdìng wèizhì
parking slot 停车位 tíngchēwèi
II V 把…插入狭缝 bǎ…chārù xiáfèng

sloth N 1 树懒 shùlǎn [M. WD 只 zhī] 2 懒惰 lǎnduò

slothful ADJ 懒惰的 lǎnduò de

slot machine N 投币式赌博机 tóubìshì dǔbójī, 吃角子老虎（机）chī jiǎozi lǎohǔ (jī)

slouch I V 无精打采地坐／站／走 wújīng dǎcǎi de zuò/zhàn/zǒu **II** N 无精打采 wújīng dǎcǎi
be no slouch at sth 善于做某事 shànyú zuò mǒushì

slough[1] N 泥沼 nízhǎo, 泥潭 nítán

slough[2] V (to slough off) 1 脱皮 tuōpí 2 摆脱 [+不好的名声] bǎituō [+bùhǎo de míngshēng]

slovenly ADJ 不整洁的 bùzhěng jié de, 邋遢的 lāta de

slow I ADJ 1 慢 màn, 缓慢 huǎnmàn □ They're making slow but steady progress. 他们正在缓慢而稳步地向前进。Tāmen zhèngzài huǎnmàn ér wěnbù de xiàng qiánjin.
the slow lane 慢车道 mànchē dào
2 愚笨的 [+人] yúbèn de [+rén]
be slow on the uptake 领会很慢的 lǐnghuì hěn màn de, 迟钝的 chídùn de
3 清淡的 [+生意] qīngdàn de [+shēngyì]
II V 减慢 jiǎnmàn 2 Slow down, there seems to be an accident ahead. 慢一点儿，前面好像出车祸了。Màn yìdiǎnr, qiánmian hǎoxiàng chūchēhuò le.
III ADV 慢慢（地）mànmàn (de)

slowdown N 1 放慢 fàngmàn
a slowdown in social life 社交活动放慢 shèjiāohuódòng fàngmàn
2（工人）怠工（gōngrén）dàigōng

slowly ADV 慢 màn, 慢慢地 mànmān de □ My grandpa is slowly recovering from an illness. 爷爷在慢慢地恢复健康。Yéye zài mànmān de huīfù jiànkāng.

slowpoke N 做事慢吞吞的人 zuòshì màntūntūn de rén

slow-witted ADJ 愚笨的 yúbèn de, 迟钝的 chídùn de

sludge N 污泥 wūní, 污物 wūwù

slug I N 1 鼻涕虫 bítìchóng [M. WD 条 tiáo], 蛞蝓 kuòyú [M. WD 条 tiáo] 2 少量（烈性酒）shǎoliàng (lièxìngjiǔ) **II** V 用拳头打 yòng quántou dǎ
to slug it out 狠狠地打架 hěnhěn de dǎjià, 拼个输赢 pīn gè shūyíng

sluggish ADJ 缓慢的 huǎnmàn de, 无力的 wúlì de

sluice I N 水闸 shuǐzhá, 水门 shuǐmén **II** V 冲洗 chōngxǐ

slum N 贫民窟 pínmínkū **II** V 过苦日子 guò kǔrizi

slumber N 深睡 shēn shuì, 睡眠 shuìmián **II** V 睡得很深 shuì déhěn shēn, 睡觉 shuìjiào

slump I V 1 [价格+] 暴跌 [jiàgé+] bàodiē, 急剧下降 jíjù xiàjiàng 2 [人+] 突然倒下 [rén+] tūrán dǎoxià **II** N 1 暴跌 bàodiē, 猛降 měng jiàng 2 衰落 shuāiluò, 衰退 shuāituì

slung See sling

slunk See slink

slur I V 1 含糊不清地说话 hánhu bùqīng de shuōhuà 2 污蔑 wūmiè, 诋毁 dǐhuǐ **II** N 污蔑 wūmiè, 诋毁 dǐhuǐ
racist slur 种族主义的诋毁 zhǒngzúzhǔyì de dǐhuǐ

slurp V 咕嘟咕嘟地喝 gūdū gūdū de hē

slush N 1 半融的雪 bàn róng de xuě, 雪水 xuěshuǐ 2（加碎冰的）冷饮（jiā suì bīng de）lěngyǐn
slush fund 行贿资金 xínghuì zījīn

slut N 浪荡女人 làngdàng nǚrén, 荡妇 dàngfù

sly ADJ 狡猾的 jiǎohuá de, 滑头的 huátóu de

smack I V 1（用手掌）拍打（yòng shǒuzhǎng）pāida 2 (to smack of) 有点…的味道 yǒudiǎn…de wèidao **II** N 拍打 pāida 2 (to give sb a smack on the lip) 给某人一个响吻 gěi mǒurén yí ge xiǎng wěn

small I ADJ 小（的）xiǎo (de) □ Rhode Island is the smallest state in the U.S.A. 罗得岛是美国最小的州。Luódé Dǎo shì Měiguó zuì xiǎo de zhōu.
small change 零钱 língqián
small claims court 小额索赔法庭 xiǎo'é suǒpéi fǎtíng
small fry 小人物 xiǎorénwù
small hours 凌晨（时分）língchén (shífèn)

small matter 小事 xiǎoshì, 不重要的事 bú zhòngyào de shì

small potatoes 小人物 xiǎorénwù

small talk 闲聊 xiánliáo, 寒暄 hánxuān

2 年幼的 niányòu de □ When I was small, my grandpa was my best friend. 我小时候，爷爷是我最好的朋友。Wǒ xiǎoshíhou, yéye shì wǒ zuìhǎo de péngyou. **3** 少量的 shǎoliàng de

a small fortune 一大笔钱 yí dà bǐ qián □ Their month-long holiday in Europe must have cost them a small fortune. 他们在欧洲度假一个月，肯定花了一大笔钱。Tāmen zài Ōuzhōu dùjià yí ge yuè, kěndìng huāle yí dà bǐ qián.

II N (the small of the back) 腰 yāo, 腰部 yāobù

small-minded ADJ 气量小的 qìliàngxiǎo de, 心胸狭窄的 xīnxiōng xiázhǎi de

smallpox N 天花 tiānhuā

small-scale ADJ 小规模的 xiǎoguīmó de, 小型的 xiǎoxíng de

small-time ADJ 不重要的 bú zhòngyào de

small-time conman 小骗子 xiǎo piànzi

smart¹ ADJ **1** 聪明的 cōngming de, 敏捷的 mǐnjié de □ Was it a smart move to sell shares to buy properties? 卖掉股票买房产，是不是聪明的做法？Màidiao gǔpiào mǎi fángchǎn, shibushì cōngming de zuòfǎ?

the smart money [投资+] 高明人士 [tóuzī+] gāomíng-rénshì

2 要小聪明的 shuǎ xiǎocōngming de

smart aleck 自作聪明的人 zìzuò cōngmíng de rén, 喜欢要嘴皮子的人 xǐhuan shuǎ zuǐpízi de rén

smart² V 感到难过 gǎndào nánguò

smash I v 打破 [+玻璃] dǎpò [+bōli], 打碎 dǎsuì **2** 打破 [+体育记录] dǎpò [+tǐyù jìlù] **3** [汽车+] 猛撞 [qìchē+] měngzhuàng **4** 捣毁 [+犯罪集团] dǎohuǐ [+fànzuì jítuán] **5** (网球) 扣球 (wǎngqiú) kòuqiú, 杀球 shāqiú **II** N **1** 破碎声 pòsuì shēng, 碰撞声 pèngzhuàng shēng **2** 获得巨大成功的新书／新剧 huòdé jùdà chénggōng de xīnshū/xīnjù

smash hit 大获成功的新书／新剧 dà huò chénggōng de xīnshū/xīnjù

smashed ADJ **1** 喝得烂醉的 hē dé lànzuì de **2** (吸毒后) 药性发作的 (xīdú hòu) yàoxìng fāzuò de

smattering N 一点点 yìdiǎndiǎn

smear I v **1** 涂抹 túmǒ **2** 弄脏 nòngzāng **3** 污蔑 wūmiè, 诽谤 fěibàng **II** N **1** 污斑 wū bān, 油迹 yóujì **2** 污蔑 wūmiè, 诽谤 fěibàng

smear campaign 诽谤活动 fěibàng huódòng

smell I N **1** 气味 qìwèi □ There is a smell of gas here—it must have come from the gas heater. 这里有煤气味—肯定是煤气取暖器发出来的。Zhèlǐ yǒu méiqì wèir—kěndìng shì méiqì qǔnuǎn qì fāchūlai de. **2** 嗅觉 xiùjué □ Uncle Albert can tell good wine from bad by smell. 阿伯特舅舅闻一闻，就知道酒好酒坏。Ābótè jiùjiu wényiwén, jiù zhīdào jiǔ hǎo jiǔ huài.

II v **1** 闻 wén, 闻出 wénchū

I smell a rat. 我闻到老鼠的气味。(→我觉得有可疑的地方。) Wǒ wéndao lǎoshǔ de qìwèi. (→Wǒ juéde yǒu kěyí de difang.) **2** 闻起来 wénqǐlai □ These roses smell wonderful. 这些玫瑰花闻起来香极了。Zhèxiē méiguì huā wénqǐlai xiāng jíle.

smelly ADJ 臭的 chòu de, 发出臭味的 fāchū chòuwèi de

smelt V 熔炼 róngliàn, 提炼 tíliàn

smidgen N 一点点 yìdiǎndiǎn

smile V, N 笑 xiào, 微笑 wēixiào □ A man smiled at me at the bus stop—do I know him? 一个男子在公共汽车站对我笑—我认识他吗？Yí ge nánzǐ zài gōnggòng qìchē zhàn duì wǒ xiào—wǒ rènshi tā ma? □ She greeted us with a big smile at the airport. 她在机场以欣喜的微笑来迎接我们。Tā zài jīchǎng yǐ xīnxǐ de wēixiào lái yíngjiē wǒmen.

to be all smiles 笑容满面 xiàoróng mǎnmiàn, 满面春风 mǎnmiàn chūnfēng

to smile to oneself 暗暗地笑 àn àn de xiào

smirk N, v 不怀好意地笑 bù huái hǎoyì de xiào, 得意地笑 déyì de xiào

smith N **1** 铁匠 tiějiang **2** 工匠 gōngjiàng

smithereens N 碎片 suìpiàn

smitten ADJ (be smitten with sb) 对某人一见钟情 duì mǒurén yíjiàn zhōngqíng, 深深爱上某人 shēnshēn àishang mǒurén

smock N 工作服 gōngzuòfú [M. WD 件 jiàn]

smog N 烟雾 yānwù

smoke I N 烟 yān □ Where there's smoke, there's fire. 有烟必有火。Yǒu yān bì yǒu huǒ. (→无风不起浪。Wú fēng bù qǐ làng. Where there is no wind, there is no wave.)

II v **1** 吸烟 xī yān □ Please don't smoke here; it's a smoke-free zone. 请不要在这里吸烟；这里是禁烟区。Qǐng bú yào zài zhèlǐ xī yān; zhèlǐ shì jìnyānqū. **2** 冒烟 màoyān □ This fireplace smokes badly. 这个壁炉冒烟太多。Zhè ge bìlú mào yān tài duō.

smoker N 吸烟者 xīyānzhě

smokescreen N **1** 烟幕 yānmù **2** 障眼法 zhàngyǎnfǎ, 伪装 wěizhuāng

smokestack N 大烟囱 dà yāncōng

smoking gun N 真凭实据 zhēnpíng shíjù

smoky ADJ 烟雾弥漫的 yānwù mímàn de

smolder v 没有火焰地燃烧 méiyǒu huǒyàn de ránshāo, 焖烧 mèn shāo

smooch I v 亲密接吻 qīnmì jiēwěn **II** N 亲密的接吻 qīnmì de jiēwěn

smooth I ADJ **1** 平坦的 píngtǎn de, 光滑的 guānghuá de □ The baby's skin is so smooth to the touch. 婴儿的皮肤摸上去真光滑。Yīng'ér de pífū mōshàngqu zhēn guānghuá. **2** 糊状的 hú zhuàng de, 无颗粒的 wú kēlì de □ I prefer smooth peanut butter to chunky kind. 我喜欢糊状花生酱，不喜欢颗粒状花生酱。Wǒ xǐhuan hú zhuàng huāshēngjiàng, bù xǐhuan kēlì zhuàng huāshēngjiàng. **3** 圆滑的 yuánhuá de □ He's a smooth talker, so watch out what you agree to. 他说话油嘴滑舌，你答应什么要小心点。Tā shuōhuà yóuzuǐhuáshé, nǐ dāyìng shénme yào xiǎoxīn diǎnr. **4** 顺利的 shùnlì de, 一帆风顺的 yì fān fēng shùn de

II v **1** 把…弄平 bǎ...nòng píng

to smooth the way 铺平道路 pūpíngdàolù

2 涂抹 [+油膏] túmǒ [+yóugāo]

smorgasbord N (品种丰富的) 自助餐 (pǐnzhǒng fēngfù de) zìzhùcān

a smorgasbord of 各式各样的 gèshì gèyàng de, 种类繁多的 zhǒnglèi fánduō de

smother v 使…窒息 shǐ...zhìxī, 闷死 mènsi **2** 覆盖 fùgài

SMS (= Short Message Service) ABBREV 短信服务 duǎnxìn fúwù

smudge I N 污斑 wūbān, 污渍 wūzì **II** v 把…弄脏 bǎ...nòngzāng, 留下污斑 liúxia wū bān

smug ADJ 自鸣得意的 zìmíng déyì de, 自我满意的 zìwǒ mǎnyì de

smuggle v 走私 zǒusī, 偷运 tōuyùn

smuggler N 走私者 zǒusīzhě

smuggling N 走私 (活动) zǒusī (huódòng)

smut N 淫秽图书／画片 yínhuì túshū/huàpiàn

snack N 点心 diǎnxin, 小吃 xiǎochī □ I can do with a snack—crackers with cheese? 我可以吃点儿点心—梳打饼干加奶酪? Wǒ kěyǐ chī diǎnr diǎnxin—shūdǎ bǐnggān jiā nǎilào? snack bar 小吃店 xiǎochīdiàn, 点心铺 diǎnxin pū

snafu N 连出故障 lián chū gùzhàng, 一团糟 yìtuánzāo

snag I N 小故障 xiǎogù zhàng, 意外情况 yìwài qíngkuàng

to hit a snag 出了点故障 chū le diǎn gùzhàng

II v **1** 钩破 gōu pò, 撕破 sīpò **2** 抓住 zhuāzhù **3** 引起注意 yǐnqǐ zhùyì

snail N 蜗牛 wōniú

snake N 蛇 shé [M. WD 条 tiáo]
snake oil 蛇油 shé yóu, (骗人的)万灵良药 (piànrén de) wàn líng liángyào

snakebite N 毒蛇咬伤 dúshé yǎoshāng

snap I v 1 [树枝+]啪的一声折断 [shùzhī+] pā de yì shēng shéduàn 2 [人+] 厉声地说 [rén+] lìshēng de shuō 3 [人+] 精神崩溃 [rén+] jīngshén bēngkuì 4 [狗+] 猛咬 [gǒu+] měng yǎo 5 拍快照 pāi kuàizhào
to snap one's fingers 打响指 dǎxiǎng zhǐ
to snap out of it 别再伤心 bié zài shāngxīn, 振作起来 zhènzuòqǐlái
II N 1 (突然折断发出的)啪的一声 (tūrán shéduàn fāchū de) pā de yì shēng 2 轻而易举的事 qīng ér yìjǔ de shì
III ADJ 仓促的 cāngcù de, 草率的 cǎoshuài de

snappy ADJ 1 时髦漂亮的 [+时装] shímáo piàoliang de [+shízhuāng] 2 活泼有趣的 [+语言] huópo yǒuqù de [+yǔyán]

snapshot N 快照 kuàizhào, 生活照 shēnghuó zhào

snare I N 1 (捕捉动物的)罗网 (bǔzhuō dòngwù de) luówǎng, 陷阱 xiànjǐng 2 (让人上当的)圈套 (ràng rén shàngdàng de) quāntào II v 1 捕捉(动物)bǔzhuō (dòngwù) 2 诱(人)中圈套 yòu (rén) zhòng quāntào

snarl v 1 [动物+] 呲牙咆哮 [dòngwù+] zī yá páoxiào 2 [人+] 愤怒地高叫 [rén+] fènnù de gāo jiào, 怒吼 nùhǒu 3 使 [+交通] 堵塞 shǐ [+jiāotōng] dǔsè
to get snarled up 变得一团糟 biàn de yìtuánzāo

snarl-up N 混乱局面 hùnluàn júmiàn, 僵局 jiāngjú

snatch I v 1 抢走 [+钱包] qiǎng zǒu [+qiánbāo], 夺走 duó zǒu 2 抓住 [+机会] zhuāzhù [+jīhuì] II N 片断 piànduàn
in snatches 断断续续地 duànduàn xùxù de

snazzy ADJ 漂亮的 piàoliang de, 光彩夺目的 guāngcǎi duómù de

sneak I N 1 偷偷地走 tōutōu de zǒu, 偷偷摸摸地行动 tōutōu mōmō de xíngdòng 2 偷运 [+毒品] tōuyùn [+dúpǐn]
to sneak a glance 偷偷地看一眼 tōutōu de kàn yìyǎn
II N 偷偷摸摸的人 tōutōu mōmō de rén
a sneak preview (电影)内部预映 (diànyǐng) nèibù yù yìng

sneakers N 胶底运动鞋 jiāo dǐ yùndòngxié [M. WD 双 shuāng]

sneaking ADJ 暗暗的 àn'àn de
a sneaking suspicion 暗自怀疑 ànzì huáiyí

sneaky ADJ 偷偷摸摸的 tōutōu mōmō de

sneer v, N 冷笑 lěngxiào, 讥笑 jīxiào

sneeze v, N (打)喷嚏 (dǎ) pēntì

snicker N, v 暗自发笑 ànzì fāxiào, 暗笑 ànxiào

sniff I N 1 (出声地) 闻 (chūshēng de) wén, 嗅 xiù
to sniff at 对…嗤之以鼻 duì…chī zhī yǐ bí, 不屑一顾 búxiè yígù

sniffle v 反复地抽鼻子 fǎnfù de chōu bízi

sniffles N 反复抽鼻子 fǎnfù chōu bízi
to have the sniffles 患轻感冒 huàn qīng gǎnmào

snip v, N 快速剪 kuàisù jiǎn, 剪断 jiǎnduàn

snipe v 1 打冷枪 dǎlěngqiāng, 狙击 jūjī 2 指责 zhǐzé, 攻击 gōngjī

sniper N 狙击手 jūjīshǒu

snippet N (音乐/消息)片断 (yīnyuè/xiāoxi) piànduàn

snitch v 1 告密 gàomì, 告发 gàofā 2 偷窃 tōuqiè, 小偷小摸 xiǎotōu xiǎomō

sniveling ADJ 抽泣 chōuqì, 哭诉 kūsù

snob N 势利小人 shìlìxiǎorén
snob appeal (商品)对势利顾客的吸引力 (shāngpǐn) duì shìlì gùkè de xīyǐnlì
2 自命不凡的人 zìmìng bùfán de rén
wine snob 自以为很会品酒的人 zìyǐwéi hěn huì pǐn jiǔ de rén

snobbery N 势利 shìlì

snobbish, snobby ADJ 势利的 shìlì de

snooker N 斯诺克式台球 Sīnuòkè shì táiqiú

snoop N, v 打听 [+别人的隐私] dǎting [+biéren de] yǐnsī, 窥探 kuītàn

snooty ADJ 目中无人的 mùzhōng wúrén de, 妄自尊大的 wàng zì zūn dà de

snooze v, N 打盹 dǎ dǔn, 小睡 xiǎoshuì

snore N, v 打鼾 dǎ hān, 打呼噜 dǎ hūlu

snorkel I N 1 (潜水)呼吸管 (qiánshuǐ) hūxī guǎn 2 (潜水艇)通气管 (qiánshuǐtǐng) tōngqì guǎn II v 用呼吸管潜泳 yòng hūxī guǎn qiányǒng

snort v 哼鼻子 hēng bízi, 哼着鼻子说话 hēngzhe bízi shuōhuà
to snort at 对…嗤之以鼻 duì…chī zhī yǐ bí

snot N 鼻涕 bítì

snotty ADJ 自以为了不起的 zìyǐwéi liǎobuqǐ de

snout N (猪)鼻子 (zhū) bízi

snow I N 雪 xuě □ Some of the Rocky Mountains have snow on them all the year round. 落基山脉有的地方终年积雪。Luòjīshānmài yǒu de dìfang zhōngnián jīxuě.
II v 下雪 xiàxuě □ It snowed last night. No wonder it's so cold. 昨夜下雪了。怪不得这么冷。Zuó yè xiàxuě le. Guàibude zhème lěng.
snow tire 雪地防滑轮胎 xuědì fánghuá lúntāi

snowball I N 雪球 xuěqiú
snowball effect 滚雪球效应 gǔnxuěqiú xiàoyìng
II v (像滚雪球一样)迅猛增长／发展 (xiàng gǔnxuěqiú yíyàng) xùnměng zēngzhǎng/fāzhǎn

snowbound ADJ 被积雪困住的 bèi jīxuě kùnzhù de

snowdrift N 雪堆 xuěduī

snowed under ADJ (工作)多得没法完成 (gōngzuò) duō de méi fǎ wánchéng □ The teacher is snowed under grading homework assignments. 这位老师的作业多得改不完。Zhè wèi lǎoshī de zuòyè duō de gǎibuwán.

snowfall N 降雪 jiàngxuě, 降雪量 jiàngxuě liàng

snowflake N 雪花 xuěhuā

snowman N 雪人 xuěrén

snowplow N 扫雪车 sǎoxuěchē [M. WD 辆 liàng]

snowshoe N 雪鞋 xuě xié [M. WD 双 shuāng]

snowstorm N 暴风雪 bàofēngxuě

snow-white ADJ 雪白 xuěbái

snowy ADJ 1 下雪的 xiàxuě de, 多雪的 duō xuě de 2 雪白的 xuěbái de

snub v, N 冷落 lěngluò, 怠慢 dàimàn

snuff I v 1 掐灭 [+蜡烛] qiāmiè [+làzhú] 2 扼杀 èshā, 杀死 shāsǐ II N 鼻烟 bíyān

snug ADJ 1 温暖舒适的 [+家] wēnnuǎn shūshì de [+jiā] 2 安乐舒服的 [+人] ānlè shūfu de [+rén]

snuggle, snuggle up v 偎依 wēiyī, 蜷缩 quánsuō

so I ADV 1 这么 zhème, 那么 nàme, 如此 rúcǐ □ The shopping mall is always so crowded. 购物中心总是这么拥挤。Gòuwù zhōngxīn zǒngshì zhème yōngjǐ. 2 这样 zhèyàng □ I don't think so. 我想不是这样。Wǒ xiǎng bú shì zhèyàng.
II CONJ 所以 suǒyǐ □ I just got my paycheck, so let's go out to dinner tonight. 我刚拿到工资，所以晚上到外面去吃一顿吧。Wǒ gāng nádao gōngzī, suǒyǐ wǎnshang dào wàimian qù chī yí dùn ba.
so as to 以便于 yǐbiànyú, 这样 zhèyàng □ He sat by the door so as to be slip out if the lecture was boring. 他坐在门口，以便于讲课枯燥就溜走。Tā zuò zài ménkǒu, yǐbiànyú jiǎngkè kūzào jiù liūzǒu.
so … as to 如此地…以至于 rúcǐ de…yǐzhìyú □ She was so weak as to have difficulty speaking. 她虚弱得说话都有困难。Tā xūruò de shuōhuà dōu yǒu kùnnan.
so that 以便于 yǐbiànyú, 这样 zhèyàng □ I gave him my

cell phone number so that he could contact me at any time. 我给了他手机号码，这样他随时可以跟我联系。Wǒ gěile tā shǒujī hàomǎ, zhèyàng tā suíshí kěyǐ gēn wǒ liánxi.

so ... that 如此地··· rúcǐ de..., 以至于··· yǐzhìyú..., 得 de □ The assignment was so difficult that no one could do it. 这个作业难得没有人会做。Zhè ge zuòyè nánde méiyǒu rén huì zuò.

... or so ···左右 ...zuǒyòu □ She left 10 days ago or so. 她在十天左右前离开了。Tā zài shí tiān zuǒyòu qián líkāi le.

and so on 等等 děngděng, 什么的 shénme de □ He drinks lots of fizzy drinks—coke, soda, and so on. 他喝很多充气饮料—可乐、汽水，什么的。Tā hē hěn duō chōngqì yǐnliào—kělè, qìshuǐ, shénme de.

soak N, V 浸 jìn, 浸透 jìntòu

soaking ADJ 湿透的 shītòu de, 湿淋淋的 shīlínlín de

so-and-so N 某某人 mǒumǒu rén, 某某事 mǒumǒu shì

soap N 肥皂 féizào [M. WD 块 kuài] □ Wash your hands with soap and warm water regularly. 要经常用肥皂热水洗手。Yào jīngcháng yòng féizào rèshuǐ xǐshǒu.

a bar of soap 一块肥皂 yí kuài féizào

liquid soap 液体肥皂 yètǐ féizào

soap opera 肥皂剧 féizàojù

soar V 1 急剧上升 jíjù shàngshēng □ Fuel prices soared when war broke out in the Middle East. 当中东爆发战争，燃料价格急剧上升。Dāng Zhōngdōng bàofā zhànzhēng, ránliào jiàgé jíjù shàngshēng. **2** 高飞 gāo fēi

S.O.B (= son of a bitch) ABBREV 狗养的 gǒuyǎngde

sob V 哭泣 kūqì, 抽泣 chōuqì

sob story（骗人眼泪的）伤感故事 (piànrén yǎnlèi de) shānggǎn gùshi

sober I ADJ 1 清醒的 qīngxǐng de 2 严肃的 yánsù de, 朴素的 pǔsù de II V (to sober up) 使 [+醉酒者] 清醒过来 shǐ [+zuìjiǔ zhě] qīngxǐng guòlai

soccer N（英式）足球 (Yīngshì) zúqiú □ David Beckham came to the States to promote soccer in the country. 贝克汉姆来美国推广足球运动。Bèikèhànmǔ lái Měiguó tuīguǎng zúqiú yùndòng.

sociable ADJ 好交际的 hào jiāojì de, 喜欢与人交往的 xǐhuan yǔ rén jiāowǎng de

social ADJ 1 社会的 shèhuì de □ Duncan is keenly interested in social issues and that's why he wants to study sociology in college. 邓肯对社会问题极感兴趣，所以他要在大学里学社会学。Dèngkěn duì shèhuì wèntí jí gǎn xīngqù, suǒyǐ tā yào zài dàxué lǐ xué shèhuì xué.

social science 社会科学 shèhuì kēxué

social studies 社会科学课程 shèhuì kēxué kèchéng

social work 社会福利工作 shèhuì fúlì gōngzuò, 社工 shègōng

social worker 社会福利工作者 shèhuì fúlì gōngzuòzhě, 社工 shègōng

2 社交的 shèjiāo de □ Do you have an active social life? 你的社交生活丰富吗？Nǐ de shèjiāo shēnghuó fēngfù ma?

social climber 试图向上爬的人 shìtú xiàngshàng pá de rén

social drinking 在交际场合饮酒 zài jiāojì chǎnghé yǐnjiǔ

socialism N 社会主义 shèhuìzhǔyì

socialist I N 社会主义者 shèhuìzhǔyìzhě II ADJ 社会主义的 shèhuìzhǔyì de

socialite N 社交界名人 shèjiāojiè míngrén

socialize V 社交 shèjiāo, 搞社交活动 gǎo shèjiāo huódòng □ Why does she spend so much time socializing? 她为什么花这么多时间搞社交活动？Tā wèishénme huā zhème duōshí jiān shèjiāo huódòng?

society N 1 社会 shèhuì □ America is a democratic society. 美国是一个民主社会。Měiguó shì yí ge mínzhǔ shèhuì. **2** 社交界 shèjiāo jiè □ They will give a dinner party to introduce their daughter to society. 他们要举行宴会，把女儿介绍给社交

界。Tāmen yào jǔxíng yànhuì, bǎ nǚ'ér jièshào gěi shèjiāojiè. **3** 社 shè, 协会 xiéhuì, 社团 shètuán □ My mother belongs to a horticultural society. 我母亲是花卉协会的会员。Wǒ mǔqin shì huāhuì xiéhuì de huìyuán.

socioeconomic ADJ 社会经济的 shèhuì jīngjì de

sociologist N 社会学家 shèhuìxuéjiā

sociology N 社会学 shèhuìxué

sociopath N 反社会者 fǎn shèhuìzhě

sock¹ N 袜子 wàzi [M. WD 只 zhī, 双 shuāng], 短袜子 duǎn wàzi [M. WD 只 zhī, 双 shuāng]

sock² V 猛击 měngjī, 狠打 hěn dǎ

socket N 1（电源）插座 (diànyuán) chāzuò

floor socket 地面插座 dìmiàn chāzuò

headphone socket 耳机插座 ěrjī chāzuò

wall socket 墙上插座 qiáng shàng chāzuò

2 眼窝 yǎnwō

sod N 草皮 cǎopí

soda N 苏打 sūdá

soda icecream 冰淇淋苏打 bīngqilín sūdá

soda pop 汽水 qìshuǐ

soda water 苏打水 sūdáshuǐ

sodden ADJ 湿淋淋的 shīlínlín de

sodium (Na) N 钠 nà

sofa N 沙发 shāfā [M. WD 张 zhāng]

soft ADJ 1 柔软的 róuruǎn de □ This little kitten is so soft and cuddly. 小猫儿这么柔软，真想抱抱它。Xiǎomāor zhème róuruǎn, zhēn xiǎng bàobao tā. **2** 轻声的 qīngshēng de □ He speaks softly, but it carries much authority. 他说话很轻，但是带有权威性。Tā shuōhuà hěn qīng, dànshì dàiyǒu quánwēixìng.

3 软心肠的 ruǎn xīncháng de □ Many people believe judges are too soft on criminals. 很多人认为，法官对犯罪分子太软了。Hěn duō rén rènwéi, fǎguān duì fànzuì fènzǐ tài ruǎn le.

soft drinks 软饮料 ruǎnyǐnliào

soft sell 软性推销 ruǎnxìng tuīxiāo

soft touch 容易受骗上当的人 róngyì shòupiàn shàngdàng de rén, 软果子 ruǎnguǒzi

softball N 垒球 lěiqiú

soft-boiled ADJ 煮得半熟的 zhǔ dé bàn shóu de, 溏心的 tángxīn de

soften V 1 软化 ruǎnhuà **2** 缓和 huǎnhé, 减少 jiǎnshǎo

to soften the impact 减弱冲击 jiǎnruò chōngjī

softhearted ADJ 软心肠的 ruǎn xīncháng de, 好心的 hǎoxīn de

soft-pedal V 淡化 dànhuà

soft-spoken ADJ 说话轻柔的 shuōhuà qīngróu de

software N 软件 ruǎnjiàn □ Which software do you recommend for computer security? 你推荐哪一个电脑安全软件？Nǐ tuījiàn nǎ yí ge diànnǎo ānquán ruǎnjiàn?

anti-virus software 防（电脑）病毒软件 fáng (diànnǎo) bìngdú ruǎnjiàn

soggy ADJ 湿透的 shītòu de, 浸水的 jìnshuǐ de

soil I N 土壤 tǔrǎng, 泥土 nítǔ □ Clara bought some soil for her potted plants. 克莱拉为盆栽花买了些泥土。Kèláilā wèi pénzāi huā mǎile xiē nítǔ.

one's native soil 某人的故土 mǒurén de gùtǔ

II V 弄脏 nòngzāng, 玷污 diànwū

sojourn N 短暂居住 duǎnzàn jūzhù, 暂住 zànzhù

solace N 慰籍 wèijí, 安慰 ānwèi

solar ADJ 太阳的 tàiyáng de □ More and more new houses have installed a solar energy system. 越来越多的新住宅装了太阳能系统。Yuèláiyuè duō de xīn zhùzhái zhuāngle tàiyáng néng xìtǒng.

solar cell 太阳能电池 tàiyángnéng diànchí

solar eclipse 日蚀 rìshí

solar panel 太阳能电池板 tàiyángnéng diànchí bǎn

solar system 太阳系 tàiyángxì

sold See **sell**

soldier I N 军人 jūnrén, 士兵 shìbīng □ My brother was a soldier in the Iraq War. 我的兄弟是伊拉克战争中的一名士兵。Wǒ de xiōngdì shì Yīlākè zhànzhēng zhōng de yì míng shìbīng.
soldier of fortune 雇佣兵 gùyōngbīng
II V (to soldier on) 坚持下去 jiānchí xiàqu

sold-out ADJ 满座的 mǎnzuò de

sole¹ N **1** 脚底 jiǎodǐ **2** 鞋底 xiédǐ **3** 鳎鱼 tǎyú [M. WD 条 tiáo]

sole² ADJ **1** 唯一的 wéiyī de, 独有的 dúyǒu de
sole authorship 独享著作权 dúxiǎng zhùzuòquán

solely ADV 唯一地 wéiyī de, 独有地 dúyǒu de

solemn ADJ 严肃庄重的 yánsù zhuāngzhòng de
a solemn ceremony 庄重的仪式 zhuāngzhòng de yíshì
a solemn promise 严肃的承诺 yánsù de chéngnuò

solemnity N 严肃庄重 yánsù zhuāngzhòng

solicit V **1** 请求 [+募捐] qǐngqiú [+mùjuān], 征求 [+意见] zhēngqiú [+yìjiàn] **2** 推销 [+商品] tuīxiāo [+shāngpǐn] **3** [妓女+] 拉客 [jìnǚ+] lākè

solicitor N **1** 推销员 tuīxiāoyuán, 揽客 qiánkè □ The sign on the door reads, "No Solicitors". 门上的牌子说："谢绝推销。" Ménshang de páizi shuō: "xièjué tuīxiāo." **2** 法务官 fǎwùguān □ The city government will consult the solicitor on this case. 市政府要为这件案子咨询法务官。Shì zhèngfǔ yào wèi zhè jiàn ànzi zīxún fǎwùguān. **3**（英国）初级律师（Yīngguó）chūjí lǜshī
solicitor general（美国）司法部副部长（Měiguó）Sīfǎbù fùbùzhǎng

solicitous ADJ 关怀的 guānhuái de, 关心的 guānxīn de

solid I ADJ **1** 固体的 gùtǐ de, 坚固的 jiāngù de □ Is it true that solid fuel causes more pollution? 固体燃料是不是真的造成更大的污染？Gùtǐ ránliào shìbushì zhēn de zàochéng gèngdà de wūrǎn? **2** 结实的 jiēshi de □ The furniture looks fine and solid. 这些家具看来不错，很结实。Zhè xiē jiājù kànlai búcuò, hěn jiēshi. **3** 牢靠的 láokào de, 可靠的 kěkào de □ She has most of her money invested in a solid business firm. 她大部分钱都投资在一家可靠的商业公司里。Tā dà bùfen qián dōu tóuzī zài yì jiā kěkào de shāngyè gōngsī lǐ.
II N 固体 gùtǐ □ When the temperature drops to below zero, water turns into a solid, i.e. ice. 当气温下降到零度以下，水就变成固体，也就是变成冰。Dāng qìwēn xiàjiàng dào língdù yǐxià, shuǐ jiù biànchéng gùtǐ, yě jiù shì biànchéng bīng.

solidarity N 团结一致 tuánjié yízhì

solidify V **1**（使…）变成固体 (shǐ…) biànchéng gùtǐ **2** 巩固 gǒnggù, 加强 jiāqiáng

solids N 固体食物 gùtǐ shíwù

solid-state ADJ **1** 固态体的 gùtàitǐ de
solid-state physics 固态体物理（学）gùtàitǐ wùlǐ (xué)
2 全晶体管的 [+电子设备] quán jīngtǐguǎn de [+diànzǐ shèbèi]

soliloquy N 独白 dúbái

solitaire N **1** 独粒宝石 dú lì bǎoshí
diamond solitaire 独立钻石 dú lì zuànshí
2 单人纸牌游戏 dānrén zhǐpái yóuxì

solitary ADJ 单一的 dānyī de, 单独的 dāndú de
solitary confinement 单独监禁 dāndú jiānjìn, 禁闭 jìnbì

solitude N 孤独 gūdú, 单独 dāndú
in solitude 独自（地）dúzì (de)

solo I ADJ, ADV 单人的 [+表演] dānrén de [+biǎoyǎn]
to play solo 做单人表演 zuò dānrén biǎoyǎn, 单人飞行 dānrén fēixíng
II N **1** 独奏曲 dúzòu qū, 独唱曲 dúchàng qū **2** 独奏 dúzòu, 独唱 dúchàng, 单人（飞行）表演 dānrén (fēixíng) biǎoyǎn
violin solo 小提琴独奏（曲）xiǎotíqín dúzòu (qū)
solo flight 单人飞行 dānrén fēixíng

soloist N 独奏者 dúzòu zhě, 独唱者 dúchàng zhě

solstice N (summer solstice) 夏至 xiàzhì, (winter solstice) 冬至 dōngzhì

soluble ADJ **1** 可溶解的 [+固体] kěróngjiě de [+gùtǐ] **2** 可解决的 [+问题] kě jiějué de [+wèntí]

solution N **1** 解决 jiějué, 解决办法 jiějué bànfǎ □ The solution to your financial troubles lies in economizing. 解决你财务问题的办法在于节省。Jiějué nǐ cáiwù wèntí de bànfǎ zàiyú jiéshěng. **2** 解答 jiědá, 答案 dá'àn □ Grandpa was so delighted to find the solution to the sudoku puzzle. 爷爷解答出了"数独"难题，开心极了。Yéye jiědáchūle "shùdú" nántí, kāixīn jíle. **3** 溶液 róngyè, 溶解 róngjiě

solve V **1** 解决 jiějué □ At the dinner table everybody offered his idea of how to solve the problems of the world. 在饭桌上，人人提出解决世界问题的办法。Zài fànzhuōshang, rénrén tíchū jiějué shìjiè wèntí de bànfǎ. **2** 解答 jiědá □ Can anyone in the room solve this math problem on the board? 这里有谁能解答黑板上的这个数学题吗？Zhèlǐ yǒu shéi néng jiědá hēibǎnshang de zhè ge shùxuétí ma?

solvent¹ N 溶剂 róngjì

solvent² ADJ 有偿付能力的 yǒucháng fù nénglì de

somber ADJ **1** 阴沉的 [+天空] yīnchén de [+tiānkōng] **2** 严峻的 [+表情] yánjùn de [+biǎoqíng]

some I ADJ 有些 yǒuxiē, 一些 yìxiē □ Some people would do anything to realize their ambitions. 有的人为了实现抱负，什么事都会做。Yǒu de rén wèile shíxiàn bàofù, shénme shì dōu huì zuò. □ Here you go, have some candy. 好了好了，吃点儿糖吧。Hǎo le hǎo le, chī diǎnr táng ba.
II ADV 大约 dàyuē □ Some 100 people attended the funeral of the former mayor. 大约一百个人参加了前市长的葬礼。Dàyuē yì bǎi ge rén cānjiāle qián shìzhǎng de zànglǐ.
III PRON 一些 yìxiē □ I only did some of the questions on the test, so I don't expect a good grade. 我只做了几道考题，所以不指望有好成绩。Wǒ zhǐ zuòle jǐ dào kǎotí, suǒyǐ bù zhǐwàng yǒu hǎo chéngjì.

somebody See **someone**

someday ADV 总有一天 zǒng yǒu yìtiān, 有朝一日 yǒuzhāo yí rì

somehow ADV **1** 总得 zǒngděi □ We must find new sources of energy somehow. 我们总得找到新能源。Wǒmen zǒngděi zhǎodao xīn néngyuán. **2** 不知怎么搞的 bù zhī zěnme gǎo de, 不知怎样的 bùzhī zěnyàng de □ Somehow I've forgotten to bring my briefcase to work today. 不知怎么搞的，我今天上班忘了带公事包。Bù zhī zěnme gǎo de, wǒ jīntiān shàngbān wàngle dài gōngshì bāo.

someone, somebody PRON **1** 有人 yǒurén, 某人 mǒurén □ Dr. Jones, someone is here to see you. 琼斯医生，有人来看你。Qióngsī yīshēng, yǒurén lái kàn nǐ.
someone else 另一个人 lìng yí ge rén

someplace ADV 某个地方 mǒu gè dìfang

somersault I N 翻跟斗 fāngēndou, 筋斗 jīndǒu **II** V 翻跟斗 fāngēndou, 前／后滚翻 qián/hòu gǔnfān

something PRON 有东西 yǒu dōngxi, 有事情 yǒu shìqing, 某物 mǒuwù, 某事 mǒushì □ There's something in the garden. Would you go find what it is? 花园里有什么东西。你去看看是什么，好吗？Huāyuán lǐ yǒu shénme dōngxi. Nǐ qù kànkan shì shénme, hǎo ma? □ There's something I need to tell you. 我有件事要对你说。Wǒ yǒu jiàn shì yào duì nǐ shuō.
something like 就好像 jiù hǎoxiàng, 大约 dàyuē □ The company earned something like a million dollars last year. 这家公司去年赚了大约一百万。Zhè jiā gōngsī qùnián zhuànle dàyuē yì bǎi wàn.
to have something to do with 和…有关系 hé…yǒu guānxi □ The document had something to do with the new salary scale. 这个文件和新的工资级别有关。Zhè ge wénjiàn hé xīn de gōngzī jíbié yǒuguān.

sometime I ADV 在某一个时候 zài mǒu yí ge shíhou

sometime before night 午夜前某个时候 wǔyè qián mǒu gè shíhou

II ADJ 偶尔的 ǒu'ěr de

sometimes ADV 有时候 yǒushíhou □ My friend Peggy, who is working in Shanghai, sometimes sends me e-mails. 我的朋友佩基正在上海工作，有时候发电子邮件给我。Wǒde péngyou Pèijī zhèngzài Shànghǎi gōngzuò, yǒushíhou fā diànzi yóujiàn gěi wǒ.

somewhat ADV 有点儿 yǒudiǎnr

somewhere ADV 什么地方 shénme dìfang, 某地 mǒudì □ I lost my cell phone somewhere in the park. 我把手机丢在公园什么地方了。Wǒ bǎ shǒujī diū zài gōngyuán shénme dìfang le.

son N 1 儿子 érzi

the Son 圣子 Shèngzǐ, 耶稣基督 Yēsū Jīdū

2 孩子 háizi, 小伙子 xiǎohuǒzi

sonata N 奏鸣曲 zòumíngqǔ [M. WD 首 shǒu]

song N 歌 gē [M. WD 首 shǒu], 歌曲 gēqǔ [M. WD 首 shǒu] □ Do you recognize the song playing on the radio? 你听得出来收音机里正放的是哪一首歌？Nǐ tīngde chūlai shōuyīnjī lǐ zhèngfàng de shì nǎ yì shǒu gē ma?

sonic ADJ 声音的 shēngyīn de, 声波的 shēngbō de

sonic boom 声震 shēng zhèn

son-in-law N 女婿 nǚxu

sonnet N 十四行诗 shísìhángshī [M. WD 首 shǒu]

sonorous ADJ 洪亮的 [+声音] hóngliàng de [+shēngyīn]

soon ADV 不久 bù jiǔ, 很快 hěn kuài □ I hope he comes home soon since I'm beginning to worry about him. 我希望他马上回家，因为我开始为他担心了。Wǒ xīwàng tā mǎshàng huíjiā, yīnwèi wǒ kāishǐ wèi tā dānxīn le. □ How soon can you finish the job? 你要多少时间做完这件工作？Nǐ yào duōshǎo shíjiān zuòwán zhè jiàn gōngzuò?

as soon as … 一…就… yī…jiù… □ As soon as he arrives in Shanghai, he will call Mr Li. 他一到上海，就打电话给李先生。Tā yí dào Shànghǎi, jiù dǎ diànhuà gěi Lǐ xiānsheng.

soot N 烟灰 yānhuī, 煤灰 méihuī

soothe V 使 [某人] 平静 shǐ [+mǒurén] píngjìng, 抚慰 fǔwèi

soothing ADJ 柔和平静的 róuhe píngjìng de, 抚慰人心的 fǔwèi rénxīn de

sop V (to sop up) 抹干 mǒ gān, 吸干 xīgān

sophisticated ADJ 1 经历丰富的 [+人] jīnglì fēngfù de [+rén], 老练的 lǎoliàn de 2 精密的 [+仪表] jīngmì de [+yíbiǎo], 尖端的 [+技术] jiānduān de [+jìshù]

sophistication N 1 经历丰富 jīnglì fēngfù 2 精密尖端 jīngmì jiānduān

sophomore N (高中或大学) 二年级学生 (gāozhōng huò dàxué) èr niánjí xuésheng

sophomoric ADJ 幼稚的 yòuzhì de, 肤浅的 fūqiǎn de

soporific ADJ 使人昏昏欲睡的 shǐrén hūnhūn yùshuì de, 催眠的 cuīmián de

sopping ADJ 湿透的 shītòu de

soprano N 女高音 (歌手) nǚgāoyīn (gēshǒu)

sorbet N 冰糕 bīnggāo

sorcerer N 魔法师 mófǎ shī, 巫师 wūshī

sorceress N 女魔法师 nǚ mófǎshī, 女巫师 nǚ wūshī

sorcery N 巫术 wūshù, 魔法 mófǎ

sordid ADJ 1 肮脏的 [+地方] āngzāng de [+dìfang] 2 卑鄙的 [+行为] bēibǐ de [+xíngwéi], 下流的 xiàliú de

sore I ADJ 酸痛 suāntòng □ My arm is still sore from playing tennis yesterday. 我昨天打了网球，今天胳膊还酸痛。Wǒ zuótiān dǎle wǎngqiú, jīntiān gēbo hái suāntòng.

II N 1 疤 bā 2 伤痛处 shāngtòng chù

sorely ADV 极其严重 (地) jíqí yánzhòng (de)

sorority N (美国) 大学女生联谊会 (Měiguó) dàxué nǚshēng liányìhuì

sorrow N 悲伤 bēishāng, 悲痛 bēitòng □ He felt a great deal of sorrow for years after his sister died of cancer. 他姐姐死于癌症以后好多年，他都感到非常悲痛。Tā jiějie sǐ yú áizhèng yǐhòu hǎoduō nián, tā dōu gǎndao fēicháng bēitòng.

sorry ADJ 1 对不起 duìbuqǐ □ I forgot all about calling you yesterday. Sorry about that. 我昨天忘了要给你打电话，对不起。Wǒ zuótiān wàngle yào gěi nǐ dǎ diànhuà, duìbuqǐ. 2 难过 nánguò □ We're sorry to learn that Miss Grey is leaving us for another job. 我们听说格雷小姐另有高就，要离开我们，很难过。Wǒmen tīngshuō Géléi xiǎojiě lìng yǒu gāo jiù, yào líkai wǒmen, dōu hěn nánguò. 3 遗憾 yíhàn □ I'm sorry that I won't be able to come to your party. 我不能参加你们的聚会，很遗憾。Wǒ bù néng cānjiā nǐmen de jùhuì, hěn yíhàn. 4 惭愧 cánkuì □ He felt sorry for what he had done. 他为自己的行为感到惭愧。Tā wèi zìjǐ de xíngwéi gǎndao cánkuì.

sort I N 1 (sort of) 有点儿 yǒudiǎnr □ I feel sort of sorry for the criminal. 我有点儿为这个罪犯难过。Wǒ yǒudiǎnr wèi zhè ge zuìfàn nánguò. 2 种 (类) zhǒng (lèi) □ What sort of music do you like? 你喜欢哪种音乐？Nǐ xǐhuan nǎ zhǒng yīnyuè? 3 (计算机操作) 分类 (jìsuànjī cāozuò) fēnlèi, 排序 páixù II V 将…分类 jiāng…fēnlèi

to sort out 整理 zhěnglǐ

to sort through 查找 cházhǎo

SOS N 紧急求救信号 jǐnjí qiújiù xìnhào

so-so ADJ, ADV 一般性的 yìbānxìng de, 不好也不坏 bùhǎo yě búhuài

soufflé N 蛋奶酥 dànnǎisū

sought See **seek**

sought-after ADJ 很受欢迎的 hěn shòu huānyíng de, 吃香的 chīxiāng de

soul N 1 灵魂 línghún □ Christians believe in the immortality of the soul. 基督教徒相信灵魂不朽。Jīdūjiàotú xiāngxìn línghún bù xiǔ.

soul mate 知己 zhījǐ, 心灵之交 xīnlíng zhī jiāo

soul music 灵歌 línggē, 灵魂 línggū

2 人 rén □ She is such a lovely soul that everyone enjoys her company. 她是个很可爱的人，人人都喜欢跟她呆在一起。Tā shì ge hěn kě'ài de rén, rénrén dōu xǐhuan gēn tā dāi zài yìqǐ. **3** 精神 jīngshén, 特质 tèzhì

soulful ADJ 深情而伤感的 shēnqíng ér shānggǎn de

soulless ADJ 无情无义的 wúqíngwúyì de

soul-searching N 深刻反省 shēnkè fǎnxǐng, 自我解剖 zìwǒ jiěpōu

sound I N 声音 shēngyīn

by the sound of it 听起来 tīngqilai, 看来 kànlai □ By the sound of it, Marianne will marry him after all. 听起来，玛丽安毕竟还是要和他结婚。Tīngqilai, Mǎliān bìjìng háishi yào hé tā jiéhūn.

sound barrier 声障 shēngzhàng

sound bite 政客的录音片断 zhèngkè de lùyīn piàn duàn

sound effects 音响效果 yīnxiǎng xiàoguǒ

II V 听起来 tīngqilai, 似乎 sìhū □ This pension scheme sounds too good to be true. 这个养老金计划听起来太好了，不可能是真的。Zhè ge yǎnglǎojīn jìhuà tīngqilai tài hǎo le, bù kěnéng shì zhēn de.

to sound sb out 探听某人的意见 tàntīng mǒurén de yìjiàn

Sounds good. 好啊 hǎo a □ "Do you want to play a game of chess with me?" "Sounds good." "想不想和下一盘棋？" "好啊。" "Xiǎngbùxiǎng hé wǒ xià yì pán qí?" "Hǎo a."

III ADJ 1 健全的 jiànquán de □ A sound body harbors a sound mind. 健全的身体才有健全的心灵。Jiànquán de shēntǐ cái yǒu jiànquán de xīnlíng. **2** 合理的 hélǐ de □ He often gives sound advice to young people, but it's not always followed. 他常常给青年人合理的忠告，可是青年人不总是听从。Tā chángcháng gěi qīngniánrén hélǐ de zhōnggào, kěshì qīngniánrén bù zǒngshì tīngcóng.

IV ADV (sound asleep) 睡得很熟 shuì dehěn shú

sounding board N 被征询意见的人 bèi zhēngxún yìjiàn de rén

soundly ADV 1 深沉地 [+睡眠] shēnchén de [+shuìmián] 2 彻底地 [+打败] chèdǐ de [+dǎbài]

soundproof ADJ 隔音的 géyīn de

soundtrack N 电影配乐 diànyǐng pèiyuè

soup N 汤 tāng, 羹 gēng □ When I'm sick with a cold, there's nothing like granny's chicken soup to get me back on my feet. 我感冒的时候, 奶奶的鸡汤最能让我恢复健康。Wǒ gǎnmào de shíhou, nǎinai de jī tāng zuì néng ràng wǒ huīfù jiànkāng.

soup kitchen 救济穷人的流动厨房 jiùjì qióngrén de liúdòng chúfáng □ Ever since her retirement Aunt Mabel has worked for the soup kitchen three times a week. 梅布尔阿姨退休以后, 一星期三次为救济穷人的流动厨房干活。Méibù'ěr āyí tuìxiū yǐhòu, yì xīngqī sān cì wèi jiùjì qióngrén de liúdòng chúfáng gànhuó.

souped-up ADJ 增强了马力的 [+汽车] zēngqiáng le mǎlì de [+qìchē]

sour I ADJ 1 酸 suān □ Max hates sour apples. 马克斯讨厌酸苹果。Mǎkèsī tǎoyàn suān píngguǒ.

sour cream 酸奶油 suān nǎiyóu

sour grapes 酸葡萄 (心态) suān pútao (xīntài)

2 坏脾气的 huài píqi de □ After that tragic experience he became a disillusioned, sour man. 那次悲剧性的经历以后, 他成了一个理想破灭、脾气很坏的人。Nà cì bēijù xìng de jīnglì yǐhòu, tā chéngle yí ge lǐxiǎng pòmiè、píqi hěn huài de rén. II V 变坏 biàn huài □ Their relationship began to sour after they moved in together. 他们俩搬到一块儿住以后, 关系开始变坏了。Tāmen liǎ bān dào yíkuàir zhù yǐhòu, guānxi kāishǐ biàn huài le.

source N 来源 láiyuán □ Oranges are a good source of vitamin C. 橘子是维生素C的好来源。Júzi shì wéishēngsù C de hǎo láiyuán.

source code (计算机) 源代码 (jìsuànjī) yuán dàimǎ

source language (翻译的) 起始语 (fānyì de) qǐshǐ yǔ, 译出语 yìchū yǔ

sourdough N 酵头 jiàotóu

south I N 1 南面 nánmian 2 (the South) 南方 nánfāng □ I grew up in the South, but now live up Nouth. 我在南方长大, 但是现在住在北方。Wǒ zài nánfāng zhǎngdà, dànshì xiànzài zhù zài běifāng. II ADJ 南面的 nánmian de □ In summer, dry warm south winds sweep across the country. 在夏季, 干燥温暖的南风吹遍全国。Zài xiàjì, gānzào wēnnuǎn de nán fēng chuībiàn quán guó.

South America 南美洲 Nán Měizhōu

South Pacific 南太平洋 Nán Tàipíngyáng

the South Pole 南极 Nánjí

III ADV 在南面 zài nánmian

to go south 变坏 biànhuài, 恶化 èhuà

southbound ADJ 朝南的 cháonán de

southeast N 东南 dōngnán

southeastern ADJ 东南的 dōngnán de

southerly ADJ 南方的 (在) nánfāng de

southerly wind 南风 nánfēng

southern ADJ 南的 nán de, 南部的 nánbù de □ If you live in southern Texas, consider learning Spanish. 你如果住在南得克萨斯州, 可以考虑学西班牙语。Nǐ rúguǒ zhù zài nán Dékèsàsī zhōu, kěyǐ kǎolǜ xué Xībānyáyǔ.

the southern hemisphere 南半球 nánbànqiú

southerner N 南方人 nánfāngrén, 南部人 nánbù rén

southernmost ADJ 最南面的 zuì nánmian de

southward ADJ, ADV 向南 (的) xiàng nán (de)

southwest N 西南 xīnán

southwestern ADJ 西南的 xīnán de

souvenir N 纪念品 jìniànpǐn [M. WD 件 jiàn]

sovereign I ADJ 享有独立主权的 xiǎngyǒu dúlì zhǔquán de II N 君主 jūnzhǔ, 国王 guówáng, 女王 nǚwáng

sow[1] (PT **sowed**; PP **sowed**, **sown**) V 播 (种) bō (zhǒng)

to sow one's wild oats (年轻时) 放荡不羁 (niánqīng shí) fàngdàng bùjī, 到处拈花惹草 dàochù niānhuā rě cǎo

sow[2] N 母猪 mǔzhū [M. WD 头 tóu]

sown See sow[1]

soy, soya N 黄豆 huángdòu [M. WD 粒 lì/颗 kē], 大豆 dàdòu [M. WD 粒 lì/颗 kē]

soy bean 黄豆 huángdòu, 大豆 dàdòu

soy milk 豆浆 dòujiāng

soy sauce 酱油 jiàngyóu

spa N 1 矿泉疗养地 kuàngquán liáoyǎngdì 2 按摩浴缸 ànmó yùgāng 3 水疗 shuǐliáo

space N 1 空白 kòngbái □ There's a space for your signature. 这里空白的地方供你签字。Zhèlǐ kòngbái de dìfang gōng nǐ qiānzì. 2 空地 kòngdì, 地方 dìfang □ The bus was so crowded that there was hardly any space to stand. 公共汽车挤得几乎连站的地方都没有。Gōnggòng qìchē jǐde jīhū lián zhàn de dìfang dōu méiyǒu. 3 空间 kōngjiān □ The exploration of outer space is costly but necessary. 探索外层空间, 花费昂贵, 但是很有必要。Tànsuǒ wàicéng kōngjiān, huāfèi ángguì, dànshì hěn yǒu bìyào.

space-age ADJ 太空时代的 tàikōng shídài de, 高度现代化的 gāodù xiàndàihuà de

space-age laboratory 高度现代化的实验室 gāodù xiàndàihuà de shíyànshì

spacecraft/spaceship/space shuttle N 宇宙飞船 yǔzhòu fēichuán, 航天器 hángtiānqì

spaced-out ADJ 迷迷糊糊的 mími húhu de, 头脑不清楚的 tóunǎo bùqīngchu de

spaceship N 太空船 tàikōngchuán

spacey, spacy ADJ 迷迷糊糊的 mími huhu de, 头脑不清楚的 tóunǎo bùqīngchu de

spacious ADJ 宽敞的 kuānchang de, 宽阔的 kuānkuò de

spade N 1 (纸牌/扑克牌) 黑桃 (zhǐpái/pūkèpái) hēitáo □ After the ace of spades was played, the game was over. 出黑桃A以后, 这幅牌就玩完了。Dǎchū hēitáo A yǐhòu, zhè fú pái jiù wánwán le. 2 铲 chǎn, 铲子 chǎnzi [M. WD 把 bǎ]

Call a spade a spade. 是什么说什么。(→直言不讳。) Shì shénme jiù shuō shénme. (→Zhíyán bú huì.)

spaghetti N (意大利) 细面条 (Yìdàlì) xìmiàntiáo

span I N 1 期间 qījiān 2 持续时间 chíxù shíjiān

sb's life span 某人的寿命 mǒurén de shòumìng

attention span 注意力持续的时间 zhùyìlì chíxù de shíjiān

3 跨距 kuàjù, 全长 quáncháng II V 1 (大桥+) 跨越 [dà qiáo+] kuàyuè 2 [事件+] 持续 [shìjiàn+] chíxù

spangle N (服装的) 金属饰片 (fúzhuāng de) jīnshǔ shìpiàn

Spanish I ADJ 西班牙的 Xībānyá de, 西班牙人的 Xībānyárén de, 西班牙语的 Xībānyáyǔ de II N 1 西班牙人 Xībānyárén 2 西班牙语 Xībānyáyǔ

spank V 1 打 (小孩) 屁股 dǎ (xiǎohái) pìgu 2 击败 jībài

spanking N 打 (小孩) 屁股 dǎ (xiǎohái) pìgu

spar V 1 (拳击手之间) 练拳 (quánjīshǒu zhījiān) liànquán 2 争论 zhēnglùn

spare I ADJ 1 备用的 bèiyòng de □ We have a spare room for guests. 我们有一间备用客房。Wǒmen yǒu yì jiān bèiyòng kèfáng.

spare change 多余的硬币 duōyú de yìngbì

spare key 备用钥匙 bèiyòng yàoshi

spare wheel 备用轮胎 bèiyòng lúntāi

2 空闲的 kòngxián de □ What do you do in your spare time? 你空闲的时候做什么? Nǐ kòngxián de shíhou zuò shénme? II V 1 使…免受 shǐ…miǎnshòu

to spare sb the trouble 使某人免受麻烦 shǐ mǒurén miǎnshòu máfan

to spare sb's feelings 使某人免于难受 shǐ mǒurén miǎnyú nánshòu

2 不伤害 bù shānghài

Spare me. 饶了我吧。Ráo le wǒ ba.

3 不使用 bù shǐyòng, 节省 jiéshěng

to spare no expenses 不节省任何费用 bù jiéshěng rènhé fèiyòng, 不惜工本 bùxī gōngběn

III N 备用品 bèiyòngpǐn

sparingly ADV 节省地 jiéshěng de, 有节制地 yǒujié zhì de

spark I N 火花 huǒhuā, 火星 huǒxīng

spark plug 火花塞 huǒhuāsāi

2 (麻烦的) 起因 (máfan de) qǐyīn **3** 才智 cáizhì, 活力 huólì

II v **1** 引起 [+麻烦] yǐnqǐ [+máfan], 导致 dǎozhì **2** 迸发火花 bèngfā huǒhuā

sparkle I v 闪闪发亮 shǎnshǎn fāliàng, 闪光 shǎnguāng

II N **1** 闪亮 shǎnliàng, 闪光 shǎnguāng **2** 兴致 xìngzhì

sparkler N 烟花棒 yānhuā bàng

sparrow N 麻雀 máquè [M. WD 只 zhǐ]

sparse ADJ 稀少的 xīshǎo de

sparsely ADV 稀少地 xīshǎo de

sparsely populated 人烟稀少的 rényān xīshǎo de

spartan ADJ 简朴的 jiǎnpǔ de, 清苦的 qīngkǔ de

spasm N 痉挛 jìngluán, 抽筋 chōujīn

a spasm of coughing 一阵猛烈的咳嗽 yízhèn měngliè de késou

spasmodic ADJ **1** 痉挛的 jìngluán de, 抽搐的 chōuchù de **2** 断断续续的 duànduàn xùxù de

spastic I ADJ **1** 极其笨拙的 jíqí bènzhuō de, 极易激动的 jí yì jīdòng de **II** N 患大脑麻痹的人 huàn dànǎo mábì de rén

spat¹ N 口角 kǒujué, 拌嘴 bànzuǐ

spat² v See spit

spate N (a spate of sth) 多起 [+事故] duō qǐ [+shìgù], 大量 dàliàng

a spate of H1N1 cases 多起猪流感病例 duōqǐ zhū liúgǎn bìnglì

spatial ADJ 关于空间的 guānyú kōngjiān de

spatter N, v 溅 jiàn, 洒 sǎ

spatula N 铲子 chǎnzi [M. WD 把 bǎ], 刮刀 guādāo [M. WD 把 bǎ]

spawn I v **1** [鱼+] 大量产卵 [yú+] dàliàng chǎnluǎn **2** 酿成 [+危机] niàngchéng [+wēijī] **II** N 成团的鱼卵 chéngtuán de yúluǎn

spay v 切除 (动物的) 卵巢 qiēchú (dòngwù de) luǎncháo

speak (PT **spoke**; PP **spoken**) v **1** 说 shuō □ Do you speak Chinese? 你会说中文吗? Nǐ huì shuō Zhōngwén ma? □ Our language teacher speaks four languages. 我们的语言课老师会说四种语言。Wǒmen de yǔyánkè lǎoshī huì shuō sì zhǒng yǔyán. **2** 说话 shuōhuà □ Bruce didn't begin to speak until he was three. 布鲁斯到三岁才开始说话。Bùlǔsī dào sān suì cái kāishǐ shuōhuà. **3** 演讲 yǎnjiǎng, 演说 yǎnshuō □ Prof Winston is often invited to speak at conferences. 温斯顿教授经常被邀请在研讨会上演讲。Wēnsīdùn jiàoshòu jīngcháng bèi yāoqǐng zài yántǎohuìshang yǎnjiǎng.

generally speaking 一般来说 yìbān láishuō □ Generally speaking, girls have more aptitude for languages than boys. 一般来说，女孩子学语言的能力比男孩子强。Yìbān láishuō, nǚháizi xué yǔyán de nénglì bǐ nánháizi qiáng.

to speak out 公开发表议论 gōngkāi fābiǎo yìlùn, 公开抗议 gōngkāi kàngyì □ Many prominent Americans spoke out against the war. 很多有名望的美国人公开发表议论，反对这场战争。Hěn duō yǒu míngwàng de Měiguórén gōngkāi fābiǎo yìlùn, fǎnduì zhè cháng zhànzhēng.

to speak up 说得大声一点儿 shuō de dàshēng yìdiǎnr □ I

can't hear you; could you please speak up? 我听不清楚，能不能说得大声一点儿? Wǒ tīngbuqīngchu, néngbunéng shuōde dàshēng yìdiǎnr?

speaker N **1** 演讲者 yǎnjiǎngzhě □ The speaker answered questions from the audience with patience and humor. 演讲者耐心而幽默地回答了听众的问题。Yǎnjiǎngzhě nàixīn ér yōumò de huídále tīngzhòng de wèntí. **2** 说某种语言的人 shuō mǒu zhǒng yǔyán de rén □ If you're a fluent Chinese speaker, you'll have a much better chance of getting the job. 如果你能流利地说中文，得到这份工作的机会就大得多。Rúguǒ nǐ néng liúlì de shuō Zhōngwén, dédào zhè fèn gōngzuò de jīhuì jiù dà de duō. **3** 扬声器 yángshēngqì, 喇叭 lǎba

spear I N 矛 máo [M. WD 根 gēn/把 bǎ], 梭标 suō biāo [M. WD 把 bǎ] **II** v **1** 用矛刺 yòng máo cì **2** 用叉子叉起 yòng chāzi chā qǐ

spearhead v 当…的先锋 dāng…de xiānfēng, 为…带头 wéi…dàitóu

special I ADJ 特别的 tèbié de, 特殊的 tèshū de □ Is there anything special you'd like to do for this year's birthday, dear? 亲爱的，你今年的生日想做些什么特别的事吗? Qīn'ài de, nǐ jīnnián de shēngrì xiǎng zuò xiē shénme tèbié de shì ma? □ Aunt Emily uses that dinner set for special occasions. 爱米莉阿姨只是在特殊场合才用这套餐具。Àimǐlì āyí zhǐ shì zài tèshū chǎnghé cái yòng zhè tào cānjù.

special education 特殊教育 tèshū jiàoyù □ Special education teachers need to be all the more caring and patient. 特殊教育的老师需要更有爱心和耐心。Tèshū jiàoyù de lǎoshī xūyào gèngyǒu àixīn hé nàixīn.

special effects 特技效果 tèjì xiàoguǒ

II N **1** 特价 tèjià, 特别便宜的商品 tèbié piànyi de shāngpǐn □ The butcher had a special on pork chops yesterday, $1 for a pound. 肉铺昨天有特价猪排——一块钱一磅。Ròupù zuótiān yǒu tèjià zhūpái—yí kuài qián yí bàng. **2** 特别节目 tèbié jiémù

specialist N 专科医生 zhuānkē yīshēng, 专门工作者 zhuānmén gōngzuòzhě

specialization N 专业分工 zhuānyèfēngōng

specialize v 专门研究 [+中国经济] zhuānmén yánjiū [+Zhōngguó jīngjì], 专门从事 [+体育用品销售] zhuānmén cóngshì [+tǐyù yòngpǐn xiāoshòu]

specialized ADJ 专门训练的 zhuānmén xùnliàn de, 专门的 zhuānmén de

specially ADV 专门地 zhuānmén de, 特地 tèdì

specialty N **1** 专业 zhuānyè, 专长 zhuāncháng **2** 特色菜 tèsècài, 特色食品 tèsè shípǐn

species N 种 zhǒng, 物种 wùzhǒng □ There are over 4,000 species of mammals. 哺乳动物有四千多种。Bǔrǔ dòngwù yǒu sì qiān duō zhǒng.

specific ADJ 特定的 tèdìng de, 明确的 míngquè de □ What is the specific equipment you need for doing this job? 你做这个工作需要什么特定的设备? Nǐ zuò zhè ge gōngzuò xūyào shénme tèdìng de shèbèi?

specific gravity 比重 bǐzhòng

specification N 规格说明 guīgé shuōmíng, 明细规则 míngxì guīzé

job specifications 职务详细说明 zhíwù xiángxì shuōmíng

technical specifications 技术指标说明 jìshù zhǐbiāo shuōmíng

specifics N 细节 xìjié, 详情 xiángqíng

specify v 详细说明 xiángxì shuōmíng, 明确规定 míngquè guīdìng

specimen N 抽样 chōuyàng, 样本 yàngběn

specious ADJ 似是而非的 sìshì'érfēi de

speck N 小斑点 xiǎo bāndiǎn, 污点 wūdiǎn

speckle N 小斑点 xiǎo bāndiǎn

spectacle N 1 景象 jǐngxiàng 2 不寻常的事 bùxúncháng de shì, 奇事 qíshì

to make a spectacle of yourself 丢人现眼 diūrén xiànyǎn, 出洋相 chūyángxiàng

spectacles N See **glasses**

spectacular I ADJ 壮观的 [+场面] zhuàngguān de [+chǎngmiàn], 宏伟的 hóngwěi de II N 壮观的场面 zhuàngguān de chǎngmiàn

spectator N 观众 guānzhòng, 观看者 guānkànzhě

spectator sport 观赏性体育项目 guānshǎng xìngtǐ yù xiàngmù

specter N 鬼魂 guǐhún, 幽灵 yōulíng

spectrum N 1 光谱 guāngpǔ, 谱 pǔ 2 一系列 yíxiliè

a spectrum of opinion 一系列意见 yíxiliè yìjiàn

speculate V 1 推测 tuīcè, 思考 sīkǎo 2 做投机生意 zuò tóujī shēngyì

speculation N 1 推测 tuīcè 2（商业）投机 (shāngyè) tóujī

speculator N 投机商人 tóujī shāngrén, 投机者 tóujīzhě

speculative ADJ 1 推测的 tuīcè de 2 投机的 tóujī de

sped See **speed**

speech N 1 演说 yǎnshuō □ He will give his first speech before the U.S. Congress today. 他将在众议院作首次演说。Tā jiāng zài Zhòngyìyuàn zuò shǒu cì yǎnshuō. 2 说话的能力 shuōhuà de nénglì □ Only human beings have the faculty of speech. 只有人类有说话的能力。Zhǐ yǒu rénlèi yǒu shuōhuà de nénglì.

freedom of speech 言论自由 yánlùn zìyóu

speechless ADJ 说不出话的 shuōbuchū huà de, 哑口无言的 yǎkǒu wúyán de

speechwriter N 演讲稿撰写人 yǎnjiǎnggǎo zhuànxiěrén

speed I N 速度 sùdù □ The speed limit on this road is 40 miles per hour. 这条路上的车速限定在一小时四十英里。Zhè tiáo lùshang de chēsù xiàndìng zài yì xiǎoshí sìshí yīnglǐ.

speed limit 最高限速 zuìgāo xiànsù

speed skating 速度滑冰 sùdù huábīng

II V (PT & PP **sped**) 1 快速行进 kuài sù xíngjìn 2 (to speed up) 使…加快速度 shǐ…jiākuài sùdù 3 超速驾驶 chāosù jiàshǐ □ He got two tickets for speeding last month. 他上个月得了两张超速罚单。Tā shàng ge yuè déle liǎng zhāng chāosù fá dān.

speedboat N 快艇 kuàitǐng [M. WD 艘 sōu]

speeding N（驾车）超速 (jiàchē) chāosù

speedometer N（汽车的）速度表 (qìchē de) sùdùbiǎo

speedy ADJ 快速的 kuàisù de, 及时的 jíshí de

speedy recovery 早日康复 zǎorì kāngfù

spell¹ (PT & PP **spelled**, **spelt**) V 1 拼写 pīnxiě □ How do you spell your last name? 你的姓怎么拼写？Nǐde xìng zěnme pīnxiě? 2 造成 zàochéng □ This boy's antisocial behavior will surely spell trouble for his future. 这个男孩的反社会行为肯定会为他的将来造成危害。Zhè ge nánhái de fǎn shèhuì xíngwéi kěndìng huì wèi tā de jiānglái zàochéng wēihài.

spell² N 1 一段（短暂的）时间 yí duàn (duǎnzàn de) shíjiān

a spell of unemployment 一段失业的时间 yí duàn shīyè de shíjiān

2 魔咒 mózhòu, 魔法 mófǎ

spellbound ADJ 入迷的 rùmí de, 被迷惑的 bèi míhuo de

spelling N 拼写 pīnxiě

spelling bee（单词）拼写比赛 (dāncí) pīnxiě bǐsài

sped See **speed**

spend (PT & PP **spent**) V 花 [+钱／时间] huā [+qián/shíjiān], 消耗 xiāohào □ We spent two weeks in Australia traveling around. 我们在澳大利亚花了两个星期，到处旅游。Wǒmen zài Àodàlìyà huāle liǎng ge xīngqī, dàochù lǚyóu.

to spend the night with sb 与某人一起过夜 yǔ mǒurén yìqǐ guòyè, 与某人一夜情 yǔ mǒurén yíyèqíng

spending N 开支 kāizhī, 开销 kāixiao

spendthrift N 浪费金钱的人 làngfèi jīnqián de rén, 挥霍者 huīhuòzhě

spent I V See **spend** II ADJ 用过的 yòng guò de, 失效的 shīxiào de

to be a spent force 已丧失权力的 yǐ sàngshī quánlì de, 过气的 guòqì de

sperm N 精子 jīngzǐ

spew V 1 大量排出 [+有毒气体] dàliàng páichū [+yǒudú qìtǐ] 2 大肆宣扬 [+有害思想] dàsì xuānyáng [+yǒuhài sīxiǎng]

sphere N 1 球 qiú, 球体 qiútǐ 2 范围 fànwéi, 领域 lǐngyù

sphere of influence 势力范围 shìlì fànwéi

spherical ADJ 球体的 qiútǐ de, 球形的 qiúxíng de

sphinx N（埃及）狮身人面像 (Āijí) shīshēn rénmiànxiàng

spice I N 香料 xiāngliào

herbs and spices 芳草和香料 fāngcǎo hé xiāngliào

II V 给 [+食物] 添加香料 gěi [+shíwù] tiānjiā xiāngliào

spick-and-span ADJ 干干净净的 gāngān jìngjìng de, 一尘不染的 yì chén bù rǎn de

spicy ADJ 1 加了香料的 jiāle xiāngliào de 2 辣的 là de, 辣味的 làwèi de 3 色情的 sèqíng de, 下流的 xiàliú de

spider N 蜘蛛 zhīzhū □ It's fascinating to watch a spider spin a web. 看蜘蛛织网是很有趣的。Kàn zhīzhū zhī wǎng shì hěn yǒuqù de.

spidery ADJ 蜘蛛网似的 [+字迹] zhīzhūwǎng shìde [+zìjī]

spiel N 喋喋不休推销商品的话 diédié bùxiū tuīxiāo shāngpǐn de huà

spiffy ADJ 整洁漂亮的 [+服装] zhěngjié piàoliang de [+fúzhuāng]

spike I N（金属的）钉状物 (jīnshǔ de) dīng zhuàng wù, 尖铁 jiān tiě II V 1 刺进 cì jìn, 插入 chārù 2 大幅度上升 dàfúdù shàngshēng

to spike with 搀进 [+毒药／烈酒] chānjìn [+dúyào/lièjiǔ]

spikes N 钉鞋 dìngxié [M. WD 双 shuāng]

spill (PT & PP **spilled**, **spilt**) I V（使…）溢出 (shǐ…) yìchū,（使…）溅落 (shǐ…) jiànluò II N 溢出 yìchū

oil spill 石油泄漏 shíyóu xièlòu

spilt See **spill**

spin I V (PT & PP **spun**) 1 旋转 xuánzhuǎn □ The child screamed with delight as his father spun him around. 爸爸拉着孩子的手抡圈儿，孩子开心得直叫。Bàba lāzhe háizi de shǒu lūn quānr, háizi kāixīnde zhí jiào. 2 编造故事 biānzào gùshi □ Philip spun a tale about him beating off a mugger. 菲利普编造了一个他打退抢劫犯的故事。Fēilìpǔ biānzàole yí ge tā dǎtuì qiǎngjiéfàn de gùshi.

spin doctor 舆论导向专家 yúlùn dǎoxiàng zhuānjiā, 公关顾问 gōngguān gùwèn

3 纺线 fǎngxiàn □ There is a demonstration in the museum on spinning goat hairs into wool. 在博物馆有一个把山羊毛纺成羊毛线的表演。Zài bówùguǎn yǒu yí ge bǎ shānyáng máo fǎngchéng yángmáo xiàn de biǎoyǎn.

II N 1 旋转 xuánzhuǎn, 旋球 xuán qiú □ The bowler added some spin to the ball. 投球手打了一个旋球。Tóuqiúshǒu dǎle yí ge xuánqiú. 2 兜风 dōufēng □ Why don't we take a spin on our bicycles today? 咱们今天干吗不骑自行车去兜风呢？Zánmen jīntiān gànmá bù qí zìxíngchē qù dōufēng ne?

to spin a tale/yarn 编造故事 biānzào gùshi

spinach N 菠菜 bōcài [M. WD 棵 kē]

spinal ADJ 脊椎的 jǐzhuī de, 脊髓的 jǐsuǐ de

spinal cord 脊髓 jǐsuǐ

spindly ADJ 细长纤弱的 xìcháng xiānruò de

spine N 脊椎 jǐzhuī, 脊柱 jǐzhù

spineless ADJ 没有骨气的 méiyǒu gǔqì de, 懦弱的 nuòruò de

spinning wheel N 手纺车 shǒufǎngchē [M. WD 架 jià/部 bù]

spin-off N **1** 子公司 zǐgōngsī, 成立子公司 chénglì zǐgōngsī **2** 派生电视节目 pàishēng diànshì jiémù

spinster N 大龄未婚女子 dàlíng wèihūn nǚzǐ, 老处女 lǎochǔnǚ

spiral I N **1** 螺旋形 luóxuánxíng, 螺丝 luósī **2** 螺旋形过程 luóxuánxíng guòchéng
downward spiral 螺旋形下降 luóxuánxíng xiàjiàng
II v 螺旋形上升/下降 luóxuánxíng shàngshēng/xiàjiàng
to spiral out of control 不断恶化以至于失去控制 búduàn èhuà yǐzhìyú shīqù kòngzhì

spire N [教堂+] 尖顶 [jiàotáng+] jiāndǐng, 塔顶 tǎdǐng

spirit N **1** 精神 jīngshén □ A series of personal tragedies did not beat her spirit. 一系列的个人悲剧没有挫败她的精神。Yí xìliè de gèrén bēijù méiyǒu cuòbài tā de jīngshén.
team spirit 团队精神 tuánduì jīngshén
2 情绪 qíngxù □ Apparently he is not in the best of spirits today. 他今天显然情绪不太好。Tā jīntiān xiǎnrán qíngxù bú tài hǎo.
in high spirits 情绪很高 qíngxù hěn gāo
in low spirits 情绪低落 qíngxù dīluò
3 精灵 jīnglíng, 灵魂 línghún, 鬼魂 guǐhún □ She was said to be possessed by evil spirits. 据说她被邪鬼附身了。Jùshuō tā bèi xiéguǐ fùshēn le.

spirited ADJ 精神饱满的 jīngshen bǎomǎn de, 充满活力的 chōngmǎn huólì de

spirits N 烈性酒 lièxìngjiǔ

spiritual I ADJ 精神 (上) 的 jīngshén (shàng) de, 心灵的 xīnlíng de II N 灵歌 línggē

spit I N **1** 口水 kǒushuǐ, 唾液 tuòyè **2** 烤肉叉 kǎoròu chā [M. WD 把 bǎ] II v (PT & PP **spat**) **1** 吐 (掉) tǔ (diào)
to spit up blood 吐血 tǔ xiě
2 吐口水 tǔ kǒushuǐ, 吐痰 tǔtán

spite I N 恶意 èyì □ He made that offensive remark out of spite. 他说这句冲撞的话, 是出于恶意。Tā shuō zhè jù chōngzhuàng de huà, shì chūyú èyì.
in spite of 尽管 jǐnguǎn □ In spite of his poor health he decided to go on his once-in-a-lifetime trip. 尽管他身体不好, 还是决定做这终身一次的旅行。Jǐnguǎn tā shēntǐ bù hǎo, hái shì juédìng zuò zhè zhōngshēn yícì de lǚxíng.
II v 故意…使恼火 gùyì… shǐ nǎohuǒ, 存心捉弄 cúnxīn zhuōnòng

spiteful ADJ 出于恶意的 chūyú èyì de, 存心捣乱的 cúnxīn dǎoluàn de

splash I v 溅 jiàn, 泼 pō
to splash around 啪嗒啪嗒地趟水 pādā pādā de tàng shuǐ
II N (水的) 溅泼声 (shuǐ de) jiàn pō shēng
to make a splash 引起公众的注意 yǐnqǐ gōngzhòng de zhùyì, 大出风头 dà chū fēngtou

splashy ADJ 鲜艳的 xiānyàn de, 引人注目的 yǐnrén zhùmù de

splat N 啪嗒声 pādā shēng

splatter v (使…) 溅满 (shǐ…) jiàn mǎn
a wall splattered with blood 溅满鲜血的墙 jiàn mǎn xiānxuè de qiáng

splendid ADJ **1** 出色的 [+成绩] chūsè de [+chéngjì], 极好的 jíhǎo de **2** 壮丽的 [+景色] zhuànglì de [+jǐngsè]

splendor N 壮丽 zhuànglì, 光辉 guānghuī

splint N (外科用) 夹板 (wàikē yòng) jiābǎn

splinter I N (金属/木头) 碎片 (jīnshǔ/mùtou) suìpiàn, 木刺 mùcì
splinter group 分裂出来的小派别 fēnliè chūlái de xiǎo pàibié
II v **1** 使 [+木头] 裂成碎片 shǐ [+mùtou] liè chéng suìpiàn **2** [团体+] 分裂 [tuántí+] fēnliè

split I v (PT & PP **split**) **1** 分开 fēnkāi, 分成 fēnchéng □ The cost of the fence will be split between the neighbors. 建围墙

的费用由邻居分担。Jiàn wéiqiáng de fèiyòng yóu línjū fēn dān.
to split a bill 分摊费用 fēntān fèiyòng
2 裂开 lièkai
to split sth three/four ways 把某物分成三／四份 bǎ mǒuwù fēnchéng sān/sì fèn
to split up [夫妻+] 离婚 [fūqī+] líhūn, [朋友+] 断交 [péngyou+] duànjiāo
II N **1** 裂口 lièkǒu, 裂缝 lièfèng **2** (团体的) 分裂 (tuántí de) fēnliè, 分歧 fēnqí **3** 差别 chābié, 差异 chāyì **4** (a split second) 一刹那 yíchànà, 顷刻 qǐngkè **5** (split level) 错层式的 [+房间] cuòcéngshì de [+fángjiān]

splitting ADJ (splitting headache) 头痛欲裂的 tóutòng yù liè de

splurge N, v 任意挥霍 (金钱) rènyì huīhuò (jīnqián), 乱花钱 luànhuāqián

splutter v See **sputter**

spoil (PT & PP **spoiled**, **spoilt**) v **1** 弄坏 nònghuài, 毁掉 huǐdiao □ The power failure spoiled their dinner party. 停电毁了他们的宴请。Tíngdiàn huǐle tāmen de yànqǐng. **2** 宠坏 chǒnghuài **3** [食物+] 变质 [shíwù+] biànzhì, 变坏 biànhuài

spoils N 战利品 zhànlìpǐn, 赃物 zāngwù

spoilsport N 破坏别人兴趣的人 pòhuài biéren xìngqu de rén, 扫兴者 sǎoxìngzhě

spoilt ADJ 宠坏的 [+小孩] chǒnghuài de [+xiǎohái], 惯坏的 guànhuài de □ Their only daughter is utterly spoilt. 他们的独生女儿完全被宠坏了。Tāmen de dúshēng nǚ ér wánquán bèi chǒnghuài le.
spoilt rotten 完全被宠坏了 wánquán bèi chǒnghuài le

spoke[1] v See **speak**

spoke[2] N (自行车) 轮轴 (zìxíngchē) lúnzhóu [M. WD 条 tiáo/根 gēn]

spoken[1] v See **speak**

spoken[2] ADJ 口语的 kǒuyǔ de □ I think my spoken Chinese is better than my written Chinese. 我想我的中文口语比笔语好。Wǒ xiǎng wǒ de Zhōngwén kǒuyǔ bǐ bǐyǔ hǎo.

spokesman N 发言人 fāyánrén

spokeswoman N (女) 发言人 (nǚ) fāyánrén

sponge I N 海绵 hǎimián
sponge cake 海绵 (状) 蛋糕 hǎimián (zhuàng) dàngāo, 松蛋糕 sōng dàngāo
II v **1** (用海绵或毛巾) 擦洗 (yòng hǎimián huò máojīn) cāxǐ **2** (to sponge on/off) 依赖 [+父母] 生活 yīlài [+fùmǔ] shēnghuó, 揩 [+朋友的] 油 kāi [+péngyou de] yóu

spongy ADJ 海绵似的 hǎimián shìde, 松软多孔的 sōngruǎn duōkǒng de

sponsor I N **1** (活动的) 赞助人 (huódòng de) zànzhùrén **2** (申请资格的) 担保人 (shēnqǐng zīge de) dānbǎorén, 保证人 bǎozhèngrén **3** (法案的) 提案人 (fǎ'àn de) tí'àn rén, 发起人 fāqǐrén II v **1** 赞助 [+募捐活动] zànzhù [+mùjuān huódòng] **2** 为 [+某人] 做担保 wéi [+mǒurén] zuò dānbǎo **3** 提议 [+法案] tíyì [+fǎ'àn]

sponsorship N **1** 赞助 zànzhù **2** 担保 dānbǎo **3** 倡议 chàngyì

spontaneity N 自发 (性) zìfā (xìng)

spontaneous ADJ 自发的 zìfā de, 自动的 zìdòng de

spoof N 滑稽模仿 (作品) gǔjī mófǎng (zuòpǐn)

spook I N **1** 鬼 guǐ, 鬼魂 guǐhún **2** 暗探 àntàn II v **1** 惊吓 jīngxià, 惊唬 jīnghǔ

spooky ADJ 阴森吓人的 yīnsēn xiàrén de, 象有鬼的 xiàng yǒuguǐ de

spool N **1** 卷轴 juànzhóu

spoon I N **1** 勺 sháo, 匙子 chízi
be born with a silver spoon in one's mouth 生在富贵人家 shēng zài fùguì rénjiā □ Charles was born with a silver spoon in his mouth. 查尔斯出生在富贵人家。Chá'ěrsī chūshēng zài fùguì rénjiā.

II v (用勺子) 舀 (yòng sháozi) yǎo

spoonfed See **spoonfeed**

spoonfeed (PT & PP **spoonfed**) v **1** 用匙子喂 [+婴儿] yòng chízi wèi [+yīng'ér] **2** 对 [+学生] 作填鸭式灌输 duì [+xuésheng] zuò tiányāshì guànshū

spoonful N 一匙 (糖) yí chí (táng)

sporadic ADJ 零星的 língxīng de, 断断续续的 duànduàn xùxù de

sport I N **1** 体育 tǐyù, 体育活动 tǐyù huódòng □ Carl is very good at sports. 卡尔体育很棒。Kǎ'ěr tǐyù hěn bàng.
sports car 跑车 pǎochē
sports center 体育运动中心 tǐyù yùndòng zhōngxīn
sports club 体育俱乐部 tǐyù jùlèbù
sports pages 体育版 tǐyù bǎn
2 娱乐 yúlè, 玩乐 wánlè
for sport 为了娱乐 wèile yúlè, 为了好玩 wèile hàowán
3 热情开朗的人 rèqíng kāilǎng de rén
a good sport 开得起玩笑的人 kāidéqǐ wánxiào de rén, 输得起的人 shūdéqǐ de rén
II v 炫耀 xuànyào, 卖弄 màinong

sporting ADJ (有关) 体育运动的 (yǒuguān) tǐyù yùndòng de
sporting chance 相当大的机会 xiāngdāng dà de jīhuì, 公平的机会 gōngpíng de jīhuì
sporting goods 体育用品 tǐyùyòngpǐn
sporting life 户外运动生活 hùwài yùndòng shēnghuó

sportscast N 体育比赛的电视转播 tǐyù bǐsài de diànshì zhuǎnbō

sportsman N 运动员 yùndòngyuán

sportsmanlike ADJ 有体育道德的 yǒu tǐyù dàodé de, 有良好体育风尚的 yǒu liánghǎo tǐyùfēngshàng de

sportsmanship N 体育道德 tǐyù dàodé, 良好的体育风尚 liánghǎo de tǐyù fēngshàng

sportswear N 运动服装 yùndòngfúzhuāng, 休闲服装 xiūxiánfú zhuāng

sportswoman N 女运动员 nǚ yùndòngyuán

sporty ADJ 漂亮花哨的 piàoliang huāshao de

spot I N **1** 地点 dìdiǎn, 地方 dìfang □ The park is a favorite picnic spot for the locals. 这个公园是当地人最喜欢举行野餐的地点。(→当地人最喜欢在这个公园举行野餐。) Zhè ge gōngyuán shì dāngdì rén zuìxǐhuan jǔxíng yěcān de dìdiǎn. (→Dāngdì rén zuìxǐhuan zài zhè ge gōngyuán jǔxíng yěcān.) □ The Taiwan Straits is one of the world's major trouble spots. 台湾海峡是世界上主要麻烦点之一。Táiwān hǎixiá shì shìjièshang zhǔyào máfan diǎn zhīyī.
on the spot 当场 dāngchǎng □ After seeing their factory, the buyer placed an order on the spot. 采购员在看了他们的工厂后，当场下了订单。Cǎigòuyuán zài kànle tāmede gōngchǎng hòu, dāngchǎng xiàle dìngdān.
spot check 抽样检查 chōuyàng jiǎnchá
2 斑点 bāndiǎn □ The Dalmatian has beautiful black spots on its white skin. 达尔马提亚狗在白皮上长着美丽的斑点。Dá'ěrmǎtíyà gǒu zài báipíshang zhǎngzhe měilì de bāndiǎn. A leopard never changes its spots. 豹不会改变斑点。Bào bú huì gǎibiàn bāndiǎn. (→本性难移。Běnxìng nán yí. It is difficult to change one's nature.)
II v **1** 认出 rènchū, 发现 fāxiàn **2** 让 [+对方] ràng [+duì-fāng] **III** ADJ 现货的 xiànhuò de, 现付的 xiànfù de
spot sale 现货现金销售 xiànhuò xiànjīn xiāoshòu

spotless ADJ 一尘不染的 yì chén bù rǎn de

spotlight I N **1** 聚光灯 jùguāngdēng **2** (公众的) 瞩目 (gōngzhòng de) zhǔmù, 高度的关注 gāodù de guānzhù **II** v 使…突出 shǐ…tūchū

spotty ADJ **1** 有斑点的 yǒu bāndiǎn de **2** 有好有坏的 yǒu hǎo yǒu huài de **3** 时有时无的 shí yǒu shí wú de, 断断续续的 duànduàn xùxù de

spouse N 配偶 pèi'ǒu

spout I N **1** 喷管 pēnguǎn **2** (茶壶) 嘴 (cháhú) zuǐ **3** 水柱 shuǐzhù **II** v **1** [液体+] 喷出 [yètǐ+] pēn chū, 喷涌 pēnyǒng **2** [人+] 滔滔不绝的说话 [rén+] tāotāo bùjué de shuōhuà, 口若悬河 kǒu ruò xuánhé

sprain I v 扭伤 [+关节] niǔshāng [+guānjié] **II** N 扭伤 niǔshāng

sprang See **spring**[1]

sprawl I v **1** [人+] 伸开手脚躺／坐 [rén+] shēnkāi shǒujiǎo tǎng/zuò **2** [植物+] 蔓生 [zhíwù+] mànshēng **II** N **1** 伸开四肢的躺／坐姿势 shēnkāi sìzhī de tǎng/zuò zīshì **2** 杂乱无章的房屋建筑 záluàn wúzhāng de fángwū jiànzhù
urban sprawl 杂乱无章的市镇扩展 záluàn wúzhāng de shìzhèn kuòzhǎn

spray I v 喷 pēn, 喷洒 pēnsǎ **II** N 喷雾剂 pēnwù jì, 喷雾液体 pēnwù yètǐ
spray can 喷雾器 pēnwùqì
spray gun 喷枪 pēnqiāng
spray paint 喷漆 pēnqī
body spray 香水喷雾 xiāngshuǐ pēnwù
fly spray 灭蝇喷雾剂 miè yíng pēnwùjì
hair spray 定发型喷雾 dìng fàxíng pēnwù

spread (PT & PP **spread**) v **1** 铺开 pūkāi, 摊开 tānkāi □ He shrugged and spread his hands, saying: "I don't know." 他耸耸肩膀，摊手说："我不知道。" Tā sǒngsǒng jiānbǎng, tānkāi shǒu shuō: "Wǒ bù zhīdào."
to spread oneself thin 工作太多无法应付 gōngzuò tài duō wúfǎ yìngfù, 摊子铺得太大 tānzi pū dé tàidà
to spread one's wings 开始独立生活 kāishǐ dúlì shēnghuó
2 传开 chuánkāi, 传播 chuánbō □ The news of his sudden resignation spread quickly in the company. 他突然辞职的消息很快在公司里传开。Tā tūrán cízhí de xiāoxi hěn kuài zài gōngsī lǐ chuánkāi. □ Mosquitoes spread diseases. 蚊子传播疾病。Wénzi chuánbō jíbìng. **3** 涂 tú □ Sally spread jam on the slice of bread. 赛莉在面包上涂果酱。Sàilì zài miànbāoshang tú guǒjiàng.

spreadsheet N 空白表格程序 kòngbái biǎogé chéngxù

spree N 狂欢 kuánghuān, 尽情作乐 jìnqíng zuòlè
buying/drinking/crime spree 大肆采购／狂饮／疯狂犯罪作案 dàsì cǎigòu/kuángyǐn/fēngkuáng fànzuì zuò'àn

sprig N 小树枝 xiǎo shùzhī [M. WD 根 gēn]

spring[1] v (PT **sprang**; PP **sprung**) 跳跃 tiàoyuè □ He sprang up from his chair and ran to answer the door. 他从椅子上跳起来，跑去开门。Tā cóng yǐzishang tiàoqǐlai, pǎoqu kāi mén.
to spring a surprise 出其不意 chū qí bùyì
II N 弹簧 tánhuáng □ The sofa has a broken spring and is no longer comfortable to sit on. 沙发有一根弹断了，坐上去不舒服了。Shāfā yǒu yì gēn tánhuáng duàn le, zuòshàngqu bù shūfu le.

spring[2] N 春天 chūntiān □ Most people welcome the arrival of spring. 大多数人都欢迎春天来临。Dàduōshù rén dōu huānyíng chūntiān láilín.

spring[3] N 泉水 quánshuǐ, 泉源 quán yuán
hot spring 温泉 wēnquán

springboard N **1** (跳水) 跳板 (tiàoshuǐ) tiàobǎn [M. WD 块 kuài], (体操) 踏板 (tǐcāo) tàbǎn [M. WD 块 kuài]

springbreak N (学校) 春假 (xuéxiào) chūnjià

springtime N 春天 chūntiān, 春季 chūnjì

springy ADJ 有弹性的 yǒu tánxìng de

sprinkle I v **1** 洒 [+香水] sǎ [+xiāngshuǐ], 撒 [+花瓣] sā [+huābàn] **2** 下小雨 xià xiǎoyǔ **3** 以 [+俏皮话] 点缀 [+演讲] yǐ [+qiàopíhuà] diǎnzhuì [+yǎnjiǎng] **II** N (食物) 碎屑 (shíwù) suìxiè **2** 小雨 xiǎoyǔ

sprinkler N 洒水器 sǎshuǐqì

sprint I v 快速短跑 kuàisù duǎnpǎo, 冲刺 chōngcì **II** N 短跑 (比赛) duǎnpǎo (bǐsài), 冲刺 chōngcì

100-meter sprint 一百公尺短跑 yì bǎi gōngchǐ duǎnpǎo

sprout I v 1 [树+] 发芽 [shù+] fāyá 2 [突然+] 长出头发 [tūrán+] zhǎng chū tóufa 3 [新城镇+] 大量涌现 [xīn chéngzhèn+] dàliàng yǒngxiàn II N 1 新芽 xīn yá, 嫩芽 nènyá 2 豆芽 dòuyá

bean sprout 豆芽 dòuyá

spruce¹ v (to spruce up) 收拾整理 shōushi zhěnglǐ, 美化 měihuà

spruce² N 云杉 yúnshān [M. WD 棵 kē]

sprung See **spring¹**

spry ADJ 充满活力的 [+老人] chōngmǎn huólì de [+lǎorén]

spud N 土豆 tǔdòu, 马铃薯 mǎlíngshǔ

spun See **spin**

spunk N 胆量 dǎnliàng, 勇气 yǒngqì

spunky ADJ 胆大的 dǎndà de, 勇敢的 yǒnggǎn de

spur I N 1 马刺 mǎcì, 靴刺 xuēcì 2 刺激 cìjī, 激励 jīlì

on the spur of the moment 一时冲动之下 yì shí chōngdòng zhīxià

II v 刺激 cìjī, 促使 cùshǐ

spurious ADJ 1 虚假的 [+态度] xūjiǎ de [+tàidu], 虚伪的 xūwěi de 2 谬误的 [+论点] miùwù de [+lùndiǎn], 不能成立的 bùnéngchénglì de

spurn v (轻蔑地) 拒绝 (qīngmiè de) jùjué, 唾弃 tuòqì

spurt I v [火焰+] 喷出 [huǒyàn+] pēn chū, 迸发 bèngfā II N 喷出 pēnchū, 迸发 bèngfā

sputter v 1 [引擎+] 发出噼啪的声音 [yǐnqíng+] fāchū pī pā de shēngyīn 2 [人+] 结结巴巴地说 [rén+] jiējie bābā de shuō

to sputter along [工作+] 进行得很不顺利 [gōngzuò+] jìnxíng de hěn bú shùnlì

spy I N 间谍 jiàndié, 密探 mìtàn II v 1 从事间谍活动 cóngshì jiàndié huódòng 2 (to spy on) 暗中监视 ànzhōng jiānshì

squabble v (因小事) 吵嘴 (yīn xiǎoshì) chǎozuǐ, 发生口角 fāshēng kǒujué

squad N 1 (军队的) 班 (jūnduì de) bān, 小队 xiǎoduì 2 (警察的) 特别行动队 (jǐngchá de) tèbié xíngdòng duì

riot squad 防暴小组 fángbào xiǎozǔ 3 (体育) 运动队 (tǐyù) yùndòngduì

squad car 执勤警车 zhíqín jǐngchē

squadron N 1 飞行中队 fēixíng zhōngduì 2 (海军) 分遣舰队 (hǎijūn) fēnqiǎn jiànduì [M. WD 支 zhī]

squalid ADJ 1 肮脏的 [+地方] āngzāng de [+dìfang], 污秽的 wūhuì de 2 不道德的 [+行为] búdàodé de [+xíngwéi], 龌龊的 wòchuò de

squall N (一阵) 狂风 (yí zhèn) kuángfēng

squalor N 肮脏 āngzāng, 污秽 wūhuì

squander v 挥霍 huīhuò, 浪费 làngfèi

square I N 1 广场 guǎngchǎng □ Tiananmen Square in Beijing is said to be the biggest square in the world. 天安门广场据说是世界上最大的广场。Tiān'ānmén Guǎngchǎng jùshuō shì shìjièshang zuìdà de guǎngchǎng. 2 正方形 zhèngfāngxíng □ The courtyard is in the shape of a square. 院子是正方形的。Yuànzi shì zhèngfāngxíng de. 3 平方 píngfāng

square dance 方形舞 fāngxíng wǔ

II ADJ 1 正方形的 zhèngfāngxíng de 2 平方的 píngfāng de square foot/meter 平方英尺 /公尺 píngfāng yīngchǐ/gōngchǐ

square root 平方根 píngfānggēn

a square deal 公平交易 gōngping jiāoyì

to eat a square meal 好好地吃一顿 hǎohǎo de chī yí dùn

to be back to square one 从头开始 cóng tóu kāishǐ □ Perhaps we need to go back to square one and start the project all over again. 或许我们得从头开始，把这个项目重新做一遍。Huòxǔ wǒmen děi cóngtóu kāishǐ, bǎ zhège xiàngmù chóngxīn zuò yí biàn.

III v 自乘 zìchéng, 成为平方 chéngwéi píngfāng

to square an account 还清人情 (债) huánqīng rénqíng (zhài)

squarely ADV 1 完全地 wánquán de, 毫不含糊地 háobù hánhu de 2 精确地 jīngquè de, 直接地 zhíjiē de

squash¹ N 1 壁球 bìqiú, 墙网球 qiáng wǎngqiú 2 南瓜 nánguā, 西葫芦 xīhúlu

squash² v 1 压扁 yābiǎn, 压碎 yāsuì 2 塞进 sāijìn, 挤 jǐ

squat I v 1 蹲 dūn

to squat down 蹲下来 dūnxià lái

2 擅自占用 [旧房] shànzì zhànyòng [+jiùfáng] II N 蹲 dūn III ADJ 矮胖的 ǎipàng de

squeak I v 发出尖厉短促的叫声 fāchū jiānlì duǎncù de jiàoshēng, 吱吱作响 zhīzhī zuòxiǎng II N 吱吱的响声 zhīzhī de xiǎngshēng

squeaky ADJ 吱吱作响的 zhīzhī zuòxiǎng de

squeaky clean ① 光洁的 guāngjié de ② 品行端正的 pǐnxíng duānzhèng de

squeal I v 1 发出长而尖锐的声响 fāchū cháng ér jiānruì de shēngxiǎng 2 (to squeal over sb) 举报某人 jǔbào mǒurén II N 长而尖锐的声响 cháng ér jiānruì de shēngxiǎng

squeal of brakes 急刹车的声响 jíshāchē de shēngxiǎng

squeamish ADJ 容易感到恶心的 róngyì gǎndào ěxīn de, 神经质的 shénjīngzhì de

squeeze I v 挤 jǐ, 挤压 jǐyā □ I had to squeeze in my lunch break between two classes today. 我今天得在两课的中间挤出时间来吃午饭。Wǒ jīntiān děi zài liǎng kè de zhōngjiān jǐchū shíjiān lái chī wǔfàn.

to squeeze past 挤过去 jǐ guòqù

to squeeze sth out of sb 从某人口中逼出信息 cóng mǒurén kǒuzhōng bī chū xìnxī

II N 1 拥挤 yōngjǐ 2 (财务) 困难 (cáiwù) kùnnan, 拮据 jiéjū

to put the squeeze on sb 逼迫某人 bīpò mǒurén

squeeze play 施加压力 shījiā yālì

squelch I v 1 吱吱咯咯作响 zhīzhī gēgē zuòxiǎng 2 消除 [+想法 / 说法] xiāochú [+xiǎngfǎ/shuōfa] II N 吱吱咯咯的声音 zhīzhī gēgē de shēngyīn

squid N 鱿鱼 yóuyú, 乌贼 (鱼) wūzéi (yú)

squiggle N 扭曲的短线 niǔqū de duǎn xiàn

squint I v 眯着眼睛看 mízhe yǎnjing kàn II N 1 眯着眼睛 mízhe yǎnjing 2 斜视 (症) xiéshì (zhēng)

squire N (中世纪欧洲的) 骑士的随从 (Zhōngshìjì Ōuzhōu de) qíshì de suícóng

squirm I v 1 扭动 (身体) niǔdòng (shēntǐ) 2 感到尴尬 gǎndào gāngà, 局促不安 júcù bù'ān II N 扭动 (身体) niǔdòng (shēntǐ)

squirrel N 松鼠 sōngshǔ [M. WD 只 zhī]

squirt I v 喷射 pēnshè, 喷出 pēnchū, 射出 shèchū II N 喷射出来的东西 pēnshè chūlái de dōngxi

squishy ADJ 1 软软的 ruǎnruǎn de 2 可榨汁的 kě zhà zhī de

stab I v 用刀刺 [+人] yòng dāo cì [+rén], 捅 tǒng

to be stabbed to death 被刺身亡 bèicì shēnwáng

to stab sb in the back 背后说某人的坏话 bèihòu shuō mǒurén de huàihuà

II N (刀) 刺 (dāo) cì, 捅 tǒng

stab on the back 背后中伤 bèihòu zhòngshāng, 背叛 bèipàn

stabbing I N 利器伤人 (罪) lìqì shāng rén (zuì) II ADJ 刀割似的 [+疼痛] dāo gē shìde [+téngtòng], 一阵剧痛的 yí zhèn jùtòng de

stability N 稳定 wěndìng

stabilize v (使…) 稳定 (shǐ…) wěndìng

stable¹ ADJ 1 稳定的 [+社会] wěndìng de [+shèhuì], 安定的 āndìng de 2 稳重的 [+人] wěnzhòng de [+rén], 平静的 píngjìng de

stable² N 马厩 mǎjiù, 养马场 yǎngmǎchǎng

stack I N 1 一叠 yì dié, 一堆 yì duī

a stack of shoe boxes 一叠鞋盒 yì dié xié hé

2 高烟囱 gāo yāncōng **3** 计算机临时资料存储 jìsuànjī línshí zīliào cúnchǔ II N 堆放 duīfàng

to stack up 相比较 xiāng bǐjiào, 比高低 bǐ gāodī

stacks N (图书馆) 书库 (túshūguǎn) shūkù

stadium N 体育场 tǐyù chǎng, 运动场 yùndòngchǎng

staff¹ N 职工 zhígōng, 雇员 gùyuán □ This factory has a staff of 1,200 people. 这座工厂有职工一千两百名。Zhè zuò gōngchǎng yǒu zhígōng yìqiān liǎngbǎi míng. II N 配备员工 pèibèi yuángōng

fully staffed 员工配备齐全 yuángōng pèibèi qíquán
short staffed 员工配备不足 yuángōng pèibèi bù zú

staff² 1 拐杖 guǎizhàng **2** 五线谱 wǔxiànpǔ

staffer N 工作人员 gōngzuò rényuán, 职员 zhíyuán

stag N 成年雄鹿 chéngnián xióng lù [M. WD 头 tóu]

stag party 男人聚会 nánren jùhuì

stage I N 1 阶段 jiēduàn □ The doctor diagnosed him to be in an advanced stage of lung cancer. 医生诊断他已是肺癌晚期。Yīshēng zhěnduàn tā yǐ shì fèi'ái wǎnqī. **2** 舞台 wǔtái □ The actress ascended the stage to accept the award. 女演员走上舞台领奖。Nǚ yǎnyuán zǒushang wǔtái lǐng jiǎng.

stage fright 怯场 qièchǎng, 临上场时的胆怯 lín shàngchǎng shí de dǎnqiè

to go on stage 登台演出 dēngtái yǎnchū, 成为演员 chéngwéi yǎnyuán

to take the center stage 成为公众注意的焦点 chéngwéi gōngzhòng zhùyì de jiāodiǎn II V 1 举行 jǔxíng, 举办 jǔbàn

to stage a comeback 复出 fùchū, 复辟 fùbì

2 上演 shàngyǎn

stagecoach N (公用) 马车 gōngyòng mǎchē [M. WD 辆 liàng]

stage-manager N 舞台监督 wǔtáijiāndū

stagger I V 1 摇摇晃晃地走 yáoyáo huànghuàng de zǒu **2** 使 [+人] 震惊 shǐ [+rén] zhènjīng II N 摇晃 yáohuang, 蹒跚 pánshān

staggering ADJ 令人震惊的 lìngrén zhènjīng de

staging N 演出 yǎnchū, 上演 shàngyǎn

stagnant ADJ 1 不流动的 [+水] bù liúdòng de [+shuǐ] **2** 不发展的 bù fāzhǎn de, 停滞的 tíngzhì de

stagnate V 停滞 tíngzhì, 不发展 bù fāzhǎn

stagnation N 停滞 tíngzhì, 停顿 tíngdùn

staid ADJ 老派的 lǎopài de, 枯燥的 kūzào de

stain I N 1 污点 wūdiǎn, 污斑 wūbān II V 沾污 zhānwū, 弄脏 nòngzāng

stained glass 彩色玻璃 cǎisè bōli

stainless steel N 不锈钢 búxiùgāng

staircase, stairway N 楼梯 lóutī

stairs N 楼梯 lóutī □ In the event of fire, everyone must use the stairs to go downstairs. 万一发生火灾，大家必须使用楼梯下楼。Wànyī fāshēng huǒzāi, dàjiā bìxū shǐyòng lóutī xiàlóu.

stake I N 1 尖桩 jiān zhuāng, 桩子 zhuāngzi **2** 赌注 dǔzhù, 投资 tóuzī

to be at stake 处于危险境地 chǔyú wēixiǎn jìngdì

to have a stake in 有股份的 yǒu gǔfèn de, 有利害关系 yǒu lìhài guānxi II V 用 [+家产] 去赌博 yòng [+jiāchǎn] qù dǔbó, 拿 [+生命] 去冒险 ná [+shēngmìng] qù màoxiǎn

to stake a claim 声称拥有所有权 shēngchēng yōngyǒu suǒyǒuquán

to stake sth out 对某处进行监视 duì mǒuchù jìnxíng jiānshì

stakeholder N 1 股份持有人 gǔfèn chíyǒurén **2** 利益相关者

lìyì xiāngguānzhě **3** (临时) 财产保管人 (línshí) cáichǎn bǎoguǎnrén

stakeout N (警察) 秘密监视 (jǐngchá) mìmì jiānshì

stale ADJ 1 不新鲜的 [+食物] bù xīnxian de [+shíwù] **2** 乏味的 [+生活] fáwèi de [+shēnghuó]

stalemate N 1 僵局 jiāngjú, 僵持 jiāngchí **2** (象棋) 和棋 (xiàngqí) héqí

stalk¹ N (植物的) 茎 (zhíwù de) jīng, 杆 gǎn

stalk² V 跟踪的 gēnzōng, 纠缠骚扰 jiūchán sāorǎo

stalker N 跟踪者 gēnzōngzhě, 纠缠骚扰的人 jiūchán sāorǎo de rén

stall I N 1 摊 tān, 摊子 tānzi □ Sally never buys food from a market stall. 赛莉从来不从市场上买吃的东西。Sàilì cónglái bù cóng shìchǎng tānzi shàng mǎi chīde dōngxi. **2** (引擎) 停止运转 (yǐnqíng) tíngzhǐ yùnzhuǎn, 熄火 xīhuǒ **3** 停滞 (状态) tíngzhì (zhuàngtài) II V 1 [飞机发动机+] 停止运转 [fēijī fādòngjī+] tíngzhǐ yùnzhuǎn, 熄火 xīhuǒ **2** 停滞不前 tíngzhì bùqián, 停顿 tíngdùn **3** 故意拖延 gùyì tuōyán

to stall for time 拖延时间 tuōyán shíjiān, 观望不前 guānwàng bù qián

stallion N 种马 zhǒngmǎ

stalwart ADJ 强壮的 qiángzhuàng de

stalwart supporter 忠实有力的支持者 zhōngshí yǒulì de zhīchízhě

stamina N 耐力 nàilì, 毅力 yìlì

stammer N, V 结结巴巴地说 jiējiēbābā de shuō, 口吃 kǒuchī

stamp I N 1 邮票 yóupiào □ My grandpa used to collect stamps. 我爷爷过去集邮。Wǒ yéye guòqù jíyóu.

stamp album 集邮簿 jíyóubù
commemorative stamp 纪念邮票 jìniàn yóupiào

2 印记 yìnjì □ His passport has got a Chinese entry stamp on it. 他的护照上有入境的印记。Hā de hùzhàoshang yǒu rùjìng Zhōngguó de yìnjì. II V 1 在…盖印 zài…gàiyìn **2** 跺脚 duòjiǎo □ It was so cold they stamped the ground to keep warm. 天冷得他们直跺脚取暖。Tiān lěng de tāmen zhí duòjiǎo qǔnuǎn. **3** 跺 (脚) duò (jiǎo), 顿 (足) dùn (zú)

stampede I V 1 [人群+] 争先恐后地奔跑 [rénqún+] zhēngxiān kǒnghòu de bēnpǎo, 蜂拥 fēngyōng **2** [动物+] 奔逃 [dòngwù+] bēntáo II N 1 (动物的) 四处奔逃 (dòngwù de) sìchù bēntáo **2** (人群的) 奔跑 (rénqún de) bēnpǎo

stance N 立场 lìchǎng, 姿态 zītài

to adopt a neutral stance 采取中立的立场 cǎiqǔ zhōnglì de lìchǎng

stand I V (PT & PP **stood**) 1 站 zhàn, 站立 zhànlì □ Everyone stood up when the U.S. President entered the room. 美国总统进入房间时，大家起立。Měiguó zǒngtǒng jìnrù fángjiān shí, dàjiā qǐlì. **2** 忍受 rěnshòu □ I can't stand cruelty to animals. 我忍受不了有人对动物残酷。Wǒ rěnshòubùliǎo yǒurén duì dòngwù cánkù. **3** 经受 jīngshòu □ Their marriage has stood the test of many crises. 他们的婚姻经受了很多危机的考验。Tāmen de hūnyīn jīngshòule hěn duō wēijī de kǎoyàn.

to stand by ① 坚持原则 I'll stand by my principles, whatever the cost. 我要不惜代价坚持原则。Wǒ yào bù xī dàijià jiānchí yuánzé. ② 支持 zhīchí □ His wife stood by him during his fight with his employer. 他和雇主作斗争时，他的妻子支持他。Tā hé gùzhǔ zuò dòuzhēng shí, tā de qīzi zhīchí tā. ③ 待命 dàimìng □ The U.S. Coastal Guard is now standing by. 美国海岸警卫队正待命。Měiguó hǎi'àn jǐngwèiduì zhèng dàimìng.

to stand out 突出 tūchū □ Peter stands out in the class as the most mature boy. 彼得在班上很突出，因为他是最成熟的男孩。Bǐdé zài bānshang hěn tūchū, yīnwèi tā shì zuì chéng-shú de nánhái.

to stand up for 维护 wéihù □ If you don't stand up for your

rights, you may end up being pushed around. 如果你不维护自己的权益, 结果可能受人欺负。Rúguǒ nǐ bù wéihù zìjǐ de quányì, jiéguǒ kěnéng shòu rén qīfu.

II N **1** 架子 jiàzi

newspaper stand 报纸架 bàozhǐ jià

2 摊位 tānwèi, 售货摊 shòuhuò tān

exhibition stand 展示摊位 zhǎnshì tānwèi

3 立场 lìchǎng, 态度 tàidù

to take a stand against 明确表示反对 míngquè biǎoshì fǎnduì

4 (the stand) 证人席 zhèngrénxí

stand-alone ADJ 独立的 [+计算机] dúlì de [+jìsuànjī]

standard I N **1** 标准 biāozhǔn □ A restaurant has to meet certain health standards to stay in business. 餐馆必须符合一定的卫生标准, 才能营业。Cānguǎn bìxū fúhé yídìng de wèishēng biāozhǔn, cái néng yíngyè. **2** 水准 shuǐzhǔn

standard of living 生活水准 shēnghuó shuǐzhǔn

3 手动档汽车 shǒudòngdàng qìchē [M. WD 辆 liàng] **4** 旗帜 qízhì [M. WD 面 miàn]

II ADJ **1** 标准的 biāozhǔn de □ Let's follow the standard procedure. 让我们遵循标准的程序吧。Ràng wǒmen zūnxún biāozhǔn de chéngxù ba. **2** 普通的 pǔtōng de, 正常的 zhèngcháng de

standard-bearer N **1** 旗手 qíshǒu **2** 领袖 lǐngxiù, 倡导人 chàngdǎorén

standard-issue N 标准配发的 [+军队装备] biāozhǔn pèifā de [+jūnduì zhuāngbèi]

standardize V 使…标准化 shǐ…biāozhǔnhuà

standby N **1** 备用品 bèiyòng pǐn **2** (乘客) 等候退票 (chéng-kè) děnghòu tuìpiào

passenger on standby 等候退票的乘客 děnghòu tuìpiào de chéngkè

on standby 随时待命 suíshí dàimìng

stand-in N 替身 tìshēn, 替代者 tìdàizhě

standing I ADJ 长期有效的 chángqī yǒuxiào de, 常设的 chángshè de

standing order 长期订单 chángqī dìngdān

standing joke 经常性笑料 jīngchángxìng xiàoliào

II N 地位 dìwèi, 等级 děngjí

standoff N (战斗中的) 僵持局面 (zhàndòu zhōngde) jiāngchí júmiàn

standout N (相貌／表现) 突出的人 (xiàngmào/biǎoxiàn) tūchū de rén

standpoint N 立足点 lìzúdiǎn, 立场 lìchǎng

standstill N 静止 jìngzhǐ, 停顿 tíngdùn

at a standstill 处于停顿状态 chǔyú tíngdùn zhuàngtài

standup ADJ **1** 单人说笑表演 dānrén shuōxiào biǎoyǎn, 单口相声 dānkǒu xiàngsheng **2** 竖立的 shùlì de

stank See **stink**

stanza N (诗的) 节 (shī de) jié

staple I N **1** 订书钉 dìngshūdīng **2** 主要食物 zhǔyào shíwù, 主食 zhǔshí **3** 常见的人／事 chángjiàn de rén/shì **II** V 用订书钉订住 yòng dìngshūdīng dìng zhù **III** ADJ 主要的 zhǔyào de, 最重要的 zuì zhòngyào de

stapler N 订书机 dìngshūjī

star I N **1** 星 xīng □ What is that bright star shining in the east? 在东面闪闪发光的那颗星, 是什么星? Zài dōngmian shǎnshǎn fāguāng de nà kē xīng, shì shénme xīng?

star sign 星座 xīngzuò

2 星级 xīngjí □ I can't afford to stay in a five-star hotel. 我住不起五星级旅馆。Wǒ zhùbuqǐ wǔxīngjí lǚguǎn. **3** 明星 míngxīng □ He is a rising star in the political world. 他是政治界的一颗新星。Tā shì zhèngzhìjiè de yì kē xīnxīng.

II V **1** 由…主演 yóu…zhǔyǎn □ Yesterday we went to see a movie starring Tom Hanks. 昨天我们去看了一部由汤姆·汉克斯主演的电影。Zuótiān wǒmen qù kànle yí bù yóu

Tāngmǔ·Hànkèsī zhǔyǎn de diànyǐng. **2** 主演 zhǔyǎn, 担任主角 dānrèn zhǔjué □ Who'll star in this screen adaptation of "The Twelfth Night"? 谁将在这部由《第十二夜》改编的电影中担任主角? Shéi jiāng zài zhè bù yóu "Dì shí'èr yè" gǎibiān de diànyǐng zhōng dānrèn zhǔjué?

starboard N (船的) 右舷 (chuán de) yòuxián, 右侧 yòucè

Starbucks N 星巴克咖啡馆 xīngbākè kāfēiguǎn

starch I N **1** 淀粉 diànfěn **2** 含淀粉的食物 hán diànfěn de shíwù **3** 浆粉 jiāngfěn **II** V 用浆粉上浆 yòng jiāngfěn shàng jiāng

starchy ADJ 含有大量淀粉的 hányǒu dàliàng diànfěn de

stardom N (电影／体育) 明星的地位 (diànyǐng/tǐyù) míngxīng de dìwèi

to rise to stardom 成名 chéngmíng, 走红 zǒuhóng

stare I V 盯着看 dīngzhe kàn, 注视 zhùshì □ Stop staring at me! 别盯着看看! Bié dīngzhe wǒ kàn!

to stare sb in the face ① 明摆在某人面前 míng bǎi zài mǒurén miànqián ② [灾难+] 不可避免 [zāinàn+] bùkě bìmiǎn

II N 盯视 dīngshì, 凝视 níngshì

starfish N 海星 hǎixīng

stark I ADJ **1** 荒凉的 [+景色] huāngliáng de [+jǐngsè] **2** 明显的 míngxiǎn de

in stark contrast 形成明显的对照 xíngchéng míngxiǎn de duìzhào

II ADV 完全地 wánquán de

stark naked 赤裸的 chìluǒ de, 一丝不挂的 yì sī bú guà de

starlet N 演配角的年轻女演员 yǎn pèijué de niánqīng nǚyǎnyuán, 二流女演员 èrliú nǚyǎnyuán

starlight N 星光 xīngguāng

starling N 椋鸟 liángniǎo [M. WD 只 zhī]

starlit ADJ 星光闪烁的 [+夜空] xīngguāng shǎnshuò de [+yèkōng]

starry ADJ 满天星斗的 mǎntiān xīngdǒu de

starry-eyed ADJ 充满幻想的 chōngmǎn huànxiǎng de, 不讲究实际的 bù jiǎngjiu shíjì de

Stars and Stripes N (美国) 星条旗 (Měiguó) xīngtiáoqí [M. WD 面 miàn], 美国国旗 Měiguó guóqí

Star-Spangled Banner N (美国) 星条旗之歌 (Měiguó) xīngtiáoqí zhī gē, 美国国歌 Měiguó guógē

star-studded ADJ 明星云集的 [+社交聚会] míngxīng yúnjí de [+shèjiāo jùhuì]

start I V **1** 开始 kāishǐ □ I'll start my new job next Monday. 我在下星期一开始新工作。Wǒ zài xià xīngqīyī kāishǐ xīn gōngzuò. □ It started to rain at noon. 中午的时候开始下雨了。Zhōngwǔ de shíhou kāishǐ xiàyǔ le.

to start a family 开始生儿育女 kāishǐ shēng'ér yùnǚ, 生第一个孩子 shēng dìyīge háizi

to start from scratch 从头开始 cóngtóu kāishǐ, 零起点 líng qǐdiǎn

2 出发 chūfā □ Do we have to start out so early tomorrow? 明天我们非得这么早出发吗? Míngtiān wǒmen fēiděi zhème zǎo chūfā ma? **3** 发动 fādòng □ He couldn't start his car this morning. 今天早上他发动不起汽车。Jīntiān zǎoshang tā fādòng búqǐ qìchē. **4** 创建 chuàngjiàn □ Thomas Jefferson started the University of Virginia in 1825. 托马斯·杰佛逊在一八二五年创建弗吉尼亚大学。Tuōmǎsī·Jiéfóxùn zài yāobāèrwǔ nián chuàngjiàn Fújíníyà dàxué.

II N **1** 开始部分 kāishǐ bùfen □ I hate missing the start of a movie. 我很不喜欢错过电影的开头部分。Wǒ hěn bù xǐhuan cuòguo diànyǐng de kāitóu bùfen. **2** 起点 qǐdiǎn, 起跑线 qǐpǎoxiàn

at the start 在起跑线上 zài qǐpǎoxiàn shàng

3 惊吓 jīngxià

to give sb a start 让某人吓一跳 ràng mǒurén xià yí tiào

starter N **1** 起动装置 qǐdòng zhuāngzhì **2** 第一道菜 dìyī dào

cài **3** 起跑发令员 qǐpǎo fālìngyuán **4**（球队）首批上场队员 (qiúduì) shǒupī shàngchǎng duìyuán
for starters 首先 shǒuxiān

starting lineup N 开赛阵容 kāisài zhènróng

startle V 惊吓 jīngxià, 吓……一跳 xià...yí tiào □ Hiding behind the door, the boy was ready to startle his sister. 男孩躲在门背后, 准备吓妹妹。Nánhái duǒ zài mén bèihòu, zhǔnbèi xià mèimei.

start-up I ADJ 新创的 [+企业] xīnchuàng de [+qǐyè]
start-up budget 创业资金 chuàngyè zījīn
II N 新创办的小企业 xīn chuàngbàn de xiǎo qǐyè

starvation N 饥饿 jī'è

starve V 饿 è, 饿极了 è jíle
starved to death 饿死 èsǐ

stash I V 藏匿 cángnì, 隐藏 yǐncáng II N 隐藏的东西 yǐncáng de dōngxi

state I N 1 状态 zhuàngtài, 情况 qíngkuàng □ The board is satisfied with the state of the company's finances. 董事会对公司财务情况感到满意。Dǒngshìhuì duì gōngsī cáiwù qíngkuàng gǎndao mǎnyì.
State of the Union （美国总统的）国情咨文 (Měiguó zǒngtǒng de) Guóqíng Zīwén
2（美国）州 (Měiguó) zhōu,（印度）邦 (Yìndù) bāng □ Which state were you born in? 你是在哪一州出生的? Nǐ shì zài nǎ yì zhōu chūshēng de?
state university 州立大学 zhōulì dàxué
3 国家 guójiā □ Singapore is a highly developed city and also a sovereign state. 新加坡是一个高度发展的城市, 也是一个主权国家。Xīnjiāpō shì yí ge gāodù fāzhǎn de chéngshì, yě shì yí ge zhǔquán guójiā.
head of state 国家元首 guójiā yuánshǒu
State Department （美国）国务院 (Měiguó) Guówùyuàn
Secretary of State （美国）国务卿 (Měiguó)guówùqīng
II V 声明 shēngmíng, 发表声明 fābiǎo shēngmíng □ She stated that she had never visited that house. 她声明从来没有去过那幢房子。Tā shēngmíng cónglái méiyǒu qùguo nà zhuàng fángzi.

stately ADJ 1 堂皇的 tánghuáng de, 宏大的 hóngdà de **2** 庄严的 zhuāngyán de

statement N 声明 shēngmíng [M. WD 份 fèn] □ The President and the visiting head of state issued a joint statement. 总统和来访的国家元首发表了联合声明。Zǒngtǒng hé láifǎng de guójiā yuánshǒu fābiǎole liánhé shēngmíng.
bank statement 银行帐单 yínháng zhàngdān □ The bank statement seems to have an error. 银行帐单上好像有一个错误。Yínháng zhàngdānshang hǎoxiàng yǒu yí ge cuòwu.
financial statement 财务报表 cáiwù bàobiǎo
sworn statement 宣誓证词 xuānshì zhèngcí

state-of-the-art ADJ 最先进的 zuì xiān jìn de, 最高水平的 zuìgāo shuǐpíng de, 最新的 zuì xīn de

States N (the States) 美国 Měiguó

statesman N 政治家 zhèngzhìjiā [M. WD 位 wèi]

statesmanlike ADJ 1 政治家似的 zhèngzhìjiā shìde **2** 有政治家风度的 yǒu zhèngzhìjiā fēngdù de

stateswoman N 女政治家 nǚ zhèngzhìjiā [M. WD 位 wèi]

static I ADJ 静止的 jìngzhǐ de, 不变的 búbiàn de II N 1 静电干扰 jìngdiàn gānrǎo **2** 负面的议论 fùmiàn de yìlùn

station I N 1 站 zhàn, 车站 chēzhàn □ I'll go to the coach station to meet a friend of mine. 我要去长途汽车站接一个朋友。Wǒ yào qù chángtú qìchē zhàn jiē yí ge péngyou.
station wagon 客货两用汽车 kèhuò liǎngyòng qìchē
police station 派出所 pàichūsuǒ, 警察局 jǐngchá45
2 无线电台 wúxiàndiàntái, 电视台/频道 diànshìtái/píndào II V 部署 bùshǔ, 驻扎 zhùzhá

stationary ADJ 静止的 jìngzhǐ de, 不动的 bú dòng de

stationery N 1 文具 wénjù **2** 信纸 xìnzhǐ [M. WD 张 zhāng]

statistic N 1 统计数字 tǒngjì shùzì **2** 数据 shùjù, 统计资料 tǒngjì zīliào

statistical ADJ 统计学的 tǒngjìxué de, 统计业的 tǒngjì yè de

statistician N 统计工作者 tǒngjì gōngzuòzhě, 统计学家 tǒngjìxuéjiā

statistics N 统计（学）tǒngjì (xué)

statue N 雕像 diāoxiàng, 塑像 sùxiàng
the Statue of Liberty （纽约）自由神象 (Niǔyuē) zìyóu nǚshén xiàng

stature N 1 身材 shēncái **2** 声望 shēngwàng, 地位 dìwèi
a scientist of international stature 一位有国际声望的科学家 yí wèi yǒu guójì shēngwàng de kēxuéjiā

status N 1 地位 dìwèi □ We have to face the fact that wealth gives one high social status. 我们得面对这个事实: 财富提高社会地位。Wǒmen děi miànduì zhè ge shìshí: cáifù tígāo shèhuì dìwèi. **2** 状况 zhuàngkuàng □ The Commerce Department provided the media with statistics on the status of the economy. 商业部向媒体提供有关经济状况的统计数字。Shāngyèbù xiàng méitǐ tígōng yǒuguān jīngjì zhuàngkuàng de tǒngjì shùzì.
status quo 现状 xiànzhuàng

statute N 法令 fǎlìng, 法规 fǎguī
statute law 成文法 chéngwénfǎ

statutory ADJ （根据）法令的 (gēnjù) fǎlìng de
statutory rape 法定强奸罪 fǎdìng qiángjiānzuì

staunch[1] ADJ 坚定忠实的 jiāndìng zhōngshí de

staunch[2], **stanch** V 止住 [+血] zhǐzhù [+xuè]

stave[1] (PT & PP **stove**, **staved**) V (to stave off) 避开 bìkāi, 阻挡 zǔdǎng

stave[2] N 五线谱 wǔxiànpǔ

stay I V 1 待 dài, 待在 dài zài □ The manager often stays late at the office. 经理常常在办公室待到很晚。Jīnglǐ chángcháng zài bàngōngshì dài dào hěn wǎn.
to stay in bed 卧床 wòchuáng
to stay put 留在原地 liú zài yuándì, 不动 bú dòng □ As the company is in endless trouble, shall I stay put or start looking elsewhere? 公司麻烦不断, 我该留在公司呢, 还是另找工作? Gōngsī máfan bú duàn, wǒ gāi liú zài gōngsī ne, háishì lìng zhǎo gōngzuò?
to stay up 很晚还不睡 hěn wǎn hái bú shuì, 熬夜 áoyè **2** 住, 住在 zhù, zhù zài □ Where will you stay while you're in New York? 你在纽约的时候会住在哪里? Nǐ zài Niǔyuē de shíhou huì zhù zài nǎlǐ? **3** 保持 bǎochí, 持续 chíxù □ Inflation stayed below 4% in the first two quarters. 在今年头两个季度, 通货膨胀保持在百分之四以下。Zài jīnnián tóu liǎng ge jìdù, tōnghuò péngzhàng bǎochí zài bǎifēnzhī sì yǐxià.
II N 1 逗留 dòuliú, 停留 tíngliú **2** 停止 tíngzhǐ, 推迟 tuīchí

steadfast ADJ 1 坚定的 jiāndìng de **2** 忠诚的 zhōngchéng de

steady I ADJ 1 稳的 wěn de, 平稳的 píngwěn de □ Hold the ladder steady! 把梯子扶稳了! Bǎ tīzi fúwěn le! **2** 稳重的 wěnzhòng de, 可靠的 kěkào de **3** 均匀的 jūnyún de □ Driving at a steady speed saves gas. 以均匀的速度驾驶能节省汽油。Yǐ jūnyún de sùdù jiàshǐ néng jiéshěng qìyóu.
II V 1 （使）稳定 (shǐ...) wěndìng **2** （使…）镇定 (shǐ...) zhèndìng
to steady one's nerves 使自己的心情平静下来 shǐ zìjǐ de xīnqíng píngjìng xiàlai
to steady oneself 站稳 zhànwěn
III ADV (to go steady with sb) 与某人确定恋爱关系 yǔ mǒurén quèdìng liàn'ài guānxi □ Jeremy and Sandra have been going steady for quite a while. 杰里米和桑德拉保持情人关系已经多时了。Jiélǐmǐ hé Sāngdélā bǎochí qíngrén guānxi yǐjīng duō shí le.

steak N （牛）肉排 (niú) ròupái, 鱼排 yúpái

salmon steak 三文鱼鱼排 sānwényú yúpái

steal I v (PT **stole**; PP **stolen**) 偷 tōu, 偷窃 tōuqiè □ His laptop computer was stolen from his car. 他的笔记本电脑在汽车里被偷走。Tā de bǐjìběn diànnǎo zài qìchē lǐ bèi tōu zǒu.

to steal a march on sb 抢在某人面前 qiǎng zài mǒurén miànqián

to steal the show 抢出风头 qiǎng chū fēngtou

II N 1 (棒球) 偷垒 (bàngqiú) tōulěi 2 便宜货 piányihuò

stealth N 1 悄声秘密行动 qiǎoshēng mìmì xíngdòng 2 隐形系统 yǐnxíng xìtǒng

stealth aircraft 隐形飞机 yǐnxíng fēijī

stealthy ADJ 偷偷摸摸的 tōutōu mōmō de, 悄悄的 qiāoqiāo de

steam I N 蒸汽 zhēngqì □ The steam engine is an icon of the Industrial Revolution. 蒸汽机是工业革命的象征。Zhēngqìjī shì gōngyè gémìng de xiàngzhēng.

to blow off steam 发泄怒火 fāxiè nùhuǒ, 渲泄多余的精力 xuānxiè duōyú de jīnglì

to run out of steam 精疲力尽 jīngpí lìjìn

II v 1 蒸 [+食物] zhēng [+shíwù] 2 散发蒸汽 sànfā zhēngqì, 冒热气 mào rèqì

steamroll v 大败 [+对手] dàbài [+duìshǒu]

steamroller N 蒸汽压路机 zhēngqì yālùjī [M. WD 台 tái]

steamy ADJ 1 充满水蒸汽的 [+更衣室] chōngmǎnshuǐ zhēngqì de [gēngyīshì] 2 色情的 sèqíng de

steel I N 钢 gāng, 钢材 gāngcái □ The auto industry uses a tremendous amount of steel to produce cars. 汽车工业用大量钢材。Qìchē gōngyè yòng dàliàng gāngcái.

steel wool 钢丝绒 gāngsīróng

II v (to steel oneself for) 坚强起来 jiānqiáng qǐlái

steely ADJ 钢铁般坚定的 gāngtiě bān jiāndìng de

steep I ADJ 陡 dǒu, 陡峭的 dǒuqiào de □ The path down to the pond is quite steep. Watch your step! 通向池塘的小路很陡。走路小心! Tōng xiàng chítáng de xiǎolù hěn dǒu. Zǒulù xiǎoxīn!

II v 1 浸泡 jìnpào 2 (to be steeped in) 根植于(传统) gēnzhí yú (chuántǒng), 深陷在(争斗中) shēn xiàn zài (zhēngdòu zhōng)

steeple N (教堂) 尖塔 (jiàotáng) jiān tǎ

steer v 1 驾驶 [+汽车] jiàshǐ [+qìchē] 2 引导 [+人] yǐndǎo [+rén]

to steer clear of sb/sth 避开某人 / 某事 bìkāi mǒurén/mǒushì

to steer a middle course 走中间道路 zǒu zhōngjiāndàolù

steering N 1 (汽车 / 船舶的) 操纵装置 (qìchē/chuánbó de) cāozòng zhuāngzhì

steering committee 程序委员会 chéngxù wěiyuánhuì

steering wheel 方向盘 fāngxiàngpán

stellar ADJ 光彩夺目的 guāngcǎi duómù de, 出色的 chūsè de

stem I N 茎 jīng □ When the roses finish flowering in fall, cut back all the stems. 在秋季玫瑰花结束花期时,就把花茎都剪去。Zài qiūjì méiguìhuā jiéshù huāqī shí, jiù bǎ huājīng dōu jiǎnqu.

stem cell 干细胞 gànxìbāo

II v 遏制 èzhì □ Will the federal government be able to stem the flow of illegal drugs? 联邦政府有能力遏制非法药物的流入吗? Liánbāng zhèngfǔ yǒu nénglì èzhì fēifǎ yàowù de liúrù ma?

to stem from 是由于 shì yóuyú, 起源于 qǐyuán yú □ Her high credit card debt stems from her addiction to shopping. 她在信用卡上债台高筑,是由于她购物上瘾了。Tā zài xìnyòngkǎshang zhàitái gāo zhù, shì yóuyú tā gòuwù shàngyǐn le.

stench N 1 恶臭 èchòu 2 恶劣的社会风气 èliè de shèhuì fēngqì

stench of corruption 腐败的气息 fǔbài de qìxī

stenographer N 速记打字员 sùjì dǎziyuán

stenography N 速记 (法) sùjì (fǎ)

step I N 1 脚步 (声) jiǎobù (shēng) □ He walked towards me in big steps. 他大步向我走来。Tā dàbù xiàng wǒ zǒulai. 2 一步 yí bù □ Your decision is a step in the right direction. 你的决定是朝正确方向走出了一步。Nǐ de juédìng shì cháo zhèngquè fāngxiàng zǒuchūle yí bù. 3 台阶 táijiē □ A flight of concrete steps led us to the gate. 一条水泥台阶通向大门。Yì tiáo shuǐní táijiē tōngxiàng dà mén.

II v 1 走 zǒu □ Onlookers stepped back to let the policemen through. 旁观者后退, 让警察通过。Pángguānzhě hòutuì, ràng jǐngchá tōngguò. 2 踩 cǎi □ He apologized profusely right after stepping on somebody's foot in the bus. 他在公共汽车上踩了一位女士的脚, 马上一再道歉。Tā zài gōnggòng qìchēshang cǎile yí wèi nǚshì de jiǎo, mǎshàng yí zài dàoqiàn.

to step on one's toes 惹怒 rěnù, 触犯 chùfàn □ He was even not aware that he had stepped on his boss' toes. 他已经惹怒了老板, 还不知道。Tā yǐjīng rěnùle lǎobǎn, hái bù zhīdào.

to step up 加强 jiāqiáng

stepbrother N 同父异母 / 同母异父的兄弟 tóng fù yì mǔ/tóng mǔ yì fù de xiōngdi

step-by-step ADJ 一步步 (的) yíbù bù (de) □ This recipe gives you step-by-step instructions on how to make the best bread. 这个食谱一步一步教你怎么做最好吃的面包。Zhè ge shípǔ yí bù yí bù jiāo nǐ zěnme zuò zuì hǎochī de miànbāo.

stepchild N 继子 / 继女 jìzǐ/jìnǚ

stepdaughter N 继女 jìnǚ

stepfather N 继父 jìfù

stepladder N 活梯 huótī

stepmother N 继母 jìmǔ

stepped-up ADJ 加快的 jiākuài de, 加强的 jiāqiáng de

stepping-stone N 1 垫脚石 diànjiǎoshí [M. WD 块 kuài] 2 (事业发展中的) 阶梯 (shìyè fāzhǎnzhōng de) jiētī

stepsister N 同父异母 / 同母异父的姐妹 tóng fù yì mǔ/tóng mǔ yì fù de jiěmèi

stepson N 继子 jìzǐ

stereo N 立体声音响设备 lìtǐshēng yīnxiǎng shèbèi

stereotype N 1 固定的模式 gùdìng de móshì, 老一套 lǎoyítáo II v 1 把…模式化 bǎ…móshì huà 2 对…产生成见 duì…chǎnshēng chéngjiàn

stereotypical ADJ 模式化的 móshì huà de, 固定不变的 gùdìng búbiàn de

sterile ADJ 1 无菌的 wújūn de, 消过毒的 xiāoguodú de 2 不能生育 / 结果的 bùnéng shēngyù/jiéguǒ de

sterilization N 1 消毒 xiāodú 2 绝育 juéyù

sterilize v 1 消毒 xiāodú, 灭菌 mièjūn 2 使…失去生殖能力 shǐ…shīqù shēngzhí nénglì, 对…做绝育手术 duì…zuòjué yù shǒushù

sterling N 优秀的 yōuxiù de, 极有价值的 jí yǒu jiàzhí de

sterling work 杰出的工作 jiéchū de gōngzuò

sterling silver N 标准纯银 biāozhǔn chúnyín

stern I ADJ 严厉的 yánlì de, 苛刻的 kēkè de II N 船尾 chuánwěi

steroid N 类固醇 lèigùchún

stethoscope N 听诊器 tīngzhěnqì

stew I v 炖 dùn, 煨 wēi, 焖 mèn

to stew in one's own juice 自作自受 zìzuò zìshòu

II N 炖菜 dùncài □ We've got beef stew for dinner tonight. 今天我们晚饭吃炖牛肉。Jīntiān wǒmen wǎnfàn chī dùn niúròu.

be in a stew 焦急的 jiāojí de, 困惑的 kùnhuò de

steward N 1 (轮船 / 飞机上的) 男乘务员 (lúnchuán/fēijī shàng de) nán chéngwùyuán 2 (公共资产的) 守护人 (gōnggòng zīchǎn de) shǒuhù rén 3 伙食管理人 huǒshi guǎnlǐ rén

stewardess N (轮船／飞机上的) 女乘务员 (lúnchuán/fēijī shàng de) nǚ chéngwùyuán

stick I v (PT & PP **stuck**) **1** 粘 zhān, 粘住 zhānzhu □ You're not allowed to stick posters here. 你不能在这里贴布告。Nǐ bù néng zài zhèlǐ tiē bùgào. **2** 插入 chārù □ He stuck the fork into the steak and began to cut it. 他把叉子插入牛排，然后切开。Tā bǎ chāzi chārù niúpái, ránhòu qiēkāi. **3** 卡住 qiǎzhu □ Gosh, the zipper is stuck! 啊呀, 拉链卡住了! Ayā, lāliàn qiǎzhu le!

to stick out 伸出 shēnchū □ It's dangerous to stick your head out of the car window. 头伸出车窗是很危险的。Tóu shēnchū chē chuāng shì hěn wēixiǎn de.

to stick to 坚持 jiānchí, 还是 hái shì □ Thanks, I'll stick to orange juice as I'm going to drive. 谢谢, 我还是喝橘子水, 我要开车。Xièxie, wǒ hái shì hē júzishuǐ, wǒ yào kāichē.

II N **1** 小树枝 xiǎo shùzhī [M. WD 根 gēn] **2** 棍 gùn [M. WD 根 gēn], 棒 bàng [M. WD 根 gēn] □ He was stopped by some young men armed with sticks. 几个拿着棍棒的青年人挡住了他的路。Jǐ ge názhe gùnbàng de qīngniánrén dǎngzhule tā de lù.

walking stick 拐杖 guǎizhàng

3 条状物 tiáozhuàngwù

a stick of gum 一条口香糖 yìtiáo kǒuxiāngtáng

stickball N 棍球 (运动) gùnqiú (yùndòng)

sticker N (粘帖) 标签 (zhāntiē) biāoqiān [M. WD 张 zhāng]

sticker price 标 (签) 价 biāo (qiān) jià

stick-in-the-mud N 顽固守旧者 wángù shǒujiùzhě, 保守者 bǎoshǒuzhě

stickler N (a stickler for rules/details/protocols) 十分注重规则／细节／礼节的人 shífēn zhùzhòng guīzé/xìjié/lǐjié de rén

(the) sticks N 远离城市的地方 yuǎnlí chéngshì de dìfang

sticky ADJ **1** 粘的 nián de □ Her fingers were sticky with jam. 她的手指粘粘的, 都是果酱。Tā de shǒuzhǐ niánnián de, dōu shì guǒjiàng. **2** 不愉快的 bù yúkuài de, 麻烦的 máfan de □ It's easy to get into a sticky situation if you're dating more than one person. 你同时和两个人谈恋爱, 很容易造成不愉快的局面。Nǐ tóngshí hé liǎng ge rén tán liàn'ài, hěn róngyì zàochéng bù yúkuài de júmiàn.

stiff I ADJ **1** 激烈的 jīliè de □ He got the job through stiff competition. 他通过激烈的竞争才得到这份工作。Tā tōngguò jīliè de jìngzhēng cái dédào zhè fèn gōngzuò. **2** 硬 yìng, 坚硬的 jiānyìng de □ You have to use a stiff brush to clean the dirty boots. 你得用一把硬刷子来洗这双脏靴子。Nǐ děi yòng yì bǎ yìng shuāzi lái xǐ zhè shuāng zàng xuēzi. **3** 不灵便的 bù língbiàn de, 疼痛的 téngtòng de

stiff drink 烈酒 lièjiǔ

II ADV 非常 fēicháng, 极其 jíqí

be bored stiff 厌烦得要死 yànfán de yàosǐ, 无聊得要命 wúliáo de yàomìng

III v 不付小费 bú fù xiǎofèi

stiffen v 使…变硬 shǐ…biàn yìng **2** 突然生气／不友好 tūrán shēngqì/bùyǒuhǎo **3** (使…) 更严厉／强硬 (shǐ…) gèng yánlì/qiángyìng

to stiffen up [肌肉+] 僵硬 [jīròu+] jiāngyìng

stiff-necked ADJ 傲慢的 àomàn de, 倔强的 juéjiàng de

stifle v **1** 使 [+人] 窒息 shǐ [+rén] zhìxī **2** 抑制, 强忍住 yìzhì, qiáng rěnzhù

stigma N 羞耻 xiūchǐ, 丢脸的感觉 diūliǎn de gǎnjué

stigmatize v 使 [+人] 感到羞耻 shǐ [+rén] gǎndào xiūchǐ

still[1] ADV **1** 仍然 réngrán, 还是 hái shì □ After eight years, Dan is still working on his PhD thesis. 八年以后, 丹现在还在做博士论文。Bā nián yǐhòu, Dān xiànzài háizài zuò bóshì lùnwén. □ Well, I still can't see why you had to do that. 行了, 我仍然不明白你为什么这么做。Xíng le, wǒ réngrán bù míngbai nǐ wèishénme zhème zuò. **2** 更加 gèngjiā □ We had a profitable year last year, and will do still better this year. 我们去年盈利

很好, 今年会更好。Wǒmen qùnián yínglì hěn hǎo, jīnnián huì gèng hǎo.

still[2] I ADJ 静止的 jìngzhǐ de

Still water run deep. 静水流深。Jìngshuǐ liú shēn.

still life 静物画 jìngwùhuà

II N **1** 寂静 jìjìng **2** 剧照 jùzhào **3** 蒸馏器 zhēngliúqì

stillbirth N 死产 sǐchǎn

stillborn ADJ **1** 死胎的 [+产儿] sǐtāi de [+chǎn'ér] **2** 夭折的 [+计划] yāozhé de [+jìhuà]

stilted ADJ 生硬呆板的 shēngyìng dāibǎn de

stilts N 高跷 gāoqiāo [M. WD 付 fù]

stimulant N 兴奋剂 xīngfènjì

stimulate v 刺激 cìjī, 促进 cùjìn

stimulating ADJ 使人振奋的／有精神的 shǐrén zhènfèn de/yǒu jīngshén de

stimulation N 刺激 cìjī

stimulus N 刺激 (物) cìjī (wù), 促进 (因素) cùjìn (yīnsù)

sting I v (PT & PP **stung**) **1** [蚊子+] 叮 [wénzi+] dīng, [蜜蜂+] 刺 [mìfēng+] cì □ He was stung by a wasp on the hand. 他手上被黄蜂叮了。Tā shǒushang bèi huángfēng dīng le. **2** 感到刺痛 gǎndao cìtòng □ My eyes are stinging from the smoke. 我的眼睛被烟刺痛。Wǒ de yǎnjing bèi yān cìtòng. □ Her words certainly stung him. 她的话确实刺痛了他。Tā de huà quèshí cìtòngle tā.

II N **1** 刺痛 cìtòng, 剧痛 jùtòng □ I felt the sharp sting of soap in my eyes. 肥皂水进了眼睛, 我感到刺痛。Féizàoshuǐ jìnle yǎnjing, wǒ gǎndao cìtòng. **2** 圈套 quāntào

a sting operation (警察) 诱捕行动 (jǐngchá) yòubǔ xíngdòng □ The sting operation was hailed successful by law enforcement officials. 执法官员称赞这次诱捕行动大为成功。Zhífǎ guānyuán chēngzàn zhè cì yòubǔ xíngdòng dà wéi chénggōng.

stinger N (昆虫的) 刺 (kūnchóng de) cì

stinginess N 小气 xiǎoqi, 吝啬 lìnsè

stingray N 刺魟 cìhóng [M. WD 条 tiáo]

stingy ADJ **1** 小气的 [+人] xiǎoqi de [+rén], 吝啬的 lìnsè de **2** 极少的 [+食物] jí shǎo de [+shíwù]

stink I v (PT **stank**; PP **stunk**) **1** 发臭 fā chòu, 有臭味的 yǒu chòuwèi de **2** 糟透了 zāotòu le

to stink up the place 表现极差 biǎoxiàn jíchà

II N 恶臭 èchòu

to cause a stink 强烈抗议 qiángliè kàngyì

stinker N **1** 讨厌的人 tǎoyàn de rén **2** 糟透的电影／书／比赛 zāotòu de diànyǐng/shū/bǐsài

stinking ADJ **1** 发出恶臭的 fāchū èchòu de **2** 糟透的 zāotòu de

stinking drunk 酩酊大醉 mǐngdǐng dàzuì, 烂醉如泥 lànzuì rúní

stint I N 期限 qīxiàn, 任期 rènqī II v 限制 xiànzhì, 少量提供 shǎoliàng tígōng

stipend N (学生的) 助学金 (xuésheng de) zhùxuéjīn, (牧师的) 生活费 (mùshi de) shēnghuófèi, 薪金 xīnjīn

stipulate v 规定 guīdìng, 约定 yuēdìng

stipulation N **1** 规定 guīdìng, 约定 yuēdìng **2** 条款 tiáokuǎn

stir I v **1** 搅拌 jiǎobàn **2** 激发 [+感情] jīfā [+gǎnqíng] **3** [风+] 吹动 [fēng+] chuīdòng

to stir things up 挑起事端 tiǎoqǐ shìduān

II N **1** 骚动 sāodòng, 激动 jīdòng **2** 搅拌 jiǎobàn

stir-fry I v 快炒 [+菜] kuài chǎo [+cài] II N 快炒 kuàichǎo

stitch I N (缝) 一针 (féng) yì zhēn II v 缝 féng, 缝合 fénghé □ Linda's job in the garment factory is to stitch buttons on coats. 那个女孩在服装工厂的工作是在上衣上缝纽扣。Nà ge nǚhái zài fúzhuāng gōngchǎng de gōngzuò shì zài shàngyīshang féng niǔkòu.

A stitch in time saves nine. 及时缝一针, 免得缝十针。 (→小洞不补, 大洞吃苦。) Jíshí féng yì zhēn, miǎnde féng shí zhēn. (→Xiǎo dòng bù bǔ, dà dòng chī kǔ. If you don't mend a small hole, you will suffer from a big hole.)

stitches N (in stitches) 忍不住大笑 rěnbuzhù dàxiào

stock I N 1 存货 cúnhuò, 库存 kùcún □ Your order can be supplied from stock. 你订的货可以从库存中提供。Nǐ dìng de huò kěyǐ cóng kùcún zhōng tígōng.

in stock 有现货 yǒu xiànhuò □ The book is in stock. 这本书有现货。Zhè běn shū yǒu xiànhuò.

out of stock 没有现货 méiyǒu xiànhuò, 脱销 tuōxiāo □ Sorry, but that model of truck is out of stock. 对不起，这种型号的卡车没有现货。Duìbuqǐ, zhè zhǒng xínghào de kǎchē méiyǒu xiànhuò.

to take stock ① 盘点（货物）pán diǎn (huòwù) ② 检讨 jiǎntǎo □ The management spent the weekend at their retreat to take stock of their business situation. 管理层在休养地度过周末，检讨商业形势。Guǎnlǐcéng zài xiūyǎngdì dùguo zhōumò, jiǎntǎo shāngyè xíngshì.

2 股份 gǔfèn, 股票 gǔpiào □ Aunt Paula has got about half a million in stocks. 波拉阿姨有大约五十万元的股票。Bōlā āyí yǒu dàyuē wǔshí wàn yuán de gǔpiào.

stock certificate 股权证 gǔquánzhèng

stock exchange 股票交易所 gǔpiào jiāoyìsuǒ

stock market 股票市场 gǔpiào shìchǎng, 股市 gǔshì

3 汤汁 tāngzhī □ Stewing mushrooms in chicken stock is a good way to prepare them. 在原汁鸡汤里炖蘑菇，是做蘑菇菜的好方法。Zài yuán zhī jītāng lǐ dùn mógu, shì zuò mógu cài de hǎo fāngfǎ. **4** 牲畜 shēngchù

II v 备货 bèihuò, 储存 chǔcún □ The fridge was well stocked with food. 电冰箱里放满了食品。Diànbīngxiāng lǐ fàngmǎnle shípǐn.

to stock up 备货 bèihuò □ Stores are stocking up for Christmas. 商店正在为圣诞节备货。Shāngdiàn zhèngzài wèi Shèngdànjié bèihuò.

stockade N 栏 péng lán [M. WD 道 dào], 防御工事 fángyù gōngshì

stockbroker N 证券／股票经纪人 zhèngquàn/gǔpiào jīngjìrén

stockbroking N 证券／股票买卖 zhèngquàn/gǔpiào mǎimai

stockholder N 股票持有人 gǔpiào chíyǒurén, 股东 gǔdōng

stocking N 长筒袜 chángtǒngwà

stockpile I N 贮存的大量物资／武器 zhùcún de dàliàng wùzī/wǔqì II v 贮存 zhùcún, 囤积 túnjī

stock-still ADV 一动不动地 yídòng bú dòng de, 完全静止地 wánquán jìngzhǐ de

stocky ADJ 身子矮而结实的 shēnzi ǎi ér jiēshi de, 矮胖的 ǎipàng de

stockyard N 牲畜围栏 shēngchù wéilán

stodgy ADJ 古板乏味的 gǔbǎn fáwèi de

stoic, stoical ADJ 刻苦耐劳的 kèkǔnàiláo de, 坚忍的 jiānrěn de

stoke v 1 给 [+炉子] 添加燃料 gěi [+lúzi] tiānjiā ránliào **2** 使 [+情绪] 加剧 shǐ [+qíngxù] jiājù, 给 [+纠纷] 火上加油 gěi [+jiūfēn] huǒshàng jiāyóu

stoked ADJ 非常兴奋的 fēicháng xīngfèn de

stole See **steal**

stolen See **steal**

stolid ADJ 不激动的 bù jīdòng de, 无动于衷的 wúdòng yú zhōng de

stomach I N 肚子 dùzi, 胃 wèi □ Cold greasy food can give you an upset stomach. 又冷又油的食品会使你肚子不舒服。Yòu lěng yòu yóu de shípǐn huì shǐ nǐ dùzi bù shūfu.

to turn one's stomach 使人恶心 shǐrén èxīn

II v 忍受 rěnshòu, 接受 jiēshòu

stomachache N 肚子痛 dùzi tòng, 胃痛 wèitòng

stomp v 重重地踩 zhòngzhòng de cǎi

stone I N 石（头）shí (tóu) [M. WD 块 kuài], 石块 shíkuài

precious stone 宝石 bǎoshí

a stone's throw 近在咫尺 jìn zài zhǐchǐ, 离得很近 líde hěnjìn

II v 向…扔石头 xiàng…rēng shítou

stoned ADJ （服毒后）极度兴奋 (fúdú hòu) jídù xīngfèn

stone-deaf ADJ 完全聋的 wánquán lóng de

stonewall v 拒不回答 jù bù huídá

stoneware N 粗陶器 cū táoqì

stonewashed ADJ 石洗的 [+牛仔裤] shí xǐ de [+niúzǎikù]

stony ADJ 1 多石的 duō shí de 2 冷冰冰的 lěngbīngbīng de, 毫无同情心的 háowú tóngqíngxīn de

stood See **stand**

stool N 凳子 dèngzi

stoop I v 弯腰 wānyāo, 俯身 fǔshēn

to stoop to doing sth 道德堕落到做某事 dàodé duòluò dào zuò mǒushì

a stooped old woman 驼背老太太 tuóbèi lǎotàitai

II N 驼背 tuóbèi

to walk with a stoop 驮着背走路 tuózhe bèi zǒulù

stop I v 1 停 tíng, 停住 tíngzhu □ Traffic stops at the red light. 车辆在红灯前停下。Chēliàng zài hóngdēng qián tíngxia. **2** 阻止 zǔzhǐ □ No one can stop her from going out with that man. 没有人能阻止她和那个男人出去玩。Méiyǒurén néng zǔzhǐ tā hé nà ge nánren chūqu wán.

to stop at nothing 不择手段 bù zé shǒuduàn

to stop short of doing sth 差一点做某事 chàyidiǎn zuò mǒushì

stop press 最新消息 zuìxīn xiāoxi

Stop the presses! 有惊人新闻！Yǒu jīngrén xīnwén!

to stop by 串门儿 chuànménr □ She often stops by for a chat. 她常来串门儿聊天。Tā cháng lái chuànménr liáotiān.

Stop thief! 抓小偷！Zhuā xiǎotōu!

II N 1 停止 tíngzhǐ □ Production at the factory has come to a complete stop. 这个工厂完全停止了生产。Zhè ge gōngchǎng wánquán tíngzhǐle shēngchǎn.

to put a stop on a check 通知银行不兑现支票 tōngzhī yínháng bú duìxiàn zhīpiào

2 停车站 tíngchēzhàn

stopgap N 临时替代的人 línshí tìdài de rén

stoplight N 红绿灯 hónglùdēng, 交通灯 jiāotōngdēng

stopover N 中途停留 zhōngtútíngliú

stoppage N 1 停工 tínggōng, 罢工 bàgōng **2** 停止 tíng zhǐ, 中止 zhōngzhǐ **3** 堵塞物 dǔsèwù

stopper N 瓶塞 píngsāi

stopwatch N 秒表 miǎobiǎo

storage N 贮藏 zhùcáng, 储藏 chǔcáng

storage capacity（汽车行李箱）贮存空间 (qìchē xínglixiāng) zhùcún kōngjiān

store¹ N 店 diàn, 商店 shāngdiàn □ I'm going to the store to get some milk. 我去小店买牛奶。Wǒ qù xiǎodiàn mǎi niúnǎi.

department store 百货商店 bǎihuò shāngdiàn

store² I N 贮藏 zhùcáng, 储藏 chǔcáng □ They have stores of firewood for the winter. 他们储藏了很多木柴过冬。Tāmen chǔcángle hěn duō mùchái guò dōng.

in store 快要发生 kuài yào fāshēng

II v 贮藏 zhùcáng, 储存 chǔcún

storehouse N 仓库 cāngkù [M. WD 座 zuò], 宝库 bǎokù [M. WD 座 zuò]

storehouse of information 信息宝库 xìnxī bǎokù

storekeeper N 店主 diànzhǔ

storeroom N 贮藏室 zhùcángshì [M. WD 间 jiān]

stork N 鹳 guàn [M. WD 只 zhī]

storm I N 1 风暴 fēngbào, 暴风雨 bàofēng yǔ □ They stayed at a roadside café until the storm passed over. 他们在路边

的咖啡馆等到暴风雨过去。Tāmen zài lùbiān de kāfēiguǎn děngdao bàofēngyǔ guòqu. **2** 风潮 fēngcháo, 浪潮 làngcháo □ The new law created a storm of protest. 新法律引起抗议浪潮。Xīn fǎlǜ yǐnqǐ kàngyì làngcháo.

storm cloud ① 暴风云 bàofēngyún ② 凶兆 xiōngzhào

sand storm 沙（尘）暴 shā (chén) bào

snow storm 暴风雪 bàofēngxuě

stormy ADJ **1** 暴风雨／雪的 bàofēngyǔ/xuě de **2** 动荡的 dòngdàng de, 多风波的 duō fēngbō de

story[1] N **1** 故事 gùshi □ The child knows many stories from the Bible. 这个孩子知道许多圣经故事。Zhè ge háizi zhīdào xǔduō Shèngjīng gùshi.

it's a long story 说来话长 shuō lái huà cháng

to make a long story short 长话短说 chánghuà duǎnshuō

2 新闻 xīnwén [M. WD 条 tiáo], 新闻报道 xīnwén bàodào [M. WD 条 tiáo] □ What's the story on Bill and Sue? Are they still dating? 彼尔和苏有什么新闻? 还在谈恋爱吗? Bǐ'ěr hé Sū yǒu shénme xīnwén? Hái zài tán liàn'ài ma?

story[2] N 层 céng, 层楼 cénglóu □ The tallest building in Taipei has 101 stories. 台北最高的大楼有一百零一层。Táiběi zuì gāo de dàlóu yǒu yìbǎi líng yī céng.

a three-story (three-storied) house 一幢三层楼的房子 yí zhuàng sān céng lóu de fángzi

storyteller N 讲故事的人 jiǎng gùshi de rén, 说书人 shuōshū rén

stout I ADJ **1** 粗壮的 cūzhuàng de, 结实的 jiēshi de **2** 坚定勇敢的 jiāndìng yǒnggǎn de II N 烈性黑啤酒 lièxìng hēipíjiǔ

stove N 炉子 lúzi, 炉灶 lúzào □ Mom is making jam on the stove. 妈妈在炉子上做果酱。Māma zài lúzishang zuò guǒjiàng.

stow, stow away V 仔细收藏 zǐxì shōucáng

stowaway N 无票偷乘的人 wú piào tōu chéng de rén, 偷渡者 tōudù zhě

straddle V **1** 跨坐 [+在自行车上] kuà zuò [+zài zìxíngchē shàng] **2** 横跨 [+两地] héngkuà [+liǎng dì]

straggle V **1** [一队人+] 散乱地行进 [yí duì rén+] sànluàn de xíngjìn **2** [一个人+] 掉队 [yí ge rén+] diàoduì

straight I ADJ **1** 直的 zhí de □ East Asians have straight hair. 东亚人的头发是直的。Dōngyàrén de tóufa shì zhí de. □ A long straight road stretches ahead of us. 一条长长的笔直的道路伸展在我们面前。Yì tiáo chángchánɡ de bǐzhí de dàolù shēnzhǎn zài wǒmen miànqián. **2** 正的 zhèng de, 端正的 duānzhèng de □ Is my tie straight? 我的领带戴正了吗? Wǒ de lǐngdài dàizhèng le ma? **3** 连续的 liánxù de □ He sometimes has to work 14 straight hours. 他有时候要连续工作十四个小时。Tā yǒushíhou yào liánxù gōngzuò shísì ge xiǎoshí. **4** 正直的 zhèngzhí de, 诚实的 chéngshí de □ I don't think she is being straight with me. 我想她对我不诚实。Wǒ xiǎng tā duì wǒ bù chéngshí.

straight shooter 正直的人 zhèngzhí de rén

to get straight A's 考试全部得 "优" kǎoshì quánbù dé "A"

to keep a straight face 板着脸 bǎnzheliǎn

II ADV **1** 直接 zhíjiē, 马上 mǎshàng □ After school, Sammy went straight home. 萨米下课后直接回家。Sàmǐ xiàkè hòu zhíjiē huíjiā. **2** 直截了当 zhíjié liǎodàng de, 坦率地 tǎnshuài de □ I'll come straight to the point—your performance is not satisfactory. 我直截了当地说吧—你的工作表现不能令人满意。Wǒ zhíjié liǎodàng de shuō ba—nǐ de gōngzuò biǎoxiàn bù néng lìngrén mǎnyì.

to get straight 正确地理解 zhèngquè de lǐjiě, 搞清楚 gǎo qīngchu □ Let me get this straight – you're not going to take the SAT? 让我搞搞清楚—你不打算参加学业能力倾向测验? Ràng wǒ gǎogǎo qīngchu—nǐ bù dǎsuàn cānjiā xuéyè nénglì qīngxiàng cèyàn?

to think straight 有条理地思考 yǒu tiáolǐ de sīkǎo □ You must learn to think straight if you want to write well. 要写好文

章，先得学会有条理的思考。Yào xiě hǎo wénzhāng, xiān děi xuéhuì yǒu tiáolǐ de sīkǎo.

III N **1** 异性恋者 yìxìngliànzhě **2** (the straight and narrow) 循规蹈矩的生活方式 xúnguī dǎojǔ de shēnghuó fāngshì

straighten V 把…弄直 bǎ…nòng zhí

to straighten up 挺直身子 tǐngzhí shēnzi

to straighten sb out 使某人变好 shǐ mǒurén biàn hǎo

to straighten sth out 理清某事 lǐ qīng mǒushì

straightforward ADJ **1** 坦率地 tǎnshuài de, 坦诚的 tǎnchéng de **2** 简单明了的 jiǎndān míngliǎo de

strain[1] N **1** 拉力 lālì, 张力 zhānglì **2** 压力 yālì, 焦虑 jiāolǜ

under a lot of strain 承受很大压力 chéngshòu hěn dà yālì

3 负担 fùdān, 困难 kùnnan

to put a strain on sb 给某人带来负担 gěi mǒurén dàilái fùdān

4 品种 pǐnzhǒng, 类型 lèixíng

a new strain of virus 一种新病毒 yì zhǒng xīn bìngdú

strain[2] V **1** 竭力 jiélì [+去做某事], 全力以赴 quánlì yǐfù

to strain every nerve 竭尽全力 jiéjìn quánlì

2 拉伤 [+肌肉] lā shāng [+jīròu], 扭伤 niǔshāng **3** 使 [+关系] 紧张 shǐ [+guānxi] jǐnzhāng, 严重损伤 yánzhòng sǔnshāng

strained ADJ **1** 不自然的 [+气氛] bú zìrán de [+qìfen], 紧张的 jǐnzhāng de **2** 身心疲惫的 shēnxīn píbèi de

strainer N 过滤器 guòlǜqì

strait N **1** 海峡 hǎixiá

the Straits of Taiwan 台湾海峡 Táiwān hǎixiá

2 (in dire straits) 处于非常困难的境地 chǔyú fēicháng kùnnan de jìngdì

straitjacket N 约束 yuēshù, 限度 xiàndù

strand I N **1** 一股（绳／线）yì gǔ (shéng/xiàn) **2**（故事的）线索（gùshi de）xiànsuǒ II V **1** 使 [+人] 滞留 shǐ [+rén] zhìliú **2** 使 [+人] 处于困境 shǐ [+rén] chǔyú kùnjìng

stranded ADJ 被困（在）bèi kùn (zài), 滞留 zhìliú

strange ADJ **1** 奇怪 qíguài, 不寻常的 bù xúncháng de **2** 陌生（的）[+人] mòshēng (de) [+rén]

to feel strange 觉得不对劲 juéde bú duìjìn

stranger N 陌生人 mòshēng rén □ My mother always told me to never talk to strangers. 我母亲一直叫我永远别跟陌生人说话。Wǒ mǔqin yìzhí jiào wǒ yǒngyuǎn bié gēn mòshēngrén shuōhuà.

strangle V **1** 勒死 lēisǐ, 绞死 jiǎosǐ **2** 严重阻碍 yánzhòng zǔ'ài

stranglehold N 有力的控制 yǒulì de kòngzhì

to break the stranglehold of sth 打破某事的束缚 dǎpò mǒushì de shùfù

strangulation N 勒死 lēisǐ, 窒息而死 zhìxī ér sǐ

strap I N **1** 带（子）dài (zi) [M. WD 根 gēn/条 tiáo] II V 用带子束住 yòng dàizi shù zhù, 捆扎 kǔnzā

strapless ADJ (a strapless dress) 露肩连衣裙 lù jiān liányīqún [M. WD 带 dài]

strapped ADJ 没有多少钱的 méiyǒu duōshao qián de

strapping ADJ 高大健壮的 [+青年人] gāodà jiànzhuàng de [+qīngniánrén]

stratagem N 计谋 jìmóu, 花招 huāzhāo

strategic ADJ 战略上（的）zhànlüè shàng (de), 策略上（的）cèlüè shàng (de)

strategice weapon 战略武器 zhānglüè wǔqì

strategy N **1** 策略 cèlüè □ The government has employed an effective strategy to achieve its objective. 政府采取了有效策略以达到目的。Zhèngfǔ cǎiqǔle yǒuxiào cèlüè yǐ dádào mùdì. **2** 战略（部署）zhànlüè (bùshǔ) □ Does the war serve our general strategy against terrorism? 这场战争为我们反恐怖这一总战略服务吗? Zhè cháng zhànzhēng wèi wǒmen fǎn kǒngbùzhè yì zǒng zhànlüè fúwù ma?

stratified ADJ 等级化的 [+社会] děngjíhuà de [+shèhuì]

stratosphere N 平流层 píngliúcéng, 极高的水平 jí gāo de shuǐpíng

stratum N 1 (社会) 阶层 (shèhuì) jiēcéng 2 岩层 yáncéng

straw N 1 (喝饮料的) 吸管 (hē yǐnliào de) xīguǎn [M. WD 根 gēn] 2 麦秆 màigǎn [M. WD 根 gēn], 稻草 dàocǎo [M. WD 根 gēn]

　straw hat 草帽 cǎomào

　straw man 稻草人 dàocǎorén, 不堪一击的对手 bùkān yì jī de duìshǒu

　straw poll 非正式投票 fēi zhèngshì tóupiào, 民意测验 mínyì cèyàn

strawberry N 草莓 cǎoméi

stray I v 1 走入岔道 zǒu rù chàdào, 迷路 mílù 2 偏离话题 piānlí huàtí II ADJ 迷路的 mílù de, 走失的 zǒushī de

　a stray dog 流浪狗 liúlànggǒu

III N 走失的动物 zǒushī de dòngwù

streak I N 1 条纹 tiáowén 2 个性特征 gèxìng tèzhēng, 特色 tèsè

　streak of adventurism 爱好冒险的个性特征 àihào màoxiǎn de gèxìng tèzhēng

3 一阵 yí zhèn, 一般时间 yì bān shíjiān

　on a winning/losing streak 连续获胜／失利的时期 liánxù huòshèng/shīlì de shíqī

II v 1 在…上加条纹 zài…shàng jiā tiáowén 2 飞快地跑 fēikuài de pǎo

stream I N 小河 xiǎo hé [M. WD 条 tiáo], 溪流 xīliú [M. WD 条 tiáo] □ We often take a walk along the stream in the woods. 我们经常沿着树林里的溪流散步。Wǒmen jīngcháng yánzhe shùlín lǐ de xīliú sànbù.

　streams of consciousness 意识流 yìshíliú

II v 奔流 bēnliú, 流动 liúdòng

streamer N 彩色纸带 cǎisè zhǐdài [M. WD 条 tiáo]

streamline v 使 [+企业] 效力更高 shǐ [+qǐyè] xiàolì gènggāo

street N 街 jiē, 街道 jiēdào [M. WD 条 tiáo] □ What's the name of this street? 这条街叫什么名字？Zhè tiáo jiē jiào shénme míngzi?

　street light 街灯 jiēdēng

　street musician 街头音乐家 jiētóu yīnyuèjiā

　street smarts 在城市社会底层生存的能力 zài chéngshì shèhuì dǐcéng shēngcún de nénglì

　street value [毒品的+] 街头黑市价值 [dúpǐn de+] jiētóu hēishì jiàzhí

streetcar N 电车 diànchē

streetwise ADJ 善于在城市街头生存的 shànyú zài chéngshì jiētóu shēngcún de, 老于世故的 lǎoyú shìgù de

strength N 1 力 (量) lì (liang) □ After a long day's labor, he did not have much strength left. 在干活干了漫长的一天以后，他没有剩下多大的力了。Tā gànhuó gànle màncháng de yì tiān yǐhòu, tā méiyǒu shèngxia duōdà lìqi le. 2 勇气 yǒngqì 3 势力 shìlì □ There is strength in numbers. 人多势力大。Rén duō shìlì dà. 4 强点 qiángdiǎn, 长处 chángchu □ I know very well both his strengths and weaknesses. 我对他的强点和弱点都很清楚。Wǒ duì tā de qiángdiǎn hé ruòdiǎn dōu hěn qīngchu.

strengthen v 加强 jiāqiáng, 增强 zēngqiáng

　to strengthen one's hand 增加某人的实力 zēngjiā mǒurén de shílì

strenuous ADJ 1 艰苦繁重的 jiānkǔ fánzhòng de 2 强烈的 qiángliè de

strep throat N 脓毒性喉炎 nóngdúxìng hóuyán

stress I N 1 忧虑 yōulǜ, 精神压力 jīngshén yālì □ Soldiers in battleground are under great stress. 在战场上的士兵精神压力很大。Zài zhànchǎngshàng de shìbīng jīngshén yālì hěn dà. 2 强调 qiángdiào, 注重 zhùzhòng

　to lay stress on sth 强调某事 qiángdiào mǒushì, 注重某事 zhùzhòng mǒushì

3 重力 zhònglì, 应力 yìnglì 4 重音 zhòngyīn, 重读 chóngdú II v 1 强调 qiángdiào, 着重 zhuózhòng □ The principal stressed the need for moral education. 校长强调需要进行道德教育。Xiàozhǎng qiángdiào xūyào jìnxíng dàodé jiàoyù. 2 重读 zhòngdú

stressed ADJ 1 焦虑紧张的 jiāolǜ jǐnzhāng de 2 受力的 [+金属] shòu lì de [+jīnshǔ] 3 重读的 zhòngdú de

stressful ADJ 很紧张的 hěn jǐnzhāng de, 压力很大的 yālì hěn dà de

stretch v 1 拉长 lācháng, 撑大 chēngdà □ The hat was too small; he had to stretch it to fit his head. 帽子太小，要撑大以后才戴。Màozi tài xiǎo, xiǎo chēng dà yǐhòu cái néng dài. 2 伸展 shēnzhǎn, 绵延 miányán □ Wheat fields stretch as far as the eye can see. 麦田伸展到眼睛能看到的地方。(→ 麦田一望无际。) Màitián shēnzhǎndao yǎnjing néng kàndao de difang. (→ Màitián yí wàng wú jì.) 3 伸懒腰 shēn lǎnyāo □ The cat stretched after its nap. 猫儿小睡醒来，伸了个懒腰。Māo xiǎoshuì xǐnglai, shēnle ge lǎnyāo.

stretcher N 担架 dānjià [M. WD 副 fù]

stricken ADJ 受到打击的 shòudào dǎjī de, 受灾的 [+地区] shòuzāi de [+dìqū], 受苦的 [+人] shòukǔ de [+rén]

　a poverty-stricken area 贫困地区 pínkùn dìqū

strict ADJ 严格 yángé □ His parents are very strict—no TV on school nights. 他的父母很严格—上课的日子晚上不准看电视。Tā de fùmǔ hěn yángé—shàngkè de rìzi wǎnshang bù zhǔn kàn diànshì.

　a strict vegetarian 严格的素食 (主义) 者 yángé de sùshí (zhǔyì) zhě

　in the strict sense 严格地说 yángé de shuō

strictly ADV 完全地 wánquán de, 确切地 quèqiè de

stride I v (PT **strode**) 大踏步走 dàtàbù zǒu II N 大步 dàbù, 阔步 kuòbù

　to make great strides 取得巨大进步 qǔdé jùdà jìnbù

　to take sth in strides 坦然对待某事 tǎnrán duìdài mǒushì, 冷静处理某事 lěngjìng chǔlǐ mǒushì

strident ADJ 1 坚定有力的 jiāndìng yǒulì de, 强烈的 qiángliè de 2 刺耳的 cì'ěr de, 尖声的 jiān shēng de

strife N 争斗 zhēngdòu, 冲突 chōngtū

strike I v (PT & PP **struck**) 1 打 (击) dǎ (jī) □ He was suspended from school for striking a teacher. 他因为打老师被令暂时停学。Tā yīnwèi dǎ lǎoshī bèi lìng zànshí tíng xué. 2 罢工 bàgōng □ Bus drivers are threatening to strike. 公共汽车司机威胁说要罢工。Gōnggòng qìchē sījī wēixié shuō yào bàgōng. 3 袭击 xíjī □ Hardly had the people recovered from the last hurricane, another one struck the area. 人们还没有从上次飓风恢复过来，另一场飓风又袭击了该地区。Rénmen hái méiyǒu cóng shàngcì jùfēng huīfù guòlai, lìng yì cháng jùfēng yòu xíjīle gāi dìqū. 4 突然想起 tūrán xiǎngqǐ □ It struck me that I could have tried the Internet for more information. 我突然想起可以试试从英特网获取更多信息。Wǒ tūrán xiǎngqǐ kěyǐ shìshi cóng Yīngtèwǎng huòqǔ gèngduō xìnxī. 5 显得 xiǎnde □ Pat struck me as a wimp. 我看帕特显得很软弱。Wǒ kàn Pàtè xiǎnde hěn ruǎnruò.

　to strike a deal 达成交易 dáchéng jiāoyì □ I struck a deal with Dad—he would allow me to use the car on Friday evening if I would wash it on Saturday. 我跟爸爸达成交易—如果我在星期六洗车，他就让我星期五晚上用汽车。Wǒ gēn bàba dáchéng jiāoyì—rúguǒ wǒ zài xīngqīliù xǐ chē, tā jiù ràng wǒ xīngqīwǔ wǎnshang yòng qìchē.

　to strike up a conversation 开始交谈 kāishǐ jiāotán, 搭讪 dāshàn

II N 1 罢工 bàgōng

　strike pay 罢工津贴 bàgōng jīntiē

　to go on strike 参加罢工 cānjiā bàgōng, 举行罢工 jǔxíng bàgōng

2 军事打击 jūnshì dǎjī, 空袭 kōngxí

pre-emptive strike 先发制人的军事打击 xiān fā zhì rén de jūnshì dǎjī

3 （保龄球）一击全中 (bǎolíngqiú) yì jī quán zhòng

strikebreaker N 破坏罢工者 pòhuài bàgōngzhě

striker N 罢工者 bàgōngzhě

striking ADJ **1** 惊人的 jīngrén de, 显著的 xiǎnzhù de **2** 相貌出众的 [+人] xiàngmào chūzhòng de [+rén], 极具魅力的 jí jù mèilì de

string I N **1** 线 xiàn □ She cut the string and untied the parcel. 她把线剪开, 拆开包裹。Tā bǎ xiàn jiǎnkāi, chāikāi bāoguǒ. **2** 一连串 yì liánchuàn, 一系列 yí xìliè □ A string of overnight convenient store robberies was reported on the news this morning. 今天早上的新闻报道了一连串的夜间方便店被劫案。Jīntiān zǎoshang de xīnwén bàodàole yìliánchuàn de yèjiān fāngbiàndiàn bèi jié àn. **3** 附加条件 fùjiā tiáojiàn

no strings attached 不带任何附加条件 bú dài rènhé fùjiā tiáojiàn

4 （乐器的）弦 (yuèqì de) xián

string instrument 弦乐器 xiányuèqì

II v (PT & PP **strung**) **1** （用线）串起来 (yòng xiàn) chuàn qǐlái **2** 悬挂起 xuánguàqǐ **3** 给乐器装弦 gěi yuèqì zhuāng xián

string bean N 四季豆 sìjìdòu, 红花菜豆 hónghuā càidòu

stringent ADJ 严格的 yángé de, 苛刻的 kēkè de

strings N （乐队）弦乐部 (yuèduì) xiányuèbù

stringy ADJ **1** 纤维多的 [+食物] xiānwéi duō de [+shíwù]

2 极瘦的 jí shòu de

strip[1] v **1** 脱去 [+衣服] tuōqù [+yīfu]

strip club 脱衣舞夜总会 tuōyīwǔ yèzǒnghuì

to be stripped to the waist 光着上身的 guāngzhe shàngshēn de

2 剥夺 [+权利] bōduó [+quánlì] **3** 剥掉 [+树皮] bōdiào [+shùpí]

strip[2] I N **1** 一条 yìtiáo

a strip of bacon 一条咸肉 yìtiáo xiánròu

to cut sth into strips 把某物剪成长条 bǎ mǒuwù jiǎn chéng chángtiáo

2 商业街 shāngyèjiē **3** 连环漫画 liánhuán mànhuà

stripe N 条纹 tiáowén, 线条 xiàntiáo

(people) of all stripes 各种各样的（人）gèzhǒng gèyàng de (rén)

striped ADJ 有彩色条纹的 yǒu cǎisè tiáowén de

stripper N 脱衣舞女 tuōyīwǔ wǔnǚ

striptease N 脱衣表演 tuōyīwǔ biǎoyǎn

strive (PT **strove**; PP **striven**) v 努力奋斗 nǔlì fèndòu

striven See **strive**

strode See **stride**

stroke I N **1** 中风 zhòngfēng, 血管破裂 xuèguǎn pòliè **2** （体育运动的）击球 (tǐyù yùndòngde) jīqiú **3** （写字）一笔 (xiě zì) yì bǐ, （画画）一画 (huà huà) yì huà **4** （钟）一响 (zhōng) yì xiǎng

a stroke of luck 意外的好运 yìwài de hǎoyùn

a stroke of genius 天才之作 tiāncái zhī zuò

II v **1** 击球 jīqiú **2** 轻轻抚摸 qīngqīng fǔmō **3** 讨好 tǎohǎo

stroll N, v 散步 sànbù, 闲逛 xiánguàng

stroller N 手推婴儿车 shǒutuī yīng'érchē [M. WD 辆 liàng]

strong ADJ **1** 强有力的 qiáng yǒulì de, 气力大的 qìlì dà de □ We need some strong men on our tug-of-war team. 我们拔河队需要几个气力大的人。Wǒmen de báhéduì xūyào jǐ ge qìlì dà de rén. **2** 强大的 qiángdà de □ That country is developing a strong navy. 那个国家在发展强大的海军。Nà ge guójiā zài fāzhǎn qiángdà de hǎijūn. **3** 强烈的 qiángliè de □ The businessman has a strong interest in local politics. 那位商人对地方政治有强烈的兴趣。Nà wèi shāngrén duì dìfāng zhèngzhì yǒu qiángliè de xìngqu. **4** 浓的 nóng de □ I like my coffee strong. 我喜欢咖啡浓一点儿。Wǒ xǐhuan kāfēi nóng yìdiǎnr.

strong-arm ADJ 强制性的 qiángzhìxìng de

a strong-arm method 强制的方法 qiángzhì de fāngfǎ

strongbox N 保险箱 bǎoxiǎnxiāng, 保险柜 bǎoxiǎnguì

stronghold N 据点 jùdiǎn, 大本营 dàběnyíng

strongly ADV 强烈地 qiángliè de □ Many people feel strongly that government and religion should not mix. 许多人强烈地认为, 政治和宗教应分离。Xǔduō rén qiángliè de rènwéi, zhèngzhì hé zōngjiào yīng fēnlí.

strongman N 强人 qiángrén, 铁腕人物 tiěwàn rénwù

strong-willed ADJ 意志坚强的 yìzhì jiānqiáng de

strove See **strive**

struck See **strike**

structural ADJ 结构（性）的 jiégòu (xìng) de

structural overproduction 结构性生产过剩 jiégòuxìng shēngchǎn guòshèng

structure I N **1** 结构 jiégòu □ Does anyone really understand the structure of an atom? 有没有人真的理解原子的结构？Yǒuméiyǒu rén zhēn de lǐjiě yuánzǐ de jiégòu? □ The social structure of the country has undergone major changes in the past decade. 在过去十年这个国家的社会结构发生了重大变化。Zài guòqù shí nián zhè ge guójiā de shèhuì jiégòu fāshēngle zhòngdà biànhuà. **2** 条理（性）tiáolǐ (xìng)

II v 组织安排 [+系统] zǔzhī ānpái [+xìtǒng]

highly-structured 精心安排的 jīngxīn ānpái de

struggle I v **1** 尽力 jìnlì, 努力 nǔlì □ My parents struggled their whole life to make a living. 我的父母为谋生努力了一辈子。Wǒ de fùmǔ wèi móushēng nǔlìle yíbèizi. **2** 搏斗 bódòu, 打斗 dǎdòu □ The gas station attendant was stabbed as he was struggling with the thief. 加油站服务员在和窃贼搏斗时被刺伤。Jiāyóuzhàn fúwùyuán zài hé qièzéi bódòu shí bèi cìshāng. **3** 作斗争 zuò dòuzhēng □ We must struggle for a better world. 我们必须为更美好的世界作斗争。Wǒmen bìxū wèi gèng měihǎo de shìjiè zuò dòuzhēng.

II N 奋斗 fèndòu □ The struggle for women's rights has borne fruit in many countries. 争取女权的奋斗已经在很多国家取得成果。Zhēngqǔ nǚquán de fèndòu yǐjing zài hěn duō guójiā qǔdé chéngguǒ.

strum v 弹奏 [+吉他] tánzòu [+jítā]

strung See **string**

strung-out ADJ **1** 极度焦虑的 jídù jiāolǜ de **2** 有毒瘾的 yǒu dúyǐn de

strut I v 趾高气扬地走 zhǐgāo qìyáng de zǒu

to strut one's stuff 卖弄自己 màinong zìjǐ, 大显身手 dàxiǎn shēnshǒu

II N **1** 趾高气扬的步伐 zhǐgāo qìyáng de bùfá **2** 支柱 zhīzhù [M. WD 根 gēn], 撑杆 chēnggǎn [M. WD 根 gēn]

stub I N **1** 香烟头 xiāngyāntóu, 铅笔头 qiānbǐtóu **2** 支票存根 zhīpiào cúngēn II v **1** (to stub ... out) 熄灭 [+烟头] xīmiè [+yāntóu]

stubble N **1** 胡子茬儿 húzichár, 短髭 duǎnzī **2** 残枝 cán zhī, 茬 chá

stubborn ADJ **1** 顽固的 wángù de, 固执的 gùzhí de **2** 顽强的 [+抵抗] wánqiáng de [+dǐkàng]

stubby ADJ 粗短的 cūduǎn de

stucco N 灰泥 huīní

stuck I v See **stick** II ADJ 卡住了的 qiǎzhùle de, 动不了的 dòngbuliǎo de

to be stuck in traffic 遇到交通堵塞 yùdào jiāotōng dǔsè

to be stuck with sth 无法摆脱某事 wúfǎ bǎituō mǒushì

to be stuck on sb 迷恋上某人 míliàn shàng mǒurén

stuck-up ADJ 自命不凡的 zìmìng bùfán de, 傲慢的 àomàn de

stud[1] N **1** 种马 zhǒngmǎ [M. WD 匹 pǐ], 种畜 zhǒngchù **2** 性感男子 xìnggǎn nánzǐ

stud[2] I N 饰钉 shìdīng

studded ADJ 镶满…的 xiāng mǎn...de

student N 学生 xuésheng □ Their son is a law student at Harvard, and their daughter a medical student at Yale. 他们的儿子是哈佛大学的法学学生, 女儿是耶鲁大学的医学学生。Tāmen de érzi shì Hǎfó Dàxué de fǎxué xuésheng, nǚ'ér shì Yēlǔ Dàxué de yīxué xuésheng.

  student body 全体学生 quántǐ xuésheng

  student council, student government 学生自治会 xuésheng zìzhìhuì

  student loan 助学货款 zhùxué huòkuǎn

  student teaching 教学实习 jiàoxué shíxí

  student union 学生活动大楼 xuésheng huódòng dàlóu

studied ADJ 装模作样的 zhuāngmú zuòyàng de, 故意的 gùyì de

studies N 学科 xuékē

  business studies 商科 shāngkē, 商业课程 shāngyè kèchéng

  religious studies 宗教研究 zōngjiào yánjiū

studio N 1 艺术家工作室 yìshùjiā gōngzuòshì □ The sculptor works long hours in his studio. 雕塑家在工作室长时间工作。Diāosùjiā zài gōngzuòshì cháng shíjiān gōngzuò. 2 照相馆 zhàoxiàngguǎn 3 电影／电视制片厂 diànyǐng/diànshì zhìpiànchǎng □ Have you ever visited a Hollywood studio? 你参观过好莱坞的电影制片厂吗? Nǐ cānguānguo Hǎoláiwù de diànyǐng zhìpiànchǎng ma?

  studio apartment 单间公寓 dān jiān gōngyù □ The studio apartment is quite spacious and the rent is just right. 这个单间公寓很宽敞, 租金也合适。Zhè ge dān jiān gōngyù hěn kuānchang, zūjīn yě héshì.

studious ADJ 1 勤奋好学的 [+学生] qínfèn hǎoxué de [+xuésheng] 2 细致认真的 [+工作] xìzhì rènzhēn de [+gōngzuò]

study I v 1 学习 xuéxí □ "What did you study in college?" "I studied economics." "你在大学是学什么的?" "学经济的。" "Nǐ zài dàxué shì xué shénme de?" "Xué jīngjì de." 2 研究 yánjiū □ Jenny spent quite a few years on the African savannah studying animal behavior. 詹妮在非洲草原好几年, 研究动物行为。Zhānnī zài Fēizhōu cǎoyuán hǎojǐ nián, yánjiū dòngwù xíngwéi. 3 仔细观察 zǐxì guānchá □ Police studied the videotapes but didn't find anything incriminating. 警察仔细观看了录影带, 但是没有发现罪证。Jǐngchá zǐxì guānkànle lùyǐngdài, dànshì méiyǒu fāxiàn zuìzhèng. II N 1 学习 xuéxí □ Mr Rusk started a bible study group last year. 腊斯克先生去年建立了一个圣经学习小组。Làsīkè xiānsheng qùnián jiànlìle yí ge Shèngjīng xuéxí xiǎozǔ. 2 研究 yánjiū □ He is doing a study on the impact of outsourcing on the U.S. economy. 他正在做一项关于外购对美国经济影响的研究。Tā zhèngzài zuò yí xiàng guānyú wàigòu duì Měiguó jīngjì yǐngxiǎng de yánjiū. 3 学学, 学科 xuékē □ Are you interested in religious studies? 你对宗教学感兴趣吗? Nǐ duì zōngjiàoxué gǎn xìngqu ma? 4 书房 shūfáng, 研究室 yánjiūshì □ The place Prof Hawkins likes most to be in is his book-lined study. 霍金斯教授最喜欢待的地方就是他那四周都是书的书房。Huòjīnsī jiàoshòu zuìxǐhuan dāi de dìfang jiù shì tā nà sì zhōu dōu shì shū de shūfáng.

stuff I N 东西 dōngxi □ Sandra took all her stuff when she moved out. 桑德拉搬出去的时候, 把她所有的东西都带走了。Sāngdélā bānchūqu de shíhou, bǎ tā suǒyǒu de dōngxi dōu dàizǒu le. II v 塞满 sāimǎn □ She stuffed some clothes into a suitcase and left. 她把一些衣服塞进皮箱, 就走了。Tā bǎ yìxiē yīfu sāijìn píxiāng, jiù zǒu le.

  to be stuffed 吃饱了 chībǎo le, 吃不下了 chībuxià le

stuffed-up ADJ 鼻子塞住的 bízi sāizhù de

stuffing N 馅 xiàn, 填料 tiánliào

stuffy ADJ 1 空气不流通的 kōngqì bù liútōng de, 闷的 mèn de 2 一本正经的 yì běn zhèngjing de

stumble v 1 绊脚 bànjiǎo 2 绊跤 bànjiāo 3 说错 shuōcuò, 结结巴巴地说 jiējie bābā de shuō

  to stumble on 偶然碰到 ǒurán pèngdào

stumbling block N 绊脚石 bànjiǎoshí [M. WD 块 kuài], 障碍物 zhàng'àiwù

stump I N 1 树桩 shùzhuāng, 树墩 shùdūn 2 残余部分 cányú bùfen II v 把…难住 bǎ…nánzhù

  to get sb stumped 难住某人 nánzhù mǒurén

stun v 1 使…大吃一惊 shǐ…dàchīyìjīng 2 使…失去知觉 shǐ…shīqù zhījué

  stun gun 眩晕枪 xuànyùn qiāng

stung See **sting**

stunk See **stink**

stunning ADJ 1 令人吃惊的 lìngrén chījīng de 2 美得惊人的 měide jīngrén de, 极漂亮的 jí piàoliang de

stunt I N 1 (电影) 特技动作 (diànyǐng) tèjì dòngzuò 2 (政治) 花招 (zhèngzhì) huāzhāo

  publicity stunt 公关花招 gōngguān huāzhāo

  to pull a stunt 令人难堪的蠢事 lìngrén nánkān de chǔnshì

  II v 抑制 yìzhì, 阻碍 zǔ'ài

stuntman N 特技替身演员 tèjì tìshēn yǎnyuán

stupefied ADJ 目瞪口呆的 mùdèng kǒudāi de

stupefying ADJ 令人目瞪口呆的 lìngrén mùdèng kǒudāi de

stupendous ADJ 巨大的 jùdà de, 了不起的 liǎobuqǐ de

stupid ADJ 愚蠢的 yúchǔn de □ We often call people stupid when they're just ignorant. 我们经常说某人愚蠢, 其实他们是无知。Wǒmen jīngcháng shuō mǒurén yúchǔn, qíshí tāmen shì wúzhī.

stupor N 昏迷的 hūnmí de, 不省人事的 bùxǐng rénshì de

  to drink oneself to a stupor 喝得昏昏沉沉 hē dé hūnhūn chénchén

sturdy ADJ 1 结实的 [+家具] jiēshi de [+jiājù], 坚固的 jiāngù de 2 健壮的 [+人] jiànzhuàng de [+rén]

stutter v 结结巴巴地说 jiējiebābā de shuō, 口吃 kǒuchī

sty[1] N 猪圈 zhūjuàn

sty[2] N 麦粒肿 màilìzhǒng, 睑腺炎 jiǎnxiànyán

style I N 1 风格 fēnggé □ The living room is decorated in Italian style. 起居室是按意大利风格装饰的。Qǐjūshì shì àn Yìdàlì fēnggé zhuāngshì de. 2 款式 kuǎnshì, 式样 shìyàng □ He is always dressed in a casual style. 他总是穿便装。Tā zǒngshì chuān biànzhuāng. II v 设计 [+发型] shèjì [+fàxíng]

  to style oneself as 自称是 zìchēng shì, 以…自居 yǐ…zìjū

styling N (演奏／演说) 风格 (yǎnzòu/yǎnshuō) fēnggé

styling brush N (造型) 发刷 (zàoxíng) fàshuā [M. WD 把 bǎ]

stylish ADJ 时髦的 shímáo de, 漂亮的 piàoliang de

stylist N 发型师 fàxíngshī

stylistic ADJ 风格上的 fēnggé shàng de, 文体上的 wéntǐ shàng de

stylized ADJ 有独特风格的 yǒu dútè fēnggé de

stymie v 阻碍 zǔ'ài, 妨碍 fáng'ài

Styrofoam N (聚苯乙烯) 泡沫塑料 (jùběnyǐxī) pàomò sùliào

suave ADJ 温文尔雅的 wēnwén ěryǎ de

sub[1] (= submarine) ABBREV 1 潜艇 qiántǐng [M. WD 艘 sōu] 2 潜艇型三明治 qiántǐngxíng sānmíngzhì

sub[2] ABBREV 1 (= substitute teacher) 代课老师 dàikè lǎoshī 2 替补队员 tìbǔ duìyuán

subcommittee N (委员会下设的) 小组 (wěiyuánhuì xiàshè de) xiǎozǔ

subconscious I N 潜意识 qiányìshí, 下意识 xiàyìshí II ADJ 潜意识的 qiányìshí de, 下意识的 xiàyìshí de

subcontinent N 次大陆 cìdàlù

  the South Asian subcontinent 南亚次大陆 Nányà Cìdàlù

subculture N 亚文化 (群) yà wénhuà (qún)

subdivide v 细分 xì fēn, 把…再分 bǎ…zàifēn

subdivision N 1 分支 fēnzhī 2 (建造住宅的) 一块土地 (jiànzào zhùzhái de) yí kuài tǔdì

subdue v 1 制服 zhìfú, 镇压 zhènyā 2 控制 kòngzhì, 抑制 yìzhì

subdued ADJ 1 稳重安静的 [+人] wěnzhòng ānjìng de [+rén] 2 沉闷的 [+气氛] chénmèn de [+qìfen] 3 柔和的 [+灯光] róuhe de [+dēngguāng]

subject I N 1 题目 tímù, 主题 zhǔtí □ We'll write an essay on the subject of globalization. 我们要写一篇作文，题目是全球化。Wǒmen yào xiě yì piān zuòwén, tímù shì quánqiúhuà. 2 课 kè, 科目 kēmù 3（语法）主语 (yǔfǎ) zhǔyǔ □ In the sentence "I love Lucy", "I" is the subject. 在 "I love Lucy" 这句话里，"I" 是主语。Zài "I love Lucy" zhè jù huà lǐ, "I" shì zhǔyǔ. 4 实验对象 shíyàn duìxiàng
II ADJ (subject to) 1 受…约束 shòu…yuēshù 2 有待于… yǒudàiyú…

subject to approval 有待于批准 yǒudàiyú pīzhǔn
subject to change 可能改变 kěnéng gǎibiàn
subject to the law [人+] 受法律约束 [rén+] shòu fǎlǜ yuēshù
III v 使…遭受 shǐ…zāoshòu
to subject him to police investigation 使他受到警方调查 shǐ tā shòudào jǐngfāng diàochá

subjective ADJ 主观（上）的 zhǔguān (shàng) de
subjugate v 征服 zhēngfú, 降服 xiángfú
subjugation N 征服 zhēngfú, 降服 xiángfú
subjunctive N（语法中的）虚拟语气 (yǔfǎ zhòng de) xūnǐ yǔqì
sublet v 转租 zhuǎnzū, 分租 fēnzū
sublime I ADJ 令人赞叹的 lìngrén zàntàn de, 至高无上的 zhìgāo wúshàng de II N 崇高 chónggāo, 至高无上 zhìgāo wúshàng
subliminal ADJ 潜意识的 qiányìshí de, 下意识的 xiàyìshí de
submarine N 潜水艇 qiánshuǐtǐng [M. WD 艘 sōu]
submerged ADJ 在水面下的 zài shuǐmiàn xià de
submersion N 淹没 yānmò, 浸没 jìnmò
submission N 1 顺从 shùncóng, 屈从 qūcóng
to force sb to submission 强迫某人顺从 qiǎngpò mǒurén shùncóng
2 提交 tíjiāo, 呈送 chéngsòng
submissive ADJ 顺从的 shùncóng de, 屈从的 qūcóng de
submit v 1 呈送 [+文件] chéngsòng [+wénjiàn], 提交 tíjiāo 2 服从 [+规定] fúcóng [+guīdìng], 顺从 shùncóng
subordinate I v 使…从属于 shǐ…cóngshǔ yú
to subordinate the needs of the individual to those of the state 使个人需求从属于国家需求 shǐ gèrén xūqiú cóngshǔ yú guójiā xūqiú
II ADJ 从属的 cóngshǔ de, 次要的 cìyào de
subordinate clause 从句 cóngjù
III N 下属 xiàshǔ, 下级 xiàjí, 部下 bùxià
subpoena I N 1（法庭上的）传票 (fǎtíng shàng de) chuánpiào II v [法庭+] 发出传票 [fǎtíng+] fāchū chuánpiào
subscribe, subscribe to v 1 订阅 [+报刊] dìngyuè [+bàokān] 2 [为某项服务+] 定期付款 [wéi mǒu xiàng fúwù+] dìngqī fùkuǎn 3 赞同 [+观点] zàntóng [+guāndiǎn]
subscriber N 订户 dìnghù
subsciption N 订阅（费）dìngyuè (fèi), 用户费 yònghùfèi
subsequent ADJ 随后的 suíhòu de
subservient ADJ 恭顺的 gōngshùn de, 奉承的 fèngcheng de
subside v 1 逐渐减弱 zhújiàn jiǎnruò, 平息 píngxī 2 [土地+] 下沉 [tǔdì+] xiàchén 3 [大水+] 退落 [dàshuǐ+] tuìluò
subsidiary I N 子公司 zǐgōngsī [M. WD 家 jiā]
II ADJ 附属的 fùshǔ de, 补充的 bǔchōng de
subsidize v 补贴 bǔtiē, 补助 bǔzhù
subsidy N 补贴 bǔtiē
government subsidy to agriculture 政府对农业的补贴 zhèngfǔ duì nóngyè de bǔtiē

subsist v 维持生存 wéichí shēngcún
subsistence N 1 维持生存 wéichí shēngcún 2 仅够活命的粮食／钱 jǐngòu huómìng de liángshi/qián
subsistence wage 仅够活命的工资 jǐn gòu huómìng de gōngzī
substance N 1 物质 wùzhì □ A poisonous substance was found in the leaves of this plant. 在这种植物的叶子里发现了有毒物质。Zài zhè zhǒng zhíwù de yèzi lǐ fāxiàn le yǒudú wùzhì. 2 实质内容 shízhì nèiróng □ His long essay, written in academic English, lacks substance. 他的这篇用学术英文写的长文，缺乏实质内容。Tā de zhè piān yòng xuéshù Yīngwén xiě de cháng wén, quēfá shízhì nèiróng.
substance abuse 药物滥用 yàowù lànyòng
man of substance 有家产的人 yǒu jiāchǎn de rén, 富人 fùrén
substandard ADJ 低标准的 dī biāozhǔn de, 次等的 cìděng de
substantial ADJ 1 相当大的 xiāngdāng dà de, 可观的 kěguān de □ The research team obtained a substantial grant from the National Institutes of Health. 研究组从国家医学研究院获得了一笔相当大的经费。Yánjiū zǔ cóng guójiā yīxué yánjiūyuàn huòdéle yì bǐ xiāngdāng dà de jīngfèi.
substantial meal 丰盛的一餐 fēngshèng de yìcān
2 有权势的 yǒu quánshì de, 有影响的 yǒu yǐngxiǎng de
substantiate v 证实 zhèngshí, 证明 zhèngmíng
substitute I v 替代 tìdài II N 替代者 tìdàizhě, 代用品 dàiyòngpǐn
substitute teacher 代课老师 dàikè lǎoshī
subterfuge N 花招 huāzhāo, 诡计 guǐjì
subterranean ADJ 地下的 dìxia de
subtitles N 1（电影）字幕 (diànyǐng) zìmù 2（文章／书籍）副标题 (wénzhāng/shūjí) fùbiāotí
subtle ADJ 微妙的 wēimiào de, 细微的 xìwēi de
subtlety N 微妙（之处）wēimiào (zhī chù)
subtract v 减（去）jiǎn (qù), 扣除 kòuchú □ Subtract 3 from 7, and you get 4. 七减三，得四。Qī jiǎn sān, dé sì. □ Here is your money I owe you subtracting, of course, the amount you owed me. 这儿是我欠你的钱，当然减掉了你欠我的那一笔。Zhèr shì wǒ qiàn nǐ de qián, dāngrán jiǎndiàole nǐ qiàn wǒ de nà yì bǐ.
suburb N 郊区 jiāoqū
the suburbs 郊区 jiāoqū, 城郊 chéngjiāo
suburban ADJ 郊区的 jiāoqū de
suburbia N 郊区 jiāoqū, 城郊住宅区 chéngjiāo zhùzháiqū
subversive I ADJ 颠覆性的 diānfùxìng de II N 颠覆分子 diānfù fènzi
subvert v 颠覆 diānfù
subway N 地铁 dìtiě [M. WD 条 tiáo], 地下铁路 dìxià tiělù [M. WD 条 tiáo]
succeed v 1 成功 chénggōng □ If you don't succeed at first, try and try again. 如果第一次不成功，那就一次次试下去。Rúguǒ dìyī cì bù chénggōng, nà jiù yí cìcì shìxiàqu. 2 继承 jìchéng □ Eric succeeded Andy as the new recycling coordinator. 埃里克继承安迪，担任新的废品回收协调人。Āilǐkè jìchéng Āndí, dānrèn xīn de fèipǐn huíshōu xiétiáorén.
succeeding ADJ 随后的 suíhòu de, 接着的 jiēzhe de
success N 1 成功 chénggōng
I wish you success! 祝你成功! Zhù nǐ chénggōng!
2 成功人物 chénggōng rénwù, 成功的事 chénggōng de shì
successful ADJ 成功的 chénggōng de □ She has a successful career as a physician, and raised a large family to boot. 她作为医生事业很成功，又加上养育了很多子女。Tā zuòwéi yīshēng shìyè hěn chénggōng, yòu jiāshang yǎngyùle hěn duō zǐnǚ.
succession N 1 连续 liánxù
in succession 接连（地）jiēlián (de)

2 一连串 yìliánchuàn

a succession of 一连串的 yìliánchuàn de

successive ADJ 连续的 liánxù de, 接连的 jiēlián de

successor N 继承者 jìchéngzhě

succinct ADJ 简炼的 jiǎnliàn de, 简要的 jiǎnyào de

succor N 救济 jiùjì, 求助 qiúzhù

succulence N 多汁 duōzhī

succulent ADJ 多汁水的 [+水果] duō zhīshui de [+shuǐguǒ]

succumb V 屈服 qūfú, 屈从 qūcóng

such I ADJ 这样的 zhèyàng de, 如此的 rúcǐ de □ He is not such a fool as he seems to be. 他并不像看起来那么傻。Tā bìng bú xiàng kànqǐlai nàme shǎ.

II PRON 这个 zhè ge □ She is a sympathetic teacher and has always been regarded as such by her students. 她是一位对学生很有同情心的老师, 学生们也这么认为。Tā shì yí wèi duì xuésheng hěn yǒu tóngqíngxīn de lǎoshī, xuéshēngmen yě zhème rènwéi.

such as 就像 jiù xiàng, 比如 bǐrú □ I love Chinese snack food such as spring rolls, sesame balls and barbecue pork buns. 我喜欢中国点心, 就像春卷、芝麻球和叉烧包。Wǒ xǐhuan Zhōngguó diǎnxin, jiù xiàng chūnjuǎn、 zhīmaqiú hé chāshāobāo.

such-and-such 这样那样 zhèyàng nàyàng

suck N, V 吸 xī, 吮吸 shǔnxī □ The calf sucked milk vigorously after it was reunited with its mother. 小牛和母牛重逢后, 用力吸母牛的奶。Xiǎoniú hé mǔniú chóngféng hòu, yònglì xī mǔniú de nǎi.

It sucks. …真不舒服 …zhēn bù shūfu □ It really sucks when it rains the whole day. 整天下雨, 真不舒服。Zhěngtiān xiàyǔ, zhēn bù shūfu.

sucker N **1** 容易上当的傻瓜 róngyì shàngdàng de shǎguā

to be a sucker to sth 偏爱某事物 piān'ài mǒushìwù

2 (动物的)吸盘 (dòngwù de) xīpán

suckling N **1** 乳儿 rǔ'ér **2** 乳畜 rǔchù

suckling pig 乳猪 rǔzhū

suction N 吸 xī, 抽吸 chōuxī

suction pump 真空泵 zhēnkōngbèng [M. WD 台 tái]

sudden ADJ 突然 tūrán □ Why did the chairman make the sudden decision to inspect the branch in Beijing? 董事长为什么突然决定视察北京分公司? Dǒngshìzhǎng wèishénme tūrán juédìng shìchá Běijīng fēngōngsī?

sudden death 加分加时决定胜负 jiā fēn jiā shí juédìng shèngfù □ The two basketball teams played sudden death to see who would win. 两个篮球队加时再战, 决定胜负。Liǎng ge lánqiúduì jiā shí zài zhàn, juédìng shèngfù.

suddenly ADV 突然 tūrán

suds N **1** 肥皂泡沫 féizàopàomò **2** 啤酒 píjiǔ

sue V 控告 kònggào □ The company sued its chief accountant for embezzlement. 公司控告会计主任盗用资金。Gōngsī kònggào kuàijì zhǔrèn dàoyòng zījīn.

suede N 绒面皮革 róngmiàn pígé, 软皮革 ruǎn pígé

suffer V **1** 遭受 zāoshòu □ The company suffered a huge drop in profits in the first quarter. 公司在第一季度遭受利润大幅下降。Gōngsī zài dìyī jìdù zāoshòu lìrùn dà fú xiàjiàng. **2** 患 [+病] huàn [+bìng] □ He has been suffering from insomnia for a long time. 他患失眠已经很长时间了。Tā huàn shīmián yǐjīng hěn cháng shíjiān le. **3** 变坏 biànhuài □ Her studies suffered when her boyfriend dumped her. 她的男朋友甩了她, 功课就变坏了。Tā de nánpéngyou shuǎile tā, gōngkè jiù biàn huài le.

suffice V 足够的 zúgòu de, 能满足的 néng mǎnzú de

suffice it to say 只要说⋯就(足)够了 zhǐyào shuō…jiù (zú) gòu le

sufficient ADJ 足够的 zúgòu de □ Ten dollars a week for allowance should be sufficient for children. 一个星期十块零花钱, 对孩子来说应该是足够了。Yí ge xīngqī shí kuài línghuā qián, duì háizi láishuō yīnggāi shì zúgòu le.

suffix N 后缀 hòuzhuì

suffocate V 使 [+人] 窒息而死 shǐ [+rén] zhìxī ér sǐ, 闷死 mènsǐ

suffocation N 窒息 zhìxī

suffrage N 选举权 xuǎnjǔquán, 投票权 tóupiàoquán

sugar N 糖 táng, 食糖 shítáng □ Are any of the sugar substitutes really safe? 那些代用糖真的很安全吗? Nàxiē dàiyòng táng zhēn de hěn ānquán ma?

sugar cube 方糖 fāngtáng

sugar maple 糖槭 tángqì

sugarcane N 甘蔗 gānzhe [M. WD 根 gēn]

sugarcoated ADJ **1** 包有糖衣的 bāo yǒu tángyī de **2** 美化的 měihuà de

suggest V **1** 建议 jiànyì □ The guidance counselor suggested that he apply to a community college. 学校辅导员建议他报考社区学院。Xuéxiào fǔdǎoyuán jiànyì tā bàokǎo shèqū xuéyuàn. **2** 暗示 ànshì □ An article in the local paper suggested the restructuring of the city council. 当地报纸上有一篇文章暗示要改组市议会。Dāngdì bàozhǐshang yǒu yì piān wénzhāng ànshì yào gǎizǔ shìyìhuì.

suggestible ADJ 易受影响的 yì shòu yǐngxiǎng de

suggestion N **1** 建议 jiànyì □ May I offer a suggestion to break their monopoly of the industry? 我可以提一个建议来打破他们的行业垄断吗? Wǒ kěyǐ tí yí ge jiànyì lái dǎpò tāmen de hángyè lǒngduàn ma? **2** 暗示 ànshì □ Advertisements work through clever suggestions. 广告是通过巧妙的暗示来起作用。Guǎnggào shì tōngguo qiǎomiào de ànshì lái qǐ zuòyòng.

suggestive ADJ **1** 暗示的 ànshì de

suggestive of sth 使人联想起某物 shǐrén liánxiǎng qǐ mǒuwù

2 性挑逗的 xìng tiǎodòu de

suicidal ADJ 有自杀倾向的 yǒu zìshā qīngxiàng de

suicide N 自杀 zìshā

to attempt suicide 试图自杀 shìtú zìshā, 自杀(未遂) zìshā (wèisuì)

to commit suicide 自杀(身亡) zìshā (shēnwáng)

suit[1] N **1** 一套服装 yí tào fúzhuāng □ Ronny wore a three piece suit when he served as best man for the wedding. 罗尼在婚礼上当男傧相的时候, 穿着三件套装。Luóní zài hūnlǐshang dāng nán bīnxiàng de shíhou, chuānzhe sān jiàn tàozhuāng. **2** 同花色的纸牌 tóng huāsè de zhǐpái

a suit of hearts 一组红桃牌 yìzǔ hóngtáopái

3 (= lawsuit) 诉讼 sùsòng

to file suit against sb 对某人提出诉讼 duì mǒurén tíchū sùsòng

suit[2] V 适合 shìhé □ The early morning flight will suit me very well. 清晨的这个航班对我很合适。Qīngchén de zhè ge hángbān duì wǒ hěn héshì. □ Long hair suits you well. 留长头发对你很合适。(→你留长头发很好看。) Liú cháng tóufa duì nǐ hěn héshì. (→Nǐ liú cháng tóufa hěn hǎokàn.)

Suit yourself. 随便你。Suíbiàn nǐ. □ "I'd rather stay at home tonight." "Suit yourself." "今天晚上我宁愿留在家里。" "随便你。" "Jīntiān wǎnshang wǒ nìngyuàn liú zài jiālǐ." "Suíbiàn nǐ."

suitable ADJ 合适的 héshì de, 适宜的 shìyí de □ This movie isn't suitable for children. 这部电影儿童不宜。Zhè bù diànyǐng értóng bù yí. □ The family of seven found a more suitable home outside of town. 这个七口之家在城外找到了比较合适的住房。Zhè ge qī kǒu zhī jiā zài chéngwài zhǎodaole bǐjiào héshì de zhùfáng.

suitcase N 手提箱 shǒutíxiāng, 皮箱 píxiāng □ The scanner operator asked the passenger what was inside the suitcase. 屏幕监视员问旅客箱子里是什么。Píngmù jiānshìyuán wèn lǚkè xiāngzi lǐ shì shénme.

suite N **1** 一套房间 yí tào fángjiān, 套房 tàofáng

bridal suite (旅馆) 新婚套房 (lǚguǎn) xīnhūn tàofáng

2 一套家具 yí tào jiājù

bedroom suite 一套卧室家具 yí tào wòshì jiājù

3（音乐）组曲 (yīnyuè) zǔqǔ

suitor N 求婚者 qiúhūnzhě, 求婚男子 qiúhūn nánzǐ

sulfur, sulphur (S) N 硫 liú

sulfuric acid N 硫酸 liúsuān

sulk V 生闷气 shēng mènqì

sulky ADJ 生闷气的 shēng mènqì de, 愠怒的 yùnnù de

sullen ADJ 面带怒容的 miàn dài nùróng de, 生气的 shēngqì de

sultan N 苏丹 Sūdān [M. WD 位 wèi]

sultry ADJ **1** 闷热的 [+天气] mēnrè de [+tiānqì] **2** 性感迷人的 [+女子] xìnggǎn mírén de [+nǚzǐ]

sum I N **1** 一笔（钱）yì bǐ (qián) □ A large sum of cash was found under the mattress after the death of the old man. 老人死后, 在床垫下发现一大笔现金。Lǎorén sǐ hòu, zài chuángdiànxia fāxiàn yí dà bǐ xiànjīn. **2** 总数 zǒngshù □ The sum of 7 and 9 is 16. 七加九得十六。Qī jiā jiǔ dé shíliù. II V (to sum up) 总结 zǒngjié, 概括 gàikuò

summarize V 总结 zǒngjié

summary I N 总结 zǒngjié, 摘要 zhāiyào II ADJ **1** 总结性（的）zǒngjié xìng (de), 概括（性）的 gàikuò (xìng) de **2** 立即的 lìjí de

summary execution 立即处决 lìjí chǔjué

summer N 夏天 xiàtiān, 夏季 xiàjì □ They spent most of last summer in their seaside cabin. 去年夏天他们大部分日子都在海边小屋。Qùnián xiàtiān tāmen dàbùfen rìzi dōu zài hǎibiān xiǎo wū.

summer camp 夏令营 xiàlìngyíng

summer home 避暑别墅 bìshǔ biéshù

summer school 暑期班 shǔqībān □ What courses are you going to take for summer school? 你在暑期班上什么课? Nǐ zài shǔqībān shàng shénme kè?

summer vacation 暑期 shǔqī, 暑假 shǔjià

summertime N 夏天 xiàtiān, 夏令季节 xiàlìng jìjié

summon V **1** 传唤 chuánhuàn

to summon the police 叫警察来 jiào jǐngchá lái, 报警 bàojǐng

2 鼓起 [勇气] gǔqǐ [+yǒngqì], 振作 [+精神] zhènzuò [+jīngshén]

to summon up courage 鼓足勇气 gǔzú yǒngqì

summons N（法庭的）传票 (fǎtíng de) chuánpiào

sumptuous ADJ 豪华的 háohuá de, 奢华的 shēhuá de

sun I N **1** 太阳 tàiyáng □ Too much exposure to the sun can cause skin cancer. 太阳晒得太多会造成皮肤癌。Tàiyáng shàide tài duō huì zàochéng pífū'ái. II V 晒太阳 shài tàiyáng

sunbathe V 沐日光浴 mù rìguāngyù

sunbathing N 日光浴 rìguāngyù

sunblock N 防晒油／霜 fángshàiyóu/shuāng [M. WD 瓶 píng/盒 hé]

sunburn N 晒伤 shàishāng

sundae N 圣代冰淇淋 shèngdài bīngqílín

Sunday N 星期日 xīngqīrì, 星期天 xīngqītiān

sundial N 日晷 rìguǐ, 日规 rìguī

sundown N 日落（时）rìluò (shí)

sundries N 杂物 záwù, 杂项 záxiàng

sundry ADJ 杂七杂八的 záqīzábā de, 各种各样的 gèzhǒng gèyàng de

sunflower N 向日葵 xiàngrìkuí [M. WD 朵 duǒ]

sung See **sing**

sunglasses N 太阳眼镜 tàiyáng yǎnjìng, 遮阳镜 zhēyángjìng

sunk See **sink**[1]

sunken ADJ **1** 沉没的 [+船只] chénmò de [+chuánzhī] **2** 凹陷的 [+双眼] āoxiàn de [+shuāngyǎn] **3** 低于周围的 dī yú zhōuwéi de

a sunken living room 低于地面的客厅 dī yú dìmiàn de kètīng

sunlight N 日光 rìguāng

sunlit ADJ 阳光照耀的 yángguāng zhàoyào de

sunny ADJ 阳光充足的 yángguāng chōngzú de

sunrise N 日出（时分）rìchū (shífēn)

sunroof N 活动车顶 huódòng chēdǐng

sunset N 日落（时分）rìluò (shífēn)

sunshine N 阳光 yángguāng, 日照 rìzhào

sunstroke N 中暑 zhòngshǔ

suntan N 太阳晒黑的皮肤 tàiyáng shàihēi de pífū

super ADJ 好极了 hǎo jíle

superb ADJ 好极了 hǎo jíle, 最好的 zuì hǎo de

Super Bowl N（美国橄榄球）超级比赛 (Měiguó gǎnlǎnqiú) chāojí bǐsài

supercilious ADJ 傲慢的 àomàn de, 目中无人的 mùzhōng wúrén de

superficial ADJ 表面（上）的 biǎomiàn (shàng) de, 肤浅的 fūqiǎn de

superfluous ADJ 多余的 duōyú de, 不必要的 bú bìyào de

superhighway N（超级）高速公路 (chāojí) gāosù gōnglù

superhuman ADJ 超过常人的 chāoguò chángrén de, 超人的 chāorén de

superintendent N **1** 主管人 zhǔguǎn rén, 总监 zǒngjiān

superintendent of schools（美国）地区教育局长 (Měiguó) dìqū jiàoyùjú zhǎng

2（大楼）管理员 (dàlóu) guǎnlǐyuán

superior I ADJ **1** 优越的 yōuyuè

to act superior 摆出比别人优越的架子 bǎichū bǐ biéren yōuyuè de jiàzi

to be superior to 比…优越 bǐ…yōuyuè

2 优质的 [+材料] yōuzhì de [+cáiliào], 高超的 gāochāo de **3** 上级的 shàngjí de

superior officer 上级军官 shàngjí jūnguān

II N 上级 shàngjí, 上司 shàngsi

superiority N 优越 yōuyuè, 优秀 yōuxiù

sense of superiority 优越感 yōuyuègǎn

superlative I ADJ **1** 最好的 zuì hǎo de **2**（形容词／副词）最高级的 (xíngróngcí/fùcí) zuìgāojí de II N（形容词／副词）最高级形式 (xíngróngcí/fùcí) zuì gāojí xíngshì

supermarket N 超级市场 chāojí shìchǎng, 超市 chāoshì

supernatural I ADJ 超自然的 chāozìrán de II N 超自然事物／力量 chāozìrán shìwù/lìliang

superpower N 超级大国 chāojí dàguó

supersede V 替代 tìdài, 取代 qǔdài

supersonic ADJ 超音速的 chāoyīnsù de

supersonic jet 超音速喷气式飞机 chāoyīnsù pēnqìshì fēijī

superstar N 超级明星 chāojí míngxīng

superstition N 迷信 míxìn

superstitious ADJ 迷信的 míxìn de

superstore N 超级商场 chāojí shāngchǎng

superstructure N **1**（建筑物）上部结构 (jiànzhùwù) shàngbù jiégòu **2**（社会）上层建筑 (shèhuì) shàngcéng jiànzhú

supervise V 监督指导 jiāndū zhǐdǎo

supervision N 指导 zhǐdǎo, 监督 jiāndū

supervisor N **1**（大学研究生）导师 (dàxué yánjiūshēng) dǎoshī **2**（工程）监督 (gōngchéng) jiāndū

supervisory ADJ 监督的 jiāndū de, 督导的 dūdǎo de

supper N 晚饭 wǎnfàn, 晚餐 wǎncān □ Is there a difference between supper and dinner? "Supper" 和 "dinner" 之间有区别吗? "Supper" hé "dinner" zhījiān yǒu qūbié ma?

supper club 小型夜总会 xiǎoxíng yèzǒnghuì

supple ADJ 柔软的 róuruǎn de, 柔韧的 róurèn de

supplement I V 补充 bǔchōng, 增补 zēngbǔ II N 补充（物）bǔchōng (wù), 增补（物）zēngbǔ (wù)

supplementary ADJ 补充的 bǔchōng de, 增补的 zēngbǔ de

supplier N 供应商 gōngyìngshāng

supplies N 1 供应品 gōngyìngpǐn

  medical supplies 医疗用品 yīliáo yòngpǐn

  2 供应量 gōngyìngliáng

supply I N 供给 gōngjǐ, 供应 gōngyìng □ Some developing countries have an abundant supply of labor. 有些发展中国家可以提供大量的劳动力。Yǒuxiē fāzhǎnzhōng guójiā kěyǐ tígōng dàliàng de láodònglì。

  electricity supply 电力供应 diànlì gōngyìng

  II V 供给 gōngjǐ, 供应 gōngyìng □ The water for this town is supplied from a nearby reservoir. 这个小城的水是由附近的水库供给的。Zhè ge xiǎo chéng de shuǐ shì yóu fùjìn de shuǐkù gōngjǐ de.

  supply and demand 供求（关系）gōngqiú (guānxi)

support I V 1 支持 zhīchí □ Many people supported the war initially. 许多人在刚开始的时候支持这场战争。Xǔduō rén zài gāng kāishǐ de shíhou zhīchí zhè chǎng zhànzhēng。**2** 养活 yǎnghuo □ Tom pays alimony to support his three children living with their mother. 汤姆付赡养费来养活和前妻住在一起的三个孩子。Tāngmǔ fù shànyǎng fèi lái yǎnghuo hé qiánqī zhù zài yìqǐ de sān ge háizi. **3** 维持 wéichí

  II N 1 支持 zhīchí 2 支撑物 zhīchēng wù

supporter N 支持者 zhīchízhě, 拥护者 yōnghùzhě

supportive ADJ 支持的 zhīchí de, 给予帮助的 jǐyǔ bāngzhù de

suppose V 1 认为 rènwéi, 想 xiǎng □ I don't suppose she'll be that generous. 我想她不会那么大方。Wǒ xiǎng tā bú huì nàme dàfang. **2** 料想 liàoxiǎng, 预期 yùqī

  be supposed to 应该 yīnggāi □ You were supposed to hand in your homework yesterday. 你应该在昨天交上作业的。Nǐ yīnggāi zài zuótiān jiāoshàng zuòyè de.

supposedly ADV 据说 jùshuō, 一般认为 yì bān rènwéi

supposing CONJ 假设 jiǎshè, 假定 jiǎdìng

supposition N 假定 jiǎdìng, 推测 tuīcè

suppress V 1 抑制 [+发展] yìzhì [+fāzhǎn], 阻止 zǔzhǐ 2 镇压 [+叛乱] zhènyā [+pànluàn], 压制 yāzhì 3 封锁 [+信息] fēngsuǒ [+xìnxī]

supremacy N 最高地位 zuìgāo dìwèi

  to challenge male supremacy 挑战男性至上 tiǎozhàn nánxìng zhìshàng

supreme ADJ 最高的 zuìgāo de

  Supreme Court 最高法院 zuìgāo fǎyuàn

surcharge N 附加费 fùjiāfèi, 额外收费 éwài shōufèi

  to levy a surcharge for excess baggage 对过重行李收取附加费 duì guòzhòng xínglǐ shōuqǔ fùjiāfèi

sure I ADJ 1 肯定 kěndìng 2 有把握 yǒu bǎwò □ She is sure of having a place in one of the Ivy League colleges. 她有把握在常春藤联盟大学有一席之地。Tā yǒu bǎwò néng zài Chángchūnténg Liánméng dàxué yǒu yì xí zhī dì.

  a sure thing ① 当然 dāngrán □ "Are you coming to our party?" "Sure thing!" "你来参加我们的聚会吗？" "当然来！" "Nǐ lái cānjiā wǒmen de jùhuì ma?" "Dāngrán lái!" ② 能有把握的事 néng yǒu bǎwò de shì □ As far as I'm concerned, getting that scholarship is not a sure thing. 对我来说，拿奖学金不是有把握的事。Duì wǒ láishuō, ná jiǎngxuéjīn bú shì yǒu bǎwò de shì.

  to be sure of oneself 很自信 hěn zìxìn □ He is always so sure of himself that sometimes he appears smug. 他总是这么自信，有时候显得自以为是。Tā zǒngshì zhème zìxìn, yǒushíhou xiǎnde zì yǐ wéi shì.

  to make sure (that) 确保 quèbǎo, 保证 bǎozhèng □ He double checked to make sure all doors and windows were securely locked. 他一再检查，确保所有的门窗都安全地锁上。Tā yí zài jiǎnchá, quèbǎo suǒyǒu de ménchuāng dōu ānquán de suǒshang.

II ADV 肯定（地）kěndìng (de), 当然 dāngrán

  sure enough 果然 guǒrán, 果真 guǒzhēn

surefire ADJ 肯定能取胜的 kěndìng néng qǔshèng de

  a surefire way 肯定能成功的办法 kěndìng néng chénggōng de bànfǎ

surely ADV 肯定地 kěndìng de, 无疑 wúyí □ Surely you didn't mean to say that. 你肯定不想那么说。Nǐ kěndìng bù xiǎng nàme shuō. □ This is surely your best chance. 这无疑是你最好的机会。Zhè wúyí shì nǐ zuì hǎo de jīhuì.

surf V 冲浪 chōnglàng 2 浏览 liúlǎn

surface I N 表面 biǎomiàn II V 浮出表面 fúchū biǎomiàn, 突然出现 tūrán chūxiàn

surfboard N 冲浪板 chōnglàngbǎn [M. WD 块 kuài]

surge I V 1 [水+] 汹涌而来 [shuǐ+] xiōngyǒng érlái 2 [人群+] 蜂涌向前 [rénqún+] fēngyōng ér qián 3 （感情）涌起 (gǎnqíng) yǒngqǐ 4 （电流）浪涌 (diàn liú) làng yǒng

  II N 1 （水）汹涌 (shuǐ) xiōngyǒng 2 （人群）蜂拥 (rénqún) fēngyōng 3 （感情）涌起 (gǎnqíng) yǒngqǐ 4 电涌 diànyǒng

surgeon N 外科医生 wàikē yīshēng

  brain sugeon 脑外科医生 nǎo wàikē yīshēng

  dental surgeon 口腔外科医生 kǒuqiāng wàikē yīshēng

surgery N 1 外科（手术）wàikē (shǒushù)

  major surgery 大手术 dàshǒushù

  plastic surgery 整形外科（手术）zhěngxíng wàikē (shǒushù)

  2 外科学 wàikēxué 3 手术室 shǒushùshì

surgical ADJ 1 外科手术的 wàikē shǒushù de 2 外科手术式的 wàikē shǒushù shì de, 精确的 jīngquè de

surly ADJ 脾气粗暴的 píqì cūbào de, 很不友好的 hěn bù yǒuhǎo de

surmise V 推测 tuīcè, 猜测 cāicè

surmount V 克服 [+障碍] kèfú [+zhàng'ài]

surname N 姓（氏）xìng (shì)

surpass V 超过 chāoguò, 超越 chāoyuè

surplus I N 剩余（额）shèngyú (é), 多余（量）duōyú (liáng)

  budget surplus 预算盈余 yùsuàn yíngyú

  trade surplus 贸易顺差 màoyì shùnchā

  II ADJ 剩余的 shèngyú de, 多余的 duōyú de

  surplus stock 多余的库存 duōyú de kùcún

surprise I N 惊奇 jīngqí □ The birthday party is supposed to be a surprise, so keep your lips sealed. 这个生日聚会应该是个惊奇，所以要守口如瓶。Zhè ge shēngri jùhuì yīnggāi shì ge jīngqí, suǒyǐ yào shǒu kǒu rú píng.

  II V 使…惊奇 shǐ…jīngqí □ It wouldn't surprise me if she would resign one of these days. 如果她近日辞职，我不会惊奇。Rúguǒ tā jìnrì cízhí, wǒ bú huì jīngqí.

surprised ADJ （感到）惊奇的 (gǎndào) jīngqí de

surprising ADJ 令人（感到）惊奇的 lìngrén (gǎndào) jīngqí de

surreal ADJ 超现实的 chāoxiànshí de, 不象真实的 bú xiàng zhēnshí de

surrealistic ADJ 超现实的 chāoxiànshí de, 离奇的 líqí de

surrender I V 1 投降 tóuxiáng 2 放弃 [+权利] fàngqì [+quánlì] II N 投降 tóuxiáng

  unconditional surrender 无条件投降 wútiáojiàn tóuxiáng

surreptitious ADJ 秘密的 mìmì de

surreptitiously ADV 偷偷（地）tōutōu (de), 秘密地 mìmì de

surrogate I ADJ 替代的 tìdài de

  surrogate mother 替不育者生育的妇女 tì búyùzhě shēngyù de fùnǚ, 替身母亲 tìshēn mǔqin

  II N 1 替身 tìshēn 2 替身母亲 tìshēn mǔqin

surround V 围 wéi, 围住 wéizhu □ A high fence surrounded the entire property. 高高的围墙围住了这整个房产。Gāo gāo de wéiqiáng wéizhule zhè zhěnggè fángchǎn.

surrounding ADJ 周围的 zhōuwéi de, 四周的 sìzhōu de

surroundings N 环境 huánjìng

surveillance N 1 监视 jiānshì
surveillance camera 监视摄像机 jiānshì shèxiàngjī
CCTV surveillance 闭路电视监视系统 bìlù diànshì jiānshì xìtǒng
2 （军事）侦察 (jūnshì) zhēnchá
surveillance mission 军事侦察任务 jūnshì zhēnchá rènwu
aerial surveillance 空中侦察 kōngzhōng zhēnchá

survey I v 1 调查 diàochá, 做（社会）调查 zuò (shèhuì) diàochá □ Most people surveyed agree that the law should be changed. 被调查的大多数人都同意这条法律必须修改。Bèi diàochá de dàduōshù rén dōu tóngyì zhè tiáo fǎlǜ bìxū xiūgǎi. 2 概述论述 gàikuò lùnshù □ This report surveys the climate changes in the Arctic. 这份报告概述论述了北极的气候变化。Zhè fèn bàogào gàikuòlùnshùle Běijí de qìhòu biànhuà. 3 勘测 kāncè □ This area has been surveyed for housing development. 为了开发住宅，已经勘测了这个地区。Wèile kāifā zhùzhái, yǐjing kāncèle zhè ge dìqū. 4 检查 jiǎnchá □ The Miltons had the house surveyed and decided not to buy it. 米尔顿夫妇请人检查了房子，然后决定不买了。Mǐ'ěrdùn fūfù qǐng rén jiǎnchále fángzi, ránhòu juédìng bù mǎi le.
II N 1 （社会）调查 (shèhuì) diàochá □ According to the survey, most customers were dissatisfied with their post-purchase service. 根据调查，大多数顾客对售后服务不满意。Gēnjù diàochá, dàduōshù gùkè duì shòuhòu fúwù bù mǎnyì.
survey respondent 调查回音者 diàochá huíyīnzhě
doorstep survey 登门调查 dēngmén diàochá
2 勘测 kāncè □ The survey of this part of the bay will be completed in two months. 对这部分海湾的勘测将在两个月里完成。Duì zhè bùfen hǎiwān de kāncè jiāng zài liǎng ge yuè lǐ wánchéng. 3 概论 gàilùn, 概述 gàishù
survey course 概论课 gàilùnkè

surveyor N （土地）测量员 (tǔdì) cèliángyuán, 勘测员 kāncèyuán

survival N 生存 shēngcún, 存活 cúnhuó
survival kit 救生包 jiùshēngbāo
survival of the fittest 适者生存 shìzhě shēngcún

survive v 1 幸存 xìngcún, 生存下来 shēngcún xialai □ No one survived the plane crash. 没有人在空难中幸存。Méiyǒu rén zài kōngnàn zhōng xìngcún.
the only surviving member of the family 那个家庭中唯一还活着的成员 nàge jiātíng zhōng wéiyī hái huózhe de chéngyuán
2 活得比…长 huóde bǐ...cháng, 遗留下 yíliú xià □ Mrs Jones survived her husband by 15 years. 琼斯太太比她丈夫多活十五年。Qióngsī tàitai bǐ tā zhàngfu duō huó shíwǔ nián.

survivor N 1 幸存者 xìngcúnzhě, 生还者 shēnghuánzhě
2 善于在逆境中求存者 shànyú zài nìjìng zhōng qiúcúnzhě

susceptible ADJ 1 容易被感染的 róngyì bèi gǎnrǎn de, 容易生…病的 róngyì shēng…bìng de
be susceptible to depression 容易得忧郁症 róngyì dé yōuyùzhèng
2 容易受影响的 róngyì shòu yǐngxiǎng de
be susceptible to suggestions 容易受暗示影响的 róngyì shòu ànshì yǐngxiǎng de
a highly susceptible girl 一个极易受影响的女孩 yí ge jí yì shòu yǐngxiǎng de nǚhái

suspect I v 1 疑心 yíxīn, 认为 rènwéi □ I suspect that he's been lying. 我疑心他在撒谎。Wǒ yíxīn tā zài sāhuǎng.
II N 嫌疑犯 xiányífàn □ The suspect is under round-the-clock surveillance. 嫌疑犯被日夜监视。Xiányífàn bèi rìyè jiānshì.
III ADJ 可疑的 kěyí de, 不可信的 bùkě xìn de

suspend v 1 暂停 zàntíng 2 勒令停学 lèlìng tíng xué 3 悬挂 xuánguà, 吊 diào

suspenders N （裤子的）吊带 (kùzi de) diàodài [M. WD 副 fù]

suspense N （故事的）悬念 (gùshi de) xuánniàn
to keep sb in suspense 让人提心吊胆的 ràng rén tíxīn diàodǎn de

suspension N 1 暂停 zàntíng, 中止 zhōngzhǐ 2 停学 tíngxué, 暂时除名 zànshí chúmíng 3 悬架 xuán jià, 减震系统 jiǎnzhèn xìtǒng
suspension bridge 悬索桥 xuánsuǒqiáo

suspicion N 怀疑 huáiyí □ He was arrested on suspicion of murder. 他因谋杀嫌疑被捕。Tā yīn móushā xiányí bèibǔ.

suspicious ADJ 1 怀疑 huáiyí, 有疑心的 yǒu yíxīn de □ I was increasingly suspicious of her intentions. 我对她的动机越来越怀疑。Wǒ duì tāde dòngjī yuèláiyuè huáiyí. 2 使人怀疑的 shǐrén huáiyí de □ You should report to the police when you see anything suspicious. 你看到使人怀疑的事，应该向警察报告。Nǐ kàndào shǐrén huáiyí de shì, yīnggāi xiàng jǐngchá bàogào.

sustain v 1 维持 [+生命] wéichí [+shēngmìng] 2 遭受 [+打击] zāoshòu [+dǎjī] 3 [法官+] 同意 [fǎguān+] tóngyì
objection sustained （法庭上）反对有效 (fǎtíng shàng) fǎnduì yǒuxiào

sustainable ADJ 能持续的 néng chíxù de, 能保持的 néng bǎochí de
sustainable development 可持续性（经济）发展 kěchíxù xìng (jīngjì) fāzhǎn

sustenance N 食物 shíwù, 营养 yíngyǎng

svelte ADJ 身材修长的 shēncái xiūcháng de

swab I N 棉花球 miánhuaqiú, 药签 yàoqiān II v 清洗 qīngxǐ
to swab out 清洗伤口 qīngxǐ shāngkǒu

swagger I v （神气活现）大摇大摆地走 (shénqi huóxiàn) dàyáo dàbǎi de zǒu II N 神气活现的样子 shénqi huóxiàn de yàngzi, 狂妄自大 kuángwàng zìdà

swallow¹ I v 吞咽 [+食物] tūnyàn [+shíwù], 咽 yān □ The snake had a hard time swallowing the rat, but after an hour the rat was history. 蛇很费力地吞咽老鼠，但是一小时后老鼠就完蛋了。Shé hěn fèilì de tūnyàn lǎoshǔ, dànshì yì xiǎoshí hòu lǎoshǔ jiù wándàn le.
to swallow up 耗尽 hàojìn, 用完 yòngwán
2 压住 [+感情] yāzhù [+gǎnqíng]
to swallow one's pride 忍受屈辱 rěnshòu qūrǔ
II N 吞咽 tūnyàn

swallow² N 燕子 yànzi [M. WD 只 zhī]

swam See **swim**

swamp I N 沼泽（地）zhǎozé (dì) II v 1 淹没 yānmò 2 使 [+人] 陷入 shǐ [+rén] xiànrù
to be swamped with problems 陷入难题之中 xiànrù nántí zhīzhōng

swan N 天鹅 tiān'é [M. WD 只 zhī]

swanky ADJ 十分时髦奢侈的 shífēn shímáo shēchǐ de

swap I v 交换 jiāohuàn, 交易 jiāoyì
to swap stories with sb 和某人相互讲述自己的经历 hé mǒurén xiānghù jiǎngshù zìjǐ de jīnglì
II N 交换 jiāohuàn, 交易 jiāoyì
swap meet 旧货交易市场 jiùhuò jiāoyì shìchǎng

swarm I v 1 [昆虫+] 成群 [kūnchóng+] chéngqún 2 [人群+] 蜂拥 [rénqún+] fēngyōng, 成群结队地移动 chéngqún jiéduì de yídòng II N 一群（昆虫／人）yìqún (kūnchóng/rén)

swarthy ADJ 皮肤黝黑的 pífū yǒuhēi de

swat v 重重地拍 zhòngzhòng de pāi, 重拍 zhòng pāi

swatch N 布样 bùyàng

SWAT (= Special Weapons and Tactics Team) ABBREV 特警队 tèjǐngduì

sway I v 1 （使…）摆动 (shǐ…) bǎidòng 2 影响 yǐngxiǎng, 左右 zuǒyòu
be swayed by public opinions 受舆论的影响 shòu yúlùn de yǐngxiǎng

II N 1 摆动 bǎidòng, 摇摆 yáobǎi 2 影响（力）yǐngxiǎng (lì), 支配 zhīpèi

swear (PT **swore**; PP **sworn**) V 1 骂脏话 mà zānghuà, 诅咒 zǔzhòu □ The two men first swore at each other, then they came to blows. 两个人先是对骂,接着大打出手。Liǎng ge rén xiān shì duìmà, jiēzhe dà dǎ chūshǒu.

to swear like a sailor 破口大骂 pòkǒu dàmà

2 宣誓 xuānshì, 保证 bǎozhèng □ In court witnesses are asked to swear to tell the truth, the whole truth and nothing but the truth. 在法庭,证人要宣誓"说出真相、说出全部真相、只说真相。"Zài fǎtíng, zhèngrén yào xuānshì "Shuōchū zhēnxiàng, shuōchū quánbù zhēnxiàng, zhǐ shuō zhēnxiàng."

to swear sb to secrecy 要某人发誓保守秘密 yào mǒurén fāshì bǎoshǒu mìmì

sweat **I** N 汗 hàn, 汗水 hànshuǐ

no sweat 一点儿也不难 yìdiǎnr yě bù nán

II V 1 出汗 chūhàn, 流汗 liúhàn □ The heat was unbearable and everyone was sweating. 热得叫人受不了,人人都在出汗。Rède jiào rén shòubuliǎo, rénrén dōu zàichūhàn. **2** 努力工作 nǔlì gōngzuò **2** 焦虑 jiāolǜ, 担心 dānxīn

to sweat blood 拼命工作 pīnmìng gōngzuò

Don't sweat the small stuff. 别为小事操心。Bié wéi xiǎoshì cāoxīn.

sweater N 毛线衫 máoxiànshān [M. WD 件 jiàn], 套衫 tàoshān [M. WD 件 jiàn]

sweatshirt N 棉毛衫 miánmáoshān [M. WD 件 jiàn], 运动衫 yùndòngshān [M. WD 件 jiàn]

sweatshop N 血汗工厂 xuèhàn gōngchǎng [M. WD 家 jiā]

sweaty ADJ **1** 汗水湿透的 [+衣衫] hànshuǐ shītòu de [+yīshān] **2** 使人出汗的 [+工作] shǐrén chūhàn de [+gōngzuò], 劳累的 láolèi de

sweep **I** V (PT & PP **swept**) **1** 扫 sǎo, 打扫 [+房间] dǎsǎo [+fángjiān] □ Amy, will you please sweep the kitchen floor? 艾米,你把厨房地板扫一扫吧。Àimǐ, nǐ bǎ chúfáng dìbǎn sǎoyìsǎo ba. **2** [风暴+] 扫过 [fēngbào+] sǎo guò, 掠过 lüèguò **3** [谣言+] 流行 [yáoyán+] liúxíng, 风行 fēngxíng **4** [政党+] 大获全胜 [zhèngdǎng+] dà huò quánshèng

II N 扫动 sǎo dòng, 挥动 huīdòng

to make a sweep 大面积搜查 dàmiànjī sōuchá

sweeping ADJ **1** 范围广的 fànwéi guǎng de, 影响大的 yǐngxiǎng dà de

sweeping changes 影响深远的变化 yǐngxiǎng shēnyuǎn de biànhuà

2 笼统的 lǒngtǒng de

sweeping generalization 一概而论 yígài ér lùn

sweepstakes N 抽奖 chōujiǎng

sweet ADJ **1** 甜 tián □ This cake is much too sweet. 这个蛋糕太甜了。Zhè ge dàngāo tài tián le.

sweet popato 番薯 fānshǔ, 红薯 hóngshǔ

to have a sweet tooth 喜欢吃甜食 xǐhuan chī tiánshí

2 香的 xiāng de, 芬香的 fēnxiāng de □ A rose, by any other name, smells just as sweet. 无论叫什么名字,玫瑰总是芬香的。Wúlùn jiào shénme míngzi, méiguì zǒngshì fēnxiāng de. **3** 动听的 dòngtīng de, 悦耳的 yuè'ěr de □ How sweet the serenade is! 小夜曲多么动听! Xiǎoyèqǔ duōme dòngtīng! **4** 温柔的 wēnróu de □ "May I help you, sir?" the receptionist said in a sweet voice. "先生,可以为你效劳吗?"接待员语气温柔地说。"Xiānsheng, kěyǐ wèi nǐ xiàoláo ma?" jiēdàiyuán yǔqì wēnróu de shuō.

sweeten V **1** （使…）变甜 (shǐ...) biàn tián **2** 使…更有吸引力 shǐ...gèng yǒu xīyǐnlì

sweetener N **1** 甜味调料 tián wèi tiáoliào **2** 笼络人心的东西 lǒngluò rénxīn de dōngxi

sweetheart N 甜心 tiánxīn, 亲爱的 qīn'ài de, 情人 qíngrén

sweetie N 亲爱的 qīn'ài de, 小心肝儿 xiǎoxīngānr

sweets N 糖果 tángguǒ

swell¹ **I** V (PT **swelled**; PP **swollen, swelled**) 肿 zhǒng, 红肿 hóngzhǒng **2** [河水+] 上涨 [héshuǐ+] shàngzhǎng **3** [数量+] 增大 [shùliàng+] zēngdà **4** 使…鼓起 shǐ...gǔqǐ

to swell with pride 得意洋洋 déyì yángyáng

II N 1 浪涛 làngtāo, 浪涌 làngyǒng

heavy swells 大浪 dà làng

2（音量）增强 (yīnliàng) zēngqiáng **3** 膨胀 péngzhàng

swell² ADJ 棒极了 bàng jíle

swelling N 肿块 zhǒngkuài, 肿胀 zhǒngzhàng

sweltering ADJ 酷热难忍的 kùrè nánrěn de

swept See **sweep**

swerve N, V 突然转向一边 tūrán zhuǎnxiàng yì biān

swift ADJ 迅速的 xùnsù de, 立刻的 lìkè de

swig **I** V 大口痛饮 dà kǒu tòngyǐn **II** N 大口饮 dà kǒu yǐn

to take a few swigs 喝了几大口 hēle jǐ dà kǒu

swill **I** V 大口喝 dà kǒu hē, 痛饮 tòngyǐn **II** N 泔脚饲料 gānjiǎo sìliào

swim **I** V (PT **swam**; PP **swum**) 游泳 yóuyǒng □ My father taught me to swim. 我爸爸教我游泳。Wǒ bàba jiāo wǒ yóuyǒng. **2**（头脑）发晕 (tóunǎo) fāyūn, 眩晕 xuànyùn **II** N 游泳 yóuyǒng

swimming pool N 游泳池 yóuyǒngchí

swimsuit N 游泳衣 yóuyǒngyī [M. WD 件 jiàn]

swindle **I** V 诈骗 zhàpiàn, 骗取 piànqǔ **II** N 诈骗 zhàpiàn, 骗局 piànjú

swindler N 诈骗犯 zhàpiànfàn, 骗子 piànzi

swine N **1** 猪 zhū [M. WD 头 tóu] **2** 令人讨厌的人 lìng rén tǎoyàn de rén, 混蛋 húndàn

swing **I** V (PT & PP **swung**) **1**（使…）摆动 (shǐ...) bǎidòng,（使…）摇摆 (shǐ...) yáobǎi **2**（使…）旋转 (shǐ...) xuánzhuǎn,（使…）拐弯 (shǐ...) guǎiwān **3** [想法+] 转变 [xiǎngfǎ+] zhuǎnbiàn **1** 秋千 qiūqiān

to play on the swings 荡秋千 dàng qiūqiān

2 挥动 huīdòng, 挥舞 huīwǔ **3** 转变 zhuǎnbiàn, 改变 gǎibiàn

to be in the swing of things 全力投入 quánlì tóurù

swinging ADJ 令人兴奋的 lìngrén xīngfèn de

the swinging 60s 自由放纵的（二十世纪）六十年代 zìyóu fàngzòng de (èrshí shìjì) liùshí niándài

swipe **I** V **1** 猛击 měngjī **2** 偷窃 tōuqiè **3** 刷 [+卡] shuā [+kǎ] **II** N **1** 猛烈抨击 měngliè pēngjī, 公开批评 gōngkāi pīpíng **2** 猛击 měngjī **3** (a swipe card) 刷卡 shuàn kǎ

swipe card deposits 刷卡存款 shuākǎ cúnkuǎn

Swiss **I** ADJ 瑞士的 Ruìshì de **II** N 瑞士人 Ruìshìrén

switch **I** V **1** 改 gǎi, 改变 gǎibiàn **2** 交换位置 jiāohuàn wèizhi □ You drive first and then we'll switch over. 你先开车,然后我们再换车。Nǐ xiān kāichē, ránhòu wǒmen zài huàn.

to switch off 关（灯／电视机／收音机）guān (dēng/diànshìjī/shōuyīnjī)

to switch on 开（灯／电视机／收音机）kāi (dēng/diànshìjī/shōuyīnjī)

II N 开关 kāiguān □ Where is the switch? 开关在哪里? Kāiguān zài nǎlǐ?

switchboard N 电话交换台 diànhuà jiāohuàntái

switchboard operator 交换台接线员 jiāohuàntái jiēxiànyuán

swivel **I** V 旋转 xuánzhuǎn **II** N 旋转 xuánzhuǎn

swivel chair 转椅 zhuànyǐ

swollen **I** V See **swell** **II** ADJ **1** 肿起来的 zhǒng qǐlái de □ His hand got all swollen up after a mosquito bit him. 他的手被蚊子叮了,肿了起来。Tā de shǒu bèi wénzi dīng le, zhǒngle qǐlái.

2 上涨的 [+水] shàngzhǎng de [+shuǐ]

swoon V 欣喜若狂 xīnxǐ ruò kuáng

swoop N, V 向下猛冲 xiàngxià měngchōng

sword N 剑 jiàn [M. WD 把 bǎ], 刀 dāo [M. WD 把 bǎ]

swordfish N 剑鱼 jiànyú [M. WD 条 tiáo]

sworn **I** V See **swear** **II** ADJ (sworn enemies) 死敌 sǐdí sworn testimony 宣誓后作出的证词 xuānshì hòuzuò chū dízhèng cí

swum See **swim**

swung See **swing**

sycamore N 美国梧桐树 Měiguó wútóng shù, 悬铃木 xuánlíngmù

sycophant N 拍马屁的人 pāi mǎpì de rén, 马屁精 mǎpìjīng

syllable N 音节 yīnjié □ "How many syllables does the word 'syllable' have?" "Three." "'Syllable' 这个词里有几个音节？" "三个。" "'Syllable' zhège cí lǐ yǒu jǐge yīnjié?" "Sān ge."

syllabus N 教学大纲 jiàoxué dàgāng

symbol N 象征 xiàngzhēng, 标志 biāozhì 2 符号 fúhào, 记号 jìhao

symbolic ADJ 象征性的 xiàngzhēngxìng de
a symbolic gesture 象征性姿态 xiàngzhēngxìng zītài
be symbolic of sth 是某事物的象征 shì mǒushìwù de xiàngzhēng, 象征某事物 xiàngzhēng mǒushìwù

symbolism N 象征主义 xiàngzhēngzhǔyì

symbolize V 象征（着）xiàngzhēng (zhe), 是…的象征 shì…de xiàngzhēng

symmetric, symmetrical ADJ 对称的 duìchèn de

symmetry N 对称 duìchèn

sympathetic ADJ 1 同情的 tóngqíng de □ We were enormously sympathetic when the tsunami hit South Asia. 当海啸袭击南亚，我们都极为同情。Dāng hǎixiào xíjí Nányà, wǒmen dōu jíwéi tóngqíng. 2 赞同的 zàntóng de, 支持的 zhīchí de
to offer sb a sympathetic ear 同情地倾听某人诉说 tóngqíng de qīngtīng mǒurén sùshuō

sympathize V 1（表白）同情（biǎobái）tóngqíng, 怜悯 liánmǐn 2 赞同 zàntóng, 支持 zhīchí

sympathy N 同情 tóngqíng, 同情心 tóngqíngxīn □ People feel sympathy for the man whose wife died in a car accident, leaving three children behind. 那个男人的妻子在交通事故中丧生，留下三个孩子，人们都同情他。Nà ge nánren de qīzi zài jiāotōng shìgù zhōng sàngshēng, liúxia sān ge háizi, rénmen dōu tóngqíng tā.
to play on one's sympathy 利用某人的同情心 lìyòng mǒurén de tóngqíngxīn

symphony N 交响乐 jiāoxiǎngyuè
Beethoven's symphony No 9 贝多芬的第九交响曲 Bèiduōfēn de dì jiǔ jiāoxiǎngqǔ
symphony orchestra 交响乐团 jiāoxiǎng yuètuán

symptom N 1 症状 zhèngzhuàng □ This medicine may reduce symptoms, but it doesn't cure the disease. 这种药可能减轻症状，可是不能治病。Zhè zhǒng yào kěnéng jiǎnqīng zhèngzhuàng, kěshì bùnéng zhìbìng. 2（严重问题的）征兆 (yánzhòng wèntí de) zhēngzhào

synagogue N 犹太教堂 Yóutài jiàotáng [M. WD 座 zuò]

sync N (in sync) 同步（的）tóngbù (de), 协调（的）xiétiáo (de)

synchronization N 同步（化）tóngbù (huà)

synchronize V 使…同步 shǐ…tóngbù
to synchronize the sound track with the picture 使（电影的）音响与画面同步 shǐ (diànyǐng de) yīnxiǎng yǔ huàmiàn tóngbù
synchronized swimming 花样游泳 huāyàng yóuyǒng

syndicate N 辛迪加 xīndíjiā, 大财团 dà cáituán
banking syndicate 银行集团 yínháng jítuán

syndrome N 综合症 zōnghézhèng
Down's Syndrome 唐氏综合症 táng shì zōnghézhèng

synod N 教会领袖会议 jiàohuì lǐngxiù huìyì

synonym N 同义词 tóngyìcí, 近义词 jìnyìcí

synonymous ADJ 1 同义的 tóngyì de, 近义的 jìnyì de 2 相同的 xiāngtóng de, 近似的 jìnsì de

synopsis N 提要 tíyào, 梗概 gěng gài

syntax N（语法学中的）句法 (yǔfǎxué zhòng de) jùfǎ, （计算机语言的）句法规则 (jìsuànjī yǔyán de) jùfǎ guīzé, 语法 yǔfǎ

synthesis N 1 综合（体）zōnghé (tǐ) 2 综合 zōnghé, 合成 héchéng

synthesize V 合成 héchéng, 综合 zōnghé

synthesizer N 音响合成器 yīnxiǎng héchéngqì
speech synthesizer 言语合成器 yányǔ héchéngqì

synthetic ADJ 合成的 héchéng de, 人造的 rénzào de
synthetic material 合成材料 héchéng cáiliào

syphilis N 梅毒 méidú

syringe N 1 注射器 zhùshèqì, 针筒 zhēntǒng 2 洗涤器 xǐdíqì, 灌肠器 guànchángqì

syrup N 糖浆 tángjiāng

system N 1 体系 tǐxì □ When the air-conditioning system failed, the manager had to let his staff go home. 空调系统坏了，经理只好让职工回家。Kōngtiáo xìtǒng huài le, jīnglǐ zhǐhǎo ràng zhígōng huíjiā. 2 制度 zhìdù □ The political system of the country was founded on certain lofty fundamental principles. 这个国家的政治制度建立在某些崇高的基本原则之上。Zhège guójiā de zhèngzhì zhìdù jiànlì zài mǒuxiē chónggāo de jīběn yuánzé zhīshàng.

systematic ADJ 系统的 xìtǒng de, 有条理的 yǒu tiáolǐ de

T, t

tab I N 1 标签 biāoqiān, 布条 bùtiáo
to keep tabs on 密切注视 mìqiè zhùshì
2 账单 zhàngdān [M. WD 份 fèn]
to pick up the tab （代人）付账（dài rén）fùzhàng
3（计算机键盘）跳格键 (jìsuànjī jiànpán) tiàogéjiàn 4（铁罐容器）拉环 (tiě guàn róngqì) lāhuán
II V 1（计算机）使用跳格键 (jìsuànjī) shǐyòng tiàogéjiàn
2 选中 xuǎnzhòng, 选上 xuǎnshàng

tabby N 斑猫 bānmāo [M. WD 只 zhī]

tabernacle N 教堂 jiàotáng [M. WD 座 zuò], 礼拜堂 lǐbàitáng [M. WD 座 zuò]

table I N 1 桌子 zhuōzi □ The family sat around the table and began to eat. 全家围着桌子坐下，开始吃饭。Quánjiā wéizhe zhuōzi zuòxia, kāishǐ chīfàn. □ Hello, can I book a table for two this evening? 喂，我可以订一张今天晚上两个人的桌子吗？Wèi, wǒ kěyǐ dìng yì zhāng jīntiān wǎnshang liǎng ge rén de zhuōzi ma?
table tennis 乒乓球 pīngpāngqiú
dining table 餐桌 cānzhuō
to clear the table 收掉餐具 shōudiao cānjù
to set the table （在餐桌上）摆上餐具 (zài cānzhuōshang) bǎishang cānjù
2 表格 biǎogé □ The researcher showed population growth in a statistical table. 研究人员用统计表格显示人口增长。Yánjiū rényuán yòng tǒngjì biǎogé xiǎnshì rénkǒu zēngzhǎng.
multiplication table 乘法表 chéngfǎbiǎo, 九九表 jiǔjiǔbiǎo
table of contents 目录 mùlù
II V 搁置 gēzhì

tablecloth N 台布 táibù [M. WD 块 kuài], 桌布 zhuōbù [M. WD 块 kuài]

tablespoon N 大汤匙 dà tāngchí [M. WD 把 bǎ]

tablespoonful ADJ 满满一大汤匙的 mǎnmǎn yí dà tāngchí de

tablet N 1 药片 yàopiàn [M. WD 片 piàn] 2 石匾 shí biān [M. WD 块 kuài], 金属匾 jīnshǔbiān [M. WD 块 kuài]

tabloid N 通俗小报 tōngsú xiǎobào [M. WD 份 fèn]

taboo N 禁忌 jìnjì, 忌讳 jìhuì

tabular ADJ 表格的 biǎogé de

tabulate v 把 [+数字] 用表格列出 bǎ [+shùzì] yòng biǎogé lièchū

tabulation N 制表格 zhìbiǎo gé

tacit ADJ 心照不宣的 xīnzhào bù xuān de, 有默契的 yǒu mòqì de
   tacit agreement 默契 mòqì

taciturn ADJ 沉默寡言的 chénmò guǎyán de

tack¹ **I** N **1** 图钉 túdīng **2** 平头钉 píngtóudīng **3** 方法 fāngfǎ, 思路 sīlù **II** v 用图钉／平头钉把…钉住 yòng túdīng/píngtóudīng bǎ…dìngzhù

tack² **I** N **1** (帆船的) 航行方向 (fānchuán de) hángxíng fāngxiàng **2** (帆船) 改变航行方向 (fānchuán) gǎibiàn hángxíng fāngxiàng **II** v (帆船) 改变航行方向 [fānchuán+] gǎibiàn hángxíng fāngxiàng

tackle I v **1** 处理 chǔlǐ, 对付 duìfu **2** [橄榄球+] 阻挡 [gǎnlǎnqiú+] zǔdǎng, 抱截 bàojié **II** N **1** (橄榄球中的) 阻挡 (gǎnlǎnqiú zhòng de) zǔdǎng, 抱截 bàojié **2** 运动器具 yùndòng qìjù, 钓具 diàojù

tacky ADJ **1** 俗气的 súqì de, 不雅的 bù yǎ de **2** 有点粘糊糊的 yǒudiǎn niánhūhū de

tact N 机敏圆滑 jīmǐn yuánhuá, 待人的技巧 dàirén de jìqiǎo

tactful ADJ 讲究策略的 jiǎngjiu cèlüè de, 得体的 détǐ de
   □ David was tactful enough not to say anything on the issue. 戴维很讲究策略，他在这个问题上一言不发。Dàiwéi hěn jiǎngjiu cèlüè, tā zài zhè ge wèntíshang yì yán bù fā.

tactic N 手法 shǒufǎ, 策略 cèlüè

tactical ADJ **1** 策略 (上) 的 cèlüè (shàng) de **2** 战术 (性) 的 zhànshù (xìng) de
   tactical retreat 战术性撤退 zhànshùxìng chètuì

tactics N 战术谋略 zhànshù móulüè
   delaying tactics 拖延战术 tuōyán zhànshù

tadpole N 蝌蚪 kēdǒu

taffy N 太妃糖 tàifēitáng [M. WD 块 kuài], 乳脂糖 rǔzhītáng [M. WD 块 kuài]

tag¹ **I** N **1** 标签 biāoqiān
   name tag 姓名标签 xìngmíng biāoqiān
   price tag 价格标签 jiàgé biāoqiān
   2 (错误的) 称呼 (cuòwù de) chēnghu **3** (绳子／鞋带的) 金属包头 (shéngzi/xiédài de) jīnshǔ bāotóu
   II v **1** 给…贴上标签 gěi… tiēshang biāoqiān **2** 给 [+人] 取绰号 gěi [+rén] qǔ chuòhào, 把 [+人] 看成 bǎ [+rén] kànchéng
   be tagged as a cheat 被看成是骗子 bèi kànchéng shì piànzi

tag² **I** N 抓人游戏 zhuārén yóuxì **II** v (在游戏中) 抓到 (zài yóuxì zhōng) zhuā dào [+rén]

tail I N **1** 尾巴 wěiba □ The peacock is proudly displaying his magnificent tail. 孔雀骄傲地展示美丽的尾巴。Kǒngquè jiāo'ào de zhǎnshì měilì de wěiba. **2** 结尾部分 jiéwěi bùfen □ I did not understand the lecture until the tail end. 我直到结尾部分才听懂了讲座。Wǒ zhídào jiéwěi bùfen cái tīngdǒngle jiǎngzuò.
   II v 跟踪 gēnzōng □ The actress sensed someone was tailing her. 女演员感觉到有人在跟踪她。Nǚ yǎnyuán gǎnjuédào yǒu rén zài gēnzōng tā.
   to tail off 变小／变弱直至消失 biàn xiǎo/biàn ruò zhízhì xiāoshī □ The number of visitors to the museum tails off in late afternoon. 参观博物馆的人在下午四、五点钟的时候，渐渐少起来。Cānguān bówùguǎn de rén zài xiàwǔ sì、wǔ diǎnzhōng de shíhou, jiànjiàn shǎoqǐlai.

tailcoat N 燕尾服 yànwěifú

tailgate I v [驾车人+] 开车紧盯着前面的车 [jiàchērén+] kāichē jǐndīngzhe qiánmian de chē **II** N (汽车的) 后门 (qìchē de) hòumén

taillight N (汽车) 尾灯 (qìchē) wěidēng

tailor N 裁缝 cáifeng, 裁缝师傅 cáifeng shīfu

tailoring N 裁缝手艺 cáifeng shǒuyì, 裁缝业 cáifengyè

tailor-made ADJ **1** 裁缝特制的 [+服装] cáifeng tèzhì de [+fúzhuāng] **2** 量体定做的 liáng tǐ dìngzuò de, 正合适的 zhèng héshì de

tailpipe N (汽车) 排气管 (qìchē) páiqìguǎn

tails N See tailcoat

tailspin N 失控状态 shīkòng zhuàngtài
   to send … into a tailspin 使…陷入失控状态 shǐ…xiànrù shīkòng zhuàngtài

taint v **1** 沾污 zhānwū [+名声] [+míngshēng], 败坏 bàihuài
   tainted money 不干净的钱 bù gānjìng de qián
   2 在食品中添加有毒物质 zài shípǐn zhōng tiānjiā yǒudú wùzhì
   tainted milk powder (有) 毒奶粉 (yǒu) dú nǎifěn

Taiwanese I ADJ 台湾的 Táiwān de, 台湾人的 Táiwānrén de **II** N 台湾人 Táiwānrén

take I v (PT **took**; PP **taken**) **1** 带 dài, 送 sòng □ When I was small, Grandpa took me to school every day. 我小时候，爷爷每天送我去学校。Wǒ xiǎoshíhou, yéye měitiān sòng wǒ qù xuéxiào. **2** 拿 ná, 握 wò □ He took the school report from his son and began to read it. 他从儿子手上拿来成绩报告单，看起来。Tā cóng érzi shǒushang nálai chéngjì bàogàodān, kànqǐlai. □ "Let me take your coat, sir," said the attendant politely. "先生，让我拿着您的大衣，"服务员有礼貌地说。"Xiānshēng, ràng wǒ názhe nínde dàyī," fúwùyuán yǒulǐmào de shuō. **3** 带走 dàizǒu, 拿走 názǒu □ Who has taken my bicycle? 谁拿走了我的自行车？Shéi qízǒule wǒ de zìxíngchē? □ The burglar took almost everything valuable from their home. 撬窃贼几乎把他家中值钱的东西都拿走了。Qiàoqièzéi jīhū bǎ jiā zhōng zhíqián de dōngxi dōu názǒu le. **4** 花费 huāfèi □ It took the search team two days to find the missing tourist. 搜索队花了两天找到了失踪的旅游者。Sōusuǒduì huāle liǎng tiān zhǎodaole shīzōng de lǚyóuzhě. **5** 接受 jiēshòu, 领取 lǐngqǔ □ Are you going to take that job? 你会接受这份工作吗？Nǐ huì jiēshòu zhè fèn gōngzuò ma? □ I take no one's order. 我不听任何人的命令。(→ 我谁的使唤都不会听。) Wǒ bù tīng rènhé rén de mìnglìng. (→ Wǒ shéi de shǐhuan dōu bú huì tīng.) **6** 承受 chéngshòu □ She couldn't take the loss of their only child. 她无法承受失去独生子的现实。Tā wú fǎ chéngshòu shīqu dúshēngzǐ de xiànshí. □ His arrogance is hard to take. 他的傲慢让人受不了。Tā de àomàn ràng rén shòubuliǎo.
   to take after (跟父亲或母亲) 很像 (gēn fùqin huò mǔqin) hěn xiàng □ He is proud that all his children take after him. 他所有的孩子都长得像他，他很得意。Tā suǒyǒu de háizi dōu zhǎngde xiàng tā, tā hěn déyì.
   to take it for granted 认为理所当然而不重视 rènwéi lǐ suǒ dāngrán ér bú zhòngshì, 不以为然 bù yǐ wéi rán □ Some children just take their parents for granted. 有些孩子认为父母就是应该对他们好的。Yǒuxiē háizi rènwéi fùmǔ jiùshì yīnggāi duì tāmen hǎo de.
   to take off (飞机) 起飞 (fēijī) qǐfēi □ Our flight took off on time. 我们的航班准时起飞。Wǒmen de hángbān zhǔnshí qǐfēi.
   to take … out on 拿…出气 ná…chūqì □ Why are you taking it out on the poor dog? 你干吗拿可怜的狗出气？Nǐ gànmá ná kělián de gǒu chūqì?
   to take to 马上产生好感 mǎshàng chǎnshēng hǎo gǎn □ Many students took to the new teacher in his first class. 许多学生上第一课就对新老师有好感。Xǔduō xuéshēng shàng dìyī kè jiù duì xīn lǎoshī yǒu hǎo gǎn.
   to take up 开始 (工作、从事) kāishǐ (gōngzuò、cóngshì) □ The new finance director will take up her duties next month. 新财务主任将在下个月开始工作。Xīn cáiwù zhǔrèn jiāng zài xià ge yuè kāishǐ gōngzuò.
   II N **1** 营业额 yíngyè'é, 进账 jìnzhàng **2** 看法 kànfǎ, 观点 guāndiǎn **3** 拍摄 (电影／电视镜头) pāishè (diànyǐng/diànshì jìngtóu)

take-home pay N 实发工资 shí fā gōngzī, 净薪 jìngxīn

taken See take

takeoff N 1 (飞机) 起飞 (fēijī) qǐfēi, 升空 shēngkōng 2 滑稽模仿 huájī mófǎng

take-out N 外卖食品 wàimài shípǐn □ Let's get something from the Chinese take-out. 我们从外卖中餐店买点吃的吧。Wǒmen cóng wàimài Zhōngcāndiàn mǎi diǎnr chī de ba.

takeover N (公司的) 购股兼并 (gōngsī de) gòugǔ jiānbìng, 接管 jiēguǎn

talcum powder N 滑石粉 huáshífěn

tale N 1 故事 gùshi □ Fairy tales are appealing even to adults. 童话故事即使对成人也有吸引力。Tónghuà gùshi jíshǐ duì chéngrén yě yǒu xīyǐnlì. 2 (可能是编造的) 经历 (kěnéng shì biānzào de) jīnglì

talent N 1 特殊才能 tèshū cáinéng, 天才 tiāncái □ Eugene has a talent for languages. 尤金有语言天才。Yóujīn yǒu yǔyán tiāncái. 2 有特殊才能的人 yǒu tèshū cáinéng de rén, 天才 tiāncái □ The coach has a keen eye for spotting talent. 这位教练有眼光发现天才。Zhè wèi jiàoliàn yǒu yǎnguāng fāxiàn tiāncái.

talented ADJ 才能出众的 cáinéng chūzhòng de, 有天赋的 yǒu tiānfù de

talisman N 护身符 hùshēnfú, 辟邪物 bìxié wù

talk I v 1 谈话 tánhuà, 讲话 jiǎnghuà □ Jim, we need to talk. 杰姆,我们得谈谈。Jiémǔ, wǒmen děi tántan. □ His teenage daughter is not talking to him these days. 他那个十几岁的女儿这两天不跟他讲话。Tā nà ge shíjǐ suì de nǚ'ér zhè liǎng tiān bù gēn tā jiǎnghuà. 2 谈论 tánlùn □ People have begun to talk about the CEO's affair with his secretary. 人们开始谈论总经理和秘书的婚外情。Rénmen kāishǐ tánlùn zǒngjīnglǐ hé mìshū de hūnwàiqíng. □ I don't understand why Rolf likes to talk politics so much. 我不明白罗尔夫为什么这么喜欢谈论政治。Wǒ bù míngbai Luó'ěrfū wèishénme zhème xǐhuan tánlùn zhèngzhì.

to talk down to sb 居高临下地对…谈话 jūgāo línxià de duì…tánhuà □ Some voters felt they were being talked down to by the candidate. 一些选民觉得候选人居高临下地对他们说话。Yìxiē xuǎnmín juéde hòuxuǎnrén jūgāo línxià de duì tāmen shuōhuà.

to talk … into 说服…做 shuōfú…zuò □ She talked him into seeing a heart specialist. 她说服他去看心脏科专家。Tā shuōfú tā qù kàn xīnzàngkē zhuānjiā.

to talk … out of 说服…不做 shuōfú…bú zuò □ I tried to talk her out of buying that necklace. 我试图说服她别买那条项链。Wǒ shìtú shuōfú tā bié mǎi nà tiáo xiàngliàn.

to talk over 讨论 tǎolùn, 商量 shāngliang □ You need to talk things over with your parents. 你得跟父母讨论一下。Nǐ děi gēn fùmǔ tǎolùn yíxià.

II N 1 谈话 tánhuà □ He had a long talk with his son about his plan after graduating from high school. 他和儿子关于中学毕业后的打算长谈了一次。Tā hé érzi guānyú zhōngxué bìyè hòu de dǎsuan chángtánle yí cì.

talk show (电视／广播的) 访谈节目 (diànshì/guǎngbō de) fǎngtán jiémù

2 会谈 huìtán, 交谈 jiāotán 3 谣传 yáochuán

talkative ADJ 喜欢说话的 xǐhuan shuōhuà de, 多嘴的 duōzuǐ de

talking book N 有声读物 yǒushēng dúwù

talks N 正式会谈 zhèngshì huìtán, 谈判 tánpàn

tall ADJ 高 gāo □ The boy has grown much taller in the past year. 这个男孩儿在过去一年里长高多了。Zhè ge nánháizi zài guòqu yì nián lǐzhǎng gāo duō le. □ Rex is about 5.5 feet tall. 瑞克斯身高大约五英尺半。Ruìkèsī shēngāo dàyuē wǔ yīngchǐ bàn.

a tall order 很难办到的事 hěn nán bàndao de shì □ That's a tall order. I'm not sure if I can do it. 这件事很难办

到,我不肯定能不能办到。Zhè jiàn shì hěn nán bàndao, wǒ bù kěndìng néngbunéng bàndao.

tally I N 1 账目 zhàngmù [M. WD 本 běn], 流水帐 liúshuǐzhàng [M. WD 本 běn] 2 (体育比赛) 记分 (tǐyù bǐsài) jìfēn

to keep a tally 记录 jìlù

II v 1 计算 [+得分／得票数] jìsuàn [+défēn/dépiàoshù] 2 与…一致 yǔ…yízhì, 相符合 xiāngfú hé

talon N (鸟的) 利爪 (niǎo de) lìzhuǎ

tambourine N 铃鼓 línggǔ, 手鼓 shǒugǔ

tame I ADJ 1 驯服的 xùnfú de, 温顺的 wēnshùn de 2 平淡无味的 píngdàn wú wèi de II v 1 驯服 xùnfú, 驯化 xùnhuà 2 制服 zhìfú, 抑制 yìzhì

tamper v (to tamper with) 瞎摆弄 xiā bǎinòng, (擅自) 改动 (shànzì) gǎidòng

tampon N 月经棉塞 yuèjīng miánsāi

tan I ADJ 1 晒黑的 [+皮肤] shàihēi de [+pífū] 2 棕黄色的 zōnghuáng sè de II N 1 (太阳晒的) 棕褐肤色 (tàiyáng shài de) zōng hè fūsè 2 棕黄色 zōnghuáng sè III v 晒黑 [+皮肤] shàihēi [+pífū]

tandem N 1 双人脚踏车 shuāngrén jiǎotàchē 2 (两人) 协同工作 (liǎng rén) xiétóng gōngzuò

in tandem with 同时 tóngshí, 同期 tóngqī

tang N 强烈的味道／气味 qiángliè de wèidao/qìwèi

tangent N (几何) 切线 (jǐhé) qiēxiàn, 正切 zhèngqiē

to go off on a tangent 突然改变话题／做法 tūrán gǎibiàn huàtí/zuòfǎ

tangerine N 橘子 júzi, 红橘 hóngjú

tangible N 有形的 yǒuxíng de, 可触摸到的 kě chùmō dào de

tangible asset 有形资产 yǒuxíngzīchǎn

2 确实的 quèshí de

tangible proof 确实的证据 quèshí de zhèngjù

tangle I N 1 乱线团 luàn xiàntuán, 乱成一团的头发 luànchéng yì tuán de tóufa 2 纷乱 fēnluàn, 混乱 hùnluàn

to get into a tangle 搞得一团糟 gǎode yìtuánzāo

II v 1 扭打 niǔdǎ, 打架 dǎjià 2 (使…) 乱成一团 (shǐ…) luànchéng yìtuán

tangled, tangled up ADJ 1 缠绕在一起的 [+电线] chánrǎo zài yìqǐ de [+diànxiàn] 2 纷乱复杂的 [+局势] fēnluàn fùzá de [+júshì]

tango I N 探戈舞 (曲) tàngēwǔ (qū) II v 跳探戈舞 tiào tàngēwǔ □ It takes two to tango. 一个巴掌拍不响。Yí ge bāzhang pāibuxiǎng.

tank N 1 (水／油) 箱 (shuǐ/yóu) xiāng □ How much will it cost to fill up a tank of gas now? 现在灌满一油箱汽油要多少钱? Xiànzài guànmǎn yì yóuxiāng qìyóu yào duōshǎoqián? 2 坦克 (车) tǎnkè (chē) [M. WD 辆 liàng] □ The tank was a formidable weapon in World War I. 坦克在第一次世界大战时是可怕的武器。Tǎnkè zài Dìyī cì Shìjiè Dàzhàn shí shì kěpà de wǔqì.

tankard N 大金属酒杯 dà jīnshǔ jiǔbēi

tanker N 油轮 yóulún [M. WD 艘 sōu], 油罐车 yóuguànchē [M. WD 辆 liàng]

tantalizing ADJ 诱人的 yòurén de, 逗引人的 dòuyǐn rén de

tantamount ADJ (be tantamount to) 相当于 xiāngdāngyú

tantrum N 突发脾气 tūfā píqi

to throw a tantrum [无缘无故地+] 大发脾气 [wúyuán wúgù de+] dà fā píqi

Taoism N 道家 Dàojiā, 道教 Dàojiào

tap¹ I N 1 (水) 龙头 (shuǐ) lóngtóu

tap water 自来水 zìláishuǐ

on tap 取自酒桶 [+啤酒] qǔzì jiǔtǒng de [+píjiǔ], 现成的 xiànchéng de

2 电话窃听器 diànhuà qiètīngqì

II v 1 窃听 (电话) qiètīng (diànhuà) 2 从酒桶取酒 cóng jiǔtǒng qǔ jiǔ 3 利用 lìyòng, 开发 kāifā

tap² I v 轻轻地敲击 qīngqīng de qiāojī

tap dancing 踢踏舞 tītàwǔ

II N 轻踏 qīng tà, 轻拍 qīng pāi, 轻叩 qīng kòu

tap on the shoulder 拍一下肩膀 pāi yíxià jiānbǎng

tape I N 1 磁带 cídài, 录音带 lùyīndài [M. WD 盘 pán], 录像带 lùxiàngdài [M. WD 盘 pán] □ My grandfather has a small tape library of 60s and 70s pop music. 我祖父收藏了很多六十、七十年代的流行音乐磁带。Wǒ zǔfù shōucángle hěn duō liùshí, qīshí niándài de liúxíng yīnyuè cídài.

tape recorder 磁带录音机 cídài lùyīnjī

2 胶带 jiāodài □ She sealed the envelope with tape. 她用胶带封上信封。Tā yòng jiāodài fēngshang xìnfēng.

tape measure 卷尺 juǎnchǐ, 软尺 ruǎnchǐ

II v 1 录音 lùyīn, 录像 lùxiàng □ The suspect's confession was taped at the police station. 嫌疑犯的口供都在警察局录下来了。Xiányífàn de kǒugòng dōu zài jǐngchájú lùxialai le.

blank tape 空白磁带 kòngbái cídài

red tape 繁琐的公事程序 fánsuǒ de gōngshì chéngxù □ Red tape often gets in the way of getting anything done. 繁琐的公事程序常常使什么事业也做不成。Fánsuǒ de gōngshì chéngxù chángcháng shǐ shénme shìyè yě zuòbuchéng.

2 (用胶带) 扎起来 (yòng jiāodài) zhā qǐlái

taper I N 细长的蜡烛 xìcháng de làzhú [M. WD 根 gēn]

II v 1 渐渐变细 jiànjiàn biàn xì 2 渐渐终止 jiànjiàn zhōngzhǐ

tapering fingers 尖长的手指 jiān cháng de shǒuzhǐ

tapestry N 挂毯 guàtǎn [M. WD 块 kuài], 壁毯 bìtǎn [M. WD 块 kuài]

tapeworm N 绦虫 tāochóng

tar I N 1 柏油 bǎiyóu, 沥青 lìqīng 2 (烟草中的) 焦油 (yāncǎo zhōngde) jiāoyóu II v 用沥青铺路 yòng lìqīng pūlù

tardy ADJ 缓慢的 huǎnmàn de, 迟缓的 chíhuǎn de

target I N 目标 mùbiāo □ Any place, from a vegetable market to army barracks, could be the target of terrorist attacks. 任何地方，从菜市场到军营，都可能是恐怖分子攻击的目标。Rènhé dìfang, cóng càishìchǎng dào jūnyíng, dōu kěnéng shì kǒngbùfènzǐ gōngjī de mùbiāo. 2 对象 duìxiàng □ The street gang was the target of police investigation. 这个街头团伙是警方调查的对象。Zhè ge jiētóu tuánhuǒ shì jǐngfāng diàochá de duìxiàng. 3 指标 zhǐbiāo □ The company has set itself a target of $10 million in sales. 公司定下了销售额一千万元的指标。Gōngsī dìngxiale xiāoshòu'é yìqiānwàn yuán de zhǐbiāo.

II v 以…为目标 yǐ…wéi mùbiāo □ Commercials for toys are shamelessly targeting small children. 玩具广告公然以小孩子为目标。Wánjù guǎnggào gōngrán yǐ xiǎoháizi wéi mùbiāo.

tariff N 1 关税 guānshuì 2 收费表 shōufèibiǎo 3 价目表 jiàmùbiǎo

tarmac N (机场) 跑道 (jīchǎng) pǎodào [M. WD 条 tiáo]

tarnish v 1 沾污 [+名誉] zhānwū [+míngyù], 使 [+名声] 蒙羞 shǐ [+míngshēng] méngxiū

tarnished honor 蒙上污点的荣耀 méngshàng wūdiǎn de róngyào

2 使 [+金属] 失去光泽 shǐ [+jīnshǔ] shīqù guāngzé

taro N 芋头 yùtou

tarp, tarpaulin N 防水 (帆) 布 fángshuǐ (fān) bù

tart I ADJ 1 微酸的 [+味道] wēi suān de [+wèidao] 2 尖刻的 [+回答] jiānkè de [+huídá] II N 1 水果馅饼 shuǐguǒ xiànbǐng 2 荡妇 dàngfù

tartan N (苏格兰) 格子花呢 (图案) (Sūgélán) gézihuāní (tú'àn)

tartar N 牙垢 yágòu, 牙石 yáshí

task N 任务 rènwù □ To raise $250,000 for renovating our gym is no easy task. 要募款二十五万来修缮体育馆，可不是容易的事。Yào mùkuǎn èrshíwǔwàn lái xiūshàn tǐyùguǎn, kě bú shì róngyì de shì.

to take … to task 指责 zhǐzé, 责备 zébèi □ The nurse was

taken to task for being rude to her patients. 护士因为对病人态度粗鲁而受到指责。Hùshi yīnwèi duì bìngrén tàidu cūlǔ ér shòudao zhǐzé.

task force N 特遣部队 tèqiǎn bùduì, 特别行动队 tèbié xíngdòngduì

tassel N 流苏 liúsū, 缨 yīng

taste I N 1 味道 wèidao □ I don't like the taste of this cheese. 我不喜欢这种奶酪的味道。Wǒ bù xǐhuan zhè zhǒng nǎilào de wèidao. 2 尝试 chángshì □ She had a taste of the wine and found it very good. 她尝了一口酒，觉得好极了。Tā chángle yì kǒu jiǔ, juéde hǎo jíle. 3 口味 kǒuwèi □ It's hard to find someone with the same musical taste. 很难找到音乐口味相同的人。Hěn nán zhǎodào yīnyuè kǒuwèi xiāngtóng de rén.

II v 1 尝出 (味道) chángchū (wèidao) □ "Can you taste beef in the instant noodles?" "No way. I only taste soya sauce." "你在这方便面里尝出牛肉味道来了吗?" "哪儿有啊? 只尝出酱油味。" "Nǐ zài zhè fāngbiànmiàn lǐ chángchū niúròu wèidao lai le ma? Nǎr yǒu a? Zhǐ chángchū jiàngyóu wèi." 2 有…的味道 yǒu…de wèidao □ Dishes in a Shanghai restaurant may taste a bit too sweet for you. 上海菜馆的菜对你来说可能太甜了一点。Shànghǎi càiguǎn de cài duì nǐ láishuō kěnéng tài tián le yìdiǎn.

in good taste 得体 détǐ, 优雅 yōuyǎ □ The commercials for this company are usually in good taste. 这家公司做的广告一般很得体。Zhè jiā gōngsī zuò de guǎnggào yìbān hěn détǐ.

in bad taste 粗俗 cūsú □ His jokes were in such bad taste that they were not suitable for children. 他的笑话很粗俗，小孩听不合适。Tā de xiàohua hěn cūsú, xiǎohái tīng bù héshì.

tasteful ADJ (品味) 高雅的 (pǐnwèi) gāoyǎ de

tasteless ADJ 1 没有味道的 [+食物] méiyǒu wèidao de [+shíwù] 2 格调很低的 [+电视节目] gédiào hěn dī de [+diànshì jiémù], 无聊的 wúliáo de

taster N 试味专家 shì wèi zhuānjiā

wine taster 品酒师 pǐnjiǔshī

tasty ADJ 美味可口的 měiwèi kěkǒu de

tattered ADJ 破烂的 [+衣服] pòlàn de [+yīfu]

tatters N 破烂衣服 pòlàn yīfu

in tatters ① [穿得+] 破破烂烂 [chuān dé+] pòpòlànlàn ② 问题百出的 [+计划] wèntí bǎichū de [+jìhuà]

tattle v [向父母/老师告状] [xiàng fùmǔ/lǎoshī gàozhuàng], 打小报告 dǎ xiǎobàogào

tattletale N 打小报告的人 dǎ xiǎobàogào de rén, 搬弄是非者 bānnòngshìfēi zhě

tattoo¹ I N 纹身 wénshēn, 刺青 cìqīng

tattoo artist 纹身师 wénshēnshī

II v 刺花纹 cì huāwén, 纹身 wén shēn

tattoo² N 连续击鼓 liánxù jīgǔ, (英国) 军乐表演 (Yīngguó) jūnyuè biǎoyǎn

taught See **teach**

taunt N, v 嘲弄 cháonòng, 嘲笑 cháoxiào

Taurus N 金牛宫 jīnniúgōng

taut ADJ 1 拉紧的 [+绳子] lājǐn de [+shéngzi], 绷紧的 bēngjǐn de 2 忧愁的 [+表情] yōuchóu de [+biǎoqíng]

tavern N 酒馆 jiǔguǎn [M. WD 家 jiā]

tawdry ADJ 1 不值钱的 [+货物] bù zhíqián de [+huòwù], 廉价的 liánjià de 2 无耻的 [+行为] wúchǐ de [+xíngwéi]

tawny ADJ 黄褐色的 huánghèsè de

tax I N 税 shuì, 税收 shuìshōu □ Why is the agency for collecting taxes called Internal Revenue Service? 为什么收税的机构叫做"国内收入服务"? Wèishénme shōushuì de jīgòu jiàozuo "Guónèi Shōurù Fúwù"?

II v 1 征税 zhēngshuì, 收税 shōushuì □ In that country, income above 100,000 dollars is taxed at 45%. 在那个国家，十万元以上的收入要收税百分之四十五。Zài nà ge guójiā, shíwànyuán yǐshàng de shōurù yào shōushuì bǎifēnzhī sìshíwǔ. 2 耗尽 hàojìn □ The three overnight fires taxed the resources of the fire brigade. 夜间的三场火灾耗尽了消防队的人力物力。Yèjiān de sān cháng huǒzāi hàojìnle xiāofángduì de rénlì wùlì.

tax break 减税优惠 jiǎn shuì yōuhuì

tax cut 减税 jiǎn shuì

tax dodge（合法或非法的）避税 (héfǎ huò fēifǎ de) bì shuì

tax evasion（非法）逃税 (fēifǎ) táo shuì

tax haven 避税天堂 bìshuì tiāntáng

tax return 报税单 bàoshuìdān

tax year 税务年度 shuìwù niándù

income tax 个人所得税 gèrén suǒdéshuì

taxation N 税收 shuìshōu, 征税 zhēngshuì

tax-exempt ADJ 免税的 miǎnshuì de

taxi¹ N 出租汽车 chūzū qìchē □ After leaving the airport terminal I took a taxi to the hotel. 离开机场大厅后，我乘出租汽车去旅馆。Líkāi jīchǎng dàtīng hòu, wǒ chéng chūzū qìchē qù lǚguǎn.

taxi driver 出租汽车司机 chūzū qìchē sījī

taxi stand 出租汽车候客地 chūzū qìchē hòukèdì

taxi² V [飞机+] 滑行 [fēijī+] huáxíng □ The airplane is taxiing down the runway with accelerating speed. 飞机正在跑道上加速滑行。Fēijī zhèngzài pǎodàoshang jiāsù huáxíng.

taxidermy N 动物标本制作（术）dòngwù biāoběn zhìzuò (shù)

taxiway N（跑道）滑行道 (pǎodào) huáxíng dào

taxpayer N 纳税人 nàshuìrén

tea N 茶 chá □ "What is your favorite kind of tea?" "Oolong." "你最喜欢哪一种茶？" "乌龙茶。" "Nǐ zuìxǐhuan nǎ yì zhǒng chá?" "Wūlóngchá." "

tea bag 茶袋 chádài

tea party 茶（话）会 chá (huà) huì

black tea 红茶 hóngchá

green tea 绿茶 lǜchá

jasmine tea 茉莉花茶 mòlì huāchá, 花茶 huāchá

teach (PT & PP **taught**) V 1 教 jiāo, 教会 jiāohuì □ Mr. Wade has been teaching at the same high school for 23 years. 威特先生在同一所学校教书教了二十三年了。Wēitè xiānsheng zài tóng yì suǒ xuéxiào jiāoshū jiāole èrshísān nián le. 2 教训 jiàoxun

to teach … a lesson 给……一个教训 gěi…yí ge jiàoxun □ "Mom, the dog snapped at me when I pulled on its tail." "That should teach you a lesson." "妈，我拉狗的尾巴，狗就要咬我。" "这应该给你一个教训。" "Mā, wǒ lā gǒu de wěiba, gǒu jiù yào yǎo wǒ." "Zhè yīnggāi gěi nǐ yí ge jiàoxun."

teaching N 教学（工作）jiàoxué (gōngzuò)

student teaching 教学实习 jiàoxué shíxí

teacup N 茶杯 chábēi

teak N 柚木 yóumù

tea leaf N 茶叶 cháyè [M. WD 片 piàn]

team I N 1 队 duì, 团队 tuánduì □ Mack has been selected for the school basketball team. 马克被选为学校篮球队队员了。Mǎkè bèi xuǎnwéi xuéxiào lánqiúduì duìyuán le.

team player 善于与人合作者 shànyú yǔ rén hézuò zhě, 好伙伴 hǎo huǒbàn

team spirit 团队精神 tuánduì jīngshén

2 组 zǔ □ The aged billionaire is attended by a team of doctors and nurses day and night. 这位老年亿万富翁由一组医生护士日夜照看。Zhè wèi lǎonián yìwàn fùwēng yóu yì zǔ yīshēng hùshi rìyè zhàokàn.

II V (to team up with) 与…结成一队 yǔ…jiéchéng yíduì, 与…合作 yǔ…hézuò

teammate N 队友 duìyǒu

teamwork N 合作（精神）hézuò (jīngshén), 协作（能力）xiézuò (nénglì)

teapot N 茶壶 cháhú [M. WD 把 bǎ]

tear¹ N 眼泪 yǎnlèi □ Her face was covered with tears when her Barbie doll lost an arm. 芭比娃娃的手臂断了，她哭得满脸泪痕。Bābǐ wáwa de shǒubì duàn le, tā kūde mǎnliǎn lèihén.

in tears 在哭 zài kū

to burst into tears 放声大哭 fàngshēng dàkū

to shed tears 流泪 liúlèi

tear² V (PT **tore**; PP **torn**) 撕 sī, 撕开 sīkai □ She tore up all her bank statements and threw them in the fire. 她把银行报表都撕了，丢进火里。Tā bǎ yínháng bàobiǎo dōu sī le, diū jìn huǒ lǐ.

can't tear oneself away 舍不得离开 shěbudé líkāi

II N [衣服上的+] 破洞 [yīfú shàng de+] pòdòng

tease I V 1 逗弄 dòunòng, 取笑 qǔxiào 2 戏弄 xìnòng, 惹怒 rènù II N 1 逗弄 dòunòng, 戏弄 xìnòng 2 喜欢逗弄的人 xǐhuan dòunong de rén 3 性挑逗者 xìng tiǎodòu zhě, 风骚女人 fēngsāo nǚrén

teaspoon N 茶匙 cháchí [M. WD 把 bǎ], 小调羹 xiǎo tiáogēng [M. WD 把 bǎ]

teat N（动物的）奶头 (dòngwù de) nǎitou

technical ADJ 1 技术的 jìshù de □ He has had high-level technical training and is well qualified for the job. 他受到过高级技术训练，担任这个工作完全合格。Tā shòudaoguo gāojí jìshù xùnliàn, dānrèn zhè ge gōngzuò wánquán hégé. 2 很专业的 hěn zhuānyè de □ The lecture is very technical but is still comprehensible. 这次讲座专业性很强，但是还能听懂。Zhè cì jiǎngzuò zhuānyèxìng hěn qiáng, dànshì hái néng tīngdǒng.

technicality N 技术细节 jìshù xìjié, 程序细节 chéngxù xìjié

to release somebody on a technicality 出于程序细节的原因而释放某人 chūyú chéngxù xìjié de yuányīn ér shìfàng mǒurén

technically ADV 1 从技术／程序细节上说 cóng jìshù/chéngxù xìjié shàng shuō 2 技巧上的 jìqiǎo shàng de

technician N 技术员 jìshùyuán, 技师 jìshī □ Have you sent for the lab technician to troubleshoot the problem? 你请了试验室技术员来解决这个问题了吗？Nǐ qǐngle shìyànshì jìshùyuán lái jiějué zhè ge wèntí le ma?

computer technician 电脑技术员 diànnǎo jìshùyuán

technique N 技巧 jìqiǎo, 技能 jìnéng

standard sales techniques 标准的销售技巧 biāozhǔn de xiāoshòu jìqiǎo

technologically ADV 从技术上说 chong jìshù shang shuō

technologist N 技术专家 jìshù zhuānjiā

technology N 技术 jìshù, 科技 kējì

a sophisticated digital technology 尖端的数码技术 jiānduān de shùmǎ jìshù

teddy bear N 玩具熊 wánjùxióng

tedious ADJ 冗长的 rǒngcháng de, 沉闷的 chénmèn de

tedium N 冗长 rǒngcháng, 沉闷 chénmèn

tee N（高尔夫球）发球区域 (gāo'ěrfūqiú) fāqiú qūyù

tee shirt N See **T-shirt**

teem V 到处都是 dàochù dōu shì, 充满 chōngmǎn

a pond teeming with fish 有很多鱼的池塘 yǒu hěnduō yú de chítáng

teen N See **teenager**

teenage ADJ 青少年的 qīngshàonián de

teenage mother 少女母亲 shàonǚ mǔqin

teenage problem 青少年问题 qīngshàonián wèntí

teenager N 青少年 qīngshàonián

teens N 青少年时期 qīng shàonián shíqī, 十几岁的年龄 shí jǐ suì de niánlíng □ He began to work to support his family in his teens. 他十几岁就开始工作养家。Tā shíjǐ suì jiù kāishǐ gōngzuò yǎng jiā.

teeter V 站立不稳 zhànlì bùwěn, 摇摇欲坠 yáoyáo yù zhuì

to be teething on the brink of 处在…的边缘 chǔzài…de biānyuán

teethe v [婴儿+] 长乳牙 [yīng'ér+] zhǎng rǔyá

teetotaler N 不喝酒的人 bù hējiǔ de rén

telecommunications N 电信 diànxìn

telecommuter N 在家上班者 zài jiā shàngbānzhě, 远距离工作者 yuǎnjùlí gōngzuòzhě

teleconference N 电话会议 diànhuà huìyì

telegram N 电报 diànbào, 电文 diànwén

telegraph N (老式) 电报 (lǎoshì) diànbào, 电报机 diànbàojī

telepathy N 心灵感应 (术) xīnlíng gǎnyìng (shù), 遥感 yáogǎn

telephone I N 电话 (机) diànhuà (jī) □ What's your telephone number? 你的电话号码是多少? Nǐde diànhuà hàomǎ shì duōshǎo?
telephone directory/book 电话簿 diànhuà bù
cordless telephone 无线电话 wúxiàn diànhuà
international telephone call 国际长途电话 guójì chángtú diànhuà
to make/return a telephone call 打/回电话 dǎ/huí diànhuà
II v 打电话给 dǎ diànhuà gěi

telephoto lens N 长焦距镜头 chángjiāojù jìngtóu, 远摄镜头 yuǎnshè jìngtóu

telescope I N 望远镜 wàngyuǎnjìng II v 1 (象望远镜一样) 伸缩 (xiàng wàngyuǎnjìng yíyàng) shēnsuō 2 缩短 suōduǎn

telethon N 马拉松式电视募捐节目 mǎlāsōngshì diànshì mùjuān jiémù

televise v 在电视上播放 zài diànshìshàng bōfàng

television, TV I N 电视 (机) diànshì (jī) □ The wide-screen television makes viewing so much more enjoyable. 宽屏幕电视看起来更加舒服得多了。Kuān pínmù diànshì kànqilai gèngjiā shūfu de duō le. □ Hundreds of millions of people watched the opening ceremony of the Olympics on live television. 几亿观众观看奥林匹克运动会开幕式电视实况转播。Jǐ yì guānzhòng guānkàn Àolínpǐkè Yùndònghuì kāimùshì diànshì shíkuàng zhuǎnbō.
television program 电视节目 diànshì jiémù
television producer 电视节目制作 diànshì jiémù zhìzuòrén
digital television 数码电视 shùmǎ diànshì

telex N 打字电报 dǎzìdiànbào, 电传 diànchuán

tell (PT & PP **told**) v 1 告诉 gàosu □ Tell me what's troubling you. 告诉我, 你有什么麻烦。Gàosu wǒ, nǐ yǒu shénme máfan. □ I told you—he was not reliable. 我告诉过你—他不可靠。Wǒ gàosuguo nǐ—tā bù kěkào. 2 讲 jiǎng, 讲述 jiǎngshù □ On the long journey to Yellow Stone, we told each other stories and jokes to kill time. 在开往黄石公园的漫长旅途中, 我们彼此讲故事、讲笑话, 消磨时间。Zài kāiwǎng Huángshí Gōngyuán de mànchǎng lǚtú zhōng, wǒmen bǐcǐ jiǎng gùshi, jiǎng xiàohua, xiāomó shíjiān. 3 吐露 tǔlù, 泄密 xièmì □ I promise not to tell anyone! 我保证不向别人吐露! Wǒ bǎozhèng bú xiàng biéren tǔlù! 4 判断 pànduàn □ I can't tell whether their offer to cooperate is sincere or not. 我无法判断, 他们提出合作是不是真心。Wǒ wú fǎ pànduàn, tāmen tíchū hézuò shìbushì zhēnxīn.
to tell ... from ... 分辨 fēnbiàn, 区分 qūfēn □ Few people can tell her from her twin sister. 很少人能把她和她的孪生姐妹分辨开来。Hěn shǎo rén néng bǎ tā hé tā de luánshēng jiěmèi fēnbiàn kāilái.
to tell off 责骂 zémà □ The boy got told off for not doing his share of household chores. 男孩因为不做份内的家务活而受到责骂。Nánhái yīnwèi bú zuò fènnèi de jiāwùhuó ér shòudao zémà.
to tell on 告发 gàofā □ Marianne caught her brother visiting porn sites and told on him. 玛丽安抓到弟弟在看色情网站, 就告发了。Mǎlì'ān zhuādao dìdi zàikàn sèqíng wǎngzhàn, jiù gàofā le.

to tell the truth 说真的 shuō zhēn de □ To tell the truth, I never liked him very much. 说真的, 我从来没有喜欢过他。Shuō zhēn de, wǒ cónglái méiyǒu xǐhuanguo tā.

teller N 出纳 (员) chūnà (yuán)

telling ADJ 有力的 yǒulì de, 意义重大的 yìyì zhòngdà de

telling-off N 责骂 zémà, 训斥 xùnchì

telltale ADJ 泄露秘密的 xièlòu mìmì de, 露馅的 lòu xiàn de

temp I N 临时雇员 línshí gùyuán, 临时工作 línshí gōngzuò II v 当临时雇员 dāng línshí gùyuán

temper I N 1 坏脾气 huài píqi □ He punched the wall in a fit of violent temper. 他在大发脾气时, 用拳头猛击墙壁。Tā zài dà fā píqi shí, yòng quántóu měng jī qiángbì. □ You really need to learn to control your temper. 你真应该学会控制自己的坏脾气。Nǐ zhēn yīnggāi xuéhuì kòngzhì zìjǐ de huài píqi. 2 恶劣心情 èliè xīnqíng □ Why has her temper been so foul the last few days? 她上几天为什么心情这么恶劣? Tā shàng jǐtiān wèishénme xīnqíng zhème èliè?
to have a hot temper 脾气暴躁 píqi bàozào
to keep one's temper 忍住不发脾气 rěnzhù bù fā píqi □ He struggled to keep his temper. 他极力忍住不发脾气。Tā jílì rěnzhù bù fā píqi.
to lose one's temper 发脾气 fā píqi □ When Dad lost his temper, everyone left the room. 爸爸发脾气了, 大家都离开房间。Bàba fā píqi le, dàjiā dōu líkāi fángjiān.

temperament N 气质 qìzhì, 性情 xìngqíng
sanguine temperament 热情乐观的气质 rèqíng lèguān de qìzhì

temperamental ADJ 1 喜怒无常的 [+人] xǐnù wúcháng de [+rén] 2 性能不稳定的 [+机器] xìngnéng bù wěndìng de [+jīqì]

temperance N 1 禁酒 jìnjiǔ, 戒酒 jièjiǔ 2 自己克制 zìjǐ kèzhì

temperate ADJ 1 有节制的 yǒu jiézhì de 2 温和的 wēnhé de
temperate climate 温带气候 wēndài qìhòu
temperate zone 温带 wēndài

temperature N 气温 qìwēn, 温度 wēndù □ Scientists warn that if the temperature rises by 5 degrees Celsius, the earth will reach the tipping point. 科学家们警告, 如果气温上升摄氏五度, 地球就到达倾斜点。Kēxuéjiāmen jǐnggào, rúguǒ qìwēn shàngshēng Shèshì wǔ dù, dìqiú jiù dàodá qīngxiédiǎn.
constant temperature 恒温 héngwēn
2 体温 tǐwēn, 温度 wēndù □ Normal body temperature is 37 degrees Celsius. 正常体温是摄氏三十七度。Zhèngcháng tǐwēn shì Shèshì sānshíqī dù.
to have a temperature 发烧 fāshāo
to take one's temperature 量体温 liáng tǐwēn

tempest N 暴风雨 bàofēngyǔ
a tempest in a teacup 茶盅里的风暴 cháhú lǐ de fēngbào, 小题大作 xiǎo tí dàzuò

tempestuous ADJ 1 暴风雨般的 [+时代] bàofēngyǔ bān de [+shídài] 2 风起迭起的 [+关系] fēngbào diéqǐ de [+guānxi], 大起大落的 dàqǐ dàluò de

template N (计算机文件编写的) 模板 (jìsuànjī wénjiàn biānxiě de) múbǎn

temple[1] N 庙 (宇) miào (yǔ)

temple[2] N 太阳穴 tàiyángxué

temporary ADJ 暂时的 zànshí de, 临时的 línshí de □ I'm afraid this is only a temporary solution to the problem—we need to work harder for a permanent one. 恐怕这只是暂时的办法—要找到永久的办法还得努力。Kǒngpà zhè zhǐshì zànshí de bànfǎ—yào zhǎodao yǒngjiǔ de bànfǎ hái děi nǔlì. □ He created a temporary file to store his holiday photos. 他创建了一个暂时文件来存放假日照片。Tā chuàngjiànle yí ge zànshí wénjiànjiā cúnfàng jiàrì zhàopiàn.

tempt v 引诱 yǐnyòu, 吸引 xīyǐn
to tempt fate 冒生命危险 mào shēngmìng wēixiǎn, 玩命 wánmìng

temptation N **1** 诱惑 yòuhuò **2** 有极大诱惑力的东西 yǒu jídà yòuhuòlì de dōngxi
to resist/succumb to the temptation 经受／经不起诱惑 jīngshòu/jīngbuqǐ yòuhuò

tempting ADJ 十分诱人的 shífēn yòurén de, 及吸引人的 jí xīyǐnrén de

ten NUM 十 shí, 10
the Ten Commandments 十诫 Shíjiè

tenancy N **1** 租用期 zūyòngqī **2** 租用权 zūyòngquán

tenant N 房客 fángkè, 租用人 zūyòngrén

tend v **1** 倾向于 qīngxiàngyú, 往往 wǎngwǎng □ He tends to be overcautious in business dealings. 他做生意往往过于谨慎。Tā zuò shēngyì wǎngwǎng guòyú jǐnshèn. **2** 照料 zhào-liào □ David tends his father's bar over the weekend to earn pocket money. 戴维在周末照料父亲的酒吧来赚一些零花钱。Dàiwéi zài zhōumò zhàoliào fùqin de jiǔbā lái zhuàn yìxiē línghuāqián.

tendency N **1** 趋向 qūxiàng, 趋势 qūshì □ Nina has a tendency to flirt when boys are around. 有男孩子在，妮娜往往会卖弄风情。Yǒu nánháizi zài, Nīnà wǎngwǎng huì màinong fēngqíng. **2** 习性 xíxìng, 倾向 qīngxiàng
suicidal tendency 自杀倾向 zìshā qīngxiàng

tender[1] ADJ **1** 温柔的 [+态度] wēnróu de [+tàidu], 体贴的 tǐtiē de **2** 嫩的 [+食物] nèn de [+shíwù] **3** 疼痛的 [+身体] téngtòng de [+shēntǐ]

tender[2] v 提出 tíchū, 呈交 chéngjiāo

tenet N 基本信念 jīběn xìnniàn, 信条 xìntiáo

tennis N 网球运动 wǎngqiú yùndòng □ Have you ever been to Wimbledon to watch the tennis games? 你去过温布尔顿看网球比赛吗? Nǐ qùguo Wēnbù'ěrdùn kàn wǎngqiú bǐsài ma?
tennis shoes 网球鞋 wǎngqiúxié

tenor N 男高音（歌手）nángāoyīn（gēshǒu）

tense[1] I ADJ **1** 紧张的 [+情绪] jǐnzhāng de [+qíngxù] □ Relax, don't be so tense! 放松，别这么紧张! Fàngsōng, bié zhème jǐnzhāng! □ The situation was rather tense during the stockholder meeting. 股东大会的情势很紧张。Gǔdōng dàhuì de qíngshì hěn jǐnzhāng. **2** 绷紧的 [+肌肉] bēngjǐn de [+jīròu], 僵直的 jiāngzhí de
II v（使…）紧张（shǐ…）jǐnzhāng,（使…）绷紧（shǐ…）bēngjǐn
to be tensed up 极其紧张的 jíqí jǐnzhāng de

tense[2] N（语法）时态（yǔfǎ）shítài
present/past/future tense 现在／过去／将来时态 xiànzài/guòqù/jiānglái shítài

tension N **1** 紧张（局势／心情）jǐnzhāng（júshì/xīnqíng）**2**（肌肉）绷紧（jīròu）bēngjǐn **3**（绳子）拉紧（shéngzi）lājǐn

tent N 帐篷 zhàngpeng

tentacle N **1**（海洋动物的）触须（hǎiyáng dòngwù de）chùxū, 触角 chùjiǎo **2** 影响力 yǐngxiǎnglì

tentative ADJ 暂时的 zànshí de, 试探性的 shìtànxìng de
to make a tentative offer 提出试探性报价 tíchū shìtànxìng bàojià

tenth NUM 第十 dìshí

tenuous ADJ 不确定的 búquèdìng de
a tenuous relationship 脆弱的（人际）关系 cuìruò de（rénjì）guānxi

tenure N **1**（教师）终身任职（jiàoshī）zhōngshēn rènzhí **2**（重要职位的）任期（zhòngyào zhíwèi de）rènqī

tepid ADJ 冷漠的 lěngmò de, 不感兴趣的 bù gǎn xìngqù de

term N **1** 术语 shùyǔ □ Few would understand what these scientific terms mean. 很少人懂这些科学术语是什么意思。Hěn shǎo rén dǒng zhèxiē kēxué shùyǔ shì shénme yìsi. **2** 任期 rènqī □ The U.S. President's term of office is four years. 美国总统任期四年。Měiguó zǒngtǒng rènqī sì nián.
in the long/short term 长期／短期 chángqī/duǎnqī □ No one has a clue as to what impact globalization will have on the world in the long term. 没有人知道全球化对世界有什么长期的影响。Méiyǒu rén zhīdào quánqiúhuà duì shìjiè yǒu shénme chángqī de yǐngxiǎng. □ In the long term it pays to buy quality goods though they're more expensive. 从长远来看，买高质量的商品虽然比较贵，但还是合算的。Cóng chángyuǎn láikàn, mǎi gāo zhìliàng de shāngpǐn suīrán bǐjiào guì, dàn hái shì hésuàn de. **3**（政府官员的）任期（zhèngfǔ guānyuán de）rènqī **4**（犯人）服刑期限（fànrén）fúxíng qīxiàn **5**（学校）学期（xuéxiào）xuéqī
term paper 学期论文 xuéqī lùnwén
II v 把…称作 bǎ…chēng zuò

terminal I N **1** 飞机候机大楼 fēijī hòujī dàlóu, 公共汽车总站 gōnggòng qìchē zǒngzhàn **2**（计算机）终端（jìsuànjī）zhōngduān II ADJ **1** 不活的 bù huó de
terminal disease 绝症 juézhèng
2 越来越坏的 yuèláiyuè huài de, 没有希望的 méiyǒu xīwàng de
terminal decline 最终的没落 zuìzhōng de mòluò
3 终端的 zhōngduān de
terminal adaptor 终端适配器 zhōngduān shìpèiqì

terminate v 终止 zhōngzhǐ, 结束 jiéshù

termination N 终止 zhōngzhǐ, 结束 jiéshù

terminology N 术语 shùyǔ, 专门用语 zhuānmén yòngyǔ

terminus N（公共汽车／火车）终点站（gōnggòng qìchē/huǒchē）zhōngdiǎnzhàn

termite N 白蚁 báiyǐ

terms N 条款 tiáokuǎn
in terms of 在…方面 zài…fāngmian, 就…而言 jiù…éryán □ In terms of population China is the largest country in the world. 就人口而言，中国是世界上最大的国家。Jiù rénkǒu éryán, Zhōngguó shì shìjièshang zuì dà de guójiā.
in no uncertain terms 明确无误地 míngquè wúwù de □ The buyer told the supplier in no uncertain terms that they must reduce prices by 15%. 买方明确告诉供应商，他们必须降低价格百分之十五。Mǎifāng míngquè gàosu gōngyìngshāng, tāmen bìxū jiàngdī jiàgé bǎifēnzhī shíwǔ.
to be on good/bad terms with 和…关系好／坏 hé…guānxi hǎo/huài □ Adam is on good terms with everyone in the office. 亚当和办公室每个人都关系很好。Yàdāng hé bàngōngshì měi ge rén dōu guānxi hěn hǎo.
to come to terms with 接受现实 jiēshòu xiànshí □ How does one come to terms with a death in the family? 怎么样才能接受家人死亡的现实呢? Zěnmeyàng cái néng jiēshòu jiārén sǐwáng de xiànshí ne?

terrace N **1** 露天平台 lùtiān píngtái **2** 梯田 tītián

terracotta N 赤陶（土）chìtáo（tǔ）
terracotta warriors 兵马俑 bīngmǎyǒng

terrain N 地形 dìxíng, 地势 dìshì

terrestrial ADJ 地球的 dìqiú de, 陆栖的 lù qī de

terrible ADJ **1** 可怕的 kěpà de □ There was a terrible accident on the highway this morning. 今天早上公路上发生一件可怕的车祸。Jīntiān zǎoshang gōnglùshang fāshēng yí jiàn kěpà de chēhuò. **2** 极其坏的 jíqí huài de, 糟透了的 zāotòu le de

terribly ADV 非常 fēicháng, 极其 jíqí

terrier N 小猎犬 xiǎo lièquǎn

terrific ADJ **1** 好极的 hǎo jí de, 棒极的 bàng jí de **2** 极大的 jídà de

terrifically ADV **1** 极好（地）jíhǎo（de）, 非常棒 fēicháng bàng **2** 极其 jíqí, 非常 fēicháng

terrify v 使 [+人] 恐惧 shǐ [+rén] kǒngjù

terrifying ADJ 令人恐惧的 lìngrén kǒngjù de, 极其可怕的 jíqí kěpà de

territorial ADJ 领土的 lǐngtǔ de
territorial airspace 领空 lǐngkōng

territorial waters 领海 lǐnghǎi
territory N 1 领土 lǐngtǔ 2 领域 lǐngyù
  unknown territory 未知的（知识）领域 wèizhī de (zhīshi) lǐngyù
  3 地区 dìqū
  sales territory 销售地区 xiāoshòu dìqū
terror N 1 恐怖 kǒngbù □ The big dog next door wreaks terror on the entire neighborhood. 邻居的大狗给街坊造成恐怖。Línjū de dà gǒu gěi jiēfang zàochéng kǒngbù. 2 恐怖活动 kǒngbù huódòng 3 让人感到恐怖的人／事 ràng rén gǎndào kǒngbù de rén/shì
terrorism N 恐怖主义 kǒngbù zhǔyì □ Terrorism did not begin on 9/11. 恐怖主义不是九一一才开始的。Kǒngbù zhǔyì bú shì jiǔ yāo yāo cái kāishǐ de.
terrorist I N 恐怖分子 kǒngbùfènzǐ II ADJ 恐怖主义的 kǒngbùzhǔyì de, 恐怖活动的 kǒngbù huódòng de
terrorize V 恐吓 kǒnghè, 使 [+人] 恐怖 shǐ [+rén] kǒngbù
terrycloth N 毛布巾 máobù jīn
terse ADJ 简短的 jiǎnduǎn de, 三言两语的 sānyán liǎngyǔ de
tertiary ADJ 第三级的 dì sān jí de
TESL (= the Teaching of English as a Second Language) ABBREV 作为第二语言的英语教学 zuòwéi dì'èr yǔyán de Yīngyǔ jiàoxué
TESOL (= the Teaching of English to Speakers of Other Languages) ABBREV 作为外语的英语教学 zuòwéi wàiyǔ de Yīngyǔ jiàoxué
test I N 1 测验 cèyàn [M. WD 次 cì] □ We have a Chinese test tomorrow morning. 我们明天上午中文测验。Wǒmen míngtiān shàngwǔ Zhōngwén cèyàn. 2 测试 cèshì [M. WD 次 cì] □ The road test was demanding. 路试要求很高。Lù shì yāoqiú hěn gāo. □ He failed his driver's test again. 他又没有考到驾驶执照。Tā yòu méiyǒu kǎodao jiàshǐ zhízhào.
  test case （法律）判例案件 (fǎlǜ) pànlì ànjiàn
  test drive （买车前的）试车 (mǎi chēqián de) shìchē
  test pilot （新飞机）试飞驾驶员 (xīn fēijī) shìfēi jiàshǐyuán
  test tube 试管 shìguǎn
  3 考验 kǎoyàn [M. WD 次 cì] □ His sudden loss of the job has put their relationship to the test. 他突然失业，使他们的关系受到了考验。Tā tūrán shīyè, shǐ tāmen de guānxi shòudaole kǎoyàn.
  II V 1 测试 cèshì 2 考验 kǎoyàn □ The child's chronic illness really tested his parents' endurance. 孩子得了慢性病，对家长真是个忍耐的考验。Háizi déle mànxìngbìng, duì jiāzhǎng zhēnshì ge rěnnài de kǎoyàn.
testament N （正式的）证明 (zhèngshì de) zhèngmíng
testicle N 睾丸 gāowán
testify V 1 （在法庭上）作证 (zài fǎtíng shàng) zuòzhèng 2 证实 zhèngshí, 证明 zhèngmíng
testimonial N 1 证明书 zhèngmíngshū [M. WD 份 fèn], 推荐信 tuījiànxìn [M. WD 份 fèn] 2 赞誉 zànyù, 表扬 biǎoyáng
testimony N 1 （法庭）证词 (fǎtíng) zhèngcí 2 证明 zhèngmíng, 证据 zhèngjù
testy ADJ 烦躁不安的 fánzào bù'ān de
tetanus N 破伤风 pòshāngfēng
tether N 系绳 xì shéng, 系链 xì liàn
  at the end of one's tether 山穷水尽 shān qióng shuǐ jìn, 一筹莫展 yìchóu mòzhǎn
text¹ I N 1 课文 kèwén [M. WD 篇 piān] □ She enjoys reading the texts in the English course book. 她喜欢读英文教科书的课文。Tā xǐhuan dú Yīngwén jiàokēshū de kèwén. 2 文本 wénběn [M. WD 篇 piān] □ Do you have the text of the Minister of Foreign Affairs' speech? 你有外交部长演说的文本吗？Nǐ yǒu wàijiāobùzhǎng yǎnshuō de wénběn ma? 3 短信 duǎnxìn □ Please don't send me text, just leave a voice message. 请不要给我发短信，留话就可以了。Qǐng bú yào gěi wǒ fā duǎnxìn, liúhuà jiù kěyǐ le.

II V 发短信 fā duǎnxìn □ She is texting Rita to ask her a question in today's homework. 她在给丽塔发短信，问她今天作业中的一个问题。Tā zài gěi Lìtǎ fā duǎnxìn, wèn tā jīntiān zuòyè zhōng de yí ge wèntí.
textbook I N 1 课本 kèběn, 教科书 jiàokēshū II ADJ 规范的 guīfàn de, 典型的 diǎnxíng de
  a textbook case 典型病例 diǎnxíng bìnglì, 典型（法律）案例 diǎnxíng (fǎlǜ) ànlì
textile N 纺织品 fǎngzhīpǐn
  textile industry 纺织工业 fǎngzhī gōngyè
textual ADJ 文本的 wénběn de, 原文的 yuánwén de
  textual analysis 文本分析 wénběn fēnxī
texture N 1 （材料的）质地 (cáiliào de) zhìdì, 手感 shǒugǎn 2 （饮食的）口感 (yǐnshí de) kǒugǎn
textured ADJ 1 质地粗糙的 [+衣料] zhìdì cūcāo de [+yīliào] 2 结构丰富的 [+故事] jiégòu fēngfù de [+gùshi]
than CONJ 比 bǐ □ Gary runs faster than Guy. 加利跑得比盖伊快。Jiālì pǎode bǐ Gàiyī kuài. □ She likes Italian food more than American food. 她喜欢意大利食品胜于美国食品。Tā xǐhuan Yìdàlì shípǐn shèngyú Měiguó shípǐn.
thank V 谢 xiè, 感谢 gǎnxiè □ The birthday boy thanked everyone for the presents. 过生日的男孩感谢大家的礼物。Guò shēngrì de nánhái gǎnxiè dàjiā de lǐwù.
thankful ADJ 很感谢 hěn gǎnxiè, 感激的 gǎnjī de □ I'm very thankful for his advice. 我非常感谢他的忠告。Wǒ fēicháng gǎnxiè tā de zhōnggào.
thankless ADJ 出力不讨好的 chūlì bù tǎohǎo de
thanks INTERJ 谢谢 xièxie □ Thanks for showing me around the school. 谢谢你带我参观你们的学校。Xièxie nǐ dài wǒ cānguān nǐmen xuéxiào.
  II N 道谢的话／做法 dàoxiè dehuà/zuòfǎ □ This is our way of saying thanks to all our customers. 这是我们感谢顾客的办法。Zhè shì wǒmen gǎnxiè gùkè de bànfǎ.
  letter of thanks 感谢信 gǎnxièxìn
  thanks to 由于 yóuyú □ Thanks to my new computer I can download much faster. 由于我的新电脑，现在下载快多了。Yóuyú wǒ de xīn diànnǎo, xiànzài xiàzài kuài duō le.
Thanksgiving N 感恩节 Gǎn'ēn jié □ Bob drove 1,000 miles in two days to spend Thanksgiving with his family. 鲍勃两天内开一千英里，去和家人一起过感恩节。Bàobó liǎng tiān nèi kāi yì qiān yīnglǐ, qù hé jiārén yìqǐ guò Gǎn'ēn jié.
that (PL **those**) I ADJ 那 nà □ Who wrote that letter? 那封信是谁写的？Nà fēng xìn shì shéi xiě de? □ That topic caused much discussion. 那个题目引起很多讨论。Nà ge tímù yǐnqǐ hěn duō tǎolùn.
  II PRON 那 nà, 那个 nà ge □ That's right. 对。Duì. □ That's the car I want to buy. 那就是我想买的汽车。Nà jiù shì wǒ xiǎng mǎi de qìchē.
  III CONJ (used to introduce a clause) □ I understand that the membership fee is due today. 我明白今天要交会员费。Wǒ míngbai jīntiān yào jiāo huìyuán fèi. □ Is it true that you've failed the subject again? 你那门课又不及格，是真的吗？Nǐ nà mén kè yòu bù jígé, shì zhēn de ma?
  IV ADV 那么 nàme □ He's not that stupid. 他没有那么蠢。Tā méiyǒu nàme chǔn.
thatch N 1 茅草 máocǎo 2 茅草屋顶 máocǎo wūdǐng
thatched ADJ 用茅草覆盖的 yòng máocǎo fùgài de
thaw I V 1 [冰雪+] 融化 [bīngxuě+] rónghuà 2 [食品+] 解冻 [shípǐn+] jiědòng 3 [态度+] 变得温和 [tàidu+] biàn de wēnhé II N 1 冰雪融化（的时期）bīngxuě rónghuà (de shíqī) 2 [关系的+] 缓和 [guānxi de+] huǎnhé, 解冻 jiědòng
the ART 这 zhè, 那 nà □ I ordered a book from an Internet bookstore last week. 我上星期在网页上订购了一本书。Wǒ shàng xīngqī zài wǎngyèshang dìnggòule yì běn shū. The book came this morning. 这本书今天上午到了。Zhè běn shū jīntiān shàngwǔ dào le.

the hottest day in a year 一年中最热的一天 yìnián zhōng zuì rè de yìtiān

theater N **1** 戏剧(事业) xìjù (shìyè), 剧作 jùzuò □ It is without a doubt that William Shakespeare is a genius in theater. 毫无疑问，威廉·莎士比亚是一位戏剧天才。Háo wú yíwèn, Wēiliàn·Shāshìbǐyà shì yí wèi xìjù tiāncái.

a career in the theater 戏剧生涯 xìjù shēngyá

classic theater 古典戏剧 gǔdiǎn xìjù

2 剧院 jùyuàn, 剧场 jùchǎng, 电影院 diànyǐngyuàn □ The theater in our town is not much used these days. 我们城里的剧院现在不大使用。Wǒmen chénglǐ de jùyuàn xiànzài bú dà shǐyòng.

theatergoer N 常上剧院的人 cháng shàng jùyuàn de rén, 戏迷 xìmí

theatrical ADJ **1** 戏剧的 xìjù de

theatrical troupe 剧团 jùtuán

2 剧院的 jùyuàn de **3** 戏剧性的 xìjùxìng de, 夸张的 kuāzhāng de

theatrics N 戏剧性举止 xìjùxìng jǔzhǐ, 夸张的举止 kuāzhāng de jǔzhǐ

theft N 盗窃(罪) dàoqiè (zuì)

their ADJ, PRON 他们的 tāmen de, 她们的 tāmen de, 它们的 tāmen de □ Their Chinese teacher speaks fluent Chinese. 他们的中文老师中文说得很流利。Tāmen de Zhōngwén lǎoshī Zhōngwén shuōde hěn liúlì.

theirs PRON 他们的 tāmen de, 她们的 tāmen de, 它们的 tāmen de □ This is my dog, not theirs. 这是我的狗，不是他们的狗。Zhè shì wǒ de gǒu, bú shì tāmen de gǒu.

them PRON 他们 tāmen, 她们 tāmen, 它们 tāmen

theme N **1** 主题 zhǔtí □ The theme for the evening party will be China, so could you wear a Chinese costume? 晚会的主题是中国，所以，你能穿中国服装吗？Wǎnhuì de zhǔtí shì Zhōngguó, suǒyǐ, nǐ néng chuān Zhōngguó fúzhuāng ma?

theme park 主题乐园 zhǔtí lèyuán

theme song 主题歌 zhǔtígē

2 风格 fēnggé, 格调 gédiào **3** (音乐的) 主旋律 (yīnyuè de) zhǔxuánlǜ, 主调 zhǔdiào

themselves PRON 他们自己 tāmen zìjǐ, 她们自己 tāmen zìjǐ, 它们自己 tāmen zìjǐ □ They've only got themselves to blame. 只能怪他们自己。Zhǐ néng guài tāmen zìjǐ.

by themselves 独自地 dúzì de

in themselves 就本身而言 jiù běnshēn éryán

then I ADV **1** 那时候 nà shíhou □ I didn't know then what was in store for me. 我那时候不知道会发生什么。Wǒ nà shíhou bù zhīdào huì fāshēng shénme.

back then 往昔 wǎngxī

then and only then 只有在那种情况下 zhǐyǒu zài nà zhǒng qíngkuàng xià

2 然后 ránhòu □ I'll finish my homework and then watch the DVD with you. 我先做完功课，然后跟你一起看DVD。Wǒ xiān zuòwán gōngkè, ránhòu gēn nǐ yíqǐ kàn DVD.

II ADJ 那时的 nàshí de

the then government 那时的政府 nàshí de zhèngfǔ

theologian N 神学家 shénxuéjiā, 神学研究者 shénxué yánjiūzhě

theological ADJ 神学的 shénxué de

theology N 神学 shénxué, 宗教信仰 zōngjiào xìnyǎng

theorem N (数学) 定理 (shùxué) dìnglǐ

theoretical ADJ 理论(上)的 lǐlùn (shàng) de

theoretically ADV **1** 从理论上讲 cóng lǐlùnshang jiǎng **2** 按 道理说 àn dàoli jiǎng

theorist, theoretician N 理论家 lǐlùnjiā

theorize V 提出理论 tíchū lǐlùn, 推论 tuīlùn

theory N **1** 理论 lǐlùn, 学说 xuéshuō □ The theory of evolution seems to be under constant criticism. 进化论好像一直受到批评。Jìnhuàlùn hǎoxiàng yìzhí shòudao pīpíng.

in theory 从理论上讲 cóng lǐlùnshang jiǎng □ In theory globalization should bring about a win-win situation for all countries. 从理论上讲，全球化应该给所有的国家带来双赢的局面。Cóng lǐlùnshang jiǎng, quánqiúhuà yīnggāi gěi suǒyǒu de guójiā dàilai shuāngyíng de júmiàn.

Darwin's theory of evolution 达尔文的进化论(学说) Dá'ěrwén de jìnhuàlùn (xuéshuō)

2 假设 jiǎshè, 推测 tuīcè

therapeutic ADJ **1** 治疗的 zhìliáo de **2** 使人镇静的 shǐrén zhènjìng de

therapy N **1** (治) 疗法 (zhì) liáofǎ

alternative therapy 另类疗法 lìnglèi liáofǎ

2 心理治疗 xīnlǐ zhìliáo

relaxation therapy 放松疗法 fàngsōng liáofǎ

there I PRON (there + to be) 有 yǒu □ On that cold winter morning, there were only a few people in the park. 在那个寒冷的冬日的早晨，公园里没有多少人。Zài nà ge hánlěng de dōngrì de zǎochen, gōngyuán lǐ méiyǒu duōshǎo rén. □ There are a few points that need to be clarified. 有几点需要澄清。Yǒu jǐ diǎn xūyào chèngqīng.

II ADV 那里 nàlǐ □ It was almost dark when we got there. 我们到达那里时，天快黑了。Wǒmen dàodá nàlǐ shí, tiān kuài hēi le. □ Is anyone there? 有人吗？Yǒu rén ma?

thereabouts ADV 大约 dàyuē, 左右 zuǒyòu

thereafter ADV 从此以后 cóngcǐ yǐhòu, 此后 cǐhòu

thereby ADV 从而 cóng'ér, 因而 yīn'ér

therefore ADV 因此 yīncǐ, 所以 suǒyǐ □ I'll be coming home late tonight; therefore, don't lock the front door. 今天晚上我要晚回来，所以前门不要锁上。Jīntiān wǎnshang wǒ yào wǎn huílai, suǒyǐ qiánmén bú yào suǒshang.

therein ADV 于此 yúcǐ, 缘此 yuán cǐ

thereupon ADV 随即 suíjí, 随后 suíhòu

thermal ADJ **1** 热 rè

thermal energy 热能 rènéng

2 保暖的 bǎonuǎn de, 保温的 bǎowēn de

thermal springs 温泉 wēnquán

thermal underwear 保暖内衣 bǎonuǎn nèiyī

thermometer N 温度计 wēndù jì, 体温计 tǐwēn jì

thermonuclear ADJ 热核的 rèhé de

Thermos, Thermos bottle N 热水瓶 rèshuǐpíng

thermostat N 恒温器 héngwēnqì

thesaurus N 分类词典 fēnlèi cídiǎn, 分类词汇大全 fēnlèi cíhuì dàquán [M. WD 本 běn]

these PRON, PL 这些 zhèxiē □ These books are outdated. 这些书已经过时了。Zhèxiē shū yǐjīng guòshí le.

they PRON **1** 他们 tāmen, 她们 tāmen, 它们 tāmen □ I have many friends here. They're all baseball fans. 我在这里有很多朋友，他们都是全球迷。Wǒ zài zhèlǐ yǒu hěn duō péngyou, tāmen dōu shì lěiqiúmí. **2** 那些人 nàxiē rén, 人们 rénmen

they say 很多人说 hěn duō rén shuō, 据说 jùshuō

thick ADJ **1** 厚 hòu □ Mom cut each of us a thick slice of bread. 妈妈给我们每人切了厚厚的一片面包。Māma gěi wǒmen měirén qiēle hòuhòu de yí piàn miànbāo. □ Everyone wore thick coats when they set out for skiing. 出发去滑雪的时候，人人都穿着厚厚的衣服。Chūfā qù huáxuě de shíhou, rénrén dōu chuānzhe hòuhòu de yīfu. □ She needs thick needles for this knitting wool. 打这种毛线，她需要粗的毛线针。Dǎ zhè zhǒng máoxiàn, tā xūyào cū de máoxiànzhēn.

3 浓 nóng □ A thick fog made driving extremely difficult this morning. 今天早上浓雾使驾车极其困难。Jīntiān zǎoshang nóng wù shǐ jiàchē jíqí kùnnan.

thick soup 浓汤 nóngtāng

thicken V 使…变厚/粗/浓 shǐ…biàn hòu/cū/nóng

thickener N 增稠剂 zēngchóujì

thicket N 灌木丛 guànmùcóng

thick-headed ADJ 非常愚笨的 fēicháng yúbèn de

thickness N 厚度 hòudù, 浓度 nóngdù
thickset ADJ 粗壮结实的 cūzhuàng jiēshi de
thick-skinned ADJ 厚脸皮的 hòuliǎnpí de, 经得起批评的 jīngdeqǐ pīpíng de
thief N 贼 zéi, 窃贼 qièzéi □ A shoplifter is a thief specializing in stealing from stores. 商店货物扒手是专门在商店偷东西的窃贼。Shāngdiàn huòwù páshǒu shì zhuānmén zài shāngdiàn tōu dōngxi de qièzéi. □ Stop thief! 抓贼! Zhuā zéi! 抓小偷! Zhuā xiǎotōu !
thievery N 偷窃行为 tōuqiè xíngwéi
thieving ADJ (从事)偷窃的 (cóngshì) tōuqiè de
thigh N 大腿 dàtuǐ [M. WD 条 tiáo]
thimble N 顶针 dǐngzhēn, 针箍 zhēngū
thin I ADJ 1 瘦 shòu □ How do you stay so thin? 你怎么一直这么瘦? Nǐ zěnme yìzhí zhème shòu? **2** 薄 báo
  thin crust pizza. 我喜欢薄底比萨饼。Wǒ xǐhuan báo de bǐsà bǐng.
3 细 xì □ He used some thin wire to fix the parts. 他用了很细的金属丝来固定部件。Tā yòngle hěn xì de jīnshǔsī lái gùdìng bùjiàn. **4** 稀 xī □ The invalid can only eat thin porridge. 病人只能吃稀粥。Bìngrén zhǐ néng chī xīzhōu.
  II v 1 [头发+] 变得稀少 [tóufa+] biàn de xīshǎo 2 [液体+] 稀释 [yètǐ+] xīshì
  to thin the ranks 使(人员)减少 shǐ (rényuán) jiǎnshǎo
  III ADV (to cut sth too thin) 把某物切得太薄 bǎ mǒuwù qiē dé tài báo
thing N 1 东西 dōngxi □ Get your things together, kids—we're leaving. 孩子们,把你们的东西收拾起来—我们要走了。Háizimen, bǎ nǐmen de dōngxi shōushi qǐlai—wǒmen yào zǒu le. □ He hasn't eaten a thing today. 他今天什么东西都没有吃。Tā jīntiān shénme dōngxī dōu méiyou chī. **2** 事情 shìqíng □ He has his own way of doing things. 他做事情有自己的一套办法。Tā zuò shìqíng yǒu zìjǐ de yí tào bànfǎ. □ I've got a lot of things to do today. 我今天有许多事情要做。Wǒ jīntiān yǒu xǔduō shìqíng yào zuò.
  not to know a thing about 一无所知 yì wú suǒ zhī □ He doesn't know a thing about Chinese history. 他对中国历史一无所知。Tā duì Zhōngguó lìshǐ yì wú suǒ zhī.
  to do one's own thing 做自己喜欢做的事 zuò zìjǐ xǐhuan zuò de shì, 按照自己的意志办 ànzhào zìjǐ de yìzhì bàn □ You can do your own thing after retirement. 你退休以后,爱干什么就干什么。Nǐ tuìxiū yǐhòu, ài gàn shénme jiù gàn shénme.
thingamajig N 那个什么人 nàge shénme rén, 那个什么东西 nàge shénme dōngxī
  that white thingamajig 那个白的什么东西 nàge bái de shénme dōngxī
things N 1 情况 qíngkuàng, 形势 xíngshì □ How are things going? 情况怎么样? Qíngkuàng zěnmeyàng?
  all things considered 考虑到所有的情况 kǎolǜdào suǒyǒu de qíngkuàng
  2 东西 dōngxi, 物品 wùpǐn
think I v 1 (PT & PP **thought**) 想 xiǎng □ Think before you act. 行动以前,要想一想。Xíngdòng yǐqián, yào xiǎngyíxiǎng. □ I thought as much. 我本来就是这么想的。Wǒ běnlái jiùshì zhème xiǎng de.
  to think … over 慎重考虑 shènzhòng kǎolǜ □ She needs to think things over before accepting his proposal. 她需要慎重考虑,才能接受他的求婚。Tā xūyào shènzhòng kǎolǜ, cái néng jiēshòu tā de qiúhūn.
  to think … up 想出 xiǎngchū □ I can't think up any excuse for not going to his birthday party. 我想不出什么借口,可以不去参加他的生日聚会。Wǒ xiǎngbuchū shénme jièkǒu, kěyǐ bú qù cānjiā tā de shēngri jùhuì.
  2 认为 rènwéi □ I think it's a very good idea. 我认为这个主意挺好。Wǒ rènwéi zhè ge zhǔyi tǐng hǎo. □ She didn't think

he was serious about their relationship. 她认为他对他俩的关系并不很认真。Tā rènwéi tā duì tā liǎ de guānxi bìng bù hěn rènzhēn.
  to think poorly of 对…评价不高 duì…píngjià bù gāo □ It's sad that many local people think poorly of their own town. 很多当地人对自己的小城评价不高,这是让人伤心的。Hěn duō dāngdì rén duì zìjǐ de xiǎo chéng píngjià bù gāo, zhè shì ràng rén shāngxīn de.
  to think the world of 对…评价非常高 duì…píngjià fēicháng gāo □ The Vandykes think the world of their eldest daughter. 范戴克夫妇对他们的大女儿评价非常高。(→范戴克夫妇觉得他们的大女儿十分了不起。) Fàndàikè fūfù duì tāmen de dà nǚ'er píngjià fēicháng gāo. (→Fàndàikè fūfù juéde tāmen de dà nǚ'er shífēn liǎobuqǐ.)
  3 考虑 kǎolǜ □ Before buying a new car, think about the additional costs. 在买新车以前,要考虑额外的费用。Zài mǎi xīn chē yǐqián, yào kǎolǜ éwài de fèiyòng. □ I'll think about it and let you know soon. 我要考虑一下,很快就会告诉你。Wǒ yào kǎolǜ yíxià, hěn kuài jiù huì gàosu nǐ.
  II N 思考 sīkǎo, 考虑 kǎolǜ
thinking I N 想法 xiǎngfǎ, 态度 tàidu
  to one's way of thinking 按照某人的想法 ànzhào mǒurén de xiǎngfǎ
  II ADJ 有思想的 yǒu sīxiǎng de, 思考的 sīkǎo de
  to put on one's thinking cap 开始思考 kāishǐ sīkǎo
think tank N 思想库 sīxiǎngkù, 智囊团 zhìnángtuán
thinly ADV 很薄地 hěn báo de, 稀疏地 xīshū de
  thinly disguised 很容易看穿的 hěn róngyì kànchuān de
  thinly staffed 人员短缺的 rényuán duǎnquē de
third NUM 第三 dìsān
  third party [法律+] 第三方 [fǎlǜ+] dì sān fāng, 第三者 dìsānzhě
  third person 第三人称 dìsān rénchēng
  third rate 三流的 [+货色] sān liú de [+huòsè], 下等的 xiàděng de
(the) Third World N 第三世界 Dìsān Shìjiè
third-degree burn N 三度烧伤 sāndù shāoshāng
thirst I N 1 (口)渴 (kǒu) kě 2 渴望 kěwàng
  a thirst for power 对权力的渴望 duì quánlì de kěwàng
  II v (to thirst for/after) 渴望 kěwàng, 渴求 kěqiú
thirsty ADJ 口渴的 kǒukě de
  thirsty for power 渴望权力 kěwàng quánlì
thirteen NUM 十三 shísān, 13
thirty NUM 三十 sānshí, 30
this (PL **these**) I ADJ 这 zhè □ This house has been on the market for six months. 这幢房子在市场上求售已经六个月了。Zhè zhuàng fángzi zài shìchǎngshang qiúshòu yǐjīng liù ge yuè le. □ I'm not interested in this sort of music. 我对这类音乐不感兴趣。Wǒ duì zhè lèi yīnyuè bù gǎn xìngqu.
  II PRON 这 zhè, 这个 zhè ge □ Dad, this is Warwick. Warwick, this is my Dad. 爸爸,这是沃立克。沃立克,这是我爸爸。Bàba, zhè shì Wòlìkè. Wòlìkè, zhè shì wǒ bàba.
thongs N 人字凉鞋 rénzì liángxié
thorn N (植物的)刺 (zhíwù de) cì
  a thorn in one's side 肉中刺 ròuzhōngcì, 眼中钉 yǎnzhōngdīng
thorny ADJ 1 多刺的 [+植物] duō cì de [+zhíwù] 2 棘手的 [+问题] jíshǒu de [+wèntí]
thorough ADJ 1 彻底的 chèdǐ de, 全面的 quánmiàn de 2 仔细的 zǐxì de, 细致的 xìzhì de
thoroughbred N 纯种马 chúnzhǒngmǎ [M. WD 匹 pǐ]
thoroughfare N 大道 dàdào [M. WD 条 tiáo], 大路 dàlù [M. WD 条 tiáo]
thoroughly ADV 完全地 wánquán de, 彻底地 chèdǐ de
those ADJ, PRON 那些 nàxiē □ I remember my childhood well–ah, those were the days. 我的童年记得很清楚—啊,那

些日子多好。Wǒ de tóngnián jìde hěn qīngchu—A, nàxiē rìzi duō hǎo.

though I CONJ 虽然 suīrán □ Though that's what I heard, I still can't believe my ears. 虽然我听说是这样，但是还是不能相信自己的耳朵。Suīrán wǒ tīngshuō shì zhèyàng, dànshì háishì bù néng xiāngxìn zìjǐ de ěrduo.
II ADV 不过 búguò, 然而 rán'ér □ I think this is her e-mail address—I'll check it, though. 我想这是她的电子邮件地址—不过我还要查一查。Wǒ xiǎng zhè shì tā de diànzǐ yóujiàn dìzhǐ—búguò wǒ hái yào cháyíchá.

as though 好像 hǎoxiàng, 似乎 shìhū □ They went on a mad shopping spree as though there were no tomorrow. 他们疯狂地购物，好像明天就不过了。Tāmen fēngkuáng de gòu wù, hǎoxiàng míngtiān jiù bú guò le.

thought I V See **think** **II** N 1 想法 xiǎngfǎ, 看法 kànfǎ □ What are your thoughts on the current situation in the Middle East? 你对目前的中东局势有什么看法? Nǐ duì mùqián de Zhōngdōng júshì yǒu shénme kànfǎ? □ She always keeps her thoughts to herself. 她自己的想法从来不对别人说。Tā zìjǐ de xiǎngfǎ cónglái bù duì biéren shuō.

just a thought 只是不成熟的想法 zhǐshì bù chéngshú de xiǎngfǎ □ Shall we go to Spain for holiday? Just a thought. 我们去西班牙度假，好吗? 只是不成熟的想法。Wǒmen qù Xībānyá dùjiǎ, hǎo ma? Zhǐshì bù chéngshú de xiǎngfǎ.
2 思考 sīkǎo □ We have to give this matter careful thought. 我们要小心思考一下这个问题。Wǒmen yào xiǎoxīn sīkǎo yíxià zhège wèntí.

on second thought 经过重新考虑 jīngguò chóngxīn kǎolǜ
3 想到 xiǎngdao □ The mere thought of a toad is repulsive to her. 就是想到癞蛤蟆，她也感到恶心。Jiù shì xiǎngdao làiháma, tā yě gǎndao ěxīn.

thoughtful ADJ 1 周到的 zhōudao de, 体谅的 tǐliang de □ It was thoughtful of you to turn off the TV. 你把电视关了，想得很周到。Nǐ bǎ diànshì guān le, xiǎngde hěn zhōudao. **2** 沉思的 chénsī de, 深思的 shēnsī de □ He looked thoughtful for a while before answering the question. 他看上去沉思了一会儿，才回答这个问题。Tā kànshangqu chénsīle yíhuìr, cái huídá zhè ge wèntí.

thoughtless ADJ 1 未经思考的 [+做法] wèijīng sīkǎo de [+zuòfǎ], 轻率的 qīngshuài de **2** 不体谅他人的 [+人] bù tǐliang tārén de [+rén]

thousand NUM 千 qiān □ This school has over 1,000 students. 这个学校有一千多名学生。Zhè ge xuéxiào yǒu yì qiān duō míng xuésheng.

thrash V 1 痛打 [+人] tòngdǎ [+rén] **2** 打败 [+对手] dǎbài [+duìshǒu] **3** 猛烈动作 měngliè dòngzuò
to thrash sth out 商讨某事并找出解决办法 shāngtǎo mǒushì bìng zhǎochū jiějué bànfǎ

thrashing N (一顿) 痛打 (yí dùn) tòngdǎ

thread I N 1 (细) 线 (xì) xiàn □ He doesn't have a needle and thread, and he also doesn't know how to sew on a button. 他没有针线，也不会缝钮扣。Tā méiyǒu zhēnxiàn, yě bú huì féng niǔkòu.

embroidery thread 刺绣线 cìxiùxiàn
sewing thread 缝衣线 féngyīxiàn
2 思路 sīlù, 头绪 tóuxù □ The speaker lost his thread of thought minutes after he began to talk. 发言的人说了几分钟就跑题了。Fāyán de rén shuōle jǐ fēnzhōng jiù pǎotí le. **3** 一丝 yìsī, 一点儿 yìdiǎnr

thread of human decency 做人最起码的道德标准 zuòrén zuì qǐmǎ de dàodé biāozhǔn
II V 1 穿线 chuān xiàn **2** (用线) 把…串起来 (yòng xiàn) bǎ…chuān qǐlái

threadbare ADJ 1 破旧的 [+衣服] pòjiù de [+yīfu] **2** 陈旧的 [+借口] chénjiù de [+jièkǒu], 老掉牙的 lǎodiàoyá de

threat N 威胁 wēixié, 恐吓 kǒnghè □ The street gang made a threat against the detective's family. 街头团伙威胁要伤害侦探的家人。Jiētóu tuánhuǒ wēixié yào shānghài zhēntàn de jiārén.

bomb threat 炸弹恐吓 zhàdàn kǒnghè
an empty threat 虚张声势的恐吓 xūzhāng shēngshì de kǒnghè

threaten V 1 威胁 wēixié □ She threatened to file for a divorce if he got drunk again. 她威胁说，如果他再喝醉，就提出离婚。Tā wēixié shuō, rúguǒ tā zài hēzuì, jiù tíchū líhūn. **2** 似乎会 sìhū huì □ Bad weather threatened to close down the flower show for the weekend. 坏天气似乎会关闭周末的花展。Huài tiānqi sìhū huì guānbì zhōumò de huāzhǎn.

threatening ADJ 威胁(性)的 wēixié (xìng) de

three NUM 三 sān, 3 □ He has five children, three of them from a previous marriage. 他有五个孩子，其中三个是和前妻生的。Tā yǒu wǔ ge háizi, qízhōng sān ge shì hé qiánqī shēng de.

three-dimensional ADJ 三维的 sānwéi de, 立体的 lìtǐ de

thresh V 打谷子 dǎgǔzi, 脱粒 tuōlì

thresher N 打谷机 dǎgǔjī, 脱粒机 tuōlìjī

threshold N 1 门槛 ménkǎn **2** 下限 xiàxiàn
on the threshold of sth 处在某事物的开端 chǔzài mǒushìwù de kāiduān
to reach a critical threshold 达到关键的界限 dádào guānjiàn de jièxiàn

threw See **throw**

thrift N 节省 jiéshěng, 节俭 jiéjiǎn
thrift shop (慈善机构的) 廉价旧货店 (císhàn jīgòu de) liánjià jiùhuòdiàn

thrifty ADJ 节省的 jiéshěng de, 节俭的 jiéjiǎn de

thrill I N 1 (强烈的) 激动 (qiángliè de) jīdòng, 狂喜 kuángxǐ **2** 引起激动的事 yǐnqǐ jīdòng de shì **II** V 使 [+人] 极为激动 shǐ [+rén] jíwéi jīdòng, 使 [+人] 狂喜 shǐ [+rén] kuángxǐ

thrilled ADJ 深感激动的 shēngǎn jīdòng de, 极其兴奋的 jíqí xīngfèn de

thriller N 惊险电影/小说 jīngxiǎn diànyǐng/xiǎoshuō

thrive (PT **thrived**, **throve**; PP **thrived**, **thriven**) V 兴旺 xīngwàng, 茁壮成长 zhuózhuàng chéngzhǎng

thriving ADJ 兴旺发达的 xīngwàng fādá de

throat N 喉咙 hóulóng, 嗓子 sǎngzi □ My throat is starting to ache. Perhaps I'm coming down with a cold. 我喉咙疼起来，说不定感冒了。Wǒ hóulóng téngqilai, shuōbudìng yào gǎnmào le.
to clear one's throat 清一下嗓子 qīng yíxià sǎngzi
to have a sore throat 嗓子疼 sǎngzi téng

throaty ADJ 声音沙哑的 shēngyīn shāyǎ de, 声音低沉的 shēngyīn dīchén de

throb I V 1 [心脏+] 跳动 [xīnzàng+] tiàodòng, 搏动 bódòng **2** [音乐+] 节奏强烈地振动 [yīnyuè+] jiézòu qiángliè de zhèndòng **II** N 跳动 tiàodòng, 振动 zhèndòng

throes N (in the throes of) 正处于困境之中 zhèng chǔyú kùnjìng zhīzhōng

throne N 1 王位 wángwèi, 皇位 huángwèi, 宝座 bǎozuò **2** 王权 wángquán, 皇权 huángquán, 君权 jūnquán

throng I N 人群 rénqún **II** V [人群+] 聚集 [rénqún+] jùjí

throttle I V 1 掐死 qiāsǐ, 勒死 lēisǐ **2** 扼杀 èshā, 压制 yāzhì **II** N (汽车) 油门 (qìchē) yóumén, 节流阀 jiéliúfá
full throttle 全速地 quánsù de

through I PREP 1 通过 tōngguò □ The police believe that the criminal got in through the window. 警察相信，罪犯是从窗户进入房子的。Jǐngchá xiāngxìn, zuìfàn shì cóng chuānghu jìnrù fángzi de. **2** 直到 zhídao □ The exhibition will be on through the end of the month. 展览会将举行到月底。Zhǎnlǎnhuì jiāng jǔxíngdao yuèdǐ. **3** 由于 yóuyú □ The terrible accident happened through a human error. 那个可怕的事故是由于人为的错误而发生的。Nàge kěpà de shìgù shì yóuyú rénwéi de cuòwù ér fāshēng de.

II ADJ **1** 完了 wán le, 用完了 yòngwán le □ I'm through with the computer now if you still need it. 我用完电脑了, 你要用可以用。Wǒ yòngwán diànnǎo le, nǐ yào yòng kěyǐ yòng. **2** 恋爱关系结束了 liàn'ài guānxi jiéshù le, 吹了 chuī le □ Shirley called her boyfriend to say that they were through. 雪莉打电话给男朋友, 告诉他他们的关系吹了。Xuělì dǎ diànhuà gěi nánpéngyou, gàosu tā tāmen de guānxi chuī le.

to read/think … through 从头到尾仔细地读 cóng tóu dào wěi zǐxì de dú, 想 xiǎng □ Please read the document through before you sign it. 请您在签字以前, 先把文件从头到尾仔细地读一下。Qǐng nín zài qiānzì yǐqián, xiān bǎ wénjiàn cóng tóu dào wěi zǐxì de dú yíxià.

throughout PREP 在…所有的地方/时候 zài…suǒyǒu de defang/shíhou □ The marketing manager was frantically busy throughout the promotion campaign. 在整个促销期间, 销售经理忙得不可开交。Zài zhěng ge cùxiāo qījiān, xiāoshòu jīnglǐ máng de bù kě kāi jiāo. □ The politician was condemned throughout the country for his racist remarks. 那个政客因为发表种族歧视言论而在全国受到谴责。Nà ge zhèngkè yīnwèi fābiǎo zhǒngzú qíshì yánlùn ér zài quánguó shòudao qiǎnzé.

throw I v (PT **threw**; PP **thrown**) **1** 扔 rēng, 投 tóu □ The boy threw a stick for his dog to retrieve. 男孩扔出树枝, 让狗衔回来。Nánhái rēngchū shùzhī, ràng gǒu xiánhuílai.

to throw away 抛弃 pāoqì, 丢掉 diūdiao □ These books from the basement are moldy, so I'll throw them away. 这些地下室的书都发霉了, 我要丢掉了。Zhèxiē dìxiàshì de shū dōu fāméi le, wǒ yào diūdiao le.

2 猛力地推 měnglì de tuī **3** 使…震惊 shǐ…zhènjīng
to throw caution to the wind 不顾一切风险 búgù yíqiè fēngxiǎn
to throw a tantrum 大发脾气 dàfā píqi
II N **2** 投掷的距离 tóuzhì de jùlí
throw rug 小毯子 xiǎotǎnzi

throwaway ADJ **1** 一次性的[+商品] yícìxìng de [+shāngpǐn]
throwaway camera 一次性相机 yícìxìng xiàngjī
2 即兴的, jíxìng de, 不加考虑的 bù jiā kǎolǜ de
a throwaway comment 脱口而出的评语 tuōkǒu ér chū de píngyǔ

throwback N 复旧(现象) fùjiù (xiànxiàng), 返祖(现象) fǎnzǔ (xiànxiàng)

thrown See **throw**

thrust I v (PT & PP **thrust**) **1** 猛推 měng tuī, 猛塞 měng sāi **2** 刺 cì, 截 chuō II N **1** 猛推 měng tuī, 猛塞 měng sāi **2** (发动机的)推力 (fādòngjī de) tuīlì **3** (讲话的)要点 (jiǎnghuà de) yàodiǎn, 主旨 zhǔzhǐ

thruway N (付费)高速公路 (fùfèi) gāosù gōnglù

thud I N 重物碰击发出的声音 zhòngwù pèngjī fāchū de shēngyīn, 砰的一声 pēng de yì shēng II v 砰的一声碰击 pēng de yì shēng pèngjī

thug N 暴徒 bàotú

thumb N (大)拇指 (dà) mǔzhǐ
to give the thumbs up 称赞 chēngzàn □ I gave him the thumbs up for his bold proposal. 我称赞他大胆的提议。Wǒ chēngzàn tā dàdǎn de tíyì.

thumbnail I ADJ 简略的[+描述] jiǎnlüè de [+miáoshù]
II N 拇指甲 mǔzhǐjiǎ

thumbtack N 图钉 túdīng

thump I v 发出重击声 fāchū zhòngjīshēng **2** 心怦怦跳动 xīn pēngpēng tiàodòng II N 重击声 zhòngjīshēng

thunder I N **1** 雷 léi **2** 轰隆声 hōnglōng shēng
a clap of thunder 一阵雷声 yí zhèn léishēng
II v **1** 打雷 dǎléi **2** 轰隆隆地经过 hōnglōnglōng de jīngguò

thunderbolt N **1** 电闪雷鸣 diànshǎn léimíng **2** 晴天霹雳的事件 qíngtiān pīléi de shìjiàn

thunderclap N (打)雷声 (dǎ) léishēng

thundercloud N 雷雨云 léiyǔyún

thunderous ADJ 雷鸣般的 léimíng bān de

thunderstorm N 雷雨 léiyǔ, 雷电雨 léidiànyǔ

Thursday N 星期四 xīngqīsì, 周四 zhōusì

thus ADV 因此 yīncǐ, 结果是 jiéguǒ shì □ Many large users increased their stock, thus pushing up the prices. 许多大客户增加存货, 因此抬高了价格。Xǔduō dà kèhù zēngjiā cúnhuò, yīncǐ táigāole jiàgé.
thus far 到目前为止 dào mùqián wéi zhǐ, 迄今为止 qì jīn wéi zhǐ □ Thus far, I haven't seen any real progress in the project. 到目前为止, 我没有看到这个项目有什么实质性的进展。Dào mùqián wéi zhǐ, wǒ méiyǒu kàndao zhè ge xiàngmù yǒu shénme shízhìxìng de jìnzhǎn.

thwart v 阻扰 zǔrǎo, 阻碍 zǔ'ài

thyroid, thyroid gland N 甲状腺 jiǎzhuàngxiàn

tic N (面部肌肉)抽搐 (miànbù jīròu) chōuchù

tick I N **1** (钟表的)滴答声 (zhōngbiǎo de) dīdāshēng **2** (股票价)微小变动 (gǔpiàojià) wēixiǎo biàndòng **3** 打勾的记号 dǎ gōu de jìhao (√) II v **1** [钟表+]滴答滴答响 [zhōngbiǎo+] dīdā dīdā xiǎng
to tick away [时间+]一点一点过去 [shíjiān+] yìdiǎn yìdiǎn guòqù
What makes him tick? 是什么在左右他? Shì shénme zài zuǒyòu tā? 他是受什么影响的? Tā shì shòu shénme yǐngxiǎng de?
2 做打勾(√)的记号 zuò dǎ gōu de jìhao

ticket I N **1** 票(子)piào (zi) [M. WD 张 zhāng], 入场券 rùchǎngquàn [M. WD 张 zhāng]
ticket booth 售票亭 shòupiàotíng
ticket office 售票处 shòupiàochù
ticket window 售票窗口 shòupiào chuāngkǒu
2 (交通违章)罚款通知 (jiāotōng wéizhāng) fákuǎn tōngzhī [M. WD 张 zhāng], 罚单 fádān [M. WD 张 zhāng]
parking ticket 违章停车罚单 wéizhāng tíngchē fádān
speeding ticket 超速驾车罚单 chāosù jiàchē fádān
3 价格标签 jiàgé biāoqiān **4** (美国大选时)政党候选人名单 (Měiguó dàxuǎn shí) zhèngdǎng hòuxuǎnrén míngdān
II v 给…罚单 gěi…fádān

tickle I v **1** 搔[+人]痒 sāo [+rén] yǎng **2** 使…开心 shǐ…kāixīn II N [嗓子+]发痒 [sǎngzi+] fāyǎng

ticklish ADJ **1** 怕痒的 pàyǎng de **2** 需小心对待的[+问题] xū xiǎoxīn duìdài de [+wèntí]

tidal ADJ 潮汐的 cháoxì de, 潮水的 cháoshuǐ de
tidal wave 海啸 hǎixiào, 浪潮 làngcháo

tidbit N 少量的精美食品 shǎoliàng de jīngměi shípǐn

tide I N **1** 潮 cháo, 潮汛 cháoxùn □ A rising tide lifts every ship. 水涨船高。Shuǐ zhǎng chuán gāo. **2** (社会)潮流 (shèhuì) cháoliú
to swim against the tide 逆潮流而动 nì cháoliú ér dòng
II v (to tide over) 渡过难关 dùguò nánguān

tidewater N 潮水 cháoshuǐ

tidings N 消息 xiāoxi
great tidings 喜讯 xǐxùn

tidy ADJ 整齐的 zhěngqí de, 整洁的 zhěngjié de
a tidy sum 一大笔钱 yí dà bǐ qián

tie I v **1** 系 xì, 结 jié □ Can your kid tie shoelaces? 你们的孩子会系鞋带了吗? Nǐmen de háizi huì jié xiédài le ma?
to tie up ① 捆绑 kǔnbǎng □ The security guard was found tied up and gagged in the early morning. 清晨的时候, 发现保安人员被捆绑、并封住了嘴。Qīngchén de shíhou, fāxiàn bǎo'ān rényuán bèi kǔnbǎng, bìng fēngzhule zuǐ. ② 使停顿 shǐ tíngdùn, 耽搁 dāngē □ The heavy fog tied up rush hour traffic. 浓雾在高峰期间使交通停顿。Nóng wù zài gāofēng qījiān shǐ jiāotōng tíngdùn. ③ 非常繁忙 fēicháng fánmáng □ I'm tied up this week, but I'll call you next Monday. 我这个星期十分繁忙, 不过我下星期一会给你打电话。Wǒ zhè ge xīngqī shífēn fánmáng, búguò wǒ xià xīngqīyī huì gěi nǐ dǎ diànhuà.

2 打成平局 dǎchéng píngjú □ The two teams tied with each other. 两队打成平局。Liǎng duì dǎchéng píngjú.

II N **1** 领带 lǐngdài □ You really shouldn't give Dad another tie as a Father's Day gift. 你真的别再送给爸爸领带当父亲节礼物了。Nǐ zhēn de bié zài sònggěi bàba lǐngdài dāng fùqīnjié lǐwù le. **2** 平局 píngjú □ The race was declared a tie. 宣布竞赛为平局。Xuānbù jìngsài wéi píngjú.

to end in a tie 打成平局 dǎ chéng píngjú

tiebreaker N （平局以后的）决胜分/决胜局/决胜题 (píngjú yǐhòu de) juéshèng fēn/juéshèngjú/juéshèng tí

tier N **1** 一排（梯形座位）yì pái (tīxíng zuòwèi) **2** 层次 céngcì, 等级 děngjí

tiff N 口角 kǒujué, 小争吵 xiǎo zhēngchǎo

tiger N （老）虎 (lǎo) hǔ [M. WD 只 zhī] □ Some species of tiger are endangered, and some are feared extinct. 老虎有些品种已经濒危，有些恐怕已经灭绝。Lǎohǔ yǒuxiē pǐnzhǒng yǐjīng bīnwēi, yǒuxiē kǒngpà yǐjīng mièjué.

tight I ADJ **1** 紧 jǐn □ The jeans are too tight to be comfortable. 牛仔裤太紧了，不可能舒服的。Niúzǎikù tài jǐn le, bù kěnéng shūfu de. **2** 严密 yánmì □ When the governor visited the school, the security was really tight. 州长访问学校时，保安十分严密。Zhōuzhǎng fǎngwèn xuéxiào shí, bǎo'ān shífēn yánmì. **3** 小气的 xiǎoqi de □ He is very tight with his money. 他花钱很小气。Tā huāqián hěn xiǎoqi. **4** 紧张的 jǐnzhāng de **II** ADV 紧紧地 jǐnjǐn de

hold tight 抓紧 zhuājǐn

tighten V **1** （使…）变紧 (shǐ…) biàn jǐn

to tighten one's belt 勒紧裤腰带 lēijǐn kùyāodài, 紧缩开支 jǐnsuō kāizhī

to tighten a screw 拧紧螺钉 níngjǐn luódīng

to tighten violin strings 绷紧小提琴弦 bēngjǐn xiǎotíqín qínxián

2 加紧 jiājǐn, 加强 jiāqiáng

to tighten one's hold on sth 加强对某事的控制 jiāqiáng duì mǒushì de kòngzhì

tightfisted ADJ 用钱小气的 yòngqián xiǎoqi de

tightrope N （杂技表演的）钢丝 (zájì biǎoyǎn de) gāngsī

to walk a tightrope 走钢丝 zǒugāngsī

tights N （女用）连裤袜 (nǚ yòng) liánkùwà [M. WD 双 shuāng]

tightwad N 吝啬鬼 lìnsèguǐ, 小气鬼 xiǎoqìguǐ

tile I N **1** （屋顶的）瓦（片）(wūdǐng de) wǎ (piàn) [M. WD 块 kuài] **2** （铺地的）瓷砖 (pūdì de) cízhuān [M. WD 块 kuài] **II** V 铺设瓦片 pūshè wǎpiàn

till¹ CONJ, PREP See until

till² N 钱柜 qiánguì, 钱箱 qiánxiāng

till³ V 耕 [+地] gēng [+dì], 种 [+田] zhòng [+tián]

tiller N 耕地者 gēngdìzhě, 种田人 zhòngtiánrén

tilt I V （使…）倾斜 (shǐ…) qīngxié **II** N 倾斜 qīngxié, 偏向 piānxiàng **2** (at full tilt) 全速地 quánsù de

timber N 木材 mùcái, 原木 yuánmù

timberland N 林地 líndì, 人造森林 rénzào sēnlín

timbre N 音色 yīnsè, 音质 yīnzhì

time I N **1** 时间 shíjiān □ What time is it by your watch? 你表上什么时间? Nǐ biǎoshang shénme shíjiān? □ She's been sick for a long time. 她病了很久了。Tā bìngle hěn jiǔ le. □ Sorry, I don't have time for coffee with you today. 对不起，我今天没有空和你喝咖啡。Duìbùqǐ, wǒ jīntiān méiyǒu kōng hé nǐ hē kāfēi.

Time and tide wait for no man. 时不我待。Shí bù wǒ dài.

time bomb 定时炸弹 dìngshí zhàdàn

time card 考勤卡 kǎoqín kǎ

time capsule 时代文物密封罐 shídài wénwù mìfēngguàn

time clock 考勤钟 kǎoqínzhōng

time limit 时限 shíxiàn, 期限 qīxiàn

time off 休假 xiūjià, 放假 fàngjià

time out （体育比赛中）暂停 (tǐyù bǐsài zhōng) zàntíng, （惩罚儿童的）禁闭时间 (chéngfá értóng de) jìnbì shíjiān

time zone 时区 shíqū

2 次 cì □ Every time I call him, he's on the computer. 我每次给他打电话，他都在电脑上。Wǒ měicì gěi tā dǎ diànhuà, tā dōu zài diànnǎoshang. □ It's my treat this time. 这次我请客。Zhè cì wǒ qǐngkè.

at the same time 同时 tóngshí □ We'll graduate from college at the same time. 我们同时大学毕业。Wǒmen tóngshí dàxué bìyè.

for the time being 暂时 zànshí, 目前 mùqián □ Kelly is staying with her aunt for the time being. 凯莉暂时和姨妈住在一起。Kǎilì zànshí hé yímā zhù zài yìqǐ.

in no time 马上 mǎshàng, 很快 hěn kuài □ Dinner will be ready in no time. 晚饭马上好了。Wǎnfàn mǎshàng hǎo le.

on time 准时 zhǔnshí □ Be sure to hand in your assignments on time. 一定要准时交作业。Yídìng yào zhǔnshí jiāo zuòyè.

to do time 在监狱服役 zài jiānyù fúyì, 吃官司 chī guānsi

to have a good time 玩得愉快 wánde hěn yúkuài □ Did you have a good time at the summer camp? 你在夏令营过得愉快吗? Nǐ zài xiàlìngyíng guòde yúkuài ma?

time and a half 一点五倍工资 yìdiǎnwǔ bèi gōngzī

II V 安排…的时间 ānpái…de shíjiān **2** 记录…的时间 jìlù…de shíjiān

time-consuming ADJ 花费很多时间的 huāfèi hěn duō shíjiān de, 耗时的 hào shí de

time-honored ADJ 历史悠久的 lìshǐ yōujiǔ de, 古老的 gǔlǎo de

time-keeper N （体育比赛的）计时员 (tǐyù bǐsài de) jìshíyuán

timeless ADJ 永远不会过时的 yǒngyuǎn bú huì guòshí de, 万古常新的 wàngǔ cháng xīn de

timely ADJ 及时的 jíshí de, 适时的 shìshí de

timer N 定时器 dìngshíqì

part-timer 兼职人员 jiānzhí rényuán

full-timer 全职人员 quánzhí rényuán

times PREP 乘以 chéngyǐ □ 3 times 2 equals 6. 三乘以二等于六。Sān chéng yǐ èr děngyú liù.

timetable N **1** （火车/长途汽车）时刻表 (huǒchē/chángtú qìchē) shíkèbiǎo **2** （活动）日程表 (huódòng) rìchéngbiǎo

timid ADJ 胆小的 dǎnxiǎo de, 胆怯的 dǎnqiè de

timidity N 胆怯 dǎnqiè

timing N 时间的选择 shíjiān de xuǎnzé

perfect timing 时间选择完美 shíjiān xuǎn dé wánměi

tin N **1** 锡 xī **2** 铁罐 tiěguàn, 金属盒子 jīnshǔ hézi

tinder N 火绒 huǒróng, 引火物 yǐnhuǒwù

tinderbox N **1** 火绒盒 huǒrónghé **2** 危险的局面 wēixiǎn de júmiàn, 火药桶 huǒyàotǒng

tinfoil N 锡纸 xīzhǐ [M. WD 张 zhāng]

tinge I N **1** 淡淡的色彩 dàndàn de sècǎi **2** 些微的感情 xiēwēi de gǎnqíng

tinge of regret 稍许有些悔意 shāoxǔ yǒuxiē huǐyì **II** V **1** 淡淡地着色 dàndàn de zhuó sè **2** 使…稍带 [+感情] shǐ…shāo dài [+gǎnqíng]

a voice tinged with regret 稍带悔意的口吻 shāo dài huǐyì de kǒuwěn

tingle I V **1** 感到刺痛 gǎndào cìtòng **2** 感到兴奋 gǎndào xīngfèn **II** N 刺痛感 cìtòng gǎn

tinker V 马马虎虎地修理 mǎma hūhū de xiūlǐ, 稍稍对付 shāoshāo duìfu yíxià

tinkle I V 发出叮当声 fāchū dīngdāngshēng, 叮当叮当响 dīngdāng dīngdāng xiǎng **II** N 叮当声 dīngdāngshēng

tinny ADJ 尖细刺耳的 [+声音] jiānxì cì'ěr de [+shēngyīn]

tinsel N **1** （装饰用的）闪光纸 (zhuāngshì yòng de) shǎnguāngzhǐ [M. WD 张 zhāng] **2** 花哨无用的东西 huāshao wúyòng de dōngxi

tint I N 1 (淡)颜色 (dàn) yánsè 2 染发剂 rǎnfàjì II v 给 [+头发] 染色 gěi [+tóufa] rǎnsè

tiny ADJ 微小的 wēixiǎo de □ A giant oak tree comes from a tiny acorn. 高大的橡树来自微小的橡树果实。Gāodà de xiàngshù láizì wēixiǎo de xiàngshù guǒshí.

tip[1] I N 小费 xiǎofèi □ They left the waiter a large tip. 他们给服务员留了很多小费。Tāmen gěi fúwùyuán liúle hěn duō xiǎofèi. II v 付小费 fù xiǎofèi □ Have you tipped the taxi driver? 你付给出租汽车司机小费了吗? Nǐ fùgěi chūzū qìchē sījī xiǎofèi le ma?

tip[2] I N 提示 tíshì □ She gave him some tips on how to make good coffee. 她给他一些提示怎么样煮咖啡。Tā gěi tā yìxiē tíshì zěnmeyàng zhǔ kāfēi. 2 秘密情报 mìmì qíngbào II v 透露情报 tòulù qíngbào

to tip sb off sth 向某人通风报信 xiàng mǒurén tōngfēng bàoxìn

tip[3] I N 顶端 dǐngduān

tip of an iceberg 冰山的一角 bīngshān de yìjiǎo
on the tip of one's tongue 就在嘴边 (可是记不起) jiù zài zuǐbiān (kěshì jìbuqǐ)
II v (使…)倾斜 (shǐ…) qīngxié, (使…)倒下 (shǐ…) dǎoxià

tip-off N 1 提示 tíshì, 暗示 ànshì 2 (警察的)告发 (jǐngchá de) gàofā, 通风报信 tōngfēng bàoxìn 3 (篮球比赛)开球 (lánqiú bǐsài) kāiqiú

tipper N 给小费的人 gěi xiǎofèi de rén

a generous tipper 付小费很大方的人 fù xiǎofèi hěn dàfang de rén

tipster N 出卖情报的人 chūmài qíngbào de rén, 告密者 gàomìzhě

tipsy ADJ 稍微有点醉的 shāowēi yǒudiǎn zuì de

tiptoe I N 脚尖 jiǎojiān II v 踮着脚走 diànzhe jiǎo zǒu, 悄悄地走 qiāoqiāo de zǒu

tirade N 长篇抨击性讲话 chángpiān pēngjīxìng jiǎnghuà

tire, tyre N [汽车+] 轮胎 [qìchē+] lúntāi □ The car got a flat tire but I don't know how to fix it. 汽车轮胎没气了，可是我不会弄。Qìchē lúntāi méi qì le, kěshì wǒ bú huì nòng.

tired ADJ 1 累 lèi, 疲倦的 píjuàn de □ I've been reading for three hours. I'm tired. 我看书看了三个小时了，我很累了。Wǒ kàn shū kànle sān ge xiǎoshí le, wǒ hěn lèi le. 2 厌倦的 yànjuàn de □ Don't you get tired of listening to the same music over and over again? 这同样的音乐，你听了又听，不觉得厌倦吗? Zhè tóngyàng de yīnyuè, nǐ tīngle yòu tīng, bù juéde yànjuàn ma?

tireless ADJ (孜孜)不倦的 (zīzī) bújuàn de, 不知疲倦的 bù zhī píjuàn de

tiresome ADJ 烦人的 fánrén de, 令人厌烦的 lìngrén yànfán de

tiring ADJ 令人疲劳的 lìngrén píláo de, 令人疲倦的 lìngrén píjuàn de

tissue N 1 (动/植物)组织 (dòng/zhíwù) zǔzhī

muscle tissue 肌肉组织 jīròuzǔzhī

2 纸巾 zhǐjīn [M. WD 张 zhāng], 面巾纸 miànjīnzhǐ [M. WD 张 zhāng] 3 (包装)薄纸 (bāozhuāng) báozhǐ [M. WD 张 zhāng]

tit N (女人的)乳房 (nǚrén de) rǔfáng

titan, Titan N 1 (希腊神话中的)大力士 (Xīlà shénhuà zhōng de) dàlìshì, 巨人 jùrén 2 泰斗 tàidǒu, 大师 dàshī

titanic ADJ 力大无穷的 lìdà wúqióng de, 巨大的 jùdà de

tit-for-tat ADJ 针锋相对的 zhēnfēng xiāngduì de, 以牙还牙的 yǐ yá huán yá de

tithe N 什一税 shíyīshuì, 什一费 shíyīfèi

titillate v 使…兴奋的 shǐ…xīngfèn de, (性)挑逗 (xìng) tiǎodòu

title I N 1 书名 shūmíng, 题目 tímù □ The book has an interesting title. 这本书的书名很有趣。Zhè běn shū de shūmíng hěn yǒuqù.

title page 书名页 shūmíngyè

title role 剧名角色 jùmíng juésè

2 称号 chēnghào, 头衔 tóuxián □ Europeans seem to be more sensitive about titles than Americans. 欧洲人对称号似乎比美国人敏感。Ōuzhōurén duì chènhào sìhū bǐ Měiguórén mǐngǎn. □ His title is deputy principal. 他的头衔是副校长。Tā de tóuxián shì fùxiàozhǎng. 3 所有权 suǒyǒuquán

title deed 产权证 chǎnquánzhèng, 房契 fángqì

titled ADJ 有贵族称号的 yǒu guìzú chēnghào de

titter v 窃笑 qièxiào, 傻笑 shǎxiào

tizzy N (in a tizzy) 心慌意乱的 xīn huāng yì luàn de

to[1] marker of verb infinitive

to[2] PREP 1 往 wǎng, 向 xiàng, 到 dào

to walk to town 走到城里 zǒudào chénglǐ

2 (达)到 (dá) dào

toad N (癞)蛤蟆 (lài) háma [M. WD 只 zhī], 蟾蜍 chánchú [M. WD 只 zhī]

toady I N 马屁精 mǎpìjīng II v 拍马屁 pāi mǎpì, 奉承 fèngcheng

to and fro ADV 来来往往地 láilai wǎngwǎng de

to pace to and fro 走来走去 zǒulái zǒuqù

toast[1] I N 烤面包 kǎomiànbāo □ I had toast and coffee for breakfast this morning. 我今天早餐吃了烤面包，喝了咖啡。Wǒ jīntiān zǎocān chīle kǎomiànbāo, hēle kāfēi. II v 烤烤 kǎo, 烘 hōng

toast[2] I N 祝酒 zhùjiǔ □ I'd like to propose a toast to our generous host and hostess. 我愿建议为我们慷慨的主人干杯! Wǒ yuàn jiànyì wèi wǒmen kāngkǎi de zhǔrén gānbēi! II v 为…举杯祝酒 wéi…jǔbēi zhùjiǔ

toaster N 烤面包器 kǎomiànbāoqì

toasty ADJ 暖洋洋的 nuǎnyángyáng de, 暖烘烘的 nuǎnhōnghōng de

tobacco N 烟草 yāncǎo, 烟叶 yānyè □ Johnny grew up on a tobacco farm in North Carolina. 强尼是在北卡罗来纳州的一个烟草种植场长大的。Qiángní shì zài Běi Kǎluóláinàzhōu de yí ge yāncǎo zhòngzhíchǎng zhǎngdà de.

tobacconist N 烟草商 yāncǎoshāng, 烟店老板 yāndiàn lǎobǎn

toboggan I N 平底木雪橇 píng dǐ mù xuěqiāo II v 坐平底木雪橇 zuò píng dǐ mù xuěqiāo

today I N 今天 jīntiān □ What's on today's menu? 今天的菜谱上有什么菜? Jīntiān de càipǔshang yǒu shénme cài? II ADV 当今 dāngjīn □ China today is vastly different from China in the past. 当今中国和过去大不一样。Dāngjīn Zhōngguó hé guòqù dà bù yíyàng.

toddle v [幼儿+] 蹒跚学走路 [yòu'ér+] pánshān xué zǒulù

toddler N 刚学走路的小孩 gāng xué zǒulù de xiǎohái

to-do list N 行动时刻表 xíngdòng shíkèbiǎo [M. WD 张 zhāng]

toe N 脚趾 jiǎozhǐ □ I don't wear sandals anymore since I hurt my big toe. 自从我伤了大脚趾以后，再也没有穿过凉鞋。Zìcóng wǒ shāngle dàjiǎozhǐ yǐhòu, zài yě méiyǒu chuānguo liángxié.

TOEFL (= Test of English as a Foreign Language) ABBREV 托福考试 tuōfú kǎoshì

toehold N 立脚点 lìjiǎodiǎn

to get a toehold in sth 在某事中取得了立脚点 zài mǒushì zhōng qǔdé le lìjiǎodiǎn

toenail N 脚趾甲 jiǎozhǐjiǎ

toe-to-toe ADJ (to go toe-to-toe with sb) 与某人激烈对抗 yǔ mǒurén jīliè duìkàng

toffee N 太妃糖 tàifēitáng

tofu N 豆腐 dòufu

together I ADV 一起 yìqǐ, 一块儿 yíkuàir □ Nancy often goes to school together with Pamela, who lives next door. 南茜常常和住在隔壁的帕梅拉一起上学。Nánxī chángcháng hé zhù zài gébì de Pàméilā yìqǐ shàngxué. □ This glue should hold the two boards together. 这种胶水应该能把这两块木板粘在一起。Zhè zhǒng jiāoshuǐ yīnggāi néng bǎ zhè liǎng kuài mùbǎn zhān zài yìqǐ.

II ADJ 思路清晰的 sīlù qīngxī de, 有条有理的 yǒu tiáo yǒu lǐ de

togetherness N 友爱团结 yǒu'ài tuánjié

toggle N（计算机）切换键（jìsuànjī）qiēhuànjiàn

toil I v **1** 辛苦工作 xīnkǔ gōngzuò, 日夜劳作 rìyè láozuò **2** 吃力地行走 chīlì de xíngzǒu **II** N 劳作 láozuò, 苦干 kǔgàn

toilet N 便缸 biàngāng, 厕所 cèsuǒ □ Most new homes have two or more toilets. 新建的房子大多有两个或两个以上的厕所。Xīn jiàn de fángzi dà duō yǒu liǎng ge huò liǎng ge yǐshàng de cèsuǒ.

to flush the toilet 冲洗马桶 chōngxǐ mǎtǒng

toilet paper 卫生纸 wèishēngzhǐ [M. WD 张 zhāng], 手纸 shǒuzhǐ [M. WD 张 zhāng]

toilet water 花露水 huālùshuǐ

toiletries N 梳洗用具 shūxǐ yòngjù

token I N **1** 象征 xiàngzhēng, 标志 biāozhì **2** 代币 dàibì

subway token 地铁代币 dìtiě dàibì

token of appreciation 感谢的象征 gǎnxiè de xiàngzhēng

II ADJ 象征性的 xiàngzhēngxìng de

a token compromise 象征性妥协 xiàngzhēngxìng tuǒxié

tokenism N 表面文章 biǎomiàn wénzhāng, 装点门面 zhuāngdiǎn ménmian

told See **tell**

tolerable ADJ 过得去 guòdequ, 尚可接受的 shàngkě jiēshòu de

tolerance N 宽容 kuānróng, 容忍 róngrěn

religious tolerance 宗教宽容 zōngjiào kuānróng, 容忍不同的宗教 róngrěn bùtóng de zōngjiào

tolerant ADJ **1** 宽容的 kuānróng de, 容忍的 róngrěn de **2** 能忍耐的 [+植物] néng rěnnài de [+zhíwù]

tolerate v 容忍 róngrěn, 容许 róngxǔ

toll[1] I N **1** 伤亡人数 shāngwáng rénshù **2** 道路使用费 dàolù shǐyòngfèi, 通行费 tōngxíngfèi

toll booth 道路收费处 dàolù shōufèichù, 公路收费处 gōnglù shōufèichù

toll[2] I N 钟声 zhōngshēng **II** v 敲（丧）钟 qiāo (sāngzhōng)

toll-bridge N 收费桥 shōufèiqiáo [M. WD 座 zuò]

toll-free ADJ 免费的 [+电话] miǎnfèi de [+diànhuà]

tollgate N（公路）收费站（gōnglù）shōufèizhàn

tomato N 番茄 fānqié, 西红柿 xīhóngshì

tomato sauce 番茄酱 fānqiéjiàng

tomb N 坟 fén, 坟墓 fénmù

tomboy N 假小子 jiǎxiǎozi, 野丫头 yěyātou

tombstone N 墓碑 mùbēi [M. WD 块 kuài]

tomcat N 公猫 gōng māo

tome N 大本厚书 dà běn hòu shū

tomfoolery N 愚蠢行为 yúchǔn xíngwéi

tomorrow I N 明天 míngtiān □ Tomorrow will be Friday. 明天是星期五。Míngtiān shì xīngqīwǔ.

II ADV 明天 míngtiān □ I'm going fishing tomorrow. Want to join me? 我明天去钓鱼，一块儿去吗？Wǒ míngtiān qù diàoyú, yíkuàir qù ma?

ton N 吨 dūn

tons of 大量的 dàliàng de

tone I N **1** 语气 yǔqì, 腔调 qiāngdiào □ I don't like his tone of voice; it sounds so rude. 我不喜欢他的语气，听起来很粗鲁。Wǒ bù xǐhuan tā de yǔqì, tīngqilai hěn cūlǔ. **2** 主调 zhǔdiào, 调子 diàozi □ The general tone of the report is rather optimistic. 报告的主调很乐观。Bàogào de zhǔdiào hěn lèguān. **3** 色调 sèdiào, 色度 sèdù **4** 电话信号 diànhuà xìnhào □ Please leave a message after the tone. 请在信号后留言。Qǐng zài xìnhào hòu liúyán.

an engaged tone 占线信号 zhànxiàn xìnhào

5（肌肉）结实程度（jīròu）jiēshi chéngdù

II v 使 [+肌肤] 健康 shǐ [+ jīfū] jiànkāng

to tone down ① 使颜色柔和 shǐ yánsè róuhé ② 使语气缓和 shǐ yǔqì huǎnhé

tone-deaf ADJ 不能辨别不同音的 bùnéng biànbié bùtóng yīn de

toner N 墨粉 mòfěn

tongs N 夹子 jiāzi, 镊子 nièzi

tongue I N **1** 舌头 shétou □ He stuck his tongue out in mock horror. 他伸出舌头，假装很害怕。Tā shēnchū shétou, jiǎzhuāng hěn hàipà.

tongue twister 绕口令 ràokǒulìng

2 语言 yǔyán

mother tongue 母语 mǔyǔ □ He speaks perfect English, though his mother tongue is Spanish. 虽然他的母语是西班牙语，他的英语说得很完美。Suīrán tā de mǔyǔ shì Xībānyáyǔ, tā de Yīngyǔ shuōde hěn wánměi.

a slip of the tongue 口误 kǒuwù □ Does a slip of the tongue betray some unspoken thought? 口误是否泄露了什么没有说出来的想法？Kǒuwù shìfǒu xièlòule shénme méiyǒu shuōchulai de xiǎngfǎ?

tongue-in-check ADV 开玩笑的 kāi wánxiào de, 说了玩的 shuō le wán de

tongue-lashing N 破口大骂 pòkǒu dàmà, 狠狠训斥 hěnhěn xùnchì

tongue-tied ADJ 张口结舌的 zhāngkǒu jiéshé de, 说不出话的 shuōbuchū huà de

tonic I N **1**（滋）补品 (zī) bǔpǐn, 强身剂 qiángshēnjì

tonic water 奎宁水 kuíníngshuǐ

2 有利于身心健康的事 yǒulì yú shēnxīn jiànkāng de shì

II ADJ **1** 强身滋补的 qiángshēn zībǔ de **2** 有利的 yǒulì de

a tonic effect 很有利的效果 hěn yǒulì de xiàoguǒ

tonight I N 今天晚上 jīntiān wǎnshang, 今天夜里 jīntiān yèlǐ □ Is there anything interesting in tonight's TV program? 今天晚上的电视节目有什么有趣的内容吗？Jīntiān wǎnshang de diànshì jiémù yǒu shénme yǒuqù de nèiróng ma?

II ADV 今天晚上 jīntiān wǎnshang, 今天夜里 jīntiān yèlǐ □ I'll work on my report tonight. 今天晚上我要写报告。Jīntiān wǎnshang wǒ yào xiě bàogào.

tonnage N **1** 总吨数 zǒngdūnshù **2**（船只的）吨位（chuánzhī de）dūnwèi

tonsil N 扁桃体 biǎntáotǐ, 扁桃腺 biǎntáoxiàn

to remove the tonsil 切除扁桃体 qiēchú biǎntáotǐ

tonsillitis N 扁桃体炎 biǎntáotǐyán, 扁桃腺炎 biǎntáoxiànyán

too[1] ADV 也 yě □ May I come too? 我也可以来吗？Wǒ yě kěyǐ lái ma? □ He speaks German, too. 他也会说德语。Tā yě huì shuō Déyǔ.

too[2] ADV 太 tài □ This test is too difficult for most of the students. 对大多数学生来说，这次测验太难。Duì dàduōshù xuésheng láishuō, zhè cì cèyàn tài nán.

took See **take**

tool I N 工具 gōngjù □ He keeps his few tools in his toolbox. 他把自己的几件工具放在工具箱里。Tā bǎ zìjǐ de jǐ jiàn gōngjù fàng zài gōngjùxiāng lǐ.

tool box 工具箱 gōngjùxiāng

tool kit 工具包 gōngjù bāo

tool shed 工具房 gōngjùfáng

II v (to tool up) 装备 zhuāngbèi

toot I v 按 [+汽车喇叭] àn [+qìchē lǎba]

to toot one's own horn 吹捧自己 chuīpěng zìjǐ, 自夸 zìkuā

II N 汽车喇叭声 qìchē lǎbashēng

tooth (PL **teeth**) N 牙齿 yáchǐ [M. WD 颗 kē] □ Her dentist told her to brush her teeth at least twice a day. 牙医要她每天至少刷两次牙。Yáyī yào tā měitiān zhìshǎo shuā liǎng cì yá.

to fight tooth and nail 尽极大努力 jìn jídà nǔlì

to have a sweet tooth 喜欢吃甜的东西 xǐhuan chī tián de dōngxi

to give teeth to ... 使 [+规定] 有效力 shǐ [+guīdìng] yǒu xiàolì

toothache N 牙疼 yáténg, 牙痛 yátòng

toothbrush N 牙刷 yáshuā [M. WD 把 bǎ]

toothpaste N 牙膏 yágāo [M. WD 管 guǎn]

toothpick N 牙签 yáqiān [M. WD 根 gēn]

top[1] **I** N 1 顶 dǐng, 顶部 dǐngbù □ We climbed to the top of the hill and admired the view of the valley. 我们爬上山顶, 欣赏山谷的景色。Wǒmen páshang shāndǐng, xīnshǎng shāngǔ de jǐngsè. **2** [台+] 面 [tái+] miàn, [桌+] 面 [zhuō+] miàn □ I don't like a table with a glass top. 我不喜欢玻璃台面的桌子。Wǒ bù xǐhuan bōli táimiàn de zhuōzi. **3** 最高地位 zuìgāo dìwèi, 顶峰 dǐngfēng □ Dr Austin rose to the top of the medical profession through hard work. 奥斯丁医生依靠努力工作, 达到医学界的顶峰。Àosīdīng yīshēng yīkào nǔlì gōngzuò, dádào yīxuéjiè de dǐngfēng.

top dog 大人物 dàrénwù

4 [女子+] 上衣 [nǚzǐ+] shàngyī □ She wore a sleeveless top. 她穿了一件无袖上衣。Tā chuānle yí jiàn wú xiù shàngyī. **II** ADJ 最高的 zuìgāo de, 顶级的 dǐngjí de □ A top scientist was appointed to head the research team. 一位顶级科学家被任命领导这个科研组。Yí wèi dǐngjí kēxuéjiā bèi rènmìng lǐngdǎo zhè ge kēyánzǔ. **III** V 超过 chāoguo, 胜过 shèngguo □ Steve is so smart that no one can top him in any subject. 斯蒂夫聪明极了, 没有人可以在任何科目上超过他。Sīdīfū cōngmíng jíle, méiyǒurén kěyǐ zài rènhé kēmùshang chāoguo tā.

on top of ① 除了...以外 chúle...yǐwài □ On top of his salary, the surgeon gets overtime pay. 除了工资以外, 这位外科医生还拿加班费。Chúle gōngzī yǐwài, zhè wèi wàikē yīshēng hái ná jiābān fèi. ② 能对付 néng duìfu, 能控制 néng kòngzhì □ I'm on top of the problem. 我能对付这个问题。Wǒ néng duìfu zhè ge wèntí.

top[2] N 陀螺 tuóluó

top-heavy ADJ 1 上重下轻的 shàng zhòng xià qīng de **2** 管理人员太多的 guǎnlǐ rényuán tài duō de, 将多兵少的 jiāng duō bīng shǎo de

topic N 话题 huàtí, 题目 tímù □ What topic are you going to choose to write your essay on? 你要选什么题目写文章呢? Nǐ yào xuǎn shénme tímù xiě wénzhāng?

topical ADJ 热门 (话题) 的 rèmén (huàtí) de

topless ADJ 不穿上衣的 [+女子] bù chuān shàngyī de [+nǚzǐ], 袒胸的 tǎnxiōng de

topmost ADJ 最上面的 zuì shàngmian de, 最高的 zuì gāo de

topnotch ADJ 第一流的 dìyīliú de, 最杰出的 zuì jiéchū de

topography N 1 地貌 (学) dìmào (xué), 地形 dìxíng **2** (国家的) 概貌 (guójiā de) gàimào, 概况 gàikuàng

topping N (加在食品上的) 配料 (jiā zài shípǐnshang de) pèiliào

topple V 推翻 tuīfān, 使...倒塌 shǐ...dǎotā

top-secret ADJ 绝密的 juémì de

topsoil N 表土层 biǎotǔcéng, 耕作层 gēngzuòcéng

topsy-turvy ADJ 1 乱七八糟的 [+房间] luànqībāzāo de [+fángjiān], 凌乱不堪的 língluàn bùkān de **2** 有好有坏的 [+工作] yǒu hǎo yǒu huài de [+gōngzuò]

top-up card N 加款使用卡 jiā kuǎn shǐyòngkǎ [M. WD 张 zhāng]

torch **I** N 火炬 huǒjù, 火把 huǒbǎ **II** V 点燃 diǎnrán

tore See **tear**[2]

torment **I** N 折磨 zhémo, 痛苦 tòngkǔ **II** V 折磨 zhémo, 使 [+人] 痛苦 shǐ [+rén] tòngkǔ

torn See **tear**[2]

tornado N 龙卷风 lóngjuǎnfēng

to be hit by a tornado 受到龙卷风的袭击 shòudào lóngjuǎnfēng de xíjī

torpedo **I** N 鱼雷 yúléi [M. WD 枚 méi] **II** V 1 用鱼雷袭击 yòng yúléi xíjī **2** 破坏 pòhuài

torque N (发动机的) 扭矩 (fādòngjī de) niǔjǔ

torrent N 激流 jīliú

a torrent of criticism 接连不断的抨击 jiēlián búduàn de pēngjī

torrid ADJ 1 热烈的 [+情爱] rèliè de [+qíng'ài], 炽热的 zhìrè de **2** 炎热的 [+天气] zhuórè de [+tiānqì]

torso N 人体躯干 réntǐ qūgàn

tort N 民事案件 mínshì ànjiàn

tortilla N (墨西哥) 薄玉米饼 (Mòxīgē) báo yùmǐbǐng [M. WD 片 piàn]

tortoise N (乌) 龟 (wū) guī

tortuous ADJ 1 曲折的 qūzhé de, 弯弯曲曲的 wānwān qūqū de **2** 错综复杂的 cuòzōng fùzá de

torture **I** N 酷刑 kùxíng, 刑讯 xíngxùn **II** V 1 对...施酷刑 duì...shī kùxíng

to torture sb to death 对某人实行酷刑致死 duì mǒurén shíxíng kùxíng zhìsǐ

2 折磨 zhémo

toss **I** V 1 扔 rēng, 掷 zhì

to toss out 扔掉 rēngdiào, 丢弃 diūqì

2 使...动荡 shǐ...dòngdàng

to toss and turn (在床上) 翻来复去 (zài chuángshang) fānlái fùqù

3 掷硬币 (以作决定) zhì yìngbì (yǐ zuò juédìng) **II** N (coin toss) 掷硬币以决定 zhì yìngbì yǐ juédìng

toss-up N 还没有决定的事 hái méiyǒu juédìng de shì, 未见分晓的事 wèi jiàn fēnxiǎo de shì

tot N 小娃娃 xiǎowáwá

total **I** ADJ 总的 zǒng de, 全部的 quánbù de □ The total assets of the company are worth $500 million. 这家公司的总资产是五亿元。Zhè jiā gōngsī de zǒng zīchǎn shì wǔyì yuán. **II** N 总数 zǒngshù □ What does the total come to? 总数是多少? Zǒngshù shì duōshǎo? **III** V 总数为 zǒngshù wéi, 共计 gòngjì

totalitarian ADJ 极权主义的 jíquánzhǔyì de

totality N 整体 zhěngtǐ, 全部 quánbù

totally ADV 完全 wánquán □ He totally forgot that it was his wife's birthday. 他完全忘了那天是妻子的生日。Tā wánquán wàngle nà tiān shì qīzi de shēngri.

tote V 随身带 suíshēn dài

tote bag N 大袋子 dà dàizi

totem N 图腾 túténg

totem pole 图腾柱 túténg zhù

totter V 1 摇摇晃晃 yáoyáo huànghuàng **2** 摇摇欲坠 yáoyáo yù zhuì

to totter toward collapse 走向崩溃 zǒuxiàng bēngkuì

touch **I** V 1 触 chù, 接触 jiēchù □ Don't touch the switch with wet fingers. 不要用湿手接触开关。Bú yào yòng shī shǒu jiēchù kāiguān. **2** 碰 pèng, 碰到 pèngdao □ His heart pounded when he touched Angela's hand. 他碰到安琪拉的手时, 心怦怦地跳。Tā pèngdao Ānqílā de shǒu shí, xīn pēngpēng de tiào. **3** 感动 gǎndòng □ I was deeply touched by her story. 她的故事使我深受感动。Tā de gùshi shǐ wǒ shēn shòu gǎndòng.

to touch on/upon 涉及 shèjí, 谈到 tándao □ The board meeting hardly touched on that matter. 董事会会议几乎没有谈到这件事。Dǒngshìhuì huìyì jīhū méiyǒu tándao zhè jiàn shì.

touch wood 老天保佑 lǎotiān bǎoyòu

II N 1 碰 pèng, 触 chù, 接触 jiēchù □ She felt the touch of his hand. 她感觉到他的手在碰她。Tā gǎnjuédao tā de shǒu zài pèng tā.

touch screen 触摸式显示屏 chùmō shì xiǎnshìpíng

to lose touch 失去联系 shīqù liánxi □ We used to be good friends but somehow we've lost touch. 我们以前是好朋友, 不知怎么失去了联系。Wǒmen yǐqián shì hǎo péngyou, bù zhī zěnme shīqule liánxi.

to stay in touch 保持联系 bǎochí liánxi □ My brother stays in touch with his army buddies. 我的哥哥还和军队中的战友保持联系。Wǒ de gēge hái he jūnduì zhōng de zhànyǒu bǎochí liánxi.

2 手法 shǒufǎ, 风格 fēnggé **3** (a touch) 有点儿 yǒudiǎnr

touch-and-go ADJ 风险极大的 fēngxiǎn jídà de, 极其危险的 jíqí wēixiǎn de

touchdown N **1** (飞机) 降落 (fēijī) jiàngluò **2** (橄榄球) 触地得分 (gǎnlǎnqiú) chù dí dé fēn

touched ADJ 受感动的 shòu gǎndòng de, 感激的 gǎnjī de

touchstone N 试金石 shìjīnshí, 检验标准 jiǎnyàn biāozhǔn

touchy ADJ **1** 十分敏感的 [+人] shífēn mǐngǎn de [+rén] **2** 微妙的 [+问题] wēimiào de [+wèntí]

tough I ADJ **1** 坚韧的 [+材料] jiānrèn de [+cáiliào] **2** 坚强的 [+人] jiānqiáng de [+rén], 耐劳的 nàiláo de **3** 棘手的 [+问题] jíshǒu de [+wèntí], 困难的 kùnnan de

tough love 严厉的爱 yánlì de ài, 严格要求的真爱 yángé yāoqiú de zhēn ài

II v (to tough it out) 渡过 (难关) dùguò (nánguān), 挺过来 tǐngguòlai

toughen, toughen up v 使坚韧／坚强 shǐ jiānrèn/jiānqiáng

toupee N 假发 jiǎfà

tour I N **1** 旅游 lǚyóu, 旅行 lǚxíng □ The bus tour of Paris would have been better if the traffic had not been so bad. 如果交通情况不那么坏, 在巴黎的客车旅游会更好。Rúguǒ jiāotōng qíngkuàng bú nàme huài, zài Bālí de kèchē lǚyóu huì gèng hǎo. **2** 参观 cānguān □ Our class went on a tour of the nearby college last week. 我们年级上星期去附近的大学参观。Wǒmen niánjí shàng xīngqī qù fùjìn de dàxué cānguān. II v 旅游 lǚyóu, 旅行 lǚxíng □ They'll tour southern France on their honeymoon. 他们将在蜜月时去法国南部旅游。Tāmen jiāng zài mìyuè shí qù Fǎguó nánbù lǚyóu.

guided tour 有导游的旅游 yǒu dǎoyóu de lǚyóu

package tour 一揽子旅游 yìlǎnzi lǚyóu

tourism N 旅游业 lǚyóuyè

tourist N 旅游者 lǚyóuzhě □ Tourists like to take pictures at this historic site. 旅游者喜欢在这个历史名胜地拍照。Lǚyóuzhě xǐhuan zài zhè ge lìshǐ míngshèng dì pāizhào.

II ADJ 旅游 (者／行业) 的 lǚyóu (zhě/hángyè) de

tourist agency 旅游社 lǚyóushè

tourist attraction 旅游胜地 lǚyóu shèngdì

tourist class (飞机／轮船) 经济舱 (fēijī/lúnchuán) jīngjìcāng

tourist trap 旅游者陷阱 lǚyóuzhě xiànjǐng

tournament N 锦标赛 jǐnbiāosài

tourniquet N 止血带 zhǐxuèdài [M. WD 条 tiáo]

tousled ADJ 蓬乱的 [+头发] péngluàn de [+tóufa]

tout v **1** 赞扬 zànyáng, 推崇 tuīchóng **2** 推销 [+商品] tuīxiāo [+shāngpǐn], 兜售 dōushòu

tow I v 拖 tuō, 拖拉 qiānyǐn II v 拖 tuō, 牵引 qiānyǐn

tow truck 托运车 tuōyùn chē

in tow 紧跟在后面 jǐngēn zàihòu miàn

toward, towards PREP **1** 朝着 cháozhe, 向着 xiàngzhe □ When I got out the car, my dog came running towards me. 我下车时, 狗朝我跑来。Wǒ xiàchē shí, gǒu cháo wǒ pǎolai. **2** 对 duì, 对于 duìyú □ She is friendly towards her colleagues. 她对同事很友好。Tā duì tóngshì hěn yǒuhǎo. **3** 接近 jiējìn □ Towards the end of his life the writer became more withdrawn and had few friends. 在晚年, 这位作家变得更内向, 没有多少朋友。Zài wǎnnián, zhè wèi zuòjiā biànde gèng nèixiàng, méiyǒu duōshǎo péngyou.

towaway zone N 禁止停车区 (违章则拖走车) jìnzhǐ tíngchē qū (wéizhāng zé tuō zǒu chē)

towel I N 毛巾 máojīn

bath towel 浴巾 yùjīn

face towel 面巾 miànjīn, 手巾 shǒujīn

II v (to towel off/down) 用毛巾擦干 yòng máojīn cāgān

tower I N 高塔 gāo tǎ [M. WD 座 zuò] □ The church has a medieval bell tower. 教堂有一座中世纪的钟塔。Jiàotáng yǒu yí zuò Zhōngshìjì de zhōng tǎ.

tower model 塔式计算机 tǎ shì jìsuànjī

observation tower 了望塔 liáowàngtǎ

TV tower 电视塔 diànshìtǎ

II v 高于 gāoyú □ The skyscraper towers over all the other buildings in town. 摩天大楼高于城里所有其他的建筑。Mótiān dàlóu gāoyú chénglǐ suǒyǒu qítā de jiànzhù.

towering ADJ **1** 高耸的 [+树] gāosǒng de [+shù] **2** 杰出的 [+人物] jiéchū de [+rénwù]

town N **1** 镇 zhèn, 小城 xiǎo chéng □ She was born in a small town. 她出生在一个小城。Tā chūshēng zài yí ge xiǎo chéng.

town council 镇议会 zhèn yìhuì, 市议会 shì yìhuì

town hall 市政厅 shìzhèngtīng

2 闹市区 nàoshìqū

to go into town 到市区去 dào shìqū qù, 进城 jìn chéng

townhouse N 连栋房屋 liándòng fángwū, 排屋 pái wū

township N 镇 zhèn, 镇区 zhèn qū

townspeople, townsfolk N 城镇居民 chéngzhèn jūmín

toxic ADJ 有毒的 yǒudú de

toxic waste 有毒垃圾 yǒudú lājī

toxicilogy N 毒物学 dúwùxué, 毒理学 dúlǐxué

toxicity N 毒性 dúxìng

toxin N 毒素 dúsù

toy I N 玩具 wánjù, 小玩意儿 xiǎowányìr □ Even a toy gun is not permitted on airplanes. 甚至玩具手枪都不准带上飞机。Shènzhì wánjù shǒuqiāng dōu bù zhǔn dàishang fēijī. II v (to toy with) 不很认真地考虑 bù hěn rènzhēn de kǎolǜ III ADJ 极小的 jíxiǎo de, 迷你型的 mínǐxíng de

trace I v **1** 追踪 zhuīzōng □ The police have traced the criminal to Florida. 警方追踪罪犯到佛罗里达。Jǐngfāng zhuīzōng zuìfàn dào Fóluólǐdá. **2** 追寻…的根源 zhuīxún… de gēnyuán

II N **1** 踪迹 zōngjì □ The girl disappeared without a trace. 女孩消失得无影无踪。Nǚhái xiāoshīde wú yǐng wú zōng. **2** 微量 wēiliàng

trace element 微量元素 wēiliàng yuánsù

tracer N 曳光弹 yèguāngdàn [M. WD 发 fā]

trachea N 气管 qìguǎn

track I N **1** 轨迹 guǐjì, 轨道 guǐdào

track record 业绩记录 yèjì jìlù, 过去的表现 guòqù de biāoxiàn

to be on the right track 走上正轨 zǒushàng zhèngguǐ

to keep/lose track of sth 保持／失去与某人的联系 bǎochí/shīqù yǔ mǒurén de liánxì

2 跑道 pǎodào, 径赛 (长跑、短跑, 等) jìngsài (chángpǎo、duǎnpǎo, děng)

track and field (events) 田径赛 (项目) tiánjìngsài (xiàngmù)

3 小路 xiǎolù [M. WD 条 tiáo], 小道 xiǎodào

II v **1** 追踪 zhuīzōng, 跟踪 gēnzōng

to track sb down 追踪到某人 zhuīzōng dào mǒurén

2 记录 [+某人的表现] jìlù [+mǒurén de biǎoxiàn]

tract N **1** (人体的) 系统 (réntǐ de) xìtǒng

the digestive tract 消化系统 xiāohuàxìtǒng

2 一大片 (土地) yídàpiàn (tǔdì) **3** [宣扬宗教的+] 小册子 [xuānyáng zōngjiào de+] xiǎocèzi

traction N **1** 附着摩擦力 fùzhuó mócálì **2** 牵引 (手) 术 qiānyǐn (shǒu) shù **3** (车辆) 牵引力 (chēliàng) qiānyǐnlì

tractor N 拖拉机 tuōlājī [M. WD 台 tái], 拖车牵引车 tuōchē qiānyǐnchē [M. WD 辆 liàng]

trade I N 1 贸易 màoyì, 生意 shēngyì □ The mission of the delegation is to promote trade. 代表团的使命是促进贸易。Dàibiǎotuán de shǐmìng shì cùjìn màoyì.

trade deficit 贸易赤字 màoyì chìzì

trade fair 交易会 jiāoyìhuì

arms trade 军火生意 jūnhuǒ shēngyì

2 手艺 shǒuyì, 职业 zhíyè

to learn a trade 学一门手艺 xué yìmén shǒuyì

3 行业 hángyè

trade union 工会 gōnghuì

II v 1 从事贸易 cóngshì màoyì, 做买卖 zuò mǎimai □ The firm has abundant experience in trading with Asian countries. 这家商行和亚洲国家做买卖有丰富的经验。Zhè jiā shāngháng hé Yàzhōu guójiā zuò mǎimai yǒu fēngfù de jīngyàn. 2 交换 jiāohuàn □ This is my dream job; I wouldn't trade it for anything. 这是我的理想工作，我不会拿它来换任何东西。Zhè shì wǒ de lǐxiǎng gōngzuò, wǒ bú huì ná tā lái huàn rènhé dōngxi.

trade-in N 作价贴换交易 zuòjià tiēhuàn jiāoyì

trademark N 商标 shāngbiāo

trade-off N 权衡得失 quánhéng déshī

trader N 商人 shāngrén, 经商者 jīngshāngzhě

tradition N 传统 chuántǒng, 惯例 guànlì □ It is a tradition in many countries to exchange gifts on Christmas Day. 在很多国家，圣诞节时交换礼物是一个传统。Zài hěn duō guójiā, Shèngdànjié shí jiāohuàn lǐwù shì yí ge chuántǒng.

to break with tradition 打破惯例 dǎpò guànlì, 与传统决裂 yǔ chuántǒng juéliè

traditional ADJ 传统的 chuántǒng de □ It is traditional in America to eat turkey on Thanksgiving Day. 在美国，感恩节时吃火鸡是传统。Zài Měiguó, Gǎn'ēnjié shí chī huǒjī shì chuántǒng.

traditionalist N 传统主义者 chuántǒngzhǔyìzhě, 热爱传统的人 rè'ài chuántǒng de rén

traffic I N 1 来往车辆 láiwǎng chēliàng, 交通 jiāotōng □ On that morning the traffic was heavy as usual. 那天早上，交通和往常一样繁忙。Nà tiān zǎoshang, jiāotōng hé wǎngcháng yíyàng fánmáng.

traffic jam 交通堵塞 jiāotōng dǔsè

traffic lights 红绿灯 hónglǜdēng, 交通灯 jiāotōngdēng

light/heavy traffic 很少/很多车辆 hěn shǎo/hěn duō chēliàng

2 交通运输 jiāotōng yùnshū

air traffic control 空中交通管制 kōngzhōng jiāotōng guǎnzhì

3 非法交易 fēifǎ jiāoyì

II v 非法交易 fēifǎ jiāoyì

trafficking N 非法贩卖 fēifǎ fànmài

arms trafficking 贩卖武器 fànmài wǔqì

drug trafficking 贩卖毒品 fànmài dúpǐn

tragedy N 1 悲剧 bēijù 2 悲剧性事件 bēijùxìng shìjiàn, 惨剧 cǎnjù 3 不幸（事件）búxìng (shìjiàn)

tragic ADJ 悲剧性的 bēijùxìng de, 极其不幸的 jíqí búxìng de

tragicomedy N 悲喜剧 bēixǐjù

trail I v 1 跟在后面 gēn zài hòumiàn, 尾随 wěisuí, 跟踪 gēnzōng 2 落后于 luòhòu yú

to trail off（声音）逐渐变小（shēngyīn）zhújiàn biàn xiǎo

II N 1 小路 xiǎolù, 小径 xiǎojìng 2 足迹 zújì, 痕迹 hénjì

a trail of blood 一长条血迹 yì cháng tiáo xuèjī

to be on the trail of 跟踪 gēnzōng

trailblazer N 开路先锋 kāilù xiānfēng, 创始人 chuàngshǐrén

trailer N 1 挂车 guàchē [M. WD 辆 liàng], 拖车 tuōchē [M. WD

辆 liàng] 2（拖在汽车后的）活动房屋 (tuō zài qìchē hòu de) huódòng fángwū 3（电影）新片预告 (diànyǐng) xīn piàn yùgào

trailer park 活动房车停车场 huódòng fángchē tíngchēchǎng

train I N 1 火车 huǒchē, 列车 lièchē □ The train for Chicago leaves at 2.30 p.m. 去芝加哥的火车下午两点三十分开车。Qù Zhījiāgē de huǒchē xiàwǔ liǎng diǎn sānshí fēn kāichē. 2 一连串 yìliánchuàn, 一系列 yíxìliè

train of events 一系列事件 yíxìliè shìjiàn

one's train of thought 思路 sīlù

II v 1 训练 xùnliàn □ The athletes trained hard for the Olympic Games. 运动员们为奥林匹克运动会刻苦训练。Yùndòngyuánmen wèi Àolínpǐkè Yùndònghuì kèkǔ xùnliàn. 2 把 [+镜头] 对准 bǎ [+jìngtóu] duìzhǔn, 把[+枪口]瞄准 bǎ [+qiāngkǒu] miáozhǔn

trainee N 培训生 péixùnshēng, 实习生 shíxíshēng

teacher trainee 实习教师 shíxí jiàoshī

training N 训练 xùnliàn, 培训 péixùn □ All employees have to take security training once a year. 所有的雇员每年都要参加一次安全训练。Suǒyǒu de gùyuán měi nián dōu yào cānjiā yí cì ānquán xùnliàn.

trait N 特征 tèzhēng, 品性 pǐnxìng

genetic trait 遗传特性 yíchuán tèxìng

national trait 民族特性 mínzú tèxìng, 国民性 guómínxìng

traitor N 叛徒 pàntú, 卖国贼 màiguózéi

trajectory N（抛物）轨道 (pāo wù) guǐdào, 抛物线 pāowùxiàn

tram N 1 有轨电车 yǒuguǐ diànchē [M. WD 辆 liàng] 2（上山）缆车 (shàngshān) lǎnchē [M. WD 辆 liàng]

tramp I N 1 流浪汉 liúlànghàn, 游民 yóumín 2 荡妇 dàngfù, 淫妇 yínfù 3 沉重的脚步声 chénzhòng de jiǎobùshēng 4 长途跋涉 chángtú báshè II v 脚步沉重地走 jiǎobù chénzhòng de zǒu

trample v 1 践踏 jiàntà, 踩坏 cǎi huài 2 无视 [+他人的权利] wúshì [+tārén de quánlì], 蔑视 mièshì

trampoline N 蹦床 bèngchuáng, 弹床 dàn chuáng

trance N 恍惚（状态）huǎnghū (zhuàngtài)

in a trance 走神 zǒu shén, 发呆 fādāi

tranquil ADJ 宁静的 níngjìng de, 平静的 píngjìng de

tranquilizer N 镇静剂 zhènjìngjì, 安定药 āndìngyào

transact v 做生意 zuò shēngyì, 买卖 mǎimai

transaction N 1 交易 jiāoyì, 生意 shēngyì

online transaction 网上交易 wǎngshàng jiāoyì

2 办理 bànlǐ, 处理 chǔlǐ

transatlantic ADJ 横跨大西洋的 héngkuà Dàxīyáng de, 欧美之间的 Ōu-Měi zhījiān de

transcend v 超越 chāoyuè, 超出 chāochū

transcendental ADJ 超越人类知识经验的 chāoyuè rénlèi zhīshi jīngyàn de

transcontinental ADJ 横跨大陆的 héngkuà dàlù de

transcontinental railroad 横贯大陆的铁路 héngguàn dàlù de tiělù

transcribe v 1 逐字记录 zhúzì jìlù 2 用音标记下 yòng yīnbiāo jìxià 3 改编 [+乐曲] gǎibiān [+yuèqǔ]

transcript N 1 文字记录 wénzì jìlù 2（大学）学生成绩单 (dàxué) xuésheng chéngjìdān [M. WD 份 fèn]

transcription N 1 记录 jìlù, 标音 biāoyīn 2 抄本 chāoběn [M. WD 份 fèn], 副本 fùběn [M. WD 份 fèn]

transfer I v 1 转学 zhuǎnxué □ I'm thinking of transferring to another college. 我在考虑转学到另一座大学。Wǒ zài kǎolǜ zhuǎnxué dào lìng yí zuò dàxué. 2 调动 diàodòng □ He was transferred from the company headquarters to the Beijing branch. 他从公司总部调动到北京分公司。Tā cóng gōngsī zǒngbù diàodòngdao Běijīng fēngōngsī. 3 转账 zhuǎnzhàng, 转让 zhuǎnràng □ I'd like to transfer $1,000 to my savings account. 我想转一千元到储蓄账户。Wǒ xiǎng zhuǎn yìqiān yuán dào chǔxù zhànghù.

II N **1** 调动 diàodòng □ He's applied for a job transfer. 他申请调动工作。Tā shēnqǐng diàodòng gōngzuò. **2** 转账 zhuǎnzhàng □ You will be paid by a direct transfer to your account. 会用直接转帐到你的账户的方法付款给你。Huì yòng zhíjiē zhuǎnzhàngdào nǐ de zhànghù de fāngfǎ fù kuǎn gěi nǐ. **3**（权力/财产的）转移 (quánlì/cáichǎn de) zhuǎnyí **4**（可移印的）图案 (kě yíyìn de) tú'àn

transfixed ADJ 吓呆的 xiàdāi de, 惊呆的 jīngdāi de

transform V（使…）完全改变 (shǐ…) wánquán gǎibiàn,（使…）变形 (shǐ…) biànxíng

transfomation N 转变 zhuǎnbiàn, 改变 gǎibiàn
social transformation 社会变革 shèhuì biàngé

transfomer N 变压器 biànyāqì [M. WD 台 tái]

transfusion N **1** 输血 shūxuè **2** 注入资金 zhùrù zījīn

transgress V 违反 [+道德标准] wéifǎn [+dàodé biāozhǔn], 违背 wéibèi

transgression N 违反 wéifǎn, 违背 wéibèi

transient I ADJ **1** 流动性的 [+人口] liúdòngxìng de [+rénkǒu] **2** 短暂的 [+幸福] duǎnzàn de [+xìngfú] **II** N 流动人口 liúdòng rénkǒu, 旅馆住客 lǚguǎn zhùkè

transistor N 晶体管 jīngtǐguǎn
transistor radio 晶体管收音机 jīngtǐguǎn shōuyīnjī

transit N 运送 yùnsòng, 运输 yùnshū
transit camp 中转站 zhōngzhuǎnzhàn

transition N 过渡 guòdù, 转变 zhuǎnbiàn
peaceful transition 和平过渡 hépíng guòdù, 和平演变 hépíng yǎnbiàn

transitional ADJ 过渡的 guòdù de
transitional period 过渡阶段 guòdù jiēduàn

transitive verb N（语法）及物动词 (yǔfǎ) jíwù dòngcí

transitory ADJ 短暂的 duǎnzàn de, 一时的 yìshí de

translate V 翻译 fānyì □ Could you please translate this letter into Chinese? 请你把这封信翻译成中文, 好吗? Qǐng nǐ bǎ zhè fēng xìn fānyìchéng Zhōngwén, hǎo ma?
to translate into 转化为 zhuǎnhuà wéi

translation N **1** 翻译（作品）fānyì (zuòpǐn)
lost in translation [含义] 在翻译过程中丢失 [hányì+] zài fānyì guòchéng zhōng diūshī
2 转化 zhuǎnhuà

translator N（翻）译者 (fān) yìzhě, 翻译家 fānyìjiā

translucence N 半透明（状态）bàn tòumíng (zhuàngtài)

translucent ADJ 半透明的 bàn tòumíng de

transmission N **1**（汽车）传动装置 (qìchē) chuándòng zhuāngzhì, 变速器 biànsùqì
auto transmission 自动变速器 zìdòng biànsùqì, 自动排挡 zìdòng páidǎng
manual transmission 手动变速器 shǒudòng biànsùqì, 手动排挡 shǒudòng páidǎng
2（电视/电台）节目播放 (diànshì/diàntái) jiémù bōfàng **3**（信号）播送 (xìnhào) bōsòng

transmit V **1** 播送 bōsòng, 播放 bōfàng **2** 传递 chuándì, 传播 chuánbō

transmitter N（电视/电台信号）发射机 (diànshì/diàntái xìnhào) fāshèjī

transparency N **1** 幻灯片 huàndēngpiàn **2** 透明（性）tòumíng (xìng)

transparent ADJ **1** 透明的 tòumíng de □ She's bought a set of boxes with transparent lids. 她买了一套有透明盖子的盒子。Tā mǎile yí tào yǒu tòumíng gàizi de hézi. **2** 含义清晰的 hányì qīngxī de

transpire V [事件+] 发生 [shìjiàn+] fāshēng
it transpires that 透露出 tòulù chū, 人们得知 rénmen dézhī

transplant I V 移植 yízhí **II** N 移植 yízhí
heart transplant 心脏移植 xīnzàng yízhí

2 搬迁者 bānqiānzhě

transport V 运输 yùnshū, 运送 yùnsòng

transportation N 交通 jiāotōng, 交通运输 jiāotōng yùnshū □ With gas prices going up and up, public transportation is becoming more attractive. 由于油价一涨再涨, 公共交通就更有吸引力。Yóuyú yóujià yì zhǎng zài zhǎng, gōnggòng jiāotōng jiù gēng yǒu xīyǐnlì.

transpose V 调换 diàohuàn, 变换 biànhuàn

transsexual N 变性人 biànxìngrén

transvestite N 爱穿异性服装的人 ài chuān yìxìng fúzhuāng de rén

trap I N **1** 捕动物的器具 bǔ dòngwù de qìjù □ I have mice again in my home—time to get some mouse traps. 家里又有老鼠了—得搞几个老鼠夹子来了。Jiālǐ yòu yǒu lǎoshǔ le—děi gǎo jǐ ge lǎoshǔ jiāzi lái le. **2** 困境 kùnjìng □ He was caught in the trap of an unhappy marriage. 他陷入了不幸婚姻的困境。Tā xiànrùle bú xìng hūnyīn de kùnjìng.
II V **1** 使…困在 shǐ…kùn zài □ Five people were trapped in the elevator when it broke down. 电梯坏了, 五个人被困在里面。Diàntī huài le, wǔ ge rén bèi kùn zài lǐmian. **2** 使…落入圈套 shǐ…luòrù quāntào, 诱骗 yòupiàn
trap door（天花板/地板的）活门 (tiānhuābǎn/dìbǎn de) huómén

trapeze N（杂技表演）高空秋千 (zájì biǎoyǎn) gāokōng qiūqiān

trapper N 设陷阱捕猎者 shè xiànjǐng bǔlièzhě

trappings N（标志地位级别的）服饰 (biāozhì dìwèi jíbié de) fúshì

trash I N **1** 垃圾货 lājīhuò
trash bag 垃圾袋 lājīdài
trash bin 垃圾箱 lājīxiāng
trash can 垃圾桶 lājītǒng
to talk trash 说污辱性的话 shuō wūrǔxìng dehuà
2 一钱不值的东西/人 yì qián bù zhí de dōngxi/rén
II V **1** 把…说得一钱不值 bǎ… shuó de yì qián bù zhí, 抨击 pēngjī **2** 损坏 sǔnhuài

trashy ADJ 垃圾般的 lājī bān de, 一钱不值的 yì qián bù zhí de

trauma N 痛苦经历 tòngkǔ jīnglì
emotional trauma 精神创伤 jīngshén chuāngshāng

traumatic ADJ 痛苦的 tòngkǔ de, 造成精神创伤的 zàochéng jīngshén chuāngshāng de
a traumatic experience 痛苦的经历 tòngkǔ de jīnglì

traumatize V 使…受到精神创伤 shǐ…shòudào jīngshén chuāngshāng, 使…痛苦 shǐ…tòngkǔ

travel I V **1** 旅行 lǚxíng □ After their retirement, the old couple will travel all over America. 老夫妻退休以后, 要在美国各地旅行。Lǎo fūqī tuìxiū yǐhòu, yào zài Měiguó gèdì lǚxíng. **2** 传（递）chuán (dì) □ Light travels at an astonishing speed. 光以惊人的速度传递。Guāng yǐ jīngrén de sùdù chuándì.
II N 旅行 lǚxíng □ What are your travel plans like this summer? 今年夏天有什么旅行计划? Jīnnián xiàtiān yǒu shénme lǚxíng jìhuà?
travel agency 旅行社 lǚxíngshè
travel alarm clock 旅行闹钟 lǚxíng nàozhōng

traveler N 旅行者 lǚxíngzhě, 旅客 lǚkè
traveler's check 旅行支票 lǚxíng zhīpiào

traverse V 横越 héngyuè, 穿过 chuānguò

travesty N 嘲弄 cháonòng, 歪曲 wāiqū

trawl V **1** 拖网 tuōwǎng [M. WD 张 zhāng] **2** 搜寻 sōuxún, 查找 cházhǎo

trawler N 拖网渔轮 tuōwǎng yúlún [M. WD 艘 sōu]

tray N 托盘 tuōpán

treacherous ADJ **1** 阴险的 [+人] yīnxiǎn de [+rén], 背信弃义的 bèixìn qìyì de **2**（暗藏）危险的 [+天气] (àncáng) wēixiǎn de [+tiānqì]

treachery N 背叛（行为）bèipàn (xíngwéi), 背信弃义 bèi xìn qì yì

tread (PT **trod**; PP **trodden**) I v 轻轻地踩踏 qīngqīng de cǎità

to tread carefully 做事十分小心 zuòshì shífēn xiǎoxīn, 言行谨慎 yánxíng jǐnshèn

II N 1 轻轻的脚步（声）qīngqīng de jiǎobù (shēng) 2 轮胎花纹 lúntāi huāwén

treadmill N 1 踏步机 tàbùjī 2 单调枯燥的生活／工作 dāndiào kūzào de shēnghuó/gōngzuò

treason N 叛国罪 pànguózuì, 通敌罪 tōngdízuì

high treason 严重叛国罪 yánzhòng pànguózuì

treasure I N 1 珍宝 zhēnbǎo, 宝藏 bǎozàng

treasure house 宝库 bǎokù

family treasure 传家宝 chuánjiābǎo

2 珍贵的人 zhēnguì de rén

II v 珍藏 zhēncáng, 珍惜 zhēnxī

treasurer N 财务主管 cáiwù zhǔguǎn, 司库 sīkù

treat I v 1 对待 duìdài □ He is believed to treat his parents badly. 据说他对待父母不好。Jùshuō tā duìdài fùmǔ bù hǎo. **2** 款待 kuǎndài, 请客 qǐngkè □ Angie treated everyone to an icecream. 安琪请大家吃冰淇淋。Ānqí qǐng dàjiā chī bīngqílín. **3** 治疗 zhìliáo □ Over a dozen people were treated for food poisoning over the weekend. 周末医治了十来个食物中毒的病人。Zhōumò yīzhìle shílái ge shíwù zhòngdú de bìngrén.

II N 1 难得的好东西 nándé de hǎo dōngxi □ Roast duck? What a treat! 烤鸭? 真棒! Kǎoyā? Zhēn bàng! **2** 请客 qǐngkè □ This is my treat! 我请客。Wǒ qǐngkè.

treatable ADJ 可医治的 kě yīzhì de

treatise N 专题论文 zhuāntí lùnwén [M. WD 篇 piān]

treatment N 1 治疗 zhìliáo □ Prompt and successful treatment saved his life. 及时而成功的治疗救了他的性命。Jíshí ér chénggōng de zhìliáo jiùle tāde xìngmìng. **2** 对待 duìdài □ In some countries foreigners get special treatment. 在有些国家外国人得到特殊的对待。Zài yǒuxiē guójiā wàiguó rén dédao tèshū de duìdài.

treaty N 条约 tiáoyuē □ The two countries signed a non-aggression treaty. 两国签订了互不侵犯条约。Liǎngguó qiāndìngle hù bù qīnfàn tiáoyuē.

treble¹ N（音乐的）最高音部 (yīnyuè de) zuì gāo yīnbù

treble² v 成为三倍 chéngwéi sānbèi, 增加两倍 zēngjiā liǎngbèi

tree N 树（木）shù (mù) [M. WD 棵 kē], 乔木 qiáomù □ Ronny tied his hammock to two trees. 罗尼把吊床结在两棵树上。Luóní bǎ diàochuáng jié zài liǎng kē shùshang.

not to see the wood for the trees 见树不见林 jiàn shù bú jiàn lín

treehouse 树上小屋 shù shàng xiǎo wū

tree surgery 树木修整（术）shùmù xiūzhěng (shù)

treetop N 树梢 shùshāo

tree-trunk N 树干 shùgàn

trek I v 长途艰苦跋涉 chángtú jiānkǔ báshè II N See **trekking**

trekking N 长途跋涉 chángtú báshè

trellis N 攀缘植物架 pānyuánzhíwùjià

tremble N, v 发抖 fādǒu, 颤抖 chàndǒu

tremendous ADJ 1 巨大的 jùdà de, 非常的 fēicháng de

tremor N 1（大地的）轻微震动 (dàdì de) qīngwēi zhèndòng 2（人体的）颤抖 (réntǐ) chàndǒu, 发抖 fādǒu

trench N 1 地沟 dìgōu [M. WD 条 tiáo], 壕沟 háogōu [M. WD 条 tiáo] 2 战壕 zhànháo [M. WD 条 tiáo]

trench coat 长雨衣 cháng yǔyī, 风衣 fēngyī

trenchant ADJ 尖刻的 jiānkè de, 直言不讳的 zhíyán búhuì de

trend N 趋势 qūshì, 趋向 qūxiàng □ Which country sets the fashion trends now? 现在哪个国家领导时尚趋势? Xiànzài nǎ ge guójiā lǐngdǎo shíshàng qūshì?

trendsetter N 开创新潮流的人 kāichuàng xīn cháoliú de rén

trendy ADJ 新潮的 xīncháo de

trepidation N 恐惧不安 kǒngjùbù'ān

trespass v 非法进入 [+私人土地] fēifǎ jìnrù [+sīrén tǔdì]

trespasser N 擅自进入者 shànzì jìnrùzhě

trespassing N 非法进入私人土地 fēifǎ jìnrù sīrén tǔdì

trial N 1 审判 shěnpàn, 审理 shěnlǐ □ The case comes up for trial next week. 这个案件下周审判。Zhè ge ànjiàn xià zhōu shěnpàn. **2** 试验 shìyàn □ The clinical trial of the new drug was successful. 新药的临床试验很成功。Xīn yào de línchuáng shìyàn hěn chénggōng. **3** 试用 shìyòng □ I was employed for a trial period before a contract was offered. 我先被试用了一段时间,才会到合同。Wǒ xiān bèi shìyòngle yí duàn shíjiān, cái nádào hétong.

trial and error 反复试验 fǎnfù shìyàn

trial balloon 试探汽球 shìtàn qìqiú, 试探性言行 shìtànxìng yánxíng

trial run（办法）试行 (bànfǎ) shìxíng,（飞机）试航 (fēijī) shìháng,（汽车）试开 (qìchē) shìkāi

triangle N 三角（形）sānjiǎo (xíng)

triangular ADJ 三角（形）的 sānjiǎo (xíng) de

tribe N 部落 bùluò □ The anthropologist did field work among a tribe in Papua New Guinea. 这位人类学家在巴布亚新几内亚的一个部落里作实地调查。Zhè wèi rénlèixuéjiā zài Bābùyà Xīnjǐnèiyà de yí ge bùluò lǐ zuò shídì diàochá.

tribulation N 苦难 kǔnàn, 艰难 jiānnán

tribunal N 特别法庭 tèbié fǎtíng

tributary N 支流 zhīliú [M. WD 条 tiáo]

tribute N 1 颂词 sòngcí 2 礼品 lǐpǐn [M. WD 件 jiàn]

to pay last tribute to（向遗体）告别 (xiàng yítǐ) gàobié

triceps N（手臂上）三头肌 (shǒubì shàng) sāntóujī

trick I N 1 花招 huāzhāo □ He always has a trick up his sleeve. 他总是有新花招。Tā zǒngshì yǒu xīn huāzhāo.

dirty trick 卑鄙伎俩 bēibǐ jìliǎng

to play tricks on 戏弄 xìnòng

2 诀窍 juéqiào □ There's no trick to it—practice makes perfect. 没有什么诀窍—熟能生巧。Méiyǒu shénme juéqiào—shú néng shēng qiǎo.

trick of the trade 行业的绝招 hángyè de juézhāo

3 戏法 xìfǎ, 魔术 móshù □ He can do some clever card tricks. 他会变几套巧妙的纸牌戏法。Tā huì biàn jǐ tào qiǎomiào de zhǐpái xìfǎ.

II v 欺骗 qīpiàn □ I don't want to trick you. 我不想欺骗你。Wǒ bù xiǎng qīpiàn nǐ.

trick or treat 不给好东西吃, 就捣乱 bù gěi hǎo dōngxi chī, jiù dǎoluàn

trickery N 耍花招 shuǎ huāzhāo, 欺骗 qīpiàn

trickle I v 一滴一滴地流 yì dī yì dī de liú, 细流 xìliú II N 细流 xìliú

trickle-down effect N 滴水效应 dīshuǐ xiàoyìng

trickster N 骗子 piànzi

tricky ADJ 1 不容易对付的 bù róngyì duìfu de 2 诡计多端的 guǐjì duō duān de

tricycle N（小孩的）三轮自行车 (xiǎohái de) sānlún zìxíngchē

trident N 三叉戟 sānchājǐ

tried ADJ (tried and tested) 经过反复证明的 jīngguò fǎnfù zhèngmíng de

trifle I N 1 无价值的东西 wú jiàzhí de dōngxi, 小事 xiǎoshì

a trifle 有点儿 yǒudiǎnr

2 蛋糕甜食 dàngāo tiánshí

II v (to trifle with) 小看 xiǎokàn, 轻慢 qīngmàn

trigger I N 1（枪）扳机 (qiāng) bānjī 2 引发（问题的）因素 yǐnfā (wèntí de) yīnsù yǐnfā (wèntí de) yīnsù, 导火线 dǎohuǒxiàn II v (to trigger off) 引发 yǐnfā, 引起 yǐnqǐ

trigger-happy ADJ 随便开枪的 [+警察] suíbiàn kāiqiāng de [+jǐngchá]

trigonometry N (数学中的)三角(学) (shùxué zhōngde) sānjiǎo (xué)

trike N See **tricycle**

trilateral ADJ 三边的 sān biān de, 三方的 sān fāng de

trillion NUM (一)万亿 (yí) wàn yì

trilogy N (小说／电影)三部曲 (xiǎoshuō/diànyǐng) sānbùqǔ

trim I v 1 修剪 [+胡子] xiūjiǎn [+húzi] 2 削减 [+预算] xuējiǎn [+yùsuàn] II ADJ 1 整洁的 [+花园] zhěngjié de [+xiǎohuāyuán] 2 苗条的 [+女子] miáotiao de [+nǚzǐ], 修长的 xiūcháng de III N 1 修剪 xiūjiǎn 2 镶边(装饰) xiāngbiān (zhuāngshì)

trimmings N 1 配菜 pèicài 2 细小的装饰 xìxiǎo de zhuāngshì

trinket N 小饰品 xiǎo shìpǐn, 不值钱的小玩物 bùzhí qián de xiǎo wánwù

trio N 三重唱／奏 sānchóngchàng/zòu

trip I N 1 [短途+] 旅行 [duǎntú+] lǚxíng □ You can take a trip to the seaside by coach. 你可以乘长途汽车去海边。Nǐ kěyǐ chéng chángtú qìchē qù hǎibiān.
business trip 出公差 chū gōngchāi
2 (服毒品后的)幻觉 (fú dúpǐn hòu de) huànjué 3 绊倒 bàndǎo
II v 1 绊倒 bàndǎo
to trip sb up ① 把某人绊倒 bǎ mǒurén bàndǎo ② 使某人犯错 shǐ mǒurén fàncuò
2 轻快的走路 qīngkuài de zǒulù

tripe N 1 牛／猪肚 niú/zhūdǔ 2 胡编乱说的东西 húbiān luànshuō de dōngxi, 废话 fèihuà

triple I ADJ 有三部分的 yǒu sān bùfēn de, 三个人的 sānge rén de
triple digits 三位数 sānwèishù
triple jump 三级跳(运动) sānjítiào (yùndòng)
triple play (棒球)三重杀 (bàngqiú) sānchóngshā
II v 使…成为三倍 shǐ...chéngwéi sānbèi, 使…增加两倍 shǐ...zēngjiā liǎngbèi

triplet N 三胞胎中的一个 sānbāotāi zhōng de yí ge

triplets N 三胞胎 sānbāotāi

triplicate N (in triplicate) 一设三份的 yí shè sān fèn de

tripod N 三脚架 sānjiǎojià

trite ADJ 老一套的 lǎoyítào de, 陈腐的 chénfǔ de

triumph I N 胜利 shènglì, 成就 chéngjiù, 成功 chénggōng
a triumph over adversary 战胜逆境取得的成功 zhànshèng nìjìng qǔdé de chénggōng
II v 战胜 zhànshèng, 获胜 huòshèng

triumphal ADJ 庆功的 qìng gōng de, 凯旋的 kǎixuán de
a triumphal parade 庆功大游行 qìng gōng dà yóuxíng

triumphant ADJ 胜利的 shènglì de, 成功的 chénggōng de

trivia N 琐碎的小事 suǒsuì de xiǎoshì, 细节 xìjié

trivial ADJ 微不足道的 wēi bù zú dào de, 不值一提的 bùzhí yì tí de

trod See **tread**

trodden See **tread**

troll N (北欧传说中的)妖精 (Běi'ōu chuán shuō zhōngde) yāojing

trolley N (有轨)电车 (yǒu guǐ) diànchē [m. wp 辆 liàng]
trolley car 有轨电车 yǒuguǐ diànchē

trolleybus N 无轨电车 wúguǐ diànchē [m. wp 辆 liàng]

trombone N 长号 chánghào [m. wp 把 bǎ]

troop I N (troops) 部队 bùduì, 军队 jūnduì □ The U.N. has sent peace-keeping troops to that region. 联合国已经向那个地区派遣维持和平部队。Liánhéguó yǐjīng xiàng nà ge dìqū pàiqiǎn wéichí hépíng bùduì.
troops·deployment 调遣部队 diàoqiǎn bùduì

combat troops 战斗部队 zhàndòu bùduì
crack troops 精锐部队 jīngruì bùduì
regular troops 正规部队 zhèngguībùduì
II v 成群结队地走 chéngqún jiéduì de zǒu

trooper N (美国)州警察 (Měiguó) zhōu jǐngchá

trophy I N 1 奖杯 jiǎngbēi, 奖牌 jiǎngpái
trophy cabinet 奖杯／奖牌陈列柜 jiǎngbēi/jiǎngpái chénlièguì
2 战利品 zhànlìpǐn

tropical ADJ 热带的 rèdài de □ The mango is a tropical fruit. 芒果是热带水果。Mángguǒ shì rèdài shuǐguǒ.

tropics N 热带(地区) rèdài (dìqū)

trot v 1 [马+] 小跑 [mǎ+] xiǎopǎo 2 [人+] 慢跑 [rén+] màn pǎo

trouble I N 1 麻烦 máfan, 烦恼 fánnǎo □ My computer keeps giving me trouble whenever I try to save a document. 我只要想储存文件，电脑就给我麻烦。Wǒ zhǐ yào xiǎng chǔcún wénjiàn, diànnǎo jiù gěi wǒ máfan. □ This dish is a lot of trouble to prepare. 这道菜做起来很烦。Zhè dào cài zuòqǐlai hěn máfan. 2 病 bìng, 病痛 bìngtòng □ He's had back trouble since he worked on the farm. 他自从在农场劳动以来，就有腰背疼的毛病。Tā zìcóng zài nóngchǎng láodòng yǐlái, jiù yǒu yāobèi téng de máobìng.
II v 麻烦 máfan □ I'm sorry to have troubled you. 对不起，麻烦你了。Duìbuqǐ, máfan nǐ le. □ May I trouble you for more coffee? 麻烦您再给我些咖啡吗? Kěyǐ máfan nín zài gěi wǒ xiē kāfēi ma?
to be asking for trouble 自找麻烦 zì zhǎo máfan
to be in trouble 遇到麻烦 yùdao máfan □ You'll be in big trouble if you annoy your boss any more. 你再惹老板生气，就要遇到大麻烦。Nǐ zài rě lǎobǎn shēngqì, jiù yào yùdao dà máfan.

troubled ADJ 忧虑的 yōulǜ de, 担忧的 dānyōu de

troublemaker N 捣蛋鬼 dǎodàn guǐ, 捣蛋分子 dǎodàn fènzi

troubleshooter N 调解人 tiáojiěrén, 解决难题的人 jiějué nántí de rén

troubleshooting N 调解 tiáojiě, 解决难题 jiějué nántí

troublesome ADJ (引起)麻烦的 (yǐnqǐ) máfan de, 讨厌的 tǎoyàn de

trouble spot N 麻烦地带 máfan dìdài, 多事之地 duōshì zhī dì

trough N 1 食槽 shícáo, 水槽 shuǐcáo 2 山谷 shāngǔ, 浪谷 lànggǔ 3 低谷(期) dīgǔ (qī), 萧条期 xiāotiáoqī
from peak to trough 从高峰到低谷 cóng gāofēng dào dīgǔ

trounce v 以高分打败 yǐ gāofēn dǎbài

troupe N 歌舞团 gēwǔtuán, 剧团 jùtuán

trousers N 裤子 kùzi [m. wp 条 tiáo]

trout N 鳟鱼 zūnyú [m. wp 条 tiáo]

truancy N 逃学 táoxué

truant I ADJ 逃学的 táoxué de II N 逃学的学生 táoxué de xuésheng

truce N 停战(协定) tíngzhàn (xiédìng), 休战 xiūzhàn

truck I N 1 卡车 kǎchē [m. wp 辆 liàng] □ The truck is loaded down with hay. 卡车装满了干草。Kǎchē zhuāngmǎnle gāncǎo.
truck driver 卡车司机 kǎchē sījī
truck stop (路旁廉价)饭店 (lùpáng liánjià) fàndiàn
baggage truck 垃圾车 lājīchē
delivery truck 送货车 sònghuòchē
pickup truck 敞篷小货车 chǎngpéng xiǎohuòchē
2 手推车 shǒutuīchē [m. wp 辆 liàng] 3 (have no truck with) 不与…来往 bù yǔ...láiwǎng, 不与…打交道 bù yǔ...dǎ jiāodao
II v 用卡车装运 yòng kǎchē zhuāngyùn

trucking N 货车运输业 huòchē yùnshūyè

truckload N 一货车货物 yí huòchē huòwù, 货车装载量 (huòchē) zhuāngzàiliàng

truculent ADJ 好斗的 hǎo dǒu de, 易怒的 yì nù de

trudge I V 吃力地走 chīlì de zǒu, 艰难地走 jiānnán de zǒu II N 长途跋涉 chángtú báshè

true I ADJ 1 真的 zhēn de, 真实的 zhēnshí de □ "Is it true that Cindy and Rafael are dating?" "Yes, it's true." "辛蒂和拉菲尔在谈恋爱, 这是真的吗?" "是的。" "Xīndì hé Lāfēi'ěr zài tánliàn'ài, zhè shì zhēn de ma?" "Shì zhēnde." 2 真诚的 zhēnchéng de □ Where can I find true love? 我在哪里能找到真诚的爱情? Wǒ zài nǎlǐ néng zhǎodao zhēnchéng de àiqíng?

  true to one's word 信守诺言 xìnshǒu nuòyán, 说到做到 shuōdào zuòdào

  true to one's principle 忠实于原则 zhōngshí yú yuánzé, 遵循自己的原则 zūnxún zìjǐ de yuánzé

  to come true 实现 shíxiàn □ His dream came true when he was appointed coach of the basketball team at his alma mater. 他被任命为母校的篮球队教练, 梦想成真了。Tā bèi rènmìngwéi mǔxiào de lánqiúduì jiàoliàn, mèngxiǎng chéng zhēn le.

II N (out of true) 不正 bú zhèng, 不直 bù zhí

true-false ADJ (a true-false question) 是非题 shìfēití, 正误题 zhèngwùtí

true-life ADJ 以事实为依据的 yǐ shìshí wéi yījù de, 真实的 zhēnshí de

truffle N 1 巧克力软糖 qiǎokèlì ruǎntáng [M. WD 块 kuài] 2 块菌 kuàijūn

truism N 不言自明的道理 bù yán zì míng de dàoli

truly ADV 1 真实地 zhēnshí de, 确实 quèshí 2 准确地 zhǔnquè de

  really and truly 千真万确 (地) qiānzhēn wànquè (de)

trump N 王牌 wángpái, 将牌 jiàngpái II V 1 打出王牌 dǎchū wángpái 2 胜过 shèngguò

trumped-up ADJ 捏造的 [+罪名] niēzào de [+zuìmíng]

trumpet I N 喇叭 lǎba [M. WD 把 bǎ], 小号 xiǎohào [M. WD 把 bǎ] II V 自吹自擂的 zìchuī zìléi de, 自我吹嘘 zìwǒ chuīxū

truncated ADJ 缩短了的 suōduǎnle de

trunk N 1 树干 shùgàn [M. WD 根 gēn] □ They had to remove the tree as its trunk was rotting. 这棵树的树干烂了, 只能把树除掉。Zhè kē shù de shùgàn làn le, zhǐ néng bǎ shù chúdiao. 2 大箱子 dà xiāngzi [M. WD 只 zhǐ] □ I don't know what's inside the trunk in the attic. 阁楼上的那只大箱子里有什么, 我不知道。Gélóushang de nà zhī dà xiāngzi lǐ yǒu shénme, wǒ bù zhīdào. 3 (人体) 躯干 (réntǐ) qūgàn 4 大象鼻子 dàxiàng bízi, 象鼻 xiàngbí

trunks N (swimming trunks) 男式游泳裤 nánshì yóuyǒngkù [M. WD 条 tiáo]

trust I V 信任 xìnrèn □ The editorial says that more and more people don't trust politicians. 社论说, 越来越多的人不信任政客了。Shèlùn shuō, yuèláiyuè duō de rén bú xìnrèn zhèngkè le. □ On every U.S. coin and bill are printed the words "In God We Trust". 在美国的钱币上都写着 "我们信任上帝"。Zài Měiguó de qiánbìshang dōu xiězhe "wǒmen xìnrèn Shàngdì". II N 1 信任 xìnrèn □ Dr Chen enjoys the complete trust of his patients. 陈医生得到病人的彻底信任。Chén yīshēng dédao bìngrén de chèdǐ xìnrèn. 2 信托 xìntuō, 信托基金 xìntuō jījīn □ Her wealthy parents have set up a trust for her. 她富有的父母已经为她建立了信托基金。Tā fùyòu de fùmǔ yǐjīng wèi tā jiànlìle xìntuō jījīn.

trustee N 1 受托人 shòutuōrén 2 理事会成员 lǐshìhuì chéngyuán, 理事 lǐshi

trusting ADJ 容易信任别人的 róngyì xìnrèn biéren de, 轻信的 qīngxìn de

trustworthy ADJ 值得信赖的 zhíde xìnlài de, 可以信任的 kěyǐ xìntuō de

truth N 1 真相 zhēnxiàng, 真话 zhēnhuà □ Please tell me the truth. Did you borrow my iPod? 你对我说真话, 有没有借我的iPod? Nǐ duì wǒ shuō zhēnhuà, yǒuméiyǒu jiè wǒ de iPod? 2 真理 zhēnlǐ □ Many people believe that Darwin's theory of evolution is a scientific truth. 许多人相信, 达尔文的进化论是科学真理。Xǔduō rén xiāngxìn, Dá'ěrwén de jìnhuàlùn shì kēxué zhēnlǐ.

  to tell the truth 说真的 shuō zhēn de □ To tell the truth, I've never trusted her. 说真的, 我从来没有信任过她。Shuō zhēn de, wǒ cónglái méiyǒu xìnrènguo tā.

truthful ADJ 诚实的 chéngshí de, 说真话的 shuō zhēnhuà de

try I V 1 试 shì, 试图 shìtú □ Please try to be here on time. 请尽量准时到。Qǐng jǐnliàng zhǔnshí dào. □ Let's try the rear door. 我们试试后门吧。Wǒmen shìshi hòumén ba. 2 审问 shěnwèn □ The computer wizard was tried for hacking. 这个电脑鬼才因为非法进入他人电脑而受审。Zhège diànnǎo guǐcái yīnwèi fēifǎ jìnrù tārén diànnǎo ér shòushěn. II N 试 shì, 尝试 chángshì □ On the third try, the pole vaulter made a clean jump. 撑竿运动员第三次试跳时轻松地跃过栏杆。Chēnggān yùndòngyuán dìsān cì shì tiào shí qīngsōng de yuèguo lángān.

  to try ... on 试穿 shìchuān □ Can I try this coat on? 我可以试穿这件上衣吗? Wǒ kěyǐ shìchuān zhè jiàn shàngyī ma?

  to try ... out 测试 cèshì □ It's best to try out the drug on animals first. 最好先在动物身上测试这种药。Zuìhǎo xiān zài dòngwù shēnshang cèshì zhè zhǒng yào.

  to try one's luck 碰碰运气 pèngpeng yùnqi □ At first he thought he would just try his luck at the casino. 一开始, 他只是想在赌场试试运气。Yì kāishǐ, tā zhǐshì xiǎng zài dǔchǎng shìshi yùnqi.

trying ADJ 使人厌烦的 shǐrén yànfán de, 恼人的 nǎorén de

tryout N 1 (运动员的) 选拔 (yùndòngyuán de) xuǎnbá 2 (文艺节目) 试演 (wényì jiémù) shìyǎn

Tsar N (俄国) 沙皇 (Éguó) Shāhuáng

T-shirt N T恤衫 tǐxùshān [M. WD 件 jiàn], 短袖运动衫 duǎnxiù yùndòngshān [M. WD 件 jiàn]

tub N 浴缸 yùgāng, 澡盆 zǎopén

tuba N 大号 dàhào

tubby ADJ 矮胖的 ǎipàng de

tube N 管 guǎn, 管道 guǎndào

  tube of toothpaste 一管牙膏 yì guǎn yágāo

  test tube 试管 shìguǎn

  to go down the tubes 被毁掉 bèi huǐdiào

tuberculosis N 结核病 jiéhébìng, 肺结核 fèijiéhé

tubing N 管道 guǎndào, 管子 guǎnzi

tubular ADJ 管状的 guǎnzhuàng de, 用管子制作的 yòng guǎnzi zhìzuò de

tuck I V 1 把 [+衣服] 塞进 bǎ [+yīfu] sāi jìn

  to tuck one's shirt in 把衬衣下摆塞进去 bǎ chènyī xiàbǎi sāijìnqu

  to tuck sb in 给某人掖被子 gěi mǒurén yè bèizi 2 收藏 shōucáng, 藏起来 cángqǐlai II N 1 (衣服的) 缝褶 (yīfu de) féngzhe 2 小整容手术 xiǎo zhěngróng shǒushù

  tummy tuck 腹部整平手术 fùbù zhěngpíng shǒushù

Tuesday N 星期二 xīngqī'èr, 周二 zhōu'èr

tug I V 1 拉 lā, 拖 tuō

  to tug at one's heartstrings 触动某人的心 chùdòng mǒurén de xīn II N 1 猛拉 měng lā, 拖 tuō 2 感情上的触动 gǎnqíng shàng de chùdòng 3 (tugboat) 拖船 tuōchuán [M. WD 艘 sōu]

tug-of-war N 拔河 (比赛) báhé (bǐsài)

tuition N 1 学费 xuéfèi □ Her parents have agreed to pay for her college tuition. 她的父母同意为她付大学学费。Tāde fùmǔ tóngyì wéi tā fù dàxué xuéfèi. 2 教学 jiàoxué

tulip N 郁金香（花）yùjīnxiāng (huā) [M. WD 朵 duǒ/棵 kē]

tumble I v 1 倒下 dǎoxià, 跌倒 diēdǎo 2 [价格+] 猛跌 [jiàgé+] měngdiē II v（从高处）倒下（cóng gāochù）dǎoxià, 跌倒 diēdǎo

tumbledown ADJ 摇摆欲坠的 yáobǎi yù zhuì de

tumbler N 无柄玻璃杯 wú bǐng bōlibēi

tummy N 肚子 dùzi

tumor N 肿瘤 zhǒngliú

　benign tumor 良性肿瘤 liángxìng zhǒngliú

　malignant tumor 恶性肿瘤 èxìng zhǒngliú

tumult N 1（一大群人的）混乱场面（yídàqún rén de）hùnluàn chǎngmiàn 2 烦乱的情绪 fánluàn de qíngxù

tumultuous ADJ 极其混乱的 jíqí hùnluàn de, 乱哄哄的 luànhōnghōng de

tuna N 金枪鱼 jīnqiāngyú [M. WD 条 tiáo]

tundra N 冻土带 dòngtǔdài, 冻原 dòngyuán

tune I N 曲调 qǔdiào □ That song has a beautiful tune. 那首歌的曲调很美。Nà shǒu gē de qǔdiào hěn měi.

　out of tune 走调 zǒu diào

　to change one's tune 改变言论 gǎibiàn yánlùn □ The politician changed his tune after his meeting with the President. 这个政客和总统会见以后，改变了论调。Zhè ge zhèngkè hé zǒngtǒng huìjiàn yǐhòu, gǎibiànle lùndiào.

II v 1 调音 tiáoyīn □ My uncle knows how to tune a piano. 我的舅舅会给钢琴调音。Wǒ de jiùjiu huì gěi gāngqín tiáo yīn. 2 调整 [+机器] tiáozhěng [+jīqi] □ The engine needs tuning. 发动机要调整一下。Fādòngjī yào tiáozhěng yíxià. 3 调整频道 tiáozhěng píndào □ He tuned to the local radio station for the weather forecast. 他调到当地电台，听天气预报。Tā tiáodao dāngdì diàntái, tīng tiānqì yùbào.

tuner N 1（钢琴）调音师（gāngqín）tiáoyīnshī 2（电视/收音机）调谐器（diànshìjī/shōuyīnjī）tiáoxiéqì

tune-up N（发动机的）调试（fādòngjī de）tiáoshì

tunic N 长袍 chángpáo [M. WD 件 jiàn]

tunnel I N 1 隧道 suìdào [M. WD 条 tiáo] 2 地道 dìdao [M. WD 条 tiáo]

　tunnel vision 管状视 guǎnzhuàngshì, 狭隘的眼光 xiá'ài de yǎnguāng

II v 挖掘隧道/地道 wājué suìdào/dìdao

turbine N 涡轮机 wōlúnjī [M. WD 台 tái]

turbulence N 1 强气流 qiángqìliú, 湍急水流 tuānjí shuǐliú 2 骚乱 sāoluàn, 骚动 sāodòng

turbulent ADJ 骚乱的 sāoluàn de, 动乱的 dòngluàn de

turf N 1（人工）草皮（réngōng）cǎopí 2（自己的）地盘（zìjǐ de）dìpán

　turf war [帮派间的+] 地盘争夺战 [bāngpài jiān de+] dìpán zhēngduózhàn

turgid ADJ 1 枯燥难懂的 kūzào nándǒng de 2 肿胀的 zhǒngzhàng de

turkey N 1 火鸡 huǒjī [M. WD 只 zhī] 2 失败的电影/剧作 shībài de diànyǐng/jùzuò

turmoil N 混乱（状态）hùnluàn (zhuàngtài), 动乱 dòngluàn

turn I v 1 转 zhuǎn, 转向 zhuǎnxiàng □ She turned to see who was calling her. 她转过身来看谁在叫她。Tā zhuǎnguo shēn lai kàn shéi zài jiào tā. □ The lid is so tight I can't turn it. 盖子紧得我拧不开。Gàizi jǐn de wǒ nǐngbukāi. 2 拐 guǎi, 打弯 dǎwān □ Go down the street and turn left at the first traffic lights. 沿着马路往前走，到第一个红绿灯的地方向左拐。Yánzhe mǎlù wàng qián zǒu, dào dìyī ge hónglǜdēng de dìfang xiàng zuǒ guǎi. □ The car suddenly turned to the right. 汽车突然向右拐。Qìchē tūrán xiàng yòu guǎi. 3 变 biàn, 变为 biànwéi □ Leaves turn yellow in fall. 树叶在秋天变黄。Shùyè zài qiūtiān biàn huáng. □ Wait till the lights turn green. 要等到绿灯才能走。Yào děngdao lǜdēng cái néng zǒu. 4 翻 fān □ Children, turn your books to page 35. 孩子们，把书翻到三十五页。Háizimen, bǎ shū fāndao sānshíwǔ yè.

　to turn off 关掉 guāndiao, 关上 guānshang

　to turn on 打开 dǎkāi

II N 1 轮到 lúndao □ Whose turn is it? 轮到谁了？Lúndao shéi le? □ They took turns staying with their sick mother. 他们轮流陪生病的母亲。Tāmen lúnliú péi shēngbìng de mǔqin. 2 转动 zhuàndòng □ He gave the handle a turn and pushed open the door. 他转动了一下把手，推开门。Tā zhuàndòngle yíxià bǎshǒu, tuīkāi mén. 3 转弯 zhuǎnwān □ The road took a sudden turn to the left. 道路突然向左转弯。Dàolù tūrán xiàng zuǒ zhuǎnwān.

　to do a good turn 帮助人 bāngzhu rén, 做好事 zuò hǎoshì

4 变化 biànhuà

　to take a turn for the better/worse 好转/恶化 hǎozhuǎn/èhuà □ The patient's condition took a turn for the worse at night. 夜里病人的情况恶化了。Yèlǐ bìngrén de qíngkuàng èhuà le.

turnabout N 一百八十度大转弯 yìbǎi bāshí dù dà zhuǎnwān, 彻底改变 chèdǐ gǎibiàn

turnaround N 好转 hǎozhuǎn, 脱离困境 tuōlí kùnjìng

turncoat N 叛徒 pàntú, 变节者 biànjiézhě

turning point N 转折点 zhuǎnzhédiǎn

turnip N 白萝卜 báiluóbo [M. WD 根 gēn]

turnkey ADJ 可立即使用的 [+计算机软件] kě lìjí shǐyòng de [+jìsuànjī ruǎnjiàn]

turnoff N 1 岔路 chàlù [M. WD 条 tiáo], 支路 zhīlù [M. WD 条 tiáo] 2 使人丧失兴趣的事 shǐrén sàngshī xìngqù de shì

turnout N 出席人数 chūxí rénshù, 投票人数 tóupiào rénshù

　a high/low voter turnout 选民投票人数多/少 xuǎnmín tóupiào rénshù duō/shǎo

turnover N 1 人员流动（率）rényuán liúdòng (lǜ) 2 现金流动 xiànjīn liúdòng 3 小馅饼 xiǎo xiànbǐng [M. WD 块 kuài]

turnpike N 付费高速公路 fùfèi gāosù gōnglù [M. WD 条 tiáo]

turntable N 1（唱机的）唱盘（chàngjī de）chàngpán 2（微波炉的）转盘（wēibōlú de）zhuànpán

turpentine N 松节油 sōngjiéyóu

turquoise N 1 绿松石 lǜsōngshí [M. WD 块 kuài] 2 绿松石色 lǜsōngshísè, 绿蓝色 lǜlánsè

turret N 小塔楼 xiǎo tǎlóu [M. WD 座 zuò]

turtle N 海龟 hǎiguī [M. WD 只 zhī], 乌龟 wūguī [M. WD 只 zhī]

turtleneck N 高翻领（毛衣/衬衣）gāo fānlǐng (máoyī/chènyī) [M. WD 件 jiàn]

tusk N 象牙 xiàngyá, 獠牙 liáoyá

tussle I N 扭打 niǔdǎ, 争斗 zhēngdòu II v 扭打 niǔdǎ, 争斗 zhēngdòu

tutor I N 私人教师 sīrén jiàoshī, 家庭教师 jiātíng jiàoshī II v 给…当私人教师 gěi…dāng sīrén jiàoshī, 辅导 fǔdǎo

tutorial I N 辅导课 fǔdǎokè II ADJ 辅导的 fǔdǎo de

tuxedo N 男式无尾礼服 nánshì wú wěi lǐfú

TV ABBREV See **television**

TV dinner N 电视便餐 diànshì biàncān [M. WD 份 fèn]

twang I N 1 鼻音 bíyīn 2 拨（琴）弦的嘣嘣声 bō (qín) xián de wēngwēng shēng II v 1 用鼻音说话 yòng bíyīn shuōhuà 2 [琴弦+] 发出嘣嘣声 [qínxián+] fāchū wēngwēng shēng

tweak v 1 捏 [+鼻子] niē [+bízi] 2 对 [+句子] 作小修改 duì [+jùzi] zuò xiǎo xiūgǎi

tweed N 粗花呢 cūhuāní

tweezers N 镊子 nièzi [M. WD 副 fù]

twelfth NUM 第十二 dì shí'èr

twelve NUM 十二 shí'èr, 12

twenty NUM 二十 èrshí, 20

twenty-one NUM 二十一点（纸牌游戏）èrshí yī diǎn (zhǐpái yóuxì)

twice ADV 1 两次 liǎng cì, 两遍 liǎng biàn □ She liked the movie so much she saw it twice. 她实在喜欢这部电影，看了两遍。Tā shízài xǐhuan zhè bù diànyǐng, kànle liǎng biàn. Once bitten, twice shy. 一朝被蛇咬，三年怕井绳。Yì zhāo

bèi shé yǎo, sān nián pà jǐngshéng. (→ Once bitten by a snake, one fears a well rope for the next three years.)
2 两倍 liǎng bèi □ He's earning twice as much as in his previous job. 他现在挣的钱是先前工作的两倍。Tā xiànzài zhèng de qián shì xiānqián gōngzuò de liǎng bèi.

twiddle v 抚弄 fǔnòng, 把玩 bǎwán
to twiddle one's thumbs 互绕大拇指 hù rào dàmuzhǐ, 闲得无聊 xián dé wúliáo

twig N （小）树枝 (xiǎo) shùzhī [m. wp 根 gēn]

twilight N 1 暮色 mùsè, 黄昏时分 huánghūn shífèn **2**（人生）晚年 (rénshēng) wǎnnián
twilight world 阴暗世界 yīn'àn shìjiè

twin I N 双胞胎中的一个 shuāngbāotāi zhōng de yí ge
fraternal twin 异卵双胞胎 yì luǎn shuāngbāotāi
identical twin 同卵双胞胎 tóng luǎn shuāngbāotāi
II ADJ 孪生的 luánshēng de
twin brother/sister 孪生兄弟／姐妹 luánshēng xiōngdì/jiěmèi
twin bed 双人床 shuāngrénchuáng

twine I N 双股线 shuānggǔxiàn II v 缠绕 chánrào, 盘绕 pánrào

twinge N 突然的刺痛 tūrán de cìtòng
a twinge of guilt 一阵内疚 yí zhèn nèijiù

twinkle v, N [灯光+]闪烁 [dēngguāng+] shǎnshuò, 闪耀 shǎnyào

twirl v, N （使…）旋转 (shǐ...) xuánzhuǎn, （使…）转动 (shǐ...) zhuǎndòng

twist I v 1 扭（转）niǔ (zhuǎn), 拧 nǐng
to twist one's ankle 扭伤脚踝 niǔshāng jiǎohuái
to twist one's arm 把某人的手臂反扭到背后 bǎ mǒurén de shǒubì fǎn niǔ dào bèihòu, 向某人施加压力 xiàng mǒurén shījiā yālì
to twist and turn [道路+] 弯弯曲曲 [dàolù+] wānwān qūqū
2 转动 [+瓶盖] zhuàndòng [+pínggài] **3** 曲解 [+语言] qūjiě [+yǔyán]
II N 1 意外情况 yìwài qíngkuàng **2** 缠绕的形状 chánrào de xíngzhuàng **3** 扭摆舞 niǔbǎiwǔ **4** 扭（转）niǔ (zhuǎn), 拧 nǐng

twisted ADJ 1 扭曲的 niǔqū de **2** 反常的 fǎncháng de, 变态的 biàntài de

twister N 龙卷风 lóngjuǎnfēng

twitch N, v [肌肉+] 抽搐 [jīròu+] chōuchù, 抽动 chōudòng

twitter v, N 1 [鸟+] 吱吱叫 [niǎo+] zhīzhījiào **2**（网络通讯）推特 tuītè (wǎngluò tōngxùn) tuītè

two NUM 二 èr, 两 liǎng
It takes two to tango. 要两个人才能跳探戈舞。Yào liǎng ge rén cái néng tiào tàngē wǔ.（一只碗不响，两只碗叮当。Yì zhī wǎn bù xiǎng, liǎng zhī wǎn dīngdāng. → While a bowl produces no sound, two bowls may make a lot of noise.)

two-bit ADJ 一钱不值的 yì qián bù zhí de, 微不足道的 wēi bù zú dào de

two-dimensional ADJ 二维的 èrwéi de, 平面的 píngmiàn de

two-faced ADJ 两面派的 liǎngmiànpài de, 两面三刀的 liǎngmiàn sāndāo de

two-piece ADJ 两件套的 [+服装] liǎng jiàn tào de [+fúzhuāng]

twosome N 一对搭档 yíduì dādàng

two-time v 偷情 tōuqíng

two-tone ADJ 双色的 [+服装／家具] shuāngsè de [+fúzhuāng/jiājù]

two-way ADJ 双向的 shuāngxiàng de
two-way trade 双向贸易 shuāngxiàng màoyì

tycoon N （工商）巨头 (gōngshāng) jùtóu [m. wp 位 wèi]

type I N 1 类型 lèixíng □ What type of car do you own? 你的汽车是什么类型的？Nǐ de qìchē shì shénme lèixíng de?
blood type 血型 xuèxíng
2 印刷字体 yìnshuā zìtǐ **3**（印刷用的）活字 (yìnshuā yòng de) huózì
II v 用打字机／电脑打字 yòng dǎzìjī/diànnǎo dǎzì

typeface N （印刷用的）字体 (yìnshuā yòng de) zìtǐ

typewriter N 打字机 dǎzìjī [m. wp 台 tái/架 jià]

typewritten ADJ 用打字机打出来的 yòng dǎzìjī dǎchulai de

typhoid, typhoid fever N 伤寒 shānghán

typhoon N 台风 táifēng

typhus N 斑疹伤寒 bānzhěnshānghán

typical ADJ 1 典型的 diǎnxíng de □ She is a fairly typical urban teenager. 她是一个相当典型的城市少女。Tā shì yí ge xiāngdāng diǎnxíng de chéngshì shàonǚ. **2** 一贯如此的 yí guàn rúcǐ de □ "Chloe forgot to turn off the computer last night." "Typical!" "科洛昨天晚上忘了关电脑。" "她一贯如此！" "Kēluò zuótiān wǎnshang wàngle guān diànnǎo." "Tā yí guàn rúcǐ!"

typically ADV 1 典型地 diǎnxíng de **2** 一向 yíxiàng, 向来 xiànglái

typify v 是…的典型 shì...de diǎnxíng, 成为…的典型 chéngwéi...de diǎnxíng

typing N 打字（工作）dǎzì (gōngzuò)

typist N 打字员 dǎzìyuán

typo N 排列／打字错误 páiliè/dǎzì cuòwù

tyrannical ADJ 暴政的 bàozhèng de, 专横的 zhuānhèng de

tyranny N 1 暴政 bàozhèng, 专制统治 zhuānzhì tǒngzhì **2** 专横 zhuānhèng, 暴虐 bàonüè

tyrant N 暴君 bàojūn

U, u

ubiquitous ADJ 到处都是的 dàochù dōu shì de, 无处不在的 wúchù bú zài de

udder N （母牛／母羊的）乳房 (mǔniú/mǔyáng de) rǔfáng

UFO (= Unidentified Flying Object) ABBREV 不明飞行物 bù míng fēixíng wù

ugh INTERJ 哎呀 āiyā

ugly ADJ 1 难看的 nánkàn de, 丑陋的 chǒulòu de □ The new sculpture in the park is described as ugly by the local paper. 公园里的新雕塑被地方报纸说成是丑陋的。Gōngyuán lǐ de xīn diāosù bèi dìfāng bàozhǐ shuōchéng shì chǒulòu de. **2** 险恶的 xiǎn'è de □ A fight broke out and things got pretty ugly. 爆发了斗殴，情况很险恶。Bàofāle dǎdòu, qíngkuàng hěn xiǎn'è.

uh INTERJ 嗯 ńg

UHF (= Ultra-High Frequency) ABBREV 超高频 chāogāopín

ulterior ADJ 隐秘 yǐnmì, 别有用心的 bié yǒu yòngxīn de
an ulterior motive 不可告人的动机 bùkě gàorén de dòngjī

ultimate I ADJ 1 最终的 [+目标] zuì zhōng de [+mùbiāo] **2** 最大的 [+责任] zuì dà de [+zérèn] II N 极端 jíduān
the ultimate in bad taste 品味差到极点 pǐnwèi chàdào jídiǎn

ultimately ADV 最终 zuìzhōng, 终于 zhōngyú

ultimatum N 最后通牒 zuìhòu tōngdié [m. wp 份 fèn]

ultrasonic ADJ 超声波的 chāoshēngbō de

ultraviolet ADJ 紫外线的 zǐwàixiàn de

umbilical cord N 脐带 qídài

umbrage N (to take umbrage) 生气 shēngqì, 感到愤怒 gǎndào fènnù

umbrella N （雨）伞 (yǔ) sǎn [m. wp 把 bǎ]

umpire N 裁判（员）cáipàn (yuán)

umpteenth ADJ 第无数次的 dì wúshùcì de, 数不清的 shǔ bù qīng de

U.N. (= the United Nations) ABBREV 联合国 Liánhéguó

U.N.O. (= the United Nations Organization) ABBREV 联合国组织 Liánhéguó zǔzhī

unabashed ADJ 毫不掩饰的 háobù yǎnshì de, 公开宣扬的 gōngkāi xuānyáng de

unabated ADJ 不减弱的 bù jiǎnruò de, 保持势头的 bǎochí shìtóu de

unable ADJ 不能 bù néng □ Charles is unable to play soccer tonight, as he has twisted his shoulder. 查尔斯今晚不能踢足球, 因为肩膀扭伤了。 Chá'ěrsī jīnwǎn bù néng tī zúqiú, yīnwèi jiānbǎng niǔshāng le.

unabridged ADJ 未删节的 wèi shānjié de, 全文的 quánwén de

unacceptable ADJ 不可接受的 bù kě jiēshòu de, 不能容忍的 bùnéng róngrěn de

unaccountable ADJ 1 无法解释的 [+现象] wúfǎ jiěshì de [+xiànxiàng], 不能理解的 bù néng lǐjiě de 2 独断独行的 [+官员] dúduàn dúxíng de [+guānyuán]

unacknowledged ADJ 未受注意的 wèi shòu zhùyì de, 未被承认的 wèi bèi chéngrèn de

unadulterated ADJ 纯粹的 chúncuì de, 完全的 wánquán de

unaffected ADJ 1 不受影响的 bú shòu yǐngxiǎng de 2 不装腔作势的 bù zhuāngqiāng zuòshì de, 自然的 zìrán de

unaided ADJ 没有外来帮助的 méiyǒu wàilái bāngzhù de, 独立的 dúlì de

un-American ADJ 非美国 (方式) 的 fēi Měiguó (fāngshì) de
   un-American activities 非美活动 fēi Měi huódòng

unanimous ADJ 一致的 yízhì de, 全体的 quántǐ de

unannounced ADJ 没有料想到的 méiyǒu liàoxiǎngdào de, 意外的 yìwài de

unanswered ADJ 未答复的 wèi dáfù de, 未回复的 wèi huífù de

unassuming ADJ 朴实无华的 pǔshí wúhuá de, 不摆架子的 bù bǎijiàzi de

unattached ADJ 1 没有 (恋爱) 对象的 [+青年] méiyǒu (liàn'ài) duìxiàng de [+qīngnián] 2 独立式的 [+车库] dúlì shì de [+chēkù]

unattended ADJ 无人照看的 wúrén zhàokàn de, 无人负责的 wúrén fùzé de

unauthorized ADJ 未经授权的 wèijīng shòuquán de, 未经批准的 wèijīng pīzhǔn de

unavailable ADJ 得不到的 débùdào de, 买不到的 mǎibùdào de

unavoidable ADJ 不可避免的 bùkě bìmiǎn de

unaware ADJ 未察觉的 wèi chájuédào de

unawares ADV 不知不觉地 bùzhī bùjué de, 无意中 wúyìzhōng
   to catch sb unawares 让某人措手不及 ràng mǒurén cuòshǒu bù jí

unbalanced ADJ 1 不平衡的 bù pínghéng de
   unbalanced budget 收支不平衡的 (的预算) shōuzhī bù pínghéng (de yùsuàn)
   2 不公允的 [+论点] bù gōngyǔn de [+lùndiǎn] 3 错乱失常的 [+精神状态] cuòluàn shīcháng de [+jīngshén zhuàngtài]

unbearable ADJ 无法忍受的 wúfǎ rěnshòu de, 不可容忍的 bùkě róngrěn de

unblemished ADJ 清白的 qīngbái de, 无污点的 wú wūdiǎn de

unbounded ADJ 无边无际的 wúbiān wújì de, 无限的 wúxiàn de

uncalled-for ADJ 不适当的 bú shìdāng de, 不必要的 bú bìyào de

uncanny ADJ 不可思议的 bùkě sīyì de, 离奇的 líqí de

uncertain ADJ 不确定的 bú quèdìng de, 不能决定的 bùnéng juédìng de

unclaimed ADJ 无人认领的 wúrén rènlǐng de, 无人领取的 wúrén lǐngqǔ de
   unclaimed luggage 无主行李 wúzhǔ xíngli

uncle N 伯父 bófù (father's elder brother), 叔父 shūfù (father's younger brother), 舅父 jiùfù (mother's brother), 姑父 gūfù (father's sister's husband), 姨夫 yífù (mother's sister's husband) □ When his father passed away his uncle and aunt raised him. 他的父亲去世以后, 叔父和婶母抚养了他。Tā de fùqin qùshì yǐhòu, shūfù hé shěnmǔ fǔyǎngle tā.

Uncle Sam N 山姆大叔 (美国政府) Shānmǔ Dàshū (Měiguó zhèngfǔ)

Uncle Tom N 对白人过分热情的 (美国) 黑人 duì báirén guòfèn rèqíng de (Měiguó) hēirén

uncompromising ADJ 不妥协的 bù tuǒxié de, 不让步的 bú ràng bù de

unconditional ADJ 无条件的 wú tiáojiàn de
   unconditional love 无条件的爱 wú tiáojiàn de ài

unconfirmed ADJ 未经证实的 wèijīng zhèngshí de

unconscionable ADJ 不讲良心的 bù jiǎng liángxīn de, 不道德的 bú dàodé de

unconstitutional ADJ 不符合宪法 (精神) 的 bù fúhé xiànfǎ (jīngshén) de, 违宪的 wéixiàn de

unconventional ADJ 非常规的 fēi chángguī de, 不合习俗的 bù hé xísú de

uncountable ADJ (语法) 不可数的 (yǔfǎ) bùkěshù de
   uncountable noun 不可数名词 bùkěshù míngcí

uncouth ADJ 没有教养的 méiyǒu jiàoyǎng de, 粗鲁的 cūlǔ de

uncover V 1 揭开…盖子/覆盖物 jiēkāi…gàizi/fùgàiwù 2 发现 fāxiàn

uncut ADJ 未剪辑的 wèi jiǎnjí de, 未删节的 wèi shānjié de

undaunted ADJ 不退缩的 bú tuìsuō de, 大无畏的 dàwúwèi de

undecided ADJ 尚未决定的 shàngwèi juédìng de, 犹豫不决的 yóuyù bùjué de

undeniable ADJ 不可否认的 bùkě fǒurèn de

under I PREP 1 在…下面 zài…xiàmian, 到…下面 dào… xiàmian □ They sat under a big tree and picnicked. 他们坐在大树下野餐。Tāmen zuò zài dàshùxia yěcān. □ The girl lost her first tooth and put it under her pillow, hoping for a big surprise. 女孩的第一颗牙齿落下来了, 她把牙齿放在枕头下, 希望出现奇迹。Nǚhái de dìyī kē yáchǐ luòxialai le, tā bǎ yáchǐ fàng zài zhěntouxia, xīwàng chūxiàn qíjì. 2 少于 shǎoyú, 低于 dī yú 3 根据 [+法律] gēnjù [+fǎlǜ]
   under construction/discussion 在建设/讨论之中 zài jiànshè/tǎolùn zhī zhōng
II ADV 下面 xiàmian, 以下 yǐxià □ Children of 12 and under must be accompanied by an adult. 十二岁和十二岁以下的儿童必须有成人陪同。Shí'èr suì hé shí'èr suì yǐxià de értóng bìxū yǒu chéngrén péitóng.

underachiever N 未充分发挥能力的者 wèi chōngfèn fāhuī nénglì zhě de, 成绩不理想者 chéngjì bù lǐxiǎng zhě

underage ADJ 未成年的 wèi chéngnián de

undercharge V 对…少要价 duì…shǎo yàojià

underclass N 下层社会 xiàcéng shèhuì, 贫穷阶层 pínqióng jiēcéng

undercover ADJ 暗中进行的 ànzhōng jìnxíng de, 秘密的 mìmì de
   to go undercover 暗中地 ànzhōng de, 暗暗地 àn'àn de

undercurrent N 潜伏的情绪 qiánfú de qíngxù, 隐患 yǐnhuàn

undercut V 1 削减 [+价格] (与同行竞争) xuējiǎn [+jiàgé] (yǔ tóngháng jìngzhēng), 削价抢生意 xuējià qiǎng shēngyì 2 削弱 [+声誉] xuēruò [+shēngyì], 破坏 pòhuài

underdog N 竞争中处于劣势者 jìngzhēng zhōng chǔyú lièshì zhě, 被欺压者 bèiqīyāzhě

underestimate V 低估 dīgū

undergo v 经受 jīngshòu, 经历 jīnglì

undergraduate N 大学本科生 dàxué běnkēshēng

underground ADJ **1** 在地下的 zài dìxià de
underground cellar 地下酒窖 dìxia jiǔjiào
2 地下的 dìxia de
an underground terrorist organization 地下恐怖组织 dìxia kǒngbù zǔzhī

undergrowth N（大树下的）灌木丛 (dàshùxià de) guànmùcóng

underhanded ADJ 偷偷摸摸的 tōutōu mōmō de, 不光明正大的 bù guāngmíng zhèngdà de

underline v **1** 在…下划线 zài…xià huàxiàn □ The teacher underlined all the misspelled words in his essay. 老师在他文章里所有拼错的词下面划了线。Lǎoshī zài tā wénzhāng lǐ suǒyǒu pīncuò de cí xiàmian huàle xiàn. **2** 突出 tūchū □ The rise in road accidents underlines the need for driver education. 交通事故的增加突出了对驾车人进行教育的必要性。Jiāotōng shìgù de zēngjiā tūchūle duì jiàchērén jìnxíng jiàoyù de bìyàoxìng.

underlying ADJ 根本的 gēnběn de, 基本的 jīběn de

undermine v 逐渐削弱 zhújiàn xuēruò, 损害 sǔnhài

underneath PREP, ADV 在…下面 zài…xiàmian

undernourished ADJ 营养不良的 yíngyǎng bùliáng de

underpants N 内裤 nèikù [M. WD 条 tiáo], 衬裤 chènkù [M. WD 条 tiáo]

underpass N 地下通道 dìxià tōngdào [M. WD 条 tiáo]

underpay v 付…过低的工资 fù…guòdī de gōngzī

underpin v 支持 zhīchí, 加固 jiāgù

underprivileged ADJ 贫困的 pínkùn de, 下层社会的 xiàcéng shèhuì de

underrated ADJ 被低估的 bèi dīgū de, 被看轻的 bèi kànqīng de

underscore v 强调 qiángdiào, 着重 zhuózhòng

undershirt N 汗背心 hànbèixīn [M. WD 件 jiàn], 汗衫 hànshān [M. WD 件 jiàn]

underside N 底部 dǐbù, 下面 xiàmian

undersigned ADJ (the undersigned) 签名人 qiānmíngrén

undersized ADJ（尺寸）偏小的 (chǐcùn) piān xiǎo de

understaffed ADJ 工作人员不足的 gōngzuò rényuán bù zú de, 人手不够的 rénshǒu bùgòu de

understand (PT & PP **understood**) v **1** 理解 lǐjiě, 懂得 dǒngde □ Few people really understand Einstein's theory of relativity. 很少人真正理解爱因斯坦的相对论。Hěn shǎo rén zhēnzhèng lǐjiě Àiyīnsītǎn de xiāngduìlùn. □ They just can't understand why their daughter ran away from home. 他们就是不懂女儿为什么离家出走。Tāmen jiùshì bù dǒng nǚ'ér wèishénme líjiā chūzǒu. **2** 了解 liǎojiě, 知道 zhīdào □ I understand that the Grays are moving to New Mexico. 我知道格雷一家要搬到新墨西哥州去了。Wǒ zhīdào Géléi yìjiā yào bāndào Xīn Mòxīgēzhōu qù le.

understandable ADJ 可以理解的 kěyǐ lǐjiě de

understanding I N **1** 理解 lǐjiě, 理解力 lǐjiělì □ I'm not sure if he has a clear understanding of the issue. 我不能肯定他是不是清楚地理解了这个问题。Wǒ bù néng kěndìng tā shìbushì qīngchu de lǐjiěle zhè ge wèntí. □ Most drivers don't have much understanding of how an automobile works. 大多数驾车人不大理解汽车是怎么运转的。Dàduōshù jiàchērén búdà lǐjiě qìchē shì zěnme yùnzhuǎn de. **2** 体谅 tǐliàng, 谅解 liàngjiě □ Marianne showed great understanding when her husband was laid off. 玛丽安的丈夫被裁员的时候，她非常体谅。Mǎlián de zhàngfu bèi cáiyuán de shíhou, tā fēicháng tǐliàng.
to come to an understanding 达成谅解 dáchéng liàngjiě □ They've come to an understanding on how the payments will be made. 他们在怎样付款的问题上达成了谅解。Tāmen zài zěnyàng fù kuǎn de wèntíshang dáchéngle liàngjiě.

II ADJ 通情达理的 tōng qíng dá lǐ de □ You're lucky to have such understanding parents. 你有这么通情达理的父母真是很幸运。Nǐ yǒu zhème tōng qíng dá lǐ de fùmǔ zhēn shì hěn xìngyùn.

understate v 没有充分表达 méiyǒu chōngfèn biǎodá, 淡化 dànhuà

understated ADJ 不夸张的 bù kuāzhāng de, 有节制的 yǒu jiézhì de

understatement N 保守的说法 bǎoshǒu de shuōfa, 不夸张的说法 bù kuāzhāng de shuōfa

understood See **understand**

understudy N 预备演员 yùbèi yǎnyuán, 替身 tìshēn

undertake v 承担 chéngdān □ John is already very busy, but he agreed to undertake the new task at the request of his boss. 约翰已经很忙了，但是应老板的请求，他同意承担新工作。Yuēhàn yǐjīng hěn máng le, dànshì yìng lǎobǎn de qǐngqiú, tā tóngyì chéngdān xīn gōngzuò.

undertaker N 丧葬承办人 sāngzàng chéngbànrén

undertaking N 重大任务 zhòngdà rènwu, 事业 shìyè

undertone I N **1** 潜在的感情 qiánzài de gǎnqíng, 隐含的意思 yǐnhán de yìsi **2** 低声 dīshēng

underwater ADJ, ADV 水下(的) shuǐxià (de)

underwear N 内衣 nèiyī, 内裤 nèikù □ My mother bought me new underwear for my birthday. How embarrassing! 妈妈给我买了新的内衣裤做生日礼物，真不好意思! Māma gěi wǒ mǎile xīn de nèiyīkù zuò shēngri lǐwù, zhēn bù hǎo yìsi!

underweight ADJ 重量不足的 zhòngliàng bù zú de, 体重不足的 tǐzhòng bù zú de

underworld N **1** 黑社会 hēishèhuì **2** 地狱 dìyù, 阴界 yīnjiè

underwrite v **1** 负担…的费用 fùdān…de fèiyòng
to underwrite an environmental project 负担一个环保项目的费用 fùdān yíge huánbǎo xiàngmù de fèiyòng
2 为…保险 wèi…bǎoxiǎn

undesirable I ADJ 会造成损害的 huì zàochéng sǔnhài de, 不良的 bùliáng de II N (undesirables) 不良分子 bùliángfènzǐ

undeveloped ADJ 未开发的 wéi kāifā de, 不发达的 bù fādá de

undisclosed ADJ 不公开的 bù gōngkāi de, 秘密的 mìmì de

undisguised ADJ 公开的 gōngkāi de, 不加掩饰的 bù jiā yǎnshì de

undisturbed ADJ 不受干扰的 bú shòu gānrǎo de, 未改变的 wèi gǎibiàn de

undivided ADJ 未分割的 wèi fēngē de, 不分开的 bù fēnkāi de
undivided attention 全神贯注 quánshén guànzhù
undivided loyalty 忠心耿耿 zhōngxīn gěnggěng
undivided support 全力支持 quánlì zhīchí

undo v **1** 解开 jiěkāi, 打开dǎkāi □ Oh, dear, I can't undo the knot. 天哪，我解不开这个结。Tiān na, wǒ jiěbukāi zhè ge jié. **2** 消除 xiāochú □ Sometimes you can't go back and undo the damage you've done. 有时候你无法回过头去消除已经造成的伤害。Yǒushíhou nǐ wú fǎ huíguo tóu qù xiāochú yǐjīng zàochéng de shānghài.

undoing N (sb's undoing) 某人的垮台／失败 mǒurén de kuǎtái/shībài

undressed ADJ 不穿衣服的 bù chuān yīfu de, 裸体的 luǒtǐ de

undue ADJ 不应有的 bù yīngyǒu de, 过分的 guòfèn de

unduly ADV 过分地 guòfèn de, 不适当地 bú shìdāng de

undying ADJ 不灭的 bù miè de, 永恒的 yǒnghéng de

unearth v **1** 挖掘 [+地下文物] wājué [+dìxia wénwù] **2** 发现 [+真相] fāxiàn [+zhēnxiàng], 披露 pīlù

unearthly ADJ 奇异的 qíyì de, 不自然的 bú zìrán de

uneasy ADJ **1** 忧虑不安的 yōulǜ bù'ān de □ Many people are uneasy in their minds about the future. 许多人对未来忧虑不

安。Xǔduō rén duì wèilái yōulǜ bù'ān. **2** 不安定的 bù'āndìng de, 不稳定的 bù wěndìng de
an uneasy truce 靠不住的休战 kàobuzhù de xiūzhàn

uneducated ADJ 未受教育的 wèi shòu jiàoyù de

unemployed ADJ 失业的 shīyè de □ The unemployed teacher wrote fantasy novels, which became runaway bestsellers. 这位失业教师写神怪小说，这些小说一下成了畅销书。Zhè wèi shīyè jiàoshī xiě shénguài xiǎoshuō, zhèxiē xiǎoshuō yíxià chéngle chàngxiāoshū.

unemployment N **1** 失业 shīyè □ After a year's unemployment, Bob decided to start his own business. 失业一年以后，鲍勃决定自己开公司。Shīyè yì nián yǐhòu, Bàobó juédìng zìjǐ kāi gōngsī. □ Economists are debating the causes of high unemployment in the country. 经济学家在辩论这个国家失业率高的原因。Jīngjìxuéjiā zài biànlùn zhè ge guójiā shīyèlǜ gāo de yuányīn. □ His two week unemployment income can hardly last that long. 他两周的失业救济金很难维持两周。Tā liǎngzhōu de shīyè jiùjìjīn hěn nán wéichí liǎng zhōu.
unemployment benefits 失业救济金 shīyè jiùjìjīn
2 失业救济金 shīyè jiùjì jīn
on unemployment 领取失业救济金 lǐngqǔ shīyè jiùjìjīn

unequal ADJ 不平等的 bù píngděng de **2** 不胜任的 bú shèng rèn de
be unequal to the task 不能胜任这项任务 bùnéng shēngrèn zhè xiàng rènwu

unequivocal ADJ 明确的 míngquè de, 毫不含糊的 háobù hánhu de

unerring ADJ 不会出错的 bú huì chūcuò de, 永远正确的 yǒngyuǎn zhèngquè de

unethical ADJ 违反道德标准的 wéifǎn dàodé biāozhǔn de, 不道德的 bú dàodé de

uneven ADJ **1** 不平坦的 [+道路] bù píngtǎn de [+dàolù]
2 水平不一的 shuǐpíng bùyī de, 有好有坏的 yǒu hǎo yǒu huài de
of uneven equality 质量有好有坏的 zhìliàng yǒu hǎo yǒu huài de

unexpected ADJ 没想到的 méi xiǎngdào de, 意外的 yìwài de
an unexpected visitor 意外的客人 yìwài de kèren, 不速之客 búsù zhī kè

unfailing ADJ 始终如一的 shǐzhōng rúyī de, 经久不衰的 jīngjiǔ bù shuāi de

unfair ADJ 不公平的 bù gōngpíng de, 不公正的 bù gōngzhèng de
unfair competition 不公平竞争 bù gōngpíng jìngzhēng

unfaithful ADJ 对 [+妻子] 不忠的人 duì [+qīzi] bù zhōng de rén, 有外遇的 yǒu wàiyù de

unfaltering ADJ 坚定不移的 jiāndìng bùyí de

unfamiliar ADJ 不熟悉的 bù shúxī de, 陌生的 mòshēng de

unfasten V 解开 [+扣子] jiěkāi [+kòuzi]

unfavorable ADJ **1** 不适宜的 bú shìyí de **2** 不支持的 bù zhīchí de, 反对的 fǎnduì de

unfeeling ADJ 无情的 wúqíng de, 冷漠的 lěngmò de

unfettered ADJ 自由自在的 zìyóu zìzài de

unfinished ADJ 未完成的 wèi wánchéng de

unfit ADJ **1** 不适合的 bú shìhé de
unfit for human inhabitation 不适合人类居住的 bú shìhé rénlèi jūzhù de
2 身体不好的 shēntǐ bùhǎo de

unfold V [情节+] 展开 [qíngjié+] zhǎnkāi, 渐渐出现 jiànjiàn chūxiàn

unforeseen ADJ 未预料到的 wèi yùliàodào de

unforgettable ADJ 忘不了的 wàngbuliǎo de, 难忘的 nánwàng de

unfortunate ADJ **1** 倒霉的 dǎoméi de □ I was unfortunate enough to have my wallet stolen. 我的钱包被偷了，真倒霉。

Wǒ de qiánbāo bèi tōu le, zhēn dǎoméi. **2** 不恰当的 bú qiàdàng de □ The young man's unfortunate remark left a bad impression on his girlfriend's parents. 年轻人不恰当的话，给他女朋友的父母留下了坏印象。Niánqīngrén bú qiàdàng de huà, gěi tā nǚpéngyou de fùmǔ liúxiale huài yìnxiàng.

unfortunately ADV 不幸 búxìng □ Unfortunately no one was around to help me change my flat tire. 很不幸，周围没有人帮我换瘪轮胎。Hěn búxìng, zhōuwéi méiyǒurén bāng wǒ huàn biě lúntāi.

unfounded ADJ 没有事实根据的 méiyǒu shìshí gēnjù de, 编造的 biānzào de

unfurl V 打开 [+旗帜] dǎkāi [+qízhì], 扬起 [+风帆] yáng qǐ [+fēngfān]

ungainly ADJ 笨拙的 [+动机] bènzhuō de [+dòngjī], 难看的 nánkàn de

unhappy ADJ **1** 不愉快的 bù yúkuài de □ Her parents' divorce made her childhood quite unhappy. 她的父母离婚，使她的童年很不愉快。Tā fùmǔ líhūn, shǐ tā de tóngnián hěn bù yúkuài. **2** 不满（意）的 bù mǎn (yì) de

unheard-of ADJ 前所未闻的 qiánsuǒ wèi wén de, 空前的 kōngqián de

unholy ADJ **1** 不神圣的 bù shénshèng de
unholy alliance 邪恶同盟 xié'è tóngméng
2 不合理的 bù hélǐ de

UNICEF (= the United Nations International Children's Fund) ABBREV 联合国儿童基金会 Liánhéguó értóng jījīnhuì

unicorn N 独角兽 dújiǎoshòu

unidentified ADJ 身份不明的 shēnfen bùmíng de

uniform¹ N 制服 zhìfú □ Do children have to wear uniforms to this school? 孩子在这个学校要穿制服吗？Háizi zài zhè ge xuéxiào yào chuān zhìfú ma?

uniform² ADJ 一律的 yílǜ de, 一致的 yízhì de

unify V **1** （使…）统一 (shǐ…) tǒngyī **2** 融合 rónghé, 结合 jiéhé

unilateral ADJ 单方（面）的 dānfāng (miàn) de

uninstall V 卸载 [+计算机软件] xièzài [+jìsuànjī ruǎnjiàn]

uninsured ADJ 无保险的 wú bǎoxiǎn de

unintelligible ADJ 无法理解的 wúfǎ lǐjiě de, 难懂的 nán dǒng de

uninterested ADJ 不感兴趣的 bù gǎn xìngqù de, 没有兴趣的 méiyǒu xìngqu de

union N **1** 工会 gōnghuì □ Labor unions are important social organizations in a democracy. 在民主国家工会是重要的社会组织。Zài mínzhǔ guójiā gōnghuì shì zhòngyào de shèhuì zǔzhī. □ Is union membership compulsory for all staff? 是不是所有的职工都得参加工会？Shìbushì suǒyǒu de zhígōng dōu děi cānjiā gōnghuì? **2** 联合 liánhé □ The union of the two parties is only a matter of time. 这两个党的联合只是时间问题。Zhè liǎng ge dǎng de liánhé zhǐ shì shíjiān wèntí.

unique ADJ 独特的 dútè de, 独一无二的 dú yī wú èr de □ This is a rare, but not unique case. 这是一个少见的、但不是独特的事例。Zhè shì yí ge shǎo jiàn de, dàn bú shì dútè de shìlì.

unisex ADJ 不分男女的 bù fēn nánnǚ de, 男女皆宜的 nánnǚ jiē yí de

unison N (in unison) **1** 一致（地）yízhì (de) **2** 齐声（地）qíshēng (de)

unit N **1** 单位 dānwèi □ The kilogram is the basic unit of weight in many countries. 在很多国家，公斤是重量的基本单位。Zài hěn duō guójiā, gōngjīn shì zhòngliàng de jīběn dānwèi. **2** 单元 dānyuán □ The apartment house has 24 units. 这幢公寓大楼有二十四个单元。Zhè zhuáng gōngyù dàlóu yǒu èrshísì ge dānyuán. **3** 部件 bùjiàn □ The central processing unit (CPU) is the brain of a computer. 中心处理器是计算机的头脑。Zhōngxīn chǔlǐqì shì jìsuànjī de tóunǎo.
4 小组 xiǎozǔ □ The emergency unit of the hospital is busiest

on weekends. 医院的急诊小组在周末最忙。Yīyuàn de jízhěn xiǎozǔ zài zhōumò zuì máng.

unite v 联合 liánhé, 使…团结 shǐ…tuánjié □ The majority party attempted to unite the country on several key social issues. 多数党试图在几个关键的社会问题上使全国团结起来。Duōshù dǎng shìtú zài jǐ ge guānjiàn de shèhuì wèntí shàng shǐ quánguó tuánjié qǐlai.

to be united in marriage 结成夫妻 jiéchéng fūqī, 结婚 jiéhūn

united ADJ 团结的 tuánjié de, 意见一致的 yìjiàn yízhì de □ Your father and I are united in not allowing you to date until you're 16. 你父亲和我意见一致，都不允许你在十六岁以前谈恋爱。Nǐ fùqin hé wǒ yìjiàn yízhì, dōu bù yǔnxǔ nǐ zài shíliù suì yǐqián tánliàn'ài.

(the) United Kingdom (U.K.) N 联合王国 Liánhé Wángguó, 英国 Yīngguó
　　the United Kingdom of Great Britain and Northern Ireland 大不列颠及北爱尔兰联合王国 Dàbúlièdiān jí Běi Ài'ěrlán Liánhé Wángguó

(the) United States (U.S.) N 美国 Měiguó
　　the United States of America 美利坚合众国 Měilìjiān Hézhòngguó

unity N 团结 tuánjié, 统一 tǒngyī

universal ADJ 普遍的 pǔbiàn de, 全体的 quántǐ de □ Maternal love is universal in the animal kingdom. 在动物王国，母爱是普遍性的。Zài dòngwù wángguó, mǔ'ài shì pǔbiànxìng de.
　　universal values 普世价值 pǔ shì jiàzhí

universe N 宇宙 yǔzhòu □ According to the latest research, the universe came into existence about 13.7 billion years ago. 根据最新研究，宇宙在一百三十七亿年前开始存在。Gēnjù zuìxīn yánjiū, yǔzhòu zài yìbǎi sānshíqī yì nián qián kāishǐ cúnzài.

university N 大学 dàxué □ "What is an Ivy League University?" "Not sure, I've never been to one." "什么是常春藤联盟大学？" "不清楚，从来没有去过。" "Shénme shì Chángchūnténg Lánméng dàxué?" "Bù qīngchu, cónglái méiyǒu qùguo."

unjust ADJ 不公平的 bù gōngpíng de, 不公正的 bù gōngzhèng de

unjustified ADJ 没有道理的 méiyǒu dàoli de, 不合理的 bù hélǐ de

unkempt ADJ 凌乱的 [+头发] língluàn de [+tóufa]

unknowingly ADV 不知道的 bù zhīdào de, 不知情的 bù zhīqíng de

unknown ADJ 未知的 wèizhī de, 不知道的 bù zhīdào de □ The number of people who drowned in the ferry accident is still unknown. 在轮渡事故中淹死的人数，还不知道。Zài lúndù shìgù zhōng yānsǐ de rénshù, hái bù zhīdào.
　　an unknown quantity 未知数 wèizhīshù, 让人捉摸不透的人 ràng rén zhuōmō bú tòu de rén

unleaded I ADJ 不含铅的 bù hán qiān de II N 无铅汽油 wúqiānqìyóu

unleash v 释放 shìfàng, 发泄 fāxiè

unless CONJ 除非 chúfēi □ I plan to take you to the ball game tonight unless you've got other important things to do. 我计划今天晚上带你去看球赛，除非你有别的重要事情做。Wǒ jìhuà jīntiān wǎnshang dài nǐ qù kàn qiúsài, chúfēi nǐ yǒu biéde zhòngyào shìqing zuò.

unlike I PREP 不像 bú xiàng II ADJ 不相像的 bù xiāngxiàng de, 不一样的 bù yíyàng de

unlikely ADJ 不大可能（是真）的 bú dà kěnéng (shì zhēn) de

unlisted ADJ 未登记的 wèi dēngjì de, 未编入电话簿的 wèi biānrù diànhuàbù de

unload v 1 卸（下）xiè (xia) 2 推卸 [+责任] tuīxiè [+zérèn], 摆脱 bǎituō 2 抛售 [+商品／股票] pāoshòu [+shāngpǐn/gǔpiào]

unlock v 开（锁）kāi (suǒ)

unloose v 松开 sōngkāi, 解开 jiěkāi

unmarked ADJ 无标志的 wú biāozhì de
　　an unmarked police car 无标志的警车 wú biāozhì de jǐngchē

unmistakable ADJ 不会弄错的 bú huì nòngcuò de, 显而易见的 xiǎn'éryìjiàn de

unmitigated ADJ 十足的 shízú de, 完全的 wánquán de
　　unmitigated failure 完全彻底的失败 wánquán chèdǐ de shībài

unnamed ADJ 不知其名的 bùzhī qí míng de, 未提姓名的 wèi tí xìngmíng de

unnerve v 使…丧失勇气 shǐ…sàngshī yǒngqì, 使…忐忑不安的 shǐ…tǎntè bù'ān de

unobtrusive ADJ 不显眼的 bù xiǎnyǎn de, 不引人注目的 bù yǐnrén zhùmù de

unoccupied ADJ 未被占用的 wèi bèi zhànyòng de, 空着的 kòngzhe de

unorthodox ADJ 非正统的 fēi zhèngtǒng de

unpack v 1 打开 [+行李] dǎkāi [+xíngli] 2 对 [+电脑信息] 解包 duì [+diànnǎo xìnxī] jiě bāo

unpaid ADJ 未支付的 wèi zhīfù de

unpalatable ADJ 1 吃不下去的 [+食物] chībuxiàqù de [+shíwù], 难吃的 nánchī de 2 难以接受的 [+事实] nányǐ jiēshòu de [+shìshí], 讨厌的 tǎoyàn de

unplug v 拔去…的插头 bá qù…de chātóu

unprecedented ADJ 无先例的 wú xiānlì de, 空前的 kōngqián de

unpredictable ADJ 不可预测的 bùkě yùcè de, 捉摸不定的 zhuōmō bú dìng de

unprepossessing ADJ 不起眼的 bù qǐyǎn de, 不引人注目的 bù yǐnrén zhùmù de

unpretentious ADJ 不装腔作势的 bù zhuāngqiāng zuòshì de, 朴实的 pǔshí de

unprincipled ADJ 不讲原则的 bù jiǎng yuánzé de, 肆无忌惮的 sìwú jìdàn de

unqualified ADJ 不合格的 bù hégé de

unquestionable ADJ 不成问题的 bùchéng wèntí de, 毋庸置疑的 wúyōng zhìyí de

unravel v 1 把…弄清楚 bǎ…nòngqīngchu, 解释清楚 jiěshì qīngchu 2 [关系+] 破裂 [guānxi+] pòliè, 失败 shībài

unreadable ADJ 1 读不下去的 dú bù xiàqu de, 难读懂的 nán dú dǒng de 2 字迹潦草的 zìjī liǎocǎo de, 难辨认的 nán biànrèn de

unrealistic ADJ 不现实的 bú xiànshí de, 不切实际的 bú qiè shíjì de

unreasonable ADJ 不合理的 bù hélǐ de, 不公平的 bù gōngpíng de

unreasoning ADJ 缺乏理智的 quēfá lǐzhì de, 冲动的 chōngdòng de

unrecoverable ADJ 无法回收的 wúfǎ huíshōu de, 损失的 sǔnshī de

unrelated ADJ 1 不相关的 bù xiāngguān de 2 没有亲戚关系的 méiyǒu qīnqi guānxi de

unrelenting ADJ 不停歇的 bù tíngxiē de, 持续的 chíxù de

unrequited ADJ (unrequited love) 单相思 dānxiāngsī, 单恋 dānliàn

unreserved ADJ 毫无保留的 háowú bǎoliú de, 完全的 wánquán de

unresponsive ADJ 1 无反应的 wú fǎnyìng de
　　be unresponsive to medical treatment 医治无效 yīzhì wú xiào
　　2 不作回应的 bú zuò huíyìng de, 冷淡的 lěngdàn de

unrest N 不安定 bù'āndìng, 动乱 dòngluàn

unrestrained ADJ 无拘束的 wú jūshù de, 放纵的 fàngzòng de

unrivaled ADJ 无敌的 wúdí de, 无与伦比的 wú yǔ lúnbǐ de

unruly ADJ 任性的 rènxìng de, 不受管束的 bú shòu guǎnshù de

unsaid ADJ (better left unsaid) [有些话+] 最好不要说出来 [yǒuxiē huà+] zuìhǎo bú yào shuōchulai

unsavory ADJ 可厌的 kěyàn de, 可憎的 kězēng de

unscathed ADJ 不受伤害的 bú shòu shānghài de

unscrew V 旋开 [+罐头盖] xuánkāi [+guàntougài], 拧开 nǐngkai

unscrupulous ADJ 不择手段的 bù zé shǒuduàn de, 不讲道理的 bù jiǎng dàoli de

unseasonable ADV 不合时令 bù hé shílìng, 反常地 fǎncháng de

    unseasonably hot/cold 反常地热/冷 fǎncháng de rè/lěng

unseat V 使 [+人] 离职/下台 shǐ [+rén] lízhí/xiàtái

unseemly ADJ 不得体的 bù détǐ de, 不体面的 bù tǐmiàn de

unsettle V 使 [+人] 心绪不定 shǐ [+rén] xīnxù búdìng, 扰乱 [+人心] rǎoluàn [+rénxīn]

unsightly ADJ 不好看的 bù hǎokàn de, 难看的 nánkàn de

unskilled ADJ 非技术性的 fēi jìshùxìng de, 非熟练的 fēi shúliàn de

unsophisticated ADJ 1 不老练的 [+人] bù lǎoliàn de [+rén], 天真朴素的 tiānzhēn pùsù de 2 不复杂的 [+工具] bú fùzá de [+gōngjù], 简单的 jiǎndān de

unspeakable ADJ 坏得无法形容的 huài dé wúfǎ xíngróng de, 说不出口的 shuōbuchū kǒu de

unspecified ADJ 未说明的 wèi shuōmíng de

unstoppable ADJ 不可阻挡的 bùkě zǔdǎng de, 一帆风顺的 yìfānfēngshùn de

unsung ADJ (unsung heroes) 默默无闻的英雄 mòmò wúwén de yīngxióng

unsustainable ADJ 不可持续的 bùkě chíxù de, 难以为继的 nányǐ wéijì de

unswerving ADJ 坚定不移的 jiāndìng bùyí de

untapped ADJ 未开发利用的 wèi kāifā lìyòng de

untenable ADJ 难以维持的 nányǐ wéichí de, 难以继续的 nányǐ jìxù de

unthinkable ADJ 不可思议的 bùkě sīyì de, 难以置信的 nányǐ zhìxìn de

untie V 解开 [+结] jiěkāi [+jié]

until I CONJ 直到 zhídao □ They played in the garden until it was dark. 他们在花园里玩到天黑。Tāmen zài huāyuán lǐ wándao tiānhēi. □ Mom didn't go to bed until all her children came back. 妈妈直到孩子们都回家了才睡觉。Māma zhídao háizimen dōu huíjiāle cái shuìjiào.
II PREP 直到 zhídao □ Jeff waited until 8 at the restaurant but his date never showed up. 杰夫在餐厅等到八点钟，但是约会人一直没出现。Jiéfū zài cāntīng děngdao bā diǎnzhōng, dànshì yuēhuì rén yìzhí méi chūxiàn.

untimely ADJ 不适时的 bú shìshí de
    untimely death 过早死亡 guòzǎo sǐwáng

untiring ADJ 不知疲倦的 bùzhī píjuàn de, 坚持不懈的 jiānchí bú xiè de

untold ADJ 无数的 wúshù de, 无法估量的 wúfǎ gūliang de

untouchable ADJ 1 碰不得的 pèngbude de, 不可冒犯的 bùkě màofàn de 2 不可接触的 [+贱民] bùkě jiēchù de [+jiànmín]

untoward ADJ 异常的 yìcháng de, 意外的 yìwài de

unused¹ ADJ 未用过的 wèi yòngguo de

unused² ADJ 不习惯的 bù xíguàn de

unusual ADJ 不正常的 bú zhèngcháng de, 罕见的 hǎn jiàn de □ The weather has been so unusual lately—hot one day and cold the next. 近来天气很不正常——一会儿热，一会儿冷。Jìnlái tiānqì hěn bú zhèngcháng—yíhuìr rè, yíhuìr lěng.

unusually ADV 异常地 yìcháng de, 不同寻常地 bùtóng xúncháng de

unveil V 1 透露 tòulù, 宣布 xuānbù 2 揭幕 jiēmù

unwieldy ADJ 1 无法搬动的 [+大钢琴] wúfǎ bāndòng de [+dàgāngqín] 2 难以操作/控制的 [+系统] nányǐ cāozuò/kòngzhì de [+xìtǒng]

unwind V 放纵 fàngzòng, 松弛 sōngchí

unwittingly ADV 不知不觉(地) bùzhī bùjué (de), 无意中 wúyìzhōng

unwritten ADJ 不成文的 bùchéng wén de

unyielding ADJ 不屈从的 bù qūcóng de, 顽固的 wángù de

unzip V 1 拉开拉链 lākāi lāliàn 2 给 (电脑文件) 解压缩 gěi (diànnǎo wénjiàn) jiě yāsuō

up I ADV 1 向上 xiàng shàng, 起来 qǐlai □ The staff stood up when the chairman entered the room. 董事长走进房间，职员们都站起来。Dǒngshìzhǎng zǒujìn fángjiān, zhíyuánmen dōu zhànqilai. □ Many kids shot up their hands, eager to answer the question. 许多孩子高高举起手，急切地想回答问题。Xǔduō háizi gāogāo jǔqǐ shǒu, jíqiè de xiǎng huídá wèntí. 2 朝北面 cháo běimian, 在北面 zài běimian □ They drove up to the U.S.-Canadian border. 他们朝北向美国-加拿大边界开去。Tāmen cháo běi xiàng Měiguó-Jiānádà biānjiè kāiqu. 3 朝 cháo, 向 xiàng □ A stranger came up to me in the street to ask me for directions. 一个陌生人在街上走到我面前问路。Yí ge mòshēng rén zài jiēshang zǒudao wǒ miànqián wèn lù. 4 增加 zēngjiā □ Will you turn up the TV, please? 你把电视开响一点，好吗？Nǐ bǎ diànshì kāi xiǎng yìdiǎn, hǎo ma? 5 吃 wán □ He ate up the whole chicken. 他把一只鸡都吃完了。Tā bǎ yì zhī jī dōu chīwán le.
II ADJ 醒着 xǐngzhe □ When the clock stuck midnight, I was still up. 午夜钟响，我还醒着。Wǔyè zhōng xiǎng, wǒ hái xǐngzhe.
III PREP 向上 xiàng shàng □ The children ran up the hill to see who would reach the top first. 孩子们向山上奔去，看谁先到山顶。Háizimen xiàng shānshang bēnqù, kàn shéi xiān dào shāndǐng.
    up to ① 多达 duō dá □ The typhoon killed or injured up to 40 people. 这场台风使多达四十人伤亡。Zhè chǎng táifēng shǐ duō dá sìshí rén shāngwáng. ② 能胜任 néng shēngrèn □ I don't feel up to playing tennis today. 今天我觉得不能打网球。Jīntiān wǒ juéde bù néng dǎ wǎngqiú.
    It's up to you 由你决定 yóu nǐ juédìng □ It's up to you to decide which restaurant we go tonight. 今天晚上去哪家餐厅，由你决定。Jīntiān wǎnshang qù nǎ jiā cānguǎn, yóu nǐ juédìng.
IV N (ups and downs) 有好有坏的经历 yǒu hǎo yǒu huài de jīnglì, 苦乐 kǔlè, 盛衰 shèngshuāi

up-and-coming ADJ 前途无量的 qiántú wúliàng de, 大有希望的 dàyǒu xīwàng de

upbeat ADJ 乐观的 lèguān de, 快乐的 kuàilè de

upbringing N [家庭+] 教养 [jiātíng+] jiàoyǎng

upchuck V 呕吐 ǒutù

upcoming ADJ 即将来临的 jíjiāng láilín de

update V 更新 gēngxīn □ These data are updated every quarter. 这些数据每一个季度更新。Zhèxiē shùjù měi yí ge jìdù gēngxīn.
    to update sb on sth 为某人提供有关某事的最新情况 wéi mǒurén tígōng yǒuguān mǒushì de zuìxīn qíngkuàng

upend V 倒放 dàofàng, 颠倒 diāndǎo

upfront ADJ 1 坦率的 tǎnshuài de, 不吞吞吐吐的 bù tūntūn tǔtǔ de 2 (upfront fees) 马上要付的费用 mǎshàng yào fù de fèiyong

upgrade V 升级 shēngjí, 升级换代 shēngjí huàndài □ These computers need upgrading. 这些计算机要升级换代了。Zhèxiē jìsuànjī yào shēngjí huàndài le.

upheaval N 剧变 jùbiàn, 巨变 jùbiàn

uphill ADJ 1 上坡的 shàngpō de, 上山的 shàngshān de 2 艰难的 jiānnán de, 充满阻力的 chōngmǎn zǔlì de

uphold v 1 坚持 [+原则] jiānchí [+yuánzé], 维护 wéihù 2 维持 [+原来的决定] wéichí [+yuánlái de juédìng], 认可 rènkě

upholster v 为 [+椅子] 加上垫子／套子 wéi [+yǐzi] jiāshàng diànzi/tàozi

upholstery N [椅子的+] 垫料 [yǐzi de+] diànliào

upkeep N 保养 bǎoyǎng, 维修 wéixiū

uplifting ADJ 令人情绪高涨的 lìngrén qíngxù gāozhǎng de

upon PREP 在…上 zài…shàng

upper ADJ 上面的 shàngmian de, 较高的 jiào gāo de □ I grew up in Upper Manhattan. 我是在上曼哈顿长大的。Wǒ shì zài Shàng Mànhādùn zhǎngdà de.
to gain the upper hand 占上风 zhàn shàngfēng, 处于有利地位 chǔyú yǒulì dìwèi □ The labor union has got the upper hand in the dispute. 工会在争端中占了上风。Gōnghuì zài zhēngduān zhōng zhànle shàngfēng.
upper case 大写 (字母) dàxiě (zìmǔ)
upper class 上层社会 shàngcéng shèhuì

uppermost ADJ 1 最高的 zuì gāo de 2 最重要的 zuì zhòngyào de
be uppermost in one's mind 某人心目中最重要的 mǒurén xīnmùzhōng zuì zhòngyào de

uppity ADJ 傲慢的 àomàn de, 盛气凌人的 shèngqì língrén de

upright ADJ 1 笔直的 bǐzhí de, 挺直的 tǐngzhí de □ The war veteran tried to stand upright at the ceremony. 老兵在典礼上尽力站得笔直。Lǎobīng zài diǎnlǐshang jìnlì zhànde bǐzhí. 2 正直的 zhèngzhí de □ Jerry is an upright and bright boy from a fine family. 杰里是个出生于好家庭的正直聪明的男孩子。Jiélǐ shì ge chūshēng yú hǎo jiātíng de zhèngzhí cōngmíng de nánháizi.

uprising N 起义 qǐyì, 暴动 bàodòng

upriver ADV 向上游 xiàng shàngyóu

uproar N 喧闹 xuānnào, 吵闹 chǎonào

uproot v 1 把 [+植物] 连根拔起 bǎ [+zhíwù] lián gēn bá qǐ 2 使 [+家庭] 迁居 shǐ [+jiātíng] qiānjū

upscale ADJ 高档的 gāodàng de, 高层次的 gāocéngcì de

upset I v (PT & PP **upset**) 1 打翻 [+一杯水] dǎfān [+yìbēi shuǐ] 2 打乱 [+计划] dǎluàn [+jìhuà] □ His mother-in-law's sudden visit upset his plan for the weekend. 他的岳母突然来访，打乱了他的周末计划。Tā de yuèmǔ tūrán láifǎng, dǎluànle tā de zhōumò jìhuà. 3 使…心烦意乱 shǐ…xīn fán yì luàn, 不安 bù'ān □ Don't upset yourself—everything is under control. 不要心烦——一切正常。Bú yào xīnfán—yíqiè zhèngcháng.
II ADJ 1 心烦的 xīnfán de, 心情烦乱的 xīnqíng fánluàn de □ She was upset when she hadn't heard from her boyfriend for two weeks. 她有两个星期没有听到男友的消息了，感到心烦意乱。Tā yǒu liǎng ge xīngqī méiyǒu tīngdao nányǒu de xiāoxi le, gǎndao xīn fán yì luàn. 2 不舒服的 bù shūfú de
to have an upset stomach 肚子痛 dùzi tòng, 肠胃不适 chángwèi bùshì
III N 意外失败 yìwài shībài

upshot N 结果 jiéguǒ, 结局 jiéjú

upside down ADJ, ADV 上下颠倒 (的) shàngxià diāndǎo (de), 翻转过来 (的) fānzhuǎn guòlai (de) □ That picture is upside down! 这幅画挂倒了！Zhè fú huà guà dǎo le!

upstage I v 抢…的风头 qiǎng…de fēngtou **II** ADV 朝着舞台后方 cháozhe wǔtái hòufāng

upstairs I ADV 在楼上 zài lóushang, 往楼上 wǎng lóushàng □ "Where are the children?" "They're upstairs, playing cops and robbers." "孩子们在哪儿？""在楼上玩'官兵捉强盗'呢。" "Háizimen zài nǎr?" "Zài lóushàng wán 'guānbīng zhuō qiángdào' ne."
II ADJ 楼上的 lóushàng de
upstairs bedroom 楼上的卧室 lóushàng de wòshì

upstart N 暴发户 bàofāhù, 蹿红的 cuānhóng de

upstate ADJ (一个州的) 北部地区 (yí ge zhōu de) běibù dìqū

upstream ADV 向上游 xiàng shàngyóu

upsurge N 急剧上升 jíjù shàngshēng, 剧增 jùzēng

upswing N 改进 gǎijìn, 起色 qǐsè

uptake N 1 领会 lǐnghuì, 理解 lǐjiě
slow/quick on the uptake 领会慢／快 lǐnghuì màn/kuài 2 (养料的) 摄取 (yǎngliào de) shèqǔ

uptight ADJ 1 保守拘谨的 bǎoshǒu jūjǐn de 2 紧张不安的 jǐnzhāng bù'ān de, 愤怒的 fènnù de

up-to-date ADJ 最新的 zuì xīn de □ This is an up-to-date dictionary. 这是一本最新的词典。Zhè shì yì běn zuì xīn de cídiǎn.

upward ADJ, ADV 向上 xiàngshàng □ Sales have been moving upward. 销售一直上升。Xiāoshòu yìzhí shàngshēng.
upward to 超过 chāoguo □ He earns upward to about 100 grand a year. 他一年挣十万多元。Tā yìnián zhèng shíwàn duō yuán.

Uranus N 天王星 Tiānwángxīng

urban ADJ 城市的 chéngshì de, 市区的 shìqū de □ Reducing urban unemployment is high on the agenda of the new state government. 减少城市失业现象是州政府重点考虑的问题。Jiǎnshǎo chéngshì shīyè xiànxiàng shì zhōu zhèngfǔ zhòngdiǎn kǎolǜ de wèntí.

urbane ADJ 温文尔雅的 wēnwén ěr yǎ de, 彬彬有礼的 bīnbīn yǒulǐ de

urchin N 小顽童 xiǎo wántóng

urge I v 催促 cuīcù, 促使 cùshǐ **II** N 冲动 chōngdòng
to repress sexual urges 抑制性冲动 yìzhì xìng chōngdòng

urgent ADJ 紧迫的 jǐnpò de, 紧急的 jǐnjí de □ Your wife called; it sounded urgent. 你太太来电话了，听起来有紧迫的事。Nǐ tàitai lái diànhuà le, tīngqǐlai yǒu jǐnpò de shì. □ Here is an urgent e-mail message from your office. 你办公室来了一份紧急的电子邮件。Nǐ bàngōngshì láile yí fèn jǐnjí de diànzǐ yóujiàn.

urinal N 小便池 xiǎobiànchí

urinate v 小便 xiǎobiàn, 解手 jiěshǒu

urine N 尿 niào, 小便 xiǎobiàn

URL (= Uniform Resource Locator) ABBREV 因特网址 yīntèwǎngzhǐ

urn N 1 (骨灰) 瓮 (gǔhuī) wèng 2 大茶壶 dà cháhú

us PRON 我们 wǒmen

(the) U.S.(A.) See **(the) United States (of America)**

use v, N (使) 用 (shǐ) yòng □ Do you know how to use a chain saw? 你会使用电锯吗？Nǐ huì shǐyòng diànjù ma? 2 消耗 xiāohào, 耗费 hàofèi □ Leave that account alone—it's money for use in an emergency. 别动那个账户——那是出现紧急情况时用的钱。Bié dòng nàge zhànghù—nà shì chūxiàn jǐnjí qíngkuàng shí yòng de qián. □ There's no use apologizing. You've really hurt my feelings. 道歉也没有用。你真的伤害了我的感情。Dàoqiàn yě méiyǒu yòng. Nǐ zhēn de shānghàile wǒ de gǎnqíng.

used I ADJ 旧的 jiù de, 二手的 èrshǒu de □ Used cars depreciate fast. 旧车贬值很快。Jiùchē biǎnzhí hěn kuài.

used to[1] MODAL v 过去 guòqu □ Todd used to drive to work but he takes the bus now because of the cost of fuel. 托德过去开车上班，现在因为油价太贵改乘公共汽车了。Tuōdé guòqu kāichē shàngbān, xiànzài yīnwèi yóujià tài guì gǎichéng gōnggòng qìchē le.

used to[2] ADJ 习惯 xíguàn, 对…习惯 duì…xíguàn □ It took a long time for Jenny to get used to New York City. 詹妮很长时间才习惯纽约市的生活。Zhānnī hěn cháng shíjiān cái xíguàn Niǔyuēshì de shēnghuó.

useful ADJ 有用的 yǒuyòng de □ Few things are more useful

than a good dictionary. 没有多少东西比一本好词典更有用。Méiyǒu duōshǎo dōngxi bǐ yì běn hǎo cídiǎn gèng yǒuyòng.

useless ADJ 无用的 wúyòng de, 没有用的 méiyǒu yòng de □ It's useless to cry over spilt milk. 牛奶倒翻了, 再哭也没有用。Niúnǎi dǎofān le, zài kū yě méiyǒu yòng. (→ 木已成舟。Mù yǐ chéng zhōu. The tree has been made into a boat.)

user N 使用者 shǐyòngzhě, 使用人 shǐyòngrén □ First-time users of this software need to read the instructions carefully. 第一次使用这个软件的人需要仔细阅读说明。Dìyī cì shǐyòng zhè ge ruǎnjiàn de rén xūyào zǐxì yuèdú shuōmíng.

user-friendly ADJ 容易使用的 róngyì shǐyòng de, 易操作的 yì cāozuò de

username N 使用人姓名 shǐyòngrén xìngmíng □ Don't write down your username—memorize it. 不要写下你的使用人姓名—记住它。Bú yào xiěxia nǐ de shǐyòngrén xìngmíng—jìzhu tā.

usher I v 引领 yǐnlǐng, 引 yǐn, 领 lǐng II N [电影院+] 引座员 [diànyǐngyuàn+] yǐnzuòyuán, 引宾员 yǐnbīnyuán

usual ADJ 通常的 tōngcháng de □ He came home later than usual yesterday. 他昨天比通常晚回家。Tā zuótiān bǐ tōngcháng wǎn huíjiā. □ "What will you have?" "The usual, gin and tonic." "喝点什么?" "跟往常一样—杜松子酒兑水。" "Hē diǎnr shénme?" "Gēn wǎngcháng yíyàng—Dùsōngzǐjiǔ duì shuǐ."

usually ADV 通常 tōngcháng, 平常 píngcháng □ Gordon usually goes to the gym three times a week. 戈登通常一星期去三次健身房。Gēdēng tōngcháng yì xīngqī qù sān cì jiànshēnfáng.

usurp v 篡夺 cuànduó, (非法) 夺取 (fēifǎ) duóqǔ

utensil N 用具 yòngjù, 器皿 qìmǐn

uterus N 子宫 zǐgōng

utilitarian ADJ 实用的 shíyòng de, 功利的 gōnglì de

utilities N 水电煤 (气) 服务 shuǐdiàn méi (qì) fúwù, 公共事业 gōnggòng shìyè

utilize v 利用 lìyòng

utmost ADJ 极端的 jíduān de
  with utmost care 极其小心地 jíqí xiǎoxīn de

utopia N 乌托邦 Wūtuōbāng, 理想世界 lǐxiǎng shìjiè

utter I ADJ 完全的 wánquán de, 彻头彻尾的 chètóu chèwěi de
  utter chaos 一片混乱 yípiàn hùnluàn
  II v 说出 shuōchū, 讲 jiǎng

U-turn N 1 180度大转弯 yìbǎi bāshí dù dà zhuǎnwān 2 彻底改变 chèdǐ gǎibiàn

V, v

vacancy N 1 空缺的职位 kòngquē de zhíwèi □ Sorry, but we don't have any vacancies at present. 对不起, 我们目前没有空缺的职位。Duìbuqǐ, wǒmen mùqián méiyǒu kòngquē de zhíwèi. 2 (旅馆的) 空房 (lǚguǎn de) kōngfáng
  no vacancies 客满 kèmǎn

vacant ADJ 1 未占用 [+房间] wèi zhànyòng de [+fángjiān], 空着的 kòngzhe de
  a vacant lot (城市里的) 空地 (chéngshì lǐ de) kòngdì
  2 空缺的 [+职位] kòngquē de [+zhíwèi] 3 茫然的 mángrán de, 若有所思的 ruò yǒu suǒsī de

vacate v 1 空出 [+房间] kòng chū [+fángjiān], 搬离 bānlí 2 离开 [+职位] líkāi [+zhíwèi]

vacation N 假期 jiàqí □ Larry was so stressed at work that he decided to take a long vacation to relax. 拉里工作太紧张了, 他决定请长假放松一下。Lālǐ gōngzuò tài jǐnzhāng le, tā juédìng qǐng cháng jià fàngsōng yíxia.

vaccinate v 注射疫苗 zhùshè yìmiáo

vaccination N 疫苗接种 yìmiáo jiēzhòng
  vaccination against tetanus 预防破伤风的疫苗接种 yùfáng pòshāngfēng de yìmiáo jiēzhòng

vaccine N 疫苗 yìmiáo
  measles vaccine 麻疹疫苗 mázhěn yìmiáo

vacillate v 犹豫不决 yóuyù bùjué, 拿不定主意 nábúdìng zhǔyi

vacuum I N 1 真空 zhēnkōng 2 (真空) 吸尘器 (zhēnkōng) xīchénqì
  vacuum cleaner 真空吸尘器 zhēnkōng xīchénqì
  II v (用真空吸尘器) 吸尘 (yòng zhēnkōng xīchénqì) xīchén □ Have you vacuumed the car seats? 你用吸尘器打扫了车座了吗? Nǐ yòng xīchénqì dǎsǎole chēzuò le ma?

vacuum-packed ADJ 真空包装的 zhēnkōng bāozhuāng de

vagina N 阴道 yīndào

vagrant N 流浪汉 liúlànghàn, 游民 yóumín

vague ADJ 1 含糊的 hánhu de, 不清楚的 bù qīngchu de □ I have a vague idea that she lives in this neighborhood. 我好像记得她住在这个地区。Wǒ hǎoxiàng jìde tā zhù zài zhè ge dìqū. 2 模模糊糊的 mómó húhú de

vain ADJ 1 白费的 báifèi de, 无目的的 wú mùdì de
  in vain 徒劳 túláo
  2 自视过高的 zìshì guògāo de, 自负的 zìfù de

valentine N 情人节贺卡 qíngrénjié hèkǎ, 情人卡 qíngrénkǎ [M. WD 张 zhāng]

Valentine's Day N 情人节 qíngrénjié (February 14th)

valet N 1 男佣人 nán yōngrén 2 (旅馆) 男服务员 (lǚguǎn) nán fúwùyuán
  valet parking (旅馆) 代客停车服务 (lǚguǎn) dàikè tíngchē fúwù

valiant ADJ 勇敢的 yǒnggǎn de, 英勇的 yīngyǒng de

valid ADJ 1 有 [+法律] 效力的 yǒu [+fǎlǜ+] xiàolì de □ This contract is not valid owing to some technical errors. 由于某些技术性的错误, 这份合同没有法律效力。Yóuyú mǒuxiē jìshùxìng de cuòwu, zhè fèn hétong méiyǒu fǎlǜ xiàolì. 2 正当的 [+理由] zhèngdàng de [+lǐyóu], 合理的 hélǐ de

validate v 1 使…生效 shǐ…shēngxiào 2 证实 zhèngshí

validity N 1 正当性 zhèngdàngxìng, 合理性 hélǐ xìng 2 有效性 yǒuxiàoxìng

valley N 山谷 shāngǔ □ A stream flows through the valley. 一条小溪流过山谷。Yì tiáo xiǎoxī liúguo shāngǔ.

valor N 勇气 yǒngqì, 英勇 yīngyǒng

valuable ADJ 1 非常有价值的 fēicháng yǒu jiàzhí de, 贵重的 guìzhòng de □ You can get valuable information on the internet for free. 你可以免费从因特网获取有价值的信息。Nǐ kěyǐ miǎnfèi cóng Yīntèwǎng huòqǔ yǒu jiàzhí de xìnxī. 2 宝贵的 bǎoguìde, 珍贵的 zhēnguì de

valuables N 贵重物品 guìzhòng wùpǐn □ The police have recovered valuables for owners to claim. 警察追回被偷的贵重物品, 等失主认领。Jǐngchá zhuīhuí bèi tōu de guìzhòng wùpǐn, děng shīzhǔ rènlǐng.

valuation N 估价 gūjià
  market valuation 市场价值 shìchǎng jiàzhí, 市值 shì zhí

value N 价值 jiàzhí □ The value of the American dollar has been declining. 美元的价值一直在下跌。Měiyuán de jiàzhí yìzhí zài xiàdiē.
  value-added tax 增值税 zēngzhíshuì
  practiced value 使用价值 shíyòngjià zhí
  sentimental value 感情价值 gǎnqíng jiàzhí □ That ring has sentimental value for her. 那枚戒指对她有感情上的价值。Nà méi jièzhi duì tā yǒu gǎnqíngshang de jiàzhí.
  II v 1 珍视 zhēnshì 2 估价 gūjià

values N 价值观 (念) jiàzhí guān (niàn) □ Do you have any shared values in your family? 你们家庭中有共同的价值观吗? Nǐmen jiātíng zhōng yǒu gòngtóng de jiàzhíguān ma?

valve N 1 阀 fá, 活门 huómén

safety valve 安全阀 ānquánfá
2 （心脏）瓣膜 (xīnzàng) bànmó

vampire N 吸血鬼 xīxuèguǐ

van N **1** 小型货车 xiǎoxíng huòchē [M. WD 辆 liàng] **2** 小客车 xiǎokèchē, 面包车 miànbāochē [M. WD 辆 liàng]

vandal N 故意破坏财物者 gùyì pòhuài cáiwù zhě, 破坏公物者 pòhuài gōngwù zhě

vandalism N 破坏 pòhuài, 破坏行为 pòhuài xíngwéi

vandalize V 故意破坏 [+公共财物] gùyì pòhuài [+gōnggòng cáiwù]

vanguard N 先锋 xiānfēng, 前卫 qiánwèi

vanilla N 香草 xiāngcǎo, 香草味 xiāngcǎowèi
vanilla icecream 香草冰淇淋 xiāngcǎo bīngqilín

vanish V 消失 xiāoshī, 不见 bújiàn

vanity N 虚荣 xūróng, 虚荣心 xūróng xīn

vanquish V 征服 zhēngfú, 击败 jībài

vantage point N **1** 有利位置 yǒulì wèizhì **2** 立场 lìchǎng, 观点 guāndiǎn

vapor N （水）蒸汽 (shuǐ) zhēngqì

vaporize V （使…）蒸发 (shǐ…) zhēngfā, 汽化 qìhuà

variable I ADJ **1** 多变的 duōbiàn de **2** 情况不一样的 qíngkuàng bù yíyàng de, 变化的 biànhuà de **II** N **1** 可变因素 kěbiàn yīnsù **2** （数学）变量 (shùxué) biànliàng

variant ADJ, N 变体 biàntǐ, 变种 biànzhǒng

variation N 变化 biànhuà, 不同 bù tóng □ There's not much variation between the terms offered by the two banks. 这两家银行提供的条件没有什么不同。Zhè liǎng jiā yínháng tígōng de tiáojiàn méiyǒu shénme bù tóng.

varicose veins N （腿部）静脉曲张 (tuǐ bù) jìngmài qūzhāng

varied ADJ 各种各样的 gèzhǒng gèyàng de, 形形色色的 xíngxíng sèsè de

variety N 品种 pǐnzhǒng □ Several varieties of apple are grown in this state. 这个州里种植着几个不同品种的苹果。Zhè ge zhōu lǐ zhòngzhí jǐ ge bù tóng pǐnzhǒng de píngguǒ.
a variety of 各种各 gè zhǒng, 种种 zhǒngzhǒng □ This restaurant offers a variety of seafood every day. 这家餐馆每天供应各种海鲜。Zhè jiā cānguǎn měitiān gōngyìng gè zhǒng hǎixiān.
variety show 综艺表演 zōngyì biǎoyǎn

various ADJ 不同的 bù tóng de □ Sometimes the various opinions of the public are quite confusing. 有时候公众的不同意见让人眼花缭乱。Yǒushíhou gōngzhòng de bù tóng yìjiàn ràng rén yǎn huā liáo luàn.

varnish I N 清漆 qīngqī, 罩光漆 zhàoguāngqī **II** V 涂上清漆 tú shàng qīngqī

vary V 不同 bù tóng, 变化 biànhuà □ People's tastes vary. 人们的口味不同。Rénmen de kǒuwèi bù tóng. □ Temperature varies with the season. 气温因季节而不同。Qìwēn yīn jìjié ér bù tóng.

varying ADJ 不同的 bù tóng de, 有差异的 yǒu chāyì de

vase N 花瓶 huāpíng
Ming vase 中国明代的花瓶 Zhōngguó Míngdài de huāpíng

vasectomy N 输精管切除术 shūjīngguǎn qiēchúshù

vast ADJ 巨大的 jùdà de □ The Sahara is a vast desert in North Africa. 撒哈拉是北非的一个巨大的沙漠。Sāhālā shì Běifēi de yí ge jùdà de shāmò.
vast majority 绝大多数 juédàduōshù

vastly ADJ 非常 fēicháng, 极其 jíqí

VAT (= value-added tax) ABBREV See value

vat N 大（水）缸 dà (shuǐ) gāng

vault¹ N **1** （银行）保险库 (yínháng) bǎoxiǎnkù **2** （地下）墓穴 (dìxià) mùxué [M. WD 座 zuò]

vault² V **1** 跳跃 tiàoyuè, 跳过 tiàoguò **2** 跃升 yuèshēng
pole vault 撑竿跳 chēnggāntiào

V chip N V形芯片 V xíng xìnpiàn

VCR (= video cassette recorder) ABBREV 录像机 lùxiàngjī

veal N 小牛肉 xiǎoniúròu

vegetable N 蔬菜 shūcài □ Doctors tell us to eat lots of vegetables. 医生要我们多吃蔬菜。Yīshēng yào wǒmen duō chī shūcài.

vegetarian N 素食主义者 sùshízhǔyìzhě

vegetarianism N 素食主义 sùshízhǔyì

vegetation N 植被 zhíbèi, 草木 cǎomù

vehement ADJ 强烈的 qiángliè de, 激烈的 jīliè de

vehicle N **1** 车辆 chēliàng □ What type of vehicle do you drive? 你开什么类型的车子？Nǐ kāi shénme lèixíng de chēzi? **2** 媒介 méijiè, 表达工具 biǎodá gōngjù

veil I N **1** 面纱 miànshā [M. WD 块 kuài]
bridal veil 新娘面纱 xīnniáng miànshā
2 烟幕 yānmù **3** (the veil) （伊斯兰国家妇女）戴面纱的制度 (Yīsīlánguójiā fùnǚ) dài miànshā de zhìdù **II** V 遮以面纱 zhēshàng miànshā

veiled ADJ 隐蔽的 yǐnbì de, 含蓄的 hánxù de
veiled threat 含蓄的威胁 hánxù de wēixié

vein N **1** [人体的+] 静脉 [réntǐ de+] jìngmài [M. WD 条 tiáo]
jugular vein 颈静脉 jǐng jìngmài
2 [叶子的+] 叶脉 [yèzi de+] yèmài **3** [石头的+] 纹路 [shítou de+] wénlù **4** 矿脉 kuàngmài

velocity N 速度 sùdù
the velocity of light 光速 guāngsù

velvet N 天鹅绒 tiān'éróng, 丝绒 sīróng

vendetta N **1** 报复 bàofu
personal/political vendetta 个人／政治报复 gèrén/zhèngzhì bàofu
2 世仇 shìchóu, 血仇 xuèchóu

vending machine N 自动售货机 zìdòng shòuhuòjī

vendor N **1** （街头）小贩 (jiētóu) xiǎofàn **2** 推销商 tuīxiāoshāng **3** 卖主 màizhǔ

veneer N **1** 贴板 tiēbǎn [M. WD 块 kuài], 镶板 xiāngbǎn [M. WD 块 kuài]
walnut veneer 桃木镶板 táomù xiāngbǎn
2 假象 jiǎxiàng, 虚饰 xūshì
a veneer of kindness 和善的假象 héshàn de jiǎxiàng

venerable ADJ 德高望重的 dégāo wàngzhòng de, 深受尊敬的 shēnshòu zūnjìng de

venerate V 崇敬 chóngjìng, 敬重 jìngzhòng

Venetian blind N 百叶窗帘 bǎiyèchuānglián [M. WD 张 zhāng]

vengeance N 报仇 bàochóu, 复仇 fùchóu
with a vengeance 变本加厉地 biànběn jiālì de, 过度地 guòdù de

vengeful ADJ 怀有复仇心的 huáiyǒu fùchóuxīn de, 报仇的 bàochóu de

venison N 鹿肉 lùròu

venom N **1** 毒液 dúyè **2** 极度憎恨 jídù zēnghèn

vent I N 通风孔 tōngfēngkǒng
to give vent to 发泄 [+怒火] fāxiè [+nùhuǒ]
II V 发泄 fāxiè, 发牢骚 fāláosāo
to vent one's spleen 发泄怒火 fāxiè nùhuǒ

ventilate V **1** （使…）通风 (shǐ…) tōngfēng **2** 发表 [+意见] fābiǎo [+yìjiàn]

ventilator N **1** 通风装置 tōngfēngzhuāngzhì **2** 人工呼吸机 réngōng hūxījī

ventriloquism N 口技 kǒujì

ventriloquist N 口技表演者 kǒujì biǎoyǎnzhě, 口技演员 kǒujì yǎnyuán

venture I N **1** 风险 fēngxiǎn, 冒险 màoxiǎn **2** 风险投资 fēngxiǎn tóuzī, 商业投资 shāngyè tóuzī
venture capital 风险资本 fēngxiǎn zīběn
joint venture 合资企业 hézī qǐyè

II v 1 冒（风）险 mào (fēng) xiǎn 2 敢于 gǎnyú
Nothing ventured, nothing gained. 不入虎穴，焉得虎子? Bú rù hǔxué, yāndé huǐzǐ? (→冒险进入虎穴，怎能抓到小老虎? Bú màoxiǎn jìnrù hǔxué, zěn néng zhuā dào xiǎo lǎohǔ? If you don't venture into a tiger's den, how can you catch a tiger cub?)

venue N（举办）地点（jǔbàn）dìdiǎn, 会址 huìzhǐ

Venus N 1 金星 Jīnxīng 2 维纳斯（爱情女神）Wéinàsī（àiqíng nǚshén）

veranda N 游廊 yóuláng [M. WD 条 tiáo], 走廊 zǒuláng [M. WD 条 tiáo]

verb N 动词 dòngcí □ The word "record" can be used either as a verb or a noun with a slight difference in pronunciation. "Record" 这个词可以用作动词或者名词, 发音稍有不同。"Record" zhè ge cí kěyǐ yòngzuo dòngcí huòzhě míngcí, fāyīn shāo yǒu bù tóng.

verbal ADJ 1 口头的 kǒutóu de
verbal agreement 口头协定 kǒutóu xiédìng
2 语言的 yǔyán de, 言词的 yáncí de
verbal skill 语言技能 yǔyán jìnéng

verbatim ADJ, ADV 逐字（的／地）zhúzì (de)
to quote sb verbatim 逐字引用某人的话 zhúzì yǐnyòng mǒurén de huà

verbose ADJ 话太多的 huà tài duō de, 啰嗦的 luōsuō de

verdict N（法庭）裁决（fǎtíng）cáijué, 判决 pànjué
a guilty verdict 有罪裁定 yǒuzuì cáidìng

verge I N 边缘 biānyuán
on the verge of bankruptcy 濒于破财的边缘 bīnyú pòcái de biānyuán
II v (to verge on) 接近 jiējìn, 几乎 jīhū
to verge on the impossible 几乎不可能 jīhū bù kěnéng

verification N 核实 héshí, 证实 zhèngshí

verify v 核实 héshí, 证实 zhèngshí

veritable ADJ 真正的 zhēnzhèng de, 名副其实的 míngfù qíshí de

vermin N 1 害虫 hàichóng, 害兽 hàishòu 2 害人精 hàirénjīng, 坏蛋 huàidàn

vernacular ADJ, N 本地语 běndìyǔ, 方言 fāngyán, 土话 tǔhuà

versatile ADJ 1 多才多艺的 [+人] duōcái duōyì de [+rén], 多面手的 duōmiànshǒu de 2 用途广泛的 [+工具] yòngtú-guǎngfàn de [+gōngjù], 万能的 wànnéng de

verse N 1 诗 shī, 韵文 yùnwén 2 一节（歌词）yìjié (gēcí)

versed ADJ (be versed in) 精通 jīngtōng, 对…造诣很深 duì…zàoyì hěn shēn

version N 1 版 bǎn □ What version of the Bible do you read, the King James version or the New International? 你读的是哪一个版本的圣经, 是詹姆斯王版, 还是新国际版? Nǐ dú de shì nǎ yí ge bǎnběn de Shèngjīng, shì Zhānmǔsī Wáng bǎn, háishì Xīn Guójì bǎn? 2 说法 shuōfǎ □ Witnesses gave different versions of how the accident took place. 关于事故是怎样发生的, 目击者有不同的说法。Guānyú shìgù shì zěnyàng fāshēng de, mùjīzhě yǒu bù tóng de shuōfǎ.

versus PREP 1（体育比赛／法律诉讼）…对…（tǐyù bǐsài/fǎlǜ sùsòng）…duì… 2 与…相比 yǔ…xiāngbǐ, 与…相对 yǔ…xiāngduì

vertebra N 脊椎 jǐzhuī [M. WD 块 kuài], 椎骨 zhuīgǔ [M. WD 块 kuài]

vertical I ADJ 垂直的 chuízhí de □ Today we learned in math about vertical and horizontal lines. 我们今天在数学课上学了直线和横线。Wǒmen jīntiān zài shùxué kèshang xuéle zhíxiàn hé héngxiàn.
II N 垂直线 chuízhíxiàn

vertigo N（登高而产生的）眩晕（dēnggāo ér chǎnshēng de）xuànyùn, 头晕 tóuyūn

verve N 活力 huólì, 生机 shēngjī

very I ADV 非常 fēicháng □ We all felt very tired after a day's walk in the mountains. 我们在山里行走了一天, 都觉得非常累。Wǒmen zài shān lǐ xíngzǒule yì tiān, dōu juéde fēicháng lèi.
II ADJ 正是 zhèng shì, 实在的 shízai de □ Joshua's big smile was the very reason Amy decided to marry him. 正是乔舒亚的开朗笑容, 使艾米决定嫁给他。Zhèngshì Qiáoshūyà de kāilǎng xiàoróng, shǐ Àimǐ juédìng jià gěi tā.

vessel N 1 航船 hángchuán, 艘 sōu [M. WD 艘 sōu] 2 容器 róngqì 3 血管 xuèguǎn, 脉管 màiguǎn

vest N 1 内衣背心 nèiyī bèixīn [M. WD 件 jiàn]
bulletproof vest 防弹背心 fángdàn bèixīn
2 马甲 mǎjiǎ [M. WD 件 jiàn]

vested interest N 既得利益 jìdé lìyì
vested interests 既得利益集团 jìdé lìyì jítuán

vestibule N 门厅 méntīng, 前厅 qiántīng

vestige N 痕迹 hénjì, 遗迹 yíjì

vet I N 1 (= veterinarian) 兽医 shòuyī □ The vet got his qualification from Massey University, New Zealand. 这位兽医师从新西兰梅西大学获得兽医资格的。Zhè wèi shòuyī shī cóng Xīnxīlán Méixī Dàxué huòdé shòuyī zīge de. 2 (= veteran) 老兵 lǎobīng
II v（政治）审查（zhèngzhì）shěnchá
vetting procedure（政治）审查程序（zhèngzhì）shěnchá chéngxù

veteran N 老兵 lǎobīng, 老手 lǎoshǒu

veterinarian N 兽医 shòuyī

veterinary ADJ 兽医的 shòuyī de
veterinary medicine 兽医（学）shòuyī (xué)

veto I v 否决 fǒujué, 反对 fǎnduì **II** N 否决（权）fǒujué (quán)
veto power 否决权 fǒujuéquán

vex v 使…恼怒 shǐ…nǎonù

VHF (= very high frequency) ABBREV 甚高频 shèngāopín

via PREP 经过 jīngguo □ You can get downtown either via the tunnel or via the suspension bridge. 你可以经过地道, 或者经过悬索桥达到市中心。Nǐ kěyǐ jīngguo dìdào, huòzhě jīngguo xuánsuǒqiáo dádào shì zhōngxīn.

viability N 可行性 kěxíngxìng

viable ADJ 1 切实可行的 qièshí kěxíng de 2 能存活的 néng cúnhuó de

viaduct N 高架桥 gāojiàqiáo

Viagra N 伟哥（壮阳药）Wěigē (zhuàngyángyào)

vial N 小（药）瓶 xiǎo (yào) píng

vibe N 感觉 gǎnjué, 感应 gǎnyìng

vibrant ADJ 1 令人兴奋的 lìngrén xīngfèn de, 充满活力的 chōngmǎn huólì de 2 鲜艳明亮的 [+色彩] xiānyàn míngliàng de [+sècǎi]

vibrate v（使…）颤动（shǐ…）chàndòng,（使…）震动（shǐ…）zhèndòng

vibration N 1 颤动 chàndòng, 震动 zhèndòng 2 感应 gǎnyìng, 共鸣 gòngmíng
high-frequency vibration 高频振荡 gāopín zhèndàng

vicar N（教区）牧师（jiàoqū）mùshi

vicarious ADJ 间接感受的 jiànjiē gǎnshòu de, 如同身临其境的 rútóng shēn lín qí jìng de

vice[1] I N 1 犯罪（活动）fànzuì (huódòng), 邪恶（行为）xié'è (xíngwéi)
vice squad 警察打击犯罪小组 jǐngchá dǎjī fànzuì xiǎozǔ
2 劣根性 liè'gēnxìng,（本性的）邪恶（běnxìng de）xié'è

vice[2] ADJ 副 fù
vice admiral 海军中将 hǎijūn zhōngjiàng
vice president 副总统 fùzǒngtǒng, 副总裁 fùzǒngcái

vice versa ADV 反过来也是这样 fǎnguòlái yě shì zhèyàng, 反之亦然 fǎn zhī yì rán

vicinity N 1 附近 fùjìn
in the vicinity of the school 学校附近 xuéxiào fùjìn

2 左右 zuǒyòu
in the vicinity of 7,000 years 七千年左右 qīqiān nián zuǒyòu

vicious ADJ 恶毒的 èdú de, 凶险的 xiōngxiǎn de
vicious circle 恶性循环 èxìng xúnhuán

victim N 受害人 shòuhài rén □ The government promises to offer more help for the hurricane victims. 政府许诺为飓风受害人提供更多的帮助。Zhèngfǔ xǔnuò wèi jùfēng shòuhài rén tígōng gèngduō de bāngzhu. □ His uncle was a victim of the terrorist attacks on 9/11. 他的叔父是"九一一"恐怖主义攻击的受害人。Tā de shūfu shì "jiǔ yāo yāo" kǒngbù zhǔyì gōngjī de shòuhàirén.

victimize V 不公正地对待 bù gōngzhèng de duìdài, 迫害 pòhài

victor N 获胜者 huòshèngzhě, 胜利者 shènglìzhě
runaway victor 遥遥领先的获胜者 yáoyáo lǐng xiān de huòshèngzhě

victorious ADJ 获胜的 huòshèng de, 胜利的 shènglì de

victory N 胜利 shènglì, 赢 yíng □ The party won a landslide victory in the general election. 这个政党在大选中获得大胜。Zhè ge zhèngdǎng zài dàxuǎn zhōng huòdé dàshèng.

video I N 1 录像 lùxiàng □ The crime was caught on video by a pedestrian. 犯罪活动被一个行人录像下来了。Fànzuì huódòng bèi yí ge xíngrén lùxiàngxiàlái le.
music video 音乐录像 yīnyuè lùxiàng
II ADJ 电视的 diànshì de, 视频的 shìpín de
video camera 摄像机 shèxiàngjī
video conference 电视会议 diànshì huìyì
video game 电子游戏 diànzǐ yóuxì

videotape I N 录像带 lùxiàngdài II V 把 [+电影] 录在录像带上 bǎ [+diànyǐng] lù zài lùxiàngdài shàng

vie V 竞争 jìngzhēng, 角逐 juézhú

view I N 1 观点 guāndiǎn, 看法 kànfǎ □ What are your views on capital punishment? 你对死刑有什么看法? Nǐ duì sǐxíng yǒu shénme kànfǎ? 2 景色 jǐngsè □ The house has a beautiful view of the bay. 这幢房子可以看到海湾的美丽景色。Zhè zhuàng fángzi kěyǐ kàndao hǎiwān de měilì jǐngsè.
II V 考虑 kǎolǜ □ Let's view the situation objectively. 让我们客观地考虑形势。Ràng wǒmen kèguān de kǎolǜ xíngshì.
in view of 由于 yóuyú, 考虑到 kǎolǜdao □ In view of the fact that the population is decreasing in the town, a couple of the local schools will be closed. 由于镇上人口减少, 有几座学校要关门。Yóuyú zhènshang rénkǒu jiǎnshǎo, yǒu jǐ zuò xuéxiào yào guānmén.

viewer N 电视观众 diànshì guānzhòng, 电视观看者 diànshì guānkànzhě

viewfinder N (照相机) 取景器 (zhàoxiàngjī) qǔjǐngqì

vigil N 1 守夜 shǒuyè, 陪夜 péi yè 2 (夜间) 静坐抗议 (yè jiān) jìngzuò kàngyì

vigilance N 警惕 (心) jǐngtì (xīn), 警戒 jǐngjiè

vigilant ADJ (保持) 警惕的 (bǎochí) jǐngtì de

vigilante N (公民) 自发维持治安者 (gōngmín) zìfā wéichí zhì'ān zhě, (公民) 治安行动者 (gōngmín) zhì'ān xíngdòngzhě

vigor N 活力 huólì, 精力 jīnglì

vigorous ADJ 充满精力的 chōngmǎn jīnglì de, 精力充沛的 jīnglì chōngpèi de

vile ADJ 令人讨厌的 lìngrén tǎoyàn de, 坏透了的 huàitòule de

vilify V 污蔑 wūmiè, 中伤 zhòngshāng

villa N (乡间) 别墅 (xiāngjiān) biéshù [M. WD 幢 zhuàng]

village N 村庄 cūnzhuāng, 村庄 cūnzhuāng □ Most families in the village are related by blood. 村里大多数人家都有血缘关系。Cūnlǐ dàduōshù rénjiā dōu yǒu xuèyuán guānxi.

villager N 村民 cūnmín

villain N 1 坏人 huàirén, 罪犯 zuìfàn 2 (电影/小说中的) 反面人物 (diànyǐng/xiǎoshuō zhōngde) fǎnmiànrénwù, 反派角色 fǎnpài juésè

villainy N 罪行 zuìxíng, 堕落 duòluò

vindicate V 为…辩白 wéi…biànbái, 证明…清白 zhèngmíng…qīngbái

vindictive ADJ 有报复心的 yǒu bàofu xīn de, 怀恨在心的 huáihèn zài xīn de

vine N 1 藤本植物 téngběn zhíwù 2 葡萄 (藤) pútao (téng) [M. WD 棵 kē]

vinegar N 醋 cù

vineyard N 葡萄园 pútaoyuán

vintage I ADJ 1 优质的 [+酒] yōuzhì de [+jiǔ]
vintage wine 特定年代出产的佳酿酒 tèdìng niándài chūchǎn de jiānìàngjiǔ
2 老式的 [+汽车] lǎoshì de [+qìchē], 珍藏的 zhēncáng de
vintage car 古董车 gǔdǒngchē, 珍藏老式车 zhēncáng lǎoshìchē
II N 酒的酿造年份 jiǔ de niàngzào niánfèn

vinyl N 乙烯基 yǐxījī
vinyl flooring 乙烯基铺地材料 yǐxījī pūdì cáiliào

viola N 中提琴 zhōngtíqín [M. WD 把 bǎ]

violate V 1 违反 wéifǎn, 违背 wéibèi □ Such practices violate the local law. 这种做法违反了当地的法律。Zhè zhǒng zuòfǎ wéifǎnle dàngdì de fǎlǜ. 2 强奸 [+妇女] qiángjiān [+fùnǚ]

violation N 1 违反 wéifǎn, 违背 wéibèi 2 侵犯 qīnfàn, 侵害 qīnhài

violator N 违反者 wéifǎnzhě, 违规者 wéiguīzhě

violence N 1 暴力 (行为) bàolì (xíngwéi) □ This movie contains too much violence and should be restricted to viewers over 18. 这部电影暴力镜头太多, 应该限制在十八岁以上的人才能看。Zhè bù diànyǐng bàolì jìngtóu tài duō, yīnggāi xiànzhì zài shíbā suì yǐshàng de rén cái néng kàn.
domestic violence 家庭暴力 (行为) jiātíng bàolì (xíngwéi)
2 强大的破坏力量 qiángdà de pòhuàilì liáng

violent ADJ 1 暴力的 bàolì de □ I did not know he could be so violent. 我没有想到他会这样使用暴力。Wǒ méiyǒu xiǎngdao tā huì zhèyàng shǐyòng bàolì. 2 强烈的 qiángliè de □ The fishing boat capsized in a violent storm. 渔船在一次强烈的风暴中倾覆。Yúchuán zài yí cì qiángliè de fēngbào zhōng qīngfù.
a violent earthquake 强地震 qiáng dìzhèn

violet N 1 紫罗兰 zǐluólán 2 紫罗兰色 zǐluólánsè

violin N 小提琴 xiǎotíqín [M. WD 把 bǎ]

violinist N 小提琴手 xiǎotíqínshǒu

VIP (= very important person) ABBREV 大人物 dàrénwù [M. WD 位 wèi], 贵宾 guìbīn [M. WD 位 wèi]

viper N 小毒蛇 xiǎo dúshé [M. WD 条 tiáo]

viral ADJ 病毒 (性) 的 bìngdú (xìng) de, 病毒引起的 bìngdú yǐnqǐ de

virgin N 1 处女 chǔnǚ, 贞女 zhēnnǚ 2 未开发的 wèi kāifā de
virgin land 未开发的处女地 wèi kāifā de chǔnǚdì

virginity N 处女状态 chǔnǚ zhuàngtài, 童真 tóngzhēn

Virgin Mary N 贞女玛丽亚 zhēnnǚ Mǎlìyà

Virgo N 处女宫 (座) Chùnǚgōng (zuò)

virile ADJ 充满阳刚气的 chōngmǎn yánggāngqì de, 有男子气概的 yǒu nánzǐ qìgài de

virtual ADJ 1 爱交际的 ài jiāojì de, 事实上的 shìshíshang de 2 (电脑中) 虚拟的 (diànnǎo zhōng) xūnǐ de, 非真实世界的 fēi zhēnshí shìjiè de
virtual reality 虚拟现实 xūnǐ xiànshí

virtually ADV 1 实质上 shízhìshàng, 实际上 shíjìshàng 2 几乎 jīhū, 差不多 chàbùduō 3 虚拟地 xūnǐ de

virtue N 1 美德 měidé 2 优点 yōudiǎn, 优越性 yōuyuèxìng
by virtue of sth 凭借 píngjiè, 由于 yóuyú
to make a virtue of necessity 很愿意地做不得不做的事 hěn yuànyì de zuò bùdebù zuò de shì

virtuoso N（音乐）名家 (yīnyuè) míngjiā, 高手 gāoshǒu
a virtuoso performance 名家表演 míngjiā biǎoyǎn

virtuous ADJ（品德）高尚的 (pǐndé) gāoshàng de, 善良的 shànliáng de

virulent ADJ 1 剧毒的 jùdú de, 迅速致死的 xùnsù zhìsǐ de 2 刻毒的 kèdú de, 恶毒的 èdú de

virus N 病毒 bìngdú

visa N 签证 qiānzhèng □ I'll apply for a Chinese visa at the Consulate in New York. 我要去纽约领事馆申请中国的签证。Wǒ yào qù Niǔyuē lǐngshìguǎn shēnqǐng Zhōngguó de qiānzhèng.
entry visa 入境签证 rùjìng qiānzhèng
exit visa 离境签证 líjìng qiānzhèng
student's visa 学生签证 xuésheng qiānzhèng
transit visa 过境签证 guòjìng qiānzhèng
tourist visa 旅游签证 lǚyóu qiānzhèng
work visa 工作签证 gōngzuò qiānzhèng

visage N 脸 liǎn, 面容 miànróng

vis-à-vis PREP 与…相比 yǔ…xiāngbǐ

vise N 老虎钳 lǎohǔqián [M. WD 把 bǎ]

visibility N 能见度 néngjiàndù, 视程 shìchéng

visible ADJ 能看得见的 néng kàndejiàn de, 可见的 kějiànde

vision N 1 视力 shìlì □ Children with poor vision are seated in the front rows. 视力不好的孩子坐在前排。Shìlì bù hǎo de háizi zuò zài qiánpái. 2 幻想 huànxiǎng □ She has a vision of a happy marriage with many children. 她幻想幸福的婚姻，众多的子女。Tā huànxiǎng xìngfú de hūnyīn, zhòngduō de zǐnǚ. 3 远见 yuǎnjiàn □ Now our country desperately needs a statesman of great vision, but where is he? 我们的国家现在需要有远见的政治家，可是他在哪里呢？Wǒmen de guójiā xiànzài xūyào yǒu yuǎnjiàn de zhèngzhìjiā, kěshì tā zài nǎlǐ ne?

visionary ADJ 有远见的 yǒu yuǎnjiàn de, 有眼光的 yǒu yǎnguāng de

visit I v 1 看望 kànwàng □ We often go to visit our grandmother. 我们经常去看望祖母。Wǒmen jīngcháng qù kànwang zǔmǔ. 2 参观 cānguān, 访问 fǎngwèn □ Would you like to visit the zoo or the museum today? 今天你想参观动物园，还是博物馆？Jīntiān nǐ xiǎng cānguān dòngwùyuán, háishì bówùguǎn?
II N 1 看望 kànwàng, 拜访 bàifǎng 2 访问 fǎngwèn, 参观 cānguān □ They're preparing for a visit to China. 他们在准备访问中国。Tāmen zài zhǔnbèi fǎngwèn Zhōngguó.

visitation N 1 访问 fǎngwèn 2 探视（权）tànshì (quán)

visitor N 1 访问者 fǎngwènzhě, 访客 fǎngkè □ The office had an unexpected visitor this morning. 今天上午办公室来了一位不速之客。Jīntiān shàngwǔ bàngōngshì láile yí wèi bú sù zhī kè. 2 参观者 cānguānzhě □ Visitors to this art gallery are advised that photography is not allowed. 这座艺术馆的参观者被告知：不准摄影。Zhè zuò yìshùguǎn de cānguānzhě bèi gàozhī: bù zhǔn shèyǐng.

visor N 1 帽舌 màoshé 2（汽车的）遮阳板 (qìchē de) zhēyángbǎn

vista N 远景 yuǎnjǐng, 展望 zhǎnwàng

visual ADJ 视觉的 shìjué de, 视力的 shìlì de
visual aid 直观教具 zhíguān jiàojù
visual arts 视觉艺术 shìjué yìshù

visualize v 想象 xiǎngxiàng, 设想 shèxiǎng

vital ADJ 1 至关重要的 zhìguān zhòngyào de □ Vital information about a terrorist attack was passed on to the security authorities. 关于恐怖分子袭击的至关重要的情报被传递到安全部门。Guānyú kǒngbù fènzǐ xíjī de zhìguān zhòngyào de qíngbào bèi chuándìdao ānquán bùmén. 2 生命的 shēngmìng de
vital signs 生命特征 shēngmìng tèzhēng
vital statistics 人口动态统计 rénkǒu dòngtài tǒngjì

vitality N 活力 huólì, 生命力 shēngmìnglì

vitally ADV 极大地 jídà de

vitamin N 维生素 wéishēngsù, 维他命 wéitāmìng

viticulture N 葡萄栽培术 pútao zāipéi shù, 葡萄园管理 pútaoyuán guǎnlǐ

vitriol N 刻毒的话 kèdú dehuà, 尖刻的讽刺 jiānkè de fěngcì

vitriolic ADJ 刻毒的 kèdú de, 尖刻的 jiānkè de

vivacious ADJ 活泼的 huópo de, 快活的 kuàihuo de

vivid ADJ 1 生动的 [+描写] shēngdòng de [+miáoxiě], 逼真的 bīzhēn de 2 鲜艳明亮的 [+色彩] xiānyàn míngliàng de [+sècǎi]
vivid imagination 丰富的想象力 fēngfù de xiǎngxiànglì

vivisection N 动物活体解剖 dòngwù huótǐ jiěpōu

VJ (= video jockey) ABBREV 电视音乐节目主持人 diànshì yīnyuè jiémù zhǔchírén

V-neck N 鸡心领 jīxīnlǐng
V-neck sweater 鸡心领羊毛衫 jīxīnlǐng yángmáoshān

VOA (= Voice of America) ABBREV 美国之音 Měiguó zhī yīn

vocabulary N 1 词汇 cíhuì 2 专业词汇 zhuānyè cíhuì, 术语 shùyǔ
business vocabulary 商业词汇 shāngyè cíhuì

vocal I ADJ 1 嗓音的 sǎngyīn de
vocal cords 声带 shēngdài
vocal music 声乐 shēngyuè
2 直言不讳的 zhíyán búhuì de
a vocal critic 直言不讳的批评者 zhíyán búhuì de pīpíngzhě
II N 歌唱 gēchàng, 歌咏 gēyǒng

vocalist N 歌手 gēshǒu, 演唱者 yǎnchàngzhě

vocation N 1 职业 zhíyè, 工作 gōngzuò
sense of vocation 敬业精神 jìngyè jīngshén
2 神召 shén zhào,（宗教）使命感 (zōngjiào) shǐmìnggǎn

vocational ADJ 职业训练的 zhíyè xùnliàn de
vocational school 职业学校 zhíyè xuéxiào

vociferous ADJ 大声的 dàshēng de, 强烈表达的 qiángliè biǎodá de

vogue N 时尚 shíshàng, 风行 fēngxíng
a vogue word 流行语 liúxíngyǔ

voice N 1 说话声 shuōhuàshēng, 声音 shēngyīn □ I heard voices in the next room. 我听到隔壁房间有说话声。Wǒ tīngdao gébì fángjiān yǒu shuōhuàshēng. 2 嗓子 sǎngzi, 嗓音 sǎngyīn □ Opal has a good singing voice. 奥帕尔唱歌的嗓音很好听。Àopà'ěr chànggē de sǎngyīn hěn hǎotīng.
to raise one's voice 提高嗓音 tígāo sǎngyīn □ Father never needed to raise his voice. 父亲从来不需要提高嗓音。Fùqin cónglái bù xūyào tígāo sǎngyīn.
voice mail 语音信箱 yǔyīn xìnxiāng
3 发言权 fāyánquán
to give voice to sth 对某事发表意见 duì mǒushì fābiǎo yìjiàn

Voice of America N See **VOA**

void I ADJ 无效的 wúxiào de
null and void （法律上）无效的 (fǎlǜshàng) wúxiào de
be void of 毫无 háowú
II N 空虚感 kōngxūgǎn, 空白 kòngbái
to fill the void 填补空虚感 tiánbǔ kōngxūgǎn
III v 使 [+协议] 无效 shǐ [+xiéyì] wúxiào, 使…作废 shǐ…zuòfèi

volatile ADJ 不确定的 bú quèdìng de, 动荡不定的 dòngdàng búdìng de

volcano N 火山 huǒshān [M. WD 座 zuò]
active/dormant volcano 活/死火山 huó/sǐ huǒshān

volition N 意志（力）yìzhì (lì)
of one's own volition 自愿地 zìyuàn de

volley N 1 [炮弹 / 子弹+] 齐射 [pàodàn/zǐdàn+] qíshè 2 一连

串 [+质问／批评] yìliánchuàn (zhìwèn/pīpíng) **3**（球类比赛中的）拦击 (qiúlèi bǐsài zhòng de) lánjī, 截踢 jiétī

volleyball N 排球（运动）páiqiú (yùndòng)

volt N 伏特 fútè

voltage N 电压 diànyā

voluble ADJ 健谈的 jiàntán de, 滔滔不绝的 tāotāo bù jué de

volume N **1** 音量 yīnliàng □ A neighbor came to ask them to turn down the volume of the music. 一位邻居来请他们把音乐放轻一点儿。Yí wèi línjū lái qǐng tāmen bǎ yīnyuè fàng qīng yìdiǎnr. **2** 容量 róngliàng □ What is the total volume of a shipping container? 一个集装箱的容量有多大？Yí ge jízhuāngxiāng de róngliàng yǒu duōdà? **3**（书籍）册 (shūjí) cè □ Volume 3 of the encyclopedia is missing. 这套百科全书的第三册不见了。Zhè tào bǎikē quánshū de dìsān cè bú jiàn le.

voluminous ADJ **1** 篇幅很长的 piānfu hěn cháng de **2** 容量大的 róngliàng dà de

voluntary ADJ 自愿的 zìyuàn de, 志愿的 zhìyuàn de

volunteer I N 志愿人员 zhìyuàn rényuán, 义工 yìgōng
    Red Cross volunteer 红十字会义工 Hóngshízìhuì yìgōng
II v 自愿 zìyuàn, 自告奋勇 zìgào fènyǒng

voluptuous ADJ 丰满的 fēngmǎn de, 丰乳肥臀的 fēng rǔ féi tún de

vomit I v 呕吐 ǒutù, 吐出 tùchū II N 呕吐物 ǒutù wù

voodoo N 伏都教 fúdūjiào
    voodoo doll 巫毒娃娃 wūdú wáwa

voracious ADJ 食量很大的 shíliàng hěn dà de, 贪吃的 tānchī de **2** 求知欲旺盛的 qiúzhīyù wàngshèng de

vortex N 漩涡 xuánwō, 旋风 xuànfēng

vote I N 表决 biǎojué, 投票 tóupiào □ The resolution will be put to the vote at tomorrow's general assembly. 决议将在明天的全体会议上付诸表决。Juéyì jiāng zài míngtiān de quántǐ huìyìshang fùzhū biǎojué.
    the vote 得票总数 dépiào zǒngshù
    vote of confidence 信任投票 xìnrèn tóupiào
    vote of no confidence 不信任投票 bú xìnrèn tóupiào
II v 1 投票 tóupiào □ Many of my friends will be eligible to vote for the first time this year. 我很多朋友将在今年第一次有资格投票。Wǒ hěn duō péngyou jiāng zài jīnnián dìyì cì yǒu zīgé tóupiào.
    voting booth 投票站 tóupiàozhàn
    2 评选 píngxuǎn
    be voted the best program 被评选为最佳节目 bèi píngxuǎn wéi zuìjiā jiémù
    to vote with one's feet 退席表示反对 tuìxí biǎoshì fǎnduì

voter N 选民 xuǎnmín, 投票人 tóupiàorén

vouch v (to vouch for)为…担保 wéi…dānbǎo, 保证 bǎozhèng

voucher N **1** 代金券 dàijīnquàn, 凭证 píngzhèng
    gift voucher 礼券 lǐquàn
    2 收据 shōujù, 收条 shōutiáo

vow I N 誓言 shìyán
    marriage vows 结婚誓言 jiéhūn shìyán, 婚誓 hūnshì
II v 发誓 fāshì, 起誓 qǐshì

vowel N 元音 yuányīn

voyage I N 航行 hángxíng □ I wish I could make a voyage across the Pacific. 我希望能乘船横渡太平洋。Wǒ xīwàng néng chéngchuán héngdù Tàipíngyáng.
    Bon Voyage! 旅途愉快！Lǚtú yúkuài!
II v 航海 hánghǎi, 航行 hángxíng

voyeur N **1** 窥淫狂 kuīyínkuáng **2** 特别喜欢窥视他人隐私的人 tèbié xǐhuan kuīshì tārén yǐnsī de rén

vs ABBREV See versus

vulcanology N 火山学 huǒshānxué

vulgar ADJ 低俗的 dīsú de, 粗俗的 cūsú de

vulnerable ADJ **1** 脆弱的 cuìruò de, 敏感的 mǐngǎn de **2** 易受攻击的 yìshòu gōngjī de

be vulnerable to terrorist attacks 很容易受到恐怖活动攻击的 hěn róngyì shòudào kǒngbù huódòng gōngjī de

vulture N 秃鹫 tūjiù [M. WD 只 zhī]

W, w

wacko N 怪人 guàirén, 疯子 fēngzi

wacky ADJ 疯疯癫癫的 fēngfeng diāndiān de, 古怪的 gǔguài de

wad N 一叠 yì dié
    a wad of money 一叠钱 yì dié qián

waddle v（像鸭子一样）摇摇摆摆地走 (xiàng yāzi yíyàng) yáoyáo bǎibǎi de zǒu

wade v 涉（水）shè (shuǐ), 蹚（水）tāng (shuǐ)

wafer N **1** 华夫饼干 huáfū bǐnggān [M. WD 块 kuài], 威化饼干 wēihuà bǐnggān [M. WD 块 kuài] **2**（宗教）圣饼 (zōngjiào) shèngbǐng [M. WD 块 kuài]

waffle N 蛋奶烘饼 dànnǎi hōngbǐng [M. WD 块 kuài]

waft v [气味／音乐声+] 飘荡 [qìwèi/yīnyuè shēng+] piāodàng

wag v **1** [狗+] 摇尾巴 [gǒu+] yáo wěibā **2** [人+] 摇手指 [rén+] yáo shǒuzhǐ

wage¹ N 工资 gōngzī □ Hourly wages are higher in New York than in Alabama, I believe. 我相信，纽约的每小时工资比阿拉巴马的高。Wǒ xiāngxìn, Niǔyuē de měi xiǎoshí gōngzī bǐ Ālābāmǎ de gāo.
    wage earner 挣钱的人 zhèngqiá de rén
    wage freeze 工资冻结 gōngzī dòngjié
    minimum wage（法定）最低工资 (fǎdìng) zuì dī gōngzī

wage² v 发动 fādòng

wager I v **1** 打赌 dǎ dǔ, 下赌注 xià dǔzhù II N 打赌 dǎ dǔ, 赌注 dǔzhù

wagon N **1** 客货两用车 kèhuò liǎngyòngchē [M. WD 辆 liàng] **2**（老式）马拉货车 (lǎoshì) mǎlā huòchē [M. WD 辆 liàng]

wail I v **1** [人+] 大声哭叫 [rén+] dàshēng kūjiào, 嚎啕大哭 háotáo dàkū **2** [警报器+] 呼啸 [jǐngbàoqì+] hūxiào II N **1** 大哭声 dàkūshēng **2** 呼啸声 hūxiàoshēng

waist N 腰 yāo □ She worked in the kitchen with an apron around her waist. 她腰里围了围裙，在厨房里干活。Tā yāolǐ wéile wéiqún, zài chúfáng lǐ gànhuó.
    waistline 腰围 yāowéi □ "How about some ice cream?" "No, thanks. I'm trying to watch my waistline." "来点儿冰淇淋吧？""不，谢谢。我在减肥呢。" "Lái diǎnr bīngqílín ba?" "Bú, xièxie. Wǒ zài jiǎnféi ne."

wait I v **1** 等 děng, 等候 děnghou □ Sometimes I have to wait half an hour for a bus. 我有时候等公共汽车得等半个小时。Wǒ yǒushíhou děng gōnggòng qìchē děi děng bàn ge xiǎoshí.
    to wait up 不睡觉等候 bú shuìjiào děnghou □ I'll be very late tonight, don't bother waiting up for me. 我今天很晚才回家，不必不睡觉等我。Wǒ jīntiān hěn wǎn cái huí jiā, bú bì bú shuìjiào děng wǒ.
    2 (to wait on) 服侍 fúshi, 伺候 cìhou
II N 等候 děnghòu

waiter N [饭店+] 服务员 [fàndiàn+] fúwùyuán

waiting list N [医院+] 等候者名单 [yīyuàn+] děnghòuzhě míngdān

waiting room N（饭店）候诊室 hòuzhěnshì, 候车室 hòuchēshì

waitress N（饭店）女服务员 (fàndiàn) nǚ fúwùyuán

waive v 放弃 [+权利] fàngqì [+quánlì], 取消 [+规定] qǔxiāo [+guīdìng]

waiver N 弃权声明书 qìquán shēngmíng shū

wake¹ I v (PT **woke**; PP **woken**) **1** 醒 xǐng □ What time do you usually wake up? 你通常什么时候醒来？Nǐ tōngcháng shénme shíhou xǐnglai? **2** 叫醒 jiàoxǐng □ His wife woke him

up since he was having nightmares. 他在做恶梦, 妻子叫醒了他。Tā zài zuò èmèng, qīzi jiàoxǐngle tā.
II N 守灵 shǒulíng

wake² N 1 船的尾波 chuán de wěi bō, 航迹 hángjì **2** (in the wake of) 紧接着 jǐnjiēzhe, 在…以后 zài…yǐhòu

wakeful ADJ 不能入眠的 bùnéng rùmián de, 醒着的 xǐngzhe de

waken V 1 醒（来）xǐng (lái) **2** 叫醒 jiàoxǐng, 唤醒 huànxǐng
to waken at the baby's cry 听到婴儿哭而醒来 tīngdào yīng'ér kū ér xǐnglái

wake-up call N 1 叫醒电话 jiàoxǐng diànhuà **2** 警钟 jǐngzhōng, 警示 jǐngshì

waking ADJ 醒着的 xǐngzhe de
waking hours 醒着的时间 xǐngzhe de shíjiān

walk I V 走 zǒu, 步行 bùxíng □ Little Timmy learned to walk when he was 10 months old. 小提米十个月的时候学走路。Xiǎo Tímǐ shí ge yuè de shíhou xué zǒulù. □ My brother and I walked about 10 miles last Sunday. 我和我兄弟上星期天步行了大约十英里。Wǒ hé wǒ xiōngdì shàng xīngqītiān bùxíngle dàyuē shí yīnglǐ.
to walk the dog 溜狗 liūgǒu □ Have you found someone to walk our dog while we're away? 你找到了我们外出的时候帮我们溜溜狗的人了吗? Nǐ zhǎodàole wǒmen wàichū de shíhou bāng wǒmen liūliū de rén le ma?
to walk away 不负责任地离开 bú fù zérèn de líkāi
II N 1 走 zǒu, 行走 xíngzǒu □ It's 10 minutes' walk from home to the bus stop. 从家里走到公共汽车站要十分钟。Cóng jiālǐ zǒudao gōnggòng qìchēzhàn yào shí fēnzhōng. **2** 步行路径 bùxíng lùjìng □ This national park has some beautiful walks. 这座国家公园有几条很美的步行路径。Zhè zuò guójiā gōngyuán yǒu jǐ tiáo hěn měi de bùxíng lùjìng.
to go for/take a walk 散步 sànbù □ We often go for a walk in the woods behind our house. 我们经常在屋后的树林里散步。Wǒmen jīngcháng zài wū hòu de shùlín lǐ sànbù.

walkie-talkie N 步话机 bùhuàjī, 无线电对讲机 wúxiàndiàn duìjiǎngjī

walk-in ADJ (a walk-in wardrobe/closet) 步入式衣柜/壁柜 bùrù shì yīguì/bìguì

walking papers N 辞退书 cítuìshū [M. WD 份 fèn], 解雇通知单 jiěgù tōngzhīdān [M. WD 份 fèn/张 zhāng]

walking stick N 拐杖 guǎizhàng [M. WD 根 gēn], 手杖 shǒuzhàng [M. WD 根 gēn]

walk-on N 未获体育奖学金的大学体育队队员 wèi huò tǐyù jiǎngxuéjīn de dàxué tǐyù duì duìyuán
walk-on part 跑龙套的角色 pǎo lóngtào de juésè

walkover N 轻而易举的胜利 qīng ér yìjǔ de shènglì

walk-up N 无电梯的大楼 wú diàntī de dàlóu

walkway N 人行通道 rénxíng tōngdào, 有遮走道 yǒu zhē zǒudào

wall I N 墙 qiáng □ Talking to him is like talking to a wall—you won't get anywhere. 对他讲话就像对墙讲话一样—根本没用。Duì tā jiǎnghuà jiù xiàng duì qiáng jiǎnghuà yíyàng—gēnběn méiyòng.
the Great Wall (of China) （中国）长城 (Zhōngguó) Chángchéng
II V 1 (to wall … in) 用墙围起来 yòng qiáng wéi qǐlái **2** (to wall … up) 用砖堵上 yòng zhuān dǔ shàng

wallaby N 澳洲沙袋鼠 Àozhōu shādàishǔ

wallet N 皮夹 píjiā, 钱包 qiánbāo
a fat wallet (钱装得) 鼓鼓的皮夹 (qián zhuāng dé) gǔgǔ de píjiā

wallow V 1 [动物+] 快乐地打滚 [dòngwù+] kuàilè de dǎgǔn **2** (to wallow in self-pity) 沉溺于自怜 chénnì yú zìlián

wallpaper I N 墙纸 qiángzhǐ, 壁纸 bìzhǐ **II** V 给 [+房间] 贴墙纸 gěi [+fángjiān] tiē qiángzhǐ

Wall Street N 1 (纽约) 华尔街 (Niǔyuē) Huá'ěrjiē **2** 美国金融界 Měiguó jīnróngjiè

walnut N 核桃 hétao [M. WD 颗 kē], 胡桃 hútáo [M. WD 颗 kē]

walrus N 海象 hǎixiàng [M. WD 头 tóu]

waltz I N 华尔兹舞 (曲) huá'ěrzīwǔ (qū), 圆舞 (曲) yuánwǔ (qū) **II** V 跳华尔兹舞 tiào huá'ěrzīwǔ

wan ADJ 苍白的 [+脸色] cāngbái de [+liǎnsè], 憔悴的 qiáocuì de

wand N 魔杖 mózhàng [M. WD 根 gēn]

wander V 1 游荡 yóudàng, 漫游 mànyóu □ When Jack plays hooky, he just wanders around shopping malls and streets. 杰克逃学的时候, 就在商场和大街上游荡。Jiékè táoxué de shíhou, jiù zài shāngchǎng hé dàjiēshang yóudàng.
to wander off 走开 zǒukāi, 走散 zǒusàn □ Don't wander off. We're leaving the fairground in just a few minutes. 别走开了, 我们马上要离开游乐场了。Bié zǒukāi le, wǒmen mǎshàng yào líkāi yóulèchǎng le.
2 偏离话题 piānlí huàtí, 离题 lítí **3** 思想不集中 sīxiǎng bù jízhōng, 走神 zǒushén

wanderings N （走走停停的）漫游 (zǒuzou tíngtíng de) mànyóu

wanderlust N 旅游癖 lǚyóupǐ, 游山玩水的强烈欲望 yóushān wánshuǐ de qiángliè yùwàng

wane I V 1 衰败 shuāibài, 没落 mòluò **2** [月亮+] 缺/亏 [yuèliang+] quē/kuī **II** N 衰败 shuāibài, 没落 mòluò
on the wane 正在衰落 zhèngzài shuāiluò

wangle V 哄骗 hǒngpiàn
to wangle sth out of sb 从某人那里用巧计得到某物 cóng mǒurén nàli yòng qiǎojì dédào mǒuwù
to wangle one's way out of 设法脱身 shèfǎ tuōshēn

want I V 1 要 yào, 想 xiǎng, 想要 xiǎngyào □ I want a pay raise. 我要加薪。Wǒ yào jiā xīn. □ What do you want to do today? 你今天想做什么? Nǐ jīntiān xiǎng zuò shénme? **2** 缺乏 quēfá **II** N 1 需要但缺乏的事物 xūyào dàn quēfá de shìwù
for want of sth 由于缺乏某事物 yóuyú quēfá mǒushìwù
for want of anything better 只因为没有更好的 zhǐ yīnwéi méiyǒu gèng hǎo de
for want of a better word 因为没有更好的词语 yīnwèi méiyǒu gèng hǎo de cíyǔ

want ad N （报纸上）分类广告 (bàozhǐ shàng) fēnlèi guǎnggào

wanted ADJ 被警方追捕的 bèi jǐngfāng zhuībǔ de □ You're wanted on the phone. 有你的电话。Yǒu nǐ de diànhuà.

wanting ADJ 不够好的 búgòu hǎode, 有待改进的 yǒudài gǎijìn de

wanton ADJ 肆意的 sìyì de, 胡乱的 húluàn de
a wanton killing 滥杀 lànshā

war N 1 战争 zhànzhēng □ The President of the United States has the power to declare war. 美国总统有权宣战。Měiguó zǒngtǒng yǒuquán xuānzhàn. □ When World War II broke out, my great grandpa joined the army. 第二次世界大战爆发, 我的曾祖父就参军。Dì'èr cì Shìjiè Dàzhàn bàofā, wǒ de zēngzǔfù jiù cānjūn. **2** 斗争 dòuzhēng, 竞争 jìngzhēng
war bride 战时新娘 zhànshí xīnniáng
war crime 战争罪行 zhànzhēng zuìxíng
war criminal 战犯 zhànfàn
war zone 战区 zhànqū
to declare war on 向…宣战 xiàng…xuānzhàn
to wage war on 与…作战 yǔ…zuòzhàn

warble V [鸟+] 啭鸣 [niǎo+] zhuànmíng, 象鸟一样歌唱 xiàng niǎo yíyàng gēchàng

ward I N 1 病房 bìngfáng
maternity/surgical ward （妇）产科/外科病房 (fù) chǎnkē/wàikēbìngfáng
2 被监护人 bèi jiānhùrén **3** （城市中的）选区 (chéngshì zhòngde) xuǎnqū

II v (to ward off) 防止 fángzhǐ

warden N 1 监护人 jiānhùrén, 管理员 guǎnlǐyuán
warden of an old people's home 养老院管理员 yǎnglǎoyuàn guǎnlǐyuán **2** 监督人员 jiāndū rényuán
traffic warden 交通执勤人员 jiāotōng zhíqín rényuán **3** 监狱长 jiānyùzhǎng

wardrobe N 1 大衣柜 dàyīguì, 衣橱 yīchú **2** (个人所有的) 衣服 (gèrén suǒyǒu de) yīfu □ Her extensive wardrobe is the envy of her friends. 她衣物极多, 是朋友们羡慕的事。Tā yīwù jí duō, shì péngyoumen xiànmù de shì. **3** (剧团) 戏装管理部 (jùtuán) xìzhuāng guǎnlǐ bù

warehouse N 货栈 huòzhàn, 仓库 cāngkù □ There is a huge Walmart warehouse on the outskirts of the city. 在城市的郊外有一个沃尔玛百货商场的巨大货仓。Zài chéngshì de jiāowài yǒu yí ge Wò'ěrmǎ bǎihuò shāngchǎng de jùdà huòcāng.

wares N (不在商店出售的) 货物 (búzài shāngdiàn chūshòu de) huòwù, 商品 shāngpǐn

warfare N 战争 zhànzhēng
conventional warfare 常规战争 chángguī zhànzhēng
guerrilla warfare 游击战 yóujīzhàn
nuclear warfare 核战争 hézhànzhēng

warhead N (导弹) 弹头 (dǎodàn) dàntóu

warlike ADJ 好战的 hàozhàn de, 善战的 shànzhàn de

warm I ADJ 1 温暖的 wēnnuǎn de □ Everyone seems to enjoy the warm weather of May. 几乎人人都喜欢五月的温暖天气。Jīhū rénrén dōu xǐhuan wǔyuè de wēnnuǎn tiānqì. **2** 热情友爱的 rèqíng yǒu'ài de □ The flight attendant greeted me with a warm smile as I entered the airplane. 我走进机舱时, 空中小姐向我热情友爱地微笑。Wǒ zǒujìn jīcāng shí, kōngzhōng xiǎojiě xiàng wǒ rèqíng yǒu'ài de wēixiào. **II** v 使…温暖 shǐ…wēnnuǎn, 使…暖和 shǐ…nuǎnhuo □ She drank a glass of hot milk to warm herself up. 她喝了一杯热牛奶, 让身子暖和起来。Tā hēle yì bēi rè niúnǎi, ràng shēnzi nuǎnhuoqǐlai.
to warm up to sb 对某人产生好感 duì mǒurén chǎnshēng hǎogǎn, 喜欢上某人 xǐhuan shàng mǒurén

warm-blooded ADJ 温血的 [+动物] wēnxuè de [+dòngwù], 恒温的 héngwēn de

warm-hearted ADJ 热心(肠)的 rèxīn (cháng) de, 热情的 rèqíng de

warmonger N 战争贩子 zhànzhēng fànzi

warmth N 1 温暖 wēnnuǎn, 暖和 nuǎnhuo □ He hated to leave the warmth of the fireplace. 他真不想离开温暖的火炉。Tā zhēn bù xiǎng líkāi wēnnuǎn de huǒlú. **2** 热情友好 rèqíng yǒuhǎo □ Her genuine warmth won her many friends. 她真诚的热情使她赢得许多朋友。Tā zhēnchéng de rèqíng shǐ tā yíngdé xǔduō péngyou.

warn v 警告 jǐnggào, 提醒 tíxǐng □ Tourists are warned not to walk alone in the city center after nightfall. 旅游者被警告, 天黑以后不要在市中心单独行走。Lǚyóuzhě bèi jǐnggào, tiānhēi yǐhòu bú yào zài shìzhōngxīn dāndú xíngzǒu.
To be warned is to be prepared. 受到警告, 就是让你做好准备。Shòudao jǐnggào, jiùshì ràng nǐ zuòhǎo zhǔnbèi.

warning N 警告 jǐnggào, 提醒 tíxǐng □ I got a warning message on my computer but couldn't figure out what I was doing wrong. 我在计算机上得到一个 "警告", 但想不出我错在哪里。Wǒ zài jìsuànjīshang dédao yí ge "jǐnggào", dàn xiǎngbuchū wǒ cuò zài nǎlǐ.

warp I N 弯曲 wānqū, 变形 biànxíng **II** v 1 (使…) 变形 (shǐ…) biànxíng **2** (使…) 反常 (shǐ…) fǎncháng, 扭曲 niǔqū

warrant I N 1 令 lìng, 证 zhèng
arrest warrant 逮捕证 dàibǔzhèng
death warrant 死刑令 sǐxíng lìng
search warrant 搜查证 sōucházhèng

2 充分理由 chōngfèn lǐyóu
II v 提供充分理由 tígōng chōngfèn lǐyóu, 成为…的理由 chéngwéi…de lǐyóu

warranty N 保修单 bǎoxiūdān, 产品质量保证书 chǎnpǐn zhìliàng bǎozhèngshū

warren N 野兔窝 yětùwō

warrior N 战士 zhànshì, 斗士 dòushì

warship N 军舰 jūnjiàn [M. WD 艘 sōu], 战舰 zhànjiàn [M. WD 艘 sōu]

wartime N 战争时期 zhànzhēng shíqī, 战时 zhànshí

wary ADJ 小心翼翼的 xiǎoxīn yìyì de, 戒备的 jièbèi de

wash I v 1 洗 xǐ □ Wash your hands before eating. 吃东西前要洗手。Chī dōngxi qián yào xǐ shǒu.
to wash one's hands of 与…脱离关系 yǔ…tuōlí guānxi, 不再参与 búzài cānyù
2 站得住脚 zhàn dé zhù jiǎo □ His explanation won't wash (with me). 他的解释 (在我看来) 站不住脚。Tā de jiěshì (zài wǒ kàn lái) zhànbuzhùjiǎo.
II N 1 洗 xǐ, 洗涤 xǐdí **2** 正在洗的衣服 zhèngzài xǐ de yīfu
to do the wash 洗衣服 xǐ yīfu
3 洗涤剂 xǐdíjì
face wash 洗面乳 xǐmiànrǔ
mouth wash 漱口(药)水 shùkǒu (yào) shuǐ

washable ADJ 可洗的 kě xǐ de, 耐洗的 nàixǐ de

washcloth N (洗脸) 毛巾 (xǐliǎn) máojīn [M. WD 块 kuài]

washed-out ADJ 褪色的 tuìsè de, 变白的 biànbái de

washed up ADJ 没有前途的 méiyǒu qiántú de, 彻底失败的 chèdǐ shībài de

washer, washing machine N 洗衣机 xǐyījī

washing N 洗好的衣服 xǐ hǎode yīfu
to hang the washing out to dry 把洗好的衣服挂出去晒干 bǎ xǐhǎo de yīfu guàchūqu shàigān

washroom N 洗手间 xǐshǒujiān, 厕所 cèsuǒ

wasp N 黄蜂 huángfēng

wastage N 耗费(量) hào fèi (liáng), 浪费 làngfèi

waste I v 浪费 làngfèi
Waste not, want not. 不浪费, 就不会缺乏。Bú làngfèi, jiù bú huì quēfá.
II N 1 浪费 làngfèi □ The concert was a waste of time—I really did not like it one bit. 这个音乐会是浪费时间—我真的一点儿也不喜欢。Zhège yīnyuèhuì shì làngfèi shíjiān—wǒ zhēn de yìdiǎnr yě bù xǐhuan. **2** 废料 fèiliào, 垃圾 lājī □ The local government has strict regulations on the disposal of hazardous waste. 地方政府对清除有害废料有严格的规章。Dìfāng zhèngfǔ duì qīngchú yǒuhài fèiliào yǒu yángé de guīzhāng.
3 荒地 huāngdì, 不毛之地 bùmáo zhī dì
III ADJ 废弃的 fèiqì de, 废物的 fèiwù de
waste tank 大垃圾箱 dà lājīxiāng

wasteful ADJ 浪费的 làngfèi de, 糟蹋的 zāota de

waste(paper) basket N 废纸篓 fèizhǐlǒu

watch I v 1 看 kàn, 注视 zhùshì □ Pedestrians watched with horror as the two cars collided. 当两车相撞时, 行人惊恐地看着。Dāng liǎng chē xiāng zhuàng shí, xíngrén jīngkǒng de kànzhe. **2** 观看 guānkàn □ Worldwide, tens of millions of people watched that game. 全世界几千万人观看了这场比赛。Quán shìjiè jǐ qiānwàn rén guānkànle zhè chǎng bǐsài.
3 注意 zhùyì □ Watch your tongue! 你说话注意点! Nǐ shuōhuà zhùyì diǎnr!
II N 1 表 biǎo, 手表 shǒubiǎo □ What time is it by your watch? 你表上是几点? Nǐ biǎoshang shì jǐ diǎn?
to watch out 留意 liúyì, 小心 xiǎoxīn □ Watch out! There's a car coming! 小心!有汽车! Xiǎoxīn! Yǒu qìchē!
2 关注 guānzhù, 注意 zhùyì
to keep a close watch on sb/sth 密切注意某人／某事 mìqiè zhùyì mǒurén/mǒushì

3 留意 liúyì

be on the watch for sth 留意某事 liúyì mǒushì

watchdog N **1** 监督者 jiāndūzhě **2** 看门狗 kānméngǒu

watchful ADJ 提防的 dīfang de, 警戒的 jǐngjiè de

watchmaker N 钟表匠 zhōngbiǎojiàng

watchman N 守卫 shǒuwèi, 守门人 shǒuménrén

watchword N 口号 kǒuhào, 标语 biāoyǔ

water I N 水 shuǐ □ You should drink a lot of water in hot weather. 你在热天应该多喝水。Nǐ zài rètiān yīnggāi duō hē shuǐ.

water bird 水鸟 shuǐniǎo

water bottle 水瓶 shuǐpíng, 水壶 shuǐhú

water main 总水管道 zǒng shuǐguǎn dào

water polo 水球（运动）shuǐqiú (yùndòng)

water shed 分水岭 fēnshuǐlǐng

water skiing 滑水（运动）huáshuǐ (yùndòng)

water sports 水上运动 shuǐshàng yùndòng

drinking water 饮用水 yǐnyòngshuǐ

fresh water 淡水 dànshuǐ

running water 自来水 zìláishuǐ

II V **1** 浇水 jiāoshuǐ □ These flowers need watering. 这些花需要浇水了。Zhèxiē huā xūyào jiāoshuǐ le. **2** 流口水 liú kǒushuǐ □ The sight of the dishes made my mouth water. 看到这些菜看得我不禁流口水了。Kàndào zhè xiē càiyáo wǒ bùjīn liú kǒushuǐ le. **3** [眼睛+] 流泪 [yǎnjing+] liú lèi **4** 给 [动物+] 饮水 gěi [dòngwù+] yǐn shuǐ

watercolor N **1** 水彩画 shuǐcǎihuà [M. WD 幅 fú] **2** 水彩颜料 shuǐcǎi yánliào

waterfall N 瀑布 pùbù

waterfront N 河／湖／海滨 hé/hú/hǎibīn

waterhole N **1**（动物饮水的）水坑 (dòngwù yǐn shuǐ de) shuǐkēng **2**（常去的）酒吧 (cháng qù de) jiǔbā

watering can N 洒水壶 sǎshuǐhú

watermark N **1**（纸上的）水印 (zhǐ shàng de) shuǐyìn **2** 水位标志 shuǐwèi biāozhì

watermelon N 西瓜 xīguā

waters N 水域 shuǐyù, 领海 lǐnghǎi

watertight ADJ **1** 不透水的 bútòushuǐ de

a watertight compartment 水密舱 shuǐmìcāng

2 周密的 zhōumì de, 毫无破绽的 háowú pòzhàn de

a watertight argument 无懈可击的论点 wúxiè kějī de lùndiǎn

waterway N 水路 shuǐlù [M. WD 条 tiáo], 航道 hángdào [M. WD 条 tiáo]

waterworks N 供水系统 gōngshuǐ xìtǒng

to turn on the waterworks（为了别人的同情）哭起来 (wèile biéren de tóngqíng) kūqǐlái

watery ADJ 含水过多的 hánshuǐ guòduō de, 味淡的 wèidàn de

watt N 瓦（特）wǎ (tè)

wave I V **1** 挥手 huī shǒu, 招手 zhāo shǒu □ Nora waved at her friends from the balcony. 诺拉在阳台上向朋友们挥手。Nuòlà zài yángtáishang xiàng péngyoumen huī shǒu.

to wave goodbye to 向…告别 xiàng…gàobié

to wave … down 挥手示意…停车 huī shǒu shìyì… tíngchē

to wave … off 挥手示意要…走开 huī shǒu shìyì yào… zǒukāi

I V **2** 挥动 huīdòng II N **1** 浪 làng, 波浪 bōlàng □ The ocean waves washed away the sandcastles when the tide came up. 涨潮时，海浪冲走了沙城堡。Zhǎng cháo shí, hǎilàng chōngzǒule shāchéngbǎo. **2** 光波 guāngbō, 声波 shēngbō, 无线电波 wúxiàn diànbō

long/medium/short waves（无线电）长／中／短波 (wúxiàndiàn) cháng/zhōng/duǎnbō

3 高潮 gāocháo, 骤增 zhòuzēng

crime wave 犯罪高峰 fànzuì gāofēng, 犯罪浪潮 fànzuì làngcháo

4 攻击波 gōngjībō

waves of soldiers 一波一波的士兵 yì bō yì bō de shìbīng

waveband N（无线电）波段 (wúxiàndiàn) bōduàn

wavelength N（无线电）波长 (wúxiàndiàn) bōcháng

waver V **1** 动摇 dòngyáo, 犹豫 yóuyù **2** 摇摆 yáobǎi

wavy ADJ **1** 波浪形的 bōlàngxíng de **2** 卷曲的 [+头发] juǎnqū de [+tóufa]

wax[1] I N **1** 蜡 là

wax paper 蜡纸 làzhǐ

2 耳垢 ěrgòu

II V **1** 给 [+地板] 上蜡 gěi [+dìbǎn] shàng là **2** (to wax eloquent/poetic) 滔滔不绝地说／诗情十足地说 tāotāo bùjué de shuō/shīqíng shízú de shuō

wax[2] V [月亮+] 渐渐变圆 [yuèliang+] jiànjiàn biàn yuán

waxworks N 蜡像 làxiàng

way N **1** 路 lù, 道路 dàolù □ Could you tell me the way to the gas station? 能告诉我去加油站的路吗？(→能告诉我去加油站怎么走吗?）Néng gàosu wǒ qù jiāyóuzhàn de lù ma? (→Néng gàosu wǒ qù jiāyóuzhàn zěnme zǒu ma?) □ On my way here I saw a big crowd in front of the police station. 我来这里的路上，看见警察局前面有一大群人。Wǒ lái zhèlǐ de lùshang, kànjian jǐngchá27ú qiánmian yǒu yí dà qún rén. **2** 边 biān, 面 miàn □ "Which way did he go?" "He went that way." "他朝哪一面走了？" "那一面。" "Tā cháo nǎ yīmian zǒu le?" "Nà yí mian." □ Everyone, please step this way. 请各位走这一边。Qǐng gè wèi zǒu zhè yì biān. **3** 办法 bànfǎ, 方法 fāngfǎ □ What is the best way to send a photo on the computer? 在计算机上送照片，哪种办法最好？Zài jìsuànjīshang sòng zhàopiàn, nǎ zhǒng bànfǎ zuì hǎo? **4** 作风 zuòfēng, 态度 tàidu □ The way she talks drives me nuts. 她说话的样子，让我受不了。Tā shuōhuà de yàngzi, ràng wǒ shòubuliǎo.

way of life 生活方式 shēnghuó fāngshì

to go out of one's way 特地 tèdì □ Phyllis went out of her way to prepare a big meal for her husband. 菲莉斯特地为她丈夫作了一顿丰盛的饭菜。Fēilìsī tèdì wèi zhàngfu zuòle yí dùn fēngshèng de fàncài.

to have one's way 如愿以偿 rú yuàn yǐ cháng □ At home Ray always has his way; that's why he's such a spoilt brat. 瑞在家里总是能如愿以偿，怪不得成了一个被宠坏的坏小子。Ruì zài jiālǐ zǒng shì néng rú yuàn yǐ cháng, guàibude chéngle yí ge bèi chǒnghuài de huài xiǎozi.

to make way 让路 rànglù □ The crowd made way for the paramedics. 人群为医护人员让路。Rénqún wèi yīhù rényuán rànglù.

waylay (PT & PP **waylaid**) V **1**（为了讲话）路上拦住 [+人] (wèile jiǎnghuà) lùshang lánzhù [+rén] **2** 拦路抢劫 lánlù qiǎngjié

way-out ADJ 新奇古怪的 xīnqí gǔguài de, 时髦的 shímáo de

wayside N 路边 lùbiān

wayward ADJ 走入歧路的 zǒurù qílù de, 行为不良的 xíngwéi bùliáng de

WC (= water closet) ABBREV 厕所 cèsuǒ

we PRON 我们 wǒmen

weak ADJ **1** 虚弱的 xūruò de □ Recovering from a long illness, my dad is still very weak. 我父亲久病后正在康复，身体还很虚弱。Wǒ fùqin jiǔ bìng hòu zhèngzài kāngfù, shēntǐ hái hěn xūruò. **2** 软弱的 ruǎnruò de □ That governor was generally considered a weak leader. 一般认为那位州长是个软弱的领袖。Yìbān rènwéi nà wèi Zhōuzhǎng shì ge ruǎnruò de lǐngxiù.

to be weak in 在…方面很弱 zài…fāngmian hěn ruò □ This report is weak in details. 这份报告在细节方面比较弱。Zhè fèn bàogào zài xìjié fāngmian bǐjiào ruò.

weaken V（使…）变弱 (shǐ…) biàn ruò, 弱化 ruòhuà

to weaken sb's determination 动摇某人的决心 dòngyáo mǒurén de juéxīn

weak-kneed ADJ 懦弱的 nuòruò de, 胆怯的 dǎnqiè de

weakling N 身体虚弱的人 shēntǐ xūruò de rén, 没有力气的人 méiyǒu lìqi de rén

weakness N 1 虚弱 xūruò, 软弱 ruǎnruò
physical weakness 身体虚弱 shēntǐ xūruò
2 弱点 ruòdiǎn, 缺点 quēdiǎn
strengths and weaknesses 强项和弱点 qiángxiàng hé ruòdiǎn, 长处和缺点 chángchu hé quēdiǎn
3 偏爱的人／东西 piān'ài de rén/dōngxi
to have a weakness for chocolate 偏爱巧克力 piān'ài qiǎokèlì, 嗜好吃巧克力 shìhào chī qiǎokèlì

wealth N 1 财富 cáifù □ Alan and his siblings have squandered all the wealth their father worked so hard to accumulate. 阿伦和他的兄弟姐妹挥霍光了他们的父亲辛辛苦苦工作积累起来的财富。Ālún hé tā de xiōngdì jiěmèi huīhuò guāngle tāmen de fùqin xīnxīn kǔkǔ gōngzuò jīléiqǐlai de cáifù. **2** 大量 dàliàng
a wealth of information 大量信息 dàliàng xìnxī

wealthy ADJ 富有的 fùyǒu de □ It really saddens me to see such poverty in this wealthy country. 在这个富有的国家里看到这样贫穷的现象，真让我伤心。Zài zhè ge fùyǒu de guójiā lǐ kàndao zhèyàng pínqióng de xiànxiàng, zhēn ràng wǒ shāngxīn.
the wealthy 富人 fùrén

wean V 1 使 [+婴儿] 断奶 shǐ [+yīng'ér] duànnǎi **2** 使 [+人] 戒掉 [+坏习惯] shǐ [+rén] jièdiào [+huài xíguàn]
to gradually wean him off the drugs 使他逐步戒掉毒品 shǐ tā zhúbù jièdiào dúpǐn

weapon N 1 武器 wǔqì □ A stash of weapons was found in the woods, and the police are investigating. 在树林里发现了一堆武器，警方正在调查。Zài shùlín lǐ fāxiànle yì duī wǔqì, jǐngfāng zhèngzài diàochá.
weapons of mass destruction (WMD) 大规模杀伤武器 dà guīmó shāshāng wǔqì
2 手段 shǒuduàn
secret weapon 秘密武器 mìmì wǔqì, 秘而不宣的手段 mì'érbùxuān de shǒuduàn

wear I V (PT **wore**; PP **worn**) **1** 穿 chuān □ She never wears jeans. 她从来不穿牛仔裤。Tā cónglái bù chuān niúzǎikù. **2** 戴 dài □ He noticed that she was wearing a wedding ring. 他注意到她戴了一枚结婚戒指。Tā zhùyìdao tā dàile yì méi jiéhūn jièzhǐ. □ Hugh began to wear glasses when he was 12 years old. 休从十二岁起戴眼镜。Xiū cóng shí'èr suì qǐ dài yǎnjìng.
to wear one's heart on one's sleeve 公开表露真实情感 gōngkāi biǎolù zhēnshí gǎnqíng
3 磨损 mósǔn
to wear sb out 使某人非常劳累 shǐ mǒurén fēicháng láolèi
to wear sth out 把某事物用坏 bǎ mǒushìwù yòng huài
II N 1 服装 fúzhuāng
casual/men's/women's/children's wear 便装／男子服装／女子服装／儿童服装 biànzhuāng/nánzǐ fúzhuāng/nǚzǐ fúzhuāng/értóng fúzhuāng
2 磨损 mósǔn
wear and tear（长期使用引起的）磨损 (chángqī shǐyòng yǐnqǐ de) mósǔn □ Damage caused by wear and tear is normally not covered by insurance. 因磨损造成的毁坏，保险公司一般不赔。Yīn mósǔn zàochéng de huǐhuài, bǎoxiǎn gōngsī yìbān bù péi.

wearing ADJ 1 消耗性的 xiāohàoxìng de, 损耗的 sǔnhào de **2** 让人疲倦／厌烦的 ràng rén píjuàn/yànfán de

wearisome ADJ 让人疲倦／厌烦的 ràng rén píjuàn/yànfán de

weary I ADJ 精疲力尽的 jīngpí lìjìn de II V 使 [+人] 厌倦 shǐ [+rén] yànjuàn

weasel I N 1 黄鼠狼 huángshǔláng, 鼬 yòu **2** 滑头骗子 huátóu piànzi
weasel word 滑头话 huátóuhuà
II V 狡猾地逃避责任 jiǎohuá de táobì zérèn

weather I N 1 天气 tiānqì □ The weather is very changeable in England. 英国的天气非常多变。Yīngguó de tiānqì fēicháng duō biàn. □ The long spell of dry weather damaged the crops. 长期的干旱天气损坏了庄稼。Chángqī de gānhàn tiānqì sǔnhuàile zhuāngjia.
weather bureau 气象局 qìxiàngjú
weather forecast 天气预报 tiānqì yùbào
weather pattern 天气形势 tiānqì xíngshì
weather station 气象站 qìxiàngzhàn
under the weather 身体不舒服 shēntǐ bù shūfú
II V 经受住 [+风暴] jīngshòu zhù [+fēngbào]

weather-beaten ADJ 饱经风霜的 bǎojīng fēngshuāng de, 经受日晒雨淋的 jīngshòu rìshàiyǔlín de

weathercock N 风信鸡 fēngxìn jī, 风标 fēngbiāo

weatherman N 气象预报员 qìxiàng yùbàoyuán

weave I V 1 (PT **wove**; PP **woven**) **1** 织 [+布] zhī [+bù] □ People on this island are clever at weaving mats and baskets. 这个岛上的人在编席、编篮子方面很敏捷。Zhè ge dǎoshang de rén zài biān xí、biān lánzi fāngmiàn hěn cōngmǐn. **2** 编造 biānzào, 编织 biānzhī □ That child can weave the most imaginative stories to get out of trouble. 这个孩子为了脱离困境，会编造最富有想象力的故事。Zhè ge háizi wèile tuōlí kùnjìng, huì biānzào zuì fùyǒu xiǎngxiànglì de gùshi. **3** (PT & PP **weaved**) 穿插行进 chuānchā xíngjìn
II N 编织（法）biānzhī (fǎ)

weaver N 织工 zhīgōng, 编织者 biānzhīzhě

web N 1 网 wǎng □ It's indeed amazing how spiders weave their intricate webs. 蜘蛛能编织复杂的网，实在奇妙。Zhīzhū néng biānzhī fùzá de wǎng, shízài qímiào.
web of deceit 错综复杂的骗局 cuòzōng fùzá de piànjú
2 (= World Wide Web) 互联网 hùliánwǎng □ Newspaper sales have sagged because everyone is reading news on the web. 因为大家都在互联网上看新闻，报纸的销路下降了。Yīnwèi dàjiā dōu zài hùliánwǎng shang kàn xīnwén, bàozhǐ de xiāolù xiàjiàng le.
web browser 互联网浏览器 hùliánwǎng liúlǎnqì
web page 网页 wǎngyè
3（鸭子的）蹼 (yāzi de) pǔ

webbed ADJ（趾间）有蹼的 (zhǐ jiān) yǒu pǔ de

web-footed ADJ 有蹼足的 yǒu pǔzú de

website N 网址 wǎngzhǐ □ Can you give us some websites for learning Chinese? 你能告诉我们一些学中文的网址吗？Nǐ néng gàosu wǒmen yìxiē xué Zhōngwén de wǎngzhǐ ma?

wed V 1 结婚 jiéhūn **2** (be wedded to) 拘泥于 jūní yú

wedding N 婚礼 hūnlǐ □ They've invited about 100 guests to their wedding. 他们邀请了一百多位宾客参加婚礼。Tāmen yāoqǐngle yìbǎi duō wèi bīnkè cānjiā hūnlǐ.
wedding anniversary 结婚周年纪念日 jiéhūn zhōunián jìniànrì
wedding gown 婚礼长裙 hūnlǐ chángqún, 婚纱 hūn shā
wedding ring 结婚戒指 jiéhūn jièzhǐ
church wedding 在教堂里举行的婚礼 zài jiàotáng lǐ jǔxíng de hūnlǐ

wedge I N 楔子 xiēzi, 楔形物 xiēxíngwù
to drive a wedge between … and … 在…和…之间挑拨离间 zài…hé…zhījiān tiǎobō líjiàn
II V 把…挤入 bǎ…jǐrù
to wedge a door open 在门口塞东西使它开着 zài ménkǒu sāi dōngxi shǐ tā kāizhe

wedlock N 已婚状态 yǐhūn zhuàngtài, 婚姻 hūnyīn

Wednesday N 星期三 xīngqīsān, 周三 zhōusān

wee ADJ 一丁点儿 yìdīngdiǎnr

a wee bit 有点儿 yǒudiǎnr

the wee hours 凌晨 língchén, 半夜一两点钟 bànyè yì liǎng diǎnzhōng

weed I N 1 野草 yěcǎo, 杂草 zácǎo 2 大麻烟 dàmáyān II v 除草 chú cǎo

to weed out 排除 páichú, 淘汰 táotài

weedy ADJ 1 杂草丛生的 [+园子] zácǎo cóngshēng de [+yuánzi] 2 身高而瘦弱的 shēn gāo ér shòuruò de

week N 周 zhōu, 星期 xīngqī □ George went to Bermuda for three weeks to do research, so he said. 乔治去百慕大作了为期三周的研究，他是这么说的。Qiáozhì qù Bǎimùdà zuòle wéiqī sān zhōu de yánjiū, tā shì zhème shuō de. □ Which day of the week was it? 那是星期几? Nà shì xīngqījǐ?

weekday N 工作日 (星期一到星期五) gōngzuòrì (xīngqīyī dào xīngqīwǔ)

weekend N 周末 zhōumò □ Have a relaxing weekend! 祝你周末过得惬闲! Zhù nǐ zhōumò guòde yōuxián!

weekend retreat 周末休养地 zhōumò xiūyǎngdì

long weekend 长周末 cháng zhōumò

weekly I ADJ 每周的 měi zhōu de, 每星期的 měi xīngqī de □ The town newspaper comes out weekly. 小镇的报纸每周出一次。Xiǎo zhèn de bàozhǐ měizhōu chū yí cì.

II N 周报 zhōubào [M. WD 期/本 qī/běn], 周刊 zhōukān [M. WD 期/本 qī/běn]

weeknight N 工作日夜晚 gōngzuòrì yèwǎn

weep (PT & PP **wept**) v 流泪 liú lèi, 哭 kū

to weep copiously 泪如雨下 lèi rú yǔ xià

to weep and wail 嚎啕大哭 háotáo dàkū

weigh v 1 称重量 chēng zhòngliàng □ How much do you weigh? 你体重多少? Nǐ tǐzhòng duōshǎo? 2 仔细考虑 zǐxì kǎolǜ

to weigh sth against sb 权衡比较 quánhéng bǐjiào

to weigh one's words 推敲用词 tuīqiāo yòng cí

to weigh anchor 起锚 qǐ máo, 启程 qǐ chéng

weight I N 1 重量 zhòngliàng □ The trunk is about 20 kilos in weight. 这个箱子大约重三十公斤。Zhè ge xiāngzi dàyuē zhòng sānshí gōngjīn. 2 体重 tǐzhòng □ She would do anything to lose weight. 只要能减轻体重，她什么都愿意做。Zhǐ yào néng jiǎnqīng tǐzhòng, tā shénme dōu yuànyì zuò.

to gain weight 增加体重 zēngjiā tǐzhòng

3 负担 fùdān, 重担 zhòngdàn

4 重要性 zhòngyàoxìng, 影响 yǐngxiǎng

to carry much weight behind sth 很有影响 hěn yǒu yǐngxiǎng

to throw one's weight behind sth 利用某人的影响支持做某事 lìyòng mǒurén de yǐngxiǎng zhīchí zuò mǒushì

5 (锻炼用的) 杠铃 (duànliàn yòng de) gànglíng [M. WD 副 fù]

II v 加重量 jiā zhòngliáng

weightless ADJ 失重的 shīzhòng de

weighty ADJ 重要的 zhòngyào de, 重大的 zhòngdà de

weir N 鱼梁 yúliáng

weird ADJ 怪异的 guàiyì de, 古怪的 gǔguài de

welcome I ADJ 受欢迎的 shòu huānyíng de □ The tourist felt that he wasn't welcome in this bar. 旅游者觉得在这个酒吧不受欢迎。Lǚyóuzhě juéde zài zhè ge jiǔbā bú shòu huānyíng. □ The rain is welcome after weeks of dry weather. 几星期的干旱天气以后，这场雨很受欢迎。Jǐ xīngqī de gānhàn tiānqì yǐhòu, zhè cháng yǔ hěn shòu huānyíng.

II v 欢迎 huānyíng □ Families and friends gathered at the airport to welcome the soldiers back home. 家人和朋友聚集在机场欢迎军人回家。Jiārén hé péngyou jùjí zài jīchǎng huānyíng jūnrén huíjiā. □ The new law is not welcomed by everyone. 不是每个人都欢迎这个新法律。Bú shì měi ge rén dōu huānyíng zhè ge xīn fǎlǜ.

III N 欢迎 huānyíng □ The chairperson of the organizing committee extended a warm welcome to all the conference participants. 组织委员会主席向前来参加会议的所有人表示欢迎。Zǔzhī wěiyuánhuì zhǔxí xiàng qián lái cānjiā huìyì de suǒyǒuren biǎoshì huānyíng.

IV INTERJ 欢迎 huānyíng

Welcome to Boston! 欢迎您来波士顿! Huānyíng nín lái Bōshìdùn!

Welcome home! 欢迎你回家! Huānyíng nǐ huíjiā!

weld I v 1 焊接 hànjiē, 熔接 róngjiē 2 团结 tuánjié, 拧成一股绳 níngchéng yì gǔ shéng II N 焊接点 hànjiēdiǎn

welder N (电) 焊工 (diàn) hàngōng

welfare N 1 福利 fúlì, 福祉 fúzhǐ □ They've set up a trust fund for the welfare of their children. 他们为了孩子的福利创建了一个信托基金。Tāmen wèile háizi de fúlì chuàngjiànle yí ge xìntuō jījīn. 2 福利救济金 fúlì jiùjìjīn □ Many families in this neighborhood are on welfare. 这个地区很多家庭领福利救济金。Zhè ge dìqū hěn duō jiātíng lǐng fúlì jiùjìjīn.

welfare state 福利国家 fúlì guójiā, 福利制度 fúlì zhìdù

well¹ I ADV 1 好 hǎo □ Bill plays the saxophone well. 比尔萨克斯管吹得很好。Bǐ'ěr sàkèsīguǎn chuī de hěn hǎo.

Well done! 干得好! Gàn de hǎo! 好样的! Hǎo yàng de!

2 相当地 xiāngdāng de, 很 hěn □ She came back home well after midnight—who had she been with? 她午夜过了很久才回家—她和谁待在一起呢? Tā wǔyè guòle hěn jiǔ cái huíjiā—tā hé shéi dài zài yìqǐ ne? 3 彻底地 chèdǐ de, 完全地 wánquán de

II ADJ 身体好 shēntǐ hǎo, 健康 jiànkāng □ I didn't feel very well and went home early. 我觉得不大舒服，很早回家了。Wǒ juéde bú dà shūfu, hěn zǎo huíjiā le.

III INTERJ 1 好吧 hǎo ba □ Well, it's a deal. 好吧，就这么说定了。Hǎo ba, jiù zhème shuōdìng le. 2 唉 ài □ Well, it can't be helped. 唉，没办法。Ài, méi bànfǎ. 3 嗯 ńg □ Well, let me think about it. 嗯，让我想想。Ńg, ràng wǒ xiǎngxiang.

as well as 也 yě □ He speaks Chinese as well as several European languages. 他会说几种欧洲语言，也会说中文。Tā huì shuō jǐ zhǒng Ōuzhōu yǔyán, yě huì shuō Zhōngwén.

might as well 不妨 bùfāng □ Now that we're here, we might as well visit some of the local attractions. 我们既然来了，不妨参观一些当地的名胜。Wǒmen jìrán lái le, bùfāng cānguān yìxiē dāngdì de míngshèng.

well² I N 井 jǐng II v (to well up) 流出 liúchū

well-advised ADJ (确实) 应该 (quèshí) yīnggāi □ You're well-advised to quit smoking. 你确实应该戒烟。Nǐ quèshí yīnggāi jiè yān.

well-balanced ADJ 1 均衡的 jūnhéng de

well-balanced diet 营养成份均衡的饮食 yíngyǎng chéngfèn jūnhéng de yǐnshí

2 (头脑) 清醒的 [+人] (tóunǎo) qīngxǐng de [+rén], 高度理智的 gāodù lǐzhì de

well-being N 感觉良好 gǎnjué liánghǎo, 健康 jiànkāng, 幸福 xìngfú

wellbred ADJ 有教养的 yǒu jiàoyǎng de, 修养好的 xiūyǎng hǎo de

well-done ADJ 煮得熟透 zhǔde shútòu □ I'd like my steak well-done. 我要牛排煎得透一点。Wǒ yào niúpái jiān de tòu yìdiǎnr.

well-earned ADJ 依靠辛勤工作挣来的 yīkào xīnqín gōngzuò zhēnglái de, 理应得到的 lǐyīng dédào de

well-groomed ADJ 衣着整齐/讲究的 yīzhuó zhěngqí/jiǎngjiu de

well-grounded ADJ 1 有确凿证据的 [+想法] yǒu quèzáo zhèngjù de [+xiǎngfǎ] 2 训练有素的 [+人] xùnliàn yǒusù de [+rén]

well-informed ADJ 消息灵通的 xiāoxi língtōng de, 对…知识渊博的 duì…zhīshi yuānbó de

well-intentioned, well-meaning ADJ 出于好意的 chūyú hǎoyì de, 好心的 hǎoxīn de

well-known ADJ 著名的 zhùmíng de

well-meaning ADJ 本意良好的 běnyì liánghǎo de

well-off ADJ 富有的 fùyǒu de

well-read ADJ 熟读得很多的 shū dú de hěn duō de, 知识面很广的 zhīshímiàn hěn guǎng de

well-spoken ADJ 善于辞令的 shànyú cílìng de

well-thought-of ADJ 受到好评的 shòudào hǎopíng de, 受欢迎的 shòu huānyíng de

well-timed ADJ 时机合适的 shíjī héshì de, 及时的 jíshí de

well-to-do ADJ 富有的 fùyǒu de, 有相当地位的 yǒu xiāngdāng dìwèi de

well-wisher N 表示良好祝愿的人 biǎoshì liánghǎo zhùyuàn de rén, 祝福者 zhùfúzhě

well-worn ADJ 穿旧的 chuān jiùde, 用得过多的 yòng de guòduō de

a well-worn excuse 用得太多的借口 yòng de tài duō de jièkǒu

Welsh ADJ, N 威尔士语 Wēi'ěrshìyǔ, 威尔士人 Wēi'ěrshìrén

welt N 1（被虫咬后的）肿块（bèi chóng yǎo hòu de）zhǒngkuài 2（被打后的）伤痕（bèi dǎ hòu de）shānghén

welter N (a welter of sth) 一大堆乱七八糟的东西／事情 yídàduī luànqī bāzāo de dōngxi/shìqíng

wench N 姑娘 gūniang, 少妇 shàofù

went See **go**

wept See **weep**

werewolf N 会变成狼的人 huì biànchéng láng de rén, 狼人 lángrén

west I N 西（面）xī (miàn) □ The Pacific Ocean lies to the west of America. 太平洋在美国西面。Tàipíngyáng zài Měiguó xīmiàn. II ADJ 1 西 xī, 西面的 xīmiàn □ The West Bank refers to the territory west of the Jordan River in the Middle East. "西岸" 是指中东约旦河以西的领土。"Xī'àn" shì zhǐ Zhōngdōng Yuēdàn hé yǐ xī xī de lǐngtǔ.

the West 西方 Xīfāng

2 来自西面的 láizì xīmiàn de □ In China west winds normally bring about cold fronts. 在中国，西风通常带来寒流。Zài Zhōngguó, xīfēng tōngcháng dàilái hánliú. III ADV 朝西 cháo xī, 向西 xiàng xī

westbound ADJ 向西行驶的 xiàng xī xíngshǐ de, 往西的 wǎng xī de

westerly ADV, ADJ 在西方（地／的）zài xīfāng (de), 向西方（的）xiàng xīfāng (de)

westerly wind 西风 xīfēng

western I ADJ 1 西面的 xīmiàn de, 西部的 xībù de □ The western part of the island is covered with forests. 岛的西部为森林覆盖。Dǎo de xībù wéi sēnlín fùgài. 2 西方的 xīfāng de □ Western civilization is being challenged on many fronts. 西方文明正在很多方面受到挑战。Xīfāng wénmíng zhèngzài hěn duō fāngmiàn shòudao tiǎozhàn.

II N 西部电影 xībù diànyǐng □ He likes to watch westerns while his wife prefers musicals. 他喜欢看西部电影，而他的妻子偏爱音乐剧。Tā xǐhuan kàn xībù diànyǐng, ér tā de qīzi piān'ài yīnyuèjù.

western United States 美国西部 Měiguó xībù

Westerner N 西方人 Xīfāngrén

West Indies N 西印度群岛 Xīyìndù Qúndǎo

westward ADJ, ADV 朝西方地／的 cháo xīfāng de

wet I ADJ 1 湿的 shī de, 潮湿的 cháoshī de □ He was caught in the downpour and came home dripping wet. 他遇到了倾盆大雨，回家时全身湿透了。Tā yùdào le qīngpén dàyǔ, huíjiā shí quánshēn shītòu le. 2 下雨的 xiàyǔ de □ What can you do on a wet Sunday afternoon? 星期天下午下雨，能做什么呢？Xīngqītiān xiàwǔ xiàyǔ, néng zuò shénme ne?

Wet paint. 油漆未干。Yóuqī wèi gān.

II v 1 把…弄湿 bǎ...nòngshī 2 (to wet oneself) 尿裤裤 niào kù, 小便失禁 xiǎobiàn shījìn

whack I v 猛击 měngjī, 重创 zhòngchuāng II N 重击声 zhòngjī shēng

out of whack [机器+] 不正常运转 [jīqì+] bú zhèngcháng yùnzhuǎn, 坏了 huàile

whale N 鲸（鱼）jīng (yú)

whaling N 捕鲸（业）bǔjīng (yè)

wharf N 码头 mǎtou, 停泊处 tíngbóchù

what PRON 1 什么 shénme □ What does he do for a living? 他是做什么工作谋生的？Tā shì zuò shénme gōngzuò móushēng de? □ What does this word mean? 这个词是什么意思？Zhè ge cí shì shénme yìsi? □ What made you so mad? 什么事让你这么生气？Shénme shì ràng nǐ zhème shēngqì? □ This is not what I want. 这不是我要的。Zhè bú shì wǒ yào de. 2 多么 duōme □ What a beautiful day! 多么美好的一天！Duōme měihǎo de yītiān!

whatever I PRON 1 任何…的事物 rènhé...de shìwù, 随便什么 suíbiàn shénme □ Her father gave her whatever she asked. 她要什么，她父亲就给什么。Tā yào shénme, tā fùqin jiù gěi shénme. 2 无论如何 wúlùn rúhé, 不管什么 bùguǎn shénme □ Whatever she does, she does it well. 她无论做什么，都做得很好。Tā wúlùn zuò shénme, dōu zuò de hěn hǎo.

II ADV 任何的 rènhé de □ He refused to take whatever advice I offered. 他不愿意接受我提出的任何建议。Tā bú yuànyì jiēshòu wǒ tíchū de rènhé jiànyì.

wheat N 小麦 xiǎomài, 麦子 màizi □ Wheat and rice are the two major types of grain in the world. 小麦和大米是世界上两种主要的谷物。Xiǎomài hé dàmǐ shì shìjièshang liǎng zhǒng zhǔyào de gǔwù.

wheat flour 面粉 miànfěn

whole wheat (bread) 全麦面包 quánmài miànbāo

wheedle v 哄骗 hǒngpiàn, 甜言蜜语地哄骗 tiányán mìyǔ de piànqǔ

wheel I N 1 轮子 lúnzi, 车轮 chēlún □ Those who can't afford wheels must hitch a ride. 买不起汽车的人只能搭便车。Mǎibuqǐ qìchē de rén zhǐ néng dā biànchē. 2 方向盘 fāngxiàng pán □ Getting behind the wheel of a car while drinking is a big no-no. 一边喝酒一边开车，绝对不行。Yì biān hē jiǔ yì biān kāi chē, juéduì bù xíng.

II v 1 用 [+轮椅] 运送 yòng [+lúnyǐ] yùnsòng 2 突然转过身来 tūrán zhuǎn guò shēn lái

to wheel and deal 玩弄花招 wánnòng huāzhāo, 投机取巧 tóujī qǔqiǎo

wheelbarrow N 独轮（推）车 dúlún (tuī) chē [m. wd 辆 liàng]

wheelchair N 轮椅 lúnyǐ

wheeze I v 发出呼哧呼哧的声音 fāchū hūchīhūchī de shēngyīn, 气喘呼吁 qìchuǎn xūxū II N 呼哧呼哧的声音 hūchīhūchī de shēngyīn

wheezy ADJ 气喘吁吁的 qìchuǎn xūxū de

when I ADV 1 什么时候 shénme shíhou □ When are you coming home today? 你今天什么时候回家？Nǐ jīntiān shénme shíhou huíjiā? □ When did you see her last? 你上次什么时候看到她的？Nǐ shàng cì shénme shíhou kàndao tā de? 2 那时候 nàshíhou □ I look forward to summer when I can surf and swim. 我盼望夏天，那时候可以游泳、冲浪。Wǒ pànwàng xiàtiān, nàshíhou kěyǐ yóuyǒng、chōnglàng.

II CONJ 当…的时候 dāng...de shíhou, …的时候 ...de shíhou □ When I was a child I dreamed of being a navigator. 我小时候，梦想当航海家。Wǒ xiǎoshíhou, mèngxiǎng dāng hánghǎijiā. □ When I arrived in Shanghai, my Chinese friends were waiting for me in the terminal. 我到上海时，我的中国朋友在机场等我。Wǒ dào Shànghǎi shí, wǒ de Zhōngguó péngyou zài jīchǎng děng wǒ.

whence ADV 从那里 cóng nàlǐ

whenever I CONJ 1 每当 měidāng 2 无论什么时候 wúlùn shénme shíhòu II ADV 无论什么时候 wúlùn shénme shíhòu

where I ADV **1** 什么地方 shénme dìfang, 哪里 nǎlǐ □ Where do you live? 你住在哪里? Nǐ zhù zài nǎlǐ? □ Where are you going for your holidays? 你假期去什么地方? Nǐ jiàqī qù shénme dìfang? **2** 在那里 zài nàlǐ □ This is the school where, 20 years ago, I met your mother, the captain of the cheerleaders. 就是在这座学校,我二十年前遇到你的母亲,她当时是啦啦队队长。Jiùshì zài zhè zuò xuéxiào, wǒ èrshí nián qián yùdao nǐ de mǔqin, tā dāngshí shì lālāduì duìzhǎng.
II CONJ 但是 dànshì, 而 ér

whereabouts I N 去向 qùxiàng, 下落 xiàluò
the whereabouts of the missing girl 失踪女孩的下落 shīzōng nǚhái de xiàluò
II ADV 哪个地方 nǎge dìfang

whereas CONJ 而 ér, 然而 rán'ér □ The rich spend millions on their yachts whereas the poor can hardly feed their children. 富人在游艇上花几百万,而穷人很难让孩子吃饱。Fùrén zài yóutǐngshang huā jǐ bǎiwàn, ér qióngrén hěn nán ràng háizi chībǎo.

whereby ADV 由此 yóucǐ, 借以 jièyǐ

wherein ADV 在那里 zài nàli, 在那方面 zài nà fāngmiàn

whereof ADV 关于那个 guānyú nàge

whereupon CONJ 即刻 jíkè, 马上 mǎshàng

wherever ADV 无论在哪里 wúlùn zài nǎli, 不论何处 búlùn héchù □ He took his dog wherever he went. 他不论去哪里都带着狗。Tā búlùn qù nǎli dōu dàizhe gǒu.
wherever possible 要是有可能 yàoshi yǒu kěnéng, 只要有可能 zhǐyào yǒu kěnéng

wherewithal N (the wherewithal to do sth) 做某事的钱 zuò mǒushì de qián

whet V (to whet one's appetite) 激起某人的兴趣 jīqǐ mǒurén de xìngqù, 吊起某人的胃口 diàoqǐ mǒurén de wèikǒu

whether CONJ …还是 …háishi, …是不是 …shìbushì □ It's your choice whether you go to college or not. 你上不上大学,你自己决定。Nǐ shàngbushàng dàxué, nǐ zìjǐ juédìng. □ I don't know whether she is Chinese or Korean. 我不知道她是中国人,还是韩国人。Wǒ bù zhīdào tā shì Zhōngguórén, háishi Hánguórén.

whew INTERJ 哎呀 āiyā

which I PRON, ADJ **1** 哪(个) nǎ (ge) □ Which pair of shoes is yours? 哪双鞋是你的? Nǎ shuāng xié shì nǐ de? □ Which instrument do you play in music class? 你在音乐课上玩什么乐器? Nǐ zài yīnyuèkèshang wán shénme yuèqì?
II CONJ …的那个/那些 …de nàge/nàxiē □ This is the computer which I bought last week. 这是我上星期买的电脑。Zhè shì wǒ shàngxīngqī mǎi de diànnǎo.

whichever ADJ, PRON 不论哪个 búlùn nǎge, 不论哪里 búlùn nǎli

whiff N **1** 气味 qìwèi, 味儿 wèir **2** 有一点儿 yǒu yìdiǎnr, 极少的 jí shǎo de
whiff of danger 有一点儿危险 yǒu yìdiǎnr wēixiǎn

while I CONJ **1** 同时 tóngshí □ While the children are growing up, their parents are getting old. 孩子们在长大,同时他们的父母在变老。Háizimen zài zhǎngdà, tóngshí tāmen de fùmǔ zài biàn lǎo. **2** 虽然 suīrán □ While the job could be very demanding, the pay is really good. 虽然工作有时候要求很高,工资真的不错。Suīrán gōngzuò yǒushíhou yāoqiú hěn gāo, gōngzī zhēnde búcuò. **3** 但是 dànshì, 而 ér □ My mother likes quiet places while my dad likes crowds. 我母亲喜欢安静的地方,而我父亲喜欢人多。Wǒ mǔqin xǐhuan ānjìng de dìfang, ér wǒ fùqin xǐhuan rén duō.
II N 一会儿 yíhuìr □ Excuse me, I'll be back in a little while. 对不起,我一会儿就回来。Duìbuqǐ, wǒ yíhuìr jiù huílai.
all the while 一直 yìzhí, 始终 shǐzhōng
for a while 曾经 céngjīng, 有一段时间 yǒu yí duàn shíjiān
III V (to while away the hours) 消磨时间 xiāomó shíjiān

whim N 一时的兴致 yìshí de xìngzhì, 一时的想法 yìshí de xiǎngfǎ
at the whim of sb 由于某人一时的念头 yóuyú mǒurén yìshí de niàntou
on a whim 一时兴起 yìshí xīngqǐ

whimper I V 呜咽 wūyè, 抽泣 chōuqì II N 呜咽声 wūyèshēng, 抽泣声 chuàqìshēng
with a whimper 平淡地 [+结束] píngdàn de [+jiéshù]
with hardly a whimper 一声不响地 yì shēng bù xiǎng de

whimsical ADJ 离奇古怪的 líqí gǔguài de, 异想天开的 yìxiǎng tiānkāi de

whimsy N 离奇古怪 líqí gǔguài, 稀奇 xīqí

whine I V **1** 哀叫 āijiào, 哭哭啼啼 kūkū títí **2** 机器的隆隆声 jīqì de lónglóng shēng II N **1** 哀叫声 āijiàoshēng **2** 隆隆声 lónglóngshēng

whip I N **1** 鞭子 biānzi [M. WD 条 tiáo] **2** 政党的纪律督导员 zhèngdǎng de jìlǜ dūdǎoyuán II V **1** 鞭打 biāndǎ **2** 搅打 [+奶油] shǐ biàn chóu **3** 迅速行进 xùnsù xíngjìn
to whip up 煽动起 shāndòngqǐ, 激起 jīqǐ

whipping N 鞭刑 biānxíng, 鞭笞 biānchī
whipping cream 搅奶油 guànnǎiyóu

whirl V **1** (使…)迅速旋转 (shǐ….) xùnsù xuánzhuǎn **2** [头+] 眩晕 [tóu+] xuànyùn

whirlpool N **1** 漩涡 xuánwō **2** 漩涡式浴缸 xuánwōshì yùgāng

whirlwind N 旋风 xuànfēng, 龙卷风 lóngjuǎnfēng
whirlwind tour 旋风式旅行 xuànfēngshì lǚxíng

whisk I V 搅拌 jiǎobàn
to whisk away 将 [+人] 迅速带走 jiāng [+rén] xùnsù dàizǒu
II N 搅拌器 jiǎobànqì

whisker N **1** (男人的)连鬓胡子 (nánren de) liánbìn húzi, 髯 rán **2** (猫/老虎的)须 (māo/lǎohǔ de) xū [M. WD 根 gēn]

whisky N 威士忌(酒) wēishìjì (jiǔ)

whisper I V 耳语 ěryǔ, 说悄悄话 shuō qiāoqiāohuà □ What are you two whispering about? 你们俩在说什么悄悄话? Nǐmen liǎ zài shuō shénme qiāoqiāohuà?
II N 耳语 ěryǔ, 悄悄话 qiāoqiāohuà □ Why on earth are you speaking in a whisper? Speak up! 你到底为什么说话声音这么轻? 说大声点! Nǐ dàodǐ wèishénme shuōhuà shēngyīn zhème qīng? Shuō dàshēng diǎn!

whist N 惠斯特纸牌游戏 huìsītè zhǐpái yóuxì

whistle I V **1** 吹口哨 chuī kǒushào □ Can you whistle the melody of the national anthem? 你会用口哨吹国歌的曲子吗? Nǐ huì yòng kǒushào chuī guógē de qǔzi ma? **2** 吹哨子 chuī shàozi □ The referee whistled long and hard when the basketball game came to an end. 裁判长长地吹了一下哨子,篮球赛结束了。Cáipàn chángcháng de chuīle yíxià shàozi, lánqiúsài jiéshù le.
II N 哨子 shàozi □ The hunter blew his whistle and the dogs came running. 猎人吹了口哨,狗奔跑过来。Lièrén chuīle kǒushào, gǒu bēnpǎo guòlai.

whistle-blower N (内部)告发者 (nèibù) gàofāzhě, 揭露(公司/机构)内部非法行为的人 jiēlù (gōngsī/jīgòu) nèibù fēifǎ xíngwéi de rén

whistle-stop N (火车)小站 (huǒchē) xiǎo zhàn, 小镇 xiǎo zhèn
whistle-stop tour 沿途逗留很多地方的旅行 yántú dòuliú hěn duō dìfang de lǚxíng

white I ADJ **1** 白色的 báisè de □ The fences were painted white adding a nice accent to the colonial style of the house. 栅栏被漆成白色,衬托出房子的殖民时期风格。Zhàlan bèi qīchéng báisè, chèntuōchū fángzi de zhímín shíqí fēnggé.
white blood cell 白血球 báixuèqiú
white bread 白面包 bái miànbāo

white Christmas 下雪的圣诞节 xiàxuě de Shèngdànjié

white elephant 贵重而无用的东西 guìzhòng ér wúyòng de dōngxi

white pages 白页电话簿 báiyè diànhuàbù

white paper 白皮书 báipíshū

white pollution 噪音污染 zàoyīn wūrǎn

white slavery 拐卖妇女到异国卖淫 guǎimài fùnǚ dào yìguó màiyín

white trash 白人垃圾 báirén lājī, 贫穷无知的白人 pínqióng wúzhī de báirén

2 白种人的 báizhǒngrén de

white supremacy 白种人优越感 báizhǒngrén yōuyuègǎn

II N 1 白(颜)色 bái (yán) sè

White House (美国)白宫 (Měiguó) Báigōng

white lie 善意的谎言 shànyì de huǎngyán

2 白人 báirén, 白种人 báizhǒngrén **3** 眼白 yǎnbái **4** 蛋白 dànbái **5** 白(葡萄)酒 bái (pútao) jiǔ

whiteboard N 白板 báibǎn [m. wd 块 kuài]

white-collar ADJ 白领阶层的 báilíng jiēcéng de □ Sam is very proud that all his adult children are white collar workers. 山姆的孩子都是白领, 他为此骄傲。Shānmǔ de háizi dōu shì báilíng, tā wèi cǐ jiāo'ào.

white-collar crime 白领罪行 báilíng zuìxíng

whiten v (使…)变白 (shǐ…) biànbái

whitepepper N 白胡椒粉 bái hújiāofěn

whitewash I v **1** 用石灰水粉刷 [+墙壁] yòng shíhuīshuǐ fěnshuā [+qiángbì] **2** 掩饰 [+真相] yǎnshì [+zhēnxiàng], 粉饰 fěnshì **II N 1** 石灰水 shíhuīshuǐ **2** 掩饰真相 yǎnshì zhēnxiàng, 遮掩丑闻 zhēyǎn chǒuwén

whither CONJ, ADV 向何处去 xiàng héchù qù

whittle v (使…)逐渐减少 (shǐ…) zhújiàn jiǎnshǎo

to whittle away 削弱 xuēruò, 减弱 jiǎnruò

whiz¹ v 飕飕飞驰 sōusōu fēichí

whiz² N **1** 奇才 qícái, 高手 gāoshǒu

whiz kid 神童 shéntóng

2 (to take a whiz) 撒尿 sāniào

WHO (= World Health Organization) ABBREV 世界卫生组织 Shìjiè Wèishēng Zǔzhī

who I PRON 谁 shéi □ Who is it? 是谁? Shì shéi? □ I would like to know who borrowed my laptop computer. 我想知道谁借走了我的笔记本电脑。Wǒ xiǎng zhīdào shéi jièzǒule wǒ de bǐjìběn diànnǎo.

who's who of sth 某一方面的名人大全 mǒu yì fāngmiàn de míngrén dàquán, 某一方面所有的名人 mǒu yì fāngmiàn suǒyǒu de míngrén

II CONJ …的那个/那些人 …de nàge/nàxiē rén □ The book was written by a journalist who worked in China for five years. 这本书是一位在中国工作了五年的新闻记者写的。Zhè běn shū shì yíwèi zài Zhōngguó gōngzuòle wǔ nián de xīnwén jìzhě xiě de.

whoever PRON 无论谁 wúlùn shéi, 不管什么人 bùguǎn shénmerén □ Whoever wrote this report must be a fool. 无论谁写的这份报告, 肯定是个傻瓜。Wúlùn shéi xiě de zhǐ fèn bàogào, kěndìng shì gè shǎguā.

whole I ADJ **1** 整个的 zhěng ge de, 全部的 quánbù de □ She stayed in the seaside cabin the whole summer. 她整个夏季都待在海边小屋里。Tā zhěng ge xiàjì dōu dài zài hǎibiān xiǎo wū lǐ.

in the whole wide world 全世界 quán shìjiè, 这个世界上 zhège shìjièshang

to go the whole log 全力以赴 quánlì yǐfù

2 完整的 wánzhěng de

whole mushroom 完整的蘑菇 wánzhěng de mógu, 整个蘑菇 zhěnggè mógu

II N 整体 zhěngtǐ, 全部 quánbù □ The whole is bigger than a part. 整体大于部分。Zhěngtǐ dàyú bùfen.

wholegrain bread 全谷面包 quángǔ miànbāo

on the whole 总的来说 zǒng de lái shuō, 整体上 zhěngtǐ shàng

whole-hearted ADJ 全心全意的 quánxīn quányì de, 全力以赴的 quánlì yǐfù de

wholesale I N 批发 pīfā □ Our store does both retail and wholesale. 我们店既做零售, 也做批发。Wǒmen diàn jì zuò língshòu, yě zuò pīfā.

II ADJ 批发的 pīfā de □ The company buys its supplies wholesale. 公司以批发的方式采购用品。Gōngsī yǐ pīfā de fāngshì cǎigòu yòngpǐn.

wholesale price 批发价 pīfājià

wholesaler N 批发商 pīfāshāng, 批发公司 pīfā gōngsī

wholesome ADJ **1** 有利于健康的 yǒulì yú jiànkāng de **2** 有益于道德的 yǒuyì yú dàodé de

wholly ADV 完全(地)wánquán (de), 彻底(地)chèdǐ (de)

whom PRON 谁 shéi □ Whom may I ask are you talking about? 我可以问一下你们在谈谁吗? Wǒ kěyǐ wèn yí xià nǐmen zài tán shéi ma?

whore N 妓女 jìnǚ, 婊子 biǎozi

whose ADJ, PRON 谁的 shéi de □ Whose car is parked out front? I don't recognize it. 谁的车停在外面了? 我认不出来。Shéi de chē tíng zài wàimian le? Wǒ rènbuchūlái.

why I ADV 为什么 wèishénme □ Why are you often late for work? 你为什么上班经常迟到? Nǐ wèishénme shàngbān jīngcháng chídào? □ Why on earth would anyone buy such an expensive car? 究竟为什么会有人买这么贵的汽车? Jiūjìng wèishénme huì yǒu rén mǎi zhème guì de qìchē?

II N (the whys and wherefores) 原因 yuányīn, 理由 lǐyóu

wick N 蜡烛芯 làzhúxīn [m. wd 根 gēn]

wicked ADJ **1** 不讲道德的 bù jiǎng dàodé de, 有坏心思的 yǒu huài xīnsī de **2** 淘气的 táoqì de, 调皮的 tiáopí de

wicker I N 干枝条 gān zhītiáo [m. wd 根 gēn], 藤条 téngtiáo [m. wd 根 gēn] **II** ADJ 干枝条编的 gān zhītiáo biān de, 藤编的 téngtiáo biān de

wicker chair 枝编椅子 zhī biān yǐzi

wide ADJ **1** 宽的 kuān de, 宽阔的 kuānkuò de □ The wide river becomes a mere stream in winter. 在冬天, 这条宽阔的河会变成涓涓小溪。Zài dōngtiān, zhè tiáo kuānkuò de hé huì biànchéng juānjuān xiǎoxī. □ The dentist told the patient, "Open wide." 牙医对病人说, "嘴张大点。" Yáyī duì bìngrén shuō, "Zuǐ zhāngdà diǎn." **2** 广泛的 guǎngfàn de, 范围很大的 fànwéi hěn dà de

a wide variety 品种多样 pǐnzhǒng duōyàng

3 远离的 yuǎnlí de

wide off the mark 远离目标 yuǎnlí mùbiāo, 离目标很远 lí mùbiāo hěn yuǎn

widely ADV 广泛地 guǎngfàn de, 普遍地 pǔbiàn de □ The mayor is widely known as a big supporter of gay rights. 人们普遍认为市长是同性恋权利的强烈支持者。Rénmen pǔbiàn rènwéi shìzhǎng shì tóngxìngliàn quánlì de qiángliè zhīchízhě.

widen v **1** (使…)变宽 (shǐ…) biàn kuān, [眼睛+]睁大 [yǎnjing+] zhēngdà **2** (使…)增大 (shǐ…) zēngdà □ The gap between the rich and the poor has widened in the past decade. 过去十年内贫富差距增大了。Guòqù shíniánnèi pín fù chājù zēngdà le.

widespread ADJ 广泛的 guǎngfàn de, 分布很广的 fēnbù hěn guǎng de

the widespread use of the cellphone 手机的广泛使用 shǒujī de guǎngfàn shǐyòng

widow N 寡妇 guǎfu, 遗孀 yíshuāng

widowed ADJ 守寡的 shǒuguǎ de

widower N 鳏夫 guānfū

width N 宽度 kuāndù □ The timber floor is available in various widths. 可以供应不同宽度的地板。Kěyǐ gōngyìng bùtóng kuāndù de dìbǎn.

wield v 1 挥动 [+工具] huīdòng [+gōngjù], 挥舞 huīwǔ 2 施展 [+影响／权力] shīzhǎn [+yǐngxiǎng/quánlì]

wife N 妻子 qīzi, 太太 tàitai □ His wife has just given birth to a daughter. 他妻子刚生了一个女儿。Tā qīzi gāng shēngle yí ge nǚ'ér. □ This is my wife, Harriet. 这是我的太太，哈丽特。Zhè shì wǒ de tàitai, Hālìtè.

wig N 假(头)发 jiǎ (tóu) fà

wiggle v 扭动 niǔdòng, 摆动 bǎidòng

wild I ADJ 1 野的 yě de, 野生的 yěshēng de □ People still come across wild horses in this area. 人们还能在这个地区遇到野马。Rénmen hái néng zài zhè ge dìqū yùdao yěmǎ. 2 感情奔放的 gǎnqíng bēnfàng de, 不受拘束的 bú shòu jūshù de □ The audience was wild with delight when the pop star walked down the stage and blew kisses here and there. 当流行歌星走下舞台，四处飞吻时，观众欣喜得发狂。Dāng liúxíng gēxīng zǒuxia wǔtái, sìchù fēiwěn shí, guānzhòng xīnxǐ de fākuáng.
to be wild about 对…狂热 duì…kuángrè
3 不同寻常的 bù tóng xúncháng de □ "Their son is 13 and is already studying at Harvard." "That's wild." "他们的儿子十三岁，已经在哈佛读书了。" "真不同寻常。" "Tāmen de érzi shísān suì, yǐjīng zài Hāfó dúshū le." "Zhēn bù tóng xúncháng."
wild card 不定因素 búdìng yīnsù, 捉摸不定的人／事 zhuōmo bú dìng de rén/shì
wild guess 乱猜 luàncāi, 瞎猜 xiācāi
the Wild West (19世纪美国)西部 (19 shìjì Měiguó) xībù, 西大荒 xīdàhuāng
4 荒野的 huāngyě de, 荒芜的 huāngwú de
II N (the wilds) 荒无人烟的地方 huāngwú rényān de dìfang, 荒原 huāngyuán

wildcat I N 野猫 yěmāo [M. WD 只 zhǐ] II ADJ 冒险的 màoxiǎn de, 靠不住的 kàobuzhù de
wildcat strike (未经工会批准的)自发罢工 (wèijīng gōnghuì pīzhǔn de) zìfā bàgōng

wilderness N 荒无人烟的地方 huāngwú rényān de dìfang, 荒原 huāngyuán

wildfire N 野火 yěhuǒ, 凶猛的(森林)大火 xiōngměng de (sēnlín) dàhuǒ

wildfowl N 野禽 yěqín

wild-goose chase N 白费力气的努力 báifèi lìqi de nǔlì

wildlife N 野生动物 yěshēng dòngwù

wildly ADV 疯狂地 fēngkuáng de

wiles N 花言巧语 huāyánqiǎoyǔ, 巧计 qiǎojì

will I MODAL v (PT **would**) 1 会 huì, 将要 jiāngyào □ It will rain tonight. 今夜会下雨。Jīn yè huì xiàyǔ. □ I'm sure your performance will be a great success. 我肯定，你们的演出会非常成功。Wǒ kěndìng, nǐmen de yǎnchū huì fēicháng chénggōng. 2 愿 yuàn, 愿意 yuànyì □ I'll pick you up at the airport if you let me know your flight number. 如果你告诉我你的航班，我愿意到机场接你。Rúguǒ nǐ gàosu wǒ nǐ de hángbān, wǒ yuànyì dào jīchǎng jiē nǐ.
II N 1 意志 yìzhì □ He overcame all the difficulties with the strength of will. 他以意志力克服了所有的困难。Tā yǐ yìzhìlì kèfúle suǒyǒu de kùnnan.
Where there is a will, there is a way. 有志者事竟成。Yǒuzhìzhě shì jìng chéng.
2 遗嘱 yízhǔ □ Dear Aunt Alison left me some money in her will. 亲爱的爱丽森姨妈在她的遗嘱里给我留了些钱。Qīn'ài de Àilìsēn yímā zài tā de yízhǔ lǐ gěi wǒ liúle xiē qián.

willful ADJ 任性的 rènxìng de, 一意孤行的 yíyì gūxíng de

willing ADJ 愿意 yuànyì □ Are you willing to take on this new task? 你愿意接受这个新任务吗？Nǐ yuànyì jiēshòu zhè ge xīn rènwù ma? □ I'm not willing to pay that much money for the used car. 我不愿意花这么多钱买这辆二手车。Wǒ bú yuànyì huā zhème duō qián mǎi zhè liàng èrshǒuchē.

willow N 柳(树) liǔ (shù) [M. WD 棵 kē]

willowy ADJ 高挑苗条的 gāotiāo miáotiao de, 婀娜的 ēnuóde

willpower N 意志力 yìzhìlì, 克制力 kèzhìlì

willynilly ADV 随意(地) suíyì (de), 乱七八糟(地) luànqī bāzāo (de)

wily ADJ 狡猾的 jiǎohuá de, 会玩花招的 huì wán huāzhāo de

wimp N 1 懦弱的人 nuòruò de rén, 无用的人 wúyòng de rén 2 瘦弱的人 shòuruò de rén

win I v (PT & PP **won**) 赢(得) yíng (dé) □ They're determined to win this game. 他们决心赢得这场比赛。Tāmen juéxīn yíngdé zhè cháng bǐsài. 2 获得 huòdé, 取得 qǔdé
to win sb's heart 获得某人的爱情 huòdé mǒurén de àiqíng
II N (体育比赛) 获胜 (tǐyù bǐsài) huòshèng, 赢 yíng

wince v, N 皱眉头 zhòu méitou, 倒吸一口气 dǎo xī yì kǒu qì
to wince at 感到不自在 gǎndào bú zìzài

winch I N 绞车 jiǎochē [M. WD 辆 liàng], 吊车 diàochē [M. WD 辆 liàng] II v (用吊车)提起来 (yòng diàochē) tíqǐ lái

wind¹ N 1 风 fēng □ A strong wind has been blowing since early morning. 从早晨起，一直刮着大风。Cóng zǎochen qǐ, yìzhí guāzhe dà fēng.
the wind of change 变革的趋势 biàngé de qūshì
wind chime 风铃 fēnglíng
wind turbine 风力发电机 fēnglì fādiànjī
head wind 顶风 dǐng fēng
tail wind 顺风 shùn fēng
to get wind of 听到…的风声 tīngdào…de fēngshēng
to take the wind out of sb's sails 使某人丧失信心 shǐ mǒurén sàngshī xìnxīn

wind² (PT & PP **wound**) v 1 缠绕 chánrào 2 给 [+钟表] 上发条 gěi [+zhōngbiǎo] shàng fātiáo
to wind down (使…) 平静下来 (shǐ…) píngjìng xiàlai
to wind up (以…) 告终 (yǐ…) gàozhōng, 结束 jiéshù
3 曲折 qūzhé, 逶迤 wēiyí

windbag N 喋喋不休的人 diédié bùxiū de rén

windbreak N 防风墙／林 fángfēng qiáng/lín

windbreaker N 风衣 fēngyī [M. WD 件 jiàn]

windfall N 意外之财 yìwàizhīcái, 意外收益 yìwài shōuyì

winding ADJ 曲曲弯弯的 qūqū wānwān de

wind instrument N 管乐器 guǎnyuèqì

windmill N 风车 fēngchē [M. WD 座 zuò]

window N 1 窗子 chuāngzi, 窗户 chuānghu □ The windows of this office building are cleaned regularly by a professional company. 这幢办公大楼的窗子由一家专业公司定期清洗。Zhè zhuáng bàngōng dàlóu de chuāngzi yóu yì jiā zhuānyè gōngsī dìngqī qīngxǐ. 2 橱窗 chúchuāng □ The store windows were tastefully decorated. 这家商店的橱窗布置得很雅致。Zhè jiā shāngdiàn de chúchuāng bùzhì de hěn yǎzhi.
window dressing ①(商店)橱窗布置 (shāngdiàn) chūchuāng bùzhi ② 装饰门面 zhuāngshì ménmian, 弄虚作假 nòngxū zuòjiǎ
window shopping 浏览商店橱窗 liúlǎn shāngdiàn chúchuāng, 逛街 guàngjiē □ Window shopping is a major pastime for some city girls. 对有些城市姑娘来说，浏览商店橱窗是主要的消遣活动。Duì yǒuxiē chéngshì gūniang láishuō, liúlǎn shāngdiàn chúchuāng shì zhǔyào de xiāoqiǎn huódòng.
3 (计算机)窗口 (jìsuànjī) chuāngkǒu □ You'd better close a couple of windows. 你最好关闭几个窗口。Nǐ zuìhǎo guānbì jǐ ge chuāngkǒu.

windowpane N 窗玻璃 chuāng bōli [M. WD 块 kuài]

windpipe N 气管 qìguǎn

windshield N (汽车／摩托车)挡风玻璃 (qìchē/mótuōchē) dǎngfēng bōli, 挡风窗 dǎngfēngchuāng
windshield wiper 雨刷 yǔshuā

windsock N 风向标 fēngxiàngbiāo, 风向袋 fēngxiàngdài

windswept ADJ **1** 强风席卷的 [+平原] qiángfēng xíxuǎn de [+píngyuán] **2** 被风吹乱的 [+头发] bèi fēng chuī luàn de [+tóufa]

windy ADJ 风大的 fēng dà de, 多风的 duō fēng de

wine N 酒 jiǔ, 葡萄酒 pútaojiǔ □ He drinks a glass of red wine with his dinner. 他吃晚饭时喝一杯红葡萄酒。Tā chī wǎnfàn shí hē yì bēi hóng pútaojiǔ.

wine bar 酒巴 jiǔbā

wine cellar 酒窖 jiǔjiào

wine tasting 品酒 pǐn jiǔ

wine vinegar 酒醋 jiǔ cù

wing I N **1** 翅膀 chìbǎng □ The wild duck flapped its wings and flew off. 野鸭拍拍翅膀,飞走了。Yěyā pāipāi chìbǎng, fēizǒu le. **2** (飞机)机翼 (fēijī) jīyì **3** (大楼)侧翼 (dàlóu) cèyì, 侧厅 cè tīng **4** (政党中的)派系 (zhèngdǎng zhòngde) pàixì

left/right wing 左/右翼 zuǒ/yòuyì

to take sb under one's wing 保护某人 bǎohù mǒurén

to take wings 开始起飞 kāishǐ qǐfēi, 很快发展壮大 hěn kuài fāzhǎn zhuàngdà

II v **1** 飞行 fēixíng, 飞翔 fēixiáng **2** (to wing it) 临时凑成 línshí còuchéng

wings N (舞台的)侧面 (wǔtái de) cèmiàn

wingspan N 翼幅 yìfú

wink V, N **1** 眨眼(示意)zhǎyǎn (shìyì)

to wink at 睁一眼闭一眼 zhēng yì yǎn bì yì yǎn, 假装没有看到 jiǎzhuāng méiyǒu kàndào

not to sleep a wink 一点都没有睡着 yìdiǎn dōu méiyǒu shuìzháo

2 [灯光+] 闪烁 [dēngguāng+] shǎnshuò

winner N **1** 获胜者 huòshèngzhě □ Our team emerged as the clear winner. 我们队最终成为无可争辩的获胜者。Wǒmen duì zuìzhōng chéngwéi wú kě zhēngbiàn de huòshèngzhě. **2** 获奖者 huòjiǎngzhě □ The winner of last night's jackpot was an elderly woman in a nursing home. 获得昨天夜里彩票头奖的是一位在养老院的老太太。Huòdé zuótiān yèlǐ cǎipiào tóujiǎng de shì yí wèi zài yǎnglǎoyuàn de lǎotàitai.

winning ADJ **1** 获胜的 huòshèng de

winning score 获胜的得分 huòshèng de défēn

winning team 获胜的(球)队 huòshèng de (qiú) duì

2 赢得好感的 yíngdé hǎo gǎn de, 迷人的 mírén de

a winning smile 迷人的微笑 mírén de wēixiào

winnings N 赢得的钱 yíngdé de qián [M. WD 笔 bǐ]

winnow V 筛选 shāixuǎn

to winnow out 剔去 tīqù, 去掉 qùdiào

wino N 醉鬼 zuìguǐ, 酒鬼 jiǔguǐ

winsome ADJ 赢得人心的 yíngdé rénxīn de, 令人喜欢的 lìngrénxǐhuan de

winter I N 冬天 dōngtiān, 冬季 dōngjì □ We had an unusually mild winter last year. Is it a sign of global warming? 去年的冬天出奇地暖和。是不是全球变暖的征兆? Qùnián de dōngtiān chūqí de nuǎnhuo. Shìbushì quánqiú biànnuǎn de zhēngzhào?

Winter Olympics 冬季奥林匹克运动会 Dōngjì Àolínpǐkè Yùndònghuì

winter solstice 冬至 dōngzhì

II v 过冬(天)guòdōng (tiān)

wintergreen N 冬青树 dōngqīngshù [M. WD 棵 kē]

wintertime N 冬天 dōngtiān, 冬季 dōngjì

wintry ADJ 寒冷似的 hándōng shìde, 冬天的 dōngtiān de

wipe I v 擦 cā, 揩 kāi

to wipe the floor with sb 彻底打败某人 chèdǐ dǎbài mǒurén

to wipe the slate clean 把以往一笔勾销 bǎ yǐwǎng yì bǐ gōuxiāo, 忘掉过去(的不愉快)wàngdiào guòqù (de bù yúkuài)

II N **1** 擦 cā, 揩 kāi **2** (一次性)抹布 (yícìxìng) mābù

wiper N See **windshield**

wire I N **1** 金属线 jīnshǔxiàn, 铅丝 qiānsī □ Prisoners are kept behind barbed wire. 囚犯被关在铅丝网后面。Qiúfàn bèi guān zài qiānsīwǎng hòumian. **2** 电线 diànxiàn □ A tree fell and knocked down the utility wire onto the street. 一棵树倒下,把电线打倒在街上。Yì kē shù dǎoxia, bǎ diànxiàn dǎdǎo zài jiēshang.

wire transfer 电子转账 diànzǐ zhuǎnzhàng

II v **1** 接电线 jiē diànxiàn, 接通电源 jiētōng diànyuán □ Is the new computer wired up correctly? 新电脑接线接对了吗? Xīn diànnǎo jiēxiàn jiēduì le ma? **2** 电汇(钱)diànhuì (qián) □ Hudson wired $1,000 to his son in Paris. 赫德森电汇了一千元给在巴黎的儿子。Hèdésēn diànhuìle yìqiān yuán gěi zài Bālí de érzi.

to get wired up 极其兴奋 jíqí xīngfèn □ Fred always gets wired up just before going to a heavy metal concert. 佛雷德去听重金属摇滚音乐会前总是极其兴奋。Fóléidé qù tīng zhòngjīnshǔ yáogǔn yīnyuèhuì qián zǒngshì jíqí xīngfèn.

wiretap V (在电话线上)搭线窃听 (zài diànhuàxiàn shàng) dāxiàn qiètīng

wiring N (供电)线路 (gōngdiàn) xiànlù

wiry ADJ **1** 瘦而结实的(人)shòu ér jiēshi de (rén) **2** 硬而卷曲的(头发)yìng ér juǎnqū (de tóufa)

wisdom N 智慧 zhìhuì □ I truly question the wisdom of your decision. 我确实很怀疑你的决定是不是明智。Wǒ quèshí hěn huáiyí nǐ de juédìng shìbushì míngzhì.

wit and wisdom 风趣的智慧 fēngqù de zhìhui

with the wisdom of hindsight 以后知之明 yǐ shìhòu zhī míng, 当事后诸葛亮 dāng shìhòu Zhūgé Liàng (→to be as wise as the legendary Zhuge Liang)

wisdom tooth N 智牙 zhìyá [M. WD 颗 kē], 智齿 zhìchǐ [M. WD 颗 kē]

wise ADJ 明智的 míngzhì de, 智慧的 zhìhuì de □ It was very wise of you to start saving as soon as you had an income. 你一有收入就开始储蓄,这是很明智的。Nǐ yì yǒu shōurù jiù kāishǐ chǔxù, zhè shì hěn míngzhì de.

wise guy 自作聪明的讨厌家伙 zì zuò cōngmíng de tǎoyàn jiāhuo

II v (to wise up) 明白过来 míngbai guòlai, 醒悟 xǐngwù

wisecrack I N 俏皮话 qiàopíhuà, 风凉话 fēngliánghuà □ That wisecrack of yours was not amusing at all. 你的俏皮话一点儿也不好笑。Nǐ de qiàopíhuà yìdiǎnr yě bù hǎoxiào.

II v 说俏皮话 shuō qiàopihuà

wish I v **1** 想要 xiǎngyào □ Be realistic, you know you can't always get what you wish for. 现实一点,你知道不可能总是想要什么总就得到什么的。Xiànshí yìdiǎnr, nǐ zhīdào bù kěnéng zǒngshì xiǎngyào shénme jiù dédào shénme de. **2** 但愿 dànyuàn □ I wish I had listened to your advice. 但愿我听了你的忠告。Dànyuàn wǒ tīngle nǐ de zhōnggào. (→要是我听了你的忠告,该多好啊! Yàoshì wǒ tīngle nǐ de zhōnggào, gāi duō hǎo a!) **3** 祝 zhù, 祝愿 zhùyuàn □ We wish you a Merry Christmas! 我们祝你们圣诞快乐! Wǒmen zhù nǐmen Shèngdàn kuàilè!

II N 愿望 yuànwàng □ Before snuffing out the candles, you can make a wish. 在吹灭蜡烛前,你可以起个愿。Zài chuīmiè làzhú qián, nǐ kěyǐ qǐ ge yuàn. □ If you had only one wish, what would you wish for? 假如你只有一个愿望,你的愿望是什么? Jiǎrú zhǐ yǒu yí ge yuànwàng, nǐ de yuànwàng shì shénme?

wishbone N 如愿骨 rúyuàngǔ, (鸡的)叉骨 (jī de) chāgǔ

wishful thinking N 一厢情愿(的想法)yìxiāng qíngyuàn (de xiǎngfǎ), 如意算盘 rúyì suànpán

wishywashy ADJ **1** 优柔寡断的 yōuróuguǎduàn de **2** 淡的 [+颜色] dàn de [+yánsè]

wisp N 一小把 yì xiǎo bǎ, 一缕 yì lǚ

a wisp of hair 一缕头发 yì lǚ tóufa

a wisp of smoke 一缕轻烟 yì lǚ qīngyān

wistful ADJ 渴望的 kěwàng de, 忧愁的 yōuchóu de

wit N **1** 风趣 fēngqù

quick wit 急智 jízhì, 风趣迅速应对的能力 fēngqù xùnsù yìngduì de nénglì **2** 说话风趣的人 shuōhuà fēngqù de rén **3** 机智 jīzhì

to be at one's wit's end 束手无策 shùshǒu wú cè, 一点办法都没有了 yìdiǎn bànfǎ dōu méiyǒu le

to gather one's wits 镇定下来 zhèndìng xiàlai, 别慌张 bié huāngzhāng

witch N 巫婆 wūpó, 妖婆 yāopó

witchcraft N 巫术 wūshù, 妖法 yāofǎ

witchdoctor N 巫医 wūyī

witch-hunt N 迫害 pòhài

with PREP **1** 和…在一起 hé…zài yìqǐ □ Rena has gone to the movies with her friends. 丽娜和朋友们一起去看电影了。Lìnà hé péngyoumen yìqǐ qù kàn diànyǐng le. **2** 有 yǒu, 具有 jùyǒu □ A person with common sense wouldn't have made that remark. 有常识的人是不会说这种话的。Yǒu chángshí de rén shì bú huì shuō zhè zhǒng huà de. **3** 带 dài, 带有 dàiyǒu □ Did you bring some money with you? 你带着钱吗? Nǐ dàizhe qián ma? **4** 在…一边 zài…yì biān □ Are you with me? 你站在我这一边吗? Nǐ zhàn zài wǒ zhè yì biān ma?

withdraw V **1** 撤回 chèhuí, 收回 shōuhuí □ She has to withdraw that comment, or face the consequences. 她必须收回那句评论, 否则后果自负。Tā bìxū shōuhuí nà jù pínglùn, fǒuzé hòuguǒ zìfù. **2** 提取 (钱) tíqǔ (qián) □ Cindy withdrew all the money from her account. 辛蒂把所有的钱都从账户上取走了。Xīndì bǎ suǒyǒu de qián dōu cóng zhànghùshang qǔzǒu le. **3** 撤退 chètuì □ The invading troops withdrew from the country. 入侵部队从该国撤退了。Rùqīn bùduì cóng gāiguó chètuì le. **4** 退出 [+比赛] tuìchū [+bǐsài]

withdrawal N **1** 提款 (额) tíkuǎn (é) **2** (军队) 撤退 (jūnduì) chètuì **3** 退出 tuìchū **4** 戒毒 jiè dú, 脱瘾 tuō yǐn

withdrawn ADJ 不与人交往的 bù yǔ rén jiāowǎng de, 沉默寡言的 chénmò guǎyán de

wither V 枯萎 kūwěi, 干枯 gānkū

to wither and die 渐渐衰弱直至死亡 jiànjiàn shuāiruò zhízhì sǐwáng

withering ADJ 咄咄逼人的 duōduō bīrén de, 尖刻的 jiānkè de

withhold V 拒绝给予 jùjué jǐyǔ

to withhold evidence from the police 对警方隐瞒证据 duì jǐngfāng yǐnmán zhèngjù

withholding tax N 预扣税款 yù kòu shuìkuǎn

within PREP, ADV 在…之内 zài…zhīnèi □ I can finish this job within an hour. 我可以在一小时之内做完这件事。Wǒ kěyǐ zài yì xiǎoshí zhīnèi zuòwán zhè jiàn shì. □ You should live within your income. 你应该量入为出。Nǐ yīnggāi liàng rù wéi chū.

from within 在内部 zài nèibù □ The problem can be handled from within. 这个问题可以在内部解决。Zhè ge wèntí kěyǐ zài nèibù jiějué.

without PREP 没有 méiyǒu □ I can't translate this article without a good dictionary. 我没有一本好词典就不能翻译这篇文章。Wǒ méiyǒu yì běn hǎo cídiǎn jiù bù néng fānyì zhè piān wénzhāng.

without a doubt 毫无疑问 háo wú yíwèn □ She is without a doubt the most talented language learner in the class. 毫无疑问, 在学语言方面她是班上最有才华的。Háo wú yíwèn, zài xué yǔyán fāngmian tā shì bānshang zuì yǒu cáihuá de.

without fail 一定 yídìng □ When I make a promise, I will fulfill it without fail. 我作出承诺, 就一定实现。Wǒ zuòchū chéngnuò, jiù yídìng shíxiàn.

withstand V 经受 (住) jīngshòu (zhù), 忍耐 rěnnài

to withstand the test of time 经受了时间的考验 jīngshòule shíjiān de kǎoyàn

witness I N 证人 zhèngrén, 见证人 jiànzhèngrén □ There were no witnesses who saw the accident. 没有人见证这个事故。Méiyǒu rén jiànzhèng zhè ge shìgù.

witness stand 证人席 zhèngrénxí

to bear witness to 证明 zhèngmíng □ The computer breakdown bears witness to the necessity of constantly upgrading the system. 计算机故障证明, 系统经常升级是必要的。Jìsuànjī gùzhàng zhèngmíng, xìtǒng jīngcháng shēngjí shì bìyào de.

II V (亲眼) 目睹 (qīnyǎn) mùdǔ, 亲历 qīnlì

witticism N 妙语 miàoyǔ, 俏皮话 qiàopihuà

witty ADJ 风趣的 fēngqù de, 妙趣横生的 miàoqù héngshēng de

wizard N 奇才 qícái, 怪才 guài cái

computer wizard 电脑奇才 diànnǎo qícái

wizened ADJ 干瘪的 gānbiě de, 干瘦的 gānshòu de

wobble V 摇晃 yáohuang, 抖动 dǒudòng

wobbly ADJ 摇摆的 yáobǎi de, 颤动的 chàndòng de

woe N 灾难 zāinàn, 痛苦 tòngkǔ

woebegone ADJ 愁苦的 chóukǔ de, 愁眉苦脸的 chóuméi kǔliǎn de

woeful ADJ 糟透的 zāotòu de, 极坏的 jí huài de

wok N (中国式的) 炒菜锅 (Zhōngguó shì de) chǎocàiguō

woke See **wake[1]**

woken See **wake[1]**

wolf (PL **wolves**) I N 狼 láng [M. WD 条 tiáo/只 zhī] □ The dog evolved from the wolf. 狗是从狼进化而来的。Gǒu shì cóng láng jìnhuà ér lái de.

II V (to wolf down) 狼吞虎咽 lángtūn hǔyàn, 狼吞虎咽地吃 lángtūn hǔyàn de chī

woman (PL **women**) N 女人 nǚrén, 妇女 fùnǚ □ Women are playing an ever more important role in politics. 妇女正在政治上起越来越重要的作用。Fùnǚ zhèngzài zhèngzhìshang qǐ yuèláiyuè zhòngyào de zuòyòng. □ There are more women teachers than men in almost every school. 几乎在每一个学校, 女教师都比男教师多。Jīhū zài měi yí ge xuéxiào, nǚ jiàoshī dōu bǐ nán jiàoshī duō.

womanhood N **1** 成年女子 (状态) chéngnián nǚzi (zhuàngtài) **2** (全体) 妇女 (quántǐ) fùnǚ

womanish ADJ 女人腔的 nǚrénqiāng de, 娘娘腔的 niángniangqiāng de

womanize V 玩弄女性 wánnòng nǚxìng

womanizer N 玩弄女性的人 wánnòng nǚxìng de rén, 好色鬼 hàosèguǐ

womankind N 女性 nǚxìng

womanly ADJ 有女性特征的 yǒu nǚxìng tèzhēng de, 有女人气质的 yǒu nǚrén qìzhì de

womb N 子宫 zǐgōng

womenfolk N 全体妇女 quántǐ fùnǚ

won See **win**

wonder I V **1** 想知道 xiǎng zhīdào, 疑惑 yíhuò □ I wonder who did it. 我很想知道是谁干的。Wǒ hěn xiǎng zhīdào shì shéi gàn de. □ They often wonder why their daughter didn't want to talk to them. 他们常常疑惑, 女儿为什么不想和他们说话。Tāmen chángcháng yíhuò, nǚr wèishénme bù gēn tāmen shuōhuà. **2** 怀疑 huáiyí, 不相信 bù xiāngxìn □ I wonder if you've made the right decision. 我怀疑你的决定是否正确。Wǒ huáiyí nǐde juédìng shìfǒu zhèngquè. **3** 请问 qǐngwèn □ I was wondering if I could leave an hour earlier today, sir. 请问, 先生, 我今天可不可早一小时走? Qǐngwèn, xiānsheng, wǒ jīntiān kěbùkě zǎo yì xiǎoshí zǒu?

II N **1** 惊奇 jīngqí **2** 奇迹 qíjī

the Seven Wonders of the World 世界七大奇迹 shìjiè qī dà qíjī

seven days/nineteen days wonder 不能维持的好事 bùnéng wéichí de hǎoshì, 昙花一现 tánhuā yíxiàn

III ADJ 奇异的 qíyì de, 效果特好的 xiàoguǒ tè hǎo de

wonderful ADJ **1** 极好的 jí hǎo de, 极妙的 jí miào de □ He often comes up with wonderful ideas about new product promotions. 他常常提出新产品促销的好主意。Tā chángcháng tíchū xīn chǎnpǐn cùxiāo de hǎozhǔyì. □ It's simply wonderful! 简直妙极了! Jiǎnzhí miào jíle. **2** 精彩的 jīngcǎi de □ Their performance was so wonderful that I went two days in a row to see it. 他们的演出精彩极了，我连续两天去看。Tāmen de yǎnchū jīngcǎi jíle, wǒ liánxù liǎng tiān qù kàn.

woo V 追求 zhuīqiú, 讨好 tǎohǎo

wood N 木 (头) mù (tou) □ In Canada people chop wood during the fall in preparation for the long cold winter. 在加拿大，人们在秋天砍木柴，准备过漫长而寒冷的冬季。Zài Jiānádà, rénmen zài qiūtiān kǎn mùchái, zhǔnbèi guò mànchāng ér hánlěng de dōngjì.

woodcutter N 伐木工人 fámù gōngrén, 伐木者 fámùzhě

wooded ADJ 长满树木的 zhǎngmǎn shùmù de, 树木茂盛的 shùmù màoshèng de

wooden ADJ **1** 木头的 mùtou de, 木制的 mùzhì de □ My wife and I only buy wooden furniture. 我和妻子只买木制家具。Wǒ hé qīzi zhǐ mǎi mùzhì jiājù. **2** 呆板的 [+人] dāibǎn de [+rén], 木纳的 [+人] mù nà de [+rén]

woodpecker N 啄木鸟 zhuómùniǎo [M. WD 只 zhī]

woods N 树林 shùlín, 林地 líndì
not out of the woods 还没有脱离困境 hái méiyǒu tuōlí kùnjìng

woodwind N 木管乐器 mùguǎn yuèqì

woodwork N 木建部份 mùjiàn bùfen

woodworm N 蛀木虫 zhùmùchóng [M. WD 条 tiáo]

woody ADJ 木质的 mùzhì de, 木头的 mùtou de

woof INTERJ 狗汪汪叫 gǒu wāngwāng jiào

wool N 羊毛 yángmáo □ This suit is made of pure wool. 这套服装是纯羊毛的。Zhè tào fúzhuāng shì chún yángmáo de.
wool carpet 羊毛地毯 yángmáodìtǎn
to pull the wool over sb's eyes 蒙骗某人 mēngpiàn mǒurén

woolen ADJ 羊毛的 yángmáo de, 呢绒的 níróng de

woolens N 针织毛衣 zhēnzhī máoyī, 毛料衣服 máoliào yīfu

woolly ADJ 象羊毛一样的 xiàng yángmáo yíyàng de

woolly-headed ADJ 头脑混乱的 tóunǎo hùnluàn de, 糊涂的 hútu de

woozy ADJ 虚弱的 xūruò de, 眩晕的 xuànyùn de

word I N **1** 词 cí, 词语 cíyǔ, 字 zì □ New words are coined to refer to new things in life. 新词创造出来指称生活中的新事物。Xīn cí chuàngzào chūlai zhǐchēng shēnghuó zhōng de xīn shìwù. □ She never breathed a word about her husband's disease. 关于她丈夫的疾病，她一个字都没有吐露过。Guānyú tā zhàngfu de jíbìng, tā yí ge zì dōu méiyǒu tǔlùguo.
word processor (计算机)文字处理软件 (jìsuànjī) wénzì chǔlǐ ruǎnjiàn
2 话 huà, 话语 huàyǔ
swear/dirty word 脏话 zānghuà, 骂人话 màrénhuà
to have the final word 最后决定 zuìhòu juédìng, 拍板 pāibǎn □ Of course, the boss will have the final word. 当然，老板会做最后的决定。Dāngrán, lǎobǎn huì zuò zuìhòu de juédìng.
to put in a good word for 为…说好话 wèi…shuō hǎohuà □ Mom will put in a good word for me with dad. 妈妈会在爸爸那里为我说好话。Māma huì zài bàba nàlǐ wèi wǒ shuō hǎohuà.
to take one's word for it 相信…的话 xiāngxìn…de huà □ You don't have to take my word for it—ask the others. 你不必相信我的话—可以问别人。Nǐ bú bì xiāngxìn wǒ—kěyǐ wènwen biérén.
3 谈话 tánhuà □ May I have a word with you? 可以跟你谈谈吗? Kěyǐ gēn nǐ tántan ma? **4** 消息 xiāoxi □ Word came that this branch would soon be closed. 有消息说，这个分公司很快就要关闭了。Yǒu xiāoxi shuō, zhè ge fēngōngsī hěn kuài jiù

yào guānbì le. **5** 承诺 chéngnuò, 保证 bǎozhèng □ He gave her his word that he would quit smoking. 他向她保证，一定戒烟。Tā xiàng tā bǎozhèng, yídìng jiè yān.
a man of his word 讲信用的人 jiǎng xìnyòng de rén
on my word 以名誉担保 yǐ míngyù dānbǎo
II V 斟酌酌句地表达 zhēn cí zhuó jù de biǎodá

wording N 措词用语 cuòcí yòngyǔ

wordy ADJ 话太多的 huà tài duō de, 唠叨的 láodao de

wore See **wear**

work I V **1** 工作 gōngzuò □ Elton works in a government agency. 埃尔顿在政府部门工作。Āi'ěrdùn zài zhèngfǔ bùmén gōngzuò. □ I don't work on Sundays. 我星期天不工作。Wǒ xīngqītiān bù gōngzuò. **2** 运转 yùnzhuǎn □ This photocopier is not working properly this morning. 这台复印机今天上午运转不正常。Zhè tái fùyìnjī jīntiān shàngwǔ yùnzhuǎn bú zhèngcháng.
to work out 算出来 suànchūlai □ Have you worked out the cost of the holiday? 你算出来度假花了多少钱了吗? Nǐ suànchūlai dùjià huāle duōshǎo qián le ma?
3 行得通 xíngdetōng □ We have to reschedule the meeting at 3; does it work for you? 我们得把会议改到三点钟，你行吗? Wǒmen děi bǎ huìyì gǎidao sān diǎnzhōng, nǐ xíng ma? □ Adam's plan sounds good, but it won't work. 亚当的计划听起来不错，但是行不通。Yàdāng de jìhuà tīngqǐlai búcuò, dànshì xíngbutōng.
II N **1** 工作 gōngzuò, 职业 zhíyè □ It pays to hire a professional to do the work. 请一位专业人士来做这项工作是划得来的。Qǐng yí wèi zhuānyè rénshì lái zuò zhè xiàng gōngzuò shì huádeláu de.
work clothes 工作服 gōngzuòfú
2 著作 zhùzuò, 作品 zuòpǐn □ Many works of art were destroyed in the fire. 许多艺术品在这场大火中被毁坏。Xǔduō yìshùpǐn zài zhè cháng dàhuǒ zhōng bèi huǐhuài.

workaholic N 工作狂 gōngzuòkuáng

workbench N 工作台 gōngzuòtái

workday N 工作日 gōngzuòrì

worked up ADJ 激动不安的 jīdòng bù'ān de

worker N 工人 gōngrén, 工作者 gōngzuòzhě □ Workers are working overtime to fill the order. 工人们在加班赶订单。Gōngrénmen zài jiābān gǎn dìngdān.

workforce N 劳动人口 láodòng rénkǒu, 劳动力 láodònglì

working ADJ **1** 劳动的 láodòng de, 工作的 gōngzuò de
working class 工人阶级 gōngrén jiējí
working girl 年轻职业妇女 niánqīng zhíyè fùnǚ, 妓女 jìnǚ
working group, working party 特别工作组 tèbié gōngzuòzǔ, 专题调查委员会 zhuāntí diàochá wěiyuánhuì
2 为了工作的 wèile gōngzuò de
working breakfast/lunch 工作早餐／午餐 gōngzuò zǎocān/wǔcān
a working definition 可以使用的定义 kěyǐ shǐyòng de dìngyì
a working knowledge of 能对付工作的 néng duìfu gōngzuò de, 足够的 zúgòu de

workings N (组织/系统的)运行方式 (zǔzhī/xìtǒng de) yùnxíng fāngshì

workload N 工作量 gōngzuòliàng

workman N 工匠 gōngjiàng, 工人 gōngrén

workmanship N 工艺 gōngyì, 手艺 shǒuyì

workout N 锻炼(时间) duànliàn (shíjiān), (赛前)训练 (sài qián) xùnliàn

workplace N 工作场所 gōngzuò chǎngsuǒ

workroom N 工作室 gōngzuòshì, 工作坊 gōngzuò fāng

works N 工厂 gōngchǎng □ The steel works is the major employer in this town. 这家钢厂是这个镇上主要雇主。Zhè jiā gāngchǎng shì zhè ge zhènshang zhǔyào gùzhǔ.

worksheet N 活页练习题 huóyè liànxítí, 工作单 gōngzuòdān

workshop N 车间 chējiān, 工场 gōngchǎng

workstation N 工作区 gōngzuòqū

workstudy N 半工半读 bàngōng bàndú, 勤工俭学 qíngōng jiǎnxué

world N 1 世界 shìjiè □ Is the world a safer place after the U.S. invasion of Iraq? 美国入侵伊拉克以后, 世界变得更安全吗? Měiguó rùqīn Yīlākè yǐhòu, shìjiè biànde gèng ānquán ma?

the Third World 第三世界 Dìsān Shìjiè

in the world ① 世界上 shìjièshang ② 到底 dàodǐ □ Where in the world have you been? I haven't seen you for ages. 你到底去哪儿了? 这么长时间没见到你了。Nǐ dàodǐ qù nǎr le? Zhème cháng shíjiān méi jiàndao nǐ le.

2 领域 lǐngyù, 界 jiè

financial world 金融界 jīnróngjiè

3 人类 (社会) rénlèi (shèhuì)

way of the world 世故人情 shìgù rénqíng

world-class ADJ 世界一流水平的 shìjiè yìliú shuǐpíng de, 世界级的 shìjièjí de

world-class artist 世界级艺术家 shìjièjí yìshùjiā

worldly ADJ 1 老于世故的 lǎoyú shìgùde, 社会经验丰富的 shèhuì jīngyàn fēngfù de 2 世俗的 shìsú de, 尘世间的 chénshì jiān de

all the worldly possessions 某人的全部家当 mǒurén de quánbù jiādang

worldly-wise ADJ 处事圆滑老到的 chǔshì yuánhuá lǎodào de

World Series N 世界职业棒球竞标赛 Shìjiè Zhíyè Bàngqiú Jìngbiāosài

worldwide ADJ 世界范围的 shìjiè fànwéide, 全世界的 quánshìjiè de

World Wide Web (ABBREV WWW) N 互联网 hùliánwǎng

worm I N 1 蠕虫 rúchóng [M. WD 条 tiáo] 2 寄生虫 jìshēngchóng [M. WD 条 tiáo] II V 象虫子一样蠕动 xiàng chóngzi yíyàng rúdòng

to worm one's way into sb's confidence 渐渐骗取某人的信任 jiànjiàn piànqǔ mǒurén de xìnrèn

worn¹ See **wear**

worn² ADJ 1 用得很破旧的 yòng de hěn pòjiù de, 破损的 pòsǔn de 2 疲倦的 píjuàn de

worn-out ADJ 1 穿破了的 [+衣服] chuānpò le de [+yīfu] 2 精疲力竭的 [+人] jīngpí lìjié de [+rén]

worried ADJ 担心的 dānxīn de, 担忧的 dānyōu de

worry I V 担忧 dānyōu, 担心 dānxīn □ She'd worried herself sick about her son's drug problem. 她儿子的吸毒问题让她很担忧。Tā érzi de xīdú wèntí ràng tā hěn dānyōu. □ Teddy is worried about his grades. 特德为他的分数担忧。Tèdé wèi tā de fēnshù dānyōu.

II N 1 担忧 dānyōu, 忧愁 yōuchóu □ Their daughter's obesity caused them much worry. 他们女儿的肥胖症让他们很担忧。Tāmen nǚ'ér de féipàngzhèng ràng tāmen hěn dānyōu. 2 让人担忧的事 ràng rén dānyōu de shì □ Job security is a big worry for many workers at this time of high unemployment. 在目前高失业率的情况下, 能不能保住工作, 是很多工人非常担忧的事。Zài mùqián gāo shīyè lǜ de qíngkuàngxia, néngbunéng bǎozhu gōngzuò, shì hěn duō gōngrén fēicháng dānyōu de shì.

worrying ADJ 令人担忧的 lìngrén dānyōu de

worrywart N (总是) 忧心忡忡的人 (zǒngshì) yōuxīn chōngchōng de rén

worse I ADJ, ADV 比较坏 bǐjiào huài, 更坏 gèng huài □ What is worse—a bad marriage or an awful job? 婚姻不理想, 职业很糟糕——两者哪个更坏? Hūnyīn bù lǐxiǎng, zhíyè hěn zāogāo—liǎngzhě nǎ ge gèng huài? □ After the car accident, many people comforted me by saying "Things could be much worse." 车祸以后, 许多人安慰我说, "还不算太糟。" Chēhuò yǐhòu, xǔduō rén ānwèi wǒ shuō, "hái bú suàn tài zāo."

to go from bad to worse 越来越坏 yuèláiyuè huài, 越来越糟 yuèláiyuè zāo □ His behavior went from bad to worse, and his parents were summoned for a meeting with the principal. 他的行为越来越坏, 家长被请来和校长见面。Tā de xíngwéi yuèláiyuè huài, jiāzhǎng bèi qǐnglái hé xiàozhǎng jiànmiàn.

II N 更坏的事 gèng huài de shì

to take a turn for the worse 变得更坏 biàn de gèng huài, 恶化 èhuà

worsen V 更坏 gèng huài, 恶化 èhuà □ The economy worsened because of rising fuel prices. 由于燃料价格上升, 经济形势恶化了。Yóuyú ránliào jiàgé shàngshēng, jīngjì xíngshì èhuà le.

worship I N 1 敬奉上帝 / 神 jìngfèng Shàngdì/shén

house of worship 敬奉上帝 / 神的场所 jìngfèng Shàngdì/shén de chǎngsuǒ, (佛教) 庙宇 (Fójiào) miàoyǔ, (基督教) 教堂 (Jīdūjiào) jiàotáng, (穆斯林) 清真寺 (Mùsīlín) qīngzhēnsì

2 崇拜 chóngbài

II V 1 敬奉 [+上帝] jìngfèng [+Shàngdì], 拜 [+神] bài [+shén] 2 崇拜 [+人] chóngbài [+rén], 敬仰 jìngyǎng

worshipper N 敬神者 jìngshénzhě, 信徒 xìntú

worst I ADJ, ADV 最坏 zuì huài □ What's the worst thing that has ever happened to you? 你碰到过的最坏的事是什么? Nǐ pèngdaoguo de zuì huài de shì shì shénme?

at worst 最坏 zuì huài, 最坏的情况 zuì huài de qíngkuàng □ At worst he could lose his job. 最坏的情况是他丢掉饭碗。Zuì huài de qíngkuàng shì tā diūdiao fànwǎn.

II N 最坏的人 / 事 zuì huài de rén/shì

when/if worst comes to worst 万一发生最坏的情况 wànyī fāshēng zuì huài de qíngkuàng □ If worst comes to worst, they'll have to sell their family home. 万一发生最坏的情况, 他们得卖掉家宅。Wànyī fāshēng zuì huài de qíngkuàng, tāmen děi màidiao jiāzhái.

worsted N 精纺毛料 jīngfǎng máoliào

worth I ADJ 值得 zhídé □ These outdated books are not worth reading anymore. 这些旧书不值得再读了。Zhèxiē jiù shū bù zhídé zài dú le.

An ounce of prevention is worth a pound of cure. 一两预防值得一磅治疗。(→预防为主。) Yì liǎng yùfáng zhídé yí bàng zhìliáo. (→Yùfáng wéi zhǔ.)

II N 价值 jiàzhí □ His real worth was not appreciated in the company until he resigned. 他的真正价值在公司里一直没有被认识到, 直到他辞职。Tā de zhēnzhèng jiàzhí zài gōngsī lǐ yìzhí méiyǒu bèi rènshidao, zhídào tā cízhí. (→他辞职以后, 公司才认识到他的真正价值。Tā cízhí yǐhòu, gōngsī cái rènshidao tā de zhēnzhèng jiàzhí.)

worthless ADJ 没有价值的 méiyǒu jiàzhí de, 没用的 méi yòng de

worthwhile ADJ 值得花时间 / 金钱 / 精力 zhídé huā shíjiān/jīnqián/jīnglì, 合算的 hésuàn de

worthy ADJ 值得尊敬的 zhídé zūnjìng de

be worthy of consideration 值得考虑的 zhídé kǎolǜ de

would MODEL V (PT of **will**) □ She promised that she would call me. 她答应会约打电话。Tā dāyìng gěi wǒ dǎ diànhuà. □ My granddad would go to the city library every Wednesday. 我爷爷每星期三会去市图书馆。Wǒ yéye měi xīngqīsān huì qù shì túshūguǎn. □ I would like to stay at home this evening. 今晚我想待在家里。Jīnwǎn wǒ xiǎng dài zài jiālǐ. □ She would rather remain single (than marry that man). 她宁愿单身不嫁 (也不和那个男人结婚)。Tā nìngyuàn dānshēn bú jià (yě bù hé nàge nánren jiéhūn).

wound¹ I N 伤 shāng, 伤口 shāngkǒu □ The dog's bite resulted in a painful wound. 狗咬造成了疼痛的伤口。Gǒuyǎo zàochéngle téngtòng de shāngkǒu.

II V 使……受伤 shǐ...shòushāng □ Several people were

wounded when the car bomb went off, but luckily no one was killed. 汽车炸弹爆炸时，好几个人受伤了，幸运的是，没有人被炸死。Qìchē zhàdàn bàozhà shí, hǎo jǐ gè rén shòushāng le, xìngyùn de shì, méiyǒu rén bèi zhàsǐ. **2** 伤害 shānghài □ She was deeply wounded by her husband's infidelity. 她丈夫的不忠深深地伤害了她。Tā zhàngfu de bù zhōng shēnshēn de shānghàile tā.

wound² v See **wind²**

wove See **weave**

woven See **weave**

wow I INTERJ 哇 wā, 呀 yā II v 使…称赞 shǐ…chēngzàn

wrangle v, n 争吵 zhēngchǎo, 吵架 chǎojià

wrap v 裹包裹, 包裹 bāoguǒ □ The sales lady wrapped the box with gift paper. 女售货员用礼品纸把盒子包起来。Nǚ shòuhuòyuán yòng lǐpǐnzhǐ bǎ hézi bāoqilai.

to wrap up 结束 jiéshù □ The meeting wrapped up well after lunch time. 会议在午饭时间以后很久才结束。Huìyì zài wǔfàn shíjiān yǐhòu hěn jiǔ cái jiéshù.

II N **1** 塑料保鲜膜 sùliào bǎoxiān mó **2** 披肩 pījiān **3** 三明治面包 sānmíngzhì juàn

wrapper N 包装纸 bāozhuāngzhǐ

wrapping N 包装材料 bāozhuāng cáiliào

wrath N 愤怒 fènnù, 震怒 zhènnù

wrathful ADJ 愤怒的 fènnù de, 大怒的 dà nù de

wreak v (to wreak havoc) 造成巨大破坏 zàochéng jùdà pòhuài

to wreak vengeance on sb 对某人狠狠报复 duì mǒurén hěnhěn bàofu

wreath N 花环 huāhuán, 花圈 huāquān

wreck I v 毁坏 huǐhuài, 毁掉 huǐdiào II N **1** 破坏 huǐhuài, 破灭 pòmiè **2** 失事船只/飞机的残骸 shīshì chuánzhī/fēijī de cánhái **3** 快要精神崩溃的人 kuàiyào jīngshén bēngkuì de rén

wreckage N **1** 毁坏 huǐhuài, 破坏 pòhuài **2** 飞机／船只／建筑物被毁后的残骸 fēijī/chuánzhī/jiànzhùwù bèi huǐ hòu de cánhái

wrench I v **1** 挣脱 zhèngtuō **2** 扭伤 niǔshāng II N **1** 扳手 bānshǒu [M. WD 把 bǎ]

to throw a wrench in sth 对某事捣乱 duì mǒushì dǎoluàn, 破坏某事 pòhuài mǒushì

2 悲痛 bēitòng, 悲伤 bēishāng **3** 扭伤 niǔshāng

wrest v **1** 抢夺 qiǎngduó, 猛拧 měng nǐng **2** 夺取 duóqǔ, 夺得 duódé

wrestle v 摔跤 shuāijiāo, 扭打 niǔdǎ

to wrestle with ① 与…扭打 yǔ…niǔdǎ ② 费劲得搬 fèijìn dé bān

wrestler N 摔跤运动员 shuāijiāo yùndòngyuán

wrestling N 摔跤（运动）shuāijiāo (yùndòng)

wretch N 讨厌鬼 tǎoyànguǐ, 淘气鬼 táoqìguǐ

poor wretch 可怜的人 kělián de rén

wriggle v 蠕动 rúdòng, 扭动 niǔdòng

to wriggle out of sth 找借口躲避 zhǎo jièkǒu táobì, 找借口脱身 zhǎo jièkǒu tuōshēn

wring (PT & PP **wrung**) v 把…拧干 bǎ…nínggān

to wring one's hands 搓着手（表示焦虑）cuōzhe shǒu (biǎoshì jiāolǜ)

to wring sb's neck 对某人发烦恼 duì mǒurén fā fánnǎo

wringer N (to go through the wringer) 吃尽苦头 chījìn kǔtóu

wrinkle I N **1**（皮肤的）皱纹 (pífū de) zhòuwén **2**（衣服）皱褶 (yīfu) zhòu zhě

to iron out the wrinkles 解决一些小问题 jiějué yìxiē xiǎo wèntí

II v 起皱纹 qǐ zhòuwén

to wrinkle one's nose 皱起鼻子 zhòu qǐ bízi

wrist N 手腕 shǒuwàn

wristband N 护腕 hùwàn, 腕带 wàndài

wristwatch N 手表 shǒubiǎo [M. WD 块/只 kuài/zhī]

writ I N （法院的）令状 (fǎyuàn de) lìngzhuàng II v (writ large) 明显的 míngxiǎn de, 显而易见的 xiǎn'éryìjiàn de

write v (PT **wrote**; PP **written**) **1** 写 xiě □ I learned to write my name when I was six. 我在六岁的时候学会了写自己的名字。Wǒ zài liù suì de shíhou xuéhuìle xiě zìjǐ de míngzì. □ Prof Laird wrote a glowing reference for Andrew, his star pupil. 莱尔德教授给得意门生安德鲁写了一封热烈称赞的推荐信。Lái'érdé jiàoshòu gěi déyì ménshēng Āndélǔ xiěle yì fēng rèliè chēngzàn de tuījiànxìn. **2** 写信 xiě xìn □ I'll write to you as soon as I arrive in China. 我一到中国就给你写信。Wǒ yí dào Zhōngguó jiù gěi nǐ xiě xìn.

to write off 注销 [+坏账] zhùxiāo [+huàizhàng], 一笔勾销 yì bǐ gòuxiāo □ The bank has to write off bad debts every year. 银行每年都要注销坏账。Yínháng měi nián dōu yào zhùxiāo huàizhàng.

3 开 [+支票] kāi [+zhīpiào]

to write out 详细写出 [+清单] xiángxì xiěchū [+qīngdān]

write-off N 注销 zhùxiāo, 勾销 gōuxiāo

writer N **1** 作家 zuòjiā □ Faulkner was considered a great American writer. 人们认为福克纳是美国的一位大作家。Rénmen rènwéi Fúkènà shì Měiguó de yí wèi dà zuòjiā. **2** 会写作的人 huì xiězuò de rén □ To be a good writer, you need to write every day. 要写得好，就得天天写。Yào xiěde hǎo, jiù děi tiāntiān xiě.

write-up N （报纸的）评论文章 (bàozhǐ de) pínglùn wénzhāng

writhe v 扭动 niǔdòng

to writhe in pain 痛得打滚 tòng de dǎgǔn

writing N **1** 书写 shūxiě, 写作 xiězuò □ The importance of reading and writing cannot be overemphasized. 阅读和书写的重要性，再强调也不过分。Yuèdú hé shūxiě de zhòngyàoxìng, zài qiángdiào yě bú guòfèn. **2** 笔迹 bǐjì □ His writing on the answer sheet was hardly legible. 他在答卷上的笔迹几乎辨认不出来。Tā zài dájuànshang de bǐjì jīhū biànrèn bùchūlai.

3 著作 zhùzuò □ Charles Dickens' writings are full of sympathy for the poor. 查尔斯·狄更斯的著作充满了对穷人的同情。Chá'ěrsī·Dígèngsī de zhùzuò chōngmǎnle duì qióngrén de tóngqíng.

written I See **write** II ADJ 书面（的）shūmiàn (de)

wrong I ADJ **1** 错的 cuò de, 错误的 cuòwù de □ The car went the wrong way down the freeway. 汽车在超级公路上朝错误的方向开去。Qìchē zài chāojí gōnglùshang cháo cuòwù de fāngxiàng kāiqu. □ It would be wrong for a teacher to favor a student. 老师偏爱一个学生，是错误的。Lǎoshī piān'ài yí ge xuésheng, shì cuòwù de. **2** 不合适的 bùhéshì de

to be on the wrong track 思路不对 sīlù bú duì, 路子不对 lùzi bú duì

to get on the wrong side of sb 冒犯某人 màofàn mǒurén

II ADV 错 cuò □ Don't get me wrong—I'm not criticizing you. 别搞错我的意思—我不是在批评你。Bié gǎocuò wǒ de yìsi—wǒ bú shì zài pīpíng nǐ.

to go wrong 出错 chūcuò, 弄错 nòngcuò

III N **1** 错误 cuòwù □ I wonder if they know the difference between right and wrong. 我不明白，他们知道不知道正确和错误之间的区别。Wǒ bù míngbai, tāmen zhīdàobuzhīdào zhèngquè hé cuòwù zhījiān de qūbié. (→我不明白，他们会不会分辨是非。Wǒ bù míngbai, tāmen huìbuhuì fēnbiàn shìfei.) □ For Mom, Sally could do no wrong. 对妈妈来说，萨莉永远不会错。Duì māma láishuō, Sàlì yǒngyuǎn bú huì cuò.

to be in the wrong 犯错误 fàn cuòwù

2 冤屈 yuānqū □ Are you aware that you've done the child a terrible wrong? 你意识到没有，你大大地冤屈了孩子？Nǐ yìshidao méiyǒu, nǐ dàdà de yuānqūle háizi?

IV v 不公正地对待 bù gōngzhèng de duìdài, 冤枉 yuānwang

wrongdoer N 做错事的人 zuòcuò shì de rén, 违法者 wéifǎzhě

wrongdoing N 违法的事 wéifǎ de shì, 错事 cuò shì

wrongful ADJ 不公正的 bù gōngzhèng de, 非法的 fēifǎ de
a wrongful death 由他人非法造成的死亡 yóu tārén fēifǎ de zàochéng de sǐwáng

wrote See **write**

wrought iron N 锻铁 duàntiě, 熟铁 shútiě

wrung See **wring**

wry ADJ 嘲笑的 cháoxiào de, 露出怪相的 lòuchu guàixiàng de
a wry smile 嘲弄的微笑 cháonòng de wēixiào, 苦笑 kǔxiào

WTO (= World Trade Organization) ABBREV 世界贸易组织 Shìjiè Màoyì Zǔzhī

www see **World Wide Web**

X, x

X-chromosome N X染色体 X rǎnsètǐ

xenophobia N 排外情绪 páiwài qíngxù, 恐外症 kǒngwàizhèng

xerox **I** N（静电）复印（件）(jìngdiàn) fùyìn (jiàn) **II** v（用复印机）复印 (yòng fùyìnjī) fùyìn

X-mas N See **Christmas**

X-ray **I** N X射线 X shèxiàn, X光 X guāng, X光检查 X guāng jiǎnchá □ Luckily, the X-ray revealed no broken bone. 很幸运, X光检查没有发现骨折。Hěn xìngyùn, X guāng jiǎnchá méiyǒu fāxiàn gǔzhé.
II v 用X射线检查 yòng X shèxiàn jiǎnchá

xylophone N 木琴 mùqín [M. WD 台 tái]

Y, y

yacht N 游艇 yóutǐng [M. WD 艘 sōu], 大型帆船 dàxíng fānchuán [M. WD 艘 sōu]

yachting N 驾驶游艇 jiàshǐ yóutǐng, 帆船比赛 fānchuán bǐsài

yahoo **I** N 粗鄙的人 cūbǐ de rén **II** INTERJ 好哇 hǎo wā

yam N 山药 shānyao

yank v 使劲拉 shǐjìn lā, 猛扯 měng chě

Yankee N **1** 美国佬 Měiguólǎo **2**（美国）北方佬 (Měiguó) běifānglǎo

yap v **1** [小狗+] 乱叫 [xiǎogǒu+] luànjiào, 狂吠 kuángfèi **2** 哇啦哇啦地乱叫 wālā wālā de luànjiào

yard N **1** 院子 yuànzi □ There is a flowerbed in the front yard and a swing set in the back yard. 前院有花圃, 后院有秋千架。Qiányuàn yǒu huāpǔ, hòuyuàn yǒu qiūqiān jià. **2** 码 mǎ (= 3 feet)
yard sale（在家院子里）旧货贱卖 (zài jiā yuànzi lǐ) jiùhuò jiànmài
yard stick 衡量标准 héngliáng biāozhǔn, 评判尺度 píngpàn chǐdù

yarn N **1** 奇闻轶事 qíwén yìshì, 夸张的冒险故事 kuāzhāng de màoxiǎn gùshì **2** 纱线 shāxiàn

yawn **I** N 哈欠 hāqian □ The cat let out a big yawn as it woke from its afternoon nap. 猫儿午睡醒来, 打了一个长长的哈欠。Māor wǔshuì xǐnglái, dǎ le yí ge chángcháng de hāqian.
II v **1** 打哈欠 dǎ hāqian **2** 产生差距 chǎnshēng chājù
a yawning gap 巨大差距 jùdà chājù

Y-chromosome N Y染色体 Y rǎnsètǐ

year N **1** 年 nián □ "What year was Lincoln assassinated?" "1865." "林肯是哪一年被刺的?" "一八六五年。" "Línkěn shì nǎ yì nián bèi cì de?" "Yāobāliùwǔ nián." **2** 岁 suì □ Nevin will be 21 years old in October. 到十月, 内文二十一岁。Dào shíyuè, Nèiwén èrshíyī suì.
academic/school year 学年 xuénián □ The academic year starts in September. 学年在九月开始。Xuénián zài jiǔyuè kāishǐ.
all year round 一年到头 yì nián dào tóu, 终年 zhōngnián □ This eccentric man wears a red baseball cap all the year round. 这个怪人一年到头戴着一顶红色的棒球帽。Zhè ge guàirén yì nián dào tóu dàizhe yì dǐng hóngsè de bàngqiúmào.
year after year 一年又一年 yì nián yòu yì nián
never in a million years 绝不可能 juébù kěnéng, 肯定不会 kěndìng bú huì

yearbook N 年鉴 niánjiàn [M. WD 本 běn]

yearling N（一两岁的）小动物 (yì liǎng suì de) xiǎo dòngwù, 幼马 yòumǎ [M. WD 匹 pǐ]

yearly ADJ 每年的 měi nián de, 年度的 niándù de □ The general assembly of the club meets yearly, usually in May. 俱乐部全体会议每年开一次, 通常在五月。Jùlèbù quántǐ huìyì měi nián kāi yí cì, tōngcháng zài wǔyuè.

yeast N 酵母 jiàomǔ, 发酵物 fājiàowù

yell **I** v 叫嚷 jiàorǎng, 喊叫 hǎnjiào □ Don't yell at me. 别对我大声嚷嚷。Bié duì wǒ dàshēng rāngrang.
II N 啦啦队的喊叫声 lālāduì de hǎnjiàoshēng
a yell of protest 抗议声 kàngyìshēng

yellow **I** ADJ 黄色的 huángsè de □ The yellow curtains make the dining room bright and lively. 黄色的窗帘使餐厅明亮而充满生气。Huángsè de chuānglián shǐ cāntīng míngliàng ér chōngmǎn shēngqì.
II N 黄色 huángsè
Yellow Pages 黄页 huángyè, 商业电话簿 shāngyè diànhuàbù
III v 变黄 biàn huáng

yelp v 尖叫 jiānjiào, 喊叫 hǎnjiào

yen[1] N 日元 Rìyuán

yen[2] N 渴望 kěwàng, 热望 rèwàng

yep N See **yes**

yes INTERJ 是 shì, 是的 shì de □ "Don't you like Chinese food?" "Yes, I do." "你喜欢中国菜吗?" "喜欢。" "Nǐ xǐhuan Zhōngguócài ma?" "Xǐhuan."

yesterday **I** ADV 昨天 zuótiān □ He didn't come to work yesterday. 他昨天没有来上班。Tā zuótiān méiyǒu lái shàngbān.
II N 昨天 zuótiān □ Yesterday was Father's Day. 昨天是父亲节。Zuótiān shì Fùqinjié.
yesterday's news 昨日新闻 zuórì xīnwén, 旧闻 jiùwén

yet **I** ADV 还 hái, 仍然 réngrán □ I haven't caught any fish yet. How about you? 我还没有钓到鱼, 你呢? Wǒ hái méiyǒu diàodao yú, nǐ ne?
II CONJ 可是 kěshì, 然而 rán'ér □ His story is very unlikely, yet it may well be true. 他的故事不大会发生, 然而很有可能是真的。Tā de gùshì bú dà huì fāshēng, rán'ér hěn yǒukěnéng shì zhēnde.

yew N 紫杉树 zǐshānshù [M. WD 棵 kē]

Yiddish N 依地语 yīdìyǔ

yield **I** v **1** 产生 [+结果] chǎnshēng [+jiéguǒ] **2** 出产 [+农产品] chūchǎn [+nóngchǎnpǐn] **3**（被迫）交出 [+权利] (bèipò) jiāochū [+quánlì] **4** 屈从 [+压力] qūcóng [+yālì], 服从 fúcóng
to yield to traffic on the right 给右边的车辆让道 gěi yòubian de chēliàng ràngdào
II N 收益 shōuyì, 产量 chǎnliàng

yippee INTERJ 好哇 hǎo wā, 太好了! Tài hǎo le!

YMCA (= Young Men's Christian Association) ABBREV 基督教青年会 Jīdūjiào Qīngniánhuì

yodel I N 岳得尔唱法 yuèdéěr chàngfǎ, 岳得尔曲调 yuèdéěr qǔdiào II v 用岳得尔唱法歌唱 yòng yuèdéěr chàngfǎ gēchàng

yoga N 瑜伽（法）yújiā (fǎ)

yogurt N 酸奶 suānnǎi

yoke N 1 牛轭 niú'è 2 束缚 shùfù
yoke of tradition 传统的束缚 chuántǒng de shùfù

yokel N 土包子 tǔbāozi, 乡巴佬 xiāngbālǎo

yolk N 蛋黄 dànhuáng

yonder ADV 那边 nàbian, 远方 yuǎnfāng

you PRON 你 nǐ, 您 nín, 你们 nǐmen □ You said you knew the way. 你说你认得路的。Nǐ shuō nǐ rènde lù de. □ I didn't expect you would all come at the same time. 我没有想到你们都同时来。Wǒ méiyǒu xiǎngdao nǐmen dōu tóngshí lái.

young I ADJ 1 幼年的 yòunián de □ To me, a young elephant is the cutest thing in the world. 对我来说，幼象是世界上最可爱的东西。Duì wǒ láishuō, yòu xiàng shì shìjièshang zuì kě'ài de dōngxi. 2 年轻的 niánqīng de □ "Is a man in his early thirties still young?" "It depends." "一个三十多岁的人还年轻吗？" "这要看起来。" "Yí ge sānshíduō suì de rén hái niánqīng ma?" "Zhè yào kànqǐlai."
young at heart 人老心不老 rén lǎo xīn bù lǎo
II N 1 年轻人 niánqīngrén 2 仔 zǎi, 雏 chú

youngster N 孩子 háizi, 年轻人 niánqīngrén

your ADJ 你的 nǐ de, 您的 nín de, 你们的 nǐmen de □ Your effort is much appreciated. 我很欣赏你们的努力。Wǒ hěn xīnshǎng nǐmen de nǔlì.

yours PRON 你的 nǐde, 您的 nín de, 你们的 nǐmen de □ Sorry, that's not yours, that's mine. 对不起，这不是您的，是我的。Duìbuqǐ, zhè bú shì nín de, shì wǒ de.

yourself PRON 你自己 nǐ zìjǐ, 您自己 nín zìjǐ

yourselves PRON 你们自己 nǐmen zìjǐ □ You should try to resolve your differences by yourselves. 你们应该自己设法消除分歧。Nǐmen yīnggāi zìjǐ shèfǎ xiāochú fēnqí.

youth N 1 青年时代 qīngnián shídài □ In his youth he lived an active and exciting life. 他在青年时代，过着活跃而令人兴奋的生活。Tā zài qīngnián shídài, guòzhe huóyuè ér lìngrén xīngfèn de shēnghuó. 2 青春 qīngchūn □ Is there such a thing as the fountain of youth? 世界上有青春泉吗？Shìjièshang yǒu qīngchūn quán ma? (→世界上有喝了让人长生不老的泉水吗？Shìjièshang yǒu hēle ràng rén cháng shēng bù lǎo de quánshuǐ ma?) 3 青年 qīngnián □ In what ways are the youth of today different from their parents? 今天的青年和他们的父辈在哪些方面不同？Jīntiān de qīngnián hé tāmen de fùbèi zài nǎ xiē fāngmian bù tóng?

youthful ADJ 1 年轻人的 niánqīngrén de 2 富有青春活力的 fùyǒu qīngchūn huólì de

yowl v, N 大声惨叫 dàshēng cǎnjiào

yo-yo N 1 游游拉线盘 yóuyóu lāxiànpán 2 笨蛋 bèndàn, 傻瓜 shǎguā

yuck INTERJ 呸 pēi, 恶心 èxīn

Yule N 圣诞节 Shèngdànjié

yum INTERJ 好味道 hǎo wèidao, 好吃 hǎochī

yummy ADJ 好吃的 hǎochī de, 好味道的 hǎo wèidao de

yuppie N 雅皮士 yāpíshì

YWCA (= Young Women's Christian Association) ABBREV 基督教女青年会 Jīdūjiào Nǚqīngniánhuì

Z, z

zany ADJ 滑稽可笑的 huájī kěxiào de

zap v 1 用电波攻击 yòng diànbō gōngjī, 摧毁 cuīhuǐ 2（计算机）速递信息 (jìsuànjī) sùdè xìnxī 3 用遥控器转换电视频道 yòng yáokòngqì zhuǎnhuàn diànshì píndào

zeal N 热情 rèqíng, 热忱 rèchén

zealot N 狂热分子 kuángrè fènzi

zebra N 斑马 bānmǎ [M. WD 匹 pǐ]

Zen N 禅宗 chánzōng

zenith N 顶点 dǐngdiǎn, 顶峰 dǐngfēng

zephyr N 微风 wēifēng, 和风 héfēng

zero I NUM 零 líng □ "How much money do you have?" "Zero dollars. I'm broke." "你有多少钱？" "零，我现在身无分文。" "Nǐ yǒu duōshǎo qián?" "Líng, wǒ xiànzài shēn wú fēn wén." zero growth 零增长 líng zēngzhǎng
zero hour 开始时刻 kāishǐ shíkè
II v (to zero in on sb/sth) 把注意力集中在某人／某事 bǎ zhùyìlì jízhōng zài mǒurén/mǒushì

zest N 热情 rèqíng, 热心 rèxīn

Zeus N 宙斯（希腊神话中的众神之王）Zhòusī (Xīlà shénhuà zhōng de zhòngshén zhī wáng)

zigzag I N 之字形 zhīzìxíng, Z 字形 Z zìxíng II v 曲折行进 qūzhé xíngjìn

zillion N 极大的数目 jídà de shùmù

zinc (Zn) N 锌 xīn

zip v 拉（拉链）lā (lāliàn)
to zip sth open/close 把某物的拉链拉开／拉上 bǎ mǒuwù de lāliàn lā kāi/lā shàng
Zip your lip! 闭嘴! Bì zuǐ! 别作声! Bié zuòshēng!

zip code N 邮政编号 yóuzhèng biānhào □ The town with the lowest zip code in the U.S. seems to be Agawam, Massachusetts, 01001. Well, isn't it interesting! 美国城镇中最小的邮政编号是马萨诸塞州的阿格瓦姆，01001，挺有趣的，是吗？Měiguó chéngzhèn zhōng zuì xiǎo de yóuzhèng biānhào shì Mǎsàzhūsàizhōu de Āgéwǎmǔ, ling-yāo-líng-líng-yāo, tǐng yǒuqù de, shì ma?

zip file N（计算机）压缩文件 (jìsuànjī) yāsuō wénjiàn

zip gun N 自制手枪 zìzhì shǒuqiāng [M. WD 把 bǎ]

zipper N 拉链 lāliàn [M. WD 条 tiáo]

zodiac N 黄道带 huángdàodài, 黄道十二宫图 huángdào shí'èr gōngtú
Chinese Zodiac 属相 shǔxiang, 生肖 shēngxiào □ "Do you know the 12 animals of the Chinese Zodiac?" "Yes, they are rat, ox, tiger, rabbit (or hare), dragon, snake, horse, sheep (or goat), monkey, rooster, dog and pig (or boar)." "你知道中国的十二属相吗？" "知道，是鼠、牛、虎、兔、龙、蛇、马、羊、猴、鸡、狗和猪。" "Nǐ zhīdào Zhōngguó de shí'èr shǔxiàng ma?" "Zhīdào, shì shǔ、niú、hǔ、tù、lóng、shé、mǎ、yáng、hóu、jī、gǒu hé zhū."

zombie N 1 还魂尸 huánhúnshī 2 行动缓慢思维迟钝的人 xíngdòng huǎnmàn sīwéi chídùn de rén

zone N 区域 qūyù, 地带 dìdài

zoning N 划分区域 huàfēn qūyù, 分区布局 fēnqū bùjú

zoo N 动物园 dòngwùyuán □ The local zoo's star attraction is Lolly the polar bear cub. 当地动物园的大明星是小北极熊洛利。Dāngdì dòngwùyuán de dà míngxīng shì xiǎo běijíxióng Luòlì.

zookeeper N 动物园饲养员 dòngwùyuán sìyǎngyuán

zoology N 动物学 dòngwùxué

zoom v 1 [汽车+] 飞速行进 [qìchē+] fēisù xíngjìn, 疾驶 jíshǐ 2 [股票+] 陡升 [gǔpiào+] dǒushēng, 猛增 měngzēng
to zoom in/out 把镜头拉近／推远 bǎ jìngtóu lājìn/tuī yuǎn

zoom lens N 可变焦距镜头 kěbiàn jiāojù jìngtóu

zucchini N 小胡瓜 xiǎohúguā [M. WD 根 gēn]

zygote N 受精卵 shòujīngluǎn

zzz N 呼呼（的鼾声）hūhū (de hānshēng)

Appendices

1 Irregular English Verbs

INFINITIVE	PAST TENSE	PAST PARTICIPLE	INFINITIVE	PAST TENSE	PAST PARTICIPLE
abide	abided, abode	abided, abode	find	found	found
arise	arose	arisen	fit	fit, fitted	fit, fitted
awake	awoke	awoken	flee	fled	fled
babysit	babysat	babysat	fling	flung	flung
be	was, were	been	fly	flew	flown
bear	bore	borne	forbear	forbore	forborne
beat	beat	beaten	forbid	forbade, forbid	forbidden
become	became	become	forcefeed	forcefed	forcefed
begin	began	begun	forecast	forecast	forecast
behold	beheld	beheld	foresee	foresaw	foreseen
bend	bent	bent	foretell	foretold	foretold
beset	beset	beset	forget	forgot	forgotten
bet	bet	bet	forgive	forgave	forgiven
bid	bid	bid	forgo	forwent	forgone
bind	bound	bound	forsake	forsook	forsaken
bite	bit	bitten	forswear	forswore	forsworn
bleed	bled	bled	freeze	froze	frozen
blow	blew	blown	get	got	gotten
bottlefeed	bottlefed	bottlefed	give	gave	given
break	broke	broken	go	went	gone
breastfeed	breastfed	breastfed	grind	ground	ground
breed	bred	bred	grow	grew	grown
bring	brought	brought	hamstring	hamstrung	hamstrung
broadcast	broadcast	broadcast	hang	hung, hanged	hung, hanged
browbeat	browbeat	browbeaten	have	had	had
build	built	built	hear	heard	heard
burn	burned, burnt	burned, burnt	heave	heaved, hove	heaved, hove
burst	burst	burst	hew	hewed	hewn, hewed
buy	bought	bought	hide	hid	hidden
cast	cast	cast	hit	hit	hit
catch	caught	caught	hold	held	held
choose	chose	chosen	hurt	hurt	hurt
cling	clung	clung	input	input	input
come	came	come	interweave	interwove	interwoven
cost	cost	cost	keep	kept	kept
creep	crept	crept	kneel	knelt, kneeled	knelt, kneeled
cut	cut	cut	knit	knit, knitted	knit, knitted
deal	dealt	dealt	know	knew	known
dig	dug	dug	lay	laid	laid
dive	dived, dove	dived	lead	led	led
do	did	done	lean	leaned, leant	leaned, leant
draw	drew	drawn	leap	leaped, leapt	leaped, leapt
dream	dreamed, dreamt	dreamed, dreamt	learn	learned, learnt	learned, learnt
drink	drank	drunk	leave	left	left
drive	drove	driven	lend	lent	lent
dwell	dwelled, dwelt	dwelled, dwelt	let	let	let
eat	ate	eaten	lie	lay	lain
fall	fell	fallen	light	lit, lighted	lit, lighted
feed	fed	fed	lose	lost	lost
feel	felt	felt	make	made	made
fight	fought	fought	mean	meant	meant

INFINITIVE	PAST TENSE	PAST PARTICIPLE	INFINITIVE	PAST TENSE	PAST PARTICIPLE
meet	met	met	slit	slit	slit
mislay	mislaid	mislaid	sow	sowed	sowed, sown
mislead	misled	misled	speak	spoke	spoken
misread	misread	misread	speed	sped	sped
misspend	misspent	misspent	spend	spent	spent
misspell	misspelled, misspelt	misspelled, misspelt	spill	spilled, spilt	spilled, spilt
			spin	spun	spun
mistake	mistook	mistaken	spit	spat	spat
misunder-stand	misunderstood	misunderstood	split	split	split
			spoil	spoiled, spoilt	spoiled, spoilt
mow	mowed	mown, mowed	spoonfed	spoonfed	spoonfed
offset	offset	offset	spread	spread	spread
pay	paid	paid	spring	sprang	sprung
plead	pled, pleaded	pled, pleaded	stand	stood	stood
prove	proved	proved, proven	stave	stove, staved	stove, staved
put	put	put	steal	stole	stolen
quit	quit	quit	stick	stuck	stuck
read	read	read	sting	stung	stung
rewind	rewound	rewound	stink	stank	stunk
rid	rid	rid	strike	struck	struck
ride	rode	ridden	string	strung	strung
ring	rang	rung	strive	strove	striven
rise	rose	risen	swear	swore	sworn
run	ran	run	sweep	swept	swept
saw	sawed	sawed, sawn	swell	swelled	swelled, swollen
say	said	said	swim	swam	swum
see	saw	seen	swing	swung	swung
seek	sought	sought	take	took	taken
sell	sold	sold	teach	taught	taught
send	sent	sent	tear	tore	torn
set	set	set	tell	told	told
sew	sewed	sewn	think	thought	thought
shake	shook	shaken	thrive	thrived, throve	thrived, thriven
shear	sheared	shorn	throw	threw	thrown
shed	shed	shed	thrust	thrust	thrust
shine	shone	shone	tread	trod	trodden
shoe	shod	shod	under-stand	understood	understood
shoot	shot	shot			
show	showed	shown	upset	upset	upset
shrink	shrank	shrunk	wake	woke	woken
shut	shut	shut	waylay	waylaid	waylaid
sing	sang	sung	wear	wore	worn
sink	sank	sunk	weave	wove	woven
sit	sat	sat	weep	wept	wept
slay	slew	slain	win	won	won
sleep	slept	slept	wind	wound	wound
slide	slid	slid	wring	wrung	wrung
sling	slung	slung	write	wrote	written
slink	slunk	slunk			

2 Common English Names with Chinese Transcriptions

100 Common Surnames

Adams 亚当斯 **Yàdāngsī**
Alexander 亚历山大 **Yàlìshāndà**
Allen 艾伦 **Àilún**
Anderson 安德森 **Āndésēn**
Bailey 贝利 **Bèilì**
Baker 贝克 **Bèikè**
Barnes 巴恩斯 **Bā'ēnsī**
Bell 贝尔 **Bèi'ěr**
Bennett 本内特 **Běnnèitè**
Brooks 布鲁克斯 **Bùlǔkèsī**
Brown 布朗 **Bùlǎng**
Bryant 布赖恩特 **Bùlàiēntè**
Butler 巴特勒 **Bātèlè**
Campbell 坎贝尔 **Kǎnbèi'ěr**
Carter 卡特 **Kǎtè**
Clark 克拉克 **Kèlākè**
Coleman 科尔曼 **Kē'ěrmàn**
Collins 柯林斯 **Kēlínsī**
Cook 库克 **Kùkè**
Cooper 库伯 **Kùbó**
Cox 考克斯 **Kǎokèsī**
Davis 戴维斯 **Dàiwéisī**
Diaz 迪亚士 **Díyàshì**
Edwards 爱德华兹 **Àidéhuázī**
Evans 伊万斯 **Yīwànsī**
Flores 弗洛雷斯 **Fúluòléisī**
Garcia 加西亚 **Jiāxīyà**
Gonzales 贡萨勒斯 **Gòngsàlèsī**
Gonzalez 贡萨勒斯 **Gòngsàlèsī**
Gray 格雷 **Géléi**
Green 格林 **Gélín**
Griffin 格里芬 **Gélǐfēn**
Hall 霍尔 **Huò'ěr**
Harris 哈里斯 **Hālǐsī**

Hayes 海斯 **Hǎisī**
Henderson 亨德森 **Hēngdésēn**
Hernandez 赫南德斯 **Hènándésī**
Hill 希尔 **Xī'ěr**
Howard 霍华德 **Huòhuádé**
Hughes 休斯 **Xiūsī**
Hunt 亨特 **Hēngtè**
Jackson 杰克逊 **Jiékèxùn**
James 詹姆斯 **Zhānmǔsī**
Jenkins 詹金斯 **Zhānjīnsī**
Johnson 约翰逊 **Yuēhànxùn**
Jones 琼斯 **Qióngsī**
Kelly 凯利 **Kǎilì**
King 金 **Jīn**
Lee 李 **Lǐ**
Lewis 刘易斯 **Liúyìsī**
Long 郎 **Láng**
Lopez 洛佩斯 **Luòpèisī**
Martin 马丁 **Mǎdīng**
Martinez 马蒂内斯 **Mǎdìnèisī**
Miller 米勒 **Mǐlè**
Mitchell 米切尔 **Mǐqiè'ěr**
Moore 摩尔 **Mó'ěr**
Morgan 摩根 **Mógēn**
Morris 莫里斯 **Mòlǐsī**
Murphy 墨菲 **Mòfēi**
Nelson 纳尔逊 **Nà'ěrxùn**
Parker 帕克(派克) **Pàkè (Pàikè)**
Patterson 帕特森 **Pàtèsēn**
Perez 佩雷斯 **Pèiléisī**
Perry 佩里 **Pèilǐ**
Peterson 彼得森 **Bǐdésēn**
Phillips 菲利普斯 **Fēilìpǔsī**
Powell 鲍威尔 **Bàowēi'ěr**
Price 普赖斯 **Pǔlàisī**

Ramirez 拉米雷斯 **Lāmǐléisī**
Reed 里德 **Lǐdé**
Richardson 里查森 **Lǐchásēn**
Rivera 里韦拉 **Lǐwéilā**
Roberts 罗伯茨 **Luóbócí**
Robinson 罗宾逊 **Luóbīnxùn**
Rodriguez 罗德里古埃斯 **Luódélǐgǔ'āisī**
Rogers 罗杰斯 **Luójiésī**
Ross 罗斯 **Luósī**
Russell 拉塞尔(罗素) **Lāsāi'ěr (Luósù)**
Sanchez 桑切兹 **Sāngqiēzī**
Sanders 山德斯 **Shāndésī**
Scott 斯科特 **Sīkētè**
Simmons 西蒙斯 **Xīméngsī**
Smith 史密斯 **Shǐmìsī**
Stewart 斯图尔特 **Sītú'ěrtè**
Taylor 泰勒 **Tàilè**
Thomas 托马斯 **Tuōmǎsī**
Thompson 汤普森 **Tāngpǔsēn**
Torres 托雷斯 **Tuōléisī**
Turner 特纳 **Tènà**
Walker 沃克 **Wòkè**
Ward 沃德 **Wòdé**
Washington 华盛顿 **Huáshèngdùn**
Watson 沃森(华生) **Wòsēn (Huáshēng)**
White 怀特 **Huáitè**
Williams 威廉斯 **Wēiliánsī**
Wilson 威尔逊 **Wēi'ěrsùn**
Wood 伍德 **Wǔdé**
Wright 莱特 **Láitè**
Young 扬 **Yáng**

100 Common Male Given Names

Aaron 艾伦 **Àilún**
Adam 亚当 **Yàdāng**
Adrian 埃德里安 **āidélǐ'ān**
Aidan 艾旦 **Àidàn**
Alex 亚力克斯 **Yàlìkèsī**
Alexander 亚历山大 **Yàlìshāndà**
Andrew 安德鲁 **Āndélǔ**
Angel 安吉儿 **Ānjí'ér**
Anthony 安东尼 **Āndōngní**
Antonio 安东尼奥 **Āndōngní'ào**
Austin 奥斯丁 **Àosīdīng**
Benjamin 本杰明 **Běnjiémíng**
Blake 布莱克 **Bùláikè**
Brandon 布兰顿 **Bùlándùn**
Brian 布赖恩 **Bùlài'ēn**
Bryan 布赖恩 **Bùlài'ēn**

Bryce 布赖斯 **Bùlàisī**
Caleb 加勒布 **Jiālèbù**
Cameron 克迈伦 **Kèmàilún**
Carlos 卡罗斯 **Kǎluósī**
Carson 卡森 **Kǎsēn**
Charles 查尔斯 **Chá'ěrsī**
Chase 蔡斯 **Càisī**
Christian 克里斯琴 **Kèlǐsīqín**
Christopher 克里斯托佛 **Kèlǐsītuōfó**
Cody 科迪 **Kēdí**
Cole 科尔 **Kē'ěr**
Connor 康纳 **Kāngnà**
Dakota 达科他 **Dákētā**
Dalton 道尔顿 **Dào'ěrdùn**
Daniel 丹尼尔 **Dānníěr**

David 戴维 **Dàiwéi**
Devin 德文 **Déwén**
Dylan 戴伦 **Dàilún**
Eduardo 埃杜阿多 **Āidù'ā'duō**
Edward 爱德华 **Àidéhuá**
Elijah 艾利加 **Àilìjiā**
Eric 埃里克 **Āilǐkè**
Ethan 伊森 **Yīsēn**
Evan 伊万 **Yīwàn**
Gabriel 加百列 **Jiābǎiliè**
Gavin 加文 **Jiāwén**
George 乔治 **Qiáozhì**
Henry 亨利 **Hēnglì**
Hunter 亨特 **Hēngtè**
Ian 伊安 **Yī'ān**
Isaac 艾萨克 **Àisàkè**

Isaiah 埃塞亚 **Āisāyà**
Jack 杰克 **Jiékè**
Jackson 杰克逊 **Jiékèxùn**
Jacob 雅各布 **Yǎgèbù**
James 詹姆斯 **Zhānmǔsī**
Jared 贾雷德 **Jiǎléidé**
Jason 贾森 **Jiǎsēn**
Jeremiah 杰里迈亚 **Jiélǐmàiyà**
Jesus 杰苏斯 **Jiésūsī**
John 约翰 **Yuēhàn**
Jonathan 乔纳森 **Qiáonàsēn**
Jordan 乔丹 **Qiáodān**
Jose 约瑟 **Yuēsè**
Joseph 约瑟夫 **Yuēsèfū**
Joshua 乔舒亚 **Qiáoshūyà**
Juan 贾安 **Jiǎ'ān**
Julian 朱利安 **Zhūlì'ān**
Justin 贾斯廷 **Jiǎsītíng**

Kevin 凯文 **Kǎiwén**
Kyle 凯尔 **Kǎi'ěr**
Logan 洛根 **Luògēn**
Luca 卢卡斯 **Lúkǎsī**
Luis 路易斯 **Lùyìsī**
Luke 卢克 **Lúkè**
Marcus 马库斯 **Mǎkùsī**
Mason 梅森 **Méisēn**
Matthew 马修 **Mǎxiū**
Michael 迈克尔 **Màikè'ěr**
Miguel 米古埃尔 **Mǐgǔ'āi'ěr**
Nathan 内森 **Nèisēn**
Nathaniel 纳撒尼尔 **Nàsāní'ěr**
Nicholas 尼古拉斯 **Nígǔlāsī**
Noah 诺亚 **Nuòyà**
Oscar 奥斯卡 **Àosīkǎ**
Patrick 帕特里克 **Pàtèlǐkè**
Richard 理查德 **Lǐchádé**

Robert 罗伯特 **Luóbótè**
Ryan 瑞恩 **Ruì'ēn**
Samuel 塞姆尔 **Sāimǔ'ěr**
Sean 肖恩 **Xiào'ēn**
Sebastian 萨巴斯蒂安
 Sàbāsīdì'ān
Seth 塞思 **Sāisī**
Spencer 斯潘塞 **Sīpānsāi**
Steven 施蒂文 **Shīdìwén**
Thomas 托马斯 **Tuōmǎsī**
Timothy 提摩西 **Tímóxī**
Trevor 特雷弗 **Tèléifú**
Tristan 特里斯登 **Tèlǐsīdēng**
Tyler 泰勒 **Tàilè**
William 威廉 **Wēilián**
Wyatt 怀亚特 **Huáiyàtè**
Xavier 泽维尔 **Zéwéi'ěr**
Zachary 扎查理 **Zhāchálǐ**

100 Common Female Given Names

Abigail 阿比盖尔 **Ābǐgài'ěr**
Alexandra 亚历山德拉
 Yàlìshāndélā
Alexandria 亚历山德丽亚
 Yàlìshāndélìyà
Alexia 亚利克西亚 **Yàlìkèxīyà**
Alexis 亚历克西亚 **Yàlìkèxīyà**
Allison 阿莉森 **Ālìsēn**
Alyssa 阿丽萨 **Ālìsà**
Amanda 阿曼达 **Āmàndá**
Amber 安伯 **Ānbó**
Ana 安娜 **Ān'nà**
Andrea 安德烈 **Āndéliè**
Angela 安吉拉 **Ānjílā**
Angelica 安吉利卡 **Ānjílìkǎ**
Anna 安娜 **Ān'nà**
Ashley 艾什利 **Àishílì**
Audrey 奥德丽 **Àodélì**
Bailey 贝利 **Bèilì**
Brittany 布里特尼 **Bùlìtèní**
Brooke 布鲁克 **Bùlǔkè**
Caitlin 凯特琳 **Kǎitèlín**
Caroline 卡罗琳 **Kǎluólín**
Catherine 凯莎琳 **Kǎishālín**
Chloe 克洛伊 **Kèluòyī**
Christina 克里斯蒂安娜
 Kèlǐsīdì'ānnà
Courtney 考特尼 **Kǎotèní**
Danielle 丹尼艾勒 **Dān'ní'àilè**
Destiny 黛丝提妮 **Dàisītíní**
Elizabeth 伊利萨白 **Yīlìsàbái**
Emily 埃米利 **Āimǐlì**
Emma 埃玛 **Āimǎ**
Erin 俄林 **É'lín**
Faith 菲思 **Fēisī**

Gabriella 加布里埃拉
 Jiābùlǐ'āilā
Gabrielle 加布里埃尔
 Jiābùlǐāi'ěr
Grace 格雷斯 **Géléisī**
Hailey 海莉 **Hǎilì**
Haley 海莉 **Hǎilì**
Hannah 汉纳 **Hàn'nà**
Hilda 希尔达 **Xī'ěrdá**
Isabel 伊萨贝尔 **Yīsàbèi'ěr**
Isabella 伊萨贝拉 **Yīsàbèilā**
Isabelle 伊萨贝勒 **Yīsàbèilè**
Jacqueline 杰奎琳 **Jiékuílín**
Jane 简 **Jiǎn**
Jasmine 杰斯敏 **Jiésīmǐn**
Jenna 詹娜 **Zhān'nà**
Jennifer 詹妮弗 **Zhān'nīfú**
Jessica 杰西卡 **Jiéxīkǎ**
Joan 琼 **Qióng**
Jocelyn 乔瑟琳 **Qiáosèlín**
Jordan 乔丹 **Qiáodān**
Joyce 乔伊斯 **Qiáoyīsī**
Judith 朱蒂丝 **Zhūdìsī**
Julia 朱丽娅 **Zhūlìyà**
Karen 卡伦 **Kǎlún**
Katherine 凯莎琳 **Kǎishālín**
Kay 凯 **Kǎi**
Kayla 凯拉 **Kǎilā**
Kelly 凯丽 **Kǎilì**
Kimberly 金博莉 **Jīnbólì**
Linda 琳达 **Líndá**
Lauren 劳伦 **Láolún**
Mackenzie 麦肯希 **Màikěnxī**
Madeline 马德琳 **Mǎdélín**
Madison 麦迪逊 **Màidíxùn**

Marcia 玛西娅 **Mǎxīyà**
Maria 玛丽亚 **Mǎlìyà**
Mariah 玛丽亚 **Mǎlìyà**
Marissa 马丽萨 **Mǎlìsà**
Mary 玛丽 **Mǎlì**
Megan 梅根 **Méigēn**
Melanie 梅兰妮 **Méilánnī**
Melissa 梅里萨 **Méilìsà**
Michelle 米歇尔 **Mǐxiē'ěr**
Miranda 米兰达 **Mǐlándá**
Natalie 纳塔利 **Nàtǎlì**
Nicole 尼科尔 **Níkē'ěr**
Olivia 奥列维亚 **Àolièwéiyà**
Paige 佩奇 **Pèiqí**
Pamela 潘美拉 **Pānměilā**
Rachel 雷切尔 **Léiqiē'ěr**
Rebecca 丽贝卡 **Lìbèikǎ**
Riley 赖利 **Làilì**
Samantha 萨曼莎 **Sàmànshā**
Sara 萨拉 **Sàlā**
Sarah 萨拉 **Sàlā**
Savannah 萨瓦纳 **Sàwǎnà**
Shelby 谢尔比 **Xè'ěrbǐ**
Sierra 西埃拉 **Xī'āilā**
Sophia 索菲亚 **Suǒfēiyà**
Stephanie 斯蒂芬妮 **Sīdìfēnnī**
Susan 苏珊 **Sūshān**
Sydney 西德尼 **Xīdéní**
Taylor 泰勒 **Tàilè**
Tracy 翠西 **Cuìxī**
Vanessa 瓦内萨 **Wǎnèisà**
Victoria 维多利亚 **Wéiduōlìyà**
Zoe 佐薇 **Zuǒwēi**

3 U.S. Place Names with Chinese Transcriptions

States and State Capitals

State 州 **zhōu**
Alabama 阿拉巴马 **Ālābāmǎ**
Alaska 阿拉斯加 **Ālāsījiā**
Arizona 亚利桑那 **Yàlìsāngnà**
Arkansas 阿肯色 **Ākěnsè**
California 加利福尼亚

Colorado 科罗拉多 **Kēluólāduō**
Connecticut 康涅狄格
Delaware 特拉华 **Tèlāhuá**
District of Columbia 哥伦比亚特区
    Gēlúnbǐyà tèqū
Florida 佛罗里达 **Fóluólǐdá**
Georgia 乔治亚 **Qiáozhìyà**
Hawaii 夏威夷 **Xiàwēiyí**
Idaho 爱达荷 **Àidáhé**
Illinois 伊利诺斯 **Yīlìnuòsī**
Indiana 印地安那 **Yìndì'ānnà**
Iowa 艾奥瓦 **Àiàowǎ**
Kansas 堪萨斯 **Kānsàsī**
Kentucky 肯塔基 **Kěntǎjī**
Louisiana 路易斯安那 **Lùyìsī'ānnà**
Maine 缅因 **Miǎnyīn**
Maryland 马里兰 **Mǎlǐlán**
Massachusetts 马萨诸塞 **Mǎsàzhūsāi**
Michigan 密歇根 **Mìxiēgēn**
Minnesota 明尼苏达 **Míngnísūdá**
Mississippi 密西西比 **Mìxīxībǐ**
Missouri 密苏里 **Mìsūlǐ**
Montana 蒙大拿 **Méngdànná**
Nebraska 内布拉斯加 **Nèibùlāsījiā**
Nevada 内华达 **Nèihuádá**
New Hampshire 新罕布什尔 **Xīnhǎnbùshí'ěr**
New Jersey 新泽西 **Xīnzéxī**
New Mexico 新墨西哥 **Xīnmòxīgē**
New York 纽约 **Niǔyuē**
North Carolina 北卡罗来纳 **Běi Kǎluóláinà**
North Dakota 北达科他 **Běi Dákētā**
Ohio 俄亥俄 **Éhài'é**
Oklahoma 俄克拉何马 **Ékèlāhémǎ**
Oregon 俄勒冈 **Èlègāng**
Pennsylvania 宾夕法尼亚 **Bīnxīfǎníyà**
Rhode Island 罗得岛 **Luódé Dǎo**
South Carolina 南卡罗来纳 **Nán Kǎluóláinà**
South Dakota 南达科他 **Nán Dákētā**
Tennessee 田纳西 **Tiánnàxī**
Texas 德克萨斯 **Dékèsàsī**
Utah 犹他 **Yóutā**
Vermont 佛蒙特 **Fóméngtè**
Virginia 弗吉尼亚 **Fújíníyà**
Washington State 华盛顿州 **Huáshèngdùn Zhōu**
West Virginia 西弗吉尼亚 **Xī Fújíníyà**
Wisconsin 威斯康星 **Wēisīkāngxīng**
Wyoming 怀俄明 **Huái'émíng**

Capital 首府 **shǒu fǔ**
Montgomery 蒙哥马利 **Ménggēmǎlì**
Juneau 朱诺 **Zhūnuò**
Phoenix 菲尼克斯 **Fēiníkèsī**
Little Rock 小石城 **Xiǎoshí Chéng**
Sacramento 萨克拉门多 **Jiālìfúníyà**
    Sàkèlāménduō
Denver 丹佛 **Dānfó**
Hartford 哈特福德 **Hātèfúdé Kāngnièdígé**
Dover 多佛 **Duōfó**
Washington 华盛顿 **Huáshèngdùn**

Tallahassee 塔拉哈西 **Tǎlāhāxī**
Atlanta 亚特兰大 **Yàtèlándà**
Honolulu 檀香山 **Tánxiāngshān**
Boise 博伊亚 **Bóyīyà**
Springfield 斯普林菲尔德 **Sīpǔlínfēi'ěrdé**
Indianapolis 印第安纳波利斯 **Yìndì'ānnàbōlìsī**
Des Moines 得梅因 **Déméiyīn**
Topeka 托皮卡 **Tuōpíkǎ**
Frankfort 法兰克福 **Fǎlánkèfú**
Baton Rouge 巴吞鲁日 **Bātūnlǔrì**
Augusta 奥古斯塔 **Àogǔsītǎ**
Annapolis 安纳波利斯 **Ānnàbālìsī**
Boston 波士顿 **Bōshìdùn**
Lansing 兰辛 **Lánxīn**
St. Paul 圣保罗 **Shèngbǎoluó**
Jackson 杰克逊 **Jiékèxùn**
Jefferson 杰斐逊城 **Jiéfěixùn Chéng**
Helena 海伦娜 **Hǎilún nà**
Lincoln 林肯 **Línkěn**
Carson City 卡森城 **Kǎsēn Chéng**
Concord 康科德 **Kāngkēdé**
Trenton 特伦顿 **Tèlúndùn**
Santa Fe 圣菲 **Shèngfēi**
Albany 奥尔巴尼 **Ào'ěrbāní**
Raleigh 罗利 **Luólì**
Bismarck 俾斯麦 **Bǐsīmài**
Columbus 哥伦布 **Gēlúnbù**
Oklahoma City 俄克拉荷马城 **Ékèlāhémǎ Chéng**
Salem 塞勒姆 **Sāilèmǔ**
Harrisburg 哈里斯堡 **Hālǐsībǎo**
Providence 普罗维登斯 **Pǔluówéidēngsī**
Columbia 哥伦比亚 **Gēlúnbǐyà**
Pierre 皮尔 **Pí'ěr**
Nashville 纳什维尔 **Nàshíwéi'ěr**
Austin 奥斯订 **Àosīdìng**
Salt Lake City 盐湖城 **Yánhú Chéng**
Montpelier 蒙彼利埃 **Méngbǐlì'āi**
Richmond 里士满 **Lǐshìmǎn**
Olympia 奥林匹亚 **Àolínpǐyà**
Charleston 查尔斯顿 **Chá'ěrsīdùn**
Madison 麦迪逊 **Màidíxùn**
Cheyenne 夏延 **Xiàyán**

Major metropolises

Atlanta (GA) 亚特兰大 **Yàtèlándà**
Boston 波士顿 **Bōshìdùn**
Chicago 芝加哥 **Zhījiāgē**
Dallas 达拉斯 **Dálāsī**
Denver 丹佛 **Dānfó**
Detroit 底特律 **Dǐtèlù**
Houston 休斯敦 **Xiūsīdūn**
Indianapolis 印第安纳波利斯 **Yìndì'ānnàbōlìsī**
Kansas City (KS) 堪萨斯城 **Kānsàsī Chéng**
Los Angeles 洛杉矶 **Luòshānjī**
Miami (FL) 迈阿密 **Mài'āmì**
Minneapolis 明尼阿波利斯 **Míngní'ābōlìsī**

New Orleans 新奥尔良 **Xīn Ào'ěrliáng**
New York 纽约 **Niǔyuē**
Philadelphia (PA) 费城 **Fèichéng**
Phoenix 菲尼克斯 **Fēiníkèsī**
Salt Lake City 盐湖城 **Yánhú Chéng**
San Francisco 旧金山 **Jiùjīnshān**
Seattle 西雅图 **Xīyǎtú**
St Louis 圣路易斯 **Shènglùyìsī**
St Paul 圣保罗 **Shèngbǎoluó**
Washington D. C. 华盛顿特区 **Huáshèngdùn tèqū**

4 World Place Names with Chinese Transcriptions

Africa 非洲 Fēizhōu

Country 国家 **guójiā**
Algeria 阿尔及利亚 **Ā'ěrjílìyà**
Angola 安哥拉 **Āngēlā**
Benin 贝宁 **Bèiníng**
Botswana 博茨瓦纳 **Bócíwǎnà**
Burundi 布隆迪 **Bùlóngdí**
Cameroon 喀麦隆 **Kāmàilóng**
Central African Republic 中非共和国 **Zhōngfēi gònghéguó**
Chad 乍得 **Zhàdé**
Congo, Democratic Republic of 刚果民主共和国(扎伊尔) **Gāngguǒ mínzhǔ gònghéguó (Zhāyī'ěr)**
Congo, Republic of 刚果共和国 **Gāngguǒ gònghéguó**
Djibouti 吉布提 **Jíbùtí**
Egypt 埃及 **Āijí**
Equatorial Guinea 赤道几内亚 **Chìdào Jínèiyà**
Eritrea 厄立特里亚 **Èlìtèlǐyà**
Ethiopia 埃塞俄比亚 **Āisài'ébǐyà**
Gabon 加蓬 **Jiāpéng**
Gambia 冈比亚 **Gāngbǐyà**
Ghana 加纳 **Jiānà**
Guinea 几内亚 **Jínèiyà**
Guinea-Bissau 几内亚比绍 **Jínèiyà Bǐshào**
Kenya 肯尼亚 **Kěnníyà**
Lesotho 莱索托 **Láisuǒtuō**
Liberia 利比里亚 **Lìbǐlǐyà**
Libya 利比亚 **Lìbǐyà**
Madagascar 马达加斯加 **Mǎdájiāsījiā**
Malawi 马拉维 **Mǎlāwéi**
Mali 马里 **Mǎlǐ**
Mauritania 毛里塔尼亚 **Máolǐtǎníyà**
Mauritius 毛里求斯 **Máolǐqiúsī**
Morocco 摩洛哥 **Móluògē**
Mozambique 莫桑比克 **Mòsāngbǐkè**
Namibia 纳米比亚 **Nàmǐbǐyà**
Niger 尼日尔 **Nírì'ěr**
Nigeria 尼日利亚 **Nírìlìyà**

Capital 首都 **shǒudū**
Algiers 阿尔及尔 **Ā'ěrjí'ěr**
Luanda 罗安达 **Luó'āndá**
Porto-Novo 波多诺夫 **Bōduōnuòfū**
Gaborone 哈伯罗内 **Hābóluónèi**
Bujumbura 布琼布拉 **Bùqióngbùlā**
Yaounde 雅温得 **Yǎwēndé**
Bangui 班吉 **Bānjí**

N'Djamena 恩贾梅纳 **Ēnjiǎméinà**
Kinshasa 金沙萨 **Jīnshāsà**

Brazzaville 布拉柴维尔 **Bùlācháiwéi'ěr**

Djibouti 吉布提 **Jíbùtí**
Cairo 开罗 **Kāiluó**
Malabo 马拉博 **Mǎlābó**
Asmara 阿斯马拉 **Āsīmǎlā**
Addis Ababa 亚的斯亚贝巴 **Yàdìsīyàbèibā**
Libreville 利伯维尔 **Lìbówéi'ěr**
Banjul 班珠尔 **Bānzhū'ěr**
Accra 阿克拉 **Ākèlā**
Conakry 科纳克里 **Kēnàkèlǐ**
Bissau 比绍 **Bǐshào**
Nairobi 内罗毕 **Nèiluóbì**
Maseru 马塞卢 **Mǎsāilú**
Monrovia 蒙罗维亚 **Méngluówéiyà**
Tripoli 的黎波里 **Dìlíbōlǐ**
Antananarivo 安塔那利佛 **Āntǎnàlìfó**
Lilongwe 利隆圭 **Lìlóngguī**
Bamako 巴马科 **Bāmǎkē**
Nouakchott 努瓦克肖特 **Nǔwǎkèxiàotè**
Port Louis 路易港 **Lùyìgǎng**
Rabat 拉巴特 **Lābātè**
Maputo 马普托 **Mǎpǔtuō**
Windhoek 温得和克 **Wēndéhékè**
Niamey 尼亚美 **Níyàměi**
Abuja 拉各斯 **Lāgèsī**

Country 国家 guójiā	Capital 首都 shǒudū
Rwanda 卢旺达 **Lúwàngdá**	Kigali 基加利 **Jījiālì**
Sao Tome and Principe 圣多美及普林西比 **Shèngduōměi jí Pǔlínxībǐ**	Sao Tome 圣多美 **Shèngduōměi**
Senegal 塞内加尔 **Sàinèijiā'ěr**	Dakar 达喀尔 **Dákā'ěr**
Seychelles 塞舌尔 **Sàishé'ěr**	Victoria 维多利亚 **Wéiduōlìyà**
Sierra Leone 塞拉里昂 **Sāilā Lǐ'áng**	Freetown 弗里敦 **Fúlǐdūn**
Somalia 索马里 **Suǒmǎlǐ**	Mogadishu 摩加迪沙 **Mójiādíshā**
South Africa 南非 **Nánfēi**	Pretoria 比勒陀利亚 **Bǐlètuólìyà**
Sudan 苏丹 **Sūdān**	Khartoum 喀土穆 **Kātǔmù**
Swaziland 斯威士兰 **Sīwēishìlán**	Mbabane 姆巴巴内 **Mǔbābānèi**
Tanzania 坦桑尼亚 **Tǎnsāngníyà**	Dares Salaam 达累斯萨拉姆 **Dálèisīsàlāmǔ**
Togo 多哥 **Duōge**	Lome 洛美 **Luòměi**
Tunisia 突尼斯 **Tūnísī**	Tunisa 突尼斯 **Tūnísī**
Uganda 乌干达 **Wūgāndá**	Kampala 坎帕拉 **Kǎnpàlā**
Zambia 赞比亚 **Zànbǐyà**	Lusaka 卢萨卡 **Lúsàkǎ**
Zimbabwe 津巴布韦 **Jīnbābùwéi**	Harare 索尔兹伯里 **Suǒ'ěrzībólǐ**

Americas 美洲 Měizhōu

Country 国家 guójiā	Capital 首都 shǒudū
Antigua and Barbuda 安提瓜岛 **Āntíguā Dǎo**	Saint John's 圣约翰 **Shèngyuēhàn**
Argentina 阿根廷 **Āgēntíng**	Buenos Aires 布宜诺斯艾利斯 **Bùyínuòsī'àilìsī**
Bahamas 巴哈马 **Bāhāmǎ**	Nassau 拿骚 **Násāo**
Barbados 巴巴多斯岛 **Bābāduōsī Dǎo**	Bridgetown 布里奇顿 **Bùlǐqídùn**
Belize 伯利兹 **Bólìzī**	Belmopan 贝尔莫潘 **Bèi'ěrmòpān**
Bermuda 百慕大群岛 **Bǎimùdà Qúndǎo**	Hamilton 哈密尔顿 **Hāmì'ěrdùn**
Bolivia 玻利维亚 **Bōlìwéiyà**	La Paz 拉巴斯 **Lābāsī**
Brazil 巴西 **Bāxī**	Brasilia 巴西利亚 **Bāxīlìyà**
British Virgin Islands 英属维尔京群岛 **Yīngshǔ Wéi'ěrjīng Qúndǎo**	Road Town 罗德城 **Luódé Chéng**
Canada 加拿大 **Jiānádà**	Ottawa 渥太华 **Wòtàihuá**
Chile 智利 **Zhìlì**	Santiago 圣地亚哥 **Shèngdìyàgē**
Colombia 哥伦比亚 **Gēlúnbǐyà**	Bogota 波哥达 **Bōgēdá**
Costa Rica 哥斯达黎加 **Gēsīdálíjiā**	San Jose 圣约瑟 **Shèngyuēsè**
Cuba 古巴 **Gǔbā**	Havana 哈瓦那 **Hāwǎnà**
Dominican Republic 多米尼加 **Duōmǐníjiā**	Santo Domingo 圣多明各 **Shèngduōmínggè**
Ecuador 厄瓜多尔 **Èguāduō'ěr**	Quito 基多 **Jīduō**
El Salvador 萨尔瓦多 **Sà'ěrwǎduō**	San Salvador 圣萨尔瓦多 **Shèngsà'ěrwǎduō**
Grenada 格林纳达 **Gélínnàdá**	Saint George's 圣乔治 **Shèngqiáozhì**
Guatemala 危地马拉 **Wēidìmǎlā**	Guatemala 危地马拉城 **Wēidìmǎlā Chéng**
Guyana 圭亚那 **Guīyǎnà**	Georgetown 乔治敦 **Qiáozhìdūn**
Haiti 海地 **Hǎidì**	Port-au-Prince 太子港 **Tàizǐ Gǎng**
Honduras 洪都拉斯 **Hóngdūlāsī**	Tegucigalpa 特古巴加尔巴 **Tègǔbājiā'ěrbā**
Jamaica 牙买加 **Yámǎijiā**	Kingston 金斯敦 **Jīnsīdūn**
Martinique 马提尼克岛 **Mǎtíníkè Dǎo**	Fort-de-France 法兰西堡 **Fǎlánxī Bǎo**
Mexico 墨西哥 **Mòxīgē**	Mexico 墨西哥城 **Mòxīgē Chéng**
Nicaragua 尼加拉瓜 **Níjiālāguā**	Managua 马那瓜 **Mǎnàguā**
Panama 巴拿马 **Bānámǎ**	Panama 巴拿马城 **Bānámǎ Chéng**
Paraguay 巴拉圭 **Bālāguī**	Asuncion 亚松森 **Yàsōngsēn**
Peru 秘鲁 **Bìlǔ**	Lima 利马 **Lìmǎ**
Puerto Rico 波多黎各岛 **Bōduōlígè Dǎo**	San Juan 圣胡安 **Shènghú'ān**
St.Lucia 圣卢西亚岛 **Shènglúxīyà Dǎo**	Castries 卡斯特里 **Kǎsītèlǐ**
Suriname 苏里南 **Sūlǐnán**	Paramaribo 帕拉马里博 **Pàlāmǎlǐbó**
Trinidad and Tobago 特立尼达和多巴哥 **Tèlìnídá hé Duōbāgē**	Port-of-Spain 西班牙港 **Xībānyá Gǎng**
United States 美国 **Měiguó**	Washington, DC 华盛顿 **Huáshèngdùn**
Uruguay 乌拉圭 **Wūlāguī**	Montevideo 蒙得维的亚 **Méngdéwéidìyà**
Venezuela 委内瑞拉 **Wěinèiruìlā**	Caracas 加拉加斯 **Jiālājiāsī**